迈向 二十一世纪

楚 雄 州 年 鉴

CHUXIONG ALMANAC

2001

楚雄彝族自治州人民政府主办

云 南 科 技 出 版 社

图书在版编目（CIP）数据

楚雄州年鉴.2001/楚雄州年鉴编辑部编.—昆明：云南科技出版社，2001.9

ISBN 7－5416－1541－2

Ⅰ.楚… Ⅱ.楚… Ⅲ.楚雄彝族自治州－2001－年鉴 Ⅳ.Z527.42

中国版本图书馆 CIP 数据核字（2001）第 060060 号

书　　名：楚雄州年鉴（2001）
Chuxiongzhou Nianjian（2001）
作　　者：楚雄州年鉴编辑部
出 版 者：云南科技出版社（昆明市环城西路 609 号　邮编：650034）
责任编辑：单沛尧　李永丽
封面设计：李发登
印 刷 者：深圳（宝安）新兴印刷厂
发 行 者：云南科技出版社
开　　本：889×1194mm　1/16
印　　张：33
字　　数：1000 千字
版　　次：2001 年 8 月第 1 版
印　　次：2001 年 8 月第 1 次印刷
印　　数：0001～2000 册
书　　号：ISBN 7－5416－1541－2/Z·283
定　　价：128.00 元
广告经营许可证 5323005000020
若发现印装错误请与承印厂联系

编辑说明

一、《楚雄州年鉴》是云南省楚雄彝族自治州人民政府向国内外发布的官方公报。创刊于**1989**年，每年赓续出版一册，荟集上一年度楚雄州政治、经济、文化、社会等各个方面的信息和资料，客观记录楚雄彝族自治州的发展轨迹。涵盖面广，信息密集，资料翔实，具有很高的权威性和历史文献价值。

二、《楚雄州年鉴》的编辑以马列主义、毛泽东思想、邓小平理论和江泽民“三个代表”的重要思想为指导，坚持常编常新，突出时代特色和地方民族特色，为地方经济发展和社会进步提供借鉴，向社会各界提供生活、工作和学习的帮助。

三、《楚雄州年鉴》（**2001**）为楚雄彝族自治州编辑的第**13**部地方综合性年鉴，选题优化，信息量增大，服务于楚雄州深化改革、促进发展、保持稳定的工作大局，注重反映楚雄州各族人民抓住西部大开发的历史机遇，解放思想、改革创新，加大产业结构调整力度，推进国有企业改革，加速发展非公有制经济，优化投资环境，建设烟草产业、天然药业、绿色食品业、冶金矿产业和特色旅游业五大产业，加快基础设施建设步伐，实施“科教兴州”战略等方面取得的重大进展，讴歌在各条战线上建功立业，具有时代精神和高尚品质的先进人物及光辉业绩。

四、《楚雄州年鉴》（**2001**）在上年特载、专文、大事记、概况、政治、军事、法制、经济管理、农业、工业、交通·邮电、贸易、旅游、城建·环保、财政·金融、文化、教育、科学、卫生、体育、民族、社会、附录、统计资料等**24**个部类的基础上，将“财政·金融”分设为“财政·税务”和“金融·保险”两个部类，共为**25**个部类。并根据社会经济发展变化情况，对二、三级目适当进行了调整，并对各部类条目进行了适当的删减。

五、《楚雄州年鉴》（**2001**）为豪华型珍藏版图书，语言精练，文风朴实，图文并茂，装帧精美，是具有极高信息价值的实用工具书。

六、《楚雄州年鉴》（**2001**）采用文稿，均由各县（市）和州属部门指定专人撰稿，并经县（市）及各部门领导审定。统计数据由州统计局负责审核，有关保密问题由州国家保密局负责把关。编辑总纂结束，由楚雄州年鉴编辑委员会审定。

楚雄州年鉴编辑部

2001年8月

楚雄州年鉴编辑委员会

主　　任　罗嘉福

副 主 任　耿克明　李发登

委　　员　任学全　杨应旭
　　　　　程建华　张启俊
　　　　　汪占毅　杨永昌
　　　　　董发章　康　喜
　　　　　杜晋宏　赵志刚

顾　　问　祝培礼　张淑静

主　　编　李发登

副 主 编　赵志刚

编　　辑　李发登　赵志刚
　　　　　朱卫明

数据审核　楚雄州统计局
保密审定　楚雄州国家保密局
英文翻译　杞华仙
索引制作　朱卫明

撰稿人员名录

（按音序排名）

阿惠媛	艾　梅	白玉珍	白云鹏	包国莉	保永刚	曹荣国
岑云英	查　锐	陈　猛	陈世聪	陈通祥	丁　云	董　芮
董光荣	杜明珠	段福君	范炳存	方　瑾	冯　蕾	冯炽隆
冯晓寅	符崇勇	符洪彩	付国金	高锦华	葛　华	龚五德
官　捷	郭孟贤	郭兴旺	郭志刚	何少春	贺德祥	胡国华
花荣艳	黄家勇	黄梦琦	黄天保	季　红	蒋明辉	解正伟
金凤琼	金正东	康　远	黎　森	李　国	李　辉	李　坚
李　明	李存奇	李国祥	李洪波	李虹杉	李加能	李加平
李建华	李开勇	李梦周	李鹏宁	李如柏	李世康	李仕江
李显祥	李延勇	李义生	李云华	李植才	李志岗	刘　彬
刘宝华	刘利荣	刘胜林	刘文利	刘兴祥	刘学华	刘亚萍
刘有其	刘志杰	刘祖文	卢　繁	鲁家善	鲁文兴	罗汝钧
马光复	马国庆	毛光茂	莫丽琴	聂天荣	牛国金	钮学良
普朝洪	普怀座	钱学勇	屈建能	任　勇	任自彬	沙朝宇
善承卫	邵光明	申海宗	史鱼直	宋先德	宋先丽	宋肖慈
苏文高	涂年玖	王　勃	王　芬	王　健	王东风	王尔荣
王光文	王海月	王怀高	王家淑	王建新	王君一	王美华
王式明	王秀芝	王有发	王之明	王志达	吴光能	吴正友
席学荣	夏丕燕	夏元凌	向　明	肖　琴	谢希苹	谢有义
谢云芳	熊建云	徐凤有	徐丽琴	徐晓萍	杨　晋	杨　平
杨宝生	杨宏仁	杨丽美	杨林本	杨卫平	杨雪斌	杨增英
叶毓英	易学敬	殷绍华	尹　臣	尹辅华	尹宏贤	尹世勇
游再恒	余德光	余开顺	余瑞海	喻彩菊	袁明勇	袁永华
詹爱民	张存浥	张殿洪	张发润	张剑锋	张俊萍	张林敏
张祺太	张卫平	张文先	张晓波	张怡雯	张以宏	张永祥
张永祥	张再堂	张祚彬	赵琼美	赵晓梅	钟雪峰	周　刚
周　睿	周德平	周德强	周冠生	周锦春	周永琼	周永章
朱卫明	朱照琨	宗　云				

中共中央政治局常委、中纪委书记尉健行到楚雄视察工作

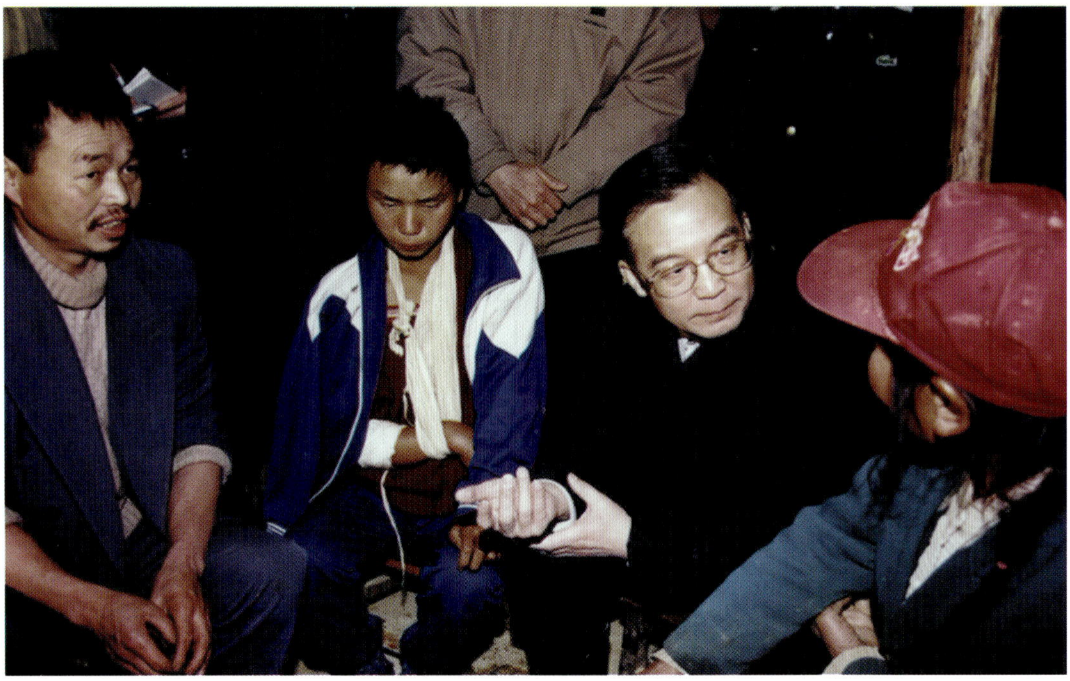

国务院副总理温家宝到“1·15”地震灾区慰问灾民

全国政协副主席、中共中央统战部部长王兆国到楚雄视察

最高人民检察院检察长韩杼滨到楚雄视察工作

成都军区司令员廖锡龙到楚雄军分区视察工作

省政府姚安地震灾区恢复重建现场办公会

联合国灾害评估小组及时赶赴姚安视察震灾情况

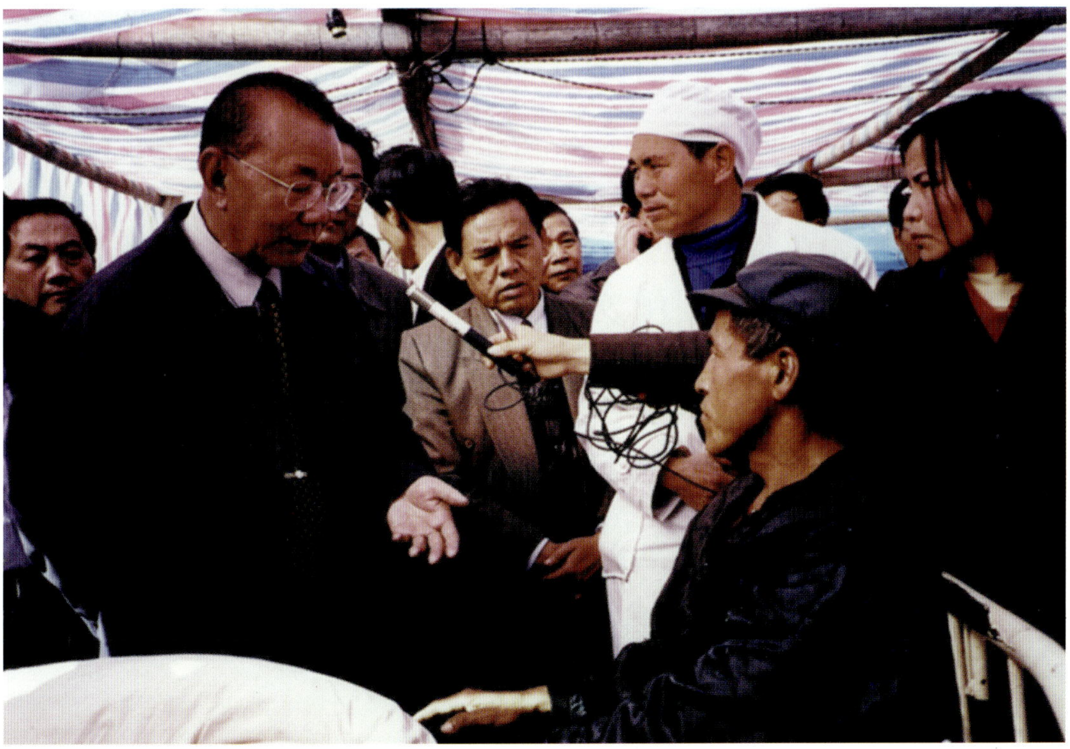

省州人大领导视察地震灾区

省州政协领导视察地震灾区

南永二级公路工程开工典礼

州直部门领导班子和领导干部“三讲”教育动员大会

楚雄州实施西部大开发战略研讨会

中日民俗文化国际学术研讨会

楚雄医药工业园开工奠基

《彝族文化研究丛书》首发式暨研讨会在北京举行

“中华炎黄”人类圣火采集仪式

图片提供：马 骏 罗大兴 刘有其 李继新 雷发坤 朱琚元 康恩达 向 琳 杜志刚 张学林 夏天彧 州政协秘书处 州政办信息科

滇　中　明　珠

彝族十月太阳历文化园

楚雄市地处滇中腹地，古有“省垣门户，迤西咽喉”之称，今有“铜鼓之乡”、“滇中明珠”之誉，是楚雄彝族自治州首府所在地。全市土地面积4404平方公里，辖9乡10镇，总人口47.4万人。因具有独特的自然人文景观，传统的“火把节”以及古老的民族文化、独特的民族风情、整洁优雅的城市环境而享誉省内外。

楚雄市是一个具有浓郁民族风情的现代化中等生态城市。2000年，全市国内生产总值达40.1亿元，市属工农业总产值（1990年不变价）15.6亿元，粮食总产量1.9亿千克，社会消费品零售总额11.9亿元，乡镇企业营业总收入35.5亿元，城市居民人均可支配收入6694元，农民人均纯收入1837元。全市水利化程度达76.8%，基本实现了村村通公路、通电、通程控电话，坝区所有乡（镇）开通了移动电话，广播和电视人口覆盖率分别达84%和86%。楚雄经济技术开发区5年间引进项目244个，完成投资11.08亿元，成为全州城市建设、经济增长、改革开放的示范区和“火车头”。楚雄市先后荣获“全国双拥模范城”、“全国科技工作先进市”、“全国文化工作先进市”、“全国社会治安综合治理先进市”、“全国城市环境综合整治优秀城市”、“全省创建文明城市先进市”、“全省甲级卫生城市”等称号。

迈进新世纪，楚雄市将以加快发展为主题，全方位开放；以热情周到的服务，宽松优惠的政策，优美舒适的环境竭诚欢迎国内外人士到楚雄旅游观光、投资创业、共谋发展。

鹿城新貌

楚　雄　市

优美的环境

火把节夜景

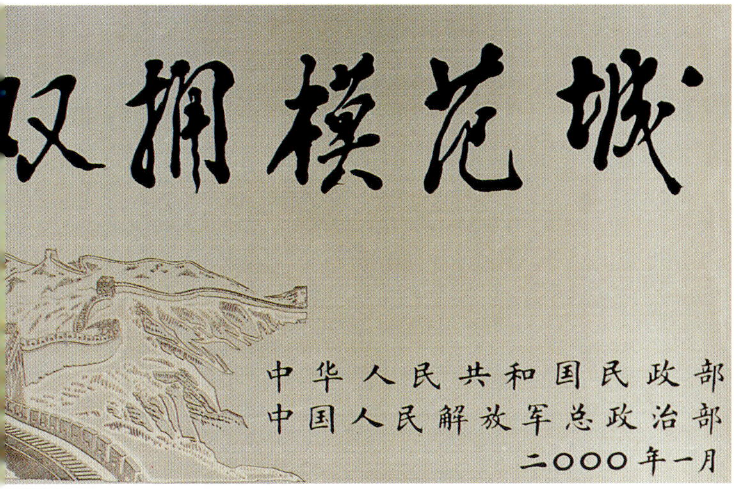

宽敞的大街

便捷的交通

■市委书记：杨　毅
■市　　长：张之政
■地　　址：楚雄市鹿城南路183号
■电　　话：(0878) 3123129　　3123122

恐龙之乡——禄丰

●县委书记　卢显林

●县长　张万礼

禄丰县地处滇中腹地，总面积3536平方千米，东距昆明106公里，西距州府楚雄85公里。县辖7乡11镇，总人口41万人。南北走向，以“禄丰恐龙”，“腊玛古猿”化石著称于世，盛产盐、煤、铁，是全国商品粮基地县和云南省优质烤烟等经济作物主产县，享有“恐龙”化石王国之美誉。

改革开放以来，经济持续增长。2000年全县国内生产总值与1952年比较增长479倍。

禄丰县交通便利，市政基础设施完备、环境优美、旅游资源丰富，自然景观较多，恐龙化石、腊玛古猿化石遗址和川街陨石坑、老长箐龙龟化石奇景名扬四海。城市建设成效显著。

进入新世纪，随着国内外经济形势的不断发展，县委、县政府紧紧抓住发展机遇，充分利用自己的优势，依托楚雄、面向昆明，扩大开放，

●优质烟基地

●宽敞优雅的城南小学

●新落成的县体育馆

●美丽的五台山风景区

调整产业结构，依靠科技、不断创新，努力把禄丰建成经济发达、社会进步、民族团结、环境优美、人民生活富裕的绿色经济强县和以中国东方侏罗纪文化旅游为龙头的旅游大县。

■地　　址：禄丰县金山镇
■电　　话：(0878) 4122858
■传　　真：(0878) 4121476
■邮　　编：651200

●金山新姿

罗婺故地——武定县

●县委书记　李小平

●县长　胡贵明

武定县位于滇中北部，总面积2948平方公里，全县总人口260196人，少数民族人口占50.9%，历史上曾是彝族罗婺部落居住的地方。县城东南距昆明82公里，西距楚雄州首府鹿城161公里，北距攀枝花市245公里。

武定县自然资源丰富：铁矿储量2.46亿吨，占全省的五分之一；钛矿储量2400万吨，居西南之首；还有铜、铅、锌、磷、木纹石等矿藏。水资源较为丰富：已建成大响水、河门口、己衣等11座水电站，装机容量达1.39万千瓦。林业资源方面：主要树种有云南松、华山松，珍贵树种有楸木、香樟、紫金杉、柏树等。中药材遍布全县，有茯苓、黄芩、杜仲等300余种。有草场、牧场291万亩，发展畜牧业条件好。素有“西南第一山”美誉的武定狮子山，已建成“母子龟石”、“八戒守寺”等70多个景点。景区内还引种了全国9大色系，80多个品种，45000多株名贵牡丹。2000年景区接待中外游客近10万人，营业收入371万元。武定壮鸡体大肉嫩驰名省内外，清代为进贡上品。

改革开放以来，建设步伐明显加快，经济持续、快速发展。农业基础地位不断加强，初步形成粮、烟、畜、林、渔协调发展的格局；工业逐步发展壮大，初步形成矿产采选、化工、电力、建筑建材、农机制造、食品加工为主的工业门类。2000年实现国内生产总值64470万元，工农业总产值48963万元，分别为1978年的15.7倍、11.3倍。交通城镇建设成效显著。2000年，全县有公路1043公里，基本实现村村通公路、村村通电、村村通广播电视。城镇建设日新月异，各种配套服务设施健全完善。邮电通信事业迅速发展，科技教育等各项社会事业也取得好成绩。

热忱欢迎各界有识之士前来考察、投资，共绘武定山河新蓝图。

■地　址：近城镇中山路1号

■电　话：(0878) 8712131　8712121

■邮　编：651600

●县城新姿

著名歌唱家蒋大为先生被聘请为旅游顾问

州委书记丁绍祥考察牡丹园

对外开放

引资办厂

共产党员，乡人大代表李玉云连片种植香蕉成为远近闻名的“香蕉大王”

千亩连片香蕉基地

108国道穿城过

初具规模的农机制造业

快速发展的牧业

目　录

特　载

专　文

大事记

概　况

政 治

军 事

法 制

经济管理

工 业

旅　游

城建·环保

财政·税务

金融·保险

文 化

教 育

科 学

卫 生

体 育

民 族

社 会

附　录

统计资料

索 引

Concise Contents

Trade

Tourism

Urban Construction and Environment Protection

Finance and Taxation

Banking and Insurance

Culture

Education

Science

Hygiene

Sports

Nationalities

Society

Appendix

Statistical Data

Index

特　　载

绘制发展蓝图　务实创新前进
努力实现新世纪彝州改革发展的良好开局

——在中共楚雄州委五届七次全体（扩大）会议上的讲话

（2000 年 12 月 23 日）

丁绍祥

同志们：

这次全会的主要任务是：以邓小平理论为指导，学习实践江总书记“三个代表”的重要思想，贯彻落实党的十五届五中全会、中央经济工作会议和省委六届十一次全会精神，审议《中共楚雄州委关于制定楚雄州国民经济和社会发展第十个五年计划的建议》，总结 2000 年工作，部署 2001 年任务，绘制发展蓝图，务实创新前进，努力实现新世纪彝州改革发展的良好开局。

下面，我代表州委常委会向全会报告工作，请予审议。

一、2000 年工作总结

2000 年以来，在中共云南省委的正确领导下，州委坚持以邓小平理论为指针，践行“三个代表”的重要思想，贯彻落实党的路线方针政策，团结带领全州各级党组织和各族干部群众，紧紧扭住经济建设这个中心，总揽全局、协调各方，解放思想、改革创新，推动国民经济持续健康发展，促进社会事业全面进步，党的建设、精神文明建设和民主法制建设取得新的成绩，完成了州委五届六次全会提出的各项任务。

（一）总揽全局，绘制发展蓝图

针对世纪之交的历史特点，根据形势任务的发展变化，州委把研究制定《中国西部大开发楚雄州行动计划基本构想》和《中共楚雄州委关于制定楚雄州国民经济和社会发展第十个五年计划的建议》紧紧抓在手上，深入开展调查研究，深化州情认识，完善发展思路，绘制发展蓝图。概括出基本州情特点是：“人类发祥地、彝族风情园、滇川大通道、绿色经济州”；找出了制约我州经济社会发展的主要因素是：“观念、机制和体制不适应市场经济发展要求，产业结构和城乡结构不合理且劳动者素质偏低，经济支柱单一”；提出了经济社会发展的基本思路是：“突出解放思想、加快发展这一主题，促进经济体制和经济增长方式两个根本性转变，打牢农业、交通、城镇三个基础，实施科教人才、对外开放、民族文化发展和可持续发展四大战略，建设烟草产业、天然药业、绿色食品业、冶金矿产业和特色旅游业五大产业，努力把楚雄州建设成为经济特色显著、彝族文化荟萃、人与自然和谐、群众生活富裕的生态经济和民族文化强州”。在研究制定《行动计划构想》和《州委“十五”计划建议》过程中，州委先后多次召开常委会议及中心组理论学习研讨会、9个专题座谈会，认真调查研究，广泛听取各方面的意见，反复讨论修改，使研究制定《行动计划构想》和《州委“十五”计划建议》的过程，成为深入学习领会党的十五届五中全会和省委六届十一次全会精神的过程，成为深化州情认识、把握州情特点的过程，成为统一全州各级党组织和各级领导干部、各个方面思想和意志的过程，成为凝聚全州人民集体智慧的过程。通过研究制定《行动计划构想》和《州委“十五”计划建议》，全州上下、各个方面在关乎彝州改革、发展、稳定全局的发展思路、奋斗目标、主要任务、政策措施等重大问题上进一步统一了思想、形成了共识、凝聚了人心，州委总揽全局、协调各方的核心领导作用得到发挥。

（二）抓住中心，确保经济增长

面对严峻的经济形势，州委始终把遏制经济滑坡、确保经济增长作为工作重点来抓。一是突出抓好重点项目实施。加强组织协调，落实领导责任，采取“以贷垫拨，财政贴息”的方法，力促省政府两次现场办公会议确定的项目和其他重点项目及时开工、加快进度。全州水利、交通、农网改造、地震恢复重建、城镇建设等投资下滑的势头得到遏制，预计全年可完成全社会固定资产投资总额20.5亿元，比上年增长0.9%，实现了“保平争超”目标。二是突出抓好调整结构、创新产业。通过开展调查研究，明确提出要加大农业结构调整力度、加快发展生物资源开发创新产业，集中力量建设楚雄医药工业园区、绿色食品加工园区和特色蔬菜种植园区，以及优质烟、优质米、中草药材、畜禽、林果、茶桑、魔芋、水产养殖“三区八大基地”，着力扶持发展烟草产业、天然药业和绿色食品业；加大工业结构调整力度，抓好禄钢破产重组，支持楚雄德胜钢铁公司早日投产，抓好滇中铜冶炼厂恢复生产和一批骨干企业，着力扶持发展冶金矿产业；抓好重点景区的规划开发，加强旅游基础设施建设，着力扶持发展特色旅游业。全州五大特色产业呈现快速增长态势，预计增加值占GDP的比重分别达13.9%、2.3%、11.3%、1.9%和1.6%。三是突出抓好农业农村工作。通过狠抓结构调整、科技推广和市场营销等，全州粮经作物比例比上年优化了2个百分点；粮食总产量在面积调减的情况下与上年持平；预计全州农民人均纯收入同比增加53元。农村扶贫攻坚取得新的成绩，预计全年可解决2万贫困人口的温饱问题。四是突出抓好国有企业改革与发展。制定实施了《关于推进国有企业改革发展的意见》，实行州委常委“两挂钩、两手抓”责任制，深入企业调查研究，帮助解决实际困难，促其深化改革、发展生产。全州国有企业改革发展取得新的进展，工业经济增长，预计完成总产值74亿元；经济运行质量提高，到11月底，国有及国有控股企业实现利润9265万元，比上年同期亏损2005万元净增11270万元。五是突出抓好培植新的经济增长点。加大对外开放力度，加强横向经济联合，全年共引进投资项目47个，到位资金2.4亿元，资金到位率比上年增长9%；落实各项政策措施，支持非公有制经济和乡镇企业发展，全州个体私营经济增加值22.2亿元，比上年增长16.4%；乡镇企业营业收入135.1亿元，同比增长22.9%。据统计预测，2000年，全州国内生产总值达105.5亿元，比上年增长7.68%；地方财政收入7.6亿元，同比增长2%；农民人均纯收入1574元，城镇居民人均可支配收入5940元，同比分别增长3.5%和7.3%。

（三）确保稳定，营造良好环境

高度重视社会稳定工作，加强领导，落实责任，形成齐抓共管、协调配合保稳定的工作格局。有针对性地制定和完善工作预案，及时排查调处各种矛盾纠纷，妥善处理人民内部矛盾和突发性群体事件。依法严厉打击各种严重刑事犯罪和经济犯罪，“四禁并举”，加大对黄、赌、毒等社会丑恶现象的打击力度。重视基层基础工作，继续着力抓好以“创安”为中心的社会治安综合治理，有组织有领导地清理整顿对社会有危害的气功组织，净化社会空气；重视群众来信来访，着力解决好群众关心的热点、难点问题；重视做好“法轮功”骨干分子的教育转化工作，落实“包保”责任制，严惩顽固分子，挽救迷途人员，有效地遏制了敏感时期“法轮功”邪教组织的非法活动。

（四）狠抓落实，促进社会进步

始终坚持“两手抓，两手都要硬”的方针，高度重视精神文明建设和民主法制建设，推进依法治州进程，促进社会事业发展。一是研究制定了《中共楚雄州委关于进一步加强和改进思想政治工作的决定》，召开州委思想政治工作会议，对全州思想政治工作作出部署。以总结、宣传臧金贵同志先进事迹为重点，典型引路，增强宣传思想工作的说服力和感召力；推进以创建“十星级文明户”、“文明社区”、“文明行业”、“文明单位”为重点的群众性精神文明创建活动，使之取得新的进展。二是拟定《楚雄州民族文化发展战略纲要》，加快民族文化发展步伐。文学精品创作、彝族文化遗产收集整理、民间特色文化发展等有了新的突破，州、县、乡“两馆一站”建设进程加快，丰富了群众的精神文化生活。三是加强和改进对人大、政协工作的领导，支持各级人大及其常委会依法开展对“一府两院”的法律监督和工作监督，支持各级政协依章履行职责，加强政治协商、民主监督；坚持重大问题听取人大、政协的意见，推进科学决策、民主决策。各级人大、政协围绕州委中心工作强化调研咨询、积极建言献策，开展了大量卓有成效的工作。四是大力促进科技教育发展，围绕提高人口素质和创新能力，在发展义务教育的同时，积极推进教育体制改革，加大中专学校结构调整和楚雄师专申报师院工作力度；增加投入，改善办学条件，努力提高各级各类学校的办学水平。深化科技体制改革，推进产、学、研结合示范工程，提高企业技术创新能力，科技对全州工业、农业和国民经济增长的贡献率分别达 39.2%、41.8% 和 38.3%。全州文化、体育、卫生、环保、计划生育等各项社会事业进一步发展，取得了新的成绩。

（五）搞好党建，提供组织保证

始终坚持党要管党和从严治党的方针，把党的思想、组织、作风建设摆在州委工作的重要位置抓紧抓实。一是认真搞好县级领导班子和领导干部“三讲”教育，搞好州级和县（市）“三讲”教育“回头看”活动，结合学习实践“三个代表”的重要思想，通过抓干部进村入户，抓整改措施的落实，各级领导干部普遍受到了一次深刻的马克思主义群众路线和群众观点的再教育，受到了一次严格的党性锻炼，解决了一些群众意见较大、反映强烈的问题，干部群众对党委、政府和领导干部的信任感明显增强，促进了工作开展。二是按照中央、省委的要求，善始善终抓好第六批“村建”工作，积极开展党建工作“三级联创”；探索实践加强国有企业和非公有制经济组织党建工作的新路子；积极推行发展党员公示制。在推行“三公开”的同时，按照省委的部署和要求，全面完成村级体制改革任务，推进了基层民主政治建设，促进了农村经济社会发展。三是加强各级领导班子和干部队伍建设，积极推进干部人事制度改革，推行领导干部公开招考、竞争上岗、任前公示及试用期制度等，使一批有开拓创新精神、年富力强的优秀年轻干部走上了领导岗位。对全州 35 岁以下担任正科级职务的少数民族、妇女和非党干部进行调查摸底，掌握了一批后备干部。首次试行了署名推荐领导干部和干部考察预告制。四是加强党风廉政建设，领导干部廉洁自律、案件查处和纠风治乱取得新的成绩。加大干部监督管理力度，狠抓领导干部任期责任制、离任审计、政府采购等制度的落实，从源头上遏制腐败现象的滋生蔓延。开展以胡长清、成克杰等重大典型案件为反面教材的警示教育，广大党员干部尤其是党员领导干部廉洁从政、勤政为民、拒腐防变的能力得到增强。

在总结成绩的同时，我们也清醒地看到，州委工作离形势任务的要求和人民群众的期望差距还大，思想解放和观念更新仍滞后于发展要求；全州基础设施薄弱，科技教育发展和人才培养滞后，支柱产业单一，经济结构和城乡结构不合理，对外开放水平不高等问题依然突出；转变作风、狠抓落实的力度不够，党的建设、精神文明建设还有差距。这些，都要在今后工作中加以研究解决。

二、2001 年经济社会发展的主要任务

2001 年是新世纪的开端，也是实施“十五”计划的开局之年。做好 2001 年工作，对于完成“十五”计划、推进富民兴州进程至关重要。提交全会审议的《中共楚雄州委关于制定楚雄州国民经济和社会发展第十个五年计划的建议》（以下简称《建议》），在总结“九五”取得的成绩，深入调查研究，深刻分析形势，科学把握未来的基础上，提出了“十五”期间我州经济社会发展的指导思想、基本思路、奋斗目标和主要任务，指明了新世纪头 5 年彝州经济社会发展的重点和方向。《建议》体现了中央和省委的精神，把握了州情特点，具有很强的针对性、战略性和指导性，是指导全州未来 5 年经济社会发展的行动纲领。我们一定要认真学习、深刻领会和准确把握《建议》的精神实质，把思想真正统一到《建议》精神上来，用《建议》精神统揽全局，指导工作，推动发展。

2001 年全州经济社会发展的总体要求是：**以邓小平理论为指导，学习实践“三个代表”的重要思想，贯彻落实党的十五届五中全会、中央经济工作会议和省委六届十一次全会精神，按照《州委“十五”**

计划建议》的部署，把农业农村工作放在首位，培植特色产业，增加农民收入；深化国有企业改革，加大结构调整和资产重组力度，提高企业经济效益；扩大对外开放，大力招商引资，加快发展开放型经济；高度重视，加大扶持，加快发展非公有制经济；坚持扩大内需的方针，抓好重点项目实施，增加投入，拉动增长；调整城乡结构，加快小城镇建设步伐，促进城乡经济协调发展；正确处理改革、发展、稳定的关系，促进国民经济持续快速健康发展和社会全面进步，努力实现新世纪彝州改革发展的良好开局。根据发展要求，州委建议，2001年全州GDP增长速度为8%左右。必须抓好以下9项重点工作：

（一）以加快“三区八大基地”建设为重点，调整农业结构，发展农村经济，增加农民收入

必须认真贯彻落实全州农业结构调整暨生物资源开发创新工作会议精神，加快“三区八大基地”建设，集中力量培强做大烟草产业、天然药业和绿色食品业，解决好农民增收和财政增长的问题。

要搞好统筹规划，合理布局生产力，充分发挥各地的自然特点和比较优势，把“三区八大基地”分解落实到县（市）、乡（镇）。注意“三区八大基地”的覆盖面和牵动力，并使之与培植三个特色产业结合，使调整结构、创新产业与加快发展、增加收入统一起来，避免低水平重复建设，提高规模经济效益。抓紧重点项目的可研论证和报批工作并启动实施。楚雄医药工业园区的规划、报批已经完成，要争取2001年5月底前搞好园区基础设施建设，确保进入园区的企业如期开工投产。各地要加快建设步伐，力争“三区八大基地”建设迈出新的步子。在积极争取中央和省支持的同时，州财政每年安排500万元，作为发展生物资源开发创新产业的专项资金，同时每年从州级农田水利建设、林业发展、农技推广、农业综合开发、企业技改、科技“三项费”等资金中安排10%，集中投向“三区八大基地”，重点用于贷款贴息、新品种研究开发与引进、科技成果转让、原料基地和基础设施建设，用于扶持产业龙头发展。要采取市场运作方式，引导、鼓励农民群众和各种经济实体、外资企业等，介入“三区八大基地”，多渠道、多元化增加资金投入，加快发展步伐。以典型引路，州上重点抓好楚雄医药工业园区建设；各县（市）、乡（镇）要集中抓好一至二个特色种养业示范园区建设，带动面上发展；各级农业、科委、科协和农科部门，要形成合力，充分发挥人才、技术、资金、信息等优势，积极创办科技示范园区，为全州“三区八大基地”建设做出样子，带动农民和实体发展。高度重视新品种、新技术的试验示范工作，在取得成功经验的基础上积极推广。加速农业社会化服务体系建设，扶持发展中介机构，为“三区八大基地”走向“大市场”创造条件。加紧组建生物资源开发创新信息中心，为农业结构调整和发展生物资源开发创新产业提供灵敏有效的信息服务。加强技术培训，推广良种良法，提高农村经济的科技含量。紧紧围绕“三区八大基地”建设，继续增加投入，着力加强以农田水利为重点的农业基础设施建设，从总体上缓解基础设施滞后对“三区八大基地”建设的瓶颈制约。

要把“三区八大基地”建设与非公有制经济和乡镇企业的发展结合起来，引导和支持其介入“三区八大基地”，参与建设特色产业，积极发展农副产品加工、储藏、保鲜和运销业，发展中介组织，提高整体经济效益。

进一步落实党在农村的基本政策，长期稳定和完善以家庭联产承包经营为基础、统分结合的双层经营体制；搞好农村税费改革，减轻农民负担，为推进“三区八大基地”建设提供政策动力和体制环境。

要以贫困村为重点、贫困户为对象，继续采取扶贫搬迁、小额信贷、干部包户等过硬措施，打好扶贫攻坚战，实现明年稳定解决2万贫困人口的温饱问题。

（二）以结构调整和资产重组为主线，深化国有企业改革，提高企业经济效益

贯彻“集中力量扶持一批，创造条件放活一批，积极稳妥淘汰一批”的方针，一手抓结构调整，采取灵活有效的方法，抓好淘汰落后、关闭“五小”工作，大力推进股权多元化、产权民营化进程，使国有资产逐步退出一般性竞争领域，从总体上优化国有经济结构；一手抓骨干企业的培植发展，扶优扶强，搞活经营，努力提高国有企业的整体素质、运行质量和经济效益。

大胆探索实践，切实建立起我州国有资本进入、退出新机制，尤其要探索出一条国有资本逐步退出一般性竞争领域的可行路子。当前和今后一段时期，要坚持以发展非公有制经济和混合型经济为主，下决心调整存量、优化增量，使国有资产尽快退出一般性竞争领域，政府不直接投资兴办企业，为发展非公有制经济和混合型经济腾出更大的空间。原禄丰钢铁厂经过省、州、县各级各部门的共同努力，于2000年9月破产重组，成功地退出了国有企业领域，新组建的楚雄德胜钢铁公司发展势头良好，值得认真总结，加以推广。要落实责任制，加强领导，规范运作，力争2001年上半年完成元谋糖厂、元谋造纸厂、大姚刨花板厂的破产终结工作，关闭永仁纳拉煤矿，在调整优化我州国有企业结构方面迈出新的步伐。加快建立产权交易中心，着力解决国有企业股权转让等方面的问题，鼓励具备条件的个人、集体和社会法人入股、控股国有企业，促使国有资产退出一般性竞争领域，实现资产重组，获得新的发展。

集中扶持发展优势骨干企业，引导国有企业按照建立现代企业制度的要求，加快制度创新步伐，完善股东会、董事会、监事会和经理层的工作职责、议事规则和企业管理制度；加强国有企业领导班子建设，形成各负其责、协调运转、有效制衡的公司法人治理结构。引导企业深化劳动用工制度和分配制度改革，加大资本、技术等生产要素参与收益分配的力度，在有条件的企业实行经营者年薪制，激活生产经营者的积极性。继续着力推进各项配套改革，增加改革成本，健全社会保障体系，为职工下岗分流、分离企业办社会职能创造条件。积极支持金融体制改革，构筑新型银企关系。协调处理好金融单位增大对地方经济发展的扶持力度与防范金融风险的关系。

狠抓资金、成本、财务和质量管理，努力提高企业资金营运效益、劳动生产率和产销率，降低成本费用，提高经济效益；高度重视市场营销工作，支持企业改进方式、创新手段，提高产品市场竞争力和占有率。加强企业领导班子建设，团结带领企业职工发展生产、搞活经营、增加效益。

各级领导干部要把抓好国有企业改革与发展作为2001年经济工作的硬任务紧紧抓在手上，深入调查研究，作出决策部署，解决实际困难，推动新的发展。

（三）扩大对外开放，大力招商引资，加快发展开放型经济

面对我国即将加入世贸组织和国家实施西部大开发战略的新形势，大力招商引资，加快发展开放型经济势在必行。必须牢固树立“只有大开放，才能大发展”的思想，坚持把调结构、拓市场、建产业与扩大对外开放结合起来，以大开放，促进彝州经济大发展。

要紧紧抓住“引进来”、“走出去”两个重点，大力招商引资，加快发展开放型经济。积极主动与周边地区和东部沿海发达地区寻求联合、合作，引进资金、技术、人才、管理等生产要素，植入我州经济领域；鼓励支持州内企业主动与省内外企业攀亲交友、嫁接联姻，借助外力改进工艺、拓宽市场，提升自己、促进发展。特别是五大特色产业的龙头企业，一定要切实加强与外界大企业、大集团的联合、合作，借梯登高、借船出海，真心诚意地依托他们联合经营，开拓市场，联动发展。鼓励支持州内企业、产品、人才走出去创办实体、占领市场、寻求发展；支持企业积极参加各种交易会、展销会，举办各种商品交易活动，把我州特色产业和拳头产品宣传开来、推销出去，为开展对外贸易造势引资。充分利用各种节庆活动和新闻媒体向国内外宣传彝州优势，炒热彝州特色，扩大彝州知名度，增强引资吸引力。要集中力量专题研究，推出一批质量好、效益高、有发展前景的招商引资项目，建立招商引资项目库和项目网络，搞好“包装”和宣传，吸引更多的投资者和合作伙伴到我州共同开发建设。

着力营造良好环境，努力把我州建成全省收费最低、服务最优、效率最高、环境最好的地区之一，提高对外开放水平。紧紧抓住国家实施西部大开发战略、增加资金投入的机遇，加快我州交通、水利、通讯等基础设施建设，改善投资条件。州、县（市）各职能部门要切实转变观念、改进作风，搞好“一站式”服务，提高办事效率，让各方客商愿意来、留得住、有钱赚、能发展。要建立招商引资项目库和信息服务中心，为外商投资提供政策、法律、科技、项目、价格、市场等信息服务。继续着力办好楚雄、广通开发区，落实优惠政策，支持改革发展，使之真正成为我州对外开放的示范和窗口。外经、外贸、经协等职能部门和政府驻外机构要充分发挥协调作用，全力为我州招商引资搞好服务。要充分调动州内外关心楚雄发展能人志士的积极性，拓宽我州招商引资渠道。

（四）提高认识，大力扶持，推动非公有制经济快速健康发展

要全面理解和准确把握党的十五大、十五届五中全会关于发展非公有制经济的精神实质，认真贯彻落实全省第二次个私经济工作会议精神，提高认识，大力扶持，破除一切制约非公有制经济发展的思想障碍、体制障碍、政策障碍和工作障碍，推动非公有制经济快速健康发展，力争“十五”末期全州非公有制经济占国民经济的比重达到“三分天下有其一”。

要提高认识，真正确立加快发展非公有制经济的思想。必须牢固树立五种观念：即非公有制经济是社会主义市场经济重要组成部分的观念；县域经济以发展非公有制经济和混合型经济为主的观念；发展非公有制经济是培育新的经济增长点的观念；国有经济要有“进”有“退”，让非公有制经济在一般性竞争领域获得更大发展空间的观念；以大开放促进非公有制经济大发展的观念。坚决破除非公有制经济可有可无，比例可大可小，速度可快可慢的思想，充分发挥其机制活、路子宽、发展快的特点，放胆、放手、放开，促进非公有制经济快速健康发展。

要大力扶持，落实兑现加快发展非公有制经济的政策措施，给予信贷支持、土地使用、税收优惠的帮助扶持，在户口、子女就学、职称评定、市场准入等方面使其享有公平待遇。进一步加大扶持力度，每年安排一定数量的资金作为贷款贴息，扶持非公有制经济发展，特别要扶强各种产业龙头。金融部门要深入调查研究，搞好项目评估，积极大胆支持，切实帮助非公有制经济解决“贷款难”的问题；土地部门要实行优惠政策，尽量降低成本，帮助解决生产经营“用地难”的问题。

要转变职能，改善服务质量，提高服务水平。政府及其职能部门要把工作的重点转移到搞好宏观调控、提供优质服务和营造市场环境上来，认真清理、废止阻碍非公有制经济发展的文件规定，同时简化各种行政审批程序，提高办事效率。建立健全金融、人事、劳动、培训、法律等服务体系，为发展非公有制经济搞好服务。非公有制经济要注重技术创新，依靠科技进步，改造提升传统产业，促使产品优化升级，提高市场竞争力；着力培育和开拓市场，千方百计拓展新的发展空间。

各级领导干部要做重视和推动非公有制经济快速健康发展的倡导者、组织者和实践者。深入实际调查研究，积极大胆地与非公有制经济界人士交朋友，广泛听取各方面的意见，了解真实情况，找准非公有制经济发展的薄弱环节和问题所在，提出解决的决策主张。要加大宣传力度，注意培植、总结、推广和表彰先进典型，形成全州上下重视发展非公有制经济的良好氛围。

（五）抓住历史机遇，搞好项目实施，拉动经济增长

要抓住国家实施西部大开发战略的历史机遇，真正从战略和全局的高度来认识搞好重点项目实施对拉动我州经济增长的特殊重大意义，明确责任单位和责任人，增加工作经费，加强组织协调，确保前期工作的进度和质量，争取有更多更好的项目进入国家和省的重点建设项目“盘子”。要采取有力措施，力促项目启动，加快实施进程。两次省政府楚雄现场办公会议确定的项目，一定要抓死、盯住不放，千方百计加快建设步伐；加强对元谋丙巷河水库、武定己衣水库的跟踪协调和督促，争取早日开工。楚雄青山嘴水库是目前我州最大的水利建设项目，要积极争取立项，成为我州西部大开发的重点项目，争取国家和省的重点扶持。切实加快南永公路一期工程进度，创造条件争取2001年启动二期工程。其他上报立项项目也要抓紧抓实，争取早日开工。继续实行“以贷垫拨”，有效缓解建设资金不足的压力。加强协调联系，争取资金到位；加强与金融部门的沟通，争取贷款支持，保证项目实施。大胆实践市场运作方式，积极采取招租、招商、出让产权等方法，引导和鼓励社会、个人或外资参与我州重点项目的投资建设。牢固树立“质量第一”的思想，加强管理，强化督查，确保工程质量。严惩重点项目建设中掺杂使假、贪污腐败行为。

（六）加快小城镇建设步伐，促进城乡结构调整

必须坚定不移地实施“小城镇，大战略”，切实加快小城镇建设步伐，促进城乡结构调整，聚合生产要素，拉动经济增长。

要用战略眼光和超前意识，搞好城镇规划，发挥指导城镇建设的龙头作用。规划一经制定，一切建设活动必须严格服从城镇建设总体规划的要求。2001年重点抓好15个小城镇建设规划的修编工作，强化规划管理，力争在继承和发展民族特色建筑方面有新的突破。按照“以楚雄市中等城市为中心，禄丰次级城市和八个县城为重点，交通沿线十个中心集镇为基础”的思路，集中搞好以楚雄市为中心的城市建设，加快禄丰等县城建设步伐，加大交通沿线和其他中心城镇的建设力度，以点带面，推动发展。从2001年开始，选择10个重点小城镇连续5年重点投入，同时对积极性较高的其他城镇给予支持。切实转变“等、靠、要”的思想，遵循市场经济规律，利用级差地租和“政府特许经营”等手段，走政府引导下依靠市场机制融资建设小城镇的路子。以企业融资为主，逐步建立自筹、自借、自还的城镇建设资金运行机制，形成政府投资、银行贷款、市场融资“三位一体”的投融资体系。改革户籍管理制度，逐步实行城乡户口一体化管理，鼓励先富起来的农民进城经商办企业；深化住房制度改革，推动房地产业发展；深化城镇供排水等公用事业单位管理体制改革，促其逐步向产业化、企业化、社会化方向发展；深化城镇建设和管理体制改革，对小城镇供水、镇容环境、治安交通等实行综合管理，使小城镇管理规范化、制度化。坚持把小城镇建设与培育市场主体、完善市场机制结合起来，通过健全的市场功能，繁荣市场，激活消费，拉动增长；把小城镇建设与发展乡镇企业、非公有制经济、第三产业和特色旅游业等有机结合起来，以小城镇建设带动区域经济发展，以区域经济发展促进城镇化水平提高，推进城乡一体化进程。

（七）积极稳妥，精简高效，抓好机构改革

根据中央、省委的部署和要求，2001 年州和县（市）、乡（镇）党政机构改革全面铺开。必须充分认识党政机构改革是政治体制改革的重要内容，是推进经济体制改革的必然要求，是克服官僚主义、消除腐败现象，进一步密切党委、政府与人民群众关系的需要。要把机构改革的重点放在转变政府职能、理顺部门之间的关系、减少行政性审批和调整优化人员结构、激发政府机关活力上来，通过机构改革，达到协调、高效、廉洁、务实运转的目的。要从州情实际出发，本着有利于推动彝州经济社会发展、民族团结、社会稳定的原则来考虑机构设置和职能配备，制定实施好改革方案，使我州党政机构改革既严格执行上级政策规定，又尽量避免在机构设置和人员编制上出现大起大落。要通过实行在职人员提前退休、带薪离职、辞职、离岗退养等政策，采取充实基层和直属事业单位、组建工作队、安排带薪离职学习培训等方式，达到政企分开、政事分开，积极稳妥地做好人员分流工作，确保机构改革顺利进行。

（八）加强精神文明建设，推进各项事业发展

全面贯彻落实中央和省、州党委思想政治工作会议精神，切实把加强和改进思想政治工作作为新时期精神文明建设的重要内容抓紧抓实。按照州委思想政治工作会议的部署，紧扣州委工作思路，着力组织实施理论武装创新工程、服务“中心”创新工程、精神文明建设创新工程、民族文化发展创新工程和新闻外宣网络创新工程，狠抓思想落实、组织落实、制度落实和投入落实，努力开创我州思想政治工作新局面。紧密联系实际，把思想政治工作与解决实际问题结合起来，有针对性地大力开展理想信念教育，使广大干部群众树立正确的世界观、人生观和价值观。以开展文明城镇、文明单位、文明村、“十星级文明户”和文明运输线五大创建活动为重点，不断提高精神文明创建水平，为彝州改革发展营造良好环境。

着力实施科教人才战略。深化科技体制改革，走产、学、研结合的路子，加强与高等院校、科研院所的联合、合作，加强企业尤其是特色产业龙头的技术创新工作，逐步改变产品多年一贯制、缺乏竞争力的状况；加强烟科所、农科所、药物研究所等科研机构建设，支持它们搞好应用型科研开发，引导其与五大特色产业紧密结合，为我州烟草产业、天然药业和绿色食品业的发展奠定科研基础；加大先进实用技术的推广、应用和普及力度。深化教育体制改革，全面实施素质教育，巩固“两基”成果；加大中专教育结构调整力度，围绕特色产业建设，创办特色、实用专业；抓紧做好楚雄师范学院创建和基础设施建设工作，积极探索新的办学方式，为彝州培养更多更好的建设人才。

牢固树立人才是第一资源的观念，抓紧实施“五个一”人才工程，特别要在盘活用好现有人才和引进紧缺急需人才上花功夫；加快选拔培养中青年学科带头人步伐，健全优秀专业技术人才的选拔、表彰和管理制度，使优秀人才能够脱颖而出。要在工资、职称、住房和配偶及子女随迁就业、就学以及科研经费、利润提成等方面采取一些硬措施，努力营造有利于人才使用、培养、引进的体制环境、政策环境、舆论环境和法制环境，留才、惜才、用才，充分发挥各级各类人才的聪明才智，推动彝州经济发展。

着力实施民族文化发展战略。启动实施好《楚雄州民族文化发展战略纲要》，加快文化基础设施，特别是楚雄城区文体活动中心建设和全州 42 个贫困乡（镇）文化站的建设。增强精品意识，提高创新能力，力争年年出新品、三年上档次、五年出精品。把握时代精神，坚持正确方向，充分利用各种形式，特别是广播、电视和报刊等传媒手段，巩固和拓展社会主义文化阵地。搞好文化市场管理，保护性地积极开发我州文化遗产和文化资源，带动相关产业发展。

广泛深入开展全民健身活动，挖掘和推广少数民族传统体育项目，提高竞技水平，为承办全省“民运会”做好准备。推进卫生体制改革，加快建立城乡医疗保险体系，加快农村卫生事业发展步伐，提高各族群众的健康水平和身体素质。认真抓好计划生育工作，保持低生育水平，控制人口数量，提高人口素质。抓好环保工作，防止和治理污染，为建设生态经济强州创造条件。

（九）加强民主法制建设，做好社会稳定工作

必须坚持和完善人民代表大会制度，贯彻民族区域自治法，支持各级人大及其常委会依法行使职权，开展对“一府两院”的法律监督和工作监督。坚持和完善共产党领导的多党合作和政治协商制度，推进人民政协政治协商、民主监督、参政议政的规范化、制度化。坚持重大问题听取人大、政协的意见，促进科学、民主决策。巩固和发展广泛的爱国统一战线，发挥统战工作在经济发展、民族团结、社会稳定、祖国和平统一大业，特别是在发展非公有制经济和扩大对外开放方面的积极作用。巩固和加强新形势下的民族团结和军政、军民团结。加强群团组织工作，发挥团结、引导、教育群众的桥梁纽带作用。扩大基层民主，保证人民群众行使民主权利；继续推进政务、厂务、村务“三公开”，让群众参与讨论、决定基层公共事务和公益事业，对干部实行民主监督。落实执法责任制、错案追究制和评议考核制，从制度上保证司法机关依法独立行使职权，公正司法，严格执法。加强政法队伍建设，提高政治、业务素质，加强和改进政法机关技术装备和工作条件，充分发挥政法机关的职能作用。深入开展普法教育，增强全民特别是各级领导干部的法制意识，提高依法办事的能力。

高度重视社会稳定工作，严格按照“谁主管谁负责”的原则，切实把“保稳定”的重大责任落到实处。重视正确处理新时期人民内部矛盾，大力开展矛盾纠纷的排查调处工作；加强城乡“社会矛盾调处中心”建设，着力解决好群众关心的热点问题，防止矛盾激化。充分发挥政法机关的职能作用，依法严厉打击敌对分子、邪教组织和严重刑事犯罪、经济犯罪。贯彻党的民族、宗教政策，妥善处理有关矛盾和问题。继续加强对民间社团组织的清理整顿和管理。加强基层基础工作，把社会治安综合治理的措施落实到基层，依靠广大群众和社会各方面的力量，合力扫除黄、赌、毒等社会丑恶现象，共同维护社会稳定。各级领导干部要按照“三个代表”的要求，坚决克服官僚主义、形式主义，带头深入困难企业和贫困山区，深入矛盾较多的地区，关心群众疾苦、倾听群众呼声，为他们排忧解难，及时化解各种矛盾，把不稳定因素消除在基层和萌芽状态。

三、按照“三个代表”要求全面加强党的建设

完成明年各项任务，实现新世纪彝州改革发展的良好开局，关键在党。必须始终坚持党要管党和从严治党的方针，按照“三个代表”的要求，加强党的建设、改善党的领导，为彝州改革发展提供坚强组织保证。

（一）加强学习，注重实践，增强驾驭经济全局的本领

要坚持用马列主义、毛泽东思想、邓小平理论，特别是“三个代表”的重要思想武装党员、干部的头脑，进一步解决好理想信念和领导水平问题。切实运用马克思主义的立场、观点和方法观察事物、判断形势、指导实践，增强贯彻执行党的路线、方针、政策的自觉性和坚定性，增强政治意识、大局意识和责任意识，提高思想政治素质和驾驭复杂局面、解决实际问题的能力。当前，要特别注意深入学习领会党的十五大、十五届五中全会精神，学习掌握做好工作所必需的市场经济知识、科学技术知识和现代信息知识，在领导干部尤其是中青年干部中，加大计算机应用技术培训力度；躬身实践领域，注重调查研究，深刻分析思谋，加强对经济工作重大关系的研究，努力把握新形势下经济发展的规律性，掌握工作主动权，提高领导经济工作的水平，增强驾驭经济全局的本领。

（二）顺应形势，着眼发展，加强各级领导班子和干部队伍建设

迈进新世纪，我州干部队伍又处于一个新老交替的重要时期，我们比以往任何时候都更加需要重视年轻干部的培养选拔工作。必须着眼于事业的长远发展和人才的总体要求，切实增强培养选拔优秀年轻干部的政治责任感、历史使命感和工作紧迫感。要始终坚持三支队伍一起抓的方针，抓紧配备系统掌握马克思主义理论、熟悉意识形态工作和熟悉现代管理、金融、外经贸及法律工作的干部，尤其要加大对优秀年轻干部、妇女干部、少数民族干部和非党干部的培养选拔力度，改善各级领导班子和干部队伍的知识结构、专业结构和年龄结构。深化干部人事制度改革，通过大力推进公开选拔领导干部工作，全面推行党政领导干部任前公示制，推行任期制、聘任制和试用期制，推行竞争上岗，推进干部交流，完善领导干部署名推荐制、考察预告制，建立干部监督机制和制约制度等，为优秀干部脱颖而出创造条件。要注重“育人”这个基础，根据年轻干部的成长特点，本着缺什么补什么的原则，着力提高思想政治素质和驾驭复杂局面、解决实际问题的能力。注意让年轻干部在各种重大实践中经受锻炼和考验，把他们放到关键岗位、艰苦环境和情况复杂、矛盾突出、困难较多的地方去

磨练，严格要求、教育、管理和监督，使之健康成长。

（三）务实创新，注重实绩，加强党的作风建设

要加强思想作风建设，核心是要始终坚持党的解放思想、实事求是的思想路线，坚持“三个有利于”的根本标准，按照“三个代表”的要求，把上级指示精神与当地实际紧密结合，创造性地开展工作。要根据形势任务的发展要求，大胆改革创新，出新招、闯新路、求发展。尊重实践，尊重群众首创精神，允许试，允许总结经验教训，在探索当中推动实践发展。要从舆论导向、政策环境和用人机制上，鼓励、支持、保护思想解放、改革创新的人和事，促进改革发展。要切实转变工作作风，坚决克服形式主义和官僚主义。各级领导干部一定要按照“三个代表”的要求，时刻把党和人民的事业放在心上，言必信，行必果，言行一致，说到做到，把心思和精力集中到推进彝州改革发展上来。要始终坚持重实践、说实话、办实事、求实效，大力发扬脚踏实地、埋头苦干的作风，扎扎实实地解决好关系改革发展稳定全局和影响群众生产生活的重大问题，用实际行动聚集力量，推动发展。

（四）持之以恒，注重实效，加强党的基层组织建设

按照中央和省委的部署，抓好县级部门、乡（镇）机关、村级组织“三个代表”的学习教育活动，加强乡（镇）领导班子建设；抓好“三讲”教育的经验总结，巩固扩大“三讲”成果，把“三讲”教育的成功经验运用于经常性党的建设；继续抓好农村、机关和企事业单位党的基层组织建设，积极探索非公有制企业党建工作的新路子；加强党员管理，继续推行发展党员公示制，严把党员“入口关”。

（五）严格要求，自警自励，推进党风廉政建设

要根据社会主义市场经济条件下党风廉政建设和反腐败斗争的新形势和新特点，坚持从严治党方针，加大治本力度，建立健全监督管理制度，从思想上、体制上、机制上、制度上增强反腐败的能力，推进党风廉政建设和反腐败斗争深入开展。按照中央和省委的要求，要突出两个重点：一是要继续在全州党员干部中认真开展深刻的警示教育，特别要在各级领导班子和领导干部中开展好以胡长清、成克杰等重大典型案件为反面教材的警示教育，吸取教训、防微杜渐。严格执行各项廉政制度规定，突出党风廉政建设的实效性，真正用党的纪律和规章制度规范好党员干部的行为。二是要在落实领导干部不准收受礼金红包和配偶子女违规违纪经商问题上取得成效，严肃党的纪律，认真查处党员干部尤其是县以上党员领导干部违纪违法案件；加大干部监督管理力度，从源头上遏制腐败行为。

同志们，人类就要进入新的世纪，展现在我们面前的是新的发展前景、新的机遇和挑战。让我们高举邓小平理论伟大旗帜，更加紧密地团结在以江泽民同志为核心的党中央周围，认真学习实践“三个代表”的重要思想，全面贯彻落实党的十五届五中全会、中央经济工作会议和省委六届十一次全会精神，顺应发展形势、绘制发展蓝图，突出工作重点、务实创新前进，为实现新世纪彝州改革发展的良好开局而努力奋斗！

关于楚雄彝族自治州国民经济和社会发展第十个五年计划纲要的报告

——在楚雄彝族自治州第八届人民代表大会第六次会议上

（2001年3月12日）

代理州长 夜礼斌

各位代表：

我代表州人民政府向大会作报告，请与《楚雄彝族自治州国民经济和社会发展第十个五年计划纲要（草案）》（以下简称《纲要》）一并审查，并请政协委员和列席人员提出意见。

一、克难奋进，务实创新成绩显著的五年

1996年以来，面对亚洲金融危机的冲击、国内市场的急剧变化、国家宏观政策的调整对我州的影响以及各种自然灾害频繁等困难，全州各族人民在中共云南省委、省人民政府和中共楚雄州委的领导下，高举邓小平理论伟大旗帜，认真贯彻党的十五大和楚雄州第五次党代会精神，团结拼搏，务实创新，基本完成了“九五”计划确定的目标任务，使“九五”成为我州经济社会发展较好的时期之一，为“十五”的发展奠定了坚实基础。过去的一年，我们坚决贯彻落实党中央、国务院和省委、省政府扩大内需的一系列重大方针政策，深化改革、扩大开放、调整结构、开拓市场、搞活流通，使全州经济和社会发展取得了较好成绩，呈现出了经济发展、社会进步、民族团结的大好局面。

（一）国民经济持续快速健康发展，第二步战略目标基本实现

2000年，全州国内生产总值完成105.5亿元，按可比价计算，比1999年增长7.65%，圆满完成了年初人代会确定的增长7.5%左右的目标；“九五”期间国内生产总值年平均增长9.7%，高于全省、全国同期增长水平，国内生产总值在提前7年、人均国内生产总值提前6年实现了翻两番的第二步战略目标的基础上继续以较高速度增长。

农业和农村经济稳步发展。2000年，全州完成农业总产值51亿元，按1990年不变价计算，比1999年增长4.7%，超额完成了年初人代会确定的增长4%的目标，“九五”期间年均增长4.8%；粮食生产连续6年获得丰收，2000年总产量达10.3亿千克，比1999年增长0.5%，超额完成了年初人代会确定的目标，人均占有粮食达409千克，实现了粮食的供求平衡；完成烤烟收购113.7万担，比1999年增长16.7%，完成计划的99.8%；乡镇企业快速健康发展，2000年实现总收入140.4亿元，按可比口径计算，比1999年增长27.8%，完成了年初人代会确定计划指标的106.5%；农业基础设施不断改善，“九

五”期间净增有效灌溉面积 13.4 万亩，新增高产稳产农田（地）70.9 万亩；农业种植结构调整取得实效，粮经作物比例由 1995 年的 74.7:25.3 调整为 2000 年的 70.8:29.2，油料、瓜果、蔬菜、肉类、水产品等产品产量均有不同程度的增长，设施农业、订单农业发展较快，农业产业化经营迈出新的步伐。

工业经济稳步发展。2000 年，全州实现工业总产值 72.7 亿元，按 1990 年不变价计算，比 1999 年增长 12.4%，超额完成了年初人代会确定的增长 7.5% 的目标，“九五”期间年均增长 7.8%；烟草、制药、食品、建材等主要工业产品产量都有较大增长，工业经济效益综合指数比 1999 年提高了 3.2 个百分点。

第三产业快速成长。2000 年，全州旅游业接待境外游客 594 人次，接待国内游客 189.6 万人次，旅游总收入达 3.51 亿元，比 1995 年增长 1.7 倍；运输、邮电、餐饮等服务业快速发展，2000 年，全州完成社会商品零售总额 27.4 亿元，比 1999 年增长 8.6%，超额完成了年初人代会确定增长 8%的目标，“九五”期间年均增长 10.7%。

财政金融运行平稳。全州财政总收入由 1995 年的 16.7 亿元增加到 2000 年的 17.55 亿元，其中：地方财政收入由 1995 年的 5.6 亿元增加到 2000 年的 7.7 亿元，2000 年比 1999 年增长 3.7%，完成年初人代会确定计划指标的 107.4%；财政支出由 1995 年的 13.3 亿元增加到 2000 年的 19.1 亿元；全州金融机构 2000 年年末各项存款余额为 100.4 亿元、各项贷款余额为 88.1 亿元、商业保险保费收入为 2.1 亿元，分别比 1995 年净增 50.8 亿元、37.1 亿元、1.4 亿元。

（二）经济结构调整迈出较大步伐，重点产业培育成效明显

产业结构调整步伐加快，一、二、三次产业的比重由 1995 年的 37.1:36.2:26.7 调整为 2000 年的 31.2:38.7:30.1；工业结构调整迈出实质性步伐，禄钢等一批国有企业的资产重组取得重要进展，“五小”企业关、停、并、转工作初见成效；五大产业稳步发展：烟草业的支柱地位继续巩固提高，天然药业、绿色食品业、冶金矿产业、特色旅游业发展势头较好；非公有制经济快速发展，全州非公有制经济创造的增加值占 GDP 的比重由 1995 年的 8.5%提高到了 2000 年的 21%，2000 年比 1999 年提高了 1.8 个百分点，超额完成了年初人代会确定的 20%的目标；城乡结构调整力度加大，城镇化水平由 1995 年的 11.8%提高到 2000 年的 18.8%。

（三）基础设施和重点工程建设成绩显著，发展后劲明显增强

“九五”期间全社会固定资产投资累计完成 87.6 亿元，比“八五”期间的 41.2 亿元增长 1.1 倍，“九五”期间年平均增长 10.4%；建成西静河、石门、塘房庙等中小型水库 70 件，新增库容 1.2 亿立方米；牟元公路、禄武公路（武定段）、白花山公路的改造相继完工，全州新增通车里程 3583 公里，公路总里程达 1.4 万公里；州水泥厂 20 万吨旋窑技改、盘龙云海和省级重点工程老虎山电站建成投产，农村电网建设和改造步伐不断加快；全州 10 县（市）、126 个乡（镇）和多数行政村开通了程控电话，程控电话交换机容量达到 15.8 万门；10 县（市）和部分乡（镇）开通了移动电话，移动电话用户达 6.9 万户；固定电话用户达 12.9 万户，固定电话普及率由 1995 年的 1.8 部/百人提高到 2000 年的 5.2 部/百人；有线电视用户达 30 万户，比 1995 年增长 3 倍；城镇道路、供排水等基础设施和绿化状况有了较大改善。

（四）改革进一步深化，对内对外开放不断扩大

国有企业改革取得实质性进展，三年改革脱困目标基本实现。95%以上的国有企业完成了改革改制任务，多数中小企业通过“放开搞活”找到了新的发展出路；国有及国有控股企业扭转了连年亏损的局面，全州辖区内 107 户国有及国有控股工业企业以及限额以上国有批发零售贸易企业 2000 年实现利润 1.02 亿元，比 1999 年增加 1.33 亿元；以企业职工养老保险、失业保险、医疗保险为重点的社会保障制度改革取得重大进展，全州有 6 万城镇职工和 27 万农村居民参加了养老保险，确保了国有企业离退休人员养老金和下岗职工基本生活费的按时足额发放；10 县（市）118 个乡（镇）建立了居民最低生活保障制度；农村村级行政管理体制改革顺利完成，财政、投融资、粮食流通体制和住房制度等方面的改革进一步深化和完善，社会主义市场经济体制正在建立。

对外交往和经济协作日趋活跃，通过举办世博会、国际旅游节楚雄分会场等大型活动和积极参加昆交会、上交会、西交会等经贸活动，提高了楚雄州在国内外的知名度和对内对外开放的水平；招商引资力度进一步加大，“九五”期间，全州累计批准建立外商投资企业 17 户，项目总投资 3126 万美元，引进州外国内资金 12.1 亿元；累计进出口总额 5033 万美元，比“八五”增长 70.9%；楚雄经济技术开发区和广通经贸开发区的建设不断加快，招商引资取得实效，对内对外开放的“窗口”和示范作用进一步得到发挥。

（五）社会事业全面发展，精神文明建设得到加强

积极实施科教兴州战略，科技试验、示范和推广力度进一步加大，科技创新能力进一步增强，“九五”期间共获州以上科技成果奖374项，科技进步对国民经济增长的贡献率由1995年的32%提高到2000年的38.3%；“两基”规划目标基本完成，学校办学条件不断改善，教师队伍建设得到加强，教育结构进一步得到调整和优化，职业教育发展较快，教育管理水平、教学质量和办学效益进一步提高；实施民族文化精品和千里边疆文化长廊等工程，文化基础设施进一步得到加强；新闻、报刊和地方志编纂事业继续发展，广播、电视覆盖率由1995年的82.4%和83%分别提高到2000年的90%和91.2%；医疗卫生事业取得新的成绩，基本实现了人人享有初级卫生保健的目标；体育事业不断发展，全民健身活动广泛开展，人民群众的身体素质明显提高；提前3年完成了勘界任务，促进了边界地区的民族团结和社会稳定。

始终坚持“两手抓、两手都要硬”的方针，切实加强思想政治工作，提高了广大干部群众的思想道德素质；广泛开展以“讲文明、树新风”为主要内容的创建文明城市、文明单位、文明行业、文明村镇和“十星级”文明户活动，涌现出一批先进文明单位和个人；“双拥”工作取得成绩，涌现出一批“双拥”先进模范单位，军政、军民关系更加密切；全面贯彻党的民族宗教政策，平等、团结、互助的社会主义新型民族关系不断得到巩固和发展，呈现出各民族团结和睦、共同繁荣的良好局面。

（六）可持续发展战略全面实施，生态环境保护与建设得到加强

认真组织实施长防、长治、天然林保护、国家生态环境重点县建设和退耕还林还草等工程，“九五”期间累计植树造林250万亩，封山育林550万亩，建成沼气池5.5万口，实现了森林消长平衡，森林覆盖率由1995年的27.9%提高到2000年的39.5%，自然保护区面积占国土面积的比重由1995年的1.98%提高到2000年的4.9%；工业污染治理取得成效，城镇环境有较大改善，水土流失面积由1995年的1.6万平方公里减少到2000年的1.3万平方公里；全面实行土地管理目标责任制，土地资源得到合理开发和利用；计划生育成效显著，2000年人口自然增长率为7.9‰，低于2000年年初人代会确定的10‰的控制目标和全国全省平均水平。

（七）“五七”扶贫攻坚任务基本完成，人民生活水平不断提高

“九五”期间，加大了扶贫工作力度，努力改善贫困地区人民群众的生产生活条件，5年累计投入扶贫资金10亿元，比“八五”增加7.9亿元，共解决了22.5万贫困人口的温饱问题；积极开展了防灾减灾工作，武定“10·24”地震恢复重建圆满完成，姚安“1·15”和武定“8·21”地震恢复重建进展顺利；人民群众的生活从总体上开始进入小康，全州农民人均纯收入由1995年的946.8元增加到2000年的1575元，比1999年增长3.6%，超额完成2000年年初人代会确定增长3%的目标，“九五”期间年平均增长10.7%，农村人均居住面积由1995年的24.4平方米增加到2000年的27.1平方米，大部分农民群众的生活逐步跨越温饱向小康迈进；城镇居民人均可支配收入由1995年的3493元增加到2000年的5947元，比1999年增长7.5%，“九五”期间年平均增长11.2%，城镇居民人均居住面积由1995年的15.7平方米增加到2000年的20.6平方米；2000年城镇登记失业率为3%，低于2000年年初人代会确定的3.5%的控制目标。

（八）民主法制建设取得新进展，社会治安进一步好转

州人民政府自觉接受州人民代表大会及其常委会的法律监督和工作监督，接受州政协的民主监督，1996年以来，共向州人大常委会报告工作64次，办理代表议案6件，建议、批评和意见756件，州政协委员提案1095件；广泛听取专家学者的意见和建议，政府决策不断向科学化和民主化目标迈进；政府依法行政的自觉性有了新的提高；广泛开展了“三五”普法教育，进一步增强了各族干部群众的法制观念；依法加强对宗教事务的管理，与“法轮功”邪教组织进行了坚决的斗争，团结、教育、挽救了一批“法轮功”痴迷者；坚持不懈地进行社会治安综合治理，加大预防和打击各种犯罪活动的力度；重视和加强信访工作，妥善处理人民内部矛盾，促进了社会稳定。

（九）政府系统的勤政廉政建设得到加强，驾驭市场经济的能力进一步提高

政府各级领导干部和机关工作人员认真学习和实践江总书记“三个代表”的重要思想，不断增强全心全意为人民服务的宗旨意识，大兴调查研究之风，开展“三同”活动，进一步密切党群干群关系，促进了机关工作作风的转变和工作效率的不断提高；通过开展“三讲”教育，使各级领导干部经受了一次严格的党内生活锻炼，受到了一次深刻的马克思主义和党性党风再教育，从而增强了各级领导干部的政治敏锐性和政治鉴别力，增强了大局意识、责任意识和群众意识，提高了各级领导班子的领导水平；深入开展反腐败斗争，政府机关廉政建设得到加强；废止了一批不适应经济社会发展的州政府和部门规范性文件，有效地遏制了乱摊派、乱罚款、乱收费等行业不正之风。

总结“九五”取得成绩的主要经验：一是必须始终坚持以经济建设为中心不动摇，坚持解放思想、实事求是的思想路线，积极探索具有我州特色的发展路子，加大经济结构调整的力度，加快培育重点产业；二是必须始终坚持改革开放，充分发挥市场机制的调节作用和履行好政府的宏观调控职能，用改革和发展的办法解决前进中遇到的困难和问题；三是必须始终把农业和农村工作摆在经济工作的首位，打牢农业基础，不断增强发展后劲；四是必须始终坚持实施科教人才和可持续发展战略，促进经济、社会和人口、资源、环境的协调发展；五是必须始终坚持“两手抓、两手都要硬”的方针，切实加强精神文明建设和民主法制建设，为经济社会发展提供精神动力、智力支持和法制保障；六是必须始终坚持不断加强和改善党的领导，为社会主义现代化建设提供坚强的组织保证。

各位代表，“九五”期间，我州在遇到各种困难和矛盾的情况下，能够取得上述成绩确实来之不易。这是全州各族人民在省委、省政府和州委的正确领导下，认真贯彻党的基本路线、方针、政策，攻坚克难、务实创新的结果，是全州广大干部群众发挥聪明才智和辛勤劳动的结果。在此，我代表州人民政府，向全州各族干部群众和驻楚中国人民解放军、武警部队全体官兵致以崇高的敬意！向所有关心、支持、帮助我州建设的社会各界人士表示衷心的感谢！

在肯定成绩的同时，我们应当清醒地认识到，在前进中还存在一些困难和问题：一是产业结构和城乡结构不合理，经济支柱单一，财政收支矛盾突出；二是农民收入增长缓慢，扶贫攻坚任务还十分艰巨；三是市场体系不够健全，流通渠道不畅，企业整体素质不高、竞争力不强；四是体制和机制不适应市场经济发展的要求，对内对外开放程度不高；五是观念落后，劳动者科技文化素质偏低；六是少数干部作风飘浮，局部地区社会治安状况较差。在今后的工作中，我们必须正视这些问题，并采取有效措施认真加以解决。

二、抓住机遇，加快发展
再创“十五”新的业绩

新世纪开始的5年，是我州经济和社会发展的重要时期。当前，经济全球化进程日益加快，以信息技术、生物技术为标志的新科技革命迅猛发展，世界性的产业结构调整和资产重组规模空前，国内市场供求关系和经济发展的体制环境发生了重大变化，特别是国家全面实施西部大开发战略和我国即将加入世贸组织，既给我州的发展带来了重大机遇，同时也使我州面临更大的挑战。面对新形势和新任务，我们要进一步增强紧迫感和责任感，抓住机遇、迎接挑战、团结奋进、务实创新，再创“十五”新的业绩。

根据“十五”面临的形势，《纲要》提出了今后5年我州经济社会发展的指导思想、基本思路、发展目标和主要任务。

（一）关于“十五”经济社会发展的指导思想和基本思路

《纲要》提出“十五”发展的指导思想是：**高举邓小平理论伟大旗帜，以江总书记“三个代表”重要思想为指针，坚持党的基本路线和基本纲领，全面贯彻落实党的十五大、十五届五中全会和省委六届十一次全会精神，以加快发展为主题，调整结构为主线，改革开放和科技进步为动力，提高人民生活水平为根本出发点，处理好改革、发展、稳定的关系，团结进取，务实创新，保持国民经济持续快速健康发展，促进社会全面进步。**

基本思路是：突出解放思想、加快发展这一主题，促进经济体制和经济增长方式两个根本性转变，打好农业、交通和城镇建设三个基础，大力实施科教人才、扩大对内对外开放、民族文化发展和可持续发展四大战略，集中力量建设烟草产业、天然药业、绿色食品业、冶金矿产业和特色旅游业五大产业，努力把楚雄州建设成为经济特色显著、彝族文化荟萃、人与自然和谐、群众生活富裕的绿色经济和民族文化强州。

根据上述指导思想和基本思路，“十五”期间，我州经济社会发展必须坚持以下方针：

（1）把发展作为主题，以解放思想为先导，经济建设为中心，在坚持提高质量和效益的基础上，抓住机遇，加快经济社会发展步伐。（2）把经济结构调整

作为主线，不失时机地对经济结构进行战略性调整，促进经济结构优化升级。(3) 把改革开放和科技进步作为动力，深化改革，扩大开放，振兴科教，为加快发展和促进结构调整提供强劲的动力。(4) 把提高人民生活水平作为根本出发点，在发展中不断改善人民物质文化生活。(5) 坚持经济社会协调发展，在推进经济繁荣与社会进步中，突出彝州特色，把“两个文明”建设提高到一个新水平。(6) 把发扬自力更生、艰苦奋斗的精神与积极争取国家和省的支持、扩大横向经济合作有机结合起来，加快经济发展进程。(7) 把打基础与求发展有机结合起来，在不断强化基础设施建设中促进发展，在发展中进一步强化基础设施建设。(8) 妥善处理改革、发展、稳定的关系，加强社会主义精神文明和民主法制建设，确保社会稳定。

（二）关于“十五”经济社会的发展目标

“十五”期间，我州经济社会的发展目标是：在经济运行质量和经济效益明显提高的前提下，实现国内生产总值增幅达到全省中上水平，使国内生产总值、人均国内生产总值和地方财政收入、人均地方财政收入巩固和保持在全省16个地、州（市）和全国30个自治州中现有的水平，并力争位次前移；经济结构战略性调整取得明显成效，为到2010年国内生产总值比2000年翻一番奠定坚实基础；国有企业改革取得重大进展，社会保障制度比较健全，初步建立起适应社会主义市场经济体制要求的新的发展机制，综合竞争能力明显增强；科技教育持续发展，人口素质不断提高，精神文明建设和民主法制建设取得新的进展。

经济调控的主要预期目标是：国内生产总值年均增长8%以上，到2005年，按2000年价格计算的国内生产总值达155亿元以上；全社会固定资产投资增幅保持在全省中上水平，年均增长10%左右；社会消费品零售总额年均增长10%左右；外贸进出口总额年均增长10%左右；城镇登记失业率控制在4%以内；力争财政收入有一定增长，保持价格总水平基本稳定。

经济结构调整的主要预期目标是：产业结构优化升级，到2005年，三次产业增加值比例调整为29:39:32；传统优势产业竞争力增强，群体支柱产业初步形成，五大产业增加值在国内生产总值中的比重达50%左右；非公有制经济创造的增加值占国内生产总值比重提高到32%左右，城镇化水平达到25%以上。

社会发展的主要预期目标是：稳定巩固提高“两基”教育成果，初中升学率提高到45%以上，高等教育毛入学率提高到8%左右，青壮年文盲率控制在1%以下；科技进步对经济增长的贡献率达41%以上；广播、电视人口覆盖率达95%以上；社会风气和社会秩序进一步好转，社会信用关系改善。

可持续发展的主要预期目标是：人口自然增长率控制在10‰以内；生态环境明显改善，到2005年，森林覆盖率达45%以上，楚雄市城区及各县县城绿化覆盖率提高到35%左右；自然资源利用趋于合理。

提高人民生活水平的主要预期目标是：到2005年，人民生活总体上进入小康，居民生活质量有较大提高，社会保障体系比较健全；城镇居民人均可支配收入年均增长6%左右，农民人均可支配收入年均增长5%左右，农村绝对贫困人口稳定解决温饱问题；城镇居民人均住宅面积增加到25平方米；城乡医疗卫生服务设施进一步改善，人均预期寿命达70岁左右。

（三）关于“十五”经济社会发展的主要任务

1. 强化基础设施建设，积极推进经济结构的战略性调整

加强农业、交通和城镇等基础设施建设。要大力加强以农田水利为重点的农业基础设施建设，不断改善农业生产条件，“十五”期间，新建高产稳产农田（地）50万亩，治理坡耕地65万亩；交通建设要实施“三纵三横”路网建设发展规划，“十五”期间完成南永公路和禄丰出境线二级公路建设，积极支持、参与国家和省安楚高速公路、武定至攀枝花108国道高等级公路建设，构筑楚雄市连接省会昆明、四川攀枝花的“大三角”高等级公路网络，实现州县公路高等级化，县乡公路等级化，乡村公路平坦化；遵循“统一规划、科学布局、分步实施、整体推进”的原则，加大城镇基础设施建设力度，努力把楚雄市建设成为独具特色的现代化中等生态城市，推进禄丰撤县建市，使楚雄中等城市、禄丰次级城市和其他8个县城的城市功能更加完善，交通沿线10个中心城镇的辐射带动作用进一步增强；要以强化干线网络建设为重点，提高综合通信能力为目的，建成集数字化、智能化、综合化、个人化和宽带化为一体的现代通信网，满足社会多方面数据、图像等高级信息业务的需求。

推进农业和农村经济结构的战略性调整。要围绕“三区八大基地”的建设，以加快生物资源开发创新产业为重点，大力发展设施农业、订单农业、特色农

业，推进农业结构调整；建立健全农村社会化服务体系，推进农业产业化经营，促进传统农业向现代农业转变；深化乡镇企业改革，引导乡镇企业实现二次创业，大力发展以农副产品加工、储藏、运输为重点的农村二、三产业，努力增加农民收入。

积极推进工业结构调整。要按照“集中力量培育一批，创造条件放活一批，积极稳妥淘汰一批”的工业结构调整思路，以市场为导向，以提高产品竞争力和经济效益为中心，以产品结构调整为切入点和突破口，以深化国有企业改革和进行国有经济战略性调整为契机，运用现代高新技术改造传统产业，逐步淘汰落后的生产能力，积极发展高新技术产业和出口创汇产业，培育新的经济增长点；加快国民经济信息化进程，妥善处理好信息化与工业化之间的关系，在重点推进工业化的同时加快信息化进程，在加快信息化进程中全面推进工业化。

加快培育五大产业。要制定五大重点产业的发展规划，以信息技术和生物技术为先导，采取有力措施，促进天然药业、绿色食品业、冶金矿产业、特色旅游业五大产业的快速发展。

大力发展服务业。加快发展特色旅游、商贸、文化、教育、房地产业等传统服务业，大力发展信息、金融、会计、咨询、法律、社区服务等现代服务业，努力培育资本、劳动力、技术、信息等要素市场，加快服务业市场化和社会化步伐，使全州第三产业占国内生产总值的比重由现在的30.1%提高到32%以上，第三产业从业人数占全社会劳动者人数的比重达到20%以上。

调整所有制结构，加快发展非公有制经济。要按照“有所为，有所不为”的要求，把国有经济布局和所有制结构调整作为结构调整的重点来抓，促进公有制经济退出一般性竞争领域，为非公有制经济的发展留出较大的空间；要进一步完善政策，采取有力措施，积极营造更加有利于非公有制经济发展的环境，放手发展非公有制经济和混合所有制经济，把非公有制经济作为新的增长点来培育。

调整城乡结构，推动区域经济协调发展。要加快小城镇户籍制度的改革，打破城乡分割体制，调整城乡结构，提高城镇化水平，形成城乡经济一体化的新格局，“十五”期末，全州建制镇由36个增加到41个，非农业人口增加到65万人左右；要实施好非均衡发展战略，在鼓励楚雄市和禄丰县等有条件的地区加快城市化和工业化进程的同时，积极鼓励支持南华、元谋通过5年的努力实现财政收支自求平衡；要高度重视和加快320国道、108国道、南永公路交通“大三角”沿线乡（镇）的发展，充分发挥其区位及基础设施较完善的优势，促进优先发展，培育新的经济增长点；同时要高度重视其他地区的发展，实现共同进步。

2.实施科教人才战略，加快发展科技教育事业

进一步深化科技体制改革，促进科技与经济的紧密结合，加快科技成果向现实生产力转化，促进高新技术成果的商品化、产业化；建立企业技术创新机制，推动企业成为技术进步和创新的主体；加强与大专院校、科研院所及东部发达地区的联合，围绕发展五大产业，确立一批高新科技骨干工程，积极引进国内外先进技术，改造传统重点产业中的龙头骨干企业，提升其整体技术水平；加大科学技术宣传、普及、推广力度，在全社会形成尊重科学、依靠科学、学科学、用科学的良好氛围。

把教育放在优先发展的战略位置，全面推进素质教育，巩固提高“两基”成果，积极发展高中教育，集中力量办好一批质量高、规模适度的高级中学；深化教育改革，调整优化中专教育结构，大力发展初中级职业教育，建成2～3所省部级以上骨干中专示范学校，力争把楚雄师专建成以师范为主、服务地方经济的综合性院校；改革完善教育体制和运行机制，推进州校合作，积极发展高等职业教育，鼓励支持多种形式的社会办学，加强教师队伍建设，推进现代教育手段发展进程。

围绕经济结构调整和特色产业建设，认真实施“五个一”人才建设工程，用好用活现有人才，抓紧培养优秀高级专业技术和实用技术人才，积极引进急需的优秀人才，为人才的成长和发挥特长创造良好环境。通过5年的努力，基本建立起一支规模适当、素质优良、结构优化的人才队伍，形成一套人尽其才，才尽其用的人才选拔、使用、管理和竞争激励机制。

3.进一步深化改革，努力扩大对内对外开放

要以建立现代企业制度为目标，以体制创新为重点，继续推进国有企业改革；深化投融资体制改革，大胆探索符合我州实际的投融资体制和运行机制；进一步建立和完善社会保障制度，全面推行城镇职工基本医疗保险制度，积极推进城镇医药卫生体制改革，健全社会保障基金监管制度和有效的运行机制，加强社会保障基金的规范管理，推进社会保障对象管理和服务的社会化改革；积极推进行政管理体制改革，按

照政企、政事分开的要求和精简、统一、高效的原则，进一步转变政府职能，建立廉洁高效、运转协调、行为规范的行政管理体制；积极稳妥地推进财税体制改革，健全和完善税收制度；坚持效率优先、兼顾公平的原则，不断深化收入分配制度改革，把按劳分配与按生产要素分配结合起来，积极探索资本、技术参与收入分配的有效形式和途径；进一步推进和完善农村各项改革，推动农业和农村经济的持续发展。通过5年的努力，基本建立社会主义市场经济体制。

坚持“以资源、市场换技术，以产权换资金，以存量换增量”的原则，不断优化投资的软硬环境，积极有效地利用国内外两种资源、两种资金和两个市场，加大引进内外资和对内对外开放力度，拓宽利用内外资领域，鼓励外商和国内厂商在我州进行多种形式的投资和开发，提高对内对外开放水平；创新招商方式，拓展招商渠道，充分发挥海外华人华侨、驻外办事机构的窗口桥梁作用，努力提高利用内外资的总量和效益；坚持引进来与走出去相结合，努力开拓国际国内市场，努力扩大外贸进出口；继续办好楚雄经济技术开发区和广通经贸开发区，充分发挥其对外开放的“窗口”示范和辐射带动作用。

4. 实施民族文化发展战略，促进各项社会事业的全面发展

要把民族文化发展与重点产业建设结合起来，大力发展民族文化、民族风情、民族观光和科普考察；加强文化基础设施建设，重点做好“禄丰东方恐龙文化园”的规划和招商工作，继续搞好“中国彝族十月太阳历文化园”二期工程的规划实施，有重点地兴建一批民族文化标志性建筑；坚持为人民服务、为社会主义服务的方向，积极发展社会科学、文化艺术、新闻、广播影视、档案等社会文化事业，继续搞好第二期边疆文化长廊和科普长廊建设；完善文化产业政策，加强文化市场建设和管理。通过5年的努力，把楚雄州初步建设成为以优秀彝族文化为代表的民族文化强州。

发展妇女儿童事业，保护妇女儿童合法权益；重视人口老龄化问题，进一步做好老龄工作；支持残疾人事业的发展，改善残疾人参与社会生活的环境；进一步改善城乡特别是农村卫生服务设施，加强预防保健；增加和改善城乡老年人、青少年和职工文化娱乐、体育及科普活动场所，大力开展全民健身运动，增强人民体质，提高各族人民的健康水平；加强地震监测和防震工作，进一步做好防灾减灾工作。

5. 实施可持续发展战略，促进经济社会协调发展

继续稳定和完善计划生育政策，严格控制人口数量，保持低生育水平，促进优生优育，努力提高人口素质；坚持依法保护和合理开发水、土地、矿产、森林、人文和旅游资源，强化对大气污染、水污染、垃圾污染和噪声污染的综合治理，使主要城市污水处理率达到80%以上；加强生态环境建设和保护，抓紧抓好国家生态环境重点工程、退耕还林还草工程、天然林保护工程、“长防”工程、“长治”工程、农村能源综合建设等工程，继续实施小流域综合治理，5年内治理水土流失面积2000平方公里，使全州水土流失面积在2000年的基础上下降15%。

6. 努力提高社会就业率，改善和提高人民生活水平

要把扩大就业作为经济社会发展的重要目标，继续发挥第三产业和非公有制经济对增加就业的积极作用，多渠道创造就业机会；规范劳动力市场和中介服务，建立和完善以市场为导向的择业就业体制，引导下岗职工和失业人员转变就业观念，促进多种形式再就业，不断增加城乡居民特别是广大农民的收入；优化消费结构，改善消费环境，进一步提高城乡居民的消费水平和生活质量；继续加大扶贫攻坚力度，坚持不懈地抓好扶贫开发工作，强化领导责任，实行分类指导，确保全州现有农村贫困人口在“十五”期间基本解决温饱问题，逐步迈向小康。

7. 推进依法治州进程，加强精神文明和民主法制建设

按照“三个代表”的要求，全面加强社会主义精神文明建设，提高各族人民的思想道德水平和科学文化素质，加强青少年思想政治和道德品质教育，增强民族凝聚力；切实加强思想政治工作，积极探索思想政治工作的新内容、新形式、新方法、新手段和新机制，建立和完善新的思想政治工作机制；加强对社会实践中重大问题的研究，形成有利于彝州现代化建设的舆论导向、价值观念、道德规范和文化氛围；加强科普宣传教育，反对封建迷信，破除陈规陋习，建设多元化、多层次的文明社区和文明村镇，倡导文明健康的生活方式，不断满足人民群众日益增长的精神文化需要，为改革开放和现代化建设提供强大的思想保证、精神动力和智力支持；深入开展文明城镇、文明乡村、文明行业、文明社区、文明单位、文明窗口的创建活动，使各民族人口素质、社会生活质量、城乡文明程度显著提高。

坚持和完善人民代表大会制度和中国共产党领导的多党合作和政治协商制度，自觉接受同级人民代表大会及其常务委员会的法律监督和工作监督，接受人民政协、民主党派和人民群众的民主监督；完善村级管理体制，搞好村民（居民）自治，实行政务、厂务、村务公开，保障人民群众直接行使民主权利；把依法治州与以德治州结合起来，坚持和完善民族区域自治制度，加快依法治州进程，深入开展法制宣传教育，从严治政，切实加强政府法制建设，全面推进依法行政。

正确处理各种人民内部矛盾，积极预防和妥善处理群体性事件，深入搞好社会矛盾纠纷的排查调处，确保社会稳定；进一步落实党的民族政策，巩固和发展平等、团结、互助的社会主义民族关系，促进各民族共同繁荣和进步；全面贯彻党的宗教政策，保护公民信仰自由，依法管理宗教事务，坚决取缔邪教，深入持久地开展与“法轮功”等邪教组织的斗争；切实把社会治安综合治理措施落到实处，严厉打击危害国家安全、社会治安的刑事犯罪活动和各种恶势力，加强禁毒工作；深入开展国防教育，提高全民国防意识，进一步密切军政军民关系，做好拥军优属、拥政爱民和民兵预备役工作。

三、团结奋进，狠抓落实
努力实现“十五”计划的良好开局

各位代表，2001 年是实现“十五”计划的开局之年。做好 2001 年的工作，对于完成“十五”计划具有十分重要的意义。我们要以邓小平理论和党的基本路线为指导，按照“三个代表”的要求，认真贯彻落实党的十五届五中全会、中央经济工作会议、省委六届十一次、十二次全会和州委五届七次全会精神，统揽全局、把握重点，狠抓落实、乘势前进，促进国民经济持续、快速、健康发展和社会的全面进步，努力实现彝州跨世纪发展的良好开局。

根据州委五届七次全会精神，2001 年宏观调控的主要预期目标建议为：国内生产总值增长 8%左右；全社会固定资产投资增长 5%左右；社会消费品零售总额增长 9%；非公有制经济创造的增加值占国内生产总值的比重提高到 24%；地方财政预算收入 6.57 亿元，比上年实际完成数下降 14.9%，剔除不可比因素后，增长 3.3%；粮食总产量 10.3 亿千克，与上年持平；烤烟收购量 106 万担，比上年下降 6.7%；乡镇企业营业收入增长 21%；城镇居民人均可支配收入增长 5%；农民人均可支配收入增长 4%；城镇登记失业率控制在 3.5%以内；人口自然增长率控制在 10‰以内。要实现上述目标，我们必须进一步统一思想、务实创新、狠抓落实、开拓进取，重点做好以下九个方面的工作：

（一）以增加农民收入为重点，全面抓好农业和农村工作

认真抓好“三区八大基地”的规划和建设工作。要统筹规划，合理布局生产力，加快发展烟草、天然药业和绿色食品三大生物资源开发创新产业，避免低水平重复建设，提高规模经济效益；要抓好重点项目的可行性研究和报批工作，力争 2001 年上半年搞好医药科技工业园区的基础设施建设，确保进入园区的项目如期启动实施；要积极争取中央和省的支持，加大投入，鼓励和引导广大农民群众、各种经济组织和外资企业参与投资建设，加快“三区八大基地”的建设步伐；要充分发挥各级涉农部门人才、技术、资金、信息等作用，积极创办科技示范园区，带动群众加大新技术和新品种的推广力度。

加大农村经济结构的调整力度，提高农村经济的综合效益。要把农业结构的调整与加快发展生物资源开发创新产业结合起来，积极扶持龙头企业，形成带动结构调整的组织形式和运行机制；要加快农产品质量监测体系和市场信息体系建设，促进绿色食品和有机食品生产，在确保粮食安全的前提下，进一步优化品种、优化品质、优化布局，提高农产品加工转化水平，促进农业效益的大幅度增长；要在发展种植业和养殖业的基础上，加快发展农村二、三产业，促进乡镇企业结构调整和体制创新，促进农村产业结构优化升级，努力增加农民的非农收入。

加强以水利为重点的农业基础设施建设。要继续加大对农业基础设施建设的投入，加强农田水利和生态农业建设，抓紧抓好元谋丙巷河水库的开工建设和禄丰沙龙、牟定龙虎、双柏河口河等重点水利工程的前期工作，加快大海波、己衣、麻栗树、东河、白鹤、九龙甸和毛板桥等病险水库的除险加固工作，争取青山嘴水库国家立项；坚持走节水型农业的路子，大力推广滴灌技术，力争元谋和蜻蛉河两个大型灌区的续建配套与节水改造列入国家计划启动项目；围绕“三区八大基地”建设，2001 年内建成 10 万亩高产稳产农田（地）；加快重点河道的堤防建设，继续开展

小流域治理，积极推广大牲畜圈养和改灶节煤及沼气代柴等措施，努力改善农业生态环境；继续加快农村电网改造和水电农村电气化县建设，改革和完善农村电力管理体制，实行城乡用电同网同价；加强乡村道路、通信等建设，改善农民群众的生产和生活条件。加大农业适用科技的推广力度，推进农业科技进步。要加强农业科技队伍建设，积极发展农村专业技术协会，大力推广农业科技成果，重点抓好良种、设施农业、节水农业、生态有机农业等技术推广；积极发展农机服务事业，完善农机推广服务体系，实施农民专业技术职称和绿色证书工程，积极推广电脑农业专家系统；加快农业高新技术的开发和储备，运用现代技术改造传统农业，引导农产品科研机构、加工企业和营销组织与农户形成利益共享、风险共担，科研与生产结合，产、供、销一体化的发展机制，促进农业由粗放型向集约型转变。

多形式、多渠道转移农村剩余劳动力，千方百计增加农民收入。要加快小城镇建设步伐，积极发展以农副产品加工为主的乡镇企业，引导乡镇企业向小城镇集中和农民向小城镇转移，促进二、三产业的发展，拓宽农民就业空间和增收渠道，为农村剩余劳动力提供更多的就业机会。

继续打好扶贫攻坚战。要以贫困村为重点，以贫困户包括有劳动能力的残疾人为对象，采取扶贫搬迁、小额信贷、干部包户等有效措施，积极争取双柏绿汁江和永仁莲池异地开发扶贫项目早日批准列项和实施，确保2001年解决2万贫困人口的温饱问题。

（二）以国有企业改革为重点，全面推进各项改革

以结构调整和资产重组为主线，深化国有企业改革，提高企业经济效益。国有企业改革要在巩固“三年改革脱困”成果的基础上，把改革、改组、改造与加强企业管理有机结合起来，在改革中调整，在调整中改革；要认真研究和大胆探索公有制经济退出一般性竞争领域的机制和有效途径，采取整体出售、转让股权、合作合资、破产兼并以及拍卖、租赁等多种方式，促进公有制经济从一般性竞争领域退出；要积极推进体制和管理创新，建立健全规范的法人治理结构，提高企业经营管理者队伍的整体素质，切实加强企业领导班子建设；深化企业内部人事、劳动、分配制度改革，在资本、知识和技术参与收入分配上取得新突破，建立和完善企业经营者激励约束机制；支持具备条件的企业积极争取上市融资，切实抓好森工、粮食、供销、建筑、外贸企业的改革；要采取积极有效的措施，认真做好淘汰关闭“五小”企业工作，力争2001年完成元谋糖厂、元谋造纸厂、大姚刨花板厂的破产终结工作，继续做好关闭永仁纳拉煤矿的后续工作；进一步剥离企业办社会，切实减轻企业负担，为企业改革和发展创造良好的外部环境。

继续深化和完善社会保障制度改革。要以完善城镇企业职工基本养老保险和失业保险为重点，努力扩大保险的社会覆盖面和提高基金收缴率，拓宽保障资金筹集渠道，加强资金管理，推动社会保障管理和服务的社会化，认真做好“两个确保”，使国有企业下岗职工的基本生活费和离退休人员养老金能按时足额发放；进一步完善城镇职工医疗保险制度改革，加快城镇医药卫生体制改革，积极探索适合农村特点的养老和医疗卫生保险形式。

继续深化和完善农村改革，进一步落实党在农村的基本政策。坚持和完善以家庭联产承包为基础、统分结合的双层经营体制，稳定党在农村的基本政策；积极推进农村税费改革试点，合理确定农业税负担，取消包括乡统筹、村提留等在内的行政性收费，切实减轻农民负担；积极稳妥地进行农村金融体制改革试点，继续深化粮食流通体制改革，落实和完善粮食购销政策，按保护价敞开收购农民余粮。

积极推进机构改革，促进政府职能转变。要根据中央、省的统一部署和要求，从有利于政府职能转变、有利于理顺各级政府和各部门之间的关系、有利于加强基层政权建设和各项基础工作、有利于精干公务员队伍的目的出发，认真研究制定并实施好机构改革方案，积极稳妥地做好人员分流工作，确保州、县（市）、乡（镇）党政机构改革的顺利进行，建立协调、高效、廉洁、务实的行政管理体制，促进政府职能和工作作风的转变，推动经济社会的更快发展。

（三）加大经济结构调整力度，提高经济发展的质量和效益

调整所有制结构，大力发展非公有制经济。要认真贯彻落实全省第二次个私经济工作会议和全州乡镇企业暨个体私营经济工作会议精神，提高认识，破除一切制约非公有制经济发展的思想、体制、政策障碍，放手发展非公有制经济和混合所有制经济，把非公有制经济作为新的增长点来培育，推动非公有制经济的快速健康发展，提高非公有制经济在国民经济中的比重。

加快工业结构调整步伐，提高工业经济的整体素质。要坚持以市场为导向，以企业为主体，以技术进步为支撑，突出重点，有进有退，按照专业化分工和发展规模经济的原则，加快调整企业组织结构，通过兼并、联合、破产重组等多种形式，培育壮大一批具有规模效益和竞争力的企业集团，提高企业的集中度和产品开发能力；要积极扶持中小企业向“专、精、特、新”方向发展，鼓励发展为大企业配套、吸纳劳动力和科技型的中小企业；实施名牌战略，调整优化产品结构，大力发展具有比较优势和竞争力的名牌产品，积极开发适应市场和消费需求变化的特色产品，增强企业应变能力和竞争力，提高经济效益；积极采用高新技术和先进适用技术，加快对传统产业的改造升级，综合运用经济、法律和必要的行政手段，依法淘汰技术落后、浪费资源、污染严重、产品无市场以及不具备安全生产条件的生产能力；加强信息基础设施建设，加快宽带网和接入网建设，加大信息资源的开发利用力度，大力发展信息产业。

加快小城镇建设，调整城乡结构。要坚持走“以地生财、以财建镇、以镇招商、以商带农”的路子，突出重点，以点带面，集中资金加大对重点小城镇建设的投入，以此带动全州小城镇建设的快速发展；要进一步加强城镇规划工作，加快城市基础设施建设，加大城镇的河道整治和城市绿化力度，重点抓好公共绿化地、公园和小区道路绿化美化，不断完善城市功能和提高城市绿化覆盖率；要创新机制，积极探索市政设施有偿使用的有效途径和方法，不断拓宽城镇建设的筹融资渠道。

（四）发展特色经济，加快培育五大产业

烤烟要继续实行“双控”政策，围绕“市场引导、计划种植、主攻质量、调整布局”的方针，以控制总量、提高质量、调整结构、提高效益为工作重点，大力实施“科技兴烟”，加快优质烟叶基地建设，改善烟叶等级结构，提高烟叶质量，努力把我州的烤烟生产提高到一个新的水平；卷烟要深化改革，加强管理，加大科研力度，提高科技含量，争创名牌，强化市场研究和营销，大力开拓国内外市场，巩固和提高楚烟的市场占有率，努力提高经济效益。

天然药业要高度重视新药的研究与开发，加强对彝药理论的整理发掘和彝药资源的研究开发，积极发展天然保健食品和天然植物药，积极争取15万亩无公害中草药材种植基地项目的列项和建设；抓好楚雄医药科技工业园区的规划建设和现有医药生产企业的GMP技术改造，集中力量培植一批带动力强、辐射面广的龙头企业，把天然药业尽快发展壮大成为我州的重点产业。

绿色食品业要以信息技术为先导，以新技术为基础，加快建立与昆明、攀西经济圈相配套的绿色产业基地，促进我州绿色食品业的快速发展；要以市场为导向，打好气候牌和绿色品牌，作好绿色食品开发的文章，集中扶持一批绿色食品加工企业，依靠科技进步，重点对传统“名、特、优”食品进行深层次开发，力求获取更高的经济效益。

冶金工业要通过挖潜改造，提高现有企业的开发创新能力和产品竞争能力，不断开拓深加工领域，把重点放在提高铜、铁、钛产品的科技含量和附加值上，并带动相关产业的发展；矿产业要加强科研基础工作，拓宽矿种勘查开发的领域，弄清资源现状，加大矿山执法和整顿力度，重视采矿区域内水土流失治理工作，保障楚雄州矿业开发稳步发展。

特色旅游业要紧紧抓住“特色”二字，以实施窗口行业特色化、民族节日经常化、主要景点系列化为突破口，运用现代高科技对“三古”旅游资源和民族传统文化进行开发创新；继续加大重点旅游景点景区的公路和配套设施的建设力度，开发一批具有彝族特色的旅游精品；加快旅游人才的培养，加大对外宣传力度，积极争取国家发行“三古”邮资明信片，认真做好旅游促销工作，吸引更多的中外游客。

（五）扩大对内对外开放，加快发展开放型经济

要认真做好应对加入世贸组织的准备工作，积极进行入世研究，加大人员培训力度，普及世贸组织的基本知识，认真清理、修定我州相关的地方性政策规章，使之与世贸组织规则相适应，充分利用好过渡期条款对我州重点产业和产品进行有效保护。

要强化以开放促开发的观念，树立“不求所有，但求所用”的思想，营造全方位开放的社会氛围，加强与沿海发达地区的经济技术联合与协作，进一步扩大对内对外开放领域，积极有效地利用内外资；要简化办事程序，推行“一个机构管理”、“一个窗口服务”的管理体制和工作机制，提高办事效率，以优良的投资环境和良好的社会服务，吸引更多的内外商来楚雄投资；要围绕建设五大产业，瞄准国内外市场需求，建立开放型、外向型产业体系和商品基地，优化进出口结构，扩大对外贸易。

（六）不断扩大投资和消费需求，拉动经济增长

要紧紧抓住国家实施西部大开发的历史机遇，从战略和全局的高度，充分认识搞好项目实施对拉动我州经济增长的重要意义，继续抓好省政府楚雄现场办公会议确定项目和“1·15”姚安地震灾区恢复重建项目的实施，如期完成“1·15”姚安地震灾区恢复重建任务；加快南永公路一期工程建设进度，创造条件争取早日启动二期工程；加强与金融部门的沟通，争取贷款支持，保证项目实施；大胆探索招租、招商、出让产权等方式，引导和鼓励社会资本和外资参与我州重点项目建设。

要增加经费，落实责任，加强组织协调，着力抓好项目前期工作，建立重大项目库，争取有更多更好的项目进入国家和省的计划“盘子”；要简化审批手续，清理建设项目的各种搭车收费；要严格实行项目法人负责制、资本金制、招投标和建设监理制，确保工程质量。

积极促进消费需求的增长。县级财政预算要优先保证安排好各项工资性支出，保证发展重点、稳定热点和改革难点的需要，同时要加强专项资金的管理和监督，严禁拉用和挪用专项资金；要引导和鼓励合理消费，积极推进住房分配货币化改革，加快安居工程的实施工作，全面放开住房二级市场，促进住房消费。

（七）切实加强精神文明建设，推进各项社会事业全面发展

坚持“两手抓、两手都要硬”的方针，切实加强社会主义精神文明建设。要加强党的基本理论、基本路线、基本纲领的教育，弘扬爱国主义、集体主义、社会主义精神，在全社会形成共同理想和精神支柱，努力建立适应社会主义市场经济发展要求的思想道德体系，大力倡导文明高尚的社会公德、家庭美德和职业道德，在全社会强化信用意识，加强公民诚实守信的道德教育，建立严格的信用制度，规范契约关系；要把思想政治工作作为新时期精神文明建设的重要内容抓好抓实，按照“三个代表”的要求，紧紧围绕经济建设这个中心，以科学的理论武装人，以正确的舆论引导人，以高尚的精神塑造人，以优秀的作品鼓舞人，弘扬科学精神，不断提高全州各族群众的思想道德和科学文化素质，努力造就“四有”新人，促进“两个文明”建设协调发展。

要深化科技体制改革，推进科技进步，加快建立和完善全州技术创新体系，大力扶持企业成为科技创新的主体，不断增强企业的技术创新能力，充分发挥高新技术产业的先导作用，不断提高高新技术产业在全州国民经济中的比重；要深化教育体制改革，全面推进素质教育，加大对基础教育的投入，努力改善办学条件，不断加强教师队伍和教育管理队伍建设，全面提高教育质量，巩固提高“两基”教育成果，加快发展普通高中教育，继续调整职业教育结构，积极探索州校合作办学的有效形式和途径，合理配置教育资源，完成师专申报师院工作，做好国家第二期“贫义工程”立项规划工作；要改进和完善人才引进办法，加快培养中青年学术和技术带头人，加大农村科技带头人的培养力度，积极开发利用乡土人才，为彝州经济建设和社会发展提供人才保障。

要制定并实施《楚雄州民族文化发展战略纲要》，实施民族文化精品工程，广泛开展城乡群众性民间民族文化体育活动，建立若干个有利于展示民族音乐、舞蹈、服饰、民风民俗的民族文化村，办好众多各具特色的民族传统节日，把民族文化节日活动与宣传教育和经贸交流结合起来，发展文化产业，促进对外开放；深化文化管理体制改革，充分调动文化战线干部职工的积极性和创造性，不断提高文化队伍的素质，努力创作出一批思想性、艺术性、观赏性较高的民族文化精品。

高度重视人口、资源和环境保护工作，把经济开发、生态建设与可持续发展有机地结合起来，坚持发展与保护并重的原则，加强土地、水源、森林、矿产等资源的保护和合理利用；制定和实施好全州生态环境建设规划，抓紧实施国家生态环境建设重点工程，切实抓好天然林保护、退耕还林还草、长防、长治等工程的建设，继续加大对重点地质灾害的综合治理力度，巩固地质灾害治理成果，进一步做好防震减灾工作；坚定不移地执行计划生育政策，不断提高人口素质，促进人口与经济、社会、资源、环境协调发展。

制定并实施区域卫生规划，提高卫生资源使用效率，积极推进医疗卫生改革，做好传染病、地方病防治和妇幼保健工作，切实改善城乡医疗卫生条件；做好老龄工作，支持残疾人事业发展；大力开展群众性体育运动，普及全民健身运动，努力提高体育运动水平和人民群众的身体素质，积极做好省第十一届运动会的准备工作。

（八）加强民主法制建设，做好社会稳定工作

要贯彻实施依法治国方略，不断加强民主政治建设，自觉接受州人民代表大会及其常委会的法律监督、工作监督和政协的民主监督；坚持依法治州与以德治州并举，在推进依法治州的同时，加大以德治州的力度，努力提高全体公民的道德素质；巩固“村改”成果，完善村民（居民）自治，推进政务、厂务、村务公开；坚持“有法可依、有法必依、执法必严、违法必究”的社会主义法制原则，认真实施执法责任制、过错追究制、依法赔偿制和评议考核制，推进政府工作法制化进程；制定并认真实施“四五”普法和依法治理规划，继续开展普法宣传教育，提高全体公民的法律意识，为彝州改革发展创造良好的法制环境。

要始终把维护社会政治稳定作为头等大事抓紧抓实，进一步落实领导责任制，结合处理“法轮功”邪教组织问题，妥善解决我州部分地区出现的非法宗教活动以及邪教组织渗透的问题，切实加强对民间社团组织的管理；要加强民族团结，促进各民族共同繁荣进步；要进一步加强社会治安综合治理工作，加大严打整治力度，不断提高“创安”水平，加强无毒社区建设，维护良好的治安秩序；要加强城乡社会矛盾调解中心和村级人民调解委员会的建设，做好政府法律援助工作，加强信访工作，着力解决好群众关心的热点问题，妥善处理人民内部矛盾，防止矛盾激化；正确处理改革、发展、稳定的关系，把改革的力度、发展的速度和社会可承受的程度统一起来，以改革开放促进经济发展，以经济发展保持社会稳定。

要进一步健全市场法规，加强市场监管，规范市场主体行为，严厉打击制售假冒伪劣商品等犯罪活动，维护正常的经济秩序；加强审计监督，加大对违反财经纪律行为的查处力度，完善监督机制，严肃财经纪律；健全安全生产制度，严格实行责任制，切实加强管理，严防重大事故发生，确保国家和人民生命财产的安全。

巩固和加强新形势下的军政军民团结，支持军队现代化建设；坚持不懈地开展国防教育，提高全州人民的国防意识，加强国防工程的共建共管，妥善安置好转业干部和复退军人，搞好国防后备力量建设。

（九）转变作风，狠抓落实，切实加强政府系统的自身建设

要巩固提高“三讲”教育成果，在全州县级部门和乡、村干部中开展好“三个代表”的学习教育活动，牢固树立全心全意为人民服务的思想，坚决克服形式主义和官僚主义；州政府及其所属部门领导要按照“领导当楷模，机关作表率，基层树形象”的要求，深入基层调查研究，进一步密切政府和人民群众的血肉联系，充分尊重人民群众的首创精神，善于从人民群众的实践中总结解决问题的新经验和新办法；要增加政府工作的透明度，简化办事程序，进一步提高工作效率，为群众搞好服务。

要转变政府职能，强化州、县政府宏观管理和社会保障职能，努力把握新形势下经济发展的规律性，增强按国际通行规则办事和依法行政的能力，对关系经济和社会发展全局的重大问题，要深入研究，妥善处理，进一步增强工作的主动性、依法行政的严肃性、顾全大局的自觉性和令行禁止的纪律性，确保政令畅通；要广开进言渠道，认真听取人民代表、政协委员和社会各界以及广大人民群众的意见，不断提高民主决策、科学决策的水平；要加强党风廉政建设，坚决纠正部门和行业不正之风，继续清理整治“三乱”，认真研究新形势下政府廉政工作的新情况、新问题，加强党风廉政教育，增强各级干部的警觉性和廉政意识，筑牢反腐倡廉的思想防线，采取措施，加大力度，从源头上预防和遏制腐败现象的滋生和蔓延。

2001年是州委、州政府确定的狠抓各项工作的务实之年、落实之年，要转变作风、务实创新、狠抓落实，在抓好全局工作的同时，集中力量扎扎实实办好十件实事：一要抓紧抓好南永公路建设；二要争取青山嘴水库国家立项；三要抓好楚雄医药科技工业园区的规划建设；四要抓好绿色食品加工园区的规划建设；五要抓好元谋、罗川特色经济种植园区的规划建设；六要抓好新开安楚路入城口及其配套民族风情园的规划建设；七要抓好楚雄综合活动中心（游泳馆和青少年、妇女儿童科技文体活动中心）和楚雄会务活动中心的规划建设；八要抓好楚雄师范学院的申报和建设；九要抓好与昆明理工大学合作创建楚雄理工学院的工作；十要抓好农业结构调整和八大基地建设。这十件事，都要落实领导责任和部门责任，定出时间进度表，强化督查，克期完成。

各位代表，我们已经创造了上世纪的辉煌，又迎来了新世纪的曙光。让我们高举邓小平理论伟大旗帜，更加紧密地团结在以江泽民同志为核心的党中央周围，在中共楚雄州委的领导下，团结奋进、务实创新、狠抓落实，在新世纪的第一年开好头、起好步，全面完成2001年的各项任务，把我州改革开放和社会主义现代化建设的伟大事业不断推向前进。

楚雄彝族自治州国民经济和社会发展第十个五年计划纲要

（2001 年 3 月 12 日）

序　言

党的十一届三中全会以来，在党的基本路线指引下，楚雄州坚持以经济建设为中心，坚持改革开放，经济和社会发展取得显著成就，提前完成经济总量翻两番的任务，基本实现了现代化建设的第二步战略目标，人民生活总体上开始进入小康，综合经济实力明显增强。

过去的 5 年，面对国际国内经济形势的急剧变化和前进中遇到的各种困难，州委、州人民政府带领全州各族人民，高举邓小平理论伟大旗帜，认真贯彻落实党的十五大精神和中央、省的各项方针、政策，正确处理改革、发展、稳定的关系，“九五”计划确定的主要宏观调控目标如期完成：经济结构调整不断推进，“两烟”支柱产业继续得到巩固，培植新产业迈出了重要步伐；基础设施不断改善，发展后劲明显增强；经济发展的体制环境有重大变化，初步形成了对内对外开放的格局；科教兴州和可持续发展战略顺利实施，各项社会事业不断进步；“五七”扶贫攻坚计划基本完成，人民生活水平不断提高；精神文明和民主法制建设取得新进展。“九五”计划实施的 5 年，是楚雄州改革和发展在攻坚克难中开拓前进的发展时期，是计划经济向市场经济转轨取得实质性进展的关键时期。通过全州上下共同努力，保持了经济发展、民族团结和社会进步。

由于历史和现实的原因，在国内外经济形势急剧变化的情况下，制约我州经济社会发展的一些深层次矛盾和问题也随之暴露出来。主要是：经济结构不合理，支柱产业单一，非公有制经济在国民经济中的比重小，城镇化水平低；劳动者思想观念落后，科技文化素质偏低；经济增长质量不高，农民增收缓慢，财政收支平衡困难；投融资机制不完善，筹资渠道不宽，基础设施滞后，体制和机制不适应市场经济发展要求，企业竞争能力不强；招商引资力度不大；搞好社会治安、维护社会稳定的任务比较繁重。这些困难和问题，必须采取有力措施切实加以解决。

今后 5 年，是我州进行经济结构战略性调整，建立和完善社会主义市场经济体制、努力扩大开放，为全面建设小康社会奠定基础的重要时期。根据党的十五届五中全会、省委六届十一次全会精神和州委五届七次全会通过的《中共楚雄州委关于制定国民经济和社会发展第十个五年计划的建议》，特制定《楚雄彝族自治州国民经济和社会发展第十个五年计划纲要》（以下简称《纲要》）。《纲要》是楚雄州“十五”期间（2001～2005 年）经济社会发展的宏伟蓝图，是宏观性、战略性和政策性的计划。《纲要》的制定和实施，对于推动我州国民经济持续快速健康发展和社会全面进步，具有重大而深远的意义。

第一篇　指导思想 基本思路和发展目标

第一章　面临的机遇和挑战

21 世纪初期，楚雄州经济社会发展面临新的外部环境和发展条件，机遇与挑战并存，希望与困难同在。一是国家实施西部大开发和坚持扩大内需方针，对实施好“十五”计划，搞好基础设施建设和加强新兴产业开发，提供了难得的历史机遇。但对重点建设和开发项目的优化选择要求越来越高，优选项目的难度加大。二是我国社会主义市场经济体制逐步形成，市场机制在资源优化配置中的基础性作用日趋强化，经济市场化、全球化，加入世贸组织，使其发展的空间扩大，开放的步伐加快。但随着市场竞争的加剧，地方产品进入国内外市场的难度将随之加大。三是结构调整是当今世界大趋势，我国正进行经济结构的战略性调整，为全州经济结构调整和产业优化升级提供了有利的外部环境。但要跟上全国战略性调整的步伐，建立结构优化的新机制，仍面临着产业基础薄弱，人才、资金和技术等制约因素较多的实际困难。四是知识经济和信息时代的到来，高新技术产业的兴起，为科技较为落后的地区加快科技进步和信息化提供了机遇。但要建立科技创新机制，真正把经济发展转到依靠科技进步和提高劳动者素质的轨道上来，仍面临着观念不新、体制不顺、机制不活，劳动者素质不高，对新产业、新技术的适应能力不强等一系列障碍。五是楚雄是云南建设经济绿色强省、民族文化大省和国际大通道“三大目标”的重要组成部分，在实施“通江达海、连接周边”的交通战略中处于承东接西、连接南北的重要位置。但要使楚雄的区位优势得到发挥，与全省、全国的发展布局相协调，还要做艰苦的开创性的工作。面对机遇和挑战，楚雄州必须要做到未雨绸缪，抓住机遇，克难奋进，不断开创彝州改革开放和现代化建设的新局面。

第二章　指导思想

楚雄彝族自治州国民经济和社会发展第十个五年计划的指导思想是：**高举邓小平理论伟大旗帜，以江总书记“三个代表”重要思想为指针，坚持党的基本路线和基本纲领，全面贯彻落实党的十五大、十五届五中全会和省委六届十一次全会精神，以加快发展为主题、调整结构为主线、改革开放和科技进步为动力、提高人民生活水平为根本出发点，处理好改革、发展、稳定的关系，团结进取，务实创新，保持国民经济持续快速健康发展，促进社会全面进步。**

贯彻上述指导思想，要坚持以下方针：

把发展作为主题，以解放思想为先导，经济建设为中心，在坚持提高质量和效益的基础上，抓住机遇，加快经济社会发展步伐。

把经济结构调整作为主线，不失时机地对经济结构进行战略性调整，促进经济结构优化升级。

把改革开放和科技进步作为动力，深化改革，扩大开放，振兴科教，为加快发展和促进结构调整提供强劲的动力。

把提高人民生活水平作为根本出发点，在发展中不断改善人民物质文化生活。

坚持经济社会协调发展，在推进经济繁荣与社会进步中，突出彝州特色，把全州“两个文明”建设提高到一个新水平。

把发扬自力更生、艰苦奋斗的精神与积极争取国家和省的支持，扩大横向经济合作结合起来，加快经济发展进程。

把打基础与求发展有机结合起来，在不断强化基础设施建设中促进发展，在发展中进一步强化基础设施建设。

妥善处理改革、发展、稳定的关系，加强社会主义精神文明和民主法制建设，确保社会稳定。

第三章　基本思路

楚雄彝族自治州国民经济和社会发展第十个五年计划的基本思路是：突出解放思想、加快发展这一主题，促进经济体制和经济增长方式两个根本性转变，打好农业、交通和城镇建设三个基础，大力实施科教人才、扩大对内对外开放、民族文化发展和可持续发展四大战略，集中力量建设烟草产业、天然药业、绿色食品业、冶金矿产业和特色旅游业五大产业，努力把楚雄州建设成为经济特色显著、彝族文化荟萃、人与自然和谐、群众生活富裕的绿色经济和民族文化强州。

第四章　发展目标

在经济运行质量和经济效益明显提高的前提下，实现国内生产总值增幅达到全省中上水平，使国内生产总值、人均国内生产总值和地方财政收入、人均地方财政收入巩固和保持在全省16个地、州（市）及全国30个自治州中现有的水平，并力争位次前移；经济结构战略性调整取得明显成效，为到2010年国内生产总值比2000年翻一番奠定坚实基础；国有企业改革取得重大进展，社会保障制度比较健全，初步建立起适应社会主义市场经济体制要求的新的发展机制，综合竞争能力明显增强；科技教育持续发展，人口素质不断提高，精神文明建设和民主法制建设取得新的进展。

经济调控的主要预期目标是：国内生产总值年均增长8%以上，到2005年，按2000年价格计算的国内生产总值达155亿元以上。全社会固定资产投资增幅保持在全省中上水平，年均增长10%以上。外贸进出口总额年均增长10%左右。城镇登记失业率控制在4%以内。力争地方财政收入有一定增长，保持价格总水平基本稳定。

经济结构调整的主要预期目标是：产业结构优化升级，到2005年，三次产业增加值比例调整为29:39:32。传统优势产业竞争力增强，群体支柱产业初步形成，五大特色产业增加值在国内生产总值中的比重达50%左右。非公有制经济增加值占国内生产总值的比重达32%左右，城镇化水平达25%以上。

社会发展的主要预期目标是：稳定巩固提高“两基”教育成果，初中毕业升学率提高到45%以上，高等教育毛入学率提高到8%左右，青壮年文盲率控制在1%以下。科技进步对经济增长的贡献率达41%以上。广播、电视人口覆盖率达95%以上。社会风气和社会秩序进一步好转，社会信用关系改善。

可持续发展的主要预期目标是：人口自然增长率控制在10‰以内。生态环境明显改善，到2005年，森林覆盖率达45%以上，楚雄市城区及各县县城绿化覆盖率提高到35%左右。自然资源利用趋于合理。

提高人民生活水平的主要预期目标是：到2005年，人民生活总体上进入小康。社会消费品零售总额年均增长10%左右。城镇居民人均可支配收入年均增长6%左右，农村居民人均可支配收入年均增长5%左右，农村绝对贫困人口稳定解决温饱问题。社会保障体系基本健全。城镇居民人均住宅建筑面积增加到25平方米。城乡医疗卫生服务设施进一步改善，人均预期寿命达70岁左右。

第二篇 经济结构调整与产业建设

以产业结构的优化升级为重点，以提高经济效益为中心，对全州经济结构和生产力布局实施战略性调整。“十五”期末，产业结构、产品结构、所有制结构和城乡结构明显优化。

第五章 打好农业、交通和城镇基础，增强发展后劲

第一节 继续加强农业基础设施建设

农业产业结构调整的重点是加快生物资源产业开发，要围绕生物资源开发搞好基础设施配套建设。以水利设施及江河防洪工程建设为重点，积极新建一批投资省、效益好的水利工程项目。“十五”期间，争取楚雄青山嘴水库国家立项建设，加快元谋和蜻蛉河两个大型灌区的续建配套和节水改造工程，建成元谋丙巷河水库，争取立项建设禄丰沙龙水库、双柏河口河水库、牟定龙虎水库，抓好大海波水库、永仁麻栗树水库、禄丰东河水库、武定已衣水库、大姚白鹤水库、南华毛板桥水库、楚雄九龙甸水库等除险加固，搞好龙川江、蜻蛉河等江河的治理。新增库塘蓄水能力2亿立方米，净增有效灌溉面积18万亩。继续解决好人畜饮水困难问题，加大“五小”水利工程建设力度，发展旱作节水农业，实施好山区、半山区集雨工程。以改良土壤、培肥地力、生态建设为重点，山、水、林、田、路、电综合治理，进一步改善农业生产条件。建设高产稳产农田50万亩，治理坡耕地65万亩，发展设施农业2万亩、旱作节水农业30万亩。加强适用农机具开发和推广应用，提高农业机械化水平。

第二节 加快公路交通建设

要以国道、省道公路为骨架，以通县、通乡公路为重点，分期实施“三纵三横”路网建设发展规划。“三纵”即：217线南华至永仁二级公路（包括延伸的南华至景东公路），元谋经牟定、楚雄至双柏三江口（226线）二级公路，武定经禄丰至长田线（接安楚高速公路）二级公路；“三横”即：320线安宁至楚雄高速公路，108线武定至永仁螃蟹箐二级公路，姚安至广通线。“十五”期间，建好南永二级公路和禄丰出境线，积极支持并参与国家和省建设安楚高速公路和武永二级公路，争取牟定至楚雄、楚雄至双柏二级公路立项建设。构筑楚雄鹿城连接省会昆明、四川攀枝花的“大三角”高等级公路网络，实现州县公路高等级化。提高县乡公路路面等级，新建和改建1000公里，铺筑弹石路面1000公里，基本实现县乡公路等级化。贯彻“民办公助、群众投劳”的方针，完善配套乡村公路设施，实现乡村公路平坦化，建立和完善多渠道、多元化筹资机制，探索股份制集资修路的路子，为我州重点公路建设提供资金保障。

第三节 加快城镇建设

按照“统一规划、科学布局、分步实施、整体推进”的方针和“以地生财、以财建镇、以镇招商、以商带农”的路子，大力发展小城镇。加强城镇供排水、交通、能源、信息、防灾减灾等基础设施建设，健全城镇居住、社会公共服务和社区服务等功能，搞好城镇生态建设和污染综合治理，不断改善城镇面貌。城镇规划设计要体现彝族文化特色，逐步形成以楚雄中等城市为中心，以禄丰次级城市和8个县城为重点，以交通沿线中心小城镇为网络，辐射带动全州城镇建设发展的格局。“十五”期间，加强对楚雄市、禄丰县城的建设重点投入，对全州8个县城及交通沿线10个中心小城镇增加投入，搞好城镇供水及垃圾处理项目的新建和扩建，进一步完善城镇功能。加快楚雄市城市建设步伐，完成日供水9万吨项目、垃圾无害化处理8万吨项目、污水日处理4万立方米项目，实施320国道楚雄城区段二、三期改造、西城区及龙江公园改造、太阳历文化园二期工程建设，加快

花果山、灵秀小区等经济适用房建设，使市区投资环境、生活环境更加优美，“十五”期末，实现楚雄市区人口达20万人以上，城市规模达20平方公里以上。

第四节 能源建设

加快农村电网建设与改造，扩大大电网覆盖面，开拓农村电力市场；改革农电管理体制，以降低农村电价为核心、减少管理层次为手段，逐步建立起以资本为纽带、上下关系顺畅的农电管理新体制，尽快实现城乡用电同网同价，促进农村经济发展。“十五”期间，争取新增2个县列入国家农村初级电气化建设县。煤炭工业要调整结构，合理进退，提高加工转化程度和综合效益。抓好沼气池推广，加大节能改灶力度，改善农村能源结构。

第六章 深化农村改革，推进农业和农村经济结构的战略性调整

第一节 稳定和完善农村基本政策

深化农村经济体制改革，坚持和完善以家庭承包经营为基础、统分结合的双层经营体制，执行土地延包30年不变政策，鼓励采取土地有偿转让、转包、出租、入股等多种形式，促进土地适度规模经营。鼓励发展农民自愿联合形成的各类经济合作组织。深化农村税费改革，健全农产品价格体系，实行优质优价。动员和引导社会力量多层次、多形式筹集农业建设资金，多渠道增加农业投入。进一步开放农业投资领域，建设外向型农业试验示范区。

第二节 农业结构调整

要着眼于农业和农村经济的长远发展，以农业增效、农民增收和财政增长为目标，按照优质、高产、低耗、高效原则，在确保粮食安全的前提下，以发展烟草产业、天然药业、绿色食品业为主的生物资源开发创新产业为重点，大力发展特色优质农产品，推进农业结构调整。“十五”期间，要积极推动农业实现四个转变：一是推动传统农业向现代农业转变。要围绕建设生物资源开发创新产业，按照择优布局、统一规划的原则，扶持一批有较强带动作用的龙头企业，推行市场牵龙头、龙头带基地、基地连农户的生产经营方式，大力推进农业产业化经营。“十五”期间，要着力推进楚雄医药工业园区、绿色食品加工园区、特色蔬菜种植园区和优质烟、优质米、中药材、畜禽、林果、茶桑、魔芋、水产养殖“三区八大基地”建设。二是推动趋同农业向特色农业转变。农业产品结构调整要以市场为导向，突出调整品种结构和品质结构，调整优化产业生产区域布局，发挥地区比较优势，在开发名、特、优、新农产品上下功夫，努力提高特色优质农产品在农业中的比重。三是推动常规农业向科技农业转变。以“良种工程”为依托，加快农业科技成果的转化和推广。加快建立和完善农业科技创新、技术推广体系，鼓励组建各类农村科技协会和农民专业技术研究会，搞好农村技术培训，实施好“绿色证书”工程。重视生物技术、信息技术的应用，大力推进生物资源开发创新产业。四是推动自给农业向市场农业转变。引导农民按市场需求调整生产结构，完善农业社会化服务体系。加快农产品批发市场体系、农业市场信息体系、农业质量标准和检测体系建设。积极发展农产品加工业，搞好农产品生产与工业原料需求的对接，提高农副产品商品率，大力发展外向型农业。建好特色外销畜禽基地，落实品种改良、疫病防治、科学饲养等措施，实施20万亩牧草种植养畜项目。搞好森林分类经营，重点发展特色经济林果、速生丰产用材林、生物化工原料林，引导人造板制造业有序发展。

第三节 发展乡镇企业

积极发展乡镇企业，促进农民增收和农村富余劳动力转移。加大乡镇企业所有制结构、产业结构、产品结构调整力度。乡镇企业要与农业产业化经营有机结合，依托优势资源，开发一批有市场、有效益、能辐射千家万户的种植、养殖和农产品深加工项目，重点发展农副产品加工业、运输业和服务业。依靠科技进步，提高产品质量、技术和管理水平。引导乡镇企业相对集中、连片发展，与小城镇建设相互依托，相互促进，共同发展。发挥乡镇企业和农村供销社在农业产业化经营中的主导作用。提高农村经济增长的质量和效益。“十五”期间，乡镇企业增加值年均增长14%以上。

第七章 积极进行工业结构战略性调整，提高工业化水平

第一节 应用高新技术推进工业结构优化升级

提高工业化水平是振兴彝州经济的关键所在。工业结构调整要以市场为导向、企业为主体、技术进步为支撑，以深化国有企业改革和进行国有经济战略性重组为契机，实行有进有退，防止重复建设，切实转变增长方式，促进工业产业向科技化、集约化、规模化方向发展，提高我州工业的整体素质和综合竞争力。要积极发展高新技术产业和出口创汇产业，改造提升传统产业，发展壮大优势产业，培育新的经济增长点。对工业企业分别不同情况，集中力量培育一批，创造条件放活一批，积极稳妥淘汰一批。“十五”期间，要积极推进工业生产经营向“三化”方向发展：一是传统产业高新化。依托已经形成的产业基础，有选择、有步骤地用高新适用技术，嫁接改造传统产业，围绕增加品种、提高质量、节能降耗、综合利用，采用新技术、新工艺，提高新产品开发和深加工能力，采取多种形式，加快企业重组进程。提高电力、农机、食品、建材等工业的技术装备水平，加快产品升级换代，逐步实现传统产业高新化。二是重点产业规模化。振兴烟草加工业，加快培育天然制药业、绿色食品加工业、冶金矿产业，使其发展成为新的支柱产业。创造优良环境，聚集生产要素，加快楚雄医药工业园区和绿色食品加工园区建设。以楚雄卷烟厂、盘龙云海药业公司等一批骨干企业为依托，开展多种形式的联合，形成规模化生产经营的优势，不断增强开发新产品、新技术的力度，把具有市场竞争力的名、特、优、新产品做大做强，提高楚雄工业产品在国内外市场的占有率。三是高新技术产业化。要以特色产品开发为突破口，有重点、有选择地积极促进生物工程、信息产业、新能源等高新技术发展，形成高新技术产品和企业。鼓励中小企业与国内外大公司、大集团建立协作关系，加入其产业链，增强科技创新能力，提高市场竞争力和抗御市场风险的能力。建立中小企业担保服务体系，认真解决企业贷款、担保、用地和人才匮乏等问题。建立企业科技创新体系和服务体系，促进高新技术产业发展。

第二节 实施名牌战略

坚持质量第一，名牌兴业。加强质量标准体系、质量技术监督体系建设。积极鼓励企业创名牌产品，引导生产要素向名牌产品生产企业和优势企业流动，以名牌产品为纽带建设一批企业集团。一是充分利用楚雄州多物种、多气候带的自然生态优势，以现代消费市场需求为导向，按照绿色产品的质量技术标准，发展绿色食品。二是充分挖掘现有名特产品的潜力，把传统的民族工艺和先进的生产技术有机结合，创造有竞争力的知名品牌。三是引进先进适用技术，改造、提升传统优势产品。四是大力发展具有比较优势的名牌产品，积极扶持开发适应市场、成长性好的特色产品，集中力量，迅速做大做强，形成规模，扩大市场占有率，努力提高名特产品在经济中的份额。

第三节 适时淘汰落后生产能力

顺应市场竞争的规律，运用经济、法律和必要的行政手段，依法关停产品质量低劣、消耗资源、污染环境、产品无市场、不具备安全生产条件的厂矿。果断淘汰落后设备、技术和工艺，压缩调整过剩生产能力。逐步关闭资源枯竭的矿山。通过资产重组和开发新产业，妥善处理好关停企业的善后事宜。

第四节 调整优化企业组织结构

企业经营分散，规模过小，难以产生规模经济效益。“十五”期间，要把调整优化企业组织结构摆到重要的位置。依靠优胜劣汰的市场机制和必要的调控手段，推动专业化分工协作和适度规模经营。通过兼并、联合、重组等多种形式，重点在制药、食品加工、冶金、建筑建材、机械等行业，努力培育建立企业集团。引导劳动密集型和技术密集型的中小企业，向“专、精、特、优”方向发展，增强为大企业配套服务的能力。

第八章 加强特色产业建设，集中力量发展五大产业

在调整优化经济结构的基础上，以信息技术和生物技术为先导，集中力量发展烟草产业、天然药业、绿色食品业、冶金矿产业、特色旅游业五大产业，加强彝州特色产业建设。到2005年，使五大特色产业增加值在国内生产总值中的比重达50%左右。

第一节 烟草产业

烟草产业是全州人民经过多年精心培育而发展起来的支柱产业，为经济社会发展作出了重要贡献，今后一段时期，仍然是彝州的经济支柱和主要财源，是增加收入的重要途径，要坚持巩固提高，培强烟草产业。烤烟生产要按照“市场引导、计划种植、主攻质量、调整布局”的方针，以控制总量、提高质量、调整结构、提高效益为重点，巩固完善30万亩优质烟基地，择优布局在最适宜区和适宜区。大力实施“科技兴烟”，“十五”期间，每年各种措施配套优化种植烤烟40万亩左右，使合格的中上等烟叶比例提高到85%以上，单产达150千克以上。争取将楚雄、南华、牟定、禄丰、大姚、姚安列入云南省烟叶出口基地县建设。卷烟生产要以提高市场占有率、单箱利税率为目标，依靠科技，努力调结构、创名牌，重点开发生态型、保健型产品，强化营销，巩固老销区，开拓新销区，提高竞争力。加强楚烟企业与红塔集团的紧密型经济关系，实现人财物、产供销、内外贸一体化，搞好二次创业。卷烟产量力争稳定在每年51万箱左右。到2005年，“两烟”增加值在国内生产总值中的比重达12%左右。

第二节 天然药业

我州彝药、天然药有传统优势和基础，中药材资源丰富，天然药业是最具发展前景的新兴产业。一是按照药品生产质量管理规范、药品种植技术规范和药品经营质量管理规范，坚持标准化、高质量生产经营，确保药品安全、有效。二是抓好楚雄医药工业园区建设，吸引有实力、有准字号药品的制药企业进入园区开发，形成高科技、高投入、高效益开发天然药的制药企业群。三是根据国内外中药材市场需求，以盘龙云海药业、老拨云堂药业、雁塔药业、金碧制药等龙头企业为依托，争取立项并实施15万亩无公害中药材种植基地建设项目。四是以制药企业和彝药科研机构为主体，建设民族药研究开发中试基地和中药材快繁组培中心。应用现代生物技术，加强彝药理论整理发掘和彝药资源的研究开发，不断开发民族新药，使天然药业尽快发展壮大成新的支柱产业。到2005年，天然药业增加值在国内生产总值中的比重达10%左右。

第三节　绿色食品业

结合农业产业结构调整，以市场为导向、创新为动力、资源为依托、项目为支撑，大力发展无污染的安全、优质、营养类为标志的绿色食品业，加快新支柱产业的培植。一是抓好绿色食品加工园区建设。按照一园多区的方式，建成楚雄、元谋、姚安、大姚、牟定等绿色食品加工区。扶持发展成长性好、带动力强的龙头企业，积极发展优质特色农产品加工。二是抓好特色蔬菜种植园区建设。全州建成30万亩外销商品蔬菜基地，其中：以元谋为重点，建设冬早商品蔬菜基地10万亩；以楚雄、姚安、禄丰、牟定、武定等为重点，建设无公害夏秋商品蔬菜基地8万亩；以罗川为重点，建设反季节无公害商品蔬菜基地1.5万亩。在元谋、永仁、楚雄建设蔬菜制（繁）种园区5000亩。三是抓好基地建设。发展50万亩优质米基地；发展年外销40万只优质黑山羊、600万只乌骨鸡、20万群优质蜂、100万只肉鸽等畜禽基地；续建40万亩优质泡核桃、6万亩香蕉、6万亩龙眼、1万亩葡萄及30万亩速生丰产林、15万亩竹园、15万亩印楝等的林果基地；发展5万亩优质茶、8万亩蚕桑基地；发展5万亩魔芋基地；发展2.5万亩银鱼、1.5万亩渔业专用塘、15万亩稻田养鱼的水产养殖基地。到2005年，绿色食品业增加值在国内生产总值中的比重达17%左右。

第四节　冶金矿产业

坚持“在保护中开发，在开发中保护”的原则，发挥我州铁、铜、钛、稀土等矿产资源的比较优势，立足资源状况和市场需求，调整冶金矿产开发利用结构，切实转变增长方式，加大技术改造力度，依法强化管理，提高整体经济效益，抓住时机发展壮大冶金矿产业。一是加快现有企业组织结构调整，支持龙头企业搞好生产经营。盘活资产，促进德钢技改项目顺利实施，与攀钢联合开发钛资源，推动滇中铜冶炼正常生产发挥效益。二是运用高新技术改造传统冶金矿产业，开拓矿业深加工领域，提高冶金产品科技含量及附加值，促使冶金工业提质增效，带动相关产业发展。三是加大矿产资源勘探力度。对已开发但因品位低而不景气的矿产，重新进行富矿体的圈定；大力支持做好楚雄盆地石油天然气资源勘探等前期工作。到2005年，冶金矿产业增加值在国内生产总值中的比重达6%以上。

第五节　特色旅游业

要把特色旅游业作为后续支柱产业加以培植。“十五”期间，一是以旅游企业为主体，动员各方面力量支持办好旅游，打好发展基础，构建大旅游框架。二是以自然风光为基础、民族文化为依托、短线旅游为重点，挖掘利用我州古生物、古人类、古文化和民族风情等“三古一彝”的人文旅游资源优势，实施精品旅游工程。以“中国彝族十月太阳历文化园”等主体公园为载体，抓好旅游公路等配套基础设施建设，重点搞好楚雄紫溪山、武定狮山、永仁方山、禄丰东方恐龙文化园、元谋土林等景区开发。三是以推行窗口行业民族化、民族节日经常化、主要景点系列化为突破口，突出彝族风情、歌舞、服饰、文学、节日、民居等特色，强化管理，完善服务，搞好旅游促销。到2005年，特色旅游业增加值在国内生产总值中的比重达5%以上。

第九章　发展服务业，加强市场体系建设

第一节　发展服务业

以建立适应社会主义市场经济的市场体系、城乡社会化综合服务体系和社会保障体系为目标，以扩大人流、物流、资金流、信息流为重点，加快发展特色旅游、商贸、文化、教育、房地产业等传统服务业，大力发展信息、金融、咨询、法律、社区服务等现代服务业。加快服务业市场化、社会化步伐，实现中介机构与行政部门脱钩与改制。推进企事业、机关单位服务社会化。

第二节　强化市场开拓

要切实转变观念，把市场需求作为一切生产经营活动的出发点和归宿，把开拓市场、搞活流通作为企业的重要任务，在生产经营的各个环节，提供最优质的产品和服务。引导企业转换经营机制，强化营销，精心制定和实施符合企业自身实际的营销策略，改革营销方式，构建广泛的公共关系网络，建立健全灵活高效的机制，增强开拓市场的能力。

第三节 加强市场体系建设

扩充商品市场，国家、集体、个人一起上，培育建设有特色的产品交易市场，发展城镇及农村集贸市场。建设信息市场，形成多渠道、少环节、高效率的流通网络。拓展技术市场，建立健全人才和劳动力市场。创造条件发展证券、资本、外汇市场，扩大企业直接融资渠道。加快流通体制改革，建立国家储备与市场调节相结合的粮食经营管理体制；恢复农村供销社在积极参与农村经济发展、搞活农村流通中的主渠道作用。完善执行好市场运行的有关法律、法规，加强市场管理，规范市场行为，提高诚信水平。完善服务价格政策，规范服务收费和作价行为。加强行业自律，维护良好的市场秩序，创造公平、竞争、有序的市场环境。

第十章 调整所有制结构，加快非公有制经济发展

第一节 发展非公有制经济

要坚持以公有制为主体、多种所有制经济共同发展的基本经济制度，适应社会生产力发展的要求，调整和完善所有制结构，破除制约发展的体制和政策障碍，创造公平竞争环境，形成良好的发展氛围，加快非公有制经济发展。一是继续执行“三放”、“五不限”政策，引导和支持非公有制经济进入特色产业和国家产业政策鼓励进入的重点行业；二是鼓励和支持非公有制经济参与国有企业重组和兼并；三是调整时期我州原则上不再组建新的国有独资企业；四是切实把扶持发展非公有制经济的各项政策落到实处，创造宽松环境，搞好协调服务；五是做好非公有制企业的治乱减负工作，切实保护合法权益。进一步引导和放手发展以个体、私营企业和“三资”企业为主的非公有制经济，大胆采用一切反映社会化大生产规律的经营方式和组织形式，发展多种所有制经济。通过经济存量和增量的调整，推动资产合理流动，促进产权结构优化。

第二节 鼓励各类人员从事非公有制经济

国有、城镇集体企业下岗职工申办非公有制企业的，从税、费、证等方面给予优惠。机关事业单位人员向非公有制企业分流的，人事、劳动关系由当地人事部门的人才交流服务机构和就业服务机构负责代理，在保留原身份待遇计算工龄、评聘职称、社会保险、住房、购房等方面可享受相关优惠政策。鼓励大中专学校、科研机构人员创办、领办或到非公有制企业兼职。

第十一章 调整城乡结构，推动区域经济协调发展

第一节 提高城镇化水平

调整城乡结构，要转移农村人口，提高城镇化水平。城镇建设要科学规划，分类指导，突出重点，有序进行，形成布局合理、结构协调、规模适度的城镇网络体系，增强城镇聚集生产要素和对农村经济的辐射带动功能，把确定的重点集镇建成州内重要的商品集散交易市场。坚持经济与社会、城市与乡村协调发展原则，城镇发展做到功能定位准确、资源优化配置、经济结构合理、城乡经济结合，规划要高起点、高水平、有特色，建设要量力而行、分步实施，形成调整优化城乡结构和城乡互补互促、协调发展的城乡一体化新格局。

第二节 消除城镇化发展障碍

打破城乡分割体制，建立推动人口有序流动的管理体制。加快城镇户籍制度改革，探索市场经济条件下的新型城乡关系。以市场经济规律引导人口迁移，用“准入条件”取代“农转非”的计划指标，鼓励农村居民和外来人口入城定居和创业，培育城乡劳动市场，积极引导农村富余劳力在城乡、地区间的有序流动，推动农村人口向非农产业转移。改革完善城镇用地制度，调整土地利用结构，盘活土地存量。在保护耕地和保障农民合法权益的前提下，妥善解决城镇建设用地。建立城镇建设投融资新体制，增加对公益性基础设施和公共设施的财政资金投入，积极融资、引资，形成城镇建设投资主体多元化格局。加强城镇管理，建设文明城镇。“十五”期末，全州建制镇增加到41个，非农业人口增加到65万人左右，城镇化水平提高到25%以上。

第三节 调整区域经济布局

坚持“分类指导、突出特色、各展优势、协调发展”的方针，突破行政区划界限，依托中心城镇和交通干线，以线串点、以点带面，建设特色鲜明的经济区。调整经济结构，合理配置产业，加快发展特色经济，努力形成布局合理、各有侧重、优势互补、分工有序的区域经济格局。实施非均衡发展战略，突出重点，促进有条件的市县优先发展。楚雄市要努力提高综合竞争力，集中力量发展科技含量较高的新兴产

业，提高城市化水平和开放水平，强化在全州经济、文化、科技、教育等方面的区域中心地位和功能，向西南国际大通道上具有浓郁彝族风情的现代化中等生态城市目标迈进；支持禄丰县争取早日撤县建市，面向昆明，发展为大城市配套服务的新兴产业，努力提升整体经济实力；南华县、元谋县要发挥区位优势和资源优势，加快特色产业开发，推动经济快速增长，经过“十五”的发展，实现财政收支平衡；其余6个县要因地制宜，各展所长，不断提高综合经济实力。要高度重视和加快320国道、108国道、南永公路“大三角”交通沿线乡（镇）的发展，充分发挥其区位及基础设施较好的优势，促进优先发展，培育新的经济增长点。高度重视欠发达地区的发展，最终实现共同富裕。

第四节 发展毗邻地区经济合作

按照“扬长避短、优势互补、互惠互利、共同发展”的原则，建立沿周边和沿交通干线的经济合作区，主动参与中心城市的辐射，积极参与区域经济的分工与合作，优化资源配置。利用我州作为滇中经济区的重要组成部分，是云南省连接东南亚、南亚国际大通道的重要连接点，地处滇中、滇西、攀西三个经济区结合部的区位条件，东进昆明、北上攀枝花、西向大理，在参与各类经济合作区中形成新的经济增长点，谋求毗邻地区经济的协调快速发展。

第三篇 科教人才战略

第十二章 加快科技进步和创新，推进信息化进程

第一节 加快科技进步和创新

振兴彝州，必须依靠科技进步，努力提高科技持续创新的能力，为经济结构调整和经济建设提供技术支持。一是围绕发展五大特色产业，抓好一批高新科技骨干工程，利用国内外先进技术，实行高起点开发，改造提升特色产业中龙头骨干企业的整体技术水平。二是选择潜力较大的重点产品，强化高科技成果产业化开发的力度，形成拥有自主知识产权的新产品。三是建立以企业为主体的技术开发体系，推动企业成为技术进步的主体，发挥企业在技术创新中的作用。四是产、学、研结合，加强与大专院校、科研院所及东部发达地区的联合，大力引进技术、人才、项目、资金。五是深化科技体制改革，按照市场需求进行技术开发、服务、承包，在一些重点产业中探索组建科技产业研发中心或中试基地，加强科技与经济的有机结合，加快科技转化为现实生产力的步伐，促进高新技术成果的商品化、产业化。六是加大科学技术宣传、普及、推广力度，在全社会形成尊重科学、依靠科学，学科学、用科学，激励科技创新的良好氛围。

第二节 国民经济和社会信息化

大力推进信息化进程，加快发展信息产业是我州社会生产力跨越式发展的顺势之举。要以信息服务业为主体，以网络建设为重点，以普及计算机知识为突破口，以信息资源开发利用为目标，加快发展我州的信息产业。一是加快网络建设，逐步形成宽频带、高速率、大容量的信息高速公路。二是推进通信、广电和计算机的三网融合，促进电子商务和远程教育发展。三是实施政府和企业上网工程，提高计算机网络普及应用程度。四是加强信息资源的开发利用，更好地为经济和社会发展服务。“十五”期末，本地程控电话交换机容量达40万门以上，移动电话交换机总容量达39万门左右，上网用户普及率达8%左右。

第十三章 发展教育事业，开发人才资源

第一节 发展教育事业

把教育作为基础性、全局性、先导性的重要产业加快发展，面向现代化、面向世界、面向未来，完善教育体系，提高教育质量，推进素质教育，普遍提高劳动者素质。加强基础教育，巩固提高“两基”成果，调整优化中、小学校点布局，认真实施贫困地区教育扶贫工程，切实改善办学条件，提高师资水平，到2005年，初中毕业生升学率达45%以上。积极发展高中教育，办好一批质量高、规模适度的高级中学。加强中等职业教育结构等方面的改革，发展高等教育，充分利用现有教育资源，优化办学结构，提高办学效益。“十五”期间，建成具有彝州特色的楚雄师范学院，争取把楚雄卫校建成医药高等职业技术学院，楚雄民族中等专业学校进入全国千所重点中专行列。调整结构，盘活存量，逐步建立起以职业技术教育学院为龙头，中专学校为基础，职业中学为补充，学历教育与非学历教育并存，形式多样、效益良好的彝州职业技术教育体系。深化教育管理体制，积极鼓励多种形式的社会办学，加强教师队伍建设，提高教育现代化水平。

第二节 人才资源开发

在推进物质资源开发的同时，充分重视人力资源开发。创新人才培养、选拔、任用制度，完善人才激励机制和社会评价系统，营造事业留人、人尽其才、

才尽其用的体制环境，切实盘活用好现有人才，展其所长，发挥才干；依法保护知识产权，在全社会形成尊重爱护人才，充分发挥其聪明才智的良好氛围。把人才资源开发利用纳入领导任期目标责任制，制定人才资源开发规划。“十五”期间，实施好“五个一”人才工程，即：制定一个人才培养引进方案，5年内争取向国外送培10名左右高级专业人才、从州外引进100名适用专业技术人才、向省内外送培1000名各类人才、在州内培训提高10000名科技人员。在调动各类人才积极性和创造性的基础上，吸引具有开拓创新能力的高层次经营人才和高科技人才到楚雄创业；建立企业经营管理人才测评体系及上岗资格认证体系，培养造就优秀的企业家队伍；在农村着力培养科技带头人和科技明白人；加强优秀领导人才特别是年轻干部队伍的培养建设。围绕经济结构调整和特色产业建设，建立健全运行规范、服务周到的人才市场。为利用科技知识创造财富的人提供良好环境，鼓励、支持运用科技知识发展经济、创造财富的人率先致富。对有突出贡献的科技骨干和管理人才实行高薪、重奖。挑选一批有培养前途的中青年经营管理人才和科技人才到省外、国外发达地区学习培养，使彝州经济社会发展急需的人才脱颖而出。通过“十五”的努力，基本建立起一支规模适当、素质优良、结构优化的人才队伍。

第四篇　深化改革与扩大对内对外开放战略

第十四章　突出体制创新，深化国有企业改革

第一节　国有企业改组

加快国有经济的战略性调整和国有企业战略性改组。按照“有进有退”、“有所为有所不为”的原则，建立健全市场退出机制，促进我州国有企业逐步从一般性竞争领域以及资源枯竭、产品无市场、面临被淘汰的困境中有序地退出。采取灵活多样的方式，加快放开放活中小企业的步伐，转换企业经营机制，推进国有企业产权出让和转让，促进资产的流动和重组，打破地区、部门、所有制界限，鼓励企业联合、兼并，发展以资本、产品、技术、管理为纽带的企业集团。通过出让股权、参股、兼并等形式培植一批具有市场竞争力的企业，通过拍卖、转产、破产等形式淘汰一批无市场前景的企业。鼓励有条件的股份合作制企业向有限责任公司发展，促进国有资本向五大特色产业和国家鼓励发展的产业领域转移，支持有条件的股份有限公司和企业集团成为上市公司。推动非公有制经济与国有经济的竞争与联合，收购国有企业。

第二节　企业体制创新

按照逐步完善社会主义市场经济体制，促进结构调整和经济发展的要求，深化工商企业改革，进一步培育和健全社会主义市场经济主体，以产权制度、法人治理结构、激励和约束机制等为重点，使企业制度创新综合推进，取得突破。通过全面的企业制度创新，促进生产要素合理流动和社会资源的优化配置。继续深化企业内部人事、劳动和分配三项制度改革，形成企业优胜劣汰、职工能进能出、经营者能上能下、收入能增能减的机制，充分调动职工的积极性、主动性和创造性；把组织考核推荐、职工民主选举与引入市场机制、公开向社会招聘相结合，建立健全选人用人新机制。

加强企业领导班子建设，探索企业经营者职业化改革，培养和造就适应市场经济需求的职业化经营者队伍。围绕资金、成本和质量三个环节，建立健全以绩效为基础的激励机制和约束机制，全面改进和加强企业管理。通过“十五”的努力，初步建立起适应社会主义市场经济要求的企业管理机制，企业经济效益明显改善，职工收入显著提高。

第十五章　推进综合配套改革，完善社会主义市场经济体制

第一节　转变政府职能

以建立社会主义市场经济体制为目标，完成政府综合经济管理部门和行业主管部门等行政管理机构的改革。按政企分离原则，实现政府职能由微观管理向宏观管理、直接管理向间接管理、“管”字当头向服务、监督为主的转变。政府要按照建立社会主义市场经济体制的要求，把宏观经济管理的职能主要放在：制定中长期发展战略规划和配套政策，搞好基础设施建设，创造良好的经济发展环境，培育市场体系，监督市场运行和维护公平竞争，调节社会分配和组织社会保障，控制人口增长，保护自然资源和生态环境，管理国有资产和监督国有资产经营等方面，实现经济和社会发展目标。政府要逐步减少对经济事务的行政性审批，下放微观经济活动的管理权，把企业的权力还给企业，把市场的职能交给市场，把社会中介组织的事务转给中介组织，实现政府对社会经济事务的一般管理职能与对国有资产的特殊管理职能相分离。

第二节 投融资体制改革

抓住西部大开发机遇，建立符合我州实际的投融资体制和运行机制，制定和落实鼓励投资的政策。确立企业在竞争性领域的投资主体地位，基本形成企业自主决策、自担风险，银行独立审贷，政府宏观管理的新的投融资体制。加强财政建设性资金管理，强化资本化运作，扩大财政贴息范围，提高使用效率，发挥财政建设资金的导向作用。深化投资体制改革，建立和完善项目资本金制、建设项目法人责任制、招投标制和工程监理制，努力解决低水平重复建设问题。改革建设项目审批制度，完善项目科学民主决策机制，鼓励发展的一般竞争性项目实行备案制。发挥国投公司作用，争取建立产权交易市场，疏通社会实物资产变现和闲散资金利用的渠道。完善经济担保体系和担保改革，建立中小企业贷款、担保体系，增强担保效益。按照“平等互利、相互依存、恪守信用、真诚合作”的方针，构筑新型银企关系，提高金融服务水平，防范和化解金融风险，鼓励金融机构为地方经济发展作贡献。

第三节 财税体制改革

积极推进税费改革，严格税收管理权限，提高征管质量和效率，建立基础管理扎实、征管手段先进、征管查相分离、寓执法于服务之中的税收征管制度。清理整顿行政事业性收费。坚持“比例适当、集散有度、使用得当”的原则，调整和优化财政支出结构，压缩竞争性领域的支出，强化支出管理，改革资金管理办法，提高资金使用效益。深化预算管理体制改革，建立通行的国库单一帐户支付制度，提高预算编制的透明度和完整性、科学性。推行政府采购制度，规范政府采购行为。加强财政监督，整顿财经秩序，建立预算编制、执行和监督相互分离、相互制约的机制，强化政府债务监管。推进会计管理体制改革。全面实施乡镇“零户统管”，建立州、县（市）两级行政事业单位会计集中核算制度，稳妥地对国有或国有控股企业委派财务总监。逐步建立适应社会主义市场经济要求的公共财政框架。

第四节 改革收入分配制度

坚持效率优先、兼顾公平的原则，深化收入分配制度改革，把按劳分配与按生产要素分配结合起来，积极探索资本、技术参与收入分配的制度。对企业经营者和科技骨干进行年薪制和股权、期权试点，建立健全收入分配的激励机制和约束机制。健全劳动力价格的市场形成机制，逐步推行职工工资集体协商制度。提高机关事业单位工资水平。强化制度建设，依法保护合法收入，整顿不合理收入，取缔非法收入，防止收入分配差距过分扩大。

第十六章 实施对内对外开放战略，发展开放型经济

第一节 积极招商引资

适应全球经济一体化的趋势，把握加入世贸组织及实施西部大开发的机遇，按照国际惯例规则，参与国际国内经济合作与竞争。坚持“以资源、市场换技术，以产权换资金，以存量换增量”的原则，发挥楚雄州的区位和资源优势，有效利用国内外资源、资金和市场。制定优惠政策，努力扩大对内对外开放，大力引进内资和外资，拓宽利用外来投资领域。鼓励和引导国内外客商参与我州的五大特色产业建设。鼓励国内外客商到我州进行多种形式的投资和开发，除合资、合作、独资经营外，引导国内外客商选择参股、控股、联营、兼并、收购、租赁、托管或承包等形式参与国有企业的改组、改造和与集体、私营企业的合资、合作。鼓励外来投资者采用特许经营权转让等形式投资基础设施建设。争取外国政府和国际金融组织的优惠贷款。加强重点项目的前期工作，建立招商引资项目库，搞好项目信息发布。创新招商方式，拓展招商渠道，发挥云南省楚雄经济技术开发区和楚雄州广通经济开发区以及各类经济合作区、海外华人华侨、驻外办事机构等的窗口、桥梁作用，与国内外建立友好合作城市，积极有效招商引资，提高利用外资的质量和水平。

第二节 优化投资环境

抓好水、电、路、通讯等基础设施建设的同时，重视各项优惠政策的完善和落实，最大限度地放宽对外来投资的各种限制。实行更为优惠的土地政策，降低外来投资企业的投资成本。外来投资企业在楚雄的投资领域和行业，除国家明令禁止和限制发展的范围外，经营方式、投资方式、产品内外销比例、企业设立条件、经营地域和持股比例不受限制。为国内外客商提供优质高效服务，推行招商引资的审批、管理、协调一站式服务。不断优化投资环境，吸引更多的国内外资金、技术、人才参与彝州的开发建设。“十五”期间，实际利用外资年均增长10%左右。

第三节 扩大对外贸易

努力开拓市场，扩大外贸进出口。深化外贸体制改革，制定扩大出口的战略和对策，把资源优势转化为开拓市场、扩大出口的经济优势。增加出口产品生产，提高外贸出口份额，增强外贸出口经济增长的拉动作用。

第四节　加强对外经济技术合作

利用西南六省区七方横向联合协作和滇沪、滇粤合作的契机，大力推进与周边省区及全国其他省区的经济技术联合与协作，推进州校合作。鼓励州外投资者到楚雄参与我州实施西部大开发战略的重大项目建设和企业改组改造。利用各种交易会、展销会、博览会，扩大彝州与全国各地的交流，努力实现全方位、多层次、宽领域的对内对外开放。

第五篇　民族文化发展战略

第十七章　实施民族文化发展战略，建设民族文化强州

第一节　重视民族文化发展

楚雄州具有悠久的历史文化和多姿多彩的民族风情，以“十月太阳历”为代表的彝族文化独放异彩。在云南民族文化大省建设中，我州应发挥更加积极的作用，不失时机地实施民族文化发展战略。要坚持“为人民服务、为社会主义服务”的方向和“百花齐放、百家争鸣”的方针，把握时代精神，坚持先进文化的前进方向，推进民族文化强州建设。努力培养一支政治强、作风正的民族文化队伍，培养一支事业心强、有真才实学的民族研究队伍。培养一支开拓创新、懂管理、善经营、守法纪的民族文化经营队伍，加大对民族文化产业开发的投入力度，政府支持，社会赞助，多方筹集资金，积极引导社会资金投入，探索利用外资办民族文化产业的新路子。在注重社会效益的前提下，按照市场经济规律和现代企业制度的要求，积极发展适应市场需求、具有较强竞争力的民族文化产业。通过“十五”的努力，把楚雄州初步建设成为民族文化强州。

第二节　开发民族文化产业

通过保护、继承、弘扬优秀民族文化，丰富优秀民族文化宝库，合理配置民族文化资源，大力开发民族文化产业。彝族文化的发展要坚持继承中创新，发展中提高，要赋予古老彝族文化以新时代的新面貌、新气息，充分利用民族文化资源，开发民族特色鲜明的文化产品。结合发展特色旅游业，有重点地兴建一批民族文化标志性建筑，建设具有鲜明彝族特色的旅游文化基地。继续搞好边疆文化长廊和科普长廊建设，城乡文化馆、图书馆及广播电视基础设施建设。加强新闻舆论、文化出版、档案、休闲娱乐等各种思想文化阵地的建设和管理。建立彝学研究基地，对彝族传统文化进行挖掘开发。实施民族文化精品工程，提高民族文化品牌创新能力，做到3年上档次、5年出精品。不断推出具有国内较高水准的歌、舞、剧作，使彝族文化真正走向社会、走向生活、走向市场。促进社会科学、民族教育、民族文化、民族体育、民族民间工艺与服饰、艺术表演等文化产业的发展。

第六篇　可持续发展战略

第十八章　实施可持续发展战略，建设绿色经济强州

第一节　加强人口管理

严格控制人口数量，努力提高人口素质。加强计划生育法制建设，稳定完善计划生育政策，进一步落实宣传教育、经常性工作和避孕节育为主的工作方针，继续实行计划生育党政领导责任制。保持低生育水平，促进优生优育，重点做好农村特别是山区贫困地区的计划生育工作，加强对流动人口计划生育的管理。改善基层计划生育服务条件，提高服务水平。重视人口老龄化趋势，搞好老龄人口社会保障和精神文化生活。

第二节　有效保护资源

坚持“资源开发和节约并举，把节约放在首位”的方针，建立健全资源有偿使用制度和更新补偿机制。优化配置水资源，发展节水型产业，建立节水型社会，积极保护和发展水源林，增加城乡供水能力，建立合理的水价机制，满足经济社会发展需要。切实保护好耕地和林地，严格执行基本农田保护制度，统筹安排各类建设用地，确保耕地占补平衡。加强矿产资源勘查和矿山管理，严格整顿矿业秩序，合理开采矿产资源。严禁毁林开垦和乱批乱占林地，保护生物多样性。利用多气候带的资源优势，加强气象防灾减灾体系建设，提高气象服务水平。高度重视楚雄州“三古一彝”等人文资源的有效保护和合理开发利用。

第三节　加强生态建设

加强生态环境保护与建设，促进人口、资源、环境与经济社会协调发展。坚持小流域综合治理，把生物措施、工程措施、农艺措施结合起来，推进林草植被保护和建设。以水土保持为重点，以小流域治理为单元，因害设防，综合治理，统筹规划，分步实施。

开展金沙江楚雄段、龙川江、礼舍江、蜻蛉河、青龙河流域综合开发与治理工程，争取对永仁永兴、禄丰硝井、双柏大麦地、武定东坡、小井等重点灾害点进行治理。“十五”期间，治理水土流失面积2000平方公里，使全州水土流失面积下降15%左右。

落实国家“退耕还林还草、封山绿化、以粮代赈、个体承包”的措施，坚持“全面规划、分步实施，突出重点、先易后难，先行试点、稳步推进”的原则，把退耕还林还草与农村产业结构调整、发展效益农业、增加农民收入、贫困地区脱贫致富结合起来，发挥国家补助的作用，鼓励农民积极退耕，实施好退耕还林还草工程。“十五”期间，全州新增飞播造林有效面积100万亩、人工造林面积250万亩，对25°以上的49万亩坡耕地退耕还林（草），25°以下的坡耕地有计划地改造成梯田梯地。

第四节　切实保护环境

坚持生态环境保护与建设并举，保护优先、预防为主、防治结合，提高全民生态环境保护意识，推行绿色消费。建设龙川江源头等特殊生态功能保护区，金沙江沿岸、元谋低热河谷等资源开发生态恢复区，高标准建设一批生态示范区和生态环保示范村。新建和升级一批自然保护区，“十五”期末，使自然保护区面积占国土面积比重达8%以上。在农村推广大牲畜圈养和节能改灶及沼气代柴等措施，“十五”期末，实现全州80%的农户实行大牲畜圈养，90%的农户实行节能改灶或燃料置换（烧柴的改烧煤或使用沼气）。加强城镇园林建设，保护好公共绿地和生态用地，搞好城镇绿化带、片林、草坪、湿地、公园的建设与保护，推广庭院、墙壁、屋顶、桥体的绿化美化。完善环境监测手段，加强环境保护的执法和监督力度，治理环境污染。“十五”期间，县城污水处理率达80%，地表水环境质量达Ⅳ类以上水质标准，空气环境质量达二级以上标准。全州生态环境保护和建设取得新成效，为建设以生物资源开发创新产业为主体的绿色经济强州奠定基础。

第七篇　人民生活与社会保障

第十九章　改善人民生活，促进社会全面进步

第一节　提高人民生活质量

建设小康社会，要努力提高人民生活质量和水平，发挥政府在社会发展中的主导作用，调动和发挥全体公民的积极性、主动性和创造性，促进社会公正、祥和、文明、健康发展。要多渠道增加城乡居民收入，保证国家公职人员工资按时足额发放。努力提高生活质量，优化消费结构，进一步提高城乡居民吃、穿、用等基本消费水平，增加服务性消费；增加居住面积，提高住房和环境质量；改善公共设施，创造优美舒适环境。建立良好的社会秩序，保障人民安居乐业。

第二节　提高社会公共服务水平

把人人享有社会基本公共服务作为社会发展的重要任务，多渠道筹集资金，加大投入，加强社会基本公共服务设施建设。改善城乡特别是农村卫生服务设施，发展新型合作医疗，完善医疗服务、预防保健、卫生监督服务体系，加强传染病和地方病防治，进一步降低婴幼儿、孕产妇死亡率，巩固和发展人人享有初级卫生保健成果。开展全民健身运动，增强人民体质。增加和完善城乡老年人、青少年和职工文化娱乐及体育活动场所。发展公共交通，提高电话、计算机普及率。重视安全生产，加强劳动保护。增强防御震灾、洪涝、滑坡、泥石流等自然灾害的能力，搞好防灾减灾，切实保障灾民生活。努力改善人民生活环境条件。

第三节　多渠道扩大就业

努力发展经济，创造更多的就业岗位，多渠道扩大就业。发挥第三产业和非公有制经济对增加就业的积极作用，发展劳动密集型产业，建立有效的就业培训制度。培育、规范劳动力市场和中介服务组织，建立和完善以市场为导向的择业就业机制，引导下岗职工和失业人员转变就业观念，促进多种形式再就业。加大劳动执法监督力度，保护劳动者的合法权益。

第四节　发展社会福利事业

发展妇女儿童事业，不断提高妇女受教育程度和参政程度，增加女性就业人数，保护妇女儿童合法权益。发展残疾人事业，改善有特殊困难的残疾人群体参与社会生活的环境，共享文明成果。

第五节　加快山区和贫困地区发展

积极改善山区和贫困地区发展条件。加强以农田水利和公路为重点的基础设施建设，立足山区资源优势，大力发展特色林果、畜禽及农副产品加工业。继续加大扶贫攻坚力度，巩固扶贫成果，推广扶贫开发等各种行之有效的措施，以解决贫困人口温饱、脱困为中心，以贫困村、贫困户为主要对象，以改善基本生产生活条件和发展种养业为重点，采取小额信贷、异地搬迁、开放开发、科教帮扶、定点挂钩、党员联

系等方式，集中人力、财力、物力，确保贫困人口在稳定脱贫的基础上向小康迈进。

第二十章　建立社会保障制度，完善社会保障体系

建立社会保障制度，完善社会保障体系，是治国安邦的根本大计，要精心组织，把这项关系改革、发展、稳定全局的事抓紧、抓好。扩大养老保险范围，提高基金的收缴率，加快养老金社会化发放步伐。完善社会统筹与个人帐户相结合的模式，推行城镇职工基本医疗保险制度，推进医疗机构和药品流通体制改革，健全医疗保险费用分担机制，保障职工基本“医保”需求，健全城镇社区卫生服务体系和农村初级卫生保健服务体系。完善失业保险制度，逐步实现国有企业下岗职工基本生活保障与失业保险并轨，扩大失业保险覆盖面。确保国有企业下岗职工的基本生活费和离退休人员养老金按时足额发放，改革事业单位职工基本养老保险制度。鼓励有条件的用人单位为职工建立补充养老和医疗保险，同时发挥商业保障对社会保险体系的补充作用。建立可靠、稳定的社会保障基金筹措机制和有效运营、严格管理的机制，加大社会保险费征缴力度，变现部分国有资产、扩大彩票发行等方式多渠道筹集社会保障资金，健全社会保障基金监管制度，加强社会保障基金的规范管理。推进社会保障对象管理和服务的社会化改革，逐步形成完善的社会保障体系。

第八篇　精神文明和民主法制建设

第二十一章　加强社会主义精神文明建设

社会主义精神文明，是社会主义的重要特征，是社会主义现代化建设的重要内容和保证。要坚持以马列主义、毛泽东思想、邓小平理论为指导，全面加强社会主义精神文明建设。一是把深入学习邓小平理论与学习江泽民“三个代表”重要思想结合起来，围绕树立正确的理想信念，加强爱国主义、集体主义、社会主义教育，加强世界观、人生观、价值观教育，加强艰苦奋斗精神和全心全意为人民服务思想教育，加强科学知识、科学思想、科学方法、科学精神教育，在全社会形成共同理想和精神支柱。不断解放思想，更新观念，塑造楚雄“经济繁荣、环境优美、文明礼貌、热情好客、团结稳定、治安良好”的新形象。大力培养适应社会主义现代化建设需要的有理想、有道德、有文化、有纪律的一代新人。二是把依法治州和以德治州结合起来，提高各族人民的思想道德水平和科学文化素质，努力建立适应社会主义市场经济发展的思想道德体系。要发展团结、友爱、互助的新型人际关系，大力倡导文明高尚的社会公德、家庭美德、职业道德教育，形成与经济和社会发展相适应的健康和谐的思想道德规范。要在全社会强化信用意识，加强公民诚实守信的道德教育，建立严格的信用制度，规范契约关系。反对一切损人利己、损公肥私、金钱万能、以权谋私的思想和行为，努力营造崇尚科学、反对迷信、破除陋习的社会氛围。三是积极开展文明城镇、文明乡村、文明社区、文明单位、文明窗口、文明运输线、十星级文明户和希望工程、青年文明号、巾帼文明示范岗、五好文明家庭、军警民共建等精神文明创建活动，开展积极向上的文体活动，倡导文明健康的生活方式。四是不断满足人民群众日益增长的精神文化需要，探索新形势下做好思想政治工作的规律和方法。要加强调查研究，深入了解精神文明建设所面临的新情况、新问题，研究新时期精神文明创建工作的新特点、新内容和新机制。从群众的需要出发，从群众最关心的问题入手，使精神文明建设真正得到群众的支持，使精神文明建设始终保持旺盛的生机和活力，为改革开放和现代化建设提供强大的思想保证、精神动力和智力支持。

第二十二章　加强社会主义民主法制建设

第一节　加强民主政治建设

坚持工人阶级领导的、以工农联盟为基础的人民民主专政；坚持人民代表大会制度，充分履行人民代表大会及其常委会的职能，更好地发挥人民代表的作用；坚持中国共产党领导的多党合作、政治协商制度及民族区域自治制度，积极推进依法治州。各级政府要在宪法、法律规定的范围内依法行政，自觉接受广大人民群众的监督，努力提高科学决策和民主决策水平。不断改革和完善村级管理体制，加强村民、居民自治，积极推进政务、厂务、村务公开，保证人民群众直接行使民主权利。

第二节　加强法制建设

推进依法治州进程，加强立法、普法、司法、行政执法工作和社会治安综合治理。充分行使民族区域自治地方人大的立法权，促进彝州的民主法制建设。严肃执法、公正司法，推进司法制度改革，完善司法保障，确保司法机关依法独立行使职权。加强政法队伍建设，改善执法条件，提高技术装备水平；从严治警，从优待警，政治建警，科技强警。充分发挥政法部门打击罪犯、保护人民，服务经济建设，维护经济秩序的作用。制定和实施“四五”普法规划，加强地方立法工作，规范市场经济条件下的财产关系、信用关系和契约关系，增强全体公民的法律意识，提高法律水平，形成人人学法、懂法、守法、护法的良好氛围，为依法治州奠定基础。建立和完善科学的行政决策制度，加大依法行政力度，强化行政监督。认真执行法律、法规和规章，加大薄弱环节的执法力度，保护公民、法人和其他经济组织的合法权益，维护社会公共利益和社会秩序。加强政府法制和行政执法队伍建设，改善执法条件，规范执法行为，建立和实施政务公开制度、执法过错责任追究制度、评议考核制度、收支两条线管理制度和行政复议制度，强化监察、审计工作，为经济社会健康发展提供有力的保障。

第三节 维护社会政治稳定

始终把维护社会政治稳定作为大事抓紧抓实。认真研究社会稳定面临的新情况、新问题，正确处理各类不同的人民内部矛盾，切实把社会治安综合治理措施落到实处，探索治安管理的有效办法，减少青少年犯罪，积极预防和妥善处理群体性事件，认真做好社会矛盾排查调处工作。进一步落实党的民族政策，坚持和完善民族区域自治制度，巩固和发展平等、团结、互助的社会主义民族关系。全面贯彻党的宗教政策，保障公民宗教信仰自由，依法管理宗教事务，积极引导宗教与社会主义制度相适应，坚决取缔邪教。严厉打击危害国家安全、社会治安的刑事犯罪活动和各种邪恶势力，加强禁毒斗争。深入开展国防教育，提高全民国防意识；加强国防动员体系建设，增强平战转换能力；重视乡镇人武部建设，调整健全专武干部队伍；进一步密切军政军民关系，做好拥军优属、拥政爱民和民兵预备役工作。

第九篇 计划实施

第二十三章 改善宏观管理，保障计划实施

宏观经济调控的总体要求是：根据中央和省宏观调控政策的基本取向和我州经济运行的实际情况，围绕实现绿色经济和民族文化强州的目标，协调各种调控手段，引导和促进经济结构优化升级，保持投资、消费、出口稳定增长，努力推动经济持续快速健康发展，提高人民生活水平，促进社会不断进步。为此，要切实改善宏观经济管理。一是完善经济调控体系，综合运用计划、财政、金融、经贸及必要的行政手段，提高宏观管理水平，增强对地区经济的总体指导和综合协调功能，为计划实施创造良好的宏观经济环境。二是充分发挥宏观经济管理职能部门的作用，完善计划、财政、金融等职能部门的协调机制，形成调控合力。计划部门要把握宏观经济运行状况，搞好宏观经济监测预警，适时提出经济调控措施；根据供求变化，适时调整价格政策，理顺价格关系。财政部门要逐步建立公共财政框架，调整优化支出结构，在逐步提高财政保障能力、防范财政风险的同时，用活用好财政性投入，引导银行和社会资金投向经济建设；建立规范的转移支付制度，促进地区经济协调发展。金融部门要加强与计划、财政等部门的协调，搞好银企合作，构筑新型的银企关系。三是切实转变政府职能，按照现代市场经济的要求调整和转变管理经济的模式和方法，强化经济调控和管理，着力创造良好的发展环境。理顺部门关系，确保政令畅通。发挥市场在资源配置中的基础性作用，发挥计划引导市场主体行为方向的指导性作用，履行好政府在社会公益事业、公共设施建设和改善人民生活等方面的责任。

保障“十五”计划的实施，一是加强领导，依靠各级各部门和各族人民，调动各方面的积极性，精心组织，扎实工作，在抓落实上狠下功夫。二是细化计划。与本《纲要》相配套，要制定重点专项规划、行业计划和县乡计划来加以细化。要制定生产力布局规划和财政发展规划，制定烟草产业、天然药业、绿色食品业、冶金矿产业、特色旅游业五大产业的实施方案，制定科教人才、扩大对内对外开放、民族文化发展和可持续发展四大战略方案。在关系经济社会发展全局的关键性领域和薄弱环节，争取组织实施一批重大建设项目。州人民政府在制定和执行国民经济和社会发展年度计划和财政预算时，要综合运用计划、财政、金融等手段，分年度落实《纲要》提出的目标和任务。州直各有关部门要把本《纲要》与贯彻执行行业经济政策相结合，对所负责的领域制定针对性强的具体措施并加以实施。各级人民政府要从本地实际出发，落实好《纲要》的目标和任务。要面向群众，广泛宣传，在全社会形成关心计划、自觉参与计划实施的氛围。三是监督检查。在计划实施过程中，要自觉接受人民代表大会及其常务委员会的监督，广泛听取政协委员和社会各界的意见。有关部门要跟踪分析计划执行情况，对重点专项计划实施进行检查，加强对经济增长、投资、重点建设项目、人民生活等重要调

控目标的监测预警。四是廉政勤政。要讲学习、讲政治、讲正气。求真务实，真抓实干。深入开展反腐败斗争，建立健全监督和管理制度，努力从源头上遏制腐败现象的滋生蔓延。要在建立保障计划实施的投入机制、市场进退机制、监督机制等方面下功夫。计划实施期间，当遇到国内外经济形势的重大变化或州内出现其他重大变化因素，导致实际经济运行严重偏离计划目标时，州人民政府将提出调整方案，报请州人民代表大会及其常务委员会审议批准实施。

“十五”计划是指导彝州新世纪发展的第一个五年计划，是开始实施现代化建设第三步战略部署的第一个五年计划，也是社会主义市场经济体制初步建立后的第一个五年计划。面对我州现代化建设的新形势和新任务，全州各族人民要紧密团结在以江泽民同志为核心的党中央周围，高举邓小平理论伟大旗帜，以“三个代表”重要思想为指针，在中共楚雄州委的领导下，同心同德，扎实工作，抓住机遇，加快发展，为实现具有时代特征、彝州特点的“十五”计划，为把楚雄州建设成为经济特色鲜明、彝族文化荟萃、人与自然和谐、人民生活富裕的绿色经济和民族文化强州而努力奋斗！

专　　文

认真总结6年"村建"工作经验 不断加强农村基层组织建设

罗志明

从1994年冬至2000年11月，中共楚雄州委按照党的十四届四中全会和全国农村基层组织工作会议关于分期分批整顿农村基层组织的部署要求，连续6年从州、县（市）、乡（镇）抽派了15845名干部进乡入村，开展农村基层组织建设工作。通过6年集中整顿和建设，全州农村基层组织的凝聚力、号召力和战斗力进一步增强，党员干部队伍结构明显改善，精神文明建设健康发展，民主政治建设稳步推进，党在农村的各项方针政策更加深入人心，一大批贫困村脱了贫，有力地促进了农村的改革、发展和稳定，推动了全州经济社会的全面发展。

一、6年村建工作，是党的路线、方针、政策在农村基层广大干部、党员和群众中最广泛、最深入的一次大宣传、大普及

据统计，6年中，各级工作队共召开各种会议56687场（次），各种座谈会30026场（次）；出黑板报、墙报13868期，电影电视录像宣传15944场（次）；编印学习材料13200份，书写宣传标语86554条；走访慰问群众499651人（次），走访农户76003户；撰写从不同侧面反映县情、乡情和村情的调研文章3400多篇。这样规模宏大的宣传和广泛深入的调研，极大的鼓舞了人民群众脱贫致富奔小康的信心，深化了各级党委对农业、农村、农民问题的认识，深化了对基层组织建设工作长期性、艰巨性和复杂性的认识，增强了全面、深入、扎实、持久地推进农村基层组织建设的自觉性。

二、全州层层抓村建工作的格局已经形成

6年村建工作，全州先后实施了两个农村基层组织建设三年规划，制定了创建基层组织建设先进县（市）、"六个好"乡（镇）党委、"五个好"村党支部量化考核标准和目标。州、县（市）、乡（镇）、村建立了党建工作责任制、领导干部挂点联系制度和部门包村挂钩制度，全州基层组织建设走上了制度化、规范化的轨道。

三、乡（镇）党委及机关站所建设进一步加强

以贯彻落实《中国共产党农村基层组织工作条例》为重点，以实现"六个好"为目标，从加强思想政治建设，加大培训力度，完善党建工作责任制，抓纪律作风，推行政务公开，建立为社会、为群众服务承诺制入手，6年来，通过各级党委和工作队的积极努力，全州128个乡（镇）中，73个实现或基本实现了"六个好"目标，占57%。机关"门难进，脸难看"的现象得到了有效克服，党群干群关系明显改善，党的理论联系实际、密切联系群众的优良传统得到进一步发扬光大。

四、村党支部在农村的领导核心地位得到巩固，解决自身问题的能力不断增强

从1994年底到2000年6月村级体制改革前，全州1131个村级党支部先后选配支部委员3599人，调整交流村干部2094人，村党支部班子的平均年龄由1994年的39.4岁，下降到34.7岁，高中以上文化程度的比例由1994年底的8.1%上升到40.1%。党员任村主任的比例由1994年底的47%提高到87.4%；增设党支部（总支）112个、党小组748个。同时，加强了共青团、妇委会、治保、调解、民兵等配套组织建设，并建立了规章制度，理顺了关系，使其较好地发挥了各自的职能作用。在抓班子及配套组织建设的同时，放手发展壮大集体经济，不断完善经营机制。全州实现或基本实现“五个好”目标的村党支部728个，占64.4%，解决“有人管事，有钱办事，有章理事”的问题取得了明显突破。

五、党员队伍不断壮大，结构明显改善

以“双学”活动为重点，以解决年龄偏大、文化偏低为切入点，党团队伍建设取得了突破性进展。6年来，共举办党员培训班5138期，培训党员133260人（次）。举办入党积极分子培训班5446期，参训74375人，发展农村党员21857名。党员“空白社”由1994年底的1172个，减少到196个。涌现了一大批“乡土人才”、致富能手和带动农民群众脱贫致富奔小康的领路人。

六、村建工作培养锻炼了一大批干部

6年6批村建，不仅有一大批乡（镇）党委、村党支部和优秀个人先后受到了全国、全省和州、县（市）委的表彰，而且有一大批村建工作队员通过走村访户，深入群众，了解村情民意，增强了群众观念，在实践中得到了锻炼提高，被提拔使用到州县（市）委、乡（镇）党委和政府各职能部门的主要领导岗位上，成为迎接西部大开发，推动彝州经济社会繁荣进步的骨干力量，这是6年村建的重大成果之一，是对各级党委辛勤努力的丰厚回报。

回顾6年村建工作实践，我们感到基本的经验有这样几条：

（1）正确处理中心与核心的关系，找准工作切入点是村建工作出成果见实效的保证

6年来，我们在村建工作中，一是始终坚持了村建同基层民主政治建设相结合。从1995年初到1997年底，全州对乡级机关站所及村社的财务管理进行了大规模清理，并建立了管理制度。在全州推广了禄丰县一平浪镇大窝办事处和姚安县大龙口乡的做法和经验。全州128个乡（镇）、1131个行政村全面推行了村务、政务公开制度。乡（镇）建有固定的政务公开专栏1838块，行政村建有固定的村务财务公开栏1111块。6年来，清出乡（镇）机关及站所拖欠集体资金72.4万元，已全部收回；清理合作社8361个，清出拖欠集体资金1996.4万元，已在村建工作结束时收回1798.76万元；通过推行政务、村务公开，基层广大党员和农民群众的民主法制意识普遍增强，称公开栏为“明白墙”，是一座连接干群关系的连心桥，有力地推进了全州农村基层的民主政治建设。二是始终坚持村建与扶贫攻坚相结合。各级工作队以全州42个省列扶贫攻坚乡或部分插花贫困村为重点，先后在驻点举办农村实用技术培训班12348期，参训人数达446426人（次）；规划水利建设项目106399个（件），竣工投入使用103071个（件），新增或改善灌溉面积1019746亩；组织群众投工投劳改造中低产田616407亩；建成人畜饮水工程10475件；新修维修村社公路4780.77千米；架设输电线3054.76千米；新建或维修校舍327198平方米。不通公路的村由1994年底的153个减少到25个；不通电的村由152个减少到2个；农民人均有粮从1994年底的359千克增加到2000年底的409千克，人均纯收入由687元增加到1575元，有力地推动了当地的经济社会发展，加快了贫困人口的脱贫步伐。三是始终坚持村建与精神文明建设相结合。6年来，各级工作队紧密配合创建文明单位、文明村（社）、文明户活动，采取各种形式改善贫困山区群众的文化生活，积极引导群众革除陈规陋习，提倡讲文明、树新风，先后在驻点村社建文化活动室、党团活动室、广播电视设施共4844个（件）。全州被各级命名为文明单位的乡（镇）已由1994年前的15个上升到99个，文明村（社）已由349个上升到878个。同时，在全州541975户农户中普遍开展了评选“十星级文明户”的活动。通过抓“结合”，找准工作切入点，提高了基层组织的号召力和战斗力，推动了基层民主政治建设和精神文明建设，促进了农村经济社会的协调发展。

（2）创新是基层组织建设不断迈上新台阶的重要条件

6年村建工作，从建设“五个好”村党支部到具体解决“有人管事、有钱办事、有章理事”问题；从“五个好”目标到乡（镇）党委“六个好”目标再到创建基层组织建设先进县活动；从最初的清理村社财务到推行村务、财务公开进而推行乡级政务公开；从重点整顿软、瘫、散村党支部到重点抓扶贫攻坚乡和贫困村；从调整充实领导班子到重点抓素质教育培训；从选发展路子到找市场、调结构、活流通，狠抓实用技术应用培训；从强调抓社会治安综合治理到创建“十星级文明户”等等，充分说明农村基层组织建设，是一个动态管理的发展过程，只有不断赋予其新的内容，在发展中创新，在创新中发展，才会有强大的生命力。

（3）坚持不懈地抓农村党员干部和群众解放思想、更新观念的学习教育，是农村实现小康目标的关键

6年村建工作实践证明，特别是省、州、县

（市）委工作队驻点的实践证明，一方面群众中的确蕴藏着巨大的积极性，一旦把他们的积极性调动起来就能产生巨大的物质力量。另一方面，群众中“小富即安、小进则满”、“养牛为犁田、养猪为过年”的小农经济意识、小商品生产观念还相当浓厚，严重地束缚着社会生产力的发展。还有不少贫困村、社的干部群众，总是两眼向上，两手向外，不思进取，碌碌无为，年复一年，苦等苦熬。经济发展滞后，贫困面貌难以根本改变，虽然有历史的、自然的深层次原因，但是，相当一部分基层干部、党员和群众观念陈旧，不能不说是一个重要的原因。因此，只有坚持不懈地抓素质培训，抓解放思想更新观念的学习教育，在深化农村改革中不断提高基层广大党员干部的致富本领，增强群众的致富观念，才能加快实现“两个根本性转变”，推动农村经济社会的持续、快速、健康发展，也才能保持农村的长期稳定。

6年农村基层组织的集中整顿和建设成绩显著，功不可没。但从长远看，这只是农村基层组织建设的一个阶段性工作，只能说为今后的工作打下了一个良好的基础，创造了一个有利条件。随着社会主义市场经济体制的逐步建立，建设有中国特色社会主义步伐的加快，今后我们所面临的任务仍然十分艰巨。因此，各级党委要按照江泽民同志关于“加强党的基层组织建设的工作，必须坚持不懈的抓下去，一刻也不能放松”的要求，进一步提高对农村基层组织建设长期性、艰巨性的认识，不断加强和改进农村基层党组织的建设，为巩固党在农村的领导地位，保证农村改革发展稳定大局和“十五”期间各项任务的完成做好思想和组织保证。

2000年12月初，村建工作刚结束，党中央又作出决定：“用两年左右的时间，在全国县（市）部门、乡（镇）、村级领导班子和基层干部中，有计划，有步骤地开展‘三个代表’重要思想的学习教育活动”，这是党中央继开展6年村建工作后作出的又一重大决策，是巩固和扩大县（市）“三讲”教育成果，解决当前农村存在的突出问题的需要，是6年村建工作的继续和发展，同时，也是推动全党深入贯彻党要管党、从严治党的方针，推进党的建设新的伟大工程和进一步提高农村基层干部素质和基层组织建设水平的需要。按照党中央和省委的部署要求，我州第一批县（市）部门和乡（镇）党委“三个代表”重要思想学习教育活动已于4月中旬告一段落，当前正在抓“回访复查”。第二批开展“三学”活动的乡（镇）、机关站所和村级领导班子的试点工作正在实施，全面铺开将在2001年冬季进行。全州各级党委要以江总书记“七一”讲话精神为指导，进一步提高认识，统一思想，把“三个代表”重要思想学习教育活动作为事关农村改革、发展、稳定全局的一件大事抓紧抓好，为实现州委“农业富民、工业强州”的目标而奋发努力。

提高认识　加强领导　大力推进乡镇企业和个体私营经济持续健康发展

周发洪

楚雄州的乡镇企业及个体私营经济在州委、州政府的领导下，认真贯彻落实党中央、国务院和省委、省政府有关发展乡镇企业及个体私营经济的一系列方针政策，不断更新观念，解放思想，开拓进取。经过全州各族人民的共同努力，在资金不足、投入减少、结构性矛盾突出的情况下，保持了持续健康发展的良好势头，取得了较好的经济效益和社会效益。2000年，全州乡镇企业包括个体私营企业（按新统计口径）完成营业收入140.38亿元，实现增加值28.73亿元，不变价工业总产值31.22亿元，上缴国家税金2.43亿元，固定资产原值达到35.44亿元。乡镇企业占全州经济总量的份额分别为：现价增加值占国内生产总值（GDP）27.2%，工业总产值占56.4%，实缴税金占地方财政收入的31.5%，农民人均纯收入中来自乡镇企业199元，占12.6%；全州已有38个乡（镇）、12个村（居）委会营业收入超过亿元，有32个企业营业收入达到千万元以上、上缴税金达到50万元以上。乡镇企业的快速、健康发展，为全州国民经济和社会发展作出了重要贡献。

一、不断提高对发展乡镇企业和个体私营经济重要性的认识

州委、州人民政府始终把不断提高对发展乡镇企业和个体私营经济重要性的认识、更新观念、解放思想作为推动乡镇企业和个体私营经济发展的重要措施，列入议事日程，做到常抓不懈。在全州上下统一思想，增强大力发展乡镇企业和个体私营经济的自觉性和责任感。认真宣传贯彻落实党中央、国务院和省委、省政府有关发展乡镇企业和个体私营经济的各项方针政策，使中央和省委、省政府有关大力发展乡镇企业和个体私营经济的政策不断深入人心。在全州上下牢固树立5种观念，即：乡镇企业和个体私营经济是社会主义市场经济的重要组成部分的观念；县域经济以发展乡镇企业和个体私营经济及混合型经济为主的观念；国有经济有“进”有“退”，让乡镇企业和个体私营经济在一般性竞争区域获得更大发展空间的观念；发展乡镇企业和个体私营经济是培育新的经济增长点的观念；以大开放促进乡镇企业和个体私营经济大发展的观念。工作中坚持以“三个有利于”为标准，正确认识发展乡镇企业和发展非公有制经济的统一性，不争论，少指责，多协调，谋发展。通过各级党委、政府的不懈努力，目前，在全州范围内已经形成了发展乡镇企业和个体私营经济各级党政一把手负总责，分管领导全力抓，职能部门具体抓，有关部门配合抓的格局。

二、营造环境，落实政策，加大扶持，促进发展

楚雄州乡镇企业发展的主要启示有3条：（1）州委、州政府高度重视，环境较好，制定出台了一些优惠政策；（2）全州上下都以“三个有利于”为标准，不争论，不动摇，抓发展；（3）各有关部门密切配合，支持乡镇企业的发展。

在营造环境方面，主要抓了4件事。（1）治理向乡镇企业乱收费、乱罚款行为，减轻企业负担。2000年，州政府组织人员，对全州10县（市）435户乡镇企业进行了专项调查。共查出向乡镇企业收费的部门31个，收费177种。通过调查，州政府于2001年2月26日发出了《关于进一步治理向乡镇企业乱收费、乱罚款、乱集资和各种摊派的通知》，明确决定取消收费12项。（2）加大资金扶持力度。一是在“两烟”双控，财政减收，资金调度困难的情况下，州政府还决定建立了2000万元的乡镇企业发展资金，专项用于扶持乡镇企业的新产品开发、技术改造和弥补企业的流动资金不足。同时，州政府每年还安排一定数量的发展乡镇企业专项资金，用于企业贷款贴息和奖励乡镇企业发展较快的县（市）及有关人员。二是加大对金融系统贷款的协调力度。根据现行金融政策和“企业贷款难”、“银行难贷款”的实际，州政府建立了企业贷款联席会议制度。由州长召集各银行行长和州级经济主管部门负责人会议，进行沟通、协调，落实企业贷款。“九五”期间，仅州、县（市）两级财政就投入乡镇企业扶持资金1.35亿元。金融部门共为乡镇企业发放贷款4.25亿元，有力地促进了乡镇企业的快速、健康发展。（3）加大对乡镇企业的宣传力度。近年来，州政府每年都安排一定数量的专项资金，由州乡镇企业局与云南电视台、楚雄电视台、楚雄日报社等新闻媒体共同开办“乡企创新业”、“乡镇企业之窗”、“彝州乡镇企业”等专栏，宣传报道全州乡镇企业改革发展的大好形势和成功经验，动员全社会都来关心支持乡镇企业的发展。（4）大力表彰奖励乡镇企业先进集体和个人。州委、州政府决定，每两年对全州发展乡镇企业作出成绩的先进单位和个人进行表彰一次。2000年，州委、州政府共表彰优秀乡镇企业家、百强企业、十强乡（镇）、五十强村（办）以及发展乡镇企业先进县（市）等159名。表彰大会上，受表彰的先进集体和个人披红挂彩，州委书记、州长亲自颁奖。

三、加强领导，理顺关系，落实责任，真抓实干

乡镇企业和个体私营经济能否持续健康发展，加强领导、落实责任是关键。为推进乡镇企业和个体私营经济的持续健康发展，切实加强对乡镇企业和个体私营经济工作的领导：（1）州、县（市）两级都成立了由党政主要领导一把手任组长的乡镇企业协调领导小组，负责研究乡镇企业发展中的重大问题，协调各方面的关系，对各部门在促进乡镇企业发展中所做的工作进行督促检查。随着乡镇企业改革的深化和个体私营经济的快速发展，州委、州政府又于2000年底将州乡镇企业协调领导小组和发展个体私营经济领导小组合并，成立了“楚雄州乡镇企业及个体私营经济协调领导小组”，领导小组办公室设在州乡镇企业局，负责领导小组的日常工作。到目前为止，全州大部分县（市）已按州委要求，理顺了乡镇企业和个体私营经济管理关系。（2）把是否促进乡镇企业和个体私营经济健康发展作为考核各地党政一把手政绩的重要内容之一，层层签订目标责任书，严格兑现奖惩。从1996年起，州委、州政府就把发展乡镇企业和个体私营经济的各项指标分解量化，对各县（市）实行百分制计奖考核。这个制度执行后，对促进乡镇企业和个体私营经济发展起到了较好的推动作用。近年来，全州10县（市）都参照州对县（市）的考核办法对各乡（镇）进行了考核奖惩。（3）实行党政领导干部联系重点乡镇企业和个体私营企业的制度。近年来，在州委、州政府的倡导下，绝大多数县（市）都实行了县（市）党政领导联系乡镇企业和个体私营企业制度。由县（市）委、政府统一安排部署，县（市）党政领导都把当地的骨干乡镇企业和个体私营企业作为联系点，对联系的企业进行调研、帮助、支持，及时帮助企业解决问题和协调关系。部分县（市）还实行了发展乡镇企业和个体私营经济风险抵押金制度。通过加强领导和抓落实，促进了乡镇企业和个体私营经济的快速健康发展。（4）州委、州政府每年都坚持召开一次高规格、大规模的全州乡镇企业工作会议。2000年12月召开的全州乡镇企业及个体私营经济工作会议，州五大班子的主要领导、州委常委、分管联系经济工作的州人大、政府、政协的领导都出席了会议，各县（市）委书记、县（市）长、分管乡镇企业的副县（市）长和州级35个部门的主要领导都参加了会议。（5）为进一步统一思想，提高认识，加快发展，根据省委、省政府有关大力发展乡镇企业的决定和全省第二次个体私营经济工作会议精神，州委、州政府又于2001年3月12日下发了《关于大力发展乡镇企业和个体私营经济的决定》，制定了促进乡镇企业和个体私营经济发展的一系列优惠政策和措施。

四、加大改革力度，大力发展个体私营经济

近年来，楚雄州在发展个体私营经济中，始终把解放思想、放手放胆加快发展作为重要工作来抓。长期坚持省委、省政府提出的“解放思想、放开手脚、积极扶持、大力发展”的指导方针，认真落实发展个体私营经济的各项政策措施，有力地促进了全州非公有制经济的快速健康发展。（1）不断深化乡镇集体企业改革，提高非公有制经济比重。为加快乡镇企业产权制度改革步伐，1998年，州人民政府下发了《关于进一步推进乡镇企业产权制度改革的通知》，明确了有关乡镇企业改革的各项政策。并成立了由政府主要领导任组长的州、县（市）乡镇企业改革领导小组，专抓此项工作。在州委、州政府和各级各部门的重视和支持下，到2000年底，基本上完成了乡镇集体企业80%的改革任务。2001年5月，州人民政府又制定出台了《关于深化乡镇集体企业产权制度改革的决定》，对改革的指导思想、目标任务以及改革的主要形式、优惠政策和工作方法等都作了明确的规定。（2）加大经济结构调整力度。一是把大力发展非公有制经济列入对各级各部门的考核范围，对非公有制经济一视同仁，促进了非公有制经济的发展 。目前，全州非公有制经济占GDP的比重已经达到21%。二是抓好农业产业结构调整，推进市场牵龙头、龙头带基地、基地联农户的企业集团的形成。三是着力培育骨干项目和财源项目。四是大力发展名特优新产品。（3）着力为个体私营经济的发展营造良好的舆论环境、宽松的政策环境和公平的竞争环境。

今后一段时期，彝州乡镇企业及个体私营企业发展的总体思路是：根据州委、州政府建设“五大产业”的要求，抓住西部大开发的机遇，坚持以发展为主题，以调整结构为主线，以深化体制改革和科技创新为动力，把发展乡镇企业及个体私营经济与农业产业化经营、小城镇建设紧密结合起来，重点抓好农副产品的加工、贮运和保鲜工作，突出抓好10县（市）城镇、亿元乡（镇）、交通沿线乡镇企业和龙头骨干企业的发展，在坚持速度与效益相统一的基础上，不断提高企业的综合经济实力和市场竞争能力，促进乡镇企业二次创业及个体私营经济快速健康发展。要做好这些工作，一是要继续深化对大力发展乡镇企业及个体私营经济重要性的认识，进一步加强领导，落实责任；二是要努力调整经济结构，促进科技创新；三是要大力推进产权多元化为主的乡镇集体企业改革；四是各级政府职能部门要履行好职责，搞好“规划、协调、监督和服务”的各项工作和管理工作；五是要落实好各项扶持政策，切实减轻企业负担；六是要为企业发展创造一个宽松的环境。

楚雄州“五七”扶贫攻坚成效显著

吴莉华

党的十一届三中全会以来，楚雄州农村实行了以家庭联产承包责任制为主要内容的一系列重大改革，解放了农村生产力，促进了农村经济的快速发展，农民生活水平有了显著提高。但是，由于自然、历史等多方面的原因，仍有一些地方处于贫困状态，一部分群众的温饱问题没有得到根本解决。到1993年，全州有331个行政村、50万人收入在温饱线以下，分别占当年全州行政村总数的29.3%、农业总人口的23.6%；有165个行政村不通公路；157个行政村不通电，86个行政村不通电话；有7个县被国家列为贫困县。尽快改变贫困地区面貌，解决群众温饱成为了州委、州政府的中心工作。1994年，州政府制定了《楚雄州五七扶贫攻坚计划》，明确提出要集中人力、物力、财力，动员全社会力量，用7年左右时间基本解决全州50万农村贫困人口的温饱问题。7年来，州委、州政府从代表和维护广大人民群众的根本利益出发，高度重视扶贫工作，坚持开发式扶贫方针，把解决群众温饱问题作为贫困地区经济发展的中心任务来抓，加强领导，加大力度，层层建立扶贫攻坚目标责任制，认真落实扶贫攻坚计划，特别是1996年以来，进一步突出以42个扶贫攻坚乡为重点，以解决温饱为中心，全面实施治水、改土、通路、通电、通话、绿色等“六大基础工程”以及小额信贷扶贫、异地开发扶贫、科教扶贫、党员干部结对扶贫、外资扶贫、温饱示范村建设等扶贫措施，并利用扶贫贷款扶持贫困县、乡开发当地资源，发展区域经济，培植支柱产业，增强区域经济实力。通过多层次、多形式、多途径的扶贫开发和长期艰苦不懈的努力，到2000年底，全州实现了基本解决贫困人口温饱问题的目标。

一、齐心协力，克难攻坚

为解决贫困人口温饱问题，实现“五七扶贫攻坚计划”目标，州委、州政府采取了一系列扶贫政策措施，切实加大扶贫开发力度。

（一）加强领导，建立扶贫目标责任制

州委、州政府高度重视扶贫工作，成立了扶贫开发领导小组，州长亲自担任组长，把扶贫纳入州委、州政府的中心工作，摆在重要议事日程，经常召开会议，专题研究和部署扶贫工作，先后制定下发了《楚雄州五七扶贫攻坚计划》、《中共楚雄州委、州人民政府关于扶贫攻坚的实施意见》、《楚雄州科技扶贫工程规划及实施方案》、《楚雄州小额信贷扶贫工作实施意见》等重要文件；州级五大班子领导率先垂范，每人挂钩一个攻坚乡，定点帮助一个贫困村，经常深入贫困地区调查研究，帮助指导工作，解决实际问题；州人大、州政协也十分关心重视扶贫工作，每年都对扶贫工作进行检查监督和协商审议；充实和加强扶贫工作机构和人员力量，把州扶贫办由正科级升格为正县级单位，县（市）扶贫办定为正科级，增加了州、县（市）扶贫办人员编制，配备了扶贫攻坚乡扶贫专干；为把扶贫攻坚计划落到实处，州政府制定了分期分批解决温饱计划，州、县、乡、村逐级签订了《扶贫攻坚目标责任状》，明确扶贫攻坚由党政一把手负责。

（二）千方百计增加扶贫投入

州政府一方面积极向中央和省政府申报项目，争取扶贫资金；另一方面在地方财政不宽裕的情况下，不断增加扶贫投入。7年来，全州共投入各类扶贫资金8.7亿元，其中州级财政投入1.7亿元，占扶贫资金总数的19.5%。以1997年为例，除州级扶贫专项资金由上年的550万元增加到1300万元外，还从农业、水利、林业、教育、科技、交通、卫生等7个部门的切块经费中按25%的比例切出1606万元投入扶贫。扶贫资金的不断增加和投入力度的不断加大，有力地增强了贫困地区的发展基础和造血功能。

（三）突出重点，狠抓基础设施建设

在扶贫攻坚中，州政府把重点放在42个扶贫攻坚乡的治水改土、改善生产条件、建设人均一亩基本农田地上，并针对贫困地区干旱缺水的特点，制定了“一水、二土、三科技”的扶贫思路。“一水”就是每年集中资金在冬春之季大搞“五小”水利工程建设。在国家的适当扶持下，发动千家万户，在山坡地周围内外，顺势依山，挖坑打洞，修沟埋管，修建小塘、小坝、小水池、小水窖、小水沟，把小溪水、雨季的屋檐水、地表水引蓄起来，高水高用，散水集用，小水大用，一水多用，解决了旱地水浇和人畜饮水问题。特别在水池、水窖建设上，由20世纪90年代初的方形、石头支砌、木模混凝土浇灌，发展到圆形钢模混凝土浇灌，达到了高质量、高标准、规范化，有效地提高了水资源的利用率。由于“五小”水利，特别是池窖工程符合贫困山区实际，工程到户，工程量小，受益面广，投资效益好，直接关系群众切身利益，因此广大农民群众积极性很高，节衣缩食，投资修建小水池（窖），并把小水池称作是“小粮仓”、“养老池”、“脱贫致富池”。1994年至2000年，全州贫困地区共修建“五小”水利工程12万件，增加旱地水浇15万亩，新增灌溉6万亩，改善灌溉16亩，解决了23万人和15万头大牲畜的饮水困难问题。“二土”就是认真抓坡改梯和中低产田地改造，使之做到梯地配水池，旱地水浇化，提高土地产出率。1994年至2000年，全州贫困地区实施坡改梯7万余亩，改造中低产田地10万亩。“三科技”就是在治水改土的同时，大力推广了良种、地膜覆盖、立体种植、营养袋育苗、畜禽品种改良和间套种等增产增收的实用技术措施，培训贫困群众71万人次，部分农户掌握了1至2门致富技术，科学种田的水平明显提高，有效地增加了单位面积产量。

在抓好贫困地区农业基础设施建设的同时，全州有计划地组织实施了通电、通路、通话、绿色扶贫工程。7年来，州政府投入大量资金，新发展经济林果64万亩，解决了157个贫困村通电、165个贫困村通公路和86个贫困村通电话的问题，基本实现了村村通路、村村通电，边远贫困地区信息闭塞、交通不便的情况得到了根本改变。

（四）坚持扶贫到村到户，大力开展小额信贷扶贫和温饱示范村建设

为解决扶贫资金入户率低和贫困户缺资金、缺项目、商品观念淡漠等问题，1997年楚雄州开展了小额信贷扶贫试点，在试点成功的基础上，扩大了小额信贷扶贫的范围和规模。到2000年，全州已有78个乡（镇）开展了小额信贷扶贫；资金规模达5540万元。据2000年12月底统计，全州共组建贷款中心组2575个、小组15110个，累计发放小额贷款8067万元，获贷贫困户61068户。小额信贷扶贫的广泛开展，使部分农户发展了种植业、养殖业和农副产品加工业，使扶贫到户的措施得到了真正落实，解决了贫困户缺资金的问题，增强了贫困户的商品意识和勤劳致富的观念，为广大贫困户解决温饱、增加收入发挥了积极的作用。与此同时，又开展了温饱示范村建设工作。从1999年至2000年，楚雄州以自然村为单位，按照“近抓温饱，远奔小康，综合治理”的原则，扶持建设了32个温饱示范村。通过对山、水、林、田、路进行综合治理，基本达到了一年解决温饱，两年巩固，三年发展的目标。温饱示范村的建设起到了以点带面的辐射作用，并为今后新一轮的扶贫开发开辟了新的途径。

（五）对丧失生存条件的特困人口实行异地开发扶贫

据调查统计，到1997年，楚雄州还有7327户31273人居住在高寒冷凉、干旱缺水、自然灾害频繁、环境条件恶劣、一方水土养不活一方人的地区。为了从根本上解决这部分人的温饱问题，州政府决定实施异地开发扶贫，并向省政府作了专题报告。省政府批准了元谋、双柏、武定、禄丰、永仁的异地开发扶贫项目计划。到2000年底，元谋、双柏两县以插花搬迁安置和小集中搬迁安置的方式完成了第一期异地开发扶贫计划，共搬迁安置贫困群众827户3535人，完成投资890万元，帮助他们建盖住房818幢，架设人畜饮水管道76公里，修建水利工程31件，新建卫生室5个，建设小学6所，新开农田694亩，架设10千伏安输电线路17条36.7公里，修复和开挖村庄公路21条长82.3公里，使移民过上了有房住、有地种、有饭吃、有水喝、能就医、孩子能上学的脱贫生活，搬迁人口基本解决了温饱问题。

（六）组织和动员社会力量参与扶贫

扶贫济困，共同富裕是全社会的共同责任。为此，州委、州政府组织各级各部门社会各界开展“挂钩扶贫”、“支教”、“科技文化卫生三下乡”、“党员干部结对扶贫”、“扶贫济困献爱心”等活动。各级各部门及广大党员干部积极响应州委、州政府的

号召，在江总书记“三个代表”重要思想和“三讲”教育、“三学”活动的推动下，在扶贫攻坚好干部臧金贵精神的感召下，广大党员干部深入贫困地区，走村串户，访贫问苦，与贫困户结穷亲；纷纷捐款捐物，救助失学儿童，帮助贫困户发展生产，形成了全社会合力攻坚的良好局面。仅2000年，州级就有107个部门和单位挂钩帮助107个贫困村，有4507名党员、干部与3707户贫困户结成帮扶对子，共深入贫困村6786人次，单位和个人向贫困村和贫困户捐款捐物607.76万元，帮助贫困地区争取架电、通路、农田建设、人畜饮水等各种生产发展资金上千万元，极大地改善了贫困地区的生产生活条件。在社会扶贫中，楚雄州还得到了中央和省的支持。国家招商银行响应党中央、国务院的号召，定点帮扶彝州武定、永仁两个贫困县。自1999年以来，先后派出3批扶贫干部到两县挂职扶贫。两年来，向两县捐资捐物397.46万元，引进资金655万元，修缮校舍5所，建盖招银小学4所，资助贫困学生600多人，融资投入小额信贷扶贫资金200万元。扶贫干部臧金贵为彝州扶贫事业献出了宝贵的生命。省级12家单位挂钩帮扶彝州7个贫困县的19个攻坚乡，并向这些乡派出科技副乡（镇）长帮助工作。招商银行和省级挂钩扶贫单位为彝州扶贫开发和贫困地区的经济发展作出了积极的贡献。

（七）加大科教扶贫力度，努力提高劳动者素质

“治穷先治愚，扶贫先扶智”。要从根本上改变贫困面貌，必须走经济开发与智力开发、科技扶贫相结合的路子。为此，州政府制定了《楚雄州科技扶贫工程规划及实施方案》，并从3个方面抓好科教扶贫。（1）抓贫困地区基础教育。在继续发展寄宿制和半寄宿制教育的同时，多渠道筹集资金，加大教育扶贫力度，切实改善贫困地区的办学条件，狠抓“普六”、“普九”教育。如1997年，州政府从州级教育切块经费中，按25%的比例投入500万元，在贫困村修建了82所村小和完小，添置了一部分教学用具，改善了这些地区的办学条件；（2）从1996年开始，向42个扶贫攻坚乡选派科技副乡（镇）长，抓贫困地区的科技推广和扶贫项目实施；（3）广泛开展科技培训、科技示范，大力推广农业实用技术。实施扶贫攻坚计划7年来，全州培训贫困农户71万人次，开展了10个科技扶贫示范乡和畜牧科技扶贫，在贫困地区大力推广12项农业科技措施，有力地促进了贫困地区的科技进步。

（八）切实抓好经济开发与外资扶贫

楚雄州有关部门充分利用中央对贫困县的扶持政策，积极向上争取扶贫信贷资金，扶持贫困县发展种植业、养殖业商品基地和农副产品加工龙头企业，通过“公司＋基地＋农户”和“基地＋农户”方式开发当地资源，促进地方经济的发展。1994年至2000年共争取扶贫贷款22226.5万元，扶持了900多个经济开发项目。同时，还积极利用外资，开展国际扶贫合作。通过积极争取，武定县于1995年列入西南世界银行扶贫项目，总投资9200万元，项目涉及教育、卫生、农田建设、人畜饮水、环境保护等内容。通过5年的实施，项目区的基础设施、生产条件、生活条件有了明显改善，有力地促进了武定县经济社会的全面发展。此外，香港乐施会、国际爱心组织、爱德基金会等国际组织与楚雄州开展扶贫项目合作，为彝州扩大国际交流与合作起到了积极的作用，同时也促进了贫困地区的发展。

二、解决温饱，成效显著

经过几年的不懈努力，楚雄州圆满完成了扶贫攻坚计划任务，实现了基本解决贫困人口温饱问题目标，扶贫开发取得了历史性成就。

（一）贫困人口基本解决了温饱问题

到2000年底，经省政府检查验收，全州7个贫困县、42个扶贫攻坚乡，已有7个县、40个乡实现基本解决温饱目标；全州没有解决温饱的贫困人口已由1993年的50万人减少到2000年的8.2万人，贫困人口的比重也由1993年的23.6%下降到2000年的3.8%，全州实现了基本解决贫困人口温饱问题目标。

（二）贫困地区农民生活水平显著提高

2000年，全州7个贫困县农民人均纯收入达1141元，比1993年增744元，增长1.9倍，农民人均产粮441千克，比1993年增108千克，增长32.4%。2000年全州42个攻坚乡农民人均纯收入达902元，比1993年增593元，增长1.9倍，农民人均产粮402千克，比1993年增129千克，增长47.3%。

（三）基础设施进一步加强

贫困地区人均建成了1亩以上基本农田地；实现了村村通路、村村通电、村村通话的目标；人畜饮水困难基本解决，60%以上的人口饮上了清洁卫生水；基本实现了人均有3亩经济林果园。

（四）社会事业长足发展

贫困地区教育、科技、卫生、计划生育等各项

社会事业取得了很大成绩。到2000年，贫困县和攻坚乡全部实现“普六”、“普九”教育，医疗卫生条件、人口素质也有了明显提高。

（五）人们的思想观念发生了明显变化

贫困地区干部群众的脱贫愿望、发展意识、创新意识、市场意识不断增强，党的方针和各项扶贫政策日益深入人心，人们以崭新的精神面貌迈向21世纪，扶贫开发工作正在按照新形势、新任务的要求，向更高的目标推进。

关于进一步深化彝州国有企业改革与发展的几点思考

李兴旺

中共楚雄州委提出“农业富民，工业强州”的重要思想，为加快楚雄州工业经济的发展提出了更高的目标和要求。要贯彻落实好州委提出的发展目标，推动全州工业经济健康、持续、快速发展，就必须深化国有企业的改革。下面就如何进一步深化国有企业改革，发展彝州中小企业谈几点看法。

一、全州国有企业改革与发展的情况

党的十一届三中全会以来，特别是党的十五届一中全会提出“三年两个大多数”目标任务以后，州委、州政府认真贯彻，狠抓落实。全州国有企业改革始终坚持“有所为，有所不为”的指导思想，从班组承包到放权让利，从管理制度创新到产权制度改革，围绕增强企业活力，进行了一系列的改革实践和探索，在全面放开、放活中小企业上取得了突破性进展。2000年末，全州607户县及县以上国有、集体企业（其中国有363户、集体244户），已改革改制551户（其中国有332户、集体219户），改制面达91%。改革改制形式灵活多样，改制为股份合作制188户、有限责任公司60户、股份有限公司1户、兼并合并52户、破产16户、承包138户、租赁8户、其他形式68户。改制企业的股本总额达64693.06万元。其中国有股30735.63万元、集体股18108.63万元，职工股15848.77万元，分别占股本总额的47.5%、26.0%、24.5%。全州参与改制企业职工个人现金入股达10118.99万元，占股本总额的15.6%。通过抓大放小和放开放活，全州具备改制条件的国有、集体企业已基本改完，绝大部分企业退出了国有经济序列，没有退出的主要是改制为有限责任公司的60户国有控股企业以及少数不具备改制条件的特困企业，仅占全州县及县以上企业总数的19%。从以上数字上看，可以说已全面完成了省政府下达楚雄州的放小目标任务，国企“三年改革目标”基本实现。全州最大的国有企业禄丰钢铁厂依法破产，并成功实现对外联合重组，为深化国有企业改革，探索国有资本退出一般性竞争领域，闯出了一条新路子，同时还为彝州下一步国有企业的深化改革总结和提供了许多重要的宝贵经验。

由于国企改革步伐的加快，有力地促进了彝州中小企业的发展，企业经济效益及运行质量明显提高。2000年，全州实现工业总产值72.69亿元，同比增长12.44%，扣除以烟草加工为主的大型企业下降18.4%的因素，全州中小企业增幅达24.25%，是“九五”时期增长较快的年度之一。全州国有及国有控股工业涉及的25个工业行业，盈利行业由1997年的10个增加到15个，有5个行业实现了整体扭亏，亏损面由49.1%下降到47.6%，下降了1.5个百分点，亏损企业亏损额由11444万元下降到6650.8万元，减亏4793.2万元，下降了41.9%，全州限额以上工业企业盈亏相抵后实现盈利6301.7万元，其中国有及国有控股企业盈亏相抵后实现盈利2714.6万元，同比增盈5619.2万元，扭转了“九五”以来全行业亏损的不利局面；1997年列入重点脱困的18户国有工业企业，有11户脱困，4户实现控亏目标，3户实现了减亏。2000年1月至5月，全州实现工业总产值32.17亿元，同比增长19.4%，限额以上工业盈利企业实现利润5796.7万元，同比增长26.5%。

二、下步国有企业改革与发展的考虑

按照州委、州政府的要求，楚雄州国有企业将进一步通过深化改革，着重在实施国有资本退出一般性竞争领域上下功夫，实现体制和机制创新上的更大突破，促使彝州企业结构调整和经济效益明显改观。

（一）当前国有企业改革和发展中存在的主要问题和有利条件

全州国有企业的发展正处于机制的根本性转换和结构调整的关键时期，各种深层次矛盾和问题逐步显现，国有企业改革进入了攻坚阶段。(1)改革难度增大和改革成本增加；(2)改革的各项政策不配套、不完善，导致国有经济退出的通道不畅；(3)长期以来企业形成的历史负担和包袱沉重，企业自身难以消化；(4)由于企业改革存在的困难和问题较多，有的干部和企业领导对改革的信心不足，心理障碍突出，缺乏大胆创新的思维和手段，具体存在两"怕"，怕沾上手推不脱，还怕出乱子无法交待；(5)缺乏改革的良好社会氛围，主要是不理解、不支持；(6)国企改革的市场环境和金融环境不理想，以致于国有企业一旦退出后，可能减弱银企信誉，失去银行支持。分析上述矛盾和存在的主要问题，原因是多方面的，有的是传统体制的长期影响和历史形成的客观因素，有的是企业机制转换和结构调整的必然结果，也有的是工作力度还不够的主观因素。加之彝州民营经济的发展规模小、实力弱，也给国有企业的退出带来相当困难。

彝州国有企业改革与发展尽管存在着许多矛盾和问题，但仍有许多有利条件：(1)有州委、州政府的高度重视，州委全会、州人代会对全州国企改革与发展提出了明确的指导思想和要求，州委成立了企业改革脱困工作领导小组，下派了企业工作队；(2)全州国企改革取得阶段性成果，并积累了许多宝贵的经验；(3)上下思想统一，认识一致。

（二）国有企业改革与发展的任务目标和原则

党的十五届四中全会决议中明确指出："到2010年，国有企业改革和发展的目标是：适应经济体制与经济增长方式两个根本性转变和扩大对外开放的要求，基本完成战略性调整和改组，形成比较合理的国有经济布局和结构，建立比较完善的现代企业制度，经济效益明显提高，科技开发能力、市场竞争能力和抗御风险能力明显增强，使国有经济在国民经济中更好地发挥主导作用。"根据彝州实际，提出以下意见：

(1)彝州国有企业改革的任务目标。全州州属、县（市）属国有企业基本属于放开搞活的中小企业，因此，国有资本可以有序退出。楚雄州国有企业改革的主要任务目标是：通过深化改革，尽快推动国有资本退出一般性竞争领域，彻底解决政府对企业的无限责任和企业对职工的无限责任；通过深化改革，使企业股权向经营管理者相对集中，解决一些企业改制后股权平均化的问题；通过深化改革还要着力解决国有经济分布过宽、整体素质不高、资源配置不合理的问题，从而充分发挥国有资本在新兴产业建设中的导入和培植作用，进一步促进彝州的产业升级和产品换代，初步实现州委、州政府确定的产业结构调整的框架目标。

(2)国有企业改革要坚持的原则。实现上述目标，总的原则是要认真把握好改革、发展、稳定这个大局，一句话，改革要有利于企业的发展，有利于社会的稳定。在具体工作中，要坚持以下3个基本原则：一是要坚持"退而有序、进而有为"的原则。国有资本的退出要遵守市场经济规律，无论任何人收购国有资本，既要保证有购买实力和管理能力，还要保证收购后的企业能发展壮大；国有资本的退出，方法上可考虑效益好的先退，具备条件的先退，总的是先易后难，做到发展有路、退出有门，不搞一哄而起。二是要坚持"实事求是、一厂一策"的原则。国有资本的退出要根据不同企业的具体情况因企制宜，既要遵循国家的法律、法规和政策，又要从解决企业实际问题的角度出发，不搞一刀切，可采取租赁、承包、国有民营、对外联合等多种方式进行，并积极鼓励省内外、国内外大企业（集团）跨地区、跨行业、跨所有制采取整体收购或部分兼并企业。所有退出企业原则上在给足政策的前提下，要接受和承担退出企业的债权、债务、人员。力争通过上述形式，使国有企业真正做到退而有序，发展有为。三是要坚持"公开、公平、公正"的原则。为了防止国有资产流失和腐败行为的发生，在国有产权转让过程中，要坚持公开竞争的原则，方式可多种多样，可由资本营运主体、企业主管部门和国资部门为主组成工作组代表政府与受让方进行洽谈，条件成熟形成转让协议后，报经同级党委和人民政府批复后实施。

（三）推进国有企业改革与发展应完善的相关配套政策

为有效推进国有企业改革，应实事求是制定切实可行的配套政策。

（1）建立国有企业改革基金。针对国企改革成本增大，劣势企业退出职工安置经费严重不足的实际，建议建立国有企业改革基金。基金的来源：一是财政投入一定的资金；二是国有企业退出后，资产出售、转让变现所得。这笔钱，可留在州县财政、国资局专款使用，用于国有企业的改革与发展。

（2）加快社区和社会保障体系建设的步伐。对破产、国有资本退出和终止解散企业的离、退休职工实行社区社会化管理，工资由社保部门实行社会化发放，切实减轻企业负担。

（3）在企业破产、国有资本退出和终止解散企业过程中发生土地转让、资产变现、变更登记时，原则上只收取工本费和印花税，免交一切行政性收费；所得税、营业税、土地增值税、城建税、教育费附加和契税中，属地方税部分可先征收后由同级财政采取列收列支视情况集中使用或返还企业，用于职工安置。

（4）国有企业在资产转让、出售、兼并、破产等改革时，中介机构进行资产评估和土地评估的价格应予优惠。国有企业在改革或退出过程中，发生产权过户，电力、自来水过户以及土地办理变更登记手续的，只收工本费和印花税，免收其他税费。

（5）整体收购国有企业，购买资金原则上在重新取得法人资格前一次性付清。一次性付清者，优惠30%；一次性付款确有困难的，允许在两年内付清，但首次付款不得抵于60%；欠交部分要用有效资产抵押。

（6）国有企业所办医院、学校，各级政府应视各地财力增长情况，有计划实行接收，切实减轻企业负担。这个问题应引起各级政府的高度重视。

（四）深化国企改革应营造良好的舆论环境

近年国有企业改革的实践经验证明，国企改革的成功与否离不开全社会的理解、关心和支持，此事事关重大，不可小视，应引起各级、各部门的高度重视。（1）各级宣传舆论部门要把握好宣传导向，加大对深化国有企业改革的正面宣传，适时报道改革发展中的成功经验和先进典型，营造支持企业改革与发展的良好社会氛围；（2）要结合国有企业的“三讲”教育，增强企业领导班子搞好企业改革与发展的信心；（3）国有企业退出过程中，要努力做到企业党、工、团组织不散，工作有连续性，确保企业的长期稳定和发展。但这里应该注意的是，要做好企业领导人的思想工作，妥善安置他们的工作和生活。

总之，国有资本退出是一场革命，是一次深刻的产权制度变革，是调整所有制结构，实现政企分开，切实转换企业经营机制的必由之路。退出是手段，发展才是目的。我深信，有州委对深化国有企业改革的强有力领导，有改革开放以来经济社会发展的基础，有近年来深化国有企业改革的成功经验，有全州社会各界的鼎力支持，3年内州县（市）属企业政府不参股、不控股的目标任务是能够实现的。

深化教育改革　努力推进彝州教育现代化进程

罗嘉福

一、“九五”期间楚雄州教育工作取得的成就

“九五”期间，全州教育工作者认真贯彻落实《中国教育改革和发展纲要》、《中共中央国务院关于深化教育改革全面推进素质教育的决定》，按照《楚雄州九十年代教育发展规划》、《楚雄州关于贯彻落实〈中国教育改革和发展纲要〉有关问题的决定》、《中共楚雄州委关于进一步加强教育工作有关问题的决定》要求，深入开展更新观念、深化改革、加快

发展的解放思想大讨论。切实把教育摆在优先发展的战略地位，以“两基”作为教育工作的重中之重，促进各类教育协调发展，取得了可喜的成就。

1. 如期完成“两基”规划目标，基础教育稳步发展

“九五”期间，在《中国教育改革和发展纲要》指导下，按照《楚雄州九十年代教育发展规划》，根据各地经济发展、自然条件和教育状况，提出“两基”工作分“三个阶段”、“两步走”。“两步走”即先“普六”、“扫盲”，后“普九”。“三个阶段”即楚雄、禄丰、牟定3县（市）为一类地区，1995年实现“两基”；姚安、永仁、元谋3县为二类地区，1997年实现“两基”；大姚、南华、双柏、武定4县为三类地区，2000年实现“两基”。之后又根据实际情况对规划进行了微调。各级党委、政府以规划为依据，分解落实规划指标，强化政府行为到位。州、县（市）教育行政部门和各级各类学校对照“两基”指标摸底算帐，建立健全“两基”档案，逐级落实“两基”目标责任制，确保“两基”按规划顺利推进。1997年全州实现基本普及六年义务教育，1999年全州实现基本扫除青壮年文盲，2000年9月，以武定县顺利通过省人民政府“普九”评估验收为标志，全州实现基本普及九年义务教育，这是楚雄州教育史上具有里程碑意义的大事。

为了巩固“两基”成果，在坚持“两基”年检制度的基础上，对基础教育的4个阶段实施了等级管理，推行云南省普通高（完）中、初级中学、示范小学、幼儿园办学（办园）水平达标晋级综合评价方案，有力地推动了各级学校办学水平的逐步提高。49所中小学、幼儿园进入了全省一级学校行列。截至2000年，全州有幼儿园96所，在园幼儿32852人。有小学1199所，教学点2086个，在校生238711人。普通中学172所，其中完全中学21所，高级中学1所，初级中学150所。在校初中生113761人，比1995年增加33187人，增长41.2%。在校高中生12920人，比1995年增加2213人，增长20.7%。全州小学适龄儿童入学率达99.56%，比1995年提高0.18个百分点。初中毛入学率达102.83%，比1995年提高18.21个百分点。全州高考上线率31.74%，比1995年提高22.37个百分点。全州高考录取率45.84%，比1995年提高19.4个百分点。

2. 各级各类教育协调发展

“九五”期间，楚雄州职业教育在改革中不断发展。5年来，共培养了12711名中专生、1772名技校生、8332名职高毕业生以及大量的各类初级技术人员。根据全州社会发展和经济建设的需要，加大了对中等专业学校的结构调整和宏观统筹力度。1997年，楚雄财校和楚雄民族中专合并组建楚雄民族中等专业学校，2000年又将楚雄粮校并入楚雄民族中等专业学校，并积极开展申报国家级重点中专学校的工作。1998年，为适应经济、社会发展对人才的需要，州人民政府成立楚雄州职业教育委员会统筹全州干校的改革，撤并4所干校，组建楚雄州职业技术教育培训中心。当前，职教中心在发展中遇到了一些新的情况和问题，为解决这些问题，更好地优化教育资源，各职能部门正在进行调研，以便为职教中心的发展寻找到好的思路。中专、职高、干校分别由1995年的10所、14所、10所调整到2000年的8所、12所和2所，在校生由1995年的11919人增至2000年的12950人。楚雄卫校首批进入国家级重点中专的行列。

针对农村山区普通初中约有70%的毕业生不能升入高一级学校，回到乡村无一技之长，难以适应农村生产生活需要的实际，对普通初中单一的升学教育模式进行改革，创办了45所农村综合初中，在普通初中渗透职业教育，探索巩固“两基”和农村教育改革新路子。

全州各级党委、政府始终把基本扫除青壮年文盲、开展农村实用技术培训、提高农村劳动者文化科学素质作为实施“科教兴州”战略的重要任务。“九五”期间，全州累计扫除青壮年文盲24699人，青壮年文盲率由“八五”末的1.68%降至现在的1%以内。10个县（市）基本扫除青壮年文盲并相继通过省政府评估验收，实现《规划》目标。在扫除青壮年文盲的同时，进一步做好扫盲后的巩固提高工作。建立健全乡（镇）、村（办）成人技校，开展农村实用技术培训每年近30万人次，举办成人高小班593班，坚持“文盲、科盲、法盲”三盲共扫，积极开展成人初等教育。

楚雄师专作为全州唯一的高等学校，经过10余年的努力，已融全日制师专、电视师专、广播电视大学为一体，涵盖汉语言文学、英语、化学、物理、地理、音乐、数学、初等教育8个师范专业和计算机应用、经济信息管理、应用电子技术、工艺美术4个非师范专业，为彝州教育事业的发展和经济建设作出了贡献。州委、州政府果断决策，将楚雄民族

师范学校并入楚雄师专，协调征地357亩，扩大校园面积，进一步加强学科建设和基础设施建设，并积极做好申办楚雄师范学院的工作。2001年5月，经国家教育部批准，楚雄师专正式升格为楚雄师范学院。

“九五”期间，楚雄州继续宣传贯彻《楚雄彝族自治州民族教育条例》，不断加大教育扶贫力度，制定各种倾斜政策，努力发展民族贫困地区教育。全州山区、民族贫困地区已建立寄宿制、半寄宿制高小校点和各县一中民族班、民族部，24000多名少数民族中小学生得到生活补助费，并逐步提高了补助标准。1998年，州委、州人民政府又决定每年拨出专款150万元设立“农村初级中学民族贫困学生补助费”，每年有30000名初中民族生得到生活补助，民族贫困地区学生辍学的突出问题得到缓解。

3. 教师队伍建设进一步加强

“九五”期间，楚雄州大力营造尊师重教的社会氛围，全面提高教师的政治、生活待遇，州、县（市）相继建盖了教师住宅小区，教师住房条件得到根本改善。教育行政部门始终把建设一支素质优良、结构合理、相对稳定的教师队伍作为办学立校之本。在加强教师思想政治、职业道德教育的同时，依托相关大学和楚雄师专、楚雄民族师范学校、大姚师范学校及10县（市）教师进修学校，进行教师的培养培训和职后继续教育工作。制定奖励措施，激励教师通过自学考试和进修等途径提高学历层次。组织教师开展课堂教学讲赛，优秀教案、优秀论文评选活动和学术交流活动等，狠抓教师基本功训练，提高教师教学教研水平，培养造就了一大批优秀教师、教学骨干和学科带头人。2000年，全州有各级各类专任教师22338人，比1995年增加2834人，增长14.53%，小学、初中、高中专任教师学历合格率达91.75%、92.91%、77.94%，分别比1995年提高了11.65、11.41、13.94个百分点。

4. 办学条件有明显改善

“九五”期间，逐步形成了以财政拨款为主，辅之以征收用于教育的税（费）、发展校办产业、集资办学和捐资助学、建立教育基金等多渠道筹措教育经费的新路子，教育经费的投入保持了逐年增长，大大改善了办学条件。“九五”期间全州共投入教育经费21.2亿元，比“八五”期间增加13.7亿元，增长182.7%。2000年，全州各级各类学校校舍建筑面积达300万平方米，比1995年增加54万平方米，增长22.13%。各级各类学校有图书461万册，比1995年增加203万册，增长78.63%。“实验教学普及县”工作正有序进行，双柏、楚雄、南华、武定、禄丰5县（市）相继通过省评估验收。“九五”期间全州共投入电教经费3200万元，比“八五”期间增加2050万元，增长178%。现代教育技术起步较快，全州计算机由“八五”末的400多台发展到“九五”末的近3000台，学校电化教育工作有了重点突破，楚雄一中、楚师附小被国家教育部授予“全国中小学现代教育技术实验学校”。

二、面临的主要问题和困难

在充分肯定成绩的同时，我们也应清醒地看到，彝州教育的改革和发展也面临着诸多困难，主要表现在：（1）对教育战略地位的认识有待进一步提高。有的地方实施“科教兴州”战略的力度还不够大，对教育重要性的认识难以真正落实在行动上，没有切实把教育作为先导性、全局性、基础性的工作，摆在优先发展的战略地位。（2）教育事业的发展对经费投入的需求与实际支出的矛盾仍然十分突出。随着全州“两基”的迅速推进，民族贫困地区的教育呈现跳跃式发展，使本来就十分突出的教育经费严重不足的矛盾更为加剧，中小学校舍建设欠帐大，正常的办学经费难以保证。为了迎接知识经济的到来，使楚雄州能在激烈的竞争和西部大开发中掌握主动权，教育在诸多方面必须适度优先，超前发展。我们在解决教育投入问题时，要站得高一些，看得远一些。（3）“两基”巩固提高任务艰巨。初中入学率下降、辍学率上升已成为“两基”巩固中一个十分突出的问题。初中学龄人口高峰的到来，导致校舍拥挤，普通教室紧张，专用教室缺乏，图书、实验仪器、音体美器材缺口大等一系列硬件建设问题，严重制约了教育质量的提高和素质教育的全面推进。（4）随着知识经济的到来，职业教育面临严峻挑战，存在着许多亟待解决的问题和困难。

三、“十五”期间楚雄州教育改革和发展的基本思路

“十五”期间，楚雄州教育改革和发展要以邓小平理论为指导，全面贯彻落实《中共中央国务院关于深化教育改革全面推进素质教育的决定》、《面向二十一世纪教育振兴行动计划》、江泽民《关于教育问题的谈话》精神和省委、省政府贯彻实施意见。坚持“三个面向”的指导方针，遵循教育规律，积极探索教育为现代化建设服务的途径，促进教育与

经济、科技的结合，正确处理好教育发展过程中德育和智育、发展和改革、数量和质量的关系，坚持速度和效益、数量和质量、规模和结构的统一。以西部大开发为契机，认真实施“科教兴州”战略，深化教育改革，全面推进素质教育，努力推进楚雄州教育现代化进程，为实现彝州经济和社会发展目标打下坚实的基础。

1. 全面推进素质教育

实施素质教育，是教育事业的一场深刻变革。全面推进素质教育，必须抓住关键，重点突破。要以德育为核心，抓住培养学生的创新精神和实践能力两个重点，把握住课程改革、课堂教学、教育评价与考试制度改革3个关键，抓根本，重实效，争取经过3年的努力，在确立先进的教育思想、教育观念上有根本的突破，在实施素质教育的难点上有深层次的突破，在建设适应素质教育的教师队伍上有新的突破，在建立健全适应素质教育的教育测量评价制度上有新的突破。

2. 强化“两基”巩固措施

我们要不遗余力地抓好“两基”巩固提高工作，始终把“两基”作为教育工作的重中之重，切实加以落实。要继续加大“依法治教”力度，继续抓好教育法律法规的宣传贯彻，制定配套的行政措施，使“两基”工作真正步入法制轨道。坚持实行“两基”年检制度，定期逐级复查。要认真研究解决“两基”工作中出现的难点问题，把依法动员学生入学和控制中小学生辍学作为“依法治教”的重点。通过建立特困生救助基金等有效措施，确保适龄儿童、少年受完九年义务教育。切实减轻中小学生过重的课业负担，增强学校吸引力，让学生愿上学，爱上学，上好学。进一步深化农村教育综合改革，加大“三教”统筹和农科教结合的力度。在普通教育中渗透职业教育因素，把文化知识教育与实用技术培训结合起来，使学生进得来，留得住，学得好。

3. 大力发展包括中等职业教育在内的高中阶段教育

要在办好县（市）完中，不断提高质量的基础上，逐步实行高、初中分离办学，不断扩大高中招生规模，加快高中建设和发展的步伐。要坚持职业教育为经济建设服务的宗旨，以西部大开发为契机，深化改革，积极发展，建立与社会主义市场经济、知识经济相适应的职业教育体系，为彝州的经济和社会发展服务。围绕楚雄州发展“五大产业”、实施“四大战略”的工作思路，加快中等职业教育办学体制、管理体制、运行机制改革及学校布局调整，进一步优化资源配置，提高职业教育的整体水平和办学效益。各职业学校要紧紧围绕区域经济和社会发展需要，产业结构调整和支柱产业建设需要，以及市场对人才的需求来调整改造现有专业，建设优势专业，办好骨干专业及特色专业。各县（市）要重点办好县（市）职业中学，从实际出发确定专业设置，扩大办学规模，多层次、多形式地培养社会需要的各类人才，逐步建立起农、科、教结合，普通教育、职业教育、成人教育相互沟通、协调发展的农村教育体系。教育部门和学校要把教育教学改革列入重要日程，重视培养教学教改骨干，培育良好的教改氛围，确立教改科研课题，鼓励教师进行教改实验，提高教师队伍素质，推进优势专业、骨干专业、特色专业的建设步伐，促进全州职业教育上水平上台阶。

继续做好“扫盲”后的巩固提高工作，以乡、村成人文化技术学校为阵地，多形式、多层次地开辟农村成人教育的新途径。鼓励社会力量和公民个人举办各级各类学校，特别鼓励支持举办学前教育、职业教育、成人教育及其他非义务教育阶段的教育，逐步形成以政府办学为主体，公办学校与民办学校共同发展的格局。

4. 建设一支高素质的教师队伍

全面推进素质教育，必须进一步加强师德建设，努力提高中小学教师的综合素质。要使教师具备良好的教学基本功素质和先进的教育思想观念，具备一定的教育科研能力和教学创新能力，具备接受和运用现代信息技术进行教育教学的能力。要认真研究教师队伍管理机制与教师能力的提高问题，实行评聘分开、竞争上岗，改革分配制度，逐步实现教师来源多样化，教师待遇能上能下，工作能进能退，使教师队伍成为竞争向上，充满生机与活力的高效、优化、过硬的队伍。

建立和完善州、县、乡、校四级教研网络，充实教研队伍，加大教研人员的培训力度，不断提高教研人员的素质。要以素质教育的主战场——课堂为教研的突破口，不断优化课堂教学，提高“优质课”比例，从而求得全州教育教学质量的全面提高。

5. 加强教育督导工作，建立保障实施素质教育的评估监控机制

建立健全州、县（市）政府教育督导机构，进

一步加强教育督导和评估工作。加强对“两基”和实施素质教育的督导，建立和完善与素质教育目标一致的学校教育评估制度。运用教育评估的导向、激励功能，调动各级各部门的办学积极性，改善办学条件，建设一大批标准化、规范化学校，带动其他学校提高办学质量和效益。

新的世纪孕育着新的希望，让我们高举邓小平理论伟大旗帜，以江泽民“三个代表”重要思想为指导，克服困难，把充满生机与活力的彝州教育带入崭新的21世纪。

大事记

2000年大事记

1月

△1日上午8时，“楚雄城区迎接新世纪穿城赛跑”活动在州体育场举行。楚雄城区1万多名干部职工和学生参赛。

△6日至9日，云南省副省长陈勋儒到楚雄、牟定、大姚等6县（市）调研工业企业污染源达标排放、小城镇建设、房地产二级市场开发工作。

△7日上午，州人民政府召开全州霜冻灾害抗灾救灾电视电话会议，吴莉华副州长通报全州灾害情况并布置救灾工作。

△7日，政协云南省委员会副主席孟继尧到楚雄一中视察。

△10日上午，中共楚雄州委举行隆重仪式，热烈欢送州委第六批村建工作队分赴双柏、南华、大姚、永仁、武定等5个县的扶贫攻坚乡开展“村建”工作。

△11日，投资1175万元、建筑面积4967.95平方米、仓容5000万斤的中央直属储备粮库楚雄库通过工程竣工验收。

△12日，在全国双拥模范城命名表彰大会上，楚雄市被命名为“全国双拥模范城”。

△15日6时9分和7时37分，州境内的姚安县、大姚县、南华县一带发生里氏5.9级和6.5级地震，造成了人员伤亡和严重的财产损失。

△15日上午，云南省副省长李汉柏率领省级有关部门组成的工作组赶赴姚安地震灾区了解灾情，协助指挥救灾工作。

△16日，中共云南省委副书记孙淦一行代表省委、省政府，到姚安、大姚等地震灾区察看灾情，慰问受灾群众，指挥抗震救灾。

△16日，中共云南省委副书记王天玺在楚雄州慰问困难企业职工后，及时赶赴地震重灾区的姚安县大河口乡等地察看灾情，慰问灾民。

△17日，国家民政部救灾专员贺同兴一行2人深入姚安地震灾区了解灾情，慰问灾民，给受灾群众带来了党中央、国务院及国家民政部的亲切问候。

△18日，云南省人大常委会主任尹俊，副主任张宝三、卢邦正及秘书长沈安波等一行赶赴姚安地震灾区察看灾情，慰问灾民，并对下步抗震救灾工作提出要求。

△18日，政协云南省委员会副主席赵淑敏、和占钧、麦赐球到姚安县地震重灾区走访慰问灾民，转达省政协、省级各民主党派以及全省政协委员对灾区人民的关注之情。

△19日，中共云南省委常委、常务副省长牛绍尧深入姚安县和南华县地震灾区察看灾情，慰问受灾群众。

△19日，云南省副省长陈勋儒带领省级部门有关负责人，代表省委、省政府看望慰问牟定铜矿职工，给部分困难职工送去慰问金，并对搞好抗震救灾工作提出要求。

△20日，由中共楚雄州委宣传部组织的有16个单位200余人参加的“三下乡”队伍，深入南华县五街乡开展丰富多采的“三下乡”示范活动。

△21日，驻滇某集团军副军长刘永新少将一行，前往姚安县地震灾区察看灾情，看望救灾部队官兵。

△22日，中共云南省委副书记王学仁看望慰问楚雄州“1·15”地震抗震救灾指挥部人员，并对抗震救灾工作提出具体要求。

△22日，楚雄市西静河水库建设工程顺利竣工。

△23日，中共云南省委书记令狐安等领导冒雨深入姚安地震灾区察看灾情，慰问灾民，把党和政府的关怀送到灾区人民的心中。

△24日下午，云南省人民政府在五华山举行“1·15”姚安地震抗震救灾新闻发布会暨救灾捐赠动员大会，当场收到社会各界24个单位的捐赠款1526万元。

△25日，中共楚雄州委、州人民政府召开州级单位老干部迎新春座谈会，邀请在楚雄城区安置的享受副厅级生活待遇的离休干部和部分县处级退休干部座谈。

△26日，楚雄州首家工程建设监理股份制企业——楚雄工程建设监理有限责任公司挂牌，标志着楚雄州建设工程管理迈上了一个新台阶。

△28日上午，楚雄州公安局举行发还仪式，将缴获的16辆被盗日产三菱越野车发还给失主。

△30日下午，中共楚雄州委、州人民政府召开春节“双拥”座谈会，楚雄军分区、驻楚部队负责人出席了会议。

△30日至31日，中共中央政治局委员、中央书记处书记、国务院副总理温家宝顶风冒雪深入姚安、大姚地震重灾区，代表党中央、国务院亲切慰问灾区的干部群众及参加抗震救灾的中国人民解放军、武警官兵，向他们转达江泽民总书记和朱镕基总理的亲切问候。

2月

△1日，政协楚雄州委员会、中共楚雄州委统战部举行各族各界政协委员2000年春节茶话会。

△12日，“楚雄杯”首届全国少儿足球邀请赛在楚雄鹿城开赛，楚雄州党政领导出席开幕式。

△17日，楚雄州人民政府举行八届六次全体（扩大）会议。州委书记赵仕杰到会作重要讲话，州长罗正富作《政府工作报告》（征求意见稿），副州长周发洪主持会议。

△21日，楚雄州召开纪念云南解放暨野战军进军云南50周年座谈会。

△21日至22日，政协楚雄州第六届委员会常务委员会举行第十二次会议。州长罗正富到会作《政府工作报告》（征求意见稿）说明。

△28日下午，云南省人民政府在南华县召开“1·15”姚安地震灾区恢复重建现场办公会。

△29日上午，中共云南省委书记令狐安到武定参加武定县领导干部“三讲”教育动员大会并作重要讲话。

△29日下午，中共楚雄州委召开干部大会，中共云南省委组织部部长黄维彬到会宣布省委重要决定：免去赵仕杰同志中共楚雄州委委员、常委、书记职务，任命丁绍祥同志为中共楚雄州委委员、常委、书记。

3月

△1日至6日，全州县（市）“三讲”教育工作陆续展开。

△7日下午，楚雄州妇女联合会在州委礼堂隆重举行“纪念‘三八’国际劳动妇女节90周年暨表彰大会”。楚雄城区各族各界妇女代表共600余人参加大会。

△8日，经云南省人民政府批准，云南楚雄矿业股份有限公司正式成立。

△9日，牟（定）元（谋）公路、安（丰营）武（定）公路白花山段建设工程完工并举行通车仪式。

△9日，中共云南省委常委、云南省军区政委陶昌廉少将深入云南陆军预备役步兵师高射炮兵团检查指导工作。

△10日，楚雄州人民政府召开“1·15”地震恢复重建工作会议，副州长周发洪对恢复重建工作提出要求。

△20日，中国人民解放军成都军区司令员廖锡龙中将到楚雄军分区视察民兵预备役工作。

△20日至21日，中共楚雄州委五届六次全委（扩大）会议在州委礼堂召开，州委书记丁绍祥作题为《抓住机遇，攻坚克难，推动彝州经济持续发展》的工作报告，州委副书记、州长罗正富主持会议。

△21日至22日，中共楚雄州纪律检查委员会第四次全体会议在

楚雄举行。

△23日，楚雄州举行地方人大常委会设立20周年纪念活动，州党政军领导丁绍祥、李应科、罗正富、张怀德、杨成彪、杨绍昌、余红等出席了当日上午在州委礼堂召开的州人大常委会设立20周年纪念大会。

△25日，中国昆明国际旅游节楚雄分会场领导小组在昆明楚雄大厦举行推介会。

△27日上午，中国人民政治协商会议楚雄州第六届委员会第四次会议在楚烟俱乐部隆重开幕。州委书记丁绍祥代表州委作题为《齐心协力，开创未来，促进彝州经济社会持续发展》的讲话。会议于4月1日下午结束。

△29日上午，楚雄州第八届人民代表大会第五次会议在楚雄东兴影剧院隆重开幕。州长罗正富代表州人民政府向大会作《政府工作报告》，并提请会议审议。会议于4月2日结束。

4月

△3日，楚雄州召开中国人民解放军云南省楚雄军分区成立50周年纪念大会。云南省军区政治部主任段少春少将及楚雄州党政领导丁绍祥、罗正富、李应科、杨成彪、杨绍昌等参加了庆祝会。

△4日，楚雄州人民政府召开第四次廉政工作会议，州委副书记、州长罗正富对反腐倡廉工作提出明确要求。

△15日晚，首届中国昆明国际旅游节楚雄分会场开幕式在州体育馆隆重举行。

△11日至13日，全国八省区市农村基层组织建设交叉检查组组长马鹏飞一行到楚雄州检查农村基层组织建设工作。

△19日，云南省环境监理工作会议在楚雄召开。会议对上年工作作了总结回顾，并安排了2000年工作。

△19日至20日，最高人民检察院检察长韩杼滨到楚雄州调研工作。

△21日，中共云南省委副书记王天玺带领云南省文明公路运输线检查团一行50余人，对昆（明）丽（江）公路楚雄州境段文明运输线建设情况进行检查。

△21日上午，中共楚雄州委宣传部、州经济贸易委员会在楚烟俱乐部举行报告会，邀请上海国有企业改革研究所著名经济理论专家张俊杰教授作“企业改革与管理”专题报告。

△24日，深圳招商银行首批到楚雄州永仁县扶贫挂职任副县长的臧金贵同志因病在永仁去世。

△26日至27日，中共云南省委副书记王天玺到楚雄、南华等地调研。

△28日上午，中共楚雄州委、州人民政府召开楚雄州第五届职工劳动模范、先进工作者表彰大会。李天玉、杨世成等95名同志分别被授予劳动模范和先进工作者称号。

△28日，中共楚雄州委作出“向‘优秀共产党员’、‘扶贫攻坚好干部’臧金贵同志学习”的决定。

5月

△7日下午，元谋县平田、元马、能禹、新华、苴林、老城等乡（镇）的19个村公所（办事处）遭受罕见暴风雨和冰雹袭击，造成1人死亡、4人受伤，6000余亩经济作物受重创，1.7万平方米房屋损坏。

△8日至9日，应云南省老年体协邀请，法国安道尔地掷球队到楚雄州参观访问。

△13日，中共深圳市委宣传部组织的臧金贵事迹调研采访团抵达永仁调研采访。

△24日，招商银行选派的第二批4名挂职干部抵达楚雄，并将分赴永仁、武定两县，继承臧金贵同志未竟的扶贫事业。

△30日下午，楚雄州党政领导赴深圳考察团一行，在州委书记丁绍祥、州长罗正富率领下，专程到深圳蛇口华侨城，走访、看望慰问了臧金贵同志的亲属。

6月

△4日至6日，国务院参事吕钧丰与云南省人民政府参事室、省经贸委领导一起，就西部大开发给民营经济发展带来的机遇和新思路的问题，到楚雄州进行调研。

△10日至14日，以州委书记丁绍祥为团长，州委常委、州人民

政府常务副州长保明虎为副团长的楚雄州党政代表团一行赴四川省攀枝花市和凉山彝族自治州进行学习考察。

△11日，中央“三讲”教育检查组组长杨兴富一行3人到楚雄州检查“三讲”教育工作。

△11日，楚雄州与攀枝花市缔结友好州市签字仪式在攀枝花市隆重举行。

△14日，云南省副省长程映萱到云南开关厂、州彩印厂和楚雄烟草企业调查研究企业解困及扭亏增盈工作。

△14日，臧金贵同志先进事迹报告团开始在全州作巡回报告，首站为禄丰县。

△14日，老虎山电站发电量直接输入滇中电业局西郊变电站，正式并入云南大电网运行。

△15日下午，中共楚雄州委在州委礼堂召开州直部门领导班子和领导干部“三讲”教育动员大会，州直部门“三讲”教育工作全面展开。

△17日，中共中央政治局常委、中央书记处书记、中纪委书记、全国总工会主席尉健行在中共云南省委书记令狐安，省委副书记孙淦，省委常委、省纪委书记陈培忠的陪同下到楚雄州视察工作。

△19日，中共楚雄州委、州人民政府在州委礼堂召开全州村级体制改革工作会议，标志着楚雄州村级体制改革全面启动。

△20日，全州民族工作暨第四次民族团结进步表彰大会在州委礼堂举行。会上，中共楚雄州委、州人民政府对1995年以来全州涌现出来的楚雄市大过口乡党委、政府等113个民族团结先进集体和李丕良等105名民族团结先进个人进行了表彰奖励。

△20日，中共楚雄州委、州人民政府在州委礼堂召开楚雄州“1·15”姚安地震抗震救灾总结表彰大会，87个抗震救灾先进集体和417名先进个人受到州委、州人民政府表彰奖励。

△20日至24日，为纪念建党79周年，由中共楚雄州委办公室、州委宣传部、州直机关工委、州委党史征集研究室联合组织，以反映中共云南地方党史和革命史为主题的大型图片展览《红土情》在楚雄工人文化宫展出。

△25日至29日，中共云南省委书记令狐安一行5人，轻车简从深入武定县发窝乡山品村公所，住村入户，对基层党建、扶贫攻坚、农民增收、民族宗教等工作进行蹲点调研。

△26日，楚雄州人民政府在楚雄市富民镇下白庙办事处举行2000年州长样板林定植仪式。

7月

△1日，中共楚雄州直属机关工作委员会在州委党校召开“七一”表彰大会，一批在1998年至1999年度涌现出来的先进党组织、优秀党务工作者和优秀共产党员受到表彰奖励。

△6日，上海理工大学博士团一行11人到楚雄州开展暑期科技服务活动。

△8日，双柏县民族艺术团一行21人应法国蒙多瓦国际民间艺术节组委会邀请赴法国进行演出。

△17日至21日，楚雄州开展基层安全生产大检查。全州共派出5个检查组到10县（市）和驻楚单位开展检查工作。

△18日，云南省第二次公路普查工作会在楚雄召开。

△18日至19日，楚雄州人事局与州教育委员会在州工业学校联合举办第三届大中专毕业生“供需见面，双向选择”交流洽谈会，共吸引省、州内外3000余名大中专毕业生和136家用人单位参加。

△19日，云南省铁路护路联防工作会议在楚雄召开。

△20日，云南省创建青年绿色科技示范园推进大会在楚雄举行，团中央书记处书记崔波专程到会指导。

△21日，由中共楚雄州委和中共深圳市委共同组建的“臧金贵先进事迹报告团”在州委礼堂为楚雄州级机关副科以上干部报告了臧金贵同志的先进事迹。报告会上，臧金贵的女儿臧传晶把中共楚雄州委、州人民政府和中共永仁县委、县人民政府慰问她家的50000元生活补助费和500元群众捐款共计50500元捐赠给永仁县以建立扶贫助学奖励基金。

△23日，2000年楚雄火把节物资交流会在楚雄经济技术开发区永安大街开街，4500余名来自泰国、缅甸、巴基斯坦和国内各省（市）、地（州）及州内的客商到会开展交易。交流会于28日结束。

△23日下午，中—南国际足球挑战赛在楚雄州体育馆举行，南斯拉夫联盟共和国老牌甲级劲旅拉德队以2:1胜云南红塔俱乐部队。

△25日上午，来自全国各地的诗人、作家、记者和云南省内文化名人以及楚雄州党政领导、文化界人士共50余人欢聚中国彝族十月太阳历文化园，座谈彝州悠久的历史文化和诗歌创作体会。

△25日晚，由中国诗歌学会和楚雄州人民政府主办的“西部之声”诗歌朗诵音乐会暨首届中国十月太阳历诗歌节在州体育馆隆重举行。中共云南省委副书记王天玺，中国作协党组书记、副主席翟泰丰及丁绍祥、保明虎等楚雄州党政领导出席开幕式。

△26日，楚雄州人民政府与昆明理工大学在雄宝酒店举行州校合作签字仪式。州委常委、常务副州长保明虎和昆明理工大学校长何天淳分别在州校合作协议书上签字并交换文本。

△27日，楚雄州党政军领导丁绍祥、胡有兰、张怀德、李应科、杨成彪、周发洪、吴莉华、杨汝鉴、陆五一、赵学良、齐有定等深入驻楚各部队走访慰问，向为保卫国防、促进彝州两个文明建设作出贡献的人民子弟兵致以节日的问候。

△28日，楚雄军分区召开“八一”座谈会，军地双方欢聚一堂，共叙军民鱼水深情，展望新世纪彝州美好未来。

△28日，由全国政协组织的中央新闻媒体记者采访团到楚雄州专题采访政协工作。

△31日，应中共楚雄州委、州人民政府邀请，怒江州“那扒都先进事迹报告团”到楚雄作那扒都先进事迹报告，全州10县（市）信访干部和州级机关各单位办公室主任参加了报告会。

8月

△4日13时，由国家体育总局、国家旅游局、中国侨联、国家公安部、国家交通部和国家工商行政管理总局联合举办的中华炎黄圣火全民健身火炬传递活动圣火采集仪式在元谋县上那蚌村——元谋人遗址举行。

△6日，由中华全国台湾同胞联谊会牵头举办，云南省台湾同胞联谊会承办的第十七届台湾青年夏令营一行48人到楚雄州开展交流考察活动。

△8日，中共楚雄州委、州人民政府和云南省人民政府经济技术研究中心在昆明楚雄大厦举行楚雄州实施西部大开发战略研讨会。

△8日至18日，由中共楚雄州委和中共深圳市委联合组织的臧金贵先进事迹报告团在深圳举行的7场报告会获圆满成功。

△9日，中共楚雄州委举行政治协商会议。州委书记丁绍祥向州政协常委、民主党派负责人和无党派人士通报了全州上半年经济社会发展情况及州委实施西部大开发的思路，并对省委、州委对重要人事安排的意见进行了协商，广泛听取了意见。

△9日，云南省工商行政管理系统思想政治工作暨精神文明建设现场会在楚雄召开，云南省副省长程映萱在会上作重要讲话。

△9日，由中共楚雄州委宣传部、州委办公室和中共楚雄市委、市人民政府共同组织的“陈志云、张俊杰教授学术报告会”在楚雄市东兴影剧院举行。州级机关单位副科以上干部和州属国有企业的厂长、经理、财务、供销等管理人员共800余人听取报告。

△9日至10日，云南省气象局文明行业创建工作现场经验交流会在楚雄召开。

△10日，全国政协常委、全国青联主席、团中央书记处常务书记巴音朝鲁专程到南华县青年绿色科技示范园检查指导工作。

△10日，楚雄电信以建立现代企业制度为目标，实施公司化战略重组，正式改制为云南省电信公司楚雄分公司。

△10日，由中国文联组织的文艺家万里采风团江苏分团的著名书画家一行15人到楚雄采风创作。

△10日至11日，中共楚雄州委工作会议在楚雄召开，州委书记丁绍祥在会上作题为《贯彻省委六

届十次全会精神，全面加强党的建设，促进我州经济社会持续发展》的讲话。

△11日至13日，全省法院加强基层建设工作会在楚雄召开，中共云南省委副书记孙淦，省委常委、省政法委书记秦光荣在会上作重要讲话。

△12日，中共云南省委常委、常务副省长牛绍尧到禄丰县检查指导工作。

△15日，楚雄州八届人大常委会第23次会议通过任命夜礼斌为州人民政府副州长的决定，并根据州人大常委会主任会议的提请，决定任命夜礼斌为州人民政府代理州长。

△21日21时25分39秒，武定县境内发生里氏5.1级地震，全县13个乡（镇）不同程度受灾。

△24日至25日，全国政协副主席、中共中央统战部部长王兆国到楚雄州视察民族宗教工作。

△8月25日至26日，全州城镇建设工作会议在楚雄召开。州委书记丁绍祥，州委副书记、代理州长夜礼斌就全州实施城镇化战略及城镇建设的现状、要求作了重要讲话。

9月

△4日至5日，楚雄州人民政府召开八届七次全体（扩大）会议。州委常委、常务副州长保明虎在会上作题为《坚定信心、克难奋进、狠抓落实，为实现今年经济社会发展目标而努力奋斗》的报告，州委书记丁绍祥到会并讲话。

△6日，云南省六州一市人大工作研讨会第十五次会议在楚雄举行。会议主题是研究探讨如何加强对行政执法机关和司法机关的监督。

△7日，云南省审计工作会议在楚雄雄宝酒店召开。

△7日，由楚雄州地方志办公室组织整理校注的《康熙楚雄府志校注》正式出版发行。

△8日，州教育委员会、州中小学幼儿教师奖励基金会在州教委会议室举行楚雄州2000年教师节座谈暨表彰会，100名优秀教师和优秀教育工作者受到表彰奖励。

△13日至14日，云南省人民政府残疾人事业行政执法监督检查组一行8人在省财政厅副厅长肖晓鹏的带领下到楚雄州检查残疾人事业行政执法工作情况。

△15日，楚雄州人民政府在南（华）永（仁）公路建设指挥部会议室召开南永二级公路建设工程征地拆迁工作会议。同时，楚雄州南永二级公路建设工程指挥部正式揭牌成立。

△19日，中共楚雄州委党校隆重举行庆祝大会，热烈庆祝建校50周年。

△22日，《人民日报》（海外版）大篇幅刊登采写臧金贵先进事迹的长篇通讯《彝山苍翠埋忠骨》，臧金贵先进事迹传遍全国。

△25日至26日，楚雄民族中等专业学校申报国家级重点中专通过省级评估验收。

△27日，由云南中国画论坛理论研讨会、云南中国画艺术委员会主办，政协楚雄州委员会、中国人寿保险公司楚雄分公司筹办的云南中国画论坛理论研讨会在楚雄紫溪山召开。30余位来自云南美术界的绘画大师共同畅谈、研讨中国画的创作与发展问题。

10月

△10日，云南省副省长李汉柏到双柏县检查指导政法工作。

△14日，中共楚雄州委召开州属事业单位领导班子和领导干部“三讲”教育动员大会，州委副书记、州“三讲”教育领导小组副组长张怀德作动员讲话。

△14日至16日，中共云南省委副书记王学仁就村级体制改革和贯彻党的十五届五中全会精神、调整产业结构、增加农民收入等问题到楚雄州调研。

△17日至18日，云南省农业生产结构调整暨冬季农业开发工作会议在楚雄举行。副省长黄炳生到会并讲话。

△17日至19日，经全国政协办公厅批准，由《中国政协》杂志社主办，政协楚雄州委员会承办的《中国政协》特约记者工作会在楚雄召开。

△18日，云南省退耕还林还草试点工作会在楚雄召开。副省长黄炳生到会并讲话。

△18日，云南省副省长黄炳生在中共楚雄州委副书记、州人民政府代理州长夜礼斌，副州长吴莉华陪同下，冒雨前往楚雄市东瓜镇视察青山嘴水库拟建坝址。

△19日至20日，全州依法治州工作研讨会在楚雄召开。

△20日，由州文化局邀请，四川省攀枝花市京剧团到楚雄州慰问演出现代京剧《老杨这家子》。

△25日，台湾“中国和平统一促进会”理事长孙武彦博士一行到楚雄考察。

△25日，在纪念中国人民志愿军抗美援朝出国作战50周年之际，楚雄州副州长罗嘉福、楚雄军分区司令员余红等领导带领慰问团分赴大姚县、楚雄市，走访慰问健在的人民志愿军老战士和军烈属。全州各地也纷纷以各种形式举行纪念活动。

△28日上午，南（华）永（仁）二级公路建设工程在南华县城举行隆重的开工典礼仪式。云南省交通厅副厅长吴子润及丁绍祥、夜礼斌、李应科、杨成彪、胡有兰、张怀德等楚雄州党政领导为工程开工剪彩、奠基。

△30日，中共楚雄州委、州人民政府召开全州基层依法治理工作暨“三五”普法总结表彰大会。州工商行政管理局等80个先进集体和普廷会等120名先进个人受到表彰奖励。

△30日至31日，中共楚雄州委召开第62次州委常委（扩大）会议，讨论州委《“十五”计划建议》（讨论稿）和楚雄州生物资源开发创新问题。

11月

△1日，全州人口普查入户登记工作全面展开。全州8500余名普查登记员和1800余名普查指导员深入全州65万多个家庭进行人口普查登记。

△2日，中共楚雄州委、州人民政府召开现场办公会议，确定楚雄市庄甸坝为楚雄经济技术开发区医药工业科技园建设地址。

△5日至8日，全州农业结构调整暨生物资源开发创新工作会在元谋召开，州委书记丁绍祥作重要讲话，与会人员先后参观考察了昆明市官渡区、呈贡县和楚雄州元谋县农业产业结构调整、生物资源开发创新工作做得好的部分现场和龙头企业。

△8日，在新中国成立以来第一个记者节到来之际，由《楚雄日报》社主办、中国人寿保险公司楚雄分公司协办的《记者与彝州》中国画、书法、新闻摄影作品邀请展在楚雄工人文化宫正式开展。

△12日至13日，全国农机校联络中心第九次年会在楚雄州工业学校举行。近200名来自全国各地的农机校代表出席年会。

△13日至14日，全州人大代表工作会在楚雄召开。

△18日，楚雄德胜钢铁有限公司正式揭牌开炉。该公司由原禄丰钢铁厂破产重组而成。

△18日，大姚一中热烈庆祝建校60周年。

△22日，云南省公路局在楚雄公路管理总段召开昆明片区思想政治工作研讨会。

△23日至27日，中共楚雄州委召集100多个部门、单位和50多位有代表性的相关人员分别召开8个座谈会，广泛听取各方面对州委《“十五”计划建议》的补充、修改意见。

△24日，滇川两省在楚雄举行纳拉煤矿签字仪式。仪式由国土资源部矿产开发司司长曾绍金主持，双方就纳拉煤矿的有关问题达成共识。

△25日下午，1000余名楚雄城区彝族同胞在楚雄民族中等专业学校欢度一年一度的彝族十月年。

△28日至30日，楚雄州妇女第七次代表大会在州委礼堂隆重召开。州委副书记胡有兰在开幕式上作题为《迈向新世纪，创造新业绩》的讲话。

12月

△2日至4日，楚雄州工会第六次代表大会在州委礼堂隆重举行。会上，一批州工会第五次代表大会以来，为工会工作和工运事业作出突出贡献的先进集体和个人受到表彰奖励。

△3日，中共云南省委县（市、区）领导班子和领导干部

“三讲”教育“回头看”工作督导组一行3人到楚雄州检查“三讲”教育“回头看”工作。

△4日，全省农村思想政治工作座谈会在楚雄召开。

△5日，云南省省级11个部门和楚雄州州级14个部门组织500余人深入到双柏县开展丰富多采的“三下乡”大型集中示范活动。

△7日，楚雄州基督教协会正式成立。

△8日，云南省楚雄德胜钢铁有限公司炼钢续建工程正式开工建设。

△12日至13日，全州思想政治工作会议在州委礼堂隆重召开。

△13日，云南省人民政府在姚安召开“1·15”姚安地震灾区恢复重建现场办公会。副省长李汉柏作重要讲话。

△15日，座落在楚雄市团结路口的云南省目前最大的钢结构人行天桥——滇中电力人行天桥正式投入使用。

△18日，云南电信网信实业集团楚雄网信有限公司成立。

△20日，中共楚雄州委召开统一战线各界人士座谈会，就州委《“十五”计划建议》认真听取建议和意见。

△23日，中共楚雄州委五届七次全体（扩大）会议在楚雄召开。会议审议通过了《中共楚雄州委关于制定楚雄州国民经济和社会发展第十个五年计划的建议》；听取、讨论并通过了州委书记丁绍祥代表州委所作的《绘制发展蓝图，务实创新前进，努力实现新世纪彝州改革发展的良好开局》的工作报告；州委副书记、代理州长夜礼斌就州委《“十五”计划建议（草案)》作了说明。

△25日，中共楚雄州委、州人民政府在州委礼堂隆重召开全州乡镇企业暨个体私营经济工作会。会议表彰了发展乡镇企业及个体私营经济先进集体、先进个人和第二届优秀乡镇企业家。

△25日晚，由中共楚雄州委宣传部、州精神文明建设指导委员会办公室主办，州总工会、团州委、州妇联协办的楚雄州第四届“红土地之歌”演讲大赛结束。张怀德、李俊、周康生等州党政领导出席决赛现场并为获奖选手颁奖。

〔朱卫明〕

概　况

楚雄彝族自治州

【行政区划　人口】 2000年末，楚雄彝族自治州辖楚雄、双柏、牟定、南华、姚安、大姚、永仁、元谋、武定、禄丰10个县（市），128个乡（镇），其中镇36个，乡92个，包括民族乡6个，1131个村（居）委会，11501个村民小组。全州总面积29258平方公里，总人口2508928人，其中农业人口2171954人，较上年增长0.44%，占人口总数的86.57%；非农业人口336974人，较上年增长2.9%，占人口总数的13.43%。全州有27个少数民族，共有人口784369人，占人口总数的31.26%。其中万人以上的少数民族有6个：彝族人口633318人，占人口总数的25.24%，占少数民族人口的80.74%；傈僳族人口50738人，占少数民族人口的6.47%；苗族人口38854人，占少数民族人口的4.95%；回族人口19953人，占少数民族人口的2.54%；傣族人口19661人，占少数民族人口的2.51%；白族人口14139人，占少数民族人口的1.80%。由于各级党委政府重视对计划生育工作的领导，计划生育作为基本国策在全州得到认真贯彻落实，人口数量继续保持较低水平增长，人口质量不断提高。人口出生率为14.36‰，死亡率为7.50‰，自然增长率为6.86‰。

【经济综述】 2000年，全州各族人民在中共楚雄州委、州人民政府的领导下，高举邓小平理论伟大旗帜，认真贯彻党的十五届五中全会和中共云南省委六届十一次全会精神，深入学习和努力实践江泽民同志“三个代表”的重要思想，解放思想，开拓进取，国民经济持续快速健康发展。在国内生产总值提前7年、人均国内生产总值提前6年实现翻两番的第二步战略目标的基础上继续以较高速度增长。粮烟连续丰收，农业和农村经济稳步发展；工商企业在克服困难中前进，工业经济稳步增长，第三产业快速成长；财政金融运行平稳；经济结构调整迈出较大步伐，重点产业培育成效明显；基础设施和重点工程建设成绩显著，发展后劲明显增强；改革开放进一步深化，宏观经济环境进一步改善，社会经济正朝着积极方向发展。2000年，全州国内生产总值105.5亿元（1990年不变价），较上年增长7.7%。其中第一产业增加值32.7亿元，较上年增长5.3%，第二产业增加值41.0亿元，较上年增长7.8%，第三产业增加值31.8亿元，较上年增长9.5%。第一、二、三产业对国民经济增长的贡献率分别为17.2%、43.2%和39.6%。完成农业总产值51.0亿元，按1990年不变价计算，较上年增长4.7%；工业总产值726891万元，按1990年不变价计算，较上年增长12.4%；全社会固定资产投资完成229334万元，较上年增长12.9%；全州完成财政总收入175534万元，比上年减收9345万元，下降5.1%；州内地方财政支出191162万元，较上年增长13.17%。

2000年，全州经济结构调整取得实效。第一、二、三产业实现增加值占国内生产总值的比重由1999年的31.5∶39.5∶29.0调整为31.0∶38.9∶30.1，第三产业的比重持续呈上升趋势。非公有制经济增加值占国内生产总值的比重由1999年的19.2%提高到21.1%。全社会劳动生产率6717元（按增加值计算），比1999年增长7.5%。经济运行质量有所改善。全州完成税收153124.4万元，扣除卷烟因素，实际比1999年增收1931万元，增长3.3%。州级直接汇总的107户国有和国有控股工业企业及限额以上批发零售贸易企业实现利润10170.9万元，比1999年的－3122.2万元增加13293万元；亏损总额7414.1万元，比1999年减亏5785.3万元，下降43.8%。

2000年，全州经济呈现持续发展的好势头，但也存在一些突出的困难和问题，主要是：(1)社会需求不足，物价持续走低，社会就业的形势仍然比较严峻；(2)全州经济的结构性矛盾仍较突出；(3)农民收入增长缓慢，脱贫任务还非常艰巨；（4）企业整体素质较低，创新和竞争能力都比较弱，难以适应社会主义市场经济发展的要求；（5）第三产业发展滞后，影响国民经济和社会的健康发展等等。对于以上问题，必须引起党政各级的高度重视，形成统一认识，采取切实可行的措施，认真加以解决，以促进全州经济的持续快速健康发展。

【农业】 2000年，中共楚雄州委、州人民政府坚持把农业放在首位，加强对农业和农村工作的领导，稳定和完善农村各项政策，加大对农业的投入，进一步加强农业基础设施建设，改善农业生产条件，大力开展农业科技推广应用工作，增大农业科技含量，农业基础得到加强，农村经济得到巩固和发展，农业获得全面丰收。全年实现农业总产值51.0亿元，按1990年不变价计算，比上年增长4.7%。主要农作物产量有不同程度增长，粮食连续6年丰收，再创历史最高水平。粮食总产1030267吨，比上年增长0.54%。其中秋粮762794吨，增长1.22%；夏粮267473吨，下降1.36%。油料产量23022吨，增长44.2%，其中油菜籽16777吨，增长43.30%；烤烟产量61936吨，增长18.4%；甘蔗产量15171吨，下降90.12%；茶叶产量794吨，增长3.2%；水果产量56732吨，增长13.1%。蔬菜种植面积19093公顷，比上年增长21.0%。林业工作有新发展，造林、护林和营林成效明显。全年完成造林面积2.33万公顷，森林覆盖率提高到39.5%，综合覆盖率达60.7%。与上年相比，主要林果产品产量大幅增长，核桃10784吨，增长18.9%；板栗4596吨，增长95.2%；松籽208吨，增长3.0%；花椒609吨，增长47.8%。畜牧生产持续发展，生产水平提高，猪、牛、羊存栏增加，肉禽蛋产量增长。全州肉类总产量达174464吨，比上年增长7.5%，其中猪牛羊肉161765吨，增长7.08%；牛奶产量984吨，比上年增长28.13%；禽蛋产量3370吨，比上年增长5.4%；蜂蜜产量953吨，比上年增长4.27%。全州大牲畜年末存栏921227头，比上年减少0.21%；生猪年末存栏1653952头，比上年减少0.01%；羊年末存栏1172216只，比上年增长5.07%。全年水产品产量5950吨，比上年增长11.5%。农业投入增加，农田水利建设得到加强，农业生产条件不断改善。2000年，全州财政投入农业支出达35794万元，农民生产投入185332万元；全州农业机械总动力达97.7万千瓦，比上年增长8.3%；排灌机械总动力17.2万千瓦，比上年增长4.3%；拥有农用汽车1591辆，大中型拖拉机3011台，分别比上年增长0.5%和186.8%。小型及手扶拖拉机16541台，比上年增长0.2%。农村用电14484万千瓦时，比上年下降1.85%。农用化肥施用量（折纯）78163吨，比上年增长6.3%；农药施用量1951吨，比上年增长15.9%。农业生产结构调整力度加大。为解决近年来农村增产不增收的问题，逐步消除农业经济的结构性矛盾，全州各级根据市场需求，对农作物品种种植结构进行了大力调整。粮经作物种植面积比例由上年的78:22变为71:29。

【工业】 2000年，全州认真贯彻党的十五届四中全会及中央经济工作会议精神，围绕国有企业改革与脱困的中心，落实“解放思想、开拓市场、调整结构、搞活流通”的工作思路，大力发展非公有制工业经济，进一步增强企业活力，使全州工业生产在克服困难中发展，在深化改革中前进。整个工业生产保持平稳增长，集体、私营和个体为主的非公有制企业呈现突飞猛进的发展态势。全年完成工业总产值726891万元，按1990年不变价计算，比上年增长12.4%，27个行业大类有20个产值比上年增长。全州实现工业增加值351293万元，按1990年不变价计算，比上年增长7.9%。总产值中，国有及规模以上非国有（以年销售收入500万元以上、以下为划分标准）工业企业实现产值360476万元，比上年增长1.6%；规模以下非国有工业企业实现产值366424万元，比上年增长24.25%。工业结构明显改善。规模以上与规模以下产值构成比为49.5:50.5；公有制经济与非公有制经济产值构成比为50.3:49.7；轻、重工业产值比为55.7:44.3；烟草工业与非烟草工业产值比为18.8:81.2。国有企业改革与脱困三年目标基本实现。通过改制，国有及国有控股工业企业开始从一般性竞争领域逐步退出，企业数减至79户，效益明显好转，现有79户工业企业实现利润1143.9万元，比上年增加4957.5万元；亏损企业比上年减少4户，亏损额比上年减少3524.2万元，下降33.7%。但因受国家宏观政策调控和市场需求的影响，主要工业产品产量有增有减，但总的形势仍然很好。2000年，全州主要工业产品产量：原煤95.45万吨，比上年下降15.6%；发电量42691万千瓦时，比上年增长75.4%，其中水电37661万千瓦时，比上年增长86.01%；水泥43.52万吨，比上年增长1.5%；原盐18.83万吨，比上年增长24.45%；木材（全社会）2.46万立方米，比上年下降56.69%；农用化肥（折纯）3.48万吨，比上年增长24.01%；硫酸（折100%）40797吨，比上年下降30.58%；布匹53.70万米，比上年增长51.78%；丝织品15.36万米，比上年下降7.08%；机制纸259吨，比上年下降93.0%；卷烟44万箱，比上年下降13.72%；糖11975吨，比上年下降11.75%；软饮料6787吨，比上年增长99.32%；酱油2614吨，比上年增长9.83%；白酒19232吨，比上年下降5.43%；啤酒12254吨，比上年下降2.32%；中成药300吨，比上年增长32.16%；铝4192吨，比上年增长23.66%；铜1384吨，比上年增长17.69%；锌4012吨，比上年增长6.33%；供电量96940万千瓦时，比上年增长4.32%；自来水生产量2038万吨，比上年下降16.47%。

工业企业生产经营逐步走出困境，效益出现好转趋势。全州116户独立核算国有工业企业和规模以上非国有工业企业亏损面比上年下降8.5个百分点，亏损总额比上年下降14.1%。与上年相比，工业经济效益综合指数113.76%，增20.74个百分点；总资产贡献率14.78%，减1.88个百分点；资产保值增值率119.92%，增23.8个百分点；流动资金周转率1.52次，减0.06次；成本费用利税率2.13%，增3.1个百分点；全员劳动生产率39926元/人，增加1568元/人；资产负债率68.76%，下降4.47个百分点。

受投资需求不足和竞争加剧的影响，建筑业发展速度减慢。全州102户主营建筑企业，全年完成总产值133787万元，比上年下降3.6%，实现利润3507万元，下降17.3%。按增加值计算的全员劳动生产率为10408元/人，比上年减少1155元/人。施工项目1344个，单位工程竣工895个，优良工程率26.7%。年内竣工房屋面积81.3万平方米，比上年下降29.1%。

【固定资产投资】 2000年，全州固定资产投资保持增长，重点建设进展顺利。实施加大投资力度、拉动经济增长战略，积极争取各方支持，筹措建设资金，启动固定资产投资项目，保证了投资增长。农业、水利、能源、交通、通信、原材料等基础产业建设得到加强。全社会固定资产投资完成229334万元，比上年增12.9%，其中基本建设投资104396万元，增长17.6%；更新改造投资15566万元，增长31.2%；房地产投资10097万元，增长7.5倍；其他投资25635万元，下降13.1%；农村集体投资25566万元，增长7.7%；城乡私人投资41519万元增长17.4%；农村购买生产性固定资产投资6537万元，增长34.2%。总投资中，国有单位投资131271万元，增长43.7%。全年新增固定资产投资114936万元，新开工项目479个（不含农村集体），竣工房屋面积65.64万平方米，其中建成住宅33.07万平方米。

【交通 邮电】 2000年，全州交通运输事业持续发展，交通条件继续改善。公路通车里程14071公里。年末全州拥有民用汽车29604辆，比上年增长5.1%，其中私营汽车8616辆，增长5.6%；有轮式拖拉机25731台，比上年增长5.09%，其中私营22781台，增长5.33%。机动车驾驶员137446人，比上年增长5.9%。全年完成客运量1206万人，旅客周转量71897万人公里；完成货运量1167万吨，货运周转量75336万吨公里。私营个体运输业发展较快，服务遍及城乡各个方面，既方便了生产生活，也为彝州经济建设作出了积极贡献。

邮政电信业强劲增长，邮电通信快速发展，通信水平不断提高。2000年，全州完成邮电业务总量41130万元。程控电话交换机容量达15.8万门，拥有固定电话13.3万部，固定电话普及率已达5.21部/百人，比上年提高0.7部/百人。全州128个乡（镇）已有125个开通程控电话，开通程控电话的村（居）委会已达925个，分别占其总数的97.7%和81.8%。移动通信发展迅速，覆盖面急剧扩大，全州已有用户6.9万户，61个乡（镇）政府驻地已开通使用移动电话通信；寻呼网络覆盖广大城乡；公用电话遍布大部分城镇。全年共订售报纸2916万份，杂志197万份，办理国内函件334.6万件。全州通信环境和条件有明显改善，通信水平有很大提高，大大改善了彝州投资环境，为加快彝州经济建设作出积极贡献。

【商贸 物价】 2000年，随着社会经济不断发展，全州城乡商品市场繁荣活跃，供给充足。全年社会消费品零售总额达273946万元，比上年增长8.6%，扣除物价因素，实际增长9.4%。其中市的零售额达89534万元，增长12.4%；县的零售额为82718万元，增长9.0%；县以下零售额101694万元，增长5.11%。批发零售贸易、餐饮业有较快发展，零售额分别比上年增长7.5%和18.4%。国有及国有控股企业在上年扭转营销下滑的基础上略有增长，零售额为52683万元，增长0.5%，而集体及股份合作制企业在上年出现增长之后又呈下滑势头，全年零售额34591万元，下降4.7%。非公有制经济强劲增长，个私经济零售额达137750万元，比上年增长15.8%；其他经济零售额48922万元，比上年增长9.95%。非公有制经济零售额已占零售总额的68.1%。全年农业生产资料销售额60303万元，比上年增长11.9%。

市场物价总体水平持续下降。全年居民消费价格总水平比1999年下降0.7%，其中城镇下降0.9%，农村下降0.4%。食品、服装等类常用商品价格下降幅度较大。娱乐文化用品、医疗保健用品和服务项目的价格有较快增长。商品零售价格总指数比1999年下降1.4%，农业生产资料价格指数下降1.9%。

【外贸　旅游】　2000年，全州各级党委和政府加强了对外贸易工作和旅游事业的领导，外贸和旅游事业得到加强，但对外贸易成效不明显。全年进出口总额842万美元，比上年下降8.8%。其中出口707万美元，比上年下降20.2%；进口117万美元，比上年增长5.5倍。

旅游事业持续发展，旅游景点继续得到开发，旅游设施逐步配套，服务质量不断改善。2000年，楚雄州抓住云南举办"国际旅游节"和发展"假日旅游"经济的契机，大力开展旅游基础设施建设，开发旅游资源，完善景点建设。加大对外宣传力度，提高旅游行业服务质量。全年共接待国内外游客189.7万人次，比上年增长12.9%；实现旅游收入35128万元，比上年增长12.3%。

【财政　金融】　2000年，在中共楚雄州委和州人民政府的领导下，财政工作紧紧抓住西部大开发和省政府楚雄现场办公会带来的机遇，努力增加财政收入，扭转了地方财政收入连续两年下滑的局面，实现了地方财政收入的增长。但财政收入下滑和支出上升的矛盾仍然比较突出。全州完成财政总收入175534万元，比上年减收9345万元，下降5.1%。其中上划中央"两税"收入98241万元，下降10.9%；消费税收入57442万元，下降19.4%；地方财政收入77293万元，比上年增长3.65%；州内地方财政支出191162万元，比上年增长13.17%。

金融业运行平稳，银行存贷款余额均有增加。年末，全州金融机构各项存款余额为100.4亿元，比年初增长5.7%，其中城乡居民储蓄存款余额52.63亿元，增长8.1%。金融机构年末各项贷款余额88.12亿元，比年初增长2.8%，其中工业短期贷款下降7.1%，农业短期贷款增长13.7%。全年国家银行净投放货币13.22亿元。

保险事业发展良好，人寿保险和财产保险都有长足进展。人寿保险新承保人数达71.7万人，累计保费收入13376万元，各项保险赔款3051万元。财产保险累计保费收入7794万元，比上年增长7.3%，年内处理赔案12.3万件，累计赔款金额4086万元，比上年增长11.4%。保险事业的发展，对彝州经济和各项社会事业的发展发挥了积极作用。

【科技　教育】　2000年，全州科学技术事业有进一步发展，社会效益和经济效益均有提高。在抓经济建设的同时，继续抓好科学技术的研究、应用和推广，促进了生产力的发展。全州获得州科技进步奖65项，其中一等奖7项，二等奖13项，三等奖45项。州科学技术委员会向省政府申报科学技术成果3项。科技对国民经济增长的贡献率达38.3%，比上年提高0.5个百分点。

教育事业继续稳步发展，教学质量不断提高。2000年，全州有高等专科学校1所，全年招生1080人，比上年增加377人，在校学生1929人；中等专业学校在调整中发展提高，全州共有各类中专学校8所，全年招生2396人，在校学生6548人；有普通中学172所，全年招生40918人，在校学生126681人；有小学1199所，招生34578人，在校学生238711人，小学入学率达99.56%；有特种教育学校1所，招生65人，在校学生1569人；有幼儿园96所，在园幼儿32852人。各类成人技术学校全年完成各类培训41.06万人。

【文化　卫生　体育】　2000年，全州文化、卫生、体育等事业得到较快发展，取得可喜的成绩。文化事业持续发展，文化市场进行了清理整顿。全州各级党委和政府进一步重视文化工作，加强领导，增加投入，坚持"扫黄打非"，进一步规范文化市场，文化事业得到健康发展。全州共有电影放映单位117个，全年放映电影8661场，观众达287.44万人次。有专业艺术表演团体12个，图书馆11个，文化馆11个（含群艺馆1个），博物馆4个，文管所4个，乡（镇）文化站131个，歌舞厅、娱乐厅遍布城乡，丰富了人民群众的文化生活。

广播电视事业继续取得进步，全州共有电视台1座，广播电台1座，电视覆盖率达91.2%，广播覆盖率达90.0%。

医疗卫生事业继续得到巩固和发展。到2000年底，全州共有卫生机构607个（不含综合门诊部、所和个人诊所，下同），其中医院41所，农村卫生院127所，卫生防疫站12所。有卫生技术人员7335人，其中医生3189人，增长2.7%，主管护师、护师和护士2027人，增长2.0%。床位数达6749张，比上年增长3.3%，其中医院床位4231张，增长0.9%。全州妇幼保健、疾病防治能力进一步提高，地方病、传染病得到有效控制，人民健康有了基本保障。

体育事业蓬勃发展，全民健身运动深入开展。2000年，彝州运动健儿参加省级竞技运动会的各项体育比赛，获得金牌26枚，银牌24枚，铜牌26枚。公众健康意识普遍增强，全民健身运动广泛开展，人民体质不断增强。

【人民生活】 2000年，全州国民经济持续发展，尤其是农业连续6年获得丰收，保持了经济发展势头，人民生活继续得到改善。全年在岗职工人均工资收入8971元，比上年增长12.7%。其中国有单位在岗职工人均年工资9438元，比上年增长12.9%；城镇集体单位在岗职工人均年工资6691元，比上年增长9.4%；其他各种经济单位在岗职工人均年工资7051元，比上年增长14.1%。农民人均纯收入达到1575元（农民人均可支配收入1536元），比上年增长3.6%，扣除物价因素，实际增长4.2%。城镇居民可支配收入5911元，比上年增长6.81%，扣除物价因素，实际增长7.6%。据城镇、农村住户抽样调查显示，城镇居民人均居住面积20.7平方米；农村居民人均居住面积27.1平方米。全州128个乡（镇）1131个村（居）委会中有1018个村（居）委会通自来水，占90%。

劳动就业工作继续得到加强。年末全州从业人员达157.2万人，比上年增加0.16万人。年末城镇登记失业率为3.0%。

社会保障体系建设有了新的进展。2000年，全州参加基本养老保险的各类企业达3421户，比上年增加1961户，城镇职工参加统筹人数达58645人，比上年增加1263人，农村居民参加统筹人数已达27万人。全州10县（市）、118个乡（镇）建立了城镇居民最低生活保障制度。

福利事业得到发展，民政福利措施进一步加强。2000年全州民政优抚革命伤残人员1289人，烈军属24241人，孤寡老人325人，救济困难户3.9万户共11.8万人。共有养老院123个，收养老人1470人，有福利院4个，收养人数68人。

〔宗 云〕

楚 雄 市

【行政区划】 2000年末，楚雄市辖19个乡（镇），152个村（居）民委员会，2861个村民小组。年末耕地面积377385亩。

【人口民族】 2000年末，楚雄市总人口474453人，其中女性229253人，占总人口的48.3%；非农业人口128107人，占总人口的27%；农业人口346346人，占73%；少数民族104710人，占22.1%；其中彝族89972人，占19%。人口自然增长率为6.9‰。

【经济状况】 2000年，中共楚雄市委、市人民政府抓住国家实施西部大开发、继续实行积极的财政政策的机遇，争取项目、政策、资金，谋求经济快速发展。抓好农业农村工作，强化产业结构调整，落实科技措施的推广运用。粮食生产在土地面积减少的情况下，仍然保持基本稳定；烤烟生产在确保“双控”目标的同时，烟叶质量进一步提高。调整粮食、经济作物比例，广开收入渠道，农民人均纯收入达到1837元。落实优惠政策，为非公有制经济发展创造良好宽松的环境，使非公有制经济占国内生产总值的比重由上年的27.1%提高到30.6%。坚持“科教兴市”和“可持续发展”战略，促进经济、社会各项事业的协调发展。全年国内生产总值达40.1亿元，比1999年增长6.3%，其中第一产业增长4.0%，第二产业增长4.2%，第三产业增长11.6%。市属工农业总产值438115万元，增长20.4%。其中农业总产值101767万元，增长4.6%；工业总产值336348万元，增长28.1%。

农业以市场为导向，根据市场需求谋发展。种植业加大粮食、经济作物比例和种植品种结构的调整力度，落实良种良法科技措施。粮食总产量达194379吨，烤烟12229吨。全年农林牧渔业总产值10.2亿元，比1999年增长4.6%。农村经济总收入19.1亿元，增长3.4%。全年肉类总产量29941吨，比1999年增长6.2%。水产品产量1245吨，增长7.7%。把畜牧业发展指标纳入乡村两级领导干部的任职考核内容，重点发展生猪、黑山羊、乌骨鸡及特种养殖，鼓励和支持养殖户发展规模生产。

大力开展水利建设，全市投入农田水利建设资金3155万元，完成各类水利工程11144件，新建、改善和恢复灌溉面积38900亩，治理水土流失面积44.32平方公里。继续实施西静河水库续建和龙川江第五期河道治理。至年末，龙川江楚雄城区段10.4公里河道治理全面完成，总投资2048.86万元。

林业以绿化造林、退耕还林还草、封山育林、实施天然林保护为中心，调整林业经济结构。市、乡(镇)、村(居)民委员会办样板林80片，8213亩。天然林保护工程项目封育面积187万亩，全年共投入资金500多万元，共计封山育林298万亩。全市19个乡(镇)全面实行牲畜厩养，确保封山育林见成效，并在树苴、八角2个乡进行以工代赈退耕还林(草)试点。

乡镇企业加大招商引资力度，调整产业和产品结构，引进魔芋精粉加工、核桃深加工等技术，提高产品科技含量和档次。以小集镇、交通沿线、城郊结合部为重点，发展建筑建材业、种植养殖业和农副产品深加工业。对亿元乡(镇)、村(居)民委员会和千万元企业进行重点扶持，使之由速度型向质量效益型转变。全年乡镇企业营业总收入40.1亿元，比1999年增长14.1%。

开展小额信贷、党员干部结对扶贫。云南省列重点扶贫攻坚乡西舍路、八角、大地基已达到攻坚要求，实现解决温饱目标。在山区坝区结合部扶贫示范点红墙、岔河等10个村民委员会项目实施取得经验的基础上，相继实施兴隆、新庄等7个山区坝区结合部贫困村民委员会的第三期扶贫开发项目，投入资金18万元；在前进乡平掌村民委员会汉家村村民小组实施温饱示范村项目，投入资金23.47万元。

工商企业改组改制取得成效。楚雄市工业开发总公司的负资产重组改制，形成国有企业工业总公司与民营企业创集公司两个不同经济组织形式的企业，盘活存量资产，增强企业活力。为企业协调解决资金350多万元，缓解企业生产流动资金紧缺的矛盾，保证企业生产经营的正常运作和技术的更新。建立市级领导挂点联系困难企业制度，出台企业经营者选聘制、年薪制试行办法，并进行试点。组建楚雄市国有资本投资经营有限责任公司，解决国有资本控股参股企业中国有股权代表缺位的问题。

城乡市场回升，物价水平持续走低。全市累计完成社会消费品零售总额118731万元，比1999年增长11.7%；完成集市贸易成交额54200万元，增长20.2%。全市商品零售价格总指数为97.1%，比1999年回落2.9个百分点。

固定资产投资回落，重点项目建设取得成效。全年完成投资总额8.4亿元，比1999年减少4.0%。其中基本建设投资3.6亿元，减少16.9%；更新改造投资6991万元，增长66.5%；房地产开发投资8562万元，增长1.5倍；城乡私人建房投资1亿元，增3.4%。

320国道楚雄市过境一级公路二期改建工程于年内正式动工，全长8.3公里，总投资11000万元。紫溪山旅游公路南环线18.25公里，总投资1300万元。哀牢山公路西舍路乡安乐甸至清水河段13.8公里4级公路正在修建中。楚雄市市乡公路重点公路好路率达71.6%，一般公路好路率达67%。年内，全市投入水毁保通资金29.5万元，填补路面、滑陷地段16.4公里，保障了道路畅通。全年440.24公里市乡公路的路产路权依法办理了土地使用证。2000年末，全市有客运车辆1383辆，货运车辆1922辆。共开通客运班次1750班，线路63条，线路里程12887公里。全年完成货物周转量19922万吨公里，比1999年增长60.5%；旅客运输周转量30007万人公里，增长33%。进行农村电网改造，工程投资1375.2万元。建成35千伏变电站1座，新建和改造10千伏线路250公里，实现农村城市同网同价，列入云南省及楚雄州、市试点的特色小集镇建设全面启动。

电信业务迅速拓展。全年邮电业务总收入11987万元，其中邮政总收入1142万元，电信总收入6566万元，移动通信总收入4279万元。年末拥有固定电话49243部，比上年增长13.32%；移动电话用户发展到25059户，其中年内新发展用户12775户。

提高财政资金使用效益，缓解财政矛盾。在楚雄市级行政事业单位推行“零基预算”管理，全市19个乡(镇)实施行政事业单位财务会计“零户统管”办法，优化资源配置。全年地方财政收入24769万元，比1999年增长5.4%；财政预算支出33461万元，增长7.1%。金融机构年末各项存款余额43.8亿元，增长2.9%。其中城乡储蓄存款余额18.1亿元，增长9.2%。金融机构年末贷款余额54.5亿元，减少0.4%。其中工商贷款和个体私营贷款减少，农业和乡镇企业贷款增加，金融机构现金收入66.7亿元，减少5.1%，现金支出66.42亿元，减少5.4%；现金回笼3577万元。全年保险金额达116.2亿元，增长4.4%；保费收入7977万元，增长39.2%。已决赔款2923万元，增长57.1%。

【科教文卫】 基本普及九年义务教育、基本扫除青壮年文盲教育“两基”工作连续5年通过云南省、楚雄州人民政府复查验收。依法开征城乡教育费附加，征收额达1200多万元。全市各级各类学校实验教学仪器配备率达100%。年内通过云南省、楚雄州人民政府验收，列入云南省2000年“实验教学普及县”合格达标县（市）。全年投入教育经费6317.55万元，人均教育支出145.64元。有职业高级中学2所，开设电工电器、医疗卫生、国防教育等专业。年末全市共有各级各类学校233所，在校学生75505人，专任教师3995人。小学适龄儿童入学率达99.96%，15周岁人口初等教育完成率达99.35%，17周岁人口初级中等教育完成率达95.89%。

加快农村能源建设，新建沼气池1839口。用沼液沼渣喷施果蔬、浸种、养殖、根外追肥等综合利用的农户占建池户的70%。从昆明安达公司引进4立方米玻璃钢沼气池10套，在永安镇车坪村民委员会仁家合作社进行示范，获得成功，受到云南省林业厅表彰。组织申报云南省院校合作项目12项，其中云星集团星耀公司“新型轻质复合墙板”、楚雄华力机械制造有限公司“小型多功能工程机械”项目被云南省科技厅批准列项，获得省级无偿匹配资金240万元，这是楚雄市首次被列入云南省院校科技合作项目。推广玉米、烤烟专用塑料制钵器，实施高寒层地膜覆盖技术示范种植玉米，优质水稻云光楚粳香1号种植示范，太空椒、中药材、浅水藕等一批引种试验项目，促进农业产业结构调整。2000年，全市农业科技覆盖率达92%，优良品种覆盖率达97%。科技对国民经济增长的贡献率达到43.1%。2000年，楚雄市获云南省级科技进步奖2项，楚雄州级10项，楚雄市级9项，年末市级有各类专业技术人员5369人，其中高职技术人员44人，中职1067人。

继续开展群众喜闻乐见、健康向上的文化体育活动。在各类书画、摄影展出中，有国家级发表作品1件，云南省级5件，楚雄州级8级。成立彝族习俗传习所，收集民族文物28种，130件。对彝族毕摩丧葬经典和彝族风情进行整理录制，搜集整理彝族民歌100首、彝族全年12个月节日习俗传统故事稿一部。组队参加楚雄州中学生田径运动会14个项目比赛，获得金牌5枚，银牌18枚，铜牌6枚，以总分214分名列县（市）第一名。参加在通海举行的云南省农民运动会，男女象棋比赛获金牌1枚，团体名列男第三、女第五名。组队参加在大理举行的云南省第四届城市运动会3个项目比赛，获得金牌3枚、银牌2枚、铜牌5枚，是历届参加城市运动会中成绩最好的一次。全市中、小学国家体育锻炼标准施行面达100%。

广播电视不断提高新闻节目质量，丰富栏目、节目内容。新建电视光缆100公里，全市电视光缆总长300公里，乡（镇）新建地面卫星接收站23座，全市已达到200座。开通东瓜、苍岭、前进、吕合至南华的光缆线路，建成联合基站7座，使城乡有线电视用户均能收看到32套电视节目。全市广播人口覆盖率达86%，电视人口覆盖率达88%。

落实农村合作医疗保健制度。全市合作医疗覆盖率达28.28%。巩固和发展村民委员会卫生所，加强农村三级防疫保健网建设。楚雄市人民医院开展了结肠癌根治术、深静脉置管治疗术、心脏锐器损伤开胸修补术等25项新技术新疗法。全市法定报告传染病总发病率为130.75/10万，地方病患病率为8.7/10万。儿童计划免疫全程合格率达97.05%。食品卫生合格率达86%。年内没有传染病爆发流行及食物中毒事故发生。2000年，综合新法接生率为90.16%，儿童系统管理率为86.5%，孕产妇系统管理率为82.11%。楚雄市初级卫生保健工作代表楚雄州参加云南省初级卫生保健委员会终期复核评审，通过抽查，吕合、永安、富民3镇，6个村民委员会，完全达到《中国农村实现2000年人人享有卫生保健规划目标》规定的13项指标。年内，楚雄市获“创建全国卫生城市先进市”称号，受到全国爱国卫生运动委员会通报表扬。

【社会生活】 加强计划生育服务网络建设，加强城镇和流动人口计划生育管理，在城区机关单位实行计划生育工作目标责任制管理，实行流动人口计划生育统计台帐管理。建立健全社会保障体系，落实各项保障制度。楚雄市老年公寓一期工程结束。2000年全市共批准19个乡（镇）1296户，2872人享受城市居民最低生活保障，投入资金65.27万元。“双拥”工作取得成绩，楚雄市被命名为“全国双拥模范城”。在云南省首家开展现金设奖兑奖有奖募捐，全年销售彩票20万张，40万元，筹集社会福利资金8万元。组织13名半岁至16岁贫困唇腭裂人员参加世界宣明会助医项目进行手术治疗。从美国“中国儿童慈善援助基金会”争取到15名孤儿助养资金1.08万元。接受香港乐施会援助资金45.23万元，用于治理楚雄市三街镇泥石流滑坡。争取到云南省残疾人联合会140万元康复扶贫贷款，发放到11个乡（镇）和城镇3个实体，帮助残疾人发展种植养殖业和个体工商业。“视觉第一中国行动”施行白内障手术286例，复明率达93%。年内安排残疾人就业69人，收取保障金22.15万元。

年末城镇登记失业人数比1999年减少864人。登记失业率2.8%，比上年下降1.6个百分点。城乡居民年人均可支配收入6694元，比上年增长8.2%。全市职工年平均工资9886元，增长15.1%。

年末楚雄市级参加城镇养老保险人数达18698人，全年收缴养老保险基金1619万元，共收缴保险基金1701万元。实行城镇职工基本医疗保险制度，年末参保人数达17879人，征缴医疗保险费1053万元。

【鹿城镇】　辖环城、东郊、万家坝、中本、河前、中大街、学桥街、米市街、观象街。其中村民委员会5个，居民委员会4个。67个村民小组，年末总户数34814户，总人口117334人，其中女性54849人，占总人口的46.7%；农业人口12531人，占10.6%；少数民族17735人，占15.1%。年末耕地面积8960亩。2000年粮食总产量559万千克，人均产粮333千克，农民人均纯收入3082元。工农业总产值35466万元，其中工业总产值32125万元。农村经济总收入29259万元。年末共有乡镇企业4537个，乡镇企业总产值131447万元。兴修农田水利工程7件，总投资290万元。镇党委书记李建永，镇长赵万祥。

【永安镇】　辖车坪、詹家、览金、桃园、庄甸、邓官、平山7个村民委员会，90个村民小组。年末总户数6809户，总人口24296人。其中女性12166人，占总人口的50.1%；农业人口16167人，占66.5%；少数民族1814人，占7.5%。年末耕地面积13205亩。2000年粮食总产量980万千克，人均产粮522千克。农民人均纯收入2080元。工农业总产值8143万元，其中工业总产值4653万元。农村经济总收入18849万元。年末共有乡镇企业1563个，乡镇企业总产值13300万元，兴修农田水利工程164件，总投资147万元。镇党委书记周志海；镇长彭国才（－2000.1），王斌（2000.1－）。

【东瓜镇】　辖东瓜、龙江、龙河、寨子、刘家、兴隆、永兴7个村民委员会，110个村民小组。年末总户数5678户，总人口24686人，其中女性11853人，占总人口的48%；农业人口19257人，占78%；少数民族1650人，占6.7%，年末耕地面积18351亩。2000年粮食总产量1310万千克，人均产粮670千克。农民人均纯收入2077元。工农业总产值10857万元，其中工业总产值6199万元。农村经济总收入20209万元。年末有乡镇企业756个，乡镇企业总产值23711万元。兴修农田水利工程73件，总投资155万元。镇党委书记华家亮（－2000.1），王有亮（2000.1－）；镇长戴凤玲（女，2000.1－）。

【吕合镇】　辖中屯、新庄、回龙、红武、白土、吕合、斗阁、钱粮、干田9个村民委员会，149个村民小组。年末总户数6506户，总人口27868人，其中女性13906人，占总人口的49.8%；农业人口26796人，占总人口的96.1%；少数民族4782人，占17.1%。年末耕地面积25355亩。2000年粮食总产量1452万千克，人均产粮545千克。农民人均纯收入1748元。工农业总产值13331万元，其中工业总产值4259万元。农村经济总收入9546万元。年末有乡镇企业820个，乡镇企业总产值19792万元。兴修农田水利工程131件，总投资35万元。镇党委书记速进明，镇长白新伟。

【东华镇】　辖东华、朵基、红墙、新柳、本东、莲华、达苴、邑舍8个村民委员会，128个村民小组。年末总户数6039户，总人口25243人，其中女性12297人，占总人口的48.7%；农业人口24459人，占96.8%；少数民族3060人，占12.1%。年末耕地面积33141亩。2000年粮食产量1680万千克，人均产粮686千克。农民人均纯收入

1948元。工农业总产值13396万元，其中工业总产值3357万元，年末有乡镇企业424个，乡镇企业总产值10844万元。兴修农田水利工程137件，总投资449万元。镇党委书记李德胜（－2000.7），王正华（2000.7－）；镇长刘仕举（－2000.1），杨久平（2000.1－）。

【子午镇】 辖子午、袁家、罗只碑、以口夸、鹿宜、法邑、杞木、打苴8个村民委员会，110个村民小组，年末总户数5326户，总人口21805人，其中女性10651人，占总人口的48.8%；农业人口21161人，占97%；少数民族462人，占2.1%。年末耕地面积29919亩。2000年粮食总产量1412万千克，人均产粮668千克。农民人均纯收入1853元。工农业总产值10152万元，其中工业总产值2276万元。农村经济总收入6382万元。年末有乡镇企业1096个，乡镇企业总产值11046万元。兴修农田水利工程140件，总投资180万元。镇党委书记毕华龙（－2000.1），刘仕举（2000.1－）；镇长赵光友。

【云龙镇】 辖云龙、曙光、挖铜、旧关4个村民委员会，87个村民小组。年末总户数2566户，总人口10345人，其中女性5021人，占总人口的48.5%；农业人口9922人，占95.9%；少数民族1936人，占18.7%。年末耕地面积14171亩。2000年粮食总产量624万千克，人均产粮622千克。农民人均纯收入1478元。工农业总产值3462万元，其中工业总产值585万元。农村经济总收入3007万元。年末有乡镇企业230个，乡镇企业总产值2776万元。兴修农田水利工程254件，总投资102万元。镇党委书记谢开武，镇长戴家慧（女）。

【富民镇】 辖富民、李家庵、大东、下白庙、军屯、吉乐、山嘴子、新村8个村民委员会，159个村民小组。年末总户数6849户，总人口29109人，其中女性14447人，占总人口的49.6%；农业人口28117人，占96.5%；少数民族2351人，占8.1%。年末耕地面积27934亩。2000年粮食总产量1668万千克，人均产粮591千克。农民人均纯收入1912元。工农业总产值17157万元，其中工业总产值10161万元。年末有乡镇企业975个，乡镇企业总产值23609万元。兴修农田水利工程386件，总投资294万元。镇党委书记雷建明，镇长马文辉。

【苍岭镇】 辖苍岭、石涧、竹园、智明、李家、黄草、云甸、西云8个村民委员会，166个村民小组。年末总户数6908户，总人口31026人，其中女性15373人，占总人口的49.5%；农业人口29821人，占96.1%；少数民族4745人，占15.3%。年末耕地面积34124亩。2000年粮食总产量2087万千克，人均产粮713千克。农民人均纯收入1768元，农村经济总收入9770万元。工农业总产值10136万元，其中工业总产值1291万元。年末有乡镇企业1106个，乡镇企业总产值11023万元。兴修农田水利工程125件，总投资286万元。镇党委书记史发富，镇长沈家良。

【三街镇】 辖三街、普厦、洒簸、背阴、黑泥、蚂蟥箐、天生坝、多依树、上新房、土墙、力戈11个村民委员会，238个村民小组。年末总户数5408户，总人口23898人，其中女性11811人，占总人口的49.4%；农业人口23183人，占97%；少数民族11370人，占47.6%。年末耕地面积20730亩。2000年粮食总产量1051万千克，人均产粮452千克。农村经济总收入6988万元，农民人均纯收入1098元。工农业总产值4731万元，其中工业总产值780万元。年末有乡镇企业659个，乡镇企业总产值7850万元。兴修农田水利工程1426件，总投资98万元。镇党委书记杨玉万（－2000.1），周桥先（2000.1－）；镇长夏万明。

【前进乡】 辖箐上、前进、冷水、母掌、云庆、紫金、岔河、平掌8个村民委员会，123个村民小组。年末总户数3340户，总人口14305人，其中女性6991人，占总人口的48.8%；农业人口13495人，占94.3%；少数民族4507人，占31.5%。年末耕地面积16941亩。2000年粮食总产量755万千克，人均产粮563千克。农村经济总收入10777万元，农民人均纯收入1475元。工农业总产值6270万元，其中工业总产值2859万元。年末有乡镇企业339个，乡镇企业总产值8355万元。兴修农田水利工程512件，总投资280万元。乡党委书记杨云兰（女，－2000.1），苏云学（2000.1－）；乡长鲁发旺。

【树苴乡】 辖迤能、西马郎、云盘山、树苴、九街、法古么、二街7个村民委员会，172个村民小组。年末总户数4207户，总人口18148人，其中女性8655人，占总人口的47.7%；农业人口17622人，占97%；少数民族7749人，占

42.7%。年末耕地面积15172亩。2000年粮食总产量954万千克，人均产粮545千克。农村经济总收入5373万元，农民人均纯收入1497元。工农业总产值6338万元，其中工业总产值1569万元。年末有乡镇企业348个，乡镇企业总产值5851万元。兴修农田水利工程300件，总投资23.9万元。乡党委书记杜建荣，乡长郑贤忠。

【八角乡】 辖法古苴、大麦地、洒州、八角、庄房、必达、扎郎7个村民委员会，180个村民小组。年末总户数3851户，总人口16745人，其中女性8106人，占总人口的48.4%；农业人口16357人，占97.7%；少数民族5885人，占35.1%。年末耕地面积16150亩。2000年粮食总产量776万千克，人均产粮477千克。农村经济总收入3606万元，农民人均纯收入1324元。工农业总产值5798万元，其中工业总产值1945万元。年末有乡镇企业424个，乡镇企业总产值5440万元。兴修农田水利工程1200件，总投资123万元。乡党委书记杜程（-2000.7），李有福（2000.7-）；乡长李有福（-2000.7），马子才（2000.7-）。

【大过口乡】 辖磨刀箐、西康郎、大益鸡、力白所、蚕豆田、碧鸡、依启么、杞岔拉、野猪塘9个村民委员会，208个村民小组。年末总户数3757户，总人口15882人，其中女性7692人，占总人口的48.3%；农业人口15532人，占97.7%；少数民族13247人，占83.4%。年末耕地面积20410亩。2000年粮食总产量629万千克，人均产粮404千克。农村经济总收入2278万元，农民人均纯收入1060元。农业总产值4363万元。年末有乡镇企业239个，乡镇企业总产值3146万元。兴修农田水利工程1306件，总投资97.8万元。乡党委书记李华，乡长杞开春。

【中山乡】 辖九房、务阻、法鲁姑、中山、洼子、哨房、蚂蚁、洒巴苴、普掌、大自雄、六街11个村民委员会，266个村民小组。年末总户数5301户，总人口23409人，其中女性11388人，占总人口的48.6%；农业人口22827人，占97.5%；少数民族5166人，占22.1%。年末耕地面积25070亩。2000年粮食总产量1024万千克，人均产粮450千克。农村经济总收入5216万元，农民人均纯收入1334元。工农业总产值5995万元，其中工业总产值965万元。年末有乡镇企业222个，乡镇企业总产值2927万元。兴修农田水利工程1371件，总投资68万元。乡党委书记王加明，乡长周应忠。

【大地基乡】 辖大地基、水笕槽、腊脚、者力、中邑舍5个村民委员会，120个村民小组。年末总户数2278户，总人口10235人，其中女性4893人，占总人口的47.8%；农业人口9967人，占97.3%；少数民族2541人，占24.8%。年末耕地面积14149亩。2000年粮食总产量528万千克，人均产粮533千克。农村经济总收入3051万元，农民人均纯收入1631元。工农业总产值4080万元，其中工业总产值111万元。年末有乡镇企业137个，乡镇企业总产值2398万元。兴修农田水利工程549件，总投资121万元。乡党委书记赵宁，乡长李绍辉。

【宜茨乡】 辖宜茨、红卫桥、路上村、力峨么、邑多么5个村民委员会，78个村民小组。年末总户数1503户，总人口6362人，其中女性3110人，占总人口的48.9%；农业人口6143人，占96.5%；少数民族3434人，占53.9%。年末耕地面积6844亩。2000年粮食总产量322万千克，人均产粮525千克。农村经济总收入1652万元，农民人均纯收入1445元。工农业总产值1992万元，其中工业总产值213万元。年末有乡镇企业316个，乡镇企业总产值3815万元。兴修农田水利工程642件，总投资43.4万元。乡党委书记宋兴洪；乡长刘仕林（-2000.1），王建安（2000.1-）。

【新村乡】 辖下村、五街、洒树咪、大坎子、红星树、密者、七街、峨苴、腊曲、西叉10个村民委员会，178个村民小组。年末总户数5375户，总人口14590人，其中女性6933人，占总人口的47.5%；农业人口14223人，占97.5%；少数民族3979人，占27.3%。年末耕地面积16051亩。2000年粮食总产量758万千克，人均产粮533千克。农村经济总收入4063万元，农民人均纯收入1631元。工农业总产值4457万元，其中工业总产值884万元。年末有乡镇企业217个，乡镇企业总产值3777万元。兴修农田水利工程1309件，总投资123万元。乡党委书记赵景忠，乡长张学玉。

【西舍路乡】 辖西舍路、清水河、安乐甸、保甸、达诺、闸上、下岔河、朵苴、龙岗、德波苴、新华11个村民委员会，232个村民小组。年末总户数4384户，总人口

19167人，其中女性9111人，占总人口的47.5%；农业人口18766人，占97.9%；少数民族8297人，占43.3%。年末耕地面积20704亩。2000年粮食总产量836万千克，人均产粮446千克。农村经济总收入2487万元，农民人均纯收入1021元。工农业总产值4287万元，其中工业总产值104万元。年末有乡镇企业377个，乡镇企业总产值854万元。兴修农田水利工程1276件，总投资213万元。乡党委书记王文学，乡长李维友。

〔周永琼〕

双 柏 县

【行政区划】 2000年末，双柏县辖1镇8乡，84个村民委员会，1510个村民小组。

【人口民族】 2000年末，全县总户数38701户，总人口153918人，其中女性72988人，占47.4%；非农业人口14968人，占9.7%；少数民族人口70882人，占46.1%。少数民族人口中，彝族66022人，占总人口的42.9%，占少数民族人口的93.1%；哈尼族3518人，白族714人，苗族298人，回族173人，傣族49人，傈僳族21人，布依族13人，壮族7人，纳西族5人，其他少数民族62人。人口自然增长率10.2‰。

【经济状况】 2000年，全年实现国内生产总值34414万元，按可比价格计算，比上年增长7.7%，其中第一产业16453万元，增长4%；第二产业7020万元，增长13.6%；第三产业10941万元，增长10.1%。“九五”期间年平均增长9.2%，其中第一产业增长5.7%，第二产业增长14.9%，第三产业增长12%。全年实现现价工农业总产值39782万元，同比增长9.2%，其中工业总产值14334万元，增长18.5%；农业总产值25448万元，增长4.6%。人均国内生产总值2236元，人均现价工农业总产值2584元。

2000年，农作物总播种面积365942亩，其中粮食作物播种面积287966亩，同比减少1.6%，其中大春作物140269亩，同比减少0.1%；小春作物147697亩，同比减少2.3%。粮食总产量6194.6万千克，同比增长0.4%，其中小春1054.2万千克，同比减少3.8%；大春5140.4万千克，同比增长1.3%。按保护价和优质优价的原则积极组织粮油入库，全年共收购粮食525万千克，其中订购粮328万千克，市场粮186.1万千克。年内种植烤烟33000亩，收购烟叶468.2万千克，农民售烟收入4520万元，人均327元，同比增加74.5元，增长29.2%。针对全县经济支柱单一，农民增收门路不多的实际，各级各部门积极想办法，找出路，以市场为导向，调整产业结构，千方百计增加农民收入。全县农村经济总收入20468万元，同比增长7.8%；农村经济纯收入12206万元，同比增长10.9%；根据住户调查，农民人均纯收入1411元，同比增长2.2%；农民人均可支配收入1363元。

畜牧业生产通过实施商品牛羊基地和牲畜扶贫等项目建设，狠抓种、料、管、防工作，加快大牲畜交易市场建设，在稳定存栏的同时，出栏率和商品率进一步提高。年末大牲畜存栏87267头，减1%；出栏21301头，增15.3%。生猪存栏154406头，减0.2%；出栏111168头，增10.3%。山、绵羊存栏143621只，减1%；出栏71432只，增7.8%。肉类总产量1276.3万千克，同比增10.9%。全县现价畜牧业总产值7479万元，同比增长4.4%。

认真贯彻落实天然林保护工程，按照“造、管、封、育”并举的要求，在林政管理、森林消防、绿化造林、野生动物保护、森林病虫害防治及林业案件查处方面都得到进一步加强。全年完成人工造林300公顷，封山育林4000公顷，迹地更新900公顷，森林抚育300公顷，四旁义务植树144.8万株，查处森林案件148件，挽回经济损失6.6万元。

通过多渠道筹集资金，充分发动群众，以治水改土为重点的农业基础设施建设成效明显。2000年，全县共完成大小水利建设工程2816件，其中续建小（一）型水库1件，除险加固小（二）型3件，新建小水池890件。建成三面光沟渠38.1公里，新增灌溉面积2500亩，改善灌溉面积6800亩，改造中低产田3312亩，治理水土流失面积 8.55 平方公里。完成人畜饮水工程 50 件，解决 2418 户 6900 人、4918 头大牲畜饮水问题。

全县工交商业企业在困境中回升，各项改革进一步深化，南安制药厂整体产权出让，龙井饮料厂、中密度纤维板厂分别租赁给楚雄天马广告公司和香港东美集团有限公司经营。在 54 户工交商企业中有 4 户停产停业，24 户盈利 214.8 万元，26 户亏损 795.4 万元，企业亏损面为 52%。乡镇企业保持了持续发展势头，乡镇企业从业人员 10500 人，实现营业收入 31661 万元，增长 28.1%，实现利润 1574 万元，上缴税金 602 万元，增长 15.1%。年末，全县共有个体工商户 2253 户，从业 2895 人，注册资金 1497.45 万元；私营企业 17 户，从业 251 人，注册资金 549.5 万元。

随着国家实施“小城镇、大战略”的思路，基础设施建设步伐进一步加快，城乡市场日趋平稳。投资 120 万元，完成了妥甸至海子底公路第一期 15 公里弹石路面的铺筑工程；投资 160 万元，恢复重建了妥甸至独田公路马龙河大桥。县城市政建设成效明显，完善了绿化、亮化、美化工程；环城东路第二期工程正在加紧实施。投资 584 万元扩建年产 5000 吨妥甸酱油的技改项目工程进展顺利。投资 550 万元的县委、政府办公楼主体工程已交付使用。太和江、妥甸牲畜交易市场和妥甸农贸市场已建成并投入使用；大庄、法脿、雨龙、碍嘉等集镇建设步伐明显加快。年末，全县在籍汽车 709 辆，其中客运 387 辆，货运 320 辆，特种车 2 辆，摩托车 404 辆，拖拉机 1482 台。全年，货运量 83.4 万吨，货物周转量 5772 万吨/公里；客运量 47 万人，旅客周转量 2820 万人/公里。全县邮政业务总量 92.7 万元，同比增长 13%。全县社会消费品零售总额 7899 万元，同比减少 2.9%；集市贸易成交额 5449 万元，同比增长 35%。

严格依法治税，加强税收征管，积极抓好增收节支。克服了烤烟“双控”和天然林“禁伐”而支柱税收减弱，政策性人员增资、社会保障制度改革增支等困难，保证了财政收支平衡。全年完成财政收入 3201 万元，同比增长 14.7%。其中上划两税 594 万元，地方预算 2607 万元，同比分别增长 31.4% 和 11.5%；县本级完成 1466 万元，同比下降 0.4%，乡（镇）级完成 1735 万元，同比增长 31.5%。地方预算支出 6489 万元，同比增长 6.7%，其中县本级支出 3759 万元，乡（镇）级支出 2730 万元，同比分别增长 9.4% 和 3.1%。金融部门认真贯彻国家金融政策，为地方经济和社会发展作出了积极的贡献，年末，全县金融机构各项存款余额 29315 万元，各项贷款余额 22892 万元，现金收入余额 53393 万元，现金支出余额 62252 万元。

【科教文卫】 2000 年，“两基”成果继续得到巩固，经州人民政府复查确定为“两基”年检合格。完成了碍嘉中学实验楼、光明完小、烂泥完小、九石小学建设工程。办学模式本着“因地制宜、宜并则并、宜增则增”的原则，妥甸第二小学与妥甸第一小学合并为妥甸小学，县级机关第二幼儿园与第一幼儿园合并为县级机关幼儿园，开办了双柏第二中学，成立了独田乡、大麦地乡 9 年一贯制学校。通过积极稳妥、有计划、有步骤地收缩校（点），教育资源和师资力量得到进一步优化，教学质量得到明显提高。年末，全县有完全小学 83 所，105 个教学点，629 个教学班，当年毕业 3017 人，当年招生 1986 人，在校学生 14479 人，学龄儿童入学率 99.6%，巩固率 99.7%，小学教职工 741 人，其中专任教师 710 人。双柏一中初中部、双柏二中和 9 所乡（镇）初级中学共有 155 个教学班，当年毕业 2292 人，当年招生 2654 人，在校学生 7685 人；教职工 457 人，其中专任教师 415 人，学历达标率 94.5%。双柏一中高中部有 15 个教学班，在校学生 639 人，当年毕业 141 人；教职工 54 人，其中专任教师 40 人，学历达标率 72.5%。双柏职业高级中学有 10 个教学班，当年毕业 45 人，在校学生 270 人；教职工 35 人，其中专任教师 28 人，学历达标率 39.3%。全县共有 247 人参加高考，升学率 42.5%；有 1179 人参加中考，升学率 14.6%。科技工作紧紧围绕农业产业结构调整的方向，全县共组织、论证、筛选、上报科技项目 8 项，经上级批准实施 4 项，争取投资 15 万元。组织鉴定、验收、申报 1999 年度州级科技进步奖 5 项，获二等奖 1 项，三等奖 4 项。

应法国蒙多瓦市市长的邀请，双柏民族艺术团一行 19 人，与本省沧源佤族自治县民族艺术队共 30 人，组成中国云南省民族艺术团，于 7 月 6 日至 8 月 29 日赴法国参加法国国际民间艺术节，先后参加了普洛泽维特、蒙蒂涅克、费尔门、蒙多瓦、瑰岗 5 个艺术节，在 16 个城市、4 个村庄、街区巡回演出计 57 场（次），其中专场演出 12 场。9 月 21 日至 29 日，举办了双柏县首届企业文化汇演，共有 48 个企业代表队 252 名演职人员参加，演出剧（节）目52个。经评选，商业系统代表队获一等奖、粮食系统代表队获二等奖，工业系统代表队和林业系统代表队获三等奖。12月5日，云南省委宣传部、省文明办、省文化厅、省科技厅、省科协、省卫生厅、省新闻出版局、省农牧厅、省计生委、团省委等11个部门和州级14个部门在双柏县举行全省文化、科技、卫生"三下乡"集中示范活动。双柏4万余名干部群众参加了这次活动。省州各部门捐赠物资价值65.3万元。1月25～29日，组织26名学生参加州体委和州教委共同举办的中学生田径比赛，双柏获1枚金牌、3枚银牌、8枚铜牌，并获团体第六名。

2000年，全县有29个村民委员会开办了农村合作医疗，占应开办总数的34.5%；传染病发病率、孕产妇死亡率、婴幼儿死亡率有了明显的下降，爱国卫生工作得到了加强，经省爱卫会检查，继续保持了乙级卫生县城的称号。年末，全县共有各类医疗机构140个，其中全民12个，村卫生所83个，学校医务室4个，厂矿医务室7个，单位公司医疗机构3个，计划生育服务站1个，药检所1个，个体医疗机构29个。全县国家医疗专业技术人员在职338人，其中副高1人，中职57人。

【社会生活】 全县农村经济总收入20468万元，同比增长7.8%；农村经济纯收入12206万元，同比增长10.9%，农民人均844元。根据住户调查，农民人均纯收入1411元，农民人均可支配收入1363元。年末在岗职工6746人，年平均收入7616元。

2000年，坚持以贫困村、贫困户为扶持对象，始终把解决贫困地区脱贫，实现贫困人口基本解决温饱作为中心工作。小额信贷扶贫坚持与农业产业结构调整相结合，推广到8个乡（镇）214个中心，1350个小组，6325户，累计864.62万元。完成异地开发搬迁点14个，249户、1250人，总投资391万元，其中省投资208万元，州、县配套87万元，群众自筹96万元。妥甸镇河边村、张家箐村、大庄乡的格么村，法脿乡新村列为2000年启动的温饱示范村，在山、水、林、田、路、电、科、教等方面集中扶持，共投入资金84.9万元，其中国家补助60万元，群众自筹24.9万元。到年末，全县已有31073户130508人解决了温饱问题，贫困人口从上年末的8674人降至6826人，年内脱贫2050人。根据扶贫目标责任状及省州人民政府的要求，双柏县是2000年度基本解决温饱的贫困县。上年末全县基本达到了解决温饱的各项指标，经县扶贫开发领导小组逐级申报，4月通过州政府初审验收，5月通过省政府检查验收。

【妥甸镇】 辖妥甸、箐口、小村、桂花井、麦地新、大敌鲁、罗少、新会、九石、丫口、和平、羊桥、马脚塘、马龙、中山、窝碑、格邑17个村民委员会，286个村民小组。年末总户数10113户，总人口38630人，其中女性18403人，占总人口数的47.6%；农业人口28304人，占73.3%；少数民族人口12486人，占32.3%。全年农作物总播种面积73773亩，其中粮食作物播种面积56427亩，粮食总产量1210.2万千克，人均产粮315千克。年末大牲畜存栏18298头，出栏4382头；生猪存栏30498头，出栏24484头；山羊存栏25194只，出栏11510只。农村经济总收入6239.9万元，农民人均纯收入1122元。乡镇企业从业人员3038人，营业收入15591万元，上缴税金242万元。乡财政总收入653万元，财政总支出617万元。镇初级中学有28个教学班，在校学生1384人；教职工96人，其中专任教师84人，学历达标率97.6%。完全小学16所，31个教学点，129个教学班，在校学生2861人；教职工139人，其中专任教师134人，学历达标率100%。镇党委书记王斌，镇长杨家富。

【大庄乡】 辖大庄、马街子、尹代箐、各三郎、洒利黑、水章郎、普妈、普岩、柏子村、代么古、干海子、麻粟树、桃园、杞水塘14个村民委员会，226个村民小组。年末总户数6961户，总人口27519人，其中女性13391人，占总人口的48.7%；农业人口26453人，占96.1%；少数民族人口14609人，占53.1%。年末耕地面积29342亩，人均耕地1.07亩。农作物总播种面积56874亩，其中粮食作物播种面积44041亩，粮食总产量1205万千克，人均产粮367千克。年末大牲畜存栏13701头，出栏2477头；生猪存栏21338头，出栏14771头；山羊存栏15861只，出栏5335只。农村经济总收入3263万元，农民人均纯收入724元。乡镇企业从业人员1322人，营业收入2381万元，上缴税金95万元。乡财政总收入540万元，财政总支出634万元。乡初级中学有21个教学班，在校学生1131人；教职工64人，其中专任教师58人，学历达标率98.3%。完全小学14所，18个教学点，106个教学班，在校学生2437人；教职工122人，其中专任教师116人，学历达标率83.6%。乡卫生院有职工23人，设病床20张；14个村卫生所，有医务人员26人；乡卫生院全年门诊12618人次，住院治疗200人次，业务收入57万元。乡党委书记郑全跃，乡长杨大平。

【碍嘉乡】 辖茶叶、大红山、阳太、旧丈、麻旺、龙树、碍嘉、新厂、平掌、东风、密架、义隆、新树14个村民委员会，303个村民小组。年末总户数6349户，总人口26458人，其中女性12412人，占总人口的46.8%；农业人口25644人，占96.9%；少数民族人口7347人，占27.8%。年末耕地面积29857亩，人均耕地1.13亩。农作物总播种面积54623亩，其中粮食作物播种面积45733亩，粮食总产量1146.8万千克，人均产粮433千克。年末大牲畜存栏8965头，出栏2253头；生猪存栏24672头；出栏18579头；山、绵羊存栏13645只，出栏8080只；家禽出栏33389只。农村经济总收入2630万元，农民人均纯收入660元。乡镇企业从业人员1935人，营业收入3490万元，上缴税金54万元。乡财政总收入573万元，财政总支出748万元。乡初级中学有27个教学班，在校学生1470人；教职工68人，其中专任教师67人，学历达标率97.1%。完全小学14所，106个教学班，在校学生2646人，教职工90人，其中专任教师89人，学历达标率92.1%。全乡有线电视网10个，单收站70个。乡卫生院1所，村级卫生所14个，卫生人员41人。乡党委书记罗世聪，乡长王景荣。

【法脿乡】 辖法脿、烂泥、石头、铺司、双坝、者柯哨、麦地、红栗9个村民委员会，150个村民小组。年末总户数4399户，总人口17300人，其中女性8198人，占总人口的47.4%；农业人口16543人，占95.6%；少数民族人口8577人，占49.8%。年末耕地面积17895亩，人均耕地1.03亩。农作物播种面积35470亩，其中粮食作物播种面积3017亩，粮食总产量637.2万千克，人均产粮383千克。年末大牲畜存栏8444头，出栏3608头；生猪存栏15320头，出栏14936头；山羊存栏14529只，出栏12801只。农村经济总收入2294万元，农民人均纯收入837元。乡镇企业从业人员1643人，营业收入3508万元，上缴税金95万元。乡财政总收入442万元，财政总支出552万元。乡初级中学有20个教学班，在校学生907人；教职工52人，其中专任教师50人，学历达标率94%。完全小学10所，15个教学点，77个教学班，在校学生1388人；教职工90人，其中专任教师89人，学历达标率93.3%。乡党委书记杨建萍，乡长李永平。

【雨龙乡】 辖雨龙、法甸、邦三、蚕豆田、野牛、折苴、古木7个村民委员会，126个村民小组。年末总户数2782户，总人口10600人，其中女性4958人，占总人口的46.8%；农业人口10122人，占95.5%；少数民族人口6472人，占61.1%。农作物播种总面积23223亩，其中粮食作物播种面积19268亩，粮食总产量433.4万千克，人均产粮426千克。年末大牲畜存栏8150头，出栏1675头；生猪存栏15325头，出栏7794头；山羊存栏15147只，出栏5854只。乡镇企业从业人员615人，营业收入445万元，上缴税金16万元。农村经济总收入1034万元，农民人均纯收入589元。乡财政总收入394万元，财政总支出487万元。乡初级中学有9个教学班，在校学生489人；教职工27人，其中专任教师24人，学历达标率95.8%。完全小学7所，3个教学点，43个教学班，在校学生905人；教职工57人，其中专任教师54人，学历达标率94.4%。乡党委书记杞王友，乡长王思军。

【安龙堡乡】 辖新街、柏家河、他宜龙、安龙堡、法念、说全、六纳、青香树8个村民委员会，93个村民小组。年末总户数2420户，总人口9635人，其中女性4484人，占总人口的46.5%；农业人口9160人，占95.1%；少数民族人口8913人，占92.5%。年末耕地面积23231亩，人均耕地2.41亩。农作物总播种面积43139亩，其中粮食作物播种面积32937亩，粮食总产量396.5万千克，人均产粮426千克。年末大牲畜存栏8280头，出栏1941头；生猪存栏14260头，出栏11549头；山羊存栏18540只，出栏10754只。乡镇企业从业人员264人，营业收入404万元，上缴税金19万元。农村经济总收入887.9万元，农民人均纯收入587元。乡财政总收入310万元，财政总支出376万元。乡初级中学有9个教学班，在校学生458人，教职工29人，其中专任教师25人，学历达标率96%。完全小学8所，6个教学点，48个教学班，在校学生1039人；教职工54人，其中专任教师48人，学历达标率91.7%。乡卫生院有医务人员14人，7个村级卫生所有医务人员8人，全乡有地面卫星电视接收站15座，电视覆盖率93.2%。乡党委书记赖万学，乡长张春祥。

【大麦地乡】 辖峨足、光明、底土、大麦地、河口、普龙6个村民委员会，82个村民小组。年末总户数1589户，总人口6557人，其中女性3115人，占总人口的47.5%；农业人口6281人，占95.8%；少数民族人口6509人，占99.3%。农作物播种总面积18695亩，其中粮食作物播种面积13769亩，粮食总产量300.9万千克，人均产粮450千克。年末大牲畜存栏6418头，出栏748头；生猪存栏7544头，出栏2698头；山羊存栏11903只，出栏2256只。乡镇企业从业人员263人，营业收入658万元，上缴税金15万元。农村经济总收入645.4万元，农民人均纯收入611元。乡财政总收入286万元，财政总支出330万元。大麦地乡进行了“9年一贯制学校”试行工作，小学部和5所完全小学、7个教学点共有27个教学班，在校学生513人；教职工35人，其中专任教师32人，学历达标率84.4%。初中部有8个教学班，在校学生387人；教职工16人，其中专任教师15人，学历达标率80%。有乡卫生院1所，村级卫生所6个。乡党委书记姚家明，乡长罗文学。

【爱尼山乡】 辖旧哨、大箐、海子底、力丫、麻海、六合、把租7个村民委员会，189个村民小组。年末总户数3110户，总人口13066人，其中女性6061人，占总人口的46.4%；农业人口12482人，占95.5%；少数民族人口4323人，占33.1%。年末耕地面积24037亩，人均耕地1.84亩。农作物总播种面积46635亩，其中粮食作物播种面积34790亩，粮食总产量627.7万千克，人均产粮501千克。年末大牲畜存栏11017头，出栏3294头；生猪存栏18782头，出栏12005头；山羊存栏20693只，出栏10451只。12月28日，太和江大牲畜交易市场正式开业。乡镇企业从业人员956人，营业收入4160万元，上缴税金26万元。农村经济总收入2472万元，农民人均纯收入1201元。乡财政总收入270万元，财政总支出317万元。乡初级中学有13个教学班，在校学生636人，教职工37人，其中专任教师34人，学历达标率91.2%。完全小学7所，3个教学点，53个教学班，在校学生1203人；教职工61人，其中专任教师60人，学历达标率81.8%。乡卫生院有11名医务人员，7个村级卫生所有医务人员7名，乡党委书记段有光，乡长谭自逵。

【独田乡】 辖独田、大水田2个村民委员会，55个村民小组。年末总户数978户，总人口4153人，其中女性1966人，占总人口的47.3%；农业人口3961人，占95.4%；少数民族人口2096人，占50.5%。年末耕地面积7418亩，人均耕地1.79亩，农作物总播种面积13506亩，其中粮食作物播种面积10827亩，粮食总产量236.9万千克，人均产粮613千克。年末大牲畜存栏3986头，出栏924头；生猪存栏6667头，出栏4352头；山、绵羊存栏8109只，出栏4386只。乡镇企业从业人员461人，营业收入1024万元，上缴税金41万元。农村经济总收入1000.6万元，农民人均纯收入1284元。乡财政总收入65.5万元，财政总支出128万元。年内进行“9年一贯制学校”试行工作，小学部有12个教学班，在校学生325人，教职工24人，其中专任教师23人，学历达标率95.7%；初中部有6个教学班，在校学生247人，教职工18人，其中专任教师15人，学历达标率66.8%。乡卫生院和2个村级卫生所，共有医务人员12人。乡党委书记王思存，乡长李正勇。

〔张存浥〕

牟 定 县

【行政区划】 2000年末，全县辖8个乡2个镇，95个村民委员会，1209个村民小组。

【人口民族】 2000年末，全县总人口197951人，其中男102182人，女95769人；非农业人口16431人，占总人口的8.3%；少数民族人口40286人，占总人口的20.3%。在少数民族人口中，彝族39655人，占总人口的20%；苗族364人，占总人口的0.08%。年内出生人口2833人，死亡1621人，净增1212人，人口自然增长率为6.13‰。

【经济状况】 2000年，在国家烤烟“双控”政策影响下，长期以烤烟生产作为支柱产业的牟定县面临着建立新的支柱产业的挑战，加上遭受到1月15日的地震灾害，夏季又遭受水灾。面对上述情况，中共牟定县委、县人民政府在坚持粮食自求平衡和落实烤烟“双控”政策的基础上，调整了经济结构及农作物种植品种，试种和推广优质米稻品种，扩大青豌豆、脱毒洋芋等经济作物的种植；烤烟生产主攻质量；建成了万亩以板栗、核桃等为主的经济林果基地；围绕化佛、水桥、福龙三大茶叶系列扩大种植面积，组建牟定县化佛茶叶总公司，茶叶生产逐步形成规模。全面实施畜牧业“百千万”工程，突出规模养殖和梅花鹿、狐狸等珍稀动物养殖，使畜禽养殖向多元化发展。全县国内生产总值达54688万元（现价），其中第一产业24952万元，第二产业13922万元，第三产业15814万元。工农业总产值83214万元（现价），其中农业总产值40907万元，工业总产值42307万元。乡镇企业营业收入135806万元，比上年减27.8%。粮食总产量达84217吨，比上年增长1.9%。地方财政自收收入3166万元。农民人均纯收入达1510元，比上年增加51元。

全年全县动工各类水利工程2020件，完工1981件。新增灌溉面积0.45万亩，改善灌溉面积1.1万亩，改造中低产田0.7万亩。解决和改善了农村1.25万人和0.8万头大牲畜的饮水问题。年末全县生猪存栏10.99万头，比上年增长5.4%；出栏肥猪11.72万头，比上年增长2.6%。大牲畜存栏7.02万头（匹），比上年增长8.5%；出栏肉牛0.87万头，比上年增长4.8%。山、绵羊存栏6.19万只，比上年增长3%；出栏肉羊2.46万只，比上年增长3.8%。出栏家禽25.33万只，禽蛋341吨。肉类总产量1.09万吨，比上年增长1.4%，全县人均占有量55.2千克。全年造林绿化3.1万亩，封山育林7.4万亩，四旁植树180万株，加强了对新造林地的管护，提高了造林成活率和保存率。

年末全县有乡镇企业6126个（集体109个，个体5947个，私营70个），从业人员达23641人。乡镇企业营业收入135806万元，比上年增长21.8%；现价总产值116279万元，比上年增长20.6%。在营业总收入中，农业企业4006万元，工业企业43146万元，建筑企业26472万元，交通运输企业23732万元，批发零售贸易业22106万元，旅游饮食服务业13853万元，其他2491万元。

年末全县实现社会固定资产投资14762万元，比上年增长0.3%，在总投资中，水利水保建设262万元，交通基建192万元，农村电网改造979.6万元，“1·15”地震恢复重建1784.6万元，城镇基础设施、供水、旅游景点开发662万元，生态环境治理875万元，企业技术改造638万元，县域财源项目4100万元，人畜饮水工程317万元，城镇职工个人全额集资和经济适用房建设投资1575万元，扶贫攻坚252万元，机关、学校、工业、商业等各类公、民用建筑投资1096万元；城乡居民自建住房2082.8万元。

金融行业稳健运行。年末，全县各项存款余额41840万元，比上年增加4659万元，增长12.53%；各项贷款余额38549万元，比上年增加1791万元，增长4.87%；全年现金收入累计76361万元，支出累计86172万元，净投放9766万元，同比少投放895万元，下降8.4%。

【科教文卫】 2000年，全县有普通中学15所，其中教育部门办初中13所，牟定铜矿办初中1所，教育部门办完全中学1所。共203个教学班（初中187班，高中16班），在校中学生10459人（初中9601人，高中858人），有教职工731人（其中专任教师591人）。有职业高级中学1所14个教学班，在校生582人，教职工46人（其中专任教师30人）。有小学105所190个教学点，772个教学班，在校小学生16963人，教职工1145人（其中专任教师1081人）。有幼儿园10所101个班（其中学前班56班），在园幼儿3333人，有教职工96人。全县适龄儿童入学率达99.71%。九年义务教育全面普及和巩固。成人教育成效明显，在扫除了青壮年文盲之后，办起农民初等学校57个班（点），在校学生691人（其中女367人），毕（结）业77人。全县共举办3天以上的各类科技培训班127期，培训9389人次。开办了养鱼、花卉、桃树、蔬菜、竹类、沼气综合利用、水稻、包谷、梨树等9个专业，16个教学班，招生723人。与县人民广播电台合办“科技15分种”节目。在街头举办长200米的“牟定县科普长廊”。全年全县推广水稻旱育秧0.2万亩；大田稀植浅栽5万亩；塑盘育秧26万盘，大田抛植0.19万亩，摆植0.46万亩；培育多蘖壮秧0.26万亩，移栽大田2.4万亩。推广农作物旱作间套种技术2.6万亩。引进日本“凌西一寸”蚕豆新品种，种植86亩。建大棚蔬菜48亩。新建农村户用沼气池1080口。选取凤屯乡30户农户进行了“猪—沼—果”生态经济模式试验示范。

2000年，全县有县级专业文艺工作队1个，县文化馆1个，县图书馆1个，县电影公司1个，乡（镇）文化站10个，文化专职干部13人。有图书流动点16个。坚持活动的村（社）文化室54个，业余文艺演出队36支。全年演出196场（次），观众达9.8万余人（次）。2000年，全县举办了为期9天的“牟定县冬季篮球锦标赛”，有15支男队，6支女队，225名运动员参赛。组织9名运动员参加楚雄州中学生田径运动会，分别获金牌2枚，银牌2枚，铜牌2枚。组织参加云南省在楚雄举办的幼儿体操比赛，荣获团体一等奖。

2000年，全县有医疗卫生单位15个，在职人员482人，其中卫生技术人员374人（高职3人，中职87人，医师155人，医士127人，未评聘2人），工勤人员89人，会计19人。全县有村级卫生所95个，乡村医生183人。全县有病床328张。全年门诊人数21.48万人（次），住院4207人（次）。业务总收入1920.96万元，业务总支出1897.91万元，亏损2.95万元。9个乡（镇）卫生院共亏损30.05万元。孕产妇死亡率从1999年的183.08/10万下降到2000年的104/10万，新生儿破伤风死亡率由1999年的32.95‰下降到2000年的29.65‰。

【共和镇】 2000年，全镇辖东南、西北、金马、清波邑、锦石坪5个村民委员会，42个村民小组。全镇总耕地面积7788亩（田6752亩，地1036亩），农业人口人均占有耕地0.86亩。全镇总人口17376人，总户数3936户。在总人口中，男9109人，女8267人；汉族15684人，占总人口的90.2%，彝族1608人，占9.25%，其他少数民族84人，占5%。人口自然增长率为9.8‰。工农业总产值9368万元，比上年增长19.8%。其中农业总产值2457万元，比上年增长35%。乡镇企业1565个（镇办6个，村办5个，个体1519个，私营35个），比上年增长21%；从业人员达6596人；实现了乡镇企业营业总收入3.7亿元，比上年增长20.6%；实现了总产值31272万元，比上年增长20%；实现利润1542万元，比上年增长18%；上缴国家税金827万元，比上年增长4.1%。完成地方财政自收收入1254.9万元，比上年增长10.5%。粮食总产量达4613吨，比上年增长1%。农民人均有粮511千克。农民人均纯收入2325元，比上年增长1.4%。种植烤烟903亩，总产量159吨，总产值149万元，总产量在上年的基础上下降5%，但总产值上升了10%。全镇有初级中学1所，小学2所7个教学点，适龄儿童入学率达100%。全镇有村级卫生所11个。2000年建立个体、私营经济示范村民小组2个，示范户30户。配合县城建设，筹集资金40万元用于城镇建设。建成优质烟基地300亩，推广“中碗四号”500亩，广西葛根20亩，脱毒马铃薯60亩，香椿10亩。建成塑钢蔬菜大棚22个。全镇5个村民委员会、42个村民小组及镇属站所、学校都有政务公开专栏，每个季度公布一次。镇党委书记李光彪，镇长徐惠兴。

【新桥镇】 辖有家、长冲、杨茨科、马厂、新桥、杜家庄、大蒙恩、小蒙恩、顶头、桃苴、兴隆、云龙、大村、羊肝石、冷水16个村民委员会，198个村民小组。年末，全镇总人口29725人。其中农业人口26768人，占总人口的90.05%；少数民族人口1358人，占4.57%；彝族人口1203人，占4.05%，主要分布在杜家庄、小蒙恩两个村民委员会。工农业总产值9811万元，粮食总产量10830吨，农民人均有粮364千克，地方财政收入399万元，农民人均纯收入1214元。有乡镇企业（含户办、联户办）449个，乡镇企业营业总收入8200万元，实现利润388万元，上缴税金264万元。有乡文化站1个，村文化室6个，业余文化演出队3支，业余电影放映队2个，卫星电视地面接收机24台，开通有线电视5个村民委员会1200户，电视人口覆盖率91%。有初级中学3所，在校学生1391人，教职工96人；有小学20所，教学点21个，在校学生2220人，教职工176人。有镇卫生院1所，病床8张，医务人员20个；有村卫生室16个，诊断观察床42张，村医32人。全镇农田水利建设动工194件，完工177件，总投资247.2万元。镇党委书记彭春，镇长李源先。

【江坡乡】 辖高家、和平、者普、柜山、乐利冲、江坡、龙排7个村民委员会，75个村民小组。年末，全乡总人口11711人。其中农业人口11382人，占总人口的97.19%；少数民族人口3073人，占总人口的26.24%；彝族人口2883人，占总人口的24.62%，主要分布在柜山、东利冲两个村民委员会。工农业总产值6860万元，粮食总产量4831吨，农民人均有粮412千克，主要经济作物烤烟总产值540万元，总产量695吨，地方财政收入147万元，农民人均纯收入1255元。有乡镇企业（含户办、联户办）279个，营业总收入5600万元，实现利润481万元，上缴税金35万元。有乡文化站1个，村文化室6个，业余文艺演出队4支，业余电影放映队3个，有卫星电视地面接收机15台，开通有线电视2个村民委员会550户，电视人口覆盖率达90%。有初级中学1所，在校学生485人，教职工37人；有小学7所，教学点21个，在校学生1068人，教职工74人。有乡卫生院1所，病床8张，医务人员15人；有村卫生室7个，诊断观察床14张，村医8人。全乡农田水利建设动工84件，完工63件，总投资94万元。乡党委书记夏桂琳（女），乡长邵平（彝族）。

【新甸乡】　辖新甸、散花、万丰、际盛、华星、民乐、福龙、米村、普村、丰乐、高平11个村民委员会，129个村民小组，共87个自然村。年末，全乡总耕地面积30114亩（田24320亩，地5794亩），农业人口人均有耕地1.07亩。总户数6788户，比上年增155户，总人口29256人，比上年增131人。在总人口中，男14656人，女14600人；汉族28793人，占98.4%，彝族339人，占1.1%，其他少数民族124人，占0.5%。人口自然增长率7.4‰。工农业总产值17290万元，比上年增5.5%。其中农业总产值6288万元，比上年增4.5%。有乡镇企业（含乡办、村办、个体、私营）787个，比上年减少218个，减少21.7%。乡镇企业营业总收入40060万元，比上年减少51%；总产值34255万元，比上年减少35%。地方财政自收收入330万元，比上年减少45万元。粮食产量16182吨，比上年减少1.3%，农民人均有粮553千克。农民人均纯收入2007元，比上年增61元。种植烤烟7307亩，总产量1052吨、总产值780.6万元，分别比上年增长12.4%、21.9%。全乡有初级中学2所，小学16所23个教学点，适龄儿童入学率达99.6%。有乡级卫生院1所，村级卫生所11个。2000年推广种植银光优质稻1000亩，稻田养鱼220亩，种植反季大棚蔬菜50亩，花卉20亩，草莓30亩，脱毒马铃薯50亩。以南塔集团公司为龙头，营造速生丰产林2500亩。以正兴集团为龙头，新植茶园780亩，改造低产低质茶园1000亩。种植辣椒750亩，黄豆1335亩。栽培种植银杏及其他药材250亩，种植加州梨8000多株200亩。乡党委书记薛虹（女，-2000.7）、邓华云（2000.8-）；乡长何国忠（-2000.7），代理乡长李自德（2000.8-）。

【青龙乡】　辖田丰、龙丰、牌坊、河节冲、共丰、庆丰、周山、徐寺、牟尼、龙池10个村民委员会，141个村民小组。年末，全乡总人口23091人。其中农业人口22228人，占96.26%；少数民族人口2211人，占9.58%；彝族人口2198人，占9.52%，主要分布在庆丰、河节冲两个村民委员会。工农业总产值8123万元，粮食总产量9743吨，农民人均有粮423千克，主要经济作物烤烟总产值548万元，总产量647吨，地方财政收入190万元，农民人均纯收入1440元。有乡镇企业（含户办、联户办）827户，营业总收入7705万元，实现纯利润516万元，上缴国家税金151万元。有乡文化站1个，村文化室16个，业余文艺演出队18支，业余电影放映队2个，卫星电视地面接收机8台，开通有线电视9个村民委员会3000户，电视人口覆盖率达90%。有初级中学2所，在校学生1125人，教职工74人；有小学10所，教学点20个，在校学生1970人，教职工122人。有乡卫生院1所，病床6张，医务人员20人，有村卫生室10个，村医12人，诊断观察床28张。全乡农田水利建设动工128件，完工118件，总投资97.48万元。乡党委书记王显俊，乡长高锡鹏。

【凤屯乡】　辖飒马场、凤屯、建新、新房、腊湾5个村民委员会，83个村民小组。年末，全乡总人口8540人。其中农业人口8241人，占96.5%；少数民族人口5466人，占64%；彝族人口5461人，占63.95%，主要分布在腊湾、新房、建新、凤屯4个村民委员会。工农业总产值3714万元，粮食总产量3539吨，农民人均有粮414千克，主要经济作物烤烟总产值202万元，总产量249吨，地方财政收入57万元，农民人均纯收入1082元。有乡镇企业（含户办、联户办）202个，营业总收入4100万元，实现利润150万元，实交国家税金76万元。有乡文化站1个，村文化室5个，业余文艺演出队3支，卫星电视地面接收站5座，开通有线电视5个村民委员会1500户，电视人口覆盖率92%。

有初级中学1所，在校学生455人，教职工25人；小学6所，17个教学点，在校学生907人，教职工25人。有乡卫生院1所，病床6张，医务人员14人；有村卫生室5个，诊断观察床10张，村医6人。全乡农田水利建设动工546件，完工344件，投资合计124.1万元。乡党委书记张彪（-2000.3）、毕恩彪（彝族，2000.8-）；乡长汤贵成。

【戌街乡】 辖戌街、老纳、水桥、左家、白沙、伏龙基、碗厂、铁厂8个村民委员会，131个村民小组。年末，全乡总人口16797人。其中农业人口16359人，占97.39%；少数民族人口6326人，占37.66%；彝族人口6318人，占37.61%，主要分布在伏龙基、戌街、水桥、左家、碗厂、铁厂6个村民委员会。工农业总产值5874万元，粮食总产量7010吨，农民人均有粮417千克，主要经济作物烤烟总产值483.1万元，总产量600吨，地方财政收入139万元，农民人均纯收入1240元。有乡镇企业（含户办、联户办）515户，营业总收入5200万元，实现利润总额221万元，上缴国家税金42万元。有乡文化站1个，村文化室4个，业余文艺演出队3支，业余电影放映队1个，卫星电视地面接收机25台，开通有线电视1个村民委员会120户，电视人口覆盖率为75%。有初级中学1所，在校学生828人，教职工47人；有小学8所，教学点24个，在校学生1483人，教职工89人。有乡卫生院1所，病床5张，医务人员16人；有村卫生室8个，诊断观察床20张，村医10人。全乡农田水利建设动工642件，完工641件，总投资196万元。乡党委书记杨和森，乡长李明帮。

【安乐乡】 辖猫街、石板、太极、河心、小屯、蒙恩、桃源、直苴、安益、六渡、羊旧、民太、力石、新田14个村民委员会，189个村民小组。年末，全乡总人口24319人。其中农业人口23373人，占96.11%；少数民族人口7016人，占28.85%；彝族人口6998人，占28.78%，主要分布在羊旧、六渡、民太、蒙恩、河心5个村民委员会。工农业总产值6669万元，粮食总产量8866吨，农民人均有粮379千克，主要经济作物烤烟总产值465.2万元，总产量541吨，地方财政收入171万元，农民人均纯收入1232元。有乡镇企业（含户办、联户办）408个，营业总收入6000万元，实现利润422万元，上缴税金70万元。有乡文化站1个，村文化室6个，业余文艺演出队3支，业余电影放映队1个，卫星电视地面接收机17台，开通有线电视3个村民委员会600户，电视人口覆盖率86%。有初级中学1所，在校学生1186人，教职工74人；有小学14所，教学点33个，在校学生2015人，教职工150人。有乡卫生院1所，病床24张，医务人员29人；有村卫生室14个，诊断观察床28张，村医16人。全乡农田水利建设动工241件，完工205件，总投资206万元。乡党委书记陆智之（-2000.8）、李继云（2000.8-）；乡长郑荣。

【军屯乡】 辖天台、军屯、天山、代冲、柳丰、何梁、余新、余丁、清河、龙虎、中屯11个村民委员会，128个村民小组。年末，全乡总人口25355人。其中农业人口24332人，占95.97%；少数民族人口4569人，占18.02%；彝族人口4556人，占17.97%，主要分布在青河、龙虎、中屯3个村民委员会。工农业总产值8691万元，粮食总产量13237吨，人均有粮523千克，主要经济作物烤烟总产值622万元，总产量794吨，地方财政收入215万元，农民人均纯收入1538元。有乡镇企业（含户办、联户办）1105个，营业总收入12005万元，实现利润总额431万元，实交各项税金总额270万元。有乡文化站1个，村文化室8个，业余文艺演出队8支，业余电影放映队2个，卫星电视地面接收机13台，开通有线电视8个村民委员会2600户，电视人口覆盖率90%。有初级中学1所，在校学生1235人，教职工81人；有小学13所，教学点14个，在校学生2151人，教职工142人。有乡卫生院1所，病床17张，医务人员24人；有村卫生室11个，诊断观察床24张，村医11人。全乡农田水利建设动工88件，完工88件，总投资194.42万元。乡党委书记张积昆（-2000.8）、杨庆忠（2000.8-）；乡长段开玺（-2000.8）、黑茂贵（彝族，2000.8-）。

【蟠猫乡】 辖碑厅、蟠猫、朵苴、古岩、联丰、阿橄榄、龙泉、双龙8个村民委员会，92个村民小组。年末，全乡总人口12090人，其中农业人口11646人，占96.33%；少数民族人口7828人，占64.75%；彝族人口7821人，占64.7%，主要分布在碑厅、蟠猫、联丰、啊橄榄4个村民委员会。全乡工农业总产值6462万元，粮食总产量5355吨，农民人均有粮443千克，主要经济作物烤烟总产值

347.1万元，总产量455吨，地方财政收入117万元，农民人均纯收入1366元。有乡镇企业（含户办、联户办）197个，营业总收入8237万元，实现利润313万元，实交国家税金125万元。有乡文化站1个，村文化室6个，业余文艺演出队4支，业余电影放映队1个，卫星电视地面接收机15台，开通有线电视4个村委会640户，电视人口覆盖率89%。有初级中学1所，在校学生557人，教职工44人；有小学8所，教学点16个，在校学生1122人，教职工87人。有乡卫生院1所，病床7张，医务人员16人；有村卫生所8个，诊断观察床18张，村医10人。全乡农田水利建设动工77件，完工70件，总投资31.2万元。乡党委书记刘和顺，乡长李晓云。

〔谢有义　刘祖文〕

南　华　县

【行政区划】　2000年末，南华县辖12个乡（镇），130个村委会，1483个村民小组。

【人口民族】　2000年末，全县总人口228032人，比上年增长0.78%，其中：农业人口209861人，少数民族人口86906人，占总人口的38.1%，彝族76457人，白族8077人，回族2092人。年内出生人口3685人，出生率16.22‰，死亡人口1669人，死亡率7.35‰，净增人口2016人，人口自然增长率8.87‰，比上年增长2.1个千分点。

【经济状况】　2000年，全县国内生产总值不变价4.08亿元，比上年增长8.6%，人均国民生产总值1790元，增长7.6%，其中：第一产业1.94亿元，增长5.6%；第二产业0.95亿元，增长7.5%；第三产业1.2亿元，增长14.8%。产业结构调整优化为47.5：23.2：29.3。不变价工农业总产值4.12亿元，其中农林牧渔业总产值2.04亿元，增长3.5%。农村经济总收入6.26亿元。

农作物种植结构调整初见成效，粮经比例调整为78：22，农业现价产值4.38亿元，比上年增长2.7%。全年播种粮食33.5万亩，减少6.9%。粮食产量95784吨，增长3.3%；油料1784.8吨，增长100.5%；烤烟7006吨，增长11.3%；茶叶153.1吨，增长18.7%；水果2337.1吨，减少0.2%；蚕茧20吨，增长12%。订单农业发展较快，已有10个乡（镇）与客商签订单18份。全县拥有农业机械总动力7862.93万瓦特，增长4.2%，排灌动力机械1158.46万瓦特，增长22.68%，有农用拖拉机2120台。推广新技术1.72万亩次。

全年完成水利工程3724件，投资1351.92万元，投工379.4万个，完成土石方341.46万立方米。改善新增灌溉面积7600亩，除涝400亩，中低产田改造1.55万亩。完成人畜饮水工程16件，解决5000人、2700头大牲畜饮水困难，新增蓄水50万立方米，治理水土流失面积30平方公里。年末累计治理水土流失面积99平方公里，有效灌溉面积12.9万亩，水利化程度60.26%。投入农田建设资金1714.19万元，建成高稳产农田地2.67万亩。修沟渠198条，长79.1公里，机耕人行路53条，长15.51公里，桥涵闸95道，改善灌溉1.05万亩。坡地改梯地1.62万亩。建小水池2926个，蓄水量3.51万立方米，改旱地水浇0.53万亩。架引水管道94条，长114.3公里。年末有亩产400千克以上高稳产农田地16.64万亩。

全年造林14.4万亩，天然林保护12100公顷。工程造林3.66万亩，经济林果累计达30.58万亩，森林覆盖率达61.15%。主要林产品产量：核桃1629.1吨，减少1.4%；板栗9.6吨，增长20%。林业现价产值3010万元，增长8%。

畜牧业不变价产值8415万元，增长8.1%，占农林牧渔业总产值的40%。全年大牲畜出栏1.79万头，增长10.8%，存栏7.95万头，增长5.1%；肥猪出栏16.4万头，增长9%，存栏17万头，增长7.5%；山绵羊出栏4.3万只，减少1.3%；肉禽出栏110.97万只，增长42%。全年肉类总产量14972吨，增长10.8%。

全县有乡镇企业6733个，从业人员1.81万人，现价产值6.47亿元，营业收入9.53亿元，增长23.1%，上缴税金1457万元，增长24.9%。

工业生产回升，全年完成工业总产值不变价2.05亿元，增长13.3%，其中县及县以下工业总产值现价2.54亿元。县属工业产值中，国有经济477万元，集体经济1725万元，股份合作制经济315万元，个私经济15191万元，个私经济已占工业总产值的57.3%。综合经济效益指数34.79%，比上年增长3.89个百分点。全县五级以上建筑企业总产值2713万元，增加356万元；上缴税金114.5万元。施工房屋面积55680平方米，比上年增加9810平方米；竣工房屋面积41672平方米，增加8290平方米。

市场价格总水平小幅下降，全年商品零售价格指数为98.7%，比上年下降0.7个百分点，其中食品价格下跌较大；居民消费价格指数为98.9%，下降0.8个百分点；农业生产资料价格指数为98.4%，下降0.1个百分点。全年实现社会消费品零售总额1.57亿元，增长9%。全年引进外商投资项目2项，引进资金4540万元人民币和520万美元，全年销售收入3亿元。个私经济产值已占全县国内生产总值的25%，年末有个体私营经济户4995户，从业人员6862人，注册资金8099.1万元，上缴税金963.12万元，增长7.7%。

固定资产投资增长较快，全年完成固定资产1.78亿元，增加5350万元，增长43%。年内开工建设项目102项，续建2项，实际投产99项，新增固定资产1.57亿元，竣工面积27.6万平方米，其中住宅面积19.7万平方米。“1·15”地震恢复重建投资1477万元，开工建设84项，完工59项。国家生态环境建设工程投资1437.6万元，农网改造投资2561.65万元，均验收投入使用。

全年运输邮电业增加值3039万元，增长11%。公路建设已完成哀牢山公路建设65.4公里，全县已有县乡公路7条357公里，乡村通车里程达1679.4公里，全县130个村委会全部通公路。全年旅客运输周转量3920万人公里，增长14.1%；货物运输周转量1840万吨公里，增长3.6%。年末有各种载货车辆2954辆，各种载客车辆299辆。邮电业务总量987.32万元，增长35.9%，全年订销报纸207万余份、杂志12.6万份，年末市话交换机容量11568门，农话装机容量3044门，年末有电话8902部，电话普及率每百人4.06部，增加0.98部。全县12个乡（镇）102个村委会通程控电话，村委会通话率达80%。

城镇建设力度加大，龙泉路二期工程、个体私营经济街、粮贸街相继竣工投入使用。

财政收入完成上划中央“两税”1569万元，减收246万元，下降13.6%；完成地方财政收入4297万元，减收89万元，下降2%。地方财政支出12582万元，增支1196万元，增长10.5%。年末金融机构各项存款余额5.51亿元，增长2.6%；各项贷款余额3.26亿元，增长10.5%；货币净投放1.31亿元，增长8.04%。全年保费收入1582万元，增长20.5%，其中：财产保险保费收入517万元，增长3.4%；寿险保费收入1065万元，增长31%。支付各类赔款及给付894万元，其中财产险赔款424万元，寿险给付470万元。

【教科文卫】 全年科技培训44681人次，85%以上的农户掌握1至2门实用技术，科技在国民经济中的贡献率为36.3%，上升1.26个百分点。实施省科委列项“科技示范县”项目3个，科技计划24项，评为州科技进步奖4项，县科技进步奖11项，验收科技成果6项。

全年投入教育经费2994万元，增长37.8%。完成中小学校舍建设项目58项，修建校舍面积2.4万平方米，校舍总面积33.6万平方米。全县有普通中小学校163所，教职工2097人，在校学生34343人，当年招生7395人，增长0.8%，适龄儿童入学率和小学毕业生升学率分别为99.55%和98.32%。有幼儿园4所，教职工47人，19个班，在园幼儿727人；小学学前班98个班，在班幼儿1944人。年末向各级学校输送大中专生352名。年内组织成人高等教育自学考试2次，参考2714人次，获专科学历37人。

文体事业健康发展。年末有文工队1个，图书馆1个，乡镇文化室12个，基层图书室27个。图书馆接待读者41950人次，外借图书125852册次、期刊9656册次；全年放映电影468场，收入9.41万元。广播电视网络进一步发展，广播综合人口覆盖率75%，电视综合人口覆盖率95%，年末有线电视用户达8000余户。全年组织各项体育比赛500余场，参赛1600余人，农村体育活动36人次，参赛1200余人；参加全州中小学生田径赛，获奖牌12枚；向州少体校输送学员7名。

年末有卫生机构156个，卫生技术人员394人，其中医师以上224人，有病床442张。全年门诊病人422922人次，比上年减少5.18%；住院病人8487人，增长

7.02%，治愈6023人次，治愈率78.03%。抽检药品156批，合格152批，合格率97.04%。“四苗”接种39258人次，接种率98.1%，覆盖率97.14%；乙肝接种6083针次；脊髓灰质炎强化免疫两轮共28727人次，服苗率99.865%。全年发生传染病5种173例，总发病率控制在每十万人口74.46人。孕产妇死亡控制在每十万人口52.65人；婴儿死亡率25.8‰；5岁以下儿童死亡率31.8‰；新法接生率87.5%，住院分娩率49.4%，高危产妇抢救成功率98.9%。全县有卫生室128个，集体办医125个，集体办医率97.66%；合作医疗46个，合作医疗开办率35.9%。有乡村医生232人，获“绿卡”106人。爱国卫生运动灭害4次，喷药面积36218平方米。全年改卫生水受益人口13050人次，其中自来水受益人口7470人，改卫生厕1100个。

【社会生活】　2000年，全县211个机关、企事业单位10946人参加医疗保险，参保率100%，确定定点医疗机构16个、定点药店3个，收缴医疗保险基金925.9万元，收缴率97.1%。机关事业单位165个参加养老保险，参保5401人，统筹基金96.3万元，收缴率96.1%；企业参加养老保险219户4201人，统筹基金740.9万元，收缴率95.3%；已有12.5%的农村人口参加农村养老保险。统筹企业失业保险基金49.1万元，收缴率96.4%。全县有失业人员460人，年内介绍就业42人，自谋职业110人，再就业率100%，结转下年308人，失业率2.8%。介绍农村剩余劳动力就业1881人，纳入劳动力管理2354人。

民政社会福利事业稳步发展。“1·15”地震争取资金391万元，恢复重建民房8878户，32226人，31419间，有122个单位6699人捐款336900.20元；雪灾争取资金25万元，发放棉被1060床、棉衣3094套、毛毯80条。社会救济发放寒衣2448套、棉被240床，上海捐赠衣物1330袋，发救济粮29.6万千克、救济金68.23万元；发放居民生活保障金1595人，金额43.82万元。全县有五保老人445名，敬老院10个，床位150张，供养老人97人；孤儿56名全部被收养。接收退伍军人83人，安排工作19人。申请结婚1815对，准予登记1786对；申请离婚88对，办理52对。发行社会福利彩票10万张，面额20万元，筹集资金4.1万元；接收社会捐款33.88万元。

全年共投入扶贫攻坚乡农田水利建设资金375万元，以工代赈资金471.11万元，小额信贷资金150万元。全县贫困人口下降到1.08万人，减少0.79万人。

城乡居民生活水平提高。农民人均纯收入1514元，增长3.8%；农民人均可支配收入1481元，增长4.4%；农民消费支出1113元，下降5.4%。城镇居民人均可支配收入5986元，增长3.5%；城镇居民消费支出3824元，增长3%。人均占有粮食420千克，增19千克。人均居往面积19.5平方米，增长2%；农村人均居住面积25.3平方米，增长4.4%。

【龙川镇】　辖东街、中街、西街、斗山、火星、罗家屯、白衣、车子塘、石门、上雨天、平山、灵官、红土门、大谷堆、蟠龙、岔河、云台山、大智阁18个村委会，236个村民小组。年末总人口55765人，其中：农业人口43871人，少数民族人口10290人。少数民族中：彝族7793人，白族1713人，回族646人。工农业总产值1.36亿元，粮食产量21800.1吨，农民人均产粮341千克。烤烟产量283.79吨，产值235.48万元。农村经济总收入2.71亿元，农民人均纯收入2012元。有乡镇企业2601个，从业人员7304人，现价产值2.84亿元，营业收入4.31亿元，利税总额3616万元，上缴税金822万元，名列全州第二强乡(镇)。有文化站1个，图书室5个。有中学1所，在校学生516人，教职工46人；小学54所，在校学生4259人，教职工218人。全镇投入资金96.9万元，投工15.05万个，兴修水利工程41件，其中自来水工程4件，解决502人、450头大牲畜饮水困难。县委常委、镇党委书记叶忠华，镇长王家明。

【沙桥镇】　辖金竹林、索厂、田心、沙桥、山场、向阳、小古山、大冲、石星、小河冲、雾露鲊、新华12个村民委员会，160个村民小组。年末总人口23609人，其中：农业人口22486人，少数民族5728人。少数民族中：彝族5654人，其他74人。工农业产值3962.72万元，粮食产量9830.6吨，农民人均产粮341千克。烤烟产量634.1吨，产值526.88万元，农民人均纯收入1495元。有乡镇企业803个，从业人员2136人，现价产值1.04亿元，营业收入1.83亿元，利税总额1409万元，上缴税金286万元。有文化站1个，图书室1个，篮球场10块。有中学1所，在校学生598人，教职工44人；有小学18所，在校学生 2664 人，教职工 124 人。全镇完成水利工程 196 件，投资 679.39 万元，工程量 36.69 万立方米，改善灌溉面积 1593 亩，解决 250 人、120 头大牲畜饮水困难，治理水土流失面积 18.71 平方公里。镇党委书记杨玉华；镇长王增华（彝，-2000.5）、代理镇长王学章（2000.5-）。

【徐营乡】 辖徐营、河硐、庄科、斗华、二街、羊草河、梅子树、古苴、柿子树、镇境 10 个村委会，135 个村民小组，124 个自然村。年末总人口 20899 人，其中：农业人口 20177 人，少数民族 2504 人。少数民族中：彝族 1448 人，白族 1040 人，其他 16 人。工农业产值 3303.41 万元，粮食产量 1240.5 万千克，农民人均产粮 611 千克，烤烟产量 1543 吨，产值 1223.02 万元，农民人均纯收入 1660 元。有乡镇企业 260 个，从业人员 664 人，现价产值 2513 万元，利税总额 307 万元，上缴税金 32 万元。有文化站 1 个，图书室 4 个，活动场 4 个。有中学 1 所，在校学生 698 人，教职工 63 人；有小学 35 所，在校学生 1854 人，教职工 146 人。全乡投资 151.7 万元，完成水利工程 209 件，治理河道 1008 米，改善灌溉面积 1400 亩。乡党委书记余红元，乡长李毓英（女）。

【雨露白族乡】 辖镇模河、大村、铅厂、洒披武、罗文、雨露、后甸 7 个村委会，120 个村民小组，112 个自然村。年末总人口 13869 人，其中：农业人口 13605 人，少数民族人口 11327 人。少数民族中：彝族 6077 人，白族 5231 人，其他 19 人。工农业总产值 2253.6 万元，粮食产量 628.3 万千克，农民人均产粮 461 千克。烤烟产量 88.7 万千克，产值 752.5 万元，农民人均纯收入 1560 元。有乡镇企业 219 个，从业人员 431 人，现价产值 1214 元，营业收入 1480 万元，利税总额 269 万元，上缴税金 51 万元。有图书室 2 个，藏书 8000 余册。有中学 1 所，在校学生 762 人，教职工 43 人；小学 20 所，在校学生 1433 人，教职工 74 人。全乡完成水利工程 360 件，解决 1534 人、1014 头大牲畜饮水问题。乡党委书记肖志，乡长何绍绪（白）。

【天申堂乡】 辖石桥河、于栖么、天申堂、米垭井、三河底、阿咪期苴、松树地、瓦黑井 8 个村委会，58 个村民小组，64 个自然村。年末总人口 9424 人，其中：农业人口 9043 人，少数民族 8119 人。少数民族中：彝族 8113 人，其他 6 人。工农业产值 1226.62 万元，粮食产量 3867 吨，农民人均产粮 339 千克。烤烟产量 366 吨，产值 271 万元，农民人均纯收入 1306 元。有乡镇企业 525 个，从业人员 1041 人，现价产值 3158 万元，营业收入 4010 万元，利税总额 278 万元，上缴税金 36 万元。有文化站 1 个，图书室 1 个。有中学 1 所，在校学生 478 人，教职工 31 人；小学 20 所，在校学生 934 人，教职工 77 人。全乡完成各类水利工程 18 件，改善灌溉面积 400 亩，建小水池 23 个，增加蓄水 0.75 万立方米，解决 500 人、180 头大牲畜饮水困难。乡党委书记罗文清（彝），乡长罗文慧（彝）。

【五街乡】 辖老厂、大歇厂、大村坡、马龙河、石板河、迤黑地、华双、芹菜塘、六皮郎、玉可郎、六把地、咪黑们、五街、中村 14 个村委会，135 个村民小组，199 个自然村。年末总人口 16750 人，其中：农业人口 16325 人，少数民族 14965 人。少数民族中：彝族 14962 人，其他 3 人。工农业总产值 1846.16 万元，粮食产量 6963.64 吨，农民人均产粮 427 千克。烤烟产量 510.68 吨，产值 431.7 万元，农民人均纯收入 1281 元。有乡镇企业 567 个，从业人员 1420 人，现价产值 2532 万元，营业收入 2992 万元，利税总额 262 万元，上缴税金 31 万元。有文化站 1 个，图书室 1 个。有中学 1 所，在校学生 1092 人，教职工 46 人；有小学 38 所，在校学生 1846 人，教职工 111 人。全乡投入水利建设资金 149.74 万元，坡改梯 625 亩，建小水池 34 个，修沟渠 2428 米，支砌档墙 1511.98 米，完成人畜饮水工程 4 件，解决 4500 人、255 头大牲畜的饮水问题，增加蓄水 19.8 万立方米，安装引水管道 26.1 公里。乡党委书记周建东，乡长李之梁（彝）。

【一街乡】 辖王湛庄、大雪地、咱租、保马夸、一街、坡头、草甸发、六把姑、密什么、平掌、田房、团山 12 个村委会，125 个村民小组，216 个自然村。年末总人口 19492 人，其中：农业人口 18751 人，少数民族 5884 人。少数民族中：彝族 5872 人，其他 12 人。工农业产值 1567.87 万元，粮食产量 5487 吨，农民人均产粮 232 千克。烤烟产量 829.94 吨，产值 730.2 万元，农村经济总收入 3236.7 万元，农民人均纯收入 1356 元。有乡镇企业 369 个，从业人员 719 人，现价产值 4679 万元，营业收入 6670 万元，利税总额 320 万元，上缴税金 31 万元。有文化站1个，活动场1个。有中学1所，在校学生545名，教职工55名；小学46所，在校学生1817名，有教职工121名。全乡兴修水利工程519件，改善灌溉面积800亩，解决生活用水1200人。乡党委书记周保全，乡长孔跃文。

【罗武庄乡】 辖羊歇地、三家、臧当、祭龙山、树密鲊、阿脑、羊成庄7个村委会，89个村民小组，124个自然村。年末总人口12182人，其中：农业人口11828人，少数民族3503人。少数民族中：彝族3492人，其他11人。工农业产值1867.07万元，粮食产量5381.45吨，农民人均产粮455千克。烤烟产量70.92万千克，产值624.14万元，农民人均纯收入1487元。有乡镇企业226个，从业人员497人，现价产值1208万元，营业收入1374万元，利税总额86万元，上缴税金16万元。有文化站1个，图书室2个，电影队3个。有中学1所，在校学生586人，有教职工35人；小学33所，在校学生1015人，教职工94人。全乡投资38.44万元，兴修水利工程204件，保护河田105亩，解决221户954人、535头大牲畜饮水问题。乡党委书记郑绍学（-2000.5）、李学富（彝，2000.5-）；乡长罗成章（彝）。

【红土坡乡】 辖大旭宇、山尾、罗纳里、龙潭山、依黑么、明么、簪花、咪拉山、大德郎、法郎、起岔夸11个村民委员会，106个村民小组，338个自然村。年末总人口13540人，其中：农业人口13124人，少数民族2475人。少数民族中：彝族2076人，其他399人。工农业产值2229.52万元，粮食产量6360吨，农民人均产粮378千克。烤烟产量410吨，产值352万元，农民人均纯收入1480元。有乡镇企业342个，从业人员697人，现价产值2345万元，上缴税金34万元。有文化站1个，文化室3个。有中学1所，在校学生485人，教职工39人；有小学30所，在校学生1350人，教职工92人。全乡兴修水利工程846件，增加蓄水9612立方米，解决746人、500头大牲畜饮水困难。乡党委书记刘明（-2000.5）、鲁明贵（彝，2000.5-）；乡长鲁明贵（彝，-2000.5）、代理乡长李郁光（2000.5-）。

【五顶山乡】 辖鼠街、王家、阿乌、柳德、力苴、新村、牛丛7个村委会，85个村民小组，150个自然村。年末总人口10484人，其中：农业人口10105人，少数民族3498人。少数民族中：彝族2442人，回族1046人，其他10人。工农业产值2348.05万元，粮食产量4170吨，农民人均产粮410千克。烤烟产量597吨，产量607.36万元，农村经济总收入2072万元，农民人均纯收入1400元。有乡镇企业276个，从业人员978人，营业收入4672万元，现价产值4145万元，利税总额317万元，上缴税金34万元。有文化站1个，图书室1个，展览室1个。有中学1所，在校学生387人，教职工28人；小学20所，在校学生960人，教职工75人。全乡完成“七·六”水库输水工程管道安装2.67公里，修小坝塘1座，建小水池420个，人畜饮水工程2件，解决310人、215头大牲畜饮水困难，修复沟渠7条11.8公里，支砌档墙67米。乡党委书记罗忠营（彝）；乡长杨成山（-2000.5）、代理乡长董建福（彝，2000.5-）。

【马街乡】 辖后山、威车、波罗、秀水塘、官上、诸葛营、沙坦郎、法空、马街、唐家、龙街、皎板、平掌孜13个村民委员会，134个村民小组，242个自然村。年末总人口18114人，其中：农业人口17699人，少数民族11950人。少数民族中：彝族11931人，其他19人。工农业产值2289.47万元，粮食产量7241.3吨，农民人均产粮330千克，农村经济总收入3339万元，农民人均纯收入1312元。有乡镇企业294个，从业人员1371人，现价产值1872万元，营业收入2698万元，利税总额260万元，上缴税金35万元。有文化站1个，图书室1个，阅览室1个。有中学1所，在校学生928人，教职工54人；小学36所，在校学生1936人，教职工128人。全乡兴修水利工程367件，建小水池354个，支砌沟渠6条4900米，人畜饮水工程7件，解决169户681人、453头大牲畜饮水困难。乡党委书记罗正华（彝，-2000.5）、夏鹏星（2000.5-）；乡长窦正军。

【兔街乡】 辖大古木、小古木、咀孜、半坡、兔街、法乌、普洒、小村、戈瓦、干龙潭、长梁孜11个村委会，101个村民小组，154个自然村。年末总人口14062人，其中：农业人口13660人，少数民族6615人。少数民族中：彝族6536人，其他79人。工农业产值1915.98万元，粮食产量6197.1吨，农民人均产粮385千克，农民人均纯收入1100元。有乡镇企业250个，从业人员807人，现价产值2063万元，营业收入2859万元，利税总额339万元，上缴税金38万元。有文化站1个，图书室3个。有中学1所，在校学生836人，教职工42人；小学28所，在校学生1735人，教职工122人。全乡兴修水利工程733件，修沟渠13条6000米，建小水池720个，完成人畜饮水工程10件，解决413户1720人、459头大牲畜饮水困难。乡党委书记董廷祥（－2000.5）、李林枝（2000.5－）；乡长李林枝（－2000.5）、代理乡长何成荣（2000.5－）。

〔张以宏〕

姚 安 县

【行政区划】 2000年末，姚安县辖12个乡（镇），79个村民委员会，1205个村民小组。

【人口民族】 2000年末，全县有50780户，200338人。总人口中，女97926人，占48.9%；农业人口185337人，占92.5%。境内居住着汉、彝、回、傣、苗、傈僳、纳西等19个民族，其中：汉族150885人，占75.32%；彝族48130人，占24.02%；回族1003人，占0.5%；其他民族320人，占0.16%。年内出生2753人，死亡1554人，人口自然增长率5.58‰。

【经济状况】 2000年，中共姚安县委、县人民政府认真贯彻上级党委、政府的一系列方针、政策和重大部署，坚持以经济建设为中心，战胜了“1·15”5.9级和6.5级地震以及雪灾、霜冻、洪涝等自然灾害造成的巨大困难，确保人民群众安居乐业、社会稳定。县城及农村集镇基础设施建设步伐加快，投资环境明显改善。经济结构调整向更深层次推进，重点产业培育成效显著，经济运行质量逐步好转。年末国内生产总值63024万元，比上年增长11.3%。其中：第一产业28708万元，增长6.1%；第二产业13915万元，增长20.6%；第三产业20401万元，增长15.2%。第一、二、三产业分别占国内生产总值的45.5%、22.1%和32.4%。人均国民生产总值3157元，增长7.4%。

农业的基础地位进一步巩固。调整和优化农业产业结构，扩大莲藕、蔬菜、大蒜、魔芋、山药、优质油菜、种子等适销对路的经济作物的种植面积，使大小春粮经种植综合比例达到61.5∶38.5。粮食种植大力推广优质品种，虽然种植面积减少并受各种自然灾害影响，总产量仍达8758.3万千克，与丰年持平。全县烤烟种植面积3.71万亩，烟叶收购总量630.2万千克，比上年增长27.2%；收购总值5250.7万元，增长77.3%。全县桑园面积1.93万亩，其中年内新增1400亩。产茧141.9吨，蚕丝业总产值1207.5万元。退耕还林还草和天然林保护卓有成效。年内完成工程造林3.063万亩，飞播造林10万亩，封山育林7.7万亩，宜封面积10.8万亩。森林覆盖率增至29.2%。畜产品产量和经济效益继上年之后再创新高。肉类总产量13243吨，出栏猪13.3万头、羊3.78万只、大牲畜1.35万头、家禽31.35万只。实现总产值10840万元，占农业总产值的24.1%。渔业产值851万元，鱼类总产量851吨。全县农业总产值44963万元，比上年增长8.14%。农村经济总收入65864万元，增长7.8%；农民人均纯收入1509元，增长4.7%。

全县蓄水总库容11590万立方米，兴利库容8957万立方米，供水能力7313万立方米，有效灌溉面积14.49万亩。水利化程度78.1%。年内治理水土流失面积5.94万亩，其中，坡改梯0.63万亩，水土保持1.77万亩，经果林0.77万亩，封禁治理2.77万亩。完成小型水利水保工程49件，新建蓄水池150个、拦沙坝15座。

全县工业总产值29163.3万元，增长28.6%。主要工业产品产量与上年相比全面增长：麻袋39万条，饮料酒4821吨，配合饲料569吨，塑料制品101吨，石棉瓦16.94万平方米，白产丝42吨，增长率分别为27.5%、17.4%、78.9%、77.2%、67.2%和75%。

乡镇企业总产值59022万元，比1999年增长25.7%；营业收入67582万元，增长25.8%；实现利润5343万元，增长15.6%。历年引进外资3493万元，引进县外经济技术联合协作项目44项。个体私营经济园区于年内建成并投入使用。

公路建设以震后恢复重建为重点，完成了一批县、乡、村公路和专用公路的勘测设计。对1272户运输户进行审验，查处违章经营118起。投资40.2万元维护县乡公路，好路率上升到50.9%。全县通车里程1171.5公里，比上年增长31.4%。全年货运量60.14万吨，周转量3565万吨/公里；客运量51.8万人/次，周转量3563.94万人/公里。对光禄、弥兴、仁和、大龙口4个乡（镇）的农话交换机扩容，使全县交换机容量达10240门。龙岗、蜻蛉、草海3个接入网完成，新增装机容量512线。年末全县电话发展到6502部，无线寻呼4126户，数字移动电话1051部。邮电业务总量890万元，比上年增长25.7%。报刊期发份数223.95万份，增长4.6%；函件12.32万件，减22.4%。

全社会固定资产投资17288万元，比上年增长81.6%。企事业单位更新改造投资和城镇私人建房投资增长较快，分别为上年的475.6%和448.7%。商品房投资下降，降幅达40.5%。

全县社会消费品零售总额13344.7万元，比上年增长6.1%；社会农副产品收购总额10390万元，增长27.3%；集市贸易成交额9713万元，增长29.5%。

县、乡财政体制改革有进展。乡（镇）实行“零户统管”办法，县级行政、事业单位实行财政统发工资，预算外资金实行收缴分离，对恢复重建的重点工程实行会计委派制，切实加强管理。加大税收征管力度，保证了各项事业的资金需求。财政总收入13633万元，比上年增长29.6%。其中，地方财政收入（含两税返还）3444万元，增长7.4%。总支出13592万元，增长31.9%。收支相抵，节余41万元。全县金融机构存款余额46792万元，增长12.7%；贷款余额31562万元，增长10.9%。现金累计收入105592万元，增长15%；支出116267万元，增长46.5%。保险事业持续发展。财产险收入301万元，增长8.7%；赔款216万元，增长45.9%。人身险收入（含储金）776万元，增长16.5%；赔款352万元，增长43.7%。

【科教文卫】 全县有完全中学、职业高级中学、教师进修学校、幼儿园各1所，初级中学13所，完全小学80所，村小（含校点）129所。有教职工2091人，高中、初中、小学专任教师学历合格率分别为80%、92.15%和96.96%。在校高中生（含职高）1209人，初中生9989人，小学生19324人，在园幼儿（含学前班）3366人。适龄儿童入学率99.6%，九年义务教育完成率95.3%。年内413人参加高考，录取普通高校135人，其中本科47人、专科88人，为历年高考最佳记录。认真组织实施地震后校舍改造的恢复重建，全县恢复重建项目学校21所，单项工程31项，建筑面积14802平方米，投入各项资金1358.46万元。

举办各类实用技术培训班739期，培训农村实用劳动力91930人次。彝止血胶囊、菖河硬蜜开发、莲藕新品种引种试验等5个科技项目被省、州科委列项扶持，6个科技项目获州科技进步奖。示范推广“四海丰”复合叶面肥5.5万亩，粮烟良种覆盖率达95%以上。“秸杆气化炉”科技示范成功。莲藕新品种引种及顶芽繁殖技术、中草药引种种植、山药百合高产栽培、稗田水改旱、大蒜旱地杂草化除等一批科技试验示范项目获得成功。

组织文化下乡，深入农村，服务群众。演出花灯剧64场，放映电影680场，到边远山区送图书549册。图书馆服务读者17238人次，图书流通53526册次。《荷城文艺》全年刊出4期。广播电视基础设施改善，节目质量提高。年内新建有线电视光缆网35公里，改造电缆网50公里，新增有线电视用户800户。光禄、大龙口、仁和3个乡（镇）有线电视网实现与县台联网。广播覆盖率96%，电视覆盖率95%。制作了《姚安发生6.5级地震》、《党的关怀融雪化霜》、《不倒的家园》等6部电视专题片，一批新闻节目受到社会关注并获奖。组队参加全州中学生田径运动会，获奖牌16枚，团体总分名列第三；参加省第五届农民运动会自行车载重比赛，获团体男子第三名、女子第五名，个人单项夺得2枚银牌。举行“敬老节”运动会，比赛256场（次），107名老年人参赛。

开展医疗和药品市场清理整顿，取缔无证行医8家，无证经营药品48家，没收不合格药品2.1万元，医疗秩序明显好转。卫生事业基础设施建设经多方争取，投资421万元，新建房屋5949平方米，使地震重灾区的医疗卫生设施得到恢复。切实采取措施防止传染病流行，确保大灾之后无大疫。克山病、地甲病、疟疾、麻风得到有效防治，年内无新发病例。计划免疫正常开展，“四苗”覆盖率98%，全县无相应疾病发生。乙类传染病总发病率106.43/10万，比去年下降34.37%。孕产妇系统管理率79.44%，住院分娩率82.98%，新法接生率94.95%。7岁以下儿童保健管理率79.59%。全县有病床

415张，卫生人员518人，其中卫生技术人员438人、乡村医生和卫生人员140人。县、乡、村三级卫生保健网络逐步健全。

【社会生活】 2000年，全县职工人均年工资收入8090元，比上年增长13.3%。其中，国有单位8719元，增长12.4%；集体单位5566元，增长4.8%；其他单位5939元，增长37.6%。社会保障体系逐步建立和完善。农村社会养老保险参保28118人，占农村总人口的22%，收缴保费694.25万元。城镇职工基本养老保险缴筹基金546.44万元，支付住院医疗费155.83万元。收缴企业职工养老保险基金1957.4万元，追缴欠费50万元。失业保险参保145个单位，2951人，保险金额32.4万元。成立人才、劳动力市场，安置失业人员，组织劳务输出。历年累计失业人员414人，失业率2.95%。

加强贫困地区农业基础设施建设。以3个扶贫攻坚乡“五小水利”建设为重点，年内完成项目工程857件，新增和改善灌溉面积5889亩，解决了1548人和1203头大牲畜的饮水困难。发放小额信贷543.9万元，使3532户贫困户得到扶持。投入扶贫贷款800万元，重点扶持了绿宝公司“四海丰”生产企业、农村电网改造等项目。

2001年1月15日凌晨，姚安县境内相继发生5.9级和6.5级地震，人民生命财产遭受巨大损失。在党中央、国务院和各级党委、政府的关心、支持和帮助下，发扬自力更生精神，重建家园。至年末，下拨民房恢复重建资金1118.06万元，安排各类专款989万元，帮助受灾群众度过难关。进一步推进城镇居民最低生活保障制度，累计发放保障金23.9万元。积极开展残疾人技术培训，举办培训班12期，培训人数1237人。开展“视觉第一中国行动”，对129名白内障患者实施复明手术，手术成功率100%。年内办理结婚登记1658对，离婚51对。

【栋川镇】 辖东街、南街、西街、北街4个村民委员会，39个村民小组。年末有5134户，17892人，总人口中：女8546人，非农业人口8986人，汉族15580人，彝族1653人，回族540人，其他民族119人。耕地面积5094亩，农业人口人均耕地0.57亩。粮食总产量294.2万千克，单产453千克。农村经济总收入1.44亿元，农民人均纯收入2135元。年末大牲畜出栏1391头，存栏267头；猪出栏7503头，存栏3143头。有乡镇企业1908个，从业人员3787人，营业总收入2.5亿元。投资43.2万元的贫义工程栋川中学综合楼和投资300万元的教职工住宅建成投入使用。完成蜻蛉河过境工程和“九河三河”治理，各项农田水利投资64.3万元。镇党委书记杨开林（－2000.2），黄有忠（2000.2－）；镇长黄有忠（－2000.3），刘金华（2000.3－）。

【光禄镇】 辖光禄、旧城、小邑、福光、班刘、江尾、后营、新庄、吴海、梯子10个村民委员会，157个村民小组。年末有8049户，32073人。总人口中：女15655人，非农业人口1166人，汉族30611人，彝族1401人，其他民族61人。耕地面积24856亩，农业人口人均耕地面积0.8亩。粮食总产量1533.5万千克，单产412千克。农村经济总收入12599万元，农民人均纯收入1596元。年末大牲畜出栏1301头，存栏4492头；猪出栏26354头，存栏13972头；羊出栏3490只，存栏3416只。有乡镇企业666个，从业人员2327人，营业总收入8258万元。在班刘、小邑、后营、吴海、新庄5个村委会实施生态环境建设，总投资447.38万元。农业综合开发投资21.9万元，改善了3100亩农田的排灌条件。投资168.81万元，改善办学条件。镇党委书记王正先（－2000.9），罗世文（2000.9－）；镇长赵江。

【前场镇】 辖新街、庄科、石河、盐井、王朝、新村、小河、木暑、稗子田9个村民委员会，133个村民小组。年末有3767户，15592人。总人口中：女7446人，非农业人口466人，汉族5201人，彝族10391人。耕地面积15126亩，农业人口人均耕地面积1亩。粮食总产量415.9万千克，单产220千克。农村经济总收入3530万元，农民人均纯收入1004元。以酿酒业为依托，大力发展养殖业。猪出栏12036头，存栏8674头；羊出栏10123只，存栏9610只；大牲畜出栏1703头，存栏7751头。有乡镇企业265个，从业人员812人，营业总收入4453万元。投资300万元，新建移动通信基站1座，开通了移动电话。完成三面光引水沟渠980米，新增和改善灌溉面积200亩。镇党委书记凌世钦（－2000.2），汪光献（2000.2－）；镇长王秀夫（－2000.2），沈绍华（2000.2－）。

【龙岗乡】 辖龙岗、地角、竹园、长寿、启明、马草地、徐官坝7个村民委员会，139个村民小组。年末有7832户，29842人。总人口中：女15185人，非农业人口855人，汉族29001人，彝族365人，回族441人，其他民族35人。耕地面积28110亩，农业人口人均耕地面积0.97亩。粮食总产量1628.3万千克，单产441千克。农村经济总收入10012万元，农民人均纯收入1725元。年末猪出栏29172头，存栏10497头；大牲畜出栏3136头，存栏1777头。有乡镇企业1026个，从业人员2844人，营业总收入8302万元。年内投工投劳88.725万个，开挖土石方233万立方米，整修沟渠50.33公里，根除了水患。乡党委书记李庭贵（－2000.9），李文顺（2000.9－）；乡长金安彩。

【大龙口乡】 辖大龙口、包粮屯、海子心、海埂屯、白家屯、白龙寺、郭家凹7个村民委员会，110个村民小组。年末有5420户，21310人。总人口中：女10494人，非农业人口568人，汉族20778人，彝族517人，其他民族15人。耕地面积22277亩，农业人口人均耕地面积1.07亩。粮食总产量1326.3万千克，单产484千克。农村经济总收入9224万元，农民人均纯收入1608元。年末猪出栏13051头，存栏8281头；大牲畜出栏511头，存栏3617头。有乡镇企业464个，从业人员2305人，营业总收入6500万元。投资147万元，支砌水利水保工程7920立方米。对东山大沟、东干渠、蜻蛉河进行清淤加固，投入劳动工日15万个，开挖土石方10万立方米。中小学“两基”各项指标均达要求，年内通过州政府检查验收。乡党委书记杨开庆（－2000.9），段正明（2000.9－）；乡长庄勇（－2000.2），包世华（2000.2－）。

【仁和乡】 辖仁和、蜻蛉、蛉丰、清河、白石地、者乐6个村民委员会，115个村民小组。年末有4951户，19743人。总人口中：女9847人，非农业人口700人，汉族17463人，彝族2263人，其他民族19人。耕地面积17902亩，农业人口人均耕地面积0.94亩。粮食总产量784.8万千克，单产354千克。农村经济总收入6139万元，农民人均纯收入1500元。年末猪出栏10671头，存栏7853头；羊出栏2905只，存栏2794只；大牲畜出栏766头，存栏2879头。有乡镇企业503个，从业人员1601人，营业总收入4996万元。引进外资85万元，建成渝铜页岩红砖厂，正式投入生产。治理东运河3460米，完成生态工程8项。乡党委书记王家俊（－2000.2），袁丽娟（2000.2－2000.9），闫自忠（2000.9－）；乡长闫自忠（－2000.9），董扬春（2000.9－）。

【太平乡】 辖太平、老衔、陈家、各苴、新民5个村民委员会，79个村民小组。年末有1970户，8570人。总人口中，女4132人，非农业人口239人，汉族1036人，彝族7529人，其他民族9人。耕地面积10438亩，农业人口人均耕地面积1.25亩。粮食总产量322.8万千克，单产211千克。农村经济总收入1311.06万元，农民人均纯收入784元。年末大牲畜出栏688头，存栏7040头；猪出栏3137头，存栏2948头；羊出栏4789只，存栏4267只。有乡镇企业213个，从业人员882人，营业总收入1294万元。年内完成坡改梯200亩，完成扶贫工程10件，陈家至太平10.1公里公路正式动工兴建。乡党委书记李耀学；乡长徐红鑫（－2000.2），马云刚（2000.2－）。

【官屯乡】 辖官屯、山坡、连厂、马游、葡萄、巴拉鲊、黄泥塘、三角8个村民委员会，117个村民小组。年末有3969户，16302人。总人口中，女7861人，非农业人口477人，汉族9920人，彝族6343人，其他民族40人。耕地面积21100亩，农业人口人均耕地面积1.33亩。粮食总产量683万千克，单产246千克。农村经济总收入2288万元，农民人均纯收入1072元。年末大牲畜出栏764头，存栏7198头；猪出栏4936头，存栏5394头；羊出栏3751只，存栏3361只。有乡镇企业264个，从业人员554人，营业总收入2000万元。乡党委书记周云志；乡长汪光献（－2000.2），梅志祥（2000.2－）。

【弥兴乡】 辖弥兴、上屯、大村、官庄、小苴、红梅、大苴、朱衔8个村民委员会，156个村民小组。年末有5219户，20620人。总人口中，女9968人，非农业人口910人，汉族16489人，彝族4088人，其他民族43人。耕地面积17772亩，农业人口人均耕地面积0.9亩。粮食总产量928.6万千克，单产350千克。农村经济总收入3628万元，农民人均纯收入1112元。年末大牲畜出栏1851头，存栏6668头；猪出栏15243头，存栏12718头；羊出栏3922只，存栏3752只。有乡镇企业550个，从业人员1069人，营业总收入3475万元。年内改造中低产田200亩，恢复水毁农田150亩，完成坡改梯950亩。清理弥兴大沟32.6公里。乡党委书记孙文成（－2000.9），李维峰（2000.9－）；乡长赵章才。

【大河口乡】 辖大河口、大栎树、涟水、大白者乐、蒿子箐、麂子6个村民委员会，64个村民小组。年末有1807户，7627人。总人口中，女3622人，非农业人口257人，汉族3296人，彝族4328人，其他民族3人。耕地面积5653亩，农业人口人均耕地面积0.77亩。粮食总产量224.2万千克，单产264千克。年末大牲畜出栏604头，存栏4490头；猪出栏5523头，存栏5862头；羊出栏2428只，存栏2350只。有乡镇企业101个，从业人员156人，营业总收入1484万元。农村经济总收入1099.73万元，农民人均纯收入936元。投资226.223万元，重建5所完小校舍3803.78平方米，对中学510平方米教学楼进行了除险加固。乡党委书记张润恩，乡长凌永能。

【适中乡】 辖适中、月明、三木、菖河4个村民委员会，48个村民小组。年末有1413户，5998人。总人口中，女2908人，非农业人口214人，汉族963人，彝族5035人。耕地面积5693亩，农业人口人均耕地面积0.98亩。粮食总产量178.1万千克，单产253千克。农村经济总收入971万元，农民人均纯收入925元。年末大牲畜出栏591头，存栏3750头；猪出栏3137头，存栏3185头；羊出栏2539只，存栏2403只。有乡镇企业153个，从业人员512人，营业总收入1354万元。乡党委书记李茂尊（－2000.2），李绍平（2000.2－）；乡长梁瑜（－2000.9），阮寿成（2000.9－）。

【左门乡】 辖左门、哔叭、地索、仰拉、阿茎拉5个村民委员会，47个村民小组。年末有1249户，4769人。总人口中，女2262人，非农业人口165人，汉族547人，彝族4217人，其他民族5人。耕地面积6929亩，农业人口人均耕地面积1.5亩。粮食总产量165.6万千克，单产179千克。农村经济总收入498万元，农民人均纯收入640元。年末大牲畜出栏213头，存栏4066头；猪出栏1510头，存栏1754头；羊出栏1511只，存栏1392只。有乡镇企业44个，从业人员86人，营业总收入180万元。乡党委书记朱学昌（－2000.2），谭钢（2000.2－）；乡长刘发旺。

〔向 明〕

大 姚 县

【行政区划】 2000年末，全县辖3镇11乡，147个村民委员会。

【人口民族】 2000年，全县69748户，共280464人。其中男144649人，非农业人口23739人，汉族191909人，彝族81629人，其他少数民族6926人。年内出生3292人，死亡2314人。人口自然增长率3.7‰。

【经济状况】 2000年，大姚经济稳步增长，国内生产总值为8.42亿元，比上年增长8.6%；工农业生产总值5.9亿元，比上年增长8.3%。第一、二、三产业的比例分别为36：34：30，第二产业比去年有所上升。

全县粮食总产量达1.074亿千克。对农业生产的水、渠、塘、库进行维护兴建，对地震损毁农业基础设施进行了修复，年内完工1348件。同时利用旱地荒坡建设绿色干果基地、药材、林菜基地、蔬菜经果基地。乡村畜禽水产基地，年内已有明显的经济效益。利用自然优势发展的脱毒马铃薯、香蕉、中药材、特色林菜和冬早蔬菜；以市场为导向发展养殖黑山羊，家畜家禽养殖成为农民增加收入的重要产业之一。2000年全县生猪出栏166855头，肉牛出栏17896头，羊出栏102979只，比上年同期增长7%、14%和8%。全县肉类总产量达17279吨，实现产值15002万元。全县饲养蜂群达41350群，县养蜂站蜂蜜收购加工生产90吨，销售80吨。

林业工作以护林、育林、造林、建设生态工程为重点，年内人工造林2.4万亩，育苗110亩，四旁植树200万株，义务植树89万株，封山育林13.8万亩，种植油桐7708亩。县林业局引进经济林木印度苦楝苗3500株试种。以森林管理为重点，加强林政资源工作。关闭了全县所有的柴炭自由交易市场。2000年9月19日正式成立大姚县森林公安分局，打击毁林、捕杀野生动物事件，为国家挽回经济损失1.6万元，认真抓好森林防火工作，实现了大灾之年无火灾的目标。森林病虫害防治检疫工作卓有成效，对16100亩病虫害森林进行了及时防治，同时做好核桃等林果树木的检疫，实施天然林管护37458公顷，百草岭申报为省级自然保护区，年内已通过州级论证。

2000年全县种植烤烟46047亩，主要安排在最适宜区和群众有积极性、种烤技术水平高、用煤烤烟的地区。加大烤烟科技措施巩固和推广力度，推行烤烟漂浮育苗和立式炉烤房。全年全县共收购烤烟6146200千克，烤烟产值5076万元，增加了农民收入和税收。

2000年全县财政总收入15004万元，一般预算收入完成3824万元；财政总支出完成14965万元，一般预算支出14667万元。国税系统全年组织税收收入1932万元，地方税务全年总收入34164569元。

2000年下半年，县委、县人民政府加大了企业解困力度，从县级部门抽调41人组成企业改革脱困工作队深入13个重点企业，帮助企业研究和落实解困措施，制定企业脱困的办法措施，收到了一定成效，产品市场占有率和销售量逐步回升。2000年完成32户县属国有集体企业的改制任务，粮食流通体制改革取得实质性的进展，新成立了粮油购销总公司和粮油贸易总公司。工业系统大幅减亏。供销和贸易从总体上实现了扭亏为盈，2000年实现利润分别达到36万元和21万元，企业生产经营逐步走出低谷。

公路交通建设有新进展。2000年内修通村委会公路155千米，县乡公路新街一段7千米改建，总投资44万元，2000年5月竣工。瓦房至昙华弹石路7千米铺筑总投资25万元。全县道路运输经营户1537户，汽车维修68户，进行了年度资质审验和修理业的治理整顿。年末，县内有班线车101辆，短途定线车104辆，客运线路23条，日发班次139次。共完成旅客运输量49万人次，年货运量127490万吨。

乡镇企业通过改制和完善经营承包责任制，活力增强，结构优化。金碧制药有限责任公司、星盛饮品公司等企业在市场竞争中发展壮大。2000年全县乡镇企业营业总收入达111431万元，利润总额6160万元，纳税1706万元。

工交商企业完成销售收入127000万元，比上年增加24000万元，增长23.3%。其中县属企业完成销售收入15383万元，比上年增5.6%。2000年，星盛饮品公司实现产值275万元，金碧制药厂实现产值2700万元。全县实现工业总产值（按计划口径）30976万元，同比增长16.5%。

【教育卫生】　全县有完全中学2所，乡镇中学18所，在校高中生1253人，初中生13867人。学前班幼儿班儿童2102人。2000年在校小学生共27383人，入学率达到100%。教育系统全县有专职教师2668人。“1·15”地震后迅速开展校园恢复建设，教育教学秩序正常。2000年11月18日，大姚一中举行了60周年校庆，6000余人参加了庆典。校庆中共收到校友、社会各界的捐款67万元。

全县有19个全民所有制医疗卫生单位。年内加强了对地方病、多发病的预防治疗。妇幼保健工作得到加强，对孕妇儿童实行了系统管理。农村初级卫生保健得到完善。县医院有267名医务工作者，全县有219名乡村医生。年内县医院在大姚师范、一中等学校开展了防病知识宣传，对5433名中学生进行了体检。“1·15”地震医疗系统损失1249万元，震后恢复重建投入资金495万元，其中中央省下达228万元，到10月19日已落实到位资金223万元，并重建了县医院住院部大楼。

【科学技术】　2000年5月进行了作物基因诱导调控技术的浸种实验。推广科学养猪新技术，提高了养猪效益。办好科技培训班，全年共培训44469人（次），通过培训，使22797户掌握了农村实用技术，9835户取得了明显的经济效益。2000年3月，投资19万元在县城新大街和新街、仓街、石羊兴建永久性科普宣传橱窗46块，举办各种科普展览50场（次），赠送科技图书3000本。

【文化体育】　2000年创作优秀剧目13个，在乡（镇）累计演出144场，观众15万人次。举办了书法绘画展，投资6万元对文物进行修复保护。县委政府加大投入，加强民族民间艺术的建设保护，2000年昙华乡被命名为“中国民族民间艺术之乡”。全年共放电影1624场，观众29163人次，完成了5个扶贫攻坚乡的普及放映。举办了第16届职工运动会。旅游业收入达2097万元，接待国内外游客8838人，其中海外游客38人，创外汇收入13万元，形成了县城及坝区、石羊镇、昙华山、帽台山4个旅游区。广播电视事业有新的发展，城镇乡村电视网络基本形成。

【人民生活】　“1·15”地震后，省安排全县民政民房恢复重建资金

1196万元，到年底兑付受灾户635万元，重灾区317万元，有力地支持了灾后重建。2000年大风、冰雹、洪涝等自然灾害使大姚14个乡（镇）9065户40795人受灾，农作物绝收5032亩，倒塌住房82户406间，直接经济损失1467万元。全县共接收下发救灾物资价值400余万元。2000年，全县全年发放扶贫贷款1294万元，下达小额信贷扶贫资金100万元。实施温饱村建设，比计划提前一年基本解决温饱。全年安置残疾人就业12人，收缴残疾人保障金40万元。106户残疾人基本解决了温饱问题。农民人均纯收入达1540元。

【金碧镇】 辖三槐、范湾、泗溪、金家地、厂房、李湾、平山、黄海屯、鲁村、施永屯、里长堡、北城、观音寺13个村民委员会，250个村民小组。2000年末耕地面积30269亩，其中水田18483亩。年末总人口55818人，其中女26086人，农业人口42718人，汉族52972人，少数民族2846人，人口自然增长率为3.7‰。2000年全镇工农业总产值11802万元，其中农业总产值4682万元，地方财政自收收入810万元，农民人均收入1552元。粮食总产量达1807万千克，共栽烤烟7629亩，实现产值943万元。肥猪出栏35120头，山羊出栏9489只，畜牧业产值为5020万元。乡镇企业总产值7120万元，总收入38206万元，上缴税金585万元。7月依法选举产生了第一届村民委员会。生态环境建设工程造林175公顷。恢复重建投资16.8万元，投入劳动工日30万个。对5984个重灾户发放救助资金69.8万元，粮食31吨，衣布、薄膜等物资1260件。镇党委书记赵德江（彝），镇长白华明。

【石羊镇】 辖宝莲、拉乍么、郭家、永丰、潘家、官庄、大坪、白石谷、柳树塘、大中、黎武、岔河、土枧槽、坟箐、杨家箐、八腊么16个村民委员会。2000年末全镇总人口28554人，有汉、彝、回、白、哈尼、傣、苗7个民族，其中彝族5716人。2000年全镇粮食总产量1021万千克。2000年工农业总产值4724万元，其中农业总产值2689万元。乡镇企业总收入1700万元。收购烤烟58.8万千克，实现产值468万元。完成特产税98万元。出栏肥猪17417头，畜牧业总收入达828万元。农民人均纯收入1032元。财政自收收入294万元。年内实现了村村通公路目标。“1·15”地震后，立即开展救灾，发放大米2185千克，白糖1570千克，棉被1429床，以及一批衣物、帐篷、塑膜。发放资金6.5万元，对62户重灾户予以资助。对水利电力设施路桥进行了修整。2000年被省民委、省体委命名为“体育运动先进乡镇”。镇党委书记蒋正文（－2000.7），何正祥（2000.7－）；镇长何文明。

【六苴镇】 辖波西、簸箕、石房、双河、六苴、红光、者纳么、海古簸、菖蒲塘、外期地10个村民委员会，145个村民小组。2000年末全镇人口13282人，有21个民族，其中彝族占61%，回族占0.7%，白族占0.4%，少数民族主要分布在红光、者纳么、菖蒲塘3个村委会。2000年工农业总产值1.49亿元，乡镇企业总收入2亿元，财政自收收入170万元，农民人均纯收入1050元。粮食总产量444万千克，烤烟总产量41.2万千克，产值348万元。年末实有耕地12220亩，其中水田3370亩。2000年各项科技措施有较大突破，水稻多蘖壮秧、水稻肥床旱育稀植两项之和占水稻总面积90%。实现了村村通电。2000年新修公路9000米，投资13万元新建红光村委会综合楼，完成水、土、林工程41件，投资400万元的生态工程按质、按时完成。扩种早春蚕豆300亩，种植中药材100亩，发展优质水果214亩。2000年肥猪出栏8228头，牛1073头，羊8442只，畜牧业产值456万元。下发震后恢复重建、救济款10万元，粮23430千克。干部捐款7220元。发放小额信贷50万元，518户农户得到扶持。镇党委书记张玲（女），镇长杨忠华。

【七街乡】 辖七街、毛湾、凉桥、白鹤、王冲、锁北、席坝、马屯8个村民委员会，67个自然村，101个村民小组。2000年全乡总人口14732人，其中男7566人。全乡工农业总产值5772万元。全年粮食总产量642万千克，经济作物总产值219万元，蚕桑成为重要经济产业。农民人均纯收入1155元，2000年乡镇企业总收入11995万元。全年造林1008亩，封山育林23052亩。种经济林果木466亩，推广种植了一批新的有市场前景的品种。加强农田水利基本建设，完成水利工程126件，治理河道917米。震后重建中加强了学校的基础设施建设和倒塌房屋重建。累计投入建设资金247万元。全年大牲畜出栏1179头，羊出栏3105只，肥猪出栏11002头。乡党委书记邹铭（彝族，－2000.7），王文清（彝，2000.7－）；乡长何家明。

【仓街乡】 辖将军、陆林、钟秀、海源、胡屯、仓街、殷连、妙峰、涧水9个村民委员会，100个村民小组。年末全乡总人口23686人，有8个少数民族，占总人口的7%。2000年全乡工农业总产值4009万元，粮食总产量达1049万千克，烤烟总产量43万千克，总产值347万元。全乡经济总收入6613万元，人均纯收入1320元，乡镇企业总收入4898万元，财政自收收入171万元，经济作物收入1500万元。海源小集镇建设初具规模。成功举办了农历三月二十八民族传统节日活动，开展丰富多彩的乡村文化生活。教育等基础设施建设和震后恢复重建共投资231万元。昆烟集团投资12万元建钟秀"红云小学"教学楼，香港邵逸夫先生投资32万元建盖胡屯完小"逸夫楼"。2000年完成地震受损妙峰水库等农业水利设施的除险加固工程。累计完成水毁工程59件。对地震34户重灾户给予经济、物资救助。向2340户灾民发放大米35000千克及衣被等生产生活用品。乡党委书记张良，乡长殷守森。

【龙街乡】 辖龙街、石关、打厂、五福、仓屯、设旬、大龙箐、外可奈、鼠街、塔底10个村民委员会，176个村民小组。总户数6043户，总人口25317人，汉族16158人，少数民族9159人，其中彝族9100人。2000年末，全乡耕地面积27176亩，其中水田19252亩。全年粮食总产量12132248千克，种植烤烟7560亩，收购烟叶942353千克，总产值7620092元，农民人均收入1405元。乡镇企业总产值7320万元，纳税41万元。工农业总产值3998万元。全乡大牲畜出栏2570头，生猪出栏14308头，羊出栏8002只，产蜂蜜86100千克。畜牧业总产值1355万元。2000年地震、雪灾、洪涝等自然灾害发生，房屋、水利设施、经农作物严重受灾。灾后及时做好救灾工作，发放救灾物资大米、毛毯及资金135460元，并做好恢复重建工作。乡党委书记范文光（彝），乡长史绍明。

【湾碧傣族傈僳族乡】 辖冷山、碧拉乍、茨拉、文宜拉、倮拉、白坟坝、新村、纳那、湾碧、腊务堵、巴拉、高坪子、小厂13个村民委员会，114个自然村，143个村民小组。全乡总人口17558人，彝族、傣族等少数民族占总人口的55%。全年工业总产值3311万元，粮食总产614万千克，农民人均有粮363千克，人均纯收入772元。烤烟产量49吨，产值107万元。乡镇企业总收入3311万元，纳税73万元。财政自收收入78.66万元。有科技示范村79个，有湾碧街、茨拉街两个集贸市场。震后拨救灾救济款1.68万元、大米67900千克，发放寒衣150套、棉被446床。完成治水改土工程38件。发展油桐2020亩。469亩脱毒香蕉收获80吨，创产值48000元。乡党委书记善应贤（彝）；乡长刀云忠（傣族，－2000.7）、代理乡长李安福（傈僳族，2000.7－）。

【铁锁乡】 辖七棵树、自碑么、拉巴乍、杞拉么、拉巴、永河、铁锁7个村民委员会，82个自然村、88个农业生产合作社，除乡人民政府驻地外，均为山区少数民族聚居区。2000年全乡总人口10136人。全年工农业总产值2920万元。粮食总产量425.9万千克，农民人均总收入923元。乡镇企业总产值326万元。完成水利工程142件，着力解决人畜饮水、坡改梯田（地）。发展牛、山羊、生猪的养殖。出栏大牲畜450头。完成农业水利工程69件，新修杞拉么乡村公路6公里、水泥球场1个250平方米。投资30万元，完成了永河完小的搬迁新建校舍工程。举行了传统民族节日"冬街节"活动。乡党委书记李家康（－2000.7），白惠能（彝族，2000.7－）；乡长白惠能（彝族，－2000.7），代理乡长高汉松（2000.7－）。

【三台乡】 辖三台、黄家湾、施拉、博厚、多底河、过拉地、吾普吾么、必期拉、干河9个村民委员会，117个村民小组。2000年末，全乡总人口11786人，其中少数民族10572人。人口自然增长率2.9‰。有耕地12834亩，其中水田46亩。全年工农业总产值1029万元，乡镇企业总产值188万元，总收入524万元，纳税17万元。粮食总产量401万千克，农民人均纯收入834元。产核桃701吨，白芸豆680吨，产值170万元。完成坡改梯地935亩。完成震后恢复重建工程45件。新修干河、必期拉、施拉三个村委会29公里公路。发放震灾救济款10万元、粮4万千克。乡党委书记曹显鸿，乡长梁文林。

【三岔河乡】 辖三岔河、背阴地、马鹿塘、荞苴、白泥田、格谷、达么、新田、直么、他的么10个村民委员会，112个村民小组，123个自然村。2000年末全乡总人口13263人，其中女6951人，少数民族人口4558人，其中彝族4395人，主要分布在背阴地、马鹿塘、达么。2000年全乡工农业总产值达5332万元，粮食总产量达549万千克，乡镇企业总收入2684万元，农民人均纯收入1324元。收购烟叶68万千克，产值545万元。实施国家生态建设造林112公顷，封禁管育835公顷。全乡安排恢复重建资金21万元，扶持27户倒房户、96户重损户实施了重建修缮。乡党委书记李学文，乡长马跃云。

【昙华乡】 辖昙华、卡拉地、菜拉西、子米地、麻秸房、小兴厂、赤石崖7个村民委员会，96个自然村。总人口7409人，年末实有耕地9250亩，其中水田620亩。工农业总产值1246.4万元，粮食总产量270万千克，农民人均纯收入943元，乡镇企业总产值1246.4万元。坡改梯（地）812亩，修建沟渠1240米，新建水池52个，新增及改善灌溉面积215亩。县乡党委政府加大投入，重视保护昙华的文物古迹和民族民间艺术，2000年昙华乡获得了“中国民族民间艺术之乡”的称号，成功地举办了大姚县规模最大的民族传统节日“插花节”的活动。乡党委书记毛清林，乡长胡有刚。

【桂花乡】 辖自必苴、乌龙口、树皮厂、皮左黑、小河、大村、大河、立新、马茨、桂花10个村民委员会，139个自然村。年末总人口11435人。2000年工农业总产值2364万元，乡镇企业总收入3319万元。全乡粮食总产量为413.2万千克，农民人均纯收入991元。全年有920头大牲畜出栏，出栏率30%，出栏生猪7000头、黑山羊560只。新建饮水灌溉工程82件，解决人畜饮水和农作物浇灌，治水改土护林取得实效。增加脱毒香蕉、美国葵花、白芸豆的种植，发挥了地区优势，增加了农民收入。乡党委书记艾林，乡长薛永平。

【新街乡】 辖大桥、斑竹箐、夏家坝、芦川、团山、钱湾、碧山、瓦房、新街、小古衙、大古衙11个村民委员会，126个村民小组。全乡总人口26748人，其中男13865人，汉族25414人，彝族1296人，其他民族38人。少数民族主要分布在大桥、碧么。年末有耕地29277亩，其中水田20854亩。2000年工农业总产值4752万元，粮食总产量1126.8万千克。产烟叶86万千克，产值738万元。乡镇企业总收入3884万元，农民人均纯收入1111元。为确保灾区社会稳定，生产正常，共发放人民币173.9万元，搭防震棚3720个，小古衙统建点投资77.94万元，把受灾较重的20户农户73人搬迁到统建点建房，每户占地面积215平方米，建筑面积131平方米，造价54643元。乡党委书记苏正文，乡长起云金（彝）。

【赵家店乡】 辖赵家店、小红山、打苴基、大红山、黑什里、平地、黄羊岭、江头、团塘、北新街、麻街、茅稗田、他利颇、小龙潭14个村民委员会，142个自然村。2000年总人口16540人。年末有耕地面积19369亩，其中水田9030亩。2000年工农业总产值2045万元，全年粮食总产量761万千克，农民人均收入1130元，经济总收入3241万元。乡镇企业总收入2981万元。年大牲畜出栏2005头，山羊出栏9753只。财政总收入488万元。加强农业基础设施建设，完成农田水利建设工程108项，完成防洪、水利保持工程10件，扩建小水库工程收到了明显的经济效益。震后重建中发放资金10.36万元，发放日常用品、生产物资救济灾民，保证了生产顺利进行和社会稳定。乡党委书记刘建云，乡长张建平。

〔马光复〕

永 仁 县

【行政区划】 2000年末，全县辖7乡（其中民族乡2个）1镇，下设65个村（居）民委员会，695个村民小组，751个自然村。

【人口民族】 2000年，全县有27415户，总人口102565人，其中男53698人，占52.4%，女48867人，占47.6%；农业人口90596人，占88.3%；非农业人口11969人，占11.7%。境内居住有汉、彝、傣、回、傈僳、白、壮、纳西、哈尼等17个民族，其中：汉族46537人，占人口总数的45.4%，全县各乡（镇）均有分布；傣族8014人，占7.8%，主要聚居于万马、永兴两个乡；彝族47186人，占46%，全县均有分布；回族612人，占0.5%，主要居住在县城和永兴傣族乡的那软村委会；傈僳族59人，占0.05%，主要居住在维的乡多的么村；其他民族157人，占0.15%。

【经济状况】 2000年，全县国内生产总值现价32017万元，比上年增长8%，其中：第一产业14473万元，增长4.8%；第二产业7764万元，增长7.3%；第三产业9780万元，增长11.8%。工农业总产值36530万元，增长5.6%，其中工业总产值15243万元，增长6.58%；农业总产值21287万元，增长4.6%，农业总产值中：农业11559万元，增长3.45%，林业1189万元，减6.45%，牧业8189万元，增长11.31%，渔业350万元，减0.57%。农村经济总收入25269万元，乡镇企业总收入35118万元。

一年来，全县推广良种种植180550亩，实施丰收计划21119亩，规格化种植农作物92552亩，旱粮立体多熟制间套种7125亩，创办农业科技示范样榜田（地）19600亩。配套推广机械耕耙、配方施肥、沃土计划、硅肥示范、地膜覆盖栽培、农作物生长调节剂和有机肥种植示范等科技措施。加大农业产业结构调整力度，组织群众种植农业经济作物39491亩，获得经济总收入2368万元。全县粮食和经济作物的种植比例达82：18，农民在种植业结构调整中人均收入达260.95元。

林业全面实施县委“41588”战略工程和国家生态环境建设、天然林保护工程，推进造林绿化步伐，强化森林资源保护力度。年内，共完成人工造林22725亩，其中，以工代赈工程造林2709亩，生态工程造林13994亩，绿色扶贫造林1307亩，天然林保护工程造林4715亩，在人工造林22725亩中，用材林工程造林16867亩，经济林5858亩。全县营造各级样板林23块共6429亩，完成四旁植树114万株，分别在永定、莲池、猛虎3个乡封山育林15630亩，义务植树48万株，适龄公民人均义务植树7株，超过了人均3～5株的任务数。发展经济林果5858亩，其中核桃2576亩，板栗471亩，热果429亩，其他2382亩，实现林果产值958万元。到2000年，全县已累计发展经济林果140015亩，其中核桃34595亩，板栗63103亩，香蕉、龙眼、荔枝等热果8212亩，其他34105亩。全县发生森林火警3起，过火面积9.97公顷，受灾森林面积0.63公顷，森林受灾率为0.0045‰。火案查处率100%。年内，全县共发生各种森林病虫害114667亩，除小蠹虫危害发生晚而未得到防治外，防治94500亩，防治率为100%；调运各种药材30吨，购置各类防治器具4件。2000年，永仁县被国家林业局批准认定为首批国家级森林病虫害测报中心县之一和国家级森林病虫害防治检疫标准站。森林植物检疫工作共检疫林木种子30吨、苗木306万株、林产品（三板）0.23万立方米、木材1.3万立方米、药材157吨，检疫率均达100%。共收取检疫费2.22万元。

2000年末，全县生猪存栏101990头，出栏82078头，出栏率达21.8%；山绵羊存栏达103535只，出栏42411只，出栏率达43.15%。实现肉类总产量8807.5吨，人均占有肉食82.3千克。全年共进行畜禽产品屠宰检疫检验15277头（匹、只），畜禽产地检疫检验12160头（匹、只），畜禽运输检疫16590头（匹、只），检出不合格的病害肉类12100千克，查出不合格兽药品种15个。

年内，全县兴修和完善配套各类农田水利工程1976件，完工1872件，投入劳动工日235.98万个，完成工程量251.39万立方米。新增灌溉面积869亩，改善灌溉面积7427亩。增加节水灌溉面积1385亩，解决1633人、1550头大牲畜的饮水问题，累计完成投资1526.6万元。

工业生产发展形势严峻。年末，全县13户工交企业总产值累计完成3111万元，比上年同期下降11.5%；累计完成销售收入3631万元，比上年同期下降8%；累计完成税收337万元，比上年同期增长4%；利润总额盈亏相抵后累计亏损158万元，比上年同期增亏60%。经贸委直属7户工交企业累计完成工业总产值1440万元，比上年同期下降2%；产品销售收入累计完成1891万元，比上年同期增长7%；税收累计完成192万元，比上年同期增长2%；利润总额盈亏相抵后累计亏损41.1万元，比上年同期减亏34%。

年末，全县完成乡镇企业营业收入35118万元，现价总产值28109万元，不变价工业产值10786万元，现价增加值7715万元；实交国家税金713万元，利税总额4341万元；从业人数10091人，固定资产原值13117万元。完成县化工厂、供销公司的招商引资工作，共引资80多万元。

交通建设步伐加快。年内，完成了永定镇楼梯田桥、猛虎丫叉河等桥梁建设工程；完成了他普里至万马10公里弹石路面的测量、设计工作；永维弹石路、猛他弹石路以及万马灰打恒桥经过质量考验期后终验合格。2000年，永仁县乡公路破坏严重，共阻车断路6天4次，公路塌方20680立方米360

处，水毁涵洞5道，水毁路基2700立方米，水毁路面42300平方米，合计损失达29.85万元。县地方段共投入348个机械台班，共清除塌方20680立方米，还对部分挡墙、涵洞进行修复，确保了道路畅通，使全年好路率达到60.21%。

在烤烟继续实行“双控”和“天然林禁伐”影响财政收入的严峻形势下，全力推进各项财政改革。乡（镇）全面实行“零户统管”的乡（镇）财务管理办法；对行政事业性收费、基金等预算外资金和罚没收入实行“收缴分离”、“罚款分离”和委托银行代收等办法，为缓解财政收支矛盾作出了积极的努力。年内，地方财政自收收入完成1916万元，比上年减收209万元，下降9.84%。全县实现地方财政收入1916万元，比上年减少209万元，下降9.8%。全年实现地方财政支出9240万元，与上年相比增加支出1766万元，增长23.6%。全县财政收支平衡，年终结余12万元。年末，全县国税系统共组织入库各项税收收入7370048元，地税系统共组织工商税收各项收入8754660元。

年末，金融机构各项存款余额为25440万元，比上年增长19.05%，其中企业存款余额6418万元，比上年增长22.02%；储蓄存款余额16021万元，比上年增长13.05%；农业存款余额1692万元，比上年增长50%。各项贷款余额19661万元，比上年减少3.3%。其中农业贷款余额8501万元，比上年增长11.4%，私营企业及个体贷款余额110万元。存贷比例77.2%，比上年末下降近10个百分点（上述指标含政策性银行和邮政储蓄）。

个体、私营经济持续健康发展。截止2000年12月15日，全县个体工商户已发展到2415户，比上年同期净增112户，增长5%；安置从业人员4142人，比上年同期净增499人，增长14%；拥有自有注册资金2135万元，比上年同期净增382万元，增长20%；实现工业总产值419.2万元，比上年同期增70万元，增长20%；实现销售总额或营业收入2120万元，比上年同期增241万元，增长13%。一年来新发展的个体工商户567户，新增从业人员1455人，新增注册资金950万元。私营企业发展到36户，比上年同期净增6户，增长20%；安置就业人员（雇工）547人；拥有自有注册资本2007万元，创产值1663万元，销售总额265万元；新发展私营企业9户，投资者12人，雇工122人，注册资本603万元。全年个体私营经济完成税收411万元，占全县工商税收965万元的43%，占国有企业缴纳工商税收606万元的68%，占集体企业缴纳工商税收359万元的114%。全年共引资项目5个，总投资207万元，实际引资项目5个，引资到位162万元。

【科教文卫】 2000年，全县有完全中学1所，职业高级中学1所，初级中学8所，小学135个教学点。中小学在校生15337人，其中普通高中614人，初中5079人，小学9644人。全县共有专任教师906人，其中民办教师7人，代课教师100人。全县小学适龄儿童入学率99.74%，小学在校生年巩固率99.26%，15周岁初等教育完成率100%。初中阶段毛入学率107.45%，初中在校生巩固率98.61%。17周岁人口初级中等义务教育完成率94.71%。15周岁人口文盲率为0，全县已扫除的青壮年文盲复盲率为2.69%。

县科委重点组织开展了“冬桃间套种苦良姜示范”、“葡萄高产优质栽培示范”等21项科技试验示范项目。涉及全县农、林、水、医疗卫生等方面。全县建小型高效农用沼气池1400口，改节柴灶定型灶4450眼。开展农村智力培训，全年共培训560场（次），培训人员31800人次，其中3天以上的农村适用科技培训80期（场），4800人次；3天以上的培训和以会代训480场（次），2700人次。

年内，有各类文化经营户88户，其中歌舞娱乐室34户，电子游戏6户，录像放映6户，家庭影碟4户，录音磁带销售点6个，书报刊出租和销售点7户，印刷厂1户，打字复印19户，台球2户，其它项目3户。文化生活丰富多彩，组织城区演出6场文艺晚会，中和乡、万马乡组织了一年一度的泼水节、赛装节。

体育活动蓬勃开展。组织城区女职工篮球赛和“青春杯”排球赛，共有28支代表队，360名运动员参加比赛。11月组织了第二届“人寿杯”城区职工运动会，共有29支代表队，315名运动员参加比赛。9月组织全县全民健身周活动。乡（镇）、村社也组织开展了篮球、扑克、象棋等项目的比赛。

年内，全县共有各级各类医疗卫生机构87个（含医药公司）。其中县级6个，乡级8个，村级65个，学校、厂矿8个。有在职在编人员341人，学校厂矿医务人员8人，村级乡村医生66人。全县设有病床262张，其中县医院118张，中医院60张，8个乡（镇）卫生院84张。共完成医疗业务收入922.25万元，与1999年相比减少31.05万元，下降率为3.3%。共完成门诊293931人次，比去年增6081人次，增长2.1%。共完成住院3000人次，比上年增133人，增长4.6%。疾病控制坚持预防为主的方针，保证了2000年全县无大的传染病暴发和流行。全县共有食品生产经营单位894户，食品生产经营人员1198人，预防性健康体检应检1198人，已检1198人，体检率100%。签发许可证894户，发证率100%。食品监测共抽检12类195种，合格185件，合格率为94.87%；餐具消毒监测共抽检256户，373件，合格276件，合格率为73.99%。完成旅店、歌舞厅、理发和美容店用品用具卫生监测检验大肠菌群62户，170件，合格158件，合格率达90.3%；完成全年集中式供水水质5项指标监测；完成县乡（镇）医疗单位的医疗器械消毒监测一次。完成城区幼儿园10个班17件学生餐饮用具的消毒监测，合格16件，合格率达94.12%；完成城关中学10个班418人的学生健康体检任务。孕产妇保健覆盖率达96.06%，新法接生率为85.06%。儿童保健覆盖率为60.71%。

【社会生活】　年度争取上级扶贫资金2173万元（以工代赈资金302万元、扶贫攻坚资金300万元、扶贫贷款1405万元，小额信贷166万元），解决人饮700人，畜饮600头，年内解决温饱2000人，4个扶贫攻坚乡已基本解决温饱，实现了全县基本解决温饱的目标。2000年农民人均纯收入达到1366元，城镇居民人均可支配收入达到3650元，人均占有粮食442.4千克，城镇居民房改人均住宅面积已达18.6平方米，人均占有肉类85.9千克，职工人均工资8733.7元。

控制人口增长成效显著，人口自然增长率为4.2‰，控制在10‰的计划目标内。年内出生1202人，计划生育率达94.96%，生育证发放率达100%。

2000年，由于受姚安“1·15”地震的侵袭，3、4月份发生的雪灾和霜灾，中后期的风雹、泥石流、山体滑坡等造成永仁小春农作物受灾面积达9.2万亩。因灾死亡大牲畜42头，倒损民房8761间，造成经济损失达2610万元，受灾人口达8.27万人。为保障灾区和贫困户安全度过难关，全年共下拨救灾口粮款61.5万元，实际解决春、夏荒群众生活2486户，7868人；安排倒损民房恢复重建及泥石流、山体滑坡搬迁补助资金28.2万元，实际搬迁、恢复重建民房1293户，4703间。按时发放低保人员保障金946人次，6.3万元，接收、发放上级捐赠物资1454套（床），加工发放寒衣被650套（床）。年内，共接收退伍义务兵63人，符合安置条件的14人已得到妥善安置。

1999年11月正式成立永仁县医疗保险基金管理中心，全县参保单位192个，已参保171个，有参保人员6379人，实际参保6206人，参保率分别为86%和92%，全年共收缴基金380.9万元，收缴率为96%，收大病补充医疗保险金29.8元，收缴率为100%。全年全县共支付基金172.4万元，个人账户支付47.5万元。社会养老保险工作运转正常。全县有参保企业55户，职工1335人，收缴工伤保险金81576元，生育保险金54879元，收缴率分别为94.61%和94.62%，发生工伤10起，认定7起，支付工伤保险费13560元，发生生育意外31人，支付保险金51031元。全年共接收失业职工42名。发放失业职工救济金219703元，福利费8715元（丧葬1500元，抚恤费7215元）。全县年末有待业人员421人，失业率为1.59%，就业率为62.7%。全年共有751人办理求职登记，有637人介绍就业，成功率为85%，完成劳务输出603人。

【永定镇】　辖龙头山、小旱坝、苴却、太平地、麻栗树、糯达、良田、店子、云龙、乍石、麦拉、大坝12个村民委员会。年末总户数4312户，总人口25510人，农业人口17138人，占67.2%；少数民族11092人，占43.9%。年末耕地面积25627亩。2000年粮食总产量810万千克，人均产粮480千克。农民人均纯收入1534元。农村经济总收入9371万元。年末共有乡镇企业1094个，从业人员2336人，乡镇企业总收入14800万元。兴修农田水利工程229件。镇党委书记杨淑坤，镇长何永东。

【莲池乡】　辖莲池、查理么、羊旧乍、格红、班别、勐莲6个村委会。年末总户数2443户，总人口9861人，其中：女性4901人，占总人口的49.7%；农业人口9613人，占97.8%；少数民族3823人，占38.8%。年末耕地面积19051亩。2000年粮食总产量744万千克，人均产粮754千克。农民人均纯收入1410元。工农业总产值4015.87万元。农村经济总收入2589.87万元。年末共有乡镇企业226个，从业人员1042人，乡镇企业总收入3960万元。兴修农田水利工程178件，总投资189.85万元。乡党委书记冯明光，乡长夏培荣。

【维的乡】 辖维的、大保关、夜可腊、的鲁、桃苴、么吉利、阿者尼7个村委会。年末总户数2798户，总人口11803人，其中女性5851人，占总人口的49.6%；农业人口11644人，占98.7%；少数民族9005人，占76.3%。年末耕地面积17744亩，粮食总产量618万千克，人均产粮475千克。农民人均纯收入1109元。工农业总产值2370.9万元。农村经济总收入3251万元。年末共有乡镇企业197个，从业人员323人，乡镇企业总产值843万元。乡党委书记周仕德，乡长李芳平。

【宜就乡】 辖宜就、他克、阿朵所、外普拉、他的么、火把、老怀哨、潘古里、拉古、地么苴、木马、拉利坪12个村委会。年末总户数4287户，总人口17452人，农业人口14944人，占85.6%，少数民族8351人，占49.2%。年末耕地面积26266亩。2000年粮食总产量755.8万千克，人均产粮441千克。农民人均纯收入1226元。工农业总产值8345万元，农村经济总收入3769.43万元。年末共有乡镇企业317个，从业人员443人，乡镇企业总收入3490万元。兴修农田水利工程305件，总投资130.92万元。乡党委书记雷国原，乡长刘国勇。

【永兴傣族乡】 辖永兴、白马河、灰坝、那软、干树子、立溪冬、马颈子、小庄8个村民委员会。年末总户数2517户，总人口10423人，其中女性4724人，占总人口的45%；农业人口10091人，占97%；少数民族6171人，占59.2%。年末耕地面积13285亩，粮食总产量437万千克，人均产粮362千克。农民人均纯收入836元。工农业总产值2383万元。农村经济总收入1626万元。年末共有乡镇企业164个，从业人员772人，乡镇企业总收入1717万元。兴修农田水利工程69件。乡党委书记李文宗，乡长王德智。

【猛虎乡】 辖猛虎、格租、么苴地、迤扒喇、阿里地、箐头6个村委会，年末总户数2356户，总人口9752人，其中：女性4167人，占总人口的41.7%；农业人口9407人，占97.5%；少数民族6095人，占62.5%。年末耕地面积17306亩，粮食总产量507万千克，人均产粮439千克。农民人均纯收入992元。工农业总产值3167万元，农村经济总收入2244.9万元，年末共有乡镇企业214个，从业人员863人，乡镇企业总收入2261万元。兴修农田水利工程173件，总投资221万元。乡党委书记杨光明，乡长陈光华。

【万马傣族乡】 辖进化、万马、鱼乍、迤资、昔丙、拉姑6个村委会。年末总户数1771户，总人口7309人，其中女性3514人，占总人口的48%；农业人口6797人，占93%；少数民族3454人，占47.3%。年末耕地面积7889亩，粮食总产量291.1万千克，人均产粮428千克。农民人均纯收入1056元。工农业总产值4838.17万元。农村经济总收入1203.09万元。年末共有乡镇企业235个，从业人员446人，乡镇企业总收入2473万元。兴修农田水利工程38件。乡党委书记李兆熙，乡长马庭文。

【中和乡】 辖直苴、波者地、他的苴、小直么、中和、他普里、岔河、支那8个村委会。年末总户数2768户，总人口10214人，其中女性4894人，占总人口的48%；农业人口9820人，占96.1%；少数民族8271人，占81%。年末耕地面积12945亩，粮食总产量421.5万千克，人均产粮438.1千克。农民人均纯收入655元。工农业总产值2841万元。农村经济总收入1213.5万元，年末共有乡镇企业214个，乡镇企业营业总收入3005万元。兴修农田水利工程12件，总投资3162万元。乡党委书记石琼光，乡长冯会珍。

〔王秀芝〕

元 谋 县

【行政区划】 2000年末，元谋县辖元马、能禹、黄瓜园、苴林、物茂、平田、新华、江边、姜驿、凉山、老城、羊街、花同13个乡(镇)，81个村民委员会，609个村民小组。

【人口 民族】 全县50856户，总人口201689人，其中男103701人，女97988人；农业人口182486

人，非农业人口19203人；汉族136191人，少数民族65498人，少数民族占总人口的32.47%。彝族、傈僳族、苗族分布较广，回族主要分布在元马镇。人口自然增长率6.92‰。

【经济状况】 全县国内生产总值完成61443万元（现行价，按可比价计算，下同），比上年增7.8%，其中：第一产业增加值28335万元，比上年增1.7%，占总值的46.1%；第二产业增加值9610万元，比上年增10.6%，占总值的15.59%；第三产业增加值23498万元，比上年增12.1%，占总值的38.3%。按经济类型划分，国有经济增加值11615万元，占总值的18.9%；集体经济31465万元，占总值的51.2%；其他经济18363万元，占总值的29.9%。

在冬早蔬菜市场前景堪忧的情况下，克难奋进，深加工初具规模。发展香蕉2万亩，龙眼、咖啡1万亩，小枣、核桃及其他经济林果1.9万亩。花卉产业开始起步，促使农村经济平稳增长。全年实现农业总产值44236万元，农村经济总收入41092万元，比上年增4.9%。粮食总产量74149吨，烤烟产量1052吨，水果产量4814吨，鲜切花366万支。农业生产条件进一步改善。年末拥有农业机械总动力9842万瓦特，比上年增2.3%；农用排灌机械总动力6157万瓦特，比上年增188.9%。拥有农用载重汽车233辆，大中型拖拉机297台，小型拖拉机2148台。水利工程供水量13154万立方米，有效灌溉面积9529公顷。农村用电量999万千瓦时。

林业生产完成造林面积6.7万亩，其中：经济林1.2万亩，防护林5.5万亩。有林地1.05万公顷，森林覆盖率5.2%。完成水土流失治理面积34.13平方公里。

畜牧业发展与畜禽防病治病并进。全年肉类总产量12903吨，比上年增长2.8%；水产品产量199吨。大牲畜年末存栏84361头（匹），生猪存栏135600头，山、绵羊存栏103043只。

全县完成固定资产投资12864万元，比上年增9.9%。农田水利建设完成稳高产农田1.1万亩，中低产田改造1.29万亩；完成各种水利工程593件，新增库容25.52万立方米，新增灌溉面积0.24万亩，改善灌溉面积0.64万亩，解决了6212人和牲畜饮水困难问题。丙巷河水库工程的测设和村民搬迁工作有序、紧张进行。电力年供电量完成5086万千瓦时，小水电发电量3472万千瓦时。新架10千伏线路17.8千米，供电质量明显改善。交通建设先后修通了羊街平地等13条乡村公路，实现了村村通公路的目标，增加公路里程144.6公里。年末全县公路通车里程1138公里，其中乡村公路763公里。营运汽车保有量808辆，年货运量286万吨，货运周转量1954万吨公里；年客运量529万人次，客运周转量6394万人公里。邮政、通信建设形成网络，全县13个乡（镇）都开通程控电话，已建了6个移动通信基站，电话单机发展到7666部，电话普及率3.84部/百人。邮电业务总量987万元，比上年增67.3%；报刊期发数3万份；办理国内函件17万件。完成了县城5条新街3216米的混凝土路面铺设和电力、电视光缆设施建设，完成龙川街东西两段691米建筑物拆迁任务，总投资2005万元。县城日供水量1万立方米的自来水一期工程启动新建。黄瓜园、能禹、平田、物茂小城镇建设已进入实施阶段，其他乡（镇）集镇建设规划正在抓紧编修。建成各种农副产品交易市场4个，大牲畜交易市场1个，铺筑了能禹蔬菜批发市场道路589米。

工业生产在改革中克服困难保持增势，完成工业总产值26993万元，按可比价格计算，比上年增21.4%，实现增加值7568万元，比上年增10.6%。国有工业产值比上年下降19.5%。500万元以上的非国有工业产值比上年下降12.1%，而股份制工业和农村工业产值增长较快，增幅分别达到63%和42%。主要工业产品产量：食糖11240吨、水泥11.54吨、发电量3472万千瓦时、酒精826吨、饮料775吨、机制砖5080万块。食糖、水泥和酒精产量下降，其他产品产量保持增长。全县工业改革不断深化，分别采取股份合作、有限责任公司、兼并、破产、承包等形式进行重组和改革。全县62户国有、集体企业，改制48户，共拍卖盘活资产2845.78万元，安置职工188人。糖厂、纸厂破产工作依法稳步推进。

乡镇企业从业人员达13656人，实现现价总产值64391万元，总收入80077万元（按新口径统计），上缴税金2554万元。全县建筑行业有五级以上资质等级单位13个，完成总产值4703万元，比上年增长32.5%，实现增加值2042万元，比上年增长10.9%。

全县财政总收入4742万元，比上年增长6.7%，其中：上划中央两税收入1072万元，比上年增15.8%；地方财政收入3670万元，比上年增4.3%。地方财政支出11626万元，比上年增11.2%，其中：支援农村生产支出1011万元，增长48.5%；教育事业费支出2486万元，增长7.5%；文体广播事业费支出288万元，增长6.3%；卫生经费支出938万元，增长16.4%；社会保障补助支出397万元，增长8.5倍。年末金融各项存款余额45223万元，比上年末增长1.3%，其中城乡居民储蓄存款31402万元，增5.2%。年末各项贷款余额29904万元，比上年下降0.78%。

全县社会消费品零售总额12946万元，比上年增长6%，其中：国有经济3068万元，增3.3%；非国有经济9878万元，增6.9%。农业生产资料销售总额5931万元，比上年增长15%，价格指数以上年为100，2000年为负势。居民消费价格指数为97.7%，价格水平下降2.3%；商品零售价格总指数96.9%，价格水平下降3.1%。农业生产资料价格下降0.9%。

【科教文卫】 加大科技宣传、普及推广力度，全年重点推广项目7项，有1项获楚雄州科技进步二等奖，建立了“元谋农业高新科技示范园”，组织实施脱毒马铃薯示范栽培2250亩，美国油葵引种示范390亩，竹苗繁殖示范2000亩，新建沼气池1500口，节能改灶2518眼，建立沼气示范村11个，举办各类种植和优质牲畜养殖技术培训班、现场会296期（场），参训14411人。

教育工作重点巩固、提高普及九年义务教育成果。全县有完全普通中学1所，职业高中1所，普通初中14所，小学79所，小学教学点221个，公办幼儿园1所，私立幼儿园5所，经省、州专家组复评，有省一级初级中学2所，省二级初级中学8所，有省一级示范小学1所，省示范幼儿园1所。全县专任教师1901人，其中：职高47人，普通高中和初中631人，小学和幼儿园1223人。全县在校生29674人，其中：高中867人，职高306人，初中9706人，小学18795人。学龄儿童入学率99.8%。在园幼儿2131人。参加高考毕业生333人，高校录取142人，占总数的42.6%，中专学校录取12人；参加中考毕业生1390人，700分以上37人，居全州第三位，600分以上414人，居全州第二位，各类学校录取951人，占考生数的68.4%。

乡村文化网络建设和文化市场管理得到进一步加强。成功地组织了首届“中国元谋蔬菜节”活动，承办了“炎黄杯”世界龙舟狮系列赛、中华炎黄圣火全民健身火炬传递元谋火种采集仪式活动，举行各种大型节庆活动10场次，举办各种体育比赛活动9场次，积极开展了“三下乡”活动，丰富了城乡文化活动。完成了有线电视联网改造一期工程，基本实现村村通广播电视，电视人口覆盖率95%，广播人口覆盖率87%。

医疗卫生工作以提高全民健康质量为目标，抓好县、乡、村三级医疗保健网络建设，努力改善办医条件为重点，投入经费426.4万元，医疗条件进一步改善，农村卫生、预防保健、医药工作不断加强，传染病得到有效控制。全县有各类医疗卫生机构41个（含诊所），其中国有和集体卫生机构18个，有专业卫生技术人员494人。农村设置医疗点101个，有乡村医生和卫生人员192人。计划生育工作加大依法管理力度，加强流动人口的计划生育管理，减少计划外生育，提高计划生育率，人口增长得到有效控制，年内人口出生2610人，出生率13.01‰，年内人口死亡1222人，死亡率6.09‰。

【人民生活】 扶贫攻坚卓有成效，人民生活水平整体提高。全县累计投入扶贫资金1875万元，基本解决了24609人贫困人口温饱问题，解决了2057人、28790头大牲畜饮水困难。城乡居民收入继续增加。农民人均纯收入1775元，人均可支配收入1669元，分别比上年增长5.7%和7.2%。城镇居民人均可支配收入5839元，比上年增长5.8%。在岗职工年平均货币工资8106元，比上年增长11.4%。城镇居民每百户拥有电冰箱103台，洗衣机100台，电视机128台，组合音响47套，移动电话17部，摩托车47辆，抽排油烟机57台。农村居民每百户拥有电冰箱4台，洗衣机3台，电视机85台（其中彩电58台），组合音响4套，摩托车2辆。城镇居民人均居住面积22.8平方米，农村居民人均居住面积22.2平方米。全县81个村委会，通电话80个。

社会就业问题逐步得到解决。全年安置就业290人，其中：统分大中专毕业生115人，接收复员、转业、退伍军人72人。就业和再就业培训2次，培训110人。城镇登记失业人数210人，失业率1.8%。

保险业务进一步扩大。全年保费收入1263万元，比上年增长3.4%。承保额79915万元，全年理赔款354万元。

社会保障制度逐步规范健全，社会福利事业正常开展。纳入城镇居民生活最低生活保障人数24人。行政、事业和企业单位参加养老保险统筹7218人，参加基本医疗保险统筹9127人。农村社会养老保险新保人数15人。城乡各种救济对象得到国家救济11342人，国家优抚补助各类供养人数63人。

【元马镇】 辖元马、马街、张二村、沙地、官能5个村（居）民委员会，14个自然村，35个村民小组。总人口19558人，其中：男10110人，女9448人；农业人口8342人，非农业人口11216人；少数民族人口3414人，其中彝族1625人。人口自然增长率7.3‰。全镇工农业总产值6526.3万元，财政收入808万元。乡镇企业总产值23228万元，营业总收入30552万元，上缴税金759万元，年末固定资产原值5785万元。农村经济总收入1037万元，农民人均可支配收入2432元。年末耕地面积4788亩，其中：水田2925亩，旱地1862亩。粮食总产量258.99万千克，农民人均产粮310千克。经济作物以蔬菜、水果为主，蔬菜产量6137.5吨，水果以发展香蕉、龙眼为主项，当年新增1383亩，其中镇领导干部创建香蕉“示范园”410亩。投资370万元的党政新办公楼竣工使用。镇党委书记杨茂喜，镇长鲁维生。

【能禹镇】 辖摩诃、大沟、龙泉、星火、禾阳、乐甫、丙华7个村民委员会，56个自然村，56个村民小组。总人口28250人，其中：男14470人，女13780人；农业人口25803人，非农业人口2447人；汉族人口24051人，少数民族人口4199人。人口增加1842人，人口自然增长率9.91‰。全镇农林牧渔业总产值4363万元，农村经济总收入8545.81万元，农民人均可支配收入1489元。年末耕地面积30458亩，其中：水田16839亩，旱地13619亩。粮食总产1337.83万千克，农民人均产粮518千克。乡镇企业现价总产值13630万元，总收入14201万元，上缴税金504万元。财政自收收入482万元。能禹市场集市贸易成交额4257.53万元。年内加强基础设施建设，农田水利工程动工10件，完工9件，总投资239.4万元；小流域综合治理工程完成破改梯730亩、水保林2600亩、封管4000亩、小坝塘12个、蓄水池5件、排灌沟渠2100米、护河堤1000米，建成小能禹水保示范村；小城镇新建工程投入资金265万元，修通水泥街道3条，全长304米。有省级、州级文明村各1个，省级文明学校1所。镇党委书记刘光亮，镇长文健华。

【黄瓜园镇】 辖点连、安定、海洛、雷弄、舍多5个村委会，32个村民小组。总人口10869人，其中：男5591人，女5278人；农业人口8886人，非农业人口1983人；汉族9513人，少数民族1356人。年内人口迁出减少，人口自然增长率2‰。全镇农林牧渔业总产值1156.69万元，农村经济总收入2102.13万元，农民人均可支配收入1440元。年末耕地10779亩，农民人均1.21亩。元谋“三大园”建设，黄瓜园镇以发展蔬菜、水果为龙头，种植香蕉、龙眼、咖啡1108亩，种植蔬菜4124亩。乡镇企业总产值6584万元，总收入7980万元，上缴税金259万元，固定资产原值2686万元。财政自收收入275.28万元。完成小型水利新建和维修工程47件，累计投资101.19万元，新增蓄水3.71万立方米，有效灌溉面积68.66公顷。完善了黄瓜园至舍多村委会村级公路建设；架通雷弄席草箐、阿基督两个偏僻山村高压电线路，基本实现“村村通路”、“村村通电”。完成黄瓜园4号街混凝土顺延建设工程；完成1号街桥梁建设工程和扩建中拆除建筑物工程。完成长413米电信线路工程，程控电话装机750部；完成高压线路改造工程。安装有线电视1400户，电视覆盖率99%。镇党委书记杨柳，镇长罗春。

【苴林乡】 辖中兴、领庄、牛街、金雷、苴林、龙山6个村委会，47个村民小组。总人口24877人，其中：男12551人，女12326人；农业人口24043人，非农业人口834人；少数民族2790人。年内人口净增345人，人口自然增长率8‰。全乡工农业总产值3457.3万元，其中工业总产值273万元；农村经济总收入5624.1万元，农民人均可支配收入1436元。乡镇企业总产值881万元，总收入1586万元，上缴税金79万元。财政总收入345.6万元，其中自收收入83.9万元。年末耕地29949亩，其中：水田12762亩，旱地17187亩。粮食总产量1001万千克，农民人均产粮399千克。调整产业结构，开辟新途径增加农民收入。种植商品旱花生、旱黄豆、旱包谷、香蕉和冬旱蔬菜23611亩，引进台湾大青枣、牛蒡等新品种种植成功。水利工程完工96件，投资430万元，新增库容22.8万立方米，改善灌溉面积73.7公顷。国家生态恢复工程项目，完成投资222.4万元，建二级抽水站1座，建蓄水池10个，铺设混凝土输水管道3138米，建谷坊50个，坡改梯田地2800亩。元谋至大姚公路改扩建工程启动。多方筹措资金99万元，动工兴修苴林中学教师宿舍楼和苴林完小综合教学楼各1幢。乡卫生院在苴林中心街和世辉村108国道傍增设第二三门诊，医疗收入29万元，比上年增11.6%，“母亲安全”卫生项目在全乡启动。年内，苴林中学被省教委命名为省级文明学校。乡党委书记文有贤，乡长李耀林。

【平田乡】 辖华竹、平田、班果、新昌4个村委会，38个村民小组。总人口11694人，其中：男6142人，女5552人；农业人口11388人，非农业人口306人；少数民族2778人，主要有彝族、苗族。人口自然增长率4.6‰。全乡工农业总产值1686.57万元，其中工业产值149万元。年末耕地15111亩，其中：水田7224亩，水浇地2512亩。粮食总产量450万千克，农民人均产粮409千克。农村经济总收入2377.14万元，农民人均可支配收入1159元。乡镇企业总产值1520万元，总收入1520万元，上缴税金29万元。财政总收入236.87万元，其中自收收入66.4万元。投资12.5万元，进行了勐冈河、小户岭河、挨昌河治理，完成浆砌石9段594米，栽竹子1万丛。平田村委会开展的滇中现代化农业示范工程，于4月12日竣工，修建田间公路1条，面积1000平方米，田间沟渠5条，长756米，扩修主沟渠4000米，总投资42.5万元。新建了培英中学学生宿舍和华竹完小教师宿舍楼各1幢。首次在3个村委会举办了农民“绿色证书”培训班。乡党委书记祖俊，乡长雷波。

【新华乡】 辖华丰、新华、新平、大河边、光辉5个村民委员会，35个村民小组。总人口8098人，其中：男4438人，女3660人；农业人口7829人，非农业人口269人；少数民族4840人，占总人口的59.8%，多为彝族。人口自然增长率7.8‰。全乡工农业总产值794.5万元，其中工业总产值140万元；农村经济总收入730.98万元，农民人均可支配收入558元。年末耕地9363亩，其中水田7513亩、水浇地157.2亩、旱地1692.8亩，年内退耕还林1508.7亩，种小枣1360.7亩，板栗147.9亩。粮食总产量240.7万千克，农民人均产粮240千克。乡镇企业总产值1483万元，总收入2200万元，上缴税金44万元。财政总收入202.9万元，其中自收收入46万元。投资70万元，启动元谋至大姚公路新华段工程；投资45.9万元，建盖中心完小教学楼1幢850平方米；群众投工投劳兴修新平团坝至吴果村公路7.8公里。乡党委书记赵吉彬，乡长起林。

【物茂乡】 辖物茂、罗兴、虎溪、芝麻、凹鲊、那化6个村委会，52个村民小组。总人口16338人，其中：男8429人，女7909人；农业人口15855人，非农业人口483人；少数民族人口5076人。人口自然增长率3.17‰。全乡农林牧渔业总产值2225.38万元，农村经济总收入2682.6万元，农民人均可支配收入1317元。乡镇企业总产值3300万元，总收入4310万元。财政自收收入139万元。粮食总产量671.9万千克。物茂乡积极推进大菜园、大果园、大花园建设，下功夫培育新兴支柱产业，种植经济林果7982亩，发展优质蔬菜4000亩，花卉制种50亩，并以优化环境为目的，以招商引资为重点，扩大对外开放，引进合作项目3个，开发资金78万元，出让荒山、荒坡6700余亩。大兴农田水利建设，夯实农业基础，州、县、乡、村共投入资金205万元，完成水利工程10件，其中重点工程为投资130万元的芝麻大沟防渗加固项目，已全面结束。新增灌溉面积787亩。全乡水利化程度达74%。完成坡改梯田地235亩；新建108线国道至普龙大桥，开辟长516米、宽28米的土林街，完成投资182.6万元。物茂中学中考毕业生升学率66%（含自费生），教学质量提高，被省教委评定为“云南省二级初级中学”。乡卫生院实行优化组合，开设第二门诊，门诊收入20万元，增幅66.7%。农村中医试点县项目、卫VII项目和“母亲安全”项目顺利实施。乡党委书记白玉平，乡长李梅。

【江边乡】 辖龙街、盐水井、大树村、丙弄、鱼窝、中村、阿卓、卡莫8个村委会，68个村民小组。总人口15105人，其中：男7652人，女7453人；农业人口14710人，非农业人口395人；少数民族8947人，占总人口的59.2%。人口自然增长率4.2‰。全乡农林牧渔业总产值1936.96万元，农村经济总收入2364.01万元，农民人均可支配收入981元。乡镇企业总产值1895万元，总收入2264万元，上缴税金7.7万元。税收完成102.2万元，其中：中央税完成38.36万元，地方税完成63.66万元。年末耕地16899亩，农民人均1.15亩。粮食总产量453.43万千克，农民人均产粮308千克。农田水利建设结合扶贫攻坚项目，投资55.8万元（含自筹11.8万元），完工136件，完成中低产田改造347亩，坡改梯田地837亩，新增蓄水

1.7万立方米，改善灌溉面积515亩，新增灌溉面积152亩。架设高压输电线6.28公里，投资25.12万元，结束了部分山区用松明和煤油灯照明的历史。乡党委书记李自扬（2000.9－），乡长刘从有。

【姜驿乡】　辖姜驿、水平石、糯拉鲊、画匠、新海、贡茶、半箐、太平、以都拉、白果、阿谷租11个村委会，63个村民小组，80个农业生产合作社。总人口14169人，其中：男7318人，女6851人；农业人口13821人，非农业人口348人；少数民族11109人，占总人口的79.82%，傈僳族为多。全乡农林牧渔业总产值1066.4万元，农村经济总收入1443.7万元，农民人均可支配收入709元。年末耕地21494亩。粮食总产量560.4万千克，农民人均产粮363千克。乡镇企业总收入1586万元，上缴税金34万元。扶贫攻坚实施改土、架电修路、结对帮扶、小额信贷、移民搬迁等工程项目，总投资542.91万元。全乡共有贫困人口9300人，解决温饱问题8605人，未解决温饱问题人口占农村人口的5%，实现“九五”扶贫攻坚既定目标，年内顺利通过省、州、县三级验收。水利工程完工189件，新增蓄水15485立方米，改善水浇地灌溉649亩，旱地改水浇地965亩，改善灌溉面积110亩，解决7137人和7158头大牲畜饮水问题。安装了4个村委会11个自然村660户有线电视，电视覆盖率95%；安装了42个村民小组广播，广播覆盖率95%。乡党委书记文灿辉，乡长起绍祥。

【凉山乡】　辖把世者、那迪、大水井、冷水箐4个村民委员会，35个村民小组。总人口3850人，其中：男1927人，女1923人；农业人口3751人，非农业人口99人；少数民族人口3694人，占总人口的95.9%。年内人口增加83人，人口自然增长率15.67‰。全乡农林牧渔业总产值262.9万元，农村经济总收入363.3万元，农民人均可支配收入668元。年末耕地4707亩，其中：水田518亩，水浇地117亩，旱地4072亩。粮食总产量120.11万千克，农民人均产粮334千克。支柱产业烤烟总产8.9万千克，收入85.44万元。财政自收收入28.34万元。乡镇企业总产值400万元，总收入414万元，上缴税金6万元。投资78万元，筹建纯净水生产工程。扶贫工程投资15万元，将曹家村列为全县“温饱示范村”建设。全乡如期解决了温饱问题，实现了村村通公路、通电和通电话。年内修通2条至村委会的公路23.1公里，架通冷水箐村委会4个村民小组高压输电线路5.1千米，开通程控电话32部。建立了把世者脱毒马铃薯原种繁育基地，收原种10吨；进行太空辣椒种植试验取得成功；试验种植鲁梅克斯牧草2亩；推广美国油葵100亩，亩均单产126千克；引进推广种植药材苦良姜2吨；建立优质烟基地1个；建成把世者希望小学1所；安装地面卫星电视接发站2座，直接受益1370人；把凉山卫生院建成为花园式医院，配备了X光机、洗胃机、心电图等设备。县卫生局投资兴建疗养院1所。乡党委书记陆荣，乡长杨芳明。

【老城乡】　辖老城、老者格、波亨、库南、清和、挨小、那能、直那、丙间、丙月、尹地11个村委会，103个村民小组。总人口30932人，其中：男15794人，女15138人；农业人口30328人，非农业人口604人；少数民族11424人。年内增加人口181人，人口自然增长率6.36‰。全乡工农业总产值4229.9万元，其中工业总产值1249万元；农村经济总收入4802万元，农民人均可支配收入935元；乡镇企业总产值6165万元，总收入7475万元，上缴税金123万元；财政收入366.4万元，其中自收收入152.7万元。年末耕地33890.3亩，其中：水田20537.3亩，旱地13353亩。粮食总产量1246.4万千克，农民人均产粮349千克。调结构、建支柱产业，种植香蕉、龙眼1361亩，花卉30亩，优质蔬菜4000亩。扩大对外开放力度，引进资金180多万元，建成清和高科技蔬菜示范园200亩，为当地农户人均增加收入1000元。投资150万元完成公路梁子至河坝街2.7公里的水泥路基铺设工程；投资89.1万元修建冲莫水库输水渠道10337.5米，改善灌溉面积3000亩。上勐连村民小组列为国家扶贫温饱示范村，完成直那至上勐连村4.9公里乡村公路建设，修建坝高7米、库容3.5万立方米蓄水坝塘1个，共投资25.1万元。完成了丙间完小附属工程。乡党委书记张明海，乡长陆华。

【羊街乡】　辖羊街、甘泉、中坝、平地、木溪悟5个村委会，54个村民小组。总人口10562人，其中：男5415人，女5147人；农业人口10200人，非农业人口362人；少数民族4329人。人口自然增长率8‰。全乡工农业总产值1090.47万元，其中工业产值260万元；农村经济总收入1427万元，农民人均可支配收入852元。乡镇企业总产值1570万元，总收入

2400万元。财政自收收入110.8万元。年末耕地10272.9亩，其中水田和水浇地8229.9亩。粮食总产量439万千克，农民人均产粮312千克。产业结构调整以元谋县华康公司为龙头，以市场为导向，推广种植青花菜、青毛豆、大蒜、四季豆925亩，发展小枣630亩。公路建设投资55.2万元，完成羊街至花同公路3.8公里路段改造，修通下百邑村至安龙寺公路4公里，修护了木溪悟至乡政府、老城至羊街公路路面。农田水利建设投资38.6万元，完成中低产田改造100亩，新建小坝塘1个，小沟渠3条，架设自来水管道3.25公里，加固水毁地段260米。投资35.65万元，修缮了平地小学和中学校舍。建村文化室3个，恢复农村花灯组织1个；建立了广播、电视网络。乡党委书记阮有欣，乡长文绍龙。

【花同乡】 辖花同、平安、高姑、己波龙、洒洒依5个村委会，49个村民小组。总人口7387人，其中：男3864人，女3523人；农业人口7227人，非农业人口160人；少数民族3137人，占总人口的42.4%。人口自然增长率6.1‰。全乡农林牧渔业总产值480.11万元，农村经济总收入694.3万元，农民人均可支配收入594元。年末耕地6714亩，其中：水田2181亩，水浇地1128亩。粮食总产量237万千克，人均产粮325.7千克。乡镇企业总产值401万元，总收入497万元，上缴税金14万元。财政总收入278.8万元，其中自收收入52.2万元。水利工程完成小水池127件，沟渠1件，人畜饮水工程2件，新增蓄水1860立方米，改善灌溉面积168亩，解决了296人和222头大牲畜的饮水问题。乡党委书记李鹏坤，乡长杨发华。

〔屈建能〕

武 定 县

【行政区划】 2000年末，全县辖近城、高桥、猫街、九厂、插甸、田心、发窝、东坡、白路、己衣、环州、万德、石腊它13个乡(镇)，128个村民委员会，1578个村民小组。

【人口民族】 2000年末，全县总人口260196人，其中：女性126846人，占48.75%；农业人口242503人，占93.2%；少数民族人口132502人，占50.92%，其中，彝族75321人，傈僳族28440人，苗族20303人，傣族6699人，回族895人，哈尼族690人，其他少数民族154人。年内人口出生率13.58‰，死亡率7.12‰，自然增长率6.46‰。

【经济状况】 2000年，全县实现国内生产总值64470万元，比上年增长8.1%，其中：第一产业29224万元，增长4.6%；第二产业11828万元，增长4.9%；第三产业23418万元，增长14.6%。工农业总产值78031万元，比上年增长20.4%。

农业和农村经济稳步发展。全年粮食总产量9559.1万千克，人均产粮370千克。收购烟叶509.8万千克，产值3314万元，分别比上年增长26.3%、5.4%。加大农村产业结构调整力度，魔芋、香蕉、辣椒、山药、莲藕、大豆、商品蔬菜、洋芋及水产品产量等均有增长。全年完成农业总产值23225万元（1990年不变价），比上年增长5.2%。其中农业产值12506万元，比上年增长0.4%；林业产值1077万元，比上年增长22.1%；畜牧业产值9539万元，比上年增长10.4%；渔业产值103万元，比上年增长12%。农村经济总收入42677万元，比上年增长2.5%；农民人均纯收入1385元，比上年增长2.7%。

全年农田水利建设工程动工1885件，完工1676件。治理水土流失面积28.73平方公里。

全年完成植树造林49500亩，四旁植树120.1万株，义务植树82.7万株。封山育林11.8万亩。森林病虫害防治4.6万亩。木材采伐2820立方米，比上年减少2.1%。此外，实现连续7年无森林火灾的好成绩。

全年大牲畜存栏106867头，出栏27343头；生猪存栏166244头，出栏182565头；山绵羊存栏153623只，出栏100692只；家禽存栏453721只，出栏812823只。全县肉奶蛋蜜总产量21192.3吨，人均占有量80.7千克，分别比上年增长12%、16%。实现畜牧业产值9539万元（1990年不变价），比上年增长10.4%。

全年实现工业总产值27489万元（1990年不变价），比上年增长37.1%。其中国有经济1399万元，集体经济7616万元，股份合作制经济734万元，个体、私营经济13979万元，其他所有制经济12万元。个体、私营工业产值占全县工业总产值的58.9%。主要工业产品产量：发电量6390万千瓦时，炸药4810吨，水泥33393吨，钛精矿（实物）90260吨，铅锌矿（实物）8823吨，碾米机2350台，磨粉机987台，木材2605立方米，白酒1832吨，糕点370吨。

年末，全县有乡镇企业5873个，从业人员19272人，总收入100015万元，总产值20545万元（1990年不变价），比上年增长1.2%。

全年实现社会商品零售总额14678万元，比上年增长9.7%。其中国有商业销售收入3391万元，集体商业销售收入3834万元，私营、个体商业销售收入6529万元，分别比上年增长18.1%、12%、8.8%。集市贸易成交额4183万元，比上年增长53.5%。

交通基础设施建设步伐加快。改建平山至黄栗树县乡四级公路14.6公里，修建大西邑至黄栗树弹石路20公里，完成白（路）环（州）公路50.3公里四级公路改建的测试、田（心）东（坡）公路水毁修复测设及发窝小石桥公路测设。年末，全县拥有公路1043公里。128个村民委员会中已有122个通公路，占村民委员会总数的95.3%。

邮电通信事业迅速发展。完成东坡乡至环州乡11.5杆公里的光缆架设工程，九厂、高桥、猫街3个电信支局、所用户缆线建设配套工程，城郊麦岔方向缆线建设配套工程；架通了发窝乡至万德乡19.2杆公里的光缆通信线路，铺设了万德乡市话电缆3.5公里，县城开发区至狮山路大街地下通信管道640米；开通了插甸乡至田心乡的数环电路；改造了平田、石头房片接入网基站变压器及高压引入；将高桥镇主干电缆由300对扩为1000对。全年完成邮电业务总量1373万元，比上年增长12.1%。程控电话交换机容量11480门，固定电话用户11280户，移动电话用户2565户。

全年财政自收收入3416万元，比上年增长6.8%；财政支出15426万元，比上年增长30.2%。国家税务局完成税收1469.96万元，比上年增长12.99%。地方税务局完成税收1580.5万元，比上年增长4.4%。全县金融机构年末各项存款余额55223万元，比上年增长14.7%，其中城乡居民储蓄存款34319万元，比上年增长10.4%；各项贷款余额34565万元，比上年增长3.9%。货币净投放12498万元，比上年增长18.6%。全县保险费收入978万元，比上年增长40.1%；赔付支出527万元，比上年增加5.8倍，赔付率为53.9%，比上年上升了43个百分点。

【教科文卫】　2000年，全县有幼儿园4所，在园幼儿1613人；中、小学470所，在校学生41358人，其中高中学生1272人，初中学生12101人，小学生27985人；在职教职工2355人，其中专任教师2112人。适龄儿童入学率99.5%；小学升初中的升学率100%。全县实现了基本普及九年义务教育。民族小学、民族初中、民族高中一条龙的民族教育体系进一步巩固和完善。少数民族适龄儿童入学率达98.9%，少数民族小学生升入初中的比例达98.6%。

科技工作进一步加强。在县城主街道建起了20块400米长的科普长廊；在乡（镇）建起科普宣传栏26个；与县电视台联合举办《科普园地》专题；招收农函大学员783人；举办各类实用技术培训班248期，参训12000人次；放映科普电影、录像79场次，观众20110人次；举办科普展览12期，观众2400人次；举办科技讲座1场，科普上街宣传9场次，科普巡回展览7场次；印发科普资料9600份，发放科技书籍1600册。组织实施苦良姜、灵芝、太空辣椒、玉米新品种云优167、脱毒马铃薯、那氏778诱导剂、YN增产素、新型多孔塑料制钵器8个项目的科技试验、示范和推广。加大农村能源沼气池的建设和武定壮鸡的开发力度。组织申报科技进步奖项目2项，其中1项获州级科技进步一等奖，1项获州级科技进步三等奖。

文化事业进一步发展。重大节日，城乡均组织文体庆祝活动，有耍龙舞狮、花灯、民族歌舞、对唱、小品、彝剧。此外，中国昆明国际旅游节期间，4月10日至5月10日在武定狮子山举行为期1个月的民族民间文艺展演活动，全县13个乡（镇）和县属单位共16支代表队429名演员参加演出，共上演民族民间优秀民舞、民歌、民乐、礼俗等节目104个，演出96场次，观众18080人次。年内，县专业文艺队文艺演出48场，观众5万余人次。乡（镇）业余文艺队74支，文艺演出248场，观众9万多人次。2月，县农民业余美术学校举办历时20天的美术创作培训班，参训16人。业余美术学校教师王建才创作的《彝山神韵》、《苗家姐妹》、《托起新世纪的太阳》等6件美术作品在上海参加全国农民画展。王建才被评为全国文化先进工作者，于2000年2月16日参加国家文化部、人事部在北京人民大会堂召开的全国文化系统先进表彰会。8月，县文化馆孙国柱艺术作品参加省委、省政府在昆明主办的文化产业高级研讨会暨洽谈会上展览，木雕和刺绣2件作品获一等奖。图书馆阅读室全年接待读者6936人次，阅读书刊13872册次；查阅资料77种，174册；外借外流通3733人次，5115册次；办借书证150个；租书60人次269册次。全县15个文化站图书借阅7816人次，办墙报132期，黑板报186期。全年放映电影751场，观众56000人次，放映收入162000元。免费放映720场，解决了贫困山区农民看电影难的问题。广播电视事业快速发展。投资60万元，架设了白花山至武定县城的广播电视电缆干线网，实现了同州局的联网。投资15万元，对城区原有线电视网络进行维修，并对部分干线作了更新改造。投资25万元，购置摄像机3台、编辑机、播出机二套4台，使自办电视节目的采、编、播实现了全数字化。发展有线电视新用户818户。全县广播覆盖率80%，电视覆盖率85%。全年共开播260天750小时，自办广播新闻节目152组1132条；播放电视3658000多小时，自办电视新闻节目152组1102条。武定电视新闻，被中央电视台采用播出19条，楚雄电视台采用播出298条。

体育事业健康发展。组织第三届“健身杯”篮球赛，有24个单位23支男子篮球队、6支女子蓝球队参加比赛。全州中学生田径比赛，武定县代表队获金牌6枚、银牌7枚、铜牌7枚，团体总分第四名。武定县残疾人运动员陈海琼、张昆凤、顾明艳参加在上海举行的中华人民共和国第五届残疾人运动会，获金牌3枚、银牌2枚、铜牌4枚。

医疗卫生事业进一步发展。医药工作不断加强，医疗卫生条件进一步改善。有县卫生单位18个，床位418张，卫生技术人员471人；乡（镇）卫生院13个，村民委员会卫生所128个，乡、村卫生技术员273人。基本实现人人享有初级卫生保健目标。县内传染病发病率119.8例/10万人，四苗覆盖率92.7%，食品卫生合格率82.9%。地方病得到控制，其他疾病防疫工作得到加强。

【扶贫工作】 扶贫攻坚取得新的成绩。全年共投入扶贫资金842万元，完成坡改梯3875亩，中低产田改造3000亩，新建小水池（窖）926个，小坝塘4件，沟渠41条56160米，改善灌溉面积3500亩，解决了6279人4147头大牧畜的饮水困难。全县贫困人口又有20844人解决了温饱。

【旅游】 投资200万元，在狮子山风景名胜区完成供水管道架设，提水设备、厂房建设，牡丹山水园芍药基地建设，牡丹试验基地和花卉大棚建设。投资8万余元，举办民族民间文艺展演和名特优商品展销活动。民族民间文艺展演，共有16个文艺代表队429名演员参加，演出特色节目100个62场次，游客观看14080人次；名特优商品展销活动共展出旅游商品、旅游保健品、石雕木雕工艺品和土特产品217种，销售额31732元。全年接待游客96662人次，营业收入371万元，分别比上年增长34%、33%。

【社会生活】 2000年末，全县职工8929人，工资总额7772.9万元，人均年工资总额8341元，分别比上年增长11.1%、12.1%。城镇居民年人均可支配收入4912元，比上年增长10.5%。农民人均纯收入1385元，比上年增长2.7%。全年出售公有住房72套8200平方米，城镇居民住房条件进一步改善。“8.21”地震恢复加固工作进展顺利。保障制度规范化和管理服务社会化体系逐步完善。各类企业事业单位和个体工商户2693人参加社会养老保险，城镇职工养老金社会化发展发放率达100%；医疗保险参保207户，10553人，参保率96.7%；城镇登记失业率已控制在3.5%以内，发放失业救济金35.8万元，就业率88%；劳务输出1160人。

【近城镇】 辖城区、狮山、狮高、麦岔、铺西、香水、白邑、西和、乌龙、恕德、古柏、夭鹰、新村13个村民委员会，149个自然村，177个村民小组。总人口48076人，其中汉族35019人，彝族7945人，苗族2913人，傈僳族1146人，回族687人，傣族222人，其他民族144人。农业人口36168人，占总人口的75.2%。有耕地31766亩，其中水田19374亩，旱地12392亩。全年粮食总产1401万千克，农业人口人均产粮387千克。烤烟总产22.6万千克，产值179.6万元。水果总产68.2万千克。出产核桃1.52万千克、板栗16.8万千克、花椒2054千克、松子11880千克，林业产值254万元。大牲畜存栏9003头，出栏2536头；生猪存栏24738头，肥猪出栏31397

头；山绵羊存栏7815只，肉羊出栏6151只；家禽存栏48551只，肉禽出栏110619只。养蜜蜂4006群，产蜂蜜23527千克。畜牧业产值1429万元。有企业1992个，其中集体企业17个，个体企业1925个，私营企业50个，从业人员5186人，营业收入39196万元。工农业总产值12024万元（1990年不变价），其中工业总产值8918万元。农村经济总收入11974万元，农民人均纯收入1176元。财政自收收入696万元。有初级中学2所，34个班，在校学生1608人，专任教师113人。完全小学14所44个教学点，135个班，在校学生3077人，专任教师195人。“两基”工作通过省级验收。有卫生院1所，医务人员10人；村级卫生所13所，卫生员34人。人口自然增长率9‰，无计划外生育。广播、电视人口覆盖率分别达100%和98%。年内，投入农田水利基本建设资金223.3万元，其中国家补助190.6万元，群众自筹32.7万元，投入劳动工日51.2万个，完成工程量22万立方米，修复乡村道路16条33.2公里，治理水土流失面积5401亩，其中坡改梯110亩，种植水保林3871亩，经济林果1420亩；新建人畜饮水工程5件，水池20个，改善灌溉面积630亩，解决了286户932人和570头大牲畜饮水困难。镇党委书记李琼会（女），镇长胡友邦。

【高桥镇】 辖高桥、花桥、海子、老滔、唐家、勒外、大村、马鞍8个村民委员会，132个村民小组。总人口24811人，其中汉族14771人，彝族7715人，苗族1962人，傈僳族474人，傣族43人，回族7人，其他民族433人。农业人口23983人，占总人口的96.7%。有耕地24065亩，其中水田15063亩，旱地9002亩。全年粮食总产976万千克，农业人口人均产粮407千克。烤烟总产44万千克，水果总产48.7万千克。大牲畜存栏6984头，出栏2422头；生猪存栏14037头，肥猪出栏18191头；山绵羊存栏5638只，肉羊出栏4841只；家禽存栏34127只，肉禽出栏63251只。有乡镇企业914个，从业人员3002人，营业收入15761万元，工业总产值2250万元（1990年不变价）。农村经济总收入4801万元，农民人均纯收入1000元。有初级中学1所，小学35所（含教学点），卫生院1所。年内动工水利工程59件，完工59件。镇党委书记李建华，镇长李有志。

【猫街镇】 辖猫街、白子、仓房、汤郎、永泉、七排、大厂、半山、白云庵、大麦地、龙庆关、秧草地、麦地冲、五柞甸、三家村15个村民委员会，165个村民小组。总人口25343人，其中彝族13149人，汉族9150人，苗族2803人，回族196人，傈僳族34人，傣族6人，其他民族5人；农业人口24440人，占96.4%。有耕地31018亩，其中水田14602亩，旱地16416亩。全年粮食总产955.9万千克，农业人口人均产粮391千克，分别比上年增长1.7%、1%。种植烤烟6263亩，总产123万千克，水果总产59.7万千克。大牲畜存栏11926头，出栏2247头；生猪存栏13713头，肥猪出栏13398头；山绵羊存栏16558只，肉羊出栏7866只；家禽存栏43594只，肉禽出栏67553只。有企业458个，从业人员1365人，营业收入13717万元，工业总产值1270万元（1990年不变价）。农村经济总收入4180万元，农民人均纯收入918元，分别比上年增长1.8%、7.9%。有初级中学1所，小学46所（含教学点），卫生院1所。年内动工水利工程97件，完工95件。镇党委书记廖天荣，镇长阳庆富。

【九厂乡】 辖九厂、姚铭、陈官、乐美、羊旧、贺铭、禄金、滑坡、椅子甸9个村民委员会，110个村民小组。总人口22606人，其中：汉族17558人，彝族3105人，苗族1873人，傈僳族32人，傣族23人，其他民族15人；农业人口21965人，占总人口的97.2%。有耕地24507亩，其中水田16034亩，旱地8473亩。全年粮食总产1145.4万千克，农业人口人均产粮521千克。烤烟总产35.6万千克，水果总产36.6万千克。大牲畜存栏6647头，出栏1689头；生猪存栏13813头，肥猪出栏17719头；山绵羊存栏5899只，肉羊出栏4278只；家禽存栏40452只，肉禽出栏61447只。有乡企业460个，从业人员1839人，营业收入8008万元，工业总产值2768万元（1990年不变价）。农村经济总收入3957万元，农民人均纯收入776元，分别比上年增长5.4%、2.8%。有初级中学1所，小学22所，卫生院1所。年内动工水利工程15件，完工15件。乡党委书记冯毅，乡长余春明。

【插甸乡】 辖插甸、安德、古普、哪吐、增益、和尚庄、老木坝、上沾良、安拉、康照、水城、乐茂河12个村民委员会，142个村民小组。总人口22446人，其中：汉族10212人，彝族5573人，傈僳族3383人，苗族3011人，傣族42

人，其他民族225人；农业人口21796人，占总人口的97.1%。有耕地26481亩，其中水田10312亩，旱地16169亩。全年粮食总产857.8万千克，农民人均产粮394千克。烤烟总产29万千克，水果总产20.3万千克。年末，大牲畜存栏9294头，出栏3156头；生猪存栏18379头，肥猪出栏19632头；山绵羊存栏12492只，肉羊出栏6831只；家禽存栏31917只，肉禽出栏58468只。有乡镇企业379个，从业人员1742人，营业收入6930万元，工业总产值1192万元（1990年不变价）。农村经济总收入2568万元，农民人均纯收入545元，分别比上年增长6%、5.6%。有初级中学1所，小学46所（含教学点），卫生院1所。年内动工水利工程10件，完工10件。乡党委书记韩正权，乡长刘发军。

【田心乡】 辖田心、火干、鲁期、利米、普龙、法块、德德卡、鸡街子8个村民委员会，100个村民小组。总人口18397人，其中汉族9332人，傈僳族3197人，彝族3124人，傣族1941人，苗族796人，其他民族7人。农业人口17940人，占总人口的97.2%。有耕地18038亩，其中水田7961亩，旱地10077亩。全年粮食总产608.2万千克，农业人口人均产粮339千克。烤烟总产值24万千克，水果总产117.4万千克，年末，大牲畜存栏8180头，出栏3034头；生猪存栏11800头，肥猪出栏16703头；山绵羊存栏9068只，肉羊出栏7002只；家禽存栏30239只，肉禽出栏54211只。有乡镇企业233个，从业人员685人，营业收入1240万元，工业总产值351万元（1990年不变价）。农村经济总收入1862万元，农民人均纯收入701元，分别比上年增长2.5%、5.1%。有初级中学1所，小学31所（含教学点），卫生院1所。年内动工水利工程43件，完工20件。乡党委书记姚建明，乡长李凤先。

【发窝乡】 辖山品、自期、发窝、分多、花园、它亨、乍基、中村、大西邑、阿庆争、阿过咪11个村民委员会，124个村民小组。总人口14698人，其中：彝族6288人，汉族4303人，傈僳族2365人，苗族1742人；农业人口14357人，占总人口的97.7%。有耕地14921亩，其中水田2054亩，旱地12867亩。全年粮食总产520.8万千克，农业人口人均产粮363千克，分别比上年增长9.2%、9.7%。烤烟总产0.4万千克，水果总产42.3万千克。大牲畜存栏9183头，出栏1397头；生猪存栏12902头，肥猪出栏10363头；山绵羊存栏14429只，肉羊出栏8554只；家禽存栏35755只，肉禽出栏74361只。年内，动工水利工程170件，完工162件。有企业141个，从业人员229人，营业收入555万元，工业总产值105万元（1990年不变价）。农村经济总收入1417万元，农民人均纯收入621元，分别比上年增长21.5%、35.6%。有初级中学1所，小学33所（含教学点）。有1所云南省立民族医院。乡党委书记杨正学，乡长余和强。

【万德乡】 辖万德、支卧、胜德、自乌、团碑、岩脚、马德平、以安拉8个村民委员会，151个村民小组。总人口16854人，其中汉族8168人，彝族5345人，苗族1649人，傈僳族1426人，傣族263人，其他民族3人。农业人口16469人，占总人口的97.7%。有耕地22258亩，其中水田6800亩，旱地15458亩。全年粮食总产553.5万千克，农业人口人均产粮336千克。烤烟总产32万千克，水果总产16.8万千克。年末，大牲畜存栏8357头，出栏2580头；生猪存栏11706头，肥猪出栏10257头；山绵羊存栏13540只，肉羊出栏10121只；家禽存栏36913只，肉禽出栏57204只。有乡镇企业314个，从业人员565人，营业收入2672万元，工业总产值304万元（1990年不变价）。农村经济总收入1721万元，农民人均纯收入635元，分别比上年增长6.5%、8.9%。有初级中学1所，小学35所（含教学点），卫生院1所。年内，动工水利工程229件，完工208件。乡党委书记任宗耀，乡长李光德。

【己衣乡】 辖己衣、资亨、分耐、板桥、新民、罗能、更德、平山、汤德古9个村民委员会，132个村民小组。总人口15501人，其中：汉族8247人，彝族3487人，傈僳族2097人，傣族1539人，苗族130人，其他民族1人；农业人口15206人，占总人口的98%。有耕地21775亩，其中水田4620亩，旱地17155亩。全年粮食总产620万千克，农业人口人均产粮408千克，分别比上年增长2.1%、2.5%。烤烟总产35.7万千克，水果总产11万千克。年末，大牲畜存栏9438头，出栏1907头；生猪存栏10992头，肥猪出栏10940头；山绵羊存栏16186只，肉羊出栏9951只；家禽存栏30136只，肉禽出栏58303只。有乡镇企业

134个，从业人员590人，营业收入1538万元，工业总产值74万元（1990年不变价）。农村经济总收入3775万元；农民人均纯收入850元，比上年增长8.3%。有初级中学1所，小学33所（含教学点），卫生院1所。年内动工水利工程91件，完工65件。乡党委书记陈正荣，乡长付志跃。

【白路乡】 辖白路、平地、毕家、岔河、小井、中村、古黑、营盘、三合、洒布柞10个村民委员会，106个村民小组。总人口14485人，其中：彝族6138人，汉族4323人，傈僳族2354人，苗族1661人，其他民族9人；农业人口14131人，占总人口的97.6%。有耕地16482亩，其中水田1675亩，旱地14807亩。全年粮食总产483.5万千克，农业人口人均产粮342千克。烤烟总产102万千克，水果总产10.8万千克。大牲畜存栏7867头，出栏1561头；生猪存栏8663头，肥猪出栏8851头；山绵羊存栏16119只，肉羊出栏9008只；家禽存栏37050只，肉禽出栏54281只。有乡镇企业242个，从业人员972人，营业收入2147万元，工业总产值235万元（1990年不变价）。农村经济总收入1548万元，农民人均纯收入586元，分别比上年增长14.7%、13.1%。有初级中学1所，小学47所（含教学点），卫生院1所。年内动工水利工程65件，完工60件。建乡村公路16公里。乡党委书记廉荣山，乡长叶作华。

【环州乡】 辖环州、拉务、他贞、乔山、滔谷、千则古、五谷箐、大雪坡8个村民委员会，78个村民小组。总人口12065人，其中：傈僳族7065人，汉族3168人，彝族1820人，傣族5人，苗族4人，其他民族3人；农业人口11741人，占总人口的97.3%。有耕地13224亩，其中水田344亩，旱地12880亩。全年粮食总产441.4万千克，农业人口人均产粮376千克。烤烟总产32.3万千克，水果总产39.7万千克。大牲畜存栏7115头，出栏1416头；生猪存栏9415头，肥猪出栏8527头；山绵羊存栏16958只，肉羊出栏10808只；家禽存栏29215只，肉禽出栏55699只。农村经济总收入1550万元，农民人均纯收入594元。有乡镇企业102个，从业人员883人，营业收入390万元；工业总产值69万元（1990年不变价）。初级中学1所，小学29所（含教学点），卫生院1所。年内动工水利工程98件，完工83件。乡党委书记申继成，乡长刘翠有。

【东坡傣族乡】 辖东坡、达卧、庄房、水口、东甸、所所卡、以赤叨、白马口8个村民委员会，81个村民小组。总人口14428人，其中：彝族4772人，傈僳族4124人，汉族2739人，傣族2611人，苗族177人，其他民族5人；农业人口14133人，占总人口的98%。有耕地15057亩，其中水田5470亩，旱地9587亩。全年粮食总产556.1万千克，农业人口人均产粮393千克。烤烟总产2.1万千克，水果总产445.8万千克。大牲畜存栏7048头，出栏1794头；生猪存栏8618头，肥猪出栏9197头；山绵羊存栏7970只，肉羊出栏8768只；家禽存栏33527只，肉禽出栏50627只。农村经济总收入2008万元，农民人均纯收入770元，分别比上年增长12%、13%。有乡镇企业312个，从业人员572人，营业收入2256万元，工业总产值201万元（1990年不变价）。小学40所（含教学点），初级中学1所，卫生院1所。年内动工水利工程152件，完工150件；完成东坡至田心公路水毁修复测设。乡党委书记杨明发，乡长李绍才。

【石腊它苗族乡】 辖石腊它、高姑拉、尼嘎古、弯腰树、西菊拉、树沟、已梯、小河、庄良9个村民委员会，80个村民小组。总人口10486人，其中：彝族6860人，苗族1582人，汉族1298人，傈僳族743人，傣族3人；农业人口10166人，占总人口的97%。有耕地13091亩，其中水田1928亩，旱地11163亩。全年粮食总产462.1万千克，农业人口人均产粮455千克。烤烟总产7.9万千克，水果总产19.8万千克。大牲畜存栏5885头，出栏1604头；生猪存栏7468头，肥猪出栏7398头；山绵羊存栏10951只，肉羊出栏6513只；家禽存栏2225只，肉禽出栏46799只。有乡镇企业182个，从业人员498人，营业收入2786万元，工业总产值255万元（1990年不变价）。农村经济总收入1316万元，比上年增长3.3%；农民人均纯收入674元，与上年持平。有初级中学1所，小学24所（含教学点），卫生院1所。年内动工水利工程155件，完工90件。乡党委书记白绍生，乡长王德光。

〔张祚彬〕

禄 丰 县

【行政区划】 2000年末，辖10乡8镇，170个村（居）民委员会，2156个自然村，2191个村民小组。

【人口民族】 2000年末，全县总人口409322人，比上年增长0.55%。在总人口中，农业人口337630人，非农业人口71692人，分别比上年增长0.54%和0.61%。少数民族人口89569人，比上年增长0.3%，占总人口比重为21.9%，其中彝族63636人，比上年增长0.6%，占总人口比重为15.5%；年内全县出生人口6311人，死亡人口2872人，出生率15.4‰，比上年上升0.86个千分点；死亡率7.04‰，比上年增加0.52个千分点。净增人口3439人，自然增长率8.42‰，比上年上升0.29个千分点。

【经济状况】 2000年，全县人民在县委、县人民政府的领导下，进一步调整产业结构和经济结构，扎实有效地开展工作，国民经济和社会发展取得了新的成绩。宏观经济保持较快的增长态势。

全年实现县属国内生产总值（可比价）92216万元，同比增长9.2%。工农业总产值（1990年不变价）达154468万元，其中工业总产值109152万元，同比增长14.5%；农业总产值45316万元，同比增长10.1%。辖区内国内生产总值226597万元（当年价），按可比价格计算比上年增长7.8%；其中：县及县以下（计划口径）国内生产总值165110万元（当年价），按可比价格计算比上年增长9.2%；其中：第一产业增加值63350万元，增长9.3%；第二产业增加值71762万元，增长5.6%；第三产业增加值91485万元，增长9.1%。

全年粮、牧、渔创历史最高记录。年内，农业增加值63350万元，按可比价格计算比上年增长9.3%；农业总产值99236万元，增长10.1%，其中：种植业及其他农业61468万元、林业产值4184万元、牧业产值32108万元、渔业产值1475万元，分别比上年增长5.9%、106.9%、6.2%和6.0%，农产品商品率63.4%，比上年提高了4.4个百分点。主要农产品产量：全年粮食184084吨，增长0.5%，其中：秋粮125368万吨，增长0.9%；夏粮58716吨，增长－0.3%；油料3284吨，增长13.2%，其中油菜籽3078吨，增长13.1%；烤烟10343吨，增长28.0%；茶叶24.2吨，增长9.5%；水果12125吨，增长34.3%。

全年人工造林面积3.75万亩，比上年增长4.5%，零星植树247万株，比上年下降11.2%，封山育林面积7万亩，村及村以下全年木材采伐量41491立方米，比上年增长132.6%。主要林产品产量：板栗2426吨、油桐籽7吨、棕片254吨、核桃104吨、松脂28吨、花椒87吨，分别比上年增长278.5%、900%、464%、153.7%、－79.1%和112.2%。

畜牧业生产全面增长。全年肉类总产量32669吨，比上年增长7.2%，其中猪肉26826吨，增长6.0%；禽蛋产量428吨，增长－9.3%；肉猪出栏335331头，增长6.0%，生猪年末存栏272395头，增长0.4%；大牲畜年末存栏138204头，增长1.8%；山、绵羊年末存栏143638只，增长1.3%；牛奶产量135吨，增长90.1%；绵羊毛产量1吨，增长－75.0%；蜂蜜产量44吨，增长18.9%。人均肉、奶、蛋占有量达81.4千克，比上年增长6.7%。

年末全县拥有农业机械总动力20226万瓦特，比上年增长6.8%，其中：排灌机械4272万瓦特，增长1.6%；农村用电量2598万度，增长12.7%；农用化肥施用量（实物量）50735吨，增长15.2%。

年末乡镇企业15833个，从业人员46764人。完成营业收入34.34亿元，比上年增长0.4%。

辖区内完成工业增加值61899万元，其中县及县以下完成30685万元，按可比价格计算分别比上年增长5.4%和6.2%。全社会完成工业总产值（现行价）140064万元，按1990年不变价格计算比上年增长14.5%（扣除乡镇企业统计范围调整的不可比因素）。其中：国有工业企业产值25342万元，增长－9.6%，集体工业企业产值41153万元，增长－3.4%，股份合作制工业企业产值4277万元，增长－13.7%，其他有限责任公司工业产值 7531 万元，增长 80.4%，其他经济工业 61761 万元，增长 37.7%。非公有制经济工业产值已占工业总值的 52.5%。县及县以上独立核算 23 户工业企业亏损额增加，盈利减少，经济效益比去年有所下降。亏损企业有 8 户，亏损面达 34.8%，亏损面比上年增加 4 个百分点；亏损企业亏损额 1498 万元，比上年增加 591 万元。23 户独立核算工业实现利润 563 万元，比上年减少 1228 万元。县及县以下 23 户独立核算工业企业全员劳动生产率（以工业增加值计算）13964 元/人年。

2000 年全县全社会完成固定资产投资 30921 万元，比上年增长 10.5%。其中：基本建设投资完成 14618 万元，更新改造投资完成 2161 万元，其他投资完成 884 万元，私营企业投资完成 1095 万元，农村集体投资完成 3833 万元，城镇工矿区私人投资完成 589 万元，农村私人投资完成 6320 万元，分别比上年增 40.4%、－36.5%、14.2%、1028.9%、－2.3%、282.5%和－8.2%。国有经济投资 15610 万元，比上年增长 43.8%。本年新增固定资产 26252 万元，比上年增长－4.0%，房屋竣工面积 31.02 万平方米，比上年增长－7.7%，其中住宅竣工面积 21.49 万平方米，比上年增长－18.0%。

全年全社会完成运输、邮电业增加值 35184 万元，其中：县及县以下 14133 万元，分别比上年增长 13.5%和 10.5%。2000 年拥有货车 1699 辆，客车 372 辆，完成货运量 154 万吨、客运量 193 万人，货运周转量 22917 万吨公里，客运周转量 26594 万人公里。邮电业务总量 2655 万元（不变价），比上年增长 24.4%。函件 43 万件、邮政快件及特快件 0.63 万件，集邮业务 20 万枚、汇票 7.43 万张。局用交换机容量 16720 门，实占容量 10867 门。公用电话 1279 部，比上年增长 25.1%；城市电话用户 8985 户，比上年增长 19.6%；乡村电话用户 11918 户，比上年增长 15.6%；全县电话机总数 20903 部，比上年增长 9.1%，每百人平均拥有 5.1 部。

全年社会消费品零售总额 53020 万元，比上年增长 4.4%，其中：国有经济 7562 万元、集体经济 4135 万元、私营个体经济 25812 万元，农民对非农业居民零售 15511 万元，分别比上年增长－28.6%、－35.0%、25.2% 和 17.3%。个体私营经济和农民对非农业居民零售等非公有制经济零售额 41323 万元，比上年增长 22.1%，在整个社会消费品零售额中的比重达 77.9%。集市贸易活跃，全年商品成交额 34470 万元，比上年增长 17.3%。市场价格总水平下降，在低价位运行。各类物价指数为：居民消费价格总指数 99.9%，其中：服务价格指数 108.2%，商品零售价格总指数 99.3%，食品类 97.2%，其中粮食 85.9%，饮料、烟、酒类 101.9%，服装鞋帽类 101.9%，纺织品类 98.6%，中西成药类 104.0%，化妆品类 120.7%，书报杂志类 108.0%，文化体育用品类 106.1%，日用品类 98.3%，家用电器类 94.5%，首饰类 98.9%，燃料类 123.4%，建筑材料类 96.2%，机电产品类 83.0%。农业生产资料类 97.4%。

2000 年财政总收入 19403 万元，其中地方财政自收收入 10057 万元，增长 2.9%；财政总支出 19381 万元，其中县级支出 9122 万元，比上年增 1176 万元，增长 14.8%，乡镇级支出 10259 万元，比上年增 813 万元，增长 8.6%。

金融机构各项存款余额 196993 万元，比年初增长 7.61%。银行贷款适度向农业倾斜。保险事业发展基本正常，全年保费收入 3846 万元，比上年下降 2.9%，其中财产保险费收入 1558 万元、寿险保费收入 2288 万元。支付各种赔款 952 万元，其中财产险支付 795 万元、人寿险支付 157 万元。

【科教文卫体】 2000 年科学事业稳步发展。全年科技推广项目 15 项，科技进步奖励项目 23 项，获州级以上科技奖励项目 8 项。年末各类专业技术人员 5790 人，其中事业单位 5209 人，企业单位 581 人。县级各类自然科学、社会科学协会、学会 16 个，乡镇科普协会 18 个，农民专业技术研究会 59 个，科技网络初具规模。

2000 年全县各类普通学校（含教办、其他办）503 所（点），比上年减少 27 所（点），其中小学减少 27 所（点），在校学生 52640 人，比上年减少 1.3%，毕业生 11306 人，比上年增长 0.4%，招生人数 10866 人，比上年减少 1.8%，适龄儿童入学率 99.7%，比上年下降 0.17 个百分点。职业学校 2 所，专任教师 40 人，在校生 600 人，比上年增长 0.5%，毕业生 240 人，比上年增长 56.9%，招生人数 276 人，比上年增长 46.8%。幼儿园 11 所、211 班，其中学前班 157 班。在园幼儿 6167 人，其中学前班 4227 人。新入园幼儿 5146 人，其中学前班 4227 人。新入园幼儿 5146 人，其中学前班 4227 人。全县弱智儿童随班就读在校生 198 人，比上年下降

26.4%。

2000年末共有电影放映、发行机构13个，文艺表演团体1个，博物馆1个，公共图书馆1个，影剧院1个，县级文化馆1个，乡镇文化站18个。电视发射机221座，卫星地面站1250座，其中系统内1114座，分别比上年增长7.7%和8.1%。有线广播电视站24个，其中系统内16个，总用户3.38万个，电视覆盖率95.4%。县广播站1个，乡（镇）广播站18个，广播覆盖率100%，居全州首列，实现了“村村通广播电视”的目标，2月被评为全国广播电视先进县。

辖区内各类医疗卫生机构（含诊所）77个，病床1275张，比上年增长2.4%。全部卫生人员总数1482人，其中卫生技术人员1230人。县卫生部门卫生机构26个，病床816张。卫生人员总数849人，其中卫生技术人员697人。在卫生技术人员中：副主任西医师4人、副主任中医师1人、主管医药护技师117人、中医师39人、西医师110人、护师93人、西医士130人、中医士4人、护士123人。在卫生技术人员总数中，个体开业49人。农村设置医疗点169个，占村（居）委会的99.4%，有乡村医生和卫生人员335人。

2000年全县举办各种运动会11次，参加运动员1297人，少体校1所79人，国家体育锻炼标准发展人员41531人。代表楚雄州参加省农民运动会，代表团共获得金牌3枚、银牌5枚、铜牌4枚，田径代表队获道德风尚奖的表彰。参加全国“泰迪杯”无极健身球、保健操比赛获得优秀奖。

【人民生活】 据100户农村住户抽样调查显示，2000年农民人均纯收入1890元，农民人均可支配收入1825元，分别比上年增长3.0%和0.8%。农民人均生活消费支出1477元，比上年下降6.5%。城镇居民人均可支配收入6169元，扣除价格下降因素，实际增长11.1%；人均消费支出4718元，比上年下降9.8%，人均非消费性支出2307元，比上年增长1.7倍。购房与建房支出大幅增加，比上年增长4.8倍。城乡居民每百户拥有高、中档耐用消费品为自行车：城镇居民186辆、农村居民85辆；电冰箱：城镇居民87台、农民居民5台；电视机：城镇居民106台、农村居民95台；洗衣机：城镇居民97台、农村居民39台；电风扇：城镇居民73台、农村居民25台；组合音响：城镇居民57台、农村居民5台；照相机：城镇居民43台、农村居民5台；移动电话：城镇居民53台；抽排油烟机：城镇居民93台；摩托车：城镇居民33辆、农村居民4辆；录相机：城镇居民20台、农村居民4台；影碟机：城镇居民73台、农村居民16台。

年末辖区内从业人员25515人，比上年减少4091人，下降14.9%。2000年安置就业人数1738人。本年职业介绍指导3000人次，介绍成功2276人次；就业训练培训2125人，其中获得技术等级证书129人，获得结业证书185人。登记失业率2.97%，比上年下降0.88个百分点。2000年末全县参加养老保险职工11644人，其中参加基本养老保险6940人，参加退休费社会统筹4704人，分别比上年增长-1.4%、-7.2%和8.4%，参加工伤保险统筹职工7148人，社保机构全年实际发放养老金金额2582万元。县民政部门举办社会福利院1所，病床30张，在院人员15人。城乡举办敬老院17所，床位683张，供养老人459人。全县已建立城镇最低生活保障制度，有987人受到最低生活保障救济。城乡各种社会救济对象得到国家救济达21215人。国家抚恤补助各类优抚对象10583人，妥善安置了退伍军人的生活和就业。参加农村社会养老保险在保人数67948人，其中当年新投保520人，当年保费收入27.2万元，本年领取保险金人数469人，比上年增长66.3%。

2000年省、州、县三级投入扶贫资金945.52万元。其中：农田水利建设项目省、州配合投资225万元，完成小坝塘16件，沟渠13件10公里，小池窖45件，人畜饮水工程7件6.8公里，其他工程8件，中低产田地改造447亩。解决5171人、4336头大牲畜饮水困难。小额信贷扶贫资金累计到位550万元，在全县7个乡（镇）、67个村、1191个贷款小组组织实施。启动2个温饱村建设，完成小坝塘建设1件，配套沟渠2件3.2公里，人畜饮水工程2件9.2公里，沼气池82个，村庄道路2条4.4公里，新植经济林果270亩，科技培训20期2500人。党员干部结对帮扶使843户3050人解决了温饱。

【金山镇】 全镇辖15个村（居）民委员会，140个自然村，215个村民小组。总人口54737人，其中：女性26603人，非农业人口2031人，少数民族6299人，占总人口的11.5%，其中彝族4527人，占71.9%，其他民族1772人，占28.1%。2000年全镇经济总收入61074.4万元，粮食总产量2464.2

万千克，农民人均产粮450千克。油料产量56.3万千克。烤烟产量36.50万千克。农民人均纯收入2729元。乡镇企业总收入52518万元。年末有耕地面积30199.5亩。当年农田水利建设工程动工59件，完工50件，效益农田16692亩，解决人畜饮水777户，2840人，790头牲畜。镇党委书记陈登贵，张绍文；镇长钱华先。

【仁兴镇】 辖12个村委会，有102个自然村，148个村民小组。总人口35110人，其中女性16287人，非农业人口3017人，占8.6%。少数民族6161人，占17.5%，其中苗族3316人，占9.4%，其他民族2745人，占8.1%。2000年全镇经济总收入16956.86万元，粮食总产量14602吨，农民人均产粮416千克。油料产量409500千克，烤烟产量159.39万千克。农民人均纯收入1926元。乡镇企业总收入18621万元。年末有耕地面积28653亩。当年动工水利建设59件，完工50件，水库蓄水1028万立方米。镇党委书记刘伟祯，镇长周绍华。

【碧城镇】 辖15个村委会，115个自然村，228个村民小组。总人口43689人，其中：女性21576人，非农业人口1909人，占4.4%。少数民族2421人，占5.5%，彝族1447人，占3.3%，其他民族974人，占2.2%。2000年全镇经济总收入30129.6万元，粮食总产量1575.4万千克，农民人均产粮361千克，油料产量30.06万千克。烤烟产量150.46万千克。农民人均纯收入1707元。乡镇企业总收入33531万元。年末有耕地面积29048亩。农田水利建设动工168件，完工144件，完成人畜饮水工程8件，解决368户，1500余人，760头大牲畜饮水问题。镇党委书记史祥，镇长李福昌。

【勤丰镇】 辖11个村委会，105个自然村，159个村民小组。全镇总人口26644人，其中：女性12905人，非农业人口3076人，少数民族4301人，占16.2%，其中苗族2297人，占8.6%，其他民族2004人，占7.8%。2000年全镇经济总收入11274.29万元，粮食总产量1071万千克，农民人均产粮402千克，油料产量18.51万千克，烤烟产量66.1万千克，农民人均纯收入1995元，乡镇企业实现利润1856万元。年末有耕地面积18038亩。当年农田水利建设动工96件，完工90件，解决2617人，836头大牲畜饮水困难。镇党委书记陈长来，镇长姜永祥。

【一平浪镇】 辖3个村民委员会，44个自然村，35个村民小组。总人口27227人，其中女性13172人，非农业人口21955人，占81%，其中彝族4185人，占15%。2000年全镇经济总收入35672.39万元，粮食总产量280.1万千克，乡镇企业总收入45448万元，商品蔬菜种植1029亩，产值178.25万元。农民人均纯收入2654元。镇党委书记蒋华荣，副镇长杨俐昆（主持政府工作）。

【舍资镇】 辖12个村委会，214个自然村，139个村民小组。总人口21055人，其中：女性10346人，农业人口20132人，占96%。少数民族4861人，占23%，其中：彝族3237人，占15%，其他民族1630人，占18%。2000年全镇经济总收入12911.3万元，粮食总产量14631吨，农民人均产粮695千克，油料产量10.98万千克，烤烟产量78.9万千克，人均纯收入1905元，乡镇企业总收入13615万元。年末有耕地面积436129亩，当年农田水利建设完成工程68件，新增浇灌面积120亩，解决330人，125头大牲畜饮水困难。镇党委书记王照，镇长董加才。

【广通镇】 辖9个村民委员会，219个自然村，118个村民小组。总人口32522人，其中：女性15563人，非农业人口11277人，占35%。少数民族9351人，占总人口的29%，其中：彝族7880人，占24.23%，其他民族1471人，占4.77%。2000年全镇经济总收入46405万元，粮食总产量1256.29万千克，农民人均产粮591千克，油料产量83630千克，烤烟产量67.2万千克，人均纯收入2384元，乡镇企业总收入40005万元，年末有耕地面积26900亩，当年农田水利建设完工77件。新增灌溉面积125亩，新增蓄水5万立方米，解决118户，566人，270头大牲畜饮水困难。镇党委书记乐德云，镇长雷鸣。

【黑井镇】 辖10个村委会，122个自然村，128个村民小组。总人口19713人，其中：女性9612人，非农业人口1593人，少数民族7623人，占38.7%，其中彝族5011人，占25.4%，回族2462人，占12.5%，其他民族150人，占0.8%。2000年全镇经济总收入434.55万元，粮食总产量569.6万千克，农民人均产粮290千克。油料产量1154千克，烤烟产量21.9万千克。农民人均纯收入850元，乡镇企业总收入4910万元。年末有耕地面积16607亩。当年农田水利建设工程动工13件，解决4个村1200人的饮水困难。镇党委书记延春科；镇长卜贵平（－2000.6），赵丽（2000.6－）。

【中村乡】 辖9个村委会，136个村民小组，135个自然村。全乡总人口16399人，其中女性8042人，非农业人口598人，少数民族人口7031人，占43%，其中彝族4389人，占27%，其他民族2642人，占16%。2000年全乡经济总收入5027.03万元，粮食总产量6606022千克，农民人均产粮582千克。油料产量376884千克，烤烟产量40.7万千克，农民人均纯收入1429元。乡镇企业总收入12245万元，年末有耕地面积17101亩，当年农田水利建设动工78件，完工57件，全乡有小（一）型水库1座，小（二）型水库10座，总沟渠102000米，水库容量达479万立方米。耕地水利化程度达68%。乡党委书记李红芸，乡长包福荣。

【大路溪乡】 辖5个村民委员会，59个自然村，77个村民小组。总人口10726人，其中：女性5094人，少数民族3406人，占31.8%，其中：彝族1568人，占14.62%，苗族1052人，占9.8%，其他民族786人，占7.32%。2000年全乡经济总收入2426万元，粮食总产量614.3万千克，农民人均产粮573千克。油料产量12.4万千克，烤烟产量59.3万千克，农民人均纯收入1288元，乡镇企业总收入4020万元。年末有耕地面积13132亩。当年农田水利建设投资52万元，完成水利建设工程37件，新增库容1.6万立方米。乡党委书记李丕贤（－2000.2），山忠贵（2000.2－）；乡长李兴友。

【和平乡】 辖8个村民委员会，64个自然村，81个村民小组。全乡总人口11173人，其中女性3664人，非农业人口736人，少数民族人口2445人，占21%，其中苗族1552人，占13%，其他民族888人，占8%。2000年全乡经济总收入3232.36万元，粮食产量693.6万千克，农民人均产粮594千克。油料产量12.93万千克，烤烟产量71万千克，农民人均纯收入1370元，乡镇企业总收入5900万元。年末有耕地面积15223亩。当年农田水利建设动工36件，完工33件，解决了730人，380头大牲畜饮水问题。乡党委书记王建国，乡长唐子明。

【腰站乡】 辖6个村民委员会，120个自然村，125个村民小组。全乡总人口16299人，其中女性7944人，非农业人口624人，少数民族372人，占2.2%，其中苗族197人，占1.2%，其他民族175人，占1.0%。2000年全乡经济总收入14019.37万元，粮食总产量893.8万千克，烤烟产量31万千克，农民人均纯收入1831元，乡镇企业总收入12360万元。年末有耕地面积18844亩。当年农田水利建设动工134件，完工115件，增加库容1万立方米，完成人畜饮水工程2件，解决了207人的饮水困难。乡党委书记王开禄，乡长周宗贵。

【土官乡】 辖5个村民委员会，55个自然村，57个村民小组。全乡总人口11773人，其中女性5856人，非农业人口1028人，少数民族1041人，占8.8%，其中彝族546人，占4.6%，苗族460人，占3.9%，其他民族32人，占0.3%。2000年全乡经济总收入3933.9万元，粮食总产量630.1万千克，农民人均产粮539千克。油料产量20.5万千克，烤烟产量32.11万千克，农民人均纯收入1519元，乡镇企业总收入13480万元。年末有耕地面积13214亩。当年农田水利建设工程动工73件，完工6件，总库容量504立方米。乡党委书记李春荣，乡长王德荣。

【川街乡】 辖10个村民委员会，125个自然村，135个村民小组。总人口17415人，其中女性8443人，非农业人口563人，少数民族1562人，占9%，其中彝族1156人，占5%，其他民族406人，占4%。2000年全乡经济总收入3955万元，粮食总产量126万千克，农民人均产粮476千克。油料产量6.35万千克，烤烟产量26.64万千克，农民人均纯收入1065元，乡镇企业总收入5960万元。年末有耕地面积17098亩。当年农田水利建设动工各类水利工程100件，解决了456户1802人、948头大牲畜的饮水问题。乡党委书记刘新平，乡长张必旺。

【罗川乡】 辖10个村民委员会，106个自然村，93个村民小组。总人口17314人，其中女性8473人，非农业人口1034人，少数民族6447人，占37.2%，其中彝族4514人，占26.1%，其他民族156人，占11.0%。2000年全乡经济总收入7578.07万元，粮食总产量1397万千克，全年人均产粮707千克。油料产量35.34万千克，全年发展早熟蔬菜 11100 亩，总产达 14468.5 吨，实现产值 868.1 万元。优质稻 11375 亩，产量达 6256 吨，农民人均纯收入 1834 元。乡镇企业总收入 13255 万元。年末有耕地面积 28575 亩。完成钢塑联体大棚建设安装 12 座，面积 50 亩，并配套了管理加工设施。乡党委书记张忠明，乡长杨学忠。

【旧庄乡】 辖 7 个村民委员会，104 个自然村，81 个村民小组。总人口 11154 人，其中女性 5526 人，非农业人口 756 人，少数民族 2216 人，占总人口的 19.8%，其中彝族 2056 人，占 18.43%，其他民族 160 人，占 1.37%。2000 年全乡经济总收入 3111.94 万元，粮食总产量 620.5 万千克，农民人均产粮 556 千克。油料产量 6 万千克，烤烟产值 354 万元。农民人均纯收入 1695 元，乡镇企业总收入 11584 万元。年末有耕地面积 17196 亩。当年农田水利建设工程动工 152 件，完工 151 件，解决了 7 个村民小组 1156 人、549 头大牲畜的饮水问题。乡党委书记普庆明，乡长杨发元。

【高峰乡】 辖 8 个村民委员会，87 个自然村，75 个村民小组。总人口 10259 人，其中女性 5004 人，非农业人口 295 人，汉族 1481 人，少数民族人口 8778 人，其中彝族 8579 人，占 83.6%。2000 年全乡经济总收入 870.67 万元，粮食总产量 393 万千克，农民人均产粮 450 千克。油料产量 3637 千克，烤烟产量 35.9 万千克，农民人均纯收入 484.07 元。乡镇企业总收入 9865 万元。年末有耕地面积 14080 亩。乡党委书记龙兴俊，乡长张晓鸣。

【妥安乡】 辖 13 个村民委员会，147 个自然村，152 个村民小组。全乡总人口 25613 人，其中女性 12247 人，非农业人口 857 人，少数民族 10101 人，占总人口的 39.4%，其中彝族 10041 人，占 39.2%，其他民族 57 人，占 0.2%。2000 年全乡经济总收入 14331 万元，粮食总产量 1158.9 万千克，烤烟产量 85.5 千克，油料产量 2.17 万千克。农民人均产粮 465 千克，农民人均纯收入 1367 元。乡镇企业总收入 17100 万元。年末有耕地面积 27618 亩，当年农田水利建设工程完工 91 件，全乡蓄水库容达 384 万立方米，改善灌溉面积 200 亩。乡党委书记何连海（－2000.10），乡长杨平昌。

〔王 芬〕

楚雄经济技术开发区

2000 年，云南省楚雄经济技术开发区高举邓小平理论伟大旗帜，坚持以邓小平理论和党的十五大精神为指针，以“三个有利于”为标准，按照江总书记“三个代表”的要求，紧紧围绕中共楚雄州委、州人民政府提出的“把楚雄州建设成为经济特色显著、彝族文化荟萃、人与自然和谐、群众生活富裕的经济文化强州”的战略目标和“突出一个重点，促进两个转变，打好三个基础，实施四大战略，建设五大产业”的工作思路以及中共楚雄市委、市人民政府提出的“强化辐射功能，优化投资环境，塑造崭新形象，推进城市化进程，面向未来，抢抓机遇，深化改革，促进开放，调好结构，拓宽市场，搞活流通，带动全州”的整体工作思路，经过两届领导班子和全体建设者 8 年的奋斗历程，取得了令人瞩目的成就。区内呈现出经济繁荣，社会进步，生活安定，民族团结，人民生活水平不断提高的良好局面。

【财政收入】 2000 年，开发区实现社会总产值 13.5 亿元，全年完成现价国内生产总值（GDP）3.1 亿元，实现地方财政自收收入 5225 万元（含永安镇），比上年同期增加 1414.89 万元，增长 37.13%，在楚雄市财政收入中所占比重达 21.1%，预算支出 4636 万元，比上年同期减支 137 万元，下降 2.87%。开发区地税分局共组织入库收入 3791 万元，比上年同期增收 1059 万元，组织市级收入 3472 万元，比上年增收 905 万元，增长 35%，占开发区财政收入的 69%；开发区国税分局完成税收 4869 万元，比上年同期增收 1907 万元，增长 64%。市政府下达地方收入计划 775 万元，实际完成 865 万元，比上年同期增收 377 万元，增长 77.3%；开发区城市信用社年末存款余额 1.7592 亿元，贷款余额 1.4108 亿元，完成各项收入 1045 万元，实现利润 65.3 万元。

【投资环境】 1999 年以来，州委、州政府相继发文，明确开发区是隶属于楚雄市政府的正县级行政单位，开发区管委会为县一级行政主体，享有州一级的经济管理权和县一级的行政管理权。在州、市党委、政府的大力推动下，采取授权的方式赋予开发区州一级计划和项目投资审批权，辖区规划、建设和管理权，土地使用审批权，工商行政管理权，文化市场审批管理权和县（市）一级的刑事诉讼、社会治安管理权（县一级的公安执法权）。至此，开发区的工作机构基本健全，体制环境更加优化，使开发区在管理体制上和运作机制上具备了高效率和迅速决策的权力，形成了开发区特殊的体制环境。与此同时，开发区积极推进体制创新，探索“小政府、大社会，小机构、大服务”的路子，在机构设置上力求少而精，少环节、少层次，同时简化手续，提高工作效率，方便企业和投资者；强化服务创新，大力提倡现场办公、登门服务、限时服务，开展项目进区的“一条龙”、“一站制”、“一道门办公”服务；项目建设的“全方位”服务、开工建设后的“经常性”服务和重点项目的“领导跟踪”服务；实施依法治区，对投资者实行规范管理，切实保护投资者的合法权益，规范和完善了收费制度，清理收费项目，实行了收费许可证和登记卡制度，在所有制、劳动用工、土地、分配等方面进行了以市场为取向的改革。

2000 年，开发区紧紧围绕州委确定的把开发区建成科工贸综合型、多种经济成份共同发展，经济特色显著，人与自然和谐的高新技术开发区的定位目标，加强对招商引资工作的领导，着力优化软、硬投资环境。坚持“完善规划、优化设计为龙头”的宗旨，先后评审各种规划方案 50 多个，征集规划方案 9 个，组织完成东瓜片详规编制、楚雄医药工业园区控规及开发区数字化测图等工作；大胆引进社会监理，坚持“双合同”管理，严格工程拨款、工程签证和工程预（结）算制度，投入基础设施建设资金 4840 万元完善城市功能，改善城市生态环境，美化城市面貌。精心组织并完成了龙川江北岸紫溪大道、永安路、市民广场的绿化改造等重点市政建设项目 79 个，建成路面 33246 平方米，给排水管（沟）9768 米，邮电管 3076 米，电缆沟 5989 米，回填土石方 18 万立方米，路灯 254 柱 340 盏。城建监察队和公用事业管理处强化市场秩序、区内交通、市政设施、环境卫生、园林绿化、光亮工程的综合整治及维护。截止 2000 年底，区内基础设施累计投入达 3.69 亿元，实现了3.7平方公里首期开发面积内的“六通一平”，投资者一进区就能享受到水、电、路、通信等功能设施配套完善的理想环境，极大地增强了招商吸引力。

【招商引资】 2000 年，楚雄经济技术开发区党委、管委会进一步加强了对招商引资工作的领导，精心组织、策划、实施了一系列有力的招商措施：(1) 把基础设施、高技术企业以及符合国家、省、州产业发展方向的生产性项目、技改项目和外商投资项目列入工作重点，坚持立足当地，外引内联，大中小项目并举，生产性和科技含量高的项目优先，控制非生产性项目进区。(2) 对符合国家产业导向和开发区优势产业发展方向的项目，采取“一厂一策”、“特事特办”的方针，给予灵活、优惠的政策扶持。(3) 坚持园区规划与项目引进紧密结合，开展了以楚雄医药工业园区为重点，绿色食品园区、金融商贸园区、传统工业园区、现代农业示范区及特色旅游为框架的功能规划，大力培育以天然制药业、绿色食品加工业、金融商贸业

楚雄经济技术开发区建设初具规模

为重点的支柱产业，进一步优化投资结构和产权结构，提高项目和产品的技术含量。通过规划营建投资环境优良的功能园区，吸引项目，推动招商。2000年11月，开发区围绕州委提出的西部大开发总体思路，结合自身实际，加快了省委、省政府确定的“楚雄医药工业园区”建设步伐，积极开展园区的选址、可行性研究、规划、项目报批和征地工作，首期500亩的规划和征地工作已经完成，预计2001年5月完成基础设施建设并交付给入园企业，首批入园企业于2002年可建成投产。（4）在项目引进方式上，改变了过去坐等上门，守株待兔的工作方式，主动出击。(5) 深化科技意识，主动与大专院校，科研单位接洽，寻求科技项目信息和科技产业发展途径，既注重引进项目，更注重引进先进技术，管理经验，使企业向高科技、高附加值、高效益方向发展。2000年，开发区招商引资工作实现了历史性的突破，创造了成区以来的一个引资高峰。全年引进项目52项，立项投资额10.06亿元，突破10亿元大关，比上年同期增长145%，实际完成投资额2.4亿元。其中，引进的具有近300年发展历史的中华老字号企业“老拨云堂”制药企业和生产国内二类新药、民族药的云南万鹤鸣药业有限公司等企业，是继盘龙云海、云南万裕药业有限公司之后，又一批集科研、生产、加工、销售为一体、投资规模上亿元的生物制药企业，标志着开发区生物制药产业发展迈出了实质性的一步，并将对楚雄州调整产业结构，建成以生物资源开发创新为主体的生态经济强州起到极大的促进作用。开发区以招商引资为核心的各项工作实现了五个转变，即：由“引风筑巢”向“筑巢引风”转变；由依靠政策优势向发挥体制优势和服务优势转变；由保本开发向放水养鱼、让利于客商转变；由注重项目数量、质量向注重高科技含量转变；由短期开发向追求可持续发展转变。

【非公经济】 楚雄经济技术开发区认真贯彻执行国家有关政策，努力创造宽松环境，积极扶持、正确引导个体私营经济的健康发展。经过几年努力，开发区出现了一批如盘龙云海药业、永兴建工集团、恒宇纸业等上规模、上档次的私营企业。截止2000年底，在开发区工商局注册的私营企业有95户（不含7户分支机构），比上年同期增长30%，在全州9县1市中排名第三；个体工商户有667户，比上年同期增长15%。非公有制经济已成为开发区调整经济结构、促进国民经济发展、推进城市化进程的有生力量。为了增强个体工商户、私营企业“自我教育、自我管理、自我服务”的意识，经过近两年的筹备，报请楚雄州个体劳动者协会、私营企业协会批准，2000年4月成立了“楚雄州个体劳动者协会开发区分会”和“楚雄州私营企业协会开发区分会”两个群团组织，团结教育了广大个体私营业者共同为开发区的两个文明建设而努力。

【城乡建设】 2000年，开发区在政策、资金等方面给予永安镇倾斜，加大农田水利、交通等基础设施的投入，加快了乡村城镇化进程。(1) 由开发区规划设计，全额投资2200多万元在永安镇原龙树屯小学校址，兴建了占地36亩的楚雄开发区实验小学（暂名）；(2) 在建设永丰、官屯、施家园、刘家、小河口、詹家等商贸小区的基础上划出近400亩土地，统一规划，建设龙树屯、田黎屯、下苏、上苏、井家农民综合小区，切实解决了部分农民土地被征后的生活出路问题；(3) 投资350万元，群众投工投劳，修建了永安镇詹爱村委会至邓官村委会7.5公里的全州第一条乡村水泥公路，并投入资金改善7个村委会的农田水利基础设施，建成小水池70多个，扩建、新建水库2座。永安镇全年实现农村经济总收入1.885亿元（当年价）；大小春粮食总产量983万千克；乡镇企业总收入达15135万元；财政总收入达478万元，比上年的371万元增加107万元，增长28.84%；农民人均纯收入2080元，比上年的1959元增加121元，增长6.18%，比全市平均增长数（60元）高1倍。

【社会事业】 2000年，楚雄经济技术开发区教育科技文化等各项社会事业健康发展。开发区实验小学已基本建成，中学的建设方案通过规划论证，已纳入开发区社会事业发展计划，土地征用业已完成。区内各企业加大了科技投入力量，科技创新意识得到加强，引进和技改项目的技术含量有所提高。文化工作坚持“扫黄打非”，市场健康发展，管理步入正轨。人口、计划生育和国家第五次人口普查工作任务圆满完成。区内有常住人口38603人，人口自然增长率为7.87‰。随着城镇经济的发展，城镇居民可支配收入增加，居民居住环境和居住条件明显改善，生活质量逐步提高。扶贫济困、捐资助学、整治市容市貌等活动，得到市民的普遍响应，收到良好的效果。开发区集中力量侦破了一批大案要案，严厉打击“黄、赌、毒”等社会丑恶现象。(1)严厉打击各类刑事犯罪，破获一批刑事案件。共立各类刑事案件213件，破获132件，破案率为61.97%。(2)突出重点，抓好复杂地段的治安整治。共摧毁犯罪团伙20个71人，为国家、集体和个人挽回经济损失80余万元。(3)加大治安案件查处力度，以查促管。受理各类治安案件666件，查处637起，查处率为95%。(4)加大对特种行业和公共娱乐场所的管理。通过揭批“法轮功”，打击“黄、赌、毒”，净化了社会环境，确保了社会稳定，维护了一方平安。结合开发区的中心工作和各种内容的考核，每年开展一次包括“先进集体”、“先进个人”、“优秀专业技术人才”、“文明楼院”、“五好家庭”等一系列评比活动。2000年共评出先进集体3个，先进党支部1个，好党员8名，文明楼院1个，五好家庭7户，先进工作者34人，优秀专业技术人才17名。全体职工已形成在社会上讲社会公德，在岗位上讲职业道德，在交往讲文明礼貌，在生活中讲文明习惯的风气，讲文明话，干文明事，做文明人蔚然成风。紧紧围绕经济建设这一中心，充分发挥工、青、妇等群团组织的作用，积极组织开展丰富多彩的文化体育活动。先后于元旦、春节、“三八”妇女节、“五一”劳动节、“五四”青年节、“八一”建军节、“十一”国庆节、“火把节”等重大节日期间开展了一系列文化体育活动。12月23日，又组织开展了“迎新世纪职工体育运动会”。“1·15”姚安地震发生后，党委立即组织广大党员干部职工开展“献爱心，送温暖”活动，管委会机关及总公司直属企业全体党员干部职工共捐款6300元，衣物441件。为开发区扶贫点邓官村委会30户特困户捐赠现金2520元，捐赠化肥102包，面条98千克，为旧庄一社捐赠价值3000元的低压供电线一卷，为旧庄二社捐赠价值9000元的抽水泵一台。12月党委号召全体党员干部积极响应楚雄州第七次妇女代表大会发出的“向贫困母亲献爱心”，建“大地之爱 母亲水窑”工程的倡议，全体党员干部积极带头纷纷伸出援助之手，共捐款2070元。“双拥”工作形式多样，内容丰富，精神文明建设取得明显成效。通过开展健康向上的群众性文体活动和“帮贫解困”、“献爱心，送温暖”活动，丰富了职工业余文化生活，陶冶了职工思想情操，展示了开发区职工的良好精神风貌。

〔康 远 杨 晋〕

领导名录

楚雄州州级领导干部名录

中国共产党楚雄彝族自治州委员会

书 记 赵仕杰(－2000.2)
丁绍祥(2000.2－)

副书记 罗正富(彝族，－2000.8)
夜礼斌(彝族,2000.8－)
胡有兰(女)
张怀德(彝族)

常务委员 赵仕杰(－2000.2)
丁绍祥(2000.2－)
罗正富(彝族－2000.8)
夜礼斌(彝族)
胡有兰(女)
张怀德(彝族)
崇云祥(－2000.11)
保明虎(回族)
杨绍昌
李 俊
李 明
延荣科
罗志明
王贵祥(2000.11－)

楚雄彝族自治州人大常委会

主 任 李应科(彝族)

副主任 皮玉莹
李嘉贵(彝族)
杨家聪(彝族)
普桂和(彝族)
周康生
龙德义(苗族)
何 凯(2000.4－)

楚雄彝族自治州人民政府

州 长 罗正富(彝族，－2000.8)

代理州长 夜礼斌(彝族,2000.8－)

常务副州长 保明虎(回族)

副州长 周发洪
张祖林(－2000.6)
吴莉华(女)
杨汝鉴(白族)
罗嘉福(彝族,2000.3－)
李兴旺(彝族,2000.6－)

中国人民政治协商会议楚雄彝族自治州委员会

主　席　杨成彪
副主席　普联荣(彝族)
　　　　胡桂英(女)
　　　　殷鸿绪(白族)
　　　　杨淑珍(女,彝族,兼)
　　　　王建才(苗族,兼)
　　　　马旷源(回族,兼)
　　　　李崇明(彝族,兼)

中共楚雄彝族自治州纪律检查委员会

书　记　杨绍昌
副书记　黎宗禄(傈僳族)
　　　　钱文聪
　　　　李正武

中国人民解放军楚雄军分区

司令员　余　红(彝族)
政　委　黄文辉(－2000.6)
　　　　王贵祥(2000.6－)
副司令员　陆伍一

楚雄彝族自治州中级人民法院

院　长　何　凯(－2000.4)
　　　　罗有录(2000.4－)
副院长　杨　云
　　　　洪　定
　　　　黎从文(彝族)
　　　　王泽祥(2000.8－)

楚雄彝族自治州人民检察院

检察长　蒋　平
副检察长　赖玉华(女,哈尼族,－2000.6)
　　　　周道洪
　　　　彭光明(彝族,－2000.12)
　　　　蔡永明(2000.12－)
反贪局局长　李光俊(彝族)

中共楚雄州委工作机构

州委办公室
秘书长　李　明
副秘书长　任学全
副主任　李忠吉
　　　　夏　良
　　　　滕鹏楚(2000.9－)
组织部
部　长　罗志明
副部长　陈　刚(－2000.12)
　　　　纳云德(傈僳族)
　　　　申秀芝(女,彝族,2000.11－)
宣传部
部　长　李　俊
副部长　李　怡(女,彝族)
　　　　杞学志(彝族,2000.9－)
精神文明建设指导委员会办公室
主　任　陈明贵
统战部
部　长　沙白云(－2000.11)
　　　　李振华(2000.11－)
副部长　杞开文(彝族)
　　　　吴谷敏
政法委员会
书　记　胡有兰(女,兼)
副书记　胡吉安(彝族,－2000.6)
　　　　任家顺
　　　　普桂和(彝族,兼)
　　　　杨汝鉴(白族,兼)
　　　　张大才(2000.12－)
政法委办公室
主　任　蔡永明(－2000.12)
社会治安综合治理委员会办公室
主　任　王东风
依法治州领导小组
组　长　赵仕杰(兼,－2000.2)
副组长　罗正富(彝族,兼,－2000.8)
　　　　夜礼斌(彝族,兼,2000.8－)
　　　　李应科(彝族,兼)
　　　　杨成彪(兼)
　　　　胡有兰(女,兼)
依法治州领导小组办公室
主　任　普春臣(彝族)
副主任　张　云
政策研究室
农村工作部
主　任
部　长　延荣科
副主任
副部长　郭保亮
　　　　孙长友
老干部局
局　长　周仕昌
副局长　柳思强
州直属机关工作委员会
书　记　包　有
副书记　郎美仙(女)
企业工作委员会
书　记　张启俊
副书记　张继全(彝族)
保密委员会
主　任　胡有兰(女,兼)
副主任　李　明(兼)
　　　　杨永昌
保密局
局　长　杨永昌
机要局
局　长　徐朝灿
党　校
校　长　赵仕杰(兼,－2000.2)
　　　　丁绍祥(兼,2000.9－)
常务副校长　杞正发(彝族)
副校长　李咸婷(女)
　　　　邬光明
行政管理干部学校
校　长　罗正富(彝族,兼,－2000.8)
副校长　杞正发(彝族)
楚雄日报社
副总编辑　杨　智(回族)
　　　　白忠华
党史征集研究室
主　任　罗永林
副主任　起向聪(彝族)

楚雄州人大常委会工作机构

秘书长　杨树荣

副秘书长　徐树先(女)
王新华
民族工作委员会
主　任　李有贤(彝族)
法制工作委员会
主　任　非如成(彝族)
经济工作委员会
主　任　胡之才
副主任　聂正荣(回族)
教科文卫工作委员会
主　任　杨立新(白族)
副主任　李正才(傈僳族)
选举联络工作委员会
主　任　善应学(彝族)
副主任　黄仁安(土家族)
后勤服务中心
主　任　陈志明

楚雄州人民政府工作机构

州政府办公室
秘书长　李小平
副秘书长　杨文栋
李兆友(傣族)
程宗文
陈启旺
主　任　陈启旺
副主任　杨光海
李　平
服务中心主任　鲁　军
计划委员会
主　任　杨应旭
副主任　刘　华(彝族)
王玉玺(2000.11－)
经济贸易委员会
主　任　张启俊
副主任　张家凤(女)
任　华
苏光平
体育运动委员会
主　任　莫言冰
副主任　普　江(彝族)
计划生育委员会
主　任　孟树仙(女)
副主任　黄再昌
吴双华(女)
科学技术委员会
主　任　歹家林(彝族)
副主任　符　群
罗秀娟(女)
民族宗教事务局
局　长　李联会(彝族)
副局长　马爱芳(女,回族)
何龙昌
张明华(苗族)
统计局
局　长　汪占毅
副局长　王　森
张　勇
物价局
局　长　陈汝荣
副局长　侯家学
人事局
局　长　邓聪云
副局长　李根全(彝族)
骆安昆
机构编制委员会办公室
副主任　周有奇
劳动和社会保障局
局　长　卜德诚
副局长　陈玉保
何根源(白族)
苏铸红(回族)
民政局
局　长　李　佳
副局长　廖冠祺
杨庆祖
刘玉昆(女,白族)
司法局
局　长　张大才(－2000.12)
彭光明(彝族,2000.12－)
副局长　杨文昌
毛兴福
公安局
局　长　陈现武(壮族,－2000.4)
李　兵(2000.4－)
副局长　丁治富
施怀祥
韩跃先
李　刚
交警支队
支队长　张锡先(白族)
政　委　倪绍康(彝族)
副支队长　靳　昌
农牧局
局　长　商雁鸿
副局长　王开荣
起云忠(彝族)
气象局
局　长　杨永胜
副局长　杨海抒(白族)
张永平
水电局
局　长　任锦云
副局长　尚加友
杨永棋
熊卫民(彝族)
林业局
局　长　曹大全
副局长　董本锋
王绍彬
杨建平(回族)
交通局
局　长　李胜忠(傣族)
副局长　段开智(－2000.9)
殷志宏
李富才(2000.9－)
杨家凯(2000.9－)
乡镇企业局
局　长　鲁朝佐
副局长　李明祥
盛必清
黄　庆(女)
城乡建设局
局　长　钱荣生
副局长　张国舜
杨　杰(白族)
环境保护局
局　长　吴　波
副局长　李书林

财政局
局　长　程建华(女)
副局长　邓斯云(－2000.11)
　　　　朱开荣
　　　　姜永康
国有资产管理局
局　长　程建华(女,兼)
副局长　崔学政
生物资源开发创新办公室
主　任　邓斯云(2000.11－)
国家税务局
局　长　郭长华(－2000.6)
　　　　张炳华(傈僳族,2000.6－)
副局长　杜体明
　　　　余昌值
地方税务局
局　长　罗荣茂(彝族)
副局长　刘天祥
　　　　贺　伟
审计局
局　长　郭家植
副局长　黄中凌
　　　　李晓梅(女)
　　　　王定梁
工商行政管理局
局　长　王立国
副局长　张国斌(彝族)
　　　　张如伦
　　　　陈学坤(2000.8－)
粮食局
局　长　李光伟
副局长　李丽萍(女)
邮政局
局　长　郑家志(－2000.11)
副局长　赵　勇
　　　　杞荣兴(傈僳族)
电信局(2000年8月改为电信总公司)
局　长　刘丹阳(－2000.8)
副局长　范正清(－2000.8)
　　　　邢志海(－2000.8)
教育委员会
主　任　罗嘉福(彝族,－2000.12)
　　　　李自云(彝族,2000.12－)
副主任　琚华良
　　　　王晓明
文化局
局　长　宋永健
副局长　杨英奇
　　　　张林敏
广播电视事业局
局　长　王　勃
卫生局
局　长　王其昕
副局长　滕　洪
　　　　钟继红(女,傈僳族,2000.9－)
经济体制改革委员会
主　任　张和平
副主任　段春早
　　　　张续华
土地管理局
局　长　张永仁(－2000.12)
　　　　陈　刚(2000.12－)
副局长　吴丽华(女)
　　　　岩光学
监察局
局　长　黎宗禄(傈僳族,－2000.12)
　　　　李正武(2000.12－)
副局长　李发荣
　　　　毕从秀(女,彝族,－2000.11)
　　　　杨全励(女,2000.11－)
接待处
副处长　冉江明(土家族)
　　　　金　桦(女,彝族,2000.9－)
驻昆办事处
副主任　王爱萍(女,彝族)
驻京联络处
主　任　华　梅(女)
驻沪联络处
主　任　宋肖慈(女)
地方志办公室
主　任　李发登(彝族)
副主任　杜晋宏(彝族)
地震局
局　长　胡智文
老龄委员会办公室
主　任　张建民(彝族)
经济技术协作办公室
主　任　姚正雄
副主任　施　华(女)
扶贫办公室
主　任　张自强(傈僳族)
副主任　段　伟
　　　　吴永祥
建筑工程管理中心、招投标办公室、建筑工程管理监督站
主　任　钱荣生
副主任　张跃生
国有资本投资经营有限责任公司
董事长兼总经理　姚正雄
副董事长、副总经理　杨玉华
　　　　　　　　　　李永祥
技术监督局
局　长　刘纯刚
副局长　黄　昆(2000.4－)
　　　　艾尔明(2000.4－)
档案局
局　长　董发章
旅游局
局　长　张建强
副局长　文淑琼(女,彝族)
　　　　包继文(女)
法制局
局　长　徐　鹏

楚雄州政协工作机构

秘书处
秘书长　杨春华
副秘书长　张金华
提案法制委员会
主　任　季正祖
教文卫体、文史资料委员会
主　任　姚家发
经济科学技术委员会
主　任　刘洪群(2000.11－)
副主任　李厚基

民族宗教联络委员会
主　任　毕从秀(彝族,2000.11－)
后勤服务中心
主　任　彭光云

楚雄州纪委工作机构
办公室
主　任　王学明
信访室
主　任　沈伟章
纪检监察室
主　任　李培德(彝族)
执法监察室
主　任　陈文新(彝族)
党风廉政教育室
主　任　魏贵明
监察综合室
主　任　李维平
案件审理室
主　任　曾文通

群众团体
总工会
主　席　李旭良(彝族)
副主席　杨有菊(女,彝族,－2000.9)
　　　　张祖明
　　　　丁似莲(女,2000.11－)
团州委
书　记　李国林(彝族)
副书记　袁丽娟(女,2000.9－)
　　　　杨建伟(彝族,2000.9－)
妇女联合会
主　席　张宗泽
副主席　申秀芝(彝族,－2000.11)
　　　　起雪梅(彝族)
　　　　冯梅青(彝族,2000.11－)
科学技术协会
主　席　苏正玺
副主席　熊秀兰(女)
文学艺术界联合会
主　席　周文义(彝族)
社会科学界联合会
主　席　普　云(彝族)
副主席　康　喜
归国华侨联合会
主　席　廖冠祺
副主席　吴谷敏(兼)
　　　　马成功(回族,兼)
残疾人联合会
理事长　杨益润
副理事长　赵云波
工商业联合会
会　长　邓瑞云

金融系统
中国人民银行楚雄州中心支行
行　长　王建安
副行长　肖　楠(女)
　　　　廖忠华
　　　　戴红高
中国工商银行楚雄州分行
行　长　陈玉燕(女,－2000.7)
　　　　凤兆龙(彝族,2000.7－)
副行长　梅荣升
　　　　凤兆龙(彝族,－2000.7)
中国建设银行楚雄州分行
行　长　李培芳
副行长　李　林
　　　　谭永芳(满族)
中国农业银行楚雄州分行
行　长　罗树才(彝族,－2000.2)
副行长　姜耀平(彝族)
　　　　王小平(女)
　　　　赵克田
中国农业发展银行楚雄州分行
行　长　王天富
副行长　韩仕新
　　　　李顺高
中国银行楚雄州分行
行　长　起德才(彝族,－2000.9)
副行长　孙玉霞(女)
　　　　刘　荣
中国交通银行楚雄支行
行　长　吴学亮(白族)
副行长　沈晓燕(女)
　　　　李光玉(女,－2000.3)

中国人民保险公司楚雄分公司
总经理　周庆华(女)
副总经理　艾自逵(－2000.1)
　　　　　戴韵涛(2000.8－)
中国人寿保险公司楚雄分公司
总经理　周崇文
副总经理　易　武(－2000.2)
　　　　　谭　尧(2000.5－)

教育文化科研系统
楚雄师范高等专科学校
校　长　曾德昌
副校长　陆　华
　　　　杨　勇
楚雄一中
校　长　周德才
副校长　李克坚(－2000.9)
　　　　师崇良(2000.9－)
　　　　刘志杰(2000.9－)
楚雄民族师范学校(2000年9月并楚雄师专)
校　长　普怀亭(彝族,－2000.9)
副校长　师崇良(－2000.9)
楚雄农业学校
校　长　杨国良(回族)
副校长　王　静
楚雄卫生学校
校　长　武天安
副校长　叶茂禄
　　　　李开金(彝族)
楚雄民族中等专业学校
校　长　李自云(－2000.12)
副校长　杨建民(回族)
　　　　张　翔
　　　　段联嵩(2000.9－)
楚雄技工学校
校　长　刁晋光
副校长　朱德良
楚雄州工业学校
校　长　孙德磊

副校长　鲁延森
大姚师范学校
校　长　钱文卿(彝族)
副校长　文有德
　　　　鹿春武
楚雄粮食学校(2000年9月并楚雄民族中等专业学校)
副校长　徐　柱(－2000.9)
民族中学
校　长　张廷昆(彝族)
副校长　张　宁(白族)
楚雄警察学校
校　长　刘　政
副校长　郭继辉(哈尼族)
楚雄农村金融学校
校　长　李元春
副校长　冯家政
体育运动学校
校　长　商小云
副校长　常　林
职业教育培训中心
主　任　王　良
副主任　李飞云
博物馆
馆　长　李朝祯(彝族)
副馆长　艾光化
农业科学研究推广所
所　长　黄光和
副所长　张发祥
彝族文化研究所
所　长　刘尧汉(彝族)
副所长　罗有俊(彝族)

卫生系统

州人民医院
院　长　樊移山
副院长　刘志刚
　　　　王育昌
　　　　张　梅(女)
中医院
院　长　杨本雷
副院长　张　虹(女)
　　　　张其武
卫生防疫站
站　长　胡成发
精神病医院
院　长　王建平(女)
克山病防治研究所
所　长　牛存龙(纳西族)
药品检验所
所　长　黄　星(白族)
妇幼保健站
站　长　盛抗美

公司、社、场、厂矿

供销社
主　任　罗绍成
副主任　杨元茂(彝族,2000.11－)
　　　　李枝权(2000.11－)
电信总公司(2000年8月成立)
总经理　邢志海(2000.8－)
副总经理　范正清(2000.8－)
　　　　　吴　江(2000.8－)
电力公司
经　理　曹永年
副经理　周德江
　　　　周崇禹
　　　　周晓昌
红塔集团楚雄烟草企业楚雄卷烟厂、楚雄州烟草公司、楚雄州烟草专卖局
厂　长　张国良
经　理　张国良(－2000.10)
　　　　张凤全(彝族,2000.10－)
局　长　张凤全(彝族)
副厂长　张　钦
　　　　高中华
　　　　刘天华
　　　　朱学成(2000.10－)
　　　　阿作春(彝族,－2000.10)
副经理　张　钦(－2000.10)
　　　　角训芳(－2000.10)
　　　　李存葆(2000.10－)
副局长　杨利民
物资总公司
总经理　周　志
进出口总公司
总经理　张志权(彝族)

桑茧丝开发总公司
总经理　金云书
建筑安装总公司
总经理　陈　文
汇东工业贸易公司
董事长　符　光
禄丰钢铁厂
厂　长　张建留(－2000.10)
丝绸厂
厂　长　史家祥
燎原煤业有限责任公司
董事长兼总经理　杨思全(彝族)
楚雄经济技术开发区管委会
主　任　吕琳麟
副主任　张瑞鹏

楚雄州县(市)领导名录

县(市)委书记、副书记

楚雄市委
书　记　夜礼斌(彝族,－2000.8)
　　　　杨　毅(2000.11－)
副书记　杨　毅(－2000.11)
　　　　张之政(彝族)
　　　　李丕良(彝族)
双柏县委
书　记　李天云
副书记　倪志文
　　　　李国沛
　　　　和彦辉(纳西族)
牟定县委
书　记　李　刚(白族)
副书记　张世忠
　　　　阿文荣(彝族,－2000.11)
　　　　杨树荣
南华县委
书　记　李红民(女,彝族)
副书记　耿克明
　　　　陈　俊(－2000.11)

刘　平
侯志荣

姚安县委
书　记　江正荣
副书记　苏光祖
王炳昌(彝族)
刘洪群(－2000.11)
李玉林(2000.11－)
大姚县委
书　记　纸金礼(彝族)
副书记　何　刚
赵乐军
武尚选
永仁县委
书　记　黑茂海(彝族)
副书记　何学明
李永仁
温连勇
元谋县委
书　记　段应泽
副书记　左荣贵(彝族)
杞学志(彝族,－2000.9)
郭跃安
周国兴(2000.11－)
武定县委
书　记　李振华(－2000.11)
副书记　胡贵明(彝族)
姚存才
宋文权
郭　平(2000.4－)
禄丰县委
书　记　卢显林
副书记　张万礼
杨天贵
苏玉昆

县(市)人民政府县(市)长、副县(市)长
楚雄市
市　长　杨　毅
代理市长　张之政(彝族,2000.11－)
副市长　普廷会(彝族)
吕琳麟
杨　静(女,彝族)
施剑波
陈朗新
普春喜(彝族)
闻　柏
刘基林(2000.6－)
双柏县
县　长　倪志文
副县长　杞光明(彝族)
李绍宝(彝族)
李维龙
速　勇(回族)
许　新(－2000.5)
牟定县
县　长　张世忠
副县长　曹庆智
卢显亮
陆积峰(彝族)
夏　军(2000.11－)
南华县
县　长　耿克明
副县长　朱玉庭
何锡英(女)
兰开兴
洪　志
丁丽英(－2000.6)
黄增强(－2000.6)
姚安县
县　长　苏光祖
副县长　邵远峰
胡　雄
赵光文
华　成
大姚县
县　长　何　刚
副县长　闪家荣(彝族)
马国良(彝族)
李　能
任从明(彝族)
永仁县
县　长　何学明
副县长　谭桂映
章　琦
刘　祥(彝族)
罗乔仙(女)
甄　江(2000.6－)
元谋县
县　长　左荣贵(彝族)
副县长　黄幼昆
吴孝庆
曾友华(女)
高贵元(彝族)
武定县
县　长　胡贵明(彝族)
副县长　杨发荣(傈僳族)
于帼英(女)
李　健(傈僳族)
周朝华
舒　潇(2000.6－)
杨文杰(－2000.5)
禄丰县
县　长　张万礼
副县长　赵保荣
陈　阳(女)
杨　军
杨元茂(彝族,－2000.11)
周　斌(－20000.6)

县(市)人大主任、副主任
楚雄市
主　任　刘义书
副主任　刘光祖
李文相(彝族)
马仁富(回族)
罗正荣(彝族)
杨先贵
双柏县
主　任　李忠才(彝族)
副主任　苏家鹄
王克述
王学英(女)
李家正
牟定县
主　任　毕继贤(彝族)
副主任　习元林

高荣兴
李光茂
郭应鸾(女)

南华县
主　任　何兆芹
副主任　邓楚琴(女)
罗应清(彝族)
张世仁(－2000.11)
陈向华
陈　俊(2000.11－)

姚安县
主　任　毕永华
副主任　魁登贵(彝族)
张　瑛(女,彝族)
罗中钺(彝族)
徐平文(彝族)

大姚县
主　任　文碧坤
副主任　钱正忠
张国林
钟开华
苏　平

永仁县
主　任　梁子和
副主任　杨保先(傣族)
刘国帮
倪　荣(彝族)
朱永禄

元谋县
主　任　王炳元(彝族)
副主任　李生文(彝族)
李再华
黄再刚
常发翠(女,彝族)

武定县
主　任　杨耀云(彝族)
副主任　马有芳(女,回族)
李如林
章世钦(彝族)
肖孟亮(兼)

禄丰县
主　任　鲁加仁(彝族)
副主任　王应学(苗族)
王树琼(女)
李定荣
张正裔
苏丕达

县(市)政协主席、副主席

楚雄市
主　席　李仕良
副主席　曹其科(－2000.11)
罗存金(彝族)
周崇舜
赵伟国
刘宝生(兼)
董　雷(兼)
鲁　萍(女,兼)

双柏县
主　席　毕家荣(彝族)
副主席　尹以发
马　明(回族,兼)
张崇贤

牟定县
主　席　洪显光
副主席　郭家芬(女,兼)
李如彪(彝族)
滕泽洋(兼)
焦世文(兼)
周祥生(兼)

南华县
主　席　李凤朝
副主席　钱嘉铨
周梅英(女)
夏瑞先
夏开宇(兼)
李世兴(兼)

姚安县
主　席　王淑发
副主席　张宗跃
骆驷臻(彝族,兼)
段佩兰(女,兼)
杞开和(彝族,兼)

大姚县
主　席　杨久文(彝族)
副主席　彭嘉有
周映存(女,彝族)
刘丕亮
金仲康(兼,－2000.7)
刘春德(兼)

永仁县
主　席　倪　佐
副主席　袁绍黄
席晓微(女,回族)
刘祥武
夭建国(彝族,兼)
吕兆鑫(－2000.2)

元谋县
主　席　陈庭朝
副主席　张映琦(彝族)
王广明(兼)
甘金蓉(女)
陈达礼(兼)
崔　元(兼)

武定县
主　席　刘绍明
副主席　文　学(傣族)
张明庆(苗族,兼)
王忠林(苗族,兼)
夏美珍(女,兼)
李自清(彝族)

禄丰县
主　席　普子光(彝族)
副主席　杨玉萍(女)
唐　进(兼)
肖炳珍(女,兼)
刘世功(兼)
起自忠(彝族,兼)
钱华先(2000.11－)

县(市)纪委书记

楚雄市　王凤兴(彝族)
双柏县　李发周(傣族,－2000.11)
牟定县　何正兴
南华县　李学安
姚安县　段　云
大姚县　李　璇(女,－2000.11)
陈淑琴(女,2000.11－)
永仁县　韦思祥

元谋县 普凤昌
武定县 潘学安
禄丰县 李志勇

县(市)人民武装部政委、部长

楚雄市武装部
政 委 何 军(土族,-2000.4)
陈正才(2000.4-)
部 长 甘贵华(-2000.4)
李彩林(2000.4-)
双柏县武装部
政 委 王 钦
部 长 饶昌成
牟定县武装部
政 委 刘德华
部 长 况安武
南华县武装部
政 委 罗觉敏
部 长 匡国生
姚安县武装部
政 委 王春华(-2000.12)
张福顺(2000.12-)
部 长 梁焕光(壮族,-2000.12)
飞正友(彝族,2000.12-)
大姚县武装部
政 委 徐福存
部 长 唐清云
永仁县武装部
政 委 文金春
部 长 飞正友(彝族,-2000.12)
梁焕光(壮族,2000.12-)
元谋县武装部
政 委 高 春(-2000.4)
杨家明(2000.4-)
部 长 陈宪堂(-2000.4)
杨兴跃(2000.4-)
武定县武装部
政 委 苟永昌(-2000.12)
何应学(2000.12-)
部 长 李彩林(-2000.4)
韦培祥(2000.4-)
禄丰县武装部
政 委 何炳泉
部 长 张胜震

〔中共楚雄州委组织部〕

政　治

中国共产党楚雄彝族自治州委员会

2000年，中共楚雄州委坚持以邓小平理论为指针，认真学习和努力实践江泽民同志“三个代表”的重要思想，贯彻落实党的路线方针政策，团结带领全州各级党组织和各族干部群众，紧紧抓住经济建设这个中心，总揽全局，协调各方，解放思想，改革创新，推动国民经济持续健康发展，促进社会事业全面进步，党的建设、精神文明建设和民主法制建设取得新的成绩。

针对世纪之交的历史特点和形势任务的发展变化，认真学习党的十五届五中全会和中共云南省委六届十一次全会精神，深入调查研究，广泛听取各方面的意见，完善发展思路，研究制定《中国西部大开发楚雄行动计划基本构想》和《中共楚雄州委关于制定楚雄州国民经济和社会发展第十个五年计划的建议》，全州上下、各个方面在关乎彝州改革、发展、稳定全局的发展思路、奋斗目标、主要任务、政策措施等重大问题上进一步统一了思想，形成了共识，凝聚了人心。

确保经济增长，突出5个工作重点：(1) 加强组织协调，落实领导责任，采取“以贷垫拨，财政贴息”的办法，力促云南省人民政府两次现场办公会议确定的重点项目及时开工，加快进度，水利、交通、农村电网改造、地震恢复重建、城镇建设等投资下滑的势头得到遏制。(2) 调整结构和创新产业，加快生物资源开发，着手集中力量建设“三区八基地”（楚雄医药工业园区、绿色食品加工园区、特色蔬菜种植园区和优质烟、优质米、中草药材、畜禽、林果、茶桑、魔芋、水产养殖等基地）；着力扶持发展烟草产业、天然药业和绿色食品业；顺利完成禄丰钢铁厂的破产重组，支持楚雄德胜钢铁有限公司早日投产，帮助滇中铜冶炼厂恢复生产，扶持发展冶金产业；加强旅游景区的规划和旅游基础设施建设，着力扶持发展特色旅游业，五个特色产业的增加值呈现快速增长的态势。(3) 加强农业和农村工作，通过狠抓农业产业结构、产品结构的调整和科技推广、市场营销，农经作物比例进一步优化，农民人均纯收入增加，扶贫攻坚取得新的成绩。(4) 积极推进国有企业的改革与发展，实行州委常委“两挂钩、两手抓”责任制，深入企业调查研究，帮助解决实际困难，促其深化改革、发展生产。(5) 认真培植新的经济增长点，落实各项政策措施，支持非公有制经济和乡镇企业发展；加大对外开放力度，加强横向经济联合，引进投资项目及其资金到位率均比上年增长。

高度重视社会稳定工作，加强领导，落实责任，形成齐抓共管、协调配合保稳定的工作格局。有针对性地制定和完善工作预案，及时排查调处各种矛盾纠纷，妥善处理人民内部矛盾和突发性群体事件；依法严厉打击各种严重刑事犯罪和经济犯罪，“四禁并举”，加大对黄、赌、毒等社会丑恶现象的打击力度；重视基层基础工作，继续着力抓好以“创安”为中心的社会治安综合治理，有组织有领导地清理整顿对社会有危害的气功组织，净化社会空气；重视群众来信来访，着力解决好群众关心的热点、难点问题；重视做好“法轮功”骨干分子的教育转化工作，落实“包保”责任制，严惩顽固分子，挽救迷途人员，有效地遏制了敏感时期“法轮功”邪教组织的非法活动。

始终坚持“两手抓，两手都要硬”的方针，高度重视精神文明建设和民主法制建设，制定了《关于进一步加强和改进思想政治工作的决定》，召开思想政治工作会议，对思想政治工作作了具体部署；以学习宣传臧金贵同志先进事迹为重点，典型引路，增强宣传思想政治工作的说服力和感召力；推进以创建“十星级文明户”、“文明社区”、“文明行业”、“文明单位”为重点的群众性精神文明创建活动；拟定《楚雄州民族文化发展战略纲要》，加快民族文化发展步伐，文学精品创作、彝族文化遗产收集整理、民间特色文化发展有了新的突破；州、县、乡“两馆一站”建设进程加快，丰富了群众的精神文化生活。加强和改进对人大、政协工作的领导，支持各级人大及其常委会依法开展对“一府两院”的法律监督和工作监督，支持各级政协依章履行职责，加强政治协商、民主监督；坚持重大问题听取人大、政协的意见，推进科学决策、民主决策。大力促进科技教育发展，围绕提高人口素质和创新能力，在发展义务教育的同时，积极推进教育体制改革，加大中专学校结构调整和楚雄师专申报师范学院工作力度；增加投入，改善办学条件，努力提高各级各类学校的办学水平。深化科技体制改革，推进产、学、研结合示范工程，提高企业技术创新能力，科技对工业、农业和国民经济增长的贡献率有明显的提高。文化、体育、卫生、环保、计划生育等各项社会事业进一步发展。

始终坚持党要管党和从严治党的方针，把党的思想、组织、作风建设摆在重要位置。认真搞好县级领导班子和领导干部“三讲”教育，搞好州级和县（市）“三讲”教育“回头看”活动，结合学习实践“三个代表”的重要思想，通过抓干部进村入户，抓整改措施的落实，各级领导干部普遍受到了一次深刻的马克思主义群众路线和群众观点的再教育，受到了一次严格的党性锻炼，解决了一些群众意见较大、反映强烈的问题。按照中央、省委的要求，善始善终抓好第六批“村建”工作，积极开展党建工作“三级联创”；探索实践加强国有企业和非公有制经济组织党建工作的路子；积极推行发展党员公示制；在认真推行“三公开”的同时，按照省委的部署和要求，全面完成村级体制改革任务，推进基层民主政治建设。加强各级领导班子和各级干部队伍建设，积极推进干部人事制度改革，推行领导干部公开招考、竞争上岗、任前公示及试用制度等，使一批有开拓精神、年富力强的优秀年轻干部走上了领导岗位；对35岁以下担任正科级职务的少数民族、妇女和非党员干部进行调查摸底，掌握了一批后备干部；首次试行了署名推荐领导干部和干部考察预告制。加强党风廉政建设，领导干部廉洁自律、案件查处和纠风治乱取得新成绩；加大干部监督管理力度，狠抓领导干部任期责任制、离任审计和政府采购等制度的落实，加大从源头上预防和治理腐败工作的力度；开展以胡长清、成克杰等重大典型案件为反面教材的警示教育，广大党员干部尤其是党员领导干部廉洁从政、勤政为民、拒腐防变的能力得到增强。

〔王君一〕

重要活动

【温家宝视察姚安地震灾区】 2000年1月30日至31日，受江泽民总书记和朱镕基总理的委托，中共中央政治局委员、书记处书记、国务院副总理温家宝率领国务院副秘书长马凯、国家民政部副部长范宝俊、国家地震局局长陈章立及国家有关部委办局的领导同志，在中共云南省委、省人民政府、驻滇某集团军、武警云南省总队和中共楚雄州委、州人民政府有关领导的陪同下，到姚安、大姚地震灾区视察，代表党中央、国务院向受灾群众表示亲切慰问，向参加抗震救灾的干部群众和解放军、武警官兵表示衷心感谢，并勉励大家坚定信心，自力更生，艰苦奋斗，恢复生产，重建家园。在视察期间，温家宝副总理听取了省、州、县三级领导关于灾情和抗震救灾情况的汇报，对抗震救灾和恢复重建工作作了4条重要指示：(1)要切实做好灾民的安置工作，保证他们居有住所，衣可御寒，病有所医，食能温饱。(2)要尽快帮助灾民恢复生产，重建家园。(3)要加强救灾款物的管理、使用和监督，保证及时足额地发放到灾民手中。(4)要坚持不懈地做好防震减灾的各项工作，把预测预报工作做在破坏性地震来临之前。

【孙淦赴姚安检查指导抗震救灾工作】 2000年1月16日上午，中共云南省委副书记孙淦带领省委副秘书长、省委办公厅主任尉琪瑛及省公安厅副厅长孙大虹，深入姚安地震灾区检查指导抗震救灾工作。在前往灾区前，孙淦认真听取了中共楚雄州委书记赵仕杰和州人民政府州长罗正富的汇报，对州委、州政府的快速反应和紧张有序的救灾举措给予了充分肯定，并强调抗震救灾工作必须分两个阶段进行：第一阶段是全力抗震救灾，保证灾区人民群众有饭吃，有衣穿，有房住，有医疗；第二阶段是搞好恢复重建。同时，对第一阶段的工作提出了要求：(1)加强领导，统筹协调，统一指挥，使救灾工作有序进行。(2)要狠抓落实，切实解决好灾区群众有吃、有穿、有住、有医的问题，确保灾民顺利过冬并过上一个祥和的春节。(3)要继续监测余震。(4)要加强社会治安工作。(5)要严防邪教渗透和封建迷信活动的抬头。孙淦在州委副书记胡有兰的陪同下，先后察看了姚安、大姚的重灾区。

【王天玺深夜看望南华受灾群众】 2000年1月17日夜，中共云南省委副书记王天玺、省委办公厅副主任李森在楚雄州人民政府州长罗正富、州委副书记张怀德和州委常委、常务副州长保明虎的陪同下，深入南华县龙川镇岔河办事处新村看望慰问受灾群众。

【王学仁慰问抗震救灾指挥部全体人员】 2000年1月22日20时，刚刚抵达楚雄的中共云南省委副书记王学仁就赶到设在州人民政府内的抗震救灾指挥部，代表中共云南省委及省委书记令狐安同志看望全体工作人员。王学仁向抗震救灾指挥部全体人员传达了省委常委（扩大）会议精神，并强调指挥部是抗震救灾的关键性机构，责任重大，工作辛苦，鼓励指挥部的同志要继续发扬连续作战和不怕艰苦的精神，克服困难，坚守岗位，为夺取抗震救灾的胜利努力工作。

【令狐安等深入姚安地震重灾区视察灾情】 2000年1月23日，中共云南省委书记令狐安等省委、省政府领导在中共楚雄州委书记赵仕杰、州长罗正富的陪同下，到姚安县官屯乡官屯村公所上大村一社、官屯小学、山坡小学和下口坝水库察看地震灾情。在上大村一社一幢已损坏的民房前，令狐安说："像这样严重损坏的房屋，要尽快组织拆除，以免造成新的损失"。在山坡小学，令狐安嘱咐县里的领导：目前要尽快放假，要尽快投入搭建临时学生宿舍和教室，不能耽误3月1日的正常开学。

【令狐安负责联系武定县"三讲"教育工作】 按照党中央的部署和江泽民在广东高州市领导干部"三讲"教育会议上的讲话精神，在县（市）"三讲"教育工作中，省委领导每人联系一个县的"三讲"教育工作。2000年2月28日，负责联系武定县"三讲"教育工作的中共云南省委书记令狐安到武定后，邀请15位离退休老同志座谈，倾听他们对县级领导班子和领导干部开展"三讲"教育的建议和意见。2月29日，令狐安在武定县"三讲"教育动员大会上作了《精心部署，从严要求，高标准完成县（市）"三讲"教育任务》的重要讲话，强调要从关系党和国家前途命运的战略高度，充分认识搞好县（市）"三讲"教育的必要性、重要性和紧迫性。4月11日，令狐安在武定县"三讲"教育第三阶段作动员讲话时要求，交流思想要敞开心扉谈心，开展批评要抓住原则问题，"三讲"教育要讲出团结，讲出信心，讲出干劲。5月9日，令狐安在武定县听取"三讲"教育情况汇报后强调，县级"三讲"集中教育告一段落后，要认真学习江总书记关于当好"三个代表"的重要论述，切实抓好各项整改措施的落实。

【楚雄州党政领导深圳考察团看望慰问臧金贵亲属】 2000年5月30日，楚雄州党政领导赴深圳考察团一行，在州委书记丁绍祥，州委副书记、州长罗正富和州委常委、州委组织部长罗志明的率领下，专程到深圳蛇口看望慰问臧金贵的亲属。丁绍祥等领导向臧金贵的妻子左桂春、大女儿张传慧转达了州委、州人民政府的亲切慰问，代表全州250万各族人民对他们全家表示诚挚感谢，并告知他们州委已经决定，追认臧金贵同志为"优秀共产党员"，追授予"扶贫攻坚好干部"光荣称号；学习臧金贵的热潮已在全州干部群众中掀起，我们会一茬接一茬地继续把臧金贵未竟的扶贫事业做好。

【中央"三讲"教育检查组到楚雄州检查工作】 2000年6月11日，中央"三讲"教育检查组组长杨兴富一行3人到楚雄州检查县（市）"三讲"教育工作。检查组在听取中共楚雄州委常委、州委组织部长罗志明对全州10个县（市）"三讲"教育和整改措施落实情况的汇报和中共云南省委"三讲"教育督导组长张耀宗对武定、楚雄、禄丰3县（市）典型经验的介绍，以及楚雄、武定、禄丰、双柏4县（市）委书记的情况汇报后，杨兴富肯定楚雄州县（市）"三讲"教育工作扎实、效果明显，并提出两点要求：(1) 要把深入基层、"进村住户"、实行"三同"的制度建立起来，巩固下去。(2) 要切实抓好整改，对能够改的，要限期整改，对一些暂时不能解决的问题，也要把思路和想法讲清楚。

【尉健行到楚雄视察工作】 2000年6月17日，中共中央政治局常委、书记处书记、中纪委书记、全国总工会主席尉健行在中共云南省委书记令狐安，省委副书记孙淦，省委常委、省纪委书记陈培忠的陪同下，到楚雄视察工作，并在中国彝族十月太阳历文化园亲切接见了丁绍祥、夜礼斌、张怀德、保明虎、杨绍昌等楚雄州党政领导。在视察过程中，州委书记丁绍祥向尉健行汇报了全州经济社会发展概况，州委副书记张怀德介绍了彝州神奇悠久的古生物、古人类、古文化。尉健行关切地询问了对彝族文化的保护和继承情况，希望州委、州人民政府能够充分发挥民族区域自治的优势，把以彝族文化为代表的民族文化进一步发扬光大。

【令狐安到武定县发窝乡蹲点调研】 2000年6月25日至29日，中共云南省委书记令狐安不带新闻记者、不要州县领导陪同，自带行李，轻车简从到武定县发窝乡进村入户蹲点调研。在5天的调查研究中，令狐安吃住在山品村公所和少数民族群众家里，先后到山品村公所下辖的小石桥村，对15户农民家庭作了详细的走访调查。在群众家里和田边地头，分别与40多位群众进行了交谈，还看望了两位从村社干部工作岗位退下来的老党员和山品小学的师生，与乡村领导交换了看法和意见。令狐安在山品村公所召开的座谈会上，对武定的工作给予了肯定，同时指出了存在的问题：(1) 农村经济收入难以增加，农民缺钱花。(2) 当前贫困原因主要是生存环境问题和部分农民素质差的问题。(3) 山区医疗卫生条件差。(4) 群众文化生活单调。令狐安指出，必须加强精神文明建设，加强贫困山区文化、教育、卫生、计划生育等工作；要加大以种植、养殖为主的农村科技推广力度，逐步提高山区、贫困地区科技普及率。令狐安还撰写了《关于武定县发窝乡山品村公所调研情况及有关问题的报告》。

【王兆国到楚雄视察民族宗教工作】 2000年8月24日至25日，全国政协副主席、中共中央统战部部长王兆国在中共云南省委副书记王天玺，政协云南省委员会副主席、省委统战部部长江巴吉才的陪同下，到楚雄州视察民族宗教工作。8月24日，中共楚雄州委书记丁绍祥向王兆国作了工作汇报，州委、州人民政府、州政协、州纪委的部分领导参加了汇报会。王兆国听了汇报后，对楚雄州各项工作十分满意，指出楚雄州各民族团结，社会稳定，是州委、州政府正确贯彻党的民族、宗教政策的结果。王兆国强调，要增强政治敏锐性，认真贯彻落实好党的民族、宗教政策，做好民族、宗教工作。视察期间，王兆国还参观了中国彝族十月太阳历文化园、州博物馆、盘龙云海药业楚雄生产基地，视察了楚雄市城市建设。

【王学仁到楚雄州调研】 2000年10月14日至16日，中共云南省委副书记王学仁在中共楚雄州委书记丁绍祥，州委副书记、州人民政府代理州长夜礼斌和州委副书记张怀德的陪同下，就村级体制改革、贯彻党的十五届五中全会精神、调整产业结构、增加农民收入等问题深入楚雄州调查研究。王学仁先后到楚雄市母掌、竹园等村和农副产品加工厂、寿光魔芋精粉有限公司、宏源工贸公司和禄丰县罗川乡、干海资办事处大青绿色实业有限公司等企业进行了调查，听取了群众意见。王学仁对楚雄州村级体制改革工作和产业结构调整工作给予了高度赞扬，同时对下步工作提出了要求。

〔王君一〕

重要会议

【中共楚雄州委五届六次全委（扩大）会议】 2000年3月20日至21日，中共楚雄州委五届六次全委（扩大）会议在楚雄举行。第五届州委委员33人，候补委员4人出席会议；州纪律检查委员会委员、州级4套班子党员领导干部、州属各部门和各县（市）党政主要领导、部分离退休老领导共201人列席了会议。这次会议的主要任务是：以邓小平理论和党的十五大精神为指导，全面贯彻落实中央和省委关于2000年工作的指导思想，总结上年工作，部署2000年任务，抓住国家实施西部大开发的历史机遇，解放思想，攻坚克难，开拓创新，推动彝州经济社会持续发展。会议通过了《中国共产党楚雄彝族自治州第五届委员会第六次全体（扩大）会议决议》。

【中共楚雄州委工作会议】 2000年8月10日至11日，中共楚雄州委工作会议在楚雄举行。州委常委、州级领导班子正副职领导、担任过正厅级（实职）的在楚离退休老领导、10县（市）委书记和县（市）长、州委和州级国家机关各部委办局负责人，以及部分重点企业负责人等共204人出席了会议。这次会议的主题是贯彻中共云南省委六届十次全会精神，学习实践江泽民同志“三个代表”的重要思想，全面加强党的建设，促进彝州经济社会持续发展。会议还讨论了《中国西部大开发楚雄州行动计划基本构想（讨论稿）》。

【中共楚雄州委思想政治工作会议】 2000年12月12日至13日，中共楚雄州委思想政治工作会议在楚雄举行。州委常委，州人大常委会主任，政协楚雄州委员会主席，州属各单位负责人，各县（市）委副书记、组织部长、宣传部长、精神文明建设指导委员会办公室主任、广播电视局局长、文化体育局局长、党校常务副校长、交通沿线乡（镇）党委书记，驻楚中央和省属企事业单位党委负责人共300人出席了会议。这次会议的主要任务是：贯彻落实中央和中共云南省委思想政治工作会议精神，研究分析楚雄州思想政治工作面临的新情况和新问题，进一步提高思想认识，积极探索新时期思想政治工作的有效途径，切实增强针对性和实效性，为实现新世纪彝州经济社会发展的良好开局提供坚实的思想保证。会议讨论了《中共楚雄州委关于进一步加强和改进思想政治工作的决定（讨论稿）》、《楚雄州民族文化建设发展纲要（讨论稿）》。会议表彰了41个思想政治工作先进集体和70名先进个人。

【中共楚雄州委五届七次全委（扩大）会议】 2000年12月23日至24日，中共楚雄州委五届七次全委（扩大）会议在楚雄举行。第五届州委委员31人、候补委员4人出席了会议；州纪委委员，州级党员领导干部，各县（市）委书记、县（市）长、县（市）纪委书记，州属各部门和中央、省属驻楚单位党委主要负责人、原州委老领导共196人列席会议。这次会议的主要任务是：以邓小平理论为指导，学习实践江总书记“三个代表”的重要思想，贯彻落实党的十五届五中全会、中央经济工作会议和中共云南省委六届十一次全会精神，审议《中共楚雄州委关于制定楚雄州国民经济和社会发展第十个五年计划的建议》，总结2000年工作，部署2001年任务，绘制蓝图，务实创新，努力实现新世纪彝州改革发展的良好开局。会议通过了《中国共产党楚雄彝族自治州第五届委员会第七次全体（扩大）会议决议》。

〔王君一〕

重要决策

【制定进一步做好民主党派工作若干问题的意见】 为全面贯彻中共中央和中共云南省委关于加强新时期统一战线工作的方针政策，坚持和完善中国共产党领导的多党合作和政治协商制度，中共楚雄州委于2000年2月12日制定了《关于进一步做好民主党派工作若干问题的意见》。主要内容有：（1）进一步提高对民主党派工作重要性和必要性的认识。（2）支持民主党派加强组织建设工作。（3）重视民主党派干部的使用和政治安排。（4）认真坚持中国共产党领导的多党合作和政治协商制度。（5）支持民主党派履行好政治协商、民主监督、参政议政职能。（6）注意改善民主党派工作条件，落实好对民主党派的各项政策。（7）重视和加强各民主党派的自身建设。

【制定严格实行民主集中制的意见】 为了认真贯彻民主集中制原则，切实搞好科学民主决策，充分发挥州委总揽全局、协调各方的核心领导作用，根据《中国共产党章程》和《关于党内政治生活的若干准则》、《中国共产党地方委员会工作条例（试行）》，中共楚雄州委于2000年5月28日制定了《关于严格实行民主集中制的意见》。主要内容有：（1）明确州委常委班子职责，发挥党的核心领导作用。（2）坚持和完善集体领导与个人分工负责相结合的制度。（3）健全和完善州委常委会议议事决策规则。（4）坚持和完善民主生活会制度。（5）坚持和完善领导干部学习制度。

【制定推进国有企业改革和发展的意见】 为深入贯彻《中共中央关于国有企业改革和发展若干重大问题的决定》和中共云南省委的部署，中共楚雄州委、州人民政府2000年6月20日制定了《关于推进国有企业改革和发展的意见》。主要内容有：（1）增强国有企业改革和发展的信心。（2）国有企业改革和发展的目标。（3）抓住机遇，解放思想，加快发展。（4）加大结构调整力度，建立充分发挥自身优势和具有显著特色的经济体系。（5）加快建立现代企业制度，规范企业运作。（6）创造良好环境，切实解决国有企业改革和发展中遇到的突出问题。（7）培育和建设高素质的企业经营管理者队伍。（8）切实加强和改进对国有企业改革和发展工作的领导。

【制定加强政法干部队伍建设的意见】 根据中共中央《关于进一步加强政法干部队伍建设的决定》和中共云南省委的贯彻意见，中共楚雄州委2000年6月22日制定了《进一步加强政法干部队伍建设的意见》，明确提出要把全州政法干部队伍建设成为一支忠诚可靠、纪律严明、作风过硬、秉公执法、训练有素、业务精通，党和人民放心的、能够承担新世纪重任的队伍。采取的主要措施是：全面提高政法干部队伍的政治思想素质；切实加强各级政法部门领导班子建设；严把政法干部队伍的“进口”、“出口”关；加大监督管理力度；切实解决政法部门的保障问题；切实加强对政法工作的领导。

【制定改革村级体制实行村民自治的意见】 为全面实施《中华人民共和国村民委员会组织法》，积极推进全州村级体制改革和农村民主政治建设，按照中共云南省委的部署，中共楚雄州委、州人民政府2000年6月23日制定了《关于改革村级体制实行村民自治的意见》。《意见》强调了改革村级体制实行村民自治的重要意义，提出了改革村级体制、实行村民自治的主要任务和指导原则，还明确了有关政策规定：(1) 村的规模不变；(2) 稳定村级干部队伍；(3) 落实村干部报酬；(4) 保证集体资产不流失。

【制定贯彻执行省委省政府《关于进一步做好新形势下民族工作的决定》的实施意见】 为贯彻落实中共中央、中共云南省委民族工作会议精神和《中共云南省委、省人民政府关于进一步做好新形势下民族工作的决定》，中共楚雄州委、州人民政府2000年8月9日制定了具体的实施意见。主要内容有：(1) 抓机遇，加快少数民族和民族地区的经济发展。(2) 抓基础，广泛开展民族团结进步活动。(3) 抓重点，大力发展教育科技社会事业。(4) 抓关键，大力培养使用少数民族干部。(5) 抓根本，切实加强党对民族、宗教工作的领导。

【制定加强和改进党校工作的实施意见】 根据《中国共产党党校工作暂行条例》和《中共中央关于面向21世纪加强和改进党校工作的决定》，以及中共云南省委的文件要求，中共楚雄州委2000年8月29日制定了《关于面向21世纪加强和改进党校工作的实施意见》。主要内容有：(1) 党校教育的指导思想、办学方针和任务。(2) 加大培训力度，适度扩大办学规模。(3) 深化教学改革，提高教学质量。(4) 充分发挥党校马克思主义理论阵地的作用。(5) 建设一支政治强、业务精、作风正的教职工队伍。(6) 发展和完善州、县、乡党校教育体系。(7) 加快党校教学手段和基础设施的现代化建设。(8) 加强和改善乡级党委对党校工作的领导。

【制定加快城镇建设的意见】 中共楚雄州委、州人民政府2000年10月18日制定了《关于加快城镇建设的意见》。主要内容是：(1) 指导思想和原则。(2) 发展目标：近期目标为到2005年，城市化水平提高到24.78%；中期目标为到2010年，城市化水平提高到30%左右；远期目标为到2015年，城市化水平达到35%左右。(3) 进一步加强城镇规划工作。(4) 加大城镇产业支撑体系建设。(5) 加强城镇基层设施建设，强化工程质量管理。(6) 加大小城镇建设力度。(7) 深化改革，促进城镇建设的更快发展。(8) 加强城镇管理，促进精神文明建设。(9) 加强对城镇建设工作的指导。

【制定《中国西部大开发楚雄州行动计划基本构想》】 中共楚雄州委、州人民政府在广泛征求各方面意见和建议的基础上，2000年12月3日制定了《中国西部大开发楚雄州行动计划基本构想》，主要内容有3个部分：(1) 历史机遇、基本州情特点和目标定位。形象特征为：人类发祥地，彝族风情园，生态经济州，华夏新楚雄。战略目标是：通过长期艰苦奋斗的努力和创新，把楚雄州建设成为经济特色显著、彝族文化荟萃、人与自然和谐、人民生活富裕的生态经济和民族文化强州。(2) 实施西部大开发的基本思路：突出一个主题（解放思想，加快发展）；促进两个转变（经济体制和经济增长方式的根本性转变）；打牢三个基础（农业基础设施、交通基础设施、城市及小城镇基础设施）；实施四大战略（科教人才战略、对外开放战略、民族文化战略、可持续发展战略）；建设五大产业（烟草业、天然药业、绿色食品业、冶金矿产业、特色旅游业）。(3) 对策和措施：加强产业规划，合理布局生产力；制定政策，完善机制，以结构调整为主线，全面推进经济结构的战略性调整；加强领导，狠抓落实。

【制定《楚雄州国民经济和社会发展第十个五年计划的建议》】 根据党的十五届五中全会和中共云南省委六届十一次全会精神，中共楚雄州委在深入调查研究，把握州情特点的基础上，经州委五届七次全委扩大会议讨论通过，于2000年12月24日印发了《中共楚雄州委关于制定楚雄州国民经济和社会发展第十个五年计划的建议》。主要内容有：(1) 指导思想、奋斗目标和基本思路。(2) 推进思想解放，加快改革创新。(3) 调整经济结构，建设特色产业。(4) 抓住历史机遇，打好农业、交通、城镇基础。(5) 加强实践，努力实施四大战略。(6) 努力提高人民生活水平。(7) 积极推进依法治州，加强民主法制建设和精神文明建设。(8) 实践“三个代表”重要思想，加强和改善党的领导。

〔王君一〕

重要决定

【继续开展解放思想大讨论的决定】 中共楚雄州委2000年2月13日决定，继续深入开展以改革开放为动力，“调整结构、开拓市场、搞活流通”为主题的解放思想大讨论。州委成立了解放思想、更新观念大讨论领导小组，州委书记赵仕杰任组长，罗正富、胡有兰任副组长；大讨论由州委宣传部牵头，州委办公室、州人民政府办公室等成员单位共同组织开展。

【表彰楚雄州劳动模范和先进工作者的决定】 为表彰1997年以来涌现出来的先进模范，鼓励先进，调动全州各族职工建设社会主义的积极性，中共楚雄州委、州人民政府2000年4月28日决定：授予李天玉等42名同志为楚雄州劳动模范；授予杨世成等53名同志为楚雄州先进工作者。

【追认臧金贵同志为优秀共产党员的决定】 深圳招商银行干部臧金贵1999年4月自愿申请到边疆民族地区开展扶贫工作，经组织批准派到永仁县任副县长，2000年4月24日因公殉职。根据臧金贵同志生前事迹和表现，中共楚雄州委2000年4月28日决定：追认臧金贵同志为“优秀共产党员”、“楚雄州劳动模范”，追授予“扶贫攻坚好干部”光荣称号。并要求在全州范围内开展向臧金贵同志学习的活动。

【表彰全州民族团结进步先进集体和先进个人的决定】 1995年全州民族工作会议暨第三次全州民族团结进步表彰大会以来，在加快少数民族和民族地区经济、教育、科技、文化等各项事业的发展中，各个领域、各条战线涌现出了一批为民族团结进步事业做出显著成绩的先进集体和先进个人。中共楚雄州委、州人民政府2000年6月20日决定，对楚雄市大过口乡人民政府等113个先进集体、李丕良等105名先进个人予以表彰。

【组建南永公路建设指挥部的决定】 2000年8月12日上午，中共楚雄州委书记丁绍祥主持召开州委办公会议，专题研究南（华）永（仁）公路建设问题。会议决定：(1)组建南永公路建设指挥部（副处级机构），负责全面组织实施工程建设的各项工作。(2)同意成立南永公路开发经营公司，承担公路建设筹资、融资、经营开发与管理。(3)南永公路建设投资应由州县承担部分，建安费统一由州负责，贷款为主，财政贴息，由指挥部具体操作和管理。征地拆迁费用由南华、姚安、大姚、永仁4个县负责解决。(4)南永公路经过的各县县城路段的宽度，原则同意设计方案；各县需要加宽的，各县量力而行，由各县自行确定加宽标准，自己筹措加宽部分的建设资金。

【表彰“九五”期间全州财税系统先进集体和先进个人的决定】 2000年9月1日，中共楚雄州委、州人民政府决定：对楚雄州财政局、楚雄州地方税务局、楚雄市国家税务局鹿城征收分局等44个先进集体和邓斯云等121名先进个人给予表彰。

【表彰“三五”普法先进单位和先进个人的决定】 从1996年开始的以宪法为核心、专业法为重点的“三五”普法工作取得了显著成绩，顺利通过省级检查验收。中共楚雄州委、州人民政府2000年10月30日决定：对州工商局等80个先进单位和普廷会等120名先进个人予以表彰奖励。

【表彰全州思想政治工作先进集体和先进个人的决定】 中共楚雄州委2000年11月20日决定：对楚雄市人民检察院等41个思想政治工作先进集体和杨毅等70名先进个人给予表彰奖励。

【发展生物资源开发创新产业的决定】 为认真贯彻落实全省生物资源开发创新工作会议精神，进一步加大彝州经济结构调整力度，加快发展生物资源开发创新产业，推动生态经济强州建设，中共楚雄州委、州人民政府2000年12月18日决定：(1)集中力量重点发展烟草支柱产业、天然药物新兴产业、绿色食品优势产业等三个以生物资源开发为主的创新产业。(2)加快医药工业园区、绿色食品园区、特色蔬菜园区等三园区和优质烟、优质米、中药材、畜禽养殖、林果、茶桑、魔芋、水产养殖等八大基地的建设。(3)实施基础设施、良种、试验示范、信息网络、市场开拓、龙头带动等六大工程。(4)建立人才、科技、融资、中介服务组织、政策、法律等六大支撑体系。

【表彰发展乡镇企业及个体私营经济先进集体、先进个人和优秀乡镇企业家的决定】 中共楚雄州委、州人民政府2000年12月25日决定对禄丰、元谋、南华县和楚雄市4个发展乡镇企业及个体私营经济先进县（市）、楚雄市鹿城镇等10个1999年度乡镇企业十强乡（镇）、楚雄市鹿城镇环城办事处等50个1999年度乡镇企业五十强村公所（办事处）、元谋水泥厂等50户1999年度乡镇企业百强企业、起自忠等31名优秀乡镇企业家、云南楚雄绿色产业集团有限公司等33户先进私营企业、李志海等60

户先进个体工商户、州计划委员会等15个支持乡镇企业及个体私营经济发展先进单位给予表彰奖励。

〔王君一〕

组织工作

【简述】 2000年，全州组织工作坚持以党的十五大、十五届五中全会精神和江总书记“三个代表”重要思想为指导，围绕党的工作大局和省州党委的重大决策，把在县级以上党政领导班子和领导干部中开展以“讲学习、讲政治、讲正气”为主要内容的党性党风教育作为重中之重切实抓紧抓好；加强了各级领导班子和干部队伍建设，干部队伍素质有较大提高；以扩大民主为改革方向，努力推进干部人事制度改革，领导干部任前公示制、考察预告制、推荐干部署名制经验分别在全国干部制度改革经验交流会、全省干部监督工作会上进行了交流；以农村、企业和机关为重点，切实加强党的基层组织建设和党员教育管理，为全州的经济发展和社会进步提供了坚强有力的组织保证。

【党组织和党员状况】 2000年末，楚雄州共有地方党委11个，机关党组170个，基层党委234个，党总支166个，党支部3961个，党小组12325个，党员115543名。其中：正式党员110581名，预备党员4962名；少数民族党员36262名，女党员18672名，乡（镇）党员88247名。年龄在25岁以下7236名，占6.3%；26岁至35岁27348名，占23.7%；36岁至45岁25727名，占22.3%；46岁至55岁21334名，占18.5%；56岁至60岁10318名，占8.9%；61岁以上23580名，占20.4%。研究生72名，占0.06%；大学本、专科10671名，占9.2%；中专、高中22607名，占19.6%；初中以下82193名，占71.1%。2000年，楚雄州共发展党员4313名，其中少数民族1516名，占35.1%；妇女1277名，占29.6%；35岁以下3662名，占84.9%；初中以上文化4019名，占93.2%；在企业、农村、教学、科研一线的2811名，占65.2%；各类专业技术人员900名，占20.9%。

【民主评议和处分党员】 2000年末，楚雄州3961个党支部中有3944个开展了民主评议党员工作，参评党员113695名，参评率为98.4%。通过民主评议，有4710名党员受到表彰，其中2148名被授予优秀党员称号，有115422名被评为合格党员，有121名被评为不合格党员受到组织处理。其中开除党籍35名，劝退和劝退不退除名8名，其他取销资格除名16名，受其他党纪处分37名，限期改正错误22名。2000年，楚雄州共有131名党员受到出党处分，其中开除党籍72名，劝退和劝退不退除名9名，取消预备党员资格26名，退党除名5名，自行脱党除名12名，取消党员资格7名。年内，共有97名党员受到其他纪律处分，其中，警告38名，严重警告36名，撤销党内职务2名，留党察看21名。

【发展党员公示制】 2000年，中共楚雄州委组织部下发了《楚雄州发展党员公示制试行办法》，进一步加强对发展党员工作的监督。到年底止，全州共选定13个基层党委和27个农村、企业、机关、学校党支部作为发展党员公示制试点单位，其中：禄丰、武定、元谋、大姚、永仁、楚雄6个县（市）和楚雄师专、州直机关工委2个直属党（工）委已经有3个基层党委、21个党支部按规定程序公示了133名发展对象，通过公示发展的预备党员103名，收到较好效果。

【党员教育管理】 2000年，全州各级党组织结合年内开展的“三讲”教育和胡长清、成克杰案例警示教育，在广大党员中开展了以“致富思源、富而思进”和“三个代表”重要思想为主要内容的学习教育活动，以“优秀共产党员”、“扶贫攻坚好干部”臧金贵为榜样，教育广大党员坚定共产主义理想信念，牢固树立全心全意为人民服务的宗旨，充分发挥先锋模范作用。州委组织部牵头拍摄了电视专题片《臧金贵》，并就组织收看和学习作出了安排。通过学习教育，广大党员理想信念、宗旨意识、组织纪律等方面得到进一步增强。

【党员电化教育】 从1998年开始实施《楚雄州党员电化教育工作三年规划》以来，党员电化教育工作取得了长足发展。到2000年底止，10县（市）委组织部都设立了党员电教室、128个乡（镇）均设立了党员电教工作站，960个村（办）设立了党员电教播放点，占全州村（办）总数的85%。部分党员人数较多的机关、企事业单位也建立了工作站和播放点。累计投入电教经费达526.52万元。以州为中心、县为龙头、乡为纽带、播放点为基础的四级党员电教网络基本形成。

【组织工作目标管理】 中共楚雄

州委组织部在认真总结1999年实行全州组织工作目标管理责任制工作经验的基础上，对上年的组织工作目标管理责任书及考核办法进行了认真讨论修改，形成了《楚雄州2000年组织工作目标管理责任书》，于2000年4月正式下发文件实施。经年底组成5个考核组对10县（市）委组织部完成目标管理任务的状况进行交叉检查考核，楚雄市委组织部被评为一等奖，元谋、牟定、大姚、姚安、禄丰县委组织部被评为二等奖，武定、南华、永仁、双柏县委组织部被评为三等奖。

【开展领导班子和领导干部“三讲”教育活动】 根据中央和省委的安排部署，楚雄州在县处级以上领导班子和领导干部中开展了以“讲学习，讲政治，讲正气”为主要内容的“三讲”教育活动。“三讲”教育分州级、各县（市）、州直部门和州属事业单位四个层次，严格按照中央规定的“思想发动、学习提高；自我剖析、听取意见；交流思想、开展批评；认真整改、巩固成果”4个步骤和方法，分4批进行，1999年12月1日开始，2000年12月16日基本告一段落。中共楚雄州委高度重视“三讲”教育工作，按照中央有关文件的要求，成立了中共楚雄州委“三讲”教育领导小组，州委书记任组长，下设办公室。“三讲”教育领导小组办公室设在州委组织部，组织部长兼任办公室主任，负责组织、协调、指导、督促全州的“三讲”教育工作。在州委的统一部署下，10县（市）和州直部门、县（处）级事业单位也相继成立“三讲”教育领导小组及办公室，党委、党组、总支书记为“三讲”教育第一责任人。

1999年12月1日至2000年2月1日，率先进行楚雄州州级领导班子和领导干部“三讲”教育，历时两个月。范围和对象是中共楚雄州委、州人大常委会、州人民政府和政协楚雄州委员会四套州级党政领导班子及其成员。从2000年9月29日开始，开展了州级领导班子和领导干部“三讲”教育“回头看”活动，11月4日告一段落。

2000年2月29日，楚雄州县（市）领导班子和领导干部“三讲”教育开始，到5月5日基本告一段落，历时67天。县（市）领导班子和领导干部“三讲”教育的范围和对象是县（市）委、人大、政府、政协、纪委、组织部、宣传部、检察院、法院、公安局班子及其成员，共40个班子60个部门483名领导干部。州委派出巡视组对各县（市）“三讲”教育进行督促和指导。2000年11月上旬，又开始进行楚雄州10县（市）领导班子和领导干部“三讲”教育“回头看”活动，至12月上旬告一段落。10位州委常委分工联系10县（市）“三讲”教育“回头看”活动，州委派出10个检查组（每组3人）到10县（市）进行检查督促和指导把关。

楚雄州州直部门领导班子和领导干部“三讲”教育于2000年6月15日开始，8月20日基本告一段落，历时65天，共有80个部门的306名党员领导干部和9名党外干部参加。州委派出15个巡视组，每个巡视组负责指导3至4个部门的“三讲”教育工作。

楚雄州州属事业单位领导班子和领导干部“三讲”教育自2000年10月14日开始，12月16日基本告一段落，历时64天，共有22个班子和63名领导干部参加。州委“三讲”教育领导小组派出5个巡视组负责指导22个单位的“三讲”教育工作。

【干部进修培训】 2000年，以提高领导干部政治理论素质为重点，进一步加强理论学习培训。9月至11月，举办了第9期中青年干部培训班，有71名正科干部参加学习，最大年龄40岁，最小年龄28岁，平均年龄35岁；在州工业学校举办了2期企业厂长、经理培训班，培训学员103人。到年底止，共举办企业厂长、经理培训班12期，培训学员653人，完成了“九五”期间工商企业管理干部培训任务600人的109%。与此同时，还选派了35名县处以上领导干部到省内外培训锻炼。通过培训，进一步开阔了视野，增长了才干。

【在职干部学历教育】 2000年，全州共有1417名在职干部报考省州党校及各大专院校，经审查把关，共推荐了1316名干部报考。通过参加全省党校系统考试，全州录取1052名大专以上学员，录取率为80%。在录取的学员中，研究生6名，本科生271名，大专生775名。6月，州委组织部、州民族宗教局和各县（市）委组织部组成联合考察组对楚雄州在省州党校和省属大专院校学习的96名应届脱产毕业学员进行了考察，对545名县处级领导干部学历培训情况进行了调查统计。

【干部队伍状况】 2000年，全州共有在职干部59690名，其中，行政机关干部18051名，事业单位干部37233名，企业单位干部4406名。地厅级领导干部（含非领导职务）30 名，县（处）级领导干部（含非领导职务）654 名，乡（科）级领导干部（含非领导职务）6414 名；副高级职称以上专业技术人员 528 名，中级职称 7481 名，初级职称 25201 名。在干部总数中，少数民族干部 16741 名，占 28%；妇女干部 18507 名，占 31%；大专以上文化 19624 名，占 32.9%；中专、高中文化 33284 名，占 55.8%；初中及以下文化 6782 名，占 11.4%。年内全州共增加干部 4272 名，减少干部 4067 名。其中：离退休 2130 名，死亡 17 名，辞职 149 名，辞退 90 名。

【少数民族干部】 2000 年底，全州共有少数民族干部 16741 名。国家机关少数民族干部 6284 名，占 34.8%。其中，州级机关 411 名，县（市）级机关 2306 名，乡（镇）级机关 3567 名；地厅级领导干部 14 名，县（处）级领导干部 122 名、非领导职务 56 名，乡（科）级领导干部 1007 名、非领导职务 900 名，科员、办事员 4185 名。事业单位少数民族干部 9659 名，其中，各类专业技术人员 9057 名，高级职称 85 名，中级职称 1643 名，初级职称 6690 名；州级 715 名，县（市）级 2985 名，乡（镇）级 5357 名。企业单位少数民族干部 798 名，其中：专业技术人员 542 名，高级技术职称 1 名，中级技术职称 44 名，初级技术职称 484 名。

【妇女干部】 2000 年，楚雄州共有妇女干部 18507 名，比上年增加 587 名。在妇女干部中，党群国家机关干部 3620 名，占 19.6%，其中：州级 432 名，县（市）级 1763 名，乡（镇）级 1425 名。地厅级领导干部 3 名，县（处）级领导干部 52 名、非领导职务 19 名；乡（科）级领导职务 419 名、非领导职务 684 名；科员、办事员 2443 名。企事业单位的妇女干部 14887 名，占 80.4%。各类专业技术干部 13807 名，其中：高级职称 109 名，中级职称 2604 名，初级职称 10494 名。州级 2498 名；县（市）级 6241 名；乡（镇）级 6148 名。

【青年干部】 2000 年底，楚雄州机关事业单位有 35 岁以下的青年干部 32997 名，占机关、事业单位干部总数的 59.7%。青年干部中，党群行政机关 9182 名，占 27.8%。其中，州级 679 名，县（市）级 3845 名，乡（镇）级 4658 名。县处级领导干部 19 名，非领导职务 4 名；乡（科）级领导干部 1083 名，非领导职务 641 名；科员、办事员 7435 名。事业单位青年干部 23815 名，占 64%。各类青年专业技术干部 22627 名，占 64.4%。其中：高级职称 15 名，中级职称 1911 名，初级职称 18874 名；州级 2121 名，县（市）级 7444 名，乡（镇）级 14250 名。

【全州干部工作会议】 2000 年 11 月 14 日至 15 日，中共楚雄州委召开全州干部工作会议，会议传达了中央和中共云南省委召开的有关干部工作会议精神，研究部署楚雄州优秀青年干部、少数民族干部、妇女干部、党外干部的培养选拔及干部制度改革和干部监督工作。会议在总结分析全州青年干部、少数民族干部、妇女干部、党外干部培养选拔和干部人事制度改革工作的成绩经验及存在问题的基础上，对 4 种干部选拔培养工作和干部制度改革的目标、任务、措施提出了具体要求。有 11 个单位交流了青年干部、少数民族干部、妇女干部、党外干部培养选拔和干部制度改革方面的经验。对州委组织部起草的关于进一步做好培养选拔优秀年轻干部、少数民族干部、妇女干部、党外干部工作《意见》，楚雄州领导干部交流工作《实施办法》，进一步加强和完善干部监督工作的《意见》，关于建立领导干部“能下”制度的《实施意见》等 8 个文件讨论稿进行了认真的讨论修改。全州 10 县（市）委分管干部工作的领导、组织部长、统战部长、民族宗教局局长、妇联主席，州属各部委办局、各企事业单位和中央、省属驻楚单位的分管领导及组织（人事）科长，共 330 人参加了会议。

【干部培养选拔】 2000 年，中共楚雄州委组织部进一步加大了对年轻干部、少数民族干部、妇女干部和党外干部的培养选拔力度，全年提交州委常委讨论干部 93 人，其中新提拔 42 人。在新提拔的县处级干部中，40 岁以下的年轻干部 26 名，占 61.9%，有 5 名 36～38 岁的优秀年轻干部担任县（市）和州属部门党政一把手，还选拔了 2 位年龄在 30 岁以下的年轻干部担任州直部门副职；少数民族干部 10 名，占 23.8%；妇女干部 9 名，占 21.4%。同时，完成了 870 名县处级以上领导干部 1999 年度的考核工作，其中：州级领导干部 37 名，县处级领导干部 591 名，县处级非领导职务 242 名。对试用期满的 26 名干部进行了考察考核，并积极参与了州人代会、政协会、妇代会、工代会的选举工作。

【干部制度改革】 2000 年，楚雄州认真贯彻中央《深化干部人事制度改革纲要》等文件精神，以扩大民主为方向，继续推进干部制度改革。(1) 公开招考、竞争上岗选拔干部基本形成制度。一年来，全州共招考选拔科级及村（办）干部243名，通过竞争上岗方式共选拔中层领导干部293名。(2) 进一步坚持和完善领导干部任前公示制和试用制。做到凡属新提拔的干部，一律实行任前公示和试用期制。全年任前公示县处级领导干部22人，有36名县处级干部、196名科级干部实行试用期制。(3) 试行推荐干部署名制和考察干部预告制。已有26个县处领导职位和3名优秀县（市）委书记人选的推荐实行了署名推荐，署名推荐率达96.4%；对36个县处级领导职位人选实行了考察预告制，列入预告的考察人选79名，任用21名。经过问卷调查，对实行署名推荐、考察预告制度持欢迎、拥护并希望坚持实行者达100%。(4) 干部交流工作取得突破性进展。全州10县（市）委书记、县（市）长、组织部长、法院院长、检察院检察长、公安局局长全部实行异地交流。

【干部试用期制度】 2000年7月，中共楚雄州委组织部制定下发了《楚雄州县处级领导干部试用制度实施办法（试行）》，进一步深化和规范领导干部试用期制度改革。全年共有36名县处级领导干部、196名科级领导干部、155名村（办）干部实行了试用期制度。对试用期满的32名县处级干部进行了考核，并对考核结果属称职、胜任的干部办理了正式任命手续。南华、牟定、禄丰3个县完成了对34名试用期满的乡科级干部的考核和任用工作。

【干部考察预告制度】 中共楚雄州委组织部在1999年10月首批试行县处级领导干部考察预告制度的基础上，从2000年7月起又进一步推行和完善了此项改革制度。其内容和做法是：(1) 将拟考察选拔的领导职位、任职资格和条件要求等，预先在一定范围内公开，让干部群众及早了解情况，积极参与干部推荐考察工作。(2) 考察组进入推荐考察干部所在单位召开干部职工大会，动员干部群众实事求是地反映干部情况，配合考察组做好考察工作。(3) 组织考察干部所在单位干部职工进行民主推荐或民主测评。并根据民主推荐、民主测评情况确定考察人选。(4) 公开民主推荐、民主测评情况和考察对象，公开考察组人员组成和考察时间、地点及联系电话，进行组织考察。在试行干部考察预告制度的同时，还进一步坚持和完善了差额考察制度，要求每个领导职位的考察对象必须达到2人以上，以便通过考察，进行择优比较。

【推荐干部署名制】 2000年9月22日，中共楚雄州委召开州直部门和10县（市）正县级实职以上领导干部大会，民主推荐优秀县委书记。在推荐中，率先采取了署名推荐的方式。此次推荐，共发出推荐表127张，收回124张，回收率达到97.64%。到年底止，全州已对26个县处级领导职位实行署名推荐制，署名率达96.4%。通过署名推荐，共推荐出干部人选189名，有54名列入差额考察，平均每个职位考察不少于2名。

【干部宏观管理】 2000年，全州共对28名县处级领导干部及试用期满干部进行考察，对9个县（市）委组织部的16名任免干部进行了补充考察。办理了7个县（市）83名乡（镇）党政正职的任免审批，对1名群众反映较大的乡长人选，建议县委取消其任职方案。同时，对乡（镇）干部宏观管理的有关规定进行调整，对省下派的11名科技副县（市）长进行了走访座谈，对到期的4名科技副县（市）长进行了总结鉴定。办理了3名省下派干部的任免职手续，其中：1人到任，2人到期收回。办理了深圳招商银行到州内挂职的8名干部的任免手续，其中4人期满，4人到任。选派了5名少数民族优秀年轻干部外派挂职锻炼，其中3名到福建省，2名到省级机关。在此基础上，组织召开了首次优秀年轻干部挂职锻炼工作研讨会，收到论文34篇，评出优秀论文10篇。

【干部监督工作】 2000年，中共楚雄州委组织部继续坚持领导干部重大事项和收入申报制度以及每月10日的部长接待日制度，共办理县处以上领导干部因公出国考察学习审查审批手续54件69人次；为副处以上干部办理正常晋升职务工资、级别工资和增加离退休费的增资手续700多名；办理了25名干部的提前退休手续、11名团职军队转业人员的工资、待遇手续；调整充实了干部监督联络员，并热情接待干部群众来信来访，全年共接待35人次。同时，还组织了全州干部档案管理达标验收活动，经省委组织部检查验收，中共楚雄州委组织部达到二级标准，南华、双柏、姚安、牟定、禄丰、元谋6个县委组织部达三级标准。

【知识分子工作】 2000年春节前

夕，组织部门对全州93名州级优秀专业人才进行了走访慰问，听取他们的意见建议。建立健全了专业人才库并对优秀专业人才和优秀青年科技人才进行年度考核，收集了27名州级优秀专业人才1999年度的科研立项计划、科研项目、撰写论文、调查报告等情况，进一步掌握了优秀专业人才的工作情况和成效。同时，根据工作需要，调整补充了专家咨询委员会成员，并组织了16名医疗卫生专家到南华、姚安、大姚县地震灾区开展社会服务，对800多人进行了义诊。按时发放了64名优秀专业人才的政府特殊津贴42100元。编印《知工信息》6期，被中组部采用信息1篇。

【组织调研工作】 2000年，中共楚雄州委组织部高度重视政策调研工作，从年初开始，部领导亲自带队，组成5个调研组深入到12个州级部门找领导谈心交心。在此基础上，又建立了州委组织部领导与县（处）级领导干部谈心交心制度。抽调人员对全州35岁以下担任正科级领导职务的少数民族、妇女、党外干部情况进行了集中摸底调查。同时，注意加强对全州各县（市）委组织部和州属各党（工）委课题调研工作的指导，围绕组织工作的难点、热点和重点问题开展调研工作，全年按要求完成了《完善县（市）党政领导班子及其成员工作实绩考核指标体系和评价标准问题研究》等项调研任务，为上级党委部署工作提供科学依据；参与了《楚雄州2000年组织工作目标管理责任书》、州委组织部《先进科室量化考核评分表》、《干部监督工作先进经验交流材料》、《进一步改进和加强干部监督工作的意见》等文件的起草、讨论、修改工作；编发了《组织工作通讯》15期，在促进调研成果转化和发挥调研成果对组织业务工作的指导作用方面进行了积极探索。

【组工信息工作】 2000年10月28日，中共楚雄州委组织部举办了首期组织工作信息人员培训班，56人参加了培训。全年，各县（市）委组织部、州级各有关单位和州委组织部各科室共报送信息771条。州委组织部编发《楚雄组工信息》24期、采用信息198条，向省委组织部报送信息210条、被采用19条（其中有1条被中组部采用），向州委办公室报送信息138条、采用21条（其中有3条被省委办公厅采用）。信息上报数及采用数在全省组织系统和州属各部门中继续保持领先位次，受到省委组织部表彰。

【第六批“村建”工作】 2000年，按照中央及省委、州委的部署要求，楚雄州善始善终完成了第六批农村基层组织建设工作。在工作中，坚持思想不松、力度不减、格局不变的指导思想不动摇，全州共从州、县抽派了431名“村建”队员，重点帮助82个乡（镇）126个村（办）开展工作。通过各级党委和全体工作队员近一年的努力，“村建”工作取得了明显成效。全州128个乡（镇）党委已建立健全了党建目标责任制和中长期发展规划，为以后的农村基层组织建设奠定了坚实的基础。

【村级体制改革试点工作】 2000年6月19日至8月20日，楚雄州开展农村村级体制改革试点工作。在试点工作中，全州10县（市）共确定了10个乡（镇）90个村公所（办事处）作为试点单位。州委派出了10个工作组，州委组织部于6月中旬下发了《关于在村级体制改革中加强党支部建设的通知》。到8月20日止，10个试点乡（镇）试点工作全面完成，共选举产生党支部90个、支书90名、支部委员472名；村委会90个，主任90名、副主任95名，委员289名。经民主选举产生的“两委”班子具有6个显著特点：（1）原村公所（办事处）干部继续当选比重占76%，保持了干部队伍的基本稳定；（2）“一肩挑”的比例高，90个村党支部中支部书记兼主任有57人，占63.3%；（3）“两委”平均年龄37岁，比村级体制改革前有所下降；（4）文化素质普遍提高；（5）村委会成员中党员比例增加；（6）有一批具有专业知识和经济管理才能的个体私营主、农村致富能手和科技带头人被选举进入“两委”班子。试点工作的成功为全州顺利开展村级体制改革工作提供了丰富的经验。

【村党支部换届选举】 楚雄州在2000年推行村级体制改革、实行村民自治工作中，认真贯彻省委组织部《关于在改革村级体制中村党支部换届选举有关问题的通知》精神，切实抓好村级党支部的换届工作，村党支部建设得到进一步加强。到11月底，全州10县（市）128个乡（镇）的1131个村党支部全部换届选举结束。通过村级体制改革，全州共设1131个村（居）委会，成立村党总支18个，村党支部1113个，选举产生村党支部（总支）书记1131名；选举产生村党支部（总支）副书记160名；选举产生村党支部（总支）委员（含书记、副书记）6527名。顺利完成了村党支部的换届选举工作，实现了党委意图和党员意愿的统一。

【企业党建工作】　2000年，中共楚雄州委组织部对国有企业和非公有制经济组织党建工作进行了积极探索。年初对以个体私营经济为主的非公有制经济组织党建状况进行了一次全面调查，并在此基础上制定出台了《楚雄州非公有制经济组织党建工作试行办法》，对非公有制经济组织党建工作的指导思想和目标要求，党组织的设置，隶属关系及地位作用，党组织的班子建设、党员队伍建设和工作方式等作出了明确规定。要求凡具备条件的非公有制经济组织都要建立党组织。到年底，全州在有3名以上正式党员的私营企业中党组织的组建率达到85.7%。同时，加强国有及国有控股企业党建工作，起草了《加强和改进全州国有企业及国有控股企业党建工作的意见》，及时办理改制企业党组织关系的接转等工作。

【党建联系点】　2000年6月，中共楚雄州委组织部制定下发了党建联系点5项制度，对联系点工作进行规范。8月中旬拨出3.5万元经费补助党建联系点，解决工作中的实际困难和问题。同时，根据中组部和省委组织部的有关要求，认真做好中组部党员教育培训实验示范基地试点工作，经过多方争取，楚雄市被列为全国20个、全省3个实验示范基地之一。

【组织工作政务公开】　2000年5月，中共楚雄州委组织部下发了《中共楚雄州委组织部组织工作政务公开实施意见》，成立了由州委常委、组织部长罗志明任组长的“组织工作政务公开领导小组”，进一步加大组织工作政务公开工作力度。公开的内容涉及组织部7个方面共50余项政务。在保守党和国家机密的前提下，根据政务事项的涉及范围、性质及实际工作需要，分层次、分部门向社会和群众公开。公开的形式主要采取在部门公开；在州内公开；向离退休老干部和民主人士、人民代表、政协委员、干部监督联络员公开；向社会公开4种方式。到年底止，全州10县（市）委组织部都开展了组织工作政务公开工作。

〔郭孟贤　王家淑〕

老干部工作

【老干部经济情况通报会】　2000年1月20日，中共楚雄州委、州人民政府在2000年春节到来之际，在州委礼堂召开州级单位离休干部和副县（处）级以上退休干部经济情况通报会，300多名老干部参加会议，州人民政府副州长张祖林对全州1999年度国民经济发展和1月15日姚安等地发生6.5级地震及抗震救灾工作情况作了通报。州委常委、州委组织部部长罗志明主持会议，并将州级领导班子和领导干部开展“三讲”教育的有关情况向老干部作了通报。8月17日，州委在州委礼堂召开州级老干部政治经济情况通报会。州委书记丁绍祥向参加会议的400多名州级单位离休干部和副县（处）级以上退休干部通报了楚雄州上半年党的建设、社会经济发展情况。州委副书记、州人民政府代理州长夜礼斌主持会议，州委常委、组织部部长罗志明出席会议。12月27日，州委、州人民政府在州委礼堂召开州级单位离休干部和副县（处）级以上退休干部共400多名老干部参加的情况通报会。州委副书记张怀德主持会议，州委书记丁绍祥向老同志通报了一年来全州社会经济发展情况、州委五届七次全会通过的第十个五年计划建议的主要内容和州委2001年要做的主要工作。

【老干部形势报告会】　2000年11月22日，中共楚雄州委老干部局在州委礼堂召开老干部大会，参加报告会的有州级单位离休干部和副县（处）级以上退休干部共400多人。州委常委、宣传部长李俊向老干部作形势报告，结合党的十五届五中全会精神，重点就世界贸易组织的职能、作用以及中国加入世界贸易组织等方面的情况向老同志作了系统全面的报告。

【春节慰问老红军老干部活动】　2000年1月15日至30日，在春节即将到来之际，中共楚雄州委、州人大常委会、州人民政府、州政协四套班子的领导赵仕杰、李应科、罗正富、杨成彪等21名领导干部先后到州级部门单位和武定、牟定、昆明、玉溪等地逐户走访慰问3名老红军和40名地厅级离退休老干部，向他们介绍楚雄州的发展情况，了解他们的生活情况及身体健康状况，听取他们对工作的意见，向老干部拜年，还向每个老同志赠送了慰问金。

【离休干部状况】　2000年，全州符合享受离休干部待遇的干部1860人，已全部办理离休手续。累计逝世604人，健在1256人，其中第二次国内革命战争时期参加革命工作的2人；抗日战争时期参加革命工作的69人；解放战争时期参加革命工作的1185人。享受副县（处）级及其以上干部待遇的

647 人。年满 70 周岁以上的 825 人。退休的副县（处）级以上干部 540 人。

【老干部工作目标管理考核】 2000 年 3 月 21 日至 25 日，中共云南省委老干部局检查考评小组一行 3 人，在省委老干部局办公室副主任程临庆带领下，对楚雄州 1999 年度实施老干部工作目标管理责任制情况进行检查考评。考评小组听取了中共楚雄州委老干部局对楚雄州实施老干部工作目标管理责任制的情况汇报，查看有关资料，召开了部分离休干部座谈会，听取了 21 位老同志的意见，抽查了州电力公司和元谋县老干部目标管理工作，最后将检查情况和考评意见向州委老干部工作领导小组作了反馈。省检查组对楚雄州老干部工作给予了充分的肯定，并对以后工作提出了建议。经全省综合考评，楚雄州 1999 年度实施老干部工作目标管理责任制成绩显著，被评为优秀单位，受到省委老干部局表彰奖励。

【建立州级领导联系同职级老干部制度】 2000 年 4 月 15 日，中共楚雄州委办公室通知：在 1997 年开展部分州级领导联系同职级老干部活动的基础上，建立和完善州级领导联系同职级老干部制度，27 名州级领导联系 43 名地厅级老干部，要求每个领导干部每年走访联系老干部两次以上，在走访中，要认真听取老同志的意见和建议，与老同志交流情况，沟通思想，帮助研究和解决一些实际问题。文件下发后，各县（市）、州级单位都相应建立和完善了领导联系同职级老干部的制度。

【落实老干部政治和生活待遇】 2000 年，楚雄州各级各部门从政治上关心老干部、把切实加强老干部们思想政治工作放在首位。坚持老干部学习制度和阅文制度，让老同志及时了解党的路线方针和政策。定期向老同志通报本地区、本单位社会经济发展及工作情况，中共楚雄州委年内先后 3 次向州级单位老干部通报全州社会经济发展情况，州委老干部局先后 2 次在州级单位老干部大会上传达省委老干部局召开的有关会议情况及精神。按省、州老干部局的要求，选派老干部到省委和州委党校学习培训。充分发挥老干部党支部的战斗堡垒作用，老干部党员能正常参加党的组织生活。坚持在职领导联系同职级老干部制度，走访慰问老干部，加深了在职领导干部与离退休老干部的联系和感情，帮助老干部解决了一些实际困难和问题。州、县（市）组织离休干部 682 人次就地就近参观考察，了解改革开放以来的发展和变化。重要会议、重要活动邀请老同志参加，为改革发展献计出力。同时，认真贯彻执行老干部生活待遇的各项政策规定，把落实离休干部“离休费”和“医药费”作为工作的重点，及时督促、检查拖欠“两费”的情况。通过各县（市）、州级部门的努力，“两费”拖欠情况，特别是拖欠医药费的情况基本得到解决。同时，认真协调解决离休干部反映的住房、安置管理、遗属生活困难补助、丧葬抚恤等规定的突出问题，使老同志能安度晚年。

【全州老干部局局长会议】 2000 年 5 月 30 日至 31 日，全州老干部局局长会议在楚雄召开。参加会议的有各县（市）委老干部局局长，州属单位分管老干部工作的领导共 34 人。中共楚雄州委副书记张怀德出席会议并作讲话。会议的主要内容是：（1）传达全省老干部工作会议精神和楚雄州贯彻意见；（2）传达学习中共中央组织部部长曾庆红和副部长黄晴宜的讲话以及中共云南省委老干部局局长左绍钧的讲话；（3）对 2000 年实施老干部工作目标管理责任制进行部署；（4）表彰 1999 年度实现老干部工作目标管理责任制的 30 个先进单位。与会同志通过讨论和交流，纷纷表示要进一步抓好老干部各项政策待遇的落实工作。

【全州老干部思想政治工作会议】 2000 年 12 月 22 日，全州老干部思想政治工作会议在楚雄召开。会议传达贯彻全国、全省召开的老干部思想政治工作暨老干部党支部建设经验交流会议精神和州委召开的全州思想政治工作会议精神。参加会议的有各县（市）委老干部局局长、州属单位分管老干部工作的领导共 80 多人。州委常委、组织部部长罗志明出席会议并作了《求实创新，认真做好新形势下的老干部思想政治工作》的讲话。有两个县和 4 个州属单位作了大会交流发言。

【全州老干部读书班】 2000 年 10 月 24 日至 28 日，经中共楚雄州委批准，在州委党校举办了全州老干部读书班。来自全州 10 县（市）、州属单位的 61 名副县（处）级以上老干部以及离退休老干部中的部分学习骨干参加学习培训。这期读书班主要学习党的十五届五中全会精神、邓小平理论和江泽民同志“三个代表”的重要思想，以及西部大开发战略、中国加入世贸组织的有关问题和州委工作会议精神等有关内容。州委副书记张怀德出席开学典礼并作了动员讲话。老干部们十分珍惜这次学习机会，普遍反映学到了新内容，增加了新知识，受到一次党性党风和理想信念的再教育。

【举办老干部歌曲演唱会】　2000年9月27日，在庆祝中华人民共和国成立51周年和“九九”敬老节来临之际，由州委老干部局主办、州文化局和州老龄工作委员会办公室协办的州级单位老干部迈向新世纪歌曲演唱会在楚雄市东兴影剧院举行，600多名老干部组成15个代表队登台演出。州委副书记张怀德出席并作了讲话。州人民政府副州长杨汝鉴及部分退休的老领导观看了老干部的表演，并为15个代表队颁了奖。

【全州老干部书画展】　2000年9月29日至10月7日，中共楚雄州委老干部局和楚雄州老年书画诗词协会共同举办的楚雄州老干部迎接新世纪书画展在楚雄工人文化宫展出，各县（市）和州属有关部门共评选出130余件书画、诗词作品参加了此次展出。展出期间，参观者络绎不绝，参观人数达2000多人次。所展出的作品展示了楚雄州广大离退休干部奋发向上的精神风貌。

【继续开展“我为社会作贡献”活动】　2000年，楚雄州继续在老干部中开展以“一发挥、二支持、三自、四好”为主要内容的“我为社会作贡献”活动，全州有25%的离退休干部分别在不同领域发挥作用。(1) 州、县（市）聘请部分老干部分别担任干部监督联络员和党风廉政监督员；(2) 在州、县（市）“三讲”教育中聘请部分老同志担任“三讲”教育巡视员；(3) 老年书画诗词协会、老战友艺术团、老年体协、“边纵”八支队驻楚老同志联谊会、南下老干部联谊会、延安精神研究会等全州性老干部社团组织，通过自我管理、自我教育、自我服务，团结带领广大老干部，以不同的形式在两个文明建设中发挥着积极的作用；(4) 全州广大离退休干部响应关心下一代工作委员会的号召，先后为“关心下一代”工作捐款1300多元；(5) 家居农村的老干部，身体力行，积极参与宣传党的方针政策、维护社会治安、创建“星级文明户”等各种活动，受到群众的称颂。

【楚雄州老干部活动中心工作】　2000年，按照中共楚雄州委组织部有关文件精神，原楚雄彝族自治州老年活动中心更名为楚雄彝族自治州老干部活动中心，定编8人。活动中心进一步强化职工管理和服务技能的培训，积极组织开展适合老干部的各项健康文明的文体活动。先后开办羽毛球、网球、泰迪球、太极拳培训班以及各项比赛活动，年内参加培训和比赛的人数达3.7万多人次。先后接待了法国安道尔地掷球队到中心开展比赛活动，接待桂林市、玉溪市、昆明市、红河州等地州市老干部、老年活动中心到中心学习参观或进行友谊比赛活动。还带领老干部网球队到普洱、保山等地进行比赛；组织地掷球队到新疆参加比赛并获奖；组织泰迪球队到昆明参加全国比赛获优秀奖。州老干部活动中心年内接待老干部和老年人共87388人次，为宣传彝州、活跃老干部的晚年生活、促进“两个文明”建设起到了积极的作用。

【楚雄州干休所工作】　2000年，楚雄州干休所住所老干部55户，共有离休干部53名（含家属中的离休干部13名），平均年龄75岁，有工作人员10名。州干休所不断提高职工业务素质，为老干部创造优良的生活环境和开展各项管理服务工作。(1) 定期组织老干部学习政治理论和开展党支部的各项活动，为老同志订阅报刊杂志62种，及时组织老同志传达学习中央和上级党委政府的重要文件和重要会议精神，组织老同志参加州委、州人民政府举办的有关重要活动、报告会，使老同志了解党和政府的方针政策以及社会经济发展情况；(2) 组织老同志140多人次先后到大理及附近乡（镇）、企业单位参观考察，使老同志不断开阔视野，观念不断更新；(3) 改造了住宿区的花园，更新购买轿车一辆；(4) 积极为老同志的生活和学习提供优质高效的服务；(5) 在姚安等地“1·15”地震发生后，住所老干部和工作人员心想灾区人民，捐款4680元，衣物404件，为灾区人民献上了一片爱心。

【老干部信访工作】　2000年，全州共接待处理老干部来信来访613件。及时协调和解决了老干部反映的一些实际困难和问题。进一步健全完善老干部信访、接待、登记、督办、结案、报告、反馈等制度，加强与老干部的联系。

〔申海宗〕

宣传工作

【简述】　2000年，楚雄州宣传思想工作按照中央、省委和州委的要求，以“三个代表”思想为指导，围绕中心，服务大局，努力为全州的改革开放和经济建设提供良好的舆论环境和精神动力。(1) 抓好邓小平理论、“三个代表”重要思想和党的十五届五中全会精神的学习宣传贯彻；(2) 抓好以改革开放为动力，以“调整结构、开拓市场、搞活流通”为主题的解放思想、更新观念大讨论；(3) 坚持“两手抓，两手都要硬”的方针，大力开展文明城镇、“文明公路运输线”的创建，把“十星级文明户”创建活动作为农村精神文明建设的重点来抓，全州广大农村出现了农户争星、创星的热潮；(4) 认真贯彻落实《中共中央关于加强和改进思想政治工作的若干意见》和中央、省委思想政治工作会议精神，深入开展调查研究，增强思想政治工作针对性和实效性，推出以臧金贵为代表的先进典型，组建臧金贵先进事迹报告团到州内、省内及深圳巡回演讲，配合州委开好思想政治工作会议，切实加强和改进思想政治工作；(5) 坚持用正确的舆论引导人，用强有力的外宣吸引人，突出抓好州委、州人民政府改革发展决策部署和政策措施的宣传，加强民族文化资源宣传，做好姚安“1·15”抗震救灾宣传，通过举办和组织、参与一系列宣传、交流活动，有力地向外宣传了彝州、展示了彝州；(6) 切实加强队伍建设，抓好县乡宣传干部培训，邀请专家学者举办报告会，加强对广告宣传、报刊征订的管理，搞好自身的党风廉政建设，保障了各项宣传工作任务的顺利完成。

【“1·15”抗震救灾宣传】 2000年1月15日，姚安、大姚、南华一带发生6.5级强烈地震，中共楚雄州委宣传部立即组织新闻单位赶赴灾区做好宣传报道，并发出《关于做好抗震救灾对内和对外宣传报道工作的意见》，明确提出抗震救灾宣传的指导思想、报道重点、具体要求和需要注意的问题，有力地指导了抗震救灾宣传报道工作。“1·15”抗震救灾和恢复重建宣传在国内外引起强烈反响，形成了自力更生与各方支持紧密结合的抗震救灾良好发展态势，为灾区恢复重建创造了良好的舆论环境。

【2000年“三下乡”集中示范活动】 2000年1月20日，由中共楚雄州委宣传部牵头，州级16个部门联合举办的文化、科技、卫生“三下乡”集中示范活动在南华县五街乡拉开帷幕。州委宣传部、州广播电视局、团州委、州新华书店、州图书馆等单位将捐赠的总价值为21040元的图书和文化科技用品送到五街乡。由各部门组成的近200人的服务队伍，在集镇上开展了34个项目的文化科技卫生服务活动。

【全州宣传部长座谈会】 2000年1月21日，中共楚雄州委宣传部召开全州宣传部长座谈会，总结交流上年工作，安排部署2000年工作。州委常委、州委宣传部长李俊强调全州的宣传工作要在创新上思考，在务实上着力，加强针对性，力求取得新的突破。州委宣传部副部长李怡传达了全省宣传部长会议精神，并结合楚雄州实际讲了具体贯彻意见。全州10县（市）宣传部部长、州级宣传口7个单位负责人出席了会议。

【深入开展解放思想、更新观念大讨论】 2000年2月至11月，楚雄州开展了以改革开放为动力，“调整结构、开拓市场、搞活流通”为主题的解放思想大讨论。州委宣传部于2月16日下发了贯彻州委有关文件精神的实施意见，4月6日又与州委政策研究室、州计委3家联发了《“西部大开发，楚雄怎么办?”解放思想大讨论实施意见》，对全州开展解放思想大讨论的指导思想、目的意义、组织领导、时间安排、具体措施和要求等方面作了安排部署。在广泛征求意见和调查研究基础上，梳理出70多个有关的讨论参考题目。抽调专门人员组成5个调研小组对60多个有关部门，特别是经济宏观管理部门和部分州属企业进行调查研究，收集掌握热点、难点问题和事例，在广播、电视、报纸开辟解放思想大讨论专栏、专题新闻、专题报道，召开各种座谈会、研究会7次，编发简报12期，具体指导推动大讨论的开展。通过广泛深入的讨论，对形成楚雄州实施西部大开发的基本思路“突出一个主题，促进两个转变，打牢三个基础，实施四大战略，建设五大产业”起到了促进作用。

【香港凤凰卫视到楚雄摄制《九洲任逍遥》节目】 2000年4月25日至5月8日，香港凤凰卫视赴楚雄州拍摄禄丰县石灰坝、川街恐龙山、禄丰恐龙博物馆，元谋县元谋人遗址、元谋人博物馆、元谋土林，中国彝族十月太阳历文化园、中国彝族“太阳女”选拔现场、楚雄彝族文化研究所，龙江公园梅园，“威楚余韵”表演现场，州博物馆彝族服饰厅，武定狮子山、永仁方山、楚雄紫溪山等文化遗迹和自然景观，节目分为6集，在《九洲任逍遥》栏目播出，向海内外宣传了楚雄州独特的旅游资源。

【王天玺带队检查文明公路运输线】 2000年4月21日，中共云南省委副书记王天玺带领云南省文明公路运输线检查团一行50余人，对昆（明）丽（江）公路楚雄州境内的安宁至楚雄、楚雄至大理公路文明运输线建设情况进行检查。州委副书记、州委政法委书记胡有兰向检查团汇报了楚雄州文明走廊、文明运输线建设情况。

【举办国有企业改革专题报告会】 2000年4月21日，中共楚雄州委宣传部、楚雄州经贸委在楚烟俱乐部联合举办“国有企业改革”专题报告会。邀请上海浦东经济人才进修学院院长、上海财经大学MBA研究生导师张俊杰教授主讲。张俊杰教授从当前国际企业管理情况出发；就如何建立现代企业制度；关于国有企业改革；企业的重组再造；以人为中心的企业改革问题等方面作了深入浅出、系统生动、理论和实践相结合的讲述。州级各部门、州属国有企业科级以上领导干部1000多人听了报告。

【全州宣传工作会】 2000年4月27日至28日，中共楚雄州委在州委礼堂召开全州宣传工作会议。省委副书记王天玺到会作《抓解放思想，建华夏雄州》的重要讲话。州委书记丁绍祥作《唱响主旋律，打好主动仗，把我州宣传思想工作提高到一个新的水平》的主题报告，对做好2000年的宣传工作提出了要求。各县（市）分管意识形态副书记、宣传部长、精神文明建设指导委员会办公室主任、文体局长、广播电视局局长、党校常务副校长及州属单位主要负责人共220人参加会议。

【全州610工作会】 2000年4月29日至30日，中共楚雄州委610办公室在楚雄召开全州610工作会议。会议的主要内容：（1）继续做好“法轮功”教育转化工作；（2）布置对有害气功组织的清理整顿工作。州委副书记、州610领导小组组长胡有兰出席会议并讲话。各县分管意识形态副书记、610办公室主任、文体局长、民政局长、公安局长、教委主任及州属各单位主要负责人共250多人参加会议。

【组织起草《楚雄州民族文化发展纲要》】 2000年5月8日，中共楚雄州委宣传部牵头成立有州级20个部门参加的课题研究小组，开始研究制定《楚雄州民族文化发展纲要》。6月底，送审稿形成后，经广泛印发征求各方意见，提交州委中心学习组研讨，提交人大、政协，听取部分人民代表、政协委员的意见和建议，印发出席全州思想政治工作会议的代表讨论等程序，进行了多次修改，12月将修改稿报送州委、州人民政府审定。《纲要》明确提出楚雄州要通过继承、开发、保护、创新以彝族文化为特色的民族文化传统，发掘出一批民族文化珍贵资源，培养出一批民族文化优秀人才，创作出一批民族文化艺术精品，建设一批民族文化基础工程，发展一批开发利用民族文化资源、具有民族文化特色的产业，按市场规律，对文化资源进行科学合理的配置，开发、培育和发展文化产业，形成新的经济增长点，使楚雄民族文化既保持传统特色又富有时代特征。

【学习贯彻“三个代表”重要思想】 2000年5月28日，中共楚雄州委宣传部发出《关于认真学习和实践江泽民总书记“三个代表”重要思想的通知》，对各县（市）委宣传部、州级各新闻单位认真学习和实践江泽民同志“三个代表”重要思想提出明确要求：（1）认真学习《中共楚雄州委关于认真学习和实践江泽民总书记“三个代表”重要思想的通知》精神，深刻领会“三个代表”思想的精神实质；（2）唱响主旋律，打好主动仗，用实际行动践行“三个代表”思想；（3）做好宣传报道工作，为学习、实践“三个代表”思想创造良好的舆论环境。全州各级宣传部门、各新闻单位，要把宣传“三个代表”的重要思想作为一项重大任务来落实，迅速掀起宣传报道的高潮。州级新闻单位要开辟专栏、专题，及时报道各地、各单位学习情况和经验，深入挖掘宣传学习和落实“三个代表”的典型。《楚雄日报》要组织发表一批有分量的评论和理论文章，深入阐述“三个代表”思想的丰富内涵。各县（市）委宣传部要开展多种形式的宣传、教育，引导全州学习活动的广泛深入开展。

【深入宣传臧金贵先进事迹】 2000年4月24日，自愿申请到边疆开展扶贫工作、担任楚雄州永仁县人民政府副县长的深圳招商银行干部臧金贵不幸因公殉职。4月28日，中共楚雄州委决定：追认臧金贵同志为“优秀共产党员”，追授予“扶贫攻坚好干部”光荣称号，要求在全州范围内开展向优秀共产党员、扶贫攻坚好干部臧金贵同志学习活动。6月6日，中共云南省委决定：追授臧金贵同志“优秀共产党员、扶贫攻坚优秀干部”荣誉称号，号召全省党员和干部广泛开展向臧金贵同志学习活动，要求运用宣传媒介和其他形式，广泛宣传臧金贵同志的先进事迹，使他的事迹和精神深入人心。4月至10月间，中共楚雄州委宣传部按照州委、省委的部署，组织开展了一系列学习宣传臧金贵先进事迹的活动。(1) 安排州内新闻媒体深入采访报道臧金贵先进事迹，臧金贵逝世后仅3天，就推出了系列事迹报道，这些第一手报道材料，先后被省内外多家媒体转载，收到了较好的宣传效果。(2) 组织全州干部群众深入开展学习臧金贵先进事迹的活动。(3) 组建"臧金贵先进事迹报告团"。"臧金贵先进事迹报告团"6月在全州10县（市）作报告，7月中下旬，在楚雄、昆明作报告。8月8日至20日，赴深圳在6个区和市直机关作巡回报告。9月到全省7个地州作报告，共作报告47场，听众达7万多人。"臧金贵先进事迹报告团"每到一地，都受到热烈欢迎，引起强烈反响，有力地推动了学习臧金贵先进事迹活动的深入开展。(4) 组织拍摄反映臧金贵先进事迹的专题片，协助云南电视台、深圳电视台拍摄电视剧、电影，专题片已播出，电视剧、电影正在制作中。

【西部之声诗歌朗诵音乐会暨首届中国十月太阳历诗歌节】 2000年7月25日至28日，由中国诗歌学会和楚雄州人民政府主办、州文联等单位联合承办的"西部之声"诗歌朗诵音乐会暨首届中国十月太阳历诗歌节在楚雄隆重举行。这次重大活动是在党中央提出西部大开发宏伟战略后，楚雄州与中国诗歌学会积极策划、精心组织的，楚雄州建国以来规格最高的一次诗歌音乐艺术盛会，它以朗诵西部诗人讴歌西部的优秀诗作为主旋律，揉合歌曲演唱，通过卫星电视、光牒、报刊等现代传媒手段，宣传西部精神，宣传楚雄，提高楚雄知名度。州委常委、常务副州长保明虎主持开幕式，省委副书记王天玺宣布开幕，州委书记丁绍祥致欢迎词，中国作家协会党组书记翟泰丰到会祝贺并发表热情洋溢的讲话。中国文联副主席、著名诗人李瑛，中国作协党组副书记、作家王巨才，中国作协副主席、诗人韦其麟，中国作协书记处书记、作家施勇祥，中国作协书记处书记、著名诗人吉狄马加，海军少将、诗人祁荣祥，著名作家、诗人、学者韩静霆、雷抒雁、叶延滨、张胜友、吴思敬、汪兆骞、李小雨、桑恒昌、张同吾，以及西部诗人、作家高平、张承信、黄兴邦、阿拉古泰、匡文留、杨梓、唯色，台湾诗人绿蒂、金筑等兴致盎然地参加了活动。著名语言表演艺术家丁建华、乔榛、周野芒参加朗诵，知名歌手韩磊、宗庸卓玛等到会演唱，知名主持人张泽群（中央电视台）、张齐（云南电视台）主持晚会节目。诗歌朗诵音乐会后，诗人、作家和部分新闻记者兴致勃勃地到州博物馆、中国彝族十月太阳历文化园、元谋土林、元谋人遗址、武定狮子山风景名胜区进行创作活动。新华社、中央电视台、云南日报等新闻单位派遣精干记者到现场采访报道。这次活动被誉为"当代中国的第一个诗歌节"，受到社会各界的关注和好评。

【加强宣传信息工作】 2000年7月7日，中共楚雄州委宣传部下发《关于进一步加强宣传信息工作的意见》，明确宣传信息工作的基本要求和报送的主要内容；要求各县（市）委宣传部、州属宣传文化各单位要优质及时地报送宣传信息，报送的信息数量平均每月不少于2条；州委宣传部择优采用，编印成《宣传信息》、《宣传通讯》进行交流；建立宣传信息工作评比表彰制度，采取平时奖励和年终评比相结合的奖励办法表彰信息工作做得好的单位和个人。

【西部大开发"云南行动"采访团到楚雄采访】 2000年8月2日至4日，中共云南省委对外宣传办公室和云南省西部大开发办公室组织的，由全国20多家新闻单位的30多名记者组成的"西部大开发'云南行动'采访团"（民族文化分团）到楚雄州武定、禄丰、楚雄等地，采访了武定狮子山风景区、禄丰川街阿纳恐龙化石点及恐龙博物馆、楚雄彝族文化研究所所长刘尧汉教授、州博物馆、中国彝族十月太阳历文化园、云南盘龙云海药业有限公司、楚雄紫溪山风景区，考察了各县民族文化资源的利用、文化产业的培育和发展情况。州委副书记胡有兰，州委常委、宣传部长李俊向采访团介绍楚雄州民族文化建设情况，并回答了记者们的提问。采访后，各媒体对楚雄州民族文化建设情况和多姿多彩的民族文化资源作了宣传报道。

【全州思想政治工作状况调研】 2000年4月至11月，中共楚雄州委宣传部牵头组织了对全州思想政治工作状况的调查研究。4月至5月，安排布置各县（市）宣传部对农村思想政治工作状况进行了普遍调查，并向省委宣传部推荐上报了农村思想政治工作先进集体和个人。8月至11月，对企业、农村、机关、学校的思想政治工作和精神文明建设状况进行深入广泛调研，形成了《关于我州思想政治工作情况的调研报告》，为州委制定加强和改进思想政治工作的措施奠定了基础。

【参加民族文化大省第二届高级研讨会】 2000年8月17日至24日，中共楚雄州委宣传部牵头组织有关单位参加民族文化大省第二届高级研讨会及文化产业展览洽谈会。共提交论文6篇、典型经验交流材料6份参加研讨，组织展室7个，展板9块，10家企业参加展览洽谈，是展位最多、设计制作效果较好的地州之一，获得优秀组织奖和最佳设计制作奖。

【举办陈志云、张俊杰教授学术报告会】 2000年8月8日至9日，中共楚雄州委宣传部邀请上海市委党校教授、著名企划专家陈志云教授和中国经济研究学会国有企业改革研究中心副主任、博士生导师张俊杰教授，到楚雄州给州级机关副科级以上干部，就西部大开发与经济结构调整、知识经济和“三个代表”、中国加入WTO后的市场开拓，国有企业改革与发展等问题作学术报告，深受好评。该报告已作为全州干部理论学习的重要教材。

【全州县乡宣传干部培训】 2000年8月24日至29日，中共楚雄州委宣传部在州委党校举办了全州10县（市）宣传部副部长，宣传、理论、新闻干事，各乡（镇）宣传委员及县委党校副校长共计170余人参加的宣传干部培训班。这次培训深入学习邓小平理论，认真贯彻江总书记关于“三个代表”的重要思想，结合州委、州人民政府迎接西部大开发的工作思路，分5个专题进行辅导，着眼于从政治上和业务上提高宣传干部素质，培训内容新颖、教学方式灵活，受到广大基层宣传干部的欢迎。

【2001年党报党刊宣传发行工作会】 2000年9月15日，全州2001年度党报党刊宣传发行工作会在楚雄召开。中共楚雄州委副书记胡有兰在会上要求全州各级各部门要努力做好2001年度党报党刊宣传发行工作，确保发行任务圆满完成。会议对2000年度征订情况进行分析研究，表彰奖励了中共武定县委宣传部、武定县邮政局等21个部门，楚雄市富民镇等14个发行工作先进乡（镇）。州委宣传部、州邮政局还与10县（市）委宣传部、邮政局签订了2001年党报党刊征订发行责任书。

【禁止强行征订非党报党刊】 2000年9月，中共楚雄州委宣传部发出《关于禁止强行征订非党报党刊的通知》，明确提出：（1）中央、省委和州委明确规定的党报党刊范围是《人民日报》、《云南日报》、《经济日报》、《光明日报》、《楚雄日报》、《求是》、《半月谈》、《党建》、《支部生活》等；（2）除中央、省委和州委明确规定的党报党刊外，其余刊物在发行中，任何单位和部门不得利用行政手段强行要求基层征订以及采取高额回扣的做法扰乱报刊发行市场；（3）中央、省委发文压缩取消的报刊，原则上不再征订；（4）对于中央、省委和州委规定的党报党刊以外的刊物，任何单位和个人有权拒绝征订；（5）对报刊征订工作中出现的违法违纪行为，将会同有关部门进行查处。

【全州第11届企业新闻宣传研讨会】 2000年9月21日至22日，中共楚雄州委宣传部、楚雄州新闻工作者协会在楚雄交通集团有限公司召开了楚雄州第11届企业新闻、宣传研讨会，围绕“加强和改进企业思想政治工作”这一主题，进行了集中的研究和探讨。17位同志交流了各企业加强和改进思想政治工作及新闻宣传工作的经验、做法。会上，还对各参会企业提交的10份内部报刊和12件广播、电视新闻作品进行了评选、表彰。州级宣传、新闻单位的领导和中央、省、州属企业的党委领导及宣传部负责人50余人参加了会议。

【学习宣传十五届五中全会精神】 2000年10月24日，中共楚雄州委宣传部发出《关于做好党的十五届五中全会精神宣传报道的意见》，明确提出做好宣传报道工作的指导思想、宣传重点、报道要求、需要注意的问题，安排部署了宣传工作中要抓好的10件事。要求各级各部门要认真做好党的十五届五中全会精神的宣传报道工作，采取各种方式，贴近群众、贴近生活，深入浅出地进行宣传，帮助广大干部群众更好地学习领会贯彻全会精神，把十五届五中全会精神的宣传同楚雄州“九五”成就的宣传有机结合起来，报道各地各部门和广大干部群众认真学习贯彻全会精神，努力做好本职工作，以新的成绩迎接新世纪的实际行动和精神风貌。

【加强对新闻媒体广告宣传管理】 2000年10月20日，中共楚雄州委宣传部发出《关于加强对新闻媒体广告宣传管理的通知》，对新闻媒体广告宣传存在的问题，提出了5条要求。（1）各新闻媒体要正确处理社会效益和经济效益的关系，时刻把“党的喉舌”、“责任重于泰山”放在首位，从讲政治和“代表中国先进文化前进方向”的高度开展广告经营活动，并对广告的导向和真实性负全部责任。(2) 各新闻媒体在开展广告业务中，要认真贯彻执行《中华人民共和国广告法》，加强广告行业自律，建立良好的经营秩序，坚决杜绝有偿新闻，禁止发布性病医疗广告，避免广告太多太滥。(3) 禁止以新闻报道形式发布医疗服务、药品、保健食品广告。有关医疗机构、药品、保健食品生产经营者的人物专访、专题报道等文章中不得出现有关医疗机构、生产经营企业的详细地址、电话、联系办法等广告宣传的内容；在发表有关文章的同时，不得在同一媒体同一时间或版面发布有关该商品、服务及其生产经营者的广告。(4) 未经州工商行政管理部门登记备案的外来广告，各新闻单位均不得制作和发布。(5) 各新闻媒体要把制作发布公益广告当做精神文明建设的一项重要内容来抓，在黄金时间或重要版面安排发布公益广告的时间和版面不得少于商业广告的 3%，并长期坚持，形成制度。

【州委常委会议专题研究思想政治工作】 2000 年 11 月 21 日下午，中共楚雄州委书记丁绍祥主持召开常委会，听取州委副书记胡有兰，州委常委、宣传部长李俊关于思想政治工作和处理“法轮功”问题以及清理整顿有害气功组织的情况汇报。会议决定：(1) 原则同意州委宣传部代州委草拟的《关于进一步加强和改进思想政治工作的决定》，同意 12 月中上旬召开全州思想政治工作会议，同意对全州思想政治工作先进集体和先进个人进行表彰。(2) 同意进一步明确州委思想政治工作领导小组，参照省上的做法执行。(3) 同意成立州委对外宣传办公室和州人民政府新闻办公室，两块牌子一套人马。(4) 州 610 办公室的级别和隶属关系参照省上的执行。(5) 经费问题原则上按实际工作需要，按量入为出的原则给予保证。

【全省农村思想政治工作座谈会】 2000 年 12 月3 日至 5 日，全省农村思想政治工作座谈会在楚雄召开。中共楚雄州委副书记胡有兰代表州委、州人民政府到会表示祝贺，并向与会同志介绍了州情和楚雄州“十五”期间经济社会发展的基本思路，交流了楚雄州近几年来的思想政治工作情况。各地州市委宣传部分管副部长、宣传科长在会上交流、座谈了各自在农村思想政治工作中的经验、做法、存在问题及下步工作的打算。省委宣传部副部长毕国光在座谈会上作了题为《深入贯彻省委思想政治工作会议精神、努力开创农村思想政治工作新局面》的总结讲话。会议表彰奖励了 71 个全省农村思想政治工作先进集体和先进个人。楚雄州的楚雄市中山乡党委、双柏县爱尼山乡党委、大姚县石羊镇党委、永仁县永定镇太平地村民委员会等 4 个集体和元谋县元马镇党委书记杨茂喜、牟定县共和镇退休干部吴成达等 2 人受到表彰奖励。

【2001 年省、州“三下乡”集中示范活动】 2000 年 12 月 5 日，中共云南省委宣传部、省文化厅、科技厅、卫生厅等省级 11 个厅局以及楚雄州 13 个部门的 600 多名文化、科技、卫生工作者汇集双柏县妥甸镇，开展大规模的“三下乡”集中示范活动。启动仪式上，省委宣传部等 11 个部委和州委宣传部等 13 个部门共捐赠了微机、卫星电视地面接收设备、医疗器械、书等价值 60 多万元的物品。捐赠仪式结束后，省、县文艺团体表演了“心系山乡”文艺节目，双柏县 7000 多各族群众观看了精彩的表演。在双柏县城的振兴路上，省、州、县参加“三下乡”服务的单位摆起了“三下乡”服务一条街，为双柏县各族人民送去了科技、卫生等知识。

【全州第四届“红土地之歌”演讲大赛】 2000 年 12 月 25 日晚，由中共楚雄州委宣传部、州精神文明建设指导委员会办公室主办，州总工会、团州委、州妇联协办的楚雄州第四届“红土地之歌”演讲大赛圆满结束。本届演讲大赛，全州共有 369 名选手参赛，在初赛的基础上，有 27 名选手进入在楚雄举行的复赛，10 名选手闯入决赛圈。经过决赛，朱景忠荣获本次大赛一等奖；张林颖、魏玮、赵琼仙荣获二等奖；胡艳华、娄晓莉、李志娟、李倩、紫学娟、胡直江获三等奖。州委副书记张怀德在决赛仪式上讲话并为获奖选手颁了奖。

【云南省迎接新世纪暨云南电视台民族团结艺术团首场演出】 2000 年 12 月 30 日上午，由中共云南省委宣传部、中共楚雄州委、楚雄州人民政府主办的云南省迎接新世纪及云南电视台民族团结艺术团首场演出《新世纪的太阳》在楚雄中国彝族十月太阳历文化园举行。著名歌唱演员孙国庆、宗庸卓玛、倮倮、彝人制造及省州文艺团体共 1400 多名演职人员表演了《太阳出来了》、《美丽云南》、《神奇高原》、《火把节的火把》《走进新时代》等精彩节目。省、州领导王天玺、王义明、梁公卿、和占均、丁绍祥、夜礼斌等及社会各界群众5000余人观看了演出。云南卫视、楚雄电视台对演出实况进行了现场直播。中央电视台新闻联播当晚作了报道，该节目随后还在中央台三套、七套节目播出。

〔善承卫〕

统战工作

【简述】 2000年，楚雄州统战工作坚持以邓小平理论为指导，认真贯彻落实党的十五大精神。紧紧围绕州委、州人民政府的中心工作，充分发挥统一战线的工作职能，“了解情况，掌握政策，协调关系，安排人事”。为祖国统一大业和地方经济文化发展团结一切可以团结的力量，调动一切积极因素。加强对海外侨胞、台湾同胞和港澳同胞的联系，积极开展招商引资和引进人才工作。

【认真做好民主党派工作】 2000年，楚雄地区有7个民主党派。州委统战部认真贯彻落实中国共产党领导的多党合作和政治协商制度。制定措施，支持各民主党派搞好自身建设和组织发展工作。为民主党派协调关系，解决实际问题。开展社会咨询服务活动。对农工党楚雄市总支、民革楚雄市支部作了认真的考察，对两个党派的领导班子作了分析，广泛征求党派成员的意见。经中共楚雄市委讨论同意、农工党云南省委批准，2000年7月14日，原农工党楚雄市总支升格为农工党楚雄市委，并召开了第一次代表大会，选举产生了农工党楚雄市委第一届领导班子。民革楚雄市支部经民革云南省委批准，于2000年8月14日由原来民革楚雄市支部升格为民革楚雄市委，并选举产生民革楚雄市委第一届领导班子。

【向民主党派和党外民主人士通报情况】 2000年4月初，中共楚雄州委、州人民政府向楚雄地区各民主党派及工商联通报了楚雄州六届政协四次全会和州人民代表大会的有关情况。12月21日，中共楚雄州委请楚雄地区各民主党派主委（副主委）和党外各界知名人士到州委小礼堂召开座谈会。州委书记丁绍祥介绍了《关于制定楚雄州国民经济和社会发展第十个五年计划的建议》。在座谈会上，民主党派的负责人及各界人士发言踊跃，提出许多良好建议，受到与会领导的赞赏。

【首次组织民主党派主委到省外参观考察】 楚雄地区7个民主党派，共有党派成员463人。2000年10月，州委统战部组织7个民主党派的主委到重庆、武汉参观、考察、学习。学习外地民主党派为社会咨询服务、智力支边、参政议政和民主监督的经验。通过考察学习，使楚雄地区各民主党派的主委开阔了视野，增长了见识，增强了多党合作、政治协商、参政议政、民主监督的意识，提高了智力扶贫、招商引资和为社会咨询服务的积极性。

【届中调整州政协委员】 楚雄州六届政协委员，有的因工作调动，有的因职务变动，有的因政协工作的需要，组成人员发生了一些变化。州委统战部及时考察协商，广泛听取党内外群众的意见，提出调整人员名单报州委组织部讨论，并与楚雄州政协党组共同研究调整意见。年内在届中调整了州政协委员11名，政协常委3名。

【加强宗教工作】 2000年，州委统战部对楚雄州现有佛教、伊斯兰教、基督教的活动加强政策性指导。引导信教群众按宪法和法律的有关规定开展正常的宗教活动。帮助信教群众解决问题，深入信教群众开展调查研究，使全州宗教工作扎实有效开展。经州委统战部的努力工作和广泛的调查研究，与楚雄州民族宗教局联合上报了“关于成立楚雄州基督教协会”的意见。2000年3月楚雄州人民政府同意批准成立楚雄州基督教协会。楚雄州委统战部与楚雄州民族宗教局几次研究，经过充分准备，于12月6日在楚雄城区召开楚雄州基督教协会第一次代表大会。会议选举产生了基督教协会会长、副会长、总干事和11名常务理事。

【海外统战工作】 2000年，中共楚雄州委统战部紧紧围绕中共楚雄州委、州人民政府的中心工作，认真落实楚雄州对外开放政策，加大海外统战工作的力度，大力宣传彝州，吸引海外“三胞”到楚雄投资、捐款办学、办公益事业。2000年4月18日日本神户华侨总会长全美中国大西南同乡联合会理事长周顺祥先生一行22人到姚安地震灾区考察，周顺祥先生捐款9.43万元人民币、日本神户华侨总会捐款100万日元（折合人民币8万元）、全美中国大西南同乡会成员捐款1.43万元人民币修建姚安县大河口乡涟水小学。香港信善玄宫有限公司（非牟利宗教慈善机构）

陈观威、黄秀德二先生由中共云南省委统战部牵线搭桥，捐款25万元人民币帮助南华县天申堂乡阿咪期苴小学和五街乡咪黑们小学恢复重建，2000年7月24日竣工。在剪彩仪式上，二先生又捐款3000元为学校购买文具用品。姚安地震以后，县城清真寺的回文学校受损。台胞杨继武先生从台湾赶回为重修清真寺学校捐款20万元。由省侨办牵线搭桥，台湾慈心慈善教育基金会捐款15万元参加建盖牟定县慈心灵山完小，2000年10月21日举行开工典礼。牟定籍台胞李道显博士捐款建立的“光遵”奖学基金会，2000年10月17日在牟定县军屯乡天台中心小学举行第5次颁奖大会，有45名优秀贫困学生受到奖励。“光遵”奖学基金会从1995年至此已发放奖学金2.2万元人民币，有230名学生受到奖励。

【组织统战部长到省外参观考察】 2000年9月，中共楚雄州委统战部组织各县（市）委统战部长、州委统战部全部人员到成都、重庆、贵阳等地参观考察学习。在重庆考察期间，中共重庆市委统战部着重为各县（市）委统战部长介绍了联系海外“三胞”进行招商引资，引进资金、技术和人才的经验。通过参观考察学习，开阔了视野，增长了见识，增强了统战干部在新的历史条件下做好统一战线工作的信心和力量。

【首次接待台湾青年大学生夏令营到楚雄州交流活动】 由中华全国台湾同胞联谊会牵头举办的第十七届台湾青年大学生夏令营一行54人于2000年8月6日首次到楚雄开展交流考察活动。中共楚雄州委比较重视，州财政安排了活动经费，由楚雄州委统战部负责组织接待工作。台湾青年大学生先后参观了禄丰县恐龙博物馆和楚雄州博物馆。州委副书记张怀德在楚雄民族风情园接见并宴请台湾青年大学生。张怀德副书记在中国彝族十月太阳历文化园为台湾青年大学生举行迎宾仪式，热情地为台湾青年客人送上了“拦门酒”。在当晚举行的联欢晚会上，台湾青年大学生与彝族姑娘表演了充满浓郁民族风情的文艺节目。

【综合治理武定县发窝乡小石桥村】 中共云南省委书记令狐安2000年6月在武定县法窝乡视察时指示：要综合治理好小石桥村宗教特殊性的问题，改善村民交通、用电、饮水和适龄儿童读书的问题。根据省委书记令狐安的指示精神，中共楚雄州委作出决定：“由州委统战部牵头，有关单位协助，综合治理好发窝乡小石桥村的问题。”州委统战部领导到发窝乡小石桥村作了细致的调查，3次与中共武定县委、县人民政府协调，撰写了调查情况和治理发窝乡小石桥村的工作思路上报中共楚雄州委及中共云南省委。并协助中共武定县委成立综合治理领导小组，制定实施方案。自2000年8月起，楚雄州委统战部派1名干部长驻发窝乡协助工作。11月26日，小石桥村水、电、路工程动工，计划于2001年4月底竣工投入使用。

〔毛光茂〕

保密工作

【简述】 2000年，楚雄州保密工作以邓小平理论和党的十五大精神为指导，深入贯彻落实中共中央《关于加强新形势下保密工作的决定》和中共云南省委、省人民政府《关于贯彻<中共中央关于加强新形势下保密工作的决定>的意见》及江泽民总书记关于保密工作的重要批示精神，认真落实州委保密委员会的工作部署，紧紧围绕州委、州人民政府的中心工作和重大活动开展工作，突出抓了“三五”保密普法的扫尾工作和行政执法、规范定密、重点涉密人员的教育和管理工作、计算机网络及上网信息保密管理5项重点工作，强化了日常保密管理，完成了各项工作任务，确保了党和国家秘密的安全，为保障楚雄州改革开放和经济建设的顺利进行发挥了应有的作用。

【全州保密局局长会议】 2000年4月26日，全州保密局局长会议在楚雄举行。各县（市）保密局局长等38人参加了会议。会议传达了全省保密工作会议精神，安排部署了2000年全州保密工作。会议强调指出，2000年保密工作必须抓好以下5个方面的工作：(1)加强保密法制建设，切实推进依法行政；(2)加强对涉密人员特别是重点涉密人员的教育和管理；(3)加强保密技术防范和管理；(4)加大保密督查力度，保障保密工作方针政策和法律法规的贯彻落实；(5)切实加强对保密工作的领导，重视保密机构的队伍建设。

【做好节假日期间保密工作】 2000年，为做好节假日期间的保密工作，确保党和国家秘密的安全，楚雄州国家保密局下发了《关于认真做好节假日期间保密工作的通知》，对做好节假日期间的保密工作提出了5个方面的要求：(1)各县（市）、各单位要高度重视和加强节假日期间的保密工作。各单位领导在安排放假事宜时，应对保密工作提出明确具体的要求，责任到人。要监督值班人员做好重点部位的安全保密工作；(2) 要加强保密教育，增强保密意识。放假前，各单位应对职工进行保密教育，教育职工严守自己知悉的党和国家秘密。假期中不领无关人员进入单位办公场所；(3) 放假前，各单位要督促经管国家秘密人员做好涉密文件资料的清理工作，认真核对文件去向下落，对该收回或清退的涉密文件资料要及时收回或清退。文件资料要存放在安全、可靠的地方。对保密要害部门、部位要采取必要的技术防范措施；(4) 州属大中专学校在放暑假和寒假期间，要安排符合规定的人员进行文件交换和处理、保管工作，坚决杜绝失泄密案件的发生；(5) 节假日期间发生失泄密案件要按保密部门的有关规定及时报告。

【确定秘密载体定点复制单位】 2000年，根据《印刷、复印等行业复制国家秘密载体暂行管理办法》规定，楚雄州国家保密局重新确定公布了16家国家秘密载体印刷、复印单位，并制定具体规定：(1) 严禁将国家秘密载体送到非定点单位和个体工商户复制、打印。对违反保密规定的委印单位和承接单位及有关责任人员，保密部门将依照保密法规严肃处理。(2) 各“定点单位”必须严格遵守保密法律法规，对所属人员开展经常性保密教育，健全保密管理制度，完善保密设施，选派政治、业务素质好的员工负责国家秘密的复制工作。对“定点单位”违反保密法规造成泄密的，依据有关保密法规，分别给予警告、吊销其《国家秘密载体复制许可证》，追究行政责任；情节严重的移交司法机关依法追究刑事责任。

【加强上网信息保密管理】 2000年，为了加强上网信息的保密管理，确保国家秘密的安全，楚雄州国家保密局结合实际情况，提出保密管理4条措施：(1) 必须十分重视上网信息的保密工作。各单位保密工作领导小组要制定本单位上网信息的保密管理规定，监督相关人员加强管理，落实责任，并监督检查有关规定制度执行情况。(2) 严格执行涉密信息系统建设审批制度。有关单位要按照中共中央保密委员会关于《涉及国家秘密的通信、办公自动化和计算机信息系统审批暂行办法》中“涉密信息系统的建设必须与保密设施的建设同步进行并报保密部门审批后，才能投入使用”的规定，及时报批，不合格的，不能投入使用，规划和建设涉密计算机信息网络必须与公共信息网实行物理隔离。在与公共信息网相联的信息设备上，不得存储、处理和传递国家秘密信息。(3) 建立上网信息保密审查制度。要坚持“谁上网谁负责”的原则，信息上网必须经过信息提供单位保密领导小组的严格审查和批准，确保国家秘密不上网。各县（市）保密局负责本县（市）网上信息的保密检查，发现问题，要及时处理。(4) 加强对上网人员的保密教育和管理。要提高上网人员的保密观念，增强防范意识，自觉执行有关规定。要强化监督与管理，明确单位上网信息保密管理中主管领导、具体人员各自担负的责任，落实制度，确保在公共信息网上不发生泄露国家秘密的事件。

【规范定密工作】 2000年，楚雄州保密委员会、州国家保密局对“规范定密”工作提出5点要求：(1) 全州各级保密组织要充分认识“规范定密”工作的重要性、必要性，切实履行职责，加强领导，落实专人抓好此项工作。(2) 凡是产生国家秘密的单位都要进行“规范定密”工作，重点是县（处）以上单位。原已制定过《国家秘密保密范围及其密级具体范围规定》的要在此次规范定密中，进一步按新的要求修改完善并着力在经常性的定密工作中做好准确定密、调整密级（包括升、降、解）和保密期限确定工作，努力使定密工作制度化、规范化。(3) “规范定密”的标准是：程序清楚、责任明确、标注规范、定密准确、动态管理、定解结合。各单位在实际操作中必须制定和用好《本单位国家秘密事项一览表》、《本单位确定国家秘密事项申请表》、《本单位产生国家秘密事项登记表》。(4) 各级、各单位要认真抓“规范定密”工作，年底前应制定完成本单位的《保密范围》及《国家秘密事项一览表》，并建立起“定”、“标”、“调”紧密结合的保密工作动态管理机制。(5) 建立“规范定密”工作责任制。各单位保密组织和业务主管领导应对定密工作负总责，办公室（秘书科）是负责定密工作的部门，有关业务骨干和秘书人员是定密的具体承办人，负责审定审批的领导是定密的主要责任人，定密出了差错，领导要负主要责任。为确保“规范定密”工作落到实处，州国家保密局于2000年9月14日举办“规范定密”培训班，对州属及驻楚雄省属单位办公室主任（秘书科长）等123人进行了培训。

【认真开展保密行政执法工作】 2000年，中共楚雄州委保密委员会、州国家保密局依照《中华人民共和国保密法》规定，严格行使保密行政执法权，认真抓了3个方面工作：（1）明确保密行政执法主体。全州有25名专职保密干部获得省保密局颁发的行政执法证，做到持证上岗，亮证检查工作，县（市）保密局都取得了行政执法权，建立了行政执法的四项制度。（2）开展保密行政执法活动。一是对州、县（市）委党校招生考试进行了监督检查；二是对全州成人高考试卷管理的保密工作进行了监督检查；三是在高考、中考前对州县（市）教委试卷保密室进行了检查验收；四是审查确定了16家涉密定点复制单位，对社会进行了公布；五是对全州205户印刷复印企业进行备案换证和年审工作；六是考察确定楚雄市新华造纸厂为涉密文件、资料销毁定点单位；七是对楚雄市城市建设规划处机密地图下落不明案进行了查处，督促该处对单位保密工作中的隐患进行整改，对直接责任人进行了处分。

〔白宝珍〕

政策研究

【简述】 2000年，中共楚雄州委政策研究室、州委农村工作部以邓小平理论和党的十五大精神为指导，践行江泽民总书记“三个代表”的重要思想，紧紧围绕州委工作思路和政府中心工作，充分发挥政研室和农工部的职能作用。主要做了以下工作：（1）抓好全州的村级体制改革工作；（2）完善民主管理村务公开工作；（3）扶贫攻坚和抗震救灾工作；（4）对农村产业结构的调整、发展生态农业经济，“五分法”试点工作、加快国有企业改革与脱困步伐、加速小城镇建设、开发生物资源创新产业的工作进行广泛深入的调研。对楚雄州西部大开发行动方案、对建设生态经济大州和民族文化强州提出建议；（5）完成了上级交办的各项任务。全年编辑《彝州经济研究》6期、《调研与决策》2期，写出《决策内参》3期、《调查与研究》5期、村级体制改革工作简报48期。共撰写各种调研文稿122篇，为州委、州人民政府决策提供了科学的参考意见。2000年，州委农工部部长延荣科被评为扶贫工作先进个人受到省委、省人民政府的表彰。

【村级体制改革工作】 从2000年2月份开始，楚雄州进行了村级体制改革工作。中共楚雄州委成立了以州委副书记张怀德任组长，州委常委、州委农工部部长延荣科，州人大常委会副主任皮玉莹，州人民政府副州长杨汝鉴为副组长，有关部门领导为成员的州委村级体制改革领导小组，领导小组办公室设在州委农村工作部，负责全州村级体制改革的具体工作。5月26日，州委召开常委会，专题研究楚雄州贯彻云南省村级体制改革会议精神的实施意见。6月19日，州委、州人民政府召开全州村级体制改革工作会议，对全州村级体制改革工作作出具体部署。各县（市）、乡（镇）都分别成立了相应的村级体制改革领导小组及其办公室。县（市）由县（市）委副书记担任领导小组组长，乡（镇）由党委书记担任领导小组组长。州、县（市）、乡（镇）三级共抽调9649名工作队员开展此项工作。全州落实村级体制改革经费373.92万元，为村级体制改革工作提供了财力支持。在工作中从培训骨干入手，州、县、乡共组织骨干培训492期，28799人次。为积极稳妥地推进村级体制改革工作，探索村级体制改革工作的经验和方法，全州10县（市）都各选择了一个乡（镇）作为试点。2000年9月初，全州试点工作结束，州委村级体制改革领导小组于9月8日至9日在禄丰县召开全州试点工作总结大会，总结交流试点经验，布置全面推开工作。村级体制改革工作全面展开后，工作队员分片包村，责任到人，深入田间地头，讲解政策，听取意见，进行广泛、深入的宣传；全州共召开党员会5302次，村社干部会11158次，群众会23652次，参会总人数385.26万人（次）。省、州、县（市）电视台、电台及报纸等宣传媒体对村级体制改革工作进行了广泛的宣传报道。县（市）村级体制改革办还组织编演群众喜闻乐见的文艺节目到乡、村演出。楚雄州整个村级体制改革及其选举工作严格按照《中国共产

村改选举

党党章》、《中国共产党农村基层组织工作条例》、《中国共产党基层组织选举工作暂行条例》、《中华人民共和国村民委员会组织法》、云南省实施《中华人民共和国村民委员会组织法》办法、云南省村民委员会选举办法和村级体制改革工作方案分5个步骤进行。第一步，换届选举村党支部，选举成立村民选举委员会。第二步，选民登记和推选村民代表。第三步，推选村民委员会正式候选人。第四步，选举村民委员会。第五步，选举村民小组长。在选举中依法引导选好人、选能人、选自己信赖的当家人。选举结束后，各地根据需要，及时建立了村民委员会的人民调解、治安保卫、计划生育、文教卫生、护林防火、资源环境保护等委员会，建立了村集体经济组织，与村（居）民委员会实行"一套班子、两块牌子"，并开始履行职能职责。各地结合实际，召开村民会议或村民代表会议讨论、研究和制定了《任期目标规划》、《村（居）民委员会工作职责》、《村（居）民自治章程》、《村规民约》、《村（居）民代表会议制度》、《村务公开制度》、《村（居）民委员会民主评议制度》、《村（居）民委员会学习制度》、《年终述职报告制度》等制度，使各项工作都置于各种规章制度的约束和群众的监督之下，依法有序地开展。对落选村公所（办事处）干部认真落实原村（办）干部一次性生活补助费，同时认真做好落选干部的思想工作，让他们正确对待去留问题。针对村级管理方式的改变、村党支部委员会和村（居）民委员会班子成员缺乏在新的体制下管理农村事务的经验和办法的实际，各县（市）以县（市）委党校和乡（镇）党校为阵地，分层次逐级培训村党支部和村（居）委会成员以及村民小组长。

2000年的村级体制改革工作，楚雄州共选举产生新一届村（居）党支部1131个，当选支部书记1131名，副书记130名，支部委员5266名（不含书记、副书记），党小组长9657名；选举产生村（居）委会1131个，其中居民委员会12个，当选村（居）民委员会主任1131名，副主任1271名，委员3990名。村民小组15259个，选出村民小组长15259名，副组长4375名，村（居）民代表33549名。全州有选民155.97万人，参选人数148.33万人，参选率95.1%，选举成功率达100%。原村（办）"三职"干部继续当选为书记、副书记、主任、副主任的有2815人，占82.96%，其中当选为支部书记的有888人，稳定率达到78.51%；当选主任的有920人，稳定率达81.35%。1131个村（居）委会中党支部书记兼村（居）委会主任的有887人，占78.43%。党员干部的比重增加，主任中党员1076人，占95.14%，比村级体制改革前的1000人增7.6%，副主任中党员1051人，占82.76%，比村级体制改革前的172人增511.5%；年龄结构趋向年轻化，选举产生的村党支部书记、主任、副主任平均年龄36.5岁，与原"三职"干部平均年龄38.1岁相比下降1.6岁；文化素质普遍提高。妇女和少数民族干部占有一定比例，村党支部委员会和村民委员会成员中，妇女有2081人（其中村支书35人，副支书10人，主任35人，副主任108人），占17.3%。少数民族有5366人（其中支书481人，副支书68人，主任481人，副主任569人），占41.53%。通过村级体制改革，大多数村党支部书记和村委会主任实现了"一肩挑"，促进了村党支部委员会和村民委员会的融合，形成了以农村党支部为核心，村委会和村集体经济组织为依托，其他村级组织相配套的村级组织体系和管理运行机制。全州村（办）干部由原来的3502人精简成了现在的3393人，精简了109人，减轻了农民负担。

2000年12月28日，全州召开村级体制改革总结表彰大会，会上，中共楚雄州委副书记、州委村级体制改革领导小组组长张怀德作总结讲话。会议充分肯定了全州村级体制改革工作取得的成绩和经验。表彰了中共楚雄市委、楚雄市前进乡党委等3个村级体制改革先进县（市）和23个村级体制改革先进乡（镇）党委以及12名村级体制改革先进个人。

【对"五分"政策试点情况的调查】 2000年4月,中共楚雄州委政策研究室与州乡镇企业局对大姚县进行"五分"法试点工作的金碧制药厂和虎鹏工贸公司进行了调研。1999年6月试点工作开始至年底，金碧制药厂实现产值1900万元，比原方案预测的1800万元增长5.5%。按产值比例分配，新街乡人民政府分得191.114万元，金碧镇人民政府23.94万元，大姚县人民医院1684.82万元（归金碧镇人民政府统计），分别占10.06%、1.26%和88.68%；上缴税金94.1万元，比分配方案预测的77万元增长22.2%。大姚县虎鹏工贸公司是大姚县七街乡人民政府到金碧镇经营的私营企业。按照投资来源地（七街乡人民政府）占40%，投入地（金碧镇）占60%进行分配。1999年度公司实现产值150万元，比预测方案143.7万元增长0.43%，按分值比例分配，七街乡人民政府分得60万元，金碧镇分得90万元；上缴税金33675元，按分配比例，七街乡人民政府分得13470元，金碧镇人民政府分得20205元。由于“五分”法能较好地协调投资、参股、异地投资、联营或其他形式办企业有关各方之间的利益关系，大姚县人民政府已将其作为全县企业改革内容继续实施。

【对楚雄州电信市场发展情况的调查】 2000年4月，中共楚雄州委政策研究室对楚雄州电信市场进行了专题调研。在国家宏观政策的导向和扶持下，国内电信市场竞争呈现了多元化竞争局面，展开了实质性竞争。楚雄电信技术和市场面对的形势十分严峻。目前存在的问题是：(1) 分营后的邮政和各家电信企业如何建立起现代企业制度和全新的运营机制；(2) 负债率偏高，国家对电信扶持政策逐步减少，资费逐步下调以及对新技术应用需要大量投资；(3) 职工综合素质不适应加入WTO后的激烈竞争。面对新的形势和楚雄电信市场的情况，各电信企业应深化改革、加快发展，必须树立6个观念，即：现代企业的观念；以经济效益为中心，量质并重，注重投入产出的观念；竞争与联合的观念；以市场为导向、改革为动力、管理为基础、营销为龙头的发展观念；依法经营的观念；长期艰苦创业的观念。必须以市场为导向，以营销为龙头，进一步强化经营管理、拓展业务、改善服务工作。逐步建立运转高度灵活的经营管理体系、市场营销体系和新业务开发体系，建立权责明晰、反应灵活、工作高效、服务优质的大客户服务体系。必须注重抓好公司员工队伍建设。逐步建立三支有战斗力的队伍，即：掌握现代企业管理知识的复合型领导干部队伍；精通无线通信和计算机通信的专业技术队伍；擅长市场开拓及经营管理的专业营销队伍。

【建设民族文化大州的几点建议】 2000年6月，围绕“建设生态经济大州和民族文化强州”的目标，中共楚雄州委政策研究室进行了专题调研。楚雄州虽有古生物、古人类、古文化和彝族风情的丰富资源，但对民族文化精品的展示与提升存在许多不足。(1) 对本地区民族文化资源和自然资源的开发利用长期停留在粗放阶段，不利于可持续发展战略的实施；(2) 由于对传统民族文化资源优势的认识仍停留在表层，且缺乏系统比较，缺乏深入的科学分析和可行性论证，对展示与提升易产生误导；(3) 在民族传统社会文化尚待开发或已开发过程中，由于论证不足而陷入误区；(4) 对传统民族文化产业的发展定位不明确，未能及时找到发展的最佳起点；(5) 楚雄州民族传统社会文化此前已有的展示，前瞻性不足，起点低，形式单一。建议“三古”资源的展示与提升要树立“大产业、大市场、大发展”的新观念，避免短期行为；加大经费投入，制定切实可行的招商引资项目；充分利用各种现代手段加大宣传力度，使“三古”真正举世闻名；配合特色旅游工程的实施，分阶段设计、开发“三古”资源，推出新的旅游精品，如建设禄丰东方恐龙文化公园、元谋古人类娱乐园，创建“三古”工艺品及玩具厂、“三古”精品专卖店等。民族服饰的展示与提升，要使传统民族服饰发挥其优势，应成立少数民族服饰文化研究机构，改革各民族传统服饰的款式和制作工艺，使民族性与现代性高度统一。扶持民族服饰生产厂家，同时有选择地吸引外资开办民族服饰企业。在旅游风景区开设民族服饰专卖店，使其逐渐发展成产业。楚雄州各民族歌舞、戏剧中，尤以彝族歌舞、戏剧最具特色。首先应配合旅游景点的开发，在各地传统节日活动中开发出民族特色浓郁的歌舞、戏剧及民间对歌等内容进行展演，使之成为最具地方民族特色和现代审美情趣的旅游产品。其次，提升城市大型广场歌舞形式，在本土文化与外来文化、民族文化与世界文化、传统文化与现代文化的结合上下功夫，并使之经常化、规模化。要建设一批高水平的优秀民族文化表演团体，广泛普及民族歌舞、戏剧。使之尽快出名编剧、名导演、名剧目、名演员，创一流演出效果。传统节日和民俗礼仪是集中展示彝州文化的窗口，要对彝州传统节日和民俗礼仪进行高起点新创意的展示与提升。(1) 充分发挥传统节日、民俗礼仪的窗口作用，建设特色旅游文化圈。规划、建设以“中心开花、四面布点”的原则，以鹿城为中心，辐射大姚、永仁、元谋、武定、禄丰、双柏、牟定的特色旅游文化圈，形成千里彝山民族文化走廊、民族文化集萃地。(2) 举办各具特色的民族节日及礼仪活动。通过节日活动全方位、高水平地展示楚雄的历史文化、民俗文化、名胜古迹，以吸引游客和外资，促进对外开放。(3) 通过对节日、礼仪资源的开发与提升，促进彝州民族传统社会文化具有现代精品化、全球化性质的真正转型。创建“民族传统服饰艺术之乡”、“民族民间民俗艺术表演团”等民族文化团体；创作出带楚雄“彝州”烙印的文学艺术作品和名牌产品；编辑出版《楚雄传统民族文化大观》丛书或制作相关光碟。(4) 借助现代高科技传媒文化手段加大对外宣力度，增强楚雄州传统民族文化对外的吸引力，提高彝州知名度，形成依托民族文化资源，发展彝州特色经济的新局面。

【对新桥镇发展青豌豆的调查】 2000 年 6 月，中共楚雄州委农村工作部开展了对牟定县新桥镇发展青豌豆的调查。新桥镇地处牟定县城东部，气候、土壤适宜种植豌豆，群众有种植青豌豆的历史和经验。这里产的青豌豆清甜可口，深受消费者的欢迎，具有一定的市场。新桥镇把发展青豌豆作为调整种植业结构的重点来抓，镇上派出了 3 名领导和技术人员到四川、河北等地进行调查、考察，获得了大量的信息，并从中国农科院豌豆制种基地调回了优质豌豆品种“中豌四号”2 万千克在全镇范围内试种。通过试种，新的豌豆品种不仅适宜种植，增产幅度大，且色、味好，深受客商欢迎。豌豆种下了，如何把产品变成商品？新桥镇依托农业办企业，成立“龙头”公司，负责全镇农产品的购销。于 1999 年 12 月 24 日成立了“牟定县鸿辉有限公司”。1999 年全镇共收购青豌豆 1300 吨，销售金额 153.66 万元，实现税金 6 万多元。所收的青豌豆主要销往广西、湖北、河南、四川等 11 个省市。改变了过去收购混乱、价格混乱、群众吃亏等问题。牟定县新桥镇因地制宜求发展，调整结构种植青豌豆的成功实践，给予我们有益的启示：(1) 解放思想是产业结构调整的关键；(2) 树立市场经济意识是产业结构调整的重点；(3) 培育“龙头”企业是产业结构调整的核心；(4) 处理好经济利益关系是产业结构调整的重要环节；(5) 政策措施到位是产业结构调整的保证。

【牟定茶业走集团之路】 2000 年 6 月，中共楚雄州委农村工作部对牟定县茶业产业进行了调查。到 1999 年末，牟定县共有茶厂 34 个，茶园面积发展到 1.2 万亩，居全州第一位，但在买方市场形成的今天，还存在不少的困难和问题：(1) 有部分茶厂承包人素质差，经营管理不善，缺乏管理经验和茶叶制作技术，市场狭窄，销售困难；(2) 部分茶厂承包期短，承包人短期行为严重，只顾眼前利益，不投入或少投入，采取掠夺式的生产和经营，使茶树逐年老化，产量、质量逐年下降；(3) 牟定县茶厂较多，各搞各的品牌，目前全县有 17 个品牌，形不成一个拳头，一致对外。为彻底改变生产经营中“单产低、质量低、效益低”的状况，一个以牟定县振兴集团为“龙头”的牟定化佛茶叶有限责任总公司于 2000 年 2 月 28 日成立。公司以股份制形式组建。在全县选择茶园基础好，管理有特点的 10 家茶场，本着自愿的原则以自己的注册资本金加入总公司，董事会共由 10 家茶厂成员组成，公司行业主管部门为县农业局。公司对各成员茶场实行统分结合的股份合作制管理。即统一毛茶收购标准，统一加工工艺；加入公司后，公司和成员茶场仍属自主经营、自负盈亏、独立核算的所有制企业，其企业性质、核算方式、法人资格地位不变。体现了风险同担，利益共享，互惠、互利，共谋发展的原则。公司从 3 月 30 日至 5 月 10 日，已收购毛茶 11 吨，其中优质茶 1 吨，一级茶 10 吨；精制加工毛茶 7.6 吨，其中炒青 3 吨，烘青 4.6 吨；产品名称、商标统一为“化佛”茶、“稀土保健”茶，共有高中低档 13 个规格品种，其中高档礼品茶 4 个（天然饮品、精选名茶、化佛香茗、化佛春蕊），中档茶 6 个，低档茶 3 个，产品已经质检部门检测认定。仅 4 月 5 日至 5 月 10 日，已销售各类茶叶 1.5 吨，实现销售收入 4 万元，占春茶收购量的 13.8%。牟定茶业走集团化之路，显示出一定的活力，闯出了一条结构调整的新路。

【对三台乡发展生态农业经济情况的调研】 2000 年 12 月，中共楚雄州委政策研究室对大姚县三台乡发展生态农业经济的情况进行了调研。近年来，大姚县三台乡以农业结构调整为主线，在发展特色生态农业经济方面进行了积极有益的探索，乡党委制定完善了“一保（切实保护好生态环境）、二改（坡改梯和节能改灶）、三发展（发展核桃、树葱和华山松、中药材）”发展生态经济的工作思路。(1) 狠抓生态环境的保护工作。对 25 度以上坡地逐步退耕还林还草，禁止在公路上下 100 米和居住区周围 1000 米内砍伐林木；禁止建盖垛木房、闪片房；对群众生活用柴实行有计划安排，人均烧柴采伐限额 600 千克，落实“三定”责任制，大力推广养猪改喂生食，最大限度地减少生活用柴。实施坡改梯，严禁毁林开荒。同时在全乡实施改“老虎灶”为节能灶工程。(2) 大力发展生态农业经济。继续发展壮大核桃产业，使全乡核桃达到 21047 亩，411530 株，人均 35 株；大力发展树葱和华山松；积极稳妥地探索中草药种植，已种下各类药材1400多亩。(3)对外开放，引资发展生态农业经济。大胆引进资金、技术、人才，开发荒山，发展生态经济企业。以头5年不交承包款的优惠条件将原来1050亩效益低下的苹果园承包给楚雄星升实业发展公司种植中草药材，将新开发的250亩树葱基地承包给一当地农户。三台乡所发展的核桃、树葱、华山松和中草药材产业，均是生态效益和经济效益俱佳，眼前利益和长远效益兼顾的产业，顺应可持续发展的要求。为了实施好工作思路，乡党委决定实行乡级几套班子领导挂项目包村责任制。在全乡不栽一棵烤烟的情况下，农民人均纯收入呈逐年上升趋势，乡财政收入逐年增长，1999年达83.5万元，第一次消化了30多万元的财政赤字，实现了当年的收支平衡。三台乡发展生态经济的实践说明，调整产业结构、建设生态农业经济是山区民族贫困地区脱贫致富的必由之路。

【村务公开民主管理工作】 2000年，楚雄州10县（市）128个乡（镇），1131个村（居）委会，14680个村民小组开展了村务公开民主管理工作，公开面分别占乡（镇）、村（居）委会、村民小组数的100%、100%和96.2%。1月24日，州村务公开领导小组发出文件，对全州村务公开民主管理工作进行了部署。村务公开工作抓住村级体制改革中清产核资和债权、债务的清理、追缴、兑现这个契机，从群众普遍关心和涉及群众切身利益的实际问题入手，严格按照“实用、实效、方便、节俭”的原则，以村社为重点、财务公开为突破口，围绕集体资产和财务收支、征用土地和宅基地审批等内容公开。把好“三关”：一是内容关，即公开的内容清楚、规范，账目齐全、明白，让群众一目了然；二是审批关，即公开的内容先审计后纠正，先纠正后审批，先审批后公开；三是监督关，即公开前广泛听取村民意见，接受群众监督。严格审查公开内容，维护公开的严肃性。做到公开的内容规范，公开的程序规范，公开的形式规范，公开的时间规范。尽量让群众满意。实行三级联动，即乡（镇）、村委会、村民小组（合作社）三级以乡（镇）及其站所为龙头，全面公开，互相反馈信息，亮清家底。为把村务公开工作引向深入，工作中坚持了“五结合”：村务公开民主管理与村级体制改革相结合；村务公开民主管理与“村建”相结合；村务公开民主管理与农村党风廉政建设相结合；村务公开民主管理与农村法制建设相结合；村务公开民主管理与农村精神文明建设相结合。通过开展村务公开民主管理工作，全州共清理出群众历年拖欠集体各种资金979.91万元，追回403.77万元。实行村务公开民主管理后，还有力地促进了党风廉政建设。仅2000年全州清理出违纪违法案件645件，涉及887人，其中，村（办）干部195人，合作社干部69人，受政纪处分39人，党纪处分52人，涉及资金159.81万元，已追回126.4万元。通过违纪违法行为的查处，推动了农村的党风廉政建设，密切了党群、干群关系，赢得了群众理解、支持和拥护，群众上访、信访减少了，全年群众来信493件，比上年减少45件，群众来访536人次，比上年减少127人次。

【完成《1999年的云南》（楚雄篇）撰稿任务】 《1999年的云南》是中共云南省委政策研究室主编的一本具有权威性、科学性和实用性的工具书。《1999年的云南》（楚雄篇）的稿件撰写任务由中共楚雄州委政策研究室承担。根据要求，州委政策研究室组织人员，查阅了大量资料，走访了统计、工交等有关部门，对全州1999年的发展状况、成绩作了认真的分析总结，完成了6千字的稿件编入该书。

【扶贫攻坚工作】 2000年，中共楚雄州委农村工作部多次深入贫困地区调查，与州扶贫办共同研究，与各有关部门通力合作，解决实际问题。(1)抓好42个扶贫攻坚乡的农田水利建设，共完成中低产田地改造20632亩，兴建小坝塘205个、水池（窖）11016个，兴修引水沟渠308件，其他水利工程5件，新增灌溉面积31047亩，解决了43589人和23178头大牲畜的饮水困难；(2)加大小额信贷扶贫力度，促进贫困农户增收；(3)按照“近抓温饱，远奔小康，综合治理”的原则，抓好首批10个温饱示范村建设；(4)抓好异地开发扶贫工作。到年底，全州已完成扶贫搬迁827户，3535人。2000年全州可解决2万贫困人口的温饱问题。

〔周锦春〕

机关党委

【简述】 2000年，中共楚雄州直属机关工作委员会紧紧围绕经济建设这个中心和州委工作大局，以学习实践江泽民总书记“三个代表”为主要内容，认真贯彻落实《中国共产党党和国家机关基层组织工作条例》。坚持从严治党方针，全面加强机关党的思想、组织、作风建设，促进各项工作任务的完成，为彝州经济发展、社会进步提供了强有力的组织保证。

【党组织和党员】　2000年，楚雄州直属机关党组织换届选举党委5个，换届选举党总支5个，换届选举党支部37个。新增州经济技术协作办公室机关党支部。撤销原州文化局机关党总支，成立州文化局机关党委。到2000年12月20日止，中共楚雄州直属机关工作委员会下辖基层党委7个，党总支12个，党支部168个，党小组207个。共有党员2777人，其中正式党员2708人，预备党员69人；男性党员2191人，女性党员586人；汉族党员2287人，少数民族党员490人。党员年龄结构：25岁以下党员58人，26岁至35岁党员391人，36岁至45岁党员865人，46岁至55岁党员561人，56岁至60岁党员265人，61岁以上党员637人。党员入党时间情况：1937年7月7日至1945年9月2日入党11人，1945年9月3日至1949年9月入党48人，1949年10月至1966年4月入党568人，1966年5月至1976年10月入党464人，1976年11月至1992年9月入党1057人，1992年10月以后入党629人。党员学历结构：研究生24人，大学本专科1237人，中专468人，高中242人，初中548人，小学250人，文盲8人。有离休党员179人，退休党员696人。2000年度转入党员93人，转出30人，死亡12人。2000年新发展党员59人，其中少数民族11人，妇女24人，35岁以下38人，大专以上文化程度39人，专业技术人员23人。全年办理预备党员转正39人。

【推行党建工作目标管理责任制】2000年1月11日至25日，州直属机关工作委员会对所属各机关党委、总支、直属支部1999年度落实《党建工作目标管理责任书》情况进行了全面检查考核。州直各机关抽调党组织负责人26人组成9个考核小组，深入各基层党组织，对州直各机关党委、总支、直属支部落实《责任书》情况按要求进行逐项考核打分。通过考核，6个机关党委、13个党总支、37个直属党支部全部考核合格。根据量化打分结果，工委对1999年度落实党建目标管理责任制较好的3个机关党委、8个机关党总支、15个直属党支部给予表彰奖励。工委认真总结经验，对2000年度《党建目标管理责任书》进行了认真修改、补充，使其更具规范性与操作性。在2000年3月10日召开的2000年机关党建工作会议上，工委书记包有与州直各机关党委、总支、直属支部书记签订了2000年机关党建目标管理责任书。在实行党组织目标管理的基础上，州直属机关工作委员会从2000年开始，在所属党组织中全面推行党员目标管理责任制。

【州直机关党建工作会议】　2000年州直机关党建工作会议于2000年3月10日在州委小礼堂召开。州直各机关党委、总支、直属支部负责人参加了会议。会议对1999年州直机关党建工作作了总结回顾，对2000年州直机关党的工作作了布置、安排。会议通报了州直机关1999年度党建目标管理责任制考核情况，对党建目标管理责任制实施工作进行了总结，并根据各机关党组织落实目标管理责任制考核情况对州政府办、州委宣传部、州委组织部等3个机关党委、8个机关党总支、15个机关直属支部进行表彰奖励。会上，工委书记包有与州直各机关党委、总支、直属支部书记签订了2000年机关党建目标管理责任书。

【对基层党组织党费收缴管理工作进行检查】　中共楚雄州直属机关工作委员会于2000年3月3日发出《关于对党费收缴、管理工作进行检查的通知》。州直各基层党组织按《通知》要求，认真进行自检自查。在自检自查的基础上，中共楚雄州直属机关工作委员会于2000年3月15日至31日组织人员对州直6个机关党委、6个机关党总支、10个机关直属支部进行抽查。根据自检自查及抽查情况，于2000年4月10日印发《关于党费检查的情况通知》。

【举办入党积极分子培训班】　中共楚雄州直属机关工作委员会于2000年4月24日至28日举办了一期入党积极分子培训班，312名要求入党的积极分子参加了此次培训。培训班为州直各机关党委、总支、直属支部培训入党积极分子182名，为州公安局、州林业局、州司法局、州工商银行、州农发行、州建设银行、中国人寿保险公司楚雄分公司、中国财产保险公司楚雄分公司、州电信局、楚雄移动通信分公司代培入党积极分子130名。培训班以邓小平党建理论和党的十五大精神为指导，以《党章》、《准则》为基本内容，对要求入党的积极分子进行党性、党风、党纪教育。

【州直机关党组织从事非公有制经济党员情况调研】　2000年5月，

中共楚雄州直属机关工作委员会派出调研组对所属基层党组织从事非公有制经济党员情况进行调研。根据调研统计，截止2000年5月31日止，州直机关所属党组织从事非公有制经济党员总数42人，其中：解除劳动合同7人，辞职13人，停薪留职31人，带薪离职2人，脱钩改制3人，自动离职1人，家属及挂靠子女2人，离退休干部职工11人。在从事非公有制经济党员中，从事个体经济24人，从事合伙企业10人，从事私营独资企业1人，情况不详者7人。

【州直机关工委召开“七一”表彰大会】 2000年7月1日，中共楚雄州直属机关工作委员会在州委党校召开表彰大会，对1998～1999年度涌现出的37个先进党组织、30名优秀党务工作者和69名优秀共产党员进行表彰奖励。会上，州党政领导向受表彰的先进党组织和优秀党务工作者、优秀共产党员颁发了奖牌及证书。

【贯彻《中国共产党党和国家机关基层组织工作条例》】 2000年，中共楚雄州直属机关工作委员会与州机构编制委员会办公室协调，按机关工作人员总数的2%配备专职党务干部。州农牧局、州水电局、州政府办、州卫生局、州交通局、州粮食局、州文化局分别设立机关党委办公室，配备专职副书记一名，列入正科领导干部管理。并与州财政局有关部门协调，把机关党组织活动经费列入行政经费预算，按机关党员工资总额提取2%作为党组织活动经费。由于认真贯彻《中国共产党党和国家机关基层组织工作条例》精神，州直各机关基层党组织党建工作人员、经费得到进一步落实。

【举办基层党组织书记培训班】 中共楚雄州直属机关工作委员会于2000年10月16日至20日举办州直机关党组织书记培训班。州直机关工委所属各机关党委、总支、支部书记126人参加了培训。州委常委、宣传部部长李俊以《“三个代表”是立党之本、执政之基、力量之源》为题进行讲课。培训班以邓小平党建理论和党的十五届五中全会精神及江总书记“三个代表”的重要论述为指导，通过系统学习党的基本理论和党务工作业务知识，使参训学员进一步提高思想政治素质和业务能力。

【全州第七次机关党建工作经验交流会】 2000年10月31日至11月2日，由中共楚雄州直属机关工作委员会组织举办的全州州、县（市）机关党（工）委第七次党建工作经验交流会在南华县召开。全州10县（市）委组织部、机关党委和州直各机关党委、党总支、直属党支部负责同志共148人参加了会议。会议收到经验交流材料17份。全州10县（市）机关党委和州直机关7个党组织负责人在会上交流了机关党建工作经验。

〔岑云英〕

党史工作

【简述】 2000年，中共楚雄州委党史征集研究室以邓小平理论和党的十五大精神为指导，充分发挥党史部门的职能作用，认真学习贯彻全国、全省党史工作会议精神，紧紧围绕全党工作大局和州委中心工作，积极努力开展工作，深入研究党在各个历史阶段所取得的成功经验和失败教训，用党的伟大成就激励人，用党的成功经验教育人，用党的历史教训警示人，为领导及部门决策提供了理论和政策上的参考。认真完成了州委及上级业务部门交办的各种任务，各项工作都取得了可喜成绩。

【全州党史工作会议】 2000年2月21日至22日，全州党史工作会议在州委礼堂召开，10县（市）分管党史工作的副书记、党史征集研究室主任及州属有关部门领导出席了会议。会议传达学习了胡锦涛、曾庆红等中央领导在全国党史工作会议、孙淦在全省党史工作会议上的重要讲话；研究部署了2000年全州的党史工作。州委副书记胡有兰在会上作了题为《提高认识，加强领导，努力做好党史工作》的书面讲话。省委党史征集研究室主任王元辅到会指导并讲了话。

【纪念云南解放和野战军进军云南50周年座谈会】 2000年2月24日是中共云南省委确定的云南解放暨野战军进军云南50周年纪念日，根据省委党史征集研究室通知，楚雄州党史征集研究室于2月21日下午组织召开了纪念云南解放暨野战军进军云南50周年座谈会，部分当年参加过解放云南的野战军老战士、滇桂黔边纵队的老战士、原中共地下党老同志、西南服务团的老同志及原州级老领导和州、县有关单位的领导共100余人参加了座谈会。省委党史征集研究室主任王元辅出席会议并作了讲话。州委副书记张怀德在座谈会上通报了楚雄州50年来社会、经济的发展情况，并作了题为《发扬革命优良传统，建设富裕文明彝州》的重要讲话。

参加座谈会的老同志回顾了云南解放和野战军进军云南的光辉历史，缅怀了革命先辈的丰功伟绩。

【承办《红土情》图片展览】 2000年6月20日至24日，为纪念中国共产党建党79周年，由中共楚雄州委办公室、州委宣传部、州直机关工委、州委党史征集研究室联合组织，州委党史征集研究室承办的《红土情》图片展览在楚雄市工人文化宫展出。该活动由中共云南省委宣传部、省委党史征集研究室主办，是以反映中共云南地方党史和革命史为主的大型爱国主义图片展览。州、市123个单位的5000余名干部职工观看了展览。

【撰写党史文稿】 2000年，中共楚雄州委党史征集研究室先后为公开出版的各类书刊撰写了5篇近9万字的党史文稿：（1）编写了滇西、滇北革命老区资料7万余字上报中共云南省委党史征集研究室，供《云南革命老区》一书选用；（2）撰写了6000余字的《“盘龙云海”的创业之歌》一文，供省委党史征集研究室主编的《西部大开发与云南历史经验》一书选登；（3）撰写了《楚雄州六十年代国民经济调整》稿件1万余字上报省委党史征集研究室，供《云南省六十年代国民经济调整》一书选用；（4）撰写《楚雄州“大跃进”》专题材料5000余字上报省委党史征集研究室选编入《云南省大跃进》一书；（5）编撰《云南人民英雄》（楚雄部分）稿件2万余字，供省委党史征集研究室和中央党史研究室选用。此外还撰写了《云南百年》（楚雄部分）约1万余字稿件在《云南百年》特刊上刊载；中央党史研究室《党史工作简讯》还全文刊登了楚雄州党史征集研究室总结撰写的经验材料《编撰党委年鉴，服务党的建设》。以上各类稿件从不同角度宣传了彝州的革命史和改革发展史，为宣传彝州、扩大彝州知名度起到了积极的作用。

【《楚雄党史党建》改版】 2000年，《楚雄党史党建》进行了改版，从原来的16开扩为大16开，扩版后的《楚雄党史党建》年内共编辑出刊4期6800册，刊登文章158篇48万字；在保留基本栏目的基础上，每期围绕中央、省、州党委中心工作及党史部门重大活动确定重点栏目。年内发行的4期刊物，从栏目设置、版式设计、编辑质量等方面都有所提高，办出了特色，引起了州内外同行的关注。

【党史资料征集】 2000年，中共楚雄州委党史征集研究室加大党史资料征集工作力度，全年先后征集了《楚雄革命英烈》（暂定名）一书的各种资料近20万字，图片200余幅；收集整理了30万字的《社会主义时期中共楚雄州地方党史大事记》资料；收集了各种零星党史专题资料近10万字，图片200余幅。

【党史成果获奖】 2000年，楚雄州一批党史成果被中共云南省委党史征集研究室评为全省党史优秀成果受到表彰。其中，中共楚雄州委党史征集研究室和州委政策研究室联合编撰的《楚雄州农村改革与发展》一书获党史成果二等奖；中共武定县委党史征研室编撰的《罗婺故土上的曙光》和中共禄丰县委党史征研室编撰的《龙乡火种》获党史成果三等奖；中共南华县委党史征研室编撰的《南华县光辉历程》、中共永仁县委党史征研室编撰的《中共永仁县党史资料》（第一集）、中共双柏县委党史征研室编撰的《哀牢火种》获优秀编辑奖；中共大姚县委党史征研室编撰的《中共大姚县党史资料》（第一集）获优秀装帧设计奖。州委党史征集研究室陈瑶撰写的《社科期刊编辑应具备的基本素质》获论文三等奖。

〔杨雪斌〕

党校教育

【州委党校举行建校50周年庆祝活动】 2000年9月8日，是中共楚雄州委党校建校50周年纪念日。州委党校在9月8日前后组织了一系列庆祝活动，主要是：《彝州论坛》编印校庆专刊一期，印发1500册；编辑出版教职工论文集《耕耘》；在楚雄州广播电台开办“彝州党校”专题节目，播出宣传稿件21篇；举办校史展览；举行迎宾文艺晚会；召开“西部大开发楚雄怎么办”理论研讨会；举办建校50周年庆祝大会。9月8日举行的庆祝大会，州党政军领导、省委党校、省函授学院、省内部分地（州）市委党校和州内部分单位领导、全校教职员工、各县（市）委党校常务副校长等，共4000多人参加了大会。州委书记、州委党校校长丁绍祥作了重要讲话，校党委书记、常务副校长杞正发作了校庆总结报告。

【做好“三讲”教育有关工作】 2000年，州委党校先后承担了州级领导班子和州属部委办局县处级领导干部“三讲”集中教育及“回头看”活动的服务工作，共计1560人次。主要是：楚雄州州级领导班子和领导干部“三讲”教育，先后到校集中3次，100人次；楚雄州州直部门县处级领导班子和领导干部“三讲”教育集中封闭学习和自我剖析在党校进行616人次；楚雄州州级领导班子和领导干部“三讲”教育“回头看”活动中，先后在党校集中3次，200人次（含州委常委扩大会）。

【短期培训及学历教育】 2000年，州委党校共举办短期培训班9期，培训轮训全州各级党政领导干部782人次。主要是：楚雄州第9期中青年干部培训班，71人；楚雄州第5期科级国家公务员任职培训班，100人；楚雄州宣传干部培训班，172人；楚雄州老干部读书班，64人；楚雄州共青团干部培训班，150人；楚雄州个体私营企业厂长、经理培训班，106人；楚雄州组织工作信息员培训班，60人；楚雄州党校系统教职工电子计算机应用技术培训班，43人；南华县马街乡各村党支部书记、村长培训班，16人。开办脱产、函授中专、专科、本科学历教育16个班次，共计1272人，共开设86门课程，专题讲座56次，全校37名专兼职教师共完成授课任务2592课时；指导、答辩学员毕业论文414篇。

【调整和优化教学布局】 2000年，州委党校对第9期中青年干部培训班的教学内容进行大胆改革，按照加强“理论基础、世界眼光、战略思维、党性修养”的要求，把“三基本”、“五当代”和州情教育引入课堂，经过师生的共同努力，教学改革实践获得学员的认同，找到了理论与实践的结合点，达到“学以致用，服务彝州”的目的。

【举办个体私营企业发展与管理培训班】 2000年11月，州委党校与州工商联联合举办“楚雄州个体私营企业发展与管理培训班”，106人参加培训，从教学设计到教学管理以及主要课程讲授都由党校完成。这是党校首次举办私营企业厂长（经理）培训班。该班的成功举办，在社会各界引起了强烈的反响，也标志着党校在拓宽办学培训领域方面迈出了新的步伐。

【州委党校加强科研工作】 2000年，州委党校教职工共撰写科研论文63篇，发表49篇，出版25万字学术专著《信息逻辑》一部；编辑出版教职工论文集《耕耘》，收集教职工的43篇论文，共25万字；组织教师参与全省党校系统优秀科研成果评选活动，报送论文12篇，获奖4篇（一等奖1篇，三等奖3篇）；其中《信息资源和注意力资源的关系》一文获全国党校系统优秀科研成果三等奖；编辑出版《彝州论坛》6期约60万字。全年共收到各类稿件460余篇，采用稿件160余篇；《楚雄党校通讯》全年共出刊10期约10万字；《彝州党校信息资料》全年出刊6期；2位教师参与编辑《云南社会发展研究论文集》（上卷）33万字（云南大学出版社出版）。

〔张发润〕

中国共产党楚雄彝族自治州纪律检查委员会

2000年，中共楚雄州纪律检查机关以邓小平理论和党的基本路线为指导，认真贯彻党的十五大和十五届四中、五中全会及中纪委四次全会精神，坚持党中央关于党风廉政建设和反腐败斗争的指导思想，围绕全党工作大局，全面履行纪律检查职能。继续抓好领导干部廉洁自律，指导帮助州县（市）“四班子六部门”和州级部委办局、事业单位县处级领导干部和领导班子以“讲学习、讲政治、讲正气”为主要内容的党性党风教育，解决纠正存在问题，制定整改措施认真落实整改。以“三讲”为契机，深入抓好中央及省有关规定的落实，增强领导干部廉洁勤政意识。深入基层结对帮困扶贫，密切党群干群关系，提高党和政府威信。建立社会监督制约机制，健全完善规章制度，规范公务行政行为；逐级落实党风廉政责任制，全面推行村务、政务、厂务三公开，强化民主监督，加强民主管理；认真做好信访举报工作，加大查办案件力度；纠建并举强化部门职责，纠正部门行业不正之风取得明显成效；加大治本力度，强化党风党纪教育和反面典型的警示教育；搞好行政执法监察，保证政令畅通，创造宽松的经济发展环境，维护社会政治稳定，促进了彝州改革开放和经济社会的健康发展。

〔袁明勇〕

重要会议

【中共楚雄州纪律检查委员会第四次全体会议】　中共楚雄州纪律检查委员会第四次全体会议2000年3月21日至22日在楚雄召开，州纪委委员26人出席会议，不是委员的县（市）纪委书记，各县（市）监察局长，州属部委办局、企事业单位纪委、纪检组（室）负责人、州纪委各室主任187人列席会议。州级领导丁绍祥、罗正富、胡有兰、张怀德、李应科、杨成彪、崇云祥、夜礼斌、李俊、李明、延荣科、罗志明出席会议。会议由州纪律检查委员会常委轮流主持。中共楚雄州委书记丁绍祥在会上作了题为《坚决落实从严治党方针，着力推进党风廉政建设》的重要讲话，各县（市）委书记、县（市）长，州级各部委办局、企事业单位主要领导和副州以上离退休老干部300多人听取了州委书记的重要讲话。全会传达了中央纪委四次全会和江泽民“治国必先治党，治党务必从严”重要讲话精神，省纪委六次全会和州委五届六次全会精神。中共楚雄州委常委、州纪委书记杨绍昌代表州纪委常委会作了题为《坚持从严治党方针，推进党风廉政建设，为彝州经济建设作出新贡献》的工作报告，总结回顾了1999年全州党风廉政建设和反腐败工作，部署了2000年工作任务。州委对1999年与州委签订党风廉政建设责任书考核优秀的禄丰等4个县（市）11个部委办局、良好的牟定等6个县20个委办局兑现了奖励，对考核不合格的计生委等3个单位作了处罚。州委副书记张怀德代表州委与10县（市）和州属部委办局、事业单位共100多个单位签订了2000年党风廉政建设责任书。州纪委、监察局表彰了全州纪检监察系统1998～1999年度办公室工作和执法监察工作先进集体和先进个人。

【全州纪检监察宣传教育工作会议】2000年4月26日，楚雄州纪检监察宣传教育工作会议在双柏召开，楚雄州党风廉政建设宣传教育工作协调领导小组全体成员、州纪委各位常委、各县（市）纪委分管党风廉政教育的副书记和教育室主任40多人参加会议。州纪委党风教育室主任魏贵明传达了中纪委、省纪委纪检监察宣传教育工作会议精神和中纪委在南宁召开的《中国纪检监察报》记者站、通联站工作会议精神，提出了全州纪检监察宣传教育工作意见；州纪委常委、州监察局副局长李发荣在会上传达了国务院纠风办在昆明召开的全国纠风治乱工作会议精神；州纪委副书记钱文聪部署了2000年至2001年全州纪检监察宣传教育工作任务，传达了中共楚雄州委关于成立楚雄州党风廉政建设宣传教育工作协调领导小组的通知；州委常委、州纪委书记杨绍昌作了题为《强化纪检监察宣传教育工作，为党风廉政建设和反腐败提供有力的精神动力》的讲话，要求围绕党风廉政建设和反腐败斗争抓好宣传教育工作。

【全州“三公开”工作电视直播会议】　2000年9月15日，中共楚雄州委召开全州村务公开、政务公开、厂务公开工作电视直播会议，州属部委办局、事业单位的主要领导和纪委书记、纪检组长参加会议。全州设60个分会场，5300多人参加了会议。主会场会议由州委常委、州“三公开”领导小组副组长、州纪委书记杨绍昌主持，州“三公开”领导小组组长、州委副书记张怀德在会上作了题为《加大监督制约力度，推进民主政治建设，努力开创我州政务、厂务、村务公开工作新局面》的讲话，通报了全州“三公开”工作进展情况，并要求要以“三个代表”的重要思想统一思想，加大监督制约力度，推进民主政治建设，把全州“三公开”工作推向新的阶段。州委常委、州委政研室主任、州村务公开办公室主任延荣科，州人民政府秘书长、州政务公开办公室主任李小平，州总工会主席、州厂务公开办公室主任李旭良分别就村务公开、政务公开、厂务公开工作情况进行了通报，并提出了下步工作的具体要求。州政协主席杨成彪、州人民政府副州长罗嘉福出席了会议。

【州委党风廉政建设和反腐败情况通报会】　2000年8月21日，中共楚雄州委召开党风廉政建设和反腐败情况通报会，州级五大班子领导，离退休的副州级以上老领导，州属部委办局、企事业单位的主要领导、纪委书记、纪检组长300多人参加了会议。州委副书记张怀德主持会议，州委常委、州纪委书记杨绍昌通报了全州上半年党风廉政建设和反腐败工作的情况。与会人员观看了党风廉政建设教育片《生死抉择》。州委要求全州党员干部，特别是领导干部要从通报和影片中受到启示，接受教育，自重、自省、自警、自励，讲学习、讲政治、讲正气，树立正确世界观、人生观、价值观，经受住改革和执政的考验，认真贯彻从严治党方针，努力推进全州党风廉政建设和反腐败斗争深入开展。

【全州纪检监察工作会议】 2000年10月12日至13日，楚雄州纪检监察工作会议在楚雄召开，各县（市）纪委书记、监察局长、纠风办主任，县（市）纪委办公室、纪检室、信访室、党风教育室、执法监察室主任，州属部委办局、企事业单位纪委、纪检组（室）负责人，州纪委监察局科室副主任以上领导等共220多人参加了会议。中共楚雄州委常委、州纪委书记杨绍昌在会上传达了中纪委召开的西南西北地区查办案件工作会议、全国纪检监察宣传教育工作会议、全国纪检监察机关执法监察工作会议、全国部分省区市反腐败抓源头工作会议和全省纪检监察工作会议精神。总结了2000年全州纪检监察工作的主要成就和经验，分析了工作中还存在的问题和不足，部署了第四季度的主要工作任务。

【全省地州市纪检监察办公厅（室）主任会议】 2000年11月28日至29日，云南省地州市纪检监察机关办公厅（室）主任会议在楚雄锦星酒店召开，全省各地州市纪委、监察局办公厅（室）主任和楚雄州10县（市）纪委监察局办公室主任、省纪委监察厅办公厅领导等共40多人参加了会议。中共楚雄州委常委、州纪委书记杨绍昌向与会人员介绍了彝州经济社会发展状况和党风廉政建设反腐败工作成效。省纪委副书记李建国在会上作了重要讲话，省纪委办公厅主任、副主任先后在会上讲了话。会议传达了全国省区市纪检监察信息工作会、案件管理工作会精神，对办公室信息、督查、案件管理等方面的工作作了部署，各地州市办公厅（室）主任在会上作了交流。省纪委监察厅表彰了信息工作、督查工作先进集体和案件管理工作先进个人。中共楚雄州纪委办公室信息工作、督查工作被表彰为先进集体，李鲲被表彰为案件管理先进个人。

〔袁明勇〕

信访举报

【纪律检查机关认真办理信访举报】 2000年全州纪检机关共接到人民群众信访举报951件，其中属检举控告703件，初步核实305件，初查了结176件，其中属举报失实101件，适当处理75件，作组织处理13人。初查后转立案48件。楚雄市纪委监察局、南华县纪委监察局被省纪委表彰为1997～1999年度信访先进单位。

【进一步推行《责成说明问题通知书》】 2000年，全州纪检机关进一步推行使用《责成说明问题通知书》，责成有关人员说明问题，讲清事实真相，使一些无关法纪的问题能够尽快得以解决澄清，不致影响工作和干部提拔使用。年内全州纪检机关共发出《责成说明问题通知书》计19件，绝大多数有关人员在要求时限内基本说清了问题。

【做好集体上访和上访老户的工作】 2000年，全州纪检机关把做好集体上访和上访老户的工作作为化解干群矛盾，密切党群干群关系的大事来抓，注意做深入细致的思想政治工作，尽量疏导、协调解决有关问题，最大限度地防止集体上访和越级上访，避免酿成社会问题。对确实存在问题的多方协调做工作，争取问题尽可能圆满解决。对鹿城镇中医院王玉珍上访一案，经与州县有关部门协商，划拨48万元资金，使问题得到了较好解决。年内全州纪检机关共接待集体上访户89批827人次，通过耐心细致的工作，没有再越级上访和层层上访，问题基本得到解决。

【做好个体私营和外商投资企业投诉工作】 2000年，中共楚雄州纪委和楚雄市、禄丰县纪委先后成立了个体工商户、私营企业主及投资者以及外商投资企业投诉中心，以保证依法维护其合法权益，促进对外开放和个私、外商投资企业经济发展。起草公布了投诉中心工作办法和维护个体工商户、私营企业及外商投资企业合法权益投诉工作实施办法。认真开展工作，共受理个体工商户和私营企业投诉21件，认真调查、帮助协调解决12件，对失实的7件做了耐心细致的教育解释工作，对反映税收过重的2件转有关部门处理，税务部门出示了公开收税标准，问题得以澄清，消除了误解。

〔袁明勇〕

案件查处

【查处党内违纪违法案件】 2000年，楚雄州纪律检查机关高度重视案件查处工作，与有关部门协商出台了《州纪委州监察局与州检察院关于纪检监察机关和检察机关在查处案件工作中协同配合的规定》、《州纪委、州监察局、州审计局关于在查办案件中互通信息、相互配合的规定》，加大办案力度，提高办案时效。充分发挥案件协调领导小组作用，及时突破重特大疑难案件，案件查处工作取得明显成效。年内州纪律检查机关共立党纪案件164件，其中涉及县处级干部3件，涉及乡科级干部37件，已结案150件，给予党纪处分171人，其中开除党籍67人，留党察看21人，撤销党内职务2人，严重警告40人，警告41人；涉及县处级2人，乡科级37人，一般干部38人，其他人员94人。年内，楚雄州纪检监察机关加大大要案查处力度，年内共立大要案94件，涉及108人，其中万元以上大案54件；县处级要案（州）3件3人，乡科级要案（县）48件61人；共结案79件，涉及84人，比上年增加10.5%，其中县处级干部2人，乡科级干部44人。

【纪律检查案件审理】 2000年，全州纪律检查机关共审结党纪案件150件，给予党纪处分171人，其中党务机关9人，政府机关40人，人大机关1人，政协机关1人，审判机关4人，事业单位29人，企业单位21人，农村66人。其中受双重处分11人，免予处分4人，移送司法机关4人，组织处理4人。

【复查复审申诉案件】 2000年，楚雄州纪律检查机关受理不服党纪处分的申诉案件3件3人。经认真进行复查复议，认为原处分认定事实清楚，证据确凿，定性准确，量纪恰当，手续完备。决定维持原处分决定。严肃了党的纪律，维护了纪律检查机关公正执纪的形象和声誉。

【乡（镇）纪委自办案件取得实效】 2000年，楚雄州纪律检查机关强化乡（镇）自办案件，在推行乡（镇）划片包干联合办案的同时，各县（市）纪委加强了对乡（镇）办案工作的具体指导和把关。一些县（市）将乡（镇）纪委办案工作列入当年乡（镇）党风廉政建设和反腐败工作考核的内容，通过党风廉政建设责任制检查考核，使乡（镇）纪委办案工作确实提上了议事日程，能够落到实处，取得实效。年内全州128个乡（镇）共办结66件。

〔袁明勇〕

党风党纪

【党风政风教育】 2000年，楚雄州纪律检查机关结合贯彻中央八项规定，在全州广泛开展党风政风教育。(1) 组织各单位广泛开展多种形式的党风廉政教育，出黑板报228期，刊出宣传栏525期，利用“三会一课”、入党积极分子培训班、干训班等机会开展党风廉政宣传教育讲座322场次，受教育人数达96058人次。(2) 利用报刊、广播、电视进行党风政风教育，向各级报刊投稿1368篇，被采用606篇；在广播电视台举办《党风廉政》、《廉政纵横》栏目，播出31期101篇文稿。播放《吃喝玩乐警示录》、《黑白人生》、《特殊一课》、《站在被告席上的法官》等党风廉政教育录像片456部1030场214667人次。(3) 编印《党风廉政建设基本知识问答》一书2万册组织党员干部学习。(4) 组织广大党员干部学习《邓小平论党风廉政建设和反腐败斗争》，江总书记“从严治党”和“三个代表”重要讲话。(5) 州纪委监察局再度发出关于元旦春节期间禁止用公款吃喝玩乐请客送礼的通知，对干部自律提出严格要求。

【党纪条规教育】 2000年，楚雄州纪律检查机关进一步加强党纪条规教育。(1) 组织广大党员干部学习《中国共产党纪律处分条例》等纪律条规，举办党纪条规教育活动357场次，参加人数13374人次；(2) 开展纪检法规知识学习考试，参考人数3007人；(3) 在广播电台宣传党纪处分条例66次，在州县（市）电视台播放《党纪处分条例》系列电视片，组织各单位党员干部在每月第1个星期五下午集体收看，收看中突出县处级干部这个重点；组织拍摄反映楚雄州党风廉政建设责任制、“三公开”工作和违纪违法案件查处工作的电视教育片《职责》、《连心桥》、《警示》在州电视台播放，组织全州党员干部收看104376人次。

【开展警示教育】 2000年，楚雄州纪律检查机关根据上级指示，利用胡长清、成克杰等重大典型案件开展警示教育活动。州委常委首先组织观看胡长清案警示录，丁绍祥书记作动员。全州参加警示教育的党员干部群众达423027人，其中县处级以上干部715人。购买《邓小平论党员领导干部廉洁自律》955本、《胡长清、成克杰等重大典型案件教育读本》1498本、《典型案例剖析教育读本》305本，组织党员干部学习并开展讨论1124次；购买《胡长清案警示录》光盘、录相带110盘，在州县电视台播放，州委常委、州纪委书记杨绍昌作动员讲话。全州有255599人次观看。州县组织电影《生死抉择》首映式，通报州县党风廉政建设特别是查处违纪违法案件情况，组织党员干部观看57场次，观众32612人次。一些党员领导干部还结合“三讲”教育学习，写出警示教育心得体会4589篇。

【党的理想宗旨和光荣传统教育】 2000年，根据中央、省的部署要求，州县（市）纪检机关结合领导干部“三讲”教育，强化了对党员干部特别是领导干部理想宗旨和光荣传统教育。2000年4月州委发文成立了以州委常委、州纪委书记杨绍昌为组长，组织、宣传、文化、广播电视、楚雄日报、州直机关工委领导为成员的党风廉政建设宣传教育工作领导小组，加强了对全州党风廉政建设宣传教育工作的领导和协调。平常利用“三会一课”、政治学习日组织党员干部学习党章、邓小平理论，开展理想宗旨教育。年内，在州委统一领导下，县（市）四班子六部门及州属部委办局、事业单位领导班子和领导干部开展了以“三讲”为主要内容的党性党风和党的理想宗旨教育。

【廉政监督检查】 2000年，楚雄州纪检机关认真开展《中央关于励行节约制止奢侈浪费行为的若干规定》、《领导干部重大事项报告制度》、《云南省各级领导干部“五不准”》和州级单位接待费单列和审批报告制度等的贯彻执行情况的监督检查，收到明显效果。全州实行接待费单列和报告审批制度的单位1002个，2000年接待费开支1898万元，比上年节支396万元；2名县处级干部上交收受的礼品礼金10150元，1名县处级干部上交不该得的人民币1400元，1名法官上交当事人亲属赠送的400元人民币。

【对受处分党员进行回访教育】 2000年，全州纪律检查机关采取多种形式，听取受处分党员的认识、想法，了解生产生活情况，教育他们正确认识自己的错误，从中吸取教训，放下包袱，振作精神，以自己的实际行动改正缺点错误，争取多为群众做些有益的事情。年内全州纪检机关共对51名受处分党员进行了回访教育。

【“三公开”工作取得实效】 2000年，楚雄州进一步加大“三公开”工作力度，结合推行党风廉政建设责任制，强化了职能部门对抓好“三公开”工作的责任，各县（市）“三公开”领导小组及办公室积极开展工作，使全州“三公开”工作进一步深入开展。企业厂务公开工作稳步开展，407户地方国有及控股企业公开面已达98.19%，通过厂务公开，促进了企业民主管理，提高了企业经济社会效益。村务公开工作向纵深发展，全州1131个村（办）已全部实现村务公开，通过村级体制改革，村民委员会进一步根据实际健全完善了村务公开制度，普遍建立了《村务公开制度》、《村民委员会议事规则》、《村干部民主评议制度》、《公共财产、财务管理制度》、《村民代表大会制度》、《村规民约》等；通过清理帐务，健全了村务管理等制度，使村务公开工作进一步规范化、制度化。政务公开全面展开。乡（镇）站所结合财务清理、零户经营，全部推行了政务公开，州县部委办局自1999年以来也普遍推行了“八公开四监督”（即办事权限、办事依据、办事标准、办事程序、办事方法、办事纪律、办事期限、办事结果公开，让群众、社会、法律、舆论进行监督），有效地克服了一些重大事项的暗箱操作，基本解决了各级机关“门难进、脸难看、话难听、事难办”的状况，减少了实权部门“吃拿卡要”等问题。政府采购、干部公示、公开招考公务员、建设工程公开招投标、公开拍卖土地使用权都取得了明显成效。

【考核党风廉政建设责任书执行情况】 2000年1月3日至23日，州纪律检查委员会抽出27名在职干部和6名党风廉政监督员组成9个检查组，对10县（市）和61个州属委办局1999年党风廉政建设责任书执行情况进行检查考核。检查组采用一听、二问、三查、四评估、五反馈的方法进行考核检查，最后向州纪委常委会汇报，州纪委常委会研究定格后向州委常委会汇报审批。全州共评出楚雄等4个县（市）、州公安局等11个部委办局为优秀单位，牟定等6个县、州委办公室等20个委办局为良好单位，州委政研室等26个部委办局为合格单位，州计生委、州统计局、州供销社为不合格单位。在州纪委四次全会上，州委分别对获得优秀、良好的单位兑现了奖励，对不合格单位责成限期整改，州供销社主任罗绍成被惩200元，其余两个单位主要负责人已被免职不再惩。12月又对10个县（市）、98个州属单位2000年贯彻执行党风廉政建设责任制情况进行了考核，共评出优秀单位31家，良好单位37家，合格单位39家，不合格单位1家。

【做好抗震救灾中的纪检监察工作】 2000年1月15日姚安地震发生后，楚雄州纪委监察机关立即发出通知，要求灾区纪委监察局派出得力干部深入灾区，安抚灾民，组织群众抗震救灾；建立监督机制，做好全国各地社会各界救灾款物接收分发监督工作，建立接收管理分配帐务，及时纠正不正之风和违纪行为。各有关县按州纪委通知立即派人参加抗震救灾指挥部做好救灾物资接收发放监督工作。参加救灾款物接收发放的纪检监察干部日夜坚守岗位，先人后己，不优亲厚友。

发现问题立即调查纠正。保证了救灾款物的合理发放使用。

〔袁明勇〕

纪检调研

【纪律检查工作理论调研】 2000年，楚雄州纪律检查机关根据江总书记关于“纪检工作要研究新情况，探索新思路”的指示精神，积极开展纪律检查工作理论调研。根据省纪委下发调研课题，先后开展了《明后两年还必须治理哪些严重影响五年目标实现的腐败现象及应采取的对策》、《如何切实加大从源头上预防和治理腐败工作力度》等调研工作，分别由州纪委书记杨绍昌和州纪委副书记李正武任课题组长，抽调精干人员分别进行了大范围的调研，并及时写出了调研报告上报省纪委。根据西部大开发的形势，积极进行西部大开发条件下纪检监察工作思路的探索调研，撰写了《践行“三个代表”思想，积极探索西部大开发党风廉政建设新思路，开创纪检监察工作新局面》的调研文章，在云南省10地州市纪委书记监察局长联席会上进行了交流，受到与会者一致好评，并获省纪委优秀论文评选三等奖。年内全州纪检监察机关共上报调研文章和调查报告40篇，被省级刊物采用5篇，州级刊物采用8篇；州纪委编发《调查研究》3期，载文7篇，1篇获在西藏举办的全国第六届少数民族省区党风廉政建设理论研讨会三等奖，两篇获省纪委论文三等奖，两篇获省纪委优秀论文奖。《党风廉政建设责任制是推动党风廉政建设的根本保证》的经验在7月份中纪委召开的河南洑阳全国党风廉政建设责任制经验交流会上代表云南省作了交流。

【纪检信息工作】 2000年，楚雄州纪律检查机关重视发挥纪检信息“提供领导决策，指导面上工作”的重要作用。年内全州共采编上报信息849条，被省纪委采用25条，被中纪委采用1条。在2000年11月27日至28日召开的全省纪检监察系统地州市办公厅（室）主任会上，楚雄州纪委办公室再度被表彰为全省纪检系统信息工作先进单位。

〔袁明勇〕

楚雄彝族自治州人民代表大会常务委员会

2000年，楚雄州第八届人民代表大会常务委员会坚持以邓小平理论、党的基本路线和江泽民“三个代表”重要思想为指导，认真贯彻落实党的十五大及十五届五中全会和全国、省九届人大三次会议精神，在中共楚雄州委的领导下，依据宪法和法律赋予的职权，继续坚持和完善人民代表大会制度，突出以经济建设为中心，以依法治州为主线，把加强社会主义民主法制建设作为主要任务，努力加大监督力度，注重加强代表工作和常委会的自身建设，密切与人民群众的联系，为促进全州经济社会的全面发展与进步作出了积极的贡献。2000年，楚雄州人大常委会依法召开了州八届人民代表大会第五次会议；召开了第20次至26次州八届人大常委会会议，听取和审议各种工作报告24个，审议了32个议题，作出决议3个、决定6个、审议意见14个；主办了云南省六州一市人大工作研讨会第15次会议；举行了纪念地方人大常委会设立20周年纪念大会、图片展和征文活动；召开了全州乡（镇）人大双柏、永仁、姚安、禄丰、牟定片区座谈会和全州代表工作会议；任免州级“一府两院”国家工作人员54人，批准任命了牟定县、元谋县检察院检察长；组织人民代表视察3次，执法检查3次，开展了宗教“热点”问题、旅游业发展、建筑建材业发展的专题调查；确认了补选的1名州八届人大代表的代表资格；对州农牧局局长商雁鸿、州城建局局长钱荣生、州科委主任歹家林进行了述职评议；组织有关人员到四川省凉山州、攀枝花市和贵州省黔南州、黔东南州，湖南省怀化市、湘西州及云南省西双版纳州、红河州进行学习考察；开展了《楚雄彝族自治州财政预算审查监督条例》的起草和《楚雄彝族自治州林业管理条例》、《楚雄彝族自治州民族教育条例》的修改工作；参与了全国人大和省人大法律法规的起草修订工作及省人大常委会组织到楚雄州的视察及执法检查活动；全面履行了人大常委会的工作职权。

〔易学敬〕

重要会议

【楚雄州第八届人民代表大会第五次会议】 楚雄州第八届人民代表大会第五次会议于2000年3月29日至4月2日在楚雄召开。3月29日上午的预备会议，首先选举产生了大会主席团和秘书长。主席团成员47人，秘书长由州人大常委会副主任皮玉莹兼任。其次是通过了第五次会议议程、议案审查委员会名单、财政经济审查委员会名单。州委书记丁绍祥作了《抓住西部开发历史机遇，促进彝州经济社会发展》的讲话。大会常务主席李应科主持了开幕和闭幕大会。担任大会常务主席的还有：丁绍祥、皮玉莹、李嘉贵、杨家聪、普桂和、周康生、龙德义、杨树荣。本次会议应出席会议代表337名，因事因病请假15人，停止行使代表职务1人，实到会代表321名。不是州八届人大代表的州委常委、副州长、政协副主席、州中级人民法院和州人民检察院负责人、州人大常委会各工作委员会委员、州级各部委办局负责人，副县以上企业事业单位领导共218人列席了大会开幕式。本次会议共7项议程：(1) 听取和审查州长罗正富关于政府工作的报告；(2) 听取和审查州计划委员会主任杨应旭《关于楚雄彝族自治州1999年国民经济和社会发展计划执行情况及2000年国民经济和社会发展计划草案的报告》；审查和批准《楚雄彝族自治州1999年国民经济和社会发展计划执行情况的报告和2000年国民经济和社会发展计划》；(3) 听取和审查州财政局局长程建华《关于楚雄彝族自治州1999年地方财政预算执行情况和2000年地方财政预算草案的报告》；审查和批准《楚雄彝族自治州1999年地方财政预算执行情况的报告及2000年州级财政预算》；(4) 听取和审查州人大常委会主任李应科《关于楚雄彝族自治州人民代表大会常务委员会工作报告》；(5) 听取和审查州中级人民法院院长何凯《关于楚雄彝族自治州中级人民法院工作的报告》；(6) 听取和审查州人民检察院检察长蒋平《关于楚雄彝族自治州人民检察院工作的报告》；(7) 决定辞职和选举事项。经过与会人员的共同努力，4月2日下午5时，州八届人大五次会议在完成会议的各项议程后，在庄严的国歌声中闭幕。

【楚雄州八届人大常委会第20次至26次会议】 楚雄州第八届人民代表大会常务委员会第20次会议于2000年2月28日至3月1日在楚雄举行。会议听取和审议了州人民政府关于农业产业结构调整及产业化建设情况的报告，听取和审议了州人大常委会选举联络工作委员会关于州八届人大四次会议代表提出的建议、批评和意见办理情况的报告，听取和审议了州人民政府关于办理州八届人大四次会议代表建议、批评和意见情况的报告；会议决定了召开楚雄州第八届人民代表大会第五次会议的时间和有关事项，审议通过了楚雄州人大常委会2000年工作要点和议题安排，审议通过了楚雄州人大常委会工作报告（草稿），听取和审议了楚雄州第八届人大常委会代表资格审查委员会关于州八届人民代表大会代表变动情况和补选州八届人大代表的代表资格审查报告；会议对罗正富州长、蒋平检察长、何凯院长提请任免的人员进行了酝酿，并通过了相应的职务任免。李应科主任传达了2月28日云南省人民政府在南华县召开的姚安地震灾区恢复重建现场办公会议精神，要求各县（市）人大常委会要加强对“1·15”姚安地震恢复重建工作的监督和检查。

楚雄州第八届人民代表大会常务委员会第21次会议于2000年4月26日至27日在楚雄举行。会议听取和审议了州人民政府《关于我州社会治安综合治理情况的报告》、《关于我州县乡公路建设情况的报告》；会议对州长罗正富、检察长蒋平以及州人大常委会主任会议提请任免职务的人员进行了酝酿审查，并通过了相应的职务任免。

楚雄州第八届人民代表大会第22次会议于2000年6月27日至29日在楚雄举行。会议通过了关于接受罗正富州长、张祖林副州长辞职请求的决定和《楚雄州人大常委会关于对州人民检察院〈关于被告人林洪等合同诈骗案请示〉的决定》、楚雄州人大常委会审议州人民政府《关于我州实施天然林保护工程情况报告》的意见、楚雄州人大常委会审议州人民政府《关于特色旅游业发展情况报告》的意见、楚雄州人大常委会审议州人民政府关于《中华人民共和国烟草专卖法》情况报告意见。采用无记名投票方式通过了李兴旺任州人民政府副州长职务。

楚雄州第八届人民代表大会常务委员会第23次会议于2000年8月15日在楚雄召开。会议开始，州委组织部部长罗志明对本次会议审议和决定的人事任命问题作了详细情况介绍，与会人员对会议议题进行了认真审议。最后以无记名投票方式，通过了夜礼斌任楚雄州副州长和《楚雄彝族自治州人大常委会关于夜礼斌为楚雄彝族自治州人民政府代理州长的决定》。

楚雄州第八届人民代表大会常务委员会第24次会议于2000年8月29日至31日在楚雄举行。会议经过审议，同意州人民政府《关于2000年上半年国民经济和社会发展计划执行情况的报告》、《关于2000年上半年财政预算执行情况的报告》、《关于1999年楚雄州本级财政预算执行和其他资金使用情况的审计报告》、《关于1999年财政决算的报告》，并通过了相应的意见，提出了继续抓好农村工作，进一步深化工商企业改革，抓紧实施省人民政府两次楚雄现场办公会议确定的项目，努力增加财源的建议。会议还通过了免去赖玉华州人民检察院检察员、检察委员会委员、副检察长职务，任命王泽祥为州中级人民法院审判委员会委员、副院长职务的人事任免。会议要求，州人民政府和有关部门要认真执行《中华人民共和国预算法》和相关法律法规，严格依法理财，加强财政的监督管理，开源节流，统筹兼顾保重点，增强预算约束力，努力完成全州2000年的财政预算任务。

楚雄州第八届人大常务委员会第25次会议于2000年10月25日至26日在楚雄举行。与会人员经过认真审议，对州人民政府的“国企改革”、“农村医疗卫生”和州检察院的法律监督等工作表示满意，同意州人民政府《关于我州国有企业改革情况的报告》、《关于我州农村医疗卫生工作情况的报告》，州人民检察院《关于履行检察职权、开展法律监督情况的报告》，州人大常委会办公室《关于组织部分省州县（市）人大代表对“1·15”姚安地震恢复重建工作视察情况的报告》，并通过了相应的意见。会议要求，州人民政府和全州各级检察院，要认真贯彻落实本次会议通过的决议和审议意见，努力把国有企业改革工作、农村医疗卫生工作和检察院的法律监督工作做得更好。

楚雄州第八届人民代表大会常务委员会第26次会议于2000年12月19日至22日在楚雄举行。会议听取并审议通过了《关于贯彻实施〈中华人民共和国环境保护法〉情况的报告》、《关于审理经济犯罪案件情况的报告》、《州科委主任歹家林的述职报告》、《州农牧局局长商雁鸿的述职报告》、《州城建局局长钱荣生的述职报告》。会议审议通过了《关于部分州县人大常委会干部赴四川省凉山州和攀枝花市考察学习人大常委会工作情况的报告》、《关于部分州人大代表视察乡镇企业情况的报告》；会议还通过了楚雄州人大常委会《关于接受龙德义辞去楚雄彝族自治州人大常委会副主任职务的决定》和代理州长夜礼斌、州中级人民法院院长罗有录、州检察院检察长蒋平分别提请本次会议的职务任免人员29人。会议结束时，州委组织部副部长纳云德、副州长罗嘉福、州人大常委会主任李应科分别作了题为《密切配合、认真履职、切实加强对领导干部的监督管理》、《自觉接受人大监督、认真履职尽责》、《依法行使监督权、认真开展述职评议》的讲话。

【云南省六州一市人大工作研讨会第15次会议】　云南省六州一市人大工作研讨会第15次会议于2000年9月6日至8日在楚雄举行。出席会议的有：红河哈尼族彝族自治州、文山壮族苗族自治州、西双版纳傣族自治州、大理白族自治州、德宏傣族景颇族自治州、曲靖市和楚雄彝族自治州人大常委会的领导和有关工委及办公室的同志。省人大常委会副秘书长张建国等应邀到会指导。楚雄彝族自治州人大常委会各工作委员会主任、州委依法治州办主任和全州10县（市）人大常委会主任列席了会议。与会人员共45人。会议分别由楚雄州人大常委会副主任皮玉莹、杨家聪、周康生主持，副主任李嘉贵致欢迎词。中共楚雄州委书记丁绍祥、代理州长夜礼斌，省人大常委会副秘书长张建国在开幕式上讲了话。六州一市人大常委会有关领导作了会议交流发言。会议期间，与会者参观了中国彝族十月太阳历文化园、州博物馆，考察了紫溪山风景区，观看了彝族歌舞表演。会议商定，云南省六州一市人大工作研讨会第16次会议于2001年在西双版纳傣族自治州举行。

【全州人大代表工作会议】　全州人大代表工作会议于2000年11月13日至14日在楚雄举行。出席会议的有州委、州人民政府、州政协、州纪委、州人民法院、州人民检察院领导，州人大常委会机关副县以上干部，州级有关部门主要负责人，10县（市）党委、人大常委会、政府办领导及部分乡（镇）人大主席团主席，州、县、乡部分人大代表，共计121人。省人大常委会选举联络工作委员会办公室主任马维纲受省人大常委会领导委托到会指导。会议分别由州人大常委会主任李应科，副主任李嘉贵、杨家聪、皮玉莹主持。中共楚雄州委副书记张怀德、代理州长夜礼斌、中级人民法院院长罗有录、检察院检察长蒋平，省人大常委会选举联络工作委员会办公室主任马维纲在会议开幕时讲了话，州人大常委会副主任皮玉莹作了《以“三个代表”思想为指导，努力推进我州人大代表工作》的报告。会议上，州财政局、州教委、元谋县委、大姚县人民政府、双柏县人大常委会、武定县公安局和李联洪、和康、起碧翠、方万兴等代表及楚雄市鹿城镇人大主席团、南华县龙川镇火星代表小组就如何做好人大代表工作和当好人大代表进行了经验交流。会议结束时，州人大常委会主任李应科作了会议总结。

【全州乡（镇）人大工作片区座谈会】 2000年6月10日至11日，全州乡（镇）人大工作片区座谈会同时在双柏、姚安、永仁、禄丰、牟定5个县召开。州、县（市）人大常委会机关的领导和干部、74个乡（镇）的人大主席共145人参加了会议。会议紧紧围绕坚持和完善人民代表大会制度，努力做好新时期乡（镇）人大工作，加强基层政权建设这一主题进行总结和研讨。通过研讨和交流，形成了6点共识，提出了7条建议，达到了进一步统一思想，明确任务，树立信心，共同提高的目的。

【楚雄州人大常委会设立20周年纪念大会】 2000年3月23日上午，在州委礼堂召开了楚雄彝族自治州人民代表大会常务委员会设立20周年纪念大会。中共楚雄州委书记丁绍祥，州长罗正富，副书记张怀德，副州长保明虎、吴莉华，州人大常委会主任李应科及副主任皮玉莹、李嘉贵、杨家聪、普桂和、周康生、龙德义，州政协主席杨成彪及副主席胡桂英，州纪委书记杨绍昌，楚雄军分区司令员余红和州人大常委会秘书长杨树荣出席会议。州级部门副处级以上干部、州人大常委会机关在职干部、离退休老同志和楚雄市人大机关全体干部及市级机关部分代表共计200余人参加大会。纪念大会由皮玉莹同志主持，州委书记丁绍祥、州人大常委会主任李应科作了讲话。参加会议的全体人员还参观了在楚雄市工人文化宫举办的楚雄州人大常委会设立20周年图片展。

【全州人大宣传暨好新闻、征文评选表彰会】 2000年10月16日至17日，在楚雄召开全州人大宣传暨好新闻、征文评选表彰会。各县（市）人大常委会分管领导、办公室主任、优秀通讯员代表，州级宣传、新闻、办刊单位的负责人，州人大常委会办公室、各工委、依法治州办负责人，州人大常委会在家的领导共计75人参加会议。省人大常委会研究室副主任林琦一行3人到会指导。会议上，杨家聪副主任对一年来人大宣传工作进行了总结；王新华副秘书长传达了全省人大宣传工作会议精神；楚雄日报社总编室主任周永源、州广播电台台长陆文虎分别作了新闻写作知识、新闻写作技巧专题讲座；省人大常委会研究室副主任林琦对为什么要做好人大宣传工作作了讲话。参会人员对各县（市）和州级部门评选推荐的60件新闻作品和纪念地方人大常委会设立20周年被《楚雄日报》和州广播电台采用的46篇征文进行无记名评选推荐。最后评选出双柏、大姚、楚雄日报社为宣传人民代表大会制度年度先进单位，易学敬等20人为优秀通讯员。并评出了有奖征文一等奖3篇，二等奖5篇，三等奖10篇，鼓励奖28篇；好新闻一等奖5篇，二等奖15篇，三等奖25篇，鼓励奖15篇。

【楚雄州八届人大常委会第71次主任会议】 楚雄州八届人大常委会于2000年12月15日召开第71次主任会议，专题听取关于高玖奇等人故意伤害他人一案的案情汇报。会议由副主任皮玉莹主持，副主任李嘉贵、杨家聪、普桂和、周康生、龙德义、何凯和秘书长杨树荣出席了会议。会议根据《中华人民共和国刑法》有关规定进行了讨论，认为张枫林、张伟伟在该案中属共同犯罪，应依法追究其刑事责任。建议公安机关、州人民检察院和州人民法院按照《中华人民共和国刑事诉讼法》规定的程序办理。

〔易学敬〕

决议决定

【关于接受罗正富辞去州长职务的决定】 罗正富同志因工作变动，向州人大常委会提出了辞去楚雄州人民政府州长职务的请求。2000年6月29日，楚雄州第八届人大常委会第22次会议根据罗正富同志的辞职请求，决定接受其辞去楚雄州人民政府州长职务，并报楚雄州第八届人民代表大会第六次会议备案。

【关于接受张祖林辞去副州长职务的决定】 张祖林同志因工作变动，向州人大常委会提出了辞去楚雄州人民政府副州长职务的请求。2000年6月29日，楚雄州第八届人大常委会第22次会议根据张祖林同志的辞职请求，决定接受其辞去楚雄州人民政府副州长职务，并报楚雄州第八届人民代表大会第六次会议备案。

【对州人民检察院《关于被告人林洪等合同诈骗案的请示》的决定】 楚雄州人民检察院根据《中华人民共和国人民检察院组织法》第三条第二款关于“如果检察长在重大问题不同意多数人的决定可以报请本级人民代表大会常务委员会决定”的规定，向州人大常委会呈报《关于被告人林洪、郑志明、林敏、林华合同诈骗一案请示》。2000年6月29日经楚雄州第八届人大常委会第22次会议审议决定：（1）根据本案现有证据材料，被告人林洪已构成合同诈骗罪，应予起诉；（2）根据本案现有证据材料，不足以认定被告人郑志明、林敏构成合同诈骗罪，作存疑不予起诉；（3）根据本案现有证据材料，被告人林华不构成合同诈骗罪，应不予起诉；（4）确认楚雄州第八届人大常委会第55次主任会议的批复意见。

【关于夜礼斌为代理州长的决定】 2000年8月15日，楚雄州人大常委会第23次会议根据州人大常委会主任会议提请，决定夜礼斌为楚雄州人民政府代理州长。

【关于接受龙德义辞去州人大常委会副主任职务的决定】 楚雄州人大常委会副主任龙德义因到法定退休年龄，向州人大常委会提出辞职请求。2000年12月22日，楚雄州第八届人大常委会第26次会议根据本人请求，决定接受其辞去州第八届人大常委会副主任职务，并报楚雄州第八届人民代表大会第六次会议备案。

【审议州人民政府《关于我州县乡公路建设情况的报告》的决议】 2000年4月27日，楚雄州第八届人大常委会第21次会议听取了州交通局局长李胜忠受州人民政府委托所作的《关于我州县乡公路建设情况的报告》，经审议，会议同意这个报告。会议认为，90年代以来，特别是“九五”计划期间，楚雄州县乡公路加快了建设改造步伐，使公路路基、路面等级不断提高，公路工程质量的监督管理工作明显加强，路政管理、公路养护工作不断完善，全州公路已基本形成城乡相连、内外沟通的网络，为促进和保障经济社会事业的发展奠定了坚实的基础。会议指出，各级人民政府要抓住中央实施西部大开发战略的机遇，争取用10年左右的时间，使全州县乡公路技术标准达四级以上，路面等级达次高级以上。会议强调，各级人民政府要继续争取上级支持，财政适当投入，多方筹集资金，完善县乡公路设施，提高路网技术标准等级，改善路面质量。会议要求，州人民政府及其公路行政主管部门要在认真调查研究的基础上，尽快制定《楚雄州县乡公路管理办法》，层层落实责任制，不断提高县乡公路管护水平。

【批准1999年州级财政决算的决议】 2000年8月31日，楚雄州第八届人大常委会第24次会议听取了州财政局局长程建华受州人民政府委托所作的《楚雄彝族自治州1999年财政决算情况报告》，经审议，并根据州人大常委会经济工作委员会初审结果的报告和州审计局局长郭家植受州人民政府委托所作的《关于1999年楚雄州本级财政预算执行和其他财政收支的审计工作报告》，决定批准楚雄州1999年州本级财政决算，批准州财政局局长程建华作的《楚雄彝族自治州1999年财政决算情况报告》。会议要求，州人民政府及有关部门要认真执行《中华人民共和国预算法》和有关法律、法规，按照《楚雄州第八届人民代表大会第五次会议关于楚雄彝族自治州1999年地方财政预算执行情况和2000年全州及州级财政预算的决议》、《楚雄州八届人大五次会议财政预算的决议》和楚雄州八届人大五次会议财政经济委员会《关于楚雄彝族自治州1999年地方财政预算执行情况和2000年地方财政预算草案的审查报告》的要求，严格依法理财，加强财政的监督管理，开源节流，统筹兼顾保重点，增强预算约束力，努力完成全州2000年的财政预算任务。

【关于加强农村医疗卫生工作的决议】 2000年10月26日，楚雄州第八届人民代表大会常务委员会第25次会议听取了州卫生局局长王其昕受州人民政府委托所作的《关于我州农村医疗卫生工作情况的报告》，经审议，同意这个报告。会议认为，近几年来，楚雄州农村缺医少药状况有了改善，防疫保健工作得到加强。但必须清醒地看到，当前全州农村卫生工作仍然存在着不少困难和问题，其主要表现是：有的领导认识不到位；有的地方医疗卫生队伍不稳定；有的地方集体办医、合作医疗巩固难等。为使农村医疗卫生事业适应农村经济、社会和人民医疗保健的需要，决议如下：（1）以江泽民同志“三个代表”的重要思想为指导，认真做好农村医疗卫生工作。各级人民政府要进一步统一认识，加强领导，把农村医疗卫生工作列入政府工作的重要议事日程，纳入国民经济和社会发展计划。特别要把贫困地区、少数民族地区缺医少药问题纳入扶贫攻坚计划。(2) 要巩固农村医疗卫生队伍，不断提高服务水平。州、县（市）人民政府及其主管部门要对农村医疗卫生队伍的稳定情况进行一次检查，认真研究和解决农村医疗卫生队伍不稳定的突出问题。要保持村医的相对稳定，认真落实村医的报酬，对贫困地区的村医，财政要给予适当补助。州、县（市）卫生行政主管部门要加强领导和协调，督促州、县（市）、乡（镇）医疗机构，加强对村医的业务指导和技术培训，不断提高村医的医疗服务水平。村民委员会要加强对村卫生所的管理。(3) 巩固集体办医，积极推行合作医疗和乡村卫生工作一体化管理。村卫生所是农村各项卫生工作的落脚点，要不断加强村卫生所的建设，应逐年增加药品垫本，做到村村有医有药、能防能治、能开展妇幼保健和计划生育宣传等工作。村卫生所必须坚持集体办医，积极推行农村合作医疗和乡村卫生工作一体化管理。(4) 各级人民政府要加强农村医疗卫生改革的步伐，进一步发挥乡（镇）卫生院在农村三级医疗卫生网络中的枢纽作用，强化其防疫保健、医疗服务和社区康复的职能。各级人民政府应根据乡（镇）卫生院所承担的任务，一般乡（镇）卫生院的人员经费财政拨款不得少于80%，贫困地区乡（镇）卫生院实行全额拨款。要加强医疗和药品市场的管理，合理配置医疗卫生资源，进一步巩固和发展乡村医疗卫生事业。

〔易学敬〕

人事任免

【楚雄州八届人大常委会第20次会议人事任免事项】 2000年3月1日，楚雄州第八届人大常委会第20次会议根据州长罗正富的提名，审议决定任命罗嘉福为楚雄州人民政府副州长；根据州检察院检察长蒋平的提名，审议通过任命刁愿军、罗雁鸿、王海月、杜勇、段德荣、敖庆忠6人为楚雄州人民检察院检察员；根据州中级人民法院院长何凯的提名，审议通过免去夏明先州中级人民法院审判员、审判委员会委员、告诉申诉庭庭长职务，免去王玲惠州中级人民法院审判员、民事审判庭庭长职务，免去普和贵州中级人民法院审判员、刑事审判第二庭庭长职务，免去王东平州中级人民法院审判员、刑事审判第二庭副庭长职务，免去刘加政州中级人民法院审判员、民事审判庭副庭长职务，免去龚万美州中级人民法院民事审判员、审判委员会委员职务，免去王家楷、李朝喜、蔡德发州中级人民法院审判员职务。

【楚雄州八届人大常委会第21次会议人事任免事项】 2000年4月27日，楚雄州第八届人大常委会第21次会议根据州长罗正富的提请，审议决定免去陈现武州公安局局长职务，任命李兵为州公安局局长；根据州人大常委会主任会议的提请，审议通过免去何凯州中级人民法院审判员、审判委员会委员职务，罗有录任州中级人民法院审判员、审判委员会委员职务；根据州检察院检察长蒋平的提请，审议批准张宝奎任牟定县人民检察院检察长、陈剑任元谋县人民检察院检察长。

【楚雄州八届人大常委会第23次会议人事任免事项】 2000年8月15日，楚雄州第八届人大常委会第23次会议根据州人大常委会主任会议的提请，审议决定任命夜礼斌为楚雄州人民政府副州长。

【楚雄州八届人大常委会第24次会议人事任免事项】 2000年8月31日，楚雄州第八届人大常委会第24次会议根据州中级人民法院院长罗有录的提请，审议通过任命王泽祥为州中级人民法院审判员、审判委员会委员、副院长；根据州检察院检察长蒋平的提请，审议通过免去赖玉华州人民检察院检察员、检察委员会委员、副检察长职务。

【楚雄州第八届人大常委会第26次会议人事任免事项】 2000年12月20日，楚雄州第八届人大常委会第26次会议根据代理州长夜礼斌的提名，审议决定免去张永仁州土地管理局局长职务、张大才州司法局局长职务、黎宗禄州监察局局长职务、罗嘉福州教育委员会主任职务，李自云任州教育委员会主任、陈刚任州土地管理局局长、李正武任州监察局局长、彭光明任州司法局局长；根据州中级人民法院院长罗有录的提请，审议通过钱绍发、豆玮、丁道玲、刘斌、申宗强、倪志敏、李梅、李孔俊、李红云、刘玉林、黄恕雄、沙云、周勇、杜梅、刘亚丽、苏天喜、杨培松、孙明等18人为州中级人民法院审判员；根据州检察院检察长蒋平的提请，审议通过免去彭光明州检察院检察员、检察委员会委员、副检察长职务，蔡永明任州检察院检察员、检察委员会委员、副检察长。

〔易学敬〕

代表活动

【省州县人大代表视察“1·15”姚安地震恢复重建工作】 楚雄州人大常委会于2000年9月13日至16日组织部分省州县人大代表对姚安“1·15”地震恢复重建工作进行为期4天的专题视察。这次视察共组织人大代表31名，其中省人大代表5人，州县人大代表26人，编为4个组，分别对姚安、大姚、南华、牟定4县地震恢复重建工作进行了视察。9月17日，州第八届人大常委会第62次主任会议在南华县城举行，专题听取了各视察组视察情况的汇报。视察组采用一听、二看、三访、四座谈、五反馈的方法，听取了各县人民政府及有关部门的恢复重建工作情况汇报；深入灾区13个乡（镇）、11个村（办），走访了53户农户，察看了民房重建点5个、水利工程设施7件、22所学校、1个乡卫生院、1个敬老院和1个文化站的恢复重建现场；召开座谈会7次，听取部分干部群众对恢复重建工作的意见；各视察组在视察的基础上，认真进行综合分析，分别向县人民政府及各有关部门负责人进行了反馈。视察认为，“1·15”姚安地震恢复重建工作经过灾区各级领导和广大干部群众近8个月的奋战，各项工作取得了明显的进展，但仍然还存在一些问题和困难。视察组在客观分析存在问题的同时，提出了5条建议。

【《老年人权益保障法》和《老年人权益保障条例》执法检查】 2000年，根据全国人大常委会有关通知精神，州人大常委会和州老龄工作委员会办公室联合下发了《关于对我州保障老年人合法权益法律法规实施情况进行执法检查的通知》，9月15日前，10县（市）根据《通知》要求，认真开展了自检自查，并上交了自检自查报告。9月20日至27日，由州人大常委会法制工作委员会牵头，州老龄委、州民政局参加组成两个检查小组，对部分县（市）、乡（镇）进行抽查。检查组采用听、看、查、访和与部分老同志、人大代表、政协委员座谈，以及走访农村老人等形式进行检查，先后到楚雄市教委、市进出口公司、东瓜镇上章村，双柏县商贸公司、林业局、妥甸镇下村和凹子村，禄丰县金山镇、一平浪镇、一平浪盐矿、县电信局，武定县近城镇、九厂乡、农具厂、化工厂进行检查。经检查，全州贯彻落实《老年人权益保障法》和《老年人权益保障条例》情况是好的。但也还存在一些问题，需要进一步解决。

【州人大代表视察1市3县乡镇企业】 2000年10月30日至11月4日，楚雄州人大常委会组织14名州人大代表，分为两个组，由州人大常委会副主任杨家聪、周康生带队，对楚雄、南华、牟定、元谋4个县（市）的乡镇企业进行了视察。视察组实地察看了楚雄市寿光魔芋精粉厂、南华玻璃厂、牟定鸿威集团公司、元谋金珠有限责任公司等15户企业；分别召开了个体和私营企业代表会4个，参会人员59人。视察后认为，近几年来，1市3县的乡镇企业获得了长足发展，各项经济指标稳定增长，经济总量增加，运行质量良好。但也存在对乡镇企业的性质、地位和作用认识不到位，对发展乡镇企业不同程度地存在宣传不力、扶持不够、服务滞后、工作一般化的状况。资金短缺，结构欠佳，管理粗放；发展乡镇企业的优惠政策落实兑现差，企业负担重。最后，视察组分别向1市3县的政府领导和有关部门反馈了存在的问题，提出了今后工作的意见。

【全国及省人大代表视察元谋禄丰两县农业产业结构调整情况】 根据云南省人大常委会办公厅的通知要求，楚雄州人大常委会于2000年12月26日至28日组织州内的全国、省人大代表对元谋、禄丰两县的农业产业结构调整情况进行了为期3天的视察。在视察中专题听取了元谋、禄丰两县人民政府关于农业产业结构调整情况汇报，实地视察了元谋县的水果种植基地、蔬菜种植示范园区和蔬菜交易市场及禄丰县罗川乡小城镇建设、蔬菜种植基地，一平浪大青绿色实业有限责任公司现代化农业，土官梅花鹿养殖经贸有限责任公司、科林生物技术研究所和石门水库、城南小学、广电中心、体育馆。视察组分别向两县人民政府进行了视察情况反馈，并对两县农业产业结构调整取得的成绩给予充分肯定。建议要以“三个代表”重要思想为指导，把农业产业结构调整贯穿到农村经济工作的始终；继续巩固调整成果，强化科技措施、市场措施，开拓国内和国际市场，提高品种的竞争能力，促使农业产业结构高速迈上一个新的台阶；进一步统一认识，加强领导，强化服务，在农业产业结构调整中要遵循市场原则、因地制宜原则和尊重农民自主权的原则，政府部门重在搞好引导、指导和提供科技、市场信息等服务；要站在全球经济一体化的高度，抓住西部大开发的历史机遇，把握好经济结构调整的大趋势，着眼于农民致富，财政增长。

【对楚雄市贯彻实施《城市规划法》进行执法检查】 为认真贯彻落实《城市规划法》，楚雄州人大常委会组织6名州人大代表、特邀1名州政协委员组成检查组，于2000年1月11日至13日对楚雄市贯彻实施《城市规划法》情况进行执法检查。检查采取听取汇报、看现场资料、走访座谈、反馈检查意见的方式进行。检查组通过检查认为，楚雄市执行《城市规划法》的情况是好的，市人民政府高度重视城市规划及建设工作，其主要做法是：（1）加强《城市规划法》的宣传工作；（2）重视城市规划编制工作，并将其纳入社会经济发展的总体规划；（3）把分区规划和详细规划有机地结合起来，突出新开发区的特点和个性；（4）严格“两证一书”办事程序，保证了《城市规划法》的顺利实施。但是在执行《城市规划法》过程中也还存在一些问题：学习宣传《城市规划法》的深度广度不够；对违法违规的监督检查和查处力度不够；规划的超前性、科学性、民主性、长远性有待加强。建议：（1）继续加大对《城市规划法》的宣传力度，各级政府和司法部门要结合“三五”普法教育，重点解决好各级领导干部和业务主管部门的法制意识和执法水平。（2）加大执法监督查处力度，做到有法必依，执法必严，违法必究，确保《城市规划法》的顺利实施。（3）切实抓好住宅小区的规划、开发建设和管理工作，逐步改善干部职工、居民的居住条件。

【对《义务教育法》贯彻执行情况进行执法检查】 根据云南省人大常委会关于对《义务教育法》进行执法检查的通知精神，楚雄州人大常委会于2000年9月上、中旬在全州上下联动，从州、县（市）到乡（镇）进行了广泛深入的执法大检查。州人大常委会组成由周康生副主任带队、教科文卫工委和州教委参加的7人检查组，于9月18日至25日深入到楚雄、永仁、元谋、禄丰4县（市）的6个乡（镇）和22所中小学进行了抽查。通过检查，全州贯彻执行《义务教育法》的情况是好的。截止2000年9月，全州10县（市）已实现基本扫除青壮年文盲，127个乡（镇）（除元谋县的凉山乡外）已实现基本普及九年义务教育。在本世纪内完成了实现教育“两基”的战略任务。但在执行《义务教育法》上仍然存在一些问题。（1）对违反《义务教育法》个别条款处罚的适度不好掌握，特别是对监护人不送适龄儿童入学进行诉讼难以依法处理。（2）教育费附加难以足额征收，管理不够科学。现行乡征、县管、乡用的办法，85%返还乡（镇），因有的县、乡财政困难，返还乡（镇）85%的教育费附加未专项列入教育。（3）拖欠教育专款时有发生。因拖欠教育专款原因复杂，近期内难以解决。（4）农村初中生入学巩固率下降，辍学率上升。主要是贫困无钱读书，学生流失现象普遍存在，建议由省出台统一的对贫困生补助的政策。（5）素质教育研究、探索不够。（6）在实施西部大开发中，建议国家对边远和贫困地区采取倾斜的特殊政策帮助发展教育事业。

【对州人民政府3个组成人员进行述职评议】 楚雄州人大常委会于2000年11月17日至12月22日对州科委主任歹家林、州城建局局长钱荣生、州农牧局局长商雁鸿进行了述职评议。这次评议以工作实际为主要内容，对1999年1月以来3位领导的主要工作，即德、能、勤、绩情况进行评议。这次述职评议既是州八届人大常委会换届以来的首次尝试，也是1980年地方人大常委会设立以来的第一次。是州人大常委会认真贯彻实施依法治国方略，推进依法治州进程，有效地行使监督，依法对州人大及其常委会选举任命的干部进行监督的重要举措。由于领导重视、组织严密、准备充分、方法得当、安排合理，得到了各有关方面的理解、支持和配合，述职评议达到了预期目的，收到较好的效果。3位领导均评定为称职。

【皮玉莹代表被邀请到北京接受电视教学片采访】 全国人大常委会办公厅联络局与中国社会科学院政治学研究所合作拍摄电视教学片《公民政治参与——县乡人大代表选举》。该片以生动图像展示县乡人大代表选举的全过程。为拍摄好这部教学片，根据楚雄州人大常委会副主任皮玉莹同志多年参与县乡人大代表选举工作的情况，经云南省人大常委会推荐，摄制组专门邀请皮玉莹同志到北京，于2000年11月6日上午接受采访。这在楚雄州人大工作中尚属首次。

〔易学敬〕

议案建议

【代表建议、批评和意见办理】 2000年3月楚雄州第八届人民代表大会第五次会议期间，代表对全州各方面的工作提出建议、批评和意见共115件（包括议案转为建议办理的42件）。其中农林水方面32件，占27.83%；教科文卫方面17件，占14.78%；工交方面39件，占33.9%；城建环保方面14件，占12.17%；劳动人事方面2件；财政金融方面4件；民族宗教方面4件；廉政建设方面1件；政法方面1件；其他方面1件。按照《云南省县级以上地方各级人民代表大会建议、批评和意见办理的规定》，州人大常委会选举联络工作委员会对收到的建议、批评和意见及时进行了交办。分别交由州人民政府及所属部门和各县（市）办理的有112件，交由州委所属部门办理的2件，由州人大常委会办公室办理的1件。按照法定办理时限的要求，截止2000年10月底，代表提出的115件建议、批评和意见已全部办复完毕。其中在3个月内办复的有108件，占93.9%，其余7件均在6个月内办复完毕。从代表对办理结果的反馈情况看，满意的占70%，基本满意的占29.13%，不满意的占0.87%，满意和基本满意率达99.13%，比上年98.6%提高0.53个百分点。各承办单位办理结果分类情况是：代表所提建议、批评和意见已经解决或基本解决的有25件，占21.74%；正在解决或已列入规划将逐步解决的有56件，占48.7%；因条件限制或其他原因需待以后解决的有21件，占18.26%；需要县（市）办理或请示上级有关部门解决的有13件，占11.3%。州八届人大五次会议代表建议办理工作从总体上看，基本做到领导重视、责任落实、制度健全、办理规范、依法有序、注重实效。各承办单位都能把办理好代表建议、批评和意见列入工作重点，作为大事来抓，较好地完成了代表建议的办理工作任务。

【议案办理】 在2000年3月29日至4月2日召开的楚雄州第八届人民代表大会第五次会议上，禄丰代表团赵保荣等13位代表联名提出了《关于要求将禄丰县川街恐龙动物群化石地列入州级科研及旅游开发项目进行规划和列项开发的议案》（第6号）、双柏代表团方文林等14位代表联名提出了《关于双柏县绿汁江异地扶贫开发问题的议案》（第10号）、禄丰县代表团李云峰等13位代表联名提出了《关于加快创办楚雄师范学院步伐的议案》（第12号），经大会主席团决定，列为议案，交由州人民政府办理。罗正富州长对3件议案非常重视，明确批示："由办公室与有关部门先研究，提出意见后由州政府常务会议讨论。"根据罗正富州长的指示，州政府办公室发出通知，连同议案一起分别交由州计委、州教委、州财政局、州旅游局、州扶贫办等相关部门，对议案中所提建议进行研究，提出办理意见。随后，州政府主要领导和分管领导又先后到实地踏勘，多次召开现场办公会议进行研究；州政府39次、42次和43次常务会议就落实3件议案的有关事宜进行了安排部署。代理州长夜礼斌和分管领导率有关部门多次到昆明、北京向有关部门汇报，积极争取落实。具体办理情况是：（1）6号议案办理：调查清楚了川街恐龙化石地资源情况；确定了开发规划和指导思想，分步实施计划，落实规划费60万元，由禄丰县人民政府组织实施。据估计，该项目总投资需2.5亿元。（2）10号议案办理：异地开发属省管项目，州政府以《关于双柏县绿汁江异地开发扶贫项目立项的请求》向省政府作了专题报告。2000年4月13日，州异地开发扶贫领导小组召开会议，专题研究绿汁江异地开发扶贫问题，并提出了5条要求。按照会议要求，有关部门认真抓落实，州扶贫办多次向省异地开发扶贫领导小组办公室汇报，并委托州水电设计院开展项目规划设计工作；州土地局积极向省国土资源厅和国家国土资源部汇报绿汁江12000亩土地开发问题，争取中央和省给予土地开发费补助。10月8日，夜礼斌代州长主持召开州政府第43次常务会议，专题研究绿汁江异地开发问题。会议提出3点具体要求：一是要积极争取规划立项审批工作，尽快促成省批准立项；二是各有关部门要认真做好相关工作，积极向上争取资金扶持；三是该项目的基础工作以州扶贫办和州土地局为主，州民政局、州水电局、州交通局等部门要积极参与支持做好相关工作。11月9日，代理州长夜礼斌率有关部门负责人到北京向国家财政部和国务院扶贫办汇报绿汁江异地开发问题，请求国家给予立项支持。目前，该项目还处在积极争取立项之中。（3）12号议案办理：1999年8月20日楚雄州人民政府成立了楚雄师范学院组建工作领导小组，负责申办楚雄师范学院的具体工作。2000年7月完成了楚雄民族师范学校和楚雄师范高等专科学校的合并工作；批准了楚雄师专的建设用地，新征357亩；有关申报材料已于9月下旬正式上报国家教育部；决定2005年前筹集1亿元经费并确保经费预算及年度投资计划的落实。目前正等待国家教育部专家组到学校考察评审。

〔易学敬〕

依法治州

【"三五"普法检查考核】 2000年，中共楚雄州委依法治州办公室同州人民政府法制局、州司法局等有关部门一起，认真开展了对建立行政执法责任制和“三五”普法的检查考核工作。依法治州办公室先后两次抽调4名同志，分成两个检查组，到5个县（市）和10个州级单位进行检查考核。通过检查考核，掌握了全州建立行政执法责任制和开展“三五”普法的基本情况，促进了工作的开展。

【全州依法治州工作研讨会】 2000年10月19日至20日，全州依法治州工作研讨会在楚雄召开。州级五大班子在家的主要领导和州人大常委会在家的副主任，州委依法治州领导小组成员单位负责人，州属有关部门的领导和各县（市）依法治州领导小组的领导、办公室主任及撰写论文的同志参加会议。代理州长夜礼斌主持会议并讲话，州委副书记胡有兰作了《深入贯彻依法治国方略，积极推进依法治州进程》的报告，州人大常委会副主任皮玉莹受李应科主任的委托作了会议总结。会议交流发言了14篇论文，书面交流12篇。

【依法治州五年规划落实情况检查考核】 2000年12月1日开始，楚雄州组织了5个检查考核组，对全州10县（市）和州属有关执法部门进行了检查考核。通过检查考核，掌握了全州贯彻实施《依法治州五年规划》的基本情况，并向省委依法治省领导小组办公室及州委、州人大常委会、州人民政府、州政协写了贯彻实施《依法治省五年规划》和实施《依法治州五年规划》的情况报告。

【大理和临沧到楚雄州学习考察依法治州工作】 2000年6月7日至8日，大理州人大常委会主任、州委依法治州领导小组副组长马国威带领大理州人大常委会秘书长、依法治州办公室主任及14个县（市）依法治县（市）办公室主任到楚雄州考察依法治州工作。12月13日至14日，临沧地区人大工委副主任俸国兴带领临沧地区人大工委秘书长、法制处长和依法治区办公室主任到楚雄考察依法治州工作。双方共同探讨了依法治州（区）的认识和体会，交流了经验和做法。

〔易学敬〕

楚雄彝族自治州人民政府

2000年是实现“九五”计划目标最后关键的一年，楚雄州人民政府在中共云南省委、省人民政府和中共楚雄州委的正确领导下，以邓小平理论和党的基本路线为指导，认真践行江泽民“三个代表”重要思想，进一步贯彻落实党的十五大和十五届四中、五中全会精神，抓住国家实施西部大开发的历史机遇，解放思想、更新观念，按照中央“三讲”教育要求和州八届人大五次会议确定的任务目标，围绕以改革为动力、调整结构为主线、科技创新为重点、经济效益为中心、提高人民生活水平为根本出发点，打基础、兴科教、调结构、建支柱、促开放、保稳定，不断提高综合竞争力，推动全州经济、社会、生态协调发展的工作思路。在宏观经济欠佳，经济结构不合理，有效需求不足，物价持续低迷，就业压力加大，各种自然灾害频繁，农民增收缓慢等问题比较突出的情况下，州人民政府紧紧依靠全州各族人民，团结奋斗，开拓进取，狠抓落实，扎实工作，完成了年初人代会批准的经济社会计划指标和任务。

国民经济持续健康发展。全年完成国内生产总值105.5亿元，按可比价计算，比上年增长7.65%，圆满完成年初人代会确定增长7.5%左右的目标。其中：第一产业32.9亿元，比上年增5.38%，超额完成年初计划1.38个百分点；第二产业41.0亿元，比上年增7.85%，超额完成年初计划0.85个百分点；第三产业31.6亿元，比上年增9.23%，未完成年初计划11%的指标。“九五”期间国内生产总值年均递增9.7%，国内生产总值提前7年实现了翻两番的目标，人均国内生产总值提前6年实现了翻两番的第二步战略目标。

经济结构调整迈出较大步伐，重点产业培育成效明显。产业结构调整步伐加快，一、二、三次产业的比重由1999年的37.1：36.2：26.7调整为2000年的31.2：38.9：30.1；非公有制经济占国民经济的比重提高到21%，比上年上升了1.8个百分点，超额完成了年初人代会确定的20%的目标。

基础设施建设成绩显著，发展

后劲明显增强。全社会固定资产不断增长，一批重点工程项目相继竣工投入使用，水利化程度达70.58%，全州公路通车总里程已达1.4万公里，全州村村通公路的目标已基本实现；全州10县（市）、128个乡（镇）和多数村公所（办事处）开通了程控电话，程控电话交换机容量达到15.8万门，拥有电话用户12.87万户，电话普及率达5.32部/百人。有线电视用户达30万户。城镇供排水及绿化美化等基础设施有了较大改善。

各项改革进一步深化，对外开放不断扩大。国有企业改革进一步深化，三年改革目标基本实现。全州国有工交、商贸企业改革改制基本完成，95%以上国有企业完成了改革改制任务。社会保障制度改革取得较大进展。全州有6万城镇职工和27万农村居民参加了养老保险；10县（市）均建立了城镇居民最低生活保障制度，118个乡（镇）建立了农村最低生活保障制度。全州住房制度改革不断推进，城镇职工住房由实物分配向货币分配制度的转变正式实施。金融、财税、投融资体制改革继续稳步深入。对外开放不断扩大，2000年全州完成进出口总额824万美元，其中出口707万美元，进口117万美元，顺利完成了年度计划。

社会事业全面发展，精神文明建设得到加强。认真实施科教兴州战略，科技进步对经济增长的贡献率提高到38.3%；“两基”目标基本完成，教育结构进一步得到调整和优化，职业教育发展较快；新闻、出版事业继续发展，广播、电视覆盖率分别达到90%、91.2%；人口自然增长率为6.5‰，低于全国和全省平均水平；体育卫生等社会事业稳步发展。

人民生活水平不断提高。全州农民人均可支配收入1575元，比上年增长3.6%，超额完成了年初人代会确定增长3%的目标；城镇居民人均可支配收入5947元，比上年增长7.3%；2000年城镇登记失业率为3%，低于年初人代会确定3.5%的控制目标。

进一步加强州人民政府民主法制建设、勤政廉政建设，“三讲”教育取得明显成效。通过开展“三讲”教育，各级政府部门依法行政意识明显增强，民主法制建设取得新的进展，社会治安进一步好转，各级领导经受了一次党内生活锻炼，受到了一次深刻的党纪党风再教育，增强了大局意识、责任意识和群众意识，提高了各级领导干部的政治敏锐性和政治鉴别力，政府廉政建设得到加强。

〔李延勇〕

重要会议

【云南省人民政府在南华召开“1·15”姚安地震灾区恢复重建现场办公会议】 2000年2月28日下午，云南省人民政府在南华召开“1·15”姚安地震灾区恢复重建现场办公会。中共楚雄州委副书记、州长罗正富及大理州人民政府、丽江地区行署领导分别作汇报。会议由副省长李汉柏主持。在办公会上，省政府领导强调：一要把恢复重建工作的认识统一到中央领导的重要指示和省委、省政府决定精神上来；二要切实加强对恢复重建工作的领导；三要切实安排好灾区群众的生活；四要切实加强恢复重建的计划和管理工作；五要坚持不懈地抓好防震减灾工作；六要努力夺取恢复重建和经济建设的双丰收。在这次会议上，省级有关部门领导及省军区、驻滇某集团军、武警云南省总队的负责人分别对恢复重建工作提出了很好的意见和建议。省州有关部门领导、楚雄州党政领导及州级有关部门领导、各县（市）负责人和大理州、丽江地区领导约200人参加了会议。

【楚雄州人民政府八届七次全体（扩大）会议】 2000年9月4日，楚雄州人民政府召开八届七次全体（扩大）会议。会议认真贯彻了党中央、国务院及中共云南省委、省人民政府和中共楚雄州委有关会议精神，总结回顾1~7月经济和社会发展的情况，针对存在问题，对后4个月的工作进行了全面安排部署，要求全面抓好各项工作的落实，确保年初州人代会确定的各项任务和目标的实现。州委常委、常务副州长保明虎在会上作了题为《坚定信心，克难奋进，狠抓落实，为实现经济社会发展目标而努力奋斗》的工作报告，州委副书记、代理州长夜礼斌在会上作了《运用“三讲”成功经验，推进政府职能转变，促进全州经济社会的持续发展》的重要讲话。会议由副州长杨汝鉴主持，楚雄军分区司令员余红、州人大常委会副主任李嘉贵、政协楚雄州委员会副主席普联荣应邀出席了会议。

【楚雄州实施西部大开发战略研讨会】 2000年8月8日，楚雄州与云南省人民政府经济技术研究中心在昆明“楚雄大厦”举行楚雄州实施西部大开发战略研讨会。中共楚雄州委书记丁绍祥、云南省人民政府经济技术研究中心主任车志敏分别主持了研讨会。州委常委、常务副州长保明虎向与会人员介绍了《中国西部大开发楚雄州行动计划基本构想》(讨论稿)；州计划委员会主任杨应旭汇报了《西部大开发楚雄州储备上报项目》的情况。中共云南省委副书记王天玺到会指导，并提出了要求。国务院发展研究中心副主任谢伏瞻、省人大常委会副主任戴光禄、国务院研究室司长颜建军及省内与会专家学者、在楚雄工作过的老领导对楚雄州在西部大开发中的形象设计、行动计划、项目储备建设提出了具体的意见和建议。

【全省农业生产结构调整暨冬季农业开发会议】 2000年10月16日至17日，全省农业生产结构调整暨冬季农业开发会议在楚雄召开。云南省人民政府副省长黄炳生在会上作了讲话，提出全省当前和今后一段时期的农业产业结构调整思路是："稳粮调结构，提质增效益；以市场为导向，以效益为中心；各具特色，突出重点；规模化生产，产业化经营"，并强调了要抓好的6项工作。会上，中共楚雄州委副书记、代理州长夜礼斌对楚雄州产业结构调整思路作了交流发言，副州长吴莉华作具体汇报。全省各地、州、市人民政府（行署）分管领导和省直有关部门领导参加了会议发言和讨论，省人民政府副秘书长施天骏作了会议总结。

【全州农业结构调整暨生物资源开发创新工作会议】 2000年11月4日至8日，中共楚雄州委、州人民政府召开全州农业结构调整暨生物资源开发创新工作会议。州委书记丁绍祥作了《调整结构，创新产业，推动彝州经济持续快速健康发展》的主题报告，副州长吴莉华作了题为《贯彻会议精神，抓好结构调整，促进生物资源开发创新产业发展》的总结。州党政领导李应科、杨成彪、胡有兰、张怀德、李明、延荣科、罗志明等出席了会议。会上，州委、州人民政府作出了《关于调整经济结构，开发生物资源创新产业的决定》（征求意见稿），制定了《楚雄州生物资源开发创新产业规划纲要》（征求意见搞）、《楚雄州生物资源开发创新项目实施管理办法》（征求意见稿）及《楚雄州生物资源开发创新专项资金管理办法》（征求意见稿）。会议进一步明确了加大农业结构调整、加快生物资源开发创新产业的新思路及生物资源开发创新产业的重点，拟定了生物资源开发创新产业发展规划，制定了推进生物资源开发创新产业发展的政策措施。

【云南省人民政府在姚安召开"1·15"地震恢复重建现场办公会议】 2000年12月13日，云南省人民政府在姚安县召开"1·15"地震恢复重建办公会议，副省长李汉柏在会上作了重要讲话，强调指出要把"三个代表"的要求落实到恢复重建工作中，在抓好恢复重建的同时，灾区各级领导要深入基层、深入群众，访贫问苦，重视群众过冬过节期间的生活安排问题，让灾民安全过冬，过一个祥和、快乐的春节。要求地震灾区各级党委、政府要再接再厉，齐心协力，为圆满完成恢复重建任务而努力奋斗。会议期间，与会人员察看了姚安、大姚重灾区部分恢复重建现场，听取了楚雄州、大理州、丽江地区及姚安、祥云等5县的汇报。省军区副司令员张政民少将，中共楚雄州委副书记、代理州长夜礼斌，省民政厅厅长高祖兴，大理州副州长马旭川等领导出席了会议。

〔李延勇〕

重要活动

【李汉柏到姚安南华指挥抗震救灾工作】 2000年1月15日清晨，楚雄州姚安一带相继发生了5.9级、6.5级地震，给国家和人民群众的生命财产造成了巨大损失。灾情发生的当天，云南省人民政府副省长李汉柏率领省级有关部门组成的工作组赶赴灾区了解灾情、亲临指挥抢险救灾工作，并及时召开紧急会议，对做好姚安抗震救灾工作提出了要求：(1) 坚持一手抓抗震救灾工作，一手抓经常性的经济工作；(2) 省、州、县要加强震情预报工作，为抗震救灾提供准确可靠的震情预报；(3) 集中精力做好灾情评估工作；(4) 民政、水利、卫生、城建等部门要各履其职、各负其责，协同灾区县委、政府做好抗震救灾各方面工作；(5) 各级宣传新闻部门要认真做好抗震救灾宣传报道工作；(6) 省、州、县要认真贯彻落实党中央国务院对灾区人民慰问的精神，把工作做细做实。

【牛绍尧到姚安南华察看灾情】 2000年1月19日，中共云南省委常委、省人民政府常务副省长牛绍尧在楚雄州人民政府州长罗正富的陪同下，深入姚安、南华地震重灾区察看灾情。牛绍尧强调：(1) 要进一步解决好广大灾民的吃、穿、住、医问题。(2) 加强防震知识的宣传，提高灾民的抗震防震意识，采取必要的应急措施。(3) 确保电力、通信、道路等对外联系渠道的畅通。(4) 充分发挥农村基层党组织、基层政权的作用。(5) 组织力量进一步弄清灾情。(6) 组织灾民过一个祥和的春节。(7) 加大投资力度，保证恢复重建工作顺利开展。

【吕钧丰到楚雄调研】　2000年6月4日至6日，国务院参事吕钧丰与云南省人民政府参事室、省经贸委领导一起就西部大开发给民营经济发展带来的机遇和新思路问题，到楚雄州进行专题调研。调研期间听取了副州长周发洪等领导对楚雄州个体私营经济发展的情况汇报，先后到云南盘龙云海药业有限公司、楚雄经济技术开发区私营经济城和楚雄永兴有限责任公司等8个私营企业进行调研。并对楚雄州私营企业的发展提出建议：(1)建立出台新政策，加强对非公有制经济的领导，特别是对少数民族地区要有优惠政策；(2)应该为非公有制经济参与西部大开发创造宽松的环境；(3)西部资源优势的转化要走大联合的路子；(4)要加大结构调整，促进产业结构向良性方向发展。

【程映萱到楚雄指导企业解困工作】2000年6月14日，云南省人民政府副省长程映萱在楚雄州人大常委会副主任李嘉贵、州人民政府副州长吴莉华的陪同下，到云南开关厂、州彩印厂和楚烟企业调查研究企业解困及扭亏增盈工作。针对企业存在问题，分别提出了要求和指导性意见。要求各企业要立足实际，自力更生，确保企业改革和脱困目标的实现。

【李汉柏到双柏检查指导工作】2000年10月10日，云南省人民政府副省长李汉柏在楚雄州人民政府副州长杨汝鉴和中共双柏县委书记李天云的陪同下先后走访了双柏县检察院、县武警中队、县看守所、县公安局、县人民法院和县司法局，分别听取了部门领导的介绍，了解干警武警们的工作生活情况。通过走访了解，李汉柏对双柏县委、政府高度重视公、检、法、司工作以及各部门的工作情况表示满意。

【楚雄德胜钢铁有限公司揭牌开炉】2000年11月18日上午，楚雄德胜钢铁有限公司揭牌开炉庆典仪式正式举行，宣告了由原禄丰钢铁厂破产重组的民营企业——楚雄德胜钢铁有限公司胜利组建并正常运转，标志着楚雄州深化国有企业改革迈出了实质性步伐。州人民政府副州长李兴旺代表州委、州人民政府向楚雄德胜钢铁有限公司揭牌暨开炉表示热烈祝贺，并对公司全体员工表示亲切慰问。州委书记丁绍祥，州委副书记、代理州长夜礼斌，州委副书记胡有兰和中共禄丰县委书记卢显林，州经贸委主任张启俊，州总工会主席李旭良为公司及党委、工会的组建成立进行揭牌。夜礼斌在座谈会上强调，楚雄州人民政府将一如既往地为楚雄德胜钢铁有限公司的发展做好协调服务工作，创造优良的生产经营环境。

〔李延勇〕

重要决定

【2000年“两烟”工作意见】　为做好2000年“两烟”工作，进一步巩固和发展“两烟”支柱，楚雄州人民政府结合全省“两烟”工作会议精神，作出了《楚雄州人民政府关于2000年“两烟”工作的意见》的决定，明确提出了4个方面的意见：(1)2000年“两烟”工作的指导思想和生产经营目标。生产收购烤烟103万担，上等烟合格率达68%以上，综合合格率达78%以上；生产卷烟51万箱；销售卷烟52万箱（含上年库存数）；力争实现工商利税10亿元。(2)烤烟生产政策措施。(3)卷烟生产经营措施。(4)充分运用专卖法规来维护和巩固“两烟”支柱产业。

【2000年大春农业生产意见】　为全面推进优质高产高效农业发展，确保农业增产、农民增收，切实抓好全州大春农业生产，楚雄州人民政府作出了《楚雄州关于2000年大春农业生产意见》的决定，明确提出了搞好2000年大春农业生产的指导思想和3个方面的意见。(1)要面向市场，择优布局，着力抓好种植结构调整，把粮经种植比例由1999年的82∶18调整为80∶20(不含烤烟)；(2)强化科技，突出重点，实现农业增产增值增效；(3)加强领导，狠抓落实，促进农业新发展。

【楚雄州人民政府作出废止部分文件的决定】　随着改革开放和现代化建设的不断深入，特别是西部大开发战略的逐步实施，1984年以来楚雄州人民政府发布的文件中有些已经不能适应形势发展的需要，有些已被新的法律、法规、规章所代替。州人民政府经过全面清理和审核，于2000年10月8日第43次政府常务会议讨论通过，作出了《楚雄州人民政府关于废止部分文件的决定》，决定对88份文件予以废止。

【决定成立楚雄州“1·15”地震抗震救灾指挥机构】　2000年1月15日上午6：09和7：30，在姚安一带相继发生5.9级和6.5级地震，中共楚雄州委、州人民政府立即召开紧急会议，下发了《关于成立楚雄州“1·15”地震抗震救灾指挥机构的通知》，决定成立楚雄州“1·15”地震抗震救灾指挥部，下设办公室和相应机构，明确提出了指挥部成员和工作机构职责。指挥长：罗正富，副指挥长：胡有兰、张怀德、保明虎、李明、延荣科、周发洪、张祖林、吴莉华、杨汝鉴、陆伍一，指挥部分设办公室、震情监视组、抢险救灾组、医疗卫生组、物资供应组、通信组、交通运输组、治安保卫组、生活安置组、宣传报道组、生活自救组、震害评估组、工程抢险组和财务管理组14个工作小组。

【2000年畜牧工作意见】 为巩固和发展楚雄州畜牧业“九五”成果，完善和建立与社会主义市场经济相适应的农村经济体制，对农业和农村经济结构进行战略性调整，确保农民增收，加快全州畜牧业的发展，提高畜牧业的整体效益，楚雄州人民政府作出了《楚雄州2000年畜牧业工作意见》，提出了2000年畜牧业发展的指导思想、目标任务、主要措施和扶持促销政策4个方面的决定性意见。总体指标：2000年全州畜牧业总产值现行价达15亿元，比1999年的14.26亿元增长5.3%，实现畜牧业农民人均增收30元以上；畜禽防疫密度达90%以上，猪种改良17.5万胎以上，肉牛改良4000胎以上，推广青贮饲料100万吨，氨化饲料22万吨；销往州外黑山羊30万只，肉牛2.5万头。

【决定合并重组楚雄民族中等专业学校】 根据云南省教育委员会、省计划委员会关于同意撤销原楚雄民族中等专业学校、楚雄粮食学校，重新组建楚雄民族中等专业学校的批复，经楚雄州人民政府2000年2月27日第37次常务会议讨论，作出了《关于楚雄州民族中等专业学校、楚雄州粮食学校合并重新组建楚雄民族中等专业学校的决定》。决定对有关问题提出了明确的要求：(1)成立两校合并领导小组；(2)要切实加强教职工及学生的思想政治工作，确保两校合并平稳、顺利实施；(3)要求在2000年7月底前本着先合并、后优化的原则完成合并工作，州教育委员会、州民族宗教局、州粮食局要加强领导、协调配合做好此项工作。

【决定成立楚雄州“8·21”地震抗震救灾领导小组】 2000年8月21日21时25分39.7秒，在北纬25°50′，东经102°13′，武定县田心乡一带发生里氏5.2级地震。中共楚雄州委、州人民政府立即召开紧急会议，制定下发了《关于成立楚雄州“8·21”武定地震抗震救灾领导小组的通知》。领导小组由中共楚雄州委副书记、代理州长夜礼斌任组长，11位州党政军领导任副组长，下设办公室和13个工作小组，并明确制定了领导小组成员及各工作机构的职责。

〔李延勇〕

政策措施

【制定楚雄州城镇职工基本医疗保险办法实施细则】 2000年1月4日，经楚雄州人民政府第33次常务会议讨论，制定下发了《〈楚雄彝族自治州城镇职工基本医疗保险暂行办法〉实施细则》的通知。医疗保险是政府强制推行的一种社会福利保障制度，不以赢利为目的，而以保障服务为宗旨，坚持谁参保并按规定缴费谁就受益的原则。这对保证全州医疗保险工作的顺利开展，为广大城镇职工提供医疗保障服务，增强职工的健康水平具有十分重要的意义。

【制定进一步规范完善城市居民最低生活保障制度政策措施】 2000年2月23日，楚雄州人民政府下发了《关于深入贯彻〈城市居民最低生活保障条例〉进一步规范完善城市居民最低生活保障制度的通知》。此通知按照1999年9月国务院制定颁布的《城市居民最低生活保障条例》要求，针对楚雄州存在的问题，制定了4个方面的政策措施：(1)以《条例》为准绳，依法规范和完善城市居民最低生活保障制度；(2)深入落实城镇居民最低生活保障政策切实解决部分应保未保问题；(3)搞好城镇居民最低生活保障同下岗职工基本生活保障、失业保险“三条保障线”的衔接；(4)加强基层工作力量，努力提高管理水平。

【制定抓好2000年工业企业扭亏增盈工作政策措施】 按照国务院关于建立“扭亏增盈”工作目标责任制的意见，结合实施《云南省国有企业三年改革脱困纲要》和楚雄州实际，楚雄州人民政府下发了《关于继续抓好2000年工业企业扭亏增盈工作的通知》，制定了楚雄州工业企业扭亏增盈的考核范围、指标要求，提出了如下措施和要求：(1)坚持用深化改革的思路和办法抓好扭亏增盈工作；(2)统一思想，提高认识，树立信心，把工业企业扭亏增盈工作作为大事来抓；(3)要进一步强化企业内部管理，促进扭亏增盈工作健康发展；(4)加强企业领导班子建设，提高班子整体素质；(5)认真转变作风，改进方法，深入实际，扎实帮助企业办实事；(6)要继续坚持分级负责制和首长负责制，层层落实责任目标；（7）要认真贯彻执行中共中央、国务院和云南省人民政府关于治理向企业乱收费、乱罚款和乱摊派的决定，加大治理“三乱”坚决取消不合理的收费项目，切实减轻企业负担；（8）要认真加强对扭亏增盈工作情况的调度与监督考核工作；（9）继续推动建立“平等互利、相互依存、恪守信用、真诚合作”的新型银企关系；（10）继续实行扭亏增盈目标任务与奖惩挂钩的考核办法。

【制定州人民政府领导班子成员挂钩联系国有企业改革和发展工作责任制】 2000年，为认真贯彻落实党的十五届四中全会精神，切实加强对国有企业改革和发展工作的领导，根据中共楚雄州委关于建立“两挂钩、两手抓”责任制的要求，州人民政府制定了《关于州政府领导班子成员挂钩联系国有企业改革和发展工作的通知》。在上年州级领导联系县（市）工作的基础上，建立州人民政府班子成员挂钩联系国有企业改革和发展工作责任制，要求每个班子成员挂钩联系一户困难企业，指导帮助企业抓好“两个文明”建设。州长、副州长分别负责挂钩8个州属企业。在明确各自责任的同时，提出了要求，州人民政府领导实行挂钩联系企业工作报告制度，每个班子成员于当年7月和次年1月写出挂钩联系企业工作总结，向州人民政府常务会报告。

【制定加强农村能源建设工作措施】 2000年，楚雄州人民政府制定下发了《关于切实加强农村能源建设工作的通知》，进一步明确了农村能源建设的指导思想和工作重点、发展目标及工作任务，并提出了以下政策和措施：（1）提高认识，加强领导；（2）因地制宜，突出重点；（3）部门配合，通力合作；（4）引进先进技术，提高管理质量；（5）不断增加投入，加快发展步伐；（6）加强农村能源产业服务体系建设。

【制定财政统一发放工资政策措施】 为深化财政改革，调整财政支出结构，加强行政事业单位预算资金管理，按照全省统一部署，从2000年7月1日起在全省实行财政统一发放工资办法。楚雄州人民政府制定下发了《关于财政统一发放工资工作的通知》，对统一发放工资的重要性和必要性、内容、范围、程序和组织领导等都作出明确规定和要求。通知强调指出，这次工资统一发放工作是全国全省的统一部署，是一项较为严肃的工作，涉及面广，政策性强，各级各部门必须统一步调，认真组织抓落实，确保7月1日工资统一发放工作的实施。同时还制定了《楚雄州州级行政、事业单位工资统一发放暂行办法》，共作出了15条规定和要求。

【制定《楚雄州“十五”计划人才工程建设规划》】 2000年5月25日，经楚雄州人民政府第40次常务会讨论通过，制定下发了《楚雄州“十五”计划人才工程建设规划》。在分析楚雄州人才现状的基础上，制定了楚雄州“十五”人才工程建设的指导思想和主要目标。（1）人才数量目标：到2005年全州人才总量达到89337人，年增长为10%（略高于经济增长速度）；（2）人才的总体学历结构要有一个明显提高。到2005年，全州本科以上学历人员要达到8000人左右（年增加20%），研究生以上学历的人员要达到130人以上（年增加20%），并争取20名左右的硕士研究生和博士生；（3）人才配置目标：要加大企业人才配置力度，加强贫困地区、少数民族地区人才的配置，制定优惠政策，吸引人才逐步流向非公有制经济实体；（4）少数民族人才目标：到2005年，少数民族人才占人才总数的比例应提高到31%左右，使各行业、各专业都有一批层次较高的少数民族人才。“十五”人才工程建设的主要任务：（1）健全人才市场体系，改革大中专毕业生分配制度和就业办法；（2）盘活用好现有人才，选拔培养高层次科技人才，引进紧缺急需人才，开发利用乡土人才，充分发挥人才作用，提高人才效益；（3）制定对基层人才，特别是农业一线人才的倾斜政策；（4）制定对企业人才，特别是重点支柱产业以及非公有制企业人才的倾斜政策；（5）加大少数民族人才开发力度，培养高素质的少数民族人才；（6）加快培养中青年学术、技术带头人队伍；（7）深化科技体制改革，建立人尽其才的激励竞争机制。

【制定出台外经贸工作新举措】 2000年，为认真贯彻落实全国外经贸工作会议精神，确保完成年初人代会确定的外经贸工作各项指标，楚雄州人民政府出台了外经贸工作新举措：（1）落实各级政府出台的各项鼓励出口创汇的政策措施，扩大出口商品量，努力完成省外经贸厅下达的1000万美元的出口创汇任务；（2）深化外贸企业体制改革，扶持和推动一般贸易的出口，促进加工贸易与具有进出口权的生产企业相结合，不断提高对外贸易的综合能力和水平；（3）改变出口商品结构单一的现状，有针对性地促进全州产业结构调整和产品技术升级换代所急需的关键技术、设备和原材料的进口；(4) 稳定原有出口企业，寻求新的出口增长点，促进三资企业、拥有进出口权的内资企业的出口创汇工作，帮助生产企业申办进出口经营权；(5) 做好鼓励出口各项措施的落实工作；(6) 研究加入世贸组织后楚雄州的对外经济贸易政策及发展外经贸工作的措施；(7) 抓好招商引资工作，建立楚雄州对外招商引资项目信息库，为外商企业做好服务工作；(8) 应用高新技术，加快三资企业的技术创新、改造和开发，逐步提高高新技术产品的出口比重；(9) 加强对全州外经贸工作的宏观政策指导，做好各种形式的外经贸技术合作，大力发展对外加工贸易；(10) 做好《中国西部大开发楚雄州行动计划基本构想》实施中的外经贸工作，加大对招商引资的宣传力度，促进楚雄州外经贸工作的全面发展。

【制定2000年大中专毕业生就业政策】 2000年，楚雄州人民政府制定下发了《关于做好2000年全州大中专毕业生就业工作的通知》。明确了全州2000年大中专毕业生基本情况、就业工作指导思想和工作思路，制定了毕业生就业工作的基本政策和措施。为做好2000年大中专毕业生就业工作，州人民政府成立了领导小组，同时要求各县（市）人民政府成立相应机构，认真做好组织领导工作，保证毕业生就业工作的顺利进行。

【制定《楚雄州财政专项资金管理暂行办法》】 2000年，为加强财政专项资金的管理，确保资金专款专用，充分发挥资金的使用效益，促进财政专项资金管理规范化、制度化。根据《中华人民共和国会计法》和《中华人民共和国预算法》，经州人民政府第43次常务会议讨论通过，制定下发了《楚雄彝族自治州财政专项资金管理暂行办法》。办法共分七章二十八条，即：总则、财政专项资金预算下达的管理、财政专项资金的汇拨和拨付、使用、监督检查管理、违纪责任和附则。

【制定2000年秋粮收购工作政策措施】 根据国家计委、财政部、国家粮食局、中国农业发展银行《关于2000年秋粮收购政策有关问题的通知》及《云南省人民政府关于2000年秋粮收购价格及有关问题的通知》精神，为进一步推进粮食流通体制改革，做好2000年秋粮收购工作，楚雄州人民政府制定下发了《关于认真做好2000年秋粮收购的通知》。通知要求：(1) 稳定秋粮收购价格水平，进一步落实优质优价政策；(2) 认真落实按保护价敞开收购农民余粮的政策；(3) 足额筹措粮食风险基金，及时发放粮食收购资金贷款。

【制定贯彻省政府开展打假联合行动意见的政策措施】 2000年，根据云南省人民政府关于贯彻落实"国务院开展打假联合行动意见的通知精神，为在全州范围内迅速有效地开展声势浩大的打假联合行动，切实保护消费者和企业的合法权益、规范市场经济秩序、促进彝州经济健康发展。楚雄州人民政府制定下发了《关于贯彻落实省政府开展打假联合行动意见的通知》，要求各地结合实际，认真贯彻落实。(1) 充分认识打假联合行动的重要性和紧迫性；(2) 结合实际，突出重点，要重点查处农药、化肥、种子、热轧带肋钢筋、汽车配件、卷烟、药品、一次性输液（输血、注射）器、化妆品、珠宝玉石饰品、成品油、食品12类假冒伪劣商品；(3) 打防结合，标本兼治，坚持"集中打击与日常监督相结合、重点打击与综合治理相结合、加强市场监督与引导企业自律相结合、打假治劣与扶优扶强相结合"的方针，深入开展"百城万店无假货"活动，创造良好的消费环境；(4) 加强领导，狠抓落实。

【制定全面封山育林政策措施】 2000年，为加快生态经济州的建设步伐，促进全州经济社会的持续发展，楚雄州人民政府制定下发了《关于全面开展封山育林的通知》。通知强调指出：(1) 提高认识、加强领导，贯彻落实国务院关于"退耕还林、封山绿化、以粮代赈、个体承包"的10字方针。(2) 统一规划、明确目标任务，从2000年开始全州每年封育100万亩，到2005年力争使全州森林面积达1760万亩，森林活立木蓄积量达7500万立方米，森林覆盖率达35%以上，森林综合覆盖率达60%。(3) 采取综合措施，确保封山目标实现，落实责任制度，确保封山工作开展；保护森林资源，推进燃料置换；开展轮封轮牧，妥善解决林牧矛盾；严禁乱挖乱占林地和掠夺性采摘生物资源。

【制定《楚雄州生物资源开发创新项目实施管理办法》】 2000年，为加快楚雄州生物资源开发创新步伐，规范项目管理，实现生物资源开发走出传统的发展模式，巩固和提升支柱产业，积极发展新兴生物资源开发创新产业，培育新的经济增长点，促进结构调整，使其尽快成为生态经济强州的重要产业支撑，州人民政府制定下发了《楚雄州生物资源开发创新项目实施管理办法（试行）》。办法共分总则、园区建设项目、产业配套项目、竞争性创新项目、项目管理、附则6个部分24条，同时还制定了《楚雄州生物资源开发创新产业项目贴息办法》和《云南省生物资源开发创新产业项目建议书内容要求》。

〔李延勇〕

表彰奖励

【兑现1999年度安全生产责任状奖惩】 根据1999年度楚雄州人民政府和10县（市）人民政府、州直20个部门签订的安全生产责任状，经州人民政府组织的考核组检查考核，州人民政府作出了《关于兑现1999年度安全生产责任状奖惩的决定》。（1）对武定等10县（市）、州公安局等11个州直部门共奖励198000元，加奖30000元。（2）对武定等10个县（市）、州公安局等20个州直部门的60名安全责任人（行政正职和分管安全工作的副职），每人奖励400元至300元，共奖励18600元。（3）奖给各县（市）、各部门的奖金，50%作为安全活动经费，其余部分奖给安全生产工作积极分子。（4）以上奖励金额共246600元，由州财政局如数核拨州安全委员会办公室具体兑现。

【表彰“1·15”地震抗震救灾先进集体和个人】 为努力实现中共云南省委、省人民政府提出的“力争2001年底以前全面完成恢复重建任务”的工作目标和要求，中共楚雄州委、州人民政府作出了《关于表彰楚雄州“1·15”姚安地震抗震救灾先进单位、先进个人的决定》，对在“1·15”地震抗震救灾工作中作出突出贡献的中共姚安县委等87个先进单位，江正荣等417名先进个人给予表彰奖励。2000年6月22日，州委、州人民政府在州委礼堂召开楚雄州“1·15”地震抗震救灾总结表彰大会。州委常委、常务副州长保明虎在会上作了题为《发扬成绩，再接再厉，努力夺取抗震救灾和恢复重建工作的全面胜利》的总结讲话，对“1·15”地震抗震救灾及前段的恢复重建工作作了全面的总结，并针对当前存在的问题，强调了要重点抓好的工作。州党政军领导丁绍祥、夜礼斌、张怀德、李应科、杨成彪、杨绍昌、李俊、延荣科、罗志明、余红、杨家聪、周发洪、杨汝鉴、罗嘉福、殷鸿绪及驻楚部队领导出席会议，并向受表彰的先进集体和先进个人颁发奖牌和证书。

【兑现1999年度扭亏增盈工作奖惩】 根据楚雄州人民政府《关于一九九九年度扭亏增盈奖励办法的通知》的规定，经考核，全面完成州人民政府下达目标任务的单位是：南华县、姚安县、州粮食局；部分完成目标任务的单位是：楚雄市、双柏县、武定县、州经贸委；经过努力未完成目标任务的单位是：牟定县、大姚县、永仁县、元谋县、禄丰县。2000年3月2日，州人民政府制定下发了《关于一九九九年度扭亏增盈奖惩兑现的通知》，对州粮食局和南华县等20个单位分别给予奖励。

【兑现1999年度人口与计划生育目标管理责任奖励】 按照楚雄州人民政府与各县（市）人民政府签订的《1999年人口与计划生育目标管理责任书》完成任务的奖励办法，根据州对县（市）完成1999年人口控制与计划生育各项指标的考核认定，州人民政府制定下发了《关于兑现县（市）完成〈1999年人口与计划生育目标管理责任书〉指标奖励的通知》，决定兑现奖金如下：楚雄市63200元、双柏县31300元、牟定县39300元、南华县40600元、姚安县35200元、大姚县44100元、永仁县21000元、元谋县35800元、武定县38900元、禄丰县60600元，合计410000元。以上奖金由州财政下达到各县（市）人民政府。

【表彰1999年征兵工作实现责任目标先进单位】 在1999年冬季征兵工作中，各级人民政府和兵役机关，坚决执行国务院、中央军委和云南省人民政府、省军区的命令，以对国防建设和军队建设高度负责的精神，把做好征兵工作作为一项严肃的政治任务来完成，强化责任意识，切实加强领导，严密组织实施，确保了征兵任务的圆满完成，基本实现了征兵质量责任目标。为表彰先进，树立典型，进一步搞好征兵工作，州人民政府和楚雄军分区制定下发了《关于表彰1999年征兵工作实现质量目标先进单位的决定》，对受省人民政府、省军区表彰的2个县和实现征兵工作责任制目标的8个县人民政府征兵办公室给予表彰。

【表彰全州勘界工作先进集体和个人】 2000年，楚雄州勘界工作在州级有关部门及各县（市）委、人民政府的大力支持下，经过业务主管部门的艰苦努力，已按国务院和云南省人民政府的要求，全面完成任务，为全州社会稳定、民族团结、经济和社会事业的发展作出了贡献。为表彰先进，州人民政府作出了《关于表彰全州勘界工作先进集体和先进个人的决定》，决定对南华县勘界工作领导小组等14个先进集体、刘开学等52名先进个人给予表彰奖励。

〔李延勇〕

政务信息

【楚雄州2000年政务信息主要工作】 2000年，楚雄州人民政府政务信息工作主要从提高信息质量、增强信息超前服务意识、努力为领导决策服务3方面入手，取得了一定的成效。(1)编撰《彝州信息》45期。《彝州信息》是州人民政府办公室主要政务信息简报，发行面广，影响力大，是州人民政府实施信息引导服务的主要渠道和载体。一年来，《彝州信息》的编撰工作紧紧围绕州委、州人民政府的中心工作，不断提高信息服务质量，在编撰工作中能够严格把握政策界限，注重时效要求，在“快、准、实、新、深、特”方面有所突破。(2)加强同省人民政府办公厅的联系。利用网络技术，从7月份起和省人民政府办公厅实现电脑联网，做到信息每天报送一次，极大地提高了向上级报送信息的传递速度，增强了信息的时效性，提高了信息服务质量。(3)《楚雄政报》出刊4期。努力把《楚雄政报》办成一份“传达政令、提供信息、指导工作、服务全州”的政务期刊。(4)9月份创办《每周摘要》，年内出刊16期。《每周摘要》通过互联网先进的信息传递手段，力求采编更多、更新、更快的信息提供领导决策参考。目前主要提供给州人民政府及办公室领导参阅。(5)规范信息管理工作。经州人民政府秘书长办公会议于2000年8月17日讨论通过，制定下发了《楚雄州政府系统政务信息工作规则》，对政务信息工作机构、职责、队伍建设、工作制度及考核奖惩、工作原则和工作手段等方面进行了规范，使全州的政务信息工作走上了制度化轨道。

【全州计算机2000年问题圆满解决】 2000年，在楚雄州人民政府信息化工作领导小组及其办公室努力下，楚雄州解决计算机2000年问题工作圆满结束。在2000年1月1日零点及年内几个敏感时间点，经过认真测试，全州计算机网络均能正常运行，标志着楚雄州计算机2000年问题圆满解决。

〔李国祥〕

联络交往

【驻京联络处协助做好项目审批工作】 2000年，楚雄州人民政府驻京联络处积极协助做好彝州各项项目审批工作。(1)积极配合有关部门组织协调上报罗川、能禹、广通3个小城镇建设全国示范项目。其中，罗川乡获准列入全国性示范项目，争取项目基金400万元，其余两个为省示范项目，有力地促进了彝州小城镇建设。(2)根据中共楚雄州委、州人民政府的指示，联系协调有关单位做好禄丰钢铁厂、元谋糖厂、元谋纸厂3个破产项目的审批工作。(3)为楚雄师专申报师院做好审批前期工作。经过调研，反馈指标体系和审批要求，为审批工作奠定基础，并经多方协调，争取项目得以审批。

【驻京联络处积极争取姚安“1·15”地震恢复重建资金】 2000年1月15日，姚安县发生5.9级和6.5级地震后，楚雄州人民政府驻京联络处及时配合州委、州人民政府进行汇报，协调各方关系，协同彝州各有关部门及中共姚安县委、县人民政府负责人到财政部、国家教委、民政部等有关部委汇报灾情争取资金，支持彝州地震灾区的恢复重建工作。

【驻京联络处协助处理危害社会的重大问题】 2000年1月至5月，楚雄籍的一些“法轮功”练习者4次进京上访。楚雄州人民政府驻京联络处按照云南省610办公室及云南省人民政府驻京办的部署，积极做好“法轮功”上访人员的疏导、遣返工作。驻京联络处实行部门领导具体负责，坚持领导干部24小时值班，及时沟通与北京有关部门和楚雄州政法、公安有关部门的联系，做到情况明、部署细，结合实际解决问题。受到云南省610办公室及云南省人民政府驻京办的好评。

【驻京联络处搞好自身建设和接待服务工作】 2000年，楚雄州人民政府驻京联络处积极配合楚雄州人民政府联络财政部、国家计委等中央单位，选派懂经济的干部到彝州挂职锻炼。按照省、州有关批件及北京市人民政府的有关房改规定，做好干部职工的房改工作。积极处理好在京民政事务，协调解决楚雄到京公务人员遇到的困难问题，并认真搞好接待工作，全年共接待住宿1167人次，自办便宴154桌，用车里程70110公里，方便每一位到京的公务人员。连续4年被北京市驻外机构管理处评为“全国驻京机构先进集体”，并被选为“驻京机构划片管理组长单位”，联络处主任华梅也连续6年被评为“先进个人”。

〔华　梅〕

【驻沪联络处做好彝州宣传推介工作】　(1) 4月，经楚雄州人民政府驻沪联络处牵线，双柏县人民政府与上海浦东新区社会发展局商定，双柏县民族艺术团于下半年到沪演出。10月中旬，双柏县民族艺术团一行20人，在浦东新区舞台剧场演出了6场精彩的民族歌舞，受到好评。(2) 根据楚雄州建设特色旅游业的要求，2000年7月，州人民政府驻沪联络处及时将上海旅游节、上海周边地区旅游展示会的信息和邀请函传真给州旅游局。同时还将宣传楚雄旅游的《神奇彝州》画册赠送给闸北区旅游委、协作办，嘉定区经协办等单位和个人，积极对彝州特色旅游进行宣传介绍。(3) 为牟定朝钦葛业有限公司、牟定商业食品厂、楚雄州宏羚集团有限公司、楚雄永兴大厦在沪招商引资做好宣传推介工作。还为州妇联委托的农村妇女刺绣工艺品扩展市场，两次去美国ABA公司上海窗口洽谈。

【驻沪联络处积极投入抗震救灾】　2000年，姚安“1·15”地震牵动了楚雄州人民政府驻沪联络处职工的心，除个人捐款献爱心外，还积极向上海有关方面反映，争取外援。1月17日，当得知上海运光针织厂厂长尤致和要向姚安、南华受灾地区捐赠新棉衣时，立即联系货运单位。18日，驻沪联络处职工赶赴运光针织厂，同尤致和夫妇及林云小区居委会的干部、群众一起冒着严寒，把价值7万多元的1280件新棉衣整理打包，装运上车。同时，还把尤致和情系地震灾区的事迹向州人民政府办公室发了信息快报。19日，又将州委办公室、州人民政府办公室发来的传真件感谢信转交给尤致和。春节前夕，尤致和怀着对灾区人民的深情厚谊赶赴云南，慰问了南华受灾群众并送去了120件新棉衣，驻沪联络处为其楚雄之行作了联络安排。

【驻沪联络处心系“希望工程”】　至2000年，沪楚两地开展“希望工程”已经7年。7年来，楚雄州人民政府驻沪联络处心系“希望工程”，主动联络两地，搞好超前服务。2000年4月，为使浦东——武定、双柏、南华“希望工程”深入、持久开展，驻沪联络处协助上述3县人民政府、教育委员会与浦东新区社会发展局签订了2000～2004年教育协作协议。协议规定，5年间，浦东继续为3县每年解决2000名山区贫困中小学生的读书经费问题；承担师资培训任务；对列入西部开发教育帮扶计划的武定县4所学校给予重点资助；互派骨干教师、青年教师到对方学校挂职锻炼。5月，浦东新区在沪为武定县举办了一期小学教师培训班，参加培训教师14人。8月，浦东新区分别在武定、双柏举办了暑假教师培训班，参加培训教师250人。另外，驻沪联络处继续关心在沪求学的4名武定籍家境困难的大学生，把物资扶贫同精神扶贫结合起来，鼓励他们奋发学习，将来回报社会、服务人民。

【驻沪联络处做好信息收集整理工作】　2000年，楚雄州人民政府驻沪联络处共编发《信息简报》24期，提供信息254条。信息内容突出上海在改革开放中的新思路、新举措。《信息简报》发往州级有关单位和10县（市）人民政府办公室。同时，还向州委、州人民政府、州人大常委会、州政协及各县（市）人民政府、州委政策研究室、州财政局、州劳动和社会保障局、州经贸委、州经协办、州卫生局、州法制局、州人民政府机关服务中心、州旅游局提供了参考资料计272份。

【驻沪联络处做好公务接待工作】　2000年，楚雄州人民政府驻沪联络处认真做好公务接待工作。全年共接待楚雄公务过往上海人员20批、113人。同时，为嘉定区、浦东新区社会发展局等单位赴楚雄考察、洽谈项目、讲学团队共计6批作了出发前的接待工作。过往人员对驻沪联络处热情周到的接待服务感到放心满意。

〔宋肖慈〕

人事管理

【简述】　2000年，楚雄州人事管理工作紧紧围绕州委、州人民政府关于经济社会发展的工作思路和总体部署，积极推进人才结构调整，实施人才资源开发和“五个一”人才工程建设，推进人事工作的制度创新，加快人才培养引进步伐。人事部门自身建设取得明显成效，全州人事系统解放思想大讨论收到实效。较好地完成了全年的人事、编制管理工作任务，为彝州经济社会发展提供了强有力的人事人才服务和保障。

【全州干部结构】　截至2000年12月31日止，楚雄州共有干部59690人，其中少数民族干部16741人，占干部总数的28.05%；妇女干部18507人，占31%。在干部总数中，国家公务员（含参照公务员管理的人员）18051人，占30.24%；事业单位37233人，占62.38%；企业4406人，占7.38%；专业技术人员38296人，占64.16%；大专以上学历的19624人，占32.88%；中专28374人，占47.54%；高中4910人，占8.22%；初中及以下6782人，占11.36%。

【实施“五个一”人才工程建设】 2000年,楚雄州人事局认真抓好人才队伍建设“五个一”工程，即制定一个可以具体操作的人才引进、培养方案；每年向国外送培10名高级专业技术人才，向省内外送培1000名各类人才；州内培训提高10000名科技人员。为使“五个一”人才工程及早启动，州人事局成立了以党组书记、局长邓聪云为主任的“楚雄州‘十五’人才工程建设办公室”具体抓落实。2000年首先制定完成《楚雄州人才培养引进实施方案》，加快建立有利于各类优秀人才脱颖而出、人尽其才的机制；州内培训提高计划已在农业、林业系统率先开始实施，聘请省上的有关专家进行为期一周的培训，农业、林业专业技术骨干150人参培。同时，经认真筛选，向省申报了含17个培训项目（培训人员125名）的省院省校合作人才培训计划。

【选拔首批中青年学术技术带头人】 2000年,为保证实现在2005年前选拔培养100名学术技术带头人的目标，楚雄州人事局组织选拔了首批中青年学术技术带头人。选拔工作紧紧围绕州委、州人民政府确定的经济发展战略进行，同时兼顾各行业重点学科。通过广泛动员，层层把关，采取组织推荐，公开招聘两种选拔方式和资格审定、初评，组织专家考评等程序，分别在农林、医药、信息、矿业、建材、教育、社会科学等7个学科选拔出首批20名中青年学术技术带头人。同时，组织专家对这20名培养人选分别提出了培养方向、培养方法、拟开展的科研项目（课题）的建议。

【公务员年度工作考核】 2000年3月，楚雄州人事局圆满完成1999年度公务员考核工作，考核结果，全州应参加考核人数17055人，实际参加考核16698人（不含厅级干部），其中优秀2566人，占15.1%；称职14033人，占84.3%；基本称职69人，占0.4%；不称职30人，占0.2%。通过严格考核，全面、客观、公正评价公务员的德才表现和工作实绩，对加强公务员队伍建设，转变机关作风，提高工作效率发挥了积极作用。

【公务员考试录用】 2000年，楚雄州人事局共办理了448名干部（公务员）的招考录用手续。其中录用第8批少数民族学员96名（公务员62名，事业单位干部34名）；办理从专业技术人员、村干部、工人中选举担任乡（镇）副乡（镇）长、乡（镇）党委副书记以及县（市）机关副科长以上干部录用为国家公务员97人；办理军队转业干部录用为国家公务员43人；录用经考试取得国家公务员资格合格证的公安院校毕业生为国家公务员197人；选拔部分2000年优秀应届高校毕业生到基层公安机关锻炼培养，从7所大专院校37名报考者中择优录用15人为国家公务员。公务员的录用严格遵循公开、平等、竞争、择优的原则，坚持“凡进必考”的制度，从文化学历层次和政治思想、业务基础方面提高国家公务员素质，优化公务员队伍结构。

【评选“人民满意的公务员”】 2000年，为贯彻落实中宣部、人事部《关于继续深入开展做人民满意的公务员活动的通知》精神，楚雄州人事局与州委宣传部、州精神文明建设指导委员会办公室组织在全州范围内开展评选30名“人民满意的公务员”活动。经过广泛宣传，按照民主、公开、公正的原则，采取自下而上逐级推荐评选的办法，在全州推荐的60名候选人中评选出事迹突出、群众公认的28人上报州委、州人民政府，授予楚雄州“人民满意的公务员”荣誉称号。通过评选活动的开展，使国家公务员进一步树立起爱岗敬业、争优创新、乐于奉献的良好形象。

【公务员培训】 2000年，楚雄州人事局进一步加大公务员培训力度，全年共举办公务员培训班27期2461人。其中初任培训2期298人，科级公务员任职培训1期100人，专门业务培训5期472人，更新知识培训2期168人。9县（市）组织了更新知识和专门业务培训17期，参训人员1423人。

【公务员职务任命】 根据楚雄州人民政府《楚雄州公务员管理暂行规定》精神，州级机关正副科级干部的任免，统一由州人事局负责科级职数和任职资格条件的审核把关工作。2000年，楚雄州人事局共审批正副科长的任职164人，其中正科69人，副科95人；审批科级非领导职务的任职146人，其中需升主任科员88人，需升副主任科员58人。并代州人民政府颁发县处级行政领导职务《任命书》5人。

【选拔高校毕业生到农村基层工作】2000年,楚雄州人事局与州委组织部、州财政局等4部门联发了《关于选拔2000年应届高校毕业生到农村基层工作的通知》。按照公开、平等、竞争、择优的原则，从131名参加全省统一组织考试的人员中，择优录用了49名应届高校毕业生到农村基层、企业工作。

【行政事业单位机构编制管理】2000年，楚雄州人事局、州机构编制委员会办公室继续加大对全州机构、编制宏观管理、调控力度，严格控制机关事业单位人员增长，采取有效措施，把住入口关，规范事业编制管理。(1)加强对行政机关编制管理，把住机关入口关，认真清理行政编制和参照公务员管理的事业编制，对全州部分行政机关、事业单位存在的政事不分、岗位混乱、编制管理与财政拨款脱节的问题作规范管理和调整，严格控制超编进人和使用临时人员，使人员增长过快的势头得到遏制，楚雄州的行政编制总额空编907名，属全省控制得最好的地州之一。(2)规范事业编制的管理办法，加强对县（市）编制的宏观调控。在认真调查研究的基础上，按照上级编制部门提出的“编制下管一级”要求，及时拟定下发了《关于对县（市）人员编制实行宏观控制、总额管理的通知》，对县（市）编制作了总额控制，全州县以下的事业单位编制总额不准突破45987名，凡突破编制总数或设立机构都必须报州机构编制委员会审批，从根本上扭转了各县（市）随意增加编制及机构的局面，有效遏制了县级事业编制过快增长的势头，减轻了财政负担。(3)认真贯彻执行楚人工(1999)10号文件精神，对各单位职工提前退休、辞去公职等空出的编制，各级机构编制委员会办公室及时办理了收回编制工作。2000年全州共收回行政事业编制2023名，其中州级收回349名，县（市）收回1674名，有效控制了机关事业单位人员的增长，为机构改革分流人员创造了一定条件。(4)认真清理临时工和计划外用工。按照中共云南省委组织部、省财政厅、省人事厅云人（2000）10号文件要求，全州认真开展了清理临时工和计划外用工的工作。据统计1998年底全州有临时工和计划外用工4881人，已清退3551人，2000年底还有1330人，主要是教育系统代课教师。

【人事计划管理】　2000年，楚雄州人事计划管理工作以调整、改善、优化人才结构为核心，切实控制机关、事业单位人员增长，努力实现机关、事业单位人员“零”增长的计划目标。具体抓了以下两方面的工作：(1)严格控制机关事业单位进人，严把审核入口关。全年审批办理州级机关、事业单位增加职工计划189名，其中用于统配大中专毕业生安置141名，城镇退伍兵安置27名，其他21名。党群部门19名；行政机关23名；全额拨款事业单位35名；差额或自收自支事业单位112名，增人计划比1999年略有下降。(2)严格工资基金计划管理，坚持按月或按季审批工资基金制度。全年共审核办理州级机关事业单位工资基金172个单位476次。2000年全州机关事业单位职工人数64063人，工资总额为58504.3万元，年人均工资9028元。(3)审批办理事业单位管理人员科级干部任职手续146名，其中科级领导职务76名，非领导职务70名。

【事业单位管理人员和工人的年度考核】　按照国家人事部《关于事业单位工作人员年度考核暂行规定》的要求，楚雄州人事局认真组织实施了全州事业单位管理人员和工勤人员参加年度考核9002人，其中确定为优秀等次的1121人，占12.45%；合格等次的7762人，占86.22%；基本合格等次22人，占0.3%；不合格18人，占0.1%；未确定等次的72人，占0.7%。

【专业技术人员年度考核】　1999年底，楚雄州共有专业技术人员40973人，其中事业单位36517人，占89%；企业单位4456人，占11%；有37327人具有各级专业技术资格，占专业技术人员总数的91.1%。其中正高资格20人，副高资格476人，高级资格占专业技术人员总数的1.33%；中级7491人，占20.1%；初级29340人，占78.57%。根据专业技术人员年度履职考核的要求。2000年初，完成1999年度专业技术人员考核的审批工作，全州共有34755人参加考核，有5161人定为优秀，占参加考核总数的14.8%；29427人定为合格，占84.7%；56人定为不合格，占0.16%；未定考核等次的111人，占0.32%。

【破格评聘高中级专业技术职务】2000年,楚雄州人事局对中级专业技术职务破格评聘的条件、推荐办法作了进一步的修改完善，并完成了第三批优秀中青年专业技术人员破格评聘中级职务的组织工作。在各部门推荐的159人中，经资格审查、考试考核、论文答辩和评审，全州共有137人破格晋升了中级职务。同时，根据云南省人事厅的安排，完成了2000年度优秀中青年破格评聘高级专业技术职务的组织推荐工作，向省推荐16人，经省高级职称评审委员会评审，有8人破格晋升为高级专业技术职务，其中正高1人，副高7人。

【职称评审工作管理】 2000年初，楚雄州人事局及时安排评审计划，重新组建了农村、卫生、中学中专、小学、高校、出版、广播电视工程、林业工程8个中级职务评审委员会和地震工程初级职务评审委员会，并指导、督促各评委会按规定和计划开展评审工作。同时，楚雄州职称改革领导小组办公室还进行了资格审查认定工作，全年直接进行资格审查1347人，其中正高资格5人，副高资格138人，中级资格1135人，初级资格75人。经评审委员会评审，发文认定任职资格1236人，其中正高资格3人、副高资格112人、中级资格1048人、初级资格73人。办理资格证书1334本，为专业技术职务变动人员开具工资兑现函154份422人。

【实行财政统一发放工资制度】 为强化行政事业单位工资管理，建立适应财政管理体制改革的工资发放模式，确保所有党政机关和财政全额拨款事业单位职工工资按时、足额发放。根据楚雄州人民政府《关于实施财政统一发放工资工作的通知》精神，州人事局、州编制委员会办公室与州财政局相互配合，从2000年7月1日起在州级行政机关（含公检法）、全额拨款事业单位实行财政统一发放工资制度。具体运作是由编制管理部门核实编制和实有人员，人事部门核准工资，财政部门核定经费，委托代发银行将工资经费直接拨付到个人帐户上的工资发放管理办法。为确保工资统一发放制度的实施，州人事局、州编制委员会办公室认真核实人员，准确核准工资，确保了这项制度的顺利进行。每月审批州属行政机关和全额拨款事业单位统发工资116个单位，核实人员6072人，月工资总额5587322元，月人均工资920.18元。

【军队转业干部安置】 2000年是完成党中央提出的裁减军队员额50万的最后一年，云南省军队转业干部安置办公室下达楚雄州接收安置军队转业干部50名，随调家属3名。楚雄州人事局与州委组织部密切配合，多方联系接收单位，积极协调，狠抓落实。通过努力，圆满完成了50名转业干部和3名随调家属的接收安置工作。其中安置到州县党政机关的43名，事业单位6名，企业单位4名（主要是银行、邮电部门）。8月3日前，已全部报到就位工作。

【第三届全州大中专毕业生“供需见面交流洽谈会”】 2000年7月18日至19日，楚雄州人事局与楚雄州教育委员会联合在州工业学校成功举办了第三届全州大中专毕业生供需见面、双向选择交流洽谈会。洽谈会受到用人单位和毕业生的普遍欢迎，共有136家用人单位到场设置招聘点，发布用人信息。其中行政机关26家，事业单位41家，国有企业36家，外资合资企业、乡镇企业、个体私营企业共36家，所需人才涉及60多个专业500多个岗位。在历时两天的交流洽谈中，入场毕业生达3900多人次，洽谈会上有119名毕业生当场被用人单位录用并办理了派遣手续，有350名毕业生与用人单位达成意向性就业接收协议。

〔余开顺〕

行政监察

【简述】 2000年，楚雄州人民政府行政监察机关认真贯彻国务院和云南省人民政府廉政工作会议精神，按照州人民政府第四次廉政工作会议的部署，围绕州委、州人民政府中心工作，结合全州实际，深入开展反腐败斗争，认真办理人民群众信访举报，严肃查处各类行政违法案件，推行村务公开、政务公开、厂务公开和行风评议，强化监督管理；加强执法监察和专项清理检查，规范建设工程有形市场，清理整顿粮食流通市场和医药品购销市场，加强执法收入收支两条线管理监督检查，减轻农民负担、减轻企业负担、中小学生负担工作进一步取得明显实效，对群众反映的热点难点问题进行规范治理；查处了少数干部侵害群众利益、以权谋私、贪污受贿、腐化堕落、严重官僚主义失职渎职等违纪行为，为保证政令畅通，促进和保证彝州深化改革扩大开放、经济持续快速发展、民族团结和睦、社会文明进步发挥了积极作用。

【楚雄州人民政府第四次廉政工作会议】 2000年4月4日，楚雄州人民政府第四次廉政工作会议在楚雄召开，各县（市）长、监察局长，州人民政府秘书长、副秘书长，州属国家机关、企事业单位主要负责人共130多人出席会议。州委常委、州人民政府常务副州长保明虎主持会议，副州长周发洪、吴莉华、罗嘉福，政协楚雄州委员会副主席殷洪绪出席了会议。州纪律检查委员会副书记、州监察局局长黎宗禄回顾总结了州人民政府第三次廉政会议以来廉政工作取得的明显成效，部署了2000年的反腐倡廉工作。中共楚雄州委副书记、州人民政府州长罗正富对反腐倡廉工作提出了明确要求。州农牧局、州经贸委、州财政局、州建设工程管理办公室的领导就专项治理减轻农民负担、减轻企业负担、行政事业性收费收支两条线管理、建设工程公开招投标等工作作了交流发言。

【调整充实楚雄州纠风领导小组】 2000年，根据人事变动和工作需要，为加强对全州纠风工作的领导和组织协调。楚雄州人民政府决定调整充实州纠风领导小组。由州委常委、常务副州长保明虎任组长，州人民政府秘书长李小平、州监察局局长黎宗禄任领导小组副组长，州经贸委、州教委、州公安局、州交通局、州农牧局、州卫生局、州审计局、州工商局、州监察局、州物价局、州法制局及州纪委综合室有关领导为小组成员，下设办公室在州监察局。

【民主评议行风工作得到巩固】 按照省、州人民政府部署安排，2000年楚雄州行风评议工作的主要对象为质量技术监督系统，同时抓好巩固成果工作，对已评议过的邮政、电信、公安、电力、国税、地税、卫生、城建、土地、工商系统继续跟踪评议，使行风评议成果进一步得到巩固和发展。组织力量对上述10个系统、17个部门单位进行追踪评议、监督检查，落实多项整改措施。全州共选聘行风评议代表217人，组成54个评议组，采取听、看、问、访、座谈等方法，共召开座谈会230场次，参加座谈会4152人次，走访、暗访30997人次，共发放调查表10874份，其中向社会发放7555份，向内部职工发放3319份，社会各界参评人数达52264人次，向被评单位提出整改意见253条，使这些单位行风有了很大好转，评议组向各级政府和部门提出建议37条。

【巩固治理公路“三乱”成果】 2000年，楚雄州行政监察机关按照国务院廉政工作会议“进一步治理公路三乱，巩固成果”的要求，督促检查公路乱设卡、乱收费、乱罚款工作。(1) 年初工作要点和州人民政府廉政工作会议作了部署；(2) 州县定期不定期对全州境内国道省道进行明查暗访，检查有无公路“三乱”情况；(3) 州监察局会同交通等有关部门通过行程千余公里，对9个收费站、9个木材检查站、3个农特税收站、1个警务站进行检查和对各界191人走访调查，州境内没有出现公路“三乱”反弹现象。对发现的临时性未履行报批手续的农特税查验点、矿产资源检查站、已撤销木材检查站旧址临时木材检查站的问题及时进行了纠正处理。

【治理公款吃喝玩乐】 2000年，楚雄州行政监察机关按照云南省人民政府廉政工作会议部署，认真治理群众反映强烈的吃喝玩乐问题。(1) 州人民政府第四次廉政工作会议上再次作了强调；(2) 州纪委监察局年初发出《关于元旦春节期间禁止用公款吃喝玩乐的通知》；(3) 县处级领导班子领导干部“三讲”教育强化了自查自纠和“领导点、群众提、互相帮”，提高了廉洁自律意识和自觉厉行节约制止奢侈浪费的自觉性；(4) 州县（市）各部门各单位严格执行接待费单列，规范标准，限制陪餐人员，领导严格审批把关；(5) 强化预算外资金收支两条线管理，罚缴分离，预算外收入抵折口预算拨款等措施；(6) 纪委监察、财政、审计等加强了监督制约，使公款吃喝玩乐确实得到了遏制。年内1002个单位实施了接待费单列，全州接待费比上年节约396万元。

【督促巩固减轻农民负担成果】 2000年，楚雄州行政监察机关认真落实中共中央办公厅通知和温家宝副总理在全国减轻农民负担工作电视电话会议上的讲话精神，配合有关部门认真抓好减轻农民负担巩固成果的工作。(1) 各县（市）监察局督促配合有关部门开展农民负担专项审计，取消了一些不合理的收费，进一步减轻农民负担362.2万元，对农民负担专项审计的乡（镇）达80.6%；整顿农村电价减轻农民用电不合理负担70.35万元；纠正摊派减少农民订报不合理负担17.34万元；精简乡（镇）编外人员和村级补贴的干部459人，减少经费开支100万元；取消达标升级活动一项，查处加重农民负担的违纪违法案件2件。(2) 在各县自查自检的基础上，州纠风办组织农牧等有关部门人员进行了检查，省委、省政府第三检查组对武定、禄丰两县进行了重点抽查，认为楚雄州减轻农民负担工作领导重视，机构健全。全州农民负担已连续5

年控制在规定5%限额以内，全部实现了农民负担一定3年不变。1999年全州农民人均负担21.35元，占上年农民人均纯收入的1.75%，人均义务工劳动积累工14个。武定县抽查为1.4%，两工劳均11个；禄丰抽查为1.27%，两工劳均16个。

【督促检查减轻企业负担工作】 2000年，根据云南省人民政府有关文件精神，楚雄州行政监察机关认真开展督促检查减轻企业负担工作。(1)州人民政府第四次廉政工作会议作了部署；(2)根据省人民政府减负办通知要求发出了通知，各县（市）、州级有关部门开展了自查自纠，督促各有关涉企收费部门进行了专项治理；(3)10县（市）开展减负工作回头看取得成效；(4)在各有关单位自查基础上，全州共派出检查组56个，分别对重点的315个单位进行检查、调查，文件涉及的111项该取消的收费项目，有的原已停止收费，原未停止的已采取措施，该取消的坚决取消，该停止执行的坚决停止执行，州县有关部门及时办理了《收费许可证》注销手续。进一步取消不合理收费22项，涉及金额73万元，通过清理与政府部门脱钩的中介机构2个，查处加重企业负担违纪违法案件2件。

【督促检查治理中小学乱收费】 2000年，楚雄州行政监察机关按照云南省人民政府有关文件通知和廉政工作会议部署，继续做好督促检查治理中小学乱收费工作。(1)年初工作要点作了部署，楚雄州人民政府第四次廉政工作会议作了要求；(2)各县（市）监察机关根据工作情况抓住春秋季开学时进行重点抽查，发现问题及时处理；(3)根据群众举报，州、县监察机关及时进行调查处理；(4)州县监察机关配合有关部门在各教育系统学校自查基础上进行抽查，取得了明显成效，进一步减轻中小学生费用负担152.13万元，通过治理学生用书减轻学生负担137.6万元，查处中小学乱收费案件10件，处分违纪人员6人。省纠风办和省教育厅联合检查组2000年11月7日至9日对楚雄州中小学秋季收费抽查8所中小学后对楚雄州治理中小学乱收费工作给予了肯定。

【纠正医药购销中不正之风】 按照中央、省、州要求，2000年全州行政监察机关配合有关部门，进一步认真治理医药品购销中的不正之风。清理取缔无证照或证照不全的药品生产、批发企业51个，清理销毁过期假劣药品价值21.44万元，清理取缔非法私人诊所107个，清理取缔虚假广告5925条，清理废止不符合国家政策的文件5件，进一步降低虚高定价的药品7种，降低药价7.5万元，查处医药购销中的违法违规案件8件，涉及违法违规金额40.5万元，受党政纪处分7人，55%的医院落实了药品收入“两条线”管理规定。

【行政执法监察】 2000年，楚雄州行政监察机关按照《中华人民共和国行政监察法》的规定认真履行职能，根据国务院廉政工作会议的部署，围绕党的经济建设中心和州县（市）人民政府贯彻执行党和国家方针政策法律法规的情况及人民群众反映的“热点”、“难点”问题，全面开展执法监察，较好地完成了年度行政执法监察任务。全州共开展行政执法监察项目52项。其中，省立项目5项，州协办项目6项，县（市）立项41项（主办11项，协办30项）。发现案件线索19件，立案查处13件，追究党纪政纪责任11人（其中党纪处分10人，政纪处分1人），通报批评4人。涉及金额22076.27万元，查出违纪金额71.99万元，挽回经济损失283.76万元。提出建议165件，已被采纳143件。下达监察决定3个，监察建议11个，协助建章立制9项，推广先进典型2个。通过行政执法监察，保证了党和国家方针政策和法律法规的贯彻执行，维护了中央权威，保证了政令畅通，为全州改革发展稳定做出了积极的贡献。

【监督检查建设工程招投标工作】 2000年，楚雄州行政监察机关根据云南省纠风工作会议的部署和楚雄州人民政府廉政工作会议部署，进一步做好对建设工程招投标的督促检查工作。(1)州人民政府廉政工作会议提出了要求，列入年内纠风工作内容；(2)州监察局派驻建设工程管理中心干部积极做好建设工程公开招投标和签订工程廉政双合同监察工作；(3)健全规章制度，出台了《楚雄州工程建设项目招标文件》，修改完善了《楚雄州建设项目招标审核及工作程序管理规定》、《施工招标报名和选定投标单位办法》、《标底管理办法》、《招标开标评标定标办法》等一系列管理规定，规范了运行操作管理机制和程序，改进了操作办法，使之更加科学合理；(4)重视坚持按制度规定办事，重视把关，提高中心办事人员素质和思想政策水平；(5)不定期对县（市）工程招投标工作进行督促检查，纠正违规操作。通过采取以上措施，规范了招投标运作，减少了违纪违法现象的发生，对从源头上遏制建设工程领域中的腐败现象起到了积极作用。年内共实行建筑工程招投标73项，全部实现了工程廉政双合同制，其中公开招标46项，邀请招标27项，建筑面积25.45万平方米，预算造价23262.47万元，招标中标价22000万元，节约工程造价1262.47万元。年内全州在建工程总数262个，计划面积375842.5平方米，合同金额24917.3万元，262项工程全部签订了工程廉政合同。

【进一步推行政府采购工作】 2000年，根据国务院及云南省人民政府廉政工作会议要求，楚雄州进一步加大政府采购工作的份额和力度。由财政、监察部门等组成政府采购办公室工作小组开展政府采购工作，凡到财政支付的5万元以上的采购项目均已列入政府采购范围，年内纳入政府采购的项目涉及公务用车、计算机及其相关设备、办公设备、校园网络及相关设备、医疗器械及设备等，共组织26次集中采购，15次邀标分散采购，51次询价采购，5次公开招标竞价采购。共计采购金额达5282.47万元，与市场公开价相比，共节约资金688.41万元，节约率为11.53%。保证了采购商品质量，避免了劣质高价回扣，节约了资金，防止了交易中的腐败行为。

【对贯彻落实粮食流通体制改革政策措施情况执法监察】 2000年，楚雄州行政监察机关根据中央7部委和云南省监察厅《关于开展对贯彻落实粮改政策措施情况监督检查的意见》认真开展了粮食流通体制改革情况执法监察。州粮食流通体制改革情况执法监察领导小组及时召开会议研究，结合楚雄州实际提出了实施意见，全州10县（市）开展了自检自查。在此基础上，州粮食流通体制改革情况执法检查领导小组抽8人分两个组于7月18日至28日对楚雄、禄丰、武定、元谋、大姚、南华6县进行了抽查，抽查面达60%，重点检查了落实粮食工作领导责任制和执行敞开收购、顺价销售、粮食收购资金封闭运行“三项政策”执行情况。通过执法监察，县、乡人民政府加强对粮食流通体制改革的领导，责任制得到进一步落实；未发现粮食企业收购中限收、拒收和停收，低价亏本销售粮食，以及截留、挤占粮食资金的问题；农业发展银行保证粮食收购资金足额及时到位，封闭运行。对查出的6个县人民政府未把粮食风险资金纳入同级财政预算的问题，发出了监察建议书并限期改正，促进了粮食流通体制改革工作健康有序发展。

【对国债资金管理使用情况进行检查】 2000年，根据云南省监察厅《关于开展国债资金管理使用情况监督检查的意见》的通知精神，楚雄州建立了以州监察局、州计委、州财政局参加的协调会议制度，州监察局为召集单位，下设工作部门，根据州财政局提供的1998年、1999年两年共2704.8万元国债资金分配走向及林业部门提供的783万元，提出了监督检查的实施计划，并联合下发了通知。在各县（市）进行监督检查基础上，于8月17日至28日，分别对投资大、项目集中的楚雄、双柏、南华、禄丰、武定、元谋及24个县级部门和7个乡（镇）25个村、场进行了重点抽查，采取了听职能部门对国债资金管理使用和项目实施情况汇报，查阅有关文件资料、会计帐簿、凭证，看工程项目实施情况及工程质量，召开座谈会广泛听取意见，检查结果向县人民政府进行反馈的方法进行检查。检查结果：（1）财政部门严格按国债资金管理有关规定进行专户储存，专款专用，确保国债资金安全；（2）工程项目实施单位严格按工程进度分批拨款，保证了国债资金的违纪违法行为，通过国债资金的使用，解决了楚雄州人民生产生活中的实际问题，加快了全州贫困地区的脱贫步伐。对检查中发现的一些问题，检查组进行了认真分析研究，提出了6个方面的整改意见。

【畜牧扶贫资金管理使用情况的执法监察】 2000年，根据云南省监察厅《关于开展对全省畜牧系统扶贫资金管理使用情况专项执法监察的通知》精神，由楚雄州监察局牵头，与州扶贫办、财政局、审计局、农牧局领导会商，按省文件要求联合下发了通知，除姚安、禄丰未涉及外，其余8县（市）都按通知精神认真开展了自检自查。州组织两个组对楚雄、双柏、大姚、永仁4县（市）进行抽查，重点查了7个乡（镇），11个村（办），29户畜牧扶贫示范户。通过检查，州县各级政府对畜牧扶贫工作高度重视，加强领导，精心组织，认真实施，严格对畜牧扶贫资金的管理，做到专户管理，专款专用；畜牧扶贫工程示范项目的实施，取得了明显成效。检查中也发现一些不容忽视的问题，如一些资金拨付不到位，影响工程项目实施；有的乡（镇）资金管理不规范，资金运转渠道不畅，环节多，给施工造成困难；极个别单位把专项资金转为有偿使用。检查组针对这些问题提出了5条处理意见，发出了4条监察建议书，纠正了个别县、乡的违规行为，确保了有限的扶贫资金能发挥出有效的经济效益。

【对全州1999年度民政事业费管理使用情况进行监督检查】 按楚雄州人民政府《关于对全州民政专项资金管理使用情况进行检查的通知》精神，在各县认真组织自检自查的基础上，州监察局和州政府办、州民政局、州财政局、州审计局等部门抽人组成检查组对双柏、禄丰、武定、永仁等县进行了重点抽查。采取一听二看三查四走访五反馈形式，围绕乡级民政事业费拨付管理使用，优抚对象、社会救济对象的定抚、定补、定救济金兑现情况，乡（镇）民政财务管理情况作为重点进行检查。检查结果：全州民政工作由于各级党委、政府重视并切实加强领导，民政部门扎实工作，民政事业费拨付及时，开支合理，使用状况较好，各类民政对象的定抚、定补、定救济金标准到位，政策落实情况好；民政事业费的管理实行了钱帐分管，建立了会计与出纳之间的内部稽核制药制度，内部管理不断得到加强，资金用途、使用范围、对象、审批、发放等环节进行了严格把关，加大了监管力度，从而堵塞了漏洞，预防和有效避免了严重违法违纪问题的发生。检查中对个别县民政事业费被拖欠和拨付不及时，县财政“救灾支出”预算偏低，个别乡（镇）民政财务基础工作薄弱等问题提出了整改意见和建议。

【“四项基金”管理使用情况专项检查】 2000年，为贯彻云南省监察厅《关于对国有企业下岗职工基本生活保障资金、失业保险基金、基本养老保险金和城市居民最低生活保障资金管理使用情况开展专项检查的通知》精神，在楚雄州人民政府统一领导下，由州监察局协调，建立了州监察局、财政局、劳动和社会保障局等有关部门参加的协调会议制度，分别设立机构，联合发文，在全州范围内开展了以1998年以来的四项资金管理使用情况监督检查工作。在各县（市）认真进行自检自查的基础上，由州监察局牵头，有关部门参加组成两个检查组于10月23日至29日对大姚、南华、牟定、禄丰、武定、元谋等6县进行了监督检查。通过听有关职能部门对四项资金管理使用和工作落实情况的汇报，查阅有关文件资料、会计帐簿、凭证、发放名册，走访保障对象，核对兑付情况，然后将情况进行反馈。通过检查，州县市党委、政府领导对“四项资金”的管理使用非常重视，成立了由政府分管领导任组长的企业解困与再就业工作领导小组，“四项基金”的管理除失业保险金为州统筹外，都纳入了同级财政专户，实行了“收支两条线”管理，专款专用，确保了“四项基金”的足额发放。对检查中发现的问题，检查组提出了8条整改措施建议。

【对执行烤烟生产“双控两提高”政策和烟叶收购政策开展执法监察】 2000年，全州行政监察机关按照楚雄州人民政府加强烤烟生产“双控两提高”和烟叶收购政策执行情况进行督查的通知精神，会同烟草、工商等部门组成检查组，分别对各县（市）执行烤烟生产政策落实情况进行监督检查。检查结果表明：县（市）各级烤烟生产“双控两提高”政策执行较好，但也存在极少部分村（办）政策宣传不到位，科学化、规范化栽烟生产工作不平衡等问题。针对存在问题，检查组提出了加大宣传力度，栽种结束及时，落实栽种面积签订烟叶收购合同，烟草部门为烟农提供科技配套服务，争取获得好的经济效益的措施建议。8月初，州监察局领导又参加烤烟收购检查组，对全州各县（市）烤烟收购进行监督检查，促进了烟叶平稳收购。

【参加对重特大事故的调查处理工作】 2000年，全州行政监察机关积极配合有关部门参加重特大事故的调查处理工作，对有关责任人进行了查处。(1) 参加了武定迤纳厂大宝铁矿3井矿洞“9·15”冒顶重大伤亡事故的调查处理。(2) 楚雄国家粮食储备库“6·9”临时工触电死亡事故的调查处理。(3) 姚安县监察局参加了龙岗小义学村小学生食物中毒事故的调查处理。(4) 个体私营经济园触电死亡事故的调查处理工作。按有关规定，由有关职能部门依法给予行政处罚。各县（市）还积极参加了有关部门组织的安全生产、消防安全大检查，促进了安全生产责任制的落实。

【关井压产和整顿煤炭生产经营秩序检查】 2000年，为配合有关部门做好关井压产和整顿煤炭生产经营秩序工作。楚雄州监察局下发了《关于配合有关职能部门对煤炭行业关井压产和整顿煤炭经营秩序工作开展执法监察意见》；在各有关县自查的基础上，组织人员进行了抽查检查，通过清理检查整顿，进一步规范了煤炭生产经营秩序，关闭了一批浪费资源，技术落后，设备低劣，污染严重和不具备安全生产条件的小煤炭，省下达关闭指标17处，全州已关闭25处。

【廉政勤政教育】　2000年，楚雄州行政监察机关认真贯彻国务院和云南省人民政府廉政工作会议精神，按照楚雄州人民政府第四次廉政工作会议的部署要求，认真抓好廉政勤政教育。(1) 结合贯彻党风廉政建设责任制和推行行政机关政务公开，督促各单位自觉抓好廉政勤政教育；(2) 通过电台播放《廉政之声》、《廉政纵横》等专题节目，播放《廉政准则》、《五要五不要》等廉政教育文件和规定，提高干部廉洁勤政意识；(3) 结合县处级领导班子和领导干部"三讲"教育，学习"三讲"必读文件，自查自纠存在问题，制定整顿措施认真进行整改，增强廉政勤政意识，转变作风。自觉与贫苦群众"三同"，帮助群众解决实际问题；(4) 加强对公务员履职监督和年终考核，进行学习教育，开展批评与自我批评自觉严格要求自己，努力当好"三个代表"。

【查处违纪违法案件】　2000年，楚雄州行政监察机关认真贯彻中纪委四次全会和国务院廉政工作会议精神，按照云南省人民政府廉政工作会议和省监察厅的部署，加大案件查处力度。年内全州行政监察机关共受理属行政监察对象的信访举报信555件，初步核实207件，初查了结152件，其中属举报失实79件，作适当处理73件，正式立案查处78件，结案57件，给予政纪处分44人，其中开除公职1人，撤职10人，降级7人，行政记大过7人，记过5人，警告14人，免予处分13人。挽回经济损失147.5万元。

【复查申诉案件】　2000年，楚雄州行政监察机关按照《行政监察机关处理不服政纪处分的申诉办法》，在查处违纪违法案件、纠正部门行业不正之风，加强行政执法监察的同时，认真贯彻执行监察法的规定，切实做好不服政纪处分的申诉案件的复审复核复查复议工作，坚持实事求是、有错必纠、不错不纠和分级负责的原则，受理不服政纪处分的申诉案件2件2人，经复审复核复议，认为认定事实清楚，证据确凿，定性准确，处理恰当，手续完备，决定维持原处分决定。

〔袁明勇〕

政府法制

【行政执法责任制评议考核】　为贯彻落实楚雄州人民政府《楚雄州行政执法责任制度评议考核办法(试行)》和《关于开展1999年行政执法责任制评议考核工作的通知》精神，1999年底，楚雄州人民政府法制局即对全州执法责任制考评工作进行安排布置。按照考评程序，整个考评工作分为自评、考评组考评、公开考评和公布考核结果5个阶段。在各县（市）人民政府、楚雄经济技术开发区管委会和州属行政执法部门自评自考的基础上，于2000年3月22日至5月17日组织州委依法治州办、州人大法工委、州监察局、州人事局、州司法局等部门组成5个考评组分别对10个县（市）人民政府、楚雄经济技术开发区管委会、53个州级行政执法部门及10个乡（镇）、23个县级政府主管部门1999年度行政执法责任制执行情况进行综合考评，评出优秀单位7个，良好单位20个，合格单位17个，基本合格单位16个。经州人民政府审定后，于6月7日发出了《关于1999年度行政执法责任制考核结果通报》，将考评情况进行了通报。云南省人民政府法制局在2000年8月21日的《云南政府法制》专刊上以《楚雄州推行行政执法责任制度体系工作向纵深发展》为题，介绍了楚雄州推行行政执法责任制的基本做法和主要经验。

【参与地方立法工作】　2000年，楚雄州人民政府法制局在参与《楚雄州林业管理条例》、《楚雄州民族教育条例》和《楚雄州财政预算审查监督条例》的修改和起草工作中，为增加条例的地方特点和可操作性，对重点问题先后到大姚、元谋、禄丰、楚雄等县（市）开展专题调研，召开不同形式的座谈会征求意见，还以书面形式发送政协楚雄州委员会等有关部门进行讨论修改。按照立法要求，本着合法、实用、有多少写多少的原则认真把关。并对州级有关部门和县（市）人民政府报送以及州人民政府及办公室领导批转呈办的20件规范性文件进行了审查把关，完成了省人民政府法制局下发的15件法规、规章草案的征求意见及综合上报工作。

【开展综合行政执法试点】　根据国务院《关于进一步加强依法行政工作的决定》和云南省人民政府法制局的要求，为了积极探索行政执法工作的新形式和新路子，2000年初，楚雄州人民政府法制局在认真调研的基础上，确定以楚雄经济技术开发区和楚雄市城管办作为综合行政执法的试点单位，并于6月3日至15日组织试点单位负责人参加省人民政府法制局组织的考察组到综合行政执法试点工作搞得较好的北京、青岛、深圳进行学习考察。随后，拟定了试点方案，并进行多次讨论修改。与此同时，为了加强试点工作的领导和协调，成立了楚雄州综合行政执法试点工作领导小组，由分管副州长任组长，州人民政府法制局、楚雄经济技术开发区管委会及楚雄市人大常委会、楚雄市人民政府领导任副组长，相关单位领导为成员，领导小组下设办公室（设在州政府法制局内）。年底，两个试点方案已基本定稿，争取尽快以州人民政府正式文件上报省人民政府审批。

【深入宣传学习《中华人民共和国行政复议法》和《云南省行政复议条例》】 2000年，楚雄州人民政府法制局为学习贯彻《中华人民共和国行政复议法》和《云南省行政复议条例》开展了大量的工作。(1) 利用新闻媒体向社会广泛宣传《行政复议法》。继续与楚雄日报社合办《政府法制专栏》，共刊登《行政复议法》有关知识7期；在9月底10月初《行政复议法》颁布实施一周年之际，在楚雄电视台晚间新闻报道后播放一周的《行政复议法》宣传标语；与楚雄电视台共同录制《贯彻行政复议法，促进依法行政》专题节目在楚雄电视台、云南电视二台连播18次。(2) 认真贯彻《云南省行政复议条例》。《条例》公布后，及时组织全州政府法制机构人员认真学习，并下发文件，对全州宣传贯彻《行政复议条例》工作作出安排布置，同时制发《认真学习〈云南省行政复议条例〉、全面规范行政复议活动》的政府法制简报，结合实际情况作了行政复议方面主要文书格式，用以指导全州的行政复议工作。(3) 组织街头宣传活动。9月29日至30日在《行政复议法》颁布实施一周年之际，州人民政府法制局组织州国税、烟草专卖、经贸、计生、土地、林业和楚雄市人民政府法制办等部门的20名工作人员在楚雄市区繁华地段设立3个宣传咨询点，并出动法制宣传车到城区和楚雄市前进、东瓜等乡（镇）宣传《行政复议法》和《云南省行政复议条例》。

【依法办理行政复议案件】 2000年，楚雄州人民政府法制局共办理州人民政府受理的行政复议案件18件，是《行政复议法》实施前10年受理的复议案件数的4.5倍，其中劳动教养11件、林业2件、土地2件、经贸2件、卫生1件、司法1件。已审结17件，维持11件，撤销3件，变更1件，申请人撤回申请2件，未审结1件。通过办理行政复议案件，纠正了违法或不正当的具体行政行为，维护了公民、法人和其他组织的合法权益，促进了行政机关依法行政。

【行政复议和行政应诉】 2000年，全州各级各类行政复议机关共受理行政复议案件132件，其中公安75件、工商4件、土地5件、税收5件、城建2件、物价1件、林业11件、水利4件、烟草4件、卫生6件、计生7件、质量技术监督4件、其他4件。已审结120件，维持62件，占52%；撤销43件，占36%；变更5件，占4%；申请人撤回申请10件，占8%；涉及行政赔偿1件，赔偿金额6900.00元。经行政复议不服向人民法院起诉的17件，占已审结复议案件的14%；法院已审结16件，其中判决维持11件，占68.7%；变更1件，占6.3%；撤销3件，占18.8%；撤诉的1件，占6.3%。

【行政执法队伍建设】 2000年，楚雄州人民政府法制局配合卫生、无线电管理、盐政、水电、烟草、林业、广播电视等部门开展行政执法人员岗位培训，全年共培训15期，培训执法人员859人（次）；全年共颁发行政执法证件1057套，使全州行政执法人员的持证率达到了87%，为行政执法人员持证上岗、亮证执法创造了条件；按照州人民政府法制局文件要求开展1999年度行政执法证件的审验工作，对1999年3月30日前颁发的工商、劳动、审计、农机、矿管、植检植保、财政、物价等13个部门的行政（包括委托）执法证件进行了年度审验，共审验合格行政执法证件3254套，对审验确认不合格的5套执法证和未申报审验的11套执法证作收缴处理。

【行政执法个案监督】 根据《云南省行政执法监督条例》和楚雄州人民政府的授权，2000年，州人民政府法制局积极开展了行政执法个案监督，先后受理了某城管中队使用非正式发票收费和某县卫生局不按规定审批个体医疗机构等3件行政执法监督案件，向有关部门发出行政执法督察书，使违法或不当的行政行为得到及时纠正。同时，对州属某部门违规授权委托、行政复议决定书不规范等问题进行个案监督，发出行政执法改进通知书，使其作了自行纠正。另外，按州人民政府领导的安排对某县人民政府向职工和离退休人员收取再就业基金属乱收费，向在职职工和离退休人员收取教育费附加属擅自扩大收费范围的问题，经报州人民政府同意，以州人民政府文件要求该县人民政府在2000年12月30日前自行纠正，并不得再收取上述费用。年底，该县人民政府已发文作了纠正，收取的102.3万元资金正在清退之中。

【清理州人民政府文件】 按照中共楚雄州委、州人民政府领导的指示和州人民政府办公室《关于认真组织清理地方规范性文件的通知》要求，州人民政府法制局于2000年8月12日至21日组织人员对州人民政府和州人民政府办公室1984年以来发布的7类文件进行了认真清理。共清理文件5410件，其中政府令32件、州政发2511件、州政通666件、州政复702件、府通字423件、州政办1067件、通告〈布告〉9件，清理出需修改和废止的文件92件，其中建议修改完善20件、废止72件。并向州人民政府写出清理报告，经10月8日州人民政府第43次常务会讨论，决定对《楚雄州有偿出让集体荒山使用权暂行规定》、《楚雄州出租汽车客运管理暂行办法》、《楚雄州调整机动车车船使用税税额和征收非机动车车船使用税征收管理实施办法》和《转发省政府办公厅〈关于做好企业财产抵押贷款工作有关问题的通知〉的通知》等4件规范性文件进行修改后执行，对其余的88件作废止处理。10月18日，州人民政府发布第33号政府令予以废止。

〔葛　华〕

体制改革

【调研起草《楚雄州关于推进国有企业改革和发展的意见》】 2000年，为着力研究解决政企分开，还权于企业，使企业真正成为市场竞争主体，进一步加大转换企业经营机制的力度，继续推进和完善企业用工、分配和奖惩制度，探索经营者持股、奖股、年薪制等激励机制，鼓励支持经营者奋力拼搏，积极发展。根据中共中央十五届四中全会精神，楚雄州经济体制改革委员会结合楚雄州实际调研起草了《楚雄州关于推进国有企业改革和发展的意见》，并经过多次修改，由州委、州人民政府于2000年6月20日以楚发（2000）10号文件印发。

【参与企业改制】 在历时两年多的禄丰钢铁厂破产工作过程中，州体制改革委员会抽调两名同志一直坚守在禄丰钢铁厂，在保持稳定团结的基础上按要求完成了任务；根据州人民政府领导的安排，以州体改委为主协调牟定铜矿破产工作，参与了纠纷排解、预案制定、工作研究、工作协调，保证牟定硐矿破产前工作的顺利进行和平稳进入法定程序；具体指导州建筑公司企业改革，在企业领导班子和职工的配合下，保证了州建筑公司的稳定和改革的顺利进行。同时，经过积极准备，以向社会《公告》为标志，进入了社会各方面积极参与国有企业改革的新阶段。

【做好综合配套改革工作】 （1）加强对楚雄、禄丰、大姚、牟定4个综合改革试点县（市）的工作指导以及政策协调，在各县（市）总结汇报综合改革试点工作的基础上，总结经验，指导面上工作。（2）按照中央、国务院体改办《关于城镇医药卫生体制改革的指导意见》，全面启动城镇医药卫生、医药流通以及完善城镇职工医疗基本保险的“三项”制度改革。（3）和中国人民银行楚雄州中心支行一起，积极进行筹融资改革的研讨，形成楚雄州筹融资改革调研报告，上报州委、州人民政府。

【各项规划和计划的起草编制】 2000年，楚雄州体制改革委员会参与了州委“十五”计划建议的研究、起草、讨论和部分修改工作，结合本部门“十五”期间拟编制的规划草案，完成了分配的两个课题《楚雄州各项改革目标实现情况和改革总体目标的衔接》和《国有企业改革和国有经济战略调整》的调研及起草，并已上报州人民政府。还参与了西部大开发楚雄行动计划的研究和编制。

【提高《彝州经济研究》质量】 2000年，《彝州经济研究》编辑部努力扩大文稿的征集范围，提高刊物的用稿质量。围绕中共楚雄州委、州人民政府经济工作思路及“抓住一个机遇，夯实两个基础，抓住七项工作”的要求，刊物在各栏目中刊登了西部大开发、农业和农村工作、推进国有企业改革、培育重点产业、培育新的经济增长点、实施城镇带动战略等方面的文章。年内，《彝州经济研究》共出刊6期，收到来稿341篇，刊登了167篇，栏目涉及15个，共刊用图片128幅（其中封面采用91幅，内页采用27幅），约74万字；《彝州经济研究》编辑部在2000年还获得由全国城市期刊优秀成果评奖委员会、中国城市期刊研究会、中国期刊协会省市经济期刊分会举办的第七届全国省市经济期刊优秀文章评优的组织奖，其中该刊选送的15篇文章还分别被评为一、二、三等奖；被中国人民大学书报资料中心列入中心网站；年内还迎来了刊物创刊10周年，并收到了社会各界18家单位的贺词贺信，同贺单位71家。

〔花荣艳〕

地方志工作

【简述】 2000年，楚雄州地方志工作以党的十五大精神为指导，紧紧围绕中共楚雄州委、州人民政府的中心工作，深入研究州情地情，增强精品意识和服务意识，积极为各级领导和部门开展各项工作做好信息资料服务，各项任务于年内圆满完成。(1) 全州地方志续修工作开始启动。州地方志办公室在上半年召开多次续修工作会，专题研讨全州续修意见及州志续修方案。在此基础上，单位领导及业务人员几次深入到各县（市）地方志办公室开展调研，与当地党委政府研究续修工作，指导并帮助解决相关续修问题，经过调研形成全面系统的全州续修方案，并已提交州人民政府讨论。(2)《楚雄州盐业志》编撰工作年底已完成送审稿撰写任务。(3) 整理校注出版《康熙楚雄府志》。5月，经单位有关人员的辛勤努力，整理校注的《康熙楚雄府志》由德宏民族出版社出版。该旧志出版发行是楚雄州古籍整理的又一成果。(4) 进一步提高《楚雄州年鉴》、《楚州今古》编辑出版质量，为彝州两个文明建设服务。《楚雄州年鉴》已赓续出版12部。在保证文稿质量的前提下，不断优化装帧设计，大力宣传州内企事业单位，充分发挥了大型地情信息资料书的作用。《楚州今古》陆续出刊67期，编辑人员认真选题，精心策划，完善版式装帧，推动了地方志的对外宣传工作。

【《楚雄州年鉴》(2000) 发行暨工作会】 《楚雄州年鉴》(2000) 发行暨工作会于2001年元月4日在州人民政府二楼会议室召开。州人民政府办公室副主任李平主持会议，州人民政府副州长罗嘉福、州政协副主席普联荣、州委副秘书长任学全、州属部委办局办公室主任、10县（市）人民政府分管年鉴工作领导及县（市）地方志办公室主任等120人参加会议。州人民政府副州长罗嘉福在会上作了讲话，指出年鉴是认识州情、加快彝州改革开放步伐的重要工具书，也是见证历史、开创未来的重要参考书，强调各级各部门要重视和加强年鉴的编写及宣传发行利用工作，让它在新世纪里继续为彝州两个文明建设服务，为西部大开发提供快捷的地情信息资料服务。与会领导充分肯定了年鉴工作取得的成绩，并对新一年的年鉴工作提出了要求和希望。会议表彰了获优秀条目奖和时效奖的撰稿人。最后，《楚雄州年鉴》主编李发登布置了2001年年鉴工作，并对年鉴编撰的时效及质量作了进一步明确要求。

【禄丰县率先在全省完成续修志书送审稿】 2000年，禄丰县地方志办公室在中共禄丰县委、县人民政府的领导下，在省州地方志部门的积极指导下，经过全室编撰人员及社会有关人士的共同努力，于年内完成《禄丰县志》(1988～2000) 送审稿。志稿以马列主义、毛泽东思想、邓小平理论为指导，运用辩证唯物主义和历史唯物主义的立场、观点和方法，实事求是地论述禄丰县“八五”、“九五”计划的实施过程和历史发展轨迹。志稿采用述、记、志、传、图、表、录体例，采用章节体与条目体结合的章节条目体式，全书共有16篇、50章、248节、1818个条目，前设概述、大事记，后设人物、附录，共80万字。续修禄丰县志送审稿在全省的率先完成，对全州乃至全省地方志续修工作的启动及全面推开起到了一定的促进和示范作用。

【《楚州今古》按期出刊】 《楚州今古》是由楚雄州地方志办公室、楚雄州地方志学会主办的服务修志、宣传彝州的地情刊物。2000年，刊物围绕党委政府中心工作，为彝州的改革开放和现代化建设以及建设民族文化大州服务。全年共开设“州情论坛”、“改革特写”、“西部大开发论坛”、“人物专访”、“方志续修”、“年鉴工作”、“史海勾沉”、“乡土话旧”、“往事珍忆”、“今日彝山”等栏目，出刊4期（其中三、四期为合刊），共登载文章100余篇，共计50万字。刊物在保证文章质量的基础上，对封面、内页进行精心策划，办刊质量进一步提高，在州内社科期刊中享有一定声誉。

〔白云鹏〕

外　　事

【简述】 2000年，楚雄州外事办公室围绕中共楚雄州委、州人民政府工作思路和中心工作，积极发挥外事部门在扩大对外开放方面的能力和作用，继续做好“请进来、走出去”的具体工作，强化出国管理，加强外事队伍建设，搞好全州外事协调工作，全面完成外事的各项工作任务。

【做好外事接待和管理工作】 2000年，楚雄州外事办公室积极做好外事接待和管理工作。(1) 积极做好来自美国、日本、韩国、加拿大、泰国、瑞典等外宾的接待工作，共接待外宾191人次，在外宾接待中，根据“外事无小事”的原则，注意内外有别和形象，加强保密工作，给外宾留下了美好的印象。(2) 积极搞好外籍专家、留学生、外籍商人的管理工作，通过走访与座谈，让他们感受到改革开放的彝州人民的友好与热情。(3) 做好领导出国手续及公务临时出国（境）人员手续的办理工作，全年共办理30批，46人次。

【姚安“1·15”地震外籍朋友捐资情况】 2000年1月15日姚安“1·15”地震发生后，楚雄州外事办公室积极与省外事办公室联系，省外事办公室做了大量工作，与外国朋友联络。争取到美国驻成都领事馆总领事高洛文先生、美国心连心基金会四川赈灾服务部副主任孙宝玲女士、日本国阪神·淡路大震灾支援会NGO联络会等个人和组织的捐资、捐物，折合人民币20万元。

【法国“希望之链”神经外科医生到彝州开展合作项目】 2000年3月15日至4月15日，上海市第九人民医院与法国“希望之链”协会首次在楚雄州人民医院进行小儿神经学科发展的人道合作计划项目，对楚雄州人民医院小儿神经学科的发展进行指导和学术交流。为楚雄州贫困地区小儿脑积水、脊膜膨出患者进行手术治疗，手术治疗的费用由法国“希望之链”协会承担。

【接待法兰西共和国安道尔地掷球队回访团一行】 2000年5月8日，应国家体育总局小球管理中心和云南省老年体协的邀请，法兰西共和国安道尔地掷球回访团一行7人到楚雄回访交流球艺。在楚雄期间，州老年体协坚持内外有别、热情友好的原则，宣传楚雄的民族文化和风土人情，向外国友好人士展示了楚雄彝州在改革开放中的崭新形象。

【接待加拿大第一民族大会代表团一行】 2000年5月11日，应国家民委邀请，以比尔．伊斯马斯为团长的加拿大第一民族大会代表团一行6人，由国家民委国际司副司长陪同到楚雄作考察交流。在楚期间，州人民政府及有关部门的领导与访问团在林业等方面进行了交流，对项目合作进行了磋商。

【接待外交部副部长张德广一行】 2000年5月20日至23日，楚雄州外事办公室接待了外交部副部长张德广一行赴楚雄疗养考察。张德广一行在楚雄期间，目睹了楚雄经济建设方面取得的巨大成就，加深了对楚雄州情的了解。楚雄彝州给张德广副部长一行留下了深刻的印象。

【接待英国帝国理工医学院张红毅博士】 2000年8月7日至11日，英国帝国理工医学院生物医学科学系博士张红毅偕夫人欧阳笑梅博士，应楚雄州克山病防治研究所邀请，赴楚进行医学交流，对楚雄州克山病和病毒性心肌炎的病因进行探讨。

【接待韩国亚洲民族代表团】 2000年7月1日至10日，为增进中国与韩国在民族文化方面的交流合作，扩大中国民族服装服饰博览会在国际上的影响，拓展民族风格时装在国外的市场，云南省外事办公室邀请了韩国亚洲民族造型文化代表团一行23人对楚雄进行友好访问，参观了州丝绸厂、州博物馆、中国彝族十月太阳历文化园等。

【州境发生涉外重大交通事故】 2000年9月17日，在安（宁）楚（雄）公路158+900M处发生一起两车相撞造成5人当场死亡的重大涉外交通事故。其中有2名香港特别行政区居民。事故发生后，楚雄州人民政府分管外事工作的副州长杨汝鉴亲临现场指挥救护和查处工作，州外事办公室向省外事办公室领事一处书面汇报并协助处理了有关涉外问题。

〔王美华〕

侨　　务

【全州侨务工作会议】 2000年6月13日，楚雄州人民政府召开了全州侨务工作会议。云南省侨务办公室主任李为佑、楚雄州人民政府副州长杨汝鉴、州属有关部门领导和各县（市）分管侨务工作的副县（市）长和侨务专干70余人参加了会议。杨汝鉴在会上作了题为《统一思想、狠抓落实，努力把我州侨务工作推上新台阶》的报告。会议认真贯彻落实了全国、全省侨务工作会议精神，总结部署了全州侨务工作，提出了楚雄州跨世纪侨务工作的指导思想和要求。

【争取侨胞支援姚安抗震救灾】 2000年，姚安“1·15”地震发生后，楚雄州侨务办公室立即向省侨务办公室汇报，并会同姚安等县侨务办公室组织力量对外宣传，争取重建外援。经过努力，促成了海外侨胞及台胞向姚安、牟定等县捐资861320元人民币，捐物价值达10

多万港元。

【日本神户华侨总会和全美大西南同乡会为姚安地震捐款】 2000年4月18日，日本神户华侨总会秘书长林美智子女士、全美大西南同乡会会长周顺祥先生率员在云南省侨务办公室及楚雄州侨务办公室有关领导陪同下，亲赴姚安县涟水小学考察并捐款136300元建盖新教学楼。该楼于9月7日竣工。林美智子女士、松原女士、郑英子女士、日本友人德子石井女士及省、州、县侨务办公室、教育委员会的领导参加了工程落成典礼。

【美国华侨为牟定姚安两县困难小学捐款】 2000年9月10日至11日，旅美华侨欣欣教育资金会一行8人以叶长龄女士为团长，在云南省及楚雄州侨务办公室有关领导的陪同下，到姚安县、牟定县对两所困难小学实地考察并捐资助学。在考察了牟定县青龙乡河节冲小学和姚安县光禄镇旧城办事处新村小学后，欣欣教育基金会决定为两校各捐赠1万美元作为校舍重建配套基金、500美元作为图书购置费，并给河节冲小学学生2000元人民币的伙食费补贴。另外，时逢教师节，欣欣教育基金会还给两校10位教师包括校长各赠发1个月工资共计人民币8620元以示祝贺。

【侨务法律法规宣传监督执行工作】 2000年,全州各县（市）侨务办公室始终把贯彻实施“一法两办法”当做大事常抓不懈。(1) 在执行政策中严把政策关，做到准确无差错。(2) 进一步向归侨、侨眷及有关部门宣传侨法，使侨法在执行中得到进一步支持。9月28日，州侨办会同州人大民工委召开了州属有关部门及归侨侨眷共60余人参加的侨法颁布10周年纪念会及研讨会，与会人员畅谈了侨法颁布实施以来取得的成效和收获，讨论了对侨法执行中存在问题的处理办法。各县（市）侨办也在7月份分别召开了归侨和侨眷座谈会，对贯彻落实侨法征求意见。同时，开展宣传纪念侨法实施10周年活动，进一步宣传侨法。10月，全州10县（市）侨办开展了侨务立法调研工作，各县（市）认真组织了侨情调查、侨法执行情况大检查，总结分析本县（市）侨务工作要点，制定提高为侨服务的措施，并采取召开座谈会及专访的方式进行调研。通过调研，部分归侨侨眷对进一步修改完善《权益法》提出了意见、建议，为进一步完善侨法奠定了基础。一年来，各县（市）侨办对前来反映问题的归侨侨眷给予热心帮助，耐心解答，积极疏通，认真按政策办事，年内全州没有未解决的侵权事件，也未发生新的侵权事件。

【侨政信访工作】 2000年，全州各级侨务部门积极为归侨侨眷办实事。（1）为困难归侨侨眷奔走呼告，帮其解决实际困难；（2）利用节假日走访慰问，掌握本辖区新移民情况；（3）实行政务公开，自觉接受广大归侨、侨眷、华人的监督，切实做好为侨服务工作。年内，全州侨务部门共受理国内外归侨侨眷、侨胞来信来访1098件次，其中有寻问有关侨务政策的，有寻访亲友的，有因与人发生纠纷要求侨办调解的，有为子女工作、住房、升学及家庭困难要求照顾的。对来信来访，州县侨办都给予及时答复、解决，热情接待、协调疏通，说理教育，不推诿，做到件件有回音。不少县（市）侨办在节假日还组织召开了归侨侨眷、港澳同胞眷属座谈会，进一步增进友谊，宣传政策法规，广泛地动员力量吸引外资，为彝州经济建设作贡献。

【侨务扶贫工作】 2000年，全州各级侨务部门利用回收扶贫资金在原有的基础上滚动扶贫，对已脱贫的“再送一程”，对未脱贫的继续给予扶持。通过扶持，大部分贫困归侨侨眷走上了小康之路，还带动村里的贫困户一块脱贫。各县（市）侨务办公室在扶贫工作取得一定成绩的基础上，对未脱贫的重点户跟踪检查，总结经验，帮助解决困难，力争早日脱贫。

【侨务宣传工作】 2000年，州县（市）侨务办公室利用多种渠道扩大对彝州的宣传，尤其在姚安“1·15”地震期间，由于各级侨务部门及时对外宣传，引来了海外华侨及台湾同胞对该地区近百万元资金及物资的援助。同时，把宣传工作贯穿于整个侨务工作中，积极撰写稿件通过媒体宣传侨务工作方针、政策，宣传彝州改革开放的大好形势。全州各县（市）共被采用稿件20余篇。

〔高锦华〕

对台工作

【简述】 2000年，楚雄州台湾事务办公室在云南省台湾事务办公室和中共楚雄州委对台工作领导小组的直接领导下，认真学习和领会中央对台工作的方针政策，密切关注“3·18”、“5·20”等重要台情，及时掌握在楚台胞台属情况，深入开展揭批“两国论”、“台独”等活动，广泛宣传和认真执行《中华人民共和国台湾同胞投资保护法》及实施细则，热忱为台商、台胞、台属服务，努力为他们排忧解难办实事，围绕州委中心工作，积极参与对台经贸交流和招商引资工作，服从并配合主管部门州人民政府办公室的安排，较好完成各项交办任务，全州对台工作有了明显进步。

【颁发《台属证》】 2000年，在上年对全州现有台属进行全面普查的基础上，开展了颁发《台属证》的工作，以户为册，共发《台属证》2693本，实际全州在册台属共4860人。同时，也基本弄清了去台的台胞1265人，现在台的祖籍楚雄的台胞168人。他们是楚雄州对台工作的直接对象，是推动两地交流、促进祖国统一的一支不可小视的力量。

【春节慰问在楚台商台胞】 2000年2月3日至4日，楚雄州人民政府副秘书长兼台办主任普云及台办有关人员带着节日礼品，前去慰问台商林呈祥先生、胡明昕先生、高跃南先生以及曾捐资10万美金建盖楚雄师专文史馆的周金良教授等在楚台商台胞。代表政府对他们表示慰问，并听取了他们对楚雄州经济工作的意见。

【姚安"1·15"地震台属受灾情况】 2000年1月15日在姚安发生6.5级地震后，波及到全州除双柏县外的各县（市），经各县（市）台湾事务办公室统计上报的不完全数字，受灾台属户达432户，房屋受损1324间，死亡大牲畜58头，共折合损失人民币273.28万元，均在抗震救灾中获得了不同程度的补偿，台属纷纷感谢党和政府对他们的关心和帮助。

【省联合检查组赴楚雄检查《台胞投资保护法》执行情况】 2000年3月初，云南省人民政府责成省台湾事务办公室牵头，省外经委、省公安厅、省台盟等部门参与组成联合检查组，由省台办主任韩龙率领赴滇西检查《台胞投资保护法》执行情况。检查组首站到达楚雄检查。省、州人大常委会从立法、执法角度就切实维护台商权益进行调研。楚雄州台湾事务办公室认真准备，积极配合调研检查活动，动员台商在调研检查活动中畅所欲言，积极进言和如实反映问题，以进一步掌握好祖国大陆的法律法规和政策，安心在彝州投资发展。州台办还及时将祖国大陆现行法规和相关政策的小册子送到台商手中，做到人手一册，使他们不仅了解相关法律法规，自觉遵守，还能运用法律来维护自身的合法权益。省、州人大调研结束后认为：楚雄州政府有关部门在保护投资台商的合法权益、维护正常经营、减轻负担方面是做得好的，比较令人满意。

【办好《涉台工作简报》】 2000年，楚雄州台湾事务办公室继续不定期编发《涉台工作简报》供领导、涉台部门参阅，以利于加强对涉台工作的联系和配合，利于州委、州人民政府分管对台工作的领导加强对台工作的指导，加大外宣工作力度，使对台工作形成合力，促进对台工作的发展。

【认真贯彻全省台办主任会议精神】 2000年6月，云南省台湾事务办公室召开全省台办主任会议。会后，楚雄州台湾事务办公室及时向州人民政府分管领导和州委对台工作领导小组作了详细汇报，并在州委政法委、州社会治安综合治理委员会分析青年思想动态的会议上汇报了在楚台胞台属情况，密切关注台情，研究部署下步对台工作，还积极利用全州工作会议的机会，有选择地进行传达并安排下步对台工作。积极主动配合州委宣传部组织全州各县（市）、州级行政事业单位、厂矿、学校收看《中国统一之路》电视专题片，收到良好效果。

【台湾慈心慈善教育资金会到姚安牟定两县捐建希望小学】 由云南省台湾事务办公室牵线，通过香港爱国人士引荐的台湾慈心慈善教育资金会捐资40余万元人民币，在姚安、牟定两县各建希望小学一所。2000年10月20日至21日，由省侨办副主任杨光民陪同的基金会董事长谢正达、执行长洪庆辉等一行5人出席了姚安、牟定两所希望小学的奠基典礼，两县人民政府办公室领导主持了开工庆典。

〔黎　森〕

无线电管理

【简述】 2000年，楚雄州无线电管理工作在云南省无线电管理委员会办公室和楚雄州人民政府的支持领导下，始终坚持以邓小平理论为指导，认真贯彻党的十五届五中全会精神，结合"三个代表"的要求，注重抓好政治理论学习，狠抓各项工作的落实，使全州无线电管理工作在机构自身建设、技术设施建设、行政执法、管理协调等方面都得到了加强。截止2000年底，全州设置使用的无线电设备共计4000台，其中对讲机、短波电台2800台、微波通信36台、卫星地球站13台。在全州共开设无线寻呼台6家，寻呼用户16万多户，架设寻呼基站243座。移动电话6.7

万多用户，移动电话基站104座。

【无线电法规宣传】 2000年，楚雄州无线电管理处通过广播、电视、报刊等新闻媒体开展了多种形式的无线电管理法规宣传活动。(1)以州人民政府办公室《关于查处大功率无绳电话的通知》下发到各县（市）、各乡（镇），并在广播、电视上将此通知反复进行宣传；(2)利用《楚雄日报》刊登了无线电台站管理知识和有关的审验通知；(3)印制了无线电管理法规选编及无线电条例宣传册上千份，分发到各设台单位，进一步扩大了对法律法规的宣传学习。

【无线电执法管理】 2000年，楚雄州无线电管理处加强了无线电管理的执法力度。(1)2月底与州法制局联合举办了全州无线电管理行政执法培训班，并颁发了行政执法证；(2)对严重违反无线电管理法规、擅自违章设台的2家单位进行了处罚，对9家不按规定参加年度验审的单位进行了警告和严肃批评；(3)按照省无线电管理委员会办公室的部署，在10月份联合大理、丽江、迪庆3地州对无线电管理和无线电销售市场进行了综合执法交叉检查。在楚雄主要检查了楚雄州无线电管理部门依法行政、依法管理及设台审批程序等方面的内容，检查结果受到了检查组一行的一致好评。通过宣传教育和加大执法力度，使全社会特别是无线电管理工作人员和设台单位在自觉执法、守法、依法行政意识等方面得到了进一步提高。

【无线电通信服务】 针对近几年来护林防火形势严峻，全州护林防火部门原来使用的无线电频率受到严重干扰的状况，2000年，在进入防火期前，州无线电管理处及时为全州护林防火部门协调指配了5对超短波频率，并派出技术人员帮助搞好改频调试工作。在森林防火进入关键时期和防汛工作即将进入准备阶段时，州无线电管理处一行3人巡回到各县对护林防火、抗旱防汛、气象等部门的通信设备和高山转信台、瞭望台进行检查、维修，确保了防火、抗旱防汛期间无线电通信的顺利畅通。在姚安“1·15”地震救灾中，全体职工积极投入救灾工作，根据州政府办公室的安排昼夜值班，并安排职工亲临地震第一线架设短波电台保证救灾工作通信的畅通，由于在抗震救灾中表现出色，在6月20日州委、州人民政府召开的抗震救灾表彰会上，2名职工被授予“先进个人”称号，受到了表彰。

【检查整顿无线电发射设备销售市场】 2000年，楚雄州无线电管理处坚持既要加强管理、凭证经营，又要注重发展经济，积极支持和引进外地人员到楚雄州投资经营的原则，积极加强无线电发射设备销售市场的管理。一方面组织人员在4月份和9月份先后两次对全州无线电销售市场进行检查清理，对在检查中发现的少数无证经营者提出严重警告后及时补办手续；另一方面又积极为申请经营者及时审批、办理《无线电发射设备准销证》。全年共审核办证36份、换证8份，为经营者创造了良好的投资环境，活跃了无线电销售市场，同时也促进了无线电通信事业的健康发展。

【维护空中电波秩序】 2000年，楚雄州无线电管理处在州人民政府的关心和支持下，解决了多年来监测用房不足的问题，同时又新购置了一定的监测设备，使全处的无线电监测工作得以顺利开展。年内，全处无线电监测的重点主要是放在对寻呼发射频率的监测上，通过定时和不定时对寻呼频率的监测及时发现和排除对150兆和450兆民用频率的干扰。全年开机监测400余小时，协调和排除无线电干扰12起，有效地维护了空中电波秩序，维护了无线电合法用户的权益。

【无线电年度检审收费】 为使广大无线电用户做到遵纪守法，并能按时参加年度电台检审和缴费工作，楚雄州无线电管理处在2000年8月至11月认真开展了2000年度全州无线电台检审和征收无线电频率占用费工作。主要采取在《楚雄日报》和楚雄州、市电视台发布通知、通告，给用户单位打电话以及上门督促等办法，全年共检审无线电台执照2700多份、补办电台执照4份、批复设台报告73份、征收无线电频率资源费并上缴州财政10万余元。在财务管理工作中，严格财经纪律，掌握收费标准，严格执行收支两条线管理，在多年来的财政、税务大检查中未发现有违规、违纪行为。

〔刘利荣〕

中国人民政治协商会议楚雄彝族自治州委员会

2000年，中国人民政治协商会议楚雄彝族自治州委员会（以下简称州政协）紧紧围绕中共楚雄州委、州人民政府的中心工作，高举邓小平理论伟大旗帜，以中共十五届五中全会及江泽民同志“三个代表”的重要思想为指导，突出团结、民主两大主题，不断加强政协自身建设，充分发挥政协的优势，解放思想，更新观念，大胆实践，扎实工作，切实履行政治协商、民主监督、参政议政职能，广泛反映社情民意，为楚雄州的改革、发展、稳定和社会主义民主政治建设作出了积极的贡献。年内，按照《中国人民政治协商会议章程》的规定，召开了州政协六届四次全会，六届常委会第12、13、14、15次会议。组织委员就“1·15”地震教育卫生恢复重建工作、楚雄州村级卫生组织建设工作、提案工作进行调查、视察。同时，配合政协云南省委员会，分别对楚雄州个体私营经济发展情况及个体私营企业贷款担保资金理事会开展工作情况组织了一系列的专题视察。组织了两次楚雄城区政协楚雄州第六届委员会委员活动。根据中共楚雄州委的委托，分别就楚雄州培植生物制药业、绿色食品业、培育市场主体问题进行协商论证，并形成了专题建议。各专门委员会分别召开了5次“西部大开发，楚雄怎么办”系列座谈会，形成了《大开发要创造一个良好的法治环境》、《大开发要高度重视人才队伍建设》、《大开发要选准突破口和切入点》等书面专题建议。创办了《楚雄政协》内部季刊。为政协干部提供了学习政协统战理论，交流参政议政经验的建言立论阵地。

〔鲁文兴〕

重要会议

【政协楚雄州第六届委员会第四次全体会议】　2000年3月27日至4月1日，政协楚雄州第六届委员会第4次全体会议在楚雄举行。这次会议应到会委员309人，实际到会286人，因病因事请假23人。驻楚政协云南省委员会委员，中央属、省属、州属各单位领导及驻楚部队领导共150人列席会议。州党政军领导及州中级人民法院、州人民检察院的领导应邀参加开幕式和闭幕式。会议由主席杨成彪和各位副主席分别主持。会议的指导思想是：以邓小平理论为指导，坚持党的基本路线和基本方针，全面贯彻党的十五大和江泽民总书记在庆祝人民政协成立50周年大会上的讲话精神，认真贯彻落实全国政协九届三次全会、云南省政协八届三次全会精神以及中共云南省委六届八次、九次全会，中共楚雄州委五届五次、六次全会精神，认真履行政治协商、民主监督、参政议政职能，突出团结、民主两大主题，为彝州两个文明建设服务，促进改革、发展和稳定。会议的主要议程：（1）听取并审议《政协楚雄州第六届委员会常务委员会工作报告》；（2）听取并审议《政协楚雄州第六届常务委员会关于州政协六届三次会议以来的提案工作报告》；（3）协商《政府工作报告》、“两院”工作报告及其他报告；（4）列席楚雄州八届人大五次会议；（5）补选政协楚雄州第六届委员会秘书长；（6）审议通过政协楚雄州第六届委员会第四次会议；（7）政协楚雄州第六届委员会提案法制委员会报告六届四次会议期间提案审查情况。中共楚雄州委书记丁绍祥在会上作了《齐心协力，开创未来，促进彝州经济社会持续发展》的重要讲话。会议选举杨春华为政协楚雄州第六届委员会秘书长。

【政协楚雄州六届常委会第12次至15次会议】　2000年2月21日至22日，政协楚雄州第六届委员会常务委员会第12次会议在州政协召开。会议的主要议程：（1）传达学习云南省政协八届三次会议精神；（2）协商讨论楚雄州人民政府工作报告（征求意见稿）；（3）听取并审议《政协楚雄州第六届委员会常务委员会工作报告》（征求意见稿）和《政协楚雄州第六届委员会常务委员会提案工作报告》（讨论稿）；（4）讨论通过政协楚雄州第六届委员会常务委员会2000年工作要点；（5）审议通过政协楚雄州委员会各专门委员会1999年工作总结及2000年工作意见；（6）协商通过政协楚雄州第六届委员会第四次全体会议召开时间、议程、日程、列席会议单位、特邀人员及常务委员会工作报告报告人；（7）

协商任免政协楚雄州第六届委员会委员；(8) 协商通过补选政协楚雄州第六届委员会委员；(9) 协商通过政协楚雄州第六届委员会第四次全体会议秘书长、副秘书长名单。州人民政府州长罗正富到会作《政府工作报告》(征求意见稿) 说明，并听取委员们的意见和建议。主席杨成彪对下步工作提出了要求。

2000年6月5日至6日，政协楚雄州第六届委员会常务委员会第13次会议在州政协召开。会议的主要议程：(1) 协商讨论“西部大开发，楚雄怎么办”；(2) 审议通过《中国人民政治协商会议楚雄州委员会工作规则（草案)》、《中国人民政治协商会议楚雄州委员会主席会议制度（草案)》；(3) 人事任免。主席杨成彪作会议小结，并就各级政协、广大政协委员进一步增强责任感和使命感，解放思想，更新观念，发挥优势，积极建言献策，在西部大开发的全新事业中作出应有的贡献提出了要求。

2000年9月8日至9日，政协楚雄州第六届委员会常务委员会第14次会议在州政协召开。会议的主要议程：(1) 协商讨论姚安“1·15”地震教育卫生系统恢复重建工作；(2) 协商讨论全州农村卫生组织建设工作；(3) 协商通过《关于将全州村级卫生所（室）乡村医生补助和贫困乡村卫生所（室）药品垫本补助列入州级财政预算的建议案》和《关于建设楚雄青少年活动中心的建议案》；(4) 协商通过《中国人民政治协商会议楚雄州委员会专门委员会工作通则》(草案)。主席杨成彪作会议小结，并就以“三个代表”重要思想为指导，认真搞好地震恢复重建工作，大力发展教育、卫生事业发表了意见。

2000年12月21日至22日，政协楚雄州第六届委员会第15次会议在州政协召开。中共楚雄州委常委、州人民政府常务副州长保明虎和中共楚雄州委常委、秘书长李明到会对《中共楚雄州委关于制定楚雄州国民经济和社会发展第十个五年计划的建议》(协商稿) 形成的过程作了通报，并对《建议》中的有关问题作了说明。会议的主要议程：(1) 学习贯彻中国共产党十五届五中全会精神；(2) 学习贯彻全国统战工作会议精神；(3) 协商讨论《中共楚雄州委关于制定国民经济和社会发展第十个五年计划的建议》(协商稿)；(4) 人事任免。会议协商决定增补李振华、刘洪群、毕从秀为政协楚雄州第六届委员会委员，协商决定刘洪群任州政协经济科学技术委员会主任，毕从秀任州政协民族宗教联络委员会主任。主席杨成彪作会议小结，并就进一步深入学习贯彻中共十五届五中全会、全国统战工作会议精神和政协工作如何为楚雄州新世纪开局的经济和社会发展服务提出了意见和要求。

〔鲁文兴〕

重要活动

【筹办云南中国画论坛理论研讨会】 2000年9月27日至29日，云南中国画论坛理论研讨会在楚雄紫溪山举行。此次研讨会由云南省美术家协会、云南中国画艺术委员会主办，政协楚雄州委员会、中国人寿保险公司楚雄分公司筹办。中国美协理事、省文联副主席、省美协主席、中国美协会员、云南画院院长王晋元，云南艺术学院院长、省美协名誉主席、中国美协会员张建忠，云南省美协副主席、秘书长、中国美协会员陈永乐，云南省美协名誉理事、原云南省美协副主席梅肖青，云南画院副院长、中国美协会员姚钟华，云南艺术学院教授、中国美协会员夭永茂，云南画院副院长、中国美协会员高金龙，云南艺术学院教授、中国美协会员孙建东等来自全省各地的38名知名画家出席会议。杨成彪主席在开幕式上作了讲话。此次会议旨在通过广泛交流和研讨，繁荣云南中国画创作。与会同志围绕中心议题，分析研究了云南省中国画的发展现状及特点，从理论到实践，从不同角度、不同侧面阐述了各自的观点，对云南中国画的创作与发展进行了广泛的研讨交流。会上还进行了笔会交流。

【筹办《中国政协》特约记者工作会】 2000年10月17日至22日，《中国政协》特约记者工作会议在楚雄召开。这次会议由《中国政协》杂志社主办，政协楚雄州委员会承办。全国31个省市自治区、15个副省级市政协、各民主党派中央及全国工商联的特约记者和有关人员共50余人参加会议。政协全国委员会副秘书长保育钧到会并作重要讲话。《中国政协》杂志社总编辑李吉出席会议并作专题讲话。政协云南省委员会副主席孟继尧、中共楚雄州委书记丁绍祥、州人民政府代理州长夜礼斌、政协楚雄州委员会主席杨成彪到会祝贺并讲话。

【楚雄州乡（镇）政协委员组长培训班】 2000年12月17日至23日，政协楚雄州委员会在楚雄举办全州乡（镇）政协委员组长培训班。10县（市）政协主席、副主席、办公室主任、各专门委员会主任、128个乡（镇）政协委员组长共计210人参加培训。中共楚雄州委书记丁绍祥参加开学典礼，通报全州经济社会发展情况，并对政协工作提出希望和要求。杨成彪主席，普联荣、胡桂英、殷鸿绪副主席，杨春华秘书长分别在培训班上作专题讲座。10县（市）政协委员会对换届以来的履职情况进行了书面交流。会议期间，还对口召开了主席、副主席、办公室主任、各专门委员会主任座谈会，对一些共性问题进行了研讨和交流。杨成彪主席在培训结业典礼上作总结，并就认真学习宣传贯彻全国统战工作会议和中共楚雄州委五届七次全会精神提出了要求。

【中央新闻单位记者采访团专题采访楚雄州政协工作】 2000年7月28日，由全国政协办公厅组织的中央新闻单位记者采访团，到楚雄州专题采访政协工作。采访团一行由全国政协新闻办公室负责人杜亚利带队，人民日报社、新华社、中央电视台、中央人民广播电台、光明日报社、经济日报社、法制日报社、中国新闻社、人民政协报社9家新闻单位记者共13人组成。中共楚雄州委书记丁绍祥，政协楚雄州委员会主席杨成彪，州人民政府副州长周发洪先后接受采访团采访。中共楚雄州委常委、秘书长李明，中共楚雄州委常委、宣传部长李俊，中共楚雄州委统战部部长沙白云，政协楚雄州委员会副主席普联荣、胡桂英、殷鸿绪、李崇明及秘书长杨春华参加了有关座谈会。

〔鲁文兴〕

委员视察

【对“1·15”地震教育卫生部门恢复重建的视察】 2000年8月22日至28日，政协楚雄州委员会组织部分政协委员及有关部门参加的视察组，由副主席普联荣、殷鸿绪带队，对姚安、大姚、南华、牟定4个县的21个乡（镇）、41所中小学校（校点），29个卫生院、所、室，1个民政民房统建点进行“1·15”地震恢复重建工作视察。通过视察，针对存在困难和问题提出建议。（1）要从“讲政治”的高度来认识恢复重建工作，以“三个代表”重要思想统一各级党委、政府及广大干部群众的认识。（2）要强化质量责任意识，严把质量关。（3）要加强信息的沟通工作，争取尽快落实资金到位和加快工程进度。（4）要借恢复重建之机，建立健全各项规章制度。（5）要积极争取资金，促进全州早日完成恢复重建工作。

【对农村卫生组织建设情况的视察】 2000年8月22日至28日，政协楚雄州委员会组织部分政协委员及有关部门领导参加的视察组，由副主席普联荣、殷鸿绪分别带队，先后到牟定、南华、姚安、大姚4个县的21个乡（镇），对乡（镇）医院及29个村级卫生室业务用房建设、医疗器械、药品配备情况以及地震恢复重建情况进行了实地察看，对卫生专业技术人员队伍建设及开展合作医疗的情况，进行了认真的调查了解。主席杨成彪专程到南华县了解情况并就视察中反映出的问题与南华县的领导交换意见。通过视察提出建议：（1）增加投入，合理解决乡村医生报酬；（2）村级体制改革中村卫生室机构及人员要保持稳定，不能随意撤换和裁减；（3）深化改革，加快推进“乡村一体化”管理进程；（4）继续稳步推进合作医疗。

【对楚雄等4县（市）政协提案工作情况的调研】 2000年9月18日至26日，政协楚雄州委员会副主席胡桂英带领提案法制委员会和州人民政府办公室的有关同志，对楚雄、大姚、姚安、牟定4个县（市）政协提案工作进行调研。在调研过程中，就如何进一步提高提案质量和办理质量，如何贯彻落实好州人民政府30号令进行了交流、探讨。还对涉及州政协六届四次会议的重点提案进行了跟踪调查。主要特点：领导重视，办理效果好；认识统一，办理认真；交办及时，督办有力；服务到位，质量提高。存在的主要问题：认识有待提高；先面商后函复的工作发展不平衡；交办程序不够规范；立卷归档还不够规范。建议：进一步强化对政协提案的认识；进一步规范交办和办理程序；认真写好提案工作报告；主动配合召开好提案交办会，提高交办质量；进一步加大宣传教育力度。

【省政协对楚雄州2000年工业污染源达标排放工作情况的视察】 2000年7月23日至26日，政协云南省委员会组织政协委员及有关部门领导组成视察组，由副主席麦赐球带队，对楚雄州2000年工业污染源达标排放工作情况进行视察。政协楚雄州委员会主席杨成彪、副主席胡桂英、马旷源，秘书长杨春华陪同视察。州人民政府副州长周发洪汇报有关情况。视察组实地察看了云南燃料二厂、一平浪煤矿、滇中化工厂和楚雄奕标水泥有限公司治污工程建设和运转情况。视察组对楚雄州达标排放工作进展情况表示满意。并对抓好下步工作提出建议：（1）希望继续加强领导，提高认识，继续搞好宣传，发动群众。（2）37家企业一定要力争年内达标。（3）治理污染技术方案、措施要做好，要科学，不要出现花了钱但无效果的问题。（4）没有列入达标排放考核的企业，也要积极开展防治污染、保护环境的工作。

【省政协对楚雄州《中华人民共和国未成年人保护法》和《中华人民共和国预防未成年人犯罪法》实施情况的视察】 2000年11月7日至11日，政协云南省委员会组织部分政协委员及有关部门领导参加的视察组，由副主席和占钧带队，对楚雄州学习、宣传、实施《中华人民共和国未成年人保护法》、《中华人民共和国预防未成年人犯罪法》（以下简称“两法”）的实施情况进行视察。州人民政府副州长罗嘉福参加了州市人民政府的汇报会。政协楚雄州委员会副主席胡桂英、秘书长杨春华陪同视察。视察组分别听取了楚雄州、市和禄丰县人民政府关于学习、宣传、实施“两法”情况的工作汇报；视察了楚雄市和禄丰县，召开了有共青团、妇联、教委、中小学校、村民委员会的有关负责人、部分学生家长参加的座谈会；视察了楚雄市戒毒所、苍岭中学，禄丰县的一平浪干海资村民委员会、民族中学、城南小学。视察组对楚雄州贯彻实施“两法”工作所取得的成绩给予了充分肯定，并提出意见和建议：（1）要进一步加大对“两法”的学习、宣传、实施力度；（2）要全面执行“两法”的各项规定；（3）要建立健全实施“两法”的协调机构；（4）建议建立校外辅导中心；（5）学习借鉴外地经验。

〔鲁文兴〕

建议提案

【对培植楚雄州生物制药业的建议】 受中共楚雄州委的委托，政协楚雄州委员会在广泛调查研究的基础上，于2000年5月17日召开了部分政协委员及有关人士参加的协商论证会。对生物制药业的发展趋势、特点及楚雄州发展生物制药业的潜在优势进行了深入的分析和论证。认为楚雄州把生物制药业作为重点产业来培植是符合楚雄州实际的，既适应了经济结构调整的需要，也符合可持续发展的要求。建议：（1）要对产业名称有一个准确的定位。（2）要切实加强对产业开发的领导和协调。（3）要科学做好产业规划。（4）要集中力量培植骨干龙头加工企业。（5）建立产业发展基金。（6）要高度重视新药的研究开发。（7）要采取积极态度，认真抓好企业的GMP认证工作。（8）要营造良好的投资环境。（9）强化企业市场营销工作。（10）加强彝药基础理论研究。（11）要加强人才队伍建设。（12）积极探索国有产权的多元化改革，吸引多种经济成分投入。（13）加大药品市场的监督力度。（14）及时为企业提供有效的信息咨询服务。（15）实施名牌战略，创名优产品，加快产品结构调整和升级。（16）建立优质中药材基地。

【对培植楚雄州绿色食品业的建议】 受中共楚雄州委的委托，政协楚雄州委员会在广泛调查研究的基础上，于2000年5月24日召开了部分政协委员及有关人士参加的协商论证会。通过认真分析楚雄州发展绿色食品业的现状及优势条件，认为楚雄州发展绿色食品业具有良好的环境和丰富的资源优势，有较好的发展基础和广阔的市场前景，也符合国家和省的产业政策及发展战略规划。建议：（1）准确定位，扩大宣传，形成共识。（2）健全机构，明确职责，搞好服务。（3）调查研究，搞好规划，分步实施。（4）加强生态环境的保护与建设。（5）加强农用生产资料市场的监督和管理。（6）培育龙头企业。（7）强化品牌意识，培育名优品牌。（8）多渠道解决资金不足的问题。（9）加强科技培训，重视科研开发。

【对培育市场主体的建议】 受中共楚雄州委的委托，政协楚雄州委员会在深入调查研究的基础上，于2000年9月14日，组织部分政协委员及有关方面人士，就楚雄州实施西部大开发行动计划中，关于培育成熟而富有竞争力的市场主体问题进行研讨。大家认为，随着社会主义市场经济体制的建立，培育市场主体是一个非常重要的理论和实践问题。楚雄州市场发育缓慢，市场主体位置不突出，市场经济缺乏活力，培育成熟而富有竞争力的市场主体，任务更为艰巨、紧迫和重要。建议：（1）切实加强市场建设。要树立市场经济观念，高度重视市场建设；要认真搞好市场建设规划；要广开渠道，多方集资，加大投入；要积极培育和发展市场营销公司及中介组织，健全市场功能；要强化市场管理，规范市场秩序。（2）精心培育市场主体。要深化国有企业改革，搞活国有企业，使国有企业真正成为市场主体；放胆发展个体私营经济，培育新的市场主体；扩大对内对外开放，积极引入和发展新的市场主体；加快政府职能的转变，努力实现政企分开，为培育市场主体营造良好的发展环境。(3) 努力开拓市场领域。要进一步提高对市场营销工作重要性的认识，高度重视市场营销工作；要注重市场调研，选准目标市场，搞好营销策划；要建立健全营销机制；要大力开拓农村市场；要加强营销队伍、市场中介组织建设；要实施品牌战略；要重视产品包装和广告宣传；要强化政府的服务功能。

【大开发要选准突破口和切入点的建议】 根据政协楚雄州委员会主席会议决定，在调查研究的基础上，2000 年 5 月中旬，经济科技委员会组织部分政协委员及有关部门负责人，召开以“西部大开发，楚雄怎么办”为主题的专题座谈会，提出大力发展非公有制经济是楚雄州实施西部大开发的切入点和突破口。加快楚雄州非公有制经济的发展，(1) 要着重解决好 6 个突出问题：观念落后，政策不到位；债务链长，三角债多；融资渠道单一，贷款难；租金过高，管理不到位；占道费高，界限不清；税费过重。(2) 要增强法治、宣传、落实政策、吸引和服务 5 种意识。(3) 要努力营造法治、政策、文化和生活 4 个优良环境。(4) 发展非公有制经济要注意与“十五”计划相结合、与产业结构调整相结合、与小城镇建设相结合。

【为大开发创造法治环境的建议】 2000 年，根据政协楚雄州委员会主席会议的决定，在调查研究的基础上，提案法制委员会以解放思想，更新观念，为实施西部大开发创造良好的法治环境为题，于 5 月上旬分别召开了部分政协委员及有关方面人士参加的座谈会。提出如下建议：(1) 提高认识，统一思想，是实施西部大开发创造良好法治环境的重要前提。(2) 清理和完善政策、规定是实施西部大开发创造良好法治环境的重要环节。(3) 提高全体公民的法律意识，增强法制观念，是实施西部大开发创造良好法治环境的重要基础。(4) 严格行政执法，是实施西部大开发创造良好法治环境的关键。(5) 严厉打击犯罪，是实施西部大开发创造良好法治环境的重要手段。(6) 切实加强队伍建设，是实施西部大开发创造良好法治环境的重要保证。

【关于重视人才队伍建设的建议】 根据政协楚雄州委员会主席会议的决定，在调查研究的基础上，教科文卫体文史资料委员会于 2000 年 5 月 10 日召开有关人士参加的专题座谈会，围绕西部大开发楚雄州行动计划和楚雄州的产业建设发展，对楚雄州如何建设一支适应西部大开发战略需要的人才队伍提出了意见和建议：(1) 巩固“两基”成果，深化教育的改革与发展。(2) 用好用活现有人才，引进急需人才，培养造就高层次人才。(3) 机制创新，积极探索构建在人才的选拔、引进、使用、流动、奖励等方面能够充分发挥人才效益的机制，创造有利于发挥人才作用的政策导向和全方位开放的人才环境，最大限度地激活人才的积极性和创造性。

【提案工作情况】 自 2000 年 3 月政协楚雄州第六届委员会第四次会议以来，截至 2000 年 12 月底，共收到政协委员、集体单位提交的提案 335 件（其中：大会期间 315 件，闭会后 20 件）。参与提出提案的委员 262 人，占委员总数 315 人的 83.4%。经提案法制委员会审查立案 333 件，占提案总数的 99.4%；未立案 2 件，占 0.6%，已作其他形式处理。已立案的提案中，农林水方面的 40 件，占立案总数的 12%；教科文卫体方面的 80 件，占 24%；城建环保方面的 58 件，占 17.5%；政法方面的 14 件，占 4.2%；劳动人事方面的 13 件，占 3.9%；工交方面的 59 件，占 17.7%；党群团和精神文明建设方面的 8 件，占 2.4%；统战、政协方面的 4 件，占 1.2%；民族、宗教方面的 9 件，占 2.7%；财经、商贸方面的 35 件，占 10.5%；廉政建设方面的 8 件，占 2.4%；其他方面的 5 件，占 1.5%。这些提案，提案法制委员会都逐件作了研究，并提出了处理意见，分别送请中共楚雄州委、州人大常委会、州人民政府有关部门和 7 县（市）人民政府共 58 个单位办理。到 2000 年 12 月底，已全部办复完毕，办复率达 100%。提案所提意见和建议，已被有关部门吸收、采纳落实或列入规划逐步落实的 308 件，占办复总数的 92.5%；所提意见虽然很好，但由于客观条件所限或其他原因，暂时不能解决或留作参考的 25 件，占 7.5%，承办单位都作了认真研究，并诚恳地、实事求是地向委员作了解释和说明，委员们比较理解。在提案的办理过程中，共收到政协委员对提案办理的反馈意见表 182 份。其中，满意和基本满意的 176 份，占反馈意见总数的 96.7%，不满意的 6 份，占 3.3%。

【对村级卫生所（室）乡村医生和贫困乡村卫生所（室）药品垫本实行补助的建议案】 根据政协委员提案，政协楚雄州委员会组织人员对楚雄州村级卫生组织建设情况进行视察调研，针对村级卫生组织建设中存在的突出困难和问题，为更好地满足广大农民群众医疗、预防、保健的需要，保护农村生产力，促进农村经济的发展。政协楚雄州第六届委员会第14次常委会议协商通过了《关于对村级卫生所（室）乡村医生和贫困乡村卫生所（室）药品垫本实行补助的建议案》。建议：（1）将全州村级卫生所（室）乡村医生补助列入州级财政预算。并提出了4个可选方案。（2）将贫困乡村民委员会卫生所（室）药品垫本补助列入州级财政预算。并提了2个可选方案。（3）各县（市）结合本地实际，将以上两项补助列入本级财政预算。

【对楚雄州古建筑进行普查的提案】 政协楚雄州第六届委员会第四次会议期间，崔伟委员认为楚雄州地域广阔，有着悠久的历史文化。随着历史的变迁和现代经济建设的迅猛发展，对有文化、历史价值的古建筑物、构筑物进行一次普查，做到心中有数，了解州情，然后去粗取精，编绘成册，立法保护，这对弘扬民族文化，展示和宣传彝州特色，促进旅游业发展有着深远的意义。经政协楚雄州委员会提案法制委员会审查立案，转送州文化局研究办理。州文化局收到提案后，作如下答复：根据提案内容，我们作了认真研究，形成了《关于对楚雄州古建筑物进行普查和保护的意见》专报州人民政府。报告要点：（1）请州人民政府牵头，有关部门合作，立即组织人员对楚雄州古建筑进行普查；（2）制定《楚雄州历史文化名镇保护条例》；（3）编绘出版《楚雄州古代建筑》一书；（4）人员落实，经费到位。

【建立人身伤害技术鉴定审查监督制度的提案】 政协楚雄州第六届委员会第四次会议期间，张崇贤委员认为，客观、准确、公正地作出人身伤害的技术鉴定，是司法公正的重要内容之一，也是准确定性，依法处理的前提和基础。楚雄州人身伤害技术鉴定还是一个薄弱环节，还未形成规范化、制度化，缺乏一定的监督机制。建议建立完善人身伤害技术鉴定审查监督制度，保障司法公正。经政协楚雄州委员会提案法制委员会审查立案，转送州人大常委会办公室研究办理。州人大常委会办公室收到提案后，作如下答复：州人大常委会法律工作委员会于2000年5月24日召开了有州中级人民法院、州人民检察院、州公安局分管司法技术鉴定的领导和法医参加的座谈会，专门研究了如何对人身伤害技术鉴定的监督问题，保证人身伤害技术鉴定的科学性。提出以下改进意见：（1）进一步重视司法技术鉴定工作，加强对基层司法技术鉴定工作的指导。（2）认真调查或审查鉴定样本材料，严格坚持人身伤害技术鉴定标准。（3）严格司法技术鉴定程序。（4）检察机关要认真履行监督职能。（5）积极向有关部门建议，成立楚雄州人体伤害鉴定中心或楚雄州人体伤害鉴定委员会。

【将《统计法》纳入“四五”普法范围的提案】 政协楚雄州第六届委员会第四次会议期间，苏发生委员认为，基层统计数字不准确，实是一个社会公害。为了保障各级政府统计部门和广大统计人员依法独立行使统计调查、统计报告、统计监督的权利，克服统计数字弄虚作假的腐败行为，建议将《统计法》纳入“四五”普法范围，扩大学习、宣传、贯彻力度。经政协楚雄州委员会提案法制委员会审查立案，转送州司法局研究办理。州司法局收到提案后，作如下答复：（1）将《统计法》列入2000年度楚雄州“三五”普法学习的重点法律；（2）印制《统计法》法律学习读本；（3）拍摄《统计法》专题片；（4）做好《统计法》颁布纪念日的宣传；（5）加大《统计法》宣传力度；（6）举办《统计法》等有关法律法规骨干培训班；（7）做好《统计法》年度普及学习检查和验收。

〔鲁文兴〕

民主党派·工商联

【民革楚雄市委员会】 1999年底，民革楚雄市支部有党员61人。2000年发展新党员4人，去世3人，转出1人，退1人，年内实有党员60人。其中，离退休党员37人，占61%；平均年龄56.7%岁，40岁以下11人，61岁以上30人。大专以上文化32人，占53.3%；有高级职称10人，中级职称23人。在行业分布上，教育系统14人，科学技术4人，医药卫生9人，文化艺术5人，金融部门9人，党派机关1人，其他3人。民革楚雄市支部围绕楚雄经济建设和社会生活中的热点难点问题及群众普遍关注的社会问题，积极参政议政。杨冶郁出席省政协八届三次会议，提交个人提案3件；在州政协六届四次会议上，民革委员提交个人提案8件，支部提交集体提案4件。民革楚雄市委班子还多次参加州、市党委和政府组织的情况通报会、座谈会，会上提出一些有益的意见和建议。受州人民政府委托，1名党员参加了州国税局的行风评议工作，认真履行了民主监督职能。

2000年8月14日至15日，民革楚雄市第一次全体党员大会在楚雄举行。大会审议通过了杨冶郁代表支部所作的工作报告；选举产生了民革楚雄市第一届委员会；通过了第一次全体会议决议。民革楚雄市委员会正式成立。民革云南省委万彤副主委代表民革省委对大会召开表示祝贺，并对楚雄民革当前和今后的工作提出了要求。在民革省委领导主持下，召开了第一届第一次全委会，选举了主任委员杨冶郁，副主任委员虞熙朝，秘书长杨增英，常委朱照琨、李德馨，委员郑泽宇、宋云华、文玉琼、童开彦，并就各项工作作了明确分工。9月16日经民革市委一届二次全委会推荐，与州市党委统战部及有关部门商量，市委下设3个支部，各支部委员会组成人员按组织程序，于11月18日民主选举产生，各支部工作正常进行。

民革楚雄市委重视加强思想政治建设，于2000年5月举办了为期两天的党员培训班，支部40余名党员参加培训。通过培训，广大党员充分认识新时期党派工作的地位和作用，增强了党性意识及组织观念，为进一步提高党的思想政治素质，加强自身建设，促进并搞好民革各项工作打下了良好基础。12月17日，民革楚雄市委举办了一期市委委员和支部委员的学习培训班。在培训班上，全体委员学习了民革的党史、党章及江总书记和李瑞环主席在全国统战工作会议上的讲话。

2000年，民革楚雄市委积极参与民革云南省妇委会组织的在禄丰县高峰乡举办的“春蕾班”捐资助学活动，共捐款17000元，并在活动中积极配合工作，年内两次与省妇委会和州委统战部领导到高峰乡看望“春蕾班”的孩子，体现了组织的凝聚力。

2000年11月，民革楚雄市主委杨冶郁被评为民革全国“先进个人”受到民革中央表彰奖励。

〔杨增英〕

【民盟楚雄市总支委员会】 截止2000年12月底，民盟楚雄市总支委员会共有盟员86人。其中高级职称23人，中级职称48人，初级职称9人，离退休55人。盟员平均年龄55岁。总支下设中专、师专、中学、勘查院4个基层支部。2000年，民盟楚雄市总支向中共楚雄市委推荐了2名后备干部到乡(镇)挂职锻炼。一年来，民盟楚雄市总支紧紧围绕中共楚雄州委、市委的中心工作，积极深入群众开展调查研究，向州、市政协提出了符合民意的提案，充分发挥了参政议政和民主监督的职能作用。在省政协八届三次全会上，总支主委董杰的文章《实施创造性教学，培养学生的创造能力》作为大会交流材料，进行了大会发言。全年共递交省、州、市三级政协提案89件，其中集体提案4件，个人提案85件，有一件被列为重点提案。1999年民盟楚雄市总支在州政协全会上提出“要加强和完善政府部门与民主党派对口联系制度”的提案，受到州人民政府领导的重视，决定建立州人民政府综合经济部门与民主党派联系制度，并于2000年2月20日召开了综合经济部门与各民主党派首次联系会议，向7家民主党派通报了1999年全州经济社会发展情况和2000年政府工作的初步设想，并听取了意见和建议。2000年，民盟楚雄市总支的州、市两位行风评议代表分别参加了州建设局、市地税局的行风评议和回头看活动；一位党风廉政监督员参加了党风廉政检查活动；总支主委董杰代表总支先后参加了省高院、省检察院的评议、评选活动和征求意见工作；参加了中共楚雄州委、市委及楚雄师专的“三讲”教育座谈会、征求意见和对“三讲”对象的评议，以及中共楚雄市委“三讲”回头看的座谈会和评议工作。

一年来，民盟楚雄市总支始终把理论学习当做头等大事来抓。为促进学习深入开展，根据不同时期的要求，组织或参与各种培训会、学习会、座谈会。1月，民盟总支委员舒康云参加了民盟云南省委举办的“学习邓小平理论中青年盟员培训班”，并参加了“西部开发与云南的发展战略”问题座谈会。6月，总支主委董杰应丹东市政协特邀，出席了“21世纪政协工作研讨会”，并作了大会交流发言；8月，总支40名盟员参加了由中共楚雄市委召开的新时期民主党派工作报告会。12月，主委董杰参加了民盟云南省委学习邓小平理论，加强思想建设工作研讨会，并作交流发言。

〔卢　繁〕

【民建楚雄市总支委员会】　2000年1月9日，民建楚雄市总支将原下属的城东、城西两个支部划为财经、工贸、创业、老年4个支部。一年中各支部活动了5次，总支集中活动了4次。在这些活动中学习和讨论了党和国家的方针、政策，民建中央和省委的要求，中共楚雄州委、市委和政府的重大决策和部署。9月10日总支举行“为西部大开发进言献策讨论会”，州委统战部部长沙白云和副部长吴谷敏及民建云南省委副秘书长柯尊楷，昆明理工大学教授吴萍（民建会员）到会听取了5位会员的发言。年内共吸收了8名会员，转往省外1名，到年底总支会员总数51人，平均年龄51.8岁，比上年下降了1.7岁。其中具有中高级技术职称、县处级干部、州市政协委员、大中型企业厂长经理等人士占会员总数的55%。李军、龚五德被民建省委评为2000年优秀会员。

2000年，民建楚雄市总支和各支部的组织活动中，将“西部大开发，楚雄怎么办”作为讨论热点。经过组织会员调研，以总支名义向州政协六届四次全会和市政协五届三次全会提交了7件集体提案。会员中的8位州、市政协委员提出了13件个人提案。

2000年3月11日，经总支联系的民建云南省委直属支部会员包幼娣从昆明运来价值5千多元的文具用品和捐资2千元送到楚雄市吕合镇红武完小助学。8月10日，总支邀请昭通卡子核桃技术员到楚雄市树苴乡考察和指导卡子核桃种植。

〔龚五德〕

【民进楚雄市委员会】　2000年，中国民主促进会楚雄市委员会有11个支部，131名会员，其中年内新发展会员4名。会员中大专以上文化的86人，中专文化16人，高中文化19人，初中文化10人。具有高级职称的39人，中级职称73人。

2000年7月，民进云南省委在楚雄举办基层干部新会员培训班。这次培训班安排了6个专题讲座，分别从民进中央十届九次全会精神、民进会章会史、实施西部大开发战略的目的和意义、目前的形势问题，怎样坚持和完善多党合作和政治协商制度等方面对54名学员进行了培训。

年内共有州政协委员6人，州政协常委2人，其中1人担任州政协副主席。市政协常委2人，市政协委员5人。州人大代表1人，市人大代表1人。有州行风评议代表1人，州消费者协会理事1人，市行风评议代表1人。2000年，民进楚雄市委提出了集体提案《发展我州生物制药的建议》等3件，个人提案23件。年内，民进楚雄市委积极开展社会服务工作，以吕合中学为定点扶贫学校，向吕合中学捐赠打字机一台，组合音响一套。6月3日，民进楚雄市委组织部分教学经验丰富的教师到吕合中学开展教研活动，受到吕合中学教师的欢迎。7月17日，民进云南省委副主委杨珏、刘邦智等一行5人，到吕合中学进行调研，并与吕合中学的教师就该校办学情况进行了座谈。为了更好地做好支教工作，民进楚雄市委副主委高建平带领两名外籍教师到大姚三中对师生进行英语技能技巧的培训，收效较好。

民进会员积极发挥自身优势，在各自的岗位上勤奋努力，取得了可喜的成绩：童绍玉获中国农业部科学技术进步奖；黄晓萍获云南省德艺双馨艺术家称号；朱虹被评为楚雄州有突出贡献的优秀专业技术人才；詹国雄论文《怎样做好政治科目高考复习的素质教育》被中央教科所和《光明日报》联合刊出；杨世浩的书法作品获云南省竞赛奖励。

〔李云华〕

【农工民主党楚雄市委员会】　2000年7月15日，在原农工民主党楚雄市总支的基础上成立农工民主党楚雄市委员会，年底有党员

107人，其中年内新发展党员15名，分布在省、州、市15个单位。党员中大专以上文化的48人，中专文化46人，高中11人，初中2人，具有高级职称的14人，中级职称57人，初级职称35人，其他1人。2000年，农工党楚雄市委认真学习邓小平理论，组织党员进行不同形式的学习，召开委员扩大会7次，并于1月30日召开全体党员大会一次，7月召开代表大会一次。农工党楚雄市委以这两次党员大会为契机，将理论学习进一步深化。同年6月，农工党楚雄市委举办全体党员干部理论培训班。这次学习班共有100多人参加，特邀云南省社会主义学院高智生副教授，云南省人民政府经济研究中心原副主任、研究员钱德三，农工党云南省委副主委、省政协常委副秘书长黄禾生及楚雄市委统战部长、市政协副主席周崇舜等主讲，全体学员包括年届82岁高龄的两位老党员自始至终认真听讲。这次培训使广大党员开拓了视野，加深了对邓小平理论的形成发展及实践方面的认识。

2000年，农工党楚雄市委有州政协委员1人，州政协常委1人，州人大代表1人，市人大代表1人，市政协委员4人，其中1人为市政协副主席。任副镇长1人。有州行风评议代表2人，消费者协会理事1人，市行风评议代表1人。提出了集体提案《对我州彝族文化资源开展普查规划和加强保护》，个人提案《开展城市社区卫生服务》、《加强学校周边环境整治》等10件。年内，农工党楚雄市委以农工诊所为依托，发挥自身优势，面向社会，积极带领广大党员为社会办好事办实事。1月19日，农工党楚雄市委组织部分医师到苍岭镇开展三下乡服务活动，为200多人做了检查，开出处方129张，为32人做了心电图检查。

2000年1月，农工党云南省委授予农工党楚雄市委"各项工作先进集体"称号。9月，农工党中央宣传部前进论坛杂志社授予农工党楚雄市委《前进论坛》发行工作先进单位的称号。

〔聂天荣〕

【致公党楚雄市支部】 2000年，致公党楚雄市支部认真组织成员中的提案小组成员，联合相关职能部门，围绕楚雄市两个文明建设中的一些热点、难点问题，进行深入的调查研究，在市政协五届三次会议上提出了《建议成立楚雄市文印宣传中心》等4件集体提案和《保护人民健康、大力抓好持证义务急救员培训工作》、《建议规范广告宣传、树立集镇文明形象》等2件个人提案，受到了社会各界的好评。4月，在政协楚雄州六届四次会议上，提交了《兴建楚雄州少年宫，为减负的孩子做贡献》等3件集体提案和1件个人提案，都得到了有关部门的肯定和答复。

支部负责人积极参加中共楚雄州、市党委、政府、政协、统战部门召开的各种协商会，座谈、情况通报会，支部专干包国莉参加了楚雄州质量技术监督局的民主评议行风工作及楚雄州卫生、邮政、电信系统民主评议行风回访教育工作，有效发挥了民主监督作用。

一年来，支部始终把加强党员的政治思想建设作为首要任务来抓紧抓好。根据致公党中央办公厅有关文件精神，为纪念中国致公党成立75周年，支部通过举行各种形式的庆祝会、座谈会、报告会，发动成员撰写纪念文章等方式来庆祝自己的节日，从而加强对成员的社会主义和爱国主义教育，对本党党史和优良传统的教育。

在组织发展工作中，支部始终坚持"保证质量、稳定发展"的方针，年内发展了3名50岁以下的新党员，使支部成员年龄老化状况有所缓解，平均年龄下降了1个百分点。同时，支部积极支持年轻党员参加省、州、市组织的各级各类培训班学习，为后备干部的培养打下了坚实的基础。

经致公党云南省委的多方努力和楚雄市支部的密切配合，由美国加州圣峪中华文化协会健华社资助4000美元成立的双柏县法脿乡"邹盛椿健华图书馆"于2000年5月25日正式挂牌成立。致公党云南省委向该馆捐赠了购书款1000元人民币；云南大学图书馆捐书240册。至此该馆已拥有书刊、杂志近千册，极大地丰富了山区人民群众的文化生活。9月，支部成员，楚雄州农科所高级农艺师许华香深入扶贫点，对挂钩扶贫点的扶贫项目进行了深入细致的调查研究后，形成书面材料上报致公党云南省委对外联络处。

〔包国莉〕

【九三学社楚雄市支社】 九三学社楚雄市支社2000年召开支委扩大会8次，支社大会3次。传达学习中共云南省委六届九次会议精神，学习省、州、市"两会"精神，学习九三学社省委四届四次全委会精神。在学习中，始终贯穿学习邓小平理论，结合自身实际，以统一思想，提高认识，增强参加社会主义建设的积极性和创造性。

2000年9月23日，九三学社楚雄市支社组织全体社员召开纪念九三学社建社55周年大会，在纪念大会上，向广大新老社员宣传九三学社的奋斗经历，学习社中央和社省委的有关文件精神。广大社员参政议政，建言献策，在楚雄州政协六届四次全会和市政协五届三次全会期间，以党派名义向大会提交了《建议政府在农业产业种植结构调整中注重种子、苗木的检疫等引种程序、法规》、《围绕龙川江（河）实施绿化发展旅游的建议》两件提案，个人提案7件。

2000年，支社严格坚持重点发展具有代表性的高中级科技人员入社的原则，发展了一批素质高、业务强的同志入社，截止2000年底，支社共有社员50人，平均年龄41岁，具有大专以上学历的35人、占70%，中专学历15人、占30%；高级职称13人、占26%，中级职称36人、占72%，其他1人、占0.2%。

为响应九三学社中央"开展向贫困地区捐助活动"的号召，2000年9月23日，支社召开全体社员大会，广泛宣传动员广大社员向贫困地区献爱心，广大社员也积极响应、踊跃捐款捐物。共捐款1320元，捐物92件，向贫困地区人民献出自己的一片爱心。8月27日，支社组织医疗专家一行10人，在主委施明阳主任医师、副主委叶维华主任医师的带领下，到东华镇开展便民服务，为当地群众免费义诊、咨询，共接诊病人120余人次，其中心电图检查6人，针灸推拿4人。

〔李　辉〕

【全州工商联组织工作取得新进展】 2000年，全州工商联组织有会员7237名，占全州个体私营企业总数的14.5%。年内完成了楚雄、双柏、牟定、南华、姚安、大姚等6县（市）工商联的换届选举工作。到2000年底，全州128个乡（镇）均建立了工商联分会组织，在全省第一家完成了乡（镇）分会组建工作。

【贷款担保资金工作运行稳妥】 楚雄州非公有制企业贷款担保资金理事会自1999年5月18日成立以来（全州除永仁、武定两县外，都成立了该组织），全州总计发展会员872名，筹集保证金2370万元，共为483户个体企业担保贷款6721万元，为楚雄州个体私营经济的发展作出了贡献。

【不断拓宽为会员服务的领域】 2000年，各级工商联共为个私企业协调土地使用27起，协调税收46起，办理各种证照46起，帮助法律诉讼32起，帮助项目论证、产品鉴定36起。配合有关部门组织64家企业进行商贸洽谈，配合有关部门组织考察学习7批30多人次。首届中国民营企业交易会在昆明召开期间，州工商联认真做好非公经济排查摸底和项目申报工作，共推荐申报160多户企业参会，同时配合州个私办、州经贸委推荐了64家较有影响的企业在民交会上参展，签约项目9个，金额1.7亿元。

【联合召开非公经济展望与发展座谈会】 2000年1月18日，州工商联（商会）与楚雄日报社、楚雄电视台联合召开"非公有制经济展望与发展座谈会"，共商彝州非公经济发展大计。来自全州各行业的非公经济代表人士40多人欢聚永兴大酒店，州人民政府副州长周发洪等领导参加了会议。

【动员非公有制经济人士向姚安地震灾区捐款捐物】 姚安"1·15"地震发生后，楚雄州工商联在倡议全州广大个私经济人士向地震灾区捐款捐物的同时，又积极向省工商联、全国工商联汇报灾情，引起了省工商联和全国工商联的高度重视，并发出文件动员全国、全省工商联组织向姚安地震灾区赈灾。2000年1月27日，省工商联机关组织捐赠活动，机关40多人及离退休人员捐款20100元及一批衣物，所有款物由副会长鲁新建、办公室主任王淑珍负责运送到楚雄州，于1月31日送到灾民手中。2月1日，全国工商联发出《关于赈济云南姚安地震灾区的通知》，要求各省（市）、自治区、直辖市和新疆生产建设兵团工商联关注灾区情况，积极向灾区赈灾，支援恢复重建工作。

【州工商联召开一届五次执委全会】 2000年6月12日至13日，楚雄州工商联一届五次执委会在双柏县召开。省工商联秘书长张立人、州委统战部沙白云等领导到会并作了重要讲话，州工商联会长邓瑞云总结回顾了一届四次执委会以来的工作，安排部署了2000年的工作。

【发动非公有制经济人士捐建商会希望小学】 姚安发生"1·15"地震后，州工商联积极向全国、全省、全州非公经济界发出倡议，集资建盖姚安县官屯乡"巴拉鲊商会希望小学"。学校占地4亩，主教学楼433平方米，师生宿舍221.75平方米，全部预算68万元。学校从2000年4月25日动工兴建，8月28日竣工，9月1日开学。州政协主席杨成彪、省工商联办公室主任王淑珍等领导和部分私营企业主共300多人出席了竣工典礼。州政协主席杨成彪在讲话中充分肯定了州工商联为地震灾区办实事好事的作为。非公经济界集资兴建巴拉鲊商会希望小学，是楚雄州在非公有制经济界开展“致富思源，富而思进”的结果，充分展示了新时期非公经济界人士致富不忘回报社会的精神风貌。

【苏正国到楚雄调研】 2000年11月26日至28日，云南省政协副主席、省工商联会长苏正国一行到楚雄调查研究指导工作。苏正国一行到楚雄后，首先听取了州工商联的工作汇报，对楚雄州工商联这几年来所做的工作给予充分肯定，并提出要求和希望，随后到楚雄经济技术开发区视察，听取了开发区管委会的工作汇报，同时又到盘龙云海药业有限公司、楚雄诚鑫公司等私营企业调研，了解企业经营情况，并提出意见和建议。

〔官 捷〕

群众团体

楚雄州总工会

【简述】 2000年，楚雄州总工会在州委、州人民政府的领导和省总工会的关心指导下，坚持以邓小平理论为指导，深入学习贯彻党的十五大和十五届五中全会精神。积极学习实践江泽民同志“三个代表”的重要思想，贯彻落实党的路线方针政策和工会工作“五突破一加强”的工作思路。紧紧围绕党委政府工作大局，团结带领广大职工，以经济建设为中心，解放思想，改革创新，为彝州两个文明建设和“九五”计划的圆满完成作出了新的贡献，工会工作再次被省总工会评为一等奖。在企业改革改制、扭亏增盈，维护职工队伍和社会稳定、维护职工合法权益，加强精神文明建设，加强工会机关和干部思想作风建设，深入开展送温暖、帮助困难职工子女上大学，评选表彰劳模，加快新建企业工会组建工作步伐等方面取得明显成效。为新世纪全州工会工作再上新台阶奠定了坚实基础。

【基层工会组织状况】 2000年，全州共有基层工会组织1625个，会员93950人，入会率达95.92%。其中机关事业单位工会组织1097个，会员58547人，职工入会率达97.76%；企业工会组织528个，会员35410人，入会率达93.05%。有452家国有、集体和非公有制企业建立了职代会制度。

【深入开展送温暖救助困难职工活动】 2000年元旦、春节期间，各级工会组织继续深入做好送温暖慰问困难职工活动。全州共筹集资金165万元，由各级党委、政府领导带队，走访慰问了224户困难企业、6589户困难职工。州总工会一次拿出20万元送温暖基金慰问困难职工。州委副书记张怀德、州人大主任李应科、州政协主席杨成彪、州纪委书记杨绍昌等领导率慰问组慰问了10户省、州属困难企业及特困职工、困难劳模，向他们送去了党委政府的关怀与温暖。州总工会还采取各种措施，多形式、经常性救助困难职工，年内对全州465户企业进行了“企业生产经营暨职工生活状况”专题调查。在304户企业建立起7356户特困职工档案，及时、准确掌握困难企业、困难职工生产生活状况，适时开展救助。6月份对州属18户困难职工予以补助，同时一次性下拨给破产重组企业禄丰钢铁厂救助款2万元，还组织开展了“寒窗助学”、“结对帮困”和帮助特困职工申领最低生活保障金等活动，使“送温暖”工作更加深入、扎实、有效。

【推动企业改革维护社会稳定】 2000年，州总工会紧紧围绕改革、发展、稳定大局，积极参与、推动企业改革、改组、改制，千方百计维护职工队伍和社会稳定，收到明显成效。(1)领导直接参与或抽调得力干部参加禄丰钢铁厂破产重组、州建筑公司改革改制、牟定铜矿破产保稳等项州委、政府重点工作，参与企业破产、改革方案的制订和实施。(2)做好职工思想政治工作，深入职工群众中听取意见、调查走访、宣讲政策、释疑解惑，及时向党委政府反映职工的合理意见和呼声。掌握职工思想动态，做好疏导化解工作。(3)关心职工群众生活，除开展送温暖慰问外，还对特殊困难职工予以重点救助，通过多方努力保障了困难职工的基本生活。(4)维护职工合法权益，继续抓好源头维护。到年末已有342家企业建立了平等协商制度，317户企业签订了集体合同。同时积极配合政府有关部门开展安全生产检查和事故调查处理，组织开展了安康杯安全生产竞赛，参与社会保障、医疗改革政策的制订和修改，从整体上维护职工权益。(5) 加强信访工作和法律政策服务，为职工群众排忧解难。年内制定下发了《楚雄州总工会职工信访工作暂行办法》，对工会系统信访工作组织领导、人员机构、受理程序、办理方法、时限要求等都作了明确规定。进一步推进了全州工会系统接待处理职工群众来信来访的工作，仅州总工会一年就接待处理来访85件次，涉及职工1000余人，基本做到了件件有回音，事事有交待。(6) 开展丰富多彩的文娱体育活动。通过举办运动会、文艺晚会、书画展、演讲报告等多种形式，占领思想文化阵地、丰富职工文化生活、抵制不良风气和歪理邪说，维护了职工队伍和社会政治稳定。

【组织开展抗震救灾工作】 2000年，姚安“1·15”地震发生后，州总工会领导当天上午即深入姚安地震灾区了解职工群众和县工会、工人俱乐部的受灾情况，当晚州总工会与团州委、州妇联一起向全州职工、妇女、共青团员发出抗震救灾倡议书，还要求姚安、南华、大姚、永仁等受灾县工会详细调查职工群众、企业和工会系统自身受灾情况，及时汇总上报，争取上级援助支持。在地震发生后的一周时间内，州总工会领导专程或陪同省总工会领导、慰问组4次赶赴灾区，深入姚安、大姚、南华看望地震中受伤的职工群众和灾情较重的企业、学校，向灾区送上慰问款，鼓励他们树立信心、战胜灾害、重建家园。

【楚雄州总工会五届八次全委（扩大）会】 2000年3月5日至6日，州总工会五届八次全委（扩大）会议在禄丰县召开。州总工会五届委员会委员及不是委员的县（市）总工会主席（党组书记）参加了会议。会议认真总结了州工会一年来的工作。对2000年全州工会工作作了安排部署，审议通过了州总工会主席李旭良所作的题为《解放思想、抢抓机遇、创新发展，在彝州两个文明建设中作出工会组织应有的贡献》的工作报告。会议表彰了1999年度工会工作目标责任制先进单位，代省总工会表彰了全省“双百双万”结对扶贫和帮助下岗职工再就业先进集体和个人。州总工会主席李旭良分别与10县（市）总工会主席签订了2000年度工作目标责任书，州委副书记胡有兰出席会议并作重要讲话，她要求全州各级工会组织紧紧围绕州委、州政府的中心工作，以“三讲”教育为动力，抓住西部大开发的良好机遇，突出重点，不断创新，注重实效，不断提高工会工作整体水平，在改革、发展、稳定大局中更好地发挥工人阶级和工会组织的作用，为彝州两个文明建设作出新贡献。

【楚雄州第五届职工劳动模范、先进工作者表彰大会】 “五一”国际劳动节前夕，中共楚雄州委、州人民政府于2000年4月28日上午隆重召开楚雄州第五届职工劳动模范、先进工作者表彰大会。96名劳动模范和先进工作者受到表彰，州党政领导丁绍祥、罗正富、胡有兰、张怀德、李应科、杨成彪、张祖林等和州属部委办局及企事业单位领导、职工代表500多人参加了大会，会议由州委副书记胡有兰主持。州委书记丁绍祥代表州委、州人民政府作了讲话。副州长张祖林在会上宣读了《中共楚雄州委、楚雄州人民政府关于授予楚雄州第五届职工劳动模范、先进工作者荣誉称号的决定》，授予楚雄鹿城大厦实业总公司总经理李天玉等42名同志为楚雄州劳动模范，授予楚雄市环卫处党支部书记杨世成等53名同志为先进工作者。会上还宣读了《中共楚雄州委、楚雄州人民政府关于追认臧金贵同志为楚雄州劳动模范的决定》。

【举办“迈向新世纪”五一晚会】 2000年4月28日晚，由楚雄州总工会、楚雄电视台主办，楚雄雁塔药业有限责任公司、楚雄石油公司和州彝剧团协办的“迈向新世纪——楚雄地区庆五一文艺晚会”在彝州首府鹿城桃源湖畔演出并向全州现场直播。州党政军领导李应科、张祖林、杨淑珍、马旷源、余红等和刚刚参加了楚雄州第五届劳模表彰大会的近百名劳动模范、先进工作者及鹿城4000多名各界群众一起观看了现场演出。晚会节目多姿多彩，歌舞“欢庆锣鼓”先声夺人，大合唱“走进新时代”、“咱们工人有力量”唱出了劳动者不可阻挡的气势，独唱“为了谁”道出了人们对英雄模范的崇敬，萨克斯独奏“回家”和重唱“常回家看看”勾起了人们心中温暖的情怀，彝剧小品“怪病”抨击了歪理邪说对人们的伤害。清新明快的幼儿舞蹈“彝山晨曲”和群舞“春浪”赢得了一片掌声。

【推荐评选全国劳模及落实劳模待遇】 2000年，楚雄州认真开展了全国劳动模范（先进工作者）的推荐上报工作。州农科所高级农艺师李希国、州工商局局长王立国经逐级推荐上报被评为全国先进工作者，在五一前夕召开的全国劳动模范和先进工作者表彰大会上受到表彰奖励。同时继续开展劳模普查和落实待遇工作，对建国以来省级以上劳动模范、先进工作者进行了复核认定。全州共计179名，其中在职64名，离退休100名，已去世15名。离退休的100名省级以上劳模已全部按省政府有关文件规定落实了荣誉津贴待遇，使这些曾为彝州建设与发展作出过突出贡献的劳模们切实感受到党和政府的关心。年内还按照省总工会组织困难企业劳模免费疗养的要求，组织了州轴承厂、姚安麻纺厂、州丝绸厂、州粮油机械厂及永仁县的5位省部级以上劳模到省工人疗养院进行健康休养。

【开展“寒窗助学”活动】 2000年高考前后，州总工会及时组织救助困难职工子女上大学的“寒窗助学”活动。各级工会认真落实困难企业职工子女高考上线、录取情况，州总工会对州属企业申报救助名单认真审核，按照家庭收入情况及录取院校确定救助等级、金额。机关干部职工带头捐款，筹集资金10多万元，其中中国太平洋保险公司楚雄分公司、交通银行楚雄支行各捐款5万元，省路桥四公司捐款2万元。到8月底，共有49名省州属企业困难职工子女得到1000－2000元的救助，踏上了求学深造的人生新旅程，其中破产重组企业禄丰钢铁厂有7名考上大中专的职工子女得到救助。

【举办2000年楚雄城区职工运动会】 在1999年成功举办首届楚雄城区片区职工运动会的基础上。2000年11月上旬和12月中旬，州总工会又发起主办了2000年楚雄城区片区职工运动会及其总决赛。运动会第一阶段分东、西、南、北4个片区组织，楚雄州委党校、楚雄石油公司、州工业学校、州电信公司分别作为主要承办单位，楚雄城区（含东瓜）内所有中央、省、州属机关、事业、企业单位均为成员单位。共有143个单位参赛，组织拔河队118支，篮球队75支，扑克双抠1325对，5556名运动员参加比赛。经过40余天的比赛，决出各片区各个项目的前三名分别予以奖励。在片区运动会获得成功的基础上，州总工会于12月中旬组织了“创业杯”楚雄城区职工运动会总决赛。在各片区获优胜的10支拔河队、18支篮球队、12对双抠选手间进行了8天的激烈角逐。决出了总决赛拔河前三名，篮球男女篮各前三名，扑克双抠前三名。还评出了精神文明奖、优秀组织奖和优秀运动员。州委副书记胡有兰、州政协副主席普联荣等州党政领导分别为获奖运动队和运动员颁了奖。这次运动会增进了楚雄城区单位与单位之间，职工与职工之间的交流，丰富了职工文化生活，促进了精神文明建设。

【楚雄州工会第六次代表大会】 2000年12月2日至4日，楚雄彝族自治州工会第六次代表大会在楚雄隆重举行。州党政军领导丁绍祥、夜礼斌、胡有兰、张怀德、李应科、杨绍昌、李俊、李明、延荣科、罗志明、王贵祥、杨汝鉴、罗嘉福、普联荣等出席了大会。来自全州各条战线的250名代表和18名列席代表及州属部委办局、企事业单位负责人参加了会议。省总工会和昆明、曲靖等地州市工会领导到会祝贺。州委副书记胡有兰在开幕式上作了题为《学习实践“三个代表”重要思想，努力做好新世纪彝州工会工作》的重要讲话，州委副书记、代理州长夜礼斌到会作形势报告并对工会工作提出要求。省总工会副主席张在权到会祝贺并作了讲话。与会代表听取并审议通过了李旭良主席代表州总工会五届委员会所作的题为《振奋精神，开拓创新，团结动员广大职工为实现我州经济和社会发展目标而努力奋斗》的工作报告，审查通过了州总工会五届经费审查委员会工作报告和财务工作报告。对5年来全州工会工作作了全面总结，研究部署了以后5年工会工作思路和工作重点，明确了目标任务。大会选举产生了由35名委员组成的州总工会第六届委员会和由5名委员组成的州总工会第六届经费审查委员会。选举李旭良为州总工会六届委员会主席，张祖明、丁似莲为副主席。丁似莲等13人为州总工会六届委员会常委。会议期间，州总工会和州精神文明建设指导委员会办公室还联合表彰了20户先进职工之家，州总工会表彰了30名职工之友和70名先进工会工作者。

【加快新建企业工会工作组建步伐】 2000年，楚雄州加大了在新建企业组建工会工作的力度，州委成立了胡有兰副书记任组长、罗嘉福副州长为副组长，党委、政府办公室及组织部、总工会、工商局、乡镇企业局等有关部门领导为成员的楚雄州新建企业工会组建工作领导小组。10县（市）委也成立了相应的领导、协调机构，负责领导协调全州各县（市）的相关工作。制定下发了《楚雄州新建企业工会组建工作实施意见》，要求各级各部门充分认识新建企业组建工会工作的重要性紧迫性，把这项工作列入各级党委、政府的重要议事日程和工作任务，明确目标要求，限期完成任务。在组建中突出重点，针对企业实际组建基层工会、工会分会、小组或工会联合会、联合工会，先搭台、后完善、逐步规范。规定凡在州内依法登记注册的新建企业或长驻州内的企业分支和派出机构，都必须按属地管理的原则建立或完善工会组织。同时采取必要的政治、法律、行政、经济手段推动建会工作。到2000年底，全州有新建企业883户，雇用职工17762名，其中已建立工会组织602户，占68%，入会会员11842人，占66%。在602户新建企业工会中，建立基层工会委员会的99户，占16%。全州新建企业建会工作取得明显成效。

【“厂务公开，民主管理”工作】 2000年，“厂务公开，民主管理”工作在国有、集体企业深入开展，并向非公有制企业和事业单位推进。到年末，全州10县（市）、56个州、县企业主管部门、413个企事业单位成立了厂务（院务、校务）公开领导小组和办事机构。全州475户国有、集体企业已有407户推行厂务公开，占85%。另有54户其他所有制形式的企业也推行了厂务公开；有452户企业推行了职代会制度，有429户企业年内召开了职代会，356户企业开展了民主评议领导干部工作。

【州属事业单位工会领导干部选拔任用取得突破】 根据中央有关文件和中共云南省委组织部《关于进一步加强工会领导班子和干部队伍建设的意见》及州委组织部、州人事局、州总工会联合下发的《关于事业单位工会领导班子成员选拔任用有关问题的通知》精神，州属职工人数25人以上的53户事业单位共确定设置130个工会干部职位，其中正县级1名，副县级22名，科级107名。州总工会积极主动与州组织、人事部门和事业单位主管机关协调配合，规范工会领导干部选拔任用程序。州属事业单位工会干部选配，经共同考察，民主推荐，按干管权限报批后依法选举，使州属事业单位工会领导干部选拔任用工作取得突破。到年底，已按职数、级别选配工会主席、副主席32名，其中正处级1名，副处级10名，科级21名，工会主席全部按同级党政副职配备，逐步形成了事业单位党政工领导体制，进一步突出了工会组织在推进改革、促进发展、保持稳定中的地位和作用。

【帮助特困职工落实城镇居民最低生活保障待遇】 2000年，州、县（市）总工会及各基层工会根据《城市居民最低生活保障条例》及其实施办法，积极与州县（市）及各部门联系配合，通过举办培训班宣传最低生活保障待遇政策，认真如实组织申报，争取为特困职工落实最低生活保障待遇，解决部分特困职工“应保未保”的问题。到年底全州已有1637名特困职工落实了最低生活保障待遇，领到保障金112953元。

〔李志岗〕

共青团楚雄州委员会

【团组织及团员】 2000年，全州共有基层团委243个，团总支1476个，团支部6111个，青年583136名，共青团员170142名，其中少数民族团员53163名，专职团干部175名。年内共发展新团员18948名，超龄离团10412名，推优5363名，经推优入党2558名。全州7至14周岁的小学生有269099名，有少先队员224768名，有专职少先队辅导员95名，兼职5201名。中共楚雄州委加大对共青团干部培养的力度，从县乡选调4名年轻干部到团州委工作，在团州委选拔一名团干部到民族中专任党总支副书记。在全省党建带团建工作会议上，州委副书记胡有兰代表中共楚雄州委在大会上作了《推动团建上水平，依托党建强团建》的交流发言。

【团州委六届四次全委（扩大）会议】 2000年3月2日至3日，团州委召开六届四次全委（扩大）会议，会议传达了团省委主持工作的黄峻副书记在共青团云南省十届四次全会上的讲话，总结了1999年楚雄州共青团工作，安排部署了2000年全州共青团、青联、少先队工作的主要任务，递补六届团州委部分委员，表彰了1999年团内目标管理先进集体。并与10县（市）团委签订了2000年度团内目标管理责任书。大会号召全州各族团员青年，立足岗位，积极学习，勇挑重担，成为开发西部、建设家乡的生力军和突击队。

【团的思想建设】 2000年，团州委始终把抓好青少年思想教育放在首位，年初下发了《关于进一步加强和改进青少年思想政治工作的意见》。全州各级团组织共举办1216场次各种理论学习班，参加的团员青年达26.1万人次。在学习中，广大团员把学习邓小平理论、江总书记“三个代表”的思想与中央关于西部大开发的战略、与臧金贵的先进事迹及自己的成长成才结合起来，坚定理想信念。在州体育馆举行有3000人参加的爱国主义教育报告大会，引导青少年旗帜鲜明地反对“法轮功”，深入开展以“三讲”和“三个代表”为主要内容的学习教育，全力推动全州思想政治工作的开展。

【全力投入抗震救灾】　2000年，姚安“1·15”地震后，团州委及时下发了《关于动员全州团员青年积极投入抗震救灾的紧急通知》，把灾区希望小学的受损情况上报团省委、团中央。在抗震救灾中，姚安、大姚等灾区团组织组织了156支“青年抗震救灾小分队”，125个“青年社会治安巡逻小组”，4万多名团员青年投入抗灾抢险。州属单位团员青年积极开展向灾区“献爱心”活动，捐赠的人民币达10万多元，捐赠物资价值2万多元。团省委副书记黄峻、罗应光先后两次深入灾区看望灾民和受灾学生，并向部分灾民和学生发放了被子等慰问品。

【开展青年志愿者为民服务活动】2000年3月4日，以“奉献、友爱、互助、进步”为宗旨，全州青年志愿者走上街头，拉开了为民服务的志愿者活动帷幕。在一个多月里，全州20万青年志愿者从群众看得见摸得着的具体事情入手，为群众修理自行车、义诊等。在第10个“助残日”到来之际，青年志愿者为残疾人捐款4.9万元，帮助残疾人家庭插秧1457亩，与州残联举办一期有56名残疾人参加的残疾人编织培训班。10月21日，为患病儿童孙宇捐款112716元。

【青年人才工程深入人心】　2000年，全州各级团组织积极开展“青少年新世纪读书计划”、“校园夺杯赛”等活动，并把“青年文明号”活动与开展“青年岗位能手”活动有机结合起来。联合劳动、人事等部门，表彰“青年岗位能手”79人，30家青年集体被表彰为州级青年文明号。全州有国家级青年文明号2家、省级38家、州级188家。团州委选择雁塔药业等9家单位为示范点，积极开展“创新创效”活动，并联合劳动等部门，举办下岗再就业培训班3期计183人，表彰了5名“下岗青工兴业领头人”。武定县民政局青年职工李梅被团省委、省青联评为第四届云南省“十大杰出青年”，楚雄市吕合镇青年农民李应清被团省委授予“云南青年五四奖章”。

【希望工程造福彝山】　2000年，在全州建有88所希望小学的基础上，州、县团委会同有关部门，引资新建希望小学5所。结对救助贫困儿童3168名，基金救助儿童3294名。2000年4月，全国希望工程监察巡视组莅临检查，对楚雄州的“希望工程”给予了好评。

【青年科技工程】　2000年，团州委联合有关部门在州技校举办一期有70人参加学习的农村青年劳务输出培训班，全州各级团组织全年共举办各类实用科技培训1019期次，参训的农村团员46656人。联合州科委表彰25名农村星火带头人，现全州共有1630个星火团支部，25142名星火带头人，有12名团员青年被团省委、省科委评为“省级星火带头人”。推广脱毒马铃薯8096亩，紧凑型玉米39272亩，水稻抛秧39272亩，示范龙眼、油桐等4473亩，同时以苦良姜种植、乌骨鸡养殖为依托，发展青年股份合作体12个，总投资28万元。2000年，团州委获团中央、国家科委授予的“全国培养青年星火带头人活动优秀组织奖”。

【组织“彝族规范舞、达体舞”大联欢活动】　2000年4月28日起，因州委组织州属81个团组织以轮值的形式，每晚在桃园湖畔举行“彝族规范舞、达体舞”大联欢。9个多月中共有21600多人次参加，同时吸引了近9万多市民和众多中外游客的参与。大联欢活动已成为楚雄市民业余文化生活中不可缺少的一部分，为社会的稳定、青少年的健康成长营造了良好的文化氛围。

【深入开展青少年法制教育】　面对青少年违法犯罪日益增长的现象，从1999年年底以来，共青团楚雄州委相继进行了青少年违法犯罪情况调查、楚雄州离异家庭未成年子女状况调查，形成专题调研报告，专门报送州委、州人民政府。同时，团州委牵头成立了“法制宣讲团”，组织大学老师、法律工作者、共青团干部常年对学校、机关、厂矿的团员青年、少年儿童进行法制教育。

【全省创建青年绿色科技示范园现场推进会】　近年来，青年绿色科技示范园创建活动在楚雄得到积极开展，全州各级团组织共引导青年创建绿色科技示范园65个，面积5858亩，示范项目19项，引进良种43项，先进技术64项，参与创建的团员青年7839人。涌现出了南华青年绿色科技示范园、牟定江坡2000亩梅子园基地等一批先进典型。为深入开展此项活动，2000年7月20日，共青团云南省委在楚雄召开了“全省创建青年绿色科技示范园现场推进会”，团中央书记处书记崔波专程到会指导，团省委主持工作的副书记黄峻，省农牧厅厅长潘政扬，楚雄州人民政府常务副州长保明虎等领导出席会议，州委书记丁绍祥致词，大会上，团州委书记李国林作了《共建绿色家园，引导青年致富》的交流发言。

【创建“五四红旗团委”活动获团中央表彰】 楚雄州各级团组织围绕“班子建设好、主题活动好、支部建设好、活动阵地好”，把创建“五四红旗团委”活动作为加强基层团组织建设的基本形式，精心组织，全州243个基层团委，有191个参加创建活动，参与面达78.6%，有4个基层团委被团省委命名为省级“五四红旗团委”，2个基层团委被团中央命名为全国“五四红旗团委”。2000年12月，团州委被团中央表彰为创建“全国五四红旗团委”活动组织奖。

【少先队工作】 2000年，团州委以江总书记建队50周年重要题词为指导，联合教育部门，配齐州、县、乡少先队辅导员，组织6名辅导员到上海、北京学习，10月19日在州委党校举办了一期有23名少先队辅导员参加的培训班，请全国优秀少先队辅导员徐吟鹂老师给辅导员们讲授“农村少先队工作设计”。深入开展“雏鹰争章”活动，全州共颁发100枚“三星雏鹰奖章”，楚雄市、姚安县被省少工委命名为首批“省级雏鹰达标县（市）”。10月，楚雄市北城小学被团省委、省教委命名为“红领巾示范学校”，以减负为契机，广泛开展以小科技发明、小社会调查等为内容的团队活动，全面推进素质教育。双柏县团委、楚雄市团委举办的暑假少年军校成绩显著，共有488名少年儿童参加。

【青联工作】 2000年，楚雄州青联工作始终以共青团组织为核心，团结全州各族优秀青年，投身彝州两个文明建设。(1) 组织部分青联委员深入到南华五顶山、双柏开展“三下乡”活动，给山区送各类科技书籍15000多册；(2) 热情接待了台湾52名大中专学生到彝州观光学习；(3) 与四川凉山的20名青联委员进行了交流；(4) 指导县（市）成立青联组织，年底，全州有9县（市）成立了青联组织；(5) 由州青联推荐的楚雄彝族文化研究所彝文工作者李世康被吸收为全国青联委员；(6) 组织部分青联委员撰写论文23篇，参加2000年中国青年论坛活动。

【团内目标管理】 2000年，团州委对10县（市）团委工作进行台帐管理，10县（市）团委及时上报每日工作情况，从而及时掌握全州团的工作动态，年终对照年初签订的量化目标管理细则进行检查。团州委在接受团省委的团内目标管理检查中，被评为一等奖。一年中全州团的工作有特色、有重点，两次受团中央表彰，两次被中共楚雄州委、州人民政府表彰。同时新闻媒体也给予广泛的关注，《云南电视台》播出18条，《云南日报》登载17篇，《楚雄日报》登载51篇，其中《彝州青年带头绿化荒山》登载在4月15日《云南日报》头版二条。

〔刘兴祥〕

楚雄州妇女联合会

【简述】 2000年，楚雄州各级妇女联合会努力践行“三个代表”，认真贯彻落实党的路线方针政策以及上级妇女联合会的指示精神，紧扣党委政府工作大局，坚持“一手抓发展，一手抓维权”的方针，切实履行代表、参与、教育、服务、联谊职能，妇女工作取得新的成绩，促进了彝州改革、发展、稳定。3月，州妇女联合会荣获“全国城镇妇女‘巾帼建功’活动先进协调组织”称号，受全国城镇妇女“巾帼建功”活动领导小组表彰；7月，荣获2000年度“《中国妇运》宣传发行先进单位”称号，受中华全国妇女联合会办公厅表彰；6月，被评为“云南省儿童工作先进单位”，受省妇女儿童工作委员会表彰。侯家芬（牟定县人民政府调研员）被评为“云南省优秀儿童工作者”。

【妇女组织建设】 2000年，全州有县（市）妇女联合会10个，乡（镇）妇女联合会128个，村民委员会妇女委员会1126个，居民委员会妇女委员会5个，州县直属机关事业单位妇女委员会601个，厂矿企业女职工委员会344个，乡镇企业妇女委员会78个，个体劳动者协会、私营企业妇女委员会155个。

【“双学双比”活动】 2000年，全州各级妇女组织在农村妇女中继续开展“学文化、学技术、比成绩、比贡献”竞赛活动，着力提高农村妇女科技文化素质，推动妇女参与农业产业化经营，帮助她们增收致富。实施巧女子工程，继续深入开展“千万农家女，百项新技术”活动。全州参加实用技术培训的农村妇女达44.67万人次，其中妇女联合会自办培训725万人次；参加“农业函授大学”、“农业广播学校”专业培训2750人；有4110名妇女获农民技术员职称和绿色证书，培养以妇女为主的科技示范户5831户。实施光明工程，配合教育部门扫除妇女文盲2013人，全州青壮年女性文盲率降到0.5%。活动中涌现出一大批种植、养殖女能手，受州妇联表彰的有60名，全州县级以上妇女联合会表彰女能手101名。

【实施妇女参与发展项目和小额信贷项目】　2000年，各级妇女联合会加大实施妇女发展循环金和小额信贷扶贫力度，积极主动争取项目，为贫困妇女脱贫提供资金、技术、信息等方面的帮助和服务。州妇女联合会在南华县天申堂村民委员会和双柏县妥甸镇继续实施小额信贷，扶持339户发展种植、养殖和加工业。据统计，州、县两级妇女联合会多渠道争取资金累计达342.8万元，实施循环金项目的县（市）由8个增至10个，以妇女联合会为主实施小额信贷的有4个县，受益农户达2799户。

【下岗女工再就业工程】　2000年，全州各级妇女联合会关注和帮助下岗女工再就业，协调配合有关部门举办再就业培训班，培训364人次，实现再就业91人次，宣传表彰了以李涛、丁丽忠等为代表的一批创业先进典型。国庆节前夕，州妇女联合会主席张宗泽、副主席起雪梅深入楚雄州丝绸厂部分困难、下岗女职工家庭进行走访慰问，并为10名女职工送去了慰问金。

【巾帼扶贫工程】　2000年，全州各级妇女联合会继续深入开展“拉手结对、扶贫帮困进万家”活动。组织动员城镇机关事业单位妇女组织、农村妇女科技示范户与农村贫困妇女拉手结对扶贫，在资金、物资、技术、信息等方面给予帮扶。州妇女联合会干部职工捐款708元购买化肥20袋送给联系户，走访慰问扶贫点老党员，送去慰问金850元。据统计，各级妇女联合会用于帮扶贫困妇女发展资金达12.6万元，帮助2154户贫困户解决了温饱，有脱贫致富户240户。

【妇女健康工程】　2000年，各级妇女联合会多形式宣传普及妇幼保健知识，组织动员妇女参加健身运动和妇科病查治。3月1日至6日，州、市妇女联合会与州体育运动委员会联合举办了楚雄州第四届庆“三八”女子健身运动会。运动会设女子保龄球、拔河、4×100米迎面接力、穿城跑4个项目，有省、州、市属81个单位近2000名妇女参与。楚雄、双柏、牟定、南华、姚安、永仁、元谋等县（市）举行了健身运动会；武定县组织了对机关女职工妇科病查治工作。

【妇女参与绿色工程】　2000年，各级妇女联合会组织动员妇女参与绿化造林、改造环境活动，巩固发展妇女联合会绿色基地。年内，新办绿色基地13个，面积812.2亩。武定、永仁两县妇女联合会的基地分别荣获省“三八”绿色优质工程、达标工程奖；元谋县妇女联合会荣获省“三八”绿色工程活动先进集体奖；姚安县前场镇的刘秀芬获全省植树造林能手称号。

【“巾帼建功”活动】　2000年，全州各级妇女联合会在城镇妇女中深入开展“巾帼建功”活动。组织动员女职工参加岗位、学历培训，不断强化“四自”精神，增强竞争能力。全州参加职业道德、技能培训和学历教育的女职工达5387人次。先进个人、先进集体不断涌现。3月7日，州妇女联合会与州工商行政管理局、州乡镇企业管理局联合表彰楚雄州“巾帼建功”活动先进集体50个、先进个人105名。11月，在州妇女第七次代表大会上，州妇女联合会表彰了“三八”红旗集体、“三八”红旗手、城镇妇女工作先进集体。年内，全州各级共表彰“三八”红旗手25名，“巾帼建功”标兵246名。同时，“巾帼文明示范岗”创建活动由窗口行业向各行各业延伸，收到了好的效果。3月，州妇女联合会授予州建筑设计院等15个单位“巾帼文明示范岗”称号。

【“五好文明家庭”创建活动】　2000年，各级妇女联合会积极推进城乡“五好文明家庭”创建活动。州妇女联合会下发了《楚雄州2000年“五好文明家庭”创建活动意见》。各级广泛开展了“崇尚科学，反对迷信”、家庭承诺、家庭文化、家庭体育、家庭读书、不让黄赌毒进我家等活动，全州受各级表彰的“五好文明家庭”786户。

【培养选拔妇女干部】　2000年，各级妇女联合会以改革村级体制为契机，加大推动培养选拔女干部工作力度，着力抓村级班子女性比例提高。州妇女联合会起草并报请州村级体制改革领导小组下发了《关于确保村委会成员中妇女应有适当名额的意见》，为女性参选参政提供政策支持。在全州村级体制改革中，党支部委员会、村民委员会班子中的女性达1962名（其中：支委1018名，村委会委员944名），占委员总数11363名的17.27%。同时，坚持不懈地抓好“推优”工作，州、县妇女联合会向组织部门推荐优秀女干部253名。

【维护妇女权益】 2000年，各级妇女联合会继续深入开展和促进有关保护妇女权益法律法规、政策的宣传教育和贯彻落实。“三八”节期间，州妇女联合会与州司法局联合行动，在全州统一开展“148”妇女维权周活动。州县两级设法律咨询点86个，出动宣传车16辆，发放宣传材料5300份，现场法律咨询1040人次，提供法律援助45件。开展对《婚姻法》（修正草案）征求意见活动，重视妇女来信来访，及时化解各种矛盾。全州接待处理妇女群众来信来访2845件，元谋县妇女联合会成立了妇女法律援助中心。“6·26”国际禁毒日期间，州妇女联合会配合公安部门在楚雄城区开展了以“珍爱生命，拒绝毒品”为主题的宣传咨询活动，10县（市）妇女联合会也开展了相应的活动。

【家庭教育】 2000年，全州各级妇女组织深入开展以“优生、优育、优教”为主要内容的家庭教育，继续以学校为依托，办好家长学校。通过举办家教知识培训，开办家教知识讲座，为学校和家长推荐家教教材和读物等形式宣传普及家教知识，全州受教育家长达31.6万人次，家长受教育率达89.6%。5月30日，州家庭教育研究会召开理论研讨会，会议进行了论文交流。

【实施“春蕾计划”】 2000年，全州各级妇女联合会深入宣传动员社会为贫困女童献爱心，并不断拓展活动的内容和形式。州妇女联合会实行优秀贫困女生奖学金制，双柏、姚安等县妇女联合会开展搭“春蕾桥”活动。全州共募集助学款28.4万元，资助1165名女童就学，有37名和35名优秀贫困女生分别荣获省、州妇女联合会奖学金。同时，选送5名女童到省春蕾班就读。在已毕业的春蕾女童中，有1名升入大学，4名升高中。永仁县永兴完小春蕾班老师山富娣、南华县沙桥镇完小春蕾班学生周晓琼分别被评为“全国十佳优秀春蕾园丁”、“云南省优秀春蕾女童”，受中华全国妇女联合会、云南省妇女联合会的表彰。

【纪念“三八”国际劳动妇女节90周年活动】 2000年“三八”节期间，全州各级妇女组织出黑板报166期，张贴宣传标语686条，开办“三八”专题节目，开展“148”妇女维权周活动，广泛宣传马克思主义妇女观、男女平等基本国策及有关法律法规，宣传妇女工作成果和妇女先进典型。3月7日，州妇女联合会在州委礼堂召开楚雄州隆重纪念“三八”国际劳动妇女节90周年暨表彰大会、先进事迹演讲报告会。来自全州的先进代表、州属、驻楚省属单位女职工500余人参加了大会。州委副书记胡有兰作了重要讲话，州妇女联合会主席张宗泽作了题为《创造新业绩，共迎新世纪》的讲话。大会表彰了“巾帼建功”先进集体、先进个人及“巾帼文明示范岗”。何智玲、饶静波、段佩兰、李涛作了先进事迹报告。

【楚雄州妇女联合会六届六次执委会议】 2000年1月26日，楚雄州妇女联合会六届六次执委会议在楚雄召开。州妇女联合会执行委员会委员32人参加了会议。会议学习传达了省妇女联合会七届六次执委会及省妇女联合会实施再就业工程经验交流会议精神，审议通过了州妇女联合会主席张宗泽代表州妇女联合会六届常务委员会作的题为《解放思想，求实创新，推动我州妇女工作更快更新发展》的工作报告，讨论了《楚雄州女性成才工程方案》和《2000年县（市）妇联工作目标量化考核标准》。

【楚雄州妇女儿童工作委员会第七次会议】 2000年4月18日，楚雄州人民政府妇女儿童工作委员会召开第七次会议。州妇女儿童工作委员会成员35人参加了会议。会议总结了1999年度工作，安排部署了2000年任务；进一步完善了妇女儿童工作委员会各成员单位职责；讨论了提请州人民政府批转的《楚雄州妇女儿童工作委员会关于实施妇女儿童发展规划情况的报告》。会议要求年内要做好以下工作：（1）高度重视妇女儿童工作，加大“两个规划”实施力度；（2）加大宣传教育力度，营造良好社会氛围；（3）突出重点，进一步加大农村特别是贫困地区达标工作的力度；（4）采取有效措施，切实解决实施两个规划中遇到的突出问题；（5）全面开展两个规划的监测评估工作；（6）认真编制《2001—2010年妇女儿童发展规划》。

【楚雄州妇女第七次代表大会】 2000年11月28日至30日，楚雄彝族自治州妇女第七次代表大会在州府鹿城隆重召开。出席大会的正式代表301名，特邀代表59名，列席代表41名。正式代表中，少数民族125名，占代表总数的41.7%；共产党员202名，共青团员32名。代表平均年龄34.74岁，大专以上文化的112名，高中（中专）142名，初中45名。大会议程是：审议通过楚雄彝族自治州妇女联合会第六届执行委员会工作报告；选举产生楚雄彝族自治州妇女联合会第七届执行委员会；总结交流妇女工作经验和表彰先进。州党政军领导丁绍祥、夜礼斌、胡有兰、杨绍昌、李俊、李明、延荣科、罗志明、王贵祥、杨家聪、罗嘉福、殷鸿绪、杨淑珍以及省妇女联合会副主席朱惠娥等出席了开幕式。州委副书记胡有兰在开幕式上作了题为《迈向新世纪，创造新业绩》的讲话；州委副书记、代理州长夜礼斌到会作了题为《论形势，话改革，谋发展，以崭新的姿态迈向21世纪》的讲话；州妇女联合会主席张宗泽代表州妇女联合会第六届执行委员会作了题为《全州各族各界妇女团结起来，为实现新世纪宏伟目标努力奋斗》的工作报告，总结回顾了州第六次妇女代表大会以来的成绩和经验，提出了新世纪头5年的目标和任务。大会审议通过了《工作报告》，通过充分酝酿，选举产生了楚雄彝族自治州妇女联合会第七届执行委员会，选出执行委员会委员37名。大会举办了“妇女工作展”，发出了“向贫困母亲献爱心——建大地之爱·母亲水窖”捐款倡议书，与会代表、工作人员355人捐款13541元。表彰了“三八”红旗集体14个、“三八”红旗手15名、农村妇女工作先进集体14个、城镇妇女工作先进集体12个、儿童工作先进集体2个、先进妇女工作者50名、“双学双比”先进协调单位26个、先进女能手60名、先进工作者15名。

【楚雄州妇女联合会第七届执行委员会第一次全体会议】 2000年11月30日，楚雄州妇女联合会第七届执行委员会举行第一次全体会议，选举张宗泽、起雪梅、冯梅青、刘丽、程建华、孟树仙、史琼、张梅、肖楠、李璇、丁似莲等11位同志为州妇女联合会第七届执行委员会常务委员。在第七届执委常委会上，张宗泽当选为州妇女联合会第七届执行委员会主席，起雪梅、冯梅青当选为副主席。中共楚雄州委批准了选举结果。会上，新当选的州妇女联合会主席张宗泽作了题为《团结向上，求实创新，推动彝州妇女儿童事业再上新台阶》的讲话。

【赵秀英到楚雄州检查指导妇女工作】 2000年11月17日至21日，云南省妇女联合会主席赵秀英一行实地考察了州妇女联合会在元谋创办的“三八”芒果示范基地，元谋县妇女法律援助中心，私立银河幼儿园，元谋县妇女联合会创办的芒果、龙眼基地，县委香蕉基地，永仁县葡萄、苦良姜基地，永定镇完全小学家长学校，永定镇乐伍村、宜就乡宜就村“妇女之家”，大姚县妇女联合会蚕桑基地，仓街乡村民小组“妇女议事会”，走访了大姚县仓街乡依托妇女发展循环金脱贫致富的7户农户和姚安县的6户妇女科技示范户。赵秀英对楚雄州妇女工作取得的成绩和经验给予了充分肯定，并提出了希望和要求。

【“向贫困母亲献爱心”活动】 2000年11月，州妇女联合会积极响应中华全国妇女联合会“举全国妇女之力，建西部美好家园”的号召，在楚雄州妇女第七次代表大会上发出了“向贫困母亲献爱心——为建大地之爱·母亲水窖”捐款的倡议，随后又发出了活动通知，全州各级妇女组织、广大妇女群众积极响应，10县（市）639个单位22781人和省、州属72个系统或单位5664人捐款305308.60元，向西部贫困母亲和儿童献爱心。

【“六一”国际儿童节活动】 2000年5月25日至26日，由州妇女联合会主席、州妇女儿童工作委员会副主任张宗泽任团长，州委办公室、州政府办公室、州妇联、州教育委员会、共青团楚雄州委等单位领导组成的州妇女儿童工作委员会“六一”慰问团，走访慰问了楚雄市宜茨乡路上村完全小学、禄丰县高峰乡完全小学春蕾女童班，送去价值5000余元的学习生活用品和800多册少儿读物。节日期间，州妇女联合会走访慰问了牟定县新房村完全小学的师生和永仁县永兴乡完全小学春蕾班，送去价值3200元的生活用品和700多册少儿读物。5月30日，州妇女儿童工作委员会在州委礼堂举行楚雄州庆祝“六一”国际儿童节座谈会。州妇女儿童工作委员会成员和来自全州的少年儿童工作者、教师代表86人参加了座谈会，州委副书记胡有兰、州人民政府副州长罗嘉福作了讲话，州妇女联合会主席张宗泽通报了全州妇女儿童发展纲要实施情况。参会人员对如何做好儿童工作、青少年教育提出了建议和意见。

【实施“母亲安全”和“降消”项目】 2000年，双柏、牟定、元谋、武定等4县被列为国家级“母亲安全”和“降低孕产妇死亡率和消除新生儿破伤风”项目县，南华、姚安、大姚、永仁等4县被列为省、地级“降低孕产妇死亡率和消除新生儿破伤风”项目县，未列入项目县的楚雄、禄丰都在降低孕产妇死亡率和消除新生儿破伤风两个指标的达标上作了积极努力，取得了一定成效。9月10日至15日，州“降消”项目领导小组对姚安、牟定、元谋3县项目实施情况进行了监督审评。

【妇女儿童发展纲要监测评估】 2000年，楚雄州妇女儿童工作委员会办公室完成了《中国妇女发展纲要监测统计基本情况表》、《云南省地县级儿童状况监测统计表》的填报和妇女儿童纲要监测评估总结工作。

【“双学双比”活动受表彰的集体和个人】 2000年5月，楚雄州计划委员会被评为云南省“双学双比”竞赛活动先进单位；何智玲（楚雄市子午镇以口村民委员会以口二社农民）被评为云南省“双学双比”十大女状元；任锦云（楚雄州水电局局长）、董光荣（楚雄州林业局办公室主任）、申秀芝（楚雄州妇女联合会副主席）被评为云南省“双学双比”竞赛活动先进工作者；杨忠秀（楚雄市宜茨村公所农民）、苏凤英（双柏县艾尼山乡六合村农民）、李会珍（牟定县共和镇清波办事处农民）、杨丽琼（南华县龙川镇平山办事处农民）、丁琼（姚安县大龙口乡郭家凹村农民）、田菊兰（大姚县赵家店乡江头二社农民）、何光珍（永仁县莲池乡农民）、杨乔琼（元谋县能禹镇星火办事处农民）、杨培英（武定县九厂乡九厂村公所农民）、刘洪芬（武定县高桥镇花桥办事处农民）、王希菊（禄丰县金山镇北厂办事处农民）被评为云南省“双学双比”竞赛活动女能手。

【“巾帼建功”活动受表彰的集体和个人】 2000年3月，楚雄州妇女联合会被评为全国“巾帼建功”先进协调组织，楚雄市国家税务局鹿城征收分局荣获全国“巾帼文明示范岗”称号；胡有兰（中共楚雄州委副书记）、邹萍（楚雄州农科所旱粮育种栽培站副站长）、初美华（楚雄市北城小学校长）、李琴（楚雄进兴工贸公司副总经理）、杨芸（大姚县金碧镇人大主席）被授予云南省“三八”红旗手称号；楚雄州人民医院妇委会被授予云南省“三八”红旗集体称号；饶静波（楚雄第一中学教师）被评为云南省“巾帼建功”标兵；楚雄州工商行政管理局被评为云南省“巾帼建功”先进单位；武定县城镇妇女“巾帼建功”协调领导小组被评为云南省“巾帼建功”先进协调组织；楚雄州政府驻昆明办事处楚雄大厦、中国农业银行楚雄州分行营业部南路营业室、楚雄州邮政局营业室、姚安县人民医院妇产科、云南雄宝酒店有限公司被授予云南省“巾帼文明示范岗”称号。

〔李 坚〕

楚雄州归国华侨联合会

【侨联状况】 2000年，楚雄州归国华侨联合会的工作对象共计31300人。其中归侨侨眷、眷属11141人，港澳眷属1540人，新移民眷属219人，海外侨胞18500人，旅居在40多个国家和地区。全州侨联组织除州侨联机关外，还有楚雄市台侨联谊会、楚雄市吕合镇侨联小组、楚雄汽车运输经贸总公司侨联小组、禄丰县侨联小组等4个侨联组织。

【侨务联络工作】 2000年楚雄州归国华侨联合会始终坚持“立足国内、面向海外”的工作方针，认真做好内外联络工作。(1) 外联：年初州侨联向海外侨团、侨胞寄送了100多套新春贺年卡；平时利用归侨侨眷因公（私）出国考察讲学、探亲访友机会，了解所到国华侨华人基本情况，协助州侨联做好海外联谊工作；对回国探亲、考察、投资的海外侨胞、港澳台同胞，州侨联认真做好联谊接待工作。2000年共接待泰国、缅甸、加拿大的侨胞和港澳台同胞10起28人次，增强了海外联络力度。(2) 内联：2000年8月5日，中国侨联文化工作部杜海东副处长专程到楚雄检查指导工作，省侨联、省侨办领导也8次到楚雄研究指导工作，协调研究楚雄州的侨务工作和基层组织建设问题；对海外经济联络工作给予了很大支持；州侨联除加强与省内各地州（市）侨联联系外，还以信函、电话和信息交流等形式，先后与四川、贵州、广西、广东、福建等省区的部分侨联组织加强了联络交往，2000年共接待外地州（市）省外侨联同志168人次；州侨联在春节和中秋佳节前夕以座谈会的形式慰问了100多名归侨侨眷，平时对丧、病归侨侨眷家庭进行走访，并送上慰问金与慰问品，给广大归侨侨眷送去了温暖，加强了联络。

【发挥侨界优势开展招商引资】 2000年，楚雄州归国华侨联合会紧紧围绕州委、州人民政府的中心工作，把为经济建设服务摆在工作的首位。(1) 侨联机关工作人员年初分别对大姚、姚安、南华、牟定等县及吕合镇的部分归侨侨眷家庭和省、州属部分困难企业进行了走访慰问，并鼓励家居农村的侨眷自力更生，在种植“三高”农产品的同时，大力发展养殖业和兴办第三产业，与县（市）委统战部及村委会协商，请他们多给贫困侨户帮助指导及政策、资金倾斜扶持；州侨联还邀请侨界中的科技人员到侨企和侨户家中进行业务咨询指导，帮助解决生产中的技术问题。(2) 州侨联将楚雄州拟写的57个招商引资项目上报省侨联和省侨办，作项目储备，还将楚雄雁塔药业有限责任公司和大姚金碧制药厂等改扩建项目单列上报上级侨联列为海内外招商项目；同时，为姚安蛉河藕粉出口日本的大坂、神户作了报价文本与客商联系；另外还主动配合州台办帮助协调办理了台胞胡明昕、秦子明先生投资200多万元人民币在楚雄市苍岭镇智明和黄草办事处承包荒山种植林果和兴办综合示范农场，为招商引资开了个好头；州侨联还将大姚县芦川完小搬迁重建和金碧镇王德桥完小改扩建教学楼、双柏县安龙堡乡它宜龙小学拆危房建盖教学楼上报省侨联和省侨办，给予优先安排列入2000年侨心小学捐助计划。(3) 2月7日，州侨联陪同加拿大中国商会会长李云祥先生一行，向姚安地震灾区群众捐款2万元人民币；省侨联副主席李巨涛两次带领美国、日本侨胞到姚安、牟定察看灾情，并捐资3万多美元帮助重建侨心小学；5月18日，州侨联将多方筹集到的4万元物资捐赠给姚安地震灾区。2000年，州侨联筹集的各项捐资近40万元人民币。

【为侨服务工作】 2000年，楚雄州归国华侨联合会共接待国内归侨侨眷和海外侨胞816人次，其中咨询《归侨侨眷保护法》的有300多人，对他们提出的问题作了耐心细致的解答，并为升学、招考公办教师、房屋分配等问题，开出了20多份证明，得到有关部门的支持配合，收到了满意的效果。

〔宋先德　张再堂　黄梦琦〕

军　事

楚雄军分区

【简述】　2000年，中国人民解放军楚雄军分区和各县（市）人民武装部，以邓小平理论、江泽民同志“三个代表”重要思想及其关于加强新时期军队建设的一系列重要理论为指导，以“五句话”总要求为标准，坚持新时期军事战略方针，认真贯彻中央军委和两级军区党委扩大会议精神，把思想政治建设摆在首位，深入开展基层“三讲”正面教育，突出党委班子和干部队伍建设，按照“抓班子、强队伍、搞改革、促稳定、求发展”的思路，狠抓工作落实，圆满完成了各项任务。

【加强人民武装部党委班子建设】2000年，楚雄军分区党委认真学习贯彻中央思想政治工作会议和全军政治工作会议精神，紧密联系实际，大兴勤奋学习、紧密团结、开拓进取“三种风气”，着力加强人民武装部党委班子建设。一方面以学习“三个代表”重要思想为重点，认真落实《军队高中级干部学习规划》，狠抓党委中心组和团以上干部理论学习。军分区党委中心组带领机关干部严格坚持每季度不少于6天的专题学习制度，先后组织15名团以上领导干部参加了两级军区举办的理论读书班学习，分区于4月举办了为期20天的读书班，培训干部62名，使各级领导干部的政治理论素质和运用理论指导解决实际问题的能力进一步增强。另一方面以成都军区政治部印发的《学习民主集中制理论文献及辅导汇编》为基本教材，对各人民武装部党委成员进行系统教育，引导大家在学习实践“集体领导、民主集中、个别酝酿、会议决定”十六字方针上下功夫，在实践中掌握和运用民主集中制原则，坚持党委集体领导下的首长分工负责制。从第四季度军分区党委对所属10个县（市）人民武装部党委班子进行全面考核和讲评的情况看，大兴“三种风气”已在各党委班子中形成了浓厚氛围，取得了明显成效。

【加大对团职干部教育管理力度】2000年，楚雄军分区党委采取有力措施加强了对团职干部的教育管理。（1）针对成分多样性特点，加强学习教育，在提高干部素质上下真功夫。从全区现有团职干部来源渠道广、素质参差不齐的实际出发，广泛开展“三个代表”学习教育，大兴勤奋学习之风、紧密团结之风、开拓进取之风。与此同时，认真落实了领导蹲点帮带、机关定点帮带、业务部门对口帮带制度，提高了广大干部的综合素质。（2）针对工作两重性特点，坚持双重领导，在健全管理机制上下硬功夫。军分区在考核人民武装部党委班子和领导干部时，主动征求地方党委、政府和领导的意见。严格落实一日生活制度，重视加强“八小时”之外的管理，教育干部筑牢思想道德、军纪军规和党纪国法“三道防线”，经常想一想自己的身份、亲人、前途和部队的纪律。（3）针对情绪波动性特点，疏通思想源头，在思想政治工作上下强功夫。一是用身边典型教育干部，发挥先进典型的示范、引路作用，激发大家安心工作；二是奖惩分明，抓两头带中间，对个别工作不尽心、群众公论差的同志限期改正；三是主动关心，解除后顾之忧，对家属就业、子女入学、住房、转业安置等牵扯干部精力的问题，积极出面协调解决，妥善安置了4名团职转业干部的工作。

【广泛开展部队和民兵预备役思想政治教育】　2000年，楚雄军分区以深化“四个教育”、确保部队和民兵预备役高度稳定为目的，紧密联系实际，在全体官兵职工和民兵预备役人员中广泛开展思想政治教育。主要进行了以“服从大局、支持改革”为主题的艰苦奋斗教育；以深入揭批和清理“法轮功”邪教组织为主要内容的“相信科学、破除迷信、维护稳定”专题教育；以“认清台独分裂行径、坚决维护祖国统一”为主题的爱国主义教育；结合隆重庆祝楚雄军分区成立50周年活动开展的以“发扬优良传统、永葆我军本色”为主题的革命气节教育；以“立足本职实践‘三个代表’要求、振兴彝州为西部大开发做贡献”为主题的爱国奉献教育。坚持每月一次法制教育课，6月份在全区巡回开展了“法制教育宣传周”活动，使全区官兵职工的法纪意识进一步增强。

【强化科技练兵】　2000年，楚雄军分区着眼于新时期军事斗争准备需要，狠抓部队和民兵预备役科技兴训。根据中国人民解放军总参谋部颁布的《训练大纲》，按照上级指示，军分区机关和各县（市）人民武装部均完成了共同课目和高科技知识学习训练，并举办了为期20天的现役军官和专职武装干部素质培训；结合军分区办公指挥自动化建设，加强了本级机关干部的计算机基本操作技能训练，重点学习和运用全军通用参谋作业系统和网络基本知识；军分区首长机关带领楚雄市人民武装部完成了“高科技条件下兵员快速动员、集结和组扩编部队”室内战术演习，顺利通过了云南省军区年度训练综合考核，同时进行了战法研究，形成了三个课题研究成果，制作了军分区全面建设多媒体软件光盘；突出民兵“三队一网”建设，加大了科技兴训力度，全区民兵应急分队和专业技术分队训练成绩均达到良好以上，同时选拔和集训全州民兵军事三项训练尖子，组织参加了全省和全国农民运动会比赛，取得了较好成绩。此外，全区机要、通信、装备、财务等各类技术干部的专业训练也有了较大提高。

【狠抓战备建设】 2000年，楚雄军分区在继续强化全区部队和民兵预备役人员的战备观念、认真落实各级各类战备值班和执勤制度的基础上，努力创造条件，进一步加强了战备基础设施建设。一是筹措资金60万元投入军分区本级指挥自动化建设；二是投入资金20万元，完成了军分区机关光缆支线引接、通信机房改造和通信设备安装调试。在抓好硬件建设的同时，注重人才培养，立足现有设备，加强对机关干部进行办公指挥自动化操作技术培训，努力增强高科技条件下履行战备职能和义务的综合素质。

【推进后勤保障社会化改革】 2000年，楚雄军分区认真贯彻全军后勤保障社会化改革会议精神和上级的指示要求，开始实施军分区、人民武装部后勤保障社会化改革方案。（1）对所属军官、士官、职工实行门诊费包干，义务兵全额保障，较好地解决了官兵看病难的问题，降低了医疗费支出，为军分区卫生所对外有偿服务创造了条件。（2）积极贯彻军队住房制度改革方案，对办公、生活、公寓区域进行总体规划，决定新建机关干部经济实用住房，彻底解决军官、职工住房难的问题。（3）在大姚县人民武装部组织实施了饮食保障社会化改革试点工作。（4）下发《关于进一步加强人民武装部财务管理的指示》，实行经费归口管理，认真清理各单位银行帐户，建立以治散、治超、治漏为主的监督机制，防止“帐外帐”和资金帐外循环现象的发生，规范了全区财务管理。（5）抓好全区军队财产清查登记工作，完成了14万平方米军用土地办证，健全营房营院、营产营具使用和管理责任制，整治和改革水电管理制度，绿化美化营院，进一步改善了办公和生活环境。

【民兵组织调整改革】 2000年，全区民兵组织调整改革进一步深化。按照上级要求，在1999年组织调整的基础上，重点加强了民兵“三队一网”（应急分队、专业技术分队、对口专业分队和信息情报网）的组织落实，突出抓了主要方向、重点地区、城乡结合部和交通沿线的基干民兵队伍建设。通过调整改革，使全区民兵结构布局更加适应新时期军事斗争准备和维护社会稳定的需要。

【圆满完成年度征兵任务】 1999年10月15日至12月16日，根据云南省人民政府、云南省军区《2000年冬季征兵命令》，楚雄军分区和各县（市）人民武装部认真履行兵役机关的工作职责，坚决贯彻新时期质量建军方针，牢固树立

民兵防空演习

为国防建设负责的思想，在广大适龄青年中深入扎实地开展兵役法规、国防意识和爱国主义精神的宣传教育，从讲政治的高度，坚持依法征兵和廉洁征兵，严把政治、身体和文化关，较好地保证了兵员质量，圆满完成了云南省人民政府、云南省军区下达的冬季征兵任务。所征新兵的综合素质明显高于往年。

【组织部队和民兵预备役人员投入“1·15”抗震救灾】 2000年1月15日凌晨，姚安县境内先后发生了5.9级和6.5级强烈地震，震灾波及邻近的大姚、南华、牟定等县。地震发生后，楚雄军分区迅速发动和组织2万多名民兵预备役人员、协调驻军部队1500多名官兵全力投入抗震救灾。部队和民兵共救护和转移受灾群众6.3万多人，抢救伤员1093人，拆除危房1640间，抢救和运送物资6897吨、大牲畜3万多头，搭建防震棚7350个，疏通道路180多公里，守护中、小型水库和重要仓库等要害目标77个，为抗震救灾全面胜利提供了有力保证。

【隆重庆祝楚雄军分区成立50周年】 2000年4月3日，楚雄州隆重召开庆祝中国人民解放军云南省楚雄军分区成立50周年大会。云南省军区政治部主任段树春少将，中共楚雄州委书记、楚雄军分区党委第一书记丁绍祥，州人民政府州长、州武装委员会主任罗正富，州人大常委会主任李应科，州政协主席杨成彪，州纪委书记杨绍昌等领导，50年来在楚雄军分区工作过的部分副团职以上离退休干部、转业干部代表，军分区和10县（市）人民武装部现任领导，驻楚各部队领导，军民共建单位代表，共300多人参加了庆祝大会。庆祝大会由楚雄军分区司令员余红大校主持，段树春主任、丁绍祥书记和军分区黄文辉政委作了重要讲话。1950年4月，奉中央军事委员会命令，以中国人民解放军滇桂黔“边纵”第八支队和第一支队为基础，分别组建了楚雄军分区和武定军分区，1953年4月，武定军分区并入楚雄军分区。之后，军分区部队几经调整、精简和整编，逐步发展完善至今。50年来，楚雄军分区全体官兵和民兵预备役人员不辱使命，坚决贯彻执行党的路线、方针、政策和中央军委的军事战略方针，依法从严治军，积极开展“双拥”、“共建”活动，在出色完成各个时期军事斗争任务的同时，积极投入驻地经济建设，多次圆满完成了抢险救灾、扶贫帮困、突击重点工程、维护社会稳定等急难险重任务，在彝州“两个文明”建设中发挥了重要作用。

【启动参加和支援西部大开发“222”工程】 2000年8月4日，楚雄军分区召开参加和支援西部大开发工作会议，传达贯彻云南省军区参加和支援西部大开发工作会议精神，部署了以“双十、双千、双万”为重点的“222”帮扶工程，即：帮助贫困乡村建好10所小学，帮助10个民族村脱贫致富；资助1000名贫困学生上学，向贫困地区小学捐赠1000套课桌；使10000名民兵学会3门以上农业科学实用技术，组织民兵建设10000亩绿色林果基地。军分区党委要求所属各单位，要把参加和支援西部大开发作为贯彻落实“三个代表”重要思想的具体实践行动，开拓进取，勇于创新，本着各尽所能、就地就近的原则，确保民兵预备役建设和参加、支援西部大开发工作两不误，为建设“生态经济强州”、“民族文化大州”作贡献。

【楚雄军分区第十一次党员代表大会】 2000年9月26日至27日，中国共产党楚雄军分区第十一次代表大会隆重召开，出席会议代表51名，特邀代表3名。中共楚雄州委书记、楚雄军分区党委第一书

楚雄军分区成立50周年大会

记丁绍祥作了重要讲话。军分区党委书记、政治委员王贵祥代表中共楚雄军分区第十届委员会向大会作了题为《团结奋斗，开拓进取，把分区全面建设提高到一个新水平》的工作报告。军分区纪委书记、政治部主任王义成向大会作了纪律检查委员会工作报告。大会审议通过了《关于中共楚雄军分区第十届委员会工作报告的决议》和《关于中共楚雄军分区纪律检查委员会工作报告的决议》。大会选举产生了中国共产党楚雄军分区第十一届委员会委员27名和新一届纪律检查委员会委员5名。9月27日下午，中共楚雄军分区第十一届委员会召开第一次全体会议，选举丁绍祥、王贵祥、余红、陆伍一、赵学良、王义成、齐有定为第十一届常务委员会委员，丁绍祥当选为第一书记，王贵祥、余红分别当选为书记、副书记，并审批通过了中共楚雄军分区新一届纪律检查委员会组成，王义成为纪委书记。

【中共楚雄州委议军会议】 2000年7月21日，中共楚雄州委在楚雄军分区召开议军会议，专题研究全州国防后备力量建设的形势，并在总结经验的基础上，部署了新的历史时期全州国防后备力量建设任务。楚雄州党政军主要领导、全州各县（市）委书记、人民武装部部长以及州武装委员会成员参加了会议。中共楚雄州委书记、楚雄军分区党委第一书记丁绍祥主持会议并作了重要讲话，楚雄军分区司令员余红对全州国防后备力量建设的主要工作作了安排。丁书记要求，全州国防后备力量建设要做到“突出一个重点，强化两个观念，建设三项制度，努力办好实事”，即：要突出经济建设这个重点；要强化国防观念和军政军民团结观念；要建设坚持议军会议制度，落实州、县（市）党委、政府主要领导每个季度到军分区、人民武装部召开一次办公会议的制度，由军分区和人民武装部具体组织州、县领导班子每年开展一次“国防日”活动制度；努力为军事机关办好实事，要重视基层乡（镇）人民武装部的全面建设，尽力为国防后备力量建设办实事，建立和落实民兵事业费预算方案。

【廖锡龙中将视察楚雄军分区】
2000年3月20日，中国人民解放军成都军区司令员廖锡龙中将到楚雄军分区视察民兵预备役工作。廖锡龙司令员看望了楚雄军分区机关全体官兵，并实地检查了军分区正规化建设情况，对军分区机关正规的战备、训练、工作和生活秩序给予了充分的肯定。随后，廖司令员与州委书记丁绍祥、州长罗正富、军分区司令员余红、副司令员陆伍一等领导座谈，详细了解了军分区及各县（市）人民武装部的全面建设和全州双拥工作、军民共建、民兵预备役建设等情况，对楚雄市被命名为“全国双拥模范城”给予了高度评价，并对楚雄州各级党委、政府及各族人民给予部队和民兵预备役建设的大力支持表示衷心的感谢。廖司令员强调，民兵预备役建设一定要服从国家经济建设大局，紧紧围绕州、县（市）党委和政府的工作规划来确定民兵工作的重点。当前要紧紧抓住西部大开发的机遇，发动和组织民兵成建制地投入经济建设主战场；军分区、人民武装部的领导干部要善于了解形势，把握大局，特别要加强对新形势下、高科技条件下民兵预备役工作特点和规律的研究，紧密结合当地实际办出自己的特色。

【陶昌廉少将视察楚雄军分区】
2000年3月10日，中共云南省委常委、云南省军区政治委员陶昌廉少将到楚雄军分区及楚雄、姚安、南华等县（市）人民武装部视察工作。陶昌廉政委在楚雄军分区司令员余红大校、政治委员黄文辉大校的陪同下，首先实地检查了楚雄市人民武装部正规化建设情况，着重指出了需要改进的问题。随后，陶政委一行冒雨赶往“1·15”地震重灾区姚安县，实地察看了人民武装部受灾情况，亲切看望了干部职工。陶政委详细了解了人民武装部发动和组织民兵预备役人员投入抗震救灾、恢复重建的情况，强调指出，恢复重建的任务还很艰巨，人民武装部和全县民兵预备役人员还必须一如既往地作出不懈的努力。当天下午，陶政委返回南华县人民武装部，与正在该县检查指导工作的中共楚雄州委书记丁绍祥、州委秘书长李明等领导促膝座谈，了解和调研有关情况。

【王义成等3名领导干部和3个单位受云南省军区表彰】 据云南省军区司令员王继堂、政治委员陶昌廉2000年12月25日签署的通令，楚雄军分区政治部主任王义成大校受到云南省军区嘉奖一次；牟定县人民武装部政治委员刘德华上校、禄丰县人民武装部部长张胜震上校被云南省军区记三等功一次；牟定县人民武装部、楚雄市人民武装部被云南省军区评为“基层建设先进单位”；楚雄军分区政治部组织干部科被云南省军区记集体三等功一次。

【楚雄军分区通报表彰14个基层单位和34名个人】 2000年12月31

日，楚雄军分区司令员余红、政治委员王贵祥签署通令：表彰军分区政治部宣传保卫科、禄丰县人民武装部、双柏县人民武装部政工科、大姚县人民武装部后勤科等14个“基层建设先进单位”；评选大姚县人民武装部政委徐福存、部长唐清云，永仁县人民武装部政委文金春、部长飞正友，南华县人民武装部政委罗觉敏、部长匡国生为“一对好主官”；给予在2000年度工作中成绩突出的姚安县人民武装部政工科科长赵家德、军分区政治部组织干部科干事李威、军分区后勤部战勤科参谋夏乾中、军分区司令部作训科士官陈能聪、楚雄市人民武装部职工普朝科各记三等功一次；给元谋县人民武装部副部长段兴邦、双柏县人民武装部政工科副科长陆逊等23名个人嘉奖一次。

【楚雄市人民武装部积极带领民兵预备役人员扶贫致富】 2000年，楚雄市人民武装部把带领民兵预备役人员扶贫致富作为学习和实践“三个代表”重要思想的具体行动，结合实际认真落实楚雄军分区党委部署的“222”帮扶工程。一方面，组织本部机关干部职工与东瓜镇兴隆村委会18户贫困群众结成帮扶对子，全方位开展扶贫工作，共捐赠大米1500千克，捐助资金22700元，购买化肥4吨，农药450瓶（盒）。同时对学校空房进行改造，办起小食堂，购置28张木床及配套被褥，解决了住校学生吃住问题，并为学校树起旗杆，捐赠课桌46套，购置了部分文体器材。另一方面，广泛发动民兵带头科学种田、勤劳致富，开展“一兵带一户、一班带一社、一排带一村”的脱贫致富活动，积极开展“输血”工程，增强贫困群众的“造血功能”，在智力、科技、环保扶贫上下功夫，发动民兵植树12万株，造林540亩，涌现出了永安镇张二村退伍军人、民兵张芝华等一大批科技致富、扶贫攻坚带头人。

【双柏县人民武装部加强党员和干部队伍建设】 2000年，双柏县人民武装部针对党委班子成员和干部队伍变动较大的实际，提出了“以内强素质、外树形象为动力，狠抓党员、干部队伍建设，整体推进人民武装部全面建设”的口号，时时处处严格要求，用条令条例和规章制度约束每一个党员、干部的言行。（1）结合本部实际制定和完善各项管理措施，强化“四个秩序”意识；（2）从点滴入手，狠抓一日生活、工作制度和作风纪律的养成；（3）坚持工作高标准、严要求，加强对党员、干部的业务素质培训；（4）加强党性教育，树立责任意识，不断增强党员、干部的法纪观念。通过以上四个方面的工作，使全体党员、干部的先锋模范作用得到充分发挥，带动了本部职工和基层民兵预备役人员的工作积极性。

【牟定县人民武装部开展“国防知识宣传月”活动】 2000年7月1日至31日，牟定县人民武装部在全县范围内开展了形式多样、内容生动的“国防知识宣传月”活动。这次活动既隆重又扎实，特点突出，共设置了国防建设成就展、国防和军事法规宣传、《跨世纪的国防之路》专题节目、“国防大视野”演讲比赛等10个版块，从机关到乡村全方位展开，形成了声势浩大的立体宣传网。整个活动中，全县悬挂大型横标300多幅，张贴标语1200多条，刊出各类板报210多期，宣传车行程2000多公里，电台、电视台滚动播报新闻60次，电视台全程现场直播了有80名选手参加的“国防大视野”演讲比赛，每周六、日播放《跨世纪的国防之路》专题节目。这次活动辐射全县95%的人口和地区，所有副科级以上干部、民兵预备役人员、中小学师生都参与其中，直接受教育的干部群众达65000多人，营造了人人知国防、懂国防、爱国防的大环境。其做法和经验已被楚雄军分区、云南省国防教育委员会和成都军区政治部转发推广。

【南华县人民武装部坚持从严治军】 2000年，南华县人民武装部严格执行上级关于加强部队正规化建设的指示精神，贯彻“以人为本”思想，加强对干部职工的教育管理，狠抓作风纪律养成，保证了全年安全稳定。（1）认真抓好条令条例学习教育，不断增强干部职工遵章守纪的自觉性，坚决克服和纠正思想上的随意性。（2）突出重点，在经常性管理上下功夫。在管理对象上，突出管好单身干部和武器仓库看守人员；在管理时段上，突出管住“八小时”以外和双休日、节假日。（3）狠抓安全教育，做好预防案件、事故工作。一是利用每周一的交班会，经常强调安全工作的重要性；二是明确安全责任制，每周由值班首长和值班干部负责对武器仓库的安全状况进行1～2次实地检查，并督促落实干部住库；三是经常查找不安全因素，发现隐患及时排除；四是根据季节不同、任务转换和人员思想变化情况，进行有针对性的教育和防范工作。

【姚安县人民武装部组织民兵投入抗震救灾恢复重建】 2000年姚

安县“1·15”地震发生后，姚安县人民武装部充分发挥军事机关的职能作用和军队敢打硬仗的作风，在自身也遭受了严重损失的情况下，以人民群众的利益为重，迅速组织和带领12000多名民兵预备役人员投入抗震救灾第一线，救助群众46734人，抢救伤员965名，抢运物资4787吨，搭建防震棚4350间，护村巡逻5000多人次，组织两个民兵排昼夜守护在号称“姚安坝子头上两碗水”的洋派水库和下口坝水库大堤上，为抗震抢险斗争的胜利做出了突出贡献。全体干部职工在因陋就简、自己动手暂时解决了住宿、办公问题之后，又积极组织广大民兵投入恢复重建，帮助受灾户抓紧春耕生产，保证震后不减产；派出民兵救助分队，深入偏远震区，帮助灾民重建家园；加强灾区治安巡逻，确保了安全稳定。2000年6月，姚安县人民武装部被中共楚雄州委、州人民政府评为“1·15”抗震救灾先进单位，其先进事迹被《人民日报》、《解放军报》等军内外各级报刊宣传报道。

【大姚县人民武装部全面推进后勤保障社会化改革】 2000年，大姚县人民武装部后勤建设坚持“党委当家，部门理财，量入为出，勤俭持家，逐步发展”的原则，加强内部监督管理，理顺经费运行秩序，后勤管理步入了规范化轨道。在此基础上，立足现有条件，积极推行以饮食保障社会化为起点的后勤保障社会化改革措施，一手抓后勤保障社会化，一手抓有偿服务，撤销了本部机关小食堂，彻底改变单位不断补贴的大锅饭，把民兵训练基地大餐厅、临街铺面承包给职工，大餐厅对外作为民兵训练基地餐饮部进行有偿服务，对内作为人民武装部干部职工饮食保障社会化的主体，干部、职工直接到餐厅购买饭菜自行就餐，实行吃多吃好多掏钱。截至10月底，民兵训练基地在保证干部职工正常就餐和按标准完成正常接待任务的同时，为本部创收4.27万元，有效地弥补了预算经费的不足，改善了干部职工的生活福利待遇和办公条件。楚雄军分区后勤部全面总结了大姚县人民武装部的改革做法，将于下一年度作为试点经验在全区推广施行。

【永仁县人民武装部因地制宜加强正规化建设】 2000年，永仁县人民武装部把正规化建设摆在突出位置，因地制宜，从整治环境入手，自筹资金5万元，组织人力物力改造办公室、会议室、作战室、值班室、微机室、娱乐室等主要场所，完善办公设施，建立起规范的战备、训练、工作和生活秩序；部机关全体干部职工义务投工投劳，绿化草坪，翻修花台，整治厕所，改造水、电、路，彻底改变了过去“脏、乱、差”的旧面貌，营造了拴心留人的良好环境。在抓好硬件建设的同时，该部还不断强化干部职工的条令法规意识，坚持每周一、周五各用半天时间进行条令学习和训练，实现了一日生活条令化、一切工作制度化、行为举止队列化、内务设置整齐化；每个干部职工职责分明，工作目标清楚，做到人人有职责，事事有落实，坚持按级负责、按职尽责，使一日生活制度、卫生值班制度、武器仓库安全管理制度、车辆管理和派遣报批制度、请示报告制度、请假销假制度等一一落到实处，为军事机关全面建设的发展奠定了坚实基础。

【元谋县人民武装部联系实际加强党委班子自身建设】 2000年，元谋县人民武装部紧密联系党委班子成员变动大、成份新的实际情况，突出加强党委班子自身建设，注重在增强凝聚力和战斗力上下功夫。(1)认真贯彻民主集中制原则，增强党委的凝聚力。无论是工作意见、思想方法不同，还是心理个性上的差异，都坚持用民主集中制来统一和约束，凡是重大问题、重大经费开支都要经过党委会研究决定。(2)注重团结协作，增强整体合力。新班子刚组成就十分注重讲团结，工作中互相支持、互相配合，求大同存小异。党委书记、副书记4月份到任以后，同干部、职工普遍谈心2次以上，并在干部中大力倡导“务实为本、落实为重、脚踏实地、不尚空谈”的工作作风，把整个精力用在人民武装部全面建设上。(3)注重廉洁自律，树立良好形象。党委“一班人”注重从思想上兴廉，在行动上促廉，经常组织党员干部学习《党章》和党纪条规，凡是要求下级做到的，自己首先做到，凡是要求下级不为的，自己首先不为，在干部职工中树立了讲学习、重团结、兴正气的良好形象。

【武定县人民武装部狠抓安全稳定工作落实】 2000年，武定县人民武装部从强化行政管理入手，把安全稳定工作作为关系人民武装部全面建设质量的大事来抓。(1)从严治官，加大干部队伍教育管理力度。以机关干部强素质、守纪律、树形象为目标，以条令条例为依据，制定了《武定县人民武装部工作规范》，用制度严格管理干部队伍。(2)突出重点，认真抓好“两防”工作。落实安全工作责任制，以预防为主，以管好“人、车、枪、弹”为重点，突出抓好机关干部、仓库职工和节假日零星外出人员的跟踪管理；在硬件建设上，多方筹资4.5万元，对武器仓库围墙进行加高加厚处理，安装了脉冲电网，更新了老化电路。(3) 落实制度，加强对民兵武器库的安全管理。严格落实干部住库值班制度，部领导每周入库检查一次，军事科每天入库检查一次。(4)警钟长鸣，确保车辆安全运输。不间断地加强对驾驶员的行车安全教育，经常性搞好车辆性能维修和保养，确保车辆随时保持良好安全状态。

【禄丰县人民武装部进一步加强民兵预备役基层建设】 2000年，禄丰县人民武装部坚持新老“两手抓”，一手抓民兵“三队一网”的组建，一手抓脱产执勤民兵连的巩固，进一步加强了民兵预备役基层建设。一方面，根据上级的指示精神，在完成年度民兵军事训练、组织整顿的同时，重点抓了“三队一网”的组建工作。经与地方有关部门协商，在县工交局组建了运输和工程抢险专业技术分队，在县电信局组建了30人的通信保障对口专业分队，在县人民医院组建了40人的医疗卫生对口专业分队，在金山、广通、碧城三镇建立了150人的民兵应急分队。另一方面，继续加强对原有的3个脱产执勤民兵连的教育管理。5月份，成立了由副部长任组长的脱产执勤民兵连领导小组，参照《军队基层建设纲要》的有关规定，加强了对脱产执勤民兵连组织建设、思想政治工作、军事训练、行政管理和后勤保障的领导，部领导坚持每月到各连检查一次，发现问题及时纠正。通过经常性的严格教育管理，使脱产执勤民兵的政治素质和军事素质有了进一步提高，深受用兵单位和驻地群众的赞扬。

〔张剑锋 刘有其〕

武警楚雄州支队

【简述】 2000年，武警楚雄州支队认真贯彻总部、总队党委扩大会议精神，按照支队党委提出的“高举旗帜、抓好龙头、带好机关、打好基础、树好形象，确保部队安全稳定，确保中心任务圆满完成”的工作思路，紧紧围绕“当好云岭哨兵”这一主题，深入抓好政治理论学习和四个教育，确保官兵永远做党和人民的忠诚卫士——方红霄式的云岭哨兵。切实加强部队思想政治建设，以基层党组织“三讲”正面教育为主线，在基层党组织中深入开展了“三讲”正面教育，认真贯彻落实“三个代表”的重要思想，增强了各支部的凝聚力和战斗力。突出抓好部队的执勤、教育、训练和管理，不断提高后勤保障能力，并把“三互”、“双争”活动与三项经常性工作紧密结合，确保了部队的高度稳定和集中统一，确保了以执勤和处置突发事件为中心的各项任务的圆满完成。支队被武警云南总队评为“基层建设先进支队”，被武警总部荣记集体三等功。

【武警楚雄州支队召开党委扩大会议】 为认真传达贯彻武警总部和武警云南总队党委扩大会议精神，武警楚雄州支队于2000年2月16日至18日召开了党委扩大会议。参加会议的有直属大队党委、各基层中队党支部正副书记和机关股以上干部。会议认真分析总结了武警楚雄州支队党委1999年度的工作，全面安排部署了武警楚雄州支队2000年度的工作任务，表彰了1999年度部队建设中涌现出来的先进集体和先进个人。

【抓好武警干部理论学习】 2000年武警楚雄州支队党委中心组成员带头认真学习理论，按照年初的理论学习计划，坚持每周四下午的理论学习时间雷打不动，为各级干部树立了榜样。营以下干部也妥善解决工学矛盾，严格学习制度，把学习的“软任务”变为“硬指标”。一年来，各级干部学完了规定的38篇理论文章，撰写心得体会1213篇。其中，支队长李家贵、政委周武华、主任符洪彩撰写的6篇理论研讨文章在《新时期治警特点和规律初探》、《当好云岭哨兵理论思考》教育丛书中刊用。通过学习，提高了各级干部运用科学理论和辩证唯物主义原理分析和解决问题的能力。

【武警部队思想政治教育】 2000年，武警楚雄州支队认真贯彻全军思想政治工作座谈会精神和总队、支队的政治教育工作会议精神，紧紧围绕当好云岭哨兵，永远做党和人民的忠诚卫士这一主题，联系官兵思想实际，把经常性的思想教育、时事政策教育和法纪教育紧密结合，把教育的落脚点放在确保部队稳定、官兵思想纯洁和立身做人、为部队建设作贡献上。各中队在部队中广泛开展了立足本职，当好“人民卫士、云岭哨兵”的活动；开展了近学士官张亚魁，远学方红霄、刘建林的活动；开展了“带头遵章守纪，树立良好形象”的活动，大大激发了官兵爱岗敬业精神，增强了官兵的主人翁意识。全支队开展读书演讲、知识竞赛97场次，编写《政工简报》10期，出墙报、黑板报267期，写心得体会文章3912篇，有11篇经验材料和教育情况被上级转发，41篇文章被报刊电台采用，使教育落到了实处。

【武警干部思想道德教育】 2000年8月至11月，武警楚雄州支队在干部队伍中进行了深入扎实的思想道德教育。紧密结合支队干部队伍思想实际，从增强干部的理想信念、敬业精神入手，采取先机关后基层，先集中轮训后各支部组织学习、查找问题等方法进行。通过教育培训、专题辅导、学习讨论、撰写心得体会、自查自纠、制定整改措施、办墙报、黑板报等形式开展教育，取得了实效。在自查自纠时做到自查问题与组织帮查相结合，使教育更具针对性，各级干部真正从思想深处查找到自身存在的问题，增强了干部拒腐防变的自觉性，较好地解决了干部队伍中存在的一些突出问题，纯洁了思想，加强了干部队伍建设。

【武警支队预提职干部考核】 2000年1月13日至15日，7月13日至14日，武警楚雄州支队对在基层任职满两年以上的35名干部进行军事技能、政治理论、业务知识和政治课命题讲课等8个方面的考核，支队股以上干部参加评判，裁判人员当场亮分，并按"优秀、称职、基本称职、不称职、能否提升"等5个方面进行民主测评。通过考核，激励了基层干部爱岗敬业，真抓实干，热爱本职的工作积极性，12名优秀基层干部得到了提拔使用，在干部中引起了积极的反响。

【军事业务训练】 2000年，武警楚雄州支队深入贯彻质量建军，科技练兵，突出训练重点，向训练要战斗力的要求。在军事训练，中支队党委始终坚持党委议训，主官挂帅，部门主抓，基层干部跟班作业，并在官兵中叫响"训练有功、训练有奖"的口号，从执勤和处置突发性任务需要出发，突出常训科目和专勤专训的结合。各单位在训练中建立健全了教学领导小组，充分发挥军事民主，积极开展官教兵、兵教官、兵教兵的互教互学活动，在部队中大力开展了小动员、小评比、小竞赛、小讲评、小考核的"五小"活动，活跃了训练场的练兵气氛，激发了官兵的练兵热情，促进了全年训练任务的落实。一年来，先后举办了军械员兼文书、士官队伍整训和散手骨干、预提班长集训，通过严抠细训，规范统一动作，使干部骨干的带兵组训能力有了明显提高。为了加强教导队和训练设施建设，支队投入经费80万元，新建了教导队饭堂，改造装修了官兵及新战士集训的住房、训练场地和400米障碍场。

【武警支队执勤目标安全无事故】 2000年，武警楚雄州支队以抓好"三共"活动、深化"三个一遍"、贯彻好《正规化执勤检查验收标准》为载体，以去年支队先后召开的三次执勤工作现场会的要求为标准不断强化战备执勤工作，加大对执勤工作的督促检查指导力度，落实了边远单位电话查与附近单位深入一线查相结合，值班首长查与值班干部查相结合的查勤制度，先后对部队的执勤战备工作形势进行了4次分析研究，派出工作组对执勤工作进行了5次检查。各单位狠抓了执勤八项制度的落实和"三班四哨"控制，执勤正规化水平有了明显提高，杜绝了执勤事故，确保了中心任务的完成。年内，协助公安机关先后押解犯人7起85人；抓捕犯罪嫌疑人2人；协助公安机关完成处决死刑犯任务7次；制止在押犯逃跑2起2人；参与公安机关打击盗抢机动车辆专项斗争2次，出动警力130人；完成"火把节"、"中国彝族十月太阳历文化园"开园仪式、"火把狂欢夜"等大型集会庆典活动安全保卫勤务，出动警力476人次。

【武警支队投入"1·15"姚安抗震救灾】 2000年1月15日凌晨6时09分、7时37分，楚雄州姚安县发生里氏5.9级和6.5级地震。地震发生后，286名官兵在支队长李家贵、政委周武华的率领下赶到灾区，兵分三路奔赴光禄、大河口、官屯等重灾区抢险救灾。大家不顾个人安危，冒着频频发生的余震，冲入倒塌的房屋中抢救伤员，抢运粮食和贵重物品，以特别能吃苦，特别能战斗的感人事迹谱写了一曲壮丽动人的爱民赞歌，被灾区各族群众誉为"人民的贴心人，彝州的保护神"。在历时18天的抗震救灾中，官兵为1200户灾民从危房中搬运出粮食500余吨，转移物品17000余件，价值160万元；拆除危房81幢351间，排除险情500余处；搬卸救灾物资700余件，运送救灾物资480余吨，搭建防震篷700余顶；建盖石棉瓦住房50幢610间12000平方米，为灾区群众治病1247人次，官兵为灾区捐款10057元。国务院副总理温家宝视察灾区时看望了支队官兵，省、州、县各级领导对官兵在抗震救灾中取得的成绩给予了高度赞扬，支队被州委、州政府表彰为抗震救灾先进集体。

【武警支队开展“三共双达标”活动】 2000年，楚雄州公安局与武警楚雄州支队一道在全州10个县（市）看守所和担负看守任务的武警中队之间，开展“共建、共管、共保安全”的活动。双方以加强思想政治建设为主，以落实有关监管规定、勤务制度为重点，坚持共性问题共同抓，个性问题各自抓，做到警钟长鸣念好“一本经”，同心协力织好“一张网”，携手并进走好“一盘棋”。通过“三共”活动，调动双方的工作积极性，提高双方队伍的政治业务素质，促进了依法文明管理和执勤能力，确保了目标的安全。楚雄州公安局和武警楚雄州支队被云南省公安厅和武警云南省总队评为“三共双达标”先进单位。

【武警支队提高综合保障能力】 2000年，武警楚雄州支队深入贯彻总队后勤工作会议精神，按照“严制度、抓管理、强素质、搞种养、办实事”的要求，牢固树立过紧日子的思想，狠抓增收节支和财务管理，严格编制经费预算，对易超难管经费坚持包干使用，切实做到了党委当家，后勤理财，一支笔审批。严格落实干部离任审计制度，把有限的经费用到刀刃上。组织部队积极发展以养殖、种植业为主的农副业生产，全支队建起了11个温室大棚。据统计，全支队年内生产收益共38万元，补助生活23万元，官兵生活明显提高。同时按照执勤“处突”保障的有关要求，精心筹划，严密组织，全力保障，确保部队在处置“1·15”、“9·21”突发事件中，开得动、供得上、救得下、修得好，圆满完成了以执勤和“处突”为中心的各项保障任务，后勤综合保障能力明显提高。

【武警支队开展双拥共建和扶贫帮困活动】 2000年，武警楚雄州支队深入开展拥政爱民工作，在抓好部队拥政爱民、群众纪律、热爱第二故乡教育的同时，积极参加驻地经济建设和社会公益事业，在重大节日期间组织官兵走上街头开展为民服务活动，到敬老院为孤寡老人做好事、办实事。特别是在急、难、险、重任务面前，主动请战圆满完成任务。支队继续与楚雄市苍岭镇云甸办事处19户特困户结对扶贫，两次到农户家中调查摸底，帮助他们制定脱贫致富计划，发展农副业生产，给每户农户送去了化肥。一年来，支队被楚雄州、市党委、政府评为“‘1·15’抗震救灾”、“民族团结进步共同繁荣”、“爱国卫生”和“拥政爱民”先进集体。15名官兵被评为“抗震救灾”、“双拥工作”、“扶贫工作”先进个人。2000年，支队参加各种义务劳动3871人次，抢险救灾出动兵力1134人次，派出车辆646台次；义务植树9200棵，绿化营区6200平方米；为群众防病治病1456人次；为扶贫点和桃园湖广场义务放电影34场次；常年照顾孤寡老人16人；军训学生、职工12896人次；为灾区、残疾人、“春蕾女童班”、战士困难家庭捐款35261元。官兵用自己的行动在人民群众中树立了良好的形象。

【武警支队“双争”活动成效明显】 2000年，武警楚雄州支队按照《军队基层建设纲要》全面加强部队建设，各单位广泛开展了“争创先进中队，争当优秀士兵”活动，机关也深入开展了争创先进股（室），争当优秀机关干部的活动。各单位把评比建立在平时的各项工作之中，使官兵立足本职建功立业，广大官兵牢记使命，安心服役，爱岗敬业，认真履行职责，出色地完成了以执勤和处置突发事件为中心的各项任务，涌现出一大批先进集体和个人。支队被武警总部荣记集体三等功，被武警云南省总队评为“基层建设先进支队”、“三无”先进单位、“三共双达标”先进单位和“九五”期间计划生育先进单位。武警楚雄州支队直属一中队、警通中队、武警大姚县中队、武警武定县中队被武警云南省总队评为基层建设先进中队，直属一中队在“1·15”姚安抗震救灾中荣立了集体三等功；武警武定县中队中队长周守其、警通中队副中队长王云被武警云南省总队评为基层优秀带兵干部；武警双柏县中队、支队直属三中队、武警牟定县中队被武警楚雄州支队党委评为基层建设先进中队；2名战士荣立二等功，32名官兵荣立三等功，137名战士被评为优秀士兵。

〔符洪彩〕

楚雄州公安消防支队

【简述】 2000年，楚雄州公安消防支队按照江主席“五句话”总要求，以防火灭火为中心，以支队规范化建设为重点，抓队伍建设，促消防工作，进一步提高了部队的灭火作战能力和消防监督执法水平，推进了消防工作社会化，加强了公共消防基础设施和公安消防装备建设，遏制了重特大火灾事故的发生。全年全州未发生重特大火灾，共发生一般火灾89起，火灾致死3人，致伤2人，烧毁建筑6394平方米，直接财产损失1292626元。与上年相比，起数上升6.0%，死人数下降25%，直接财产损失上升46.5%。全州消防部队共接警出动93起，扑救火灾89起，出动人员1247人次，出动车辆186辆次，抢救财产价值2410万元，为彝州社会稳定和经济发展作出积极贡献。

【消防支队思想政治、组织和干部队伍建设】 2000年，全州消防部队通过学习贯彻中央15、17号文件精神，加强思想政治、组织和干部队伍建设，确保了部队政治合格，增强了部队的活力。(1)在全体官兵中开展了唯物论和无神论教育、“三个代表”学习教育、反腐倡廉教育；(2)在支队党委班子和团职领导干部中开展了“三讲”教育，在基层党组织和党员干部队伍中广泛开展了“三讲”正面教育。通过学习教育，增强了各级党组织的核心领导作用和战斗堡垒作用，增强了广大党员队伍理想信念上的坚定性和思想道德上的纯洁性，为部队建设和各项工作注入了强大的精神动力。(3)大力加强各级组织和干部队伍建设，不断巩固“三讲”教育成果，先后对9个大队、6个中队领导班子进行了调整充实，配齐了7个大队的领导班子，加大了干部的调整交流力度，全年共调整交流干部31名。(4)大力加强了干部培训，一年内，共举办后勤、防火等各类培训班5期，全支队60名消防监督干部通过了国家统考的消防监督岗位资格考试，大大提高了队伍的整体素质。(5)坚持标本兼治，通过建立健全各项制度、公示行政执法主体资格、完善公示栏、开展行政执法和收费检查，向社会聘请70名消防行政执法监督员等方式，不断推进党风廉政建设，全支队一年来未发生违法违纪案件，树立了消防部队的良好形象。

【消防支队规范化建设】 2000年，支队成立了以支队首长为正副组长、各部门领导为成员的规范化建设领导小组，制定了《楚雄州公安消防支队规范化建设实施方案》和《2000年“两化”建设考评奖惩规定》，明确了各级各部门直至每一个岗位的职责，实行规范化建设责任制。年内，共举办后勤、防火、计算机、预提士官等各类培训班6期，机关平均每人下基层检查指导达15天。各基层大队通过建章立制，狠抓责任落实，加强基层中队正规化管理和消防监督规范化建设，为支队规范化建设奠定了坚实的基础。经过总队年终考评，全支队司、政、后、防四方面的工作成绩均达到优秀，总成绩名列全省16个支队第四名，在全省树立了彝州消防的良好形象。全州6个中队的目标化管理经考核，有4个达到优秀，2个及格；10个大队的消防监督规范化建设经考核，成绩均在及格以上。

【消防部队管理训练】 2000年，全州消防部队通过强化部队管理，深化执勤训练改革，提高了部队的灭火救援能力。(1)以条令条例为依据，坚持依法从严治警，严格管理，严格教育，支队机关及各基层大队认真落实条令条例，用以规范部队的执勤、工作和生活秩序，加强了部队正规化建设；(2)严格按照《消防部队兵员管理规定》和《消防部队士官管理规定》，严格挑选士官队伍，建立健全管理制度，严格管理，开展士官纪律作风整顿和业务培训，充分发挥了士官队伍在部队建设中的骨干作用；(3)以“人、车、枪、物”为重点，建章立制，规范管理，坚持常抓不懈，做好安全事故防范工作，年内，全州消防部队未发生各类安全事故，确保了部队高度稳定；(4)突出重点，贴近实战，坚持“火怎么灭，兵就怎么练”的指导思想，认真抓好官兵的战训业务理论学习，强化灭火救援体能及技能训练，加强对辖区石油、化工、高层建筑等特种类型灾害事故处置措施的研究，完善各消防重点单位的灭火作战预案，规范“两图一册”，加强“五熟悉”和灭火实战演练，不断提高部队的实战能力。一年内，全州消防部队共接警出动93起，扑救火灾89起，扑救成功率达到100%。

【消防监督管理】 2000年，全州两级公安消防机构认真履职，积极做好各项消防监督工作。(1)认真做好春节、“火把节”、国庆节及昆明国际旅游节、花卉节等各项重大节事庆祝活动的消防保卫工作，在州政府的统一领导下，共组织有关部门开展全州性消防安全大检查5次，杨汝鉴副州长带队检查4次，检查单位1475个次，督促整改火灾隐患2861条，确保了这些节事活动的安全。(2)先后开展了在建工程、消防疏散通道、集贸市场消防专项治理，消除了这些场所、行业的火灾隐患。(3)按照“突出重点，兼顾一般”的原则及公安部《消防监督检查规定》，加强对全州173个消防安全重点单位、147个易燃易爆场所、323个公众聚集场所的消防监督管理。在监督中，共填发消防监督检查记录表1850份，各类火灾隐患整改通知书1250份，督促整改火灾隐患5585条，进一步改善了这些场所的消防安全条件。(4)切实抓好建筑工程消防监督审核工作。6月份，与州城建、工商部门联合下发了《关于进一步加强建筑工程消防监督工作的通知》，进一步理顺了建筑工程的消防监督管理体制。年内，共审核工程80项，计16.2万平方米，验收25项，发放建筑消防设施施工安装许可证54个，在工程审核中，共提出防火审核意见920条。（5）加大了火灾事故查处和消防行政执法力度。在年内所发生的89起火灾中，火灾原因查清率达到92%。全年共查处消防违法违规案件103起，其中处罚个人80人次，处罚单位23个次，警告4人次，吊销证件1个，责令停产停业、停止施工、停止使用30家次。在消防行政执法中，始终坚持"严格执法，热情服务"，一年内未发生引起行政复议、行政诉讼及上访的案件。

【消防宣传教育培训】 2000年，全州消防部门进一步加大消防宣传力度，认真组织开展了"五月安全生产周"及"119消防日"宣传活动，组织社会各界观看了消防影片《隐患就在你身边》和119消防文艺演出，组织了有18个单位300余人参加的119大型灭火演练，与州电台、电视台联办了消防专栏，与州教委联合在全州教育系统组织开展"我与消防"征文活动，与州妇联联合组织开展了"妇女与消防"宣传活动，与州少工委联合开展了"雏鹰消防章"评选活动。年内，全州范围内被各级各类媒体采用的与消防相关稿件共177篇（条），共发放消防宣传资料20.9万份，消防宣传录像带（磁带）26盘，绘制消防宣传画234幅，放映消防电影、录像93场次，举办消防图片展览26次，出动消防宣传车86辆次，设立消防宣传站33个，举办社会消防培训班20期，到社会各单位上防火课320次，培训各类人员41236人次（其中2352名重点工种人员取得了消防培训合格证），举办消防文艺演出15场次。在各项消防宣传活动中，总计受教育人数达150万人次。通过各种形式的消防宣传教育和培训，广大公民的消防安全意识和消防法制观念得到进一步提高。

【消防群防群治工作】 2000年，全州公安消防部门积极当好党委、政府的参谋助手，认真履行州、县（市）防火安全委员会办公室的协调职能，推动了全州消防群防群治工作的开展。（1）继续在全州范围内推行消防安全逐级责任制，督促州、县（市）、乡（镇）三级政府上下之间、各重点系统行业及单位与当地政府之间、单位内部上下之间逐级签订了消防安全责任书，基本做到消防安全层层有人抓、处处有人管。（2）在加强公安消防队伍建设的同时，加强专职消防队、重点单位、乡（镇）、村义务消防队的建设，通过开展消防业务培训和指导，使他们在本地本单位消防工作中发挥骨干作用，成为公安消防队伍的有力补充。（3）继续推行基层公安派出所消防工作改革，将三级重点单位及农村消防监督管理纳入派出所工作的重要内容，各县（市）公安局将消防工作纳入派出所年终工作考核内容，促进了乡（镇）及农村消防工作的开展。

【城镇公共消防设施建设】 2000年1月和6月，省、州相继召开城镇公共消防设施建设会议，布置城镇公共消防设施建设工作，提出了用三年时间完成城镇公共消防设施补清旧账、不欠新账的目标。会后，州、县（市）各级认真贯彻会议精神，成立了相应的消防规划编制领导小组，着手结合城市规划调整补充编制城镇消防规划，力争2001年底前完成这项工作。州政府同意组建州特勤消防站，元谋、永仁、双柏三个无消防站的县先后完成了消防站建设用地征地工作，大姚、姚安也结合恢复重建完成了消防站搬迁用地征地工作，开始着手下一步的规划建设。一年内，全州新增市政消火栓196个，武定县新购置了一辆消防战斗车，全州消防安全保障能力得到进一步增强。

【消防部队拥政爱民】 2000年，全州消防部队在搞好自身建设、完成以防火灭火为中心的各项工作任务的同时，广泛开展以"人民消防为人民"为主题的拥政爱民活动，为促进彝州两个文明建设作出了贡献。（1）借元旦、春节、"八一"等时机邀请地方党政领导及友邻单位到部队座谈，听取他们对部队建设的意见和建议；（2）加强警民共建，积极开展各种有益的活动；（3）积极参与地方扶贫帮困、义务植树、创建安全文明小区、国防教育、双拥工作等各项事业建设；（4）充分发挥消防部队"一专多能"的特点，积极参与抗旱防涝抢险、抗震救灾等工作。据不完全统计，一年来，全州公安消防部队共与地方党政领导及友邻单位举办各种座谈会40场次，结成警民共建对子24对，组织篮球赛、警民联欢等各项活动130余场次，为民做好事180余件，捐款9600余元，义务植树1000余株，参加重点工程建设7项，帮助地方学校军训3000余人，参与处置突发事件4起，参加抗洪抢险5次，参加抗震救灾2次。在这些活动中，共出动官兵250人次，出动车辆60台次，为地方挽回经济损失达7000万元。通过这些活动，进一步密切了警政警民关系，在社会各界中树立了消防部队的良好形象。

【消防部队立功创模活动】　2000年，全州消防部队继续深入开展“学天津、玉溪消防”，以支队规范化建设、拥政爱民为主要内容的立功创模活动，涌现出了一大批先进集体和先进个人。一年来，支队先后被州（市）党委、政府评为“1·15”地震抗震救灾先进单位、扶贫先进集体、双拥工作先进单位，姚安大队被省记集体三等功一次，大姚大队被省消防总队嘉奖一次，有11个单位被州、县（市）评为先进单位，1个单位被评为人民满意单位，2个党组织被评为先进基层党组织，7人荣记三等功，8人被评为优秀共产党员，14人被评为优秀士兵。

〔刘　彬〕

法　　制

政法委员会

【简述】 2000年，楚雄州政法系统把“抓大局、保稳定、促发展”作为践行“三个代表”的重要内容，紧扣为西部大开发服务这个主题，认真落实领导责任制，全面推进政法队伍建设和基层基础工作，充分发挥各级政法部门的职能作用，加大“严打”斗争力度，强化社会治安综合治理，把严肃执法作为政法工作的生命线，把解决处理各类社会矛盾纠纷和治安“热点、难点”问题作为社会治安综合治理工作的切入点，增强各部门齐抓共管合力。广泛开展安全文明创建活动，落实各项社会防范措施，为确保彝州社会政治稳定和两个文明建设协调发展作出了显著成绩。认真开展“争创人民满意的基层政法干警（单位）”活动，全州涌现出受公安部表彰的全国优秀县公安局一个，受最高人民检察院表彰的全国优秀检察院一个，受省州表彰的人民满意的基层政法单位11个，好干警、好法官46名。南华县委政法委、楚雄市法院等5个基层单位的队伍建设受省表彰；楚雄州荣获2000年度云南省综合治安工作一等奖，受到省委、省政府表彰。

【全力维护社会稳定】 2000年，楚雄州各级党委、政府和政法各部门按照省、州党委的总体部署，把维护社会稳定作为政法工作的着眼点，突出重点落实责任，夯实基础保稳定。（1）抓“龙头”，落实稳定措施。州、县（市）、乡（镇）三级党委均成立了维护社会稳定领导小组及办公室，制定了《维护社会稳定实施方案》、《处置突发事件预案》，做到机构、人员、制度、经费“四落实”。全州共有维护稳定工作领导小组139个，成员1130名；有稳定办公室139个，成员421名；有稳定信息联络员140名。依照《预案》，采取强有力措施，对州内发生的“6·15”、“9·21”等27起群体性事件进行了妥善处理，有效地维护了社会稳定。（2）依法坚决查禁取缔“法轮功”等邪教组织。按照“深挖严控、依法打击、重点防范”的原则，落实“包保”责任制，对重点人员严格管理、控制，打击为首者和顽固分子，防止外来者，查堵外出者，依法严厉打击了“法轮功”骨干分子，配合“610”办公室开展对“法轮功”类罪犯、劳教人员的帮教工作，使一大批“法轮功”练习者得到了教育转化。认真组织专项斗争，依法查禁、打击、取缔、捣毁“三班仆人帮”、“门徒会”等邪教组织活动窝点14处，收缴邪教组织资料1000余份，摧毁了邪教组织体系，维护了广大农村的社会稳定。（3）整治突出的社会治安问题。年内，对县（市）城镇、交通沿线复杂集镇和重点保卫目标开展4次安全大检查，整治重点复杂场所3020处、重点部位698处，整顿娱乐服务场所476家、出租房1193家，坚决打击、查禁“黄赌毒”等社会丑恶现象，加强对学校周边治安的综合治理和文化市场的管理监督，取缔非法经营点126个，收缴非法书刊23143册、非法音像制品10122盘（盒），有效地遏制了社会丑恶现象。2000年8月，楚雄、禄丰召开“销毁非法出版物现场会”，公开销毁了一批非法出版物和音像制品。

【社会矛盾纠纷排查调处】 2000年，楚雄州把广泛开展社会矛盾纠

抗震救灾保畅通

纷排查调处工作摆在突出位置，切实贯彻落实中央综治委电视电话会议精神，代州委起草了《进一步加强社会矛盾纠纷排查调处工作的意见》，进一步加大工作力度。（1）建立健全各级矛盾纠纷排查治理工作领导小组，制定矛盾纠纷排查调处方案和分工负责制、排查调处协调会议制、信息情况报送制、督查办理制，完善了各项工作制度。全州除元谋县外，9县（市）相继成立了“社会矛盾调处中心”，夯实了“第一道防线”的组织体系。(2) 坚持定期排查调处，及时化解纠纷，防止矛盾激化。按照“分级负责、归口办理、一级抓一级、层层抓落实”的原则，每季度开展一次矛盾纠纷排查，综合分析，分类梳理。全年共排查出各类纠纷138起，调处121起，占87.7%；交州、县部门领导办理13起，报省协调4起。实行“一个问题、一名领导、一项预案、一抓到底”的调处机制，限期化解。(3) 加强督促检查，保证调处效果。10县（市）由综治委牵头，政法各部门挂帅，先后组织65个工作组深入128个乡(镇)、43家企业，开展督促检查和帮助工作，使27起复杂的社会矛盾纠纷和群体性事件得到及时妥善处置，消除了社会不安定因素。

【社会治安综合治理】　2000年，楚雄州坚持狠抓综合治理责任制，认真落实各项措施。(1) 落实目标管理。全州累计签订“综治”、“创安”、铁路护路联防等责任书32.7万份，把综治目标任务细化分解到基层，并严格实行半年考评、年终达标考核制度。11月21日至26日，州“综治”委从成员单位抽调15人组成5个考核组代表州委、州政府对10县（市）履行2000年度“综治”责任书情况进行量化考核。姚安县获一等奖，兑奖4万元；南华、牟定、永仁、大姚、楚雄、禄丰6县（市）获二等奖，各兑奖3万元；武定、元谋、双柏3县获三等奖，各兑奖2万元，受州委、州政府表彰。（2）健全机构，完善体系。州、县（市）、乡（镇）不断调整充实领导机构和办事机构，全州128个乡（镇）配齐配强了专抓“综治”工作的党政副职，在48个治安情况复杂的乡（镇）配备了“综治”专干。改善工作条件，明确工作制度，规范工作机制，实行台帐管理，使“综治”委员会议、联络员会议和五部委联席会议成为制度。实行挂点联系责任制，加强对基层“综治”工作的督促、检查、指导；人大、政协积极参与，通过检查、视察“综治”工作，促进各项措施落实。形成党委领导、党政共抓、综治机构具体指导、职能部门各负其责的“综治”工作领导体制。（3）建立保障机制，加大“综治”经费投入。州、县（市）、乡（镇）坚持一保吃饭、二保稳定、三保教育的财政支出原则，把政法、“综治”工作经费列入财政预算。全年州财政为政法机关解决追逃、拍摄《文明红土地“创安”巡礼》专题片、“无毒社区”创建活动、打击邪教活动工作、法律援助中心办案、兑现1999年度“综治”责任奖励等专项经费83.5万元；基层政法干警培训经费38.33万元。楚雄州再次获得云南省“综治”工作一等奖，受省委、省政府表彰。

【实行治安管理“一票否决权”制】2000年，楚雄州认真落实五部门联席会议制度，强化监督检查。州、县（市）党委政府对成绩突出的329个单位、105名个人给予表彰奖励；对工作不力、治安秩序不好的15个乡（镇）、8名个人实行“黄牌”警告和“一票否决”，并取消年度评先授奖资格。

【加强群防群治组织建设】　2000年，楚雄州结合“村建”和“村改”工作，加强了治保会、调解会和治安联防队等群众性自治组织，充分发挥农村红白理事会、村规民约执行组、“创安”评议会、妇女禁赌协会、老年协会等民间组织作用，夯实了农村基层基础工作。

【拓宽安置帮教渠道】　2000年，楚雄州不断探索帮教工作新路子，制定出台了《关于进一步加强违法青少年帮教工作的意见》和《关于进一步做好刑释解教人员帮教安置工作的意见》，加强对“重点人员”的教育管理。建立起“刑释解教人员再就业启动基金”，州财政拨专款15万元作为贴息贷款，在楚雄市鹿城镇开展刑释解教人员的小额信贷就业安置试点工作已初见成效。全州建立了派出所、单位、家庭、社会“四位一体”的违法青少年帮教组织1226个7158人，帮教对象4389人，帮教改好3423人，改好率为78%。同时，还制定了《楚雄州预防和减少青少年违法犯罪的意见》，成立了青少年法制宣讲团，建立了少年交警队、少年消防义务团，全面落实帮教措施。对失足者实施“三个延伸”帮教，即：把帮教工作延伸到看守所、监狱和劳教所。并与这三个特殊“学校”签订《帮教协议》，使重新犯罪率均控制在5%左右，有效地预防和减少了犯罪。

【开展安全文明创建活动】　2000

年，楚雄州按照“突难点、治乱点、强管理、严防范、保平安”的工作思路，以城镇为重点，城乡同步、整体推进，在农村、城镇广泛开展了“安全文明社区”创建活动，形成规范的“社区——片区——小区”创安模式。建立健全了片警带班、“创安”队为骨干、小区为基础、居民广泛参与的“创安”网络；把“创安”活动与综合整治、依法治理和省委提出的“三句话”精神有机结合，对“家庭细胞工程”精耕细作，使农村的“创安”覆盖面达85%，城镇达100%，“创安”的“硬件”设施规范齐全，“软件”系统运作有序。在企事业单位成立护厂队、护校队和护楼护院组织，普遍增强了治安防范机制；在农村，继续推行村防、户防、联户防和周边村社大联防以及春季护膜、秋季护烟等以治安联防为主要形式的“创安”活动。同时，广泛开展“安全文明学校”、“平安大道”、“企地共建”、“结对扶贫希望工程”、“青年文明号”等创建活动，不断赋予“创安”新内涵。已创建安全文明社区132个、片区1061个、小区15099个、安全文明学校191所，评出安全文明户324842户，占全州总户数的52.3%。

【开展“无毒社区”创建工作】 2000年，楚雄州坚持开展“6·26”、“10·26”禁毒日系列宣传活动，举办禁毒展览、禁毒文艺演出，充分利用各种宣传形式深入农村、厂矿、学校开展丰富多彩的禁毒宣传，增强了公民的防毒、拒毒意识，有力地推进了创建“无毒县”和“无毒社区”活动的开展。已创建“无毒社区”45个，涌现出南华、双柏两个“无毒先进县”和武定“完成大麻改植任务先进县”，受云南省政府表彰奖励。

【开展“综治”宣传月活动】 2000年，楚雄州社会治安综合治理委员会统一部署，3月全州集中开展了声势浩大、形式多样的“综治”宣传月活动。州、县（市）充分利用广播、电视、黑板、宣传栏、法律咨询、文艺演出、印发宣传材料、出动宣传车大张旗鼓地宣传；在电视台开辟“法制园地”、“彝州警方”、“人与法”、“共建家园”等栏目进行系列报道。州“综治”办在《楚雄日报》刊载专版，并与州电视台拍摄《齐抓共管——创建安全文明小区》电视片在省、州电视台播放；州中级法院在电视台重点报道节目中开设《青少年犯罪回访录》；“综治”成员单位积极配合，开展“送法下乡、进厂”活动，营造舆论声势，弘扬正气，促进城乡依法治理。全州2179个单位，已有2154个建立了行政执法责任制，推进了依法治州进程。

【政法机关开展调研工作】 2000年，楚雄州各级政法机关把开展调查研究作为加强政法工作的一项重要举措来抓。州委政法委先后3次组织对基层政法队伍建设、深化司法改革、盗抢机动车犯罪、超期羁押问题、国有企业解困提供法律服务、预防青少年违法犯罪、流动暂住人口管理、新形势下加强禁毒工作的对策以及如何深化“创安”等方面进行调查研究，形成60多篇有情况、有分析、有对策建议的调研文章，增强了指导工作的针对性，推动了政法各项工作的全面开展。楚雄州的调研工作受到省委政法委表彰。

【加强执法监督工作】 2000年，楚雄州制定了《关于加强执法监督工作的意见》，对开展执法监督的原则、方法和程序作了明确规定。为扩大监督信息来源，在《云南法制报》和《楚雄日报》上刊登了州、县党委政法委执法监督举报电话，加强了党委对政法干警执法活动的监督。通过多层次、多渠道的执法监督，增强了广大政法干警严格依法办事的责任感，提高了执法质量，促进了司法公正。

【加强政法队伍建设】 2000年，楚雄州政法各部门重视政法队伍建设，队伍建设有新进步。(1)通过“三讲”教育，加强领导班子建设。各级政法部门在“三讲”教育中，主动采取措施着重解决领导干部和机关在执法思想、执法作风上存在的突出问题，推进了政法队伍的思想政治建设。同时，加大政法部门领导干部交流力度，积极推进人事制度改革，对510名科级职位实行公开竞争上岗，干警实行“双向”选择，一批优秀人才走上了中层领导岗位。(2)抓培训，内强队伍素质。州、县两级共投入培训经费75万元，举办培训班20期，培训政法干警2700名，提高了政法部门的整体素质。(3)抓检查，推进队伍建设。根据省政法委有关文件要求，两次组织对基层政法队伍建设进行检查，切实改进工作作风，整改突出问题。

【铁路护路联防工作】 2000年，楚雄州铁路护路联防工作坚持“保障铁路运输安全畅通，促进经济发展”的方针，以“六到位”总揽护路工作，确保大动脉安全畅通。(1)认识统一，工作到位，依法护路保畅通，强化管理抓落实。(2)

健全机构，班子到位，实行领导机构、工作人员、护路联防队员和工作措施的“四落实”。(3) 落实责任，人员到位，形成层层有人抓，段段有人护，一级抓一级，层层抓落实的良好护路新格局。(4) 广泛动员，宣传到位。坚持法制开路，教育为本，建立快节奏、高效率的护路联动机制，筑起了一道无形的群防群治护路“长城”。(5) 加强管理，办法到位。通过规范化管理，不断完善各项措施，强化责任。(6) 狠抓护路队伍建设。1999～2000年度楚雄州铁路护路联防工作获云南省一等奖，受到省“综治”委表彰。

〔王东风〕

公　安

【简述】 2000年，全州各级公安机关在州委、州政府的领导下，深入贯彻落实中央和省、州党委、政府指示精神，紧紧围绕工作大局，找准工作的着力点和努力方向，创造性地开展工作。以维护社会政治稳定和治安稳定为主要任务，严厉打击和严密防范各种严重刑事犯罪、毒品犯罪及经济犯罪。强化各项治安管理，为西部大开发提供优质高效服务。广泛深入地开展“争创人民满意”和立功创模活动，大力加强公安机关自身建设，深入开展“三讲”教育，加强领导班子建设，提高队伍整体素质，圆满完成了各项安全保卫工作，确保了全州社会治安稳定。全年全州共立各类刑事案件3809件，破2362件，与上年相比，刑事案件上升43.3%、破案率上升25.9%。破获走私、贩卖运输毒品案件245起，其中重特大案件35起，缴获毒品海洛因19.884千克，冰毒2.655千克，吗啡0.102千克，咖啡因30.5千克，罂粟壳0.44千克；查破非法运输、贩卖易制毒特殊化学物品配剂案件3起，缴获易制毒特殊化学物品配剂8.43吨，毒资及赃物折款总计78.618万元，共抓获犯罪嫌疑人263人。共立经济犯罪案件156起，破案率为97%，涉案金额为1亿2千万元，抓获犯罪嫌疑人员215名，挽回经济损失708.9万元。缴获假币37.12万元。共受理治安案件12310起，查处11720起，查处率为95.2%，查处违法人员15817名（其中治安拘留1409名，罚款12532名，警告712名，劳教67名，罚款金额333.11元。与上年同期相比，案件管理数增加3182起，查处案件数增加2865起，查处率下降1.8个百分点。共发生道路交通事故1601次，受伤407人，死亡132人，直接经济损失230.0133万元，与上年相比，事故总数上升63.03%，受伤人数下降1.45%，死亡人数上升33.9%，直接经济损失上升28.8%。发生火灾89起，死3人，伤2人，直接经济损失达129.2626万元，与上年相比，火灾上升7.2%，死亡下降25%，伤上升2人，直接经济损失上升48.67%。共出动火警88次，出动官兵732人次，出动车辆158台次，为国家和人民群众挽回经济损失2409万元。

【枪支弹药、管制刀具、易燃易爆危险物品的管理】 2000年，全州共查处违反爆炸物品管理规定案件181起，处理违法人员209名，收缴民用枪110支，收缴炸药14225.98千克，雷管3361枚，导火索11217.18米，管制刀具533把。由于危险物品管理工作成绩突出，州公安局治安管理支队被公安部评为“涉枪涉爆专项斗争”先进集体。

【开展查禁打击黄赌毒集中统一行动】 2000年，根据云南省公安厅的部署，全州公安机关两次开展了整治娱乐场所、禁娼禁毒专项行动，共出动警力2629人（次），出动车辆533辆（次），清理整顿旅店371家、出租房1193家、娱乐服务场所476家，签订治安管理责任书2821份，收缴淫秽物品473件、赌具56件。10月9日组织公开销毁了在日常治安管理和专项斗争中所收缴的淫秽录像带1064盒、VCD3115碟、书刊画1631册、扑克牌2505张、照片5张、赌博游戏机电脑板16块，有效地推动了“扫丑”专项斗争的深入开展。

【强化人口管理】 (1) 配合实施西部大开发战略，推进小城镇户籍管理制度改革，积极为经济建设服务。年内全州共办理符合条件在小城镇落户人员776户999人，其中非迁非187户246人，农转非599户753人，办理新生婴儿随父落48户。(2) 加强暂住人口管理。年内共登记暂住流动人口40509人（其中发证38748人），出租房屋13601户，从暂住人口列管重点人口243人，提供线索破获刑事案件34起，查处治安案件231件。(3) 做好全国第五次人口普查前的户口整顿工作，查清了全州的总户数为656261户，人口2507728人（比户口整顿前总户数增加7162户，总人口增加16725人），纠正了18459项人口管理差错，掌握了全州人口流动的基本情况，为全国第五次人口普查奠定了基础。

**【全面落实社会治安综合治理各项

措施】 2000年，全州公安机关在抓好“严打”的同时，坚持“打防结合，标本兼治”的方针，充分发挥“创安”主力军作用，在全州创建安全文明社区132个，片区1061个，小区15099个，签定责任书16994份，重视“细胞”工程，共评选出安全文明户324842户，占全州总户数的52.3%，年内未发刑事案件的社区1个，片区513个，小区3592个，“创安”工作效果明显。同时，各种群防群治组织开展“四防”安全检查5012次，排除隐患3472起，提供线索破获刑事案件202起，协助查获治安案件3392起，抓获违法人员3912人，调解纠纷4714起，有效地维护了社会治安。

【开展“打击被盗抢机动车”和“打拐解救”专项斗争】 2000年7月17日至20日，9月8日至22日，各级刑侦部门按照省公安厅的统一部署和安排，在全州范围内开展了两次集中统一行动，共出动警力3994人次，设堵卡点10个，集中清理重点场所698处，清查机动车24570辆次，通过路检路查和清理整顿，扣押嫌疑车辆324辆，通过网上查询比对侦破现行案件40件，破获了机动车被盗案件22起，摧毁盗抢机动车团伙2个，抓获犯罪嫌疑人17名，查获被盗抢机动车21辆。同时，在全州范围内开展了两次集中统一行动和多次“打拐解救”战役，抓获犯罪嫌疑人29名，破获拐卖妇女儿童案件24起，查获犯罪团伙4个12人，解救被拐卖妇女79人，儿童9人，抓获各类在逃人员15人。

【公安机关干部人事制度改革取得新进展】 自1999年9月楚雄州公安局在全州范围内公开选拔中层领导干部后，楚雄、牟定、大姚、双柏县公安局，楚雄警校也相继实行公开选拔、竞争上岗，有396人（次）参加竞争，138名科级领导干部走上新的领导岗位。楚雄市公安局的全体民警经过三轮双向选择聘用，除2名民警落聘待岗外，其余人员均被聘上岗，极大地调动了干警的积极性。

【加强民警的教育培训工作】 根据中央有关文件精神和要求，全州公安机关切实抓好民警的教育培训工作。年内组织参加省、州以上各类培训及考试的民警共计936人次，其中省级以上84人次，州级852人次。9～10月份，州公安局按质按量地完成了州、县公安机关264名民警的集中教育培训任务以及全州县（市）公安机关领导干部的151人的任职资格考试工作。各县（市）公安局按照州局和县（市）政法委的统一安排，积极组织县（市）公安局民警的素质教育集中培训工作，圆满完成了年内三分之一民警的集中培训任务，促进了队伍整体素质的提高。同时坚持标准，严格执行有关招生政策，圆满地完成了公安院校招生任务，全州共录取公安院校新生149名。

【开展“争创人民满意单位（民警）”和立功创模活动】 2000年，全州公安机关继续在派出所、交警队（车管所）、“110”、刑警队、出入境管理科等基层单位中开展“争创”活动，并结合西部大开发出台了34条便民利民措施，为西部大开发提供优质高效服务。全州公安机关一年来共有147个集体774名个人受到表彰，其中有101个集体256名个人受到公安部及省、州党委政府和上级公安机关的表彰奖励，武定县公安局被公安部授予“全国优秀公安局”的称号，楚雄市公安局民警杨泽韬被授予“全国优秀人民警察”称号，有1个集体2名个人荣立二等功，有10个集体29名个人荣立三等功，有12个集体113名个人受到州局嘉奖。州公安局先后被州委、州政府评为“民族团结进步先进集体”、“1·15姚安地震抗震救灾先进单

被盗三菱车发还仪式

位”、“全州思想政治工作先进单位”和“全州妇女工作先进单位”。

【侦破“1·09”三菱车系列被盗案件】　1999年8月以来，楚雄州境内楚雄、南华、禄丰、武定、大姚连续发生进口三菱车被盗案，国家财产遭到重大损失，社会治安受到极大影响，此案被列为省公安厅重大督办案件。各级刑侦部门克服种种困难，经过艰苦细致的调查，终于在2000年1月9日抓获主要犯罪嫌疑人彭晓云，经深挖细查，一举破获了集盗车、销赃为一体的犯罪团伙，抓获犯罪嫌疑人10名，缴获被盗车辆17辆，被盗车辆涉及昆明、文山、曲靖、临沧、楚雄等5个地州，为国家挽回经济损失600多万元。

【“爱波特”非法集资诈骗案】　2000年5月下旬，楚雄市部分群众纷纷投诉、上访，举报中美合资成都爱波特日化有限公司以扩大该公司“爱波特”化妆品宣传为名，招收“爱波特”化妆品宣传员，以高额回报为诱饵变相传销产品，诈骗群众。接报后，州市公安机关高度重视，经济案件侦察部门立即开展调查工作。此案涉及全省5个地州，经查，发现楚雄州高云娥、李永旺夫妇在楚雄发展“爱波特”加盟店骗取巨额资金的情况，在楚雄配货中心已发展加盟店222个，涉及群众2400多人，涉案金额1146.545万元，被骗资金343.1465万元。案发后，高云娥、李永旺夫妇携巨款逃往昆明等地。6月29日，办案人员在省公安厅协助下将高云娥抓获。7月29日，李永旺也被昆明铁路公安分局车站派出所抓获。

【查获“5·22”特大贩毒案件】　2000年5月22日18时，楚雄州公安局禁毒支队在320国道楚大高速公司楚雄西收费站入口处进行公开查缉。在对一辆从大理向昆明方向行驶的云S.03934号东风145型货车进行检查时，从该车底部电瓶内查获毒贩精心藏匿的海洛因12件，计重9061克，抓获犯罪嫌疑人5名，缴获运输毒品的东风145型货车一辆和接应毒品的解放牌微型面包车一辆、毒资5万余元及一部分赃物。

〔谢云芳〕

检　　察

【简述】　2000年，全州检察机关以邓小平理论和党的十五大精神为指导，努力实践江泽民同志“三个代表”的重要思想，认真贯彻执行最高人民检察院韩杼滨检察长到禄丰调研时的讲话精神，按照年初全省检察长会议的工作部署，继续深入开展反贪污贿赂等查办职务犯罪的斗争，坚持从重从快打击严重刑事犯罪，认真履行法律监督职责，各项工作取得了明显成绩，较好地发挥了检察机关在维护社会稳定、促进经济发展中的职能作用。

【反贪污贿赂工作】　2000年，全州检察机关共受理各类经济犯罪案件141件，初查108件，立案侦查73件74人。案件性质分别为：贪污19件19人；贿赂26件27人；挪用公款28件28人。立案侦查的76名犯罪嫌疑人中，有行政机关工作人员19人，党政机关工作人员2人，国有公司、企业工作人员25人，国有事业单位工作人员18人，其他依法从事公务人员5人，其他身份人员7人。其中：党员35人，人民代表4人，科级干部13人。立案查处“三机关一部门”案件20件20人，其中：党政领导机关12件12人，行政执法机关5件5人，经济管理部门3件3人。查处金融保险系统案件7件9人。所立73件案件侦查终结后，认定金额1630.00万元，为国家和集体挽回经济损失1185.28万元。

【法纪检察】　2000年，全州法纪检察部门共受理各类法纪案件线索44件，初查34件，立案10件14人，其中玩忽职守5件5人，刑讯逼供2件5人，徇私舞弊2件3人，滥用职权1件1人。犯罪嫌疑人身份分别为：司法机关工作人员11人，行政机关工作人员3人。其中：科级干部6人，党员9人。2000年的法纪检察工作较上年有了新的发展，受理数、初查数和立案数都呈上升趋势，特别是在查办司法机关工作人员侵权渎职案件方面取得了较大进展。

【审查批捕】　2000年，全州审查批捕部门以强化法律监督为主线，充分发挥职能作用，顺利地完成了各项工作任务，取得了较好的成绩。全年共受理各类批捕案件1406件2391人。经审查，批准逮捕1179件1843人，其中，检察机关的自侦案件29件30人，公安机关侦查案件1150件1813人。不批准逮捕223件538人。提前介入侦查52件93人。同时，全州审查批捕部门还把刑事立案监督工作作为重点来抓，全年共发现和受理立案监督案件线索60余件，经进行立案监督后公安机关已立案35件46人，向公安机关发出《要求说明不立案理由通知书》30件40人，直接发出《通知立案书》5件6人。

【审查起诉】 2000年，全州检察机关严厉打击各种刑事犯罪，切实履行审判监督职责，积极推进公诉改革，圆满完成了各项工作任务。共受理各类刑事案件1429件2306人，经审查决定提起公诉1257件2008人，其中：检察机关自行侦查案件74件85人，公安机关侦查案件1175件1915人，监狱机关侦查案件8件8人。审查后决定不起诉50件86人，追捕追诉11人，退回公安机关补充侦查159件，提前介入侦查3件10人。同时，为确保司法公正，全州审查起诉部门进一步加大抗诉力度，所提起的抗诉案11件19人，全部出庭支持抗诉。到年底止，法院已下判5件，其中已改判4件4人，抗诉准确率达80%以上。

【民事行政检察】 2000年，全州民事行政检察工作认真履行法律监督职能，办案数量和办案质量大幅度上升。全年共受理民事、行政申诉案件140件，经初查决定立案审查31件，共办理提请上级检察院抗诉案件18件；向人民法院提出抗诉4件；发出检察意见5件；发纠正违法通知3件。

【监所检察】 2000年，全州监所检察工作在保证国家法律法规在监管场所的正确实施，保障在押人员的合法权益，切实维护监管场所秩序等方面做了大量工作。一年来共配合看守所进行安全防范检查124次，配合看守所干警对在押人员谈话708人622次，单独对在押人员谈话587人536次，对全年发生的129人的超期羁押问题提出纠正意见和督促催办，对监管单位及有关单位提出口头检察建议124次，书面检察建议9次，口头提出纠正违法意见26次，提出书面纠正违法通知书2次。驻两劳教场所检察室检查各种法律文书3470份，并对全州73名保外就医罪犯进行了专项检查，对685名监外执行的五种罪犯进行了回访考察。为了进一步落实监所检察工作经常化、制度化、规范化的要求，把监督工作落在实处，各检察室根据自身工作特点，积极开展工作。如禄丰县驻看守所检察室在深入监号找在押人员谈话中，了解到1名在押人员被公安机关搜走的600元现金未退也未开收条的情况后，检察室干警即与起诉部门联系，及时到派出所进行调查，证实了该款未随案移交，最终将这600元钱转有关部门处理。又如驻楚雄监狱检察室从楚雄监狱对一名干警的纪律处分入手，查明了该干警多次体罚服刑人员的事实。

【控告申诉举报】 2000年，全州控告申诉、举报工作以热情服务、取信于民、切实解决群众反映的实际问题为宗旨，认真履行控告申诉部门监督、制约职能。全年共受理各类举报、控告721件。所受理的举报线索都在时限内移送自侦部门，为自侦部门查办职务犯罪提供了有价值的线索。受理各类申诉284件，经审查，决定立案13件，不立案复查7件。现在已办结申诉案13件，其中维持原决定11件，改变原决定2件。全年受理刑事赔偿案3件，立案审查2件，均决定不予赔偿。受理申请复议案3件，维持原决定2件，未结1件。同时，认真开展了“检察长接待日”活动。

【检察技术】 2000年，全州检察技术工作认真贯彻落实最高人民检察院提出的“科技强检”战略要求，充分发挥检察技术职能作用，全面加强检察技术业务和检察信息技术的基础建设。全年共办结各类检案169件，其中：法医检验鉴定117件，文件检验8件，司法会计鉴定6件，视听技术25件，其他13件。共出具各种论据文书材料166份。充分发挥检察技术的职能作用，通过检验鉴定及提供技术协助，确保公正执法和各项诉讼活动顺利进行。

【韩杼滨到楚雄调研指导工作】 2000年4月19日至20日，最高人民检察院检察长韩杼滨在省委常委、省政法委书记秦光荣、省检察院检察长李春林及楚雄州党政领导丁绍祥、罗正富、胡有兰的陪同下，到楚雄州人民检察院和禄丰县人民检察院就“三讲”教育及基层院建设情况进行调研，并就“三讲”教育发表了重要讲话。

【基层检察院建设工作受最高人民检察院表彰】 2000年，楚雄州人民检察院因基层院建设工作成绩突出，荣获全国“基层检察院建设组织工作奖”。受最高人民检察院委托，省人民检察院副检察长孟苏铁到楚雄颁奖，州委书记丁绍祥、州委副书记胡有兰、副州长杨汝鉴等领导出席了颁奖仪式。这是楚雄州人民检察院恢复重建21年来所获得的最高荣誉。楚雄市人民检察院也同时被授予“人民满意的检察院”荣誉称号。

【《楚雄检察》创刊】 2000年，楚雄州人民检察院主办的《楚雄检察》（内部资料）正式编辑出版，全年共出刊4期。从试办一年来的情况看，《楚雄检察》宣传和展示了楚雄州检察工作的方方面面，在全州检察机关营造了重视理论研究的氛围，改变了过去全州检察调研力量薄弱的状况，调动了广大检察干警进行调查研究、理论探索的积极性，有力地推动了各项检察业务的全面发展。

【成功举办首届“金剑之光”文艺汇演】 2000年12月28日，楚雄州人民检察院成功举办了楚雄州检察机关首届“金剑之光”文艺汇演。省人民检察院检察长李春林，州委书记丁绍祥、代理州长夜礼斌等领导观看了演出。演出实况通过州电视台对全州10县（市）进行现场直播，部分优秀节目受李春林检察长的邀请到省检察院做专场演出，云南电视台还对演出进行了报道。

【楚雄州检察院计算机局域网络建成】 2000年，为深化检察改革，加快“科技强检”步伐，楚雄州人民检察院推广运用计算机技术，建成计算机局域网络。网络建成后，全院干警认真学习计算机操作及运用技能，提高办公自动化水平。力争随着计算机技术的深入广泛运用，逐步改变传统的办案方式，提高检察机关现代化管理水平，更好地履行法律监督职能。

〔王海月〕

审　判

【简述】 2000年，楚雄州法院系统以邓小平理论和江泽民同志“三个代表”重要思想为指导，以讲学习、讲政治、讲正气的“三讲”教育为动力，坚持审判工作为改革、发展、稳定的大局服务，以抓改革、促公正、强基础为重点，全面开展法院审判工作和其他各项工作。一年来，全州人民法院共受理诉讼案件10674件，其中一审9262件，二审1349件，审判监督再审63件。至2000年12月25日止，全年共审结诉讼案10263件，其中一审8919件，二审1288件，审判监督再审56件。与此同时，加强了执行、信访、基层法院建设和干部培训。通过以上工作，维护了彝州的社会稳定，促进了全州政治经济文化建设的发展。

【刑事审判】 2000年，楚雄州法院系统受理一审刑事案1558件，其中旧存52件，当年收案1506件。当年收案中，公诉案1208件，自诉案282件，检察机关重新起诉和上级人民法院发回重审15件；案件数在5件以上的有：非法拘禁案7件，拐卖妇女儿童案9件，非法侵入住宅案6件，虐待案5件，抢劫案124件，盗窃案379件，诈骗案18件，职务侵占案6件，挪用资金案9件，敲诈勒索案5件，故意毁坏财物案12件，破坏生产经营案5件，妨害公务案6件，寻衅滋事案25件，盗伐林木案11件，放火案11件，非法持有枪支弹药案5件，交通肇事案91件，生产销售伪劣产品案5件，持有使用假币案19件，故意杀人案54件，过失致人死亡案7件，故意伤害案382件，故意伤害致人死亡重伤案5件，过失致人重伤案7件，强奸案38件，奸淫幼女案27件，走私贩卖运输毒品案68件，贪污案19件，挪用公款案15件，受贿案18件。全年审结一审刑事案1520件，结案率为95.24%。具体结案情况是：判决1330件，调解87件，检察机关撤诉15件，自诉人撤诉78件，驳回自诉4件，移送5件，终止1件。已结案中，适用普通程序审理的1248件，适用简易程序审理的272件。适用普通程序的案件中，1个半月内结案的1136件，2个半月结案的98件，超过2个半月结案的14件。楚雄州中级人民法院受理二审刑事案310件，其中旧存19件，当年收案291件。当年收案中，上诉案284件，抗诉案7件。至12月25日止，已审结292件，结案率94.19%。具体结案情况是：维持原判212件，改判47件65人，因事实不清或证据不足发回重审的22件，因违反诉讼程序或其他原因而发回重审的5件，撤诉1件，调解2件，其他处理3件。2000年，全州法院依审判监督程序立案审理再审案12件，全部为当年收案，已全部审结。具体结案情况是：维持原判2件、改判8件、发回重审1件、调解1件。再审案件中，本院发现决定再审的3件，当事人申诉引起再审的9件。2000年，发生法律效力的刑事案1256件1907人，其中：给予刑事处分1710人，免予刑事处分73人，因证据不足或其他原因宣告无罪124人。在给予刑事处分的人员中，处无期徒刑以上并处剥夺政治权利的72人，处15年以上20年以下有期徒刑的22人，处10年以上不满15年有期徒刑的78人，处7年以上不满10年有期徒刑的72人，处5年以上不满7年有期徒刑的113人，处3年以上不满5年有期徒刑的203人，处3年以下有期徒刑的618人，处拘役78人，处有期徒刑、拘役而宣告缓刑的424人，处管制1人，单处罚金29人。此外，处有期徒刑并处罚金的855人，处有期徒刑并处没收财产19人。从身份上看，在认定具有刑事责任的人员中，在业工人51人，下岗工人5人，农民1503人，国家机关工作人员20人，国有公司或企业人员19人，国家金融机构工作人员14人，国家事业单位工作人员22人，国家其他工作人员7人，现役军人7人，学生14人，职员8人，退休人员1人，个体劳动者或私营企业主39人，无业人员51人，其他22人。全州法院系统在审理刑事案件中，召开宣判大会16场次，旁听群众达96100人次。

【民事审判】 2000年，楚雄州法院系统受理一审民事案6235件，其中旧存326件，当年收案5909件。当年收案中，婚姻家庭案2792件，继承案35件，房屋纠纷案88件，其他不动产案41件，相邻关系案168件，损害赔偿案1288件，债案1226件，知识产权案1件，人身权案32件，特别程序案6件，其他民事纠纷案232件。全年审结一审民事案6001件，结案率达96.24%。具体结案情况是：调解2023件，判决3019件，裁定驳回起诉71件，裁定撤诉812件，裁定其他处理47件，移送29件。已结民事一审案件的诉讼标的总金额达3260.46万元。已结案的审理情况是：适用普通程序的933件，其中6个月内审结的914件，批准延长审限的13件，超审限的6件；适用简易程序的5066件，其中3个月内审结的5063件，超审限的5件。在已结案中，离婚案1880件，其中：调解离婚693件，调解不离婚193件，判决离婚659件，判决不离婚325件。楚雄州中级人民法院受理二审民事案855件，其中旧存150件，当年收案705件。年内已审结二审民事案823件，未结32件，结案率达96.26%。具体结案情况是：判决维持原判401件，判决改判227件，裁定发回重审79件，裁定撤诉36件，裁定驳回上诉11件，裁定终止1件，裁定其他处理8件，调解60件。二审结案的时限是：对裁定30日内审结的9件，对判决上诉3个月内结案的805件，经批准延长审限的7件，超审限结案的2件。全州人民法院依审判监督程序立案受理民事再审案31件，其中旧存2件，当年收案29件。年内已审结民事再审案29件，其中：判决维持原判2件，判决改判19件，裁定驳回重审2件，裁定驳回申诉1件，裁定终结1件，裁定其他处理1件，调解3件。再审案件中，本院发现决定再审的6件，提审或指令再审的1件，当事人申诉引起再审的22件。除了适用诉讼程序审理的民事案件外，还有适用督促程序审理的民事案件196件，适用公示催告程序审理的民事案件10件，生效支付令确定的标的金额达184.62万元。

【经济审判】 2000年，楚雄州法院系统受理一审经济纠纷案1421件，其中旧存87件，当年收案1334件。当年收案中，经济合同纠纷案1168件（含涉外案1件、涉台案2件），企业破产案1件，铁路运输纠纷案2件，公路运输纠纷案7件，水路运输纠纷案4件，其他经济纠纷案152件。全年已审结一审经济纠纷案1347件，诉讼标的达19681.92万元，未结74件，结案率达94.8%。具体结案情况是：调解451件，判决634件，裁定驳回起诉16件，裁定撤诉225件，裁定终结3件，裁定其他处理6件，移交有关单位处理13件。一审结案的审理情况是：适用简易程序的1017件，全部在3个月内结案；适用普通程序的328件，其中6个月结案的318件，批准延长审限后结案的9件，超审限的1件。楚雄州中级人民法院受理二审经济纠纷案160件，其中旧存19件，当年收案141件。当年收案中，经济合同纠纷案80件，其他经济纠纷案61件。年内已审结二审经济纠纷案149件，未结11件，结案率达93.1%。具体结案情况是：判决维持原判49件，判决改判62件，裁定发回重审23件，裁定撤诉2件，裁定其他处理9件，调解4件。二审结案的时限情况是：对裁定上诉30日内审结的8件，对判决上诉3个月内审结的140件，超审限结案的1件。全州法院依审判监督程序立案再审的经济纠纷案18件，全都为当年收案。其中经济合同纠纷16件，其他经济纠纷2件；本院发现决定再审的4件，当事人申诉引起再审的14件。年内已审结再审案13件。具体处理情况是：判决维持原判4件，判决改判5件，裁定发回重审2件，裁定驳回申诉1件，其他处理1件。除了适用诉讼程序审理的经济纠纷案件外，全州法院还处理了适用督促程序的经济纠纷案448件，适用公示催告程序的经济纠纷案2件，生效支付令确定的标的金额达391.61万元。

【行政审判】 2000年，楚雄州法院系统受理一审行政诉讼案48件，其中旧存2件，当年收案46件。当年收案中，公安行政案12件，工商行政案3件，卫生行政案2件，土地行政案3件，林业行政案8件，计划生育案4件，城市建设行政案2件，商检行政案1件，其他行政案11件。年内已审结一审行政案48件，结案率达100%。具体结案情况是：判决维持行政决定19件，判决全部撤销行政决定4件，判决部分撤销行政决定1件，判决履行法定职责2件，判决其他处理2件，裁定驳回起诉2件，原告主动撤诉14件，被告改变具体行政行为后原告撤诉3件，裁定终结1件。一审行政案件的结案时限情况是：3个月内审结的45件，批准延长审限后结案的2件，超审限结案的1件。全州人民法院在受理一审行政诉讼案的同时，还受理了当事人提起诉讼的行政赔偿案6件，其中公安行政赔偿案5件，土地行政赔偿案1件。这些行政赔偿案已在年内审结，具体决案情况是：判决驳回诉讼请求2件，判决赔偿2件，裁定2件。2000年，楚雄州中级人民法院受理二审行政诉讼案24件，全部为当年收案。其中公安行政案8件，土地行政案7件，其他行政案9件。以上二审行政案已在年内全部审结，具体结案情况是：判决维持原判14件，判决改判7件，裁定发回重审2件，裁定驳回1件。二审行政案件的审理时限情况是：在审限内结案的23件，超审限结案的1件。2000年，全州法院系统依审判监督程序立案再审的行政诉讼案2件，都是当事人申诉后引起再审的。再审案已在年内结案，处理情况是改判1件，发回重审1件。

【案件执行】　2000年，楚雄州法院系统受理执行案6000件，其中旧存1270件，当年收案4730件。当年收案中申请执行案3848件，移交执行案862件，受托执行案16件，财产刑及时执行案4件，当年收案的申请执行标的金额达14490.35万元。从类别上看，当年收案中，民事执行案3001件、经济纠纷执行案1061件、行政执行案21件、刑事罚金执行案71件、刑事没收财产案4件、刑事附带民事执行案363件、行政非诉讼执行案171件、仲裁执行案9件、公证债权文书执行案22件、其他执行案7件。至12月25日止，全年已处理执行案5047件，其中不予执行的40件，自行履行2465件，和解的314件，终结的111件，强制执行的1145件，其他处理的972件，执行标的总金额达14246.17万元。执行中采取强制措施的1145件，其中划拨77件、拍卖4件、变卖66件、以物抵债244件、其他处理754件。执行中采取司法措施的情况是：拘留47人、罚款1件。2000年的执行率达84.1%，创历史最高水平。

【信访与告诉申诉】　2000年，楚雄州法院系统收到来信5443件，接待公民来访11699人次。来信中，属于告诉的2917件，其中刑事325件、民事2030件、经济纠纷532件、行政诉讼30件；属于申诉的2177件，其中刑事申诉959件、民事申诉1119件、经济纠纷申诉69件、行政诉讼申诉30件；其他来信349件。来访中，属于告诉的10386人次，其中刑事1116人次、民事7193人次、经济纠纷1802人次、行政诉讼275人次；属于申诉的1117人次，其中刑事申诉334人次、民事申诉649人次、经济纠纷申诉88人次、行政诉讼申诉46人次；其他来访196人次。在来访人员中，属于上访老户上访的有39人次，属于集体上访的有122人次。在认真审查的基础上，各人民法院对来信来访进行了具体处理。对来信的处理是：予以立案2404件、裁定不予受理68件、驳回申诉36件、查报231件、转处693件、其他处理2011件。对来访的处理是：予以立案5392人次、裁定不予受理21人次、驳回申诉9人次、说服息诉2455人次、查报208人次、转处949人次、其他处理2665人次。

【审结禄丰钢铁厂破产案】　楚雄州禄丰钢铁厂破产清算组进驻禄丰钢铁厂以后，开展清算工作，对破产财产进行了保管、清理、评估、变现，并根据国家的有关法律、法规提出了《禄丰钢铁厂破产清算报告》、《破产财产分配方案》、《禄丰钢铁厂破产企业职工安置方案》。楚雄州中级人民法院以黎从文副院长为审判长的破产合议庭对破产清算组提出的上述报告和方案进行了认真审查，确认报告和方案符合企业破产的有关法律、法规、政策和批复，于2000年9月5日裁定确认禄丰钢铁厂破产财产分配方案。9月8日，州中级人民法院依《中华人民共和国破产法（试行）》第38条规定，裁定终结云南楚雄彝族自治州禄丰钢铁厂破产程序。同日，州中级人民法院发布公告：经清算组清算，禄丰钢铁厂破产财产在优先拨付破产费用后，不足第一顺序清偿，所欠税款和破产债权已无财产可供分配。州中级人民法院根据清算组的申请，已依法裁定终结禄丰钢铁厂破产程序，未得到清偿的债权不再清偿。至此，禄丰钢铁厂破产案在经历了一年半的审理之后，终于结束。

【全省法院加强基层建设工作会】　2000年8月10日至13日，云南省法院加强基层建设工作会议在楚雄雄宝酒店召开。出席会议的有云南省高级人民法院的领导、有关部门负责人，全省各地州市中级人民法院院长、政治处主任、研究室主任，部分县级人民法院院长，共118人。会议主要内容是传达全国法院加强基层建设工作会议精神，总结交流基层建设工作经验，结合本省实际部署安排下半年工作和此后一段时期全省法院加强基层建设的主要任务和工作措施。中共云南省委副书记孙淦，省委常委、政法委书记秦光荣到会并讲了话。云南省高级人民法院党组书记、代院长赵仕杰在会上发表了《抓好基层，打牢基础，推动全省法院工作的全面发展》的讲话。出席会议的人员对全国法院加强基层建设工作会议精神进行了深入讨论，并交流了加强基层建设的经验。会议期间，出席会议人员参观了中国彝族十月太阳历文化园和州博物馆。

〔李加能〕

司法行政

【简述】 2000年，楚雄州司法行政工作在州委、州人大常委会、州人民政府以及云南省司法厅的领导下，坚持以邓小平理论和党的十五大精神为指导，以“三讲”教育为动力，有力地推动了全州司法行政工作的全面开展，取得了较好成绩，为全州的社会稳定作出了贡献。

【“三五”普法】 2000年是“三五”普法的最后一年，楚雄州司法局党委主要抓了以下几方面的工作：(1) 认真制定年度普法工作计划，统一普法内容；(2) 统一编印楚雄州2000年度普法读本3000册，下发到全州各普法单位；(3) 指导各县（市）、驻楚中央属、省属和州属各单位健全普法领导机构，充实普法专（兼）职人员；(4) 加大普法骨干培训力度，6月27日至28日举办全州第五期“三五”普法骨干培训班，全州10县（市）、驻楚中央、省属及州属单位共200多人参加了培训；(5) 认真组织检查验收，在各县（市）、各单位自检自查的基础上，8月底至9月初，州委普法领导小组共抽调38人，组成10个检查验收组对全州各县（市）以及76个中央、省、州属单位5年来的普法工作进行了全面的检查验收，10月24日，省“三五”普法检查验收组一行6人，对全州5年来的普法工作作了详细检查，并以98分的成绩顺利通过了省级验收。2000年10月30日，州委、州人民政府召开全州“三五”普法总结表彰大会，州委副书记、州委普法领导小组组长胡有兰对全州5年来的普法工作作了全面总结，对下步工作作了部署。在会上，州委、州政府对“三五”普法工作成绩突出的82个先进单位和120个先进个人进行了表彰奖励。

【建立依法治理和社会矛盾调处中心】 2000年，全州2179个单位开展依法治理的有2154个，占总数的98%，同时，具备执法主体资格的52个州级、281个县处级单位制定了“四制”，为依法治州和依法行政打下了良好的基础。为认真贯彻全国和全省基层依法治理工作会议精神，在全州城乡建立社会矛盾调处中心，以正确处理新时期人民内部矛盾为目标，形成人民调解工作“大调解”的工作格局。按照州委、州政府和州司法局党委的部署，到12月底，全州已建立县（市）级社会矛盾调处中心9个、乡（镇）建立社会矛盾调处中心27个。全州城乡社会矛盾调处中心将在2001年4月底前全部建立完毕。

【“148”法律服务专线】 2000年，州县（市）共开通“148”指挥中心服务专线电话12部，乡（镇）开通57部。全年“148”共接到电话咨询2646个，接待来访8675人次，调解纠纷2333件，公证处承办407件，处置突发事件137起，为当事人避免和挽回经济损失551.8万元。

【矛盾纠纷排查】 2000年，全州各级司法行政部门充分发挥职能作用，切实做好民间矛盾纠纷排查调处工作。全年全州县（市）、乡（镇）建立排查治理领导小组138个，共排查纠纷538件，制止群众性械斗163件3498人，创“四无”单位758个，为维护全州的社会稳定奠定了良好的基础。

【人民调解和刑释解教人员帮教安置】 2000年，全州1210个人民调解委员会中已建成规范化调解委员会565个，共调解纠纷11935件，调解成功10983件，成功率为92%。全州已建立9个刑释解教人员安置帮教工作协调领导小组。2000年，全州有刑满释放回归社会人员866人，解除劳教142人，回原单位安置156人，落实责任田754人，从事个体经营62人。

【律师工作】 2000年，全州共有注册律师88人，比1999年的74人增加18.9%。全年共办理刑事辩护及代理104件、民事案件代理1022件、经济案件代理61件、非诉讼案件代理581件、行政案件代理61件；解答法律咨询10129人次，担任法律顾问221件，业务收入229.9万元、业务支出216.2万元。涉及财产标额9869.8万元，索回赔欠款4300.7万元。2000年10月，经报请州人民政府批准，对州司法局直属的兴彝、孺子两个律师事务所进行了彻底的脱钩改制，涉及的7名律师中，自愿辞去公职、与政府脱钩的5人，不愿辞去公职已妥善安置的2人。楚雄市的义达律师事务所也于11月完成了改制工作。另外，在9月组织全州280人参加了全国统一律师执业资格考试，其中达到录取分数线的20人，创历年来最好成绩。

【公证工作】 到2000年底止，全州有11个公证处，从业人员26人，其中执业公证员20人，辅助人员6人。全年共办理各类公证3410件，其中民事类1437件、经济类1925件，涉港、澳、台16件。办证量与上年相比增加602件。接待群众来访1677人次，处理来信13件，接受外地公证处委托办理4件，办理经济公证事项及金额86229万元，拒绝公证107件，制止不法经济活动67件，涉及金额413万元；提出司法建议9件，其中被采纳7件。2000年，成功地组织了要素式公证书改革试点工作，8月至12月在禄丰县公证处开展试点。全州按上级改革要求，共办理要素式公证382件，其中试点公证办理334件。另外，还组织全州23人参加了第四次全国公证员资格考试。

【法学教育与法学研究】 2000年，全州招收西南政法大学函授法律本科学员10人，中华法律函授本科班学员67人，法律专业专科学员17人，律师专科学员44人。楚雄州法学会在不断扩大会员队伍的基础上，积极组织会员进行法学研究，撰写法学论文，全年共撰写法学论文88篇，其中35篇在法学年会上进行了交流。州法学会还从历年来的论文中挑选出63篇编印出《时代呼唤法治》的论文集，共出版发行1500册。

【监狱劳教工作】 2000年，楚雄监狱和省第二劳教所以“监管安全年”活动为主线，全面落实“十项承诺”和各项监所安全措施，在姚安“1·15”地震中和重大节日期间，监所各级管教干部忠于职守，维护了正常的监所秩序，确保了监所的稳定。

〔吴光能〕

经济管理

计划管理

【简述】 2000年全州计划工作抓住中央扩大内需、继续实施积极的财政政策、启动和实施西部大开发战略，省人民政府楚雄两次现场办公会的难得机遇，狠抓中央和省、州一系列重大部署及政策措施的贯彻执行，在中共楚雄州委、州人民政府的领导下，紧紧抓住经济、社会发展中的重点、难点、热点问题，采取有力措施，切实抓好西部大开发楚雄行动计划和"十五"计划的编制，经济结构调整、农民增收、国有企业脱困，广辟渠道增加投资，启动社会消费，对内对外开放，改善人民生活，科教兴州和可持续发展战略，促进社会各项事业全面发展等方面的工作，经过全州各族人民的共同努力，国民经济持续发展、社会事业全面进步。基本实现了州八届人大五次会议批准的宏观调控目标，完成了社会发展的主要任务。

【国民经济运行情况】 (1) 国民经济持续稳步发展，经济运行质量和效益提高。全年完成国内生产总值105.5亿元，比上年增长7.65%(按可比价格计算，下同)，超额完成年度计划。其中第一产业增长5.4%，第二产业增长7.9%，第三产业增长9.2%。(2) 农业和农村经济形势良好，农民收入、农业生产完成或超额完成任务。全州投入支农资金5.18亿元，加大了投入力度。粮食生产连续6年获得丰收，2000年总产量10.3亿千克；油料总产2.3万吨，创历史最高水平。经济作物种植面积增加，全州栽烤烟40.6万亩，比上年增加5.2万亩。种植蔬菜28.6万亩，其中商品菜24万亩，增加16.7万亩。蚕桑面积已达3.4万亩，粮食和经济作物种植比例从上年的81.1:18.9调整为70.8:29.2。累计收购烤烟113.7万担，比上年增长16.7%，完成年度计划的99.8%。畜牧业全面增长，肉类总产量比上年增长7.5%。乡镇企业在改革和结构调整中稳步发展，实现总收入140.38亿元，比上年增长27.8%，已超额完成年度计划。农民人均纯收入达1575元，比上年增长3.6%，超额完成年度计划。实现农业总产值51亿元，按可比口径计算，比上年增长4.7%。投入各类扶贫资金1.5亿元，解决了2万农村贫困人口的温饱问题。农业结构调整、产业化经营迈出新的步伐。(3) 国有企业三年改革与脱困取得实质性进展，工业经济效益有所改善。国有企业改革、改组、改造步伐加快，禄丰钢铁厂已完成破产重组，生产正常。一批国有企业的资产重组取得重要进展。全年剥离、划转债转股6.02亿元。全州95%以上的国有企业已完成了改革、改组、改制任务，国有企业三年改革和脱困目标基本实现。实现工业总产值72.7亿元，按可比口径计算，增长12.4%，其中，国有及500万元以上销售收入企业的工业产值38亿元，增长1.6%。以盘龙云海药业有限公司为龙头的股份制工业和乡镇工业、个私工业为主体的其他工业产值分别增长50%和30%。卷烟产销形势好转，全年实现利税11.1亿元，生产卷烟44万箱；销售47.7万箱，比上年多销0.6万箱。工业经济效益综合指数比上年提高3.2个百分点。(4) 以促进产业优化升级为重点，加快产业结构调整步伐。按照一产调优、二产调强、三产调快的原则，搞好产业结构调整。三次产业增加值比重由上年的31.5:39.4:29调整为2000年的31.2:38.7:30.1，各产业内部结构不断优化。2000年全州工业企业产品销售率达100.2%，亏损企业面和亏损金额逐渐减少。旅游、贸易、信息、通信、交通运输、金融保险等呈现良好发展势头，第三产业快速增长，在国内生产总值中的比重稳步提高。着力调整所有制结构，放手发展非公有制经济，非公有制经济在国民经济中的比重逐步提高。非公有制经济增加值占国内生产总值的比重由上年的19.2%提高到21%。非公有制经济社会消费品零售总额和工业总产值分别占全州比重的66.1%和37.4%，成为全州经济发展新的增长点。城乡结构调整取得新成绩，共启动县(市)城镇基础设施项目63项，竣工47项，启动乡(镇)小城镇建设项目55项，已竣工35项，市政基础设施明显改善，小城镇建设步伐加快，城市化水平提高到18.8%。(5) 认真贯彻扩大内需的方针，有效地促进了投资和消费的增长。全年向国家和省争取各类扶持资金约8.8亿元。千方百计加大投资，充分发挥投资拉动经济增长的作用。全年全社会固定资产投资21.7亿元，比上年增长6.7%，实现了“保平争超”目标。继续清理、取消乱收费，制定鼓励消费政策，改善消费环境，促进消费需求稳步增长。全年完成全社会零售总额27.4亿元，比上年增长8.6%，超额完成年度计划。(6) 对内对外开放进一步扩大，开放型经济有所发展。全年新增外商投资企业4户，项目总投资2639万美元，合同利用外资2284万美元；楚雄经济技术开发区和广通经贸开发区引进项目55项，完成项目总投资1.2亿美元，实现总产值达13.5亿元；进出口总额824万美元，比上年下降11%，未完成年度计划，农副产品、中成药、花卉、蔬菜、电气、机电配件等产品，已出口到10多个国家和地区。(7) 财政金融运行平稳，社会保障体系初步建立。全州财政总收入达17.55亿元，其中地方一般预算收入完成7.7亿元，比上年增长3.7%，超额完成预算目标；地方财政支出实现19.1亿元，比上年增长13.1%，为年初预算的136.7%。年末金融机构各项存款余额达100.4亿元，比年初增加5.4亿元，增长5.7%；各项贷款余额88.1亿元，比年初增加2.4亿元，增长2.8%。金融部门进一步改善贷款结构，加大了对支柱产业、重点企业、非公有制经济发展的支持力度。社会保障制度进一步建立和完善，保险覆盖范围不断扩大，初步建立了“三条保障线”制度。(8) 全面实施科教兴州和可持续发展战略，社会事业全面进步。加大了科技投入力度，年内组织实施科技试验、示范、推广、开发项目84项，取得州级以上科技成果65项。科技对国民经济的贡献率提高到38.3%。教育改革和发展取得新成绩，各类教育全面发展。“两基”目标已基本完成，基本扫除青壮年文盲，人口素质不断提高。矿产、水资源、环境得到进一步有效保护。元谋等7个县的国家生态建设项目进展顺利，退耕还林（还草）项目正抓紧进行，生态环境得到改善。坚定不移地执行计划生育基本国策，2000年全州人口自然增长率为7.9‰，低于全国和全省控制水平。

【计划编制】 在楚雄州八届人大五次会议上受州人民政府委托，州计划委员会向大会作了《楚雄彝族自治州1999年国民经济和社会发展计划执行情况与2000年计划（草案）的报告》。分别向州人大和州政协报告和通报了全州上半年国民经济运行情况。在年度上报省综合计划中，抓住扩大内需的机遇，筛选编报2000年楚雄州重点建设项目计划。按月监测和通报国民经济运行情况，预测全州经济发展趋势。针对楚雄州经济发展中的重点、难点、热点问题，深入调查研究，及时完成州委、州人民政府安排的立项督查项目的调研，提出意见和建议，供州委、政府决策。提出了符合楚雄州实际工作的指导思想、目标、重点、建设项目、措施，使计划编制基本建立在科学的基础上。积极参与州委工作思路、产业建设和重大建设项目的调研，提出《实施西部大开发、培强五大产业、建设六大基地》的措施建议，所提出的建议已被采纳。完成了《楚雄彝族自治州国民经济和社会发展“十五”计划及2010年规划纲要（征求意见稿）》，并把“十五”规划与西部大开发紧密结合，对楚雄州实施西部大开发的要点、思路、构想进行了深入研究，按照“科学、合理、有效、可行”的要求，参与和完成了《楚雄州实施西部大开发总体构想》，在建设生态经济大州、生物制药、绿色食品、农业、林业及林产工业、畜牧业及畜产工业，生态城市建设，扩大对外开放，加速招商引资等方面，进行了深入扎实的督查调研，为州委、政府提供了决策依据。完成了国防经济动员潜力调查工作。

【固定资产投资】 2000年，楚雄州计划委员会积极抓好项目启动和投资增长。(1) 跟踪落实省人民政府楚雄现场办公会确定项目资金到位情况及实施进展情况。(2) 认真落实国家扩大内需，实施西部大开发，加强基础设施建设的各项任务，认真组织、筛选、储备项目及时与省计委衔接联系收集信息，请求指导。(3) 认真研究“十五”期间投资及项目问题，对楚雄州“十五”期间固定资产投资调控目标，投融资体制改革，实施项目等提出了一些建议。(4) 针对上半年楚雄州固定资产投资下滑严重的问题，认真分析研究投资下滑的主要原因，及时制定扭转下滑趋势的主要措施。认真落实“以贷垫拨，财政贴息”促进项目启动，拉动投资增长的措施。协调各银行落实项目贷款问题，研究提出下半年可加快实施的基本建设重点项目55个和44个项目的贴息方案。精选提出了26个项目贴息启动、加快实施的方案上报州政府审定。通过采取以上措施，到12月底止，全州全社会固定资产投资完成21.7亿元，比上年同期增长6.7%，实现了“保平争超”的目标。(5) 全年共向上争取投资项目扶持资金1625万元；审批项目建议书17项，总投资30745万元；审批可研19项，总投资17108.35万元；审列年度投资计划106项，总投资35990万元，办理投资许可证400份。

【重点项目建设】 (1)搞好“十五”规划、西部大开发及楚雄州储备和上报项目的搜集、论证、筛选等前期工作。(2)深入姚安“1·15”地震灾区的4个县进行调研，积极向国家和省计委上报有关情况争取给予救灾扶持。搞好恢复重建项目的论证上报，对国家计委安排的4000万救灾补助资金提出了具体的实施意见。(3)搜集、整理、论证储备项目904项，向省西部开发办上报楚雄州西部大开发项目57项，总投资183亿元。(4)积极向国家和省计委争取印楝种植、15万亩中草药基地、大姚金碧制药厂GMP认证等项目列入计划盘子给予扶持。(5)积极做好油气勘探的协调工作，向省上争取油气开发前期工作费60万元。到2000年12月底，设计井深4600米的乌龙一井已钻至目的层，由胜利油田井下作业队开始试油。设计井深3500米的云参一井，已下套管，也待进行试油作业。(6)对楚烟企业、滇中铜冶炼厂、老虎山电站、州磷肥厂、州氮肥厂、吕合煤矿、州机械厂、雄安公司等重点项目进行深入调研，并提出了一些解决困难的办法和措施，对部分企业还向省上争取了排污和节能资金给予扶持。认真协调好中国彝族十月太阳历文化园的建设问题，搞好州蚕种厂搬迁的方案研究，加快建园步伐。

【对外开放】 2000年，楚雄州计划委员会深入进行“十五”规划工作和西部大开发楚雄州行动计划中涉及对外开放有关问题的研究。全年实现外贸进出口824万美元。做好引资项目的筛选、储备和引进工作，与有关部门配合认真组织办好“昆交会”，“昆交会”共签约项目3项，项目总投资920万美元，协议利用外资711万美元。按照省外资办的要求，在全州范围内筛选上报了一批招商引资项目，作为省级招商项目。组织州级有关部门对楚雄州辖区内的“三资”企业进行联合年检，并向省外资办和州人民政府上报了年检情况。利用外资有新进展，全年新审批外商投资企业7项，项目总投资3086万美元，合同利用外资2242万美元，与上年同期相比有了较大幅度增长。与财政密切配合，加强了对世行贷款、亚行贷款、外国政府援助等在建项目的管理，及时了解掌握项目的进展情况。对外资企业的水、电、农转非、子女入学等方面的问题及时进行协调和搞好服务，逐步改善投资软硬环境，吸引了一批外商来楚雄州投资办企业，已投产的企业生产经营状况良好。认真研究加入WTO带来的机遇与挑战，并提出了对策、措施、建议。

【以工代赈和农村经济工作】 2000年，楚雄州计划委员会编制上报2000年项目计划，搞好项目的前期工作，积极争取上级的扶持。主要上报了以工代赈、农业综合片区开发、坡改梯、退耕还林、国家生态环境重点县实施方案、环境建设等项目的计划。搞好在建项目的检查、督促和管理，使其发挥较好的社会效益和经济效益。认真贯彻执行扶贫政策和规定，保证了以工代赈项目和资金真正用到贫困地区，强化了计划、项目、资金管理。认真搞好项目的论证上报，积极向上争取项目和资金，共争取以工代赈资金3963.1万元，农业、生态建设资金10696万元。按照西部大开发的投资重点，积极做好农业基础设施建设的上报工作，2000年7个县国家生态环境建设实施方案已经评审批准。完成了《楚雄州生态环境建设规划》初稿的编制工作。通过深入调研，在有关部门的配合下，牵头完成了《楚雄州生物资源开发创新产业规划纲要》的编制工作。提出了“三区八大基地”建设的布局、规模及实施措施的建议。进一步强化农业基础地位，在“两烟”双控、天然林禁伐后，稳定和优化粮食生产，巩固提高烟草产业，调整农业产业结构，发展绿色食品，确保了粮、油、肉、水产品、经济作物等农产品的稳步增长和农民经济收入的增加。

【资金协调和市场管理】 (1)面对金融部门发放贷款难度大和企业争取银行贷款难度大的困难，加强和金融部门的协调配合，基本保证了楚雄州经济建设和社会发展的重点资金需求。组织协调金融部门围绕省人民政府办公会确定的项目，发放固定资产基础设施和开发性产业贷款，固定资产投资项目贷款20项，1.54亿元，对重点工商企业流动资金贷款4450万元。及时组织协调调供农贷资金贷款39399万元，比上年同期净增2872万元，增长7.3%，保证了化肥、农地膜、籽种等农用物资的生产调供和粮油收购资金的供应。(2)围绕西部大开发和“十五”计划，深入对开拓市场、城镇建设，搞活农产品流通、粮食供销等国有企业改革的调研。(3)对烤烟专用肥等农用生产资料进行了认真的组织协调，确保了全州烤烟、粮食和经济作物、农用生产资料的调供。同时为地震和霜冻灾害区向省争取救灾化肥2400吨，使灾区群众尽快恢复生产。(4)积极主动配合有关部门开展粮食执法检查和粮改政策的调研，推进粮改工作顺利进行。(5)积极向上争取市场和粮库建设资金，已为大姚粮食储备库，南华、楚雄粮食批发市场，元谋蔬菜批发市场争取了280万元扶持资金。(6)抓好小城镇建设，经过积极争取，列入省扶持发展的20个小城镇建设，大部分正抓紧建设。落实贷款贴息项目11项，由省计委补助贴息资金152万元。

【能源、交通等基础设施建设】 2000年，楚雄州计划委员会继续抓住扩大内需的机遇，积极向省上报能源、工业、交通、通信等方面项目66项，共计投资11553.54万元，其中，能源项目25项，交通项目17项，邮电通信项目24项。根据西部大开发省计委在能源、交通、通信建设方面的计划盘子，结合楚雄州实际，认真做好项目的审查、平衡和筛选工作，按规定和程序上报交通重大建设项目9项，总投资592119万元，其中4项已列入国家和省建设计划，2项已开工建设，其余2项分别于2001年和2002年开工建设。共向省计委争取项目扶持资金755万元，为逐步改善能源交通等基础设施建设奠定了基础。根据省计委的安排，配合有关部门完成了对双柏、大姚、永仁、元谋、武定5个“农村水电初级电气化县”和南华县“农村电网建设（改造）”的达标验收工作。

【促进社会事业发展】 2000年，楚雄州计划委员会抓住机遇，积极向上争取项目资金扶持。围绕确定的工作目标，(1)围绕“十五”计划的编制和实施西部大开发，对社会事业涉及的方面进行了专题调研，提出了科技教育、民族文化建设“十五”期间的重点和发展目标，为区域卫生规划的开展，进行了前期准备。(2)加强了项目的前期工作，调研论证上报项目24项。组织完成了贫困县医院建设，国家扶贫工程的可行性研究，对上年申报未安排资金的文化、卫生、体育、计生等项目的再次申报和储备项目的审查，省政府楚雄现场办公会确定的5个社会项目的资料作了进一步完善，已同省计委作好衔接，搞好实施方案的论证。(3)经向上积极争取项目扶持资金1051万元。(4)与有关部门配合搞好招生计划、毕业生分配工作、县乡计生服务网络建设规划。

〔金正东〕

【编制《楚雄州生物资源开发创新产业规划纲要（2001～2010)》】 2000年，按照中共楚雄州委、州人民政府关于加快发展生物资源开发创新产业的决定精神和《云南省生物资源开发创新产业规划纲要》的要求，楚雄州计划委员会组织编制了《楚雄州生物资源开发创新产业规划纲要（2001～2010)》。规划突出以结构调整为主线，生物资源开发的重点范围是对楚雄州的烟草支柱产业、天然药业和绿色食品业（及有关绿色产业）等新兴生物资源产业的开发进行规划。规划内容：(1)楚雄州生物资源开发创新产业的基础和条件。(2)楚雄州生物资源开发创新产业的发展思路和目标。到2005年全州实现生物资源开发创新产业总产值80亿元，年均增长9%，增加值占GDP的28.7%；到2010年，全州实现生物资源开发创新产业总产值118亿元，年均增长8.1%，增加值占GDP的35.5%。初步形成以生物资源开发创新产业为主体的生态经济强州。(3)楚雄州生物资源开发创新产业的发展重点。通过培育“三大园区”（楚雄医药工业园区、绿色食品加工园区、特色蔬菜园区）作示范、“八大基地”（优质烟、优质米、中药材、畜牧、林果、茶桑、魔芋、水产养殖）作基础，建设烟草产业、天然药业、绿色食品业“三大产业”。(4)楚雄州生物资源开发创新产业的主要措施。实施好基础设施建设、良种、试验示范、信息网络、市场开拓、龙头带动“六大工程”，建立起人才、科技创新、融资、中介服务组织、政策、法治“六大支撑体系”，贯彻创新精神，做好各项工作。

【编制《楚雄州生态环境建设规划》】 2000年，按照国家生态环境建设规划、云南省生态环境建设规划及省计划委员会要求，楚雄州计划委员会组织编制了《楚雄彝族自治州生态环境建设规划》。规划内容：(1)概况。介绍全州自然地理概况、社会经济概况。(2)生态环境现状和趋势分析。介绍全州生态环境的特点。(3)楚雄州生态环境建设的指导思想和奋斗目标。介绍全州生态环境建设的指导思想和基本原则、奋斗目标。(4)楚雄州生态环境建设的总体布局。介绍金沙江水系的一泡江流域、万马河流域、蜻蛉河流域、龙川江流域、勐果河流域，元江水系的绿汁江流域、马龙河流域、礼舍江流域的生态环境特点及治理规划。(5)主要建设内容、规模、投资及效益。介绍两大水系中每一个流域的自然、社会经济情况，水土流失情况，治理的目标，治理方案，投资及效益。(6)加强管理，注重效益。

【国家生态环境建设综合治理工程建设】 2000年，被列入国家生态环境建设综合治理工程重点县的元谋、牟定、姚安、大姚、永仁、南华、武定等7个县共治理20条小流域，治理面积125.08平方公里。总投资2712万元，其中中央财政2260万元，省财政226万元，州财政113万元，县财政113万元。建设内容为：(1)生物治理工程：人工造林1757.37公顷，其中经济林522.9公顷，防护林983.87公顷，薪炭林250.6公顷；人工种草253.4公顷；封山育林9551.47公顷。(2)小型水利及水土保持工程：修建拦沙坝70座，谷坊82座，挡墙5291米，排灌渠8.3公里。(3)基本农田建设：坡耕地治理945.77公顷。(4)农村能源建设：建沼气池4245口，节柴灶8006眼。

【永兴乡政府机关驻地滑坡治理现场办公会】 永仁县永兴乡乡级机关所在地出现滑坡险情后，2000年4月6日，由州人民政府副州长周发洪、政协楚雄州委员会副主席殷鸿绪带领州计划委员会、州民政局、州城建局的领导以及有关人员对永兴乡滑坡灾情进行考察，并将考察报告上报州人民政府。5月10日，州委书记丁绍祥、州长罗正富带领州计划委员会、州民政局、州财政局、州城建局及中共永仁县委、县人民政府及有关部门的领导，到永兴乡对滑坡地质灾害进行考察，并就防害有关问题召开办公会。省地质矿产厅环境地质处处长耿宏及有关专家应邀进行考察，并参加了会议。会议决定：(1)山体滑坡灾情严重，当前必须把灾害成因、地质情况及现状搞清，统一制定治理方案，申报国家、省立项治理。作为前期勘察费，由州财政安排30万元，由县负责组织勘察工作。(2)已成危房的采取临时搬迁措施确保人身安全。机关单位暂不盖新房，搬迁费用，州财政一次性补助30万元，以解决临时困难。已成危房的24户农户，必须动员搬迁，由州民政局向省申请每户补助1000元，州财政每户补助1000元，由乡政府统一管理，组织搬迁，确保人身安全。(3)当前要采取措施加强监测、填补裂缝、水沟分流、退耕还林、综合治理措施，安全渡汛，确保安全。(4)县乡人民政府要高度重视，州级各有关部门按各自职能负责，帮助、支持乡政府的抗灾工作。

〔王式明〕

国有资产管理

【简述】 2000年，楚雄州国有资产管理局认真贯彻党中央、国务院的路线、方针、政策，紧紧围绕省、州党委、政府的工作思路和主体工作，积极参与国有企业改革改制，进一步完善国有资产管理规章制度，继续对州级行政事业单位开征“非转经”占用费，圆满完成1999年度统一报表的汇审汇编和2000年度统一报表的布置培训，2000年度产权登记年检，超标车辆的拍卖，对企业、单位的资产划拨、移交以及固定资产的报废审批等工作。一年来，通过全局职工的精心组织和勤奋工作，各项工作顺利开展，并取得了明显成绩，充分发挥了国有资产管理的职能作用，为全州各项改革措施的顺利实施作出了应有的贡献。

【继续参与国有企业改革改制】 2000年，楚雄州国有资产管理局紧紧围绕建立现代企业制度的改革目标，积极参与国有企业的改革改制工作，年内完成了州彩印厂、州磷肥厂2户企业的改制任务，参与改制的存量资产（含土地）2842.5万元，参与改制的在职职工527人，划给员工持股会728万元，设置国有股股本2105万元。根据州人民政府安排，完成了州食品公司与楚雄市食品公司的合并，州食品公司1998年改制后剩余国有资产价值447万元划归楚雄市国有资产管理局管理。完成了禄丰钢铁厂固定资产的分配处置、破产财产与非破产财产的界定和处置后整个资产的移交工作，终结了破产程序。参与了州建筑公司企业改制协调工作和配合州经贸委搞好州外贸加工公司的资产管理工作。

【完善国有资产管理规章制度】 2000年，制定了《楚雄州企业国有资产管理试行办法》，进一步规范企业国有股权及国有资产收益的监督管理；规范固定资产、流动资产报损报废审批手续，国有企业资产报废不论数额多少，均先由主管部门签署意见后，报财政相关科室审查，再报州国有资产管理局审批。全年共办理了6户企业的审批工作，报损报废金额为25.6万元，防止了国有资产的流失。

【产权登记年检工作】 2000年，圆满完成了1999年度全州产权登记年检工作。全州1999年共登记户数2200户。其中：国有企业263户，年检涉及国有资产总量112268万元，比上年增3685万元，主要是成立楚雄州企业担保有限公司，将州政府驻北京、上海两办事处资产和两路建设资金18340万元划归该公司作为注册资本金；行政事业

1937户，资产总额为319393万元。

【完成国有资产统一报表的编审工作】 2000年，圆满完成了1999年全州统一报表的编审工作。1999年是“统一会计报表”试行的第一年，按照“统一设计、口径一致、一表多用、数据共享”的原则，财政部对原有的40多套报表进行改革，合并为7套，根据州财政局的决定，州国资局承担了整套报表的汇审汇编工作。纳入全州统一报表的行政事业单位1977户，涉及国有资产总量88698万元；国有以及国有控股企业、实行企业化管理的事业单位268户，涉及国有资产总量110406万元；国有建设单位320户，涉及国有资产总量33037万元；城镇集体企业（包括国有企业改制为股份合作制、国有股占10%以下）410户，涉及集体净资产52215万元；城镇集体金融企业136户，涉及集体金融净资产7555万元。

【资产划拨、移交和处置工作】 2000年，完成了州政府交办的将东瓜原州精神病院旧址划拨彝药研究所，楚雄民族师范学校、楚雄师范高等专科学校合并和楚雄粮食学校与楚雄民族中等专业学校合并的资产清理核实移交工作；超标车辆的拍卖、保管；州老干部管理局、州基督教协会、州人民防空办公室办公用房的协调；两个审计师、会计师事务所及两个律师事务所脱钩改制后产权的界定、资产的处置等工作。

【参与落实国家对企业的“贷改投”政策】 2000年，楚雄州国有资产管理局认真落实中央拨改贷资金和经营性基金本息余额转为国家资本金工作。根据云南省国有资产管理局文件精神，落实林业系统“拨改贷”资金143万元，涉及全州7户林业企业；落实用于州林业系统“基金”30万元；落实用于南华县五街乡大白芸豆基地“基金”30万元。并通知相关县国有资产管理部门及时办理转增国家资本金及产权登记手续。办理了州日杂公司1997年底前的州财政技改资金借款和欠交占用费转为国有股的有关手续。

〔保永刚〕

经贸管理

【简述】 2000年，全州经贸工作认真贯彻中央、省、州一系列促进经济发展和搞好国有企业的政策措施，开拓进取，奋力攻坚，各项工作取得了积极进展，工业生产与商品流通稳步发展，经济运行质量和效益明显提高，国有企业改革与脱困“三年两个大多数”目标基本实现。全州国民经济稳步增长，全年完成国内生产总值105.5亿元（现价），按可比价计算比上年增长7.68%。完成工业总产值72.69亿元，增长12.44%；完成社会消费品零售总额27.39亿元，增长8.57%。全州企业经济效益明显改善，经贸工作的主要经济指标都完成了年初预定的发展目标。

【国有企业三年改革与脱困目标基本实现】 2000年，全州县及县以上607户国有、集体企业改革改制面达91%，纳入全州“三年两个大多数”改革目标的156户国有企业，已完成改制任务150户，改制面达96.2%，高于全省平均水平，已超额完成省人民政府下达给楚雄州的“放小”目标，三年改革目标全面实现；通过三年扭亏脱困工作特别是2000年以来的攻坚克难，82户国有及国有控股工业企业实现利润1071万元，比上年同期的-3328万元增盈4399万元。其中，亏损企业亏损额由1997年的11444万元下降到6650.8万元，下降47.6%。国有及国有控股工业企业经济效益明显改善，实现了整体扭亏为盈；18户重点脱困企业，已经有11户脱困，4户实现控亏目标，3户实现减亏，三年脱困目标基本实现。

【工业经济运行质量明显提高】 2000年，全州企业生产形势明显好转，国有及限额以上非国有企业产值增长1.6%，其中非烟工业同比增长达24%；全州工业企业产品产销衔接较好，产销率达97.6%。国有及国有控股工业企业扭转了几年来效益不断滑坡的被动局面，实现了扭亏增盈，全州82户国有及国有控股工业企业实现利润1071万元，比上年同期的-3328万元增盈4399万元，利润增长24%，亏损减少30.4%。辖区内国有及限额以上非国有工业企业完成工业总产值360467万元，产品产销率达97.6%。省政府下达楚雄州工业经济考核目标任务已全面完成，全州工业经济运行质量明显改善。

【商品流通工作得到加强】 2000年，认真组织州内企业参加国际旅游产品展销会、昆明进出口商品交易会、石家庄民族文化博览会、上海进出口商品交易会、首届中国民营企业交易会等展销活动；利用“火把节”等各种民族传统节日筹办好物资交流经贸活动，促进商品贸易交流；加强市场管理，认真抓好成品油市场、医药市场的清理整顿，规范流通秩序，打击地下批发和经营假冒劣质商品行为；建立国际互联网对外宣传窗口，积极开拓州外、省外、国外市场，通过开拓农村市场、扩大内需等多种形式、多种渠道的努力，全州实现社会消费品零售总额27.39亿元，同比增长8.57%；居民消费价格总指数99.4%，商品零售价格总指数98.7%，消费品市场运行平稳，市场物价稳中有降。尤为可喜的是，国有及国有控股商贸企业销售状况有所回升，销售额同比增长2.5%，限额以上28户批发零售贸易企业的经营状况有了明显改善，实现利润9638万元，比上年同期增长3.4倍。

【个私经济平稳发展】 2000年，按照州人民政府关于个私经济发展规划，楚雄州经济贸易委员会组织推荐、筛选并报州政府确定公布了全州重点扶持100户私营企业第二批27户企业名单，并落实扶持资金150万元；积极向省上推荐申报重点扶持企业5户，已有3户被列入省第三批重点扶持企业；组织上报100多户企业参加首届中国民营企业交易会，69户企业参展，195个招商引资项目参会，签约15项，达成意向项目9项。州人民政府、州个私办被省委、省人民政府评为先进单位，全州8户私营企业被省委、省人民政府命名为全省百强企业。到年末，全州共有个体工商户49028户，从业人员70744人，注册资金37486万元，同比分别下降26.6%、26.8%和14.2%；私营企业发展到943户，从业人员24874人，注册资金69267万元，分别比上年增长10.8%、55.4%和42.5%。全州个私企业共完成产值109183万元、营业总收入188663万元、社会消费品零售额155920万元、上缴税金13874万元，同比分别增长39.7%、26.1%、41.8%和7.3%。

【对外贸易工作发展平稳】 根据海关统计口径：2000年全州完成进出口总额824万美元，与1999年同比下降8.85%，其中出口707万美元，比上年886万美元下降20.55%；进口117万美元，比上年18万美元增长550%。全州有进出口经营权的14户企业中，9户有进出口经营实绩，比上年增加4户，外商投资较上年有所下降。主要出口商品为：松茸、中成药、牛肝菌及食用菌、电气开关柜、汽车防盗锁等；出口对象主要是日本、韩国、缅甸、意大利、黎巴嫩、以色列、法国、美国及香港、台湾、澳门等国家和地区。

【对外招商引资及利用外资工作】 2000年,楚雄州对外招商引资工作已签订实质性的合营协议项目共计12项，其中已批准项目建议书9项；完成项目前期工作并已批准外商投资企业4户，其中合资1户，独资2户，合作1户。4户企业投资总额为2639万美元，注册资本1637万美元，合同外资额1302万美元。投资外商来自美国、澳大利亚、菲律宾和台湾等国家和地区，投资项目领域为农业、食品加工、冶金和化工等行业。累计到2000年底止，楚雄州已批准外商投资企业53户，投资总额为14432.58万美元，注册资本9169.53万美元，合同外资额7040.97万美元，全部项目实际外资到位金额为3264万美元，外资到位率为46.36%。53户企业中，已建成投产17户，批准撤消或搬迁5户，其余企业正在筹建。楚雄仁恒化肥有限公司、华欧电气有限公司、楚兴包装有限公司、岭东纸业有限公司4户企业连续两年被省政府表彰为“先进外商投资企业”，楚雄托马斯食品有限公司被省政府表彰为“出口先进企业”。

【重点技术改造工作全面展开】 2000年，楚雄州多渠道筹融资金支持企业重点改造工程，认真筛选项目报省上争取列入扶持。全州经贸系统向省上争取技改贴息项目11个，省安排项目贴息资金1180万元，比上年增加400多万元；州财政在资金十分紧张的情况下，下达专项切块资金1500万元，集中扶持了一批重点技改项目；金融部门也加大了工作力度，加快进度剥离企业不良资产，至12月末，全州金融机构累计剥离工商企业不良贷款60204万元；认真做好技改项目的前期准备工作，经过严格筛选把关，全年共安排项目68个，其中，州属9个重点项目安排贴息资金1020万元；组织企业参加省院、省校合作项目和招商引资项目洽谈，开展科技进步评审活动，向省和国家申报新产品开发项目一项（彝止痛胶囊），争取新产品开发补助资金30万元；有6个项目分别被州评为科技进步一、二、三等奖，从而填补了州属企业近几年来在该项目上的空白。

【国有企业战略性改组取得突破性进展】 至2000年底止，全州共有1607户国有、集体企业，除改制为股份合作制、有限责任公司、股份有限公司外，实现兼并合并52户，破产20户，拍卖出售16户，承包经营138户，租赁经营8

户，多渠道、多形式全面放开放活。其中国有企业战略性改组最大的突破是顺利完成了禄丰钢铁厂的破产终结和资产重组工作，重组后的德胜钢铁有限公司迅速恢复了生产，各项经济技术指标不断创历史新高。随着炼钢技改工程的全面启动，以德胜钢铁有限公司为龙头的冶金矿产业将成为彝州新的经济增长点，禄丰钢铁厂的成功破产重组，为深化楚雄州国有企业改革闯出了一条新路。

【劣势企业退出市场步伐加快】 2000年，楚雄州在实施禄丰钢铁厂破产的同时，积极向上争取政策，将资源枯竭、污染严重、资不抵债、扭亏无望的元谋糖厂、元谋造纸厂、大姚刨花板厂列入国家破产计划，从源头上消灭亏损源；将长期纷争不断的永仁纳拉煤矿有偿转让给攀枝花市，搁浅了18年的吕合氮肥厂留守处顺利关闭，多年亏损严重的双柏制药厂成功出售给民营企业。这些劣势企业退出市场的成功举措，使全州经济结构调整步伐加快，国有经济结构进一步优化。

【支柱产业培植工作成效显著】 培植五大产业是州委、州政府经济工作的重中之重，2000年，这项工作力度加大，进度加快。属于经贸系统重点落实的三个产业，天然药业通过积极争取多方支持，GMP认证改造工程全面启动，全年实现产值4.23亿元，比上年增长1.03倍，已经占全州全部工业总产值的13.39%；冶金矿产业随着武定矿冶公司和德胜钢铁有限公司的先后投产，产量比上年增长13.8倍，铁矿石成品矿比上年增长108.9%，10种有色金属比上年增长14.6%，整个冶金矿产业呈恢复性快速增长；绿色食品产业龙头带动作用增强，产量增加，其产品的比较优势在市场竞争中正逐步显现。后续支柱产业的崛起，改变了楚雄州工业经济增长主要依靠烟草行业支撑的格局。2000年在卷烟产值下降18.4%的情况下，非烟工业产值增长24%，拉动全州工业经济增长12.44%。

【禄丰钢铁厂破产资产重组成功】 禄丰钢铁厂依法进入破产程序后，州委、州人民政府始终把破产重组、对外联合、恢复生产作为妥善安置职工、确保彝州长期稳定和发展的核心问题来抓，在国内外广泛征寻合作伙伴。经多方寻求筛选，并经过4轮的艰苦谈判，2000年8月28日，州人民政府与四川乐山德胜钢铁有限公司正式签订了由德胜钢铁有限公司出资8600万元收购禄丰钢铁厂破产财产并接收全部在职职工的合同。2000年9月8日，楚雄州中级人民法院依法宣告禄丰钢铁厂破产终结；9月9日，按资产收购合同的有关条款，禄丰钢铁厂破产财产开始移交德胜钢铁有限公司；9月10日，德胜钢铁有限公司专业技术人员和检修队伍开始对停产达2年的1号高炉实施全面检修，对烧结系统的堆料场进行全面改造。11月18日，楚雄德胜钢铁有限公司揭牌暨开炉仪式隆重举行，1号高炉炼出了第一炉合格生铁；12月8日楚雄德胜钢铁有限公司40万吨炼钢技改工程正式奠基，按计划将于2001年8月底建成投产。至此，原禄丰钢铁厂所有的全部生产设备包括3个矿山全部恢复了生产，楚雄德胜钢铁有限公司成功实现了对禄丰钢铁厂破产资产的重组。

【继续关闭非法和布局不合理煤矿】 继1999年全州5个产煤县（市）取缔非法无证矿井82处、关闭布局不合理和不具备安全生产条件矿井91处后，2000年又取缔了非法无证矿井9处，关闭布局不合理和不具备安全生产条件矿井36处。两年来全州共取缔非法无证矿井91处，关闭布局不合理和不具备安全生产条件矿井127处。煤炭生产总量得到有效控制，2000年省政府要求楚雄州煤炭总量控制在46万吨，年底全州生产煤炭46.21吨，比1999年压减产量17.42万吨。

【认真整顿煤炭经营秩序】 2000年，楚雄州10县（市）都相继组建了整顿煤炭经营秩序领导小组，经年初的清查，全州具有煤炭经营条件和具备经营资格的企业116户。经清理整顿，取缔关闭了12户。经各县（市）整顿煤炭经营秩序领导小组办公室的审查，具有经营资格的42户，已由州整顿煤炭经营秩序领导小组办公室审查，报省审批，省整顿煤炭经营秩序领导小组办公室审查批准并已在《云南日报》上公告的有18户企业，其余正在审批之中。

【参加云南省文化产业展览洽谈会】 2000年8月17日至24日，由省委、省政府主办，省委宣传部门共同承办，为期8天的云南省文化产业展览洽谈会在昆明举行。楚雄州由州委宣传部牵头组织，州经贸委、州文化局共同协办。组织州歌舞团、楚雄经济技术开发区经贸局、禄丰县恐龙博物馆及州丝绸厂、楚风民族工艺制品厂等10户企业参加，进行民族文化展演、经贸项目洽谈、民族特色产品展销，在经贸洽谈方面共准备了旅游、食品加工等项目28个，印制项目宣传册5000份，组织参展的文化及特色产品271个品种，价值6.7万元。在展洽会期间，发放招商引资项目册5000份，发放企业宣传资料共计4000份，发放“展区简介”10000份，现场售出展出产品金额达2.8万元，签订产品供货合同两个，金额52万元。本次展洽会，楚雄州获得优秀组织奖；楚雄州歌舞团获得优秀组织奖；楚雄展室获得最佳设计展示制作奖。

【参加首届中国民营企业交易会】 2000年12月8日至12日，由国家经贸委、全国工商联、教育部、科技部、外经贸部和云南省人民政府联合举办的首届中国民营企业交易会在昆明隆重举行。楚雄州组织了以李兴旺副州长为团长的参展交易团，共组织69家企业参展，展位30个；100多家企业参会，参会人数达500多人次，并精心筛选了195个招商引资项目参会，其中有56个项目编入云南省招商引资项目册，有124个项目上网。项目范围包括绿色食品业、天然制药业、旅游业、公路建设、冶金、矿产、化工、水利水电等。印制并发放项目册2000份，发放企业及产品宣传资料近5000份。参展商品有9大类500多个品种，价值40多万元。会议期间，楚雄州完成签约项目5个；科技合作项目11个，资金160万元；内联协作项目2个，资金1780万元；租赁经营项目1个，资金957万元。达成合作意向项目9个，涉及资金2063万元，其中贸易项目5个，资金763万元；内联协作项目4个，资金1300万元。现场商品交易金额达26.3万元。楚雄州交易分团获该届交易会组委会优秀组织奖。

【墙改工作全面展开】 为进一步搞好墙改工作，规范墙改行为，理顺墙改秩序，使墙改工作纳入法制化轨道，云南省人民政府于1999年11月18日发布了第89号政府令，楚雄州人民政府于2000年8月10日下发文件，规定从2000年8月1日起，楚雄州区域内城镇、工矿区、规划区及经济技术开发区凡新建、扩建、改建、拆除重建的建设工程，建设单位和个人应缴纳发展应用新型墙体材料专项费用。同时为进一步加强对墙改工作的领导，州人民政府于2000年9月17日又下发文件，重新调整和充实了楚雄州墙体材料革新领导小组和领导小组办公室。州经贸委也成立了相应机构，落实了工作班子，全面开展此项工作。从2000年8月1日至12月31日止，共征收墙改专项费用67个建设项目，面积167979.3平方米，金额909569.10元。

【全州安全生产形势基本稳定】 2000年，全州共发生各类事故748起，死亡158人，受伤369人，与上年同期相比分别上升38.0%、21.5%和195.0%。直接经济损失417.06万元，同比上升31.3%。其中，企业生产事故22起，死亡23人，受伤为零，直接经济损失62.1万元，与上年同期相比分别下降37.1%、37.8%、100%和16.1%。火灾事故89起，死亡3人，受伤2人，直接经济损失12926万元，同比事故发生数上升7.2%，死亡人数下降25%，受伤增加2人，直接经济损失上升33.7%。道路交通事故637起，死亡132人，受伤367人，直接经济损失225.70万元，同比分别上升50.6%、59.0%、196.0%和56.0%。水上运输未发生事故。2000年一次死亡3人以上的重大事故共发生10起，死亡44人，受伤15人。其中：矿山企业发生1起，死亡3人；安楚公路上发生交通事故6起，死亡27人，受伤8人；州内干线及县乡公路发生交通事故3起，死亡14人，受伤7人；2000年发生雷击自然灾害560起，造成12人死亡、16人受伤，直接经济损失400万元。全州各中小学校发生意外事故10起，造成10人死亡（8名学生，2名教师），主要原因是溺水死亡6人，中毒死亡2人，交通事故死亡1人，其他死亡1人。全年共发生爆炸案件18起，爆炸物品被盗案件3起。

〔解正伟〕

物价管理

【简述】 2000年，楚雄州物价工作按照中央经济工作会议的部署，紧紧围绕州委、州人民政府的经济工作思路，积极发挥价格杠杆作用，继续深化价格改革，进一步理顺价格关系，完善价格形成机制，切实加强收费管理，制止各种乱收费，强化价格监督检查，维护市场价格秩序，加强价格法制建设，强化价格服务工作，努力促进价格总水平的合理回升。以扩大国内需求和促进经济结构调整为着力点，为国民经济和社会事业的发展创造良好环境。全年社会商品零售价格总指数为98.6%，居民消费价格总指数为99.3%。全州城乡商品供应充裕，市场物价稳定，人民生活不断改善。

【价格总水平合理回升】 2000年，楚雄州物价局针对市场物价总水平持续低位运行的实际，加强宏观调控，及时准确向州委、州人民政府领导编报价格指数运行情况表，与有关部门配合，定期对重要商品价格及指数变动情况进行监测和分析，促使价格总水平健康运行。全州居民消费价格总指数比上年的98.5%上升0.8个百分点，实现了市场价格总水平的合理回升。

【疏导价格矛盾】 2000年，楚雄州调整了药品、成品油、电力、食盐、农资、粮食、烤烟、蚕茧、自来水、供电贴费、电信、有线电视等商品和服务价格，使基础产品和一些重要商品价格更趋合理。及时安排下达了粮食收购价格，进一步落实优质优价政策，指导国有粮食购销企业按照“购得进，顺价销得出”的原则确定收购价格，严格执行按保护价敞开收购农民余粮的政策。为加快全州农业种植结构调整和促进主要农产品供求总量平衡，保护农民利益，稳定粮食收购价格水平提供了服务。

【房地产价格管理】 2000年初，楚雄州物价局与土地部门配合，对全州55个乡（镇）的土地等级和基准地价进行了测算和成果验收，按规定上报上级主管部门审批后公布执行，为乡（镇）国有土地的合理、有效、有偿利用奠定了基础。同时，严格按照规定程序对全州商品房和经济实用住房价格进行审验和审批，规范房地产价格，促进了房地产业的健康有序发展，刺激了城镇居民的住房消费。

【农村电价整改】 2000年，经全州物价部门的积极参与和与有关部门的通力协作，全州5个县（市）农村实现“一户一表”工程，州物价局及时审核了农村过渡电价，农村到户电价大幅度下降，乡村电价过高的情况逐步得到控制。通过整改，取缔了不执行国家政策的对农村变压器和电费的承包，并加强对农村电价的监督检查，为最终实现真正意义上的农电“三公开”、“五统一”目标作出积极努力，农村电力“两改一同价”工作收到良好效果。

【行政事业性收费管理】 （1）在及时停止中央、省明令取消的收费项目的同时，认真清理和停止了省以下各级各部门擅自出台的收费项目和收费标准，规范了收费行为。（2）3月至5月，按照上级的统一部署，按时完成收费许可证年度审验工作任务。全州共审验收费许可证2836户，审验专用票据5522本，审验1999年收费总额42091.99万元，其中行政性收费收入16360.30万元，事业性收费收入25731.69万元，医疗服务收费收入6133.55万元。注销收费许可证44户，暂扣收费许可证51个，吊销收费许可证15个。通过年审，查处乱收费违纪金额22.6万元，全州预计可减轻企业和群众负担约419.9万元。（3）在全州开始实施省外在滇投资企业交费登记卡制度。

【价格监督检查】 2000年，楚雄州物价局按照国家计委和省物价局的统一部署，在整顿价格秩序、规范价格行为、制止乱收费、乱涨价、减轻企业和群众负担等方面做了大量工作。共查处价格违法行为和案件806件，查处违法所得金额416.5万元，实行经济制裁总额255万元（其中：退还用户75.03万元，没收非法所得金额135.58万元，罚款4.92万元），上缴财政140.5万元。

【价格举报投诉案件查处】 2000年，全州共设立价格举报中心12个，举报电话12部，举报箱11个。全年价格投诉案件868件，其中群众来信66封，来访215人次，来电587次。分别对元谋县104名驾驶员联名反映“车辆管理四项不合理收费”，州政府办公室交办的关于楚雄市燃气公司管道液化气价格执行情况等群众举报和州委、州人民政府交办的案件进行了及时查办。按法规要求应立案253件，办结回复群众举报案件数253件，办结回复率达100%，没收违法所得4.08万元，罚款5612元。

【工农业产品成本调查】 2000年，继续完成全州5个县（市）、16个乡（镇）、22个村委会、67户农户的粮、油、烟、经济林果、蜂蜜、蚕茧、茯苓、生猪、菜牛等16个农副产品的成本调查工作，汇总全州年度农产品成本调查资料，并将资料软盘按时报送省物价局，为系统积累历史资料和有关部门制定农产品价格政策作出了积极的努力。同时，对全州部分工商企业的粮油、自来水、化肥、石油、煤炭、药品、猪肉、白糖、洗衣粉等31个主要规格商品的财务状况、价格构成情况进行监测调查，掌握企业的生产和经营情况，为有关部门制定政策和物价部门调价、定价提供依据。

【价格鉴证评估】 全州1999～2000年度共开展涉案物品价格鉴证585件，标的金额达2917.08万元，其中州物价局24件，标的金额2374.73万元。为司法、行政机关涉案物品提供了大量的价格鉴证服务。同时，按照国务院的要求，对价格评估机构进行了清理并退出中介机构行列，当前仅行使涉案物品价格评估的职能。

【旅游价格专项检查】 2000年，在州旅游局的配合下，按国家计委的安排，楚雄州物价局组织检查队伍对武定狮子山、楚雄紫溪山风景名胜区等重点旅游景区的门票、旅游交通运输票价以及景区内各种商品和服务价格的执行情况进行了检查。查出价格违法案件2件，违法金额1.47万元，收缴财政1.75万元，并处罚款3000元。

【外资企业收费专项检查】 2000年，在州财政局的配合下，按照省物价局、财政厅的要求，楚雄州物价局专门派出检查组对21个外商投资企业的不合理负担进行了调查，并对有关部门对外商投资企业的收费进行了检查，净化了全州外商投资环境。

【电力价格专项检查】 按照国家计委关于在全国范围内开展电力价格检查的部署和要求，楚雄州物价部门从2000年4月至7月历时3个多月时间，组织27个检查组158人次，对10个县（市）电力公司、乡（镇）电管所等82个供电企业的基本电度电价、价外代征基金等价格执行情况，进行了认真的检查。共查出部分供电企业在价外继续执行国家已明令取消的收费项目和个别企业擅自提高电度电价等价格违法案件12件，查出违法金额201.08万元，实行经济制裁117.11万元。其中没收上缴州、县（市）财政110.63万元，退还用户6.48万元，切实减轻了困难企业和人民群众的不合理负担。

【农村中小学教育收费专项检查】 2000年，按国家及云南省计委的统一部署，全州物价部门抓住社会反映强烈的热点问题，组织13个检查组54人次，深入到全州104所农村中小学，对10个重点收费项目进行了检查。共查出中小学乱收费案件19件，违法金额15.5万元，进一步规范了农村中小学教育收费。

【公安收费专项检查】 2000年，按照国家计委、公安部、监察部、国务院纠风办的总体要求，楚雄州物价部门在认真调查分析全州公安交警收费情况的同时，在公安、监察等部门的密切配合下，抽调152人组成24个检查组，深入到10个县（市）公安、交警、消防、森林公安和乡（镇）派出所等130多个单位对各种收费执行情况依法进行了检查。由于布置周密，重点突出，措施扎实，收到了显著成效。全州共查出价格违法案件49件，查出违法所得金额180.7万元，进一步规范了公安交警部门收费行为。

【落实明码标价规定】 为认真贯彻落实国家计委《关于商品和服务实行明码标价的规定》，楚雄州物价局结合全州实际发布了《关于贯彻实施“商品和服务实行明码标价”的通告》，并以“诚实规范标价，制止价格欺诈”为主题，扎扎实实开展“明码标价宣传月”活动。充分利用广播、电视、报纸、印发宣传材料、黑板报、现场咨询、宣传车等形式，大张旗鼓地开展宣传活动。对一些影响较大的市场、商场、街道做好重点宣传和规范标价的指导工作，使《规定》家喻户晓，深入经营者和消费者。同时，抓好“五个一示范”活动。重点抓好楚雄城区“五个一示范”工作，即一条示范街（鹿城南路）；一个示范市场（鸿远家具市场）；一个示范旅游景区（太阳历公园）；一个示范电信企业（州移动通信公司）；一个示范医院（州人民医院）。通过宣传，树立典型，以点带面，引导经营者自觉按照《规定》的要求公开、公平竞争，诚实信用经营，切实保护消费者的合法权益。

【组织实施医疗服务价格改革】 2000年12月下旬，楚雄州物价局与州卫生局联合召开了全州医疗服务价格改革工作会议，传达贯彻全省医疗服务价格改革工作会议精神，围绕中央提出的“用比较低廉费用提供比较优质的医疗服务”的医疗服务价格改革总体目标和“在坚持国家宏观调控和市场调节相结合的基础上，进一步发挥市场机制作用，不断提高价格管理的科学性和政府定价的时效性”的医疗服务价格改革的基本原则，实施以“进一步扩大市场调节作用，在政府定价中引入市场竞争机制，建立价格管理的灵敏反应机制，提高政府定价决策的科学性和透明度，加强市场价格监督检查”为主要内容的医疗服务价格改革，让群众享有价格合理、质量优良的医疗服务，提高人民健康水平。

【杜明珠获全国农产品成本调查优秀个人】 楚雄州物价局职工杜明珠在负责全州的农产品成本调查工作中，不畏艰苦，兢兢业业，在资料的原始登记、收集整理、审核把关、汇总上报、分析运用等方面为圆满完成全州的农产品成本调查任务作出了突出的贡献，2000年度获国家计委“全国农产品成本调查工作优秀个人”称号，受到国家计委的表彰奖励。

〔杜明珠〕

楚雄州2000年州县（市）零售、消费及农资价格指数（以上年同期为100）

		1月	2月	3月	4月	5月	6月	7月	8月	9月	10月	11月	12月	全年
全州	零售	99.7	99.0	98.9	99.0	100.7	97.3	98.2	98.7	98.3	99.7	100.3	98.3	98.6
	消费	100.5	99.9	100.3	100.6	103.7	97.8	97.5	98.6	98.5	98.3	98.4	97.4	99.3
	农资	99.5	96.8	96.9	98.8	99.5	97.1	99.3	98.6	97.3	100.5	99.6	97.2	98.1
楚雄	零售	98.2	97.9	98.9	99.3	103.7	95.8	94.7	96.2	96.8	96.1	96.1	95.9	97.1
	消费	100.1	99.9	100.4	100.8	104.4	97.7	96.5	97.9	98.4	97.9	98.3	96.7	98.7
南华	零售	101.2	100.1	100.5	100.7	100.3	97.6	99.4	97.5	96.5	96.9	95.4	96.1	98.4
	消费	101.7	99.4	101.0	101.8	102.5	97.1	101.6	97.2	95.6	97.8	96.4	97.5	98.8
	农资	101.8	99.1	100.3	100.5	102.0	98.4	100.8	98.8	96.3	95.6	93.7	92.9	98.4
大姚	零售	101.3	100.9	98.3	98.1	100.6	100.6	101.3	100.8	100.2	99.2	99.5	101.0	100.2
	消费	101.5	100.6	98.6	98.4	99.7	98.6	98.9	99.1	96.8	95.3	95.7	96.0	98.3
	农资	100.1	98.5	92.0	95.9	97.6	97.5	96.5	98.5	96.7	95.8	97.8	100.0	97.0
元谋	零售	94.5	94.4	95.4	95.7	97.6	96.8	98.1	99.2	99.6	99.1	99.0	99.7	96.9
	消费	95.9	96.9	97.4	97.6	97.0	96.9	98.2	99.5	99.0	99.8	100.7	100.4	97.7
	农资	95.6	94.4	96.6	99.5	98.4	99.7	101.5	102.4	102.6	102.4	101.9	99.7	99.1
禄丰	零售	102.3	100.2	98.8	97.4	98.2	95.9	100.0	100.5	98.3	100.1	100.1	99.4	99.3
	消费	101.7	100.6	99.8	100.3	98.9	97.4	99.8	101.9	98.1	99.9	100.2	100.3	99.9
	农资	101.9	95.1	94.4	97.0	99.2	93.6	100.0	97.4	94.8	96.3	100.3	98.7	97.4

楚雄州2000年分月物价指数（以上年同期为100）

品　　类	1月	2月	3月	4月	5月	6月	7月	8月	9月	10月	11月	12月	平均
一、商品零售物价总指数	99.7	99.0	98.9	99.0	100.7	97.3	98.2	98.7	98.3	99.7	100.3	98.3	98.6
1. 食品类	99.2	97.9	96.5	96.0	93.8	92.2	92.8	93.7	93.6	99.1	101.5	92.9	94.5
（1）粮食	92.7	90.0	89.5	90.8	87.8	87.3	84.9	85.7	85.9	99.8	97.4	91.1	87.8
（2）油脂	94.8	94.0	94.2	92.6	90.3	88.6	88.6	85.2	89.6	94.5	97.8	81.3	88.8
（3）肉禽蛋	91.6	93.2	96.7	94.0	91.7	90.2	91.9	91.2	100.7	98.9	103.1	89.7	93.4
（4）鲜菜	121.0	126.4	104.7	97.5	89.1	89.7	93.6	99.6	75.3	96.0	106.1	85.4	96.8
2. 饮料烟酒类	95.6	96.3	94.8	98.9	102.2	100.8	101.5	104.4	100.3	100.0	100.0	103.9	100.0
3. 服装鞋帽类	100.1	98.1	98.1	97.9	97.1	94.4	96.4	97.0	96.5	99.8	99.9	97.2	97.3
4. 纺织品类	105.7	97.2	95.4	95.5	95.0	94.8	94.5	94.2	95.5	100.1	99.1	96.0	95.9
5. 中西药品类	101.7	102.0	102.0	102.8	103.1	102.5	102.8	102.9	103.0	99.9	100.5	103.3	102.7
6. 化妆品类	104.7	104.3	104.8	104.9	117.4	115.7	118.4	119.1	120.2	100.0	100.7	118.7	112.9
7. 书报杂志类	103.2	103.8	109.0	117.5	113.7	113.7	115.7	118.0	120.8	100.0	100.0	117.8	114.6
8. 文化体育用品类	99.4	98.1	98.7	98.5	98.6	98.9	100.4	100.8	102.0	100.0	99.4	101.0	99.9
9. 日用品类	99.2	102.2	104.3	102.3	105.7	100.6	103.7	100.9	99.9	99.8	99.7	101.1	101.9
10. 家用电器类	95.1	93.6	98.6	98.1	123.0	95.7	96.7	96.4	95.8	100.3	99.0	95.8	98.3
11. 首饰类	98.5	97.5	98.2	97.9	98.1	97.8	100.4	100.5	99.1	100.0	99.7	97.0	98.2
12. 燃料类	108.5	112.0	110.1	109.3	109.2	112.7	111.3	113.0	115.8	100.7	99.4	111.9	111.9
13. 建筑装璜材料类	101.5	99.8	99.4	98.3	97.4	97.6	97.4	97.5	96.2	100.5	99.5	95.8	97.8
14. 机电产品类	98.5	97.2	96.4	95.5	96.7	95.8	94.6	94.8	94.2	100.0	100.0	94.3	95.5
二、居民消费价格总指数	100.5	99.9	100.3	100.6	103.7	97.8	97.5	98.6	98.5	98.3	98.4	97.4	99.3
1. 食品类	97.8	96.8	96.7	97.5	95.0	94.6	92.7	94.8	95.3	94.5	95.8	93.6	95.5
粮食	91.9	90.4	90.6	94.2	91.7	92.6	88.7	86.9	88.1	90.5	87.5	95.3	91.1
肉禽及制品	91.2	93.6	90.5	92.7	92.6	92.4	86.0	88.1	108.6	100.2	96.4	89.7	92.5

续上表

品　　类	1月	2月	3月	4月	5月	6月	7月	8月	9月	10月	11月	12月	平均
蛋类	103.2	101.3	95.5	88.5	81.1	85.8	101.9	81.6	102.1	94.6	89.9	81.1	91.0
油脂类	93.9	93.8	94.8	92.1	90.0	87.6	86.3	83.7	93.8	83.8	79.8	78.4	88.3
菜类	121.5	117.1	110.1	107.6	95.6	105.0	106.2	116.5	78.1	92.0	107.7	87.7	104.1
2. 衣着类	99.7	97.3	98.1	97.5	97.3	92.1	93.3	93.0	92.8	92.2	92.9	93.3	95.4
3. 家庭设备及用品	100.8	104.1	108.2	108.6	109.0	99.5	100.3	98.7	96.6	100.6	97.3	97.8	102.0
其中：耐用消费品	102.2	109.9	124.3	125.1	124.9	100.0	100.3	97.6	91.1	100.5	92.5	93.2	106.2
4. 医疗保健品	101.1	101.7	103.5	104.5	104.9	104.7	104.4	104.4	104.5	104.3	105.1	106.0	104.3
5. 交通和通信工具	99.8	99.6	99.8	99.8	99.8	99.2	99.0	99.0	98.9	98.8	99.0	99.0	99.4
6. 娱乐教育文化用品	98.6	93.4	99.0	100.6	147.0	101.8	104.0	107.4	108.2	107.7	105.6	104.7	106.3
其中：文娱用耐用消费品	95.8	87.1	94.4	93.3	166.7	96.6	99.0	97.5	97.6	97.1	93.5	92.7	101.2
7. 居住	104.8	106.4	105.4	104.8	105.7	105.2	105.6	104.8	106.7	103.5	104.5	102.9	105.0
8. 服务项目	106.6	105.8	104.4	103.6	105.4	101.7	102.8	103.8	101.4	101.5	101.4	100.7	102.9
其中：邮费	136.8	130.3	141.8	141.8	141.8	101.9	101.9	101.9	101.9	101.9	101.9	101.9	118.9
交通费	103.7	104.4	104.9	105.1	105.1	105.1	105.1	105.1	105.1	105.1	104.6	100.2	104.6
杂学保育费	109.2	108.1	104.1	101.9	107.7	100.8	103.5	106.9	100.2	100.2	100.5	103.5	102.9
医疗保健服务	100.0	100.0	100.0	100.0	100.0	100.0	100.0	100.0	100.0	100.0	100.0	100.0	100.0
三、农业生产资料类	99.5	96.8	96.9	98.8	99.5	97.1	99.3	98.6	97.3	100.5	99.6	97.2	98.1
其中：饲类	99.9	100.4	98.2	94.0	93.8	91.9	91.4	95.9	92.5	94.9	99.9	85.7	93.3
机械化农具	94.8	88.1	88.3	95.8	96.1	87.1	87.6	87.4	87.6	99.8	100.3	90.1	90.6
化学肥料	98.7	99.0	97.5	99.6	98.1	97.7	97.3	96.7	96.9	99.7	100.3	96.3	97.9

土地管理

【全州统一成立土地执法监察机构】 2000年,全州州县（市）土地管理部门统一成立土地执法监察机构，其中州土地管理局成立土地执法监察大队，为正科级事业单位，定编10人；各县（市）土地管理局成立土地执法监察队，为股所级事业单位，定编为5～10人，全州共配备土地执法专职人员78人。土地执法监察机构成立后，州、县（市）各级土地管理局分别建立了土地违法案件巡查责任制，土地执法监察机构按照各自的职责，定期不定期地开展了土地执法巡查工作，为确保《土地管理法》的贯彻实施打下了坚实的基础。

【乡（镇）土地利用总体规划修编】 2000年,州、县（市）土地管理局认真组织各乡（镇）对原制定的土地利用总体规划进行了修编，并按照《土地管理法》的规定进行上报审批。3月底，全州128个乡（镇）土地利用总体规划修订方案全部上报州人民政府和省人民政府，其中属于州人民政府批准权限的115个乡（镇）已经州人民政府正式批准实施。

【全面完成土地管理目标责任制】 2000年,楚雄州各级人民政府继续实行土地管理目标责任制。州、县（市）、乡（镇）各级土地管理部门按照政府的要求，认真抓好各项任务的落实。经各级土地管理部门的共同努力，全面完成和超额完成了省政府下达楚雄州的土地管理目标责任制。12月6日至9日，省政府检查组对楚雄州2000年度土地管理目标责任制完成情况进行全面检查考核，评定楚雄州2000年度土地管理目标责任制综合得分为252.4分，成绩优秀，被省人民政府评为土地管理目标责任制一等奖。

【耕地开发与复垦】 2000年，云南省人民政府共下达楚雄州土地开发复垦任务600公顷，其中土地管理部门开发240公顷。通过州、县（市）、乡（镇）各级土地管理部门的积极协调和努力工作，全州共完成耕地开发与复垦3738.4公顷，其中土地管理部门参与组织耕地开发复垦3628.7公顷，实现了全州耕地总量点补平衡。在耕地开发与复垦整理工作中，全州各级土地管理部门投入了大量的人力、物力和资金，并积极向省国土资源厅和国土资源部争取上报耕地开发复垦项目，共被省国土资源厅列入土地开发复垦项目9个，被国土资源部列入土地开发复垦项目2个。全年共争取省级耕地开发复垦补助资金127万元。

【城镇个人已购住房用地登记发证】 2000年，楚雄州州、县（市）土地管理部门认真组织，对全州范围内经政府批准以出让方式或划拨方式获取土地使用权后建盖的商品房、经济适用房以及职工购买百分之百产权的直管、自管公房的城镇个人已购住房用地进行土地登记和发证。据统计全州城镇个人已购房改房和商品房总数为36802户，到年底已完成土地登记和颁发《土地使用证》36434户，发证率达99%。

【全州国土资源大调查】 2000年，全州各级土地管理部门积极组织开展了全州国土资源大调查工作。全州土地管理部门共投入资金90余万元，采用新技术、新机制、新手段，严格按照《西部大开发土地资源调查评价实施方案》和《西部大开发土地资源调查评价技术规定》，在原土地详查的基础上，进一步对全州坡耕地数量、质量、分布、权属状况、生态环境、社会经济及耕地后备资源情况进行了全面的科学调查和评价。通过外业调绘、室内评判、数据汇总、成图出书等工作步骤，全州国土资源大调查工作全面完成，为国家制定西部地区土地资源开发利用规划及生态退耕规划提供了重要依据。

【南永二级公路建设征地拆迁】 南（华）永（仁）二级公路建设工程是云南省人民政府对楚雄现场办公会确定的省级重点经济干线改造项目。南永公路一期工程南华至大姚赵家店施工里程93.4公里，涉及龙川镇、栋川镇、金碧镇等11个乡（镇），37个村（居）民委员会，171个村民小组，6个国有单位，共需征（拨）用地4019.59亩。在南永公路建设中，楚雄州土地管理局吸取广（通）大（理）铁路、楚（雄）大（理）公路重点工程征地拆迁工作经验，认真履行职责，组织南华、姚安、大姚县土地管理局做好农用地转用方案、补充耕地方案、征用土地方案的制定和报批工作。经省人民政府和国务院批准后，州县土地管理部门及时做好工程建设征地拆迁工作，确保了南永二级公路建设的顺利开工和施工。

【巩固和创建“土地执法模范县（市）”工作】 在1999年经云南省人民政府批准同意楚雄州双柏、楚雄、牟定、姚安、永仁5个县（市）为“土地执法模范县”合格单位的基础上，2000年，楚雄州土地管理局继续加大工作力度，把南华、大姚、元谋、武定、禄丰5个县创建“土地执法模范县”作为一项重要工作来抓。通过州县土地管理部门的共同努力，并经州土地管理部门严格检查，原经省政府验收合格的双柏、楚雄、牟定、姚安、永仁5个县（市）“土地执法模范县”的巩固工作效果明显，南华、大姚、元谋、武定、禄丰5个县“土地执法模范县”创建工作已达标，并报省政府请求验收。

〔胡国华〕

经济技术协作

【经济协作成果】 2000年，全州共引进国内经济协作项目44项，均已全部实施。这44项协作项目总投资额为53891万元，其中州外投资额为46189万元。44个项目中的绝大部分项目均符合楚雄州五大产业的建设方向，主要集中在绿色食品、天然药业、冶金建材等行业，在全州经济结构调整中起到了积极作用。年内，州人民政府经济技术协作办公室共组织州内82户企业、143人参加了省内外的各类交流会、展销会，并与省内外的多家超市、代理商进行接洽，积极开拓产品的州外市场，取得了较好的效果。

【加强与周边地区交流合作】 2000年6月10日至14日，以州委书记丁绍祥为团长，常务副州长保明虎为副团长的楚雄州党政代表团赴四川省攀枝花市、凉山州进行学习考察。在攀枝花市的学习考察中，两地党政领导和有关部门负责人就如何抓住西部大开发的历史机遇加快发展，如何互帮互促、优势互补，并在基础设施建设、经济结构调整、市场体系培育、非公有制经济发展、农业产业化发展等方面进行了广泛深入的交流和探讨。并就钛资源开发、农作物良种开发、旅游发展、科技合作等项目签订了合作意向书。6月11日，双方结为友好州市，攀枝花市人民政府市长张成明、楚雄州人民政府常务副州长保明虎分别在缔结友好州市协议书上签字。6月13日至14日，楚雄州党政代表团一行在四川省凉山彝族自治州学习考察。代表团与凉山州委、州政府及有关部门负责人进行了分层次座谈。双方就现阶段合作重点达成以下共识：（1）要力促108国道高速公路的改造建设；（2）依托成（都）昆（明）铁路、108国道积极发展双边贸易；（3）加强双方“两烟”生产的合作与开发，互惠互利、共同发展；（4）进一步加强双方民族文化资源的研究、利用和开发。

【化解禄丰钢铁厂债务矛盾】 禄丰钢铁厂为楚雄州大型国有企业，

近年来由于市场、管理等多方面的原因，资不抵债，最终依法申请破产。随后，通过楚雄州人民政府领导和有关部门的联系、洽商，达成了由四川乐山德胜钢铁有限公司对原禄丰钢铁厂进行整体收购，实行资产重组的协议。为了保证改革的顺利进行，州委、州人民政府会议决定由州经济技术协作办公室对原禄丰钢铁厂破产后部分债权人进行一定的损失补偿，并做好矛盾化解工作，确保德胜钢铁有限公司按时投产。州经济技术协作办公室及时调整力量，抽调人员开展工作。在2个多月的时间内，处理了129户债权人的2443万元的债权问题，按时完成了州委、州人民政府下达的任务，确保了德胜钢铁有限公司按时投产。

〔史鱼直〕

工商行政管理

【简述】 2000年，楚雄州各级工商行政管理部门在云南省工商行政管理局和中共楚雄州委、州人民政府的领导下，以“整顿市场秩序、整顿队伍作风”的两整顿工作为契机，进一步强化自身建设，强化市场监管，强化行政执法，强化服务意识，不断加大行政执法力度，坚决打击走私贩私和查处经济建设违章行为，保护公平交易秩序和维护广大消费者的合法权益，采取有力措施支持非公有制经济发展和国有企业发展，为维护彝州经济秩序，推进彝州两个文明建设作出了积极贡献。

【公平交易执法】 2000年，全州各级工商行政管理部门共查处各类经济违法违章案件9257件，案值355万元，收缴罚没款80万元，取缔无照经营276户，捣毁制假窝点11个。查获违法经营的物资主要有：无合法手续的进口汽车1辆，倒卖的卷烟21125条、烟叶11吨，成品油133千克，走私手机2部、手机电池12块，走私照相机4台、假酒3318瓶、食品5176千克、饮料21567瓶、化妆品2013瓶，盗版、淫秽光碟11760张，盗版书刊1310本，商标标识28万张，劣质电视机2台。签订合同2418份，金额6.1亿元。办理企业财产抵押登记442份，抵押物价值13.1亿元。有效维护了生产者、经营者和消费者的合法权益。

【市场监督管理】 2000年，楚雄州各级工商行政管理部门切实加大市场监督管理力度，规范市场交易行为，全面开展“有事找工商、满意在市场”活动。年内，全州各级工商行政管理部门组织人员对粮食、肉类、食品、农副产品、酒类、饮料、药品、保健品、化妆品、烟花爆竹、燃器具、报废汽车等关系人民群众身心健康的消费品市场进行了全面检查，对畜禽屠宰和肉类卫生、食用油、走私进口冻鸡进行专项检查，及时打击强买强卖、哄抬物价、欺行霸市、利用虚假广告欺骗消费者等扰乱市场秩序的违法行为，加强对各类书市、书摊及音像市场、电子游戏室、网吧等经营场所的检查，认真组织对旅游风景区市场的检查，全州工商部门共检查整治市场1017次，查处商品交易违法违章案件11749件，罚没金额21万元。

【粮食市场监管】 2000年，楚雄州各级工商行政管理部门以管住管好列入保护价收购范围的粮食品种为重点，采取有效措施，强化对粮食市场的规范管理，切实保护粮食合法购销，鼓励支持粮食外销，严厉打击各种违法违规收购、运输、经营粮食的行为，加强对粮食台帐制度和运销证制度的管理，严格规范粮食运销行为，加强对退出保护价粮食经营的监管。积极鼓励和支持用粮企业和粮食经营企业经批准后直接收购粮食，进一步拓宽粮食购销渠道。年内，全州工商行政管理部门共检查粮食经营户542户，粮食市场130次，建立规范粮食经营台帐1026户，查处粮食违法案件32件，没收粮食38吨，取缔无照经营户21户。

【市场服务】 2000年，楚雄州各级工商行政管理部门把创建文明市场、“消费者满意一条街”和规范市场管理紧密结合在一起，注重文明管理、依法管理，在切实促进市场规范化管理的同时，增强服务意识，抓好市场服务。年内，全州各级工商行政管理部门共核准登记举办商品展销会43个，举办宣传栏659期，黑板报958期，广播宣传867次，公布商品信息721期，政策咨询56935次，设复秤台420个，免费为群众复秤121736次，调解群众纠纷1269起，受理群众投诉2563件，为消费者追回经济损失83.67万元。通过规范市场交易行为，增强服务意识，全州城乡市场秩序井然，商品丰富，交易活跃，各类市场成交额达141673万元，比上年同期增长8%，消费品市场成交额达139518万元，生产资料市场成交额达2155万元。

【依法办理登记注册】 2000年，全州各级工商行政管理部门按照《公司登记管理条例》、《企业法人登记管理条例》和相关规定，依法办理企业、公司的开业、注销、变更登记。到2000年末，全州共登记注册企业8483户，其中企业法人2199户，营业单位6284户，注册资本金49.58亿元，分别比上年末减少8.35%和增长12.29%。新登记注册企业918户，注销1691户。上述登记注册的企业中，国有企业2571户，集体企业4187户，分别比上年末减少12.25%和11.96%；股份制企业903户、股份合作制企业800户，分别比上年末增长9.99%和9.38%。在办理企业登记注册中，坚持设立企业、公司的法定条件，对不具备法定条件的，一律不予登记注册；坚持前置审批程序，凡法律法规规定必须办理许可证的，坚持先办证，后核发营业执照；坚持企业法人开业前的实地勘验和开业半年内的回访制度，严防“三无”企业的出现；规范企业注册行为，健全和完善各类企业注册台帐和档案。

【支持企业改革和发展】 2000年，楚雄州各级工商行政管理部门深入企业为企业改制和发展提供快捷的登记注册服务。(1)制定了《关于进一步支持国有企业改革、发展非公有制经济，促进对内开放的若干意见》，结合彝州实际，对企业集团的登记、企业改制后的重新登记采取了一些优惠措施，缩短办照时间，为企业提供方便、快捷的服务。(2)主动上门帮助企业制定改制方案，认真为企业规范登记注册资料，修改公司章程，及时办理登记注册，依法确定改制企业的法律地位。根据工商部门的职能，为企业出谋划策。(3)积极参与禄丰钢铁厂等企业的破产清算工作。

【内资企业管理】 2000年，楚雄州各级工商行政管理部门按规定开展了1999年度企业年检工作。全州应参检企业9275户，其中企业法人2416户、营业单位6859户，已参检企业9074户，年检率98%。年检期间办理了643户企业的注销，对97户查无下落的企业依法吊销了营业执照，认真开展了以营业执照专项检查为主的日常监督管理工作，加强对企业的规范化管理，在有关部门的配合下，对石油成品油经营单位、煤炭行业、旅馆业、娱乐业和涉及安全生产的前置审批行业进行了清理整顿，依法查处了247起违反企业登记管理法律法规的行为。

【注册商标管理】 2000年，楚雄州各级工商行政管理部门积极深入企业宣传《中华人民共和国商标法》，指导帮助企业申报商标注册，增强企业的商标法律意识。年内共召开各种会议宣传196次，利用广播电视宣传61条(次)，出黑板报388期，印发各种宣传资料1770份。2000年，全州新申报商标注册86件，经国家工商局商标法批准注册28件。至年末，全州有效注册商标已达397件，比上年增长7.3%。同时，全州各级工商行政管理部门还切实加强对注册商标的监督管理工作，保护注册商标专用权。(1)开展全州注册商标验证，督促和指导企业依法使用注册商标。(2)开展对商标印制单位的检查，规范商标印制管理。(3)对专卖店进行专项治理，维护注册商标所有人的合法权益。(4)查处侵犯注册商标专用权案件，年内全州各级工商行政管理部门共查处商标侵权案51件，收缴假冒注册商标标识4.5万个，有效维护了注册商标专用权。

【广告监督管理】 2000年，楚雄州各级工商行政管理部门加大对广告的监督管理力度，规范广告经营行为。对全州43户广告经营单位进行了年度资格检查和验证工作，新发展广告经营单位9户。年内，组织对各类药品、保健药品、保健食品生产经销企业散发违法印刷品广告和户外广告进行专项检查，收缴各类违法印刷品广告12.9万份，清除乱张贴的游医广告1.6万份。同时，继续加强对楚雄城区的有关新闻单位所发布的广告进行监测，净化广告内容。全年共监测广告411期1450条(次)；发现违法违章广告44条(次)，并及时进行了纠正，净化了广告市场，促进了全州广告业的发展。

【加强工商行政执法监督】 2000年，全州各级工商行政管理部门共查处各类违法违章案件9257件，立案851件，仅有复议案件4件，核审后立案案件851件，核审率达100%，楚雄州工商行政管理局被国家工商行政管理局评为“全国工商行政管理机关执法监督工作先进单位”，连续两次被楚雄州人民政府评为“政府法制工作先进单位”。结合“三五”普法工作认真做好对工商行政执法人员和工商企业、个体工商户的法律知识培训。对全州800多名工商行政执法人员进行了知识更新培训和普法培训，对7309户工商企业和32180户个体户进行了社会主义市场经济法律知识培训。

【深入开展“红盾打假护农”活动】 2000年，楚雄州各级工商行政管理部门深入开展“红盾打假护农”活动，切实保护农民的合法权益，维护农资市场秩序。年内，全州各级工商行政管理部门共出动检查人员1200多人（次），车辆500多台（次），检查农资经营单位294户，发放宣传资料3160份。立案查处违法经营农资案84件，案值35.3万元，捣毁取缔制假窝点6个，取缔无照经营25户，查获倒卖化肥595吨，假籽种98千克，假劣农药5995千克，假劣农机具149件，粮食70吨，进一步有效遏制了坑农、害农事件的发生，维护了广大农民的合法权益。

【深入开展“打假”联合行动】 2000年，楚雄州各级工商行政管理部门按照全国打假联合行动电视电话会议的要求，按照国家工商行政管理局和云南省工商行政管理局的部署，积极行动，重拳出击，以拉网式检查和端窝打点为主要形式开展联合打假行动。共出动工商执法人员3660人（次），车辆80台（次），检查市场242个，专业商业街98条，商店15942个，摊位23947个，生产企业307个，查处制售假冒伪劣商品窝点22个，查处假劣商品86批次，标值188.67万元。查封销售假劣商品门店3个、摊点3个。同时，与全州29户优、特生产企业建立了联手打假网络。

【楚雄州工商行政管理局被中共云南省委评为思想政治工作先进单位】 2000年，楚雄州各级工商行政管理部门在切实履行市场监督管理和行政执法职责的同时，狠抓思想政治工作，提高干部队伍的思想素质，取得了较好成绩。全省工商行政管理系统思想政治工作暨精神文明建设现场会在楚雄召开后，楚雄州工商行政管理局按照会议要求狠抓落实。年内，楚雄州工商行政管理局被中共云南省委评为“思想政治工作”先进单位；王立国局长被中共楚雄州委评为“思想政治工作”先进个人，被国务院授予“全国先进工作者”称号，并受到了江泽民总书记、朱镕基总理等党和国家领导人的亲切接见。

〔王　健〕

非公有制经济管理

【外商投资企业管理】 2000年是楚雄州外商投资企业发展速度较快的一年。一年来，楚雄州各级工商行政管理部门积极宣传楚雄州发展外商投资企业的各项优惠政策，主动热情为外商投资企业服务，积极参与外商投资企业论证。与对外经济贸易、外汇管理、财政、国家税务、地方税务等部门协调配合，按时完成了全州外商投资企业联合年检工作。2000年，全州新登记注册外商投资企业4户，至年末，楚雄州外商投资企业已达49户，注册资本6901.05万美元。

【扶持个体私营经济发展】 2000年，楚雄州各级工商行政管理部门充分发挥工商行政管理机关的职能作用，认真贯彻落实各级党委、政府的各项政策、措施，积极支持个体私营经济的发展。（1）积极做好个体私营企业发展扶持资金的安排落实，向楚雄州人民政府推荐了第二批重点扶持的私营企业31户，对重点私营企业在政策、资金、服务等方面给予积极协调支持，其中有11户得到财政低息贷款125万元。（2）努力为个体私营经济发展创造宽松环境，坚持执行“三放、六不限”，简化办证手续、放宽办证条件，提高服务质量政策措施，为个体私营经济发展创造宽松的政策环境。（3）积极引导和扶持下岗职工再就业，积极创造条件，扩大再就业空间，年内，全州共安置国有集体企业下岗职工1843人。同时，对边远贫困地区的困难户、残疾人从事个体经营的、给予减免个体管理费。有力地促进和支持了个体私营企业的巩固和发展。

【个体私营企业持续发展】 2000年，楚雄州各级工商行政管理部门在各级党委、政府的领导下，充分发挥工商行政管理机关的职能作用，支持个体私营经济发展。至年末，全州私营企业已发展到943户，比上年增加92户，增长10.8%；从业人员24874人，比上年末净增8864人，增长55.4%；注册资金69267万元，比上年末净增43.5%。全州注册资本100万元以上的发展到158户，注册资本上千万元的6户，雇工100人以上的30户，全州首次出现雇工1000人以上生产企业1户，全州私营企业规模及档次均有明显提高，个体工商户也逐步向规模化方向发展。2000年，楚雄州个体私营经济共创产值109181万元，实现营业收入188663万元，社会消费品零售额155920万元，比上年同期分别增长33%、26%和41%。个体私营经济的稳步发展为城镇新增劳动力就业、下岗职工再就业，特别是剩余劳动力的转移提供了广阔的空间。2000年新从事个体私营经济的人员就达23559人，占全州个体私营企业从业人员总数的25%。年内，全州个体私营企业共向国家缴纳税金1亿多元，为彝州经济建设作出了贡献。

【加强对个体私营企业的监督管理】 2000年，楚雄州各级工商行政管理部门及时转变观念，调整工作思路，把对个体私营企业的监督管理工作作为一项重要任务来抓。（1）开展了对全州个体工商户4年1次的换发营业执照和私营企业年检工作，全州共召开个体工商户动员会389次，参会人员28268人次，出动工商干部宣传10307次，走访个体户34776户，全州应换照个体工商户45466户，完成换照41529户，全州应年检私营企业897户，通过年检796户，全州共查处违法违章行为5343件，查处无照经营5222户；（2）对个体私营经济违法违章经营行为进行全面检查，找出了个体私营企业几种主要违法违章经营的表现及原因和监管工作中存在的问题，同时提出了10条如何改进和加强个体私营企业监督管理的建议和措施；（3）加强娱乐服务场所管理，对全州娱乐服务场所进行了摸底调查工作，同时与公安、文化等部门在全州范围内开展了打击社会丑恶现象专项行动，依法取缔了一些证照不全、违法违规经营的电子游戏和娱乐服务场所，通过清理整顿和重新审核登记，全州共有娱乐服务场所2089个，清理取缔了131个，较好地维护了市场经济秩序。

【对个体私营企业主进行法律法规培训】 2000年，楚雄州各级工商行政管理部门认真开展个体私营企业主政策、法律法规和职业道德教育，提高经营者素质。（1）积极组织开展“致富思源、富而思进”大讨论，使广大私营企业主树立先富带后富、富而思进的思想，用自身的发展为国家和社会多作贡献；（2）深入开展法律法规教育，认真组织个体私营企业主学习“三五”普法成果；（3）加强职业道德教育，把职业道德教育与开展“文明经营户”活动结合起来，提高自觉遵守职业道德、自我约束、自我管理能力；（4）深入开展爱国主义、集体主义教育，进一步增强个体私营企业致富不忘国家、不忘群众的集体主义精神。姚安、大姚“1·15”地震发生后，全州个体私营企业共计向灾区捐款19725元，衣物、药品120多件。

【抓好非公有制经济组织的党建工作】 2000年，楚雄州各级工商行政管理部门积极抓好全州非公有制经济组织的党建工作。（1）认真进行调查了解，摸清从事非公有制经济经营活动的党员共有1132人；（2）制定了《关于加强楚雄州非公有制经济组织党建工作的实施意见》讨论稿，对非公有制经济组织中党组织的设置、党员教育管理、党组织活动方式及党组织的职责和任务提出了明确具体要求；（3）抓好非公有制经济组织党建工作，使全州个体劳动者协会党组织发展到11个，为非公有制经济组织中党建工作的全面开展打下了扎实的基础。

〔王　健〕

统　　计

【简述】 2000年，楚雄州统计局紧紧围绕州委、州人民政府确定的工作思路和部署，严格执行国家统计工作方针政策，认真组织落实全州统计工作会议精神，积极解放思想、更新观念、努力推进统计改革和统计法制建设步伐，狠抓统计数据质量和统计服务工作，不断改进工作作风，加强自身建设，在任务繁重，困难突出的情况下，团结和带领全州统计系统广大职工积极拼搏，顽强进取，充分发挥了统计的信息、咨询、监督职能，圆满地完成了各项统计工作任务，为促进全州经济持续健康发展和社会事业全面进步作出了重要贡献。

【全州统计工作会议】 2000年3月23日至24日，楚雄州人民政府在楚雄锦星酒店召开全州统计工作会议。各县（市）统计局股长以上领导干部、州级有关部门统计负责人和州统计局全体职工共138人参加了会议。会议首次提出加强6个意识，全面开创统计工作新业绩的要求。

【统计报表工作】 根据国家和地方统计调查制度实施的需要，楚雄州统计局共设置18个统计专业，负责完成18项统计调查和报表任务。年内，经过各级统计机构和全体统计人员的辛勤努力，圆满完成了上级统计部门布置的统计调查任务和1999年统计年报任务及2000年定期统计报表任务。其中：综合统计、批发零售贸易及餐饮业统计等15个专业受到云南省统计局的表彰，批发零售贸易及餐饮业被评为全省专业统计综合第一名。

【统计基础工作】 2000年，全州统计部门为确保统计数据质量的提高，层层落实数据质量负责制，建立完善数据审核评估工作制度，结合村级体制改革工作抓统计职责和人员的落实工作，认真抓好县、乡统计人员的业务培训，于8月份举办了全州农村统计人员培训班。充实完善数据质量评估机构及评估审核办法，确定了数据质量评估审核的重点指标，制定了《关于加强统计分析工作的通知》、《乡（镇）统计站管理制度》和《统计数据资料管理使用制度》。

【统计信息服务】 2000年，全州各级统计部门充分发挥拥有丰富统计资料的优势，积极为各级党委、政府及各部门宏观管理决策提供科学依据，积极为经济建设和社会发展提供优质统计服务，统计工作不断提高。（1）为重大会议（如州"两会"及州委工作会）及重大决策活动（如编制"十五"计划等）提供了大量有价值的统计数据资料和统计咨询意见。州统计局首次将计算机网络端口移到州"两会"代表（委员）住地，面对面开展统计信息及咨询服务；（2）州县（市）统计局全年共撰写编印《统计资料》245期（州局45期），统计快报72期（州局12期），统计调查报告6篇（州局），报送统计信息184条（州局97条），上报的信息中，被云南省人民政府办公厅采用1条、州委办公室采用18条、州政府办公室采用20条；（3）编印了《楚雄州领导干部经济工作手册》和《统计年鉴》，大部分县（市）编印了《统计提要》。2000年，州统计局由于统计信息服务工作成绩突出，受省统计局表彰。

【统计法制建设】 2000年，全州各级统计部门始终把统计法制化建设摆在重要位置，贯穿于统计工作的全过程，认真抓紧抓好。(1）加强统计法规宣传。通过积极争取，使《统计法》成为全州"三五"普法的法律之一，并配合做好骨干培训和普法考试等工作；同时做好修订后的《云南省统计管理条例》的宣传；利用各种机会和宣传媒体开展统计法律法规教育、宣传。(2）注重统计法制化基础建设。建立和完善州、县（市）统计局法制机构，充实人员，并且制定了依法治统的规划和措施。(3）强化统计执法检查。6月州统计局下发文件，对全州统计执法大检查进行了部署，各县（市）按照要求开展了自查、互查和抽查；9月18日至25日，州统计局抽调21名业务骨干，分别对楚雄、双柏等7县（市）的15个乡（镇）、27个村（居）民委员会、29户乡镇企业、12户规模以上工业企业、15户景气调查企业进行了统计执法重点抽查。(4）加大统计执法力度。通过努力，查处了一批统计违法单位。实现了全州查处统计违法案件"零"的突破。10县（市）除永仁县外都对辖区内的统计违法单位作了查处，共查处统计违法行为83件，查处统计违法案件43件，其中，通报批评40件，行政处罚3件。

【统计信息化建设】 2000年，楚雄州统计局围绕统计信息网络建设做了以下工作：(1）开通了州统计局内部的局域网，并实现了与全国各省市统计部门内部网和Internet网的互联；(2）建立了州局统计网站，并在网上建立了"彝州统计"网页；（3）开通了州局与各县（市）统计局、开发区统计信息中心的电子邮件系统，实现了网上传输统计数据信息，在线统计分析发布；(4）结合人口普查工作，在省给各县（市）配备了一台计算机的基础上，州统计局相应也给10县（市）各配备了一台打印机和一台传真机；(5）举办了4期计算机网络管理系统及业务技能培训班。

【第五次人口普查】 第五次全国人口普查是世纪之交国家组织进行的重大国情国力调查，它对于进一步查清我国的人口资源状况，制定21世纪人口政策和经济社会发展战略都具有极其重要的意义。由于州、县（市）党委、政府的高度重视，各级人口普查办公室及广大普查工作者的积极努力，2000年，楚雄州完成了机构、人员、经费三落实及开展普查区、普查小区的划分，普查区域地图绘制，县乡区的核查，地址编码，建立出生、死亡人口统计台帐，普查专题调研，普查员、普查指导员选调，普查业务培训、试点以及户口整顿、普查宣传、普查物资发放、普查前摸底调查等准备工作。完成了普查入户登记、查缺补漏和手工记录汇总及质量控制工作。

【积极推进统计方法制度改革】 2000年，全州统计部门在推进统计方法制度改革方面主要做了以下工作：(1）认真组织开展了以州为总体的1742户样本的个体私营经济抽样调查；(2）继续开展了对批发零售贸易及餐饮业的抽样调查以及完成了以地区为总体的小型工业抽样调查；(3）对规模以上工业企业生产月报和主要产品销售与库存季报、50万元以上投资项目实行超级汇总；(4）对工业发展速度首次试行使用生产指数法的试算；(5）州企业调查队完成了涉及6个行业、61户企业的企业景气调查和6户工业企业固定资产投资意向性调查，7户困难企业"三条保障线"水平的落实情况，6户工业企业知识产权的快速调查；(6）州企业调查队配合省企业调查队完成了汽车意向性调查；（7）经过两年多的努力，完成了楚雄州1997年投入产出表编表任务；经过专家组评审，《楚雄州投入产出表编制与应用》被评为全州科技进步三等奖；(8）结合州委、州人民政府经济发展思路，增设统计报表、指标进行统计调查。

【完成楚雄州1997年投入产出表编制工作】 楚雄州1997年投入产出表的编制与分析应用在州委、州人民政府的重视支持和省核算办公室、省投入产出办公室的帮助指导下，经过州统计局及核算办公室业务人员的共同努力，历时两年多的时间，完成了全部工作，于2000年4月4日邀请省州有关部门的专家学者9人，汇集楚雄鹿城、组织评审鉴定。到会专家通过认真的评审鉴定后一致认为：楚雄州1997年国民经济投入产出表的编制与应用达到了立题的目的，较好地完成了任务，所提供的投入产出表和有关系数符合国家和省级规定要求，有关投入产出分析条理清楚，结论准确，该课题的研究水平达到省内同领域的先进水平。

〔张祺太〕

审　　计

【简述】 2000年，楚雄州审计机关共完成审计项目267项，占年计划145项的184%，比上年增加17项；查出违规行为金额21770万元，比上年增加28.3%；其中：决定处理处罚2625万元，指明要求纠正19145万元；在决定处理处罚中，应上缴财政1210万元，追回被侵占挪用资金1362万元；分别比上年增加107%、11.7%；实际上缴财政990万元，比上年增加42.4%。提交审计工作报告和信息材料207篇，其中被批示采用135篇。

【财政收支审计】 2000年，全州完成财政审计项目53项，其中：预算执行审计25项、财政决算审计28项，查出违规行为金额4658万元，决定处理处罚440万元，其中应缴财政359万元。查出的主要问题是：违规退库608万元，应缴未缴预算收入120万元，隐瞒转移财政收入305万元，挪用财政专项资金125万元，自行设立预算外资金103万元，违规减免税收31万元。从审计情况看，各级政府和财政、税务部门对近年来审计指出的问题很重视，采取了一些切实有效的措施，认真进行了整改。财政部门对财政资金的管理和监督工作一年比一年好，会计基础也逐年提高。但也还存在一些不足和问题。（1）各级财政收支矛盾越来越突出，包袱越来越沉重。由于多种原因，县（市）和乡（镇）的财政自收收入有下滑之势，而钢性支出有增无减。（2）部分地方少列收入、调节支出，影响了财政决算的真实性。（3）预算管理偏松。（4）预算外资金、专项资金的管理需要进一步加强和规范。

【行政事业单位审计】 2000年，全州完成行政事业单位审计项目129项，查出违规行为金额6864万元，决定处理处罚1454万元，其中应缴财政725万元。查出的主要问题是：应缴未缴预算收入463万元，挤占挪用525万元，虚列转移91万元，预算外收入未缴专户362万元，私设小金库58万元，国有资产流失49万元，偷税漏税49万元。从对全州土地管理系统财务收支审计情况看：全州审计机关对州县（市）土地管理局1998年和1999年度的财务收支进行了审计，并延伸审计了部分乡镇土地管理站（所）。查出违纪违规金额666.08万元，其中：应缴未缴财政专户421.02万元、挤占挪用135.21万元、私设“小金库”20.47万元、偷漏税费3.86万元。

【农业专项资金审计】 2000年，农业资金的审计主要是开展了农牧系统和对扶贫资金的专项审计。全州共完成农业专项资金审计28项，查出违规行为金额2364万元，问题主要是：资金未拨付886万元，挤占挪用633万元，改变资金投向79万元，虚列转移31万元。审计机关对全州农牧系统1999～2000年3月的农牧资金进行了审计，同时还对部分县级农牧事业单位和乡（镇）农科站、畜牧站的专项资金使用情况进行了延伸审计。共审计70个单位，审计资金总额5119.54万元，占财政投入数的56.23%。审计后发现了一些问题：（1）管理不规范；（2）少数县财政仍然存在欠拨专项资金的问题；（3）主管部门仍然存在欠拨、滞留专项资金的情况；（4）挤占挪用专项资金的违纪违规情况突出，审计共查出挤占挪用专项资金257.14万元，其中挪用于建盖职工宿舍综合楼等150.63万元，106.51万元用于弥补行政经费超支；（5）隐瞒转移收入，会计信息失真。

【扶贫资金审计】 2000年7月至9月，楚雄州审计机关分别对7个国家贫困县1999年度扶贫资金的筹集、使用和管理情况进行了审计。这次共审计了100个单位，审计资金总额11198.92万元，占投入全州扶贫资金总数的61.8%。审计结果表明：全州的扶贫资金使用和管理在上年审计的基础上有所改进，财经法纪观念有所增强，州以上部门能按项目计划执行和拨付使用资金。但由于资金供需矛盾突出，财政收入形势严峻，扶贫资金的配套不足，县乡欠拨、占用上级扶贫专款、挤占挪用扶贫专款现象仍然存在，主要问题：（1）县乡财政欠拨占用上级扶贫专款1638.84万元；（2）主管部门滞留资金147.48万元，擅自提取管理费7.83万元；（3）部门和单位挤占挪用专款313.64万元；（4）专款核算管理中还存在随意调整以工代赈项目资金、虚列支出、以拨作支、专款核算不规范、手续不齐等问题。

【领导干部任期经济责任审计】 2000年，全州共接受党委、政府委托领导干部任期经济责任审计60项，完成53项，其中行政事业47项，企业6项。县处级12项，乡科级35项。查出违纪违规资金2523万元，决定处理处罚634万元。审计结果平调18人，晋升2人，免职7人，降职2人，撤职1人。全州在州级和9个县（市）认真开展了这项工作，取得了一定成效。通过领导干部经济责任审计，客观公正地反映了领导干部任期实绩和经济责任，规范了财务管理，为继任者摸清了单位的家底。一些管理较好的单位得到客观公正评价，澄清了一些问题，为组织部门考察使用干部和加强对干部的监督管理提供了依据。

【国外贷援款项目审计】 2000年，对全州正在实施的7个世界银行贷款项目、1个德国政府援助项目进行了审计，审计项目20项。项目计划投资总额22406万元，其中外资5420万元。查出违规行为金额275万元。存在问题：（1）部分项目管理工作滞后，项目财务管理薄弱，会计核算不规范。（2）配套资金不落实，个别县财政滞留上级配套资金。（3）世行贷款资金到位缓慢。造成世行资金到位缓慢的原因，一方面是由于配套资金不足，造成项目进度缓慢、无工作量向世行报账。另一方面则是项目管理人员不熟悉世行的提款报账程序，报账不及时。（4）项目资金使用不合规。部分项目办未严格按照贷款协议及有关财经法规的规定使用项目资金，存在一些违规违纪问题。对审计查实的问题，审计机关按照审计署关于切实做好国际金融组织贷款项目审计披露工作和处理指导原则的要求进行了披露、处理。州人民政府批转了《楚雄州审计局关于我州1999年度利用国外贷援款项目审计情况的综合报告》，要求各县（市）人民政府、州属有关部门对贷援款的管理使用高度重视，加强管理，对存在的问题落实整改措施。

【地震救灾资金审计】 2000年，楚雄州审计局组织对姚安“1·15”地震所涉及的姚安、大姚、南华、牟定4个重灾县的恢复重建资金和捐赠款物进行了审计。经省抗震救灾恢复重建指挥部批准楚雄州恢复重建项目计划总投资16850.2万元，建设项目714个，39983个单项工程。到审计之日止，到位资金6705万元。面上民房恢复重建已基本完成，3个统筹点年底之前基本可以结束，其余项目正在顺利实施，除县乡机关外，完成工程量平均都在60%以上，个别系统在80%以上，可望按要求提前完成恢复重建工作。捐赠款物收支审计情况：各县共收到社会各界捐款376.34万元，支出合计81.22万元，现结存资金295.12万元。从审计情况看，多数县的捐款物资做到了“四个清楚”：接收物资手续清楚；捐赠物资帐务清楚；发放物资造册登记清楚；物资流向清楚。但资金缺口和管理方面存在的问题仍不可忽视。

【企业审计】 2000年，全州完成企业审计项目17个，查出违规行为金额6551万元，决定处理处罚34万元，指明要求纠正6517万元。查出的主要问题是：收入不实204万元，成本不实198万元，有帐无实47万元，虚增利润3329万元，损失浪费23万元。审计机关从2000年3月份起对州属两户改制企业（即楚雄雁塔药业有限责任公司和云南省楚雄奕标水泥有限公司），市属1户改制企业（云南楚雄石化燃料股份有限责任公司），县属1户国有企业（禄丰汽车客运站）1999年度资产、负债、损益的真实、合法及效益情况进行了审计。4户企业1997年实现利润348万元，上缴国家利税527万元；1998年利润516万元，上缴国家利税808万元；1999年实现利润589万元，上缴国家利税919万元。

【对国税系统的审计】 2000年，国税审计是审计署统一组织的项目，根据审计署《关于审计2000年度中央税收收入征管情况的通知》以及省审计厅《2000年国税审计工作具体安排意见》，楚雄州共承担8个项目的审计工作。从2000年11月30日开始分赴各县（市），分别对8个国税局2000年1月至11月的税收会计核算情况、税收政策执行及税收征管情况、代征代扣手续费提取使用情况、机关财务收支情况等进行了审计。到2000年12月30日止，审计实施阶段已全部结束，并按要求出具了主体审计报告及专题审计报告。

【对社会审计组织审计业务质量的监督检查】 2000年10月10日至20日，楚雄州审计局认真组织了对楚雄城区3个会计师事务所2000年1月至9月完成的验资和固定资产竣工决算审计业务质量进行了检查。检查的主要内容是：业务程序和审计方法是否合法、合规；事务所及有关经办人员是否具备相应资质；审计证据是否相关、真实、充分；审计工作底稿是否内容完整、记录清晰、结论明确；出具的审计报告是否真实、合法；质量控制体系和内部制约制度是否健全、有效；业务收费是否合规。通过检查，指出了存在问题，提出了改进意见和建议。

【全州审计工作会议】 2000年2月16日至17日，全州审计工作会议在楚雄召开。州长罗正富、州纪委书记杨绍昌、州委组织部长罗志明、州人大经工委主任胡之才，10县（市）审计局局长等60余人参加了会议。会议传达了全省审计工作会议精神，安排部署了2000年全州审计工作任务。州人民政府州长罗正富在会上作了重要讲话。

【全省审计工作座谈会】 2000年9月7日至8日，全省审计工作座谈会在楚雄州召开。各地、州、市审计局局长、办公室主任，省审计厅各处长，楚雄州各县（市）审计局局长、办公室主任共120余人参加了会议。中共楚雄州委副书记、楚雄州代理州长夜礼斌到会作了重要讲话。省审计厅厅长冯毅作了题为《以“三个代表”重要思想为指针，进一步加强和改进审计工作》的报告，向可辉副厅长通报了2000年上半年全省审计工作情况。与会代表认真讨论了《云南省审计厅关于进一步加强审计工作，为实施西部大开发战略服务的具体意见》讨论稿；在会议空隙，参会代表参观了中国彝族十月太阳历文化园和楚雄州博物馆。

〔周德强〕

质量技术监督

【简述】 2000年是楚雄州质量技术监督系统实行省以下垂直管理的第一年。一年来，全州质量技术监督系统干部、职工认真履行计量、标准、质量、特种设备综合管理和行政执法两大职能，以“有位、有为、有效”的实际行动实践“三个代表”的要求，以改革创新的精神研究新情况，解决新问题。面对紧张、繁忙的工作，表现出了良好的精神状态和旺盛的斗志，各项工作都取得了很大的进展。为促进楚雄州经济发展和社会进步作出了自己的贡献。

【全面加强质量管理】 2000年，楚雄州质量技术监督部门共抽查了1043户企业的11类133种产（商）品，抽检产品1095批次，合格771批次，产品批次抽检综合合格率为70.4%。其中：州内生产企业生产的食盐，产品抽样合格率为100%；化肥、洗涤用品、水泥的产品抽样合格率均在90%以上；饮料、手机电池的抽样合格率均在40%及其以下。根据抽检情况，楚雄州质量技术监督部门及时做好后处理工作，对产品不合格的生产企业，均按有关法律、法规及规章进行了处罚并责令其限期整改，同时做好跟踪监督检查；对流通领域中检查出的不合格商品，帮助企业做好“清柜台”的工作，禁止不合格的商品继续在市场上销售。为提高企业产品质量，州质量技术监督部门还举办了两期“白酒生产许可证必备条件”培训班，计54人次参加。同时，还到企业举办质检员培训班一期、计30人参加。州质量技术监督部门还深入到企业，帮助指导企业的质量管理工作。由于工作做得及时、服务周到，在对不合格产品进行复检时，大多数产品均已合格。

【切实加强标准化工作】 2000年，楚雄州质量技术监督部门认真履行职责，在标准化管理方面帮助、指导30户企业修订了企业标准，按标准化管理规定备了案；帮助109户企业办理了食品标签许可证，按要求作了标签认证备案；举办了3期《食品标签通用标准》宣传贯彻班，其中一期为《食品标签通用标准》第2号修改单，114人参加了培训；为国有企业、集体企业、合资企业、私营企业、个体工商户查询、提供产品标准346个；与州烟草公司一起组织全州烤烟42级新标准的制样工作，制作标样238套，按要求进行了签封。烤烟收购期间，楚雄州质量技术监督部门与当地有关部门配合，对各级烤烟收购点执行GB2635－92烤烟标准进行了检查，促进和保证了烤烟收购工作的顺利进行。年内，楚雄州质量技术监督部门首次在全州开展了对组织机构代码证书进行年度审验的工作，从4月1日至6月30日，全州共审验和换领新组织机构代码证书4645套，审验换领新证占发出代码证书的49.7%，对未按时审验、换领新证的单位，均按省人民政府有关要求作了处罚。

【全州工业企业产品消灭无标准生产工作全面启动】 2000年5月25

日，楚雄州人民政府下发了州质量技术监督局《关于认真开展县以下工业企业消灭无标准生产工作的意见》。随后成立了州工业企业消灭无标准生产领导小组，加强了对工业企业消灭无标准工作的领导。全州除永仁县、牟定县已完成该项工作外，其余8个县（市）正准备开展这一工作。州人民政府给8个正启动工业企业消灭无标准生产的县（市）各拨发了1万元的启动资金。8个县（市）都拟定了消灭无标准生产实施方案，成立了县（市）消灭无标准生产领导小组，先后召开了11次消灭无标准生产的工作会议，对辖区内工业企业产品执行标准情况进行了摸底调查。

【做好建筑门窗、白酒、水泥生产许可证的申领工作】 2000年，根据云南省质量技术监督局关于生产建筑门窗、白酒、水泥必须申请领取生产许可证的要求，各县（市）质量技术监督部门按要求通知了各生产企业。随后，省质量技术监督局举办申请领取生产上述4种产品生产许可证培训班。楚雄州质量技术监督部门派出人员参加培训，并负责联络州内各生产企业组织人员参加培训。培训结束后，根据培训要求，对申领生产许可证的工作作了进一步的安排部署。全年共收到申领建筑门窗生产许可证的企业5户，白酒生产企业34户，水泥生产企业11户。

【加强计量管理工作】 2000年，楚雄州质量技术监督部门加强计量管理工作。(1) 加强纳入强制检定计量器具的检定工作，确保量值的准确传递。全年共检定、修理各种计量器具29888台（件），其中：州质量计量检测所检定、修理了4384台（件），各县（市）质量技术监督部门检定、修理了25504台（件）。 (2) 对全州28家加油站“计量信得过”、“计量合格”单位和新申报的5家“计量合格”单位进行了复查、考核。经考核复查。13家获得“计量信得过”单位，15家获得“计量合格”单位，并召开专门会议进行了表彰，经验突出的单位在会上作了交流发言。(3) 对州内20户企业的43项计量装置进行了复查、考核，对3家企业的10项计量标准进行了授权考核，对5家企业的“三级”计量进行了考核、复查。(4) 对州内加油站的计量人员组织了一期计量法规培训，参培加油站47个，参培人员48人。(5) 经奕标水泥厂的邀请，为配合该厂ISO9000质量认证的需要，派人前往该厂进行计量技术人员培训，参培人员79人。同时，应楚雄市电力公司邀请，对在农网改造中用户反映电能表不准的热点问题进行现场抽检，抽检结果，各项性能符合国家标准，消除了用户的误会。

【开展计量专项检查】 2000年，根据国家质量技术监督局、云南省质量技术监督局《关于住宅建筑中对电能表等计量器具安装使用前实施首次强制检定的通加》要求，楚雄州质量技术监督部门在全州组织了该项工作的检查，共检查了36个单位、46幢房，抽查电表859块，已检定479块，检定率为55.7%。抽查水表987块，已检定479块，检定率为51.8%。抽检电表145块，合格131块，抽检合格率为90%。与此同时，州、市两家质量技术监督部门对楚雄经济技术开发区48套商品房进行了检查。对检查出来的问题，已责成有关单位限期加予整改。在“3·15”国际消费者权益日前夕，对生产和流通领域的定量包装商品的计量进行了一次大检查。通过一个月的检查，全州质量技术监督部门共出动执法人员188人次，检查了195个门店和企业，检查定量包装商品13类3675件，合格率为87.3%，检查中发现计量不合格的商品，均依法作了处理。对生产企业，在处罚的同时，还责令限期整改。

【锅炉压力容器及特种设备的安全监察工作】 2000年，楚雄州质量技术监督部门认真扎实抓好锅炉、压力容器及特种设备的安全监察工作。(1) 对各类符合设备作业人员进行有关法规、规章、考核发证、复训换证及技能培训。一年来，举办有关法规、规章培训3期，参训人数147人；举办各类特种设备作业人员考核、复审、技能培训班11期，参训人数637人，通过上述培训，提高和巩固了各类特种设备作业人员的技能水平，强化了安全意识。(2) 搞好节假日、上级安排的重大检查和日常的安全监察。6月1日“儿童节”前夕，组织全州对锅炉、压力容器及特种设备、游乐设施的安全大检查。在上述检查中，共检查使用销售上述设备及商品的门市、单位和经营户336个，抽查了在用锅炉243台。压力容器136台、电梯29台，起重机械36台，石油液化气贮备站一座、石油液化气钢瓶2919支，共查出事故隐患217条，现场监督整改隐患14条，取缔自行改装锅炉1台，对两台存在较大隐患的锅炉责令停用。在检查中对责令限期整改而不整改的单位和经营户，按有关规定作了处罚。在日常的安全监察中，对50家锅炉使用单位、1家压力管道安装单位、47家电梯使用单位、10家起重机械使用单位、3家厂内机动车辆使用单位、7家游艺机和游乐设施使用单位进行专项执法监督检查，查封违规安装压力管道1户，发出监察整改通知书58份。(3)定期检验在用锅炉172台、锅炉运行（外部）检验8台、锅炉安装质量监督检验18台；定期检验在用压力容器213台、压力容器产品制造质量检验14台、压力容器安装检验30台；检测锅炉水质分析监测136台，配制标准分析药剂380升、蒸馏水200升、调试水处理设备3台、锅炉内加药方案34台、锅炉化学清洗除垢4台；检验电梯125台、起重机械45台、厂内机动车辆50台；检查了118（套）游艺和游乐设施的安全运转使用情况；校验安全阀500支；检测液化石油气钢瓶3981支。对4家单位的2500米压力管道进行监检，监检率为100%；对十四冶二井司楚雄供水改造系统第八管段钢制输水管道进行超声检测；对楚雄农业学校钢屋架结构进行焊缝检测探伤；对楚雄市街心花园、滇中电业局人行天桥施工质量进行局部X射线探伤。通过上述工作，保证了州内使用锅炉、压力容器及特种设备的单位和企业的安全。

【有关质量技术监督和锅炉、压力容器及特种设备的法律法规宣传】 2000年，楚雄州质量技术监督部门采取多种形式做好质量技术监督和锅炉、压力容器及特种设备的法律、法规及规章的宣传。（1）在“3·15”国际消费者权益日、“5月安全宣传月”、“9月质量月”期间，组织干部、职工上街宣传，3次出动110人次，发出质量技术监督和锅炉压力容器及特种设备的法律、法规及规章宣传资料17430份，接待前来咨询产品质量和有关法律、法规及规章的群众2058人次。(2)充分利用新闻媒体报道质量技术监督工作情况及有关法规。楚雄州质量技术监督部门全年在州电视台和各县（市）广播电台电视台宣传56次，在《楚雄日报》载文24期。上述工作，多渠道、宽领域展示了全州质量技术监督系统的工作，扩大了影响，提高了质量技术监督工作的知名度。

【做好新修改的《产品质量法》的宣传贯彻工作】 2000年9月1日是新修改的《中华人民共和国产品质量法》正式实施的时间。在《产品质量法》实施前后，楚雄州质量技术监督部门组织了一系列宣传活动。(1)在全州质量技术监督部门内组织学习新修改的《产品质量法》。(2)州质量技术监督局与州人大常委会、州人民政府联合召开了新修改的《产品质量法》座谈会。州有关领导及州属各有关部门负责人90多人出席了座谈会。(3)9月1日这一天，州人民政府副州长杨汝鉴就新修改的《产品质量法》的学习贯彻作了电视讲话。(4)楚雄市的质量技术监督部门指导楚雄城区各主要流通领域企业，悬挂出10余幅醒目的宣传新修改的《产品质量法》的大横幅。(5)9月8日上午，州市质量技术监督部门在楚雄市郊中石坝公开销毁了一批伪劣商品，货物标值8万多元，州电视台等新闻单位作了报道。

【“打假治劣”工作】 2000年，楚雄州各级质量技术监督部门与州质量技术监督局稽查队签订了“打假执法”责任书，落实打假治劣责任制，强化执法力度。与此同时，规定各县（市）质量技术监督部门必须成立案审委员会（或小组），规范了集体办理程序，防止办案的随意性或“人情案”情况的发生，强化了依法行政。一年来，在“打假”治劣工作上，（1）围绕“五子”（米袋子、菜篮子、火炉子、车子、房子）商品，组织元旦、春节、“五一”、“中秋节”、“国庆节”市场商品质量计量的执法大检查。(2)做好各专项检查。全年的专项检查有“查农资、保春耕”的农资检查。全州共检查农药经营门市店132户，查处了148批次，标值1012.33万元的农药，没收及销毁失效、过期、结块农药68505瓶（袋），罚款19.92万元；检查经销儿童玩具商家120多家，查获不符合国家强制性标准的大威力儿童玩具枪846支，罚款2.05万元；检查城区汽车配件市场，检查了30多家门店，抽检了35组产品，合格6组，平均合格率为17.1%，对24家经销商罚款6万多元。其他还检查了手机电池、石棉瓦、饲料，对抽检不合格的产品，均依法作了处理。(3)查处制假窝点，全年共端掉9个制假窝点。楚雄州质量技术监督部门全年共出动执法人员4332人次，出动车辆450台次；检查门店、摊位、单位、企业7819户，查处各类案件1725件，罚款总额116.7万元；全年受理复议案件4件，占全部案件数的0.2%，没有上诉到法院的案件。

【开展打假联合行动】 2000年10月26日，国务院召开了“开展打假联合”行动电视电话会议，云南省人民政府根据国务院的要求立即下发文件。楚雄州人民政府对这项工作极为重视，成立了以副州长杨汝鉴为组长的楚雄州“打假”联合行动领导协调小组，由州质量技术监督局和州工商行政管理局的领导担任副组长，州属有关部门的领导为成员。同时将州“打假”联合行动领导协调小组办公室设在州质量技术监督局。州质量技术监督局认真履行职责，协调全州各有关部门的打假行动。从10月26日开始，至12月20日，全州联合打假共出动1765人次，出动车辆821台次，办理案件562件，查获并销毁假冒伪劣商品标值202.69万元。

【做好消费者的投诉工作】 2000年，楚雄州质量技术监督部门共受理消费者投诉61件，大多数案件都是消费者协会转过来的比较棘手的案件，受理后，都认真履行职责，由于工作做得细致，所受理的61件投诉，全部得到了处理，结案率为100%，为消费者挽回了经济损失48.65万元，该项工作深受消费者的欢迎。

【质量技术监督部门认真开展民主评议行风工作】 2000年，中共云南省委、省人民政府将质量技术监督部门作为民主评议行风的对象之一。中共楚雄州委、州人民政府按照省委、省人民政府的要求，对这一项工作作了安排部署。从企业、民主党派、政府部门中聘请了5名行风评议员，组成州人民政府行风评议组，对楚雄州质量技术监督部门行风建设情况进行评议。州质量技术监督部门密切配合，于5月19日召开了“全州质量技术监督系统民主评议行风动员大会”，会上州质量技术监督局与各县（市）质量技术监督部门签订了“行风建设责任书”。6月8日，州人民政府行风评议组一行5人到州质量技术监督局，听取了州质量技术监督局开展行风建设情况和工作职责、业务范围情况的介绍。同时开展问卷调查，在此期间，评议组采取查阅材料，检查各项规章制度，走访窗口单位和服务对象，到企业调查，召开各种座谈会等形式，全面了解州质量技术监督部门开展行风建设情况。7月31日至8月3日，省民主评议行风检查组到楚雄州对评议对象的行风建设情况进行检查。到州质量技术监督局听取行风建设情况汇报后，通过采取召开各类企业及职工座谈会、走访企业、查阅有关资料等形式，进一步深入了解全州质量技术监督部门的行风建设情况。经过近半年的工作，11月29日召开了“州质量技术监督局民主评议行风总结会”，评议组认为，州质量技术监督局领导对行风建设工作重视，认识到位，工作主动，成效明显，综合评议总分为96分。会后，全州质量技术监督部门根据评议中提出的问题制定了整改措施。

【对质量技术监督部门的部分机构进行改革】 2000年5月，楚雄州质量技术监督部门根据省质量技术监督局的要求，对州质量技术监督局所在地的技术机构、稽查机构进行了改革。将州质量检验所、州计量测试所、楚雄市计量测试质量检验所合并成立州质量计量检测所；将州稽查队并入楚雄市质量技术监督局合署办公，行使州、市稽查队的执法职能。通过改革，避免了同一地方技术机构的重复建设和在同一地区重复执法情况的发生。

【《国家行政机关公文格式》的宣传贯彻工作】 2000年8月24日，国务院发布《国家行政机关公文处理办法》的通知。通知要求从2001年1月1日起，启用GB/T9704－1999《国家行政机关公文格式》，为此，楚雄州人民政府办公室与州质量技术监督部门一起，于2000年12月8日、16日举办了两期GB/T9704－1999《国家行政机关公文格式》暨国家机关公文处理办法培训班，参加培训的州人民政府系统的办公室人员、各县（市）人民政府办公室人员计200人。12月28日又与楚雄市人民政府办公室举办了上述内容的培训班一期、参培人员100多人。上述培训为国家行政机关公文格式新标准的实施作了前期准备，打下了良好基础。

〔叶毓英〕

楚雄州农业科学研究推广所

●所长、党总支书记　黄光和

楚雄州农业科学研究推广所是集农业科研、农技推广与培训为一体的全民所有制正处级事业单位。下设水稻、旱粮、园艺、土肥和农技推广5个专业站。现有在职科技人员62人，其中，高级职称6人，中级职称30人。在楚雄市城区有占地15亩的工作、生活区，东郊1公里处有农业部、省计委和省农业厅立项建成的水稻原种扩繁基地和综合科研试验基地101亩。

1979年以来，全所共获地（厅）级以上科技成果奖143项。其中，水稻新品种选育及配套高产技术的研究与推广成效最为显著，所育成的“楚粳”系列良种自80年代以来，一直是全州和整个滇中稻区的主栽品种。在农业部进行的“七五”、“八五”两次综合科研与技术开发能力评估中，总分名列全国230多个地、市级农科所前茅，被评为“地区级优秀单位”，1999年又被列为全国重点支持发展的10个地、市级农科所之一。

科研所改革以来，在水稻、小麦、蚕豆、油菜等作物常规良种选育、繁供，玉米杂交种选育、制种，专用肥研制、供应，园艺作物种子、苗木供应，绿化美化工程等技术开发方面都已具备相当规模；证照齐全，服务周到，信誉度高。

■地　址：云南省楚雄市果园路
■电　话：（0878）3013665（所办）
（0878）3015542（所长办）
■邮　编：675000

楚麦六号

楚粳25号

楚雄彝族自

●党组书记、局长　郭家植

●州党政领导出席会议

2000年楚雄州审计局在州委、州人民政府和上级机关的领导下，紧紧围绕党委、政府的中心工作，认真履行审计监督职责，圆满完成了各级下达及交办的审计任务。在项目实施过程中，局党组始终把审计队伍的自身建设、思想建设和业务建设作为完成各项审计业务的政治保证，通过抓理论学习、抓思想教育、抓法制建设，审计干部的业务素质明显提高，执法的自觉性得到增强。在具体工作中本着“依法审计、服务大局、围绕中心、突出重点、求真务实”的20字工作方针，克服人员少、工作量大的困难，做到早下达计划、早落实任务、精心组织、抓住重点、兼顾一般，认真履行审计监督的职责，开创了审计工作的新局面。

●审计组在老虎山电站

楚雄州审计局设七科一室，即综合法规科、财政金融审计科、行政事业审计科、固定资产投资审计科、经济责任审计科、企业审计科、农业资金审计科及办公室。自1983年9月成立该机构以来，共审计单位3915个，查出违规行为金额82205万元，应上缴财政7435万元，已上缴财政6971万元，应追还侵占挪用资金7286万元，查出百万元以上违纪单位38个。为规范会计核算、维护经济秩序、促进彝州经济发展和加强廉政建设等方面发挥了积极有效的作用。

治州审计局

●党组班子在研究工作

●全省审计工作会议在楚雄召开，省州有关领导出席会议

●"三讲"教育总结巡视组与领导班子合影

■办公室地址：州政府大院
■电　　话：(0878) 3122169
■传　　真：(0878) 3122169
■邮　　编：675000

●审计系统春节联欢会

神奇美丽的彝州——楚 雄

楚雄彝族自治州旅游事业管理局

一个美丽的地方——楚雄，在云南省的中部，东临昆明滇池，西接苍山洱海，成昆、广大铁路，320、108国道纵横贯通全境，山青水秀风光绮丽、富饶神奇。

在很久以前这里是恐龙的世界，禄丰保存着丰富和完整的恐龙化石，800万年前的腊玛古猿化石，170万年前的元谋人化石证明，这里是人类的发祥地；这里出土的春秋时代的铜鼓、编钟为世界上已知最早；古代南方丝绸之路的灵官道、五尺道东西南北穿越，生物及人类发展的每一个重要环节，都在这里留下了珍贵而丰富的遗迹。

楚雄是彝族支系较多的聚居地，民族文化色彩纷呈，在数千年前就创造了闻名世界的彝族十月太阳历

●中国彝族十月太阳历文化园

●禄丰恐龙博物馆

历法，并有古老的习俗文化和悠久的历史，丰富多彩的歌舞，火一样热情的民族。山川景色诱人，民族风情浓郁。这里是歌的海洋，舞的世界，是一方旅游的胜地。

●局长　张建强

●彝族火把狂欢夜

●雁塔

●元谋土林奇观

■电话、传真：（0878）3132877
■邮编：675000
■地址：楚雄市鹿城北路81号

红 盾 — — 经

楚 雄 彝 族 自 治

●党组书记、局长　王立国

2000年，全州工商行政管理系统在州委、州政府和省工商局的领导下，努力学习践行江泽民总书记“三个代表”的重要思想，以领导班子和领导干部“三讲”教育为重点，以“整顿市场秩序、整顿队伍作风”的“两整顿”工作为契机，强化市场监管和行政执法，按照工商行政管理职能，为地方经济的发展创造良好的市场环境，依法办理各类企业法人、个体工商户登记注册，严把市场准入关，加大市场监管力度，严厉打击各种制售假冒伪劣商品行为，维护消费者合法权益。认真开展队伍整顿，云南省工商行政管理局在楚雄召开的全省工商系统思想政治工作暨精神文明现场会后，以“精神文明建设全省学楚雄，楚雄怎么办？”为课题在全州开展队伍作风整顿，向全州工商干部发出了“成绩面前不停步，荣誉面前不满足，自加压力找差距，团结奋进促发展”的号召，开展了“西部

●业务培训

●省工商局领导亲临我州检查工

济发展的保护神

州工商行政管理局

大开发，彝州要发展，工商怎么办？”的解放思想大讨论。在跨入新世纪的第一年里较好地完成了各项任务，成果辉煌。至年末全州登记注册的企业8483户，注册资本（金）49.58亿元；个体工商户和私营企业49971户，从业人员95618人；查处各类经济违法违章案件9257件，其中立案案件800件，案值325万元，收缴罚没款80万元，捣毁制假窝点22个；受理消费者投诉2563件，为消费者挽回损失83.7万元。州工商局机关被国家人事部、国家工商局评为全国工商行政管理先进集体；被中共云南省委评为思想政治工作先进单位；被中共楚雄州委评为“三五”普法先进集体；州局妇委会被省妇联评为“巾帼建功”先进协调集体。王立国局长被国务院授予“全国先进工作者”称号，被中共楚雄州委评为思想政治工作先进个人。永仁县工商局局长罗礼元被国家工商局评为优秀工商行政管理干部。

●局领导班子在研究工作

●局长在理论研讨会上作总结

●为理论研讨获奖者颁发证书

奋进中的楚雄德

●总经理　曾光荣

云南省楚雄德胜钢铁有限公司是四川省乐山德胜（集团）钢铁有限公司收购原云南省楚雄州禄丰钢铁厂后，重组成立的一家综合性钢铁企业。公司地处世界闻名的恐龙之乡——云南省楚雄彝族自治州禄丰县城南，紧临成昆铁路，距昆明市和楚雄市均不足100公里，交通十分方便。

云南省楚雄德胜钢铁有限公司目前拥有固定资产2.7亿元，具有年产42万吨铁的生产能力。公司研制生产的铜磷钛多金属低合金耐磨铸造生铁为国内独创，世界仅有，被冶金部批准为“特殊用途铸造生铁”，并专门制定了国家标准，曾荣获云南省科技进步三等奖和优秀新产品一等奖。

公司300m^{3}高炉自2000年11月18日点火开炉以来，各项指标均连创新高，2001年3月止最高日产达704吨；继1$^\#$炉成功开炉后，180m^{3}高炉又于2001年2月6日开炉，2001年3月止，最高日产达383吨，打破原禄钢历史记录。

楚雄德胜钢铁公司在组织炼铁生产的同时，抓紧炼钢续建工程建设，该工程预计于2001年9月竣工投产，设计能力为年产钢40万吨。

楚雄德钢公司在炼钢工程完成后，将迅速进行轧钢、焦化项目建设，争取在较

●德钢1$^\#$炼铁高炉

●铁水涌流

胜钢铁有限公司

●州、县党政领导出席点火开炉仪式

●保明虎副州长在德胜公司调研指导工作

短时间内，形成年产铁42万吨、钢40万吨、钢材38万吨、焦炭20万吨的综合配套生产能力。

在积极完成生产和技改任务的同时，德钢公司领导对环保极为重视，不断加大环保资金投入，力求达到国家环保指标。在不久的将来，云南省楚雄德胜钢铁有限公司将成为绿色“花园式”现代化工厂。

云南省楚雄德胜钢铁有限公司将紧紧抓住国家实施西部大开发战略的良好机遇，充分利用和发挥四川省乐山德胜钢铁有限公司的优势，视质量为灵魂，以信誉求发展，在社会主义市场经济建设中，愿与社会各界朋友携手合作，共谋发展。

■董事长：宋德安
■总经理：曾光荣
■地址：云南省楚雄彝族自治州禄丰县城南
■联系电话、传真：(0878) 4122483

●正在建设中的炼钢厂

楚 雄 彝 族 自

●商雁鸿局长向丁绍祥书记（右一）汇报设施农业

楚雄州农牧局是州政府主管农业和农村经济的职能部门。担负着对全州农业生产的规划、指导、协调及农业技术的推广应用等工作。

2000年，在州委、州政府的高度重视和有力领导下，认真贯彻落实党的十五届三中全会及《中共中央、国务院关于做好2000年农业和农村工作的意见》精神，团结带领广大干部、职工和科技人员，努力践行“三个代表”，以市场为导向、效益为中心、科技为支撑、“三讲”为动力，以农业增效、农民增收、农村稳定为己任，充分发挥职能，打基础、建产业、拓市场、调结构、兴科技、促开发，切实加强对农业生产的指导，强化科技措施推广，因地制宜调整结构，圆满完成年初确定的各项农村经济发展指标。农业产值达51亿元，占GDP的48.3%，粮食连续6年丰收，产量达到了103万吨，人均占有粮食412千克，居全省第一位，实现了供求平衡；油料产量达2.3万吨；蔬菜产业有了较大发展，冬早蔬菜外销量占云南蔬

●团结奋进的局领导班子

●“三下乡”服务

治州农牧局

●夜礼斌州长（右一）陪同国家农业部领导考察农业及农产品加工

●吴莉华副州长(左二)陪同省农业厅潘政扬厅长(左三)前往毛菇山种羊场视察

菜外销量的40%；茶叶产量794吨，水果产量5.7万吨，蚕茧产量316吨；畜牧业连续15年稳步增长，畜牧业产值达15.1亿元，占农业总产值的30%，人均占有肉奶蛋71.3千克，居全省第三位；农民人均纯收入1575元，居全省前位。

农业部门团结协作，克难奋进，开拓创新，彝州农业和农村经济工作取得了可喜的成绩，受到了各级的表彰奖励。2000年楚雄州被云南省人民政府评为农田基本建设先进集体一等奖，畜牧业生产一等奖，农民增收三等奖。

●商雁鸿局长为全州农科站站长授课

■地址：楚雄市鹿城北路10号
■电话：(0878) 3122532
■传真：(0878) 3122774
■邮编：675000

改 革 发 展 中

●党组书记、局长 李光伟

●庆祝建国五十周年歌咏比赛

楚雄州粮食局系统有州属5户企业，9县1市粮食局下设国有收储公司33个，仓储容量2.4亿千克。现有在岗职工2082人，离退休职工1564人。在州委、州政府领导下，粮食行业解放思想，积极推进政企分开、中央与地方责任分开、储备与经营分开、新老粮食财务帐目分开，认

的粮食行业

楚雄彝族自治州粮食局

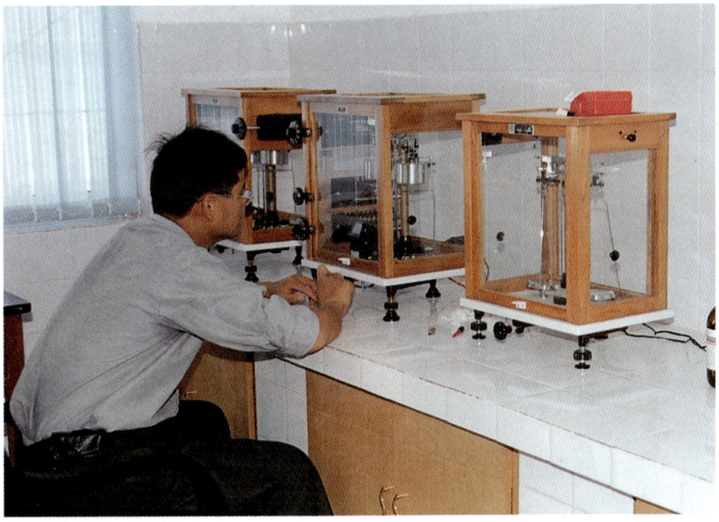

●粮食分析天平

真落实按保护价敞开收购农民余粮、粮食收储企业实行顺价销售和粮食收购资金封闭运行的政策，加快国有企业自身改革，使企业建立了自主经营、自负盈亏的机制，由计划经济向市场经济转变。

“粮食稳，天下定”。“九五”期间共收购原粮62532万千克，销售贸易粮42613万千克，确保了全州军需民食的供应，保护了农民种粮的积极性，并投资4311.5万元，新建和修缮仓容20455万千克。

1996年以来，根据行业特点，开展了讲学习、讲政治、讲正气、讲团结、讲实绩的教育活动，实践“三个代表”的重要思想，举办340人参加的解放思想大讨论培训班，进行理想、信念、宗旨教育。1996年—1999年党建工作连续四年被州直机关工委表彰，2001年7月被中共楚雄州委表彰为先进基层党组织。

●专家组对国家储备库楚雄库验收

■地址：云南省楚雄市鹿城西路26号
■电话、传真：(0878)3124676
■邮编：675000

全国“五一”

云南省第四公路桥梁

国家一级施工企业，获得国际ISO9002质量认证，全国“五一”劳动奖状获得单位——云南省路桥四公司组建49年来，共修筑等级公路3000余公里（其中高速公路72公里；一级公路33公里；二级公路203公里；城市道路38公里）；各类大中型桥梁150余座（其中特大桥4座；大桥11座）。路桥工程合格率达100%；优良率达95%以上。修建水库30座，为云南交通事业和经济发展作出了积极贡献。

公司领导班子心齐业精，团结奋进。公

8·1QCC

质量体系认证证书

经8·1质量体系认证中心审核，确认

云南省第四公路桥梁工程有限责任公司

（地址：云南省楚雄市白龙新村 邮编：675000）

的质量体系符合标准：

GB/T19002-1994 idt ISO9002:1994

本质量体系覆盖下列产品：

公路、桥梁及隧道的生产、安装和服务

注册号：2500B0128

有效期：2000年8月1日至2003年7月31日

8·1质量体系认证中心

中心主任：

任庆才

2000.8.1

国际认可论坛
多边承认协议
（IAF/MLA）
集团承认

国家认可注册号：SC 25

■公司董事长、总经理：鲁仕泽

■公司地址：云南省楚雄市白龙新村

■电话：（0878）3123150

■邮编：675000

动 奖 状 获 得 单 位

工程有限责任公司

司先后投资8000万元，购置了一大批高、新、尖一流施工设备。

1999年，公司被授予云南省交通系统首批文明单位称号，荣获云南省第八届企业管理优秀奖。1999年完成产值3.8亿元，2000年已完成产值5.22亿元。

公司将以一流的科学管理、一流的施工质量，在庆祝公司组建50周年和迈进二十一世纪之际，再立新功、再创辉煌，为云南交通事业的发展做出更大的贡献。

- 国家交通部长黄镇东接见公司总经理鲁仕泽
- 质量体系认证证书
- 公司承建的昆玉高速公路路段
- 公司承建的楚大高速公路路段
- 公司在进行ISO9002质量体系认证审核

中国工商银

夜礼斌州长到工行调研

工商银行楚雄州分行，在云南省分行和楚雄州委、州政府的正确领导下，全行认真学习贯彻党和国家经济、金融方针政策，积极实施工总行“二十四字”发展战略，坚持以“效益、质量、管理、改革”为中心，在防范和化解资产风险、转变经营意识、强化内部管理、提高服务质量、加快业务创新等方面，作出了艰苦卓越的努力，使全行各项工作任务均取得了显著成绩。截止2001年3月末，各项存款已达292437万元，各项贷款159719万

凤兆龙行长在全州2001年支行长会议上部署安排工作

州分行大力开展职业道德教育活动

行楚雄州分行

元，其中个人住房贷款12566万元。进入新世纪开局之年，全行认真调整贷款结构，确立贷款业务精品化管理，做到把各种贷款办成群众信赖，贴近百姓生活的好品种。从3月份开始，在全州已新办汽车消费贷款、个人综合消费贷款、个人小额短期信用贷款和个人旅游消费贷款等，进一步发挥了工商银行为群众服务，为地方经济发展服务的作用。

●州分行行长　凤兆龙

●分行电子中心一角

■地址：云南省楚雄市龙泉路
■电话：(0878) 3122045
■邮编：675000

●组织职工开展优质服务月活动

中國銀行 楚雄州分行

●团结进取的领导班子（中：党委副书记、副行长刘荣 右：党委委员、副行长孙玉霞 左：党委委员、副行长张清）

●业务技术能手进行技能演示

●中国银行楚雄州分行科技信息中心

■党委副书记、副行长：刘荣
■地　　址：楚雄市鹿城东路39号
■联系电话：（0878）3122389
■传　　真：（0878）3134991

2000年是世纪交替之年，是金融行业强化管理，改革创新之年。中国银行楚雄州分行按照上级行提出的“抓住机遇，开拓进取，强化管理，迎接挑战”的指导思想，紧紧围绕“改革、管理、发展、质量、效益”的十字方针，创建良好的公司机制，遵循商业银行的运行规律，加强内部管理，从严治行，促进了各项业务工作的稳定发展。截至12月末，各项人民币存款余额为38671万元，比上年末新增3456万元；各项外汇存款余额为374万美元，比上年末新增90万美元。各项人民币贷款余额为28735万元；各项外汇贷款余额为467万美元。各项业务的发展，支持了彝州的经济建设。

2000年在激烈的金融业竞争中，由于加强了内部管理，提高了资金的运行质量，注重了增收节支，仍然实现了盈利。

营业大厅

办公大楼

选择中国银行

实现心中理想

中国人寿保险公司 楚雄分公司

China Life Insurance Company Chuxiong Branch

■原址：云南省楚雄市龙泉路58号
■新址：楚雄经济技术开发区永安路中段
■电话、传真（0878）3122786
■邮编：675000

●总经理　周崇文

中国人寿保险公司楚雄分公司是楚雄州唯一的国家专业寿险公司，主要经营以人的寿命和身体为标的的各类人寿保险、意外伤害保险、养老保险、医疗保险等业务，在全州9县1市均设有营业机构。2000年，在上级公司的领导下，全州寿险系统广大干部员工团结拼搏，克难奋进，全年共实现保费收入11997.4万元，完成年计划的107.12%，比上年增长13.4%，绝对增长数为1417.6万元，又创公司历史最高纪录，为二十世纪彝州寿险事业划上了一个圆满的句号。"忠诚服务，笃守信誉"是公司的宗旨，"服务第一、客户至上"、"中国人寿，一言九鼎"是公司的承诺，"两个文明同发展，创建一流新企业"是公司不懈的追求。公司实力雄厚，网络齐全，经营稳健，信誉卓著。公司将一如既往，热忱服务大众，真情回报社会，为彝州改革开放和经济腾飞作出新的贡献。

●主办楚雄地区企业界中秋联谊会

中国人寿

保险

中国人寿保险公司
China Life Insurance Company
楚雄分公司

●走上街头开展人寿保险宣传服务

●公司领导亲自送巨额保险赔款到保户家中

●团结一心夺取胜利

●企业文化生活丰富多彩

楚雄市林业局

●局长　姚志明

楚雄市林业局始终坚持“一手抓造林绿化、一手抓现有森林资源管理保护”的方针，依法治林，绿化荒山，紧紧围绕市委、市政府把楚雄市建设成现代化中等生态城市的目标要求，真抓实干，务实工作，各项工作均取得了可喜的成绩。

“九五”期间，全市造林绿化共完成14.93万亩，为州下达12.18万亩计划的122.6%；全民义务植树共完成1232.09万株，为计划557.65万株的220.9%；实施封山育林面积298亩。1996年在全州率先提前一年基本消灭了宜林荒山，2000年被全国绿化委员会评为“全国造林绿化百佳县（市）”，再次跨入了国家先进行列。

全市林业用地面积493.84万亩，占全市国土总面积的74.4%。森林覆盖率达到72.7%，高于全省的44.3%和全国16.55%，全市人均有林地面积达10.95亩，持续实现了长大于消的良性循环。

2000年，核桃面积已发展达21.987万亩，产量达3562吨，居全国第十位、全省第二位、全州第一位，产值达2849.84万元。林业生产、经营走上了合理利用资源的轨道，“九五”末实现林业总产值9769万元。

自1998年楚雄市列为首批实施天然林保护工程试点县（市）以来，认真落实“退耕还林、封山绿化、以粮代赈、个体承包”的措施，把实施好天然林保护与发展林业的相关产业结合起来。共完成天然林保护工程公益林建设19.096万亩，森林管护累计面积405.54万亩，超额完成了中央和省、州下达的天然林保护工程任务。得到国家林业局天保中心和省林业厅有关领导和专家的肯定和好评。全市林业战线上的广大干部职工不断地努力践行江总书记“三个代表”的重要思想，积极工作，以新的姿态去实现“山川秀美”的新目标。

●上级领导视察“天保工程”

●开拓奋进的领导班子

●组织动员

●领导带头 绿化荒山

●义务植树 全民参与

■电话：(0878) 3127207
■传真：(0878) 3127896
■地址：楚雄市云泉街58号

●良好的森林植被

楚雄奕标水泥

楚雄奕标水泥有限公司（原楚雄州水泥厂），是云南省楚雄彝族自治州重点骨干建材企业。企业地处禄丰县城，靠近成昆铁路禄丰火车站和320国道，交通十分便利。公司始建于1959年，在40年的发展过程中，通过三次大的技术改造，发展到现在已具备年产30万吨旋窑水泥的生产规模。

公司Φ3.5×145m20万吨回转窑生产线，生产工艺、设备先进，均采用全套DCS计算机自动控制系统，公司已于2000年11月通过北京国家建材质量认证中心ISO 9002质量体系现场审核，并已取得ISO 9002质量体系认证证书，产品质量稳定，性能优越，各项质量指标均达到或超过国家标准。

公司主要生产“奕标牌”32.5级、32.5R级、42.5级、42.5R级、52.5级、52.5R级等普通硅酸盐水泥和矿渣硅酸盐水泥，已被广泛用于大保公路、昆石公路、南永公路、昆明百货集团房地产业等项目的桥梁、隧道、高层建筑等工程。

●公司大门一景

●旋窑熟料烧成主体

●先进的窑头控制系统

有 限 公 司

质量体系认证证书

注册号：2200B0127

兹证明

云南省楚雄奕标水泥有限公司

云南省禄丰县金山镇

邮政编码：651200

质量体系符合标准

GB/T 19002-1994 idt ISO 9002：1994

该质量体系适合于下述产品

425矿渣硅酸盐水泥　　425R、525普通硅酸盐水泥

颁证日期：2000年12月8日

有效期至：2003年12月7日

签发人：

中国建材质量体系认证中心

国际认可论坛多边承认协议（IAF/MLA）集团承认

国家认可注册号：SC 22

● ISO 9002 国际质量体系认证书

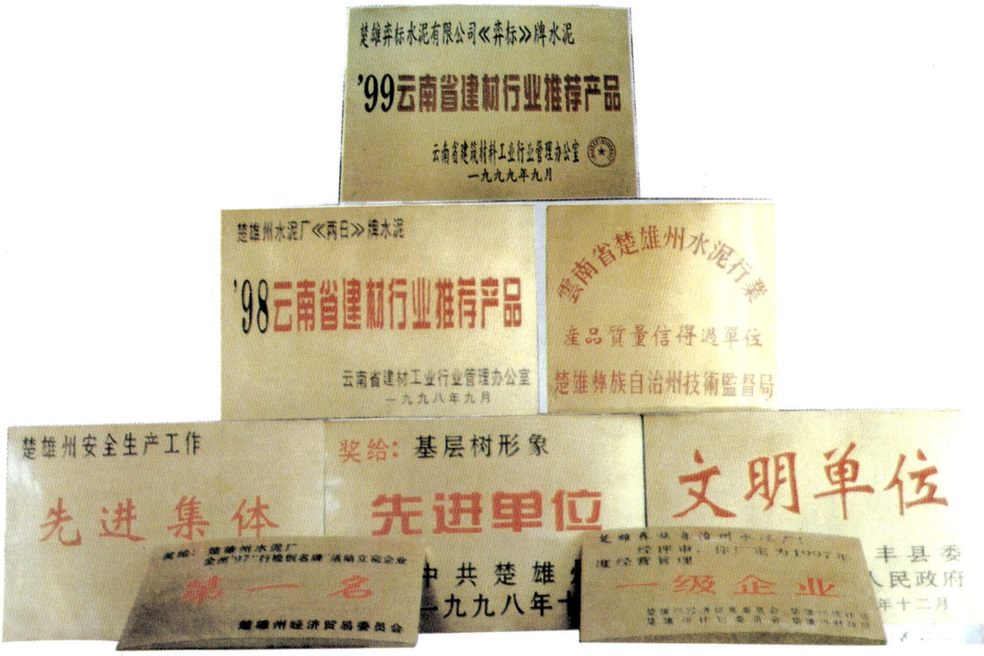

公司以“高起点、高技术、高质量”的产品参与市场竞争，连续10多年保持了出厂水泥合格率，富裕强度合格率、袋重合格率三个100%。曾先后荣获“州优”、“省优”，1997年获楚雄州行检创名牌“第一名”。1998、1999年连续两年被评为“云南省建材行业推荐产品”和“产品质量信得过单位”，共42.5级（原425#）以上产品于2000年被云南省质量技术监督局鉴定为“国际级一般水平标准”产品。产品深受用户欢迎，畅销省内二十多个县（市），并远销国内部分省区。

公司热诚欢迎国内外有识之士前来进行各种形式的合作，以求共同发展，携手走向辉煌的明天。

● 专车运销

■董事长兼总经理：李天福　　电话：（0878）4121195

■经营部经理：赵东　　电话：（0878）4122281

■驻楚办事处主任：马学友　　电话：（0878）3398211

■地址：云南省楚雄州禄丰县金山镇

■邮编：651200

楚 雄 市 国

局领导班子

市领导出席挂牌仪式

2000年，楚雄市的国税工作在市委、政府和上级局的领导下，坚持以邓小平理论和“三个代表”重要思想为指导，认真贯彻落实“加强征管、堵塞漏洞、惩治腐败、清缴欠税”的工作方针，以组织收入为中心，以深化改革为动力，加强征管，强化稽查，狠抓干部队伍建设和基层建设，解放思想、团结拼搏，创造性地开展工作，圆满完成了各项工作任务，“两个文明”建设协调发展。税收收入持续、稳定增长，全年累计组织入库各项税收收入8470.9万元，其中“两税”入库6749万元，同比增长7.1%，增收税款435万元，为国家和楚雄市的经济建设和社会发展作出了积极的贡献；严格依法治税，强化税务稽查，全年依法查处税务案件427件，查补入库税款及罚款（含税收检查）450余万元，维护了依法纳税秩序，营造了公平竞争环境；信息化建设取得突破性进展，全局现有8个分局2个税务所实现了计算机征管，占总数的91%，市局机关实现了机关公文处理办公自动化；

家 税 务 局

干部队伍素质明显提高，全局现有大专以上学历的干部99人（含在读函授大专43人），占干部总数的75%；精神文明建设成效明显，全局现有文明单位8个，占单位总数的72.7%，其中，省局级5个。市国税系统被市委、政府命名为首批市级“文明系统”，党风廉政建设被市委、政府评为“先进单位”，行风建设被省国税局评为“先进单位”，有2个单位分别被省局表彰为“文明单位”和“先进集体”，鹿城征收分局被授予“全国巾帼文明示范岗”，10人分别受到各级党委政府的表彰。

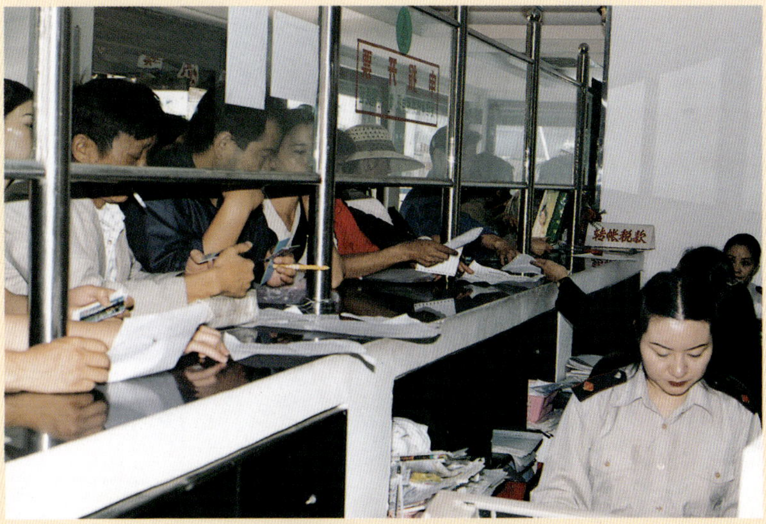

●积极纳税利国利民

■地址：楚雄市龙泉路8号

■电话：(0878) 3122631 3122879

■传真：(0878) 3125533

■邮编：675000

●向全民普及税收知识

励精图治

楚雄市土

●局长　李登高

●党组书记　李有芬

楚雄市土地管理局始建于1988年。“九五”期间，在市委、市政府的正确领导下，在省州土地管理部门的具体帮助指导下，始终坚持以舆论宣传为先导，以保护耕地为中心，以深化地改为动力，以服从和服务于经济建设为目标，认真贯彻落实党的路线、方针、政策、贯彻土地法律法规和基本国策，不断深化改革，严格依法办事，强化基础建设，土地管理事业逐步走上了依法、统一、科学、规范的轨道，使各项工作均得到了全面发展，已连续五年获得州人民政府土地目标管理一等奖（第一名）。

“九五”期间市土地局完成了土地利用总体规划修编和各乡镇的土地利用总体规划。共开发复垦整理耕地1137.02公顷，实现净增耕地509.55公顷；共依法提供各项建设用地6359.58亩，保证了城市基础设施、交通能源、邮电通讯、水利环保、高新技术产业等项目用地。

严格规范土地市场，为企业改制服务。走“以地生财，以财建镇”的小集镇发展路子，加速了小集镇发展的步伐。“九五”期间共收取土地出让金3956.88万元，土地收益金852.68万元，为城市和小集镇建设积累了一定的资金。

认真贯彻执行《土地管理法》，加大土地执法监督检查的力度。自1995年以来，全市土地管理部门共依法查处土地违法案件6423件，查处违法用地270亩。同时，大力推进土地执

●依法规划用地

再创佳绩

地管理局

法监察工作从案件查处到预防为主的转变，在全市广泛开展了“三无乡（镇）”和“土地执法模范县（市）”活动，使土地管理工作走入法制化管理的轨道。

进入“十五”期间，楚雄市土地局将继续在市委、市人民政府的领导下，积极推进土地利用方式和土地管理方式的转变，进一步加大土地资源保护、开发和管理的力度，努力保持耕地总量的动态平衡，继续为楚雄市的经济和社会持续发展作出新的贡献。

■地　址：楚雄市雁塔路88号
■电　话：(0878) 3122955
■传　真：(0878) 3122955
■邮　编：675000

●表彰会颁奖

●局机关生活区

●认真开展法制宣传

禄丰县城

●城南大街绿树成荫

禄丰县城乡建设局，通过几年的努力，城乡集镇建设初具规模，18个乡镇的小城镇建成区面积达24平方公里，全县初步形成了以县城为中心，以广通、罗川、一平浪、碧城、土官为重点的各具特色，功能日臻完善的小城镇群。

"九五"期间县城及各乡（镇）建设步伐加快，公用设施不断增多，绿化、美化、亮化工程日益完善，城市形象日渐形成。1999年建成23公里长的输水管道，修建完善了日供水能力8000立方米的现代化自来水厂一座。建成区绿

●县城一角

乡建设局

化覆盖率达9.93%，绿化地率达8.9%。安装新建街道路灯500多盏。随着金山南路、城南小学、广播电视中心、体育馆、电信大楼、个体私营一条街、世纪大街、新禧大街、世纪广场、电力大楼、城乡引水工程等一大批重点工程的建成和相继投入使用，一座充满现代化气息、欣欣向荣的禄丰县城展现在人们面前。

禄丰县将逐步构建以县城为中心，以广通、罗川、一平浪、碧城、土官为重点的乡级小城镇群，使之与县城建设相协调、互相呼应，优势互补，有力地促进城、乡两个文明建设。

●金山恐龙

■地址：金山镇金山南路032号
■书记、局长：李光有
■电话：(0878) 4122794
■传真：(0878) 4125317
■邮编：651200

●整洁优雅的自来水厂

●新建的世纪大街

楚雄滇中电力

董事长　张祖华

楚雄滇中电力实业有限公司是滇中电业局主办，由楚雄滇中电力实业有限公司职工持股会、滇能控股公司共同投资的企业。全公司共有职工219人，其中具有大、中专学历的工程技术人员61人。公司下设楚雄滇中电力实业有限责任公司开发区分公司、通信自动化工程分公司、物资供销分公司和汽车修配厂，以及送电工程一队、二队，变电工程一队、二队，土建修缮队，汽车运输服务队。

公司具有送变电工程三级施工资质证，能进行110kv及以下送、变电工程安装及维护、运行；电力生产及销售、送配电工程土建及零星工作、房屋修缮，电力通信工程和电网自动化工程，节电工程技术咨询服务；建筑材料、针纺织品、电工器材、通讯器材、五金交电，化工，220kv及以下送、变、配电器材，电脑技术服务，摄像服务，电测仪表修校，横担、构支架加工、家电修理，饮食服务；汽车货运，机动车辆修理、代购代销铜铝材、农牧业种植及加工、设计、制作、发布广告等多项业务。

2000年，公司投资450万元建设了团结路口滇中人行天桥；投资450余万元在大姚建设了楚雄第四汽车综合性能检测站；对公司进行了股份制改造，使公司

正在施工的35kv送电线路

公司新建的姚安太平变电站

实 业 有 限 公 司

的经营能力和综合实力进一步增强，2000年共完成产值5258万元，上交税金263万元，被楚雄州工商行政管理局授予“重合同守信用”企业称号，被楚雄州劳动就业局授予“劳服企业先进企业”称号，被云南省劳动就业局授予“先进劳服企业”称号。

楚雄滇中电力实业有限公司一直以促进彝州电力事业发展为己任，在新世纪到来之际，更要继续抓管理促生产，以一流的管理一流的服务积极为彝州电力事业的发展建设而努力，并与各友邻单位一道，为彝州的振兴而奋斗。

总经理刘璋在公司揭牌仪式上讲话

地址：云南省楚雄市团结路

电话、传真：(0878) 3016123

邮编：675000

公司出资建成的团结路人行天桥

拓展民政事业

姚安县

●上级领导察看1·15地震后重建点现场

●姚安县福利院

●姚安县乡级敬老院

民政工作是以社会保障为重点，进一步强化社会行政管理职能，推进五保供养，实现社会福利社会化的一项工作。姚安县到1994年实现了县有福利院，乡有敬老院，共收养入院老人200余人，孤儿8人。落实优抚安置政策，抓好双拥工作。20年来，接收安置退伍军人2000余人。大力发展救灾救济，有奖募捐等慈善事业，按政策办理和发放15种社会优抚、救济的定期定量补助，实行定救人员2367人，年发放供养金153万元，年发放救济被子300套，衣服1500至

完善服务设施

民政局

●局长　张培武

●领导班子研究工作

2000套。完善福利企业管理，积极发展种植、养殖等副业，发展院民经济，增加收入改善老年人生活条件。积极推行社会保障体系，开展农村社会养老保险，全县投保3万人，保金800余万元，有60人按时领取养老金。加强社会团体组织，行政区划管理。认真抓好老龄工作。全县12个乡镇79个村民委员会都建立了老龄协会和分会，并实现了“四有”即有群团领导和组织机构、有室(场)、有文体活动器材、有文体活动内容。民政战线的全体干部职工们为姚安的社会稳定和经济发展作出了贡献，继续履行着应有的职责。

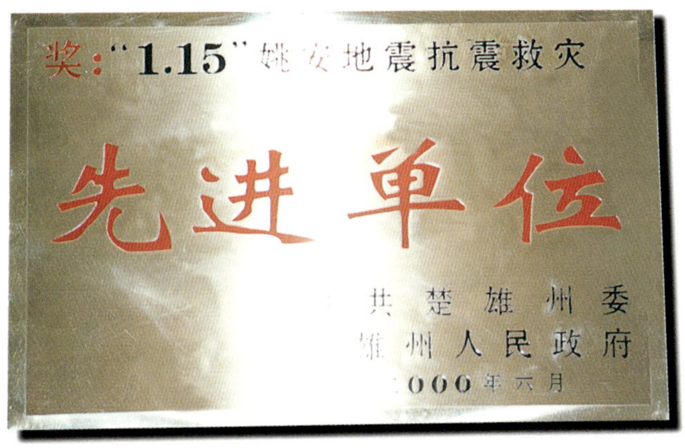

■电　话、传　真（0878）5712203
■邮　编：675300

楚雄市地

●党组书记、局长　张凤功

几年来在市委、市政府及州地税局的领导下，紧紧围绕以组织收入为中心，加强职工思想政治工作，深化税收征管改革，落实责任，解放思想、更新观念，发扬团结拼搏、求真务实、开拓进取、克难奋进的工作作风，努力为实现“两个确保，六个到位”勤奋工作。

2000年，全局共组织地税收入14630.39万元，企业职工基本养老保险费3992万元，文化事业建设费47万元，入库旅游宣传促销费9万元。两税的征收已超额完成上级下达的任务，为平衡地方财政预算，保证全市经济增长目标的实现作出了积极的贡献，也为楚雄州地税系统完成省、州政府下达的年度计划任务做出了积极的努力。

市地税局几年来积极探索，以强化各项责任制的落实为干部队伍建设的突破口，以建立健全各项规章制度，严格实行干部轮岗，切

●纳税大厅

●省政府行风评议组到局视察工作

方 税 务 局

实加强干部队伍建设。全局干部职工解放思想、实事求是，大胆破除一切不适应现代税收管理要求的思想观念和工作作风及征管方式，坚持以法治税，全面加强税收征管，充分发挥税收工作的职能作用。在强化稽查、税侦工作，净化税收环境的同时，坚持以发展的观点积极促进经济结构的调整，培育地方税源，抓好基础设施建设，巩固精神文明建设成果。

在跨入新世纪之际，市地税局全体干部、职工将以满腔的热情，勤奋工作、克难而进，继续去创造地税新业绩。

●地税干部带头缴纳车船使用税

■地址：楚雄市康复路23号

■电话：(0878) 3011359

■传真：(0878) 3016738

■邮编：675000

●局领导深入纳税企业了解税源

●税收工作推动了城市建设

楚雄一中在改

●校长　周德才

楚雄一中创办于1932年。历史悠久，传统优良。经过几代人的努力，办学条件不断改善，办学质量稳步提高，1988年被列为全国名校之一。基本实现“教育优质、校风优良、环境优美”的目标，在全州发挥着基础教育科研的中心，教育管理的窗口、教学示范的龙头、培养基础人才基地的作用，是云南省一级完全中学。学校领导班子立足本职，放眼未来，全面贯彻党的教育方针，全面推进素质教育。全校师生开拓奋进，教学质量不断提高，享誉省内外。学校近

●州委书记丁绍祥等领导在一中调研

●云南省楚雄第一中学

●幽静美丽的校园

革大潮中奋进

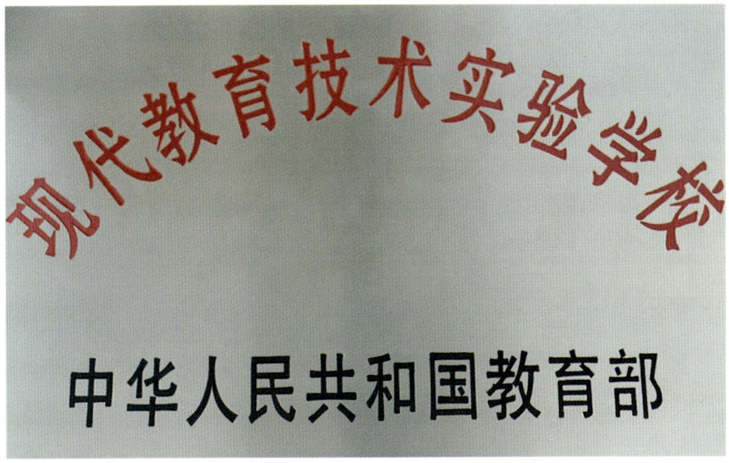

年来先后十余次受到国家教育部、国家体育总局、省委、省政府、州委、州政府表彰。2000年被教育部定为“现代教育技术实验学校”；省教育厅定为“楚雄州出国预备学校”；省教育厅、省科协定为“云南省青少年科技教育一级示范学校”。历史的使命，祖国的明天激励着一中人在改革大潮中奋进。

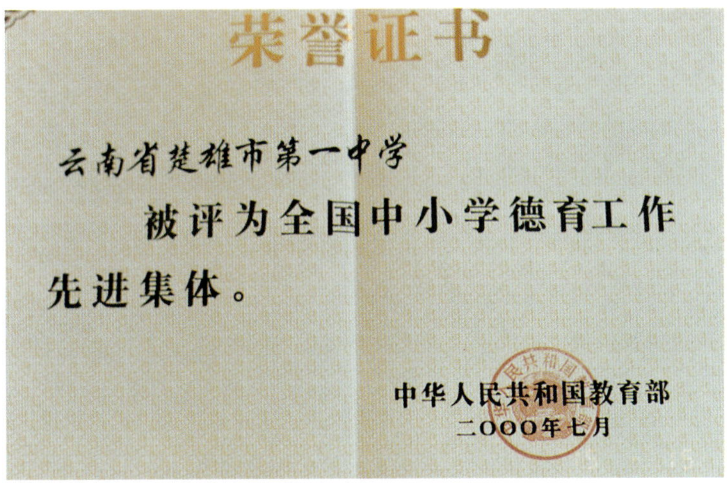
荣誉证书

云南省楚雄市第一中学

被评为全国中小学德育工作先进集体。

中华人民共和国教育部
二〇〇〇年七月

■电　话：(0878) 3122965
■传　真：(0878) 3131719
■邮　编：675000
■地　址：楚雄市鹿城南路291号

●先进的多媒体教室

楚雄彝族自治州文学艺术界联合会

●中国第一个诗人之家在楚雄揭牌落户

●《金沙江文艺》编辑部全家福

●中国文艺家万里采风团江苏分团赴楚采风

●国内外公开发行的全州唯一文艺期刊《金沙江文艺》

沐浴着十一届三中全会的春风，楚雄彝族自治州文学艺术界联合会于1978年成立。它是中共楚雄州委领导下的由楚雄州级各文艺家协会和州内各县（市）文联联合组成的人民团体，是党和政府联系彝州广大文艺工作者的桥梁和纽带。

20多年来，在州委、州政府的领导下，文联人在自己平凡的岗位上，发扬求真务实，开拓进取的精神，经过艰持不懈的辛勤耕耘，取得了令人瞩目的成绩：创办国内外公开发行的《金沙江文艺》文学刊物，至今已出版124期，发表作品近1500万字；培养了一大批各民族作家；编辑出版了《楚雄彝族文学简史》、《流淌的金沙江》等数十部作品；成功举办了“全国当代彝族文学研讨会”，开创了我国单一少数民族文学理论研讨之先河；在楚雄成立了第一个“中国诗人之家”；组织了声势浩大的中国文化名人赴楚采风活动、“西部之声”诗歌朗诵音乐会暨首届中国彝族十月太阳历诗歌节。《金沙江文艺》荣获中宣部“全国三十七个优秀刊物”之一的表彰；州文联先后荣获“云南省民族团结进步先进集体”、“楚雄州民族团结进步先进集体”、“云南省基层文联先进集体”等表彰奖励……

面向21世纪，沿着“团结一致、求真务实、开拓进取、繁荣创作”的工作目标，文联人甘于寂寞，乐于奉献，更加激情满怀地走向未来。

■州文联主席：周文义
■电话：(0878) 3121729
■地址：楚雄市鹿城南路219号
■邮编：675000

开创教学新局面的楚雄二中

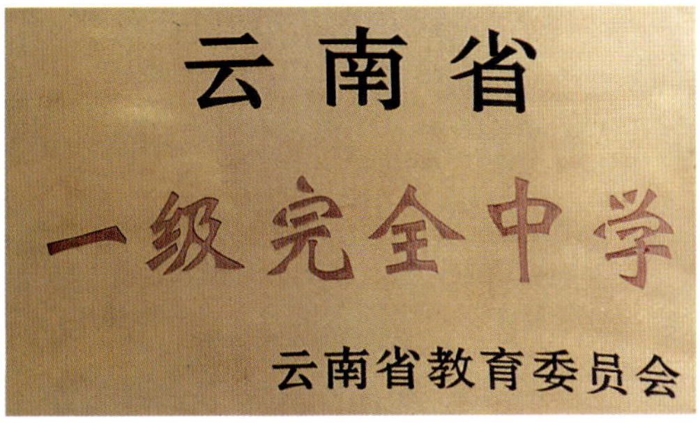

楚雄二中创建于1973年。学校背倚葱茏碧翠的西山峨碌公园，俯瞰欣欣向荣的楚雄鹿城，风景秀丽、环境优美。

办学28年来，毕业高初中生9000多人，1800多人升入大中专院校。在各级党委和政府的关怀下，师生艰苦创业，学校规模不断扩大，现有37个教学班（其中，高中20班，初中17班），在校学生1998人，教职工150人，任课教师110人（其中，高职12人，中职52人，占专任教师的58%）。建校以来办学成绩突出，多次受到上级表彰，1982年、1986年获省教育厅“先进单位”称号，1993年10月被评为“二级一等完中”，1997年3月晋升为“一级完中”。近两年又获州、市级“文明学校”称号。

1993年以来，学校按照《中国教育改革和发展纲要》的精神，以改革求发展、探索中闯新路，努力推进素质教育，形成了“四有四会立根本，落实两全向未来，文化知识打基础，不拘一格育人才”的办学思路，初步形成了自己的特色。把培养尖子生和特长生，转化后进生列入工作目标，进行分层教学、因材施教，重点为学生参加高考开设文史、理工、外语、体育、音乐、美术、礼仪公关等类别相适应的课程，改革完善课程结构，优化必修课、开发选修课、推进素质教育，优化教师队伍结构，提高教师的整体素质。重视校园文化和环境美化。现在楚雄二中已是一所“绿树掩映亭阁静，红花相伴荷池香”的花园式学校。

●优美的校园

●科技活动

●语音教学

第三次全国教育工作会议以后，进一步认真贯彻《中共中央国务院关于深化教育改革全面推进素质教育的决定》，积极探索实施素质教育新途径，努力培养适合二十一世纪经济社会发展需要的新型人才。

■校　长：杨德生
■校长室：（0878）3133151
■电　话：（0878）3127774
■邮　编：675000
■地　址：楚雄市云泉街凤山巷1号

武 警 楚 雄

●支队党委一班人带头学习理论

武警云南省总队楚雄州支队，自1983年组建以来，全面加强部队建设，在完成好以执勤为中心各项任务的同时，积极参加地方两个文明建设，支队先后参与警卫党和国家领导人、“第三届中国艺术节”、“省七届青运会”、彝州“火把节”等大型庆典活动的安全保卫工作和平远地区“严打”战斗、武定抗震救灾、楚雄西舍路、南华云台山扑救森林火灾，每次都出色地完成了任务。

长期守卫在千里彝山的武警楚雄州支队官兵，始终视驻地为故乡，视人民为父母。支队党委在抓好部队经常性拥政爱民教育，提高官兵拥政爱民意识的基础上，积极与驻地车站、公园、学校、图书馆等社会“窗口”结成共建对子，通过共建活动，既密切了警民关系，又促进了彝州的“两个文明”建设。目前，支队共建点已发展到44个，其中24个被评为县级“文明单位”，10个被评为州级“文明单位”，5个被评为省级“文明单位”。自1991年以来，支队官兵投入驻地九龙甸引水工程、农田水利建设、龙川江和桃源湖治理、楚雄经济技术开发区等重大建设项目13个，投入兵力21216人(次)。支队先后被云南省委、省政府、武警云南省总队，楚雄州委、州政府、军分区评为“全省绿化先进单位”、“文明单位”、“先进支队”和“拥政爱民先进单位”、思想政治工作“先进集体”。

近几年来，这个支队还投入助民劳动日83910多个，出动官兵38712次，车辆2130台次。向“希望工程”和残疾人，以及灾区群众捐款117710余元。以“排群众之所忧，解群众之所难”的实际行动赢得了当地党委、政府和人民群众的爱戴，树立了武警部队“文明之

●参加地方植树造林

●官兵冒雪为灾区搭建简易房

州　支　队

师”、“威武之师”的良好形象。

2000年，支队党委一班人带领全体官兵真抓实干，认真学习和实践江主席“三个代表”的重要思想，以《军队基层建设纲要》为标准，注重打牢部队的基础，紧紧围绕“当好云岭哨兵”这一主题，狠抓部队的执勤、教育、训练和管理，并把“三互”、“双争”活动与三项经常性工作紧密结合，促进了部队的全面建设和发展，支队在圆满完成以执勤为中心各项任务的同时，积极参加了“1·15”姚安抗震救灾、扶贫帮困和社会公益事业活动，树立了武警部队的良好形象。支队被武警总部荣记集体三等功，评为2000年解困工程先进单位，被武警云南省总队评为“基层建设先进支队”、“三无”先进单位、“三共双达标”先进单位和“九五”期间计划生育先进单位。

●支队长李家贵向温家宝副总理报告部队救灾情况

●参加社会治安综合治理

●官兵的双休日

调 整　改 革

——楚雄民族中

●校领导班子

●新教学大楼

楚雄民族中等专业学校是由原楚雄财校、楚雄粮校、楚雄民族中专学校三校合并而成的全日制普通中等专业学校。是云南省唯一的一所国家级重点民族中等专业学校。占地182.8亩，校舍建筑面积41168.7平方米，体育用地28620平方米，学校规模3000人，在校生2000余人。近几年来，被国家民委和省政府授予“民族团结进步模范集体”；云南省民委、省体委授予“民族体育先进单位”等称号。

学校建成了基于互联网技术，集多功能为一体的校园网，并通过DDN专线与INTERNET连通，实现了全天候开放与世界网信息交流，拥有设备先进的多媒体教室，多功能报告厅、电子阅览室。网络机房现有486、586以上微机400余台，64座语音室2个，各类专业模拟实验室10个。校馆藏图书18.55万册，并配备有连接所有教室的双向控制闭路电视监控系统。

学校现有教职工235人，专兼职教师140人，其中专职教师116人，特级教师1人，高级讲师14人，讲师75人，经过两次教育资源的优化组合，一支爱岗敬业，素质优良的师资队伍已形成。

学校设有财经科、管理科及大小专业

创新　发展

等专业学校

●校长　钱文卿（左）、党总支书记　普怀亭

21个，有普通中专、职业中专、成人大专、函授大专、函授本科以及短期培训班等，形成了多层次办学的基本格局。

学校坚持办学的民族性特色，以“创三优、争一流，努力把学校办成为民族地区社会和经济发展服务的高等职业技术学校”为总目标。以“团结、求实、创新、进取”为校训；以“严谨治学、为人师表、诲人不倦、言传身教”为教风；以“尊师重教、文明守纪、勤奋好学、勇于探索”为学风，形成了良好的校风校貌。

在进入21世纪第一个春天的时候，楚雄民族中专学校师生员工正以昂扬的斗志，满怀激情地为“创三优、争一流、育民族英才、树中华名校”而努力奋斗。

■地　址：楚雄市北浦路中段
■电　话、传　真：（0878）3013974
■邮　编：675000

●省专家组到校检查教学工作

●省专家组到校复评验收

●标准语音室

楚 雄 州 公 安

●朝气蓬勃的支队党委班子

●全州消防官兵接受州党政领导检阅

消 防 支 队

●社会消防安全培训

●闻警而动

楚雄州公安消防支队成立于1990年，支队机关下设司令部、政治处、后勤处、防火监督处4个部门，下辖10个县（市）公安消防大队、支队特勤中队和6个公安消防中队。近年来，在总队党委和州委、州政府的正确领导下，全州消防部队严格按照江泽民总书记“政治合格，军事过硬，作风优良，纪律严明，保障有力”和“严格执法，热情服务”的总要求，认真贯彻执行《中华人民共和国消防法》，积极推行社会消防工作责任制，加强部队管理建设和消防执勤战备工作，不断提高消防监督执法水平和灭火战斗能力，保持了部队的高度稳定，创出了全州连续8年没有发生特大火灾、连续4年未发生重大火灾的好成绩，为彝州经济社会的发展提供了良好的消防安全保障。1990年以来，支队多次被省消防总队授予“基层目标化管理先进单位”、“消防监督规范化建设先进单位”；先后有3人荣立二等功，48人荣立三等功，有1人被评为“全国优秀人民警察”，多次受到了州委、州政府的表彰。

●实地演练培训消防员

■地　　址：楚雄市龙江路6号

■电　　话：(0878) 3125397

■邮政编码：675000

楚　雄　州　司　法　局

●党委书记、局长　彭光明

新的世纪沐浴着新的阳光。楚雄州司法行政工作伴随着催人奋进的战鼓迈向新的未来。“九五”期间，司法行政工作经历了一个不断探索，不断改革，不断发展的过程，司法行政工作各项业务取得了明显成绩。

展望未来，司法行政工作机遇和挑战并存，困难和希望同在。“十五”期间，州司法局将率领全州司法行政系统全体干警，在州委、州人大、州政府、州政协和上级司法行政机关的领导下，围绕州委的工作思路和州政府的工作大局趁势而上，顺势而谋，组织实施好全州的“四五”普法，抓好以法律、公证、法律援助为龙头的“大服务”；以县（市）、乡（镇）社会矛盾调处中心为依托，认真排查和调处各种社会矛盾，在全州形成“大调解”的工作格局。州司法局将发扬“团结敬业、求实创新、廉洁高效”的作风，在“十五”期间谋求司法行政工作的大发展，为彝州的经济发展和社会稳定作出积极贡献。

楚雄州率先在全省开通“148”直接法律服务专用电话。需要法律服务，请拨“148”，“148”为您咨询和代理刑事、民事、经济、行政诉讼活动；咨询和代理非诉讼法律事务；咨询和调解纠纷；咨询和办理公证业务；为您提供政府法律援助。

欢迎拨打“148”，法律服务送到家。

■地址：楚雄市环城西路115号
■电话：（0878）3122424
■邮编：675000

●“148”专线法律服务宣传

团结奋进的楚雄州妇女联合会

●楚雄州妇女联合会第七届执委

●全国妇联组织的“年轻妈妈读书评比活动”州妇联荣获最佳组织奖

几年来，州妇联坚持“一手抓发展，一手抓维权”的方针，自觉服从服务于党委工作大局，努力实施女性素质、巾帼扶贫、再就业、光明、健康、绿色等六个工程，深化“双学双比”、“巾帼建功”、“五好文明家庭”创评活动。全面提高妇女素质，维护妇女儿童合法权益，以创业、创造、创新的精神，团结带领全州各族妇女为彝州改革、发展、稳定作出了新的贡献，推动了全州精神文明建设和经济社会发展，以昂扬的斗志跨入新世纪。全州妇女事业呈现出蓬勃生机，开创了妇女工作新局面。几年来，州妇联先后获全国和全省家教工作、群众体育运动先进集体、“全国巾帼建功活动先进协调单位”、“全国双学双比先进协调组织”、“全省妇联系统先进集体”、“全省儿童工作先进单位”、“州级文明单位”、“全州思想政治工作先进集体”等称号，受到全国妇联、省妇联及州委、州政府的表彰。

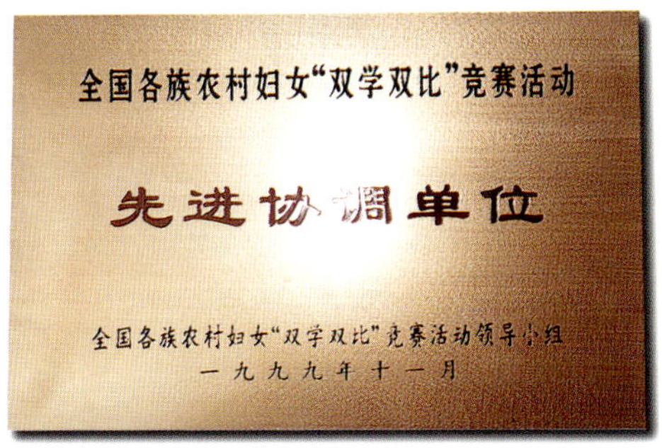

●妇女崇尚文明和家庭拒绝邪教“大型宣誓”签名承诺

■妇联主席：张宗泽
■地　　址：楚雄市府后街58号（州委大院内）
■电　　话：(0878) 3122601
■传　　真：(0878) 3126794
■邮　　编：675000

楚雄州妇幼保健站

州妇幼保健站在州委、州人民政府及上级主管部门的领导下，深入贯彻落实《中共中央国务院关于卫生改革与发展的决定》和国家八部委《关于深化城镇医药卫生体制改革的指导意见》，坚持“以保健为中心，保健与临床相结合，面向基层、面向群体”的妇幼卫生工作方针，以实施各类妇幼卫生合作项目为龙头，降低孕产妇和婴幼儿死亡率为重点，加强对全州基层妇幼保健业务的管理指导，全面开展妇女保健、儿童保健、计划生育技术服务工作，圆满完成了省、州卫生行政部门下达的各项任务指标。

●站长　盛抗美

2000年，全州孕产妇死亡率由1995年的165.98/十万降至77.33/十万，婴儿死亡率和五岁以下儿童死亡率分别由1995年的36.15‰和44.03‰下降至25.24‰和31.27‰，实现了《九十年代中国儿童发展规划纲要》和《中国妇女发展纲要》规定的目标。全州孕产妇保健覆盖率达94.38%，0-2岁儿童保健覆盖率达74.82%，新法接生率达91.06%，住院分娩率达60.53%，新生儿破伤风发生率为0，进一步提高了彝州妇女儿童的健康水平。

●深入山区开展妇幼保健工作

楚雄州妇幼保健站在抓好基层妇幼保健工作的同时，进一步加强单位内部职工队伍的思想作风建设，促进了专业技术队伍素质的进一步提高，业务范围进一步拓展，服务质量、服务态度、服务环境条件进一步改善。2000年共完成门诊近6万人次，收住院1300多人次，住院床位使用率达93.99%，巩固了等级妇幼保健院和爱婴医院成果。荣获省卫生厅授予的“全省卫生系统行风建设先进单位”称号。开展的科技项目“新式剖宫产临床上的推广应用”获州科技进步三等奖。为彝州妇幼保健事业在新世纪的发展奠定了良好的基础。

■地址：楚雄经济技术开发区紫霞路
■电话：(0878) 3392847

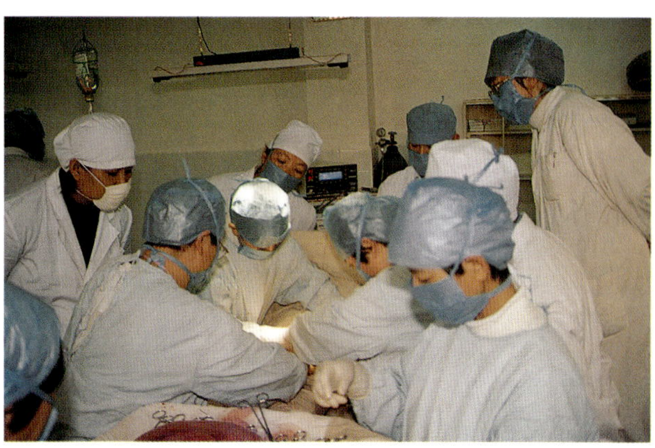

●紧急手术，挽救高危产妇

●抗震救灾

欣欣向荣的彝州卫生事业

●廉洁勤政、团结务实、开拓创新的局领导班子

●党组书记、局长　王其昕

楚雄，昔日被称为“瘴疠之区”。解放后，特别是党的十一届三中全会以来，彝州卫生事业在各级党委政府领导下，有了长足的发展。到2000年底，全州共有各类卫生机构210个（不含综合门诊部、所、个体诊所），拥有病床6749张，有各类卫生人员7940人，其中专业技术人员6383人。全州有村卫生所（室）1131个，有乡村医生1676个，卫生员461人。以行政村为单位的农村合作医疗覆盖率达25.55%。全州累计农村改水受益人口188.16万人，占农村总人口的87.8%，法定报告传染病发病率降至128.72/十万，孕产妇死亡率降至77.32‰，婴儿死亡率降至25.24‰，均降至历史最低水平。全州平均期望寿命达68岁。全州10县（市）均达到初级卫生保健“合格”或“基本合格”标准，基本上达到了“2000年人人享有初级卫生保健”的目标。昔日“瘴疠之区”，今朝已变得欣欣向荣。

●开展卫生科普知识宣传

●加大药品市场的监管力度

●大力倡导无偿献血

近年来楚雄彝族自治州卫生局先后被省委、省政府授予“10·24”武定地震抢险救灾恢复重建“先进单位”，被省残工委授予云南省“视觉第一中国行动”组织工作先进单位，被省卫生厅授予中国’99昆明世界园艺博览会“卫生保障工作贡献奖”。同时也多次受到州委、州人民政府的表彰。

2001年是新世纪的第一年，也是深化卫生改革与发展的关键一年。楚雄彝族自治州卫生局党组将进一步解放思想，更新观念，抓住机遇，知难而进，团结一致，真抓实干，为新世纪彝州卫生事业的发展作出新的贡献。

■地　　址：楚雄市鹿城北路
■电　　话：（0878）3123823
■邮　　编：675000

楚雄彝族自治州

●团结协作，开拓进取的领导班子

●左起：任源副支队长 倪绍康政委 张锡先支队长 靳昌副支队长

●警星大楼

楚雄州公安交警支队以江总书记“三个代表”重要思想为指导，认真贯彻政治建警、依法建警和从严治警、从优待警的方针，全面加强公安交警队伍正规化、现代化建设。经过几年的努力，创建了一支综合素质较高，能全心全意为人民服务的公安交管队伍。

全州有交通民警308名，设11个大队，51个中队，管理着12179公里的道路和80463辆机动车及13.6万余名机动车驾驶员。1996年以来，支队在积极开展向济南交警学习的活动中，开创了交警队伍建设和交通管理工作新局面。支队连续8年完成省州下达的交通安全管理目标，先后被评为“省精神文明创建工作先进单位”、“人民满意的政法单位”、

公安局交警支队

“云南省安全生产工作先进集体”、“交通安全先进单位”，1999年楚雄州交通安全管理名列全省第一，2000年名列全省第二，而受到表彰奖励。

为了实施楚雄州交警支队在西部大开发中新的行动计划，以“展示新形象，再现新面貌”，再创新辉煌。支队制定了西部大开发战略的基本思路：突出一个主题，促进两个转变，打牢三个基础，实施四大战略，建设五大产业及为西部大开发战略提供的13条措施，实行车管业务“一条龙”配套服务，推广应用流动式检测线，上门服务及“法规与相关知识”、“考试无纸化”、“场地驾驶”无终止考试办法，并积极应用科技成果，实行“驾驶员违章记分（处理）”、“交通事故处理”专项业务计算机联网管理。把严格执法与热情服务相结合，按照“建一流队伍、创一流业绩”的方针，严格管理，严格教育，严格训练。进一步深化推行以“直接办理制、窗口服务制、服务承诺制”为主要内容的“三制”工作，最大限度地为彝州经济建设和人民服务。大力开展“争创人民满意交警队（交通民警）”等立功创模活动。通过“三项教育”，增强改革创新意识，进一步解放思想，努力实现“四个转变”，为建设一支政治坚定、业务精通、作风优良、纪律严明、形象良好的交警队伍奠定了坚实的基础，为完成各项交通管理工作提供了强有力的思想保证和组织保证。

目前，全支队正在深入贯彻和实践江总书记“三个代表”的重要思想，把开展“三项教育”与全面贯彻落实公安部12项措施结合起来，以“严打整治斗争”为契机，为争创“人民满意交警队（交通民警）”，继续推进“平安大道”和“畅通工程”建设而积极工作，大力为楚雄州“十五”计划的顺利实施和经济社会的发展创造良好的交通环境而努力奋斗。

■支队长：张锡先
■政　委：倪绍康
■电　话：（0878）3392699-8001
（0878）3392490（办）
■地　址：楚雄经济技术开发区

●支队车辆管理所

发展中的彝州中医院

●总支书记、院长、所长　杨本雷

楚雄州中医院始建于1979年3月15日，地处州府楚雄市鹿城西路龙川江畔。医院现有各类专业技术人员266人。其中，主任医师4人，副主任医师16人，主治医师、主管中药师、主管护师106人，中医师、检验师、护师129人。编制病床300张，设有骨伤、肾病结石病、针灸推拿、肛肠、内科、消化、肿瘤、妇产、外科等病区和急诊、内、外、妇、儿、骨伤、针灸、推拿、理疗、肾病结石病、肛肠、皮肤、美容、口腔、五官、男性病专科门诊。并设有放射、检验、功能等医技科室，有500MA带电视X光机、CT、全自动生化分析仪、全自动血球分析仪、电子胃镜、电子结肠镜、24小时动态血压仪、彩色B超、彩色经颅多普勒、24小时动态心电图机等先进检查设备和体外震波碎石机、血液透析机、多功能治疗仓、三维电脑腰椎牵引床等治疗设备，并有能生产100多个品种的中药制剂室，其中，“养胃解毒胶囊、利胆解毒胶囊、颈椎胶囊、止泻胶囊”等四个民族药于1999年3月通过省卫生厅新药办评审批准为新药，并获得楚雄州科技进步二等奖和三等奖。医院奉行“一切以病人为中心，全方位为病人提供优质服务”的宗旨。曾先后被云南省

●医技大楼

前景广阔的彝族医药研究所

政府授予“中医药先进集体”称号；省卫生厅命名为“文明中医院”、“云南省卫生系统先进集体”；被国家卫生部、人事部授予“全国卫生先进集体”称号，1995年被国家卫生部中医药管理局评为“三级乙等中医医院”，是云南中医学院、云南省中医药学校、云南省卫校的教学医院和保山卫校、楚雄卫校的教学实习基地。现已发展成为集医疗、教学、科研、预防、保健为一体的具有较强综合实力的地州级中医医院。

楚雄彝族自治州彝族医药研究所成立于1999年，所长由中医主任医师、中医院院长杨本雷同志兼任，主要从事收集、整理、开发研究彝族医药知识，彝族药单方、验方；组织稀、奇彝族药物的开发、种植和培育。彝族医药研究所成立以来，在各级党委、政府的大力支持下，所长杨本雷同志带领科研攻关小组成员研究、整理了医院多年来运用彝族医药治病的经验，研制出了治疗胃炎、胃溃疡的“养胃解毒胶囊”，治疗急、慢性胆囊炎的“利胆解毒胶囊”，治疗腹泻、痢疾的“止泻胶囊”，治疗颈椎病的“颈椎胶囊”，经多年临床验证，有效率均达90%以上。四种彝族药于1999年通过省级新药评审，云南省卫生厅颁发了彝族药新药证书。在两个彝族药种苗试验种植示范基地对野生彝族药种苗进行了引种试验，取得了成功，对加快彝族医药的研究开发有着重要的意义。

●团结务实的领导班子

●获楚雄州科技进步二、三等奖的四个民族药

●门诊部大楼

■地址：楚雄市鹿城西路354号

■电话：(0878) 3122105

■邮编：675000

迈向新世纪的楚雄

●院长　黎仕宏

云南省楚雄市规划建筑设计院于1988年9月经楚雄市人民政府批准成立，是具备规划、市政、建筑、工程测量、装饰装璜、园林设计的综合设计院。设有规划设计所、建筑设计所、市政工程设计所、园林绿化设计所、测量队、装璜公司，专业设置齐全，技术实力雄厚，是云南省地州市级较具实力的规划设计院之一。

近几年来，该院先后完成了“楚雄市城市总体规划”、“省级风景区牟定化佛山风景区

●院领导班子共商发展大计

●龙川江畔绿化美化设计

市规划建筑设计院

规划”、“楚雄市防洪排水专业规划”、“环境卫生专业规划”、“楚雄桃源湖景区规划”，小区规划、集镇规划和城市重点地段规划等上千项规划。此外，还先后完成了一大批建筑工程、城市雕塑、建筑小品、新建园林和市政工程的设计。

全院上下进一步解放思想，更新观念，加大改革力度，勇于创新，围绕“把楚雄建设成具有浓郁民族风情的现代化中等生态城市”的目标，努力探索边疆民族地区在现代化建设中的规划设计新方法、新思路和新的管理模式，建立了一整套科学的行政、财务和技术质量管理体系。内抓管理，外树形象，努力提高规划设计水平，优化设计，优质服务，提高了信誉，扩大了影响，经济效益逐年增长，1994年创产值70.5万元，2000年产值达250.00万元。目前，已有固定资产350万元，有独立的办公、生活基地，新颖壮观的办公大楼、舒适的住宅楼、花园式的大院，体现了该院硬件建设的档次和投资力度；办公现代化、智能化水平在省内已名列前茅，极大地改善了工作条件，提高了效率，增强了凝聚力。规划设计成果多次获得省、州、市级政府的奖励。1995年获“楚雄州先进单位”，1997年获“云南省勘察设计先进单位”，1998年获“楚雄市科普先进单位”，2000年获“楚雄市建设局精神文明先进单位”。

■电话：(0878) 3021310
■地址：楚雄市团结南路
■邮编：675000

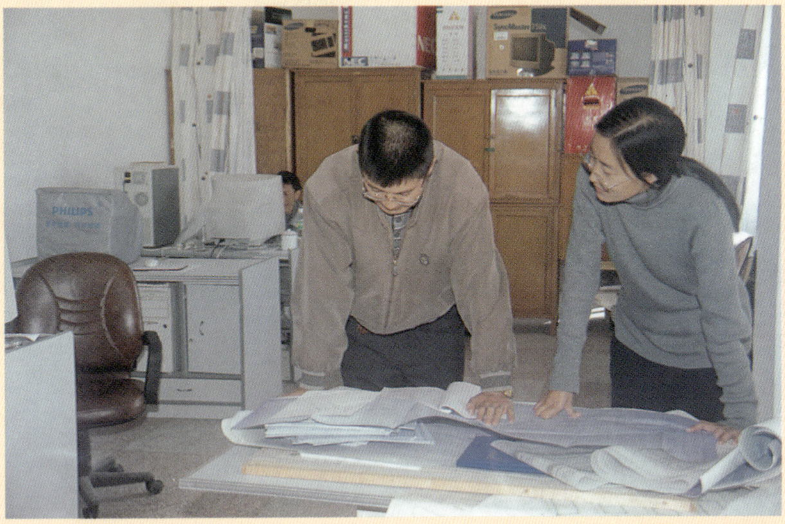

●工程师在研究设计方案

●桃源湖北面绿化美化设计

●环城东路临街建筑设计独具特色

为了人民健康

楚 雄 市 卫

●左起:孙文琼　杨家恒　王怀志副站长　刘宝生站长　董有书党支部书记　许兴泉副书记

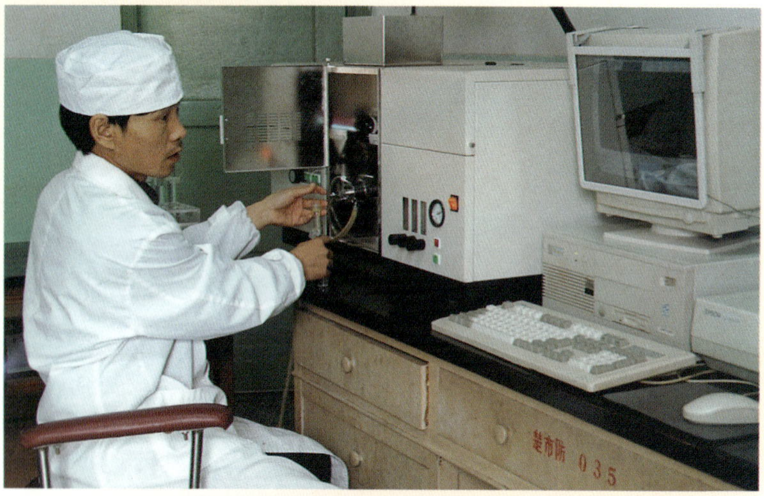

●检验室

●楚雄市卫生防疫站

历经四十多个春秋发展的楚雄市卫生防疫站，现有职工83人，专业技术人员76人，其中副高职1人、中职21人，初职54人。内设机构9科1室，即卫生科、防疫科、皮防科、地病科、检验科、结防科、宣传科、财务科、后勤科及办公室。随着卫生事业的发展，在上级党委政府的关心重视下，在主管部门的领导下，配有气相色谱仪、原子吸收仪、示波极谱仪、B超、心电图、200毫安X光机和三台微机和三台车辆，技术设备不断完善。

该站是全市传染病、计划免疫、食品卫生及公共场所卫生、结核病、麻风病、性病、地方病的预防和疾病控制的中心，各项工作取得了引人瞩目的成就，经卫生部验收，楚雄市荣获全国食品卫生示范县荣誉称号、获省卫生厅

勇于不断攀登

生　　防　　疫　　站

文明站光荣称号。进入九十年代，楚雄市跃入全省甲级卫生城市。1998年创三级二等卫生防疫站标准，为消灭脊灰奠定了良好的基础。2000年被省卫生厅、公安厅、教育厅授予云南省预防与控制艾滋病性病先进集体称号，站内有部分技术骨干受到州级、省级、国家级的表彰。

●站长　刘宝生

●荣获各种奖励的证书

■地址：楚雄市学桥街123号
■电话：（0878）3122763
■邮编：675000

●对市场肉食品进行检查

中国农业发展银行楚雄州分行

●州分行党委书记、行长王天富（中） 副行长韩仕新（右）、李顺高（左）

●行领导深入扶贫联系点调研

2000年，中国农业发展银行楚雄州分行在上级行和楚雄州委、州人民政府的正确领导下，紧紧围绕全省农业发展银行分（支）行长会议精神，坚决贯彻执行粮食流通体制改革的各项政策措施，按照“管理年”的总体要求加强内部管理。以收购资金持续稳定封闭运行为中心任务，以深入开展“三讲”教育和职工职业道德教育为契机，加强党建工作，促进各项工作的顺利开展。到年末，各项贷款余额达84187万元，全年累计发放粮油收购和调销贷款17314万元，支持收购粮食14697万千克、油脂28万千克。保证了全州粮油收购资金的及时足额供应，未发生收购资金不到位而影响收购或向农民“打白条”的情况，切实保护了农民的利益，调动了农民种粮积极性，为稳定粮食生产，促进彝州农业和农村经济发展和社会稳定作出了积极贡献。

●加强业务培训，提高员工素质

●行领导检查夏粮收购贷款落实情况

■行　长：王天富
■电　话：（0878）3121483
■传　真：（0878）3111834

农　业

种　植　业

【简述】 2000年，楚雄州种植业生产以提高农业经济效益，确保农民增收和农村稳定为核心，立足州情，面向市场，调整结构，多元化培植农业新的经济增长点。在大、小春生产过程中，克服了上年12月22日至31日州境内连续10天罕见的低温强霜冻，1月30日的大到暴雪和“1·15”姚安里氏6.5级地震等严重自然灾害；克服了农副产品价格长期低位徘徊和“两烟”双控的不利影响。依靠科技进步，增加农业投入，调动农民生产积极性，使种植业结构调整取得成效，实现了农业发展、农民增收和农村稳定。全州粮食总产再创历史新高，达到1030267吨，比上年增长0.54%，是第7个持续增产年；油料总产23021.9吨，比上年增长44.17%；烟叶总产62195.3吨，比上年增长18.25%；甘蔗总产15170.9吨，比上年减少90.1%；茶叶总产793.9吨，比上年增长3.21%；桑蚕茧总产294吨，比上年增长3.16%；水果总产56732.2吨，比上年增长14.93%。按1990年不变价格计算，全州农林牧渔总产值252939万元，比上年增长4.47%，其中农业总产值154957万元，比上年增长3.93%；在农业总产值中种植业产值128091万元，比上年增长3.38%；种植业产值占农业总产值的82.66%；农业产值占农林牧渔总产值的61.26%；在种植业产值中，蔬菜瓜类产值23805万元，比上年减少12.21%；茶桑果产值7850万元，比上年增长22.2%。按农业人口计算，人均有粮471千克，比上年减少3千克；按全州总人口计算，人均有粮411千克，比上年减少1千克。农民人均纯收入1575元，比上年增加54元。全州城乡市场繁荣，农产品供应充足，社会稳定。

【农作物种植及结构】 2000年，楚雄州农作物播种总面积447.79万亩，比上年减少0.77万亩；复种指数为186.13%，比上年上升0.65%。全年种植粮食作物350.97万亩，比上年减少12.94万亩，其中夏粮种植面积165.02万亩，比上年减少7.08万亩；秋粮种植面积185.95万亩，比上年减少5.86万亩。在全年种植的粮食作物中：种小麦73.68万亩，比上年减少15.39万亩；种蚕豆50.19万亩，比上年增加1.79万亩；种植水稻103.25万亩，比上年减少2.45%；种玉米62.13万亩，比上年减少5.46%；种杂粮61.72万亩，比上年增加6.84万亩。全年种植经济作物58.27万亩，比上年增加6.09万亩，其中：种植油料作物16.7万亩，占经济作物的28.66%，比上年增长28.07%，其中油菜籽种植面积11.93万亩，比上年增加2.96万亩；种花生2.66万亩，比上年增加0.77万亩；种甘蔗0.8万亩，比上年减少2.69万亩，减少77.08%；种烤烟40.3万亩，占经济作物面积的69.16%，比上年增长13.97%；种其他农作物38.56万亩，比上年增长18.76%，其中蔬菜瓜类种植面积29.63万亩，比上年增长25.23%。全州粮食作物、经济作物和其他农作物的种植结构比是：78.4∶13∶8.6，粮食作物比上年调减2.7个百分点，经济作物和其他农作物分别比上年调增1.4和1.3个百分点；夏粮和

优质烟基地

秋粮的种植结构比是 47∶53；烤烟、油菜和其他经济作物的种植结构比是 69.68∶20.47∶9.85；蔬菜瓜类和其他农作物的种植结构比是 76.84∶23.16。

【夏粮生产】 2000 年，楚雄州在夏粮生产过程中，遇到了历史上罕见的两次灾害性天气过程。一次是低温强霜冻灾害性天气，发生在 1999 年 12 月 22 日至 31 日，全州境内气温急剧下降，持续时间长，受灾范围广，10 天中全州平均气温都处在零度以下，依次排列是：－1.94℃、－2.17℃、－1℃、－4.07℃、－4.26℃、－3.94℃、－3.57℃、－2.96℃、－2.21℃、－1.7℃，全州 10 县（市）农作物遭受冻害面积达 59.8 万亩，其中粮食作物面积 39 万亩。第二次灾害性天气发生在 2000 年 1 月 30 日，全州境内出现了一次大到暴雪的天气过程，29 日至 30 日 10 县（市）平均气温为零下 2.65℃，平均降雨、雪量为 22.3 毫米，对州内 9 县（市）及元谋县山区小春农作物造成了一定程度的影响，全州夏收农作物受灾 121.12 万亩，其中粮食作物受灾 102.7 万亩，成灾 57.21 万亩。在小春生产过程中，由于两次灾害性天气的出现，导致夏粮生产从 1995 年以来持续 5 年增产的台阶上滑下来。2000 年，楚雄州夏粮总产 267473 吨，比上年减产 3678 吨，减产幅度为 1.36%，平均单产 162 千克，比上年增 4 千克。夏粮生产在全年粮食生产中的比重为 25.96%，比上年下降 0.5%。在夏粮总产中，小麦产量 142708 吨，比上年减 12.99%，平均单产 194 千克，比上年增加 10 千克；蚕豆总产 65174 吨，比上年增长 9.72%，平均亩产 130 千克，比上年增 7 千克；杂粮（含薯类、大豆）总产 59591 吨，比上年增长 24.83%，平均亩产 145 千克，比上年增加 7 千克。

【秋粮连续 7 年增产】 2000 年，楚雄州秋粮总产量 762794 吨，比上年增长 1.22%，平均亩产 410 千克，比上年增加 17 千克，再创楚雄州秋粮总产历史最高水平。秋粮总产在全年粮食生产中的比重是 77.04%，比上年上升 3.5%。在秋粮总产中稻谷总产 508416 吨，比上年增长 12.39%，平均亩产 492 千克，比上年增 18 千克；玉米总产 216887 吨，比上年增长 0.15%，平均亩产 349 千克，比上年增 19 千克；杂粮（含薯类、大豆）总产 37491 吨，比上年增长 7.54%，平均亩产 182 千克，比上年增加 10 千克。秋粮生产自 1994 年以来持续 7 年增产，1993 年至 1999 年的秋粮总产分别是 536468 吨、637439 吨、648377 吨、668081 吨、673160 吨、734236 吨和 753628 吨，年度平均亩产分别是 314 千克、346 千克、365 千克、378 千克、387 千克、383 千克和 393 千克。

【全年粮食总产再创历史新高】 2000 年，楚雄州全年粮食总产量 1030267 吨，比上年增长 0.54%，年平均亩产 294 千克，比上年增加 12 千克。在全年粮食总产中，稻谷、玉米、小麦、蚕豆等 4 个主要粮食品种产量的比重分别是 49.35%、21.05%、13.85% 和 6.33%。全年粮食总产和平均亩产自 1994 年以来，持续 7 年增产，并再创历史新高。1994 年至 1999 年的全年粮食总产量分别是 855147 吨、876779 吨、922339 吨、936866 吨、1002996 吨和 1024779 吨，年平均亩产分别是 243 千克、257 千克、267 千克、272 千克、275 千克和 282 千克。

【经济作物全面增收】 2000 年，楚雄州烟叶种植面积 406005 亩，烟叶总产量 62195.3 吨，其中烤烟种植面积 403020 亩，烤烟总产 61936.4 吨，比上年增加 9603.1 吨，平均亩产 154 千克，比上年增 6 千克；油料总产 23021.9 吨，比上年增产 7053.1 吨，其中油菜籽总产 16776.5 吨，比上年增产 5068.3 吨；花生总产 4198.4 吨，比上年增产 1355.8 吨；甘蔗总产 15170.9 吨，比上年减少 138429.2 吨；全州有茶园面积 48375 亩，投产面积 36510 亩，干茶总产量 793.9 吨，比上年增加 24.7 吨；有桑园面积 30371 亩，投产面积 12048 亩，蚕茧总产量 294 吨（桑茧总产 283 吨），比上年增长 3.16%；全州有水果面积 284340 亩，水果总产量 56732.2 吨，比上年增长 15.06%。

【推广种植业科技增产措施】 2000 年，楚雄州小春种植推广小麦九八五三十规范化条播 40.28 万亩，占小麦总播种面积的 54.67%，其中：田麦条播 24.57 万亩、占田麦面积的 77.36%，地麦条播 15.71 万亩、占地麦面积的 37.48%，推广小麦包衣种种植 2 万亩，推广小麦地膜覆盖栽培 1.1 万亩；推广蚕豆条点播 46.29 万亩，蚕豆开墒盖土和盖磷、钾 41 万亩，分别占蚕豆种植总面积的 93.23%和 81.69%；推广油菜育苗移栽 3.05 万亩，占油菜种植面积的 25.57%；实施小春丰收计划 37.39 万亩，其中：实施吨粮田麦高产栽培 15.07 万亩，吨粮蚕豆高产栽培13.14万亩，吨粮大麦高产栽培3.4万亩，优质油菜高产栽培5.78万亩；推广旱粮多熟制立体间套种7.8万亩。大春推广水稻薄膜育秧9.4万亩，占水稻育秧总面积的90.47%；推广水稻精量播种培育多蘖壮秧5.23万亩，占育秧总面积的50.34%；推广水稻肥床旱育秧1.72万亩，占育秧总面积的16.55%；移栽大田多蘖壮秧和旱育秧分别为55.61万亩和33.36万亩，秧本比分别是1：1.07和1：1.94；推广水稻抛秧1.52万亩，摆秧0.74万亩；推广杂交稻种植11.99万亩；推广水稻“双龙出海”条栽96.74万亩，占水稻种植面积的93.69%；推广杂交玉米种植58.54万亩，占玉米种植总面积的94.22%；推广玉米地膜覆盖栽培15.25万亩，密直播21万亩，玉米育苗移栽28.06万亩；推广旱粮多熟制立体间套种14.4万亩；实施大春丰收计划49.2万亩，其中：水稻32.8万亩，玉米16.4万亩。

为加速种植业各项先进科技增产措施的推广应用，年内，全州共举办或召开各种类型的科技培训25584场（次），比上年增加409场（次），培训人数2111472人（次），比上年增加125473人（次）。其中：小春10600场（次），902420人（次）；大春14984场（次），1209025人（次）。

【全年农作物受灾情况】 2000年，楚雄州全年大、小春农作物自然灾害、病虫鼠害重复累计受灾340.83万亩，其中成灾59.15万亩，无收27.76万亩，分别比上年减少28万亩、增加18.48万亩和13.99万亩。在重复累计受灾面积中：旱灾4万亩（成灾1.47万亩，无收0.37万亩），比上年减少49.18万亩；洪涝灾13.17万亩（成灾6万亩，无收1.84万亩），比上年减少10.01万亩；低温冷害86.74万亩（成灾45.97万亩，无收18.87万亩），比上年增加80.89万亩；风雹灾11.64万亩（成灾5.71万亩，无收1.68万亩），比上年增加2.98万亩；病虫害发生176.37万亩，比上年减少45.67万亩；鼠害发生48.87万亩，比上年减少5.02万亩；病虫鼠综合防治452.98万亩，比上年减少59.92万亩。其中：大春农作物受灾合计175.29万亩（成灾11.05万亩，无收3.81万亩），比上年减少63.91万亩。在大春农作物受灾合计中：旱灾3.21万亩（成灾0.74万亩，无收0.31万亩），比上年减少31.83万亩；洪涝灾9.79万亩（成灾4.61万亩，无收1.82万亩），比上年减少13.39万亩；风雹灾11.63万亩（成灾5.7万亩，无收1.68万亩），比上年增加2.97万亩；病虫害发生122.70万亩，比上年减少21.61万亩；鼠害发生27.96万亩，比上年增加0.15万亩；病虫鼠综合防治332.3万亩，比上年减少23.21万亩。

【发展订单农业】 2000年，楚雄州发展订单农业面积38万亩，比上年增加7万亩，增长22.2%；预计产值1.9亿元，比上年增0.4亿元，增长26.7%。发展订单农业，为种植业结构的调整和优化创造了条件，积累了经验，促进了农业经营开始由“以产定销”的传统方式向“以销定产”的现代经营方式转变，为发展高效农业奠定了基础。

【设施农业建设】 2000年，楚雄州累计兴建温室大棚1958个，比上年的819个增加1139个。其中：具有现代化功能的全自动温室大棚2个，半自动钢架大棚402个，简易大棚1554个，发展设施农业种植面积704.8亩，比上年增加407.6亩，增1.37倍。由省列项的农业高新科技示范园正在建设之中，设施农业建设正在楚雄州蓬勃兴起。通过发展设施农业建设，蔬菜每亩产值可比常规露地栽培增值3至4倍，经济效益较好。

【农业行政执法队伍建设】 2000年，全州农业行政执法人员根据农业部门的实际和行业特点，继续抓好涉农法律、行政法规和地方性法规的学习、培训。经考核、考试取得执法证，并由楚雄州人民政府法制局进行年度审验确认合格的有739人，其中：植物检疫51人，种子管理59人，农业环保9人，动物防疫418人，农业机械监理202人。并经常对执法队伍进行整顿，提倡廉政、勤政、务实、高效执法，反对吃、拿、卡、要，清退了不适宜在执法工作岗位上的人，使执法队伍总体素质不断提高。

【农业机械保有量增加】 2000年，楚雄州各级农业机械总值达38684.62万元，比上年增长12.2%；农业机械总动力达97699.93万瓦特，比上年增长8.26%；各类农业机械保有量达323255台（件），比上年增长18.33%。其中：拥有各类拖拉机19552台，比上年增长11.3%；拥有耕整机及种植机械（具）31194台（件），比上年增长9.3%；有农用排灌机械（含农用水泵、喷灌机具）49705台（件），比上年增长7.5%；有植保机械410部，比上年增长10.8%；收获和场上作业机械（含脱粒机、种子精选和包衣机、谷物及烤烟烘干机械）15581台（部），比上年增长23.5%；农业运输机械（含农用汽车）2423辆，比上年增长0.08%；农副产品加工作业动力机械（含青饲料切碎机）156208台，比上年增长23.81%；畜牧机械（含饲料粉碎机）47965台，比上年增长14.9%；其他农用机械（含农田建设机械）217台。全州乡村农业机械从业人员由上年的58824人增至63553人，增长8%；农业机械经营总收入25824.92万元，比上年增长16.96%；为国家提供税收1370.22万元。

【农业机械作业情况】 2000年，楚雄州共完成农田机械耕耙作业面积130.85万亩，比上年减少1.11万亩，减0.84%，其中：机耕面积71万亩，比上年增加0.77万亩；机耙59.85万亩，比上年减少1.88万亩。全年农业机械完成运输34373万吨·公里，其中农业运输作业量21039万吨·公里；完成农田排灌面积38.8万亩，机械开沟5.57万亩，机械深施化肥60.41万亩，小麦机播10.35万亩，机械植保作业面积18.75万亩，比上年增加5.75万亩，增长44.23%；机械收获稻麦面积1.22万亩，比上年增加0.33万亩，增长37.17%，其中机收稻谷0.4万亩，机收小麦0.82万亩；机械脱粒粮食13.8万吨；完成农副产品机械加工总量153.6万吨，比上年增加33.54万吨，增长27.94%，其中：加工粮食95.48万吨，加工油料6.29万吨，加工饲料51.83万吨。在农业生产过程中，由于农机具的投入使用，抓住了农时，争得了最佳节令，加快了春耕、秋播生产进度，缓解了农忙抢收抢栽种劳动力紧张的矛盾，减轻了劳动强度，提高了工作效率，为夺取农业丰收发挥了重要作用。

【农业机械安全监理行政执法】 2000年，楚雄州农业机械安全监理行政执法工作围绕“安全第一，预防为主”的方针，坚持静态受理与动态受理相结合，强化静态，搞好动态，尽力减少农业机械安全事故的发生，确保人民生命财产安全。年内，全州共办理拖拉机落户台，使上道行驶的拖拉机达17117台，核发拖拉机号牌1774付，行驶证1774本，办理过户939台、办理报废981台、办理转籍106台、办理改装904台，补办驾驶证100本，补办号牌20付。全州有282名专（兼）职监理员深入到乡（镇）开展检审服务，共检验拖拉机12289台，占应参加安全技术检验13579台的90.5%。协助中国人民保险公司楚雄分公司办理拖拉机第三者责任保险7356台。针对变型拖拉机经营市场十分混乱的情况，对州内2个拖拉机生产厂和5家经销商经营的拖拉机进行了严格的审核验证，对达到要求的14种品牌的拖拉机核发了验证卡，防止了假冒产品流入市场坑害农民，赢得了厂家、商家和农民的赞誉。根据全国安全生产电视电话会议精神，结合农业机械安全生产形势，开展经常性的田检路检，反违章、压事故、降损失。年初，全州共组织州县两级精干的监理人员33人，分3个组对州内拖拉机作业的重点地区的突出问题进行安全生产大检查。在大检查的影响和带动下，各县（市）农业机械安全监理站也组织力量开展经常性的安全检查，年内，全州共有6416人（次）深入到338个（次）乡（镇）开展拖拉机安全检查30480台（次），供油点63个（次），查处违章2510起，罚款2.5万元，暂扣牌证37台，发行《云南省农业机械安全监督管理条例》单行本10000册。通过动态管理，有效地制止了违章行为，消除了事故隐患，降低了农业机械事故的发生。全州年内共发生农业机械安全事故67起，重伤29人，死亡16人，千台率分别为3.9‰、

联合收割机作业

1.7‰和 0.9‰，控制在省下达的4‰、3‰和 2‰以内。全州农业机械供油点、修理点及农副产品加工站未发生和上报安全事故。但是，年内在双柏县发生了一起死亡7人、重伤2人、轻伤5人、车辆损坏的特大拖拉机交通事故，这是楚雄州自有拖拉机以来发生的一起最大的拖拉机事故，给我们敲响了要高度重视安全生产的警钟。

【水稻新品种展示】 2000 年，楚雄州农业科学研究推广所共组织实施4组水稻新品种（系）展示。其中，温暖稻区育种课题组实施3组展示，参展品种（系）有“楚粳香1号”、“99 鉴 72”等品种。从展示情况看，“楚粳香1号”、“99 鉴72”、“楚粳 24 号”、“银光”等优质品种外观品质有明显改善，特别是“99 鉴 72”稻米外观相当好，无腹白和心白，加工精米率高，碎米很少；亩产最高的为“99 鉴 27”达 942.5 千克。两系杂交育种课题组实施了一组新品种展示，参展品种为“云光9号”、“云光 12 号”等5个品种，其中“云光9号”亩产 931.33 千克居第一位；“云光 12号”亩产 894 千克居第二位。

【实施温饱工程】 2000 年，全州在双柏、牟定、南华、姚安、大姚、永仁、武定等7个县实施以地膜玉米为主，地膜小麦和旱粮多熟制立体间套种为辅的“温饱工程”建设。全年共完成温饱工程建设项目 26.5 万亩，其中：地膜玉米10.84 万亩，地膜小麦 1.04 万亩，旱粮多熟制立体间套种 14.62 万亩（小春 6.03 万亩、大春 8.59 万亩）。平均每亩增产粮食 96.03 千克，增加产值 64.88 元，全年共增产粮食 14039.6 吨，增加产值948.51 万元。

【实施“6个千亩”示范样板】 2000 年是楚雄州人民政府实施“6个千亩”示范样板的第2年。年内，在双柏县妥甸镇园林基地、吴家阱基地、茶厂基地和大庄乡木章郎海资山基地相对连片示范种植千亩“中品 661”和“81——57”优质大豆，带动推广面积 14000 余亩，通过对千亩示范样板中心的138.9 亩进行测产，平均亩产107.5 千克。在姚安县栋川和前场两个镇实施外销千亩优质商品蔬菜示范样板，种甜脆豌豆 700 亩、结球芥菜 300 亩，以产、供、销一条龙方式实行“订单生产”，外销广州。在南华天申堂乡的天申堂、石桥河、于栖么3个村民委员会实施千亩脱毒马铃薯高产示范样板，品种为会——2、合作 88，采用地膜覆盖及常规露地种植各 500 亩，带动全乡推广面积 2500 亩。通过农户精心管理，农科员观察记载，地膜覆盖出苗比露地种植提前 10 天至 15 天，可提前上市 10 天左右，每千克比露地种植价高 0.15 元至0.2 元；地膜覆盖栽培平均亩产1500 千克、产值 1200 元至 1250元，露地种植平均亩产 1200 千克、产值 1000 元，地膜覆盖栽培每亩比露地种植增产 300 千克，增加产值 200 元至 250 元。在武定实施魔芋高产栽培千亩示范样板，品种以白魔芋为主，平均亩产 415.9 千克。在姚安举办较大规模的优质稻示范样板，品种为“楚粳香1号”，面积 2000 亩，经实地测产，平均亩产 631.98 千克，加工的大米具有香味浓、品质优等特点，市场价比普通大米每千克高出 0.3 元，市场供不应求，深受消费者喜爱。在禄丰县碧城镇实施熟制改革千亩示范样板，模式为前期玉米间种大豆，后期以玉米杆作架套种豌豆。玉米平均亩产 701.2 千克，以每千克 0.8 元计算，玉米每亩产值560.96 元；间种的大豆平均亩产青豆 400 千克，以每千克 1.4 元计算，每亩产值 560 元；后期套种的青豌豆只要加工管理得当，每亩可产青豌豆 550 千克，以每千克 1.6元计，亩产值可达 880 元。实行间、套三熟制后，每亩年复合产值可达 2000.96 元。

【种子产业化建设项目】 2000年，在国家农业部、云南省农业厅和楚雄州人民政府农业主管部门的指导帮助下，围绕《楚雄州 1998～2002 年种子产业化建设规划纲要草案》的要求，实施了“楚雄州国家级农作物品种区试验站”和“楚雄农业高科技示范园”两个建设项目，区试站项目已完工投入使用，改造标准试验 50 亩，建盖仓库、门市和工作用房 2400 平方米，总投资 240 万元，其中：国家农业部和省农业厅各投资 50 万元，州农牧局投资 25 万元，自筹 115 万元。“科技示范园”项目总投资560 万元，到位资金 200 万元，一期工程正在组织施工。另外又自筹资金 32 万元建盖种子加工房 800平方米，已投入使用。这些项目的建成，大大改善了生产和工作条件，有力地促进了种子产业化的进程。

【提高良种统供率】 提高统供率是种子产业化建设的基本要求之一。2000 年，全州种子部门共组织供应杂交玉米种子 154.6 万千克，杂交水稻种子 20.08 万千克，常规稻种 210.8 万千克，小麦良种80 万千克。杂交玉米、杂交稻、常规稻和小麦，按每亩用种量分别以2.5千克、1.5千克、4千克和10千克计算，良种统供率分别为100%、100%、57.75%和10.85%。杂交玉米比上年提高2个百分点，常规稻比上年提高11.8个百分点，小麦比上年提高1.25个百分点。

【良种繁殖】 2000年，全州共组织大小春良种繁（制）殖4.85万亩，收贮大小春作物良种648.61万千克。其中：繁殖小麦良种16个品种0.95万亩，收贮种子80.02万千克；繁殖蚕豆良种5个品种0.6万亩，收贮种子3.39万千克；繁殖大麦良种0.2万亩，收贮种子4.28万千克；繁殖油菜良种0.01万亩，收购种子1.2万千克；制杂交玉米种0.32万亩，收购种子84.58万千克；繁殖玉米自交系0.011万亩，收购种子1.09万千克；繁殖水稻良种2.64万亩，收购种子474.05万千克；其中，合系良种401.85万千克，楚粳良种52.41万千克，宏成系良种19.8万千克。全州收购的良种，由于基地基础扎实，质量好，信誉高，增产效果明显，深受用户信赖，至12月底共有321.8万千克良种销往云南、贵州、四川等3省的11个地州、56个县（市）、225个用种单位。

【良种推广】 2000年，全州共推广小春粮食作物良种129.93万亩，占小春粮食作物种植面积的78.74%。其中：推广小麦良种65.71万亩，占小麦种植面积的89.12%；推广小麦包衣种种植2万亩，占小麦种植面积的2.71%；推广蚕豆良种45.46万亩，占蚕豆种植面积的90.58%；推广大麦良种18.76万亩，占大麦种植面积的82.28%；推广油菜良种11.22万亩，占油菜种植面积的94.05%。推广大春粮食作物良种158.9万亩，占大春粮食种植面积的85.45%。其中：推广杂交水稻良种11.99万亩，占水稻种植面积的11.61%；推广合系系列良种44.01万亩，占水稻种植面积的42.62%；推广楚粳系列良种32.89万亩，占水稻种植面积的31.85%；推广水稻其他良种11.47万亩，占水稻种植面积的11.11%。全州大春共推广水稻良种100.36万亩，占水稻种植总面积的97.2%；推广杂交玉米良种58.54万亩，占玉米种植面积的94.22%；推广玉米包衣种种植35.2万亩，占玉米种植面积的55.66%。

【种子管理】 2000年，全州种子管理部门加强监督管理，加大执法力度，主动、及时查处种子生产、经营、管理中的违法违规行为。年内，全州开展了种子生产、经营许可证的审查、验证和种子的田间及室内检验工作。通过执法检查，查处不合格黄豆种8500千克、花生种11000千克，已全部作转商处理；田检查出不合格小麦种300亩，全部作报废处理。同时抓住农时及时清理市场，依法查处违法经营种子案48起，警告38起，罚款300元，没收违法所得452.12元，没收违法经营不合格劣质杂交玉米种子765.6千克，扣押超范围经营杂交玉米种子8000千克。净化了种子市场，保护了农民的利益。

【植物检疫】 2000年，全州植物检疫行政执法人员严格实行持证上岗，亮证执法，共有51人参加植物检疫执法资格审验并合格。年内，对州内4.5万亩植物种子、1.2万亩苗木生产繁育基地实行了产地检疫，对调出、调入的3865批次，88965吨种子、水果、蔬菜、苗木实行调运检疫，共开具检疫证书4878份，依法收取检疫费9.5万元。通过植物检疫，对保障农业生产安全，促进种植业生产发展，起到了积极的保驾护航作用。

【农田生态环境建设】 2000年，全州农田生态环境建设以治水改土、地方建设为目标，利用滇中现代化农业示范工程，农业综合开发工程，以工代赈、扶贫攻坚工程，长江中上游水土保持防护治理工程，生态环境建设工程等方面的资金，开展农田生态环境建设，对山水林田路进行综合治理。全年共投入农田建设资金11545.44万元，其中：国家投入2136.5万元，省级投入2791.79万元，州级投入1417.65万元，县（市）级投入1038.4万元，乡（镇）级投入139.6万元，村公所（办事处）投入46万元，项目区群众投工投劳投料折资3975.5万元。全州投工投劳1650.46万个，投入农田建设物资44492吨，其中水泥63228吨，钢材570吨，木材373吨，柴油326吨，其他物资195吨，完成农田生态环境建设工程1656.67万立方米（开挖土方1481.25万立方米、支砌石方103.95万立方米、衬砌浇筑71.47万立方米）。建成配套的田间排灌沟渠1247条1374.87公里，小水池16197个（蓄水量36.31万立方米），桥涵闸708座，机耕人行道518条751.89公里，铺设引水管道473.41公里。当年建成400千克级以上的稳产高产农田农地13.99万亩，其中田

9.1万亩、地4.89万亩；按地力等级划分，达吨粮级的田地有3.38万亩、750千克级的1.83万亩、500千克级的3.21万亩、400千克级的5.57万亩。完成中低产田地改造19.5万亩，排涝治冷3.54万亩，旱地改水田0.36万亩，改条田0.46万亩，改善灌溉12.75万亩。2000年，全州累计建成稳产高产农田农地169.46万亩，其中：吨粮级23.13万亩，750千克级30.01万亩，500千克级63.02万亩，400千克级53.3万亩。通过一系列农田生态环境建设，有效改善了农业生态环境和农业生产条件，增强了农业发展后劲，为农业的可持续发展奠定了坚实基础。

【建设生态示范村】 楚雄州南华县徐营乡沙罗冲被列入云南省10个生态示范村建设项目之一。该项目是利用日本神内财团援助资金，以村容村貌和村庄道路建设，村庄绿化及农村环境污染整治，庭院经济与经济林果园建设，农田整治与高新科技产业模式推广应用，沼气、厕所、畜厩、太阳能、氨化发酵饲料池、生活炉灶为一体的配套建设。整个项目工程计划投资210万元，其中有偿资金120万元，无偿资金90万元，分3年实施。2000年内，沙罗冲生态示范村建设第一期工程已投工2770个，投块石2026立方米，碎石347立方米，毛沙579立方米，洗沙239立方米，U型槽729米，水泥288.5吨，建成宽4米的村庄道路2条长279米，两边配排水沟449米，涵洞5座长27米，支砌小坝塘2个；办科技培训班2期，已培训80人；已建生态示范园23亩，建塑料大棚2亩；完成农田地建设250亩，新增稳产高产农田地40亩，完成田间机耕道2条长940米、宽3.5米，配排灌沟渠4400米，新栽果树691株、户均11株，新建沼气池9座、青贮饲料池60个，改造10千伏电网线路151米，400千伏线路399米，220伏线路1153米，装电表65只，新增30千伏变压器1台，木电杆改水泥杆34根，新建小水池28个（容量766立方米）。经初步建设，沙罗冲生态环境已大为改观。

【土壤环境及农产品质量监测】 为全面、准确掌握全州基本农田保护区土壤环境及农产品质量状况和发展趋势，揭示污染物在耕地土壤中的迁移转化规律，按照云南省农业厅文件要求，在全州基本农田保护区规划到2010年布点218个，进行土壤环境及农产品质量监测，监测代表面积占基本农田保护区面积的62%，分3个阶段实施。2000年在楚雄、南华、禄丰3个县（市）12个商品粮基地乡（镇）的基本农田保护区布设土壤及农产品监测点36个，监测面积占基本农田保护区规划面积的7.4%，其中在工矿污染区布点6个，城郊蔬菜区布点3个，一般农区布点27个。在污染区的楚雄市东瓜镇竹园村及一般农田保护清洁区的永安镇车坪村定点10个，采集土样和稻谷样品各10个，按照云南省农业环境保护监测站要求，先后加工制作成20目、60目和100目的土样40个，40目的稻米样品20个送省监测化验，对稻米食物样品中的砷、镉、铬、铜、汞、铅、锌、氟等8项污染物指标进行测定，有2个点氟超标32%和146%。对楚雄市吕合镇石鼓村和钱粮桥大冲村，禄丰的中村、勤丰的四十亩村、石臼村及碧城镇的张通等6个国控点（国家农业部确认）农田土壤中的砷、镉、铬、铜、汞、铅、锌、镍、氟及土壤酸碱度共10个指标含量进行测定：一个点镉超标470倍、铅超标8%、锌超标47.2%，一个点砷超标20.9%，4个点铜超标132%、34.6%、74%和15.2%。监测结果表明，受污染的农田土壤环境质量较差，农产品质量欠佳。

【检测蔬菜有机磷农药残留】 按照云南省农业环境保护监测站的要求，楚雄州农业环境保护监测站6月底派员到省进行培训，回来后每月10日前，对楚雄城区水闸口、东新路和北浦路3个农贸市场上市销售的蔬菜有机磷农药残留污染情况进行检测。7次检测涉及小白菜、小青菜、生菜、大白菜、蒜头白、空心菜、黄瓜、蕃茄等品种，累计检测样品66个，重复平行检查样品132个。检测结果：66个抽检样品中有32个有机磷农药残留检出，检出率达48.5%，其中，7月份检出率33.3%，8月份两次综合检出率37.3%，9月份检出率33.3%，10月份检出率58.3%，11月份检出率77.8%，12月份检出率55.6%。按品种分：小白菜、大白菜、蒜头白检出率32%；小青菜、大叶青菜检出率40%；生菜检出率50%；黄瓜检出率77.8%；蕃茄检出率83.9%，只有空心菜未检出有机磷农药残留。按市场划分，水闸口菜市场检出率59.1%，东新路和北浦路两个菜市场检出率均为45.5%。通过对有机磷残留农药检测，及时向有关部门发出简报，提请引起重视，让消费者选食放心菜。

【清理整顿农村合作基金会】 根据中央和云南省人民政府要求，从

2000年3月5日起对涉及全州9县(市)的81个农村合作基金会全部实行停业，开始进行清产核资。按照上级党委、政府“工作要细、步子要稳妥”的精神，楚雄州把清理整顿农村合作基金会工作作为农村工作的头等大事来抓。在各有关部门的积极参与、紧密配合下，全州先后派出586人组成的57个工作组，认真细致地开展工作，做到了工作积极稳妥，边清边收，局势稳定，底数清楚。8月15日，按省人民政府规定的时间，统一开始兑付个人股金。至年末，1551.53万元个人股金兑付率达99.8%，居全省首位。同时，运用行政的、经济的、法律的手段，加大力度，追收欠款，至12月30日，全州4651.42万元欠款回收率已达42.5%。

〔徐凤有〕

养 殖 业

【简述】 2000年，楚雄州畜牧业生产以农民增收和农村稳定为核心，发挥优势，转变传统养殖模式，突出发展区域化名、特、优、新养殖业；依靠科技进步提高畜禽产品质量，做到增产、增值、增效；面向市场，调整畜禽结构，培植新的经济增长点；突出重点抓防疫、抓科技、抓营销，提高畜牧养殖的商品效益；强化畜牧兽医行政执法，依法治牧，依法兴牧。虽然畜产品价格在上年的基础上继续下滑，但由于产量增长幅度大，加之抓了特色畜牧业经济和畜产品营销，畜牧业生产仍然获得了增产增收，出现了“四增一稳定”的态势，即畜禽出栏量增、肉类总产增、畜牧业产值增，畜牧业收入增和畜禽存栏数基本稳定。据州统计局统计，2000年全州肉类总产量174464吨，比上年增加12132吨，增长7.5%，全州农民人均占有肉类79.8千克，比上年增加5.3千克；畜牧业产值按1990年不变价78262万元，现价151443万元，分别比上年增5.9%和6.2%；全州畜牧业收入115942万元，农民人均563元，分别比上年增6518万元和60元。做到畜产品自给有余，瘦肉型杂种仔猪、肉猪、武定壮鸡、蜂蜜、肉牛、肉驴和黑山羊等畜产品还进入了省内外市场。畜牧业的增产增收，为彝州农民增收、农村稳定作出了积极的贡献。

【畜牧业产业结构调整】 近年来，楚雄州加大了畜牧业产业结构调整的力度。主要做法：(1)养猪业向瘦肉率高的三元杂交方向发展；(2)扶持发展节粮型畜牧业，加大优质牛、羊肉在肉食结构中的比例；(3)扶持发展武定鸡、七彩山鸡、肉驴、肉狗、肉鸽、蜗牛、梅花鹿和开发优质野坝子硬蜜等这些市场价高，需求量大的名、特、优、新养殖业。对养殖户实行资金上给予扶持、技术上给予指导、流通上给予信息服务的方式，使他们增加了养殖业的经济收入。2000年在肥猪出栏中，瘦肉型杂种猪占85%～90%之间；在肉类总产量中，脂肪含量低的牛、羊、驴、禽、兔等优质肉类为38389吨，占22%。

【畜牧业生产持续15年增长】 2000年，楚雄州又迎来了自1986年以来畜牧业生产持续稳定增长的第15个丰收年。全州畜禽出栏全面增长，肉类总产量和畜牧业产值再创佳绩，达到历史最高记录，农民依靠养畜的经济收入稳步上升。全州大牲畜存栏921227头(匹)，比上年的923160头(匹)减0.2%；羊存栏1172216只，比上年的1231659只减4.8%；生猪存栏1653952头，比上年的1654116头减0.01%。大牲畜出栏202786头(匹)，比上年的181232头(匹)增长11.9%。其中：肉牛出栏172228头，比上年的153680头增长12.1%。肉羊出栏647669只，比上年同期的598887只增长8.2%；肥猪出栏1667072头，比上年的1564129头增长6.6%；家禽出栏6149311只，比上年的5721318只增长7.5%。大牲畜肉牛出栏率23.7%，比上年高出2.8个百分点；肉羊出栏率52.6%，比上年高出7个百分点；肉猪出栏率100.8%，比上年高出5.1个百分点；肉类总产量174464吨，其中，牛肉16767吨、驴肉641吨、羊肉11199吨、猪肉133799吨，禽肉10342吨，兔肉81吨，分别比上年增长7.5%、10.8%、41.8%、8.2%、6.5%、6.2%和2.5%；禽蛋产量3370吨，奶类产量984吨、蜂蜜产量953吨、羊毛产量62吨，分别比上年增长5.4%、28.1%、4.3%和47.6%。畜牧业产值(1990年不变价)78262万元，现价151443万元，分别比上年增长5.9%和6.2%，农民人均畜牧业收入563元，比上年增加60元，增长11.9%。

【畜牧兽医适用技术推广】 2000年，楚雄州全年完成猪种改良217155胎，占任务数175000胎的121.8%，比上年的207127胎增长4.8%；完成牛的冻精改良2198胎。全年完成家畜(禽)寄生虫防治6578353头(匹、只)次，其中猪1758644头、牛656649头、马属

1637470头、羊1040145只、兔28421只、禽2959445只，占全年任务数146.2%。全州128个乡（镇）1110个村民委员会246683户农户推广使用青贮饲料技术，乡（镇）青贮饲料推广面100%，村民委员会青贮饲料推广面达97%，青贮农户占总农户的46%，全州全年生产推广青贮饲料1227648吨，完成计划任务数的122.8%，比上年增2.9%；全年制作氨化饲料248543吨，完成计划任务数的113%；完成推广粮—经—饲三元种植技术618910亩，比计划任务618000亩增1.5%；全年种植牧草15464亩，全州累计种草29.5万亩；全州农牧系统12个配合饲料生产厂（点），生产销售2698吨，全年推广猪饲料熟改生喂的村（居）委会1227个403923户，比计划任务39万户增3.6%，综合配套技术培训1700449人（次），全州配置青绿饲料切碎机、青贮饲料铡草机83561台。

【肉猪出栏率突破百分之百大关】 在“八五”和“九五”期间，为了解决市场肉食品供给紧缺的问题，楚雄州加大了发展养猪业的力度，先后争取将武定县、禄丰县、南华县和姚安县列为省级和部级商品猪基地县，对4个县进行投资，重点抓好良种繁育体系、饲料体系和防疫体系基础设施建设，全面推广养猪“八改”技术，即改厩内积肥的旧式猪厩为厩外积肥的卫生厩，改乱交乱配为有计划地杂交改良，改本交为人工授精，改仔猪随娘吃食为提早诱食补料培育，改有啥喂啥为喂配合饲料，改熟喂为生喂，改吊架子为直线育肥、适时屠宰，改春秋两防为按免疫程序综合防治，并带动面上广大农户科学养猪，促使全州养猪业全面发展。经过几年的努力，至2000年，全州平均肉猪出栏率达100.8%，其中楚雄市79.8%、双柏县71.9%、牟定县112.4%、南华县103.7%、姚安县140.1%、大姚县97.4%、永仁县82.8%、元谋县98.4%、武定县112.6%、禄丰县123.5%。年内，基地县共出栏肉猪815922头，占全州总出栏1667072头的48.9%；平均出栏率为120.2%，比全州平均数高出19.4个百分点；为市场提供肉猪581779头，商品率为70.7%；猪肉产量64215吨，占全州猪肉产量133799吨的48%；养猪产值按1990年不变价59153万元，按现价109295万元，分别比上年增5.9%和4.5%。

【黑山羊成为畜牧业拳头产品】 云岭山羊在楚雄州被简称为黑山羊，以全身乌黑光亮的皮毛为显著特征，是云南省优良的地方品种。楚雄州所产的黑山羊，在全省16个地州中以其存栏第一、产量最高、质量最好而闻名。近年来，楚雄州重点扶持发展黑山羊，首先争取将双柏县、楚雄市和永仁县列为云南省商品牛羊基地县（市），全州10个县（市）各建立一个商品牛羊基地示范乡，在基地县建了本品种选育的种羊场，人工种植牧草11.3万亩，充分利用天然草场和人工草地、旱地套种青绿饲料，以及利用农作物秸秆制作青贮、氨化和微贮饲料，主攻出栏率、商品率和个体产肉率，实行放牧—补饲和舍饲示点相结合的方式，以带动全州10个县（市）科学养畜。2000年全州黑山羊存栏117.2万只，出栏64.8万只，羊肉产量11199吨，分别比上年存栏减4.9%，出栏增8.2%，肉产量增9.5%，全州羊出栏率达52.6%，比上年的45.6%增加了7个百分点，产品已销往省内外的昆明、攀枝花、湖南、广东、福建和台湾等地，黑山羊已成为楚雄州畜牧业的拳头产品。

【本地鸡是农民增收的亮点】 近年来，楚雄州加快了养鸡业发展的步伐，建立养殖基地，为农户提供鸡苗，扶持发展养鸡重点户和专业户，全面开展了鸡瘟、禽霍乱等对养鸡业危害极大的传染病的防疫注射，有效地保证了养鸡业的健康发展。2000年，全州以本地土鸡为主的禽出栏6149311只，比上年的5721318只增长7.5%；禽肉产量10342吨，比上年的9740吨增长6.2%。据畜牧部门调查，楚雄州2000年本地土鸡市场平均价为14.5元/千克，比外来肉鸡9.4元/千克高出6.1元；武定壮鸡，即阉公鸡和阉母鸡的市场价分别为25元/千克和50元/千克，比外来肉鸡每千克高出15.6元和40.6元。肉鸡市场从一度由洋鸡占领而逐步被本地土鸡所替代，本地鸡、乌骨鸡和武定壮鸡已成为星级宾馆和饭店餐桌上的佳肴。

【畜产品营销有了新突破】 2000年，楚雄州继续执行上年州人民政府出台的畜牧业发展扶持政策及奖励办法，使畜牧业生产获得持续发展。年内，全州共扶持发展畜产品营销组织930个，比上年增加156个，增20.1%。外销牲畜610221头（只），比上年增加212519头（只），增53.4%，其中外销黑山羊378256只，比上年增加78600只，增26.2%；外销肉猪185350头，比上年增加110161头，增146.5%；外销肉牛46615头，比上年增加23758头，增103.9%。

经统计，全州年度内销往州外肉牛500头以上的有19户；销往州外黑山羊5000只以上的有34户。通过加强畜产品营销工作，激活了农村经济，促进了畜牧业的发展，增加了农民的经济收入。

【应用分子遗传标记辅助选择提高撒坝猪产仔数项目启动】 楚雄州种猪场在优良地方品种撒坝猪选育课题通过鉴定的基础上，2000年又与科研院校合作，争取到了“应用分子遗传标记辅助选择提高撒坝猪产仔数”的科研项目。即楚雄州种猪场、云南农业大学动科院与中国农业大学动科院合作，双方共同完成此项目，起止年限：2000年至2003年，总投资205万元，其中省确定投资85万元，另外争取省州县三级投资120万元新建6个县的扩繁场。项目的目的和意义：云南省养猪科学研究除应用血液蛋白电泳、PCR—RFLPs、RAPD等手段研究种猪遗传多样性、氟烷基因检测和杂种优势预测外，一直沿用常规选育，选育进展缓慢。因此经本项目的实施，通过提高撒坝猪产仔数带动全州乃至全省母猪产仔数的提高，培育优质仔猪产业，达到仔猪自给有余，并向省内外提供优良仔猪，促使全省养猪科学研究从常规育种进入分子育种，发展优质、无公害瘦肉猪产业，保护猪种遗传的多样性，充分利用现有猪种和饲料资源，促进养猪业的可持续发展。项目内容：应用PCR—RFLPs技术，引进中国农业大学ESR和FSH—B亚基基因的基因诊断盒，检测楚雄州种猪场及其各县（市）扩繁场撒坝猪ESR和FSH—B亚基基因的基因型和其他高产仔分子遗传标记，分析计算各基因型与产仔数和活产数的相关，选留具有多产仔基因标记的撒坝母猪，结合常规选育稳定多产仔性状，增加具有多产仔基因型母猪数量，建立高产仔母猪繁育推广体系，连片推广多产仔母猪，逐步替代低产仔母猪，降低养猪成本，提高经济效益，发展优质仔猪产业，培植新的经济增长点。

【畜牧兽医行政执法工作】 2000年，楚雄州加大畜牧兽医行政执法力度，增强行政执法的主动性、公开性和公正性，促进畜牧兽医工作走上法制化、规范化的轨道。年内，全州认真开展春秋两季防疫注射工作，其中：春防全州实施常规防疫注射的有79个乡（镇），共注射猪瘟疫苗1047061头，密度为92.8%，开展猪瘟免疫程序的有49个乡（镇），群体免疫密度为88%；秋防开展常规防疫注射的有78个乡（镇），注射猪瘟疫苗978457头，密度为91.8%，开展免疫程序的50个乡（镇），群体免疫密度为89.4%。全年共注射猪肺疫苗2213064头（次）、猪丹毒苗2348头（次）、仔猪副伤寒苗189079头（次）、牛出败苗22117头（次）、牛炭疽苗14062头（次）、鸡瘟疫苗2640736只（次）、禽霍乱苗1321734只（次）、口蹄疫苗1364849头（次）；开展市场活畜检疫105个、占全州活畜市场115个的92.9%，检疫活畜891503头（匹、只）、检出病畜974头（匹、只）；肉食市场检疫163个，占全州肉食市场166个的98.2%，共检肉食23856吨，检出病害肉46吨；开展产地检疫115个乡（镇）、占全州128个乡（镇）的90%。广通铁路检疫站检疫出入境蜜蜂24610箱、盐猪肉9110吨、鸡蛋800吨、狗32只、奶牛5459头、乌骨鸡1000只。全州全年检验病料218份，抽检兽药42个品种、202批，检出的假劣兽药在“3·15”打假活动中召开现场会，当众烧毁120多箱34个品种226批，价值7万余元，抽检饲料及氨基酸、矿物质、维量元素产品23批。全州全年发生违法案件252件，受理252件，结案252件。

〔余德光〕

稻田养鱼

【水产品生产】 2000年，全州水产品总产量为5950吨，比上年的5337吨净增613吨，增长率为11.5%，其中：养殖产量达到5790吨，占总产量的97.3%，比上年净增639吨，增长率为12.4%。

【鱼苗生产及投放】 2000年，全州生产鱼苗（水花）2.16亿尾，比上年减少0.26亿尾。鱼种生产367吨，鱼种投放624吨，比上年的362吨、535吨分别增加5吨、89吨。

【科技培训促进渔业发展】 2000年，楚雄州州县两级培训渔业科技70期，培训人员达3006人次，并配合科学技术协会举办农村致富技术函授大学水产专业班6期，有580人结业，使养鱼户基本上掌握了常规养殖技术，推广应用了精养高产配套新技术。

【优良水产品种推广】 2000年，楚雄州大力推广水库化肥养鱼，使水库鲢、鳙鱼产量和银鱼产量稳步增长，池坝塘养鱼则推广应用综合增产技术措施，降低养殖饲料成本。同时，引进美国鮰鱼、月鳢、罗氏沼虾等名优水产品进行养殖探索，并已取得了阶段性成功。

〔张怡雯〕

林　　业

【简述】 2000年，全州各级林业部门以国家实施西部大开发和天然林保护工程为契机，从楚雄州森林资源和生物多样性的优势出发，以生态环境建设带动林业产业化发展，以森林分类经营来促进生态体系建设。全州林业部门积极行动，提出了一大批生物创新工程项目，重点发展以松香、栲胶为重点的林化产品及森林食品、森林蔬菜、森林药材、森林香料、森林花卉等非林特产品，进行了规划并开始实施。据统计，森林药材、森林蔬菜、森林香料已种植近2万亩；加大了对松脂、栲胶原料的收购和调运，使林化产品产量比上年有较大幅度上升；新种植各种经济林12.32万亩；全州14个自然保护区都加强了基础设施建设，以吸引更多游客进山旅游；楚雄紫溪山保护区已完成了国家级森林公园的申报，南华大中山保护区正在申报国家级保护区；姚安三峰山、大姚百草岭、元谋土林保护区已通过了州级评审；野生动物驯养已从上年的14户发展到26户；速生丰产林、原料林、防护林的建设稳步发展；森工企业分流安置1233人从事森林管护，全州林业产业结构调整开始见效。全面超额完成绿化造林任务，森林火灾控制在云南省人民政府下达的指标内，林业职工队伍稳定，林区精神文明建设有所发展，林业社会总产值达5.79亿元，全面完成了“九五”林业发展规划确定的各项任务。

【绿化造林】 2000年，全州以天然林保护工程、长江中上游水土保持防护治理工程、山区综合开发、德国援助造林项目等9个林业建设项目为依托，严格按工程项目的建设要求，从上年冬季就动手搞规划设计，落实造林地块、开展预整地37.48万亩，采集调运种子185.03吨，育苗1391.1亩，为计划的126%，提供苗木4823.54万株，其中有容器苗2807万袋，开展了春季造林，营造经济林10.26万亩。为确保2000年造林计划的完成，各级林业部门开展了多种形式的林业宣传活动，总结推广各种造林典型，并以营造各级行政首长样板林为示范，推动群众性植树造林的开展。进入雨季后，州、县（市）林业部门组织大批干部下乡，协助乡村组织农民群众开展夏季植树造林。到11月底，在县（市）进行全面检查的基础上，州人民政府委托州林业局组织50多名工程技术人员进行了抽检验收，全州全面完成了年度生产计划，其中人工造林34.91万亩，为计划34万亩的102.7%；封山育林162.98万亩，为计划110万亩的148.2%；四旁植树1863.59万株，为计划1500万株的124.2%；义务植树1040.4万株，按适龄公民计算人均义务植树6.71株，继续超过每个公民年均义务植树3～5株的法定任务；全州营造各级样板林703片，面积8.16万亩。绿化造林工作受到了国家林业局和省人民政府的表彰奖励。

【飞机播种造林】 飞机播种造林（飞播）是一种速度快、效率高、成本低的造林方式。楚雄州从1965年开始飞播到1986年止，11年飞播面积685万亩。1986年后全州就停止了飞播。2000年经云南省人民政府批准，与大理州一道开展飞播，机场设在大理，飞播作业单位为湖北、云南航空公司3架运五—B型飞机，从5月8日至7月15日，在大姚、姚安、南华3个县17个播区播撒云南松等籽种5.2吨，面积为29.62万亩，为设计面积的100%。飞播作业时间183小时22分钟，飞播成本每亩为8元。飞播结束后3个县已立即对飞播地区进行封山育林，有11名护林员入山开始进行为期5年的管护。

【州长样板林定植仪式】 2000年6月27日，楚雄州2000年度州长样板林定植仪式在楚雄市富民镇下白庙办事处举行。这是楚雄州从1988年以来营造的第13片州长样板林，州党政军领导丁绍祥、夜礼斌、保明虎、延荣科、吴莉华、殷鸿绪、余红以及楚雄市各部门领导、干部群众、驻军2000多人参加定植劳动，该片样板林面积为1207亩。

【楚雄州林业局获“全国绿化造林先进单位”称号】 党的十一届三中全会以来，楚雄州把发展林业、保护森林作为生态环境建设的基础来抓，始终把培育森林资源放在林业建设的首要位置发展，使全州森林面积、森林蓄积量、森林覆盖率、林业社会产值大幅度增长，森林资源消耗明显下降。1994年楚雄州林业局被国家林业部授予“全国绿化造林先进单位”称号，跨入了全国绿化造林先进行列。此后，楚雄州又采取了一系列措施，全面推进全州林业的发展，为建设比较完备的生态体系和产业体系打下了基础。1999年全州基本消灭了宜林荒山，完成了森林分类经营区划，全面启动了天然林保护工程。经云南省林业厅推荐，国家林业局考核批准，于2000年6月14日授予楚雄州林业局“全国绿化造林先进单位”称号并发给奖牌奖状。

【森林防火】 2000年，全州各级党委、政府及林业部门采取一系列措施，及早安排落实森林防火工作，严格执行各级行政首长森林防火和乡村护林员护林责任制，强化林业宣传，扩大森林联防，多渠道筹集资金247.6万元，加强防火基础设施建设，严格野外用火管理，堵死火灾源头，依法治火，严厉打击森林火灾肇事者和违法犯罪分子。加上后期降水增多，使全州森林火害的发生和损失降到了最低限度，确保了人民生命财产的安全。经省检查确认，2000年全州发生森林火灾1起，火警13起，荒火3起，火场面积233.77公顷，森林受害率0.06‰，火案查处率100%。与上年相比，火灾次数下降67.9%，森林受害面积下降88%，火案查处率提高13.4%。除楚雄市富民镇在计划烧除中意外烧死一人外，其余均未发生伤亡，全州森林防火考核指标均在省下达的控制范围之内。

【森林公安加大执法力度】 为适应新时期森林保护工作的需要，楚雄州及10县（市）在2000年全部建立了森林公安局、分局，并按照《中华人民共和国森林法》赋予的职权，加大了林业执法力度，开展了系列专项斗争。“南方二号行动”和“绿色保卫三号行动”两次全国统一行动中，全州森林公安机关闻警而动，在上级公安、林业部门的双重领导下，一方面广泛开展林业法制宣传活动，提高群众保护森林的意识，另一方面深入发动群众揭发破坏森林案件，受理各类森林案件710件，集中警力查处707件，其中破获森林刑事案件32件，治安案件56件，授权处理林业行政案件620件。处理各类违法犯罪人员1325人，其中逮捕63人、治安处罚170人、行政处罚858人、其他处理234人。收缴木材794.19立方米，挽回经济损失74.28万元，进一步维护和稳定了全州林区社会秩序。州森林公安局等3个单位及张建才等5人分别被评为全省“南方二号行动”先进单位和先进个人。

【资源林政管理】 2000年，全州林业部门按照国务院和云南省人民政府的要求，结合森林公安的专项斗争，从8个方面强化资源林政工作。（1）严格林地管理。清理了1994年以来全州发生的毁林开垦和乱占林地，暂停了林地征占用审批，对老虎山电站、南（华）永（仁）公路等重点工程实行特事特办，上报了征占用手续，基本上刹住了乱占林地歪风。(2)以森林采伐限额管理为核心，突出对森林采伐的源头管理。在全州商品木材生产大幅度减少的情况下，严格木材票证和专项采伐指标的使用监管，对薪材、灾害木、间伐材的生产经营进行跟踪管理。(3)加大对林业行政案件的查处，发现或接到举报立即查处。全年查处林业行政案件334件，遏制住了超限额采伐、偷砍盗伐和私拉乱运的势头。(4)积极推进森林分类经营改革，全面完成了森林分类经营区划并通过了省级评审，为全州以后的林业发展提供了科学依据。(5)规范木材个体户经营加工，在楚雄市万家坝建立了木材加工经营综合市场，初步改变了个体户加工经营木材的散乱现象。(6)加强林业法制建设，在全州开展了林业“三五”普法的检查考核、林业执法培训和林政法规的宣传普及，提高了执法水平，受到州人民政府的表彰。(7)加强了乡（镇）林业站和国有林场的管理，在全国乡（镇）林业站建设合格县达标验收中，姚安、南华、大姚、武定4个县被国家林业部评为合格县。(8)在全州开展了“十五”林业发展规划、森林采伐限额规划、森林防火规划编制和资源连清工作。

【森林资源补充调查】 楚雄州自1994年开展了森林资源二类调查以后，由于经费、人力等原因就未再开展过森林资源调查。所使用的森林资源数据全部是1994年的调查结果，给全州社会和经济的发展，尤其是给林业的发展带来了许多制约因素。为了摸清家底，搞准1994年以后全州森林资源的消长情况，州林业局在经费紧缺的情况下，挤出40万元，加上10个县（市）自筹60万元，由州林业规划勘测设计队和各县（市）林业工程技术人员一起，从2000年9月1日起，开始进行为期半年的全州森林资源补充调查。到12月底，调查人员已完成了对1488个样地的外业调查，转入资料汇总。

【森林病虫害防治检疫】 2000年，全州森林病虫害呈爆发趋势，发生面积达30.83万亩，而且病虫种类多。全州森林病虫害防治检疫部门按照“预防为主，综合治理”的方针和“谁经营，谁防治”的原则，多渠道筹集资金，加大生物防治面积，减少化学防治比例，以降低对环境的污染，提高害虫天敌数量，增强林分自控能力。全年全州共防治病虫害面积28.94万亩，防治率为93.9%，使用各类药物68吨，检疫林木种子61.13吨，检疫苗木32.73万株，检疫竹283万根，检疫木材17.76万立方米，检疫果品1332吨，检疫药材42吨，基本上控制住了病虫害继续蔓延的趋势。

【野生动植物保护收到实效】 2000年4月，结合“爱鸟周”活动，全州发放宣传材料7650份，挂图600张，挂大标语310条，宣传牌40块，举办知识讲座50次，法律咨询550人次，大力普及保护野生动物知识。同时与各新闻单位配合，宣传保护野生动物的经验、做法，对乱捕乱猎野生动物典型案件进行曝光，引起社会关注。在广泛宣传的基础上，配合森林公安的行动，查处野生动物案件232起；在全州147个集市，1641家餐馆进行执法检查，查出违法经营52家，处理违法人员55人，其中刑事拘留1人，判刑1人，收缴各类野生保护动物2177只（头、条），有力地打击了非法猎捕、经营、加工、出售野生动物的违法行为。在堵源的同时，全州林业部门放宽了政策，扶持和鼓励集体或个人繁殖驯养野生动物，在1999年14户的基础上新增12户，而且繁殖驯养品种增多，以满足社会对野生动物的需求。

【一平浪林场移交禄丰县管理】 楚雄州一平浪国营林场是云南省建立最早的大型国有林场，建场50年来在科学经营、多种经营上发挥了国有林场的骨干示范作用，为320国道和周边乡（镇）及一平浪煤矿、盐矿的生态环境建设作出了重要贡献。根据云南省人民政府关于森工企业实行属地管理的决定，经中共楚雄州委和州人民政府批准，2000年4月12日，州属一平浪国营林场全建制移交禄丰县人民政府管理，计划单列，迈开了全州林业管理体制继续深化改革的重要一步。

【全州林业系统理论研讨会】 2000年，根据省州党委关于开展“解放思想、更新观念大讨论”的决定，楚雄州林业局党委结合全州林业系统在调整结构促进发展中存在的实际问题，提出了10个讨论专题，于4月份分解下发全系统，发动职工广泛讨论。在群众讨论的基础上各县（市）林业局、乡（镇）林业站、国有林场和州属林业单位组织专人撰写了一批理论研讨文章。2000年8月27日至30日，州林业局党委召开了全系统“解放思想、更新观念”理论研讨会，百余人参加，有67篇论文在会上作了交流。经民主推荐，评出37篇优秀论文分别获一二三等奖，其中董光荣、柏雨风、陈桂莲、白永顺、龙德武等5人的论文获一等奖，被推荐参加全省林业系统理论研讨会交流。

【全省退耕还林会议】 2000年11月15日至19日，云南省人民政府在楚雄召开了“云南省退耕还林工作会议”，各地州市分管林业的副专员、副州长、副市长、农工部长、林业局长、试点县县长及其林业局长，省级28个厅局领导共180多人出席会议。云南省人民政府副省长黄炳生作报告，传达了全国退耕还林会议精神，总结了全省开展退耕还林试点经验，提出了2001年退耕还林工作意见。楚雄州人民政府代理州长夜礼斌出席会议并作了发言。

【杨建平等受国家奖励】 2000年6月14日，楚雄州林业局副局长杨建平、王绍彬分别被国家林业局授予“全国绿化造林先进个人”、“全国资源林政管理先进个人”称号；州森林病虫防治检疫站站长毕加勋被授予“全国森林病虫防治检疫先进个人”称号；大姚县林业局局长白永顺被全国绿化委员会授予全国绿化奖章。

〔董光荣〕

生物资源开发

【简述】 2000年，楚雄州生物资源开发创新工作在中共楚雄州委、州人民政府的领导下，紧紧围绕州委、州政府中心工作，积极推进生物资源开发产业发展，加大了规划、管理、协调和服务工作力度，取得了明显成效。年内，通过筛选和组织项目申报，全州又有7个竞争性项目作为省向银行推荐的生物资源开发创新项目。两个园区项目通过省的列项初审。与此同时，州委、州政府加大了全州生物资源开发创新工作力度，召开了生物资源开发创新产业会议，确定了实施“三区八大基地”建设的目标任务和要求，成立正处级机构，充实人员编制，使生物资源开发工作进入全面发展的新阶段。

【成立楚雄州生物资源开发创新办公室】 为加快楚雄州生物资源开发创新产业发展，经2000年12月15日州委常委会议讨论，决定在原有的楚雄州生物资源开发工程指导小组办公室的基础上成立楚雄彝族自治州生物资源开发创新办公室。州机构编制委员会下达了人员编制，明确了职能配置、机构设置。楚雄州生物资源开发创新办公室既是州人民政府直属正处级事业单位，又是州人民政府生物资源开发创新工作协调领导小组的具体办事机构，财政全额拨款，独立核算，人员参照公务员管理，内设综合科、规划发展科和项目管理科，核定编制15名。职能职责：（1）负责全州生物资源开发创新产业发展规划的调研、论证和制定；（2）负责全州生物资源开发创新产业政策的调研和起草；（3）负责全州生物资源开发创新产业园区项目的规划、论证、申报及生物资源开发专项资金的安排、管理；（4）负责全州生物资源开发创新产业园区项目建设资金、科技资金、项目贴息资金的申报，以及资金的使用管理；（5）负责全州年度生物资源开发创新产业发展计划的编制下达、统计和考核；（6）统筹协调部门间生物资源开发创新产业实施方案的制定、产业建设和产业资金安排等工作；（7）组织生物资源开发创新产业园区项目实施和产业项目的检查、督促和管理；（8）负责协调省、州生物资源开发创新产业项目信贷资金的落实；（9）负责全州生物资源开发创新产业招商引资工作；（10）负责绿色（有机）申报、认证的组织协调和服务工作；（11）负责全州生物资源开发创新产业项目、科技、市场和价格等信息的收集、发布等服务工作；（12）完成省州党委、政府和领导小组交办的其他工作。

【制定楚雄州绿色食品产业发展“十五”规划】 根据中共楚雄州委、州人民政府调整经济结构、培植后续支柱产业的部署，为搞好规划，指导开发，按政府领导要求，于1999年12月提出了“楚雄州绿色食品产业发展规划”编制提纲，委托楚雄光亚咨询公司编制。2000年2月形成规划初稿提交修改后，3月印送州级综合、管理部门领导和专家以及各县（市）人民政府征求意见。4月对各方面反馈的修改意见进行认真分析和综合，形成了讨论稿。4月14日州人民政府副州长吴莉华主持召开规划审评会，州人大常委会、州人民政府、州计划委员会、州体制改革委员会、州农牧局、州科学技术协会等部门的领导和负责人参加了会议，提出了进一步修改意见。6月16日，经对规划进行补充和修改，吴莉华副州长再次主持召开有关省、州综合管理部门参加的规划审定会议，对绿色食品产业发展的定位、目标、重点和布局、政策措施等主要内容进行了论证，并原则性通过审定，要求综合补充专家意见后，上报州人民政府。州委副书记胡有兰到会指导，并提出进一步修改的意见。

全州农业结构调整暨生物资源开发创新工作会

“楚雄州绿色食品产业发展十五规划”经修改补充完善后，于11月上报州人民政府。

【完成“中国昆明国际花卉节”有关任务】 按云南省人民政府的统一安排，楚雄州作为花卉节成员和任务单位之一，按“国内一流，国际先进”的总体要求，成立了以州人民政府副州长吴莉华为组长，副秘书长程宗文为副组长，有关部门为成员的工作班子，由州“18生物工程”办公室具体负责组织、协调和落实各项工作。楚雄州设计和制作的“彝州神韵”花车，参加了于2000年9月28日至10月3日开幕的“中国昆明国际花卉节”在昆明和呈贡主要街道的4次巡游和展示，向中外客商和游人再现了古老深远的彝族文化，宣传了彝州。“彝州神韵”花车设计和制作被省组委会授予“优秀花车制作”奖，同时获得荣誉证书和奖杯一座。

【“元谋甘塘印楝种植示范基地”等7个项目通过省初审】 2000年8月17日，经云南省人民政府生物资源开发创新联席会议审议通过，元谋万星生物公司承担的“元谋甘塘印楝种植示范基地”，一平浪大青绿色公司承担的“无公害瓜菜设施栽培高产示范”，楚雄星升公司承担的“滇红花软胶囊产品开发”，楚雄欣钰公司承担的“楚雄州万亩薯芋种植及初加工”，楚雄创新种苗发展有限公司承担的“果蔬良种引繁种基地建设”，武定县魔芋精粉加工厂承担的“武定县魔芋种植基地建设及加工”和楚雄州光达公司承担的“葛根、余甘子开发”等7个项目，被列入全省2000年度向银行推荐给予信贷支持的第一批生物资源开发创新项目。

【“楚雄医药工业园区”和“元谋生态蔬菜及制（繁）种示范园区”通过省评审】 2000年12月18日，“楚雄医药工业园区”和“元谋生态蔬菜制（繁）种示范园区”两个建设项目在昆明通过了由省园区建设协调管理办公室组织的评审。这两个园区建设项目是中共云南省委、省人民政府建设“绿色经济强省”，启动特色产业园区建设中的重要内容之一。楚雄医药工业园区由楚雄经济技术开发区规划建设，规划面积1500亩，首期规划建设500亩。基础设施投资8972万元。园内以天然药物资源的研究开发和生产为主，按水、电、路、通信和土地平整进行基础设施建设，为企业入园发展创造优质条件“平台”。元谋生态蔬菜及制（繁）种示范园区由元谋县人民政府负责，按“反租倒包”和征用荒山的方式进行规划建设，规划区由元谋黄瓜园小丙令和老城乡清和划地5000亩组成，总投资4380万元。

〔李存奇〕

蚕桑产业

【简述】 2000年，楚雄州把发展蚕桑作为调整农业产业结构、农民增收和财政增长的一项重要内容来抓。各级政府及蚕桑部门抓住机遇，务实创新，努力工作，使全州蚕桑生产发展及统一经营管理工作在上年的基础上取得进展。(1)进一步加大科技培训力度。楚雄州桑茧丝开发联营公司及早下拨培训经费，用于各县（市）蚕桑生产科技培训工作，并会同楚雄州科学技术协会在南华、姚安、双柏3个县的10多个乡（镇）开办农村致富技术函授大学蚕桑专业班，共培训学员485人，全州全年共培训在职人员66人、辅导员31人、蚕农10715人次（比上年增加2349人次），取得较好的效果，使蚕农栽桑养蚕的水平得到了提高。(2)超额完成了新植桑园的计划。年内全州计划新栽桑2100亩，实际完成2381亩，超计划281亩。新发展的桑园在立地条件、集中连片、桑水配套、成活率和良桑率方面都有了新的突破。(3)蚕种饲养量比上年增加1341张，达到11536张，占计划数12000张的96.1%。(4)蚕桑基地的基础设施建设得到进一步加强，新建了南华县五顶山乡蚕茧收烘站。(5)在全州6个县（市）实施2100亩低产桑园综合技改。(6)为加快种植业结构调整，各蚕桑基地县（市）相继制定了“十五”蚕桑发展计划。(7)经过各级各部门的共同努力，全州共收购级内鲜茧225.2吨，比上年增加10.9%；实现农业产值330.4万元，比上年增加33.7%；收购鲜茧均价14.6元/千克（不含税），比上年增加1.01元/千克；收购入库干茧94.5吨，比上年增加8.8吨，完成计划收购量110吨的85.9%。全年共销售干茧94.1吨（含姚安），实现销售收入494.2万元，楚雄州桑茧丝开发联营公司当年蚕茧经营盈利19.6万元，为地方财政提供农特税29.1万元，上缴国家增值税及附加17.1万元。

【蚕茧收购执法检查】 为认真贯彻国家茧价政策，维护正常的收购秩序，2000年8月23日由楚雄州经济贸易委员会牵头，由州工商局、州质量技术监督局和州桑茧丝开发联营公司组成的“楚雄州蚕茧收购执法检查组”到个体擅自参与抢购蚕茧问题比较突出的大姚县七街乡进行执法检查。检查组在认真听取七街乡人民政府、大姚县蚕桑站有关蚕茧收购情况汇报的基础上，按照“严格执法、促进发展”的原则及楚雄州蚕茧收购必须持有州工商局核发的《鲜茧收购许可证》和州桑茧丝开发联营公司核发的《蚕茧收购委托代购证》的规定，对七街乡个别参与抢购鲜茧的人员进行了查处。较好地维护了楚雄州的蚕茧收购秩序，促进了蚕桑生产发展。

【大姚县引资开发蚕桑产业】 2000年8月26日，大姚县人民政府与四川省成都市丝绸公司达成联合开发大姚县蚕桑产业的意向。10月22日至26日，在成都市丝绸公司的邀请下，大姚县人民政府组织有关人员前往成都市考察，同时签订了共同建设大姚万亩优质蚕桑基地的协议书。按照优势互补、合作开发、互惠互利的原则，计划在“十五”期间共同投资发展新桑园1万亩，每亩由成都市丝绸公司投入扶持发展资金160元，合计投资160万元，合作时间20年。并组建了“大姚县蚕业开发有限责任公司”，同时由成都市丝绸公司投入的首批扶持资金16万元已于12月底前到位。至此，大姚县蚕桑产业进入了全面发展时期。

〔符崇勇〕

水利水电

【简述】 2000年，楚雄州水利水电系统在各级党委和政府的领导下，在省有关部门关心支持下，抓住西部大开发的机遇，结合行业实际，制定了以水利生态农业建设为中心的农田水利建设方针，大干苦干战胜了地震和洪涝灾害，水利建设取得了较好成绩，连续4年获得了云南省人民政府的奖励。2000年，全州累计动工水利工程15766件，完工13862件，完成土石方工程量1603万立方米，劳动工日1761万个；全州灌溉面积累计达119.01千公顷（178.52万亩），比上年增加0.45千公顷（0.68万亩），其中：有效灌溉面积112.26千公顷（168.39万亩），林地1.16千公顷（1.74万亩），果园4.74千公顷（7.11万亩），牧草0.02千公顷（0.03万亩），其他灌溉面积0.83千公顷（1.245万亩）。全州水利化程度达到69.77%，比上年增加0.3%。在灌溉面积中，有效灌溉面积“九五”计划目标为168万亩，实际完成168.39万亩。2000年，全州有效实灌面积为95.21千公顷（142.82万亩）。旱涝保收面积76.28千公顷（114.42万亩），节水灌溉面积累计达到20.93千公顷（31.4万亩）。全州需治理易涝耕地面积8.58千公顷（12.87万亩），已治理面积为7.22千公顷（10.83万亩），其中2000年新增治理面积0.05千公顷（0.075万亩）。全州需治理盐碱耕地面积为1.08千公顷（1.62万亩），已累计治理1.02千公顷（1.53万亩）。2000年治理水土流失面积48.82千公顷（488.2平方公里），累计治理水土流失面积518.25千公顷（5182.5平方公里），超过了“九五”计划末累计治理5179平方公里的计划目标。2000年当年解决了15.03万人和6.08万头牲畜的饮水困难，累计解决了129.1万人和73.53万头牲畜的饮水困难，超过了“九五”计划末累计解决126万人、73万头牲畜的目标。至2000年底，全州累计已建成中小型水库1017座，总库容95765万立方米。其中：中型水库19座，总库容41619万立方米；小（一）型水库147座，总容库33472万立方米；小（二）型水库851座，总库容20674万立方米。坝塘累计达17892个，总库容16237万立方米。全州库塘总库容达111273万立方米。已建成万亩以上灌区17处，有效灌溉面积61.72千公顷（92.58万亩）。其中新增30～50万亩灌区2处（蜻蛉河灌区及元谋灌区），有效灌溉面积40.67千公顷（61万亩）。全州2000年水利工程年供水量11.003亿立方米（蓄水工程供水8.47亿立方米，引水工程供水1.92亿立方米，机电井供水0.10亿立方米，机电站及水轮泵供水0.45亿立方米，其他工程供水0.06亿立方米）。其中：为农业供水9.83亿立方米，为工业供水0.54亿立方米，为城镇生活供水0.56亿立方米。另外，为水力发电供水13.49亿立方米。供水量指标达到“九五”计划目标责任制的要求。

【楚雄州水资源微机管理试点工作通过省级验收】 2000年3月16日，受云南省水利厅委托，昆明市水利局一行5人组成验收小组对楚雄州水资源微机管理试点工作进行全面考核。验收小组认为：作为云南省水资源微机管理工作的试点单位之一，楚雄州的水资源微机管理试点工作领导重视，机构健全，做到了组织、人员、经费三落实，并按照试点实施方案全面完成了试点工作。通过试点，进一步增强了各级领导和人民群众对水资源管理重要性和必要性的认识，提高了水资源管理的科学化和现代化水平。专家验收组还对楚雄州水资源科学化管理提出了意见和建议。

【全州中型水库水文资料整编工作结束】 2000年3月10日至17日，楚雄州18件中型水库水文资料整编复审工作在南华县毛板桥水库进行。在省、州有关技术人员的指导帮助下，全体参审人员对1999年度各中型水库的观测资料进行了认真核对、审查；对输入计算机的各项原始数据进行了交换核对、审查；对计算结果进行全面分析和合理性检查。各水库参审人员通过共同努力，圆满完成了工作任务，达到了预期目的。

【南华县1999年度“长治”工程通过验收】 2000年3月29日，以水利部水土保持局胡甲均副局长为组长的“长江中上游水土保持防护治理”工程1999年度防治工作检查验收组一行8人到楚雄州南华县进行检查验收。验收组分组对财务、工程等的组织领导、治理任务、资金管理、预防监督和资料管理等方面进行了全面检查验收。检查组认为：南华县1999年的“长江中上游水土保持防护治理”工程质量高，并且小流域间、乡（镇）间发展均匀，达到治理一片、成功一片，工作有适度规模，治理开发思路明晰，措施之间比较平衡；能严格按“长江中上游水土保持防护治理”工程的“会计制度”办事，资金足额到位；档案文书资料管理比较完善，水土保持监督执法规范化建设基本达到要求。同时对南华县1999年度“长江中上游水土保持防护治理”工作提出了意见，要求正确处理山地开发与治理水土流失的关系，加强监督执法力度，争取达到水利部规范化管理要求。楚雄州要抓精品工程，建成“长江中上游水土保持防护治理”工程大样板，结合国家西部大开发战略，争取单独立项成为国家“生态水土保持大样板”。

【楚雄州水土保持生态环境监督管理规范化建设工作会议】 根据水利部和长江委有关文件通知，楚雄州分别被水利部和长江委列为全国水土保持生态环境监督管理规范化建设州和长江流域水土保持监督执法规范化建设州。楚雄州水利水电局于2000年4月20日至22日在楚雄召开全州水土保持生态环境监督执法管理规范化建设会议。会议要求全州各县（市）必须按水利部、长江委及省州对水土保持生态环境监督规范化建设的有关要求，认真总结“长江中上游水土保持防护治理”工程10年成效，建立健全水土保持预防监督执法机构，充实执法队伍；注重执法条件建设，使执法装备系列化，文书管理标准化，水土保持监督对象目标化；明确执法主体，严格执法程序，使水土保持监督执法行为合法化，方案审批制度化；加强“两费”的征收和管理，使水土保持“两费”征收规范化、治理示范化。各县水电局主管水土保持工作的领导、水保办主任、水土保持监督执法站站长、州水电局各科室及州人大经济工作委员会、州人民政府法制局、州财政局有关领导参加了会议。

【姚安“1·15”地震受损水工程恢复重建工作】 根据云南省人民政府地震灾区恢复重建现场办公会议的精神和中共楚雄州委、州人民政府对“1·15”姚安地震灾区恢复重建工作的安排和布置，州水利水电局及时组成“1·15”姚安地震水工程恢复重建工作领导小组，到重点受损的水工程现场认真察看灾情，分析研究恢复重建方案，并按照轻、重、缓、急的原则，组织州、县有关专家对重点受损的姚安县下口坝、马游和改水河小（一）型水库；大姚县妙峰和赵家冲小（一）型水库；南华县羊先冲和小古坝小（二）型水库进行了除险加固方案评审。领导小组要求，此次地震受损水工程的恢复重建要严格按照规范和规程认真做好勘测设计工作并按程序报批后才能实施；要严格按照《中华人民共和国招投标法》的有关规定做好招投标工作，坚持“三制”管理。争取按时按量完成各震损水工程的恢复重建工作，确保各震损水工程安全渡汛。在紧张抢险的同时，将有关震损工程和病险水库整编成册，及时向省和水利部报告，争取支持。在广大干部和技术人员的努力下，不仅未造成次生灾害，还争取到3200多万元的抢险除险资金，使灾害变成了机遇。

【楚雄州水电局4项科技成果通过鉴定验收】 2000年8月2日，由楚雄州科学技术委员会主持，邀请州级有关部门专家组成的鉴定验收组，对楚雄州水电局申请的4项科技成果进行了鉴定和验收。这4项科技成果分别是：龙川江“长江中上游水土保持防护治理”工程减蚀减沙效益研究、UPVC管在输供水工程中的应用、《云南省楚雄州水文手册》及大海簸水库安全鉴定综合研究。通过评审，专家认为，这些科技成果针对楚雄州实际进行调查研究，以大量实测资料为基础，以科学原理为据，列项准确、针对性强；技术路线正确，措施扎实，操作性强；采用先进、科学的研究分析方法，成果合理、可靠，具有十分显著的经济、社会效益。对全州水利工程规划、设计、施工和管理等都具有较好的推广应用和参考价值。

【楚雄州水利学会第四届会员代表大会】 2000年10月8日，楚雄州水利学会第四届会员代表大会在楚雄召开。大会听取和审议了州水利学会第三届理事会工作报告，讨论修改了《楚雄州水利学会章程》，选举产生了第四届学会理事会，提出了工作计划和安排意见。楚雄州水利学会提出，要把水资源的开发、利用、治理、配置、节约和保护，把水利、水土保持、生态环境建设和管理、水利新技术的推广应用、提高水利工程效益、提高广大水利科技工作者的知识水平和应用能力作为此后学会工作的主要任务。

【争取西部开发水利项目】 2000年是中央西部开发战略拉开序幕的关键年，楚雄州水利水电局审时度势，抢抓机遇，组织了一批适合中央西部开发战略的项目，并花大力气投入人力物力开展前期工作。到2000年底，全省准备上报中央3件大型水库中，楚雄州占了一件；重点病险水库除险项目第一批19件中，楚雄州占了4件；大型灌区改造11件中，楚雄州占2件；48件中型新建水库中，楚雄州占5件；其他项目如人畜饮水、集雨工程等，楚雄州也占有一席之地。这些项目的初选成功，为楚雄州持续进行大规模水利建设创造了条件。

【楚雄州冬春水利农田建设工作现场会】 2000年11月21日至22日，楚雄州人民政府在南华县召开全州冬春水利农田建设工作现场会。州委副书记、代理州长夜礼斌在会上作了重要讲话。会议要求，要坚持全面规划、统筹兼顾、标本兼治、综合治理的方针，经过5年努力，使全州水利化程度提高到75%、水土流失面积控制在国土面积的40%以下；遵循可持续发展原则、经济生态效益并重的原则、有所为有所不为的原则、因地制宜分类指导的原则，突出除险加固工程、加强城镇人口聚集区和公路沿线的水土保持工作、加强山区贫困地区的“五小”水利建设、搞活管理机制和筹资机制、积极协调抓住机遇争取上级支持五个重点；把农田水利建设与西部大开发紧密结合、与调整结构促进农业产业化结合、与扶贫攻坚解决贫困地区温饱问题相结合、与国家大规模实施天然林保护和水土保持工作相结合。抓住重点，攻坚克难，促使全州水利建设和水土保持工作在下一个五年计划中再上一个新台阶。州计委、州财政局领导和各县（市）分管水利的副县（市）长、水电局局长等100多人参加会议。

【青山嘴水库工程建设前期工作展开】 青山嘴水库的建设，是中共楚雄州委、州人民政府着眼于国家实施西部开发战略、促进彝州经济持续发展而作出的重大决策。青山嘴水库的建设在城区防洪、城镇供水、农业灌溉等方面都有较好的经济和社会效益。该项目由云南省水利水电勘测设计研究院承担水库工程项目建议书和可行性研究阶段的勘测设计工作。2000年内已设立相应的项目机构，组建了规划组、水文组、测量组、地勘组、设计组、水土保持和环境评价组、概算经济评价组、施工组等共8个小组开展工作。至年底，库区淹没处理和永久工程占地调查及移民安置规划报告、青山嘴水库专用水文站建设、库区一带地形测量、库区地面水质监测等工作都正在紧张有序进行。计划到2001年2月前完成青山嘴水库预可行性研究设计，2001年12月前完成可行性研究设计。

【楚雄州渔业养殖结构调整取得阶段性成果】 2000年，楚雄州完成稻田养鱼12.57万亩，鱼产量1637吨，放养鱼种3348.05万尾，养殖户达到71260户，平均单产达到12.8千克，比1999年平均单产9.8千克增长30.6%。同时根据水产品的市场需求，推广了水库化肥养鱼，使水库鲢、鳙鱼产量和银鱼产量稳步增长。根据池坝塘和水库网箱养鲤成本上升这一客观事实，在推广应用综合增产技术措施、降低养殖饲料的同时，围绕市场从两个方面调整养殖结构，一是调整养殖方式，狠抓稻田养鱼和水库施肥养鱼。二是调整养殖品种，在池坝塘和水库养殖中，降低鲤鱼放养比例，提高鲢鱼和草鱼比重，推广彭泽鲫和高背鲫养殖，全州先后引进美国鮰鱼、月鳢、罗氏沼虾、虹鳟等进行试验性养殖，现均已取得阶段性成果。

【全州农村水电初级电气化建设和电力扶贫“村村通电”工程按期完成】 楚雄州元谋、武定、永仁、大姚、双柏等5个在“九五”期间列入全国第三批农村水电初级电气化建设的县，经过近5年的努力，电气化建设任务全面完成，农村水电初级电气化各项经济、技术考核指标均已达到《小水电供电区农村初级电气化标准》要求。2000年1月至7月，5个县分别顺利通过了由云南省计委、省水利厅代表省人民政府组织的达标验收。按照省的安排，楚雄州5个电气化县的电力扶贫“村村通电”工程由州水利水电局负责，自1997年组织实施以来，到2000年下半年，“村村通电”的计划任务已全面完成。通过“村村通电”工程建设，使5个县原来未通电的62个边远、贫困村公所（办事处）的群众用上了电，共受益1.3万户，人口6万余人。使原来用电极不可靠，电能质量很差的地区，供电能力和供电质量大为提高。该工程的实施，对加快这些地区的脱贫步伐，促进当地经济发展和社会稳定，发挥了显著的作用。

〔张怡雯〕

气　象

【简述】　2000年，楚雄州气象部门认真开展各项工作。(1) 强化了以财务制度为核心的内部管理，实现了财务统一归口管理。着力审计整顿了州、县气象局机关及其实体的财务，健全了制度。(2) 强化基础业务管理，进一步提高人员素质，气象现代化建设再上新台阶，实现了地面气象测报发报、报表制作微机化，建立8县（市）PCVSAT卫星单收站并投入业务运行。(3) 气象服务在努力实现“三满意”的过程中，不断创新，“旅游与气象”、生态环境指数预报等服务项目的开展，拓宽了服务领域，丰富了服务内容。(4) 云南省气象部门创建文明行业工作现场经验交流会在楚雄召开，极大地促进了楚雄州气象部门精神文明建设的发展。截止2000年底，全州气象部门文明单位建成率达100%。(5) “1·15”地震恢复重建和州气象局机关办公楼维修工作有序进行，科研、教育等各项工作取得了较好的成绩。气象事业在改革中前进，在发展中壮大，发展后劲不断增强，呈现出良好的发展势头。

【气象服务走入大众生活】　楚雄州未来24小时霉变指数预报、着装指数预报、冷暖指数预报、体感温度预报于2000年4月30日投入业务运行。这4项专业气象服务项目是楚雄州气象台按照州气象局的要求，根据有关原理，并结合本地实际情况，由州气象台预报人员自己编制软件开发而成，并将得出的预报产品及相关提示信息放到网上提供给用户。7月25日（火把节），州气象局、州旅游局、州广播电视局联合开办的“旅游与气象”栏目正式开播。它从不同角度系统地、更全面地介绍彝州各地的风景名胜、旅游景点、民族风情、民族节日，使该栏目更贴近百姓、贴近生活，受到广大观众与游客的好评。

【防雹减灾】　2000年入春以来，受副热带高压外围偏东气流和东风波影响，楚雄州强雷雨、冰雹、大风灾害是近几年来最严重的一年。面对严峻的防雹形势，全州各县（市）人工降雨防雹办公室按照州委、州人民政府和云南省气象局、省人工降雨防雹办公室的安排布置，全州10县（市）提前近一个月积极开展了人工防雹工作。4月份完成雷达技改并投入业务运行。2000年全州的人工防雹工作历时152天，州人工降雨防雹办公室雷达开机984次，申请空域354次，指挥作业76天；10县（市）共设作业点52个，参与指挥作业人员206人，作业876次，使用400米火箭弹3708发，三七高炮弹12928发。有效减轻和避免了冰雹灾害的发生，安全圆满地完成了2000年的人工防雹工作，为全州粮烟丰产增收作出了积极的贡献。

【云南省气象部门创建文明行业工作经验现场交流会】　2000年8月9日至10日，云南省气象部门创建文明行业工作经验现场交流会在楚雄召开。全省12个地州（市）、县气象局有关领导及地方精神文明建设指导委员会办公室领导近50人参加了会议。中国气象局、云南省精神文明建设指导委员会办公室及中共楚雄州委、州人大常委会、政协楚雄州委员会等有关同志到会指导。会议交流了各地创建精神文明工作经验，研究部署了以后一段时期全省气象部门的精神文明建设工作。

【云南省防雷安全专项检查组首次到楚雄检查】　云南省人民政府首次防雷安全专项检查组一行7人，自2000年9月19日至23日对楚雄州进行为期5天的防雷安全专项大检查。检查组通过听、查、看、问的方式，对楚雄州石油公司、楚雄卷烟厂、中国银行楚雄州分行3家和禄丰、武定两县进行了防雷安全检查。检查组充分肯定了楚雄州开展防雷安全工作10年来取得的成绩，指出存在的问题，并就下步工作提出了要求。通过检查，促进了楚雄州的防雷安全管理工作。

【气候基本情况】　2000年楚雄州气候特点为：年平均气温偏低，春温不稳，冬季寒潮和雪灾严重，春初晚霜冻严重，春夏降水偏多，雨季开始稍偏早，但参差不齐，汛期局部洪涝、暴雨、冰雹、大风突出，气候对农业生产的影响与历年相比较属中等年景。(1) 温度：全州10县（市）年平均气温16.0℃，较1999年偏低0.9℃，比历年平均偏低0.3℃，其中除楚雄、牟定偏高0.6℃、0.2℃以外，其余均偏低0.2℃～0.6℃，局部（元谋、永仁）偏低0.9℃～1.3℃。（2）降水：2000年全州年平均降水量为968毫米，比历年平均值偏多135毫米，其中除武定比历年平均值少96毫米外，牟定、姚安、楚雄、南华、双柏、大姚均偏多119毫米～303毫米，其余县偏多15毫米～77毫米。汛期雨水持续偏多，区域性强降水突出，雨季开始早，结束也早。（3）日照：2000年全州10县（市）日照时数在1751.8小时～2539.0小时之间。与历年相比，全州平均偏少211.8小时，除南华偏多313小时外，其余9县（市）均比历年偏少117.3小时～612.7小时，楚雄市偏少最为突出；按月份分全州除11月、12月比历年偏多4.6小时、11.2小时外，其他月份比历年偏少，尤以5月、3月偏少明显。

【气候与农业生产】 在2000年的农作物生长过程中，从气候条件来看，小春作物生长期间日照充足，降水正常偏多，2000年春季（1～4月），全州降水量比1999年偏少18.2毫米，比历年平均偏多11毫米，对小春作物生长期是有利的。但由于春温偏低，全州平均13.0℃，与1999年相比平均偏低2.1℃，比历年平均偏低0.5℃，又出现了雪灾加霜冻。1月30日的雨雪天气是1983年以来最大的一次降雪天气，雪后又产生重霜冻低温天气，对小春作物危害较大，中高海拔地区小春作物和元谋热坝地区花卉蔬菜遭受严重损失，导致2000年小春粮食较1999年减产3627吨。大春作物生长期间雨季开始稍偏早，全州雨季开始最早是双柏（5月12日），最晚为永仁（6月20日），多数县（市）在5月中、下旬，为正常偏早，进入雨季后降水时空分布相对均匀，5～6月雨量全州平均为254.3毫米，比历年平均值偏多39.6毫米，给大春作物的适时栽种创造了有利条件，保证在最优节令按质按量地完成大春栽种，为大春作物丰收奠定了基础。6～7月日照相对常年偏少，作物生长缓慢。成熟期推迟5～10天。7～10月多雨，局部洪涝和风雹灾害严重。由于加强防范和管理，大春粮食喜获丰收。2000年农业气候特征为光温正常偏少，降水偏多，无干旱发生，满足了农业生产。雨季开始和结束早，雨水好，夏季阴雨少日照，主汛期降雨偏多，风雹灾害发生频繁，秋季无连阴雨，对大春生产利弊兼有，雪灾加霜冻使小春粮食减产，但总的来说2000年是一个对工农业生产利弊兼有的中等气候年景。

【主要气象灾害】 2000年，楚雄州气象灾害的主要特点是：冬春雪灾、霜冻；汛期局部洪涝灾害，冰雹、大风、雷雨突出。1月30日至31日，全州除元谋县城外，出现的雪暴天气，致使小春粮食作物受灾102.7万亩，其中成灾57.21万亩，绝收20.77万亩。2月28日出现的低温冻害使小春作物受灾86.97万亩，其中成灾45.97万亩，无收18.87万亩。7月7日至8日，全州普降中到大雨，局部地区暴雨，致使一些乡（镇）遭受洪涝灾害；8日，全州平均降雨量30.9毫米，各县降雨强度大的有禄丰县广通镇大过坝小（一）型水库7日20时至8日12时降雨106.5毫米；姚安县光禄镇大康朗小（一）型水库8日8时至15时降雨93.8毫米；大姚赵家龙潭小（一）型水库8日降雨121.5毫米。至7月11日，全州有4个县15个乡（镇）受灾，因灾死亡1人，此次灾害，造成直接经济损失1285.38万元，其中水利设施损失230.2万元。7月14日16时30分，大姚县湾碧乡发生了前所未遇的大风，到16时50分，大风、暴雨和冰雹同时出现，至20时降雨量达54毫米，造成该乡13个村公所受灾，直接经济损失215.364万元，其中水利设施损失38万元，农作物经济损失103.164万元。7月14日19时至16日8时，武定县东坡、万德、高桥3乡（镇）发生大风、暴雨、冰雹灾害，直接经济损失209.2万元。7月15日18时至19时，楚雄市富民、苍岭两镇突降冰雹成灾，直接经济损失35.0212万元。

〔谢希苹〕

工　　业

地质矿产

【简述】　2000年，楚雄州各级地矿行政管理部门按照国土资源部和云南省国土资源厅的统一安排部署，在中共楚雄州委、州人民政府的领导下，结合中央“人口、环境、资源”会议精神，按照江泽民同志“实行最严格的资源管理制度”的指示，认真贯彻“在保护中开发，开发中保护”的总原则，坚持可持续发展战略，继续深化矿业权、探矿权的改革，以矿业集约化规模为目标，以科学技术为动力，以勘查区块登记、采矿登记、矿业权出让转让审批为基本调控手段，促进全州经济结构调整，优化矿业生产要素的配置。以发展为主题，结构调整为主线，不断提高地矿行业人员的业务素质和政治素质，努力推进“三五”普法进程，增强采矿权人对矿产资源的忧患意识和国有意识，促进矿产资源的有序科学开采。提高地矿行政人员执法水平，做到依法行政、持证上岗、亮证执法。坚决查处无证采矿、滥挖乱采、无序开采的违法行为，依法取缔不具备安全生产条件的矿山企业，切实保护人民生命财产和安全。结合国家实施西部大开发的历史机遇，主动开展工作，面向基层，搞好服务，创造条件，为矿山企业牵线搭桥，招商引资，开发利用楚雄州丰富的矿产资源，把楚雄州资源优势变成经济优势。1999年经云南省人民政府验收，楚雄州矿业秩序实现全面好转，在这一基础上，把矿业秩序治理整顿作为一项日常性、经常性工作，常抓不懈，防止出现回潮，为早日达到矿业秩序根本好转而努力。积极争取云南省国土资源厅到楚雄州开展地质勘查，9个地质找矿项目已相继开工，一批发展前景广阔，经济价值潜力大的矿产资源已经查明查清。为更好地开发利用矿产资源提供了条件。加强采矿权的管理，开展小矿地质监测，做好小矿储量审批工作，规范办证程序，提高办证质量，按新的制度和要求换发采矿许可证。积极会同楚雄州环境局开展生态环境治理整顿工作。楚雄州矿业经济经历3年亏损后，2000年一举实现了扭亏为盈，矿业全行业盈利344.62万元，工业销售产值47565.70万元，实现矿产品销售收入45024.71万元，楚雄州矿业经济发展总体态势正朝持续健康的方向发展。

【对西静河、河前河流域和尹家嘴水库砂石场进行治理整顿】　2000年5月26日，楚雄市人民政府召开现场办公会，专题研究西静河、河前河、尹家嘴水库上游砂石场的清理整顿工作，并邀请新闻媒介进行追踪采访报道，造成声势，市法院、计委、矿管等部门人员参加现场办公会，经过现场视察后，决定采取以下措施：(1)对西静河、河前河、尹家嘴水库流域的22个采石场进行清理，无证经营的6月10日前取缔，关闭完毕，其余持有效证照开采的8月底前关闭完毕；(2)对关闭矿点环保治理和植被恢复由矿管办会同有关部门提出恢复方案，督促执行，对业主历年欠缴的矿产资源补偿费一次清缴；(3)关闭后，经规划论证，符合条件可继续开采的，在8月份后重新审批办理证照，方可继续经营；(4)成立由市长任组长，副市长、计委主任任副组长的楚雄市西静河、河前河流域和尹家嘴水库上游砂石场清理整顿工作领导小组。经过治理，楚雄市矿业秩序明显好转。

【9个地质勘查项目相继展开】　为了把楚雄州丰富的矿产资源尽早开发利用，楚雄州各级地矿行政主管部门积极协调和争取上级有关部门及地勘队伍到楚雄州各县（市）开展地矿找矿工作，2000年地质找矿在前几年的基础上又有突破性进展，全年共有9个地质找矿项目在楚雄州境内相继展开，投入资金360万元。这9个地质找矿项目是：(1)云南省楚雄市西郎金矿普查；(2)云南省牟定县安益铂钯矿普查；(3)云南省牟定县碗厂铂钯矿普查；(4)云南省楚雄市西舍路金矿普查；(5)云南省南华县官地山金矿普查；(6)云南省南华县诸葛亮金矿普查；(7)云南省南华县旧村金矿普查；(8)云南省小水井金矿普查；(9)云南省南华县大龙塘金矿普查。

【矿业开发取得新进展】　楚雄州境内矿山企业矿产品销售由于受国内国际市场因素的影响，矿产品销售不畅，价格下跌，矿山企业连续3年严重亏损。2000年，楚雄州各级政府采取扭亏增盈有力措施，引导各企业走集团化集约化经营路子，全州矿业再度实现扭亏为盈，矿业全行业盈利344.62万元。因宣告破产的牟定铜矿2000年度亏损达984万元，导致全行业的盈利下降。盈利较多的开采业有建材类（298.76万元），钛矿（257.00万元），盐矿（247.14万元）。税金总额大幅度增加，矿产业税金总额实现了5027.67万元。纳税较多的矿种为铜矿（1733.89万元）、盐（1228.62万元）、煤（1224.94万元）、建材类（385.16万元）、铁矿（205.92万元）及钛矿（164.00万元）6种，其税金总额达4942.53万元，占全行业纳税总量的98%。

【永仁纳拉煤矿移交四川省攀枝花市】 纳拉煤矿区范围问题是四川省、云南省多年历史遗留问题，也是一项川滇两省一直未能解决的老大难问题。根据国务院对煤炭关井压产的政策，云南省人民政府和楚雄州人民政府决定将纳拉煤矿列入关闭的国有煤矿范围，煤矿已于2000年5月14日闭坑停产。云南省国土资源厅有关领导多次深入矿区进行实地调研，专题写报告呈国土资源部请求协商解决。2000年11月24日，在云南省国土资源厅副厅长王学龙及其他有关人员的陪同下，曾绍全司长一行赴楚召开专题会议对纳拉煤矿问题进行协调解决。在专题会上，川、滇双方代表各自发表了自己的看法。曾绍全司长提出具体要求：(1）云南四川两省是近邻友好省，双方要从讲政治高度解决纳拉煤矿；(2）解决办法在“承认历史，尊重事实”的基础上，本着互谅互让的原则协商解决。在国土资源部、云南省国土资源厅及四川省国土资源厅的协调下，楚雄彝族自治州与攀枝花市人民政府经友好磋商，终于2000年11月24日下午由楚雄州人民政府副州长李兴旺及攀枝花市人民政府副秘书长梁治玉代表双方政府在楚雄签订协议，使这一长期搁置问题落下帷幕。按协议，永仁县人民政府发布了《关于将永仁县纳拉煤矿移交四川攀枝花市的决定》。2000年12月28日，楚雄州永仁县人民政府和四川省攀枝花市仁和区人民政府在纳拉煤矿举行移交仪式，双方代表在移交书上签了字，楚雄州和攀枝花市有关方面分别派代表出席仪式。纳拉煤矿的正式移交标志着云南、四川两省多年悬而未决的老大难问题顺利解决并画上了圆满的句号。

【楚雄州采矿许可证换证工作接近尾声】 采矿权管理是地矿行政管理的重中之重，楚雄州地矿行政部门根据《矿产资源开采登记管理暂行办法》、《云南省矿产资源开采登记管理暂行办法》等有关法律法规，结合楚雄州实际编制了《楚雄州开展采矿许可证换证工作和实施方案》，经云南省国土资源厅批准，自1999年启动实施换证工作以来，至2000年，经过全州地矿行业人员的共同努力，要求换证范围的属省换证的15个、州级换证的58个和县（市）级换证的479个，已完成应换证工作的95%，换证扫尾工作正有条不紊地进行。

【云南省矿业资源储量套改技术培训班】 2000年2月17日至18日，云南省国土资源厅在楚雄市举办了云南省矿产资源储量套改技术培训班。云南省各地州市地矿行政主管部门、工业主管厅（局）地矿主管部门、大中型矿山企业的负责人，矿产资源储量管理人员共100人参加培训，培训内容为：(1）全国矿产资源储量套改会议的有关精神；(2)《固体矿产资源储量分类》国家标准；（3）储量套改技术要求；(4）矿山调查表的填报要求。省地矿厅副厅长李晓明出席了开班典礼并讲了话。

【矿产资源补偿费征收入库任务顺利完成】 2000年，云南省国土资源厅下达楚雄州矿产资源补偿费等任务数为120万元。面对部分大中型企业资源枯竭、费源减少的不利局面，各级征管人员克服畏难情绪，不留征费死角，重点对征收薄弱环节砂石料场进行清缴和追缴。经过征管人员共同努力，全年共征收入库补偿费1245595.66元，超额完成云南省国土资源厅下达的入库任务数。

【开展生态环境和矿业秩序治理整顿】 2000年，根据《云南省人民政府关于实现矿业秩序根本好转工作实施意见的通知》及楚雄州人民政府《关于开展矿业秩序和生态环境治理整顿实现矿业秩序根本好转以良好的生态环境迎接西部大开发的通知》精神，由楚雄州计委、楚雄州环境保护局抽人组成生态环境与矿业秩序整顿工作组，深入各县（市）进行检查、协调、指导、督促，狠抓落实，这次重点治理整顿的对象是：(1）公路沿线以及可视范围内的矿山企业和个体采矿特别是挖沙采石；(2）无证非法采矿的矿山企业和越界非法开采的矿山企业和个体采矿；(3）生态环境保护和恢复工作不适应要求，对生态环境影响大，破坏严重的矿山企业和个体采矿；(4）长期拖欠国家法律、法规规定缴纳税费的矿山企业和个体采矿；(5）未经县级以上地矿行政管理部门的批准，未按规定办理采矿登记、审领采矿许可证，乡（镇）以下机关越权批准开办的矿山企业；(6) 未进行环境影响评价或环境影响评价报告未经过环保部门审批的矿山企业和个体采矿；(7) 无生态环境保护和恢复、治理方案、措施的矿山企业和个体采矿。整顿中由于各级领导重视，齐抓共管，措施得力，方法对路，对一些严重破坏地质地貌、影响自然景观的采挖石场作了关闭处理，对未进行环境影响评价的限期进行了评价，并报环保部门审批，经环保部门审查达不到要求的予以关闭。查处了一批群众反映强烈，破坏环境，严重造成水土流失的经营者。

〔李鹏宁〕

煤炭工业

【简述】 2000 年，在中共楚雄州委、州人民政府的正确领导下，全州煤炭工业战线上的广大职工、干部，在外部经济运行环境条件仍然十分严峻的情况下，团结协作，顽强拼搏，努力创造条件，摆脱困境。州属吕合煤矿改制为国有控股企业后，重新注册，企业更名为燎原煤业有限责任公司。永仁县纳拉煤矿顺利关闭。州经贸委继续抓好控制总量、关井压产工作。2000 年末，全州煤炭行业实现工业总产值（1990 年不变价）1005 万元，现价总产值 1763 万元，销售收入 1599 万元，产销率为 90.67%。主要产品产量（全社会）：原煤 95.9 万吨（其中系统内 22.22 万吨，州属企业占 19 万吨）。按品种分：无烟煤 27 万吨，烟煤 53 万吨，褐煤 15.7 万吨。

【吕合煤矿扭亏脱困工作见成效】 吕合煤矿主要生产褐煤，为楚雄州直属国有企业。2000 年，在煤炭行业控制总量、关井压产和两烟"双控"的大趋势下，认真贯彻落实州委、州人民政府的经济工作思路，正确处理好改革、发展、稳定三者间的辩证关系，苦练内功，强化管理，在资金短缺，融资渠道不畅，企业负担过重的情况下，努力开拓市场，扩展销路，提高营运效率，在产量同比减产 2.3% 的情况下，现价工业总产值同比增长 26.6%，产品销售收入同比增长 9.5%，产销率达 91%，企业实现利润总额明显增长。亏损总额同比降低 141 万元。完成州人民政府年初下达控亏 150 万元的目标任务，得到州人民政府奖励。同时企业还进行了改制工作，初步建立现代企业制度，重新登记注册为楚雄燎原煤业有限责任公司，成为楚雄州地方煤矿第一家国有控股企业。

【煤炭行业关井压产工作成效明显】 煤炭行业关井压产总量控制是国务院作出的重大决策。根据国务院、国家经贸委和省人民政府关于关井压产、总量控制工作的方针政策，2000 年以来，在州委、州人民政府和州关井压产领导小组的正确领导下，在巩固 1999 年关井压产工作成果的基础上，经各县（市）人民政府认真组织，扎实努力工作，在各级各部门通力合作，大力支持下，楚雄州 2000 年关井压产、总量控制工作取得明显成效。较好地完成了省人民政府下达楚雄州的关井压产、总量控制目标任务。至 2000 年末止，全州共取缔非法无证矿井 7 处，关闭布局不合理和不具备安全生产条件的矿井 36 处，生产原煤量 46.2 万吨，使全州煤炭生产逐步走向了依法办矿、依法管矿的法制化轨道。

【向煤炭经营企业核发资格证书】 根据国务院、国家经贸委和云南省整顿煤炭经营秩序领导小组的指示，楚雄州人民政府于 2000 年 5 月 10 日成立了"楚雄州整顿煤炭经营秩序领导小组"，迅即开展了全州煤炭经营秩序的整顿工作。同时，各县（市）也相应建立了整顿煤炭经营秩序领导小组和办公室，开展此项工作。经各县（市）清理，全州共有煤炭经营和出售煤产品的企业 116 户，其中 1998 年整顿时取得经营资格证的 22 户，停产半停产企业 18 户，无任何证照的企业 12 户，从事加工烽窝煤销售的企业 23 户，同时兼营煤炭的企业 41 户。经楚雄州整顿煤炭经营秩序领导小组办公室认真贯彻学习《煤炭经营管理办法》以及国家和云南省整顿煤炭经营秩序领导小组办公室的一系列有关文件，在企业自愿申报的基础上，新申报办证 25 户。取缔了无任何证照的非法经营企业 12 户。

〔钮学良〕

机械工业

【简述】 2000 年，全州机械工业战线上的广大职工、干部在各级党委、政府的正确领导下，认真强化企业内部管理，继续狠抓企业扭亏增盈工作，千方百计开拓适销对路的产品和市场，打开了机械主产品销路，基本保持了机械工业生产、经营活动健康稳步发展的局面。2000 年末，全州机械工业实现工业总产值（1990 年不变价）9259 万元，现价工业总产值 10225 万元，销售收入 10559 万元，产销率 103.27%。工业总产值、销售收入两项指标同比分别增长：10.75%、7.83%。产销率同比增加了 8 个百分点。主要产品产量：小型农用拖车4396辆，小型旋耕机3904台，活塞销48.86万只，汽缸套27.1万只，轴承67万套，钢球677万粒，水泵327台，粮食加工机械5150台，饲料加工机械4792台，收割机械5799台，建筑机械43台。主要电器产品：变压器42090千伏安，高压开关柜1752台，低压开关柜9860台。

【"金山"牌系列汽缸套产品获云南省首批名牌产品称号】 禄丰县缸套厂生产的系列缸套产品质量稳定优良，多次被评为优质产品。2000年，楚雄州实施名牌战略领导小组按《云南省名牌产品认定和管理办法》要求，将禄丰县缸套厂生产的"金山"牌系列汽缸套产品上报省名牌产品认定委员会评审，经省评审委员会评审后，被认定为云南省首批名牌产品，并授予名牌产品证书。

【禄丰缸套厂等二企业升格为中二型企业】 2000年，根据国家《大中小型企业划分标准》和国家经贸委、国家统计局有关文件规定要求，全州对"九五"期间扩大发展为中型以上的工业企业进行了申报审核，经省经贸委、省统计局和中共云南省委企业工委审查认定，楚雄州禄丰县缸套厂、楚雄市华力机械有限责任公司升格为中二型机械制造企业，并发文公布确认。

【楚雄州变压器厂新型变压器开发项目获州科技进步一等奖】 楚雄州变压器厂结合国家开展的农村电网改造实施一户一表工程，积极开发科技含量较高，节能效果更好的S9型系列变压器，以满足农村电网大规模改造需求。该项新产品投放市场后，很受用户欢迎，并得到电力部门认可，纳入农网改造项目招投标设备定点生产企业。使企业新产品在农网改造市场中占有一席之地。该项新产品开发项目经有关部门评审后，被州人民政府列为楚雄州2000年度科技进步一等奖。

〔钮学良〕

电力工业

【简述】 2000年，楚雄州新增发电装机3台，容量680千瓦；新增高压输电线路1526公里；新增供电变电站3处3台，容量8300千伏安，配电变压器容量66275千伏安。年末全州有发电站46处，发电机93台，总容量89987千瓦。拥有高压输电线路14987公里，其中110千伏213公里，35千伏1221公里，10千伏13553公里；拥有供电变电站59处101台，总容量372930千伏安，其中110千伏变电站4处7台，容量143000千伏安，35千伏变电站55处94台，容量229930千伏安；配电变压器523972千伏安。全年发电量36832万千瓦时，其中火电发电量374万千瓦时，水电发电量36458万千瓦时（老虎山电站2000年6月24日并入省网运行，上网电量10096.2万千瓦时）。全州年末拥有用电设备507361千瓦，地方全年总供电量78114万千瓦时，滇中电业局直供电量41753.9万千瓦时。全州128个乡（镇）通电率100%，1131个村（居）委会通电率100%，人均年用电量419千瓦时，户均年生活用电量335千瓦时。全州有独立核算电力企业26个，电力工业从业人员2597人，农村电工3790人。

2000年，楚雄州总售电量60038万千瓦时，直接上省网电量10547万千瓦时，网损率9.64%，售电总收入23353万元，年利润总额1265万元，上交税金2227万元，地方电力企业固定资产净值46130万元，全年投入电力建设资金12736万元，其中电源建设893万元，电网建设11391万元，其他建设452万元。

【楚雄州人民政府就小水电上网问题致函云南电力工业局】 2000年1月6日，楚雄州人民政府就老虎山电站等小水电上网电量及电价问题致函云南电力工业局。函中根据州委、州政府1月5日召开的专题办公会议决定，就老虎山等小水电上网电量、电价等问题向省电力工业局提出如下建议：建议收购楚雄州老虎山电站、大响水电站、花桥等小水电上网电量1.4亿千瓦时；建议上网电量的综合电价为每千瓦时0.172元；3～5年内，系老虎山电站的还贷高峰区，建议在此期间不考核枯水期上网电量。

【州电力公司召开安全生产工作会】 2000年3月26日至27日，楚雄州电力公司召开安全生产工作会，公司党政工领导及各基层单位主管安全生产的人员58人参加了会议。会议传达了省、州安全生产工作会议精神，总结了上年度公司安全生产工作的成绩和不足，并对先进集体和个人作了表彰，布置了2000年的安全生产工作任务。

【禄丰县电力公司加快农网改造进度】 禄丰县电力公司为加快农网改造"一户一表"工程施工进度，于2000年4月20日制定出"一户一表"工程施工考核办法，对全体施工人员进行严格的经济责任挂钩考核，收到明显效果。该公司农网改造“一户一表”工程由公司组织本单位职工施工。工程施工初期，由于没有经济考核措施，施工效率较低，工程进展缓慢。为此，公司通过制定《农网改造“一户一表”工程施工任务及经济挂钩考核办法》，对施工任务指标的下达、施工进度、工程质量、工程成本及任务完成情况等均实行工资总额经济挂钩考核。实施6个多月来，工作效率有较大的提高，工程质量有了保证，施工进度明显加快，施工成本有所降低。

【楚雄州老虎山电站电量上网座谈会】 2000年4月18日，楚雄州人民政府与云南电力集团公司本着“尊重历史，承认现实，规划未来，共同发展”的精神，就老虎山电站电量上网问题进行了友好、坦诚的协商。云南电力集团公司总经理朱志强、副总经理盛九龄、原总工程师王庆昇及楚雄州人民政府常务副州长保明虎、滇中电力局局长张祖华、楚雄州电力公司经理曹永年等12人参加了会议。通过会谈，双方就上网电量和电价等有关问题达成了共识，并要求楚雄州电力公司尽快与云南电力集团公司重新签订有关并网协议、调度协议和购售合同，与滇中电力局一起尽快开展上网的准备工作。

【楚雄州电力公司开展安全规程培训】 2000年5月28日，楚雄州电力公司《安全规程作业人员操作证》第六期复审培训考核结束。该公司在多年坚持工人技术等级培训、职工业务知识和技能培训的同时，认真把两年一度的《操作证》复审考核作为安全生产的一个重要环节来抓。1999年底开始的第六期复审培训考核，公司领导认真布置，组织教学，教学人员克服工作任务重、生产人员分散等困难，把培训、考场设在基层厂站，在落实考核工作的同时，保证了公司发、供电生产的顺利进行。这次安全规程培训考核已完成526人，达到省经贸委提出的100%持证率的要求。

【南华县电力公司公布用电投诉电话】 2000年6月10日，南华县电力公司以文件形式向全县12个乡（镇）政府、130个村公所（办事处）公布了用电投诉电话。投诉采用三级投诉管理的办法：一级投诉为县电力公司所属的各供电所；二级投诉为公司办公室；三级投诉为公司党办。用户可越级投诉，直至满意为止。同时，各供电所还设立了举报箱、意见簿，每天指定专人收集、查阅处理，规定最迟在15个工作日内答复用户。电力公司的这一举措，受到了广大用户的好评。

【老虎山电站发电量并入云南大电网】 2000年6月14日，老虎山电站发电量通过改建的输电线路，直接输入云南省滇中电业局西郊变电站，并入云南大电网运行。举全州之力建设的楚雄州老虎山电站，总装机3.7万千瓦，总投资2.77亿元、1998年10月建成发电，1999年12月顺利地通过州电网与省电网并网运行。在各级政府不懈努力下，云南电力集团有限公司与楚雄州电力公司老虎山电站签订了《并网协议》、《2000年度购售电合同》、《调度协议》，并通过改建后的110千伏输电线路直接并入滇中电力局电网运行。

【禄丰县电力公司进行线路安全检查】 2000年7月23日至25日，禄丰县电力公司抽调生产技术人员进行了夏季线路安全大检查。检查的范围是：公司所属35千伏、10千伏线路及用户10千伏线路的导线、电杆、瓷瓶、横担、顶套、拉线以及变压器、油开关、断路器、避雷器等。要求检查人员详细记录检查出的事故隐患，能及时排除的必须即时排除；不能及时排除的，统计汇总后由公司统一安排进行处理。用户产权线路事故隐患即时反映给产权用户整改。通过逐杆逐线和逐个设备的检查，一些设备隐患被清除在萌芽之中。

【南华县“两改一同价”工作通过验收】 2000年7月23日至24日，南华县“两改一同价”工作顺利通过了由省计委、省物价局、省财政厅、省农行、云南电力集团公司等部门组成的“云南省农网建设（改造）工程竣工县验收委员会”的验收。南华县自1999年7月被列为全省20个“两改一同价”工作重点县之一后，县委、县政府高度重视，及时成立了以县长为组长的“两改一同价”工作领导小组，并从县计委、县电力公司抽调了10名业务技术骨干组成工作班子，负责前期准备工作。从9月1日开始，工程在全县12个乡（镇）84个村公所793个自然村中全面展开。至2000年6月，全县共完成10千伏新建线路164条162.5公里，改造10千伏线路37条52.4公里，新增配电变压器91台4310千伏安，更换高耗能配电变压器53台1590千伏安，配套安装一户一表23024户，完成工程总投资2561.65万元。改造后的农村高压网综合损耗从改造前的11.86%下降到6.88%，低压电网综合损耗从改造前的23.3%下降到

10.48%，供电质量和供电可靠性大大提高，电压合格率达到90%以上。

【开展全州电价专项检查工作】 根据国家电力公司计价检［2000］211号文件《关于开展全国电力价格检查的通知》精神，楚雄州组成了由州物价局、州、县（市）电力公司参加的“楚雄州电力价格检查组”，于2000年4月初至7月底，开展了全州电力价格专项检查。检查组深入到全州10县（市）电力公司、乡（镇）电管所等82个供电企业，重点对国家规定的基本电度电价和价外代征基金的执行情况进行了认真的检查。检查发现，绝大部分供电企业能按国家规定的电价政策执行，但仍存在少数供电企业在电价外继续执行国家已明令取消的收费项目和个别企业擅自提高电度电价等违法行为。这次检查，查出价格违纪案件12件，查出违法所得金额201.1万元，实行经济制裁117.11万元，其中，没收上缴州、县（市）财政110.63万元，退还用户6.48万元。

【老虎山电站塘房庙水库建设占用林地问题办公会】 2000年8月9日，楚雄州人民政府召开办公会，专题研究老虎山电站塘房庙水库工程建设征占林地有关问题。副州长保明虎、吴莉华以及州林业局、水电局、州电力公司、哀牢山国家级自然保护区双柏管理所等有关领导参加了会议。会议听取了州林业局有关人员对老虎山电站塘房庙水库建设征占林地有关情况及采纳国家林业局林地征用检查组对工程检查后提出的7条意见的情况汇报，参会的有关部门领导作了补充汇报，并就尽快依法办理占用林地的报批手续、进一步搞好造林绿化、保护区的搬迁等问题作出了决定。

【颁布迎接西部大开发用电优惠措施】 为响应楚雄州党委和政府的号召，迎接和参与西部大开发，进一步改善投资环境，2000年8月28日，楚雄州电力公司决定在全面取消限制用电、放开城乡居民用电、“实施优质服务”社会承诺的基础上，在楚雄、武定两个供电营业区内进一步扩大优惠范围，简化用电申报程序，提高效率，采取全免和减免贴费、城乡居民生产生活用电让利优惠、加强服务等具体措施，为招商引资、发展区域社会经济和外资、外地客商前来投资办企业创造良好的供电环境，为实现西部大开发战略目标作出积极贡献。

【楚雄州电力公司农网建设改造工程启动】 2000年10月15日，随着楚雄市东瓜变电站至杨排村10千伏输电线路的动工，楚雄州电力公司农村电网建设改造工程正式启动。1998年底，该公司就开始了农网建设改造的前期工作，但由于体制等多种原因，工作一直没有全面展开。1999年底，省电力集团公司对该公司进行代管，其农网改造工作才开始正常运作。经过半年多的努力，至2000年，第一批农网建设改造项目工程通过立项审查，项目总投资1165万元，并列入年内云南省农网建设改造35千伏及以下工程项目第一批预备投资计划。为使工程尽快实施，该公司与滇中电力局和各级政府进行了协调，目前已具备了全面开工的条件。随着杨排村线路的开工，其他项目和乡（镇）的农网建设改造工作将全面展开。

〔李显祥〕

【滇中电业局年售电量首次突破8亿千瓦时】 2000年，滇中电业局结合实施“两改一同价”工作，采取让利等一系列用电优惠措施，努力扩大供电量，全年完成供电量83441万千瓦时，首次突破8亿大关。

【500千伏漫昆线滑坡治理】 500千伏漫昆线是目前云南电力系统的生命线，其能否安全运行对全省电网安全稳定影响极大。1999年9月18日，滇中电业局接到护员报告，500千伏漫昆Ⅰ、Ⅱ回线楚雄市八角乡法古苴段塔基附近发生大面积山体滑坡，滑坍带以大破箐为基点（大破箐原名搭桥箐，意思是搭根木头就可以通过的地方，后由于过度砍伐、采沙、挖煤等，使该箐不断滑坍），共有11基铁塔，约5公里线路受到影响，滇中电业局当即组织技术员到现场了解情况并报告省电力局。2000年1月3日，由云南省电力局生产技术处、基建部及西南电力设计院、云南电力设计院、滇中电业局等单位组成的专家组到实地进行调研，经过3天勘查、数据收集和论证，放弃了改线方案，决定采取就地治理方案，在滑坍区修建拦洪沟、挡墙；在大破箐建拦沙坝及禁止采沙挖煤、实行退耕还林等。

【滇中电业局积极组织抗震救灾】 2000年1月15日，在姚安、大姚等县发生6.5级地震当天，滇中电业局当即指示全体运行人员坚守岗位；局分管生产的领导和生产技术等部门负责人与集团公司生产技术处王静辉副处长等当即赶往姚安灾区了解电力设施受损情况。1月16日，成立了局抗震救灾领导小组，在局长领导下协调组织抗震救灾工作，制订并执行抗震救灾值班规定，对各电力公司的工作提出了具体要求；派出5个工作组分赴各县协助工作；局捐款20万元，组织了5台变压器和价值8万余元的电力物资运往灾区支援抗震救灾。17日，恢复了对灾区各主要供电线路的供电。由局党委发起倡议，组织全局职工向灾区人民捐款18046元。

【楚雄市实施光亮工程】 为让城市更加亮丽，经楚雄市人民政府与滇中电业局商定，自2000年1月起，滇中电业局对楚雄市城区路灯、射灯、彩灯、灯箱以及单位、居民住户建筑物外墙饰灯、射灯、广告霓虹灯等用电实行优惠。具体办法为：(1) 属城建部门直接管理的路灯、射灯、彩灯用电电价，以1999年全年月平均用电量为基准电量，超过基准电量的用电电价下浮；(2) 单位、居民住户建筑物外墙饰灯、射灯、广告霓虹灯分别由电力营销部门核定基准电量，享受同等优惠政策；(3) 对符合城市规划，对城市起美化作用的建筑门面、店面广告霓虹灯、装饰灯、单位形象灯，城市监察部门不再收取占道费；(4) 由楚雄经济技术开发区与滇中电业局共同出资对部分电力线路进行改造，采取高、低压电缆入地布置，拆除架空线，既保证供电，又美化城市。

【500千伏大昆线开工建设】 500千伏大朝山水电站至昆明线路是云南电力系统的又一生命线，也是云电东送的重要的配套工程之一，共分南北二回，经过楚雄州双柏县的碍嘉、独田、爱尼山、妥甸、雨龙、法脿6个乡（镇），每回线路长约82公里。大昆线南回线于2000年2月开工建设，北回线计划于2001年3月开工建设。

【滇中电业局完成村村通电任务】 根据省政府部署，省电力局统一安排，滇中电业局负责楚雄州楚雄、南华、姚安、牟定、禄丰5县（市）的村村通电任务。为确保任务完成，滇中电业局采取了积极有力的措施。(1) 成立了由党委书记、局长张祖华任组长的村村通电工程领导小组，下设办公室，从局有关单位抽调了部分专业技术人员，具体负责村村通电工程的设计、建设工作。配备了交通、通讯工具，以确保村村通电工作的顺利开展。(2) 村村通电办公室人员深入到每一个村镇，做好村村通电有关精神的宣传，让乡（镇）领导和广大农民充分了解村村通电的目的、意义和做法，调动人们的积极性。在县、乡（镇）各级分别成立起通电工作协调领导小组，发动农民集资，投工投劳以修路、架桥、搬运材料等，促进了工程顺利进行。(3) 村村通电办公室从工程设计、材料选型、施工队伍敲定和施工管理等方面加强工作，搞好监督检查，严把工程质量关，保证工程符合标准。在全体员工的共同努力下，历时3年的村村通电工程，于2000年3月11日以35千伏楚雄三街变电站建成投运为标志顺利完成。累计完成投资3870.69万元，建成35千伏变电站4座，主变压器总容量8.4兆伏安，线路4条133.16千米；10千伏线路68条，462.69千米。解决了楚雄、南华、姚安、牟定、禄丰5县（市）的68个行政村通电问题。使12万人告别了没有电的日子；使原使用小水电供电的20万人用上了大电网的电，结束了每年仅能用电3至5个月的历史，促进了山区经济发展和农民生活质量的提高。

【滇中电业局培训代管电力公司领导干部】 为提高代管电力公司管理水平，滇中电业局于2000年3月13日至17日举办了电力企业管理研讨会，以会代训，对9个代管电力公司的支部（总支、党委）书记、经理、副经理、总工程师进行了为期5天的培训。培训内容有：当前云南电力改革发展的形势；电力生产技术管理；干部管理；公文管理；党务工作；市场营销等知识。培训期间，要求学员认真做好学习笔记，培训结束后，写出不少于1500字的研讨论文或学习小结。据参加培训的学员反映，这次培训效果很好，对下一步做好工作具有很大的指导意义。

【云南电网对楚雄州全面供电】 2000年3月24日，110千伏永仁变电站的建成投运，标志着四川攀枝花完全退出楚雄供电区，由云南电网对楚雄州10县（市）全面供电。由于历史原因，长期以来，楚雄州元谋、永仁两县的供电工作一直由攀枝花电网负责。为理顺供电关系，滇中电业局在省电力局（集团公司）支持下，于1999年4月5日开工建设110千伏永仁变电站，为云南电网与四川电网联接的枢纽变电站。变电站位于永仁县城西北，建设规模：电压等级110/35/10千伏三线电压；主变压器为2×20兆伏安，本期安装一台；110千伏进出线3回，本期一次建成，分别为永（仁）平（地）线、元（谋）永（仁）线、永（仁）六（苴）线；35千伏出线4回，本期建成2回；10千伏出线8回，本期建成3回。变电站为无人值班变电站，主变压器为 SFSZ8 - - 2000/110GY 有载调压变压器；110 千伏采用 SF6 断路器；35 千伏、10 千伏采用户内固定式开关柜，配置 SF 断路器和真空断路器；二次保持采用微机综合自动化装置。本期建设第一种通信方式为电力载波通信，待元谋 220 千伏变电站建成后，结合无人值班变电站的要求，对通信系统进行改造，建设第二种通信通道。

【220 千伏元谋变电站建成投运】 2000 年 6 月 21 日，为配合成昆电气化铁路工程的实施，220 千伏元谋变电站顺利通过验收并投入运行。220 千伏元谋变电站一期投资 2400 余万元，线路一期投资 5500 余万元，合计约 8000 万元，由云南省电力建设公司承建，云南省火电公司负责施工，变电终期容量为 2×90000 千伏安，220 千伏分别由谢家河变电站和 500 千伏草铺变电站各进一回线路，110 千伏出线 8 回。高中压侧全部采用 FS6 断路器和氧化锌避雷器，保护监控装置采用国内较先进的南京南瑞的综合自动化装置。整个变电站的设备相对先进。

【楚雄境内电气化铁路牵引变电站建成投运】 2000 年 9 月 30 日上午 11 时 20 分，昆明开往成都方向的 512 次列车首次在电力机车的牵引下缓缓驶出昆明站，成昆电气化铁路（南段）正式建成通车，正式宣告成昆铁路已全线实现电气化。成昆电气化铁路南段工程（攀枝花至昆明站）主要在云南省境内进行，南段工程 1998 年 8 月 30 日开工建设，正线全长 347.2 千米，总投资 13.075 亿元。成昆南段电气化铁路建成后，成昆铁路作为国家一级电气化铁路干线，列车即使在艰险复杂的山区时速也可达 85～90 千米，牵引能力可达 4000 吨；全线客货运输能力可由 1996 年的上行 801 万吨/年、下行 572 吨/年，提高到上行 1300 万吨/年、下行 1120 吨/年。为保证成昆电气化铁路供电，根据省电力局统一部署，滇中电业局负责楚雄州境内成昆铁路沿线大湾子、元谋、甸心、广通、禄丰等 7 个牵引变电站施工管理和配套外围 110 千伏送电线路、110 千伏楚雄谢家河至禄丰Ⅱ回线等 17 条线路建设工作。经过努力，完成投资 5967 万元，建成 110 千伏线路 269 千米，到 2000 年 8 月 25 日，全片区送电线路均按省电力局要求如期投入营运。

【滇中电网 4 个 110 千伏变电站开工建设】 为进一步完善滇中电网，提高供电可靠性和供电能力，滇中电业局在省电力局的支持下，紧紧抓住实施“两改一同价”机遇，努力加快滇中电网建设发展步伐。2000 年，分别开工建设了双柏、楚雄东郊、大姚和禄丰勤丰 4 个 110 千伏变电站。

【滇中电业局获省电力局电网调度安全知识竞赛第一名】 云南省电力局（集团公司）电网调度系统安全年（供电组）安全知识竞赛 2000 年 4 月 25 日在楚雄举行，省电力局直辖的 10 家供电局参加了这次知识竞赛，滇中电业局代表队夺得本次竞赛第一名。这次竞赛是从 1999 年 7 月以来云南电力系统开展的电网调度安全年活动的一项重要内容，其目的在于强化员工安全生产意识，熟悉电业生产安全法律法规，广泛开展反习惯性违章。

〔李义生〕

冶金工业

【简述】 2000 年，全州冶金工业战线上的广大干部、职工在州委、州人民政府的正确领导下，面对突出的矛盾和严峻的形势，采取一系列行之有效的措施、办法，做了大量卓有成效的工作，使 2000 年全州冶金工业生产开始走出低谷，总体态势良好，经济效益明显提高。特别是生铁生产，随着楚雄德胜钢铁有限公司恢复禄丰钢铁厂炼铁高炉的投产和武定矿业公司炼铁厂的恢复投产，产量比 1999 年有较大幅度增长。2000 年末，全州县以上地方冶金工业实现工业总产值（1990 年不变价）8001.3 万元，现价产值 6658.1 万元，销售收入 7029 万元，产品产销率达 105.57%。销售收入、现价产值均分别比上年增长 46.86%、28.85%。2000 年，全州冶金工业主要产品产量：生铁 36838 吨，成品钢材 27154 吨，普通小型钢材 27000 吨，铁合金 15697 吨，铜 1384 吨，铝 4192 吨，铜加工材 320 吨，铝型材 337 吨，黄金 4256 两（133 千克），氧化锌粉 4012 吨，铁矿石原矿 89268 吨，铁矿石成品矿 111351 吨，铜精矿含铜量 23611 吨。上述主要产品中：生铁、铜、铝、氧化锌粉、黄金产量均分别比上年增长：34194 吨、208 吨、802 吨、239 吨、2112 两（66 千克）。

【禄丰钢铁厂破产重组为楚雄德胜钢铁有限公司】 1999 年 10 月，禄丰钢铁厂破产资产求购工作有了重大进展。四川省乐山市民营企业德胜钢铁有限公司主动接洽前来禄丰钢铁厂考察。通过论证分析，德胜公司认为：禄丰钢铁厂现有钢铁生产基础能满足该公司发展需求，决定对禄丰钢铁厂进行整体收购。双方正式展开了实质性接触。在历经10多轮的谈判和相互间进行了多次考察后，经州委、州政府审慎讨论，最终明确由乐山德胜钢铁有限公司对禄丰钢铁厂破产资产进行整体收购。2000年8月28日，双方正式签订了收购合同。乐山德胜有限公司决定：在对原禄丰钢铁厂破产资产进行重组的基础上，新成立综合性民营企业楚雄德胜钢铁有限公司。并于2000年11月18日正式挂牌投入生产。

【楚雄德胜钢铁有限公司投入资金继续建设炼钢工程】 2000年12月8日，楚雄德胜钢铁有限公司续建原禄丰钢铁厂炼钢工程开工。这项关系到该公司兴衰的技改工程是楚雄德胜钢铁公司组建后的重中之重。公司挂牌运行以来把主要精力放在了炼钢技改工程上，在设计部门的配合下，对总图运输等28项设计进行了修改。使炼钢规模由原禄丰钢铁厂规划的25万吨提高到40万吨/年。预计土建工程于2001年4月完成。争取2001年8月竣工投产。

【楚雄德胜钢铁有限公司强管理出效益】 2000年，楚雄德胜钢铁有限公司1号高炉开炉炼铁以来，严格按照“精干、高效、协调、统一”的原则设置机构，制定了一系列具有自我约束和激励相结合的责任制，突破国有企业“大锅饭”弊端，强化内部管理，实行“能者上，庸者下，平者让”的竞争上岗用人制度，在充分体现公平、公正、公开的原则下，严格劳动纪律，提高工作效率，不断推进企业管理制度创新，充分发挥了民营企业的机制优势，使一号高炉实现满负荷运行，高炉利用系数达1.98，焦比630千克，入炉矿品位50%，生铁制造成本743元/吨，打破了禄丰钢铁厂的历史生产纪录。

【原禄丰钢铁厂破产歇业职工得以就业上岗】 1999年3月，禄丰钢铁厂依法宣布破产后，全厂在职2700多名职工歇业，靠政府拨款发给破产企业待业生活保障金，历时达17个月之久。2000年11月18日，破产收购重组的楚雄德胜钢铁有限公司正式挂牌运行，原禄丰钢铁厂炼铁高炉恢复生产，破产歇业的原禄丰钢铁厂职工得以就业上岗。至2000年末，已安置原禄丰钢铁厂歇业职工800多人，其他待岗歇业职工将在2号高炉恢复投产和炼钢工程建成投产后陆续就业上岗。

德胜钢铁有限公司正式投产

【小水井金矿生产经营创历史最高水平】 楚雄市小水井金矿是楚雄州黄金行业的后起之秀，由云南省地矿局地质一大队投资建设，并由其独资经营。1999年经批准进行了矿山技改扩建年处理矿石规模为5万吨，综合回收率可达65%。2000年，该矿实际处理矿石量达4.3万吨，生产黄金量108千克，实现销售收入770余万元，创下建矿以来的最高水平。

【滇中铝业有限公司创历史最高水平】 楚雄市滇中铝业有限公司2000年度狠抓企业内部质量、成本管理，强化市场营销手段，积极推进企业激励和约束机制的建设，充分发挥企业各类人员的主动作用，使企业取得了较好的经济效益。至年末共生产铝锭4192吨，实现现价产值7546万元，产品销售收入7482万元，实现利润60.42万元，上缴税费186万元，税利总额达246万多元，创下建厂以来的最高水平。

【滇中铜冶炼厂以租赁经营盘活资产】 为盘活滇中有色金属有限责任公司铜冶炼厂的资产，达到搞活经济、清偿债务的目的，楚雄云星实业有限公司以租赁经营的形式接管滇中有色金属有限责任公司铜冶炼厂资产。双方于2000年11月27

日签订财产租赁合同。租赁期限为10年，第一年租金为100万元，后9年的租金为每年150万元。

【南华锌品厂电解锌生产线竣工投产】 南华县锌品厂是县属国有企业，主要产品为氧化锌粉。为使企业在市场经济大潮中更具竞争活力，在省、州的扶持下，该企业投入1350万元技改资金建设年产5000吨电解锌生产线。经一年多的建设该项目于2000年建成投产。

〔钮学良〕

建材工业

【简述】 2000年，全州建材工业战线上的职工、干部，在州委、州人民政府及各级党委政府的正确领导下，认真贯彻落实中央经济工作会议精神，在国家对建材工业一系列宏观调控政策的作用下，面对现实，实事求是，努力拼搏，使全州建材工业经济运行发生了较大的转折，运行质量明显改善，产销同步增长，效益稳步提高，取得了较好的经济效益。2000年末，全州建材工业全行业实现工业总产值（1990年不变价）1.95亿元，现价产值3.70亿元，实现销售收入3.80亿元，产品产销率达到102.74%。工业总产值（1990年不变价）、销售收入同比分别增长4.86%、7.88%，产品产销率比上年同期上升8.6个百分点。主要产品产量：水泥45.94万吨，红砖8.37亿块，粘土瓦3.43亿片，石棉水泥瓦17.16万平方米，排水管4304吨，压力管3027吨，水泥电杆1.58万吨，水泥预制构件1.71万平方米。

【楚雄奕标水泥有限公司通过ISO9002质量体系认证】 2000年11月23日，由中国建材质量体系认证中心组织的专家审查组一行4人，深入企业现场考核，对楚雄奕标水泥有限公司的产品质量管理、生产工艺设施等环节编制的《质量手册》和23个程序文件，145种作业指导书，301种质量记录进行了认真严格审核。审核结果认为：楚雄奕标水泥有限公司所建立的质量体系，符合ISO9002质量体系认证标准要求，现场考核通过认证。并于2000年12月8日取得了ISO9002质量体系认证证书。同时奕标水泥已由云南省质量技术监督局鉴定为国际（一般）水平标准产品。

【水泥企业换发化验室合格证】 为认真贯彻全国质量工作会议精神，落实国家经贸委、国家建材局有关建材质量工作的方针，积极配合建材行业做好清理整顿、结构调整的工作和水泥新标准的贯彻实施。云南省于2000年5月始展开水泥企业换发化验室合格证工作，楚雄州行业主管部门结合全州实际，认真按照《云南省水泥企业化验室定级审查认可细则》开展工作。经现场考核审查，7户企业得以换发新的化验室合格证。他们是：楚雄奕标水泥有限公司、昆明水泥股份有限公司楚雄水泥厂两户企业化验室获A级证；元谋县水泥一分厂、二分厂化验室获B级证；双柏县水泥厂、永仁县水泥厂、武定县水泥厂及禄丰土官水泥厂4户企业化验室获C级证。

【楚雄奕标水泥有限公司旋窑技改工程获州科技进步一等奖】 楚雄奕标水泥有限公司针对楚雄州尚无结构型水泥生产企业和优质高标号水泥生产总量严重短缺，市场供求矛盾较大的局面。在省、州有关部门的支持、帮助下，及时抓住机遇，在原机立窑生产水泥的工艺线基础上，引进国内较成熟的旋窑工艺技术改造熟料烧成系统。以此实现上规模、上档次，实现产品升级换代，以增强企业市场竞争能力。该项目从1997年6月开工，至1998年底联动试车，1999年1月投入试生产，历时18个月建成。总计投资6032万元，比同类型规模生产线节省建设投资达40%。由于技改工程技术起点高，并采用了目前国内同类窑型尚未应用的集散型数字工控自动化技术装备，使生产线工艺控制居于同行业同类窑型前列，试车投产1年后就实现了达产达标运行。成为利用立窑工艺改旋窑工艺的典范。经政府有关部门审核批准，楚雄奕标水泥有限公司"立改旋"工程项目获楚雄州2000年度科技进步一等奖。

【元谋水泥厂环保工作上台阶】 元谋水泥厂自1985年进行扩建技改以来，累计已投入292万元的资金进行环保治理。但由于装备落后的原因，粉尘排放与国家标准规定还有一定差距。为此，厂领导决定：一定要认真贯彻落实国家和地方有关加强环境污染治理，加强环境保护工作的一系列文件精神，加大企业粉尘污染治理力度，并多次召开专题会议，讨论粉尘治理方案，制定出一系列行之有效的管理措施、办法，成立厂长任组长的元谋水泥厂粉尘达标排放验收领导小组，对粉尘污染治理工作进行垂直领导。同时，在上级环保部门的关心和支持下，投入人力、财力、物力，对粉尘污染严重的工序收尘设备进行更新改造。通过综合治理，元谋水泥厂的粉尘污染得到了有效控制，实现了达标排放，并通过了2000年污染治理的环保验收。使元谋水泥厂的环境保护工作上了新台阶。

【散装水泥专项资金委托地税部门统一征收】 散装水泥专项资金是经国务院批准征收，纳入国家预算内管理，专门用于发展散装水泥事业的政府性基金，云南省人民政府以政府令形式颁布了《云南省散装水泥管理办法》，省有关部门出台了《云南省散装水泥专项资金管理规定》。为强化楚雄州散装水泥专项资金的征收、解缴工作，确保国家散装水泥专项资金的及时定额征收，促进彝州散装水泥事业的快速发展。根据上级规定，结合楚雄州实际，楚雄州经贸委、地方税务局、财政局联合发文制定了《楚雄州散装水泥专项资金征收解缴实施办法》，办法第2条规定全州散装水泥专项资金的日常征收管理工作由楚雄州经贸委散装水泥管理办公室全权委托楚雄州地方税务局组织实施。即：由楚雄州地方税务局、稽查局及各县（市）地方税务局、稽查局负责征收管理。

【楚雄州水泥工业结构调整达到云南省建材“九五”规划预期目标】 云南省建筑材料工业第九个五年计划和2010年远景发展目标提出：水泥产品中回转窑水泥（即大厂水泥）的比重从1995年的20.1%，提高到2000年末的30%。根据省、州的规划，“九五”期间，楚雄州加大水泥工业结构调整力度，投入6000多万元资金，将州属水泥企业楚雄奕标水泥有限公司的机立窑生产工艺彻底淘汰，扩建为φ3.5×145M回转窑水泥生产线。该生产线投入运行后，全州水泥品种结构面貌大为改善。2000年末，全州生产水泥45.94万吨，其中：回转窑水泥占20.27万吨，比重达44.12%，比省规划预期目标高14个百分点。

【楚雄奕标水泥有限公司窑型改造工程通过竣工验收】 2000年12月26日，楚雄州经济贸易委员会邀请省经贸委、省财政厅、省国有资本投资经营有限责任公司、省工商银行及楚雄州财政局、国有资本投资经营有限责任公司、环保局、土地局、建设主管部门、工商银行等单位的领导、专家组成验收组对楚雄奕标水泥有限公司日产700吨熟料的窑型技改工程项目进行考评验收，经过与会专家、领导认真听取项目实施单位和设计、施工单位对项目施工及试运行、试生产情况汇报，查阅了项目投资结算审计情况报告，察看了生产现场。验收组按国家基本建设竣工验收规范要求逐项考评验收，同意楚雄奕标水泥有限公司窑型技改工程项目通过竣工验收，技改投资结算可转入生产性固定资产。

【楚雄奕标水泥有限公司升格为中二型企业】 楚雄奕标水泥有限公司经过技术改造后，年产水泥规模为20万吨。根据国家《大中小型企业划分标准》和国家经贸委、国家统计局有关文件规定要求，全州对“九五”期间扩建发展为中型以上的工业企业进行了申报审核。经省经贸委、省统计局和中共云南省委企业工委批准认定，楚雄奕标水泥有限公司升格为中二型水泥企业，并发文公布确认。

〔钮学良〕

建材生产

轻纺化工业

【简述】 楚雄州轻纺化工业主要为轻工、纺织、化工3个行业。轻工业主要由造纸、印刷、制盐、制糖、制鞋、塑料制品、日用陶瓷、玻璃、饮料、家具等制造业构成。2000年，在市场环境仍然十分严峻的形势下，轻工行业各企业职工、干部紧紧围绕企业发展创新这个主题，团结协作，努力开拓市

岭东纸业有限公司生产车间

场，在各级党委、政府的正确领导下，认真抓好生产、经营活动，取得了一定的经济效益。2000年末，全州轻工行业县以上工业企业实现工业总产值8388万元（1990年不变价），实现现价产值10743万元，销售收入10222万元，产销率95.15%，销售收入同比增长1.16%，产品产销率同比增加15个百分点。全州轻工行业主要产品产量为：制盐18.83万吨（其中食盐11.35万吨），白糖1.14万吨，白酒1.92万吨，啤酒1.23万吨，饮料6787吨，纸制品1.46万吨，印刷品140万令（其中彩色印刷品为128万色令），日用陶瓷11.5万件，塑料制品4154吨（其中塑料薄膜1914吨），塑料编织袋1943吨，制鞋28.83万双（其中皮鞋18.23万双），铸铁锅4.29万口，锁2.93万把，民用剪刀18.25万把，机制钢锄31.3万把，镀锌铁丝868吨，肥皂50吨，日用玻璃制品6746吨，家具72.5万件。

纺织业主要由麻纺织、制丝、丝织、棉纺、棉织及服装等制造业构成。2000年，纺织行业的广大职工、干部在州委、州人民政府及各级党委的正确领导下，通过产业结构和产品结构调整，积极开拓市场，经济效益有所好转，部分企业扭亏脱困。全行业产品产量、产值、销售收入得到大幅度提高。2000年末，全州纺织行业县以上工业企业实现工业总产值1775万元（1990年不变价），现价总产值2676万元，实现销售收入2358万元，产品产销率为88.1%。工业总产值（1990年不变价）、销售收入同比增长52.8%、56.2%，现价总产值同比增长为70.33%。主要产品产量为：白厂丝62吨，棉纱964吨，丝织品15.36万米，棉布53.72万米，麻袋222.6万条，服装44.24万件。

化工业主要由化肥、硫酸、甲醛、炸药、粘合剂等构成。2000年，全州化工行业各工业企业所处外部环境十分严峻，大多数企业受市场萎缩、资金短缺、企业揭不开锅、被迫停产或半停产的矛盾困扰，产量下降幅度大，经济效益滑坡严重。2000年末，全州化工行业县以上工业企业实现工业总产值7955万元（1990年不变价），现价总产值10132万元，实现销售收入11087万元，产销率109.42%，工业总产值（1990年不变价）同比下降28.80%，现价产值同比下降31.04%，销售收入同比下降16.91%，产销率同比上升11个百分点。主要产品产量为：磷肥（纯量）2.66万吨，合成氨1.53万吨，氮肥（纯量）0.82万吨，复合肥2.07万吨，硫酸（纯量）4.1万吨，甲醛1.01万吨，粘合剂443吨，84#产品0.48万吨，砒霜696吨，磷矿石粉（纯量）5.40万吨，普通过磷酸钙（纯量）1.50万吨，氧气186吨。

【两个品牌的化肥获云南省首批名牌产品称号】 根据“九五”期间实施名牌产品的战略方针和《云南省名牌产品认定和管理办法》，2000年，楚雄州实施名牌战略领导小组依据管理办法规定要求，将州内龙江磷化工有限公司的“龙江”牌钙镁磷肥、仁恒化肥有限公司的“仁恒”牌三元复合肥产品上报省名牌产品认定委员会评审，经省评审委员会评审后认定上述两个品牌的化肥为云南省首批名牌产品，并授予名牌产品证书。

【3种调味品获云南省首批名牌产品称号】 2000年，楚雄州实施名牌战略领导小组依据管理办法规定要求，将州内双柏县妥甸酱油厂的“葡萄泉”牌酱油、楚雄市酱菜厂的“云泉”牌豆瓣酱、禄丰县香醋厂的“双梅”牌香醋上报省名牌产品认定委员会评审。经省评审委员会评审后认定上述3个品牌的调味品为云南省首批名牌产品，并授

予名牌产品证书。

【姚安东方明月酒出口西班牙】 姚安县前场镇养酒厂针对当前国内外消费潮流，瞄准低度营养型清酒市场的广阔空间，投资700万元组建东方明月清酒有限公司，从日本和浙江大学引进国际香型低度营养型发酵清酒技术项目，运用先进的生产工艺和技术装备，以优质大米为主要原料，优良菌种为发酵剂，开发生产出东方明月清酒。该公司在第一批200吨产品投放国内市场后，与西班牙进出口商签订了为期3年，供货金额不少于40万美元的出口合同。2000年6月，首批2400件东方明月清酒已顺利打入西班牙市场。并成为全省酒类行业中获得自营进出口权的民营企业之一。

【武定县钛白粉厂租赁经营脱困】 武定县钛白粉厂由于缺乏资金、技术、人才，长期处于亏损经营状况。2000年，县委、县人民政府抓住国家实施西部大开发战略的机遇与四川攀钢（集团）钛业公司达成协议，将该县钛白粉厂租赁给攀钢（集团）钛业公司经营，使处于停产半停产的县钛白粉厂得以恢复正常生产。攀钢（集团）钛业公司租赁经营钛白粉厂后，还将进一步实施技术创新，重点做好钛白粉厂的扩建改造、品种优化和钛矿资源的规范化、规模化、经济优化开采及深加工。促进企业早日发挥应有的经济和社会效益。

【楚雄德力高啤酒有限公司引进新生产线】 为进一步提高企业的科技水平，更好地开拓国际市场，楚雄德力高啤酒有限公司于2000年9月再次从德国引进具有国际领先水平的裹包生产线。该生产线极大地提高了德力高公司的自动化生产水平，大幅度降低啤酒生产成本。使生产车间人员从25至30人减少到3至5人，吨啤酒生产成本降低60多元。

【两户化肥生产企业升格为中二型企业】 根据国家《大中小型企业划分标准》和国家经贸委、国家统计局有关文件要求，楚雄州对“九五”期间扩大发展为中型以上的工业企业进行了申报审核，经云南省经济贸易委员会、省统计局、中共云南省委企业工委认定，楚雄州化工行业中的州属龙江磷化工有限公司和禄丰县磷肥厂升格为中二型化工企业。并发文公布确认。

【楚雄州丝绸厂缫丝工艺升级换代】 楚雄州丝绸厂是州属国有老企业。立式缫丝装备已陈旧老化，是国家产业发展政策明令淘汰的设备。2000年，州丝绸厂提出缫丝设备更新改造实施方案，经有关部门批准实施，项目总计投资146万元，其中购置自动缫丝机100万元。该项目已于年内完成并投入生产。

【永桥酒厂技改扩建为年产3000吨企业】 永仁县永桥酒厂是州内规模较大的白酒生产企业。产品多次获省部级金奖。该厂为扩大产品市场份额，以增强市场竞争实力，经组织有关专家论证后，实施年产3000吨永桥牌白酒生产的技术进步改造项目，总计投资1080万元。该项目计划于2001年建成投产，实现规模化运营。

〔钮学良〕

卷烟工业

【简述】 2000年，云南红塔集团楚烟企业以经济效益为中心，解放思想，更新观念，深化改革，强化管理，调整结构，不断提高产品质量、扩销增效，经全州烟草系统干部职工的共同努力，企业生产经营状况有了明显改善，烤烟“双控”措施得到了较好落实，烤烟库存积压大幅度减少，卷烟产销平衡，内部管理和专卖管理工作得到了进一步加强，基本完成了年初既定的生产经营目标。全年收购烟叶113.66万担，占省下达指令性计划（含上浮10%）114.4万担的99.35%，完成省下达出口烟叶备货11.95万担，占省下达计划的99.58%，全州合计完成收购总量125.59万担，占省下达计划126.4万担的99.36%。经省公司收购等级质量检查组3次抽查，烟叶综合合格率为83.5%；上等烟合格率达到了83.3%。全年生产合格卷烟44万箱，预计销售卷烟47.5万箱，基本上消化了上年的工商库存。完成工业总产值11.64亿元（1990年不变价）。实现“两烟”销售收入工商合计43亿元，全年完成工商税金及附加10.2亿元，实现利润3900万元，比上年增加了30%。

【“桂花”、“蝴蝶泉”牌卷烟再获云南省名牌认定】 2000年，云南省经贸委公布了首批（1996年度）云南省名牌产品的续展名单，楚烟企业特制“桂花”系列，“蝴蝶泉”系列两个品牌榜上有名，并在全省68个名牌产品中排名第10位和第11位，续展的名牌产品有效期自2000年4月至2003年4月。按规定，在有效期内，续展产品可以公开使用云南省名牌产品称号和云南省名牌产品标志。

【楚雄卷烟厂被评为省级计量先进单位】 2000年，在昆明召开的全省计量工作会议上，云南红塔集团楚雄卷烟厂被云南省技术监督局授予1999年度“云南省计量先进单位”称号。在工作中，职能部门针对计量管理工作中的薄弱环节与存在的问题，认真贯彻执行国家《计量法》及各项法规，紧紧围绕企业方针、目标和ISO9002质量体系认证的要求开展工作。在健全和完善各类管理制度的基础上，加强设备质量记录、计量定检人员的业务培训及各类卷烟辅料的计量抽检工作，使计量工作为企业顺利通过ISO9002质量体系论证，确保企业质量目标和生产经营计划的顺利完成，提供了有力的计量保证。

【楚烟企业4项QC成果在州第十届质量管理小组代表会上获奖】 2000年，在楚雄州第十届全面质量管理代表会上，楚烟企业荣获QC成果优秀奖。在此次会议的QC成果发布会上，全州17个企业的32个成果参加发布，经评选楚烟企业四车间QC小组的《完善烟叶回潮工艺 改善卷烟吸味》、三车间QC小组的《探索杜绝少包的途径 确保在线产品质量》和复烤厂动力一车间QC小组的《改善燃烧调节系统 抓来煤管理 实现平稳供汽》3个成果获优秀QC成果奖，复烤厂挂竿三车间QC小组的《改造挂竿场地 提高生产力 消除安全隐患》获先进QC成果奖。

【楚烟合资企业再获殊荣】 2000年，云南红塔集团楚烟企业持股合资企业楚兴包装有限公司、仁恒化肥有限公司和岭东纸业有限公司因管理和经营成绩突出，再次被省政府表彰为“外商投资先进企业”；岭东纸业有限公司并获“云南省外商投资高营业额企业”。楚烟企业的这3家合资企业在生产经营活动中以“服务市场，诚信第一；开拓进取，质量永恒”为宗旨，引入先进有效的管理模式，使生产经营一直保持良好的发展势头。1999年，3家合资企业共实现销售收入16211万元，税利1809万元，既为合资各方创造了利益，也为地方经济的发展做出了贡献。

【楚雄卷烟厂被评为省大型二级企业】 2000年，在云南省经贸委、省统计局等单位对全省大中型工业企业进行的1999年度经营管理业绩测评中，云南红塔集团楚雄卷烟厂由于过去一年中克难奋进，积极调整产品结构，加强内部管理，相继实施一系列改革措施，获得了较好的经济效益，被评为1999年度云南省大型二级企业。

【楚烟企业办公自动化系统启动】 2000年，根据省烟草专卖局（公司）的要求，楚烟企业办公自动化系统（Netcase 2000）于11月1日至12月31日投入试运行，2001年1月1日起，厂部办公自动化系统正式运行，若无特殊要求，将全部采用网上下发电子文件。

【张凤全获全国民族团结进步模范称号】 2000年，在第三次全国民族团结进步表彰大会上，云南红塔集团楚雄烟草企业党委书记、楚雄州烟草专卖局局长张凤全被中华人民共和国国务院授予“民族团结进步模范”称号，成为全国烟草系统向国务院推荐并经评选获表彰的唯一模范个人。

【全省烟草安全保卫工作会】 2000年，云南省烟草系统安全保卫工作会在楚雄雄宝酒店召开。省经贸委负责人，省消防总队副总队长王子岗，省公安厅治安总队处长王晓平，州公安局副局长李刚到会并作讲话。全省烟草系统34个单位的安全保卫工作负责人计90余人参加会议。会议传达了江总书记对江西“3·11特大爆炸事故”的重要批示，国家局长沙会议精神，国家经贸委和公安部、省经贸委和公安厅及省烟草工作会议对烟草安全保卫工作的要求；对1999年的安全保卫工作进行了总结，并对2000年工作进行了部署。会议期间，对在1999年度安全保卫工作中取得优异成绩的19个优秀单位和12个先进集体进行了表彰奖励。楚烟企业在1999年度工作中，由于基础工作扎实，成绩突出，被评为“优秀单位”，全额返还了1999年度安全保证金。

【楚雄卷烟厂卷烟省际间调拨量名列全国第7】 2000年，中国卷烟销售公司根据全国82家烟厂上报的卷烟调拨信息，首次公布了工业企业省际间调拨量前50名和品牌省际间调拨量前50名。云南红塔集团楚雄卷烟厂排为工业企业省际间调拨量第7名；楚烟产品特制蝴蝶泉（软）、特制桂花（软）分别排品牌间调拨量第10名和12名，翻盖桂花排第23名，其产品市场覆盖率均在50%以上。

【七车间获云南省第十四次烟草行业优秀QC成果奖】 2000年，在云南省烟草行业第十四次优秀QC成果发布会上，省内11家烟草企业的15个成果参加了发布，楚烟企业参加发布的QC成果《改进RC-80（再回潮筒）工作状况提高膨胀烟丝填充值》，以其简便易行，改造成本低廉且效果突出受到评委好评，荣获三等奖。

【楚雄烟叶复烤厂被评为全省复烤工作先进单位】 2000年，在红河烟草企业召开的全省烟叶复烤工作会议上，楚雄烟叶复烤厂被省烟草专卖局、省烟草公司授予1999年度全省“烟叶复烤工作先进单位”荣誉称号。1999年11月，省烟草质量监督检测站对该厂的复烤质量进行了抽检，水分综合合格率、重量允差综合合格率、外观综合合格率均为100%，烤透度综合合格率为97.15%，各项指标均符合复烤质量工艺标准。

【楚雄卷烟厂推出“国宾”牌低焦油新产品】 2000年，云南红塔集团楚雄卷烟厂根据创名优战略推出又一较高档次新品牌特醇低焦油“国宾”牌香烟，该品牌为楚烟企业科技人员总结20年来企业卷烟工艺研究的经验，采用膨胀烟丝和滤嘴纸打孔等卷烟生产最新工艺技术精心研制而成的低焦油卷烟产品。“国宾”香烟在叶组配方上采用复式配方，以云南优质烟叶为主料，辅以省外及进口优质烤烟为调味料，烟叶经两年以上自然醇化，配合天然香料调治，运用具有国际先进水平的德国豪尼制丝线和帕西姆-佛克卷包生产设备生产。产品焦油量仅为12mg/支，烟气烟碱量1.0 mg/支，具有吸味醇和，香气清雅、丰满，余味纯净、舒适，劲头适中，刺激性小的内在品质，与雍容大方的外观设计相得益彰。

〔阿惠媛〕

医药工业

【简述】 2000年是楚雄州医药经济向现代天然医药产业化快速推进的一年，天然制药业、药品经营业全面走向市场多元化，医药经济呈现统一、开放、竞争、规范、有序的发展态势。逐渐显现了可持续发展的旺盛势头，成为楚雄州新的经济增长点。仅雁塔药业、盘龙云海、金碧制药3户企业就完成医药工业总产值现价44366万元，同比增长55%。其中雁塔药业完成3246万元，盘龙云海完成38520万元，金碧制药完成2600万元，同比分别增长146%、60%和-20%。完成销售收入39710万元，同比增长40%。其中雁塔药业完成1500万元，盘龙云海完成36000万元，金碧制药完成2410万元，同比分别增长23%、49%和-20%。盘龙云海实现进出口创汇179万美元。实现利税总额4373万元，同比增长115%。其中雁塔药业实现260万元，盘龙云海实现4000万元，金碧制药实现113万元，分别增长-15%、113%和-50%。上交税金2237万元，同比增长94%，其中雁塔药业上交160万元，盘龙云海2000万元，金碧制药77万元，分别增长4%、142%和4%。实现利润总额2136万元，同比增长71%，其中雁塔药业实现100万元，增长-58%，盘龙云海实现2000万元，增长72%，金碧制药实现36万元，增长-30%。

【云南盘龙云海药业有限公司获国家药品GMP认证】 2000年5月24日至26日，国家药品监督管理局药品GMP认证管理中心现场检查组对云南盘龙云海药业有限公司新建口服固体制剂车间技术改造项目实施《药品生产质量管理规范》进行现场检查。通过对胶囊剂、片剂、颗粒剂的生产和质量管理情况进行全面检查。检查项目151项，其中关键项目26项，一般项目125项，现场检查发现一般缺陷9项。综合评定：胶囊剂、片剂、颗粒剂符合药品GMP认证检查评定标准，通过药品GMP认证，颁发了中华人民共和国药品GMP证书。

【万裕药业、万鹤鸣药业完成GMP易地改扩建可研论证和扩初设计并进入施工阶段】 万裕药业总投资1.477亿元，其中固定资产投资7325万元。建设规模：年提取中药材1000吨，片剂2亿片，胶囊1.5亿粒，水滴丸200万瓶，颗粒剂1000万袋。产品以黑金胃片、显葫甲胶囊（抗炎）、百仕奇胶囊（前列腺炎）、益肝丸（乙肝）、牛黄消炎片等为主导产品，2001年建成后正常年产值销售3.3亿元，利税7000万元。万鹤鸣药业总投资1.68亿元，生产规模；年合成原料药15吨，提取药材600吨，冻干粉针剂500万瓶，片剂5亿片，胶囊1亿粒，颗粒5000万袋。产品以地红霉素粉针及其肠溶胶囊，混悬干糖浆和百通胶囊（改善微循环）等产品为主，2001年建成后正常年产值销售7亿元，利税1.1亿元。

【连墀生物研究所熊胆粉生物制剂】 2000年，在改善包装和旅游商品系列上加大投资，进一步提高了商品档次和附加值。全年销售5万元，市场前景较为广阔。

【药用包装材料生产】 天力玻璃厂以生产输液瓶为主，2000年销售1000多万元；宝丰玻璃厂以生产药用PVC硬片为主，填补了云南省这一项目的空白，年销售可达1000多万元。

【楚雄经济技术开发区医药科技工业园区】 至2000年已有6家制药企业和1家药用包装材料企业（PVC）。年生产能力：处理中药材原料5000吨，片剂20亿片，胶囊20亿粒，其他剂型2亿袋，药用包装材料1000吨。

【开发研制及投产上市新药成效显著】 继排毒养颜胶囊、散痛舒、仙鹤胶囊之后，2000年新上市彝止痛、彝止血、彝心康、灵丹草冲剂、三阳皮傣、复方蜂毒擦剂、亥果期酒、三珍酒等8个新品种；已完成临床研究报批安坤洗液等7个新产品；储备持批文待市场开发后生产新药4个。新产品开发做到生产一批，储备一批，研制一批。

【中药材种植】 2000年，全州中药材种植向基地化、规模化、专业化（CAP）、无公害发展，已种植近10000亩。楚雄星升实业发展有限公司在大姚百草岭、楚雄子午、禄丰罗川、双柏大庄等地种植大黄、木香、桔梗、红花、重楼、灯盏花等市场前景看好的中药材约6000亩。并与云大生化学院、楚雄农校合作，办了“药植班”专业，培养未来专业人才；南华中药材开发有限责任公司种植银杏、当归、茯苓等20多种中药材2000多亩。

〔李仕江〕

乡镇企业

【简述】 2000年，楚雄州乡镇企业和个体私营经济共完成营业收入（新统计口径，下同）140.39亿元，实现现价增加值28.73亿元，不变价工业总产值31.22亿元，按可比口径，分别比上年增长27.8%、30.5%和21.9%；实缴国家税金2.43亿元，实现纯利润9.0亿元，固定资产原值达35.44亿元，分别比上年增长19.1%、23.6%和23.4%；企业个数达7.3万个，从业人员22.25万人，分别比上年增长17.3%和14.2%；乡村人口人均占有乡镇企业营业收入6423元，比上年净增1370元。

【10县（市）乡镇企业发展情况】 2000年，在10县（市）中，乡镇企业营业收入比上年增长30%以上的县（市）有：永仁县3.51亿元，增长30.1%，比上年增长20%以上的县（市）有：楚雄市35.54亿元，增长22.3%；双柏县3.166亿元，增长28.1%；牟定县13.58亿元，增长21.9%；武定县10.0亿元，增长25.8%；南华县9.53亿元，增长23.4%；姚安县6.75亿元，增长25.9%；大姚县11.14亿元，增长25.6%；元谋县8.01亿元，增长25.2%；禄丰县34.34亿元，增长21.8%。

【10县（市）城镇乡镇企业发展状况】 2000年，在10县（市）城镇乡镇企业发展中，楚雄市鹿城镇完成营业收入17.25亿元，比上年增长21.7%；禄丰县金山镇完成营业收入5.25亿元，增长20.1%；牟定县共和镇完成营业收入3.71亿元，增长20.9%；南华县龙川镇完成营业收入4.31亿元，增长24.8%；大姚县金碧镇完成营业收入3.82亿元，增长20.2%；姚安县栋川镇完成营业收入2.48亿元，增长23.4%；武定县近城镇完成营业收入3.92亿元，增长26.2%；元谋县元马镇完成营业收入3.06亿元，增长27.1%；永仁县永定镇完成营业收入1.53亿元，增长28.4%；双柏县妥甸镇完成营业收入1.56亿元，增长21.7%。

【乡（镇）、村委会（办事处）乡镇企业发展情况】 2000年，楚雄州乡镇企业营业收入在5000万元以上的乡（镇）共有64个，其中有38个乡（镇）达到亿元以上，有11个村委会（办事处）达亿元以上，其中楚雄市鹿城镇环城办事处达到4.98亿元；营业收入在1000万元以上的企业达62个，上缴国家税金在100万元以上的企业达11个。

【乡镇企业发展层次】 （1）从企业性质上看，2000年，全州乡镇企业集体企业完成营业收入24.67亿元，比上年下降0.53%；个体私营企业完成营业收入115.67亿元（其中个体99.25亿元，私营16.46亿元），比上年增长35.98%。（2）按行业划分，工业企业完成营业收入41亿元，比上年增长28.3%；农业企业完成0.81亿元，比上年下降14.5%；交通运输业完成20.72亿元，比上年增长65.9%；旅游、商饮服务业完成61.6亿元，比上年增长20.6%。

【乡镇企业主要产品生产情况】 按照乡镇企业统计规定，2000年，在列入统计的59种主要产品中，增力幅度较大的有石膏、发电量、白酒、饮料等。2000年，全州乡镇企业共生产原煤24.8万吨，铁矿石9.5万吨，铜矿石84.2万吨，铜精矿8309吨，红砖7.75亿块，瓦3.58亿片，磷肥0.4万吨，食用油2221吨，白酒27285吨，茶叶2809吨，塑料制品538吨，水泥16.8万吨，农具78.2万件，石料846万立方米，沙454万吨，饮料6670吨；发电4227万度；加工粮食69.1万吨；建筑企业房屋竣工面积116.2万立方米。

【全州乡镇企业暨个体私营经济工作会议】 2000年12月25～26日，楚雄州乡镇企业暨个体私营经济工作会在楚雄召开。各县（市）委书记、县（市）长、分管乡镇企业工作的副县（市）长，乡镇企业局长、经贸委主任、工商局长、财政局长、工商联主席、开发区管委会主任、副主任及经贸局长；10县（市）城镇镇长，乡镇企业10强乡（镇）、50强村（办）、百强企业代表和2000年度评选出的州第二届优秀乡镇企业家及1999年度先进私营企业、先进个体工商户代表；州乡镇企业及个体私营经济协调领导小组成员单位的主要领导以及州属各部、委、办、局副处以上实职领导，州委办、州政府办及州属经济管理部门副科以上干部共500多人参加了会议。州党政领导丁绍祥、夜礼斌、张怀德、李应科、杨成彪、杨绍昌、保明虎、李明、延荣科、李兴旺、殷鸿绪出席了会议。州委书记丁绍祥作了《提高认识，大力扶持，推动我州乡镇企业和个体私营经济快速健康发展》的讲话，州委副书记、州人民政府代理州长夜礼斌作了《总结经验，认清形势，增强信心，把乡镇企业和个体私营经济推向新的发展阶段》的讲话，省乡镇企业局局长李如林应邀参加会议并对会议作了指导，州委常委、常务副州长保明虎作了会议小结。这次会议传达了党的十五届五中全会精神、中央经济工作会议精神和全省第二次个体私营经济工作会议精神，总结回顾了1999年特别是2000年全州乡镇企业和个体私营经济发展的成绩和经验，对1999年度乡镇企业10强乡（镇）、50强村（办）、百强企业、州第二届优秀乡镇企业家和1999年度、2000年度先进私营企业、先进个体工商户及州级支持乡镇企业和个体私营经济发展的先进单位进行了表彰，安排部署了2001年和今后一段时期的乡镇企业和个体私营经济发展工作，并由州人民政府和各县（市）政府签订了2001年乡镇企业和个体私营经济发展的目标责任书。

【州乡镇企业协调领导小组和个体私营经济领导小组合并】 为更好地履行对乡镇企业及发展个体私营经济工作的领导协调职能，大力推动和促进全州乡镇企业和个体私营经济发展，2000年10月27日，经州人民政府研究决定，将原楚雄州乡镇企业协调领导小组和原楚雄州发展个体私营经济工作领导小组合并，成立楚雄州乡镇企业及个体私营经济协调领导小组，州委副书记、州人民政府代理州长夜礼斌为组长，副州长周发洪及州经贸委主任、州乡镇企业局局长为副组长，办公室设在州乡镇企业局。

【参加全国乡镇企业东西合作洽谈会】 2000年8月18日至22日，国家农业部与贵州省人民政府在贵阳市举办2000年全国乡镇企业东西合作经贸洽谈会。楚雄州乡镇企业局、财政局的领导及13户乡镇企业、私营企业的厂长（经理）共47人，在周发洪副州长带领下参加了会议。在这次洽谈会上，楚雄州共有签约项目19项，协议资金9847.74万元，占全省签约项目57项、资金65326.7万元的33%和15%，其中签约招商引资项目3项，合作资金4672万元。较大的签约项目是牟定朝软葛业公司与上海梦通洗涤用品有限公司合作项目，总投资2756万元；楚雄东雁土产贸易公司与香港新记食品公司的合作项目，总投资1516万元；牟定纯天然制品厂与贵阳兰泰实业公司的干萝卜丝项目，成交额1440万元。洽谈会期间，各企业的产品销售收入达2.74万元。

【百名局长进京研讨乡镇企业“有为有位”】 2000年5月28日，农业部乡镇企业局在北京召开全国乡镇企业管理部门“有为有位”研讨会，来自全国27个省、市、自治区近百名地（州）、县（市）乡镇企业局局长聚集北京研讨交流乡镇企业管理工作经验和成果。楚雄州乡镇企业管理局局长鲁朝佐作为云南省两名代表之一参加会议，并在会上交流介绍了经验。

【乡镇企业骨干项目建设】 2000年，全州10县（市）共组织筛选上报州乡镇企业管理局项目331个，需总投资26.1亿元。按照省、州关于产业结构调整的要求，州乡镇企业局和州财政局一起共同考察筛选上报省乡镇企业管理局贴息项目140个。省乡镇企业管理局和省财政厅对其中的51个进行扶持，扶持贴息资金304.1万元。州级安排贴息扶持项目66个，贴息资金68.4万元，发展资金项目24个，安排有偿扶持资金490万元。全州完成改革改制的乡镇企业46户，其中股份合作制3户，有限责任公司27户。

【乡镇企业质量管理】 2000年，乡镇企业产品质量有了进一步提高。全年共有楚雄永兴建工集团、楚雄鹿城大厦实业总公司、禄丰金山镇建筑工程有限责任公司、元谋县水泥厂、牟定南塔集团有限公司、元谋墙体材料有限责任公司、禄丰精制植化厂等18家企业通过省级、部级全面质量管理验收；楚雄州新型墙材厂、牟定金马红砖厂、南华红砖厂、姚安红砖厂、元谋新型墙材厂、禄丰金山镇砖厂、大姚金碧红砖厂等19家红砖企业通过了省烧结砖质量验收。

【乡镇企业安全生产】 2000年，各级党委政府高度重视乡镇企业安全生产工作，乡镇企业主管部门开展了定期不定期的安全检查，狠抓安全生产技术培训，层层签订了安全生产责任书，全年全州乡镇企业伤亡事故9起，死亡9人，重伤1人，分别比上年下降59%、59%和75%。

【乡镇企业培训工作】 2000年，各级党委政府高度重视乡镇企业的人才队伍培训，各级乡镇企业行政主管部门加大对企业管理人员的培训。年内，全州乡镇企业系统共培训乡镇企业管理人员3000人次，评定专业技术职称800人。

〔张文先〕

林产工业

【简述】 全州林产工业在2000年出现重大转机。州林业局在年初召开的全州林业局长会议上明确指出，要把国有林业企业的问题作为全年林业工作的难点来攻坚，务必抓出成效。一年来，全州各级林业主管部门在各级党委和政府的支持下，采取一系列重大措施对林产工业进行改革。(1) 在解放思想、更新观念的大讨论中，发动企业干部职工敞开思想为企业脱困献计献策，找到了许多使企业走出困境的办法和措施，实施后收到显著效果；(2) 依托“天保”工程的建设项目和资金，安排林产工业企业与森工林场林业站联合管护森林，解决了千余名企业职工的生活；(3) 利用“天保”工程的政策，经州人民政府批准，组织企业富余职工直接进山管护和进行一次性安置，减轻了企业的冗员负担；(4) 在调整林业产业结构中，对林产工业企业实行扶持一批，淘汰一批，转型转产一批的办法，大姚县林产品公司经上级批准破产，州林业运输经贸总公司、州林产化工公司、州家具经贸公司停产关闭，实行重组，双柏县林产工业企业进行重组，扩大企业自主权；(5) 各企业从自己的实际出发，盘活存量资产，利用现有土地、厂房、设备及人员开展多种经营，增加企业收入；(6) 原料有保证、产品有销路的企业通过狠抓产品质量和内部管理，抓住机遇提高经济效益；(7) 州林业局7名副处以上领导干部分别挂钩联系困难企业，帮助企业走出困境，企业不脱困领导不得脱钩。由于采取了以上扎实措施，全州林产工业出现了转折。到12月底，全州生产中纤板26054立方米，胶合板2060立方米，刨花板3224立方米，家具2764标准件，地板条11800平方米，木片4337立方米，松香169.5吨，栲胶169.35吨，林产工业总产值突破1亿元。

【林产工业企业现场办公会】 2000年4月5日至8日，由州人民政府副州长吴莉华带领州林业局、州计委、经贸委、体改委、财政局、劳动和社会保障局等有关部门领导32人，分别到州属4户林产工业企业进行现场办公，会议听取企业领导汇报后，帮助企业制定了脱困和深化改革方案。此后，州林业局副科以上干部又两次到州属7户企业召开现场办公会，进一步研究和帮助解决具体问题。

【楚雄雄安中密度纤维板有限公司】 楚雄雄安中密度纤维板有限公司是1996年建立的中外合资企业，有企业职工364人，其中退离休116人，企业总资产为6824万元，有2条比较先进的中纤板和板式家具生产线，投产以来已生产中纤板40739立方米和2000多标准件家具。2000年，雄安公司在上级的帮助下，通过努力，企业减亏400多万元。公司由两名副经理带领得力人员，常年在外抓原料采购和产品销售，保证了生产有充足原料，生产的产品不积压，资金及时回笼。同时狠抓企业的内部管理，建立严格的岗位责任制，保证产品质量达部颁标准，同时进行污染治理，使企业呈现出良好的发展势头。

【牟定南塔人造板集团公司】 南塔人造板集团公司现有职工386人，企业总资产为8503万元，下属13个分厂。其中年产1.5万立方米中纤板厂，年产2000吨硬质纤维板厂，年产30万张宝丽板、90万平方米贴面板的装饰材料分厂是该集团的骨干企业。南塔人造板集团公司注重抓原料基地建设和产品质量，产品销往全国15个省市自治区，使企业实现了由速度效益型向质量效益型的转化，其产值、税利分别由1991年的175万元和17.1万元提高到2000年的4599万元和286.2万元，分别增长了26.3倍和16.7倍。2000年，南塔人造板集团公司又投资145万元建立第三个4000亩原料林基地，投资780万元改造原硬质纤维板生产线为5000立方米中密度薄板生产线，为企业扩大再生产奠定了坚实基础。

【楚雄州木材总公司扭亏为盈】 楚雄州木材总公司是全州木材流通的主渠道经营企业。天然林禁伐后，公司失去了州内木材的经营量，1998年、1999年连续亏损。2000年，公司从5个方面转型和转产经营。(1)把木材经营转向省内非禁伐区和向国外进口边贸木材上，在为客户代办出省业务、中转、集装箱运输上提供优质服务，保证了木材经营的正常进行；(2)对公司所属的广通和黄瓜园两个木材转运站，在木材转运量不足的情况下，在广通转运站投资45万元建白糖货场仓库一座转运白糖，在元谋黄瓜园开展沙石、蔬菜转运，从多种经营中增收；(3)经上级批准对所属的合资企业华美竹筷厂进行合资到期清算，安排职工联合管护森林，减少企业亏损；(4)总公司所属的林产品经销部按门市全部承包到职工个人经营，解决吃大锅饭问题；(5)从总公司到二级核算单位，从总经理到职工都建立承包责任制，扭亏责任人人承担，提高了职工的责任感。公司上年亏损48万元，到2000年12月，扭亏为盈，实现利润49万元。

【林产化工生产出现转机】 松香、松节油、芳香油、栲胶等产品是楚雄州传统的林产化工产品。原料不足一直是制约生产发展的主要因素。2000年，楚雄、双柏、大姚、永仁等县（市）的松香生产企业，采取提高松脂收购价、派出采脂技术员现场服务、提供采脂工具、定点收购等措施，增加了松脂的收购量，使松香生产量达170吨，松节油100吨。栲胶厂除了在州内发动农民、学生上山采收橡碗，展开黑荆树轮伐收购树皮外，又向州外的红河、保山、思茅等地州收购杨梅、橄榄树皮1200多吨，保证了企业的正常生产，使栲胶产量由上年的120吨增加到169.35吨。

【建立木材经营综合市场】 1990年以来，全州逐步放开木材经营渠道，全州木材个体经营达百余户，对搞活木材林产品流通起了积极作用。但由于没有集中统一的木材市场，个体木材经营处于不规范的散乱经营状况，给少数违法经营和乱砍滥伐有了可趁之机。为了规范个体木材经营，2000年州林业局和州工商局发出了专门通知。州林产化工公司有较大的木材加工、经营场地和消防设备，为盘活资产，公司在上级林业部门的支持下，把场地、厂房、设备租赁给分散在楚雄城区的21户个体木材加工经营户，建立了全州第一个木材林产品综合经营市场，公司为经营户提供法律咨询及各种业务服务。综合市场的建立为林政部门加强对木材林产品规范化经营开了个好头。

〔董光荣〕

交通·邮电

公　　路

【简述】　2000年末，楚雄州境内共有公路14071.29公里。其中州管地方道路12558.99公里；按行政等级分为：县乡公路2689.52公里，乡村公路9224.77公里，专用公路644.7公里；按技术等级分为：二级5.7公里，三级189.01公里，四级3494.78公里，等外8869.5公里；按路面类型分为：水泥路面29.55公里，沥青路面296.70公里，弹石路面500公里，中级路面234.6公里。低级路面2265.55公里，无路面里程9232.59公里。全州地方公路桥梁8948.89延米/350座，其中永久式桥8767.69延米/245座、危桥181.2延米/5座；按跨径分：大桥1284.01延米/14座、中桥3041.71延米/66座、小桥4623.17延米/270座，涵洞6956道。省管道路1512.3公里。按行政等级分为：国道355公里、省道604.9公里，县道552.4公里；按技术等级分为：高速公路58.8公里、二级公路126.17公里、三级公路517.73公里、四级公路699.39公里，等外路110.21公里；按路面类型分为：沥青路面931.2公里、弹石路面73.8公里、砂石路面448公里。有桥9838.7延米/328座，均为永久式桥，其中特大桥416.1延米/2座、大桥1033.3延米/8座、中桥2404.3延米/38座、小桥5975延米/280座。

2000年末，楚雄州拥有机动车83889辆（私车58618辆），比上年增加7353辆，其中民用汽车合计29604辆（私车8618辆）。拥有客车12667辆118744客位（私车3659辆、29976客位），小型客车12123辆96984客位（私车3637辆、29096客位）。拥有普通载货汽车16520辆70814吨位（私车4957辆、21248.5吨位），其中大型货车9838辆54109吨位（私车2952辆、16236吨位），小型货车6682辆16705吨位（私车2005辆、5012.5吨位）；拥有专用载货汽车143辆614.9吨位；拥有特种车274辆，其中起重车53辆，其他专用车221辆。拥有其他机动车26930辆（私车25703辆），其中：二轮摩托车19128辆（私车18175辆），三轮摩托车5478辆（私车5204辆），轻便摩托车2324辆，均为私车。拥有拖拉机25731辆（私车22781辆），其中轮式拖拉机12134辆（私车9865辆），手扶式拖拉机13597辆（私车12916辆）。拥有农用车1624辆（私车1518辆），其中农用三轮车379辆（私车359辆）。拥有载货挂车409辆，拥有轿车2586辆（私车1086辆）。

2000年末，楚雄州拥有机动车驾驶员137446人，其中：汽车驾驶员55687人，拖拉机驾驶员36444人，其他机动车驾驶员45315人。

2000年末，全州共发生交通事故637次，死亡132人，受伤367人，直接经济损失225.7万元。

2000年末，楚雄州道路运输行业营业户数达23146户。其中，交通部门78户（国有78户），非交通部门23068户（国有1020户、私营21701户）。客货兼营113户（私营99户），旅客运输1894户（私营1606户），其中班车646户（私车540户），出租264户（私营263户）。货物运输19192户（私营18213户），其中集装箱4户（私营3户），危货25户（私营7户）。搬运装卸601户（私营600户），汽车维修1023户（私营926户），运输服务323户（私营257户）。

2000年末，楚雄州道路运输行业从业人数31443人，其中交通部门1782人，非交通部门29661人（私营25457人）。参与客货兼营242人（私营181人），参与旅客运输3515人（私营2871人），其中：参与班车运输1602人（私营1122人），参与出租运输977人（私营829人），参与货物运输20306人（私营18797人），交通部门121人，非交通部门20185人。参与搬运装卸782人（私营777人），参与汽车维修5653人（私营2295人），参与运输服务945人（私营536人）。

【旅客运输】　2000年末，楚雄州参与营运的载客汽车3151辆，34066客位，其中交通部门534辆、9489客位，非交通部门2617辆、24577客位（私营2493辆，22318客位）；有卧铺客车17辆、735客位（均为交通部门所有）。有班车2172辆、29648客位，其中交通部门386辆、8806客位，非交通部门1786辆、20842客位（私营1662辆、18583客位）。有大型客车49辆、2110客位，其中交通部门47辆2023客位，非交通部门2辆87

客位。有中型客车1097辆、20973客位，其中交通部门321辆、6654客位，非交通部门776辆、14319客位（私营667辆、12287客位）。有高级客车6辆108客位，其中交通部门3辆60客位、非交通部门3辆48客位（私有）。有小型客车1026辆、6565客位，其中交通部门18辆129客位，非交通部门1008辆6436客位（私营995辆、6296客位）。有出租车977辆4408客位，其中交通部门148辆683客位，非交通部门829辆3725客位（私有）。

2000年末，楚雄州有客运线路276条21100公里，其中跨省8条1400公里，跨地州67条6400公里，地州内201条13300公里，县内150条7600公里。按类别分为：一类4条，二类19条，三类42条，四类211条。日发班次3002班次，其中跨省12班次、跨地州362班次、地州内2628班次（县内2133班次）。

2000年末，楚雄州有等级客运站26个，其中二级站4个、三级站14个、四级站8个，站外发车场20个。有站务人员224人，其中二级站96人，日发班次2976班次，日过往班次531班次，日均发送旅客33986人次。全州128个乡（镇）通了班车，703个村民委员会开通了班车，通车率62%。

【货物运输】 2000年末，楚雄州参与营运的载货汽车7498辆、20398吨位，交通部门68辆，非交通部门7430辆19965吨位（私营6038辆、15042吨位）。有普通载货汽车7434辆、19852吨位，交通部门59辆、345吨位，非交通部门7375辆、19507吨位（私营6018辆、14933吨位）。有大型货车2904辆、14681吨位，交通部门47辆、332吨位，非交通部门2857辆、14349吨位（私营2138辆、10677吨位），其中重型货车156辆1324吨位（私车57辆、464吨位）。有中型货车395辆、955吨·位，均属非交通部门，其中私营328辆、773吨位；小型货车4135辆、4216吨位（私营3552辆、3483吨位）。有专用载荷汽车64辆、546吨位，交通部门9辆、88吨位，非交通部门55辆、458吨位（私营20辆109吨位）。

2000年末，楚雄州有一级货运站1个，属交通部门，为集装箱中转站。有货运交易市场1个，占地面积2940平方米。

2000年末，楚雄州有搬运装卸企业601个（私营600个），从业人员782人（私营777人）。有吊车11辆106吨位，叉车1辆，汽车3辆30吨位，拖拉机10辆，其他机动车5辆，属私有。

【车辆维修】 2000年末，楚雄州有汽车维修业1020户，其中交通部门23户，非交通部门997户（私营925户）。按类别分为：一类38户，二类100户，三类784户，摩托车98户。从业人员5605人，交通部门913人，非交通部门4692人（私营2295人）。有主要设备6922台，其中通用设备3887台（私营1901台），专用设备2674台（私营1312台），检测设备360台（私营41台）。场区占地面积149750平方米，厂房占地面积84130平方米。完成整车大修2327辆次（私营105辆次），总成大修14026辆次（私营989辆次），二级维护25060辆次（私营6830辆次），专项修理121833辆次（私营74265辆次）。

【道路运输服务】 2000年末，楚雄州有道路运输服务业323户，交通部门23户，非交通部门300户（私营257户）；从业人数945人，交通部门180人，非交通部门765人（私营536人）。

【车机检测】 2000年末，楚雄州有汽车综合性能检测站3个，交通部门1个，非交通部门2个，其中A级检测站2个，B级检测站1个。从业人员48人，管理人员10人，技术人员38人。有主要检测设备54台，其中发动机检测29台，底盘检测10台，年检测能力58000辆次。全年完成车机检测23615辆，其中二级维护检测16281辆次，等级鉴定7330辆次。

【汽车驾驶培训】 2000年末，楚雄州有汽车驾校7个，交通部门3个，非交通部门4个，其中一类1个，二类5个，驾训班1个；教练车101辆，模拟驾驶台5台，发动机台架7台，教室1573平方米，教练场地32600平方米；从业人员134人，其中管理人员38人，理论教员24人，操作人员72人；全年培训人数9716人，其中：大客192人，大货8707人，小货817人。

【运输业经营资格审验】 2000年，按照云南省交通厅的要求开展了道路水路运输业经营资格审验工作，共审验营运车25037辆，维修业893户，搬运装卸运输服务业706户，审验率90%，合格率100%，补办“许可证”173个、“营运证”123个，新办营运车驾驶员上岗证853个，审验换证3523个。

【航运】 2000年末，楚雄州通航里程80公里，有渡口28道，码头10个；拥有各类船舶566艘，其中机动船77艘，渡口船23艘，农渔非机动船379只，游船94只。完成旅客运输50.4万人次，货物运输3.6万吨。

【拖拉机畜力车养路费征收】 2000年，楚雄州拖拉机畜力车养路费仍由地方公路养护部门征收，坚持“应征不漏，应免不征”，“取之于车，用之于路”的原则，共征收拖拉机畜力车养路费663.57万元，完成了征费任务。2000年楚雄州共征收交通运输管理费916.49万元，比上年增加140.09万元，增长18%。

【交通基础设施建设投资】 2000年，楚雄州交通基础设施建设总投资19988.03万元。其中省补助资金10520.13万元，州补助资金2513.2万元，县自筹6954.7万元。用于重点经济干线11200万元，其中省补助6200万元，州补助2000万元，县（市）自筹3000万元。用于一般经济干线4117.44万元，其中省补助2058.72万元，县（市）自筹2059.72万元。用于县乡公路1139.2万元，其中省补助569.2万元，县自筹569.6万元。用于交通部门扶贫1170万元，其中省补助585万元，县自筹585万元。用于乡村公路建设1204万元，其中省补助441万元，州补助161万元，县自筹535万元。用于公路养护789.01万元，其中省补助467.81万元，州补助321.2万元。用于水毁修复及零星项目246万元，其中省补助171万元，州补助35万元，县自筹40万元。

【云南省公路普查会议】 为适应加快公路建设的需要，交通部与国家统计局决定在全国开展第二次公路普查。为贯彻交通部的决定，2000年7月17日至18日，云南省交通厅在楚雄召开了全省公路普查会议。参加会议的有各地州（市）交通局局长、各公路管理总段总段长，楚雄州各县（市）交通（工交）局局长及负责公路普查的技术负责人共200余人，云南省交通厅副厅长杨九皋、楚雄州人民政府副州长保明虎参加了会议。楚雄州被定为全国第二次公路普查试点单位。会议的任务是：布置云南省公路普查试点工作；讨论《云南省公路普查方案》及公路普查工作需要解决的问题；听取各地州市公路普查准备工作情况；研究公路普查工作需要解决的问题；下发公路普查试点单位软件。杨九皋副厅长在会上作了重要讲话，进一步明确了开展公路普查的目的和意义，并对公路普查工作作了具体的要求。确定普查的标准时间为2000年12月31日，要求试点单位的普查工作在10月完成。云南省公路普查领导小组办公室安排布置了全省公路普查的具体工作。

【楚雄州南永二级公路建设工程指挥部成立】 为了全面组织实施南（华）永（仁）二级公路工程建设，2000年8月26日，楚雄州人民政府发文成立楚雄州南永二级公路建设工程指挥部。指挥长由楚雄州人民政府常务副州长保明虎担任；常务副指挥长由楚雄州交通局局长李胜忠担任；常设副指挥长由楚雄州交通局副局长李富才担任；副指挥长由楚雄州土地局副局长岩光学担任。指挥部下设办公室、工程处（总监办）、合同处、稽查处、财务处、征地拆迁协调处、材料设备处7个处室。处室在指挥部的领导下，具体负责综合协调、工程技术管理、合同的谈判与管理、质量监理稽查、财务管理监督、征地拆迁、材料和设备的组织等工作。指挥部各处室人员由州县有关部门抽调，暂定编50人。沿线的南华县、姚安县、大姚县、永仁县也相继成立了协调指挥部，负责征地拆迁协调工作。

【南永二级公路开工庆典】 2000年10月28日，建州以来楚雄州投资最大的交通基础设施建设项目南华至永仁二级公路建设工程正式开工。开工庆典现场设在南（华）永（仁）二级公路的起点南华县城。上午10时28分，开工庆典仪式在中共楚雄州委副书记、州人民政府代理州长夜礼斌主持下开始。丁绍祥、李应科、杨成彪、胡有兰、张怀德、杨绍昌、延荣科、罗志明等州级党、政领导和云南省交通厅、省计委、省乡镇企业局、省政协法制委员会、省公路局、省扶贫办等省级有关部门领导出席仪式。中共楚雄州委书记丁绍祥作了热情洋溢的讲话，并对工程建设提出了要求。省交通厅副厅长吴子润代表省交通厅对南（华）永（仁）二级公路建设工程开工表示热烈祝贺，并表示省交通厅将一如既往地支持楚雄州的公路建设。丁绍祥、夜礼斌、李应科、杨成彪、胡有兰、张怀德等领导为南（华）永（仁）二级公路建设工程开工剪彩奠基。

【楚雄州交通局档案工作目标管理达省一级标准】 2000年，楚雄州交通局十分重视档案工作，年初作出了年内实现档案目标管理达标的决定。3月成立了楚雄州交通局档案目标管理领导小组和楚雄州交通局档案鉴定销毁领导小组，安排经费8万元，对档案库房硬件设施进行了配置。4月，由10人组成的档案整理小组对州交通局1960～1999年的档案资料进行了系统的收集、鉴定、立卷、归档、编目等工作。至11月共整理档案2552卷，资料390卷（册）。并制定了楚雄州交通局档案管理制度、档案保密制度、人事档案查阅制度。12月6日，楚雄州档案局组织省州评审员11人对楚雄州交通局的档案管理工作进行了考评，认为已达到《云南省机关档案管理地州市级机关一级标准》的要求，同意晋升为云南省地州市级机关一级先进单位。

【禄劝至武定二级公路武定段竣工通车】 禄劝至武定二级公路起于禄劝县屏山镇，经禄劝县软木厂，武定县木果甸、铁合金厂、旧城、响塘凹、武定县城，止于武定县近城镇永吉村（国道108线K3282+117.63处）。全长9.081公里，其中：禄劝县境内1.5公里，武定县境内7.581公里。技术标准为山岭重丘区二级公路，计算行车速度为40公里/小时，路基宽度12米，武定县城过境段为20米，平曲线极限半径为60米，最大纵坡7%，设计荷载为汽车—20级，挂车—100级。工程于1998年12月28日开工，2000年5月4日竣工。工程总投资5298.95万元（其中建安工程费4298.95万元，征地拆迁费1000万元）。共完成路基土石方59.32万立方米，挡墙、边沟4.15万立方米，沥青砼路面84.72千平方米，中桥117.5延米/2座，涵洞通道832.03米/41道。共耗用水泥10136吨，块石16298立方米，碎石82797立方米，砂28982立方米，钢材140吨，沥青1000吨。共征用自流水田153.78亩，提水田23.35亩，台地28.31亩，坡地17.65亩，林地26.29亩，荒山13.81亩。7月22日，由省交通厅主持，组织省交通厅质量监督站等单位的工程技术人员40余人，组成禄（劝）武（定）二级公路交竣工验收委员会对禄（劝）武（定）二级公路武定段7.581公里进行交工、竣工验收。经认真检测评定，工程质量评为88.41分，工程质量等级为优良，同意验收交付使用，并交由楚雄公路管理总段管理养护。

【楚雄州实现村村通路目标】 1997年中共云南省委、省人民政府提出到2000年末全省必须实现村村通路目标。楚雄州于1997年9月开始实施通村公路建设计划。全州各族人民群众积极参与通村公路建设，共投工投劳321.15万个工日。经过全州各族人民3年的艰苦努力，楚雄州于2000年4月完成了任务，除牟定县羊旧，元谋县中坝、鱼窝、丙弄、以都拉、太平6个村公所由于工程量巨大而修建人马驿道外，3年全州共修通181个村公所（办事处）公路2247.21公里，共开挖土石方2887.84万立方米，建桥496.8延米/32座，总投资6741.63万元，其中：省补助资金2379万元，州补助资金810万元，县自筹资金1302.78万元，农民、个体户以及单位捐资2231.85万元。

南永公路开工

【楚雄州完成公路普查试点工作】 根据云南省公路普查领导小组的决定，全国第二次公路普查将楚雄州定为云南省公路普查试点单位。2000年7月2日全省公路普查会议结束后，由楚雄州交通局协调，成立了楚雄州公路普查协调领导小组。下设3个办公室，即国道、省道普查在楚雄公路管理总段设立办公室，楚（雄）大（理）公路普查在楚（雄）大（理）公司设立办公室，县乡村公路普查在楚雄州交通局设立办公室。各县（市）也成立了普查领导小组，设立了办公室。7月28日至29日，分别以国道、省道和县道、乡道为单位，举办了两期公路普查培训班，共培训技术骨干96人。从7月20日至10月15日止，全州共出动普查员300多人，普查工作专用车50多辆，耗用经费50多万元。全州共普查国道、省道、县道、乡道、专用道11407.036公里，桥梁22471.7延米/734座，涵洞119977.95延米/1140道，隧道1230延米/12处，渡口5处（机动渡口3处）。其中国道182.53公里，国道主干线177.392公里，省道580.399公里，县道3320.228公里，乡道6660.058公里，专用道486.429公里，晴雨通车里程8690.263公里，养护里程11404.972公里。通过普查，摸清了家底，为制定全州交通发展规划提供了科学依据。

〔张晓波〕

【楚雄交通规费征收稽查处】 2000年，楚雄交通规费征收稽查处超额完成了上级下达的全年四费征收任务，走出了持续3年完不成任务的低谷。全年四费征收12091.49万元，为上级下达征收任务11452万元的105.58%，超额639.49万元。其中：征收养路费6138.25万元，为任务数6250万元的98.21%；征收客货运附加费2763.38万元，为任务数2550万元的108.37%；征收中央车购费2288.38万元，为任务数1863万元的122.83%；征收地方车购费901.48万元，为任务数789万元的114.26%。到2000年，楚雄交通规费征收稽查处下属11个单位有10个进入了文明单位行列，其中州级2个、县（市）级8个。

〔刘亚萍〕

【云南省第四公路桥梁工程有限责任公司通过国际质量体系认证】 2000年8月1日，经国家8·1质量体系认证中心审核确认，云南省第四公路桥梁工程有限责任公司的质量体系符合标准，将ISO9002质量体系认证书颁发到云南省第四公路桥梁工程有限责任公司，证书从2000年8月1日起生效。从此，云南省第四公路桥梁工程有限责任公司在公路桥梁施工中，已获取国际质量通行证，这也是在云南公路系统中较早取得国际ISO9002质量体系认证的国有施工企业。

【南永公路一期工程正式动工】 2000年12月28日，南（华）永（仁）二级公路一期工程开工仪式在南华县龙川镇岔河举行。南（华）永（仁）二级公路起于南华县东侧——国道320线K3001+500处，穿过南华坝，翻越马鞍山垭口，经太平铺、下口坝水库、姚安东侧、长冲箐垭口、沙湾，升坡翻越龙头山垭口，过大姚，顺蜻岭河，跨江底河，过宜就，翻越四棵树垭口，经莲池，止于永仁新大街起点。全长146.4公里，比老公路缩短里程22.6公里。云南省第四公路桥梁工程有限责任公司承建第二合同段，施工里程长7.2公里，其中有455米长的马鞍山隧道，是南（华）永（仁）公路隧道之最。

【云南省第四公路桥梁工程有限责任公司年产值突破5亿元】 2000年，云南省第四公路桥梁工程有限责任公司年产值突破5亿元，达5.22亿元，创1952年组建以来历史最高纪录。云南省第四公路桥梁工程有限责任公司自改革开放以来，由计划经济进入到市场经济，在激烈的市场竞争中自我完善、自我发展，晋升为国家一级资质企业，并荣获全国五一劳动奖状，取得了国际ISO9002质量体系认证，年产值步步上升：1995年至1997年完成产值7.5亿元，平均每年完成2.5亿元；1998年完成产值3.2亿元；1999年完成产值3.8亿元；2000年完成产值5.22亿元。

【云南省第四公路桥梁工程有限责任公司荣获质量、服务及信誉AAA级品牌】 2000年12月，中国企业发展研究中心授予云南省第四公路桥梁工程有限责任公司为“质量、服务、信誉AAA级品牌”。

【云南省第四公路桥梁工程有限责任公司荣获“中国企业商誉最佳单位”称号】 2000年9月20日，云南省第四公路桥梁工程有限责任公司被中国市场调查研究中心授予“中国企业商誉最佳单位”称号。

〔李梦周〕

铁　　路

【广通车务段全面完成生产任务指标】 2000年，广通车务段围绕昆明铁路局总体工作思路，深入开展运输组织工作，夺取运输生产新成绩；以落实安全生产逐级负责制为龙头，基本实现运输安全有序可控；以市场为依托，强化营销，促进多种经营和集体经济发展；强化财务管理，严格控制成本支出；认真搞好“三讲”教育，促进班子建设；加强思想政治工作，促进路风和精神文明建设；以积极务实的态度，提高职工文化水平。全段各项工作取得了较好的成绩，全面完成了年度生产经营指标，提前5天超额完成运输收入任务。截止12月31日，装车完成55895车，为年计划的111.5%，比上年同期多装

5307车；货物发送完成315.94万吨，为年计划的110.9%，比上年同期多完成32.72万吨；卸车完成49945车，为年计划的109.1%，比上年同期多完成5719车；中时完成6.4小时，比年计划压缩1.1小时，比上年同期压缩1.0小时；停时完成12.7小时，比年计划压缩1.8小时，比上年同期压缩1.5小时；运输收入完成22864.5万元，为年计划的101%，比上年同期多完成4122.22万元。

【广通车务段加大文明铁路运输线建设投入】 2000年，为了巩固和发展文明铁路运输线建设成果，广通车务段筹集资金22.09万元，加大硬件建设的投入：购买29寸彩色电视机16台、洗衣机13台、抽油烟机4台、电扇5台、餐桌4套、会议桌2套、棋牌桌10张、写字台1张、窗帘100道、床及相应的备品10张，配发沿线小站；为29个小站拨发了环境绿化费用，修建花池17个，植树种花309株、绿化草坪135平方米、太阳能244平方米。

【顺利完成725/726次旅客列车移交工作】 为适应改革需要，广通车务段于2000年9月7日、8日，将725/726次旅客列车移交给客运公司，原来从8个站段单位抽调担任列车乘务工作的52名职工，又重新走上新的工作岗位。1999年7月，昆明开往攀枝花的725/726次旅客列车移交给了广通车务段管理运营，经过一年的苦心经营，这趟车创造了较好的经济效益。随着"网运分离"改革的深入，昆明铁路局决定将这趟车划归客运公司运营，客车队人员从哪里来的仍回到哪里去。为了让交接班工作平稳、有序地进行，广通车务段深入开展细致的思想政治工作，对职工提出的各种疑难问题逐一解答；对闹情绪的职工逐个理顺情绪、化解矛盾，引导他们服从新的安排。使移交工作得以顺利进行。

【广通车务段退管办获"十佳管委会"称号】 2000年，广通车务段离退休职工管理办公室认真贯彻江泽民总书记"三个代表"重要思想和有关做好老年人工作的指示精神，团结奋进、努力奉献，继续开展"解千家难、进万家门"的送温暖活动。全年为离退休老年人工作积极热情服务周全，做好铁路内部各单位协调工作的同时，主动与地方政府密切联系，为地区39名离退休职工办理了"高龄老年人优待证"；按时为本段离退休职工办理工资汇款、医疗费报销等工作；不辞辛苦，深入边远山区，探访退休职工，为他们排忧解难办实事；做好退休职工困难户、特困户和住院病人的慰问工作。2000年底，经昆明铁路局对该办按10项量化标准进行全面考核，结果以146.7分的好成绩，再次获得昆明铁路局"十佳管委会"的光荣称号。

广（通）大（理）铁路楚雄西货运站

【广通水电段完成生产经营责任制目标】 2000年，广通水电段为完成昆明铁路局下达的生产经营目标，及早安排，实事求是地分析困难，制定对策，果断指挥，充分调动干部职工的积极因素，经过一年的努力，全面完成了昆明铁路局下达的生产经营目标。全年成本费用计划支出137.88万元，实现支出137.0159万元，节约成本费用0.6%；计划供水量110.22万立方米，实际供水量123.4752万立方米，比计划多完成12.03%；计划供电量720.48万千瓦时，实际供电量938.73万千瓦时，超计划完成30.29%；职工控制数由计划的416人减到411人；存货周转次数计划8.3次，实际完成20.32次，为计划数的244.8%；全段没有发生重大经济损失及严重财务违纪事件，为昆明铁路局生产经营责任制的完成作出了贡献。

【成昆线（南段）电化施工任务完成】 2000年，成（都）昆（明）

铁路（南段）电气化工程建设进入攻坚阶段，广通水电段在完成水电生产经营任务的同时，承担了相当份量的电气化改造施工任务。为确保成（都）昆（明）线（南段）电气化铁路9月30日按时开通，该段抽调精兵强将，组成电气化改造办公室精心做好协调组织工作。经过300多天的艰苦努力，完成了一平浪站、广通站、元谋站等35个站、处的电化改造。架设电力空线路45.123千米，电缆线路55.56千米，安装变压器164台套，制作、安装变压器台164座、配电装置235台面、投光灯塔（桥）47座、开关箱（柜）340个、接地板664处。完成了广通、尹地、塔石咀等13个站的给水配套工程，攀枝花—温泉区段35个站点的给水工程，以及信号楼、牵引变电所、接触网工程。共铺设给水管道35.187千米；排水管道9.963千米。完成架空电力线路中修148.004千米，小修294.66千米；水处理设备中修20座次，小修24座次；扬水设备中修110台面次，小修162台面次；水道设备小修86次，给水管道小修125.818千米。

【广通水电段加大文明铁路运输线硬件投入】 2000年，广通水电段把文明铁路运输线建设和为职工办实事紧密结合起来，筹集资金35万元，为沿线工班配备了29寸彩电7台、25寸彩电6台、VCD机6台、音响系统4套，新建、改造小浴室5个，新建花池1200余平方米；为6个变电所配备了现代化的办公家具；对工班小食堂、炊具、餐具进行了更新。为文明铁路运输线建设提供了有力的物质保证。

【广通工务段安全生产创佳绩】
2000年，广通工务段围绕昆明铁路局安全运输生产的指导方针，建立并落实了设备保养和成本管理责任制，加强了安全生产经营两项管理。稳妥地实现了干部管理和职工竞争上岗。克服成本紧张、水害频繁、设备病害多、电化开通等诸多困难，加强设备养护质量，加大了对重点病害的整治力度。全年共投资375.06万元，完成线路中修33公里，超计划5公里；完成大修工程9件；投资205万元，完成防洪预抢工程29件；安排专项资金10万元，用于整治沿线翻浆冒泥地段，有效地改善了设备质量。在11月10日铁道部IN型电子轨检车动态全面检查的157.1公里中，优秀150.1公里，合格7公里，全段线路动态检查消灭了三、四级分。经昆明铁路局综合考评，获得总分909.29分的好成绩。同时在防“三折”工作中，坚持了奖励制度，充分发挥和调动了职工的积极性，上年全段有465名干部职工发现夹板裂纹627块，更换重伤钢轨85根，有效地防止了事故的发生。截止2000年12月31日，实现无行车重大事故10358天，无职工因工重伤2649天的好成绩。生产经营的各项任务指标均全面完成，为创建安全优质工务段打下了良好的基础。

【广通工务段积极为职工办实事】
2000年,广通工务段为巩固文明铁路运输线建设成果，在成本缺口大、资金十分困难的情况下，多方筹集21.1225万元，为沿线职工办实事。全年新建职工住宅28套1680平方米；新建工区生产用房500平方米；新建养路机械房7处324平方米；解决了棠海站区30年来饮水难的实际困难；更换了龙骨甸站区1300米腐蚀严重的引水管路；为黑井、大德两个领工区更新办公家俱和文件柜10套；为棠海、渔坝村桥隧等4个点安装太阳能11套；新建浴室2个；更新浴室11个；修建各式花台46个；修建围墙88米；修建排水沟46米；硬化路面1218平方米；栽种花木6700株，为创建优美文明的环境打下基础。

【广通工务段抗洪抢险保畅通】
2000年7月8日，由于单点暴雨不断，致使成昆线广通—甸尾区间边坡溜坍5处，路基下沉一处，倒树1处，中断行车1小时18分。同日3时，K11+570线路左侧暴发泥石流，上道掩埋线路30米，经抢修开通线路后，4时50分，泥石流再次大量上道，堆积6000立方米，掩埋线路350米，经全段机关干部和该区370余名职工奋力抢修，于7时20分开通线路。由于此次水害的严重影响，造成行车再次中断2小时30分。

【广通铁路医院完成全年任务】
2000年，广通铁路医院根据医疗制度改革的总体要求，想方设法提高对伤病员的救治水平，在提高医护职工整体素质的同时，加大了医疗设施和医疗设备的投入。全年投资138万元，购买高频500M∧X光机1台，24小时动态心率机、S—5呼吸机、惠普除颤仪、输液泵、红外线乳腺诊断仪各一台；投资280万元，新建综合医技楼、后勤办公楼一栋；大修庙山卫生所400平方米；购置“现代”救护车一辆，为做好医疗工作打下了良好的基础。年内，全体医护人员积极努力，全面完成了医疗、保健和救治伤病患者的任务，取得了较好的成绩。全年完成门诊诊次330215次，其中职工246188人次；完成家属诊次10233人次；路外家属诊次2236人次；沿线巡回医疗51427人次；收治住院病人4231人次，其中路内职工家属2790人次，占收住院总人数的66.1%；手术304人次；完成总病床日56958天，病床使用率81.87%；抢救危重病人141例，成功122例，占抢救率的86.52%；治愈好转率达97.89%，出院诊断符合率达99.67%；三日确诊率达99.4%；手术前后诊断符合率达99.67%；危重病人抢救成功率达85.52%；病床使用率达81.87%；病床周转率达32.23%；年平均病床工作日达299.66天，平均住院日达971天。取得了良好的社会效益和经济效益。

【广通机务段安全运输生产创佳绩】 2000年,广通机务段始终围绕昆明铁路局工作思路，以贯彻ISO9000质量体系标准为载体，以确保全局“9·30”成（都）昆（明）电化铁路通车及建段30周年献礼为契机，深入推进规范管理、强化基础达标、深化安全基础建设，认真落实安全逐级负责制和生产经营责任制。经过全段干部职工的努力，年底实现安全有序可控，运输安全生产创建段以来的最好成绩。截止12月31日，运输总量完成108亿吨公里，为年计划的120%；走行完成8297千机公里，为年计划的118.5%；行车安全连续12年无险性事故，无行车重大事故8252天，无行车大事故7321天，无工伤事故3534天，无设备事故7239天，无一般事故548天，消灭了客车机车机破事故及责任外伤事故，实现了连续400天无安全责任事故。

【广通机务段连续3年获“云南省质量管理优秀企业”称号】 2000年，广通机务段应用现代管理的思想和方法，为各部门、岗位提高工作质量提供了条件。截止12月31日，有3项成果获国家、部（省）级表彰，质量管理小组创效益12.2万元，连续第3年获“云南省质量管理优秀企业”称号。

【广通机务段多种经营和集体经济发展势头好】 2000年，广通机务段狠抓营销战略，主动出击，不断开拓市场，促进多种经营和集体经济发展，取得了较好的效益。到年底，多种经营产值实际完成110万元，为计划89万元的123.6%；利润实际完成162万元，为计划数的133.3%；集体经济产值实际完成162万元，为计划100万元的162%；利润实际完成14.7万元，为计划12万元的122.5%，实现了年度的总目标。

〔范炳存〕

邮　　政

【简述】 2000年，全州邮政部门全面贯彻落实省、州邮政工作会议和全省地（州）市邮政局长座谈会议精神，加大经营、改革、发展、管理和建设的力度，全州邮政工作走上新的台阶，为彝州邮政持续、快速、健康发展奠定了基础。2000年，全州邮政业务收入完成3350万元，比上年同期增长15.8%；业务总量完成1733万元，比上年同期增长13%；支差完成1643万元；全员劳动生产率为4.17万元/人，比上年同期增长17.47%。全年未发生机要、火灾等安全责任事故，其中机要通信连续13年实现“双红”无失密、丢损事故。

截止2000年底，全州邮政系统有在职员工803人，离退休职工463人，代委办人员404人，领取生活费人员84人。全州邮政企业资产总额为9008.28万元，其中固定资产为4824.17万元，流动资产为4184.11万元。邮政生产用房54093平方米。全州邮政总负债5008.34万元，其中长期负债685万元，流动负债4323.34万元。全州共有133个邮政支局（所），10个委代办点。在全州邮政服务网点中，实现电子化营业网点24个，占所有服务网点的16.8%。邮政储蓄点109个，其中微机营业网点34个，占网点总数的31.19%；已有7个网点实现全国通存通兑，34个网点实现省内通存通兑；已有13台自动柜员机（ATM）投入使用。邮政图书音像销售租赁网点28个。信箱信筒298个，比上年增4个。邮运车辆4辆。邮路全长3956公里，其中二级汽车邮路6条542公里。农村投递邮路16255单程公里。网点平均服务面积205平方公里，平均服务人口17406人。

【楚雄州邮政局强化专业化经营和管理】 邮政分营后，根据机构设置和编制要求，楚雄州邮政局成立了经营服务部，负责业务发展、市场开发和业务管理、服务。由于经营与管理职能集中，邮政储蓄、报刊发行、集邮、邮购广告、音像制品等专项业务发展和经营难以适应市场发展的需求，管理职能未得到有效发挥。2000年，针对邮电分营后一年来的经营管理中存在的问题，州邮政局本着“面向市场，经营与管理职能分开，强化经营，抓好管理”的原则，对经营管理体制作了大幅调整，将经营服务部改为公众服务科，成立集邮、储汇、投递书刊音像、邮购广告和农村通信经营部5个专业化经营部门，强化各专项业务的经营和管理，使业务发展更贴近市场。机制调整后，理顺了经营和管理的关系，强化了专业化经营和管理，促进了邮政业务持续健康发展。

【全州17个邮政支局（所）推行委代办承包经营】 由于邮政承担普遍服务的义务，全州大部分邮政支局（所）收不抵支，亏损严重。另一方面，国家对邮政亏损补贴逐年递减，而补偿机制尚未明确，扭亏压力进一步增大。在这样的形势下，州邮政局本着“积极稳妥、不断探索、逐年减亏”的原则，在注重社会效益、不降低服务水平的前提下，加大对部分邮政支局（所）承包经营的改革力度。州邮政局成立专门工作领导小组，选定楚雄现业8个严重收不抵支的山区邮政支局（所）作为委代办承包经营的试点，开展委代办试点工作。在自愿平等协商的基础上，于2000年6月1日分别与大地基、宜茨、西舍路、三街、八角、新村、树苴和云龙8个邮政支局（所）的承包人签订了为期3年的《委代办邮政业务协议书》，将8个邮政支局（所）承包给符合承包条件的在职职工、退休职工或委代办人员。承包经营后的第一年，8个邮政支局（所）节约业务成本12万多元。各县邮政局借鉴州邮政局的试点经验，结合当地的实际情况，也将部分邮政支局（所）改为委代办承包经营。至2000年底，全州已有17个邮政支局（所）实行委代办承包经营，为全州邮政逐年减亏迈出了坚实的一步。

【邮政包裹按址投递到户】 2000年，国家邮政局决定，从7月1日起，各直辖市、省会城市邮政局对城区范围内包裹实行按址投递到户；各地（州）市、县邮政局于10月1日起对城区范围内邮政包裹实行按址投递到户。根据国家和省邮政局要求，楚雄州邮政部门及早筹划，精心准备，从2000年10月1日起，楚雄市区及各县城区已按要求将包裹按址投递到户。对投交地址属规定范围内的包裹投递到户不再收取投递费。此举方便了广大人民群众，赢得了社会各界的广泛赞誉。

【邮政广告业务取得突破性进展】 面对邮政传统业务日趋萎缩的严峻形势，楚雄州邮政部门加大新业务的开发力度，适时优化和调整业务结构，为培育和拓展邮政广告业务，州邮政局成立了邮递广告信息中心，并于2000年2月28日出版了第一期《中邮专送广告》（楚雄版·彩版），精彩、独特的广告版面设计，独一无二的投递网络优势，吸引了众多单位、厂家和个体户利用邮政这一广告媒体，树企业形象，宣传商品，沟通信息。到年底，共开办《中邮专送广告》（楚雄版）20期，收入25万元，印刷品广告4.02万元。投资兴建街心花园“飞鸿桥”，拓展户外广告业务，自6月30日竣工验收投入使用以后至年底，天桥户外大型广告收入17.83万元，布标广告收入4万元。经多方积极争取，取得州人民政府“昆明国际花卉节”花车广告制作权，政府投资12.5万元。制作的花车获优秀奖，打出了邮政的广告品牌。报亭户外广告也开始启动并逐步产生了收益。

【楚雄州邮政局大力拓展代办业务】 在市场竞争日趋激烈的形势下，全州邮政部门充分利用网点和人员优势，采取“双赢”策略，加强与电信、联通和移动等集团公司以及税务等部门合作，大力拓展代办业务，成效明显。2000年，为移动公司代售“神州行”预付费卡1999枚，“神州行”充值卡1900枚，储值卡1200枚，“火把卡”3000枚，收入50.64万元；为联通公司代售寻呼机2096台，代收服务费0.3万元，收入6.29万元；为电信公司代售IC卡、200卡、201卡，收入1.04万元；代收自行车、摩托车使用税费，收入0.32万元。全年代办收入共计98万元。

【楚雄、凉山、攀枝花举办集邮联展】 为纪念中国共产党成立79周年，由楚雄州及四川省凉山州、攀枝花市邮政局和集邮协会联合举办了“展望新世纪，迎接西部大开发”大型集邮联展。楚雄展区于2000年7月1日至3日在楚雄市工人文化宫举行联展，共展出3个地区17名作者的作品76框、1216个贴片。这些作品以传统、专题、极限、航天等类别，利用“方寸之地”向参观者展示祖国的锦绣山河、传统文化和民族风情等，对推动两省三地的集邮文化和精神文明建设产生了积极作用。

【楚雄州邮政局与北京市南区邮政局缔结为友好局】 为了相互学习，共同提高，共同加快邮政通信的持续发展，经双方领导共同协商，并经主管部门同意，楚雄州邮政局与北京市南区邮政局于2000年8月15日在北京市邮政管理局签订协议，缔造为友好局。协议商定，双方定期互通邮政经营管理信息，交流经营、发展、管理和服务等方面的经验；借助各自的区域优势和局情特点，开展经营活动；定期互派管理和业务技术人员，进行挂职或短期见习培训，以提高经营管理人员和业务技术骨干的素质；根据需要，可组织先进模范和部分管理人员、业务技术骨干到对方参观学习。

〔普怀座〕

电　　信

【楚雄州电信公司深化改革创佳绩】 2000年是楚雄州电信公司深化体制改革，努力加快发展的一年。全州电信以效益为中心，以改革为动力，充分发挥楚雄电信在推进国民经济和社会信息化中的主导作用，两个文明建设取得丰硕成果，为楚雄电信的可持续发展奠定了良好基础。(1) 经营有新招，业务发展超进度，全面完成了各项经营指标。全州电信业务总量完成12017.7万元，比上年增长33.6%；业务收入完成1.2亿元，比上年增长16.32%；本地网电话放号24345户，总户数达107813户；数据多媒体注册用户总户数达4247户；数据多媒体非注册用户总户数达4417户；固定电话普及率5.47%。(2) 建设步伐加快，通信能力增强。通信建设以优化网络结构，合理配置资源、适应多种业务需求为目标，实施各项通信建设任务。全州新增光缆400公里；建成楚雄市话两个2.5GSDH环网；完成移动六期GSM基站新建传输工程，新建30个基站光缆20公里，安装PDH设备22套；建成开通楚雄市话光缆接入网4000余线，接入网新建扩容15000线；完成全州12000线C&C08交换机升级改造；完成成（都）昆（明）电气化铁路改造线路192公里；开通ATM宽带多媒体通信网楚雄节点；开通IP电话网；完成160、168电话声讯系统的改造扩容；建成全州一、二干光缆自动监测系统并通过验收；完成联通接口局2760端口扩容；完成全州网间结算计费系统安装调测；完成楚雄市9个乡（镇）计算机联网营收系统；完成全州112系统的升级扩容；开通本地网第二汇接局，开通州至县准直联N07信令网，开通至昆TS2的N07电路；完成全州电源更新改造并实现智能化。(3) 改革深化，管理加强，基础夯实。从1998年以来，楚雄州邮电部门相继通过邮电分营、无线寻呼剥离、移动重组等重大体制变革之后，2000年8月10日，楚雄州电信局改制为云南省电信公司楚雄州分公司，楚雄电信正式步入公司化运营轨道。12月18日，云南省电信公司楚雄州分公司又进行主辅、主附分离，精干主业的改革，将电信原辅业、附业和多种经营等业务分出来，新组建了云南电信网信实业集团楚雄网信有限公司。(4) 机制创新迈出一步。按照干部能上能下、择优录用、优胜劣汰、适才适岗的原则，顺利开展了州电信分公司和网信公司主任、副主任、项目经理、业务经理的竞争上岗，增强了员工的紧迫感和责任感，全体员工的工作责任心、事业心和竞争意识、市场意识上了一个新台阶，学习风气逐渐形成。(5) 不断改进服务质量，全面提升服务水平。进一步完善业务处理流程，推选服务岗位责任制，推行首问负责制，采取有力措施解决电信服务的热点问题，在推进技术创新、管理创新、机制创新上，受到社会各界的广泛赞誉，树立了楚雄电信良好的企业形象。

【云南省电信公司楚雄州分公司成立】 根据信息产业部关于进一步深化电信体制改革的部署，2000年8月10日，原楚雄州电信局改制为云南省电信公司楚雄州分公司，并正式挂牌成立。楚雄州电信公司的主要经营范围是：经营集团公司投资形成的国有资产和国有股权；国内国际各类固定电信网络与设施（含本地无线环路）；基于电信网络的话音、数据、图像和多媒体通信及信息业务；以及集团公司授权经营的其他业务和地方电信主管部门批准的区域性电信业务。

【国家干线光缆自动监测系统工程通过终验】 随着通信事业的快速发展，全州已建成四通八达、覆盖128个乡（镇）和98个行政村的大容量、高速率的现代化光纤通信网络。为提高光缆传输维护质量和维护水平，在云南省电信公司的关心支持下，楚雄州于2000年4月建成了光缆自动监测系统。经过省电信公司初验测试小组测试，设备的性能指标、系统功能、施工工艺、设计方案的实施、工程设备移交工作、验收技术资料内容等符合初验规范。4月18日顺利通过省电信公司组织的初验，并投入试运行。12月6日通过终验。

【云南电信网信实业集团楚雄网信有限公司成立】 2000年12月18日，云南电信网信实业集团楚雄网信有限公司揭牌成立，这是继楚雄州电信分公司成立之后楚雄电信的又一次重组。楚雄网信有限公司的成立，标志着楚雄电信推进主辅、主附分离、精干主业的改革又迈出了关键的一步。新成立的楚雄网信有限公司员工 395 人，主要经营宗旨一是依托电信、服务电信，代营、代办、代销、代维电信委托的所有电信业务；二是拓展电信生存的市场空间和发展空间。内设综合部、人力资源部、计划财务部、市场经营部 4 个部（室），下设维护、营销、工程、物资、广告、物业 6 个分公司，各县设网信分公司。

【“世纪通”信息之窗多媒体网吧开业】 为推动彝州信息化发展进程，让公众进一步了解利用现代电信技术和多媒体网络广泛、高速地传播信息、获取信息，合理、正确、有效地使用各项电信业务，经过近一个月的设备安装、调测及筹备工作，楚雄电信“世纪通”信息之窗多媒体网吧于 2000 年 3 月 6 日在州电信公司街心花园营业厅正式开业和运作，网吧营业面积 83.3 平方米，共设 12 个坐席，可提供上网浏览、电子信息、网上炒股、文件打印、上网培训及数据通信业务咨询、介绍、宣传和业务受理等，提供楚雄州市网友聚会场所，成为电信为社会各界提供信息服务，开展电信业务宣传、展示电信的一个窗口。

【全州电话普及率逐年上升】 2000 年，楚雄州电信公司不断加大生产经营力度，通信能力稳步提升，服务水平不断提高，实现了企业的可持续发展。全州累计新增光缆 400 公里，建成楚雄市话两个 2.5GSDH 环网，安装 PDH 设备 22 套，开通了楚雄市话光纤接入网 4000 线，全州程控交换、接入网新建扩容 15000 线，完成了南华、禄丰、姚安 12000 线 C&C08 交换机升级改造。在加大基础设施建设的同时，加大了各项业务的营销力度，全州电信员工解放思想，采取了一县一策、一乡一策、一村一策和一片一策的机动灵活的营销方式，组建了专职营销队伍，有针对性、有重点地开展营销工作，做到人人头上有指标，千斤重担大家挑，较好地完成了各项业务的发展任务。全州共完成本地网放号 21583 户，固定电话普及率由上年的 4.54% 上升到 5.47%，提高了 0.93 个百分点；全州数据基础业务累计完成 87 户；数据多媒体注册用户累计发展 4247 户，创造了历史最高水平。

【全州电信设备实现动力环境智能化集中监控】 动力环境集中监控系统是国家“九五”期间信息高速公路——“八纵八横”干线光缆工程的重要附属之一。该工程于 1999 年 10 月份开工，12 月完工后随即投入试运行，2000 年 10 月通过云南省电信公司组织的终验。监控系统对全州 9 县 1 市的电源设备、空调开关机、温湿度和机房环境进行智能化集中实时监控管理，将各种监测、控制、告警、统计、分析、查询等功能集中在统一的系统中，利用该系统对全州动力环境集中监控分析、维护和管理，实现机房少人（无人）值守，减轻维护工作量，提高了设备运行效力及可靠性，降低运行维护成本。监控系统工程的建成，使楚雄州电信公司的通信设备维护技术层次又上了一个新台阶。

【ATM 宽带多媒体通信网楚雄节点开通】 ATM 宽带网楚雄节点是云南省宽带多媒体通信网的骨干节点。2000 年 3 月开始施工，6 月份正式投入运行，投资 500 多万元。自开通以来，系统运行稳定。ATM 是异步转移模式的缩写，采用信元交换技术，其网络具有大容量、高可靠性等特点。它的建成，为数据网络提供了综合统一的宽带传输平台和数据网络互联互通的数字大通道。目前，该系统可提供 64K—43M 的帧中继电路业务和 155M 的 ATM 电路业务。作为国家 ChinaNet 及云南省多媒体网的出口局，现有 16 个地州的多媒体网出口电路通过 ATM 网提供通道汇接楚雄。全州 ATM 宽带网的建成，将大大改善楚雄电信数据通信网络的宽带通信能力，使楚雄州 9 县 1 市的网络运行速度得到提升，为进一步推进国民经济和社会信息化的进程起到积极作用。

〔宋先丽〕

移动通信

【楚雄移动通信经营与建设同步发展】 2000 年，云南省移动通信公司楚雄州分公司紧紧围绕用户发展和业务收入这个中心，通过采取灵活多样的经营策略，确保了经济技术指标全面增长。全年完成通信业务收入 7777 万元，比上年增长 36%。移动电话放号全年净增 24232 户，比上年增长 108.35%。全州全年完成通信业务支出 6490 万元。全州全年实现收支差额 1287 万元。圆满完成了移动通信网络运行质量指标。全年无网络质量重大事故发生。分公司突出重点，加快建设步伐，以第六期移动通信建设为龙头，全年新建基站 38 个，基站扩容 2 个，移动交换扩容 3 万门，全面完成了年初制定的各项通信建设任务，全州基站数达到 68 个，信道增至 3224 条，扩大了网络覆盖范围，通信能力进一步增强，生产、服务条件得到了明显改善。根据业务发展需要，按云南省移动通信公司的统一布置，完成了客户服务中心1860、1861服务热线及1258、1259短消息服务中心的组建和工程建设任务，使服务又迈上了一个台阶。另外，还完成了全州三期计费系统的割接，楚雄市团结路移动通信综合楼的装修、全州各县营业厅（室）及楚雄经济技术开发区营业厅装修等工程。经过一年的发展，全州移动电话普及率从上年的0.91%上升到1.88%。分公司在抓好通信建设和市场经营工作的同时，强化维护和服务管理，理顺内部作业流程，建立人、财、物综合管理体系，推动了管理工作向规范化、制度化迈进。为了加大宣传力度，提高中国移动通信知名度，公司上下利用各种重大活动和主要节假日，通过新闻媒体和各种广告牌、布标、宣传品以及简报向社会进行了多方位多形式的宣传，树立了良好的中国移动通信形象。在抓好物质文明建设的同时，分公司十分重视精神文明建设，经常组织员工开展业务技术培训，对员工进行了思想政治教育，开展丰富多彩的文体活动，举办“我与移动”演讲比赛，组织员工向灾区捐款献爱心，参加社会组织的各种活动，巩固和发展精神文明建设成果，实现两个文明建设双丰收。为了发挥党组织的政治核心作用和工会的职能作用，公司党委在抓好生产经营的同时，坚持把党组织、工会组织的建设工作摆在重要位置抓紧抓实。经上级党组织和省移动通信公司工会批准，先后成立了楚雄分公司党委和分公司工会，建立健全各级党组织和工会组织，为两个文明建设提供了组织保证。

【楚雄移动通信分公司抗震救灾保通信】 2000年，姚安“1·15”地震发生后，云南省移动通信公司楚雄分公司各级干部职工临危不惧，全力以赴，积极投入抗震救灾保通信的战斗。姚安移动通信运营部的干部职工，地震发生后顾不上家人的安危，在运营部主任杨开忠的带领下，冒着余震爬上五楼查看机房设备的运转情况，然后又攀上房顶检查发射天线，并将灾情及时报告楚雄分公司领导。分公司经理姜海鸥一面将地震灾情报告给省移动通信公司，一面组织抢修队伍赶往灾区参加抗震救灾保通信的战斗。抢修人员连续苦战10多个小时，解决了光禄移动通信基站因地震断电的供电问题，使基站设备保持正常运转。经分公司全体员工的共同努力，地震灾区的移动通信一刻也没有中断，保证了党和政府指挥抗震救灾通信联络的需要，由于成绩突出，楚雄移动通信分公司被州人民政府评为抗震救灾先进集体，有两名职工被评为先进个人。

【全州移动通信工作会议】 2000年1月28日至30日，楚雄州移动通信工作会议在楚雄召开。会议传达贯彻了云南省移动通信工作会议精神，安排部署了2000年的移动通信工作，各县（市）运营部负责人、业务管理人员及分公司各部室领导、行政管理人员等共50多人出席了会议。州人民政府副州长周发洪等领导出席了会议。分公司总经理姜海鸥在会上作了题为《商海中锻炼，竞争中发展，拼搏载我们腾飞》的工作报告。会议研究制定了完成任务的措施。

【楚雄移动通信交换局扩容工程竣工】 楚雄3万门移动电话交换局建于1999年3月，开通时全州用户仅有15000户。一年来，随着移动通信的快速发展，用户增长较快，到2000年3月，用户已接近3万户。为了缓解移动交换容量不足的矛盾，经云南省移动通信公司批准，楚雄移动电话交换局扩容3万门被列入楚雄州第六期移动通信建设工程计划。2000年2月22日，楚雄交换局扩容工程正式动工。整个扩容工程由分公司工程办主管，楚雄微波站负责施工，分公司运行维护部配合，NOKIA公司负责督导、调试、数据添加、软件版本升级。由于整个工程施工必须保证原有3万门交换局的正常运行，因此工程难度极大。特别是局数据添加、调试、软件版本升级以及扩容后系统的割接、拨打测试等很多工作都只能在夜间进行。经过全体工程技术人员的日夜奋战，楚雄移动交换局扩容3万门工程于3月25日顺利竣工。楚雄GSM移动交换系统扩容为6万门后，大大缓解了系统即将超载的危机，为提高网络运行质量和服务质量奠定了良好的基础。

【楚雄移动通信城建成开业】 2000年，云南省移动通信公司楚雄分公司走联合发展之路，与楚雄惠诚商贸有限公司合作，共建楚雄移动通信城。根据协议，由商家在楚雄龙泰商场、街心花园商场建移动通信城，专门供给各手机经销商和楚雄移动通信分公司作为手机销售、维修、办理手机入网、售卡、过户及话费收取、查询等业务的综合性服务之用，以中国移动通信的无形资产和良好的信誉赢得市场，促进共同发展。4月21日，楚雄移动通信城建成隆重开业，由于地处鹿城繁华地段，深受移动通信终端设备经销商青睐，开业时，已有30多家省内外客商到移动通信城经商，楚雄移动通信分公司在移动通信城设立了第二、第三营业厅，大大方便了购买手机和办理移动通信业务的客户。

【楚雄移动通信分公司党委成立】 经云南省移动通信公司党组和中共楚雄州委批准，楚雄移动通信分公司于1999年11月成立了党委筹备组，分公司经理姜海鸥任筹备组组长，负责分公司党委的筹建和日常党务工作。经过半年多紧张筹备，成立分公司党委的条件已经成熟。2000年6月29日，中国共产党云南省移动通信公司楚雄分公司第一次党员代表大会在楚雄召开。会议按《中国共产党党章》的有关规定，选举产生了中国共产党云南省移动通信公司楚雄分公司党委班子，党委成员由姜海鸥、邵云华、张华生、王天祥、王耀玲5位同志组成，姜海鸥同志任党委书记。

【楚雄州第六期移动通信基站建设工程竣工】 2000年，为加快楚雄州的移动通信建设，促进彝州经济发展，云南省移动通信公司从战略发展高度考虑，安排下达了楚雄州第六期GSM移动通信基站建设计划：新建基站38个，基站扩容2个，并提出要尽一切力量，确保基站早日建成开通。为此，楚雄分公司专门成立了第六期工程建设领导小组和办公室，制定出详细的工程实施计划，积极组织施工。38个新建基站分布于全州9县1市的发达乡（镇）、高速公路沿线和旅游风景区，工程分散，施工比较困难。在当地党委、政府的大力支持下，全体工程施工人员以高度的工作责任心，发扬不怕苦、不怕累的精神，克服工程建设中遇到的各种困难，于8月30日全面完成了新建38个基站、扩容2个基站的建设任务。第六期基站建设工程的竣工，使全州的移动通信网发生了质的飞跃，为扩大网络覆盖，提高通信质量打下了坚实的基础。

【楚雄移动通信分公司工会成立】 1999年11月，楚雄移动通信分公司成立工会筹备组，专门负责分公司工会的筹建和日常工会工作。经过半年多的紧张筹备，2000年9月25日，楚雄移动通信分公司第一次工会会员代表大会在楚雄召开，大会按照工会章程和选举办法，选举产生了中国邮电工会楚雄移动通信分公司第一届委员会班子。张华生任工会主席，王天祥任工会副主席，邵元华任工会经费审查委员会主任。

〔周永章〕

联通通信

【联通公司通信建设快速发展】 2000年，在中国联通云南分公司和各级党委、政府的正确领导、支持下，中国联通楚雄分公司抓住中国信息产业大发展的契机，圆满完成了公司2000年实现跨越式大发展的即定目标；顺利实现与云南国信寻呼楚雄分公司的整体融合；适应竞争市场，以移动通信业务为突破口，积极开拓市场；积极开拓新电信业务和增值业务，为实现公司综合发展目标打下了坚实的基础。年内，公司超额完成主要经营目标：累计完成主营业务收入2691万元，其他业务收入416.8万元，实现利润407万元；2000年全员劳动生产率达34.06万元；GSM业务创立良好开局，当年投产即创利100万元。2000年，公司在通信建设方面得到快速发展。公司以实现综合电信运营为建设目标，累计投资1.06亿元，使通信建设规模再创新高，技术层次达到国际领先水平。(1) 完成了昆明—楚雄—大理的SDH光缆传输二级干线建设任务。(2) 楚雄市区本地网SDH两个2.5G环路已建成投入经营。(3) 完成寻呼网上星工程，顺利实现寻呼“三星系统”到“深讯系统”的割接，提高了寻呼设备运行的稳定性。配合寻呼上星工程的实施，优化寻呼基站，对部分基站进行搬迁，在寻呼接收盲区新建基站8个，使寻呼基站达85个，寻呼系统容量28万户，发射机198台套，寻呼覆盖面达全州所辖90%以上地区。(4) 完成了GSM三期、四期共32个基站的建设，使GSM系统容量达2.7万门，基站达到36个，覆盖全州所辖9县1市、经济发达的乡（镇）及安（宁）楚（雄）、楚（雄）大（理）公路沿线部分地区。(5) 电信业务得到快速发展。面对激烈的市场竞争，通过公司全体员工的努力，GSM和寻呼业务均得到了较大发展。2000年，公司净增GSM用户16000户，完成计划任务的114%，用户达2万余户。寻呼网用户11.46万户，比上年同期增长20.3%，完成计划任务101.1%；寻呼市场占有率达75%。(6) 经营网点建设取得突破性进展，全州9个县的经营部陆续挂牌成立并投入运营；代办业务得到大力发展，全年共发展联通业务代办点46个，同期实现全州农业银行网点及交通银行网点的联通话费代缴业务。(7) 服务水平和层次进一步得到提高。伴随联通邮寄话单、互联网话单查询、传真机话单下载及“1001”全国统一特服等创新服务项目的推出，实现了电信业务的全透明消费，极大地提升了联通公司高服务水准和创新服务意识。

【联通公司顺利实现与国信楚雄分公司的整体融合】 为提高国有资产效率，根据信息产业部关于中国联通与国信通信整体融合的工作部署，2000年9月30日，中国联通楚雄分公司与云南国信通信楚雄分公司全面完成整体融合工作。此次融合共涉及国有资产2亿余元，是楚雄州有史以来涉及资产最多的一例强强联营的国有资产优化重组案。此次融合，将使两项大型国有资产发挥出更大的资源优势，实现人力资源互补，使楚雄州信息市场的竞争机制得到进一步强化，为加快发展楚雄州的信息化步伐奠定了坚实的基础。

【联通公司完成第三代移动通信网首期建设发展规划】 根据信息产业宽带化的国际发展方向，中国联通楚雄分公司于2000年11月底完成了第三代移动通信网首期—CDMA的建设发展规划，CDMA整体工程建设将于2001年9月底完成并投入运营。届时，将建成覆盖面更广、系统容量达5万余门、数据传输速率达2Mbps，能高质快捷地提供移动多媒体业务及其他移动增值新业务的第三代移动通信系统，使楚雄州移动通信系统的技术达到国际领先水平。

【联通公司开通193长途通信、IP电话及165国际互联网新业务】 2000年，中国联通楚雄分公司完成了193长途通信、IP电话及165国际互联网的建设工程，于年底完成了上述新业务的全网联调工作并开通投入运营。上述新业务的开通，为中国联通楚雄分公司向综合电信运营商发展的目标奠定了坚实的基础，同时也为楚雄州电信消费者选择消费行为提供了可能，为楚雄州数据通信市场的更快发展和进一步引入市场竞争机制奠定了坚实的基础。

【联通公司成立各县经营部】 为促进楚雄州信息产业的进一步发展，改善电信服务设施条件，满足广大人民的电信消费需求，中国联通楚雄分公司注册成立了楚雄州所辖9县经营部，并于7月底全部挂牌投入运营。各经营部将全面经营中国联通公司的所有综合电信业务和增值业务，为楚雄州各县用户选择电信消费提供了可能，同时铺开了中国联通在楚雄跨越式发展的序幕。

【联通公司完成寻呼网上星工程】 为促进楚雄州寻呼通信网的覆盖范围，提高网络运行的稳定性，中国联通楚雄分公司于2000年6月7日完成了寻呼传输网卫星覆盖工程并投入使用，整个工程历时37天，涉及楚雄州范围内的85个寻呼基站的传输。该工程的完工，使整个寻呼网摆脱了传统传输路由建设难度大、运营成本高、局限性大的弱点，提高了网络运行的安全可靠性，同时为以后寻呼站点的建设彻底解决了传输问题，为楚雄寻呼网的持续健康发展打下了坚实的基础。

〔李加平〕

贸　　易

供销合作

【简述】 2000年是供销社改革与发展历程中的关键一年。在这一年里，全州供销社系统干部职工紧紧围绕州委、州人民政府的工作思路，结合供销社系统的实际，继续认真贯彻落实中共中央、国务院《关于深化供销合作社改革的决定》、《关于解决当前供销合作社几个突出问题的通知》及全国总社有关会议精神，以经济效益为中心，以结构调整为重点，积极推进改革，狠抓扭亏增盈，各方面的工作取得了一定进展，为彝州农村经济的发展做出了应有的贡献。

【供销社系统扩大购销】 2000年，农村市场仍然呈现平淡格局，农村购买力弱而分散，需求严重不足，市场难以启动，给供销社购销业务发展带来极大的困难。为了拓展业务，扩大购销，全州供销社系统积极寻找市场，努力做好农副产品购销工作，全年共完成农副产品纯购进总额14861万元，比上年增加259万元，增长1.8%，按全州农业人口平均，每个农业人口2000年从供销社的农副产品采购业务中获得了68.7元的现金收入。根据农村消费品市场疲软且竞争较为激烈的实际，积极调整日用消费品经营结构，增加了影碟机、电话机、化妆品、保健品、基建装潢材料等商品的经营，把消费品下降幅度控制在最小限度。经过努力，全州供销社系统共完成商品销售总额73891万元，比上年增加1802万元，增长2.5%，增长幅度在全省16个地、州、市中名列第二位。全州供销社系统除日用消费品零售稍有下降外，其余各项购销指标都有增长，达到年初预定的目标。

【供销社系统做好支农服务工作】 2000年，全州各县（市）社、基层社，州、县（市）农资公司认真贯彻州人民政府关于批转州计委《关于认真做好2000年化肥农资供应工作的意见报告》的通知精神，切实做好农业生产资料的调供工作，在市场需求下降、竞争激烈的情况下，加强了对化肥农资产品生产流通工作的领导，确保化肥农资产品的生产调供，扭转了用肥偏紧、价格上涨迅猛和流通体制混乱的局面，同时，根据各级政府加大农业结构调整力度，农民对农业生产资料的需求有所上升的情况，农资公司按照农业生产的需要，采取各种有效措施，适时组织各种农业生产资料供应市场，千方百计搞好各种服务，做到定点定时送货到村和田间地角供应农户，及时满足农业生产的用肥用药需要。全系统全年共销售各种化学肥料22.1万吨，比上年增加1.6万吨，增长7.8%；销售农用塑料薄膜744吨，比上年增加146吨，增长24.4%；农药由于推广使用高效低毒农药等原因，销售量比上年减少101吨，下降8.3%。全系统全年共完成售给农民的农业生产资料总额（纯销售，不含调拨，下同）23232万元，比上年增加2704万元，增长13.2%，占整个商品销售总额的64.9%，为实现粮烟生产持续、稳定、健康发展作出了重要贡献。

乡村集市贸易

【供销社系统扭亏增盈见成效】 2000年，楚雄州供销社系统继续把扭亏增盈作为首要任务切实抓紧抓好，全系统汇总实现扭亏为盈。主要采取了以下措施：（1）在年初专门召开会议，分解下达扭亏增盈目标，层层签订扭亏增盈目标责任书，做到目标明确，责任清楚，奖惩透明，并由州社定期公布扭亏增盈完成情况。(2) 组织全系统干部职工开展“西部大开发，供销社怎么办”解放思想大讨论，进一步增强全体干部职工对扭亏增盈工作重要性、必要性、紧迫性的认识。(3) 强化企业管理，努力压费降耗，靠管理堵漏洞，靠管理挖潜力，靠管理增效益。(4) 按照把供销社真正办成农民合作经济组织的目标，对基层社进行改造，按现代企业制度的要求，对县以上公司进行改制，按精简效能提高工作效率的原则，搞好县以上联社机关建设，分类推进改革。(5) 坚持有进有退有所为有所不为，把经营结构调优，组织结构调强，人员结构调精，资产结构调好作为深化企业改革的切入点。经过努力，全州供销社系统138个独立核算单位汇总实现利润192万元，增利146万元。其中全州9县1市供销社汇总除姚安、永仁不同程度减亏外，牟定、大姚和元谋3县不同程度增利，楚雄市、禄丰县分别减利10万元和8万元，双柏、南华2县扭亏为盈分别实现利润8万元和18万元，武定县持平并完成利润20万元，州农资公司减利1万元。

【全州供销社工作会】 2000年3月6日至7日，州人民政府在楚雄召开全州各县（市）分管供销社工作的副县（市）长和县（市）社主任、州级有关部门及州供销社直属各企业领导参加的全州供销社工作会议。会议由州人民政府副秘书长程宗文主持，州供销社党委书记、主任罗绍成对1999年全州供销社的工作作了总结，对2000年度的工作作了安排部署；州人民政府副州长周发洪在会上结合州委、州人民政府经济工作的思路，提出了做好全州供销社工作的3点要求：(1) 充分认识供销社在农村经济发展中的重要地位和作用；(2) 努力推进改革，狠抓扭亏增盈，积极参与农业产业化经营； (3) 各县（市）人民政府要切实加强对供销社改革的领导。省供销社主任李星亲临会议作指导，并在会上作了重要讲话，要求继续抓好扭亏增盈和社属企业的改革改制工作，积极参与农业产业化经营，从中寻求新的经济增长点，培植新的主导业务，求生存，求发展。

【楚雄州供销社兑现1999年度扭亏增盈考核奖惩】 2000年3月7日在全州供销社工作会议期间，州供销社对1999年度扭亏增盈目标进行了考核奖惩，具体是：楚雄、牟定、南华、永仁、元谋、武定、禄丰7县（市）供销社已全面完成和超额完成扭亏增盈目标，按年初制定的考核办法，奖励上述7县（市）供销社主任奖金各2000元；对双柏、姚安、大姚3县供销社，核定利润总额目标已超额完成，担控亏户数没有完成，按年初制定的考核办法，应扣减双柏、姚安县供销社主任奖金各400元，奖励完成利润指标各1600元，大姚县供销社主任扣减奖金200元，奖励完成指标1800元。会议期间，各县（市）供销社主任与州供销社主任签订了2000年度扭亏增盈目标责任书。

【积极推进供销企业改革改制工作】 2000年度，全州供销社系统按照“一参三改”的深化供销社改革综合目标以及供销社结构调整的要求，有重点地加强了州、县（市）供销社直属企业和基层社的改革工作。州供销社直属企业在1999年完成商贸公司和日杂公司股份制改革后，2000年重点对直属储运供销公司的改制加强领导和指导工作，使该公司的改革得以逐步推进。此外，各地都根据各自的实际推进改革，其中牟定县供销社按照合理设置和调整基层社的要求，实施了基层社的优化重组3个；双柏县供销社企业改革方案已获县人民政府批准；永仁县供销社整体出售部分基层社的工作正在进行之中。到2000年末，全系统已有16个企业改为股份合作制企业。

【供销社系统积极参与产业化经营】 供销社参与农业产业化经营，是党和国家交给供销社的光荣任务，也是供销社培育新的经济增长点、摆脱购销下降、业务萎缩困境，拓宽经济领域的希望所在，更是供销社二次创业在农村经济发展中充分发挥作为的最好定位。为此，2000年初，州供销社要求每个县（市）都要根据各自的实际，选择1至2个切实可行的项目，扶持农民发展生产，围绕一个大的产品和产业把农民组织起来生产，把产品打出去。为了推动这项工作的开展，经州人民政府2000年7月24日批准，由州供销社主任带队，组织双柏、南华、大姚、元谋、牟定5县到贵州省黔东南及省内曲靖等地考察学习供销社参与农业产业化经营发展篦麻、中药材、大桐籽的经验。禄丰县供销社带着碧城和仁兴两个基层社到通海参观学习发展萝卜丝的经验和做法，引进试种了1000多亩日本萝卜丝生产。元谋县结合实际扶持农民种植香蕉600亩。楚雄市对树直基层社发展核桃专业生产合作社的做法进行了认真总结，并准备在全市范围内推广。

【中华全国供销合作总社领导到楚雄考察】 2000年5月17日上午，中华全国供销合作总社纪检组组长（副部级）林乃基等4人在省社正厅级巡视员沈国达和州人民政府副州长周发洪等领导的陪同下，到州供销社检查指导工作。总社领导在听取州供销社主任罗绍成和牟定、禄丰、楚雄、大姚4县（市）主任工作汇报后指出：要在年内完成总社提出的扭亏增盈三年目标两年实现的要求，各级供销社仍需做许多艰苦细致的工作。面对困难，要充分依靠国家的相关政策，除搞好盘活资产、减员增效等工作外，关键还需进一步解放思想，深化改革，通过多方探索找到扭亏脱困的治本之策。林乃基又指出：作为同农业、农村、农民息息相关的合作经济组织，供销社系统要找准定位，研究和处理好市场经济条件下与“三农”的关系。基层供销社改革的出路在于紧扣现代农业的发展要求和抓好中央关于实施农业及农村经济结构战略性调整的机遇，以组织专业合作社等形式积极参与农业产业化经营，努力开拓新的经济增长点，真正从根本上实现扭亏增盈。

〔牛国金〕

粮油购销

【简述】 2000年，楚雄州粮食局以“三讲”教育为契机，紧紧围绕年初制定的工作目标，深入调查研究，狠抓落实，各项工作达到预期目标。（1）全年收购原粮9155万千克，其中收购定购粮食4632万千克，收购市场粮食4523万千克。（2）全年销售贸易粮14062万千克，超额完成1亿千克的销售目标。（3）分流人员381人，超额完成2000年分流296人的任务。（4）南华县粮油批发交易市场竣工验收。（5）争取地震恢复重建资金360万元，修复库容为1700万千克的粮仓于2000年4月30日投入使用。（6）楚雄国家粮食储备库完成中央新建粮库库容2500万千克、投资1200万元的建设任务。完成中央压库粮调入和中央专储粮划转工作。（7）配合楚雄州监察局进行全州粮食流通体制改革政策执法监察，确保粮食流通体制改革政策措施的落实。（8）精神文明建设协调发展。楚雄州粮食局机关党委和局机关党支部被中共楚雄州直属机关工作委员会评为1998～1999年度先进机关党委和先进党支部。

【楚雄州粮食局制定扭亏增盈考核办法】 为进一步做好国有粮食企业扭亏增盈工作，楚雄州粮食局制定了2000年度扭亏增盈目标考核办法。对各县（市）粮食局实行粮食购销企业和经营性企业控亏目标、粮食销售目标、多种经营利润目标实行指标考核，按目标任务完成情况进行奖惩。即粮食购销企业完成控亏目标奖2000元，超目标控亏1万元奖60元；经营性企业完成控亏目标奖1000元，超目标控亏1万元奖40元；完成粮食销售目标奖1500元，超销1万千克贸易粮奖7.5元；完成多种经营利润目标奖500元，超目标实现利润1万元奖20元。完不成购销企业控亏目标、粮食销售目标、经营性企业控亏目标和多种经营利润目标，分别按40%、30%、20%、10%的比例扣减各县（市）粮食局局长年初预交楚雄州粮食局的风险抵押金。

【粮食企业亏损得到遏制】 2000年，楚雄州粮食局继续与各县（市）粮食局签订了扭亏增盈目标责任书，并督促各县（市）认真编制好2000年度企业财务预算，对各项费用支出实行计划控制，以收定支。每季度分析一次粮食经济运行情况，切实加强各县（市）扭亏增盈工作的领导，全州扭亏增盈工作取得成效。到2000年12月底止，楚雄州粮食企业在全省同行业亏损成倍增长的形势下，亏损得到了有效控制。全州经营性企业亏损923万元，比上年同期减亏32万元，粮食购销企业费用总额5746万元，比上年同期下降1338万元。

【加强粮食收购工作指导】 2000年，楚雄州粮食局针对小麦、玉米、早籼稻等粮食品种退出定购和保护价收购范围的新情况，切实加强粮食收购工作的指导。在小春收购前夕，楚雄州粮食局深入各县（市）调研，召开全州粮食工作会议，布置夏粮收购工作，并向楚雄州人民政府上报了《关于小麦、玉米、早籼稻退出保护价收购范围后农业税征收问题的建议》和《关于认真做好2000年秋粮收购工作的意见》，为楚雄州人民政府制定楚雄州农业税征和秋粮收购有关问题的文件提供了依据，为各县（市）粮食购销企业积极开展粮油收购争取了主动权。

【稳定秋粮收购价格】 为进一步推进粮食流通体制改革，做好2000年秋粮收购工作，楚雄州人民政府决定：2000年楚雄州秋粮收购的定购价及保护价仍稳定在1999年价格水平上，即每千克

(标准品，中等）中、晚籼稻1.15元，粳稻1.24元，各县（市）不得再将收购价格下浮；对已退出合同定购及保护价收购品种范围的玉米，各县（市）国有粮食购销企业按“购得进，顺价销得出”的原则自行收购，楚雄州人民政府不再确定其收购价格；对劣质“汕优”籼稻，仍按1999年楚雄州人民政府确定的每千克（标准品，中等）1.00元的定购价及保护价执行；等级差率继续执行1999年扩大后的标准，即中、晚籼稻和粳稻实行五等制，等级差别率为8%。

【实行农业税征实与折征相结合】 2000年5月29日，楚雄州人民政府发出通知：楚雄州农业税统一实行征收实物与折征代金相结合的办法。凡未退出合同定购和保护价收购的粮食品种一律征收实物；已明确退出合同定购和保护价收购的粮食品种实行折征代金。主产粳稻的坝区，夏征按全年任务的20%折征代金，山区夏征按全年任务的30%折征代金；秋征不论山区、坝区均以征收实物为主。2000年夏征小麦折征单价为0.80元/千克。秋季征收实物的粮食品种价格按云南省人民政府2000年秋粮收购文件执行；折征代金的早籼稻、玉米根据秋粮上市的市场平均价确定。

【粮食系统加大盘活资产分流人员力度】 2000年，楚雄州粮食系统加大盘活资产、分流人员力度，取得初步成效。南华县盘活城区土地30余亩，分流职工19人；永仁县有偿转让土地9宗，分流职工20人。

【粮食系统开展粮食订单收购】 2000年，楚雄州国有粮食购销企业积极探索粮食购销新路子，与农户签订了稻谷、蚕豆和优质小麦、大米收购合同700万千克，并按订单收购粮食240万千克。订单收购的粮食已销完，企业获得了较好的经济效益。

【继续实行粮食风险基金补贴】 2000年5月18日，楚雄州人民政府决定：楚雄州人民政府对各县（市）人民政府实行的粮食风险基金补助包干政策不变、规模不变、补助金额不变。对2000年粮食年度以前国有粮食购销企业按合同定购和保护价收购的粮食，在销完以前，仍纳入超储补贴范围。

【参加全国粮食精品展示会】 经楚雄州人民政府批准，楚雄州粮食局局长李光伟、楚雄州供销社主任罗绍成及楚雄、禄丰、武定3个县（市）粮食局和粮食企业有关人员共8人组成的参展团于2000年10月14日至19日参加了在福建省厦门市举行的第二届全国粮油精品展示会暨中国国际粮油技术设备展览会，楚雄州生产的蚕豆、核桃、大白云豆、苦荞和优质大米共4类12个品种参加了展示。这是楚雄州首次参加全国粮油精品展示会，既宣传了彝州，又开阔了视野。

【对粮食企业给予转换机制补助】 2000年,为加快粮食流通体制改革步伐，促进国有粮食企业转换经营机制，实施下岗分流、减员增效，楚雄州人民政府决定：对楚雄州除禄丰县以外的9个县（市）10个粮食企业给予转换经营机制补助款100万元，要求各企业配套资金390万元，分流人员82人。

【加强粮食质量监督管理】 2000年，楚雄州粮油中心化验室检测入库粮食样品129份，代表数量1.2亿千克；检验州内、州外陈化粮食样品365份，代表数量2.5亿千克；检验社会粮油样品134份。进一步加强了粮食质量的监督管理。

〔赵琼美〕

石油购销

【简述】 2000年，楚雄石油公司在各级党委、政府和上级公司的领导关怀下，按照“内降成本、外拓市场、强化管理、改革创新”的工作思路，认清形势，明确任务，敢于创新，克难奋进，深化内部管理，较好地完成了各项工作任务。全年实现利润3091万元，经济效益取得了历史最高水平，上缴税金908万元。在抓物质文明建设的同时，精神文明建设也取得了丰硕成果，2000年12月，楚雄石油公司荣获楚雄市授予的“双文明”单位称号。

【石油主辅业实现有序分离】 按照中国石化集团重组上市的要求，2000年4月17日实业公司正式成立，实现了石油主辅业分离。上市公司名称为“中国石油化工股份有限公司云南楚雄石油分公司”，实业公司名称为“中国石油化工集团公司云南石油总公司楚雄石油公司”。经过分帐、建帐一系列工作后，摸清了家底：上市资产为8300万元，实业资产为5700万元；上市公司人员818人，实业公司人员67人。上市公司与实业公司达成了关联交易协议。实业公司运行半年多来，积极拓展经营思路，开辟新产业，盘活不良资产，经营逐步走上正轨，为上市公司轻装上阵完成2000年上级下达的各项指标任务提供了有力的保障。

【稳定和规范成品油市场】 2000年上半年，由于国家抽紧资源，汽油、柴油资源一度吃紧，面临脱销危机。楚雄石油公司积极向云南省石油公司争取有限的汽油、柴油资源配置，并以通槽点为优势，压缩向外专州批发，确保楚雄地区油品供应，发挥了国有商业主渠道的作用。下半年，楚雄石油公司在楚雄州经贸委成品油整顿办公室的协助下，理顺了社会上的一些不规范经营，与33座社会加油站建立了特许经营关系，楚雄石油公司承诺保证其油品供应，要求他们确保油品质量，油品价格与楚雄石油公司保持一致。为加强油品数量质量管理，楚雄石油公司于5月成立数质量管理科，制订了油品数质量有关规定，要求所辖加油站、油库和县公司严格遵守技术监督部门和物价部门规定，不随意提价降价，保证油品质量过关，计量合格。一年来，楚雄石油公司没有出现油品数质量问题。

【加快加油站网点建设】 2000年，楚雄石油公司在加油站网点建设方面投入资金4671万元，收购社会加油站9座，新建加油站2座，改造加油站3座，并投入资金78万元，按中国石化集团公司统一标识的要求对所辖73座加油站进行了改造。对加油站实行规范化、标准化管理，推行了“三标”的规范服务基本要求，制定了相应的优质服务制度，设立了优质服务项目，坚持检查监督、情况通报和奖惩兑现，大大增强了加油站职工的服务意识，提高了服务质量，增加了零售数量。通过加快加油站达标创星建设步伐，楚雄石油公司全年共销售油料30.69万吨，其中调拨17.2万吨，零售11.6万吨。楚雄石油公司在楚雄地区零售市场占有率已达80%。

【石油企业合并重组】 2000年，根据云南省石油公司的总体部署要求，原云南省石油公司大德公司整体并入楚雄石油公司。楚雄石油公司经过周密的部署，在短时间内顺利完成了人员、资产、机构、债权等方面的合并工作，于2000年10月1日正式并表运作。合并后，大德油库作为楚雄石油公司的一个直属油库。

【石油企业加强清收欠款工作】 由于历史原因，截止2000年6月，楚雄石油公司赊销油料应收款共计437万元。公司因不堪重负，先后召开清欠专题会6次，成立了以党委副书记为组长、相关部门人员为成员的清欠小组。明令所辖加油站、油库、县支公司禁止赊销油料。通过采取清理帐务、落实责任人、限定时间、付诸法律等方法，在短时间内清收欠款321万元，完成73.5%，清欠工作得到上级公司的肯定。

【滇西片加油站达标创星现场会】 2000年10月17日至18日，云南省石油公司在楚雄石油公司召开滇西片加油站达标创星工作现场会，滇西8地州石油公司经理、书记或企管科长共124人参加了会议。会议就如何提高加油站科学化、规范化、标准化管理水平，树立云南石油良好企业形象，更好地为社会服务，增强市场竞争能力，提高经济效益进行交流和探讨。会议期间还实地参观了楚雄石油公司达标示范站——小河口加油站。会议要求把加油站达标创星工作当做饭碗工程来抓，以楚雄石油公司小河口示范站为榜样，力争整改一座，达标一座；坚持以人为本，规范化服务常抓不懈，确保年终加油站达标验收合格率100%。

〔李虹杉〕

烟草专卖

【简述】 2000年，在各级地方党

烤烟收购

委、政府的领导和支持下，楚雄州烟草专卖局严格执法，加大了对违法案件的查处力度，全年共查处专卖案件151起。为确保专卖工作的细化管理、严肃执法，州专卖局还根据有关法律、法规制定了《楚雄州2000年烟草专卖管理量化考核办法》，并依法加强对“两证”的管理，特别是加大了烟叶收购期间专卖执法检查力度，确保了烤烟收购的有序进行和州内卷烟市场的稳步发展。

【加大科技兴烟力度】 2000年，为使烤烟生产切实由数量效益型向质量效益型转变，各级党委、政府和烟草部门在加大择优布局和轮作力度（轮作面积已占全州种烟面积45%以上），大力推广优质示范烟（全州推广了2万亩优质示范烟）的同时，积极推广科技措施，狠抓科技措施到位率。全州推广立式炉烤房改造22274座，推广漂浮育苗种植面积11000亩。并根据全州土壤状况，改革了复合肥配方，调整了品种种植结构。

【《楚雄州烟草病虫害综合防治手册》出版发行】 2000年，由楚烟企业烟叶生产管理部副部长兼烟科所所长李庆萍主编的《楚雄州烟草病虫害综合防治手册》一书在国内公开发行。该书内容丰富，资料翔实，通俗易懂，针对性强，具有较强的适用性和可操作性。全书14.1万字，分5部分，全面、系统地介绍了楚雄州内发生的烟草主要病虫害种类及分布情况，阐述了各种病虫害的症状（特征）及发生发展规律，比较系统地讲述了烟草病虫害综合防治的原理和方法，以及防治烟草病虫害常用的农药和使用方法等。

【楚雄州被评为云南省烟叶生产收购先进地州】 2000年，楚雄烤烟生产认真贯彻省、州烤烟生产政策，坚持“双控”不动摇，采取切实有效的措施和办法，控制总量，择优布局，加大轮作，调整结构，大兴科技，促进了烟叶生产整体水平稳步提高，被省局（公司）评为烟叶生产收购先进地州。同时楚雄市被评为云南省烟叶生产收购先进市。

【《研究报告与论文汇编》出版】 2000年，由楚雄州烟草科学研究所主持编写的《研究报告与论文汇编》一书出版。全书收集了楚雄州烟科所从1992年到1999年的各项科研成果报告和有关领导及科技人员近期在省、州级以上刊物发表的优秀论文。全书共40万字，6个部分，即工作研究、品种研究、土壤肥料研究、栽培生理研究、植保研究、烘烤研究。该书理论性、实用性、可读性较强，具有很高的学术价值。

【特醇“国宾”香烟防伪三招】 2000年，为保护消费者权益，重拳出击假冒卷烟，云南红塔集团楚雄卷烟厂为特醇“国宾”香烟度身定做了防伪三招。激光全息：告别普通的全透明拉线，使用金色底基的激光全息防伪拉线。拉线上重复排列“云南红塔集团楚雄卷烟厂出品”字样及五颗五角星图案。隐形密码：激光全息防伪拉线通过约为七倍的放大镜，可以在五颗五角星正中的一颗内看到“国宾”字样。热敏技术：用火苗轻灼卷烟条盒或硬盒正面右上角的注册标记R，该标记立刻消失；火苗移开后又会重新出现。

【烤烟收购推出新举措】 2000年，楚烟企业在认真贯彻省政府制定的各项烤烟收购政策，落实合同收购、提高等级合格率的各项措施的同时，为了转变盲目追求均价和上等烟比例的观念，加强对收购质量的监督检查，各县（市）烟草公司、站点和复烤厂改进了收购等级检验办法，完善了提高等级合格率的工作责任制，建设了46条封闭式密码收购线，推行了“三员卡”制度。

【烤烟销售超额完成任务】 2000年，面对严峻的市场形势，复烤厂坚持以市场为中心，改进服务、强化复烤加工管理，提高工艺质量，加大了烟叶销售和货款回收的工作力度。全年完成州外调拨销售烟叶70万担，回笼资金8.31亿元，比年初制定的生产经营目标增加30万担。

【烟草专卖管理工作成效显著】 2000年，烟草专卖工作进一步强化。5月份组织工作组对全州10个县（市）的烤烟种植合同签订进行了督促检查。烤烟收购开始后，又积极协调公安、工商等部门采取强有力措施坚决打击烟贩子，共查处烟叶违法案件151起，没收征收烟叶191.3吨，罚没款73.22万元，有力地维护了烟叶正常收购秩序。进一步加大堵源截流和市场清理整顿力度，继续完善“三无工程”措施和积极推行“户籍式”管理工作，深入扎实地开展了卷烟市场“百日整顿”工作，查处卷烟违法案件3479起，没收违法卷烟1063件，罚没款253.76万元，使违法活动得到了有效扼制。实行专销有机结合，增加延伸批发网点，提高服务质量，全年州内销售卷烟

5.95万箱，专销结合收到一定成效。

【卷烟销售得到加强】 2000年，楚烟企业面对严峻形势，顺应市场需求，积极调整营销策略，在企业各有关部门通力合作下，采取一系列措施，确保销售工作达到预定目标。(1)加强内部产销衔接与外部市场信息的经常性沟通，变“套菜上桌”为“点菜吃饭”，尽力满足商家的需求，确保市场不断档；(2)强化销售队伍，核定指标划片包干，在省外成立了13个办事处，在省内设立了12个促销点，制定考核管理办法，将销量与奖金、销售额、销售费用挂钩考核，强化了宣传促销和市场调控力度；(3)调整销售战略，对老产品加大促销力度，保价扩量，精心策划，提高产品赢利水平，调动销区积极性，在巩固老销区的同时，将市场开发的重点向次销区及“真空地带”转移，缓解了楚烟“北重南轻”的市场布局。

〔阿惠媛〕

医药购销

【简述】 2000年，楚雄州医药商业流通多渠道、跨地区、跨行业、多元化格局逐步形成，经济运行质量提高。全州11户纳入统计的医药商业企业完成总购进7000万元，销售收入9200万元，同比增长6%。实现利税总额650万元，增长6%。其中实现利润200万元，增长9%。资产负债率平均64%。

【推进药品流通体制改革】 随着医药大市场的形成和药品流通体制改革的深入，医药市场原来的国有企业一统天下的局面被打破。多种经济成份介入医药行业，以产品、产权、市场网络为纽带的大中型医药集团，以配送、连锁、跨地区合作（福林堂、延寿堂）等形式，在繁荣了药品零售市场的同时，对医药市场原有的低层次构架网络构成很大冲击。药品价格的大部分放开和不断下调，使支撑国有企业庞大费用支出（18～22%）的进销差率萎缩，利润下降，面临严俊考验。为顺应市场变化，楚雄州医药企业在完成了企业改制、股份重组和思维调整、顺应市场、上档次扩张网点、减员增效等一系列改革后，轻装上阵。有所为有所不为，抛去国老大的包袱，认认真真做市场。抓住医疗体制改革和医药医疗保险定点机遇，做大做强，保障供给。在稳住药品批发市场、扩展区外医药市场领域的同时，加大零售网点建设和医疗保险定点药店投入。同时面对缺医少药山区农村增设零售网点。全州128个乡（镇），90%设立了专门药店。药品零售额由原占总销售的20%增加到50%，遏制住药品总销下滑，出现回升势头。2000年总销售增加值达到800多万元。

【医药市场治理整顿】 针对州内医药市场一段时期以来，一些外埠药品生产企业和经营单位擅自在各地开办或变相开设各种药品经营部、办事处，使用易地证照租赁当地合法药店，厂价直销和低价倾销药品；擅自招集药品使用单位集会，违法招商，有奖倾销药品；许多药店业主到昆明非法药市采购低价、劣质药品；一些不法商贩擅自扩大或超经营范围违法暗地批发药品；有的将假劣药品向山区农村倾销，危害人民群众等现象，医药管理部门采取突击检查、重点抽查与日常监管、年度《药品生产（经营）企业合格证》审验等手段，加强管理，严格执法。2000年，与州纠风办、工商局、卫生局、技术监督局、物价局、公安局等行政执法部门配合，开展了纠正医药购销中不正之风的检查工作，加强了医药行业的行风建设。年检中对6个制药企业，13户药品批发企业，470家不同所有制药店进行了检审。450家药店通过验收，20家药店因条件差而自愿报停。通过治理整顿，楚雄医药市场趋于规范，秩序正常。

〔李仕江〕

【楚雄州医药有限责任公司在改革中求发展】 2000年，在医疗卫生体制改革不断深化，市场竞争日趋激烈的重重困难和压力下，楚雄州医药有限责任公司求实创新，努力进取，加大内部挖潜和管理力度，加强业务管理，重视干部和业务人员的学习培训，全面实施全员竞争上岗，积极增强企业的内在竞争力。同时利用地区销售网络优势，积极探索代理销售和地区总经销的经营模式。增加零售网点，配合医疗保险制度改革的实施，争取了7个“医保”定点药店。通过一系列措施的实行，全年完成销售2720万元，比上年2807万元下降3.1%；实现利润17.5万元，比上年减少32.6万元，下降65.07%；综合费用510万元，比上年538万元下降5.2%，综合费用率18.75%；实现利税110万元，比上年224万元下降50.9%。企业在激烈的市场竞争中，通过改革求得了生存。

【7个药店被认定为医保定点药店】 2000年初，为配合职工医疗制度改革和职工医疗保险的实施，楚雄

州医药有限责任公司积极行动、提早准备，在人员培训、制度落实上按有关规定要求认真准备落实。凭借公司的良好信誉和实力，所属7个药店被州医疗保险中心首批认定为城镇职工医疗保险定点药店。同时，公司投资15万余元安装IC卡微机6台，并先期举办营业员培训班3期，门市营业员及管理人员共73人次参加培训，针对服务规范、药事法规和医疗保险有关政策及业务进行专门学习，保证了医疗保险业务及时、按要求向广大医疗保险参保人员服务，有力配合了全州职工医疗制度改革的顺利实施，受到参保消费者和州医疗保险中心的好评和肯定。公司自3月开展医疗保险业务至12月底，完成医疗保险药品销售122.2万元，取得了明显的社会效益和经济效益。

〔冯晓寅〕

旅　游

旅游管理

【简述】 2000年是全州旅游业向重点产业迈进的新一年，在中共楚雄州委、州人民政府的领导下，在云南省旅游局和有关部门的支持下，全州旅游员工发扬世博精神，认真贯彻党中央、国务院和中共云南省委、省人民政府关于加快旅游业发展的指示精神和省人民政府楚雄现场办公会精神，围绕建设云南民族文化大省、旅游大省的总目标和楚雄州建旅游重点产业的工作思路，抓住西部大开发的机遇，紧扣“古”、“彝”二字，进一步加大开发和宣传促销力度，全力办好2000年昆明国际旅游节楚雄分会场活动，认真做好旅游业发展战略规划，逐一落实省人民政府现场办公会项目，加强行业管理，扩大对外开放，取得了较好成绩。2000年，全州共接待海外旅游者594人次，创外汇21.97万美元，受全省海外旅游者下降的影响，分别比上年有所下降。接待国内旅游者189.61万人次，比上年增长13%；国内旅游收入3.49亿元，比上年同期增长12%；旅游业总收入3.51亿元，比上年同期增长12%。

〔董　芮〕

【楚雄州旅游业协会成立】 根据云南省旅游局《关于成立云南省旅游业协会及各地州市旅游行业协会的通知》要求，按照中共楚雄州委、州人民政府把特色旅游业作为彝州重点产业的发展思路，为了进一步加强行业自律，发挥政府与企业间的“桥梁”和“纽带”作用，沟通企业与政府部门间的联系，规范企业经营行为，促进楚雄州旅游业健康发展，州旅游局于2000年1月24日向州民政局递交了关于成立楚雄州旅游业协会的申请。经州民政局批复同意，按照有关协会成立程序，州旅游局于2000年3月21日在锦星酒店召开楚雄州旅游业协会成立大会，选举产生了楚雄州旅游业协会领导机构，审议通过了楚雄州旅游业协会章程。至此，楚雄州旅游业协会正式成立并开始各项工作。

【旅行社业务年检工作】 按照云南省旅游局文件精神，根据《旅行社管理条例》、《旅行社管理条例实施细则》、《旅行社经理资格认证管理规定》和《旅行社年检办法》等法律、法规要求，楚雄州旅游局对州内1999年1月1日前批准成立的4家国内旅行社进行审计验证及经济指标的考核。2000年1月19日召开了旅行社负责人及财会人员会议，安排布置年检工作；各旅行社于2月4日前完成了自检自查应提交的材料；2月12日至25日，州旅游局委托楚雄州审计师事务所对4家旅行社进行了审计验证。在1999年，金鹿旅行社、楚雄旅行社进行了改制，紫溪旅行社、雄宝旅行社也进行了调整、整顿，工作大有起色。全年4家旅行社营业总收入达1049．62万元，上缴税金19.37万元，利润总额达13.91万元。经楚雄州旅游局综合审验，4家旅行社通过年检。

〔王光文〕

【完成首届中国昆明国际旅游节网上数据上报任务】 2000年，按照云南省旅游局《关于要求各地迅速通过“云南旅游信息网”上报旅游节期间接待数据的紧急通知》，结合楚雄州实际，楚雄州旅游局决定对雄宝酒店、锦星酒店、辛鹿大酒店、永兴酒店、武定狮子山牡丹饭店进行住宿抽样统计，时间从4月1日开始至5月10日。为了确保数据的准确性，安排专人负责并要求酒店按时在每晚10：00以后上报。州旅游局采用抽样调查的方法，对本地区旅游住宿客房率进行分析并通过“云南旅游信息网”将数据准确、及时地报到省旅游局。为上级部门提供了切实可靠的决策依据。

〔张俊萍〕

【旅游安全生产检查】 为确保中国昆明国际旅游节楚雄分会场活动

特色旅游活动之一——采樱桃

顺利举行，2000年4月12日至13日，楚雄州旅游局联合州消防支队、州卫生防疫站、州技术监督局、州公安局等部门对楚雄市旅游定点饭店及旅游景区进行了为期2天的旅游安全生产检查。检查内容重点是消防、食品卫生、客房卫生、电力供应、治安等方面。检查组就存在的问题提出了整改意见，希望被检查的单位增强责任心，对存在的问题立即进行整改，消除隐患，加强旅游安全生产工作，保证国际旅游节楚雄分会场活动的顺利进行。

〔钟雪峰〕

【参加旅游涉外饭店星级检查员培训】 2000年5月28日至6月1日，云南省旅游局举办的云南省旅游饭店星级检查员培训班在昆明电信国际交流中心举办，由国家旅游局派员执教，系统地传授星级饭店评定有关理论知识，并组织学员到昆明几家高星级饭店进行考察和现场讲解。楚雄州旅游局派出5人参加培训。经过培训考试合格后，获得了由中华人民共和国国家旅游局旅游涉外饭店星级评定委员会颁发的地方级检查证，这是楚雄州首批拥有该证的人员。

【南华旅行社和楚雄太阳女旅行社成立】 2000年初，南华县旅游局、楚雄市汽车运输有限公共汽车公司先后向楚雄州旅游局递交了设立国内旅行社的申请，经州旅游局报请云南省旅游局同意，并经过一段时期的筹备，具备了设立国内社的条件，2000年6月9日云南省旅游局批准设立南华旅行社、楚雄太阳女旅行社，两家旅行社都已于年内挂牌营业。

【举办楚雄州旅游安全职责管理员培训班】 为认真贯彻云南省旅游局关于加强旅游安全生产的文件精神和全省旅游安全生产职责管理员培训班的内容，楚雄州旅游局于2000年9月15日至16日在广怡大酒店举办了第一期旅游安全生产职责管理员培训班。培训对象主要是各县（市）旅游局、旅行社、星级饭店负责安全生产工作的监督检查员，培训内容包括消防安全、交通安全、旅游意外保险等。

【整顿出境旅游市场】 2000年9月22日，云南省整顿出境旅游动员大会在昆明召开，会议针对非法经营、超范围经营严重扰乱市场及“零团费”、“负团费”导致云南省游客在境外遭遇低质量服务的情况，要求各旅行社进行自检自纠，搞好内部整顿，并要求旅游行政管理部门组织力量，加强市场监管力度。为认真贯彻落实全省整顿出境旅游市场动员大会精神，9月27日由楚雄州旅游局牵头，会同州公安局、州工商行政管理局召集楚雄州6家旅行社传达会议精神，并提出具体要求。会后各旅行社进行了自检自查，加强了对导游人员的教育管理，州旅游局对旅行社进行了检查和督促，进一步规范了出境旅游市场。

【涌现首批三星级饭店】 随着彝州特色旅游业的发展，旅游接待设施不断完善，尤其旅游饭店业的发展更加迅猛，仅1999年至2000年新建开业的酒店就达7家，这些酒店不仅具有一定的规模和档次，而且多数属民营企业，一开始就显示出强大的气势和竞争力。2000年下半年，楚雄州有4家酒店积极申报三星级饭店，按云南省星级饭店评定委员会的统一安排，11月至12月，省星级饭店评定委员会楚雄星级饭店评定组对4家酒店进行了全面检查，按照中华人民共和国国家标准《旅游涉外饭店星级的划分及评定》标准逐项打分，并向住店客人发放顾客意见调查表，派星级检查员进行暗访，永兴大酒店、锦星酒店基本达到了三星级饭店标准，被评定为三星级饭店，并于12月29日授牌。

〔王光文〕

【全州旅游业发展规划顺利进行】 2000年,在云南省旅游局的指导和楚雄州人民政府安排下，由上海复旦大学、浙江大学、云南大学等单位组成规划专家组，承担《楚雄州旅游发展布局总体规划（2000～2020年）》、《楚雄州精品旅游资源调查报告》及所辖9县1市旅游发展规划专题研究。该项目协议于2000年3月18日正式签订，随后进行了为期20天的资源调查，在提出规划大纲后，召开了州级各相关部门及各县（市）参加的征求意见会，广泛听取修改意见和建议。6月和8月，规划组对各县（市）进行了全面调研，在此基础上专家组完成了对各县（市）旅游业发展规划纲要的资料收集整理工作，并对禄丰恐龙、元谋人等项目提出项目建议书。同时分别召集各县（市）和相关部门召开了两次征求意见会，以确保规划出台后，符合楚雄州实际，并具有较强的指导性、前瞻性和可操作性。到年底止，规划组已进行了3次较为全面的调研考察，正对总体规划和各县（市）规划做最后的修订完善。同时，还就元谋土林、牟定化佛山景区规划提出了修改意见。

【旅游专项建设资金】 1999年，在云南省人民政府楚雄现场办公会上，决定安排楚雄州旅游业建设项目17项发展规划资金共1050万元。为使这些项目资金早日落实到位，资金项目顺利进行，楚雄州自1999年底开始分解项目，督促项目单位进行项目上报工作。2000年2月，又专题向云南省旅游局汇报，请示安排项目资金。经过不断争取，省财政厅先期安排项目资金900万元，并于10月底逐项落实到位，保证了各项目的顺利进行。年底，省财政追加预算内旅游项目贴息资金预算，经努力争取，为土林基础建设争取到100万元资金。这些资金的到位，加快了景区建设的步伐。

【旅游区（点）质量等级评定推荐】 按照云南省旅游局2000年9月召开的全省旅游区（点）质量等级宣传贯彻会议精神，要求在10月前完成首批质量等级申评、推荐工作。楚雄州及时成立了“楚雄州旅游区（点）质量等级评定委员会”，州旅游局综合科承担委员会的日常工作。在拟定工作方案后，州旅游局发文，对各旅游区（点）进行工作动员。从9月下旬开始，对申报的景点从标准、指标及注意事项方面做详细解释，要求景区写出自查报告。根据景区自查情况，到景点进行检查，帮助景区按照评定标准进行整改。之后，本着严格要求的原则，多次对景区整改提出意见，并主动和景区联系，帮助景区按照要求并结合自身特色进行整改。至年底，武定狮子山申报国家AAA级景区，中国彝族十月太阳历文化园、永仁方山申报AA级景区，化佛山申报A级景区的各项评审、推荐工作已圆满完成并得到省旅游局的肯定。

〔杨卫平〕

【风景区及景点建设】 2000年，楚雄州对8个省级风景区进行了风景区资源与环境调查；对执行《云南省风景名胜区管理条例》进行检查；发出《加强风景名胜区规划管理工作》的通知；对全州城市古树名木保护情况进行调查，查出全州有古树名木141株，上报云南省人民政府立档挂牌保护。2000年，牟定化佛山风景区投资60.6万元，完成了9.2公里景区公路建设，建成化佛山休闲山庄，恢复修建了观音殿和清定寺等景点。

〔刘学华〕

旅游市场开发

【中国昆明国际旅游节楚雄分会场活动推介会】 2000年3月25日上午，首届中国昆明国际旅游节楚雄分会场活动推介会在昆明楚雄大厦隆重召开。楚雄州人民政府副秘书长李兆友主持会议，州人民政府副州长、首届中国昆明国际旅游节楚雄分会场指挥长张祖林向参加推介会的省内外33家新闻媒体、35家旅行社的150多名新闻界、旅游界的朋友致欢迎辞。云南省旅游局副局长张宝贵、张先安分别就此次推介会作了发言。楚雄州旅游局局长张建强向各位来宾及领导作题为《请君常作楚雄游》的讲话，并对楚雄分会场的活动作了详细介绍。推介会结束后，来宾及有关领导统一乘车参观了武定狮子山牡丹园，参加“楚雄周末火把狂欢夜”，游览了中国彝族十月太阳历文化园、州博物馆，欣赏了集古韵味、民族特色为一体的“威楚余韵”，给参加推介会的来宾及领导留下了难忘的印象。各大新闻媒体从不同角度报道了此次推介会的情况，各旅行社也纷纷表示在首届中国昆明国际旅游节期间，要把全国独一无二的“威楚余韵”推向全国、推向世界。

【楚雄旅游网站开通】 为了进一步加大宣传力度，把彝州绚丽多姿的民族风情和旅游资源推向全国、全世界，送上国际互联网信息高速公路，让更多的国内外游客关心、了解、走进彝州。2000年初，楚雄州旅游局决定与云南旅游信息网合作，借助该网在国内外的知名度，建立楚雄网站，设立宣传窗口（网址：http/www.tourinfo.com.cn/chuxiong/）。经过一个多月的努力，楚雄旅游网站于2000年4月7日正式开通。截止2000年12月31日止，访问人数达566759人次，其中，中文网382143人次，英文网184616人次。

【《威楚余韵》首演成功】 2000年4月14日晚，参加首届中国昆明国际旅游节楚雄分会场开幕式的

“人类圣火”采集传递

四方嘉宾汇聚龙江公园梅园，观看彝族古乐舞《威楚余韵》的首场演出。《威楚余韵》是由楚雄州旅游局牵头，楚雄州文化局负责实施的迎接首届中国昆明国际旅游节楚雄分会场而精心编创的文化旅游产品。整台节目经数十位编创人员历时4个多月的创作、设计、编排而成。该乐舞用铜鼓、编钟等青铜古乐器和老虎笙、大锣笙等彝族乐器演奏，从音乐、舞台美术到布景、道具、乐器的制作都突出“古”和“彝”，荟萃了彝州旖旎壮观的民族风情，是楚雄州献给首届中国昆明国际旅游节的一份厚礼。首场演出获得极大成功，并受到嘉宾的热烈欢迎和高度评价。

【中国昆明国际旅游节楚雄分会场隆重开幕】 2000年4月15日，首届中国昆明国际旅游节楚雄分会场开幕活动在楚雄隆重举行。上午，各方嘉宾兴致勃勃地参观州博物馆、中国彝族十月太阳历文化园，观看了《威楚余韵》。下午15：00，观看了规模宏大的民族方队巡演，参加首届中国昆明国际旅游节开幕式巡演的演员方队和各县（市）抽调的服饰、锣笙、虎笙、三弦、月琴等8个方队的1000多名演员在鹿城主要街道巡演，展示了彝族服饰的绚丽多姿和古老魅力。晚上20：00，州体育馆内灯火辉煌，首届中国昆明国际旅游节楚雄分会场暨楚雄民族服装节正式开幕，3000多座位的体育馆座无虚席。楚雄州人民政府副州长张祖林主持开幕式，州长罗正富发表了热情洋溢的欢迎词，云南省人民政府旅游节指挥部派出以省政府副秘书长崔质涛为团长、省旅游局副局长左伯俊为副团长的省政府祝贺团一行30多人到楚雄参加分会场开幕式系列活动。开幕式上进行了大型服饰展演，由“序、新、奇、美、尾声”5部分组成，展出了800多套服装，令人赞不绝口，美不胜收，给观众留下了深刻的印象。

【首届中国彝族太阳女选拔赛】 2000年5月1日晚，首届中国彝族太阳女选拔赛总决赛在楚雄州体育馆举行。由预赛和总复赛脱颖而出的20名彝族佳丽参加总决赛，著名作家、中国作家协会副主席叶辛，云南省电视艺术家协会副秘书长范志平等10名专家组成评委，采取现场打分形式，对选手的形象、气质、服饰、才艺、演讲、现场问答几方面表现进行现场打分。经过3个小时紧张激烈的角逐，楚雄代表队的代琳娜、李芸，丽江代表队的龙红紫罗，以及昆明、红河、昭通、贵州毕节、云南民族学院等地区和单位的10名选手夺得中国彝族太阳女桂冠。楚雄军分区司令员余红大校，州委常委、州委宣传部部长李俊，政协楚雄州委员会副主席胡桂英等领导为太阳女颁奖，中国著名舞蹈家杨丽萍现场作了精彩的表演，盛况空前的首届中国彝族太阳女选拔赛获得圆满成功。

【首届中国昆明国际旅游节楚雄分会场宣传活动】 2000年4月15日开幕的首届中国昆明国际旅游节楚雄分会场暨楚雄民族服装节的活动异常精彩，让人目不暇接。为把楚雄分会场的活动宣传、报道出去，走出彝州，让更多的海内外游客了解彝州、走进彝州，楚雄州旅游局分别在《云南日报》、《云南民族报》、《云南政协报》、《云南广播电视报》等报刊上作了大力宣传，收到一定的效果。并在楚雄电视台播出楚雄分会场的各项活动，使全州各族人民及时收看到各项精彩的活动。同时，针对此次旅游节印制发放5000份精美的宣传折页，并组织有关人员于4月初到昆明市所有三星级以上饭店发放宣传。

【举办民族礼仪班】 为把首届中国昆明国际旅游节楚雄分会场的各项接待服务工作做好，真正体现彝

南华岔河彝族风情游

州浓郁的民族风情，加快全州“窗口行业民族化”的步伐，楚雄州旅游局于2000年4月14日在楚雄民族中等专业学校举办了为期一天的民族礼仪培训班，参加此次培训班的有楚雄市各大宾馆（饭店）、中国彝族十月太阳历文化园、州博物馆、各旅行社、紫溪山风景区及楚雄市旅游局的29名学员。由楚雄州民族宗教局的两位老师主讲。学员通过学习，基本掌握了彝族礼仪，会唱一首彝族的敬酒歌，跳一个彝族舞蹈，说几句彝族话，极大地推动了楚雄地区接待单位的“民族化”，把彝族博大精深的文化推出彝州、走向世界。

【五洲传播中心到楚雄拍摄电视系列片】 国务院新闻办公室五洲传播中心于2000年7月24日至26日到楚雄拍摄反映西部大开发及民族文化大省建设的电视系列片。该片在中央电视台国际频道《变化的中国》栏目和美国熊猫电视台、彩虹电视台、斯科拉电视台及欧洲卫视播出。楚雄州旅游局派人陪同摄制组前往彝族风情保护得比较好的南华岔河彝族村寨拍摄彝族同胞在新时代欢度“火把节”的喜庆场面，在南华县旅游局的大力支持下，此次拍摄工作得以顺利完成。

【《旅游与气象》栏目正式开办】
为了系统、全面地宣传彝州各地的风景名胜、旅游景点、民族风情，有意识地介绍景观特点与人文内容，使外地游客进一步了解彝州，经楚雄州旅游局、楚雄州气象局、楚雄州广播电视局3家单位有关人员的共同努力，该栏目于2000年7月25日（火把节）正式开播。开播以来，深受广大观众与外地游客的青睐。

【参加中国国内旅游交易会】 由国家旅游局和新疆维吾尔自治区人民政府主办的2000年中国国内旅游交易会于2000年7月12日至16日在新疆乌鲁木齐市举行。楚雄州旅游局较为重视此次交易会，积极动员州内旅游企业参加，把报名、组织参展工作作为宣传促销的重点工作来抓。全州有州、县旅游局及旅游企业代表10人参加了此次交易会。

【楚雄州旅游局被授予协助直播《云南之春》节目先进单位三等奖称号】 2000年4月29日至5月3日，由日本放送协会（NHK）与云南广播电视厅合作，分别在楚雄、大理、丽江3地州连续进行了为期5天共计225分钟的题为《云南之春》的电视现场直播。直播工作积极配合旅游节各项活动，以“人与自然”为主题，从不同侧面向日本和世界介绍了云南楚雄等地的自然风光及丰富多彩的民族风情和悠久灿烂的历史文化。该节目播出后，在日本观众中产生了巨大反响。楚雄州旅游局积极配合此项工作，使直播工作得以顺利进行，被云南省广播电视厅和云南省旅游局授予协助直播先进单位三等奖。

〔尹 臣〕

城建·环保

城乡建设

【简述】 2000年是楚雄州城乡建设工作任务繁重、成效显著的一年。全州建设行业在邓小平理论和党的十五大精神指引下，认真贯彻落实中央和省、州党委、政府关于城镇发展的战略，在有关部门的支持和配合下，抓住机遇、努力发展、脚踏实地、狠抓落实，围绕州委、州人民政府制定的城镇发展目标，积极培育中等城市，大力发展小城镇，努力提高楚雄州的城市化水平，推动城乡一体化进程，促进全州建设事业的持续快速发展。

【全州城镇建设工作会】 2000年8月24日至26日，中共楚雄州委、州人民政府在楚雄召开全州城镇建设工作会议。会议以贯彻落实十五届四中、五中全会和云南省城镇建设工作会议精神为重点，以实施国家西部大开发和小城镇大战略为目标，抓住机遇、提高认识、创新机制、加快发展、积极稳妥地推进楚雄州的城市化进程。会议由州人民政府副州长周发洪主持，州党政军领导丁绍祥、夜礼斌、李嘉贵、胡桂英、余红及云南省建设厅厅长程政宁参加了会议。全州10个县（市）的县（市）长（县委书记）及分管城建工作的副县（市）长，州、县（市）城乡建设局局长及州级有关部门领导也参加了会议。会议总结了2000年上半年的工作，部署了2000年下半年和2001年的工作。会议讨论了州委、州人民政府《关于加快城镇建设的意见》。楚雄、禄丰两县（市）人民政府及南华沙桥、禄丰广通、楚雄中山3乡（镇）在会上交流了经验。与会代表参观了南华县沙桥镇的小城镇建设及楚雄经济技术开发区市政建设。

【落实建筑工程质量管理制度】 2000年，楚雄州建设系统始终围绕提高工程质量这一目标开展各项工作。(1)认真贯彻执行《中华人民共和国建筑法》、《中华人民共和国招标投标法》、国务院《建设工程质量管理条例》、《云南省建筑市场管理条例》、《云南省建设工程质量管理条例》等一系列法律法规；(2)在全州建筑企业内全面推行企业资格认证考核和资质等级年检认证制度，对全州159家建筑施工企业和28家勘察设计单位进行年检及换证工作；(3)注重企业管理规范化，推行企业管理人员上岗制度和项目经理制度，全州办理了700多个项目经理的初审和申报工作，不断提高企业的质量管理水平；(4)严格执行基本建设程序，认真办理施工许可证审批手续，堵住了无计划建设、无证设计、无证施工、非法转包等违法违纪行为，确保了工程质量的稳步提高。

【规范建筑市场】 2000年，楚雄州认真按照中央和省、州党委、政府的部署，从源头抓好建设领域的党风廉政建设和反腐败工作，进一步培育和规范建筑市场，在全州建立了“四项制度”，即：工程报建、工程招投标、工程监理、工程双合同制度，使全州各项建设工程交易活动步入了依法管理的轨道。

【全面推行建设工程招投标制度】 2000年，楚雄州10县（市）在公开、公正、公平的基础上全面推行建设工程招标投标制度。1999年2月楚雄州建设工程交易中心成立以来，楚雄市辖区内限额以上的工程招标率达100%，其余各县建设工程招标率也有较大幅度提高，使《中华人民共和国招标投标法》在楚雄州得到认真贯彻实施。2000年，楚雄州建设工程交易中心组织招标工程项目91项，工程招标率100%；公开招标40项，公开招标率为43%；邀请招标项目51项。招标项目累计预算造价29348.31万元，中标施工合同价为27665.05万元，实行招标发包造价比预算累计节约1683.26万元，平均降低工程造价5.7%。所有纳入招投标的项目在工期质量上都得到了切实保证，确保了投资效益的充分发挥，进一步培育和规范了建筑市场，促进了建筑业的健康发展。2000年完成建筑业总产值11.53亿元，比上年的9.58亿元增加了1.95亿元，增长率为20.3%。

【建设工程质量监督和监理工作】 2000年，楚雄州建设系统在认真抓好设计、施工中各环节工程质量的同时，进一步强化质量监督和监理手段，充分发挥各级质量监督和监理机构的监控作用，建立健全监督和监理的工作机制，完善质量保证体系。2000年全州共监督工程693个，建筑面积90.41万平方米，已竣工工程324个，面积42.86万平方米，其中评定为优良工程89个，评定为合格工程235个，优良率为12.8%，合格率为100%，全州监督覆盖率为90%。全州监理工程19个，监理工程总投资16864万元。

【建设工程标准定额、工程预算及劳动保险基金管理】 2000年，楚雄州加强了建设工程标准定额管理，按照建立机构、理顺工作关系原则，各县（市）组建了标准定额管理站，实现了全州工程造价的归口管理。同时，不断强化行业管理，完善定额体系。按照云南省建设厅的要求完成了《全国统一建筑工程基础定额云南预算基价》相关的机械台班定额、综合费用定额发布实施工作，举办各类培训班3期，培训各类专业技术人员650人次。建立了价格信息网络体系，实现价格体系的动态管理，达到了控制投资合理定价的目的。全年完成工程概预算项目195个，建筑面积171253.84平方米，工程预算结算造价20613.93万元，实现收入266461.78元。同时加大建筑安装劳动保险基金管理力度，强化收缴调剂措施，全年完成收缴额858万元，比上年增长44%，超额完成省下达400万元的收缴任务。全年调剂补助资金150万元，新增国债存款利息收入95万元，保证了基金的安全运行。

【房屋产权产籍管理】 为维护房屋权属证书的权威性和严肃性，切实保护房屋所有权人的合法权益，规范房屋权属登记发证工作，2000年在全州开展换发新版房屋所有权证工作。全年共换发新证55924户，登记城镇房屋产权89654户，已发证86119户，发证率为96.05%；建立户籍档案86119卷，建档率为99.59%。全州已登记的城镇各类房屋建筑面积1685.74万平方米，其中住宅建筑面积1017.9万平方米，使用面积723.93万平方米，户均居住面积40.21平方米，人均居住面积达11.49平方米，人均居住面积比上年增加0.58平方米。住宅成套率达70%。

【房地产交易】 2000年，按照楚雄州人民政府《关于贯彻实施〈云南省已购公有住房和经济适用住房上市交易管理暂行办法〉补充意见》的部署，全州加快住房上市交易工作。全州10县（市）的住房二级市场交易工作已经云南省及楚雄州人民政府批准开放，年内已挂牌开展工作。年内，全州共申报上市交易住房93套，成交73户，成交面积4999平方米，成交金额318万元。全年办理城镇各类房屋买卖交易登记862起，成交面积21.22万平方米，成交金额8138.74万元。办理房屋租赁证19起，成交面积0.05万平方米，租赁金额0.06万元。全年进行各类房屋安全鉴定307起，鉴定面积35.33万平方米，办理拆迁许可证60起，拆迁房屋面积1.51万平方米，办理商品房预售许可证8起，预售面积7.75万平方米，开展房地产评估1573宗，评估房屋面积15.61万平方米，价值7629.97万元。全年收取房地产管理费405.97万元。

【经济适用住房建设】 2000年，为加快楚雄州经济适用住房建设，建立和完善以经济适用住房为主的多层次城镇住房供应体系，各级建设部门认真做好经济适用住房建设项目前期准备工作，建立住房建设项目库，并积极做好楚雄市灵秀小区重点建设项目开发前期准备工作。到2000年底止，灵秀小区征地、房屋拆迁安置工作基本结束，小区道路路基已基本完成。一年来，全州共开发建设经济适用住房项目4个，建筑面积3万平方米，竣工0.48万平方米，完成投资2063万元。

【房地产综合开发】 2000年，楚雄州以经济适用住房建设为契机，按照“全面规划、合理布局、综合开发、配套建设”的方针，努力做好房地产综合开发建设工作。到2000年底共建成住宅小区和组团15个，累计完成投资48988万元，竣工各类房屋67.13万平方米，其中2000年完成投资8636万元，竣工房屋面积9.28万平方米，上交税金736.83万元，实现利润152.7万元，各类房屋合格率为100%，优良率明显提高。全州有16家房地产开发企业，全年完成住宅建设投资额19594万元，建成住宅21.62万平方米，其中各单位自建经济适用住房投资8895万元，建成住宅11.82万平方米。全州物业管理公司发展到8家，物业管理在全州范围内逐步推开。

【深化住房制度改革】 2000年，楚雄州认真贯彻执行州人民政府《关于深化城镇住房制度改革加快住房建设的实施意见》和《关于出售现住公有住房有关问题的通知》等文件精神，不断深化住房制度改革，按国家有关文件规定的房改价，2000年全州共批准出售公有住房1646套，面积103227平方米，其中：批准出售新建房（空余房）908套，面积68619平方米；批准出售集资房277套，面积26231平方米；批准出售加宽改造房417套，面积5208平方米；批准零星售房44套，面积3170平方米。办理各种退房手续304户，面积18208平方米。与此同时，不断加强住房公积金管理，组建机构、落实人员、搞好培训，完成机构平稳过渡，使住房公积金归集、使用、经营核算等工作稳步发展，全州参加住房公积金人数为8.5万人，占全州在职职工人数11.4万人的74.6%，加大了公积金归集力度和覆盖面，为深化住房制度改革奠定了良好的基础。

【小城镇建设】 为认真贯彻党的十五届三中全会精神，中共楚雄州委、州人民政府把小城镇作为推动产业结构调整，带动全州社会经济全面发展的大战略来抓。2000年，州委、州人民政府在全州城镇建设工作会上，认真落实中共云南省委六届九次会议和云南省城镇工作会议精神，把城镇建设工作提到各级党委政府的重要议事日程，州委、州政府制定了《关于加快城镇建设的意见》，从战略的高度提出了楚雄州城镇建设的目标和任务。按照“突出重点、兼顾一般”的原则，坚持“科学规划、合理布局、分期实施、注重实效、量力而行”的工作方针。2000年对楚雄市、大姚县进行第三轮城市总体规划修编工作，开展了楚雄市规划区地形图测量和大姚县规划区的城市勘测。组织了34个列入省、州重点小城镇的规划修编工作。至年底止，罗川、碧城、土官、东瓜等25个乡（镇）的第二轮城镇总体规划修编已完成。在加快城市规划修编的同时，抓住西部大开发和云南省人民政府楚雄现场办公会的机遇，积极组织城市基础设施项目的申报工作。全州10个县城2000年投入城市基础设施建设资金2.29亿元，建设项目32项。县城以外乡（镇）启动基础设施项目63项，总投资15257.5万元。楚雄州在1999年19个省级重点镇的基础上，2000年又争取到14个省级重点建设小城镇。全州34个省、州重点建设小城镇投入资金6304万元。2000年，国家、省、州财政补助楚雄州城乡建设资金2180万元，其中：建设部补助资金300万元，国家计委200万元，省建设厅补助1580万元，省计委100万元，州财政500万元，用于城市基础设施建设1169万元，用于小城镇建设1011万元。有力地促进了楚雄州城镇建设的发展。至2000年底，全州各县城共建城区面积40.26平方公里，城区供水普及率达97%，乡镇供水普及率达63.4%，全州相对城市化水平达18.78%，非农产业人口达46.76万人，全州城市化进程进一步加快。

【城乡道路建设】 2000年，城市道路建设主要有楚雄市中大街西段拆迁拓建及街心花园、滇中电业局两座人行天桥建设工程；楚雄经济技术开发区曙光路、育才路、永盛街、振兴路建设；双柏永兴路、环城东路；牟定中园北路、中园广场；南华龙泉路二期改造、粮贸街、个私街建设；姚安个体私营经济园区及道路建设；大姚金碧路、西苑路；永仁南（华）永（仁）线及108国道城区段改造；元谋5条新街建设；武定狮山北路、私营城道路建设；禄丰世纪大街 、新禧大街、世纪广场等市政基础设施建设。楚雄东华、中山，双柏法脿、碍嘉、雨龙，牟定安乐、江坡、新桥东兴街，南华沙桥、五顶山、雨露，姚安前场、光禄、官屯、弥兴，大姚石羊、仓街、赵家店，永仁宜就、猛虎，元谋黄瓜园、能禹、平田、物茂，武定九厂、己衣、猫街、高桥，禄丰碧城、广通、仁兴、勤丰、罗川等乡（镇）在资金困难的情况下，多方筹集资金，开展了集镇道路建设，改善了小城镇环境。

【城镇供水建设】 2000年城镇供水建设主要有楚雄市城市二期供水

楚雄鹿城生态城市建设见成效

一期源水管线、清水管线和观音山水厂扩建工程；双柏县城水厂第三期水源建设及城区管网改造；大姚61公里主水管改造；永仁新水厂厂区完善工程；元谋日供水1万立方米的新水厂已开工建设；武定日供水1万立方米的水厂建设已完成前期工作；禄丰县城自来水管网改造等工程。乡（镇）有楚雄富民，双柏法脿、碍嘉，武定猫街，禄丰广通、罗川、碧城等乡（镇）建成和完善集镇供水设施。

【环卫建设】 2000年，全州环境卫生建设项目主要有：位于楚雄市苍岭镇黄草村委会的占地1.3平方公里的垃圾生态处理厂已完成地形图测量及土地征用工作；大姚垃圾处理厂基础设施建设；武定垃圾处理厂补植生物围栏花椒苗2000株，购买东风140洒水车、垃圾车各一辆，建盖120平方米环卫设施库房；双柏、南华、永仁、禄丰等县新建水冲式公厕8座，改造10座。

【城市绿化美化】 2000年，楚雄经济技术开发区投资350万元进行紫溪大道绿化改造、网球公园索桥及绿化设施、永安路绿化改造；姚安完成街道绿化1900平方米，安装路灯49盏；永仁县种植县城新大街行道树510株，完成16675平方米绿化工程；元谋县投资14.4万元，对县城龙川街、108国道城区段54个花台进行改善，新植行道树489株、草坪1200平方米；武定县投资60万元对县城街道进行绿化美化，补植行道树306株，铺设草坪623平方米，改造路灯149盏；禄丰县城种植行道树1137株，花木3.2万株，草坪1.24万平方米，建成占地260亩的城市绿化大苗基地，现存苗约10万株，新安装路灯200盏。通过绿化工程的建设，绿化美化了城市，改善了城市环境。

【城市燃气资质年检及燃气管理】 2000年，楚雄州开展了城市燃气资质年检工作，有7家燃气企业获得燃气企业资质证书，9个管道供气站、86个液化气换瓶门市及94个燃气器具门市取得燃气经营许可证。楚雄市燃气公司大旧庄200立方米液化气充转站及大姚县燃料公司永仁50立方米液化气储配站建成投入使用。到2000年底止，全州建成液化气储配站6个730立方米，燃气年用量5200吨，用户3.89万户，用气人口13.47万人，城市燃气普及率63.12%。随着《云南省燃气管理办法》的贯彻实施，全州燃气管理工作逐步走上法制化管理轨道。

【城建档案管理】 2000年，全州共建成城建文书档案183卷，其中：永久23卷，长期17卷，短期2卷，“三讲”文件材料32卷，武定“10·24”地震恢复重建档案47卷，照片档案25册。档案管理不断走向正轨。

【成立姚安“1·15”地震恢复重建领导小组及办公室】 姚安“1·15”地震发生后，为认真搞好抗震救灾、恢复生产、重建家园，2000年1月23日，中共楚雄州委、州人民政府成立楚雄州姚安“1·15”地震恢复重建领导小组。领导小组组长由州人民政府州长罗正富担任，副组长由州委副书记张怀德和州委常委、常务副州长保明虎担任，成员由州委、州人民政府及政府各部门领导26人组成。领导小组办公室设在楚雄州城乡建设局，办公室主任由州城乡建设局局长钱荣生担任。

【楚雄州人民政府姚安“1·15”地震恢复重建工作会议】 2000年3月10日，楚雄州人民政府在楚雄召开姚安“1·15”地震恢复重建工作会，州人民政府副州长周发洪、州人大常委会副主任李嘉贵、政协楚雄州委员会副主席普联荣出席会议并作了讲话。州级有关部门领导及各县（市）人民政府、财政、城建部门领导参加了会议。会议由州人民政府秘书长李小平主持，周发洪副州长传达了省人民政府南华现场办公会议精神，强调了恢复重建计划要坚持的原则，提出了全州的恢复重建工作必须于2001年内完成的要求。会后，楚雄州“1·15”地震灾区正式进入恢复重建阶段。

【云南省人民政府批准楚雄州地震恢复重建项目计划报告】 2000年4月17日，经云南省人民政府批准，由省抗震救灾恢复重建指挥部、省财政厅、省民政厅联合下文批准楚雄州恢复重建项目计划报告。总计项目873个，其中重建项目370个，恢复项目503个；单项工程42161个，其中重建4856个，恢复37305个。总投资16850.2万元。

【姚安“1·15”地震抗震救灾总结表彰大会】 2000年6月20日，中共楚雄州委、州人民政府在州委礼堂召开姚安“1·15”地震总结表彰会，州党政军领导丁绍祥、夜礼斌、张怀德、杨绍昌、保明虎、李应科、杨成彪、周发洪等领导出席了会议，会议由州委副书记张怀德主持。会上表彰了在抗震救灾中作出突出贡献、工作成绩显著的87

个先进单位，417名先进个人。

【楚雄州人民政府召开姚安“1·15”地震恢复重建现场办公会】 2000年7月11日，楚雄州人民政府在姚安召开“1·15”地震恢复重建现场办公会。会议由州人民政府办公室副主任李平主持，州计划委员会、教育委员会、民政局、水电局、财政局、卫生局、城建局、政法委员会、州姚安“1·15”地震恢复重建领导小组办公室等部门领导，姚安、大姚、南华、牟定4县人民政府领导以及相关单位领导共60余人参加了会议。会议传达了姚安“1·15”地震总结表彰会议精神，姚安、大姚、南华、牟定4县分别汇报了前一阶段恢复重建工作情况。周发洪副州长对下一步工作进行了安排部署，并强调要进一步提高认识，加强领导，明确任务，全面加快恢复重建进度，确保恢复重建任务全面完成。

【姚安“1·15”地震恢复重建资金使用情况】 截止2000年12月31日止，国家和省补助资金到位11710万元，其中抗震救灾应急资金1680万元，恢复重建阶段资金10030万元。按云南省批准楚雄州恢复重建项目计划，全州累计开工项目743个，占恢复重建项目计划873个的85.11%；累计竣工项目536个，占计划873个的61.40%；公有房屋累计开工面积285805.1平方米，占计划419994.6平方米的68.05%；公有房屋累计竣工面积198939.5平方米，占计划419994.6平方米的47.37%；累计完成投资13790.6万元，占国家和省补助投资16300万元的84.61%。通过一年的努力，地震灾区恢复重建工作进展快、效果好，为实现云南省人民政府确定的2001年底全面完成地震灾区恢复重建任务打下了坚实的基础。

【小城镇建设情况检查】 2000年2月16日至18日，楚雄州人大常委会、州人民政府、政协楚雄州委员会组成4个检查组，对1999年被列入云南省、楚雄州20个试点小城镇中的15个小城镇建设情况进行检查。通过检查，15个试点小城镇全部编制过规划。1999年省、州重点小城镇共启动建设项目47项，投入资金3752万元，其中省补助572万元，州财政投入500万元，县、乡投入2680万元，完成城镇街道建设项目22项，共15.3万平方米；新建综合市场5个，占地68亩，完成小城镇给排水改扩建项目8项，绿化美化亮化等项目12项。

【楚雄市建成两座人行天桥】 2000年，楚雄市采用商业运作方式，通过出让冠名权、部分广告经营权，融资690万元，建成了街心花园、团结路滇中电业局两座人行天桥。街心花园人行天桥由楚雄州邮政局投资220万元建设，州邮政局拥有冠名权和50年广告经营权。滇中电业局人行天桥投资470万元，于2000年12月15日投入使用。

【禄丰县广通镇荣获“全国村镇建设先进镇”称号】 2000年，禄丰县广通镇被国家建设部评为“全国村镇建设先进镇”。这是继1996年广通镇获“全国村镇建设先进镇”称号后，再次获国家表彰。

【全州建设系统法律骨干培训工作】 2000年7月17日至21日，楚雄州城乡建设局组织邀请云南省建设厅法规处、楚雄州人民政府法制局进行法律法规讲座，全州建设系统70人参加了培训，培训了《招标投标法》、《建设工程质量管理条例》、《行政处罚法》、《行政复议法》等法律法规，经5天培训考试合格发给培训合格证。通过培训，解决了建设行政执法人员在执法中出现的一些实际问题，进一步规范了执法程序，在一定程度上提高了执法人员的素质。

【楚雄州出台《关于加快城镇建设的意见》】 为认真贯彻党的十五届三中全会提出的“小城镇、大战略”的方针，依据中共中央、国务院《关于促进小城镇健康发展若干意见》及中共云南省委、省人民政府《关于加快城镇建设的决定》，结合楚雄州实际，2000年10月18日，中共楚雄州委、楚雄州人民政府出台了《关于加快城镇建设的意见》。该意见全面深刻地分析了楚雄州当前小城镇发展的形势和存在的问题，阐述了发展小城镇的重大战略意义、指导原则、发展目标和政策措施。要求结合楚雄州实际，抓住西部大开发的历史机遇，努力把楚雄市建设成为具有浓郁民族风情的现代化中等生态城市。同时大力发展小城镇，逐步形成中小城镇布局和结构合理的城镇格局，努力提高城市化水平，解决楚雄州城市化水平落后于全国平均水平的问题，全面推动楚雄州城乡一体化进程。

〔刘学华〕

【建设工程招投标交易成效显著】 2000年，楚雄州建设工程管理办公室、楚雄州建设工程招投标管理中心坚持“公开、公正”的招投标原则，认真组织工程招投标，建立健全规范化管理制度，简化招投标办事程序，提供优质服务。截止12月底，共组织州、县（市）及楚雄经济技术开发区投资在50万元以上的建设项目91项进入工程交易中心进行招标交易，工程个数比上年增长了44.4%，其中：民用建筑72项，市政及道路工程项目19项；州属项目35项，楚雄市及楚雄经济技术开发区属项目49项，县属项目7项，项目报建率100%，工程招标率为99%，公开招标项目40项，应公开招标项目的招标率为100%。累计招标建筑面积30.37万平方米，实行招标发包后的中标合同价27665.05万元，实行招标发包累计节约1683.26万元，节约率为5.74%。自1999年2月楚雄州建设工程交易中心挂牌运行至2000年，全州实行工程招标发包后共节约工程建设资金2462.51万元，为彝州两个文明的健康发展作出了积极贡献。

【《楚雄州建设工程施工招标文件》(房屋建筑类）示范文本在全州试行】 2000年8月，楚雄州建设工程管理办公室、楚雄州建设工程招投标管理中心在总结两年多来管理、审核招标文件实践经验的基础上，以《中华人民共和国招标投标法》、《云南省建设工程招标投标管理条例》为依据，在全省率先编印了《楚雄州建设工程施工招标文件》（房屋建筑类）示范文本，统一规范了全州工程招投标工作及评标、定标方法，全面系统地规定了工程招投标的发包范围、工作程序、招标文件的编制、工程招投标百分制打分办法以及工程合同管理。同时，根据全州建设工程施工的实际情况，从节约国家建设资金、保护社会公共利益和建设业主的合法权益出发，按照合理底标的原则，对评标规定和标底合成进行了相应的调整，使其更加符合建筑市场发展的实际。

【举办招投标法规及业务培训班】 2000年11月、12月，楚雄州建设工程管理办公室及州建筑学会联合举办了两期建设工程招投标法规及业务培训班。培训班把国家和云南省建设工程招投标的法律、法规以及楚雄州开展工程招投标的运作规则、管理办法、操作程序和内容形式作为学习的主要内容，对全州各县（市）、楚雄经济技术开发区建设主管部门分管领导、业务人员、建设单位、主要施工企业人员近160人进行了集中轮训，发出学习材料400多份。培训班还进行了房屋建筑工程项目开标决标实际运作的现场观摩，提高了参培人员的招投标知识和业务水平，增强了参培人员的法制意识。

〔莫丽琴〕

环境保护

【简述】 2000年，楚雄州环境保护工作以江泽民同志“三个代表”的重要思想为指导，以领导班子和领导干部“三讲”教育为动力，围绕全州经济社会发展战略和2000年目标任务，坚持污染防治和生态保护并重的方针，紧紧抓住2000年工业污染源达标排放工作不放松，加大生态保护工作力度，强化环境宣传教育和监督管理，使2000年污染源限期达标排放重点考核企业在全省率先实现达标排放，生态保护工作取得突破性进展，较好地完成了环境保护的目标任务。

【在全省率先完成2000年工业污染源限期治理达标排放工作】 被列入云南省重点考核的37家企业污染源在2000年底实现达标排放，是楚雄州2000年环境保护工作的重中之重。对此，全州环境保护部门采取了4项措施，抓紧抓实污染源治理达标工作。(1) 各级领导重视，全州环保战线干部职工思想统一，以对党对人民负责、对环境质量负责的态度切实抓紧抓实达标排放工作。(2) 做到警钟常鸣，通过发布限期达标排放公告，加强社会监督。通过多次开会警示，增强企业领导和职工对完成达标排放任务的政治责任感和紧迫感。(3) 时时排队分析，做到一厂一案。采取大会小会相结合，走下去请上来相结合，一家一家地分析研究，落实治理方案和治理资金，及时启动治理项目。(4) 及时提供技术和资金支持。环保部门对各企业进行监督的同时，还为企业提供治理信息，共同研究治理措施和进度，及时进行治理效果监测。一年来，全州各级环保部门向企业提供环保贷款110万元，其中州环境监理所贷出52万元，豁免贷款40万元；提供环保补助资金48万元，其中州环境监理所补助6.5万元；向省争取环保项目贷款81万元，争取贷款贴息56万元，有力地促进了污染源治理达标工作。(5) 加强现场监督检查。3月，州人大常委会、州人民政府及环保等有关部门组成联合检查组，由州人大常委会副主任李嘉贵和州人民政府副州长周发洪带队，分东西两片对未达标企业进行了认真监督检查；7月份，配合政协云南省委员会视察组对云南燃料二厂、州水泥厂、一平浪煤矿、滇中化工厂进行了达标排放工作视察。(6) 责任到人，建立落实督办制度，加大督查力度。到达标限期倒计时100天时，对未完成治理任务的3家企业，做到每10天或每星期督查一次，确保达标排放任务如期完成。截至2000年12月10日，列入省污染源限期达标排放重点考核的37家企业，在全省率先实现达标排放。

【自然保护区建设】 2000年，楚雄州环境保护局按《楚雄州自然保护区发展规划纲要（1998—2010）》建设计划，加强与有关部门的联系和合作，请云南省环境保护局领导一起深入到禄丰恐龙山和腊玛古猿化石发掘地、姚安三峰山、大姚小百草岭、永仁云南松母树林、元谋虎跳滩土林、武定关坡山实地考察。并与当地政府和有关部门研究计划，指导申报工作，积极向省、州争取前期工作经费。同时报请州人民政府成立了楚雄州州级自然保护区评审委员会，制定了《评审委员会组织和工作制度》、《楚雄州州级自然保护区评审办法及指标》，并报请州人民政府下达了当年建设自然保护区的计划。在有关县及部门的积极配合和共同努力下，2000年，完成了南华县大中山省级自然保护区并入哀牢山国家级自然保护区的申报、上报工作；完成了大姚百草岭省级自然保护区、元谋土林州级自然保护区、姚安三峰山州级自然保护区的论证、评审工作。3个自然保护区的新建和1个自然保护区升级，使楚雄州自然保护区新增面积84226.8公顷，保护区数量由14个增加到17个，总面积达142973.8公顷，自然保护区面积占国土面积的比例由2%上升为4.9%。

从小爱环保

【建设项目环境影响评价工作】 2000年，先后完成了云南金碧制药厂GMP认证及民族药开发技术改造、楚雄绿色食品冻干生产线、瑞格公司无公害蔬菜加工、云南绿宝“四海丰”营养型叶面肥开发生产、楚雄过境一级公路、双柏三龙水库建设、楚雄雁塔药业民族药开发及GMP项目认证、云南佳兴芒硝开发有限公司20000吨/年无水芒硝建设等77个建设项目的环境影响评价和审批工作。其中环境影响报告书项目3个，报告表项目54个，各类登记表项目20个。环境影响评价执行率为100%。

【污染物排放总量得到有效控制】 2000年环境统计数据表明，云南省下达楚雄州12项污染物排放总量均在《环境保护目标责任书》控制指标内，分别为：工业烟尘8504.24吨；工业粉尘4169.64吨；二氧化硫8379吨；化学需氧量1812.94吨；石油类1.02吨；氰化物0.05吨；砷0.46吨；铅0.02吨；汞、镉、六价铬为0；工业固体废弃物2.24万吨。

【清理解决群众反映强烈的污染问题】 2000年5月21日，国务院副总理温家宝在中央办公厅、国务院办公厅信访局《群众反映》上作了重要批示：一些地方的工矿企业随意排放废水、废气、废物，严重污染环境，直接危害群众健康，必须引起重视，限期加以解决，环保总局要加强督查。群众来访反映环保部门的问题，要严肃查处。批示发出后，楚雄州环境保护局及时发出了《关于贯彻落实温家宝副总理重要批示的通知》，要求有关县（市）环保部门对楚雄雄安中密度纤维板厂，楚雄铝厂，楚雄经济技术开发区恒宇纸厂，一平浪清水河炼锌厂、铅冶炼厂、铁合金厂，一平浪硫化碱厂，禄丰磷肥厂，禄丰腰站云南禄丰冶炼厂，武定马豆沟钛选厂、亚博钛选厂污染问题加强督查，限期在年底以前解决污染问题。州环保局组成检查组，一家一家地进行了现场监督检查。针对群众联名报告反映雄安中密度纤维板厂污染环境、危害居民身体健康和污染农田的问题，一年内，州、市环保部门协调处理群众来信来访及污染纠纷10次以上，厂里已在2000年9月份拿出了治理方案，11月州经贸委、州财政局安排，投资83.2万元，开始动工治理污染。

【环境监理】 2000年，全州实施环境现场监督检查910次，其中现场检查污染治理设施117台套，检查584次；对限期治理项目检查385次。全年发生污染纠纷33起，调查处理率为100%，结案32件。全年发生信访数152件，调查处理率为98.6%，结案150件。

【环境监测】 2000年，楚雄州环境监测站、楚雄市环境监测站、禄丰县环境监测站按其分工，完成了州境内龙川江、星宿江15个截面地表水32个项目一年三期6次水质监测和河流底质监测；完成了楚雄市城区和部分县城空气环境质量监测；及时开展了污染源监测，饮用水源水质监测，交通噪声、区域环境噪声、功能区噪声监测及环境影响评价等对外技术服务监测和调查处理污染事故、污染纠纷的仲裁监测。为环境管理提供了有力的技术支持和技术服务。大姚县、元谋县环境监测站在年内通过了省级监测机构计量认证，并逐步开展水污染源和噪声监测。

【环境宣传教育】 2000年年初，中共楚雄州委宣传部、州环境保护局、州教育委员会联发了《关于加强环境宣传教育工作的通知》，从环境宣传、环境教育、宣传教育能力建设3个方面，提出了环境宣传教育的目标规划、行动计划和加强能力建设的意见建议。州环保局与州电视台合办了《青山绿水是财富》、《彝州环保》、《达标排放》、《生态建设与保护》、《环保法制》、《环境科普》等新闻和专题报道节目34个；州环保局与州广播电台联办播发了“彝州环保”新闻信息、环保科普、环保法制等文章48篇。在《楚雄日报》、《彝州经济研究》、《楚雄生态经济通讯》、《楚雄环境动态》和其他刊物上登载环境保护新闻、信息、法制、科普、质量报告、公报等文章118篇。全州在纪念世界“6·5”环境日时组织了13个街头宣传点进行“环保与健康”、“环保与法制”、“行政复议”等内容的宣传和咨询，散发宣传资料1.3万份。

【开展楚雄州生态环境现状调查】 为贯彻落实党中央、国务院西部开发战略，掌握全州生态环境现状，切实搞好楚雄州生态环境保护与建设，为州委、州人民政府关于建设“生态经济大州、民族文化强州”的发展战略构想提供依据，根据国家环保总局和云南省环保局的要求，州人民政府办公室于2000年10月8日发出了《关于开展楚雄州生态环境现状调查工作的通知》，成立了由州人民政府副秘书长杨文栋为组长，州环保局局长吴波为副组长，州计委、州农牧局、州林业局、州水电局、州土地局、州科委、州气象局、州矿管办、州环保局自然保护科领导为成员的楚雄州生态环境现状调查领导小组。州环保局作为调查工作的承办部门，于10月11日组织了培训，10月31日完成了各县（市）数据采集和重点调查。11月底，州环保局完成了《楚雄州生态环境现状调查报告》（初稿）。

【进行楚雄州地表水功能区划分类复审】 2000年，为适应社会经济的发展和环境保护形势的要求，根据国家新颁布的《地表水环境质量标准》（GHZB11999）和云南省环保局《关于开展云南省地表水功能区划分类复审工作的通知》要求，楚雄州环保局开展了楚雄州地表水功能区划分类复审工作，并完成《区划》送审稿编写工作。

【楚雄市环境保护局成立】 为贯彻落实中共楚雄州委、州人民政府《关于进一步加强环境保护工作的决定》，切实加强环境机构建设，经中共楚雄市委1999年9月9日常委会讨论决定成立楚雄市环境保护局，并于2000年3月27日正式挂牌成立，独立行使楚雄市环境管理行政职能。

〔王尔荣〕

财政·税务

财　　政

【财政收入】　2000年，全州财政总收入实现175534万元，为预算179389万元的97.9%，为省人民政府下达任务数166589万元的105.4%，比上年实际完成数184879万元下降5.1%。总收入按中央与地方划分，全州上划中央收入完成98241万元，为预算107400万元的91.5%，为省人民政府下达任务数94800万元的103.6%，比上年实际完成数110308万元下降10.9%。上划中央收入占总收入的比重为56%，比上年下降3.7个百分点。全州地方财政收入完成77293万元（其中：一般预算收入72299万元，基金预算收入4994万元），为预算71989万元的107.4%，为省人民政府下达任务数71789万元的107.7%，比上年实际完成数74571万元增长3.7%，地方收入占总收入的比重为44%，比上年增3.7个百分点。

【财政支出】　2000年州内地方财政支出实现191162万元（其中：一般预算支出189202万元，基金预算支出1960万元），为预算140029万元的136.5%，比上年实际完成数169196万元增支21966万元，增长13%。其中：州级支出43707万元，比上年实际完成数41254万元增支2453万元，增长6%，州级支出占全州总支出的比重为22.9%，比上年下降1.5个百分点；县（市）级支出147455万元，比上年实际完成数127942万元增支19513万元，增长15.3%，县（市）级支出占全州总支出的比重为77.1%，比上年增1.5个百分点。

【确保财政收支平衡】　2000年，由于县级可用财力减少，加之收入的季节性较强，有50%的县收半年的税只够发一个月的工资，8个补贴县大部分支出要靠上级补助和借款。全州各级财政部门积极采取措施，确保工资发放和收支平衡。（1）通过向上级借款和筹措其他资金，尽最大努力来确保全州工资发放。全年州级调度各县（市）资金达87930万元，保证了全州工资发放和机构的正常运转。（2）为支持各县的预算平衡，积极向上级汇报争取，全年在决算补助、种植业结构调整科技补助、天然林禁伐补助、增资补助、一次性困难补助等方面得到上级的较大支持。州对县（市）级的财力补助合计达到34552万元，是历史上最多的一年，保证了全州财政的收支平衡。

【增加社会稳定支出】　2000年，全州各级财政部门积极筹措资金，增加社会稳定支出。（1）支持建立各项社会保障制度。年内，全州财政投入用于机关事业单位职工养老保险支出、住房公积金、基本医疗保障制度支出、在乡的老复员军人定额补助、原大队干部补助、“三属”补助、再就业基金、粮食风险金等支出合计22021万元，推进了社会保障制度的建立和完善。（2）全力支持“两个确保”，维护社会稳定。积极筹措资金确保国有企业下岗职工基本生活费和企业离退休人员养老金的及时足额发放。（3）支持抗震救灾和恢复重建工作。全年共投入14704万元，有力地支持了“1·15”姚安地震和“8·21”武定地震的恢复重建及武定“10·24”地震恢复重建扫尾工作。（4）增加维护社会稳定安全的支出。全年全州公检法司部门支出突破1亿元，达到10427万元。同时还增加了军分区、武警、消防、预备役部队建设支出。

【筹集资金促进社会事业发展】　2000年，全州投入各项事业含基本建设的支出都有不同程度的增加，即教育事业投入40288万元，比上年增支4784万元，增长13.5%，占全州一般预算支出的比重为21.3%，超过《中国教育改革与发展纲要》规定的本世纪末教育支出占财政支出15%的目标；科学事业和科技三项费用投入1958万元（未含列入各块事业支出中的科技投入），比上年增支692万元，增长54.7%；文体广播事业投入6157万元，比上年增支268万元，增长4.6%；卫生事业投入15262万元，比上年增支2381万元，增长18.5%；计划生育事业投入1830万元，比上年增支139万元，增长8.2%；工交、流通事业投入3482万元，比上年增支1431万元，增长69.8%；城市建设支出9237万元，比上年增支2650万元，增长40.2%。

【加大财政改革力度】　2000年，楚雄州加大财政改革力度，强化财政管理职能。(1) 完善零基预算办法。年内,州级可用财力连续下降,需要安排的各项支出超过可用财力约3亿元。为确保工资发放和机构的正常运转,压缩了一般性支出,并将专款预算的安排和执行与各项工作紧密联系在一起,力求通过资金的投入为做好工作创造条件。(2) 改革预算外资金的征收管理。为进一步规范预算外资金征收管理,建立有效的制约和监督机制,发挥预算内外资金综合运用的整体效益,在实行"收支两条线"和按比例统筹管理的基础上,对行政事业性收费等预算外资金实行了"部门开票、银行收款、统一开户、收支统管"的新管理方式,从源头上管住了单位乱收费和"坐收坐支"行为,实现了一步到位的收费统管改革。(3) 实行财政统一发放工资办法。从2000年7月1日起在全州全面实行了"编委核准编制、人事部门核准工资、财政部门核拨资金、银行代为发放工资"的统发办法,为实施国库单一帐户制度打下了基础。(4) 积极推行政府采购制度。全年成功地组织了11次公开招标集中采购,46次询价、竞价、定点采购,上百个生产厂家、商家参与竞价采购活动,为州级和部分县(市)行政事业单位采购了办公设备、教学用具、医疗设备、公务用车、网络工程、电器等。采购资金总额达41943.93万元,与市场售价相比节约资金515.27万元,资金节约率为10.9%。(5) 改革会计秩序混乱、会计信息失真、会计监督不力的问题。经中共楚雄州委批准,在全州范围内分层次实行不同的会计管理模式,即乡(镇)一级行政事业单位实行"零户统管",由财政所履行会计职责,执行统一的财务会计制度;对县以上行政事业单位成立"会计核算中心"统一进行会计核算;对国有和国有控股企业委派财务总监;对新开工的重点建设项目委派总会计。至年底,整个改革进展顺利,已有100个乡(镇)实行了"零户统管",有4个县(市)级"会计核算中心"成立运转,其余县正在积极筹建中。

【县域财源建设项目见成效】 至2000年,云南省人民政府批准的11个财源建设项目,经过3年的努力,省、州、县三级财政合计投资8947万元,已建成试车投产的项目有9个,对县域经济的增长起到了促进作用,其中:禄丰缸套厂、楚雄华力机械有限责任公司、南华锌品厂等已成为县(市)级100万元以上的纳税大户。为进一步加强项目管理,力争早日达到协议目标,州财政局领导对"九五"县域重点财源建设项目实施挂钩联系。程建华局长挂点牟定县鑫龙冶金总厂新建年处理20万吨稀土矿生产线项目、牟定县鸿威集团有限公司新建生产重铬酸钠700吨、铬酸酐2000吨生产线项目。邓斯云副局长挂点牟定县滇中果蔬集团公司新建万吨牛、羊肉及果蔬联销和南华县农工贸有限责任公司综合加工、元谋县华康速冻食品有限公司新建年产9200吨蔬菜速冻联销3个项目。朱开荣副局长挂点南华县松海钢木制品厂年产30万平方米植物纤维空心墙板生产线项目、南华锌品厂年产500吨电解锌及锌产品加工项目、禄丰县缸套厂年产100万只气缸套技改项目、禄丰县勤丰蓄电池厂年产40万只蓄电池技改项目。州国有资产管理局副局长崔学政挂点双柏县中密度纤维板厂新建年产3万立方米中密度纤维板生产线项目和楚雄市华力机械有限责任公司扩建年产2万台盘拖、5000台后轮驱动拖拉机生产项目。

【制定出台《楚雄州财政专项资金管理暂行办法》】 《楚雄彝族自治州财政专项资金管理暂行办法》经楚雄州人民政府第43次常务会讨论批准,于2000年10月10日起正式颁布执行。该办法依照财政部和云南省财政厅的有关改革要求,结合楚雄州在财政专项资金管理使用中存在的实际情况,经多方征求意见后制定。办法明确规定财政专项资金实行按预算级次下达拨付,以及下达的时限要求,跟踪问题,项目管理部门、财政、审计的责任,资金使用效益激励办法等。

【对州级行政事业单位银行帐户进行清理】 楚雄州级行政事业单位银行帐户清理工作在州人民政府的直接领导下,在州财政局、州审计局、州监察局、州人民银行等4家成员单位的密切配合下,经过州级各部门、单位和各金融机构自查自报、检查小组重点抽查、清户小组审核批复、限期撤销违规帐户等4个阶段的工作,整个帐户清理工作于2000年12月25日全部结束。通过清理,基本摸清了各单位和部门的开户情况、存款规模及其分布情况;归并了单位多头重复开立的帐户,堵塞了部分资金漏洞,银行帐户大幅度下降。据统计,州级169家行政事业单位共开设银行帐户1027个,撤销326个,占帐户总数的31.74%。最多的一家单位原有帐户21个,撤销了12个,仅保留9个。这次银行帐户清理工作成效显著,对加强和规范单位银行帐户管理起到了切实有效的宣传和促进作用。

【楚雄州1999年统一会计年报资料汇编完成】 在全州各级财政部门的精心组织和共同努力下，楚雄州1999年统一会计年报于2000年3月底顺利通过了云南省财政厅的审查验收。随后，州财政局领导根据财政部关于统一报表“一表多用、数据共享”的原则，指定专人对统一报表计算机数据库资料进行加工、分析、整理，汇编成《楚雄州一九九九年统一会计年报资料》。“资料”覆盖范围广、数据量大，涉及全州10县（市）的行政事业单位1977户、国有企业268户、国有建设单位320户、城镇集体企业（包括国有企业改制为股份合作制、国有股占10%以下）411户、城镇集体金融企业136户。汇总数据采用动态可比分析方法整理，可以了解各县（市）汇总会计指标年度增减情况，可查阅各县（市）各类会计报表的汇总数据和分类数据；分单位数据采用静态可比分析方法整理，可详细了解各单位的主要会计指标变动情况，可查阅全州范围内各单位的会计年报数据。年报资料运用排序的方法，分类列出资产大户、利润大户、亏损大户、纳税大户、负债大户和资产质量分析等数据，便于查阅所需数据资料，充分发挥了会计报表“一表多用、数据共享”的作用。

〔夏丕燕〕

国家税务

【简述】 2000年，楚雄州国家税务系统紧紧围绕云南省国家税务局和中共楚雄州委、州人民政府的工作部署，认真贯彻全国、全省税务工作会议精神，全面落实各项税收政策法规，以组织税收收入为中心，严格依法治税，从严治队，运用科技手段，强化税收征管，努力提高工作质量、效率和管理水平。针对国家税务收入任务重、组织税收收入十分艰巨的严峻形势，狠抓制度落实，加强国家税务干部队伍建设，努力做好各项国家税务工作，圆满完成国家税务收入任务，有力地支持了楚雄州改革开放和现代化建设。

【国家税务系统圆满完成税收收入任务】 2000年，面对组织税收收入十分艰巨的严峻形势，楚雄州国家税务局及早部署，全州国家税务系统共组织税收收入117425万元，完成年度计划112800万元的104.1%。其中：“两税”收入113106万元，完成年度计划107150万元的105.6%，较好地完成了云南省国家税务局及楚雄州人民政府下达的计划任务，有力地促进了彝州的经济发展。从分税种的情况看，增值税收入55665万元，完成年度计划49400万元的112.7%，为上年同期收入的105.1%；消费税收入57441万元，完成年度计划57750万元的99.5%，为上年同期收入的80.6%；营业税收入1633万元，完成年度计划1300万元的125.6%，为上年同期收入的93.5%；企业所得税收入1371万元，完成年度计划1700万元的80.6%，为上年同期收入的80.7%；涉外企业所得税收入152万元，完成年度计划150万元的101.3%，为上年同期收入的61%；储蓄存款利息所得个人所得税收入1163万元，完成指导性计划2500万元的46.5%。

【个体税收持续增长】 2000年，楚雄州国家税务局在抓好重点税源管理的同时，加强个体税收管理。全年共征收个体税收5010万元，比上年同期收入3858万元增长29.9%。个体税收收入的持续增长，已占全州国家税务收入117425万元的4.3%。大力发展个体经济，加强个体税收征管，既发展了非公有制经济，又增加了国家的税收收入。

【国家税务系统开展“税收与未来”宣传月活动】 2000年4月1日至

税收知识有奖竞答文艺联欢活动

30日，为充分发挥税收宣传的作用，楚雄州国家税务局及早筹划，认真组织，精心安排，围绕“税收与未来”主题，开展了第9个税收宣传月活动，通过一个月的税收宣传，收到了实效。

【全州国家税务系统基层及基础设施建设现场会】 2000年3月8日至10日，全州国家税务系统基层及基础设施建设现场会在姚安、南华、禄丰3县召开，各县（市）国家税务局局长、办公室主任等25人参加会议。会议主要采取看、听的方式，分别观看了姚安县国家税务局机关及城区分局，南华县国家税务局机关，禄丰县国家税务局机关及广通、一平浪、城区、碧城、勤丰分局，每到一地都听取了各县国家税务局局长、分局长就基层及基础设施建设、精神文明建设等方面的介绍，主要参观了3个县的办公设施、职工住房、接待室、办税服务厅、职工食堂、机关环境美化、各项规章制度的建立健全等落实情况。

【举办全州国家税务系统金融会计核算培训班】 2000年3月10日至27日，楚雄州国家税务局举办全州国家税务系统金融会计核算培训班。各县（市）国家税务局稽查局、税政股、城区分局以及州国家税务局政策业务科（室）人员共57人参加培训。培训内容是《银行会计》、《银行财务》、《银行财会软件》共3门课程。培训结束，进行了业务闭卷考试，取得了平均分88分的好成绩，达到了预期的培训效果。

【举办全州国家税务系统依法治税师资培训班】 2000年4月17日至21日，楚雄州国家税务局举办全州国家税务系统依法治税师资培训班。各县（市）国家税务局分管税务执法的副局长、征管股长、稽查案件审理小组负责人及1名具有授课能力的税务干部，州国家税务局征管科人员、开发区分局有关人员共42人参加培训。培训主要以《税收法制基本知识》为教材。培训结束，进行了考试。

【楚雄州市国家税务局实现公文处理办公自动化】 2000年6月，云南省国家税务局推行公文处理自动化工作，制定《全省国家税务系统计算机公文处理规则》，并对ODPS的使用和实施方案以及SQL Server7.0有关部分进行了培训。通过3个月的紧张实施，楚雄州、市国家税务局办公自动化公文处理系统上了正轨。

【加强税控加油机安装管理工作】 2000年7月30日，楚雄州国家税务局按国家税务总局、云南省国家税务局的安排布置，加强对全州10县（市）126个加油站342台税控加油机的安装管理工作，有力地促进了成品油零售行业的税收管理。

【楚雄州国家税务局开展综合交叉检查】 2000年8月28日至9月9日，楚雄州国家税务局从10县（市）国家税务局和州国家税务局机关抽调36名税务干部，组成10个检查组和3个巡视组。对全州国家税务系统的税收征管质量、增值税专用发票管理、税收执法和计财工作，开展了综合交叉检查。通过检查，进一步明确了责任，落实了制度。就检查出来的问题，州国家税务局责令对照整改，促进各项工作落到实处，有力地促进了国家税务工作的全面开展。

【全州国家税务系统队伍建设工作会议】 2000年9月14日至16日，楚雄州国家税务局召开全州国家税务系统队伍建设工作会议。各县（市）国家税务局局长、人教股长（监审室主任）、计财股长、城区分局局长、受表彰单位负责人、州国家税务局副科以上干部共86人参加会议。会议交流了两个文明建设的经验，表彰了全州国家税务系统“文明系统”、“文明单位”、“最佳办税服务厅”。

【召开全省税收理论研讨会】 2000年9月20日至21日，楚雄州国家税务局和州税务学会召开全省税收理论研讨会。有云南省税务学会及省国家税务局4个处和7个地、州、市的代表45人参加会议。大会共收到20篇论文，有10篇在会上交流。

【举办企业所得税业务培训班】 2000年9月27日至28日，楚雄州国家税务局举办全州企业所得税业务培训班。各县（市）国家税务局分管所得税的领导、税政股（科）负责人、所得税专（兼）职干部及州国家税务局烟草分局、开发区分局的有关人员共34人参加培训。主要学习了企业所得税政策、制度和报表的填报。

【楚雄州国家税务局开展税收大检查】 2000年10月10日至31日，楚雄州国家税务局机关抽调20人，组成10个检查组分赴10县（市）进行税收大检查工作。同时，由张炳华局长率有关人员组成督查组对10县（市）进行督查。全州共检查纳税户24950户，占征管总户数25269户的98.74%，查补各税收入533.4万元。

【举办中央企业所得税业务培训班】 2000年11月20日至23日，楚雄州国家税务局举办全州中央企业所得税业务培训班。驻楚各中央企业所得税纳税义务人的财务负责人和办税人员共258人参加培训。培训主要讲授了企业所得税政策、制度，修订的《企业所得税季度预缴申报表》、《企业所得税年度纳税申报表》的填报等内容。

【楚雄州国家税务局加强金税工程网络建设】 2000年，为加快金税工程网络建设，楚雄州国家税务局集中精力抓好这项工作。11月24日，各县（市）国家税务局，州国家税务局及烟草分局、开发区分局专线已全部到位，机房及电源、地线的改造已完成，州国家税务局的光端机已于15日上午安装完毕并调通。

【楚雄州国家税务局加大税务稽查力度】 2000年，全州国家税务系统加大税务稽查力度。全年共稽查企业639户，个体户1579户，查补税款1215.6万元，罚款140.1万元，加收滞纳金13万元，没收非法所得1.1万元，合计1369.8万元，已入库1331.9万元，入库率97.23%。

【国家税务系统加强涉外税收管理】 2000年，楚雄州国家税务系统加强涉外税收管理，共组织涉外税收收入1596.9万元，为上年同期收入1841.2万元的86.7%。

【受各级表彰的国家税务部门】 (1) 2000年1月20日，姚安县国家税务局被中共云南省委、省人民政府命名表彰为1999年度省级“文明单位”。(2) 3月8日，楚雄市国家税务局鹿城征收分局被全国妇联授予“巾帼文明示范岗”称号。(3) 4月26日，共青团云南省委命名1999年度省级“青年文明号”，禄丰县国家税务局黑井分局在命名之列。(4) 5月，禄丰县国家税务局勤丰分局被共青团中央授予“青年文明号”称号。(5) 12月29日，中共云南省国家税务局党组、云南省国家税务局命名表彰全省国家税务系统“文明系统”、“文明单位”、“先进领导班子”和“先进集体”。楚雄州国家税务系统的姚安县国家税务局被授予“文明系统”；大姚县国家税务局石羊分局、楚雄市国家税务局中山分局、双柏县国家税务局碍嘉分局被命名为“文明单位”；姚安县国家税务局被命名为“先进领导班子”；禄丰县国家税务局税政股、永仁县国家税务局计财股、楚雄市国家税务局办公室、南华县国家税务局稽查局被命名为“先进集体”。

〔余瑞海〕

地方税务

【简述】 2000年，楚雄州地方税务局以“三讲”教育为动力，以“三个代表”重要思想为指导，认真贯彻落实全省地方税务局长会议精神和全州财税工作会议精神，切实加强干部队伍建设，坚持依法行政、依法治税、从严治队、强化责任、细化管理、狠抓征管，加大稽查力度，坚持以组织收入为中心，扎扎实实做好各项地方税务工作，为彝州改革开放、社会稳定和经济发展做出了积极的贡献。

【地方税务系统全力以赴组织税收收入】 2000年，由于全州经济运行含“金”量低，国有企业所得税同比减收60.4万元，乡镇企业地方税收同比减收681.4万元，农产品价格低位徘徊、卷烟计划同比下调6万多箱，经济是税收的基础，完成地方税务收入任务十分艰巨。楚雄州地方税务局党组站在讲政治的高度，多次召开收入形势分析会议，统一思想，研究办法，做到领导认识到位、征管工作到位、检查范围到位、执行政策到位、收入措施到位、稽查工作到位，把计划任务层层分解，层层签订《收入任务目标责任书》，实行一把手负责制，早计划、早安排、早落实、早采取措施，千方百计组织税收收入。建立了税收收入责任追究制，对检查出有税不收的人和事严格追究责任，做到依法行政、依法治税、应收尽收，努力把税收任务缺口减小到最低限度。到12月31日止，全州共组织地方税务收入56838万元，占省地方税务局计划任务的97.58%，其中：工商各税收入累计入库40018万元，占省地方税务局考核任务数的112.54%。完成州、县（市）级收入（含附加）54371.6万元，占州人民政府下达计划任务数54176万元的100.36%，为平衡地方财政收支预算做到了应收尽收。另外，认真做好养老保险金的征缴工作，全年共征收养老保险金113550942元，征收率达98.8%。

【地方税收检查】 2000年，楚雄州地方税务系统认真开展各种地方税收检查工作。(1) 地方税务部门成立查核小组48个、167人，对

77户企业的1999年度企业所得税汇算情况作了重点检查，查补企业所得税87.6万元，查补其他地方各税46.7万元；（2）共清理投资调节税项目458户（项），补缴入库投资调节税734.21万元；（3）开展历时1个月的全州行政事业性收费税收清理工作，共清理检查行政事业单位973个，查补入库地方各税111.73万元；（4）对州内的大型工程项目，州地方税务局采取源泉控管、专人负责、直接监管，收缴入库税款2000多万元；（5）按照州人民政府关于在全州范围内开展税收大检查工作的通知精神，精心组织，积极认真搞好大检查工作，历时近3个月，参加检查人员504人，自查9465户，重点抽查1861户，共查补入库税款848.36万元，收到了一定的实效。

【税务稽查和公安税侦】 2000年，楚雄州地方税务系统加强税务稽查工作和公安税侦工作。（1）全州实行稽查工作交叉检查，全年共受理稽查案件897件，处理891件，查补入库税款、加收滞纳金和罚款共计2248.38万元。（2）充分发挥公安税侦工作的职能作用，全年协税护税637件（次），经公安机关批准立案侦查的涉税案件15件，其中：判刑3件，治安管理处罚12件，共追缴地方各税、滞纳金及罚款365.41万元，严厉打击了涉税违法犯罪活动。

【完成土地使用税税源普查】 2000年，全州土地使用税税源普查纳税户共9490户，合计占地面积2941.67万平方米，应税土地面积1380万平方米，应纳税额3122.51万元，土地价值68.8亿元，在税源普查中共计补入库房产税、土地使用税86.74万元，通过这次土地使用税税源普查工作，基本上摸清了全州土地使用税的税源状况，掌握了较为真实可靠的数据，为楚雄州以后加强土地使用税的征管工作提供了有力的依据。

【村级体制改革后农村税收的代征工作】 2000年，村级体制改革后，给农村税收的代征工作增加了一定难度，对完成全年地方税务收入任务带来一定的影响。楚雄州地方税务局高度重视，深入调查研究，早动手、早准备，采取积极措施加强农村税收的代征工作。（1）认真清理原村公所（办事处）代征员手中的票款，做好交接手续，做到票证清楚、税款及时足额入库，严禁票证遗失、挪用税款；（2）积极向州、县、乡村级体制改革领导小组汇报，把加强地方税收征管、强化农村税收代征工作一并纳入议事日程，做到村级体制改革顺利、财政收入不减、税款不流失；（3）把“依法纳税是每个公民应尽的义务”这一内容列入新的村民委员会自治章程，把农村税收代征工作列入新的村民委员会工作职责，由县（市）级地方税务机关向新的村民委员会发放委托代征证书，各基层地方税务分局（所）与新的村民委员会签订委托代征税款协议书，依法行政、依法治税，切实加强农村税收的征管，健全协税护税网络，为将来费改税打下坚实的征管基础；（4）做好新的村民委员会干部的税法辅导工作，包括为什么要纳税、税收的地位和作用、税收征管法以及票证的保管和填用、税款结报等，讲清票款的严肃性，保障代征工作的顺利开展和农村税收的及时足额入库。

【地方税务系统税收法制建设成效显著】 2000年，楚雄州地方税务系统加强税收法制建设工作，并取得显著成效。（1）9月，在参加国家税务总局举行的依法治税业务考试中，楚雄州以平均分77.25分的成绩名列全省第二名，取得了较好的成绩；（2）依法行政工作成效显著，在全州举行的“三五”普法表彰会上，州地方税务局和楚雄市、南华县、武定县地方税务局被中共楚雄州委、州人民政府授予1996～2000年度“三五”普法先进集体；（3）税务行政复议工作进展顺利，全年州地方税务局行政复议办公室接待纳税人来信来访9件（次），及时给予了答复和处理，受理税务行政复议案件2件，经协调和处理，2件复议案件已撤回，满意率达100%，有效地保护了纳税人的合法权益。

【地方税务系统税收宣传工作】 2000年，楚雄州地方税务系统扎扎实实开展税收宣传活动，营造良好的税收环境。4月，围绕“税收与未来”的宣传主题，广泛开展税收宣传月活动，全州共向当地党政机关、事业单位领导进行税收宣传15次，培训人员达5000人（次），召开纳税人税法宣传座谈会25期，参加人员达3000人，张贴宣传标语共560条，编印税收宣传材料4万多份。并在楚雄电视台长年开设专栏宣传地方税务政策法规，利用新闻媒体坚持不懈开展税法宣传。同时，继续认真办好《楚雄地税信息》和《地税简报》，全年编发信息32期149条，简报42期，被各级信息刊物采用35条，为领导决策和宣传地方税务工作发挥了积极作用。2000年5月，楚雄州地方税务局被云南省地方税务局评为信息工作先进单位、新闻宣传工作先进单位和公文处理先进单位。

【地方税务系统狠抓党风廉政建设工作】 2000年，楚雄州地方税务局重新修订完善了《楚雄州地方税务局党风政纪廉政建设承包风险抵押责任书》，层层签订、层层抵押；先后制定下发了《楚雄州地方税务局关于做好廉政勤政工作的补充规定》、《关于做好安全工作加强车辆管理有关问题的通知》、《关于在全州地方税务系统建设工程中建立工程承包合同、工程廉政“双合同”制约机制的通知》和《关于严格税收核算制度加强税收票证和财务管理的通知》等文件，从制度上遏制了违纪违法案件的发生。另外，还认真做好民主评议行风跟踪问效工作，狠抓税务公开的落实，进一步增强地方税务工作的透明度；发放《税务人员廉政手册》人手一本，组织全系统党风廉政建设知识考试，参加人员达到100%；开展条规教育和警示教育，每月按时认真组织收看《中国共产党纪律处分条例（试行）》系列电视片，观看影片《生死抉择》，要求每一位职工写出观后感，以成克杰、胡长清案件为反面教材，认真开展讨论，做到自我约束、警钟长鸣，增强拒腐防变的能力，并严肃查处违纪违法的人和事。这些措施的落实，促进了地方税务系统税纪税风的根本好转。

【地方税务系统积极支持彝州经济发展】 2000年，全州各级地方税务机关一如既往地支持企业改革和发展，及时调查研究，解决企业改革中的税收问题，全力支持国有企业改革，扶持非公有制经济和乡镇企业的发展，本着“三个有利于”原则，用好、用活、用足税收优惠政策。全年全州地方税务系统共减免地方工商税户数1097户，减免税金2839万元，占全年征收入库地方工商税收金额的7.91%；共减免农税户数17258户，减免税金129.66万元，占全年征收入库农税金额的0.77%，有力支持了地方经济的发展。

〔吴正友〕

金融·保险

中国人民银行楚雄州中心支行

【简述】 2000年，中国人民银行楚雄州中心支行认真按照中国人民银行成都分行工作会议和云南省银行证券保险工作会议精神，结合楚雄州实际，提出了“严字当头、强化管理、夯实基础、上新台阶、履行职责、注重实效、落实责任、加强监管、防化风险、确保平安”的总体工作思路，并在“严”、“责”、“实”、“效”4个方面狠下功夫，团结奋斗，开拓进取，圆满地完成了全年的各项工作任务，并取得了可喜的工作成绩。至年末，全州金融机构各项存款余额1004358万元，较上年末增加了53925万元，增长5.67%，其中：城乡居民储蓄存款余额为526264万元，比上年末增加39521万元，增长8.12%；金融机构各项贷款余额为881248万元（已剔除剥离的5.09亿元不良资产），较上年末增加24305万元，增长2.84%；全州金融机构累计现金收入1865344万元，累计现金支出1997561万元，收支相抵，全年净投放现金132217万元，比上年同期多投放18934万元，增加16.7%，为彝州经济发展和社会进步作出了积极的贡献。

【现金管理】 2000年，中国人民银行楚雄州中心支行始终把现金管理工作放在突出位置抓好抓实。(1)进一步加强了帐户管理工作，针对新形势新体制下现金管理难的问题，在现金管理中坚持“疏堵结合、条块管理”的原则，一方面保证合理正常的现金供应，一方面严格控制不合理的现金支出。督促全州金融机构建立了大额现金支付登记备案制度，对3万元以上的现金支取要求逐笔登记，按时向人民银行备案，并对大额现金支付登记备案制度的执行情况进行了检查。(2)进一步加强了货币政策的区域研究、调查、分析、预测工作，建立了中国人民银行楚雄州中心支行货币信贷政策执行月度报告和季度分析会议制度，制定具体工作措施，积极引导金融机构及时调整信贷结构，以服务大局和服务彝州经济及社会全面发展为中心；以全面拓展业务，强化信贷营销为基础；以盘活信贷资金存量，优化增量为重点，为地方经济的发展提供优质的金融服务。(3)加大残损人民币销毁力度，全面提高流通中货币的整洁度，按质按量完成了2.6亿元的销毁任务。(4)强化货币管理，加大反假人民币工作力度，大力宣传反假人民币知识，积极配合公检法机关和工商行政管理部门打击制贩假币的犯罪行为，共收缴假币57万元，同时还给各商业银行颁发了委托假币鉴定授权书，提出了假币印章雕刻的要求，下发了假币没收凭证，为反假工作奠定了基础，依法维护人民币的法定地位。

【中央银行再贷款管理】 2000年，中国人民银行楚雄州中心支行充分运用授权货币政策工具，切实加强人民银行再贷款资金管理，确保人民银行再贷款资金的安全，全年共发放再贷款49750万元，有力地支持了金融机构稳健经营，促进了彝州经济的稳步增长。(1)调整信贷结构，寻求新的经济增长点。一是认真贯彻执行中央关于加快农业基础设施建设，发展现代农业，实现农业增产、农民增收、农村经济快速发展的有关政策；二是抓住历史机遇，积极支持西部大开发战略的实施。按照中央和人民银行成都分行的部署，结合楚雄州实际情况制定了《关于支持楚雄州民族经济实施西部大开发战略的意见》；三是进一步改进金融服务，积极支持国有企业实现改革与脱困目标；四是积极制定非公有制经济发展的扶持政策，加大对非公有制经济信贷投入力度；五是大力拓展消费信贷业务，建立完善住房金融服务体系。(2)运用货币政策工具，支持金融机构稳健经营。一是加强再贷款管理，认真贯彻执行人民银行总行和成都分行再贷款管理办法；二是管好支农再贷款资金和用足配套政策，加强对农村信用社发放的支农再贷款资金的追踪检查监督工作；三是严格按照紧急再贷款管理规定发放紧急再贷款，确保社会稳定；四是加强对城乡信用社动用存款准备金的管理，增强了城乡信用社的资金能力和支付能力。

【金融监督管理】 2000年，中国人民银行楚雄州中心支行把加强金融监管，防范和化解金融风险作为中心工作狠抓落实，进一步落实金融监管责任制，采取各种积极有效的措施，在监管思路、监管观念、监管方式和监管措施上有所调整和创新，推行了金融监管的新举措，探索联合年检的新路子。同时结合《现场检查联合制》的实施，加大了现场检查的力度，切实维护了辖区金融业的安全、高效、稳健运行。从4月12日至6月25日，共抽调业务骨干152人参加检查，历时70多天，查处和纠正了一些金融违法违规行为，受到上级机关的通报表扬。

【金融机构管理】 2000年，中国人民银行楚雄州中心支行按照《金融机构管理规定》和人民银行成都分行的有关要求，于年初全面开展了对辖区内政策性银行、国有商业银行、保险机构、邮政储蓄机构和融达典当行等机构的联合年检工作。全州年检机构405个，年检率为100%，年检合格机构275个，占68%；基本合格机构110个，占27%。对全州农村信用社359个机构进行了年检，年检合格机构350个。通过开创联合年检的新路子，实现了查帮与查处、非现场与现场、监管与被监管机构的有机结合，进一步促进了人民银行依法监管，各金融机构依法合规稳健经营。此外，切实加强了对金融机构高级管理人员任职资格的管理工作，抓源头、重治本，有效防范人的道德风险。(1) 结合《金融机构高级管理人员任职资格管理办法》的实施，强化准入监管，完善约见谈话等工作制度，严把市场准入关。(2) 组织金融机构高级管理人员进行年度法律法规知识考试，并将成绩纳入个人档案管理，以增强金融机构高级管理人员的学法和守法意识，从而依法合规稳健经营。(3) 在广泛征求基层人民银行意见的基础上，制定并推行了金融监管工作六项制度。下半年已将“金融机构工作目标及实施结果报备制度”和“高级管理人员履职报告”制度印发全辖区施行。(4) 按照人民银行总行防范和化解金融风险总体目标要求和成都分行关于建立金融安全区的意见，结合真实性检查工作同时进行数据采集、评估、测评，按时完成了对辖内监管对象金融风险状况、表现和特点等金融风险情况的测评工作，为制定创建金融安全区的工作规划和方案打下了基础。(5) 进一步规范健全了机构、网点及高级管理人员的专档管理。

【农村信用社监督管理】 2000年，中国人民银行楚雄州中心支行狠抓中小金融机构的风险防范，重点是城乡信用社存在问题的治理。针对全州城乡信用社存在的风险问题，采取了多种措施予以监管和处置。(1) 发挥行业管理的职能，帮助其建立完善内控管理制度。结合全州城乡信用社实际，先后制定了《楚雄州农村信用社信贷资金管理办法》、《楚雄州农村信用社安全保卫工作制度》等办法制度下发执行。(2) 认真落实监管责任制。对全州城乡信用社实行监管责任制，挂钩负责，包干到人，日常监管与挂点进驻监管相结合，实行了行级领导、科（股）室负责人、监管员三级挂点驻社监管体制，建立了监管任期目标责任，确保了监管到位，措施到位。(3) 采取有力措施，处置已发生风险。对全州高风险农村信用社，针对不同情况进行处置，建立了保支付防线，确保支付。州中心支行建立了农村信用社保支付调控准备金，集中管理使用，以增强行业抗风险能力。积极配合地方政府，参加了对农村合作基金会的清理整顿，参与了清产核资，制定了《清理整顿农村合作基金会防范和化解风险预案》。严把“收购”关，收购用于非养殖业的小额农户贷款32.8万元。个人股金首期兑付工作进展顺利。

【金融执法】 2000年，中国人民银行楚雄州中心支行在进一步强化金融服务的同时，抓住监管工作中严查重处这个有力措施，实施对金融机构的监管，严格执法，严肃查处。全年对全辖区内的金融机构查处违规违纪事件13件，处理责任人13人，其中：取消任职资格3人，处罚金额18.3万元、责令6人下岗收贷。

【外汇监管】 2000年，中国人民银行楚雄州中心支行进一步采取有力措施，加强对全州金融机构外汇业务的管理。做好国际收支统计及进出口收付汇核销工作，至年末共计完成国际收支申报对公收入205.48万美元，对私收入29.56万美元，对公对外付汇231.03万美元。共计完成出口663.28万美元，收汇额为652.5万美元，核销率为100%；进口额100.07万美元，报审率为93%。非贸易用汇支出149万美元。加强外汇帐户管理，对辖区11家企业的12个外汇帐户进行清理，结汇金额10.8万美元。会同6家外资企业管理机关完成了27户外商投资企业联合年检工作。定期开展联合办公，积极承办出口外汇贴息工作，全年累计审核贴息金额128288万美元。加强外汇政策法规宣传和外汇管理信息反馈，举办了首期外汇管理法规及知识综合培训班，继续做好外汇检查和协查工作。

【国库监管】 2000年，中国人民银行楚雄州中心支行继续加强国库管理和库款收纳、报解、拨付的核算工作。进一步强化国库资金监管，确保国库资金安全，并对1999年国库会计帐务和国库会计实地业务进行了自查，自查面达100%，州中心支行还对部分县支行组织了抽查，及时解决了存在的问题。

【金融科技】 2000年，中国人民银行楚雄州中心支行进一步加强金融科技的研制、开发和运用。努力做好科技支付工作，加快金融电子化建设步伐。继续解决好计算机2000年问题，确保计算机系统在每个敏感日的顺利过渡。做好卫星电视会议系统、电子联行天地对接系统、电子公文传输系统、办公自动化系统、银行信贷登记咨询系统二期工程建设和准备工作以及内联网建设。加强全系统网络的维护和管理，确保计算机系统的正常运转。

〔涂年玖〕

中国农业银行楚雄州分行

【简述】 2000年，中国农业银行楚雄州分行在中国农业银行云南省分行和中共楚雄州委、州人民政府的正确领导下，按照中央经济工作会议和全省地（州）县支行长会议的总体部署和要求，以业务经营为中心，以效益为目标，以改革为动力，以管理为重点，坚持“两手抓、两手都要硬”的方针，着力塑造企业良好形象，以不断创新的服务手段，为彝州社会经济发展作出了较大的努力。至年末，各项存款余额为28.2亿元，较上年末净增1.8亿元，增长6.8%，累计发放各项贷款20多亿元，余额为38亿元，上交税金1871万元，取得了一定的经济效益。

【农业银行楚雄州分行调整信贷结构】 2000年，中国农业银行楚雄州分行根据《中国农业银行云南省分行信贷结构调整2000～2004年纲要》，结合楚雄州经济发展实际，制定了《中国农业银行楚雄州分行信贷结构调整2000～2004年纲要》，确定了“十五”期间信贷发展的经营战略。按照“面向市场推进、分类指导和树立全行一盘棋”的原则，经过一年的努力，信贷业务领域已开始逐步渗透到效益看好的移动通信、广播电视、学校教学微机网络建设、城镇供水、自来水公司及一些效益好的基础设施项目上；开办了“金钥匙”金融超市，全面推出了面向个人的个人住房贷款和个人消费贷款项目，解决了过去此类贷款手续复杂、关口繁多等弊端；淘汰了一批散、小、差劣质客户；按照上级行和长城资产管理公司的统一部署，在坚持原则、把握标准的前提下，在规定的时间内完成上报、审核、剥离和清算工作，按照上级行的要求，对部分符合条件的不良贷款进行了剥离。成立了贷款审查委员会，制定了《规范信贷决策行为实施细则》和《贷款审查委员会工作程序》，科学界定和明确了贷款的审批权限，严格实行了贷款集体审批制度。

【农业银行楚雄州分行拓展中间业务】 中国农业银行楚雄州分行在组织资金工作中，充分依靠科技支撑和网点优势，努力拓展系统性、行业性中间业务，在往年的基础上，抓住行政事业单位收费制度改革和工资计发方式改革的机遇，竭尽全力，借助各方力量，争取到一部分潜力较大的客户，成为了代财政发工资和代财政行政事业性收费的主办行之一，先后与中国联通楚雄分公司和楚雄州交警支队分别签订了代收130手机话费和代收违章罚款的协议，与中国人寿保险公司楚雄分公司、太平洋保险公司楚雄分公司签订了代理协议，并作了一些有益的尝试；还为全州代收人民法院诉讼费。至2000年末，以代收代付业务为主的中间业务已开办了21种。

【农业银行楚雄州分行强化内部管理体制改革】 2000年，中国农业银行楚雄州分行加强内部管理体制改革工作。（1）为规范信贷管理，将金穗卡部并入州分行营业部管理；（2）开展了民主推荐、个人竞聘演讲和党委决定的方式选拔聘任支行长的试点工作；（3）实行聘用制，对全州农业银行在职员工全部签订了不同期限的劳动合同；（4）全州农业银行共青团组织步入了系统团委的垂直领导，基层团组织建设得到了加强，组建成立了团总支、团支部，配备了相应的团干部。

【农业银行楚雄州分行组织抗震救灾工作】 2000年1月5日，姚安、大姚、南华等地发生了6.5级地震，灾情发生后，农业银行省、州两级分行领导十分重视，组织工作组多次深入重灾区，了解灾情，看望慰问员工、帮助解决实际困难；灾区各支行不等不靠，充分依靠自己的力量，积极组织抗震救灾；震中所在地的姚安支行，在地震发生6小时以后，就恢复了辖区各营业网点的正常对外营业。大姚、南华以及地震波及受灾较严重的牟定、永仁等支行，广大员工临危不惧，坚守工作岗位，没有因地震影响正常营业工作。地震发生后不久，灾区行在上级行和有关部门的领导、关心和支持下，很快搬入较为安全的临时地点办公，受到毁损的营业网点也得到加固修复。

〔鲁家善〕

【中国农业发展银行楚雄州分行】 2000年,中国农业发展银行楚雄州分行在上级行和中共楚雄州委、州人民政府的正确领导下，紧紧围绕全省农业发展银行分（支）行长会议精神，坚决贯彻执行粮食流通体制改革的各项政策措施，按照“管理年”的总体要求，以加强内部管理统揽全行工作，以收购资金持续稳定封闭运行为中心任务，以深入开展“三讲”教育和职工职业道德教育为契机，切实加强党的建设、队伍建设、党风廉政建设和精神文明建设，促进了各项工作的顺利开展，保证了全州粮油收购资金的及时足额供应。全年累计发放粮油收购和调销贷款17314万元，支持收购粮食14697万千克、油脂28万千克。没有发生因收购资金不到位而影响收购和向农民“打白条”的问题，切实保护了农民的利益。稳定了粮食生产，支持了彝州农业和农村经济持续增长和社会稳定。到年末，各项贷款余额达84187万元，比年初增加15402万元。其中：农副产品收购贷款余额833204万元，比年初增加549万元。全行首次扭亏增盈，实现利润543万元。

〔邵光明〕

中国工商银行楚雄州分行

【简述】 2000年，中国工商银行楚雄州分行坚持以“效益、质量、管理、改革”为中心，防范和化解资产风险，转变经营意识，结合自身实际，继续推行和落实存款“一把手工程”，强调“统一指挥，部门分工，明确责任，上下配合，抓大户，抓系统行业”的增存稳存战略。全行上下团结一致，求真务实，稳中求进，讲政治抓业务，讲改革抓创新，讲经营抓开拓，讲效益促发展，保证了各项经营目标的实现，并推动了改革、业务和精神文明的同步发展。2000年，该行经营的主要特点是，各项存款低幅度增长，贷款总量减少，资产质量有所好转，住房贷款大幅度增加，机构改革任务圆满完成，内部管理明显加强，经营理念进一步更新，各项工作在困难的环境和形势面前有新的发展。

【工商银行楚雄州分行稳增存款】 2000年,中国工商银行楚雄州分行将存款工作作为“一把手工程”，推行规范化服务，重点攻关，各级一把手带头深入企业，既了解经营情况，掌握存款信息动向，又稳定了银企合作关系。在巩固和发展传统业务，发挥工商银行代理发放工资等优势的同时，通过对多种存款业务，电子化结算，小额抵押，牡丹系列卡，外汇存取、结算等业务内容的广泛宣传，扩大工商银行的社会知名度，加大了业务创新力度和步伐，并以开办个人消费信贷业务、个人理财业务为契机，实现以贷引存，以贷增存的效果。在多种不利因素的影响下，储蓄存款仍然保持很好的增长势头，各项存款余额达到283779万元，较年初增加5320万元，完成各项存款任务的32%。其中，对公存款额135573万元，比年初增加1921万元，完成计划任务的24%；储蓄存款余额153870万元，比年初增加3399万元，完成计划任务的108.97%。

【工商银行楚雄州分行拓展优质贷款市场】 2000年，中国工商银行楚雄州分行认真贯彻工商银行云南省分行信贷工作会议精神，实现优化贷款投向，调查贷款结构，加强信贷管理，依法合规经营，提高信贷资产质量，力求在发展业务过程中做到防范风险，盘活存量，增加投放。对当前发展前景好的石油、交通、建筑、三资企业和广播电视新增贷款，对建筑安装企业的流动资金贷款、个人住房抵押贷款增加投放。年底，流动资金贷款余额147075万元，住房贷款余额8262万元，比上年增加5667万元，增加幅度为80%。面对贷款市场风险重重的状况，至年末，各项贷款余额167115万元，比年初减少49602万元，比上年同期少增61853万元。2000年根据上级行对债转股及不良贷款资产剥离的工作指示，全行圆满完成了债转股和资产剥离工作任务，共向华融资产管理公司昆明办事处移交不良贷款115户，金额32128万元，其中本金29735万元，表内利息2393万元，表外利息3435万元。

【工商银行楚雄州分行实行财务成本管理】 中国工商银行楚雄州分行把2000年作为“管理”年，全面落实从严治行、从严管理、稳步经营的指导思想，紧紧围绕提高经营效益的中心，增收节支，规范财务行为，严格费用管理。在努力抓好存款、增加贷款、提高收息率的同时，采取一系列办法和措施：(1)认真推行工资储备金制度，对工资、人力性费用实行封闭性管理。(2)成立财务审查委员会，实行财务民主管理。工作职责为资金营运计划安排落实、贷款风险管理、贷款收息率和各项大宗费用列支、工程招标及集团购买等项目。做到定期分析研究全州工商银行财务收支情况，把有限的资金用在开拓业务、改善银行硬件设施的关键环节上。（3）加强资金的合理调度，减少非营运性资金占用，使全行资金最大限度产生效益。（4）坚持真实反映财务成果。通过采取计划费用、据实列支、控制额度专项管理，使全年财务费用管理更加规范化、制度化和依法合规。2000年全州实际比上年同期节支596万元。

【工商银行楚雄州分行大机网络安全运行】 2000年，中国工商银行楚雄州分行确保大机安全运行，及时将新开办业务所需技术应用到实际工作中。顺利通过2000年1月1日、4日和2月29日敏感日期的测试，确保新千年正常营业。全年共派出科技人员奔赴各县支行巡检、抢修100多人次，解决计算机软件、硬件故障100余件次，使全州医疗保险、代收电话费、银证转帐等业务的运行有了较好的技术服务保障。在高新技术的保障下，全行先后开通了客户信息采集系统、会计档案微缩系统、信贷台帐管理系统等信息高速公路，大大提高了工商银行计算机运行效率。

【工商银行楚雄州分行营业部组建成立】 为落实集约化经营管理工作要求，减少管理层次，节约费用开支，使机构网点的布局更加合理，积极增强自身的业务竞争主动性。中国工商银行楚雄州分行从2000年9月下旬开始着手将州分行5个直属部（办）所辖的23个营业网点及帐务、财产、人员，全部归并州分行营业部直接管理。营业部内设综合业务部、安全保卫部、筹资放款部、行政部四大部门，人员编制为25至30人。2000年12月1日，中国工商银行楚雄州分行营业部正式成立，各项业务正常开展。

【工商银行楚雄州分行撤销两个县级支行】 按照中国工商银行云南省分行机构改革的要求，中国工商银行楚雄州分行圆满完成双柏、永仁两个县支行的撤销任务。2000年7月，州分行成立了机构改革领导小组和工作组，制定并上报机构改革工作方案，经上级行批准后，于7月27日分别安排支行撤销工作组进驻双柏、永仁两县支行。9月底完成两个县支行财产、设施、债权债务清理移交和归并接管工作。本着公平、互利负责和属地接收管理的原则，双柏、永仁两县工商银行资产、负债整体移交农业银行双柏支行、永仁支行，其中移交各项存款8764万元，各项贷款865万元，移交职工9人。工商银行内部分流30人，退养55人。在撤销和人员安排上做到了职工思想稳定，正常业务没有受到太大影响。

〔冯　蕾〕

中国建设银行楚雄州分行

【简述】 2000年，中国建设银行楚雄州分行紧紧围绕州分行党委提出的2000年发展目标、工作措施和确定的综合经营计划，以江泽民同志“三个代表”重要思想为指导，以市场为导向，以客户为中心，以效益为目标，深化改革，抓住机遇，拼抢市场，积极筹措资金。到年末，全行一般性存款余额达112568万元，比上年新增11568万元，增长11.45%，市场占比为11.21%，较上年末提高了0.96个百分点，资金实力得到增强；通过调整信贷结构，狠抓市场营销，加大信贷投放，大力发展个人住房贷款业务和中间业务，严格信贷管理，努力盘活不良资产，信贷资产质量有很大提高，全年新增贷款9844万元。到年末，信贷资金贷款余额为56602万元，较上年增长21.05%，贷款利息实收率达96.36%，不良贷款率比上年下降6.98个百分点，不良贷款率仅为4.37%；在全行职工中开展了职业道德教育，加强了党的建设和领导班子建设，加强和改进了思想政治工作，强化了经营管理和风险防范，保证和促进了各项业务的快速发展。全行上下士气高昂，广大员工努力拼搏，员工的工作积极性得到较好发挥，各项业务指标完成较好，州分行党委确定的“一年初见成效”的发展目标基本实现，全行各项工作取得了较好成绩。

【建设银行楚雄州分行加大信贷投入】 2000年，中国建设银行楚雄州分行通过信贷管理体制改革，强化了信贷营销和管理，调整经营思路，转变经营观念，认真做好贷款项目的筛选、审查和上报审批工作，全面实施积极有效的信贷营销措施，在防范风险的同时，不失时机地扩大信贷市场，加大信贷投放，贷款重点投向了地方基础设施建设、城市设施建设及烟草、化工、医药和建筑安装等一批项目。年内，全行累计发放信贷资金贷款57854万元。到年末，全行信贷资金贷款余额为56602万元，全年新增贷款9844万元，是历年来新增贷款最多的一年，有力地支持了楚雄州地方经济建设。

【建设银行楚雄州分行降低不良资产】 2000年，中国建设银行楚雄州分行在加大信贷投放的同时，强化了信贷管理，继续抓好不良资产的剥离和呆坏帐的核销，认真做好不良资产处置工作。全年累计剥离不良资产6206.83万元，核销呆帐贷款本息63.55万元；全行加大了控制压缩不良贷款和收贷收息力度，把催收到逾期贷款的责任落实到项目，落实到支行、管理部门和个人，采取有力措施，明确职责和任务，积极做好不良资产的盘活和风险转化工作。通过收贷压逾，收息增效，处置不良资产，全行的资产状况大为改善。到年末，全行的信贷资产不良率仅为4.37%，较上年下降了6.98个百分点，资产质量有了很大提高。

【建设银行楚雄州分行个人住房贷款突破1亿元】 2000年，中国建设银行楚雄州分行按照业务发展“四重”战略部署，将个人住房贷款业务确定为房地产金融业务的重点产品，进一步加大对个人住房贷款业务的宣传、营销力度，认真执行《中国建设银行个人住房贷款办法》，减少了办理业务的环节，贴近市场，贴近客户，加强与房地产开发企业的合作，提高办事效率，严格贷款审批和管理，把个人住房贷款业务向重点支行和楚雄地区倾斜，在防范风险的前提下，积极稳妥地发放个人住房贷款，全行个人住房贷款业务得到迅猛发展，个人住房贷款突破1亿元。到年末，全行个人住房贷款户为3592户，个人住房贷款余额达10058.87万元，全年新增个人住房贷款7235.72万元，为建设银行楚雄州分行开办房地产金融业务前10年发放个人住房贷款总和的2倍，个人住房贷款占全行信贷资金贷款的17.77%，房地产信贷业务结构实现了根本性调整。

【建设银行楚雄州分行努力防范经营风险】 中国建设银行楚雄州分行针对内部管理工作薄弱、风险防范工作严峻的形势，于2000年6月7日至9日召开了全行风险防范工作会议，全面分析、查找了经营管理和风险防范工作中存在的问题，统一了全行员工的思想认识，采取切实有效的措施，进一步健全完善了内控制度，加强内部管理，强化了监督检查，于2000年7月3日至18日、10月19日至31日，两次组织检查组对全辖7个县支行及州分行营业部30个营业网点的会计、零售、信贷（含个人住房贷款）、安全保卫、财务管理、计算机管理、档案管理、保密密码等业务工作和网点规范化服务进行了较全面、有重点和深度的检查，对各行存在的业务操作流程的合规、规范性问题和风险隐患作出了整改要求和处罚，提高了全行员工的风险防范意识和遵纪守法观念，确保了业务的安全营运和稳步发展。

【建设银行楚雄州分行推行网点规范化服务】 2000年，中国建设银行楚雄州分行针对营业网点服务工作中的新情况，提升服务档次，按照中国建设银行企业理念，员工行为规范和业务操作流程，制定了营业网点服务规范，对营业网点硬件设施、储蓄、会计柜面业务操作和员工服务礼仪作出了规范要求。营业网点服务规范自2000年2月首先在楚雄城区的营业网点进行了试点，在试点取得成功经验的基础上，州分行召开了网点规范服务现场会，于2000年3月在全州建设银行系统30个营业网点全面推行网点规范化服务。通过推行网点规范化服务管理，统一、规范了对外服务标准，改善了服务环境和服务态度，提高了服务水平，树立了良好形象，赢得了客户的信赖，促进了业务发展。

【建设银行双柏县支行机构移交】 按中国建设银行总行有关文件要求，中国人民银行成都分行作出了撤销中国建设银行双柏县支行的决定，经建设银行楚雄州支行与双柏县农村信用合作联社达成业务移交协议，并征得双柏县人民政府的同意，报经建设银行云南省分行和中国人民银行楚雄州中心支行批准，于2000年7月20日公告撤销中国建设银行双柏县支行，并于同日停止对外营业。原中国建设银行双柏县支行办理的存贷款金融业务移交双柏县农村信用合作联社办理，向双柏县农村信用合作联社移交一般性存款17677516.43元，应付未付利息296616.62元，信贷资金贷款41499.96元，政策性住房存款1050728.44元，政策性住房贷款164700元，做到了帐务清楚，平稳移交。

【建设银行开通“95533”客户服务电话】 中国建设银行楚雄州分行以全国建设银行建设客户服务系统为契机，于2000年9月在全州范围开通了“95533”客户服务电话。建设银行客户可以通过拨打“95533”电话号码，及时、迅速地为客户提供理财投资咨询、投诉和建议，办理口头挂失业务。“95533”客户服务电话是建设银行楚雄州分行在营业网点、自助终端服务之外向客户开通的一条全新服务通道，统一规范了全行的客户服务，进一步拓展了服务手段。

〔殷绍华〕

中国银行楚雄州分行

【简述】 2000年，中国银行楚雄州分行在全国银行工作会议和中央经济工作会议精神指导下，按照中国银行云南省分行党委提出的“抓住机遇，开拓进取，强化管理，迎接挑战”的指导思想，以内部改革为契机，加强管理，从严治行，调动广大员工的积极性，开拓奋进，促进了各项工作的顺利开展，巩固和完善了机构改革取得的成果，提高了经营效益。到2000年末，各项人民币存款余额为38671万元，比上年末净增3456万元，增长9.8%；其中：企业存款较上年净增5336万元，储蓄存款比上年减少1150万元。各项外汇存款余额为374万美元，比上年末净增90万美元，增长31.7%。各项人民币贷款余额为28735万元，比上年末减少3479万元，扣除不良资产剥离数4542万元，实际比上年末净增1063万元，增长3.84%。各项外汇贷款余额为467万美元，较上年末减少61万美元。到年末，中国银行楚雄州分行实现利润本外币折合人民币25.65万元。扭转了连续3年亏损的局面。

【中国银行楚雄州分行进行内部机构改革】 2000年，按照中国银行云南省分行的安排部署，中国银行楚雄州分行进行了内部机构改革。按照以组织机构改革为龙头，以建立现代企业治理结构为核心，以实现经营机制转变、完善内控体系和提高竞争能力为目标的改革，坚持了“以市场为导向，以客户为中心，以效益为目标”的改革方向和原则。在广泛动员和宣传的基础上，将原来的12个科（室）改设为8个部（室）。通过内部机构改革，理顺了内部关系，明确了部（室）职责，激发了广大员工的改革意识和工作热情，为促进中国银行楚雄州分行各项工作的向前发展注入了新的活力。

【中国银行楚雄州分行从严治行】 2000年是中国银行“加强内部管理年”，中国银行楚雄州分行按照上级行的部署，认真查找经营管理中存在的问题，搞好整章建制工作，细化岗位职责，理顺和改进业务操作流程，完善了授信管理。一年来，先后制定了《中国银行楚雄州分行关于二000年费用管理办法》、《中国银行楚雄州分行关于干部职工各类假期及待遇的管理规定》、《中国银行楚雄州分行关于特殊岗位津贴和其他津贴的管理办法》、《中国银行楚雄州分行关于储蓄柜员制津贴发放的暂行办法》、《中国银行楚雄州分行关于2000年执法监察工作实施方案》和《中国银行楚雄州分行领导人员任期经济责任稽核实施细则》等规章制度，带动和促进了中国银行楚雄州分行内部管理和内控机制的完善。

【中国银行楚雄州分行开展代理财政预算外收费业务】 中国银行楚雄州分行是楚雄州州级行政事业性代收费的指定银行，为把此项金融服务工作做好，解决代收费业务中的集中、额小、服务对象多、排队等候的矛盾，2000年，楚雄州分行及时推广发行长城电子借记卡，通过大力宣传，并在各收费单位的大力支持下，全年共发行借记卡11451张，实现了楚雄地区大部分大中小学生注册交费工作由银行电脑自动处理。

【中国银行楚雄州分行科技信息工作迈上新台阶】 2000年，中国银行楚雄州分行在中国银行云南省分行的大力支持帮助下，完成了全行数据合并到省分行V2500机上的工作，顺利实现了全省数据的集中处理。按照省分行的统一安排，调试通过了公积金业务、对公存折业务、教育储蓄业务、一本通业务、长城电子借记卡业务、银证通业务和利息税后的销户业务等，并实现了储蓄存款业务的全省通存通兑和ATM自动取款机的全国联网，较好地满足了业务发展的需要。

〔夏元凌〕

交通银行楚雄支行

【简述】 2000年，交通银行楚雄支行面对机遇和挑战，在认真贯彻落实党中央、国务院及上级行指示精神，严格管理、依法经营的同时，行党总支、行长室提出继续打好“两个攻坚战”，即存款攻坚战和资产质量攻坚战；强化“两个管理”，即强化内部管理和强化“三防一保”工作；加强“一个建设”，即加强政治思想教育和精神文明建设。全行紧紧围绕这一工作重点，始终以饱满的工作热情和积极的工作态度，正视困难，直面挑战，变压力为动力，克难奋进、团结拼搏，取得了较好成绩。截止2000年末，全行资产总额56866万元，人民币各项存款余额为53948万元，其中储蓄存款余额10169万元，较上年增加562万元。年末贷款余额为31805万元，比上年增加763万元，增长2.46%。通过加大依法收贷和清理催收力度，资产质量状况有所好转，利息回收率为103.4%，较上年上升了20.81%；不良资产比率为10.09%，较上年下降了6.45%。通过加强财务核算，增收节支，盈利能力大为增强，全年财务收支状况良好，实现利润899万元，人均创利达12.3万元。

【交通银行楚雄支行狠抓市场营销】随着国家金融体制改革的深入进行，国内各金融机构加快了向"金融运作市场化、金融产品商业化、金融机构企业化"转变的步伐，以适应加入WTO后市场竞争的需要。2000年，交通银行楚雄支行把市场营销工作作为各项工作的重中之重，大胆进行了一系列有益的创新和实践。（1）认清形势，振奋精神，统一认识：只有发展才是硬道理，只有发展才能解决我们面临的各种困难。(2）强化营销意识，不断调整营销思路和措施。(3）调整营销重点，坚持"抓大不放小"、实施"三个渗透"。(4）加大私人金融业务拓展力度，继续开展"爱行揽储"活动，加快电子化建设，大力组织太平洋卡发卡工作，为中间业务发展打下了良好的基础。3个自助银行的开通，使交通银行在短短3个月的时间里，累计发卡27000张，卡户余额愈800万元，完成总行下达发卡计划的540%。(5）有计划、有重点、多角度、全方位进行对外宣传。

【交通银行楚雄支行降低不良资产】2000年,交通银行楚雄支行通过积极采取各种行之有效的措施，使不良资产降到了最低限度。(1）健全信贷管理各项规章制度，强化资产业务科室的职能；(2）切实加强对不良贷款的管理工作，按照上级行关于清理压缩不良贷款"四个一批，一个确保"的精神，交通银行楚雄支行做到"一户一策"；（3）加大对不良贷款的清收力度，不惧困难，顶住压力，坚持依法收贷，最大程度减少了全行信贷资产的损失。

【交通银行楚雄支行强化内部管理】2000年是交通银行楚雄支行的"管理年"，在管理方面采取了以下措施：（1）结合楚雄支行工作实际，研究制定和补充完善了一系列内部管理制度。(2）加强会计基础工作，狠抓制度落实。(3）加强财务核算，开源节流，增收节支。(4）加大对各项规章制度执行的检查力度，完善考核措施。(5）从技防和人防两方面入手，切实做好"三防一保"工作，保证各项安全保卫制度落在实处。

〔季　红〕

中国人民保险公司楚雄分公司

【简述】　2000年，中国人民保险公司楚雄分公司在上级公司和中共楚雄州委、州人民政府的领导下，公司干部职工团结一心，发扬不怕苦、不怕累的拼搏精神，不等、不靠，积极主动处理姚安"1·15"6.5级地震保险查勘理赔工作，又狠抓了业务发展、经营管理、队伍建设，各项工作取得明显成效。全年实现保费收入6654万元，同比增长0.16%；共计处理各种赔案29459件，累计赔款3684万元；实现利润720万元；上缴税金569.26万元。为稳定企业生产、安定人民生活，防灾补损，减少地方财政支出和彝州经济建设作出了积极的贡献。

【姚安"1·15"地震保险查勘理赔工作】　姚安"1·15"地震发生后，中国人民保险公司楚雄州分公司领导、分公司科室有关人员及受灾各县支公司领导、职工迅速投入到抗震自救和保险查勘理赔工作中。全体员工发扬了想保户所想、急保户所急、解保户所难和人民保险为人民的忠诚服务精神，克服重重困难，经过2个多月的艰苦努力，全州共承接各类财产保险报案3615件，共处理保险赔案2933件，累计支付赔款210多万元。在整个地震查勘理赔工作中，充分体现了组织有力，方法得当，效果明显，保险干部职工勇于奉献的精神。受到各级党政部门以及广大保户的充分肯定和好评。姚安县支公司、大姚县支公司被当地县委、政府评为"姚安'1·15'地震抗震救灾先进单位"。树立了人民保险公司的良好形象。

【全州人民保险系统保险工作会】2000年2月26日至28日，全州人民保险系统保险工作暨双先表彰大会在楚雄鹿城召开。参加会议的有各县支公司、营业部经理（副经理）及分公司科室负责人共40余人。会上传达了全省金融工作及保险工作会议精神；周庆华总经理代表分公司党委、总经理室作了题为《振奋精神、团结进取、努力发展楚雄人保事业》的工作报告；总结了1999年的工作，提出了2000年业务工作要点，对2000年工作重点作了具体安排部署。纪委书记李振东就"2000年经营目标责任制"作了说明。会上还表彰了1999年度"双文明建设"、社会治安综合治理、党风廉政建设、保险宣传信息等工作的先进集体和先进个人。

【中国人民保险公司楚雄分公司体制改革座谈会】 2000年4月2日，中国人民保险公司楚雄分公司在楚雄交警指挥中心召开了中国人民保险公司楚雄分公司机构体制改革座谈会。参加会议的有楚雄州五套班子主要领导、各县（市）的主要领导以及中国人民保险公司楚雄分公司机关中层干部、各基层公司的主要负责人，共计40余人。会上，中国人民保险公司楚雄分公司党委书记、总经理周庆华汇报了中国人民保险公司发展历程及楚雄分公司体制改革后公司发展概况；同时，对各级党政部门领导多年来对楚雄分公司所给予的关心、支持、理解表示感谢。会议气氛热烈、发言踊跃。与会领导在充分肯定中国人民保险公司楚雄分公司多年来对彝州经济和社会发展作出巨大贡献的同时，对该公司的建设、发展、服务等提出了宝贵的意见和建议。

【中国人民保险公司楚雄分公司开通“95518”保险服务专线】 2000年7月1日，中国人民保险公司楚雄分公司“95518”保险服务专线电话在全州9县1市正式开通。至此，中国人民保险公司的服务手段由区域性、单一性转化为网络化、全球化的服务。“95518”保险服务专线电话为客户提供全天候、全方位和方便、快捷、热情周到的保险服务。当前，“95518”专线电话服务的主要功能有：保险咨询、预约投保、保险报案、保险投诉。随着技术升级和产业升级，还将增加新的服务项目。

【中国人民保险公司楚雄分公司深入开展学习“员工行为准则”教育活动】 2000年上半年，全国人民保险系统深入开展学习《中国人民保险公司员工行为准则》的教育活动。中国人民保险公司楚雄分公司认真制定了学习“员工行为准则”教育活动的计划。全体干部职工写出了书面学习体会，积极参加答卷测试；各县支公司、营业部围绕“优质文明”服务这一主题，举办了演讲会、座谈会，全公司干部职工普遍受到了一次爱岗敬业教育。州分公司组织的代表队在参加全省人民保险系统“员工行为准则”知识竞赛中荣获第三名，得到省公司领导的好评。

【中国人民保险公司楚雄分公司召开上半年业务工作总结分析会】 中国人民保险公司楚雄分公司针对上半年业务发展形势比较严峻的情况，于2000年7月8日在楚雄召开了全州上半年业务工作总结分析会。各县支公司、分公司营业部经理（副经理）及分公司各科室负责人共30余人参加会议。会上，中国人民保险公司楚雄分公司总经理周庆华作了《认清形势、振奋精神、克难攻坚，确保完成今年计划任务》的讲话，针对上半年业务持续负增长情况，进行了认真分析，并代表党委、总经理室提出了下半年业务发展的思路、办法、措施。同时，还制定了2000年下半年业务发展阶段性目标及考核办法。

【老虎山电站正式参加财产保险】 2000年12月6日，楚雄州当前最大的水电站——老虎山电站正式向中国人民保险公司双柏县支公司投了财产保险。老虎山电站是州电力公司下属的一个电站，总投资2.6亿元，年总发电量1.8亿千瓦小时，于1999年5月26日正式发电。老虎山电站的财产参加保险后，将获得中国人民保险公司楚雄分公司的保险保障。

【中国人民保险公司楚雄分公司工会第一次代表大会】 2000年12月29日，中国人民保险公司楚雄分公司在楚雄召开了中国人民保险公司楚雄分公司工会第一次代表大会。开幕式上党委书记、总经理周庆华作了祝词、报告，机关工会主席张跃芬作了委员简历、资格审查报告，纪委书记李振东作会议总结。会议选举产生了中国人民保险公司系统工会第一届工作委员会委员及主席。

〔王建新〕

中国人寿保险楚雄分公司

【简述】 2000年，中国人寿保险楚雄分公司及各县（市）支公司、营业部、办事处在上年保费收入突破亿元大关的基础上，再接再厉，勇攀新高，在各级党委、政府和上级公司的正确领导下，经过全公司上下共同努力，先后开展了“世纪曙光”、“龙腾千禧”、“迈向新世纪”及“决胜2000”等企划行动，推动了业务的发展。到年底全州保费收入达11997.6万元，完成年计划的105.5%，其中，意外险保费收入2335.9万元，个人寿险保费收入6090万元，均超过了中国人寿保险云南省分公司下达的业务指导性计划，实现了年初的既定目标，综合考核在全省系统中名列第4名，为20世纪彝州人寿保险事业划上了一个圆满的句号。

【中国人寿保险楚雄分公司赞助元旦综艺活动】 由中共楚雄市委、

市人民政府主办，楚雄市电视台承办，中国人寿保险楚雄分公司赞助的2000年元旦综艺联欢会，于1月1日下午在鹿城桃源湖月亮广场隆重举行。州、市党政领导及社会各界约2000余人观看了综艺演出，20余名国内著名的艺术家以及曾在楚雄工作过的著名文艺工作者纷纷登台献艺，为楚雄人民献上了一台精彩的文艺节目，共庆千禧年的到来。分公司总经理周崇文在联欢会上接受电视台记者采访时，发表了热情洋溢的讲话；分公司礼仪小姐身披绶带，不时上台向艺术家献花。每个节目都博得观众阵阵热烈的掌声。

【中国人寿保险楚雄分公司一批单位和个人受省公司表彰】 2000年2月16日，在全省人寿保险工作会上，中国人寿保险楚雄分公司一批单位和个人受到表彰。其中，中国人寿保险楚雄分公司营业部及鹿城代办所、大姚县支公司等单位分别被授予全省人寿保险系统“双文明”建设先进单位；永仁办事处张喜中、禄丰县支公司王仕华被评为“双文明”建设先进个人；永仁办事处尹加伟获总公司“绿满神州”劳动竞赛营销精英称号；禄丰支公司刘美书获省公司代办精英一等奖；楚雄分公司营业部温楚明获直销精英二等奖。

【全州人寿保险工作会议】 2000年3月25日至26日，中国人寿保险楚雄分公司在楚雄经济技术开发区永兴大酒店召开了2000年全州人寿保险工作会议。楚雄州人民政府副州长周发洪及中国人民银行楚雄州中心支行有关人员出席了会议。全州各县支公司、营业部、办事处的经理、副经理、业务科（股）长、财务科（股）长、受表彰人员以及分公司机关各科室负责人等90余人参加会议。会议由分公司纪委书记高家生主持。分公司党委书记、总经理周崇文在会上作了题为《顺势而谋，永续经营》的工作报告，回顾总结了1999年的工作，对2000年的工作进行了安排部署。会议还重点讨论制定了2000年的经营责任制，就抓好党风廉政建设等问题作了强调，就如何完成当年的各项经济指标等问题提出了具体的意见和措施要求。会议还对1999年度获总公司、省公司及州分公司“绿满彝州”劳动竞赛的先进个人、“双文明建设”先进集体及个人、宣传通讯工作优秀个人、文艺演出等方面进行了表彰奖励。

【中国人寿保险楚雄分公司开办城镇职工大病补充医疗保险】 根据国务院关于城镇职工医疗保险制度改革方案及有关文件精神，中国人寿保险楚雄分公司积极向州医疗保险制度改革领导小组申办城镇职工大病保险补充医疗保险。根据楚雄州实际，按照州人民政府改革方案，从2000年3月1日起，永仁、元谋、武定3县的职工大病补充医疗保险由中国人寿保险楚雄分公司办理。中国人寿保险楚雄分公司和州医疗保险中心签订了《楚雄州城镇职工大病补充医疗保险协议》，制定了该项业务的实施细则。该项业务由中国人寿保险楚雄分公司业务处理中心负责组织实施及管理，年底已进入运作阶段。

【中国人寿保险楚雄分公司推出“世纪曙光”企划行动】 为使人寿保险业务发展有一个好的开端，中国人寿保险楚雄州分公司根据市场动态，推出了“世纪曙光”企划行动。从2000年1月10日到3月31日，全州新单保费达716万元，比上年同期的375万元增长90%以上，超额完成了分公司确定的620万元的企划目标，完成目标任务的115.48%，为千禧年的业务发展奠定了坚实的基础。

【中国人寿保险楚雄分公司为楚雄一中足球队提供保险】 2000年5月10日，楚雄一中足球队代表全州青少年足球出征曲靖参加全国青少年足球选拔赛云南赛区的比赛，中国人寿保险楚雄分公司为该球队承保了团体人员意外伤害及附加住院医疗保险。保险公司为承保的20人每人提供30000元的意外伤害保险和3000元的住院医疗保险。保险金总额达66万元。

【楚雄州学生平安保险工作受省表彰】 2000年5月18日，在云南省学生安全保险工作总结表彰会上，楚雄州教育委员会及中国人寿保险楚雄分公司受到云南省中小学幼儿教师奖励基金会、云南省教育委员会及中国人寿保险云南省分公司的表彰奖励，被评为1999年度学生平安保险工作三等奖。楚雄州1999年参加平安保险的学生共有321674人，承保率为76.03%，赔付金额869.3万元，赔付率达71.83%；评审得分74.11分，排名为全省第四，获得全省学生平安保险工作先进单位三等奖，捧回了奖杯。

【中国人寿保险楚雄分公司兑现个人保险重大赔付】 1999年6月7日，楚雄市城区个体户蒋某为其和丈夫向中国人寿保险楚雄分公司投保了康宁终身保险，第一期交费

2535元，保险金额为5万元。保险条款规定，被保险人亡故，则按保险金额3倍赔付。2000年6月27日，蒋某不幸被歹徒杀害，案发后，中国人寿保险楚雄分公司营销部即派人到蒋某家中慰问家属，并协助公安机关调查取证，积极着手办理赔付手续。2000年8月3日下午，中国人寿保险楚雄分公司总经理周崇文、副总经理谭尧等陪同州人民政府副州长周发洪，一同到蒋某家中，将保险金人民币15万元和慰问品送到蒋某的丈夫手中。这是中国人寿保险楚雄分公司自建立以来最大的一宗个人保险金赔付案。

【楚雄州学生医疗保险重大赔付在双柏兑现】 1999年11月7日，双柏县大庄中学93班学生何洁，于1999年9月参加了学生平安保险及附加住院医疗险。她因患扩散性脑脊髓炎、癫痫持续状态及呼吸衰竭，先后住院168天，医疗费用达6万余元。2000年6月22日，中国人寿保险楚雄分公司在双柏县大庄中学召开了楚雄州最大一起学生住院医疗保险赔付兑现大会，分公司总经理周崇文将保险金56426.20元亲手交到获赔学生家长手中。在赔款兑现会上，双柏县委、政府及县教育委员会领导讲了话。大庄中学全校师生员工参加了兑现大会。通过这次现场兑现大会，使学生平安保险以及保险公司的信誉、形象得到生动、广泛的宣传。

【中国人寿保险楚雄分公司首届销售精英表彰暨工作会议】 2000年8月17日，中国人寿保险楚雄分公司首届销售精英表彰暨工作会在南华县隆重召开。楚雄分公司机关各科室负责人及各县支公司经理（副经理）和营销精英等共120余人参加了会议。政协楚雄州委员会主席杨成彪、中国人民银行楚雄州中心支行行长王建安和南华县县长耿克明、副县长兰开兴等领导到会指导。周崇文总经理发表了《向奋战在寿险营销第一线的同仁们致敬》的致辞，分公司副总经理谭尧宣读了对销售精英通报表彰的决定。营销精英代表樊永明等作了经验交流发言。会议还传达了全省各地州总经理会议精神，并作了分公司上半年工作报告，详细安排了下半年的各项工作。

【中国人寿保险楚雄分公司开通免费咨询服务电话】 为进一步扩大中国人寿保险公司的知名度，加强公司新商品的宣传和服务，不断促进业务的发展，中国人寿保险楚雄分公司主动与楚雄州电信局取得联系，在州内首家开办“800”业务，开设了中国人寿保险楚雄分公司免费咨询服务热线电话“8008896789”，从2000年8月26日开始运行，全天24小时服务。这一免费咨询服务热线的开通，为楚雄州广大客户提供了更周到、便捷的咨询服务。

【中国人寿保险楚雄分公司举办楚雄地区企业界中秋联谊会】 由中国人寿保险楚雄分公司主办的楚雄地区企业界中秋联谊会，于2000年9月11日下午在豪盛酒店举行。政协楚雄州委员会主席杨成彪等领导及楚雄地区企业界朋友和州人寿保险公司有关人员共150余人出席了联谊会。州农业银行行长王小平等5位企业领导代表在联谊会上发言。晚上，全体与会人员在欢乐、祥和的气氛中观看了州人寿保险公司业余演出队和豪盛酒店演出队精彩的文艺节目。

【联办全国摩托精英特技比赛】 2000年12月31日下午，由中国人寿保险楚雄分公司等单位与州旅游局联办的冠名“中国人寿保险”全国摩托车精英特技表演，在楚雄州体育场内举行，约一万名观众观看了这次精彩刺激的表演。参加这次特技表演的车手，都是来自国内历次摩托车特技比赛获得好名次的精英高手，有的多次获得过全国冠军。这次特技表演的“飞越断桥”、“燕式平衡”、“双人交换驾驶”、“360度急转弯”、“独木行车”、“飞车撞玻璃”等节目精彩纷呈，飞车高手飞越12辆并排夏利轿车，把表演推向高潮，惊呼声、掌声不断，使楚雄观众大开眼界。同时，也进一步提高了楚雄人寿保险公司的知名度。

〔冯炽隆〕

中国太平洋保险公司楚雄支公司

【简述】 2000年中国太平洋保险公司楚雄支公司坚持以业务发展为中心提高效益为目的，不断加强自身建设，产、寿险业务紧紧围绕总公司从“调整中发展”向“发展中调整”转变的指导方针，坚持“改革、发展、管理、效益”并举。全体员工团结拼搏，真抓实干，公司的管理及建设得到发展。2000年太保楚雄支公司实现保费收入2028万元，超27%完成分公司下达任务。其中：财产保险保费收入628万元，同比增长10%，完成年计划的105%；人寿险保费收入1400万元，同比增长60%，完成年计划的140%。全年共处理各种赔案1786件，支付赔款749万元，实现利润239.2万元，其中：财产保险实现利润82.9万元，人寿保险实现利润156.3万元。

【太平洋保险公司承办大病补充医疗保险业务】 医疗保险制度改革是我国四项社会保障制度的改革和建设之一。太平洋保险公司楚雄支公司经过不懈努力，终于争取到这块业务。

太平洋保险公司楚雄支公司承保的大病补充医疗保险在太平洋保险公司系统中全国是第三家，全省是第一家开办，没有现成经验可借鉴，公司领导组织有关人员认真学习领会有关文件精神，并与州医保中心反复商讨，多次调研，制定出台了《楚雄州大病补充医疗保险实施方案》和一系列的内部管理办法，即单证设计、内部操作程序、理赔程序、核保规则、客户回访制度等。经过努力顺利通过总、分公司的检查验收，于2000年3月1日正式在全州6县1市开始实施。

大病补充医疗保险的承保成功，收取保费450万元，为6县1市11502人提供了大病补充医疗保险保障，为重大疾病住院患者216人给付大病补充医疗保险赔款425.1万元，体现了“用比较低廉的费用提供比较优质的医疗服务，满足了广大群众的基本医疗保障。”大病补充医疗保险的承办真正做到“政府放心，人民满意”。

【太平洋保险公司产寿险分业经营】 根据保险法规要求，2000年8月，保监会根据国务院批复意见，下发了《关于中国太平洋保险公司分业体制改革的通知》，对太平洋保险公司提出了产、寿险分业经营机构体制改革要在年内完成的要求。在总公司具体周密的安排部署，昆明分公司直接领导下，楚雄分公司深入开展了一系列传达、动员工作，全体员工充分认识到实施分业改革对推动太平洋保险公司长期持续发展的重大意义，并以高度的责任感和使命感夜以继日地做了大量财务、帐务、机构、人员预分准备工作，11月下旬根据总、分公司产、寿险分业实施方案要求，顺利完成财务、帐务分割和机构、人员的具体分设工作，并相应落实了风险防范、工作衔接、移交等具体事项。分设后的中国太平洋保险公司楚雄支公司（产险）班子成员：王德副总经理、刘武江副总经理，王德副总经理主持工作，分流员工35人；中国太平洋保险公司楚雄支公司（寿险）班子成员：张健副总经理、吴光礼总经理助理，张健副总经理主持工作，分流员工24人。

【太平洋保险公司推行新型用人用工制度】 用人用工制度的改革是激励制度的重要组成部分，在坚持政治合格的前提下，高度重视工作绩效，真正形成干部能上能下，员工能进能出的新型用人用工制度是中国太平洋保险公司的用人用工原则。遵循这一原则，2000年，为解决人力资源困难，公司党组、总经理室多次研究，周密布置，向分公司人力资源部请示汇报同意后，面向全社会公开招聘，吸纳人才，经与楚雄州人才市场协商进行联合招聘，招聘前通过新闻媒体向社会公告，前来应聘报名人员达140多人，在公开、公正、公平原则下坚持德才兼备用人标准，经过严肃认真面试、笔试及考察，择优吸纳23人入公司。这批人才通过短期培训后投入业务工作中，通过业务实践，纷纷展现出他们的才华，有5人进入管理职级岗位，为楚雄分公司今后用人用工解决人力资源困难闯出一条新路子。

【太平洋保险公司楚雄支公司工会成立】 太平洋保险公司楚雄支公司成立以后，在分公司党委及总经理室的直接领导下，在地方党委、政府及组织部指导下，党支部及支公司行政班子配置已完善就绪，为进一步发挥群、团组织作用，充分发挥工会在改革发展中的重要作用，进一步调动广大职工在两个文明建设中的积极性和创造性，在昆明分公司工会委员会关心指导以及在州、市总工会具体帮助下，公司党组和总经理室的精心组织、筹备，2000年4月12日召开了公司全体工会委员会，用差额选举方式选出中国太平洋保险公司楚雄支公司第一届工会委员会委员，刘武江任工会主席，李景嵩、杨雄、郭红芝、刘虹、廖德才为工会委员。

〔太　办〕

文　化

文化管理

【简述】 2000年，全州文化工作坚持以邓小平理论、江泽民同志“三个代表”重要思想和党的十五大精神为指导，在中共楚雄州委、州人民政府的领导下，认真贯彻执行党的文艺路线、方针和政策，坚持文艺“为人民服务，为社会主义服务”的方向和“百花齐放，百家争鸣”的方针，在文化事业的改革、发展和建设方面都取得了显著成绩。年内，全州还改建或新建了一批文化设施，初步形成州、县（市）、乡（镇）、村（居）委会四级社会文化网络；建设了一批民族特点浓郁的标志性文化设施，为城乡各族人民提供了基本文化场所，活跃和丰富了人民群众的文化生活，对推动“两个文明”建设、促进彝州经济和社会发展发挥了重要作用。

【王建才被国家文化部表彰为全国文化系统先进工作者】 2000年，武定县麻栗棵文化站站长王建才被评为全国文化系统先进工作者，应国家文化部、人事部邀请到北京出席表彰会并在大会上作经验交流发言。王建才是彝州文化战线上涌现出来的一名优秀的基层文艺工作者，十多年来，他扎根在虎爪山，把麻栗棵文化站办成当地群众求知、求美、求乐、求富的文明窗口。开办农民业余美校，举办业余美术培训班34期，培训业余美术爱好者510人次，共创作美术作品500多件，并多次在全国、全省和州级展出中获奖。

【全州文化馆（站）评估定级工作】 2000年5月,根据云南省文化厅有关文件精神和要求，楚雄州开展了文化（群艺）馆、乡（镇）文化站评估定级工作。经过检查评审，全州除姚安县文化馆正在进行基础建设外，其余10个文化（群艺）馆已达到省规范化标准；全州128个乡（镇）文化站已有94个文化站达到省规范化标准。

〔徐丽琴〕

文学创作

【策划、启动“楚雄地方文化丛书”】 为在西部大开发和民族文化强州建设中有系统地把楚雄悠久灿烂的“三古文化”和丰富多彩的民族风情发掘出来、宣传出去，服务彝州经济社会和精神文明建设，中共楚雄州委宣传部倡导编撰一套“楚雄地方文化丛书”，交由州文联负责策划和组织实施。州文联接受任务后，先后两次召开楚雄城区文学、社科、方志等领域内有名望的专家学者参与策划论证，确定选题，并对丛书的编写方案、组织出版等进行商讨，确定该丛书共计出版12本，拟分3辑，力争在3年内出齐。2000年内，第一辑4部《文明的足印》（元谋）、《遥想侏罗纪》（禄丰）、《彝山原始舞蹈》（双柏）、《失落的盐都》（黑井）已经写出送审。

【楚雄州文学艺术界联合会四届三次全体委员会议】 2000年2月25日至27日，楚雄州文学艺术界联合会四届三次全体委员会议在姚安县召开。州四届文联委员共40人，有32人出席了会议。省文联副主席那家佐、州委宣传部副部长李怡、州文联名誉主席芮增瑞等参加了会议。州委副书记胡有兰作了书面发言，州四届文联主席周文义作了工作报告。与会委员分别讨论和审议了领导讲话和工作报告，总结了上一年度的工作，研究和布置了新年度的工作任务。与会委员还冒雨到姚安“1·15”地震重灾区官屯乡进行了采访活动。

【《流淌的金沙江》出版】 2000年，由楚雄州文学艺术界联合会、州民族宗教事务局联合选编的建国50周年献礼作品《流淌的金沙江——1949～1999楚雄彝族自治州少数民族文学作品选》出版发行，为彝州文学事业增添了一道亮丽的风景。该书精选荟萃了新中国成立以来楚雄州境内的彝、苗、白、回、傣、壮、傈僳、哈尼等少数民族的50多位作家、作者的小说、散文和诗歌，所选作品都在全国各地报刊杂志上公开发表过，大多是作者的代表作，反映了楚雄州老、中、青三代少数民族文学作家、作者的创作水平，是总结和回顾彝州少数民族文学创作的标志性作品集，在彝州文学作品出版史上具有独特意义。

【楚雄州5件书法作品入选第十一回中日友好自咏诗书交流展】 在2000年度举办的第十一回中日友好自咏诗书展览中，楚雄州文学艺术界联合会所属书法家协会的董华、谢怀芳、张必有、秦逸松、陈绍军5名会员的书法作品入选参展。这次展览是由中国书法家协会、云南省书法家协会、省文联和日本日中友好自咏诗书交流会、日中友好会馆共同举办的。在展出的120幅作品中，中、日双方书法作品各占60幅，以作者自作诗词自写书法的形式送交作品参选。入选作品分别在昆明云南美术馆、日本东京日中友好会馆美术馆展出。

【中国文联文艺家万里采风团江苏分团赴楚雄采风】 由中国文联发起、组织，旨在为文艺家深入生活、贴近生活、到现实生活中进行采风创作的文艺家万里采风活动在国内引起强烈反响。2000年8月10日，江苏分团的著名画家一行15人在省文联领导的陪同下到楚雄进行采风创作活动。彝家儿女载歌载舞欢迎远方的艺术家，在太阳历文化园，客人们观看了山区彝族青年男女表演的民族歌、舞、乐。在热烈欢快的气氛中，艺术家们纷纷挥毫泼墨，创作出一幅幅书画作品，给彝州留下了一批墨宝。

【首届云南省文艺家协会德艺双馨中青年会员暨基层先进集体、先进个人表彰会彝州榜上有名】 2000年11月21日至22日，中共云南省委宣传部、省文联联合召开云南省文艺家协会德艺双馨中青年会员暨基层文联先进集体、先进个人表彰会。楚雄州女作家黄晓萍、电视艺术家王勃被命名为云南省首批德艺双馨中青年会员；楚雄州文联、双柏县文联获全省基层文联先进集体表彰；朱有凯、曹兴瑞获基层文联先进个人表彰。

【楚雄州一批作品获云南省第三届文学创作奖】 2000年12月21日，云南省文联和第三届全省文学艺术奖励基金评委会在昆明连云宾馆举行第三届云南省文学艺术颁奖大会。本届评奖从1995年以来公开发表、播出、展出、演出的文艺作品中进行申报评选，对其中已获得过国家奖的作品颁发荣誉奖。在这次从13个门类中评出的一等奖18件、二等奖68件、三等奖147件作品中，楚雄州电视艺术片《火的民族》、《彝族小豹子》、电视剧《彝州渡》、舞蹈《彝家山娃斗鸡乐》获荣誉奖；电视专题片《今天的村庄和古老的歌谣》、舞蹈《彝山云霞》、女作家黄晓萍的长篇小说《绝代》获二等奖；电视连续剧《小元谋人》、曲艺《荞花荞鸡》获三等奖。

【楚雄州6名儿童入选"朝霞工程"享受资助】 2000年11月20日，云南省文联在昆明召开"云南省朝霞工程汇报会"，宣告我省"朝霞工程"正式启动。由中国文联发起、旨在扶持我国少数民族贫困地区家庭贫困而有艺术天赋的少年文艺人才读完小学、初中的"朝霞工程"，于1999年下半年开始在全国收集资料、拍摄照片、挑选对象等筹备工作。在楚雄州上报的15名儿童中，被中国文联选中6名作为首批资助对象。南华县天申堂中心小学学生罗美英及辅导教师张海琼作为全省受助儿童和辅导教师代表参加了汇报会。入选"朝霞工程"受助范围的小学、初中生，将分别获得基金会提供的每年300元和500元的资助，直到他们初中毕业为止。

【康恩达《彝族风情摄影集》出版发行】 2000年，楚雄州文联委员、州摄影家协会主席康恩达的《彝族风情摄影集》由云南美术出版社出版发行。该书是从作者从事摄影工作20多年来的摄影艺术作品中精选出来的，代表了作者的创作水平和艺术造诣。中共楚雄州委宣传部专门召开了该书出版发行座谈会，州党政领导胡有兰、李俊、罗嘉福和部分老领导、文艺工作者共20余人参加了座谈会。

【举办楚雄州文学创作讲习班】 为培养中青年文学创作人才，繁荣彝州文学创作，楚雄州文联与元谋县文体局联合，于2000年11月28日至12月2日在元谋县举办楚雄州文学创作讲习班。分散在各条战线上的30多名作者参加了培训，在省、州教师的辅导下，约有8万字左右的小说、散文、诗歌经修改后被《金沙江文艺》留用和向外推荐。

〔张永祥〕

艺术表演

【送戏下乡活动蓬勃开展】 2000年"1·15"姚安地震发生后，楚雄州彝剧团、歌舞团迅即奔赴地震灾区慰问演出。1月22日晚，州彝剧团在震中姚安县官屯村公所演出，在演出中，天气变化异常，忽风忽雨，气温降至零度左右，但演出现场的气氛却是热火朝天，当地群众和参加抗震救灾抢险的解放军官兵共3200多人观看了演出。1月23日上午发生4.1级余震，晚上州彝剧团又到受灾较重的光禄镇演出。与此同时，州歌舞团也赶赴南华的五街、沙桥，牟定的新甸、青龙等受灾乡（镇）进行慰问演出，深受当地干部群众的欢迎。在

威楚余韵演出

全省统一开展的“2000年迎新春送戏下乡”活动中，全州专业剧团共演出550场，观众达50.21万人次，产生了较好的社会效应。

【彝剧《咪依噜》在第八届滇中南歌舞戏剧节上获奖】 由楚雄、玉溪、红河等6个地州市联合组织的第八届滇中南歌舞戏剧节于2000年11月10日至14日在红河州首府个旧市隆重举办。楚雄州人民政府派出了以副州长罗嘉福为团长的楚雄州代表团，带着由楚雄州彝剧团创作的大型彝剧《咪依噜》参加了本届戏剧节的演出。充满浓郁彝族风格的演出，深深打动了每一个观众，并受到各地专家和领导的高度评价。彝剧《咪依噜》获本届戏剧节最佳演出奖及4个单项一等奖、8个单项二等奖、5个单项三等奖，演出取得圆满成功。

【彝剧《咪依噜》入选参加“迎接新世纪”2000年云南省新剧（节）目展演】 两年一届的全省新剧（节）目展演，是由云南省文化厅举办的展示全省舞台艺术新作品的最高水平的艺术盛会。由楚雄州彝剧团创作演出的大型彝剧《咪依噜》，在听取省内外专家意见的基础上，六易其稿、反复加工修改，经过严格评选，终于入选参加2000年12月25日至2001年1月14日在昆明举办的“迎接新世纪”2000年云南省新剧（节）目展演。彝剧《咪依噜》通过彝剧这一独特的少数民族剧种和艺术形式，重新演绎了咪依噜这一广为流传的动人故事，在春城舞台再次展示了彝剧浓郁的民族风格和独特的魅力。

〔周冠生〕

【楚雄州祝贺慰问团赴攀枝花慰问演出】 2000年10月，应四川省攀枝花市的邀请，中共楚雄州委、州人民政府组成以州政府秘书长李小平为团长、楚雄州歌舞团全体演职人员参加的楚雄州祝贺慰问团，于国庆节期间赴攀枝花市参加“第二届攀枝花艺术节”并进行祝贺慰问演出。10月1日晚，州歌舞团在湖光剧场以大型彝族节日舞蹈集锦《彝山云霞》拉开了慰问演出的序幕。首场演出获得圆满成功，《彝山云霞》浓郁的民族特色、鲜活的时代气息和演员的精彩表演深受欢迎。10月2日晚，继续在攀钢俱乐部慰问演出。四川省文化厅，中共攀枝花市委、市人民政府、市人大常委、市政协及攀枝花钢铁（集团）公司的有关领导观看了演出。

〔张林敏 周冠生〕

【攀枝花市京剧团赴彝州演出】 2000年10月，攀枝花市京剧团应楚雄州文化局的邀请，在攀枝花市文化局党委副书记李平的带领下，于10月20日至10月27日在楚雄州大姚县、楚雄市、禄丰县、元谋县连续演出8场现代京剧《老杨这家子》。该剧以其深刻的思想性、强烈的艺术感染力和演员们的精湛表演，赢得了观众的热烈欢迎和赞誉，演出获得圆满成功。

〔周冠生〕

群众文化

【简述】 2000年新春伊始，全州城乡各地开展喜迎千禧年文化活动，春节期间州属文化单位又开展了“三下乡”演出活动，丰富了州内的群众文化生活，州、市群艺馆、文化馆发挥国办文化的主导作用，举办各种形式的游园、文艺、体育比赛。通过活动，用先进的文化思想和艺术形式占领农村文化阵地，抵制邪教渗透。在周六、周日晚上，楚雄市桃源湖畔群众性的广场舞蹈热火朝天，人们在欢快激昂的音乐声中跳着彝族《左脚舞》，自娱自乐的跳脚活动吸引了近千人参加。同时，楚雄市宣传文化部门组织的22支业余文艺宣传队，每晚都在桃源湖广场的月亮舞台上演出，节目形式多样，内容丰富，受到了群众的欢迎。楚雄州群艺馆承办了一些大型文化活动，组织表演队伍参加了昆明国际旅游节昆明巡游方队的表演，组织承办了昆明国际旅游节楚雄分会场开幕式《七彩彝山》的演出和民族文艺巡游表演。承办了《红河杯》千禧年云南体育精品巡回展楚雄分会场表演。

〔朱照琨　何少春〕

【参加石家庄“云南民族文化节”活动】　由中共云南省委对外宣传办公室主办，中共河北省对外宣传局协办的石家庄“云南民族文化节”，于2000年9月8日至10月8日在河北省省会石家庄水上公园举行。7月12日，由楚雄州人民政府办公会议下达了参加演出的任务。在禄丰县文体局、牟定县文体局、双柏县文体局、大姚县文体局和州彝剧团的大力支持下，抽调演职人员30人，由州群众艺术馆负责组织排练剧目。全体演职人员33人，在朱照琨馆长、杨锐森副馆长的率领下，于8月30日赴河北省石家庄市参加云南民族艺术节的演出活动。10月12日返回楚雄，历时44天，共计完成了67场演出。楚雄表演队的活动内容和节目表演，多次受到指挥部和编导组的表扬。在石家庄期间，楚雄演出队还应石家庄市文化局、市群众艺术馆的邀请，参加了“石家庄首届群众文化艺术节”演出，进行了群众文化艺术活动组织的经验交流。

〔朱照琨〕

【中国昆明国际旅游节文艺活动】2000年4月10日，首届中国昆明国际旅游节在昆明隆重开幕，楚雄州组织180人的文艺表演队参加了开幕式暨民族艺术游演《云南神韵》的演出，表演队在巨大的元谋人彩车和滇中万家坝铜鼓彩车旁，表演了具有楚雄州彝族地方特色的大刀舞、大锣笙舞、火把舞等，展现出彝州悠久的历史文化和丰富的旅游资源。演出获得了省政府昆明国际旅游节大型活动部颁发的最佳表演奖和组织奖。与此同时，在国际旅游节楚雄分会场活动中，由楚雄州人民政府主办，州文化局、州旅游局承办的“中国昆明国际旅游节楚雄分会场开幕式”彝族服饰展演《七彩彝山》也于15日晚在州体育馆拉开帷幕。400多名演员展示了68种不同形式、516套靓丽的彝族服装，把彝族服饰的“新、奇、美”呈现给广大观众。一台具有浓郁彝族特色的乐舞《威楚余韵》在旅游节期间共上演了20多场。另外，“火把狂欢夜”、民族方队游演、主要街道文艺演出等多项活动吸引了来楚雄旅游的四方佳宾，增添了节日气氛，展示了彝州的形象。

新年综艺联欢

【楚雄州歌舞团赴广西演出】2000年10月，应广西电视台的邀请，楚雄州歌舞团和州电视台组成50人的演出队和电视新闻报道队前往广西电视台录制两期反映楚雄民族风情、历史文物、文化习俗、民族歌舞的综艺专题晚会。10月27日录播的专题晚会名为《火火的民族》，以火为主题，以“太阳女”为主线，以彝州古老神奇的“三古文化”为背景，向全国电视观众展现了具有深厚历史内涵的新彝州。该录播晚会于11月11日通过广西卫视“南疆花月夜”栏目向全国直播演出实况。10月28日录播的晚会名为《多彩的节日》，选用楚雄州歌舞团大型节日舞蹈集锦《彝山云霞》中的6个节日舞蹈集中精炼，把楚雄彝族五彩缤纷的节日盛景编织成一片美丽的云霞，透射出彝族崇尚自然、热爱生活的民族精神。两台晚会的演出都取得了圆满成功。

【参与《新世纪的太阳》文艺演出】在新旧世纪交替的历史时刻，云南省迎接新世纪暨云南省民族团结艺术团首场演出《新世纪的太阳》于

楚雄民众教育馆

2000年12月30日上午在楚雄中国彝族十月太阳历文化园隆重举行。《新世纪的太阳》是由楚雄州文化局承担演出组织工作，由省歌舞团、省花灯团、省艺术学院、昆明交响乐团及楚雄州专业文艺表演团体等共1300余名专业业余演员精心排练、共同推出的文艺精品节目。演出共分《序幕》、《美丽云南》、《风采云南》、《畅想云南》、《奋进云南》五大部分。杨学进、曹新华、宗庸卓玛、任真、彝人制造、倮倮、孙国庆等著名歌手参加演出。

〔徐丽琴〕

文物博物

【简述】 2000年，楚雄州文物部门继续认真贯彻“保护为主，抢救第一”的方针和“有效保护、合理利用、加强管理”的原则，对全州的文物点进行普查，专项检查文物专项经费的使用情况和工程维修情况，做好“文物法”的宣传以及文物陈列展览、考古发掘、库房藏品管理，安全保卫等工作。全州共有文物保护单位130项，其中国家级2项，省级14项，州级7项，县（市）级107项，有州级和县级博物馆4个，各类文物11000件。2000年，各县（市）文物部门加大了对文物保护单位的维修力度，其中姚安县、大姚县、楚雄市分别筹集资金8.2万元、6.3万元、39.86万元对龙华寺、妙峰山德云寺、楚雄文庙3项省级文物保护单位进行了部分或整体维修。此外，文物部门认真抓好陈列展览工作。楚雄州博物馆举办了“黄灿升根雕艺术展”、“彝文书法展”等展出，全年共接待观众33267人次。

【《彝州考古》出版】 2000年4月，云南人民出版社出版发行了由楚雄州博物馆馆长、研究员李朝真和副研究员段志刚合著的《彝州考古》一书。该书将有关彝州的考古与文物资料详尽收录，从旧石器时代的“元谋人”到元明清时期的考古发掘情况，都作了详细介绍。

【《红岩魂——白公馆、渣滓洞革命先烈斗争史实展》在州博物馆展出】 2000年4月，楚雄州博物馆和重庆歌乐山革命纪念馆联合展出《红岩魂—白公馆、渣滓洞革命先烈斗争史实展》。展览以近千幅图片和部分实物资料生动地反映了新中国成立前夕国民党特务在白公馆、渣滓洞残酷迫害中共地下党优秀儿女及革命先烈奋起抗争的史实。为期1个月的展出，观众达10000余人次，产生了良好的社会效应。

【州博物馆考古队获中科院嘉奖】 在参加国家重点科研项目元谋古猿的发掘工作中，楚雄州博物馆考古队负责布的探方选点准确，在8704、9905两个探方分别出土古猿头骨。因该标本是晚上新世地层中出土的第一个头骨，对研究人类起源有重要价值，故国家古脊椎所经中科院批准，于2000年给楚雄州博物馆考古队颁发了奖状。

【元谋姜驿出土4具恐龙化石】 2000年1月至4月，楚雄州博物馆考古队对元谋姜驿恐龙化石点进行两次调查，行程200多公里，摸清了恐龙化石的分布情况。5月，经省文物处批准，在省文物管理委员会、元谋人陈列馆的协助下，对姜驿乡半箐恐龙山进行发掘，并顺利地发掘出4具较完整的恐龙化石。

〔杨丽美〕

电　　影

【简述】 2000年，楚雄州电影公司在电影市场不景气的条件下，深化内部改革，奋力拼搏，在困境中取得了较好的成绩，公司各项业务基本趋于稳定，主旋律影片放映成绩显著。采取“影企联姻”的方式，解决农民看电影难的问题有了积极的尝试，公司经济状况有所好转。(1) 龙泰电影城的收入较上年略有上升。一年来，经过全公司上下努力，龙泰电影城票房收入达93.4万元，其中职工送票上门收入就达41.9万元。(2) “主旋律”影片放映成效显著。年内，公司先后组织了优秀影片《生死抉择》、《死刑宣判以后》、《隐患在你身边》等在全州发行放映，均引起社会的极大反响。根据统计结果，主旋律影片的放映收入占公司总收入的30%以上。(3) 农村电影放映工作取得新的突破。全州农村电影工作在沉寂了一年之后，又有了新的进展，州人民政府拨专款21万元，为全州42个贫困攻坚乡免费放映电影4200场，使农村放映场次比上年有较大增长。(4) 州电影公司经济状况有所好转。公司当前共有固定资产总值1800万元，建盖龙泰电影城仍欠债务800余万元。在州人民政府的帮助下，偿还了长期负债150万元，公司筹资结清州建筑公司龙泰电影城建设尾款74万元，归还银行贷款本金80万元。使资产负债率从年初的40%降至年底的25%，下降15%，减少了公司的经营成本。2000年全州共有105个放映单位，放映电影13357场，观众294万人次，放映收入188万元。州电影公司全年各类收入254万元，收支两抵仍亏1.68万元，是近3年来最好的一年。

【电影系统组织行业抗灾自救】 2000年1月15日姚安发生5.9级、6.5级两次地震，同时波及南华、大姚、牟定3县，4个县电影院和职工宿舍不同程度受到损坏。州电影公司动员职工捐资4250元，公司拨款11000元，及时对姚安、大姚、牟定、南华4县电影系统进行生产自救慰问活动。2月22日，省电影公司副经理董立人带着省电影公司职工的10410元捐资和大理、丽江、临沧、西双版纳等地的慰问金5400元，到以上4县进行生产自救慰问。州电影公司同时派出放映分队为受灾较重的大龙口和弥兴乡群众送去了最新的电影。灾区电影系统职工深受鼓舞，奋起抗灾自救，受灾较重的姚安县电影院在震后的一个星期就恢复了放映工作。

【主旋律影片《生死抉择》火爆全州】 2000年，为配合州委、州人民政府的中心工作，州电影公司在有关部门的支持下，组织放映反腐倡廉的影片《生死抉择》。该片在放映过程中，得到州纪委等有关单位的支持，楚雄城区各机关、企事业单位都积极组织干部职工观看。《生死抉择》在全州9个县共放映170余场，观映人数达4万余人，票房收入18万元，超过了以往任何一部进口大片，在电影市场低迷的条件下，取得了经济、社会效益的双赢。

【影企联合送电影下乡】 解决彝州农民看电影难、放电影难的问题，是各级党委、政府和电影人长期为之奋斗的目标，这项工作在2000年出现了好势头。首先是云南楚雄奕标水泥有限公司与州电影公司联合送电影下乡达100场；8月份中影集团公司与云南白药集团到楚雄州送电影下乡共放映电影220场；10月全国名优企业TCL送电影下乡又放映电影250场。影企联合送电影下乡是全国开展的“三下乡”活动之一，采取“影企联姻”的方式，由企业出资，电影行业出设备出人，既组织放映结合农村生产生活的科教影片，又加映企业介绍产品的影片，还结合州内各级党委、政府的中心工作，宣传全国第五次人口普查、冬季征兵工作及农村产业结构调整等有关政策。这项活动开展以来，深受广大农民群众的欢迎。

〔王之明〕

广播电视

【简述】 2000年，楚雄州广播电视系统进一步解放思想，抢抓机遇，围绕年初制定的“事业创新、宣传创优、经济创收、管理创好”的目标，真抓实干，在宣传、事业、管理等方面取得了新成绩。

宣传上，围绕州委、州人民政府中心工作，较好地完成了迎接新千年、姚安“1·15”地震、新一轮解放思想大讨论、西部大开发、州人代会和州政协会、昆明国际旅游节楚雄分会场活动、臧金贵事迹宣传、火把节、农村村级体制改革、第五次人口普查、州委工作会议和州政府八届七次会议、云南民族团结艺术团在中国彝族十月太阳历文化园举行的《新世纪的太阳》大型文艺演出、楚雄州“天河园”杯新世纪广播电视歌手大奖赛等一系列重大活动、重大事件、重要会场的采访报道任务。年内，州广播电台新闻台在《彝州新闻》、《经济时空》、《社教节目》中累计播出稿件7141件，播出州内稿件5351件，国内综合信息1790件，送中央人民广播电台和中国国际广播电台播出新闻10条，送云南人民广播电台播出新闻119条、播出节目8组。楚雄电视台一频道共播出新闻3779条，《楚雄晚间报道》共播出198期1014条。全台在云南电视台播出节目539条，位居全省17个地州（市）台第三位。“人类的摇篮——楚雄”因特网站共上网《彝州新闻》182组4000多条，上网网页200多个。《云南广播电视报·楚雄版》共编发报纸53期（增发一期号外），刊登各类稿件674篇，其中消息76篇，专稿（通讯）59篇，言论35篇，图片241幅，剧情、节目栏目介绍115篇，联办栏目（龙泰影苑、消费者之友、家电信息、商讯等）124篇，征文11篇，广播电视等法规、条例、公告13期。全系统先后有《吕家馒头为何改名》、《今天的村庄和古老的歌谣》等20件作品获云南广播电视政府奖；《吕家馒头为何改名》等7件作品获云南新闻奖；《体制创新 台网唱主角》等6篇论文获云南省广播电视厅报刊作品（论文）奖；《小元谋人》等2部作品获全省电视文艺节目奖；《职责》、《连心桥》、《警示》3部电视专题片分别获云南省党风廉政建设电视教育专题片评选二等奖、三等奖和优秀奖；《彝族老虎笙》、《经济时空》等2件作品分别荣获全国首届电视记录片“中华荟萃”三等奖和全国广播对农节目评选优秀奖。

事业建设上，全州开展了“村村通广播电视”工程建设验收和广播电视光纤网建设。两个标志性工程于2000年底基本完成。一是有167件“村村通”工程建设通过县级、州级和省级验收，加上多年建设，共建成“村村通”站点1691座，实现了全州行政村“村村通广播电视”。使全州广播覆盖率达到90%，电视覆盖率达到91.24%，超额完成了“九五”计划提出的广播电视覆盖率任务，提前达到全省“十五”末期广播电视覆盖率双双达到90%的目标。特别是以“广播电视村村通”建设和验收为契机，建立了全州广播电视覆盖情况档案，基本摸清了家底，明确了以有线电视为主体的技术覆盖体制，加快了广播电视“县乡共管、以县为主”，把乡（镇）广播电视站收归县（市）广电局统管的改革步伐，继1999年楚雄市试点后，2000年又推动了禄丰县、双柏县、元谋县、姚安县、武定县相继进行了这方面的体制创新。二是全州10县（市）基本上实现了光纤联网，网络传输设备和数据交换设备圆满完成招标工作，高速率、高宽带、高可靠性的全州广播电视传输网到2001年3月可投入营运。2000年底，全州入网用户约20万户，一些较边远的乡（镇）已经能收听收看到州广播电台、楚雄电视台的节目。在网络建设中，增加了楚雄州与攀枝花市互联互通的新内容，为楚雄与攀枝花形成经济开放区开辟了通道；本着网络建设统一规划、统一建设、统一管理的方针，州广电局与中国联通、省网络公司及10县（市）紧密合作，与中国联通签署网络合建投资协议670多万元，现已到位190多万元，贷款800万元；出台了州县光纤网补助方法，补助各县（市）网络建设资金100多万元；争取到省级支持广播电视抗震救灾、“广播电视村村通”工程、小中波、小调频补点台等专项资金近100万元。

2000年是广播电视管理年。州广播电视局切实加强对广播电视的管理工作。(1) 在局属单位内部引入竞争激励机制，深化用人分配制度改革，出台的一些新举措收到实效。(2) 制定了制止滥播乱放性病医疗广播的规定，有效抑制了低格调广告的蔓延。(3) 推行全局财务统管，建立州广播电视局财务估算中心，实行统一会计核算，分块财务管理考核。出台州广播电视局财务管理改革和统一核算试行办法，加强成本核算，严肃财经纪律，使广播电视宣传、技术、后勤、创收等步入企业化管理、集约化发展的轨道。(4) 消防安全、行政执法、治安保卫等工作都比上年有明显改善。(5) 全局经济创收（不含公司）超额完成了年初确定增长26%的经济指标，为以后的发展奠定了基础。(6) 编制出《楚雄州广播电视发展“十五”计划》。

争优创先方面，楚雄电视台、双柏县广播电视局等3家单位受到云南电视台、云南人民广播电台的表彰；云南省广播电视局授予楚雄州广播电台播出部（692台）和楚雄电视台转播台（714台）“先进台”称号、楚雄有线电视台“全省有线电视台技术维护先进单位”称号、微波台“全省广播电视技术维护先进微波站”称号；王勃被中共云南省委宣传部、省文联授予“云南省德艺双馨中青年会员”称号；陈雄飞、陆文虎被云南省广播电视局和云南省广播电视学会评为“云南省广播电视学会优秀工作者”；尹学功获云南省广播电视厅“全省广播电视技术维护先进个人”一等奖；陆文虎被国家广播电视总局评为“全国广播影视系统‘三五’法制宣传教育工作先进个人”。

【楚雄电视台隆重推出新千年系列活动】 1999年12月31日至2000年元旦凌晨，楚雄电视台在楚雄市桃源湖推出新千年特别节目《彝州阔步跨世纪》获得圆满成功，引起强烈反响。这组节目在云南电视台上卫星直播15分钟，向亿万观众展示了彝州儿女的风姿和情怀，是楚雄电视台在本地首次通过云南卫视直播节目。1999年12月31日晚10：30分至2000年元旦凌晨0：30分，楚雄电视台在雄宝酒店现场直播由州妇联、州团委、楚雄电视台等单位联办的集体婚礼《世纪婚典》。

【做好姚安“1·15”地震的广播电视报道】 2000年，姚安“1·15”地震发生后，楚雄电视台打破常规，采用整点滚动播出新闻的报道方式，以最快、最新、最强有力的手段传递信息。第一条新闻从12点30分播出后，当天已开辟9个新闻时段，播出《废墟中的新生儿》、《震后灾区第一夜》等图像新闻14条，口播新闻7条，电视新闻报道备受全州各界关注；当天中央电视台《新闻联播》、《晚间新闻报道》，云南电视台《云南新闻》播发了由楚雄电视台提供的图像新闻4条。州广播电台于地震当天的12：27，在直播节目《七彩直播室》里播出了消息《我州姚安、南华、大姚一带发生强烈地震》；从当天14：00新闻起，州广播电台新闻节目实行滚动播出，及时播出灾区的最新消息。州广播电台还于当晚20：00至21：00，通过姚安县广播电视局的电话，策划播出了1个小时的热线节目。设在州广播电台的“人类的摇篮——楚雄”因特网站也及时发布新闻。在1个多月的时间里，州广播电视局所属广播、电视两台对温家宝副总理视察姚安地震灾区、灾区群众安全过冬、3月1日灾区学校全部如期开学上课等重大事件作了富有广播电视特点的报道，为稳定人心、稳定社会、恢复生产、重建家园作出了贡献。

【“彝山之春”广播电视系列报道受到欢迎】 由楚雄州广播电视局组织的“彝山之春”广播电视采访团于2000年3月11日分赴全州10县（市），历时12天，行程2000多公里，足迹遍及10县（市）的40多个企业、乡（镇）和村公所（办事处），共采编稿件30余条。快、新、实、活是这次采访的特点。3月12日早上开始采访工作，晚上，观众和听众就在电视和广播中看到、听到了系列报道。采访期间，《竹溪村里春意浓》、《元谋花卉产业方兴未艾》、《永仁坝子草莓香》等一篇篇稿件受到了观众听众的欢迎。

深入基层采访

【“'99楚雄广播电视奖”评选揭晓】 2000年3月上旬，“'99楚雄广播电视奖”评选揭晓，共有52件作品获奖。其中广播奖18件，电视奖19件，报刊奖2件，播音与主持奖13件。本次评选共有106件节目（作品）参评，题材广泛，内容丰富。获广播奖新闻节目类二等奖的新闻特写《忽如一夜春风来》、新闻专题《春风第一枝》、录音报道《龙狮劲舞迎千年》三组节目，发挥广播特点，充分应用现场采访的音响资料，从不同角度反映了彝州改革发展中的新气象。获电视新闻类一等奖的消息《两代人的生态观》，切入点好，以小见大，运用形象、生动的镜头语言，体现了人与自然和谐发展的主题，新闻性、可视性都比较强。系列报道《吕家馒头为何改名》，新闻评论《制假有帮凶》较好地发挥了新闻舆论监督的作用。电视社教类短片《彝族小豹子笙》以其浓郁的民族特色和精美的表现手法，摘取了此类节目的桂冠。播音与主持作品奖属首次开评，桂冠分别被姚安县广播电台和楚雄市电视台摘取。

【楚雄州20件作品获“'99云南广播电视节目评选奖”】 在2000年3月至4月间揭晓的“云南广播电视奖”'99广播节目评选、电视节目评选、广播电视播音与主持节目（论文）评选活动，楚雄州广播电视系统有20件作品获奖，其中电视系列报道《吕家馒头为何改名》（作者：杨丽芬）获电视新闻节目一等奖，电视长片《今天的村庄和古老的歌谣》(作者：王川、王勃)获电视社教节目一等奖；另有7件作品获二等奖。2000年8月16日上午，楚雄州获"'99云南广播电视奖"各项作品的颁奖仪式在禄丰县广播电视中心举行，罗嘉福副州长等领导为获奖者颁奖。

【"调频欢乐夜"联谊晚会精彩纷呈】 2000年3月30日晚，为庆祝楚雄经济音乐台开播一周年暨云南音乐台节目开通楚雄，由州广播电视事业局和云南音乐台主办、州广播电台和楚雄电视台协办的"调频欢乐夜"联谊晚会在楚雄市桃源湖月亮广场举行。楚雄经济音乐台和云南音乐台的众多主持人联袂登场，与上百名楚雄州"两会"代表、委员和广大听众欢聚一堂。晚会直播期间，听众的热线电话络绎不绝，既表达了听众对经济音乐台的关心和支持，又反映了听众希望年轻的楚雄经济音乐台越办越好的殷切之情。晚会还揭晓了"铁杆听众"奖，参加晚会的有关领导向获奖者颁了奖。

【日本NHK电视台高清晰度电视移动直播"云南之春"楚雄专辑】 2000年4月30日，在国家和省有关部门的支持下，楚雄州广播电视事业局、楚雄电视台和日本NHK电视台合作，在南华岔河彝村直播了《云南之春》楚雄专辑，以浓郁的民族特色、地域特征和彝族久远的稻作文化，赢得了日本观众的喜爱。《云南之春》电视直播节目获得了日本NHK放送协会局长奖。2000年7月6日，云南省广播电视局授予楚雄州广播电视局集体二等奖，王勃、纳晓龄被授予个人一等奖。这次合作开创了楚雄州广播电视系统与国外媒体合作的先河。

【"豪盛杯"中国彝族太阳女选拔大赛圆满成功】 2000年4月27日至5月1日，由昆明国际旅游节楚雄分会场指挥部主办，云南省电视艺术家协会、云南电视台旅游文体频道、楚雄州广播电视事业局承办，楚雄电视台、楚雄经济音乐台协办的"豪盛杯"中国彝族太阳女选拔大赛在彝州首府楚雄市举行。共有楚雄、红河、昆明、昭通、丽江、临沧、大理、贵州毕节和云南民族学院代表队共9个队37名经初赛选出的选手参加。大赛评选出10名"中国彝族太阳女"，获得圆满成功。这次活动展示中国彝族的时代风采和民族风情，向国内外推介了古老神奇的彝族文化，为发展民族旅游业迈出了可喜的一步。

【直播节目《实践"三个代表"的典范——臧金贵》】 2000年6月8日中午12：10至13：00，楚雄州广播电台、云南人民广播电台、深圳特区人民广播电台联合推出大型直播节目《实践"三个代表"的典范——臧金贵》。50分钟的节目，由楚雄台、云南台和深圳台各出1名节目主持人共同主持，并由3家电台同时发射播出(其中云南台节目还通过卫星转发)。该节目采取由楚雄州台和深圳台分别邀请特邀嘉宾的方式。深圳台的特邀嘉宾有臧金贵的大女儿臧传慧和深圳招商银行群工部部长助理王阿琳；楚雄台的特邀嘉宾有中共永仁县委书记黑茂海、中和乡乡长冯惠珍、宜就中学学生山吉武、中共楚雄州委宣传部副部长李怡等。

【楚雄州广播电台和电视台实现频率频道专业化】 2000年6月15日起，楚雄州广播电台把综合台改为新闻台，保持经济音乐台；8月28日起，楚雄电视台把原来的1频道改为新闻信息频道、2频道改为生活娱乐频道，并如期推出新版节目。两台实现了频率频道专业化。

【电视专题片《臧金贵》首映式】 2000年6月20日上午，楚雄州党政领导丁绍祥、李应科、张怀德、保明虎、夜礼斌、李俊、罗志明和全州各县(市)委书记、县(市)长及州属各部委办局的负责人，在州委小礼堂观看了电视专题片《臧金贵》的首映，进一步感受和体验了优秀共产党员、焦裕禄式的好干部臧金贵同志崇高的品质和伟大的人格力量。由楚雄电视台拍摄的3集大型电视专题片《臧金贵》，以纪实手法追述了臧金贵同志从深圳到永仁县挂职工作期间的感人事迹。中共楚雄州委组织部长罗志明在首映式上介绍了《臧金贵》的拍摄情况，要求在全州开展学习、宣传臧金贵同志先进事迹的活动。

【推出"今日楚雄"栏目】 2000年7月17日起，楚雄州广播电台在大型板块直播节目《走进你，1287》中推出了时政性、新闻性、社会性、评论性较强的大型立体新闻直播栏目"今日楚雄"。该栏目由新闻台社教部及10县(市)的特聘记者共同主办，由记者目击、现场报道等形式，直接通过社教部直播间的两部热线电话向全州直播。每组直播节目都紧扣彝州政治、经济、社会生活中的大事，每次选取2至3个县与社教部组合，形成新闻直播的立体构架，实现正在发生着的新闻，正在播出的报道，以最快的速度点击楚雄节奏。"今日楚雄"节目时段为一小时，除前半小时的新闻立体直播外，后半小时主要邀请专家、学者和权威人士就直播的新闻和节目的主题进行评析，并直接通过热线电话解答听众的提问。“今日楚雄”节目体现出了“10县（市）联动、跨时空直播，举彝州广播记者之力，展今日楚雄风采”的时代特点，吸引着各阶层的众多听众。

【楚雄电视台推出《中国彝乡报道》栏目】 《中国彝乡报道》是一个立足楚雄、面向全国彝族地区的对外宣传栏目，具有鲜明的时代特征和浓郁的彝族特色。也是楚雄电视台第一个在云南电视台经济频道开设的固定宣传“窗口”。《中国彝乡报道》共设“今日彝乡”、“星星彝人”、“彝家宝典”、“十分关注”、“彝州热话”等小板块。栏目最大的特点是宣传传播中国彝族地区在扩大开放、加快发展中的进程，突出彝族的民族文化和人文风情。自2000年8月28日在云南电视台经济频道和楚雄电视台开播后，2000年内已播出19期。该栏目在全面宣传楚雄彝州的民族文化、风土人情、彝乡人物的同时，还走出彝州，到中国的其他彝族地区拍摄制作了一批有一定特色和影响的节目，以鲜明的彝族特色和民族风格赢得了观众的赞誉。

【全州广播电视局（台）长工作会】 2000年9月15日，全州广播电视局（台）长工作会在禄丰召开，州广播电视局党组书记朱丽华传达了全国广播影视局长座谈会及“村村通”广播电视现场会的精神，王勃局长作了《集中力量、整体动作、构筑彝州广播电视发展新平台》的讲话。会议根据广播电视发展的新情况，适时调整部署了年内的工作重点，明确提出了全州广播电视事业改革发展的目标和框架。会上还表彰了2000年度《云南广播电视报·楚雄版》发行工作先进集体和个人。

【《云南广播电视报·楚雄版》正式扩版】 2000年10月，经云南广播电视报编委正式批准，《云南广播电视报·楚雄版》作为全省地州版中第一家扩版，由两个版扩为4个版。扩版后，楚雄版在配合广播电视重大宣传和日常宣传上发挥了积极的作用，宣传的内容和范围得到了拓展，可读性进一步提高。在以宣传广播电视为主的同时，楚雄版积极关注社会生活，对人民群众生活中的热门话题和关心焦点积极进行正面宣传报道，还开办了参与性较强的征文栏目，得到了读者的积极响应。楚雄版的4个版由综合新闻版（刊登广播电视新闻、社会新闻）、影视剧情版（介绍电视剧情、广播电视节目、栏目、影视言论、电影信息、影视娱乐新闻等）、文化生活版（刊登事关百姓居家生活的经济新闻、征文、多个协办消费知识、家电知识、商务信息等栏目）、节目预告版等版块构成。扩版以后，受到了读者的广泛好评。

【“建设五大产业　加快彝州发展”广播电视宣传周】 2000年，中共楚雄州委工作会议和州人民政府八届七次会议召开以后，州广播电视局派出3个广播电视采访组深入全州10县（市）采访，并于2000年10月30日至12月5日，在州广播电台、楚雄电视台的新闻节目里开播了“建设五大产业　加快彝州发展”广播电视宣传周，播出了由《排毒养颜胶囊“一身轻松”打天下》、《科技创新使一平浪大青公司“常青”》、《大姚三台核桃托起农民致富“绿色梦”》等反映培植烟草、绿色食品、生物制药、冶金建筑建材、特色旅游五大产业35组节目组成的系列报道，受到各级领导和听众观众的好评。

【广西电视台卫星直播楚雄专辑】 2000年11月11日至28日，广西电视台卫星直播节目《南疆花月夜》楚雄彝族专辑《火火的民族》和《多彩的节日》成功播出。这是楚雄州广播电视系统首次与外省媒体合作宣传彝州。

【楚雄州“天河园”杯新世纪广播电视歌手选拔赛】 2000年12月31日，“天河园”杯新世纪广播电视歌手选拔赛决赛在楚雄举行，从复赛中麟选出的16名选手经过激烈的争夺，最终陈震红、姚中华、赵玲3名选手过关斩将脱颖而出，分获通俗、民族、美声组的一等奖。历时1个月的楚雄州“天河园”杯新世纪广播电视歌手选拔赛至此落下帷幕。这次由州委宣传部、州广播电视局主办，楚雄电视台生活娱乐频道、州广播电台经济音乐调频台承办的选拔大赛准备时间长、参赛范围广、赛事影响大，邀请了国内知名的音乐人兰斌、陈彤等人担任评委。

【电视专题片《彝族老虎笙》、广播综合节目《经济时空》获全国奖】 2000年，楚雄州摄制的电视专题片《彝族老虎笙》（作者：王勃、王川）以彝族虎崇拜为事象，用电视手段记录了至今仍然保留在双柏县法朕乡麦地冲的“跳虎”活动，获得了中国广播电视学会最高专家奖——全国首届电视记录片“中华荟萃”记录片评选三等奖。广播综合节目《经济时空》反映了姚安县各族群众在农村文艺、绿化荒山、脱贫致富等方面取得的成果，体现了“展示新成就　迎接新千年”的主题，文字质朴、流畅，现场音响剪辑得当、真实感人，获得中国广播电视学会对农节目奖优秀奖。

【电视剧《一个生命的倒计时》前期拍摄工作完成】 2000年12月底，由云南电视台和楚雄电视台联合拍摄的电视剧《一个生命的倒计时》，在永仁县经过10天的紧张拍摄，完成了前期拍摄工作。该电视剧采用双时空的结构方式，记述了臧金贵在他生命的最后3天所经历的平凡而感人的一切。该剧由曾多次获飞天奖的导演毛卫宁执导，由获全国百佳电视工作者称号的摄影师黄铁军掌镜，著名演员王奎荣担纲主演剧中的臧金贵。

〔王　勃　李建华〕

新闻出版

【贯彻州委五届六次全会精神的宣传】 2000年，楚雄日报社精心组织策划，全面报道州委五届六次全会提出的工作思路和工作重点。一是组织编辑记者全面报道州委全会的情况，全文刊登了州委书记丁绍祥《抓住机遇、攻坚克难、推动彝州经济社会持续发展》的工作报告；二是在一版开设了《认真贯彻州委五届六次全会精神》专栏，及时报道全州各地贯彻州委全会精神的情况和取得的成效，有力地推动了州委工作思路的贯彻落实。

【人代会、政协会的宣传】 楚雄报社对2000年3月召开的州八届人大五次会议和州政协六届四次会议的宣传高度重视，会前对“两会宣传”作了认真研究，制定了详细的宣传报道计划，组织了20多人的采访队伍，开辟了“两会重点聚焦”和“两会热点透视”两个栏目，突出报道楚雄州2000年的重点工作，人民代表和政协委员关心的重点、热点问题，反映代表、委员们提出的意见、建议，及时准确地把全州的工作重点和工作思路传达给广大干部群众。

【姚安“1·15”地震抗震救灾宣传】 2000年1月15日姚安等地发生6.5级地震后，楚雄日报社迅速组织编辑记者赶到灾区第一线进行采访报道，同时认真研究制定了抗震救灾的宣传计划。全体采编人员昼夜加班，连续奋战15天，全面报道各级党委政府和灾区人民群众迅速组织抗震救灾，恢复重建家园的情况。报社在1月16日（星期日）不出报的情况下，编辑出版了《楚雄日报·抗震救灾特刊》号外，组织编辑记者和印刷厂职工到楚雄城区发送。并分别于1月19日和1月23日在较短的时间内编辑出版了“1·15”姚安地震抗震救灾特辑《不倒的家园》，“1·15”姚安地震抗震救灾情况简介《关注灾区》，共刊登稿件图片1000多件，达50万字。

【学习臧金贵先进事迹典型宣传】 获悉臧金贵同志逝世的消息后，楚雄日报社及时派出记者进行采访，并于2000年4月28日在《楚雄日报》以“青山有泪哭忠魂——记孔繁森式的好干部臧金贵”为题，详细报道了臧金贵同志在永仁县工作期间的先进事迹。州委发出向“优秀共产党员”、“扶贫攻坚好干部”臧金贵同志学习的通知后，报社迅速制定了向臧金贵同志学习的宣传计划，掀起了向臧金贵同志学习的宣传高潮。紧紧结合江泽民同志提出的“三个代表”重要思想，组织撰写学习臧金贵的系列评论，及时报道全州各地用实际行动开展向臧金贵同志学习的情况。记者撰写的稿件分别向人民日报、光明日报、滇池晨报发送，各大报刊都在显著位置刊登了臧金贵事迹的文章。按照州委的要求，在3天之内编辑出版了彩色插页书籍《青山有泪哭忠魂——记孔繁森式的好干部臧金贵》，受到州委和深圳市委领导的充分肯定。报社共刊发臧金贵事迹和全州各地开展向臧金贵学习活动的消息、通讯、评论、言论、文艺作品105篇、图片100余幅，达15万字。

【实施西部大开发战略的宣传】 2000年，楚雄日报社通过精心策划，分别在一、三版开辟了“西部大开发楚雄周边行”、“西部大开发楚雄怎么办”两个专栏。3月中旬，报社组织精干的采访队伍，分成3个组奔赴四川攀枝花、昆明、大理采访调研，在一版连续刊登了35篇周边州、市在实施西部大开发战略中的做法和经验，为广大干部学习和借鉴提供宝贵的资料。结合国家西部大开发的战略决策，报社紧密配合州委“解放思想、调结构、拓市场、活流通”大讨论，积极引导全社会都来关心思考楚雄的发展，为楚雄的发展献计献策，把解放思想大讨论引向深入。重点报道了实施西部大开发的工程项目，10月28日，对建州以来投资最大的南（华）永（仁）公路开工庆典情况及工程建设情况进行了详实的报道，开设了《来自南永线工地的报道》专栏。

【旅游业发展的宣传】 2000年，

楚雄日报社把宣传报道楚雄州旅游业的发展作为一个重点来抓。(1) 紧密结合首届中国昆明国际旅游节楚雄分会场活动开展宣传，在四版《紫溪》栏目内连续介绍重要景点、景区和“三古”文化；(2) 在一版“解放思想、调结构、拓市场、活流通”专栏组织编发以旅游业发展为主题的讨论文章，在三版开设了“旅游业能否建成彝州重点产业大讨论”专栏。努力为楚雄州旅游业的发展创造良好的舆论环境。

【“三讲”教育的宣传】 2000年，根据州委的安排部署，楚雄报社对州、县领导班子和领导干部“三讲”教育各个阶段的工作情况进行了重点报道，对全州10县（市）和州属各个部门“三讲”教育工作所取得的成效和经验进行了广泛宣传，在宣传中严格把好政策关，坚持审稿制度，做到用正确的舆论引导人，较好地配合了“三讲”教育的顺利进行。

【村级体制改革的宣传】 从2000年5月起，《楚雄日报》先后刊登了《彝家山寨考“村官”》、《全州村改试点工作稳步推进》、《神圣的一票》、《我州村改工作取得显著成效》等消息、特写、评论、图片50多件，达5万多字。全面报道了全州各地进行村级体制改革，民主选举村级班子的情况。

【第五次人口普查工作的宣传】 根据全国第五次人口普查工作的总体安排，从2000年7月份起，《楚雄日报》把人口普查的宣传作为一项任务来抓。重点报道全州第五次人口普查工作的准备情况，户口整顿工作，各地人口普查的机构、人员、经费落实和11月1日开始的人口普查工作进展情况。还利用《楚雄日报》新闻周刊和社会周刊介绍了全国第五次人口普查工作的政策、措施、特点，介绍了国外一些国家人口普查工作的做法和经验。从10月1日起，在《楚雄日报》一版上打上了人口普查倒计时的醒目标记，为全州搞好人口普查工作做好宣传服务。

【加强思想政治工作的宣传】 从2000年5月份起，《楚雄日报》在一、三版分别开辟了“学习臧金贵、当好‘三个代表’”、“学习践行‘三个代表’重要思想”、“加强思想政治工作”3个专栏，全面报道全州各级党委和基层党组织贯彻落实江泽民总书记提出的“三个代表”重要思想，加强和改进思想政治工作及州内涌现出来的思想政治工作先进经验和典型。“七一”建党节期间，刊载了人民日报社论“开创思想政治工作的新局面”，新闻周刊还用整版刊登了江总书记6月28日在全国思想政治工作会上讲话的重要内容，为全州各级党组织抓好思想政治工作，提供了强大的舆论支持。

【社会治安综合治理工作的宣传】 楚雄日报社历年来都把社会治安综合治理工作的宣传当做一件大事来抓。2000年1月26日《楚雄日报》在一版刊登了“努力开创新世纪政法工作新局面”的消息，把州委提出的2000年政法工作7个方面的工作重点传达到彝州各地。在三版继续开设“司法园地”、“彝州公安”、“政府法制”专栏，全面报道政法战线打击各种犯罪活动的情况和社会治安综合治理的经验，及时报道楚雄州实施依法治州、“三五”普法的学习教育情况。全年共刊登反映社会治安综合治理工作的文稿、图片300多件，达10余万字。

【出版《楚雄日报·世纪珍藏版》】 楚雄日报社在2000年1月1日出版对开大报《楚雄日报·世纪珍藏版》，印制了200多份丝绸珍藏版，为全国地市报中的首创。

【楚雄日报社创办《新闻周刊》和《社会周刊》】 为了使党报更加贴近社会、贴近生活、贴近群众，从2000年6月份起，《楚雄日报》每周星期二和星期四分别增加了《新闻周刊》和《社会周刊》，加强舆论监督，关注社会热点，反映百姓生活，传递国内外重大新闻，深受广大读者的欢迎。

【《记者与彝州》中国画、书法、新闻摄影作品展】 2000年11月8日至20日，为庆祝首届中国“记者节”，楚雄日报社举办了《记者与彝州》中国画、书法、新闻摄影作品展，展出分为“亲切的关怀”、“不倒的家园”、“光辉的楷模”、“彝州的足迹”、“记者的家园”5个部分，共有89件新闻摄影图片和17幅中国书画作品参加展出。真实地再现了彝州各个历史时期，特别是改革开放以来的重大新闻事件。展出了《楚雄日报》从《学大寨通讯》至当前的部分珍贵史料，真实地反映了《楚雄日报》发展的艰辛历程。开展当天，报社的全体编辑、记者到中国彝族十月太阳历文化园，种下了被誉为“植物活化石”的银杏树，开辟了楚雄日报社第一片“记者林”。

【《楚雄日报》征订发行工作】 2000年8月1日，中共楚雄州委办公室下发《关于做好2001年度

〈楚雄日报〉征订发行工作的意见》，提出《楚雄日报》征订发行工作的奖惩措施，实行编委成员报刊发行责任制，与奖惩挂钩。在州委宣传部的大力支持和各县（市）委宣传部的共同努力下，2001年《楚雄日报》征订量达36157份，在全省地、州报中继续保持最高水平。

〔贺德祥〕

【全州出版内部资料87种】 2000年，楚雄州共出版内部资料性图书52种，印数达10.8万册，其中部门类志书有5种。印数最多、反映较好的是州科协编辑出版的种植、养殖类系列丛书，深受广大农村读者的普遍欢迎。出版连续性内部资料期刊23种，印数22.4万册；连续性内部资料性报纸12种，印数13.3万张。

〔黄家勇〕

【《中共楚雄州委年鉴》（2000）出版发行】 2000年11月20日，中共楚雄州委办公室和中共楚雄州委党史征集研究室在州委小礼堂举行了《中共楚雄州委年鉴》（2000）首发式，州委常委、州委秘书长李明出席会议并讲话。州级各部门领导及撰稿人出席了首发式。州委党史征集研究室副主任、《中共楚雄州委年鉴》副主编起向聪介绍了年鉴的编纂情况并布置了下年编写工作。

〔杨雪斌〕

【《楚雄州年鉴》（2000）出版发行】 2000年11月，《楚雄州年鉴》（2000）由云南科技出版社公开出版发行。该年鉴为楚雄州第12部地方性综合年鉴，共计2200个条目、124万字。该书汇集1999年楚雄州政治、经济、文化、社会等各方面的信息资料，具有浓郁的地方特点和民族特色。在优化选题保证书稿质量的前提下，内页增设插图，编制了科学规范的主题索引，增强了可读性和实用性，该书信息密集、资料翔实，图文并茂，是人们了解及研究彝州的地情资料工具书。

【《楚雄市年鉴》（2000）出版发行】 2000年8月，《楚雄市年鉴》（2000）公开出版发行。该书由楚雄市年鉴编辑委员会主办，楚雄市年鉴编辑部编辑，德宏民族出版社出版，是楚雄市第6部综合性年鉴。该书设条目1000余条，共68万字，内页配有彩色、黑白图片及企事业选介专栏。该书系统地记述了1999年楚雄市发展全貌，具有较高的使用价值。

【《禄丰县年鉴》（2000）出版发行】 《禄丰县年鉴》（2000）于2000年5月公开出版发行。该年鉴由禄丰县年鉴编辑委员会编撰，德宏民族出版社出版。设有1000余个条目，50余万字。该书全面记述了1999年禄丰县政治、经济、社会等各个方面的发展情况，具有较强的史料价值和现实参考作用。

【《武定年鉴》（2000）出版发行】 2000年12月，《武定年鉴》（2000）公开 向国内外发行。该年鉴由武定县年鉴编辑委员会编辑、云南民族出版社出版，为武定县第5部地方综合性年鉴。全书设11个部类，约45万字，全面系统地反映了1999年武定县政治、经济、文化、社会各方面的发展变化及成就。具有一定的史料性和可读性。

【《南华年鉴》（2000）出版发行】 2000年11月，《南华年鉴》（2000）公开出版发行。该年鉴由南华县年鉴编辑委员会主办，中共南华县委党史征集研究室、南华县地方志办公室编辑，德宏民族出版社出版，是南华县第4部综合年鉴。全书共计52万字。该书汇集了南华县1999年政治、经济、文化、社会各个方面的信息资料，客观记述了南华县社会全貌，具有较强的资料性和借鉴价值。

【《双柏县年鉴》（2000）出版发行】 2000年9月，《双柏县年鉴》（2000）由德宏民族出版社出版，向国内外公开发行，该书由双柏县年鉴编辑委员会组织编纂，为双柏县第5部地方性综合年鉴。全书计50万字，内页配有彩色新闻图片及机构选介、企业选介的宣传彩页。该书客观地反映了双柏县1999年社会发展的轨迹，具有较强的信息性和资料性价值。

【首部《大姚县年鉴》公开出版发行】 《大姚县年鉴》（2000）于2000年11月向全社会公开出版发行。该年鉴是中共大姚县委、县人民政府主办的对外发布的大型综合性年刊。由大姚县年鉴编纂委员会编辑、德宏民族出版社出版。全书计1312个条目，为大16开精装本。该书客观地反映了1999年大姚县社会发展的状况，具有较强的信息性和史料性。

【《康熙楚雄府志校注》出版发行】 由楚雄州地方志办公室组织整理校注的《康熙楚雄府志校注》历经10余年艰辛，于2000年5月由德宏民族出版社公开出版发行。该书29万字，全书分为10卷，内容包括地理志、建设志、赋役志、学校志、秩官志、选举志、人物志、艺文志，对当时楚雄府及所辖州县的地理、经济、政治、文化、教育、人物、艺文等有详尽记述，文辞典雅。该书对于认识楚雄州情、鉴古知今具有重要参考价值。

【《紫溪山志》出版发行】 由楚雄市城乡建设局组织编纂的《紫溪山志》历时3年，三易其稿，于2000年5月由云南民族出版社出版发行。全书分自然景观、古迹园林、佛教名山、民族风情、自然资源、保护与开发、人物、碑刻、诗文共9章。内页附有紫溪山自然保护区的大量图片。全书资料丰富、体例完备、文辞典雅。

〔白云鹏〕

文化市场管理

【简述】 2000年，楚雄州文化市场经营单位经过多年的发展和调整，单个经营规模有扩大和综合型两个发展趋势，新增电脑软件经营户13家。年内，全州有文化市场经营户2828户，数量上与1998年相比减少1409户，文化市场经营单位的经济效益步入低谷。

【换发《文化经营许可证》】 根据云南省文化厅的安排，楚雄州文化局决定从2000年11月15日至2001年1月20日换发到期的《文化经营许可证》，换证对象是已到期并进行过1999年年检的各文化经营单位（包括国营、集体、个体户），要求各县（市）在布局合理、提高质量、利于管理的原则下，从严掌握、严格审批。换证工作开展以来进展顺利，年底已基本完成。

【查处文化市场案件】 2000年，楚雄州文化局及各县（市）文化体育局在文化市场、新闻出版管理工作中，共查处案件131件，131家经营单位受到行政处罚。案件主要集中在音像、书刊、电子游戏这3类文化经营项目中。行政处罚的方式主要是没收违法所得、没收非法财物、罚款。此外，对9宗工商部门送审的非法音像制品、非法书刊作了鉴定。

【整顿音像市场】 根据云南省文化厅转发文化部《关于开展全国音像市场法制宣传活动的通知》精神，楚雄州文化局对此次宣传治理工作作了精心的部署和安排。工作分两个步骤：（1）7月10日至25日为宣传动员阶段。在此期间，各县（市）召开音像经营户大会，作动员宣传；7个县（市）的分管副县（市）长在电视、电台上专门对此项工作发表了讲话。全州共设14个咨询点，宣传音像市场的法律、法规，解答群众咨询的问题。(2）7月25日至8月15日为清理整顿阶段，在公安、工商部门的密切配合下，对全州音像放映、出租、零售点进行了认真的清查。共出动3723人（次），进行了2至3次的大规模检查。共检查经营户2315户（次）；收缴盗版光碟6721片、淫秽光碟76片、录音磁带2314盒；取缔无证经营3户；罚款2700元。全州音像市场通过宣传治理后，面貌有了较大改观。

【开展电子游戏经营场所专项治理】 2000年7月5日，云南省人民政府召开“全省加强娱乐场所管理暨电子游戏经营场所专项治理电话会议”后，楚雄州人民政府转发了《楚雄州关于开展电子游戏经营场所专项治理的实施意见》。州“扫黄打非”办公室、州社会文化管理办公室、州文化局发布了《关于开展电子游戏经营场所专项治理的通告》。7月21日，楚雄州、市文化局召开了楚雄城区从事电子游戏、歌舞、卡拉OK、棋牌娱乐等293户文化娱乐场所法人、负责人参加的大会。通过宣传，多数经营者主动纠正违规经营，配合清理，自觉谢绝未成年人进入电子游戏室、自觉改装有奖机型。与此同时，州、市文化局牵头组织州、市公安、工商机关工作人员对楚雄城区109户电子游戏室和33户公众电脑屋（网吧）进行了认真检查。7月21日至9月初，出动153人次，收缴电脑游戏光碟580多片，责令整改博彩机型6户，收缴有奖性质的电脑板18块，取缔电脑游戏经营户5户，取缔无证经营3户，处罚接纳16岁以下未成年人进入游戏室的经营户16户。全州各县（市）也同时开展了大规模的清理行动。禄丰县行动迅速、措施有力，共收缴违禁机型27台、电脑板34块、电脑游戏硬件17块，罚款12500元。元谋县通过8月10日至12日3天的清理整治，检查经营户39户，拆除181块电脑板。通过专项治理，有效遏制了电子游戏和电脑网吧经营中的违法现象，规范了市场。

【继续查缴“法轮功”类非法出版物】 2000年，“扫黄、打非”重点内容仍然是“法轮功”类出版物及有害气功类出版物的清理。3月，楚雄州成立了清理整顿气功类出版物领导小组。年内，通过一系列对有害气功和封建迷信出版物的清理，共收缴封建迷信类出版物465册。文件规定如《中华养生益气功一至四部总辅导》等14种气功类出版物在市场上已完全消失。同时，加强对出版、印刷、发行3

个环节的监督检查，未发现有非法出版、印刷、发行有害气功类出版物的现象。

【建立文化市场监督举报电话网】 2000年,全州各县（市）向经营户发放了3000余块监督电话牌。年内，共收到举报电话120多起，及时查处了各种违法违规经营活动。仅州“扫黄办”接到举报后就出动38次，办理各类案件43起，切实解决了群众关心的热点问题，查处了大批走私盗版案件。在加强社会监督的同时，州文化局制定了《楚雄州文化市场管理人员廉洁执法十不准》，完善了收缴物品保管办证程序、稽查职责、案件呈批等一系列内部规章，保证文化行政执法的公开、公正，形成了有效的内外监督机制。

【扫黄打非取得实效】 2000年，在中共楚雄州委、州人民政府的领导下，全州各级扫黄打非领导小组办公室协调公安、工商等部门，克服困难，加班加点，密切配合，扫黄打非工作取得实效。据统计，全州年内共出动检查12923人次，检查经营户9719户次，取缔非法经营点126个，行政处罚131个点；收缴非法书刊23143册，其中淫秽书刊313册，有政治问题的16册；收缴非法教辅读物126420册；收缴非法音像制品、电子出版物10122盒，其中色情淫秽242盒。有力地打击了非法出版物的经营行为，维护了市场秩序。

〔黄家勇〕

图　　书

【楚雄新华书店有限公司加强文明单位建设求发展】 2000年，楚雄新华书店有限公司把创建文明单位工作看作改善企业社会形象、提高企业文明素质和市场竞争能力的大事来抓。各店在内强素质、外树形象的同时，积极争创“安全文明小区”和“无毒社区”，员工及家属子女无一人吸毒，无一人修练“法轮功”。至2000年底止，全州已创建县级文明单位6个（禄丰、元谋、武定、牟定、永仁、大姚），州级文明单位两个（南华、双柏）。并要求已取得文明单位的店不能固步自封，要不断提高文明单位的“含金量”，真正把书店办成当地最具标志作用的文明单位。对未进入文明单位行列的书店限期达标，争取早日实现全州书店创建文明行业的目标。为适应电脑网络的时代要求，适应市场竞争的新需要，楚雄店尽快实现计算机管理，进行全员电脑培训。第一批学员21人考试全部合格，员工们从不懂计算机到爱上电脑，从电脑盲变成网民，为企业全面推行电脑管理打下了基础。公司全年销售4590万元，实现利润36.7万元，取得了社会效益和经济效益同步增长的好成绩。

【楚雄新华书店有限公司成立】 2000年12月1日，按照《公司法》的相关规定，“楚雄新华书店有限公司”经楚雄州工商行政管理局审批认可并办理了注册登记手续后正式成立。由杜明芬、王怀高、王玉祥组成第一届董事会，杜明芬任董事长，李加平任监事。

〔王怀高　蒋明辉〕

【恢复重建震损图书馆】 2000年1月15日，姚安5.9级和6.5级地震发生后，大姚县图书馆严重受损，姚安县图书馆、牟定县图书馆被鉴定为危房，永仁县图书馆、元谋县图书馆有损伤。在抗震救灾过程中，图书馆人员努力主动地做了大量内部工作。同时积极争取各级领导部门的支持帮助，主动汇报救灾情况，想办法或搬迁、或就地及时恢复正常的书刊流通服务工作。大姚县图书馆得到省、州、县投资20万元于11月动工修复，计划2001年3月投入使用。姚安县图书馆于12月拆除危房并开工重建，总投资150万元，预计2001年6月竣工。牟定县图书馆恢复重建工程已列入县人民政府规划，计划投资40万元修复。

【图书馆服务宣传周活动】 为了贯彻落实江泽民总书记关于“在全社会大力弘扬科学精神，宣传科学思想，传播科学方法，使中华民族的科学文化水平不断提高”的重要指示精神，楚雄州各县（市）图书馆均于2000年5月25日至6月10日开展了内容丰富、形式多样的图书馆服务宣传周活动。州图书馆的活动有：征询读者意见，收回调查表100余份；组织了少年儿童读者美术作品展览；举办小读者“五爱”讲座；征集读书心得47篇；组织楚雄农业学校学生认识了解图书馆工作；编辑《农科信息》发往农村；主动服务到楚雄苍岭、富民、子午、东瓜、小河口、云荫寺等中小学校；为35309部队、武警一中队官兵提供书刊；开展图书馆业务辅导；召开了以“加强读书学习，弘扬科学精神”为主题的读者座谈会，有20多位读者提出了很好的建议。2000年的宣传周活动服务宣传面广，得到学校、部队和州电视台的配合支持，为在读者中进一步掀起阅读科普图书、学习科学文化知识的热潮发挥了积极作用。

【“读者喜爱的图书馆”评选活动】 2000年6月，国家文化部在全国范围内部署开展了评选“读者喜爱的图书馆”活动。评选工作采取审定参评资格与读者问卷调查相结合的方式进行。楚雄州图书馆的开馆时间、年接待读者人次与年外借书刊册次均达到了1997年文化部制定的图书馆评估标准。该馆于6月10日至15日对500名读者采取随机发放问卷调查表的方式，并按省文化厅下发的文件要求进行汇总统计后上报。全国共有31个省区直辖市的10多万名读者参加了这项活动。经全国“知识工程”领导小组审定，共评选出150个“读者喜爱的图书馆”。楚雄州图书馆是云南省5个“读者喜爱的图书馆”之一。

〔张卫平〕

档　　案

【简述】 2000年，全州档案部门全面履行档案行政管理和保管利用两种职能，各项工作取得了明显成绩。截止12月底，全州11个综合性档案馆全部实现目标管理，其中省一级先进馆2个，二级先进馆4个，三级先进馆5个；共保存有档案210991卷（其中建国前档案25560卷，建国后档案18543卷），资料67591卷（册），向社会开放档案264个全宗41021卷，全年共向社会提供利用4987卷次，2066人次；在全州范围内组织档案行政执法检查1次，抽查、检查机关、企事业单位、重点建设项目档案工作404个；组织各种业务培训班36期；培训专兼职档案干部1888人次；重点建设工程项目和村级体制改革中的档案工作进一步得到加强。年底，全州档案部门有从业人员83人，其中副研究馆员2人，馆员24人，助理馆员25人，管理员7人，管理人员及工勤人员25人。

【全州档案局（馆）长会议】 2000年2月29日至3月1日，全州档案局（馆）长会议在楚雄召开。10个县（市）的局、馆长和州档案局全体职工参加了会议，会议传达了全省档案局（馆）长会议精神，总结了全州1999年档案工作，安排布置了2000年工作。9月6日至7日，州档案局再次召开局（馆）长会议，会议检查了各县（市）和州档案局工作完成情况，安排布置了行政执法检查，农业、农村档案，重点工程建设（项目）档案等项工作。与会人员还到禄丰县罗川乡和楚雄市苍岭镇参观了村级建档和村级体制改革中的档案工作，交流了经验。

【州级机关档案工作会议】 2000年3月14日，楚雄州人民政府办公室组织召开了州级机关档案工作会议。州属各单位分管档案工作的领导和档案员共计200多人参加了会议。会议安排部署了2000年州级机关档案工作，通报了近年来州级机关档案目标管理工作的情况。会后各单位进一步加强了档案工作，目标管理工作全面展开，截止12月30日已有7个单位达B1级标，1个单位达B2级标，9个科技事业单位达省级先进标准。至此已有71个单位的档案工作实现了目标管理。

【档案行政执法检查】 2000年，楚雄州行政执法领导小组决定在下半年对全州档案工作进行行政执法检查，成立了以州人民政府办公室副主任杨光海为组长，州档案局局长董发章，州法制局局长徐鹏为副组长，州人大常委会教科文卫委员会、州法制局、司法局、档案局、计委抽调人员组成的检查组，各县（市）也成立了相应的检查组先期对各县（市）及其所属单位的档案工作进行执法检查。州检查组于10月9日至18日抽查了5个县（市），13个重点工程建设（项目）和22个机关、科技事业单位。检查的内容主要是贯彻执行《档案法》和《云南省档案条例》的情况。通过检查，全州各级党委、政府进一步加强了档案工作，各级档案部门完善、落实了档案行政执法责任制度体系，明确了执法主体，落实了执法责任；各部门、各单位档案法制意识有所增强，档案工作得到加强，全州档案工作成绩明显。11月10日楚雄州档案行政执法和档案馆目标管理工作顺利通过了省档案行政执法检查组的检查验收，各项工作得到了好评。

【机关档案工作】 2000年，楚雄州档案部门全面推进机关档案工作的制度化、规范化、科学化、法制化建设，积极推动机关档案工作的开展，业务工作水平有明显提高。年内，全州共有92个机关、11个科技事业单位、2个乡（镇）、64个站（所）的档案工作实现了目标管理。银行、审计、工商、检察院、税务、土地等系统实现了州、县机关档案工作目标管理“满堂红”。土地、公安系统已将档案工作目标管理开展到基层站（所）。

【重点建设工程项目档案工作】 2000年，配合西部大开发的实施，全州各级档案部门认真贯彻《云南省重点建设项目档案管理登记办法》和《基本建设项目档案资料管理暂行规定》，主动加强了对全州重点建设项目工程档案的管理和监控，州档案局与州计委联合下发了《关于进一步加强重点建设项目档案工作的通知》，对全州重点建设项目工程档案工作提出了全面的要求，将1999年11月26日省人民政府楚雄现场办公会确定的44个项目以及姚安、武定地震恢复重建项目全部纳入管理。7月，州档案局与州计委联合举办了有56人参加的全州重点建设项目工程档案管理人员培训班，在10月份组织的执法检查中对13个重点在建项目的档案工作进行了执法检查。安（宁）楚（雄）公路、楚（雄）大（理）公路楚雄段，武定新村水库等工程档案已接收进档案馆保存。双柏老虎山电站、广（通）大（理）铁路、州广播电视大楼、楚雄市西静河水库、十月太阳历文化园等项目的档案工作与工程建设同步进行。确保了档案的齐全、完整和安全保管、有效利用。

【农业农村档案工作】 2000年，农业农村档案工作的重点除继续开展村级建档外，还围绕村级体制改革这一中心工作，注意抓好村级体制改革工作中的档案工作，州档案局积极配合，超前介入，6月份就与州村级体制改革领导小组办公室联合下发了《关于村级体制改革中加强档案管理的意见》，州及楚雄市、禄丰县档案局深入到“村改”试点乡（镇）调研，制定了“村改”档案整理的业务规范和要求，州档案局将试点经验修改完善后在全州范围推广。9月份召开的局（馆）长会议上专门对抓好“村改”前、中、后3个阶段的档案工作进行了安排，各县（市）也积极、认真开展此项工作，对“村改”过程中的文件资料做到了及时收集，规范整理，有效利用，“村改”工作结束验收时也验收了档案工作。

【企业档案工作】 2000年，全州各级档案部门加强了对企业改制中的档案管理工作，对改制企业、破产企业、乡镇企业、合资企业和开发区的档案工作进行了调研，拟定了《关于加强企业档案管理工作的意见》，州档案局局长董发章亲自带队到破产企业禄丰钢铁厂调研，对其破产后的档案提出了处置意见，报有关部门协商同意后进行处置。同时档案局还对全州企业档案管理情况进行了统计登记和调查，为今后进一步做好全州企业档案工作打下了良好的基础。

【州档案馆晋升为省二级先进档案馆】 楚雄州档案馆自1995年10月实现目标管理，晋升为省三级先进档案馆后，继续加强各项业务基础工作，加大开发档案信息资源的力度，经过5年的努力，各项工作又上新的台阶。2000年10月30日经省档案局组织的严格考评验收，以94.5分的成绩晋升为省二级先进馆。至2000年底止，州档案馆馆藏档案41340卷（其中建国前档案8294卷，建国后档案33066卷），资料13059卷（册），共向社会开放档案49个全宗，11996卷。档案馆与档案局合署办公，有工作人员17人。（其中副研究馆员1人，馆员6人，助理馆员5人，管理人员2人，工勤人员3人），大专以上学历人员占职工总数的76.5%。

【双柏县档案馆晋升为省一级先进档案馆】 双柏县档案馆在党委、政府的关心、支持下于2000年2月搬入新馆址办公，全体工作人员扎实工作，再接再厉，12月7日以95分的好成绩通过了州档案局的考评验收，经省档案局批准，晋升为省一级先进馆，成为州内继楚雄市档案馆后第二个晋升为省一级先进馆的单位。

【档案管理人员培训】 针对2000年业务工作量大，新业务开展多的实际，州、县档案部门加大了业务培训的力度，采取“走出去，请进来”的办法，举办各种业务培训班36期，培训专兼职人员1888人。其中州档案局与州计委联合举办的重点建设工程项目档案工作业务培训班，培训人员56人；州档案局举办的民国档案目录计算机采集培训班，培训各县档案馆专业人员12人，在州内均是首次。部分县（市）举办的“村改”档案工作培训班首次将档案工作业务培训推向农村基层，为今后档案工作进一步发展作了人员准备。

【档案安全保管】 2000年，针对部分地方出现火灾烧毁档案的情况，为确保档案的安全保管，楚雄州档案局先后发出了《关于确保地震后档案安全的通知》和《关于进一步加强档案安全保管的通知》，对档案安全保管工作进行了安排，对档案库房特别是档案馆的库房进行了检查，对发现的问题及时处理。州、县档案馆主动与消防等部门联系，加强了以防火、防盗等为中心的创建安全文明小区工作，11个综合性档案馆都通过了消防、创安部门的检查验收，全州800多个机关乡（镇）综合档案室也普遍进行了一次安全检查。

〔李洪波〕

教　育

教育管理

【简述】　2000年，楚雄州教育委员会在中共楚雄州委、州人民政府的领导下，认真贯彻党的教育方针，深化教育改革，调整专业结构，合并中专学校和调整中小学校布局，收缩校点，扩大办学规模。进一步使各级各类教育更适应于楚雄州社会经济的协调发展。年内，全州有普通高等师范专科学校1所，在校生1929人，在校函授专科生214人，电大普通班学生185人，有注册视听生230人，成人中专在校生493人；有教职工507人。学校占地635亩，生均占地219.5平方米；校舍总面积90562平方米，生均校舍46.9平方米；图书35.7万册，生均图书185册。中等专业学校8所，在校生6548人，教职工795人。学校占地828亩，生均占地84.3平方米；校舍总面积183631平方米，生均校舍28平方米；图书51.4万册，生均图书78.4册。技工学校1所，在校生1001人，教职工114人。职业中学12所，在校生5100人，其中：职业初中822人，职业高中4278人（高中阶段在校生中普通高中与职业教育在校生之比为1:1:05）。教职工507人。学校占地633亩，生均占地86.7平方米；校舍总面积74900平方米，生均校舍14.7平方米。图书9.9万册，生均图书19.4册。普通中学172所，其中：完全中学21所，高级中学1所，初级中学150所。在校生126681人，其中：初中生113761人，高中生12920人。初中人口入学率88%，上学年初中辍学率2.31%。教职工8633人。学校占地5850亩，生均占地30.8平方米；校舍总面积1017144平方米，生均8.03平方米；图书156.3万册，生均12.3册。小学1199所，教学点2086个，其中：一师一校1551个；在校生238711人，适龄儿童入学率99.6%，上学年辍学率1.06%；教职工13736人。学校占地9563亩，生均占地26.7平方米；校舍总面积1514017平方米，生均校舍6.3平方米；图书204.7万册，生均图书8.6册。特殊教育学校1所，在校生245人，残疾儿童入学率70.6%，教职工45人，学校占地17亩，校舍总面积6054平方米。幼儿园96所，在园幼儿32852人，3～6岁儿童入园率26.6%。教职工1284人，占地208亩，校舍总面积79144平方米。教师进修学校10所，有成人函授中专班466人，教职工99人，校舍总面积17853平方米。成人文化技术培训学校1259所，其中：乡（镇）办128所，村公所（办事处）办1131所，累计培训农村劳动力410575人。有农民初等教育文化班（点）967个，毕业538人；扫盲班370个，脱盲1203人。全州每万人口中有在校全日制学生1665人，其中：大学生8.1人，中专生28.3人，普通中学生508.8人，职业中学生25.2人，小学生958.7人，在园幼儿131.9人。

〔郭兴旺〕

【楚雄州教育技术专家委员会成立】2000年，经楚雄州教育委员会批准，成立楚雄州教育技术专家委员会，该委员会的办公室设在州电化教育馆。楚雄州教育技术专家委员会的成立，标志着楚雄州现代教育技术的发展正向着规范化和科学化的目标迈进。目前，州教育技术专

语音教学

家委员会已经为全州5所学校的多媒体教室、电子阅览室、双向TV、校园网络等700多万元建设项目进行了技术论证和可行性论证，保证了方案实施的科学性。

【学校电化教育工作发展迅速】 2000年，楚雄州各级各类学校电化教育工作全面发展，并出现了不等不靠不要，立足自己的可喜局面。建设的档次、规模、科技含量都较往年有很大不同。楚雄一中投资300多万元，建设以IBM－AS400小型机为标志，高标准的1000兆校园网，开创了云南省中学校园网建设的先河；楚雄师范附属小学投资100多万元建设60座的单人单机多媒体教室，以及以郎讯专业交换机为代表的校园网；楚雄民族中等专业学校投资200多万元建立50台电子计算机多媒体教室，30台电子计算机阅览室，两套独立中控系统的双向TV，一套1000兆以太校园网；全州10县（市）教师进修学校建立起了电子计算机培训教室；各县（市）一中语音室也在年内全部建成。

【现代教育实验学校建设】 2000年，楚雄州在原有一所国家级实验学校的基础上，新批准楚雄一中为国家级实验学校，新批准禄丰城南小学为省级实验学校，新批准8所学校为省级课题实验学校，这些不同层次的实验学校，是对楚雄州现代教育技术在广大学校开展的充分肯定。年内，全州各级各类学校的各种实验专题研究全面发展，以楚雄一中、楚雄师范附属小学国家级中小学校现代教育实验学校为代表的最高层次专题研究，以北城小学、禄丰城南小学省级现代教育技术实验学校为代表的中层次实验学校，以及云南省电化教育馆组织的以现代教育技术促进素质教育的专题研究，多层次、多角度反映出楚雄州学校实验专题研究的开展情况，反映出从过去单一的普及使用，发展成当前的提高质量、发挥效益的新局面。

【楚雄州教育委员会成立电子计算机中心】 2000年2月，楚雄州教育委员会成立电子计算机中心，中心设在州电化教育馆一楼，投资30多万元的中心由42台北大方正文祥电子计算机、松下数码大屏幕投影电视机、光盘刻录设备组成NT网，并由ISDN专线连入Internet国际互联网。中心具有多媒体计算机教室的所有功能，具有较强的交互性，可对40多名学员进行全方位的电子计算机培训，同时提供40台计算机上网的功能。

【全州教育法人计算机知识培训与考核】 2000年，楚雄州教育委员会制定了对各县（市）教育委员会领导、各级各类学校领导、各级教研部门教师电子计算机知识和操作技能考试的规定。按规定要求于2000年4月19日开始在州教育委员会电子计算机中心举行了第一期培训。到年底止，共进行了9期培训，已有各县（市）教育委员会、完全中学及部分初级中学、小学的领导近400人参加了培训考试。

〔查　锐〕

【楚雄州如期实现“两基”规划目标】 2000年9月，以武定县顺利通过云南省人民政府“普九”评估验收为标志，全州实现基本普及九年义务教育。这是楚雄州教育史上的具有里程碑意义的大事。“两基”目标的实现，提高了全州各民族人均受教育的程度，满足了青少年基本的学习要求，为振兴彝州教育事业，全面推进素质教育，提高劳动者素质，加快彝州社会主义现代化建设步伐，奠定了坚实的基础。

【楚雄州教育督导室更名】 2000年8月11日，根据《楚雄州人民政府关于进一步加强我州教育督导与评估工作的意见》，楚雄州教育督导室更名为楚雄彝族自治州人民政府教育督导室，与州教育委员会合署办公，由州教育委员会主任兼任督导室主任，设一名专职督导室副主任，督导室下设办公室。要求各县（市）人民政府在年内建立健全县（市）人民政府教育督导室。州人民政府教育督导室负责统筹规划、组织实施全州的教育督导工作，制定本州教育督导与评估的指导性文件和工作制度，对本州贯彻落实有关教育法律、法规、规章和政策的情况实施督导，对县（市）人民政府及其教育行政部门领导、管理教育工作的情况实施督导等工作。督导室坚持综合性督导与专项督导相结合，以综合性督导为重点，围绕教育热点和重点问题开展不定期的专项督查，以督导普及义务教育及其巩固提高、保障素质教育的实施为重点，促进中等及中等以下教育的改革和发展。

〔段福君〕

【楚雄等4县（市）顺利通过云南省“实验教学普及县”验收】 2000年，由云南省教育委员会条件装备处及玉溪、曲靖、大理、临沧、昆明等教育委员会组成的省人民政府“实验教学普及县”检查验收组对楚雄州楚雄市、禄丰县、南华县、武定县的“实验教学普及县”工作进行了全面的检查评估。检查组对照省“实验教学普及县”工作验收的各项指标逐一检查评定。既检查了各级各类学校的建设和管理情况，又抽考了不同层次的学生实验操作。经过综合评议，检查组一致认为：楚雄州的楚雄市、禄丰县、南华县、武定县“实验教学普及县”工作已经达到省定标准，同意验收，列入2000年度实验教学普及县，予以公布。

〔杨宏仁〕

【楚雄州“实验教学普及县”工作全面展开】 继1999年双柏县顺利通过云南省“实验教学普及县”工作验收后，2000年，楚雄州其余的9县（市）积极开展该项工作。州“实验教学普及县”工作领导小组根据全州教育发展的基本情况对该项工作进行了进一步规划，确定楚雄市、禄丰县、南华县、武定县于2000年内完成该项工作并向云南省人民政府申报，永仁、姚安、大姚、元谋、牟定5县于2001年内完成该项工作。2000年1月10日至13日，在双柏县召开了全州“实验教学普及县”工作现场会。会议对全州的“实验教学普及县”工作作了具体部署。自此，全州“实验教学普及县”工作正式全面展开。

〔杨　平〕

【勤工俭学工作稳步发展】 2000年，楚雄州勤工俭学工作取得了可喜成绩。全州勤工俭学开展面达92%，总收入1560万元，生均收入41元。有农、林、牧、渔基地11931亩；工业企业20个（中学7个，职业高中3个，小学6个，中专4个）；第三产业240个。基地接纳学生参加劳动70万人次。从事勤工俭学人员183人（教师88人）。总收入中，农业纯收入162万元，工业利润53万元，第三产业利润141万元，其他勤工俭学收入1204万元。总收入用于补助教育经费1509万元（修建教学用房269万元，购置教学设备274万元，补助公用经费546万元，修建教职工宿舍142万元，师生福利278万元）。师生动手建校折合金额407万元，义务植树2407亩。

〔袁永华〕

【教育系统专业技术职称评审工作】 2000年,经楚雄州小学、中专中学教师中级职务评审委员会评审和推荐，共有375名小学（幼儿园）教师、268名中学教师、53名中专教师晋升中级专业技术职务，53名中学教师和18名中专教师晋升高级专业技术职务；1名中专教师、3名中学教师破格晋升高级专业技术职务；71名小学（幼儿园）教师、52名中学教师破格晋升中级专业技术职务。另外，2000年楚雄州还有7名中师、中小学（幼儿园）教师被云南省人民政府授予“云南省特级教师”荣誉称号，分别是大姚师范学校钱文卿、楚雄一中刘文兴、州民族中学吕文宪、楚雄师范附属小学冯树云、州幼儿园李黎、南华县东城小学李建雄、永仁县永定完小周琼芝。

〔苏文高〕

【最后一批“民办教师转为公办”工作顺利结束】 2000年，根据党中央、国务院提出的“争取到本世纪末基本解决民办教师问题”的指示精神，云南省人事厅、省教育委员会下发了《关于下达“民转公”指标的通知》，下达楚雄州最后一批民办教师转为公办指标，要求在年内完成此次民办教师转为公办工作。楚雄州教育委员会和州人事局联合下发了《关于下达“民办教师转公办”专项指标的通知》的文件，公开民办教师转公办的政策、条件、指标、资格审查、考核成绩及录用名单，客观、公正地办理了全州1983年12月31日以前参加教育工作的64名民办教师的转正手续，圆满完成全州的民办教师转为公办工作。

〔王有发〕

【大中专毕业生就业工作】 2000年，楚雄州十分重视大中专毕业生就业工作，州人民政府下发了《关于认真做好楚雄州2000年大中专毕业生就业工作的通知》，并于6月28日召开了楚雄州2000年大中专毕业生就业工作会议。经过半年的工作，到12月底，实际报到、登记的国家计划内统招统配（含并轨）的大中专毕业生2861人，其中州内9所大中专学校毕业生1734人，占60.6%；省属省外大中专学校毕业生1127人，占39.4%。按毕业层次分，本科毕业生225人，占7.9%；专科毕业生630人，占22%；中专毕业生2006人，占70.1%。从就业去向看，到中央、省属驻楚单位就业40人，占1.4%；到州属行政、事业、企业单位就业126人，占4.4%；到各县（市）就业或择业2695人，占94.2%。

〔张殿洪〕

【全州学校民主管理检查及表彰】 2000年5月22日至6月9日，由楚雄州教育工会组织抽调人员组成检查组，分别对州属17所大中专、中小学、幼儿园和8县（市）教育工会，34所县乡中小学、幼儿园的学校民主管理进行检查。检查教育部、全国教育工会颁发的《高等学校教职工代表大会暂行条例》、《云南省中小学教职工代表大会规范》和楚雄州教育工会下发的《关于推行校务公开工作的实施意见》的贯彻落实情况，采取“听、看、座谈、评议、反馈”等形式进行综合评价和量化打分。年底，在楚雄州教育工会二届三次全委（扩大）会议上对16家单位和40名个人给予了表彰。

〔曹荣国〕

【举办楚雄州第二届“园丁杯”篮球运动会】 楚雄州第二届“园丁杯”篮球运动会由楚雄州教育委员会、州教育工会、州中小学幼儿教师奖励基金会主办，是继1990年首届“园丁杯”篮球运动会后，在即将跨入新世纪之际，全州教育系统开展体育运动的重大赛事。运动会于2000年11月6日至13日在楚雄鹿城举行。参加这次运动会的代表有全州10县（市）和楚雄民族中等专业学校、楚雄卫校等共23支男、女代表队，有运动员、裁判员280多人。经过历时7天的激烈角逐，禄丰县、武定县、楚雄市、楚雄卫校代表队获得男子组前四名，大姚县、南华县、禄丰县、姚安县代表队获得女子组前四名。运动会增强了相互之间的团结与交流，展示了广大教师良好的道德风尚和积极进取、奋发向上的精神风貌，树立和维护了教师在社会上的良好形象。

【举办州属学校教职工庆“五一”文艺晚会】 2000年4月25日，由楚雄州教育工会主办，楚雄民族师范学校承办的州属学校教职工庆祝“五一”文艺晚会在楚雄举行。这是近几年来全州教育系统文艺表演的一次盛会，来自州属17所大中专、中小学、幼儿园和州教育委员会机关教职员工的演职人员近900人登台表演。州人大常委会主任李应科、副主任周康生，州人民政府州长罗正富、副州长保明虎，副州长、州教育委员会主任罗嘉福，政协楚雄州委员会副主席杨淑珍，州总工会主席李旭良及教育界老前辈张毓吉等应邀出席晚会。这次州属学校教职工文艺晚会的演出，达到了加强精神文明建设，增进学校之间友谊，活跃教职工业余文化生活的目的。

【教育系统震后重建工作】 2000年1月15日，姚安县分别发生5.9级和6.5级地震，楚雄州9个县教育系统的634所学校校舍及设备设施遭受不同程度的损坏，其中：校舍受损面积32.9万平方米，直接经济损失1.47亿元，设备设施损失0.28亿元，合计1.75亿元。地震中有15名师生受伤，其中：教师轻伤3人，学生重伤3人、轻伤9人。地震发生当天，时值全省高中会考和全州期末统考，在9个震灾县中，除重灾区姚安县被迫停课以外，其他县毅然作出“严密观察，继续考试”的决定，保证了参加高考考生的切身利益不受影响。全州9个震灾县634所学校（点）有247所学校（点）7580名学生因教室倒塌被迫停课而提前5天放寒假。地震发生后，云南省教育厅厅长杨崇龙、州教育委员会主任罗嘉福带领相关处室干部及时赶到重灾县察看灾情，看望慰问灾区师生，组织震灾学校师生抢险应急，并及时召开州属学校校长紧急会议，号召机关干部、州属学校广大教职员工积极行动起来，捐款捐物，向灾区师生献上一片爱心，以实际行动支持灾区人民渡过难关，重建家园。各学校按照州教育委员会的号召，组织师生捐款18.7万元，捐物1319件套，由州教育工会于1月22日将款物送到灾区学校师生手中。教育系统在省、州抗震救灾指挥部的统一领导下，按照中央、省、州、县党政领导的安排和布置，在组织师生抢救学校财产、消除危房隐患的同时，抓紧时间做好校舍恢复重建规划和采取应急措施搭建简易棚，保证了受灾学校3月1日前正常开学上课。

按照省抗震救灾指挥部、省财政厅、省民政厅《关于对楚雄州“上报地震灾区恢复重建项目计划的报告”的批复》，批准给楚雄州教育系统的恢复重建项目学校181所，单项工程257个，重建、修复面积114717平方米，计划投资3497.4万元。至2000年12月底，教育系统震灾学校恢复重建任务基本完成，其中：（1）为保证3月1日前正常开学，有4个震灾县搭建简易棚作师生宿舍和教学用房71799平方米。（2）维修破损校舍项目103个，完成面积36211平方米。（3）加固教学楼项目37个，完成面积23930平方米。（4）拆除重建项目131个，面积39509平方米，造价2155.4万元。（5）搬迁重建项目学校14所，完成建筑面积9031平方米。2000年施工项目合计250个，占计划项目的97.3%；施工面积104054平方米，占计划面积的90.7%；施工造价3271.9万元，占计划投资的93.6%。

〔曹荣国〕

高等教育

【楚雄民族师范学校正式并入楚雄师专】 2000年6月29日，中共楚雄州委常委、州人民政府常务副州长保明虎，副州长兼州教育委员会主任罗嘉福等领导代表中共楚雄州委、州人民政府在楚雄师范高等专科学校、楚雄民族师范学校两校干部会上宣布：楚雄民族师范学校正式并入楚雄师范高等专科学校。新组建的楚雄师范高等专科学校坚持“以师为主、综合发展”的发展方向，按照既有师范教育，又有非师范教育；既有本科教育，又有专科教育；既有学历教育，又有非学历教育的目标进行建设。目前，该校已建设成为一所集师专、电大、成人教育、中师教育于一体的普通高等专科学校，现有中文、英语、数学、物理、化学、地理、初等教育、音乐、中师教育等9个师范专业和经济信息管理、计算机应用、应用电子技术和工艺美术等4个非师范专业，全日制在校生共2879名。同时，电大办有24个大专班、12个中专班，有学生2000余人；成人教育承担了全州中、小学教师的履职培训和学历培训。全校共有教职工503人，其中专任教师306人（含高级职称72人，讲师167人，助教67人）。校园占地280亩，校舍建筑面积117199平方米，教学设备总值1504万元。

【第二届中日民俗国际学术研讨会】 由云南大学、楚雄师范高等专科学校地方民族文化研究所、日本比较民俗学会联合举办的“第二届中日民俗文化研讨会”于2000年8月18日至21日先后在昆明和楚雄师范高等专科学校分段召开，8月21日在楚雄师范高等专科学校落下帷幕。这是中国学术史上首次以“稻作与祭仪”为主题召开的中日民俗文化研讨会，有近90位中日两国学者参加，其中日本学者29人，是一次有较高学术层次和学术水平的国际学术会议。共有60多位中日学者向会议提交了论文，日本庆应大学教授、日本民俗文化学泰斗伊藤清司，日本比较民俗学会会长、琉球大学教授小岛樱礼，云南大学中日民俗文化研究中心主任李子贤教授等作了基调演讲，18位中日学者在会上作了论文交流。会上，16位有成就和影响的日本学者和3位国内学者被聘为该校地方民族文化研究所名誉教授或名誉研究员。此次研讨会成果丰富，包容面广，在“稻作与祭仪”这一学术研究领域取得了新的进展和突破。

【中国高等师范电子学会第十五届学术年会】 中国高等师范电子学会第十五届年会暨第四届第三次理事会扩大会议于2000年7月30日至8月6日在楚雄师范高等专科学校召开，参加会议的有来自山西师范大学、青海师范大学、沈阳大学师范学院、武汉教育学院等全国26个省市的近70位代表，共有16篇论文在大会上作交流。

【云南省高校语言教学研究会成立大会】 2000年10月2日，云南省高校语言教学研究会成立大会暨首次学术年会在楚雄师范高等专科学校召开。云南大学、云南师范大学、昆明理工大学、云南民族学院、中共云南省委党校等院校的24名代表参加了此次大会。大会选举产生了研究会的领导机构，确定了研究会的宗旨、组成及活动方式，并就现代汉语、古代汉语、民族语言等学术领域进行了交流研讨。

【楚雄师专建成校园计算机网络】 2000年2月27日，楚雄师范高等专科学校投资150万元的与国际互联网相联结的校园计算机网络正式开通。该网络为千兆以太网，联合全校计算机共600余台，可实现访问国际互联网、电子化办公、网上教学、电子化教学等多项功能。该网络的建成，使楚雄师专的网络建设进入了全省高校先进行列。

【楚雄师专集体和个人获奖情况】 2000年8月，楚雄师范高等专科学校被评为全国普通高等学校贯彻《学校体育工作条例》先进单位，在成都第五届全国大学生运动会上受到国家教育部表彰。2月，被云南省档案局授予“科技事业单位档案管理省级先进单位”称号。8月，该校被楚雄州教育委员会授予“州师资培训工作先进集体”称号。10月，该校获由中共云南省委宣传部、省教育厅、省科学技术协会等主办的云南省首届“挑战杯”高校青年学术科技节铜奖。2000年，楚雄师范高等专科学校尹绍清被评为云南省高校师资工作先进个人；贺勇、普翠英被评为云南省高等院校实验室工作先进个人。

〔赵晓梅〕

基础教育

【简述】 2000年是落实“九五”计划和实施《楚雄州九十年代教育发展规划》的最后一年，全州继续突出加强义务教育，大力发展高中教育，积极发展学前教育和特殊教育，努力深化各项改革，全面推进素质教育，基础教育的改革发展取得了历史性成就。为了确保全州在本世纪内实现“两基”目标，省、州突出了对武定县普及九年义务教育工作的重点扶持，省、州、县共投入武定县学校建设资金（包括

“8·21”地震恢复重建资金）1500多万元，同时加强了工作过程的调研和督察、指导，使武定县义务教育的普及程度、办学质量和学校管理水平有较大提高，办学条件显著改善，全县普及九年义务教育于2000年9月顺利通过省州的检查验收。至此，全州10个县（市）已实现基本扫除青壮年文盲、基本普及九年义务教育的目标，标志着全州民族教育进入了一个崭新的历史阶段。

〔游再恒〕

【楚雄州民族中学加强教师队伍建设】 2000年，楚雄州民族中学以德育为首位，以教学为中心，“以人为本”，加强管理，强化学校精神文明建设，认真落实“德育工作责任制”，以教育教学实绩评价教职工，深化学校内部管理体制改革，教职工教书育人的责任心、敬业精神明显增强。学校先后选派了10余名中青年骨干教师到上海回民中学和上海北郊中学学习先进的教育思想和教学方法，提高教师的业务素质。与此同时，学校充分发挥自身优势，率先在全州对教职工进行了计算机技术全员培训。年内，所有教师都已掌握了计算机基本操作技能，多媒体辅助教学正逐步广泛应用于教学，极大地提高了教学效益。在州教育委员会对全州22所完全中学2000年办学质量综合评估中州民族中学获二等奖，有化学等学科教师在全州课堂教学竞赛中获一、二等奖，在全国多媒体教学课件大赛中数学课件获得提名奖。

〔任自彬〕

【章娅摘取全省文科状元桂冠】 2000年，楚雄一中文科班学生章娅以612分的好成绩摘取了云南省文科状元桂冠，成为楚雄一中办学史上进入全省状元排名榜的第一位女状元。章娅已录入上海复旦大学。另据网上查询，楚雄一中年内参加高考的理科生徐建明也以639分的优异成绩进入全省10强，荣获全省第九名，被清华大学录取。楚雄一中2000年高考报考人数为289名，据州教育科学研究所统计，应届计划生上线率已过92.88%，本科上线率为87.12%，重点大学上线率为55%。中考成绩也以参考率、优生率、单科4科获全市最好成绩。

〔刘志杰〕

【孟继尧视察楚雄一中】 2000年1月7日，政协云南省委员会副主席孟继尧到楚雄一中视察工作。孟继尧在一中校长周德才、党总支书记李克坚等学校领导的陪同下，参观了科艺楼、揽秀亭、校史馆和万卷楼，听取了学校的工作汇报，与学校的中层干部见了面，对学校所取得的成绩给予了充分肯定，并希望楚雄一中再接再厉，再创辉煌。

【楚雄州出国预备学校在楚雄一中成立】 2000年，为普及外语教育，促进全民外语水平的提高，经云南省教育厅批复，同意楚雄州教育委员会在楚雄一中设立面向社会进行非学历外语教育的“楚雄州出国预备学校”。此前，楚雄一中选派了吴爱武、李崇发、赵明章等外语教师参加出国预备学校教师资格培训，参训教师成绩优良、全部获资格证书，为办好“楚雄州出国预备学校”创造了必要的条件。

【楚雄一中德育工作受国家教育部表彰】 楚雄一中多年来坚持全面贯彻党的教育方针，切实加强教职工和学生的思想政治工作，逐步形成了良好的校风、学风、班风和教风，使精神文明建设落到了实处，教育质量逐年大幅度地提高。继1998年被评为云南省级文明单位、省级文明学校，1999年被评为省级创建文明单位先进集体之后，2000年7月被评为全国中小学德育工作先进集体，受国家教育部表彰。

〔尹宏贤〕

【楚雄一中教育科研出成果】 “九五”期间，由中央教育科学研究所和国家教育规划办公室确定的全国重点研究课题“重点中学实施素质教育的途径与方法”，由全国知名中学科研联合体承担。楚雄一中作为该联合体的成员校，具体负责3个子课题：《优化德育环境，提高学生思想品德素质》、《优化教学环境，提高学生素质，发展学生个性》和《关心心理健康教育研究的探索》。楚雄一中通过几年广泛深入的研究，2000年内已结题，并将结题报告报送北京“全国知名中学科研联合体”秘书处，获得中央教科所和国家教育规划办的充分肯定。

【楚雄一中开展教研学术展示周活动】 为发展彝州基础教育事业，发挥楚雄一中在全州基础教育中的“窗口”、“龙头”、“中心”、“基地”作用，从2000年起，楚雄一中开始在全校开展各学科教研组教研学术展示周活动。年内开展了语文组学术展示周活动。前来欢度展示活动的学校有双柏一中、南华一中、楚雄二中、楚雄三中、师专附中、楚雄东兴中学、州民族中学、云龙中学等8所中学的近百名教师。

〔丁　云　刘宝华〕

【楚雄一中足球队创佳绩】　2000年5月，楚雄一中中学生足球队参加1999~2000年“华晨杯”全国中学生足球联赛云南赛区选拔赛，获云南赛区第二名。

【楚雄一中举办第六届金色年华艺术节】　2000年5月，为全面开展素质教育，楚雄一中举办了为期一周的第六届金色年华艺术节。艺术节融文艺表演、书法、美术、摄影、手工制作、花卉盆景展为一体，既是师生艺术才华的结晶，也是素质教育成果的展示。艺术节期间，表演文艺节目4个专场，精选出各类作品746件。

〔尹宏贤〕

【楚雄一中加强校园环境建设】　2000年，楚雄一中从有限的经费中划拨专款，改造了35000余平方米的花园，新增草坪4000平方米，种植草木10余个品种。花园中曲径通幽，绿树掩映，为学子们创造了优美的学习环境。在全校教职工的共同努力下，学校内部管理得以不断加强和完善，教学优质、校风优良的目标已基本实现。

〔郭志刚〕

【楚雄师专附中被国家教育部评为国家级艺术教育先进单位】　为全面贯彻教育方针，落实素质教育，适应经济、社会对艺术人才的需求，楚雄师专附中1997年经省州教育委员会批准面向全州招收艺术特长高中生。几年来学校领导高度重视，把艺术教育作为实施素质教育的突破口，投入30多万元改建艺术楼、配备大量艺术教学设备，不断加强艺术教师队伍建设，采取各种措施加强艺术教学。2000年有首届艺术特长高中班毕业，46名学生参加高考，上线44人，录取41人，其中有多人考入四川音乐学院、四川美术学院、重庆大学美术系等著名艺术院校。由于艺术教育成绩显著，2000年10月被国家教育部评为国家级艺术教育工作先进单位。至2000年底，楚雄师专附中已有在校艺术特长高中班3个班，学生180多人，艺术教育的发展已初具规模。

〔钱学勇〕

【楚雄师专附中进行电脑辅助课堂教学的教改实验】　2000年，楚雄师专附中采用现代教育技术推进教学改革。学校专项投入30多万元，充实电教设备，在阶梯教室、高中各班教室装备电脑投影系统，另置3台手提式电脑投影系统供初中老师上课使用；建成教学电脑教室、教师电脑备课室和电子图书室，16台电脑联机采用ISDN一线通上因特网，为实现远程教育创造初步条件。同时积极倡导教师采用现代教育技术，从2000年1月开始，利用假期和业务学习时间对教师进行培训，各科教师中有90%以上掌握了电脑操作技术。三分之二以上教师制作电脑课件上课，突破了沿袭多年的一支粉笔、一块黑板、一本教材、一张嘴的传统教学模式。多媒体辅助教学形象、直观，较好地激发了学生的积极性，发展了学生的思维和创造力，加大了课堂教学的知识容量，提高了课堂教学效率，减轻了学生过重负担。

〔李　明〕

【楚雄师范附小成为省教育科学研究院实验学校】　2000年，云南省教育厅教育科学研究院对全省中小学进行考察后，认为楚雄师范附属小学管理规范、环境优美、教学质量高、教育科研能力强，在全省有一定的示范作用，将其确定为云南省教育科学研究院的实验学校。云南省教育科学研究院将对楚雄师范附小进行教学管理、教育科研、教学改革、课题实验的指导。

【彭瑶获宋庆龄儿童基金会奖学金】　彭瑶是楚雄师范附属小学六年级学生，由她发明的“烧不断的酒精灯芯”获全国第九届青少年创造发明比赛青少年创新奖、全国一等奖、中国科技馆新苗奖。2000年，经云南省教育厅推荐，国家教育部、宋庆龄儿童基金会批准，彭瑶同学获第四届宋庆龄儿童基金会奖学金。

【楚雄师范附小被评为省一级科技教育示范学校】　多年来，楚雄师范附属小学注重培养学生学科学、用科学的兴趣，以提高青少年素质为目的，长期开展学习科技知识、科学思想、科学方法的科技教育活动。在科技教育中，经过多年的实践，形成了以开展创造发明为突破

我回答

口，全面推进科技教育的特色，并在培养创造型人才方面取得了显著成绩。经云南省教育厅、云南省科学技术协会领导和专家的评估，被评为云南省一级科技教育示范学校。

〔席学荣〕

【楚雄州幼儿园美术教育成绩斐然】 继1999年8月获得全国美术教育活动评比一等奖之后，2000年1月，楚雄州幼儿园许迪小朋友的绘画作品《斑马》获国际少儿美术大赛铜奖；6月，陈星苑等2名小朋友的作品获全国少儿书画大赛优秀奖、佳作奖；10月，杨建曦等2名小朋友的作品获全国青少年书画大赛一等奖、三等奖；12月，在第七届“新世纪杯中华青少年美术书法摄影大赛”中，王一、刘珊珊等7名小朋友的作品分别获金奖、银奖、铜奖。

【云南省幼儿体操比赛在楚雄州幼儿园举行】 2000年5月20日至22日，云南省幼儿体操比赛在楚雄州幼儿园举行。全省各地州、县共17支幼儿体操队，相聚在楚雄州幼儿园同场竞技。楚雄州幼儿园体操队再次获得一等奖和“最佳音乐奖”。云南省体育运动委员会副主任蒋绍敏，中共楚雄州委常委、州人民政府常务副州长保明虎，政协楚雄州委员会主席杨成彪，副州长罗嘉福等领导出席了闭幕式，并为获奖的运动队颁奖。5月31日，楚雄州幼儿园体操队代表云南省参加了在北京举行的全国幼儿体操比赛，第七次荣获一等奖。

〔金凤琼〕

【残疾儿童出国参加笔会】 为了使聋哑孩子成为“残而有为”的“四有”新人，楚雄州聋哑学校在全面贯彻党的教育方针的同时还注重了对学生特长的培养发挥，特别是针对聋哑孩子观察力强、喜爱画画的特点，学校不仅重视文化知识的传授，还重视对聋哑生特长的培养。学校组织了兴趣小组，并根据学生兴趣爱好加以辅导培养。1999年6月，聋哑学校四年级学生倪唐洪在教师的教育辅导下学有专长，在参加由瑞士航空公司和中国残疾人联合会联合举办的“瑞航杯”残疾儿童“中国画”和“西画”的绘画比赛中荣获特等奖，并获免费赴瑞士参加“小画家”笔会，成为楚雄州第一个出国的残疾学童。

〔沙朝宇〕

职业教育

【楚雄民族中等专业学校与楚雄州粮食学校正式合并】 根据云南省教育委员会、省计划委员会有关文件精神，楚雄州人民政府于2000年6月29日上午在原楚雄州粮食学校召开宣布大会。大会由州人民政府秘书长李小平主持，州人民政府副州长罗嘉福代表州人民政府宣读了省、州有关文件，正式宣布楚雄民族中等专业学校与楚雄州粮食学校正式合并，重组新的楚雄民族中等专业学校。

【楚雄民族中等专业学校申报国家级重点中专通过省级评估验收】 楚雄民族中等专业学校是楚雄州实施“科教兴州”战略，推进中等职业教育产业化、社会化和市场化改革的试点学校。经省、州协调于2000年8月13日至9月26日组织申报国家级重点中专工作。经精心准备、自评申报、州级复评、向省上报后，2000年9月25日至26日，云南省教育委员会组成专家组对楚雄民族中等专业学校申报国家级重点中专进行复评验收。专家组依据教育部新颁布的《中等专业学校办学评估指标体系》和《国家级重点中等专业学校条件》对楚雄民族中等专业学校进行实地考察和评估，经过严密的测评，最后以93.4分的成绩通过省级验收。

【楚雄民族中等专业学校承办楚雄州第十二届珠算技术比赛】 2000年7月7日至7月9日，楚雄州第十二届珠算技术比赛在楚雄州宾馆举行。此次比赛由楚雄州珠算协会主办，楚雄民族中等专业学校承办，共有来自全州各县（市）的10个代表队参赛。各参赛队赛前精心准备、严格训练，通过紧张而激烈的角逐，楚雄民族中等专业学校第三代表队、元谋代表队和楚雄民族中等专业学校第一代表队分别获得团体第一名、第二名和第三名；楚雄民族中等专业学校第三代表队选手王清仙，元谋代表队选手徐正贵和楚雄民族中等专业学校第一代表队选手胡华文分别荣获全能第一名、第二名和第三名。

【2000年楚雄城区彝族年在楚雄民族中等专业学校举行】 新世纪来临之际，2000年楚雄城区彝族年于11月25日在楚雄民族中等专业学校举行。整个校园内彩旗飘扬，歌声阵阵，楚雄城区1000余名彝族同胞代表、领导、嘉宾欢聚一堂共同欢度彝族年。丁绍祥、夜礼斌、李应科、余红、罗志明、罗嘉福、马旷源、李崇明等州党政军领导前来祝贺并兴致勃勃地观看了文艺表演、彝族服饰表演和民族传统体育活动。夜幕降临，大家围着熊熊燃烧的篝火，伴随着芦笛，唱着

彝家歌谣、欢快地跳起彝族左脚舞，共同度过了一个团结、祥和的彝族年。

【楚雄民族中等专业学校获云南省第三届经济类中等专业学校珠算技术比赛第一名】　2000年11月26日至29日，云南省第三届经济类中等专业学校珠算技术比赛在红河州红河财校举行。楚雄民族中等专业学校组队参赛并创佳绩，获团体第一名。该校代表队选手欧书剑分别获全能、加减算、帐表算3个第一名，姜超选手获除法算第一名，徐正贵选手、杨贵彩选手分别获乘法算和传票算第三名和第四名，他们为彝州和学校争得了荣誉。

【楚雄民族中等专业学校向社会公开招聘教师】　为深化教育教学改革，调整教师结构，加快学校教师队伍建设，楚雄民族中等专业学校报经主管局和州人事局批准，面向社会公开招聘教师。2000年3月18日至25日，由校内外有关人士组成的考评组对应聘人员按程序组织了严格的考评，考评结果，陈绍军、许建春、李明宏3位同志被聘用。此举为推动事业单位人事制度改革做出了有益的尝试，在社会上引起良好反响。

〔王志达〕

【楚雄农业学校加大校园建设投入】　2000年，楚雄农业学校加大对校园建设的投入，改善了办学条件和育人环境。年内投入礼堂后期建设资金25万元，使总投资152万元、建筑面积1260平方米的礼堂工程建成投入使用；投入资金111.3万元，建筑面积1070平方米的综合食堂建成投入使用并被评定为优良工程；投资13万元的锅炉房及锅炉设备建成投入使用；投入23万元建成375平方米的学生综合服务楼；投入10.01万元完成了生态园土建工程并种植了部分苗木；投入38.48万元改造和扩建了1750平方米的校园广场和道路浇灌工程；投入3万元种植草坪700平方米，使校园内草坪种植面积达1700多平方米；小花园工程尾建投入12.04万元；桑园坡改梯工程投入7.08万元；其他阶梯教室改造装修、小平房改造成蚕室和蚕室改造成学生宿舍工程、校内自来水管路改造、校舍维修、教学设备的更新添置等共投入了79.1万元。全年共投入校园建设资金322.01万元，使学校的办学条件和育人环境发生了显著的变化。

【全省农业中专改革研讨会】　由云南省农业厅组织召开的云南省农业中专改革研讨会于2000年12月7日至8日在楚雄农业学校召开。全省农业中专学校领导和省农业教育研究会的领导共20人参加了会议。会议就农业中专教育如何改革和发展进行了研讨，并达成广泛的共识。

〔普朝洪〕

【楚雄警察学校实行“双轨制”教学】　2000年，为顺应公安教育改革形势和公安机关人才的需要，楚雄警察学校在反复调研论证的基础上，大胆改革，在全省公安院校中率先实行了中专教育、大专函授“双学历”的“双轨制”教学。即利用党校系统灵活多样的办学形式，对警校在校学生（中专）进行公安学历教育的同时，又在入学后参加中共云南省委党校的大专函授入学考试。以此调动学生学习积极性，学生充分利用双休日、晚自习、假期等业余时间，同时进行中专、大专两个层次的学习。这样，以中专成绩入学的学生，在警校毕业的同时已完成了大专函授课程，毕业后一年即可获大专毕业文凭。把5年的学习时间压缩到两年内，一方面，增强了学习的紧迫感，促进了学风；一方面为学生节约了工作以后再参加函授学习花费的费用，避免了工学矛盾，也为公安机关缓解了警力，提高了干警的文化素质。年内，99级、2000级在校生均已正常进入“双轨制”教学学习。

〔尹世勇〕

【楚雄州体育运动学校在困境中求发展】　近年来，全州中专学校生源严重不足，中专毕业生求职困难，中专办学陷入困境。面对困难，楚雄州体育运动学校干部群众团结一致，内强素质，外树形象，务实求新，真抓实干，赢得了州内外的好评。2000年，州体育运动学校既完成了省州下达的招生指标，又开始面向外地州增招新生90人；按照国家毕业生就业方案，州体育运动学校59名公费毕业生全部安排工作，21名自费生中16名已在不同岗位就业。

【楚雄州体育运动学校备战省运会】　2002年，云南省第十一届运动会将在楚雄举行。为实现中共楚雄州委、州人民政府提出的楚雄州参赛团要完成“争三保四”的预定目标。2000年，楚雄州体育运动学校自加压力，克难奋进，在训练经费不到位的情况下，短时间内先后组建了田径、射击、游泳、皮划艇、拳击、柔道、举重、排球、足球、摔跤、自行车共12个参赛项目。同时吸取上几轮教练员聘任上岗的经验，制定了州体育运动学校教练员上岗方案。年底，共有27位教练员择优聘任上岗，并制定了相应的规章制度及激励措施，使训练整体水平得到很大提高。年内，州体育运动学校教练员完成了5篇专业论文，6名教练参加全国及省的业务培训学习，3名教练推荐上报为优秀教练员；体育运动学校学生代表彝州参加云南省年度比赛，共夺金牌22枚、银牌24枚、铜牌2枚。同时，楚雄州体育运动学校向上输送集训、试训优秀后备人才32名，输送队员在全国大赛中战绩突出，共获金牌3枚、银牌5枚、铜牌1枚。上述情况，为参赛省运会提供了有利条件。

〔詹爱民〕

【楚雄州工业学校实行多层次办学】 楚雄州工业学校多年来一直坚持多形式、多层次的学历教育和岗位培训，实行普通教育与函授教育结合、校内办学与校外办学结合的办学体制，走出了一条以工为主，文理兼容，集普通中专、函授中专、电视中专、职业中专、电大教育、电视注册视听生和研究生课程进修班于一校的办学路子。2000年底，普通中专在校生584名，各种办学形式的在册学生434名，加上短期的工商管理培训及计算机、农机培训，在校生和校外学生基本达到平分秋色的局面。多形式、多层次办学增添了办学活力，有力地推进了职教产业市场化进程。

【楚雄州工业学校通过省级办学水平评估验收】 1998年9月，楚雄州工业学校迁入新址后，办学条件得到极大改善，整个学校发生了翻天覆地的变化，经过两年的配套完善，初步建成一个花园式现代化学校。自2000年5月至10月，学校对照标准，自检自查，以评促改，完成州级复评，并于2000年11月18日通过云南省教育厅办学水平评估专家组复评，圆满完成合格中专学校评估验收，标志着楚雄州工业学校办学水平上了一个新台阶。

【全国农机校联络中心第9次年会】 全国农机校联络中心第9次年会暨转变观念、深化改革、适应市场办好中等职业学校研讨会，于2000年11月11日至16日在楚雄州工业学校召开。来自26个省、市、自治区的43所农机校的71位代表参加了研讨。这次研讨会共收到各校推荐的论文102篇，会议评出一等奖23篇，优秀奖79篇。本次研讨会为进一步深化改革，适应新形式、适应市场办好中等职业教育指明了方向，将对推动全国农机校参与市场竞争和改革发展产生深远的影响。

〔周　刚〕

学校开展法制教育

【楚雄州职业教育培训中心办学成效突出】 2000年，楚雄州职业教育培训中心在“面向市场办职教，办好职教兴彝州”的办学过程中，采取灵活多样的办学形式，为彝州培养了一批受到职业理想、职业道德和职业技能教育的劳动者。年内，共开办7个班277人次的大中专学历教育（其中大专班学员179人）。在办好学历班的同时，主动出击，开办了19期10个工种667人次的短期培训，3个工种120人次的初、中级工职业技能鉴定。年内与西南林学院、云南省广播电视大学联合开办大专班，实现了初级培训向高学历教育培训的转变。在已有的云南省第9职业技能鉴定所基础上，先后报经楚雄州人事局批准成为全州国家公务员、专业技术人员计算机操作培训点，机关事业单位工人技术等级培训点，楚雄州劳动和社会保障局批准的职业技能培训站，办学效益不断提高。

〔徐晓萍〕

【推进职业教育改革】 2000年4月召开的楚雄州职业教育工作会议，在不断推进职业学校布局调整改革及学校内部管理体制改革的同时，就职业教育在招生制度、教育教学等改革上出台重大措施，职业高级中学、技工学校实行免试入学，中专学校招生实施指导性计划与学校自主招生相结合的制度，给予学校更多的招生自主权，为青少年接受职业技术教育敞开了学校大门。教学上采取弹性学习制度、学分制、“大类招生，后专业定向”等措施，开创了适用人才培养的新模式。由于各项改革的实施，彝州职业教育在严峻的大环境中得到稳步发展。

【楚雄州职业高级中学全部合格】 双柏县职业高级中学、姚安县职业高级中学经过多年的艰苦创业，2000年11月通过州级评估，两校达到了“合格职业高级中学”办学标准。至此，楚雄州职业高级中学全部进入合格职业学校行列，为楚雄州农村职业教育的健康发展打下了良好的基础。

〔尹辅华〕

成人教育

【农村成人教育深入开展】 2000年，按照楚雄州人民政府下达的《2000年农村成人教育工作任务》及有关要求，楚雄州教育委员会成人教育科多次深入基层，开展广泛的调查研究和督促指导工作，使各项任务得到较好的落实。通过努力，一年来全州组织15周岁至1949年10月1日以后出生的青壮年文盲2498人参加学习，脱盲1203人；与此同时，组织35岁左右未达到小学毕业的青壮年参加成人初等教育班学习，入学人数达4484人，其中2508人取得成人高小毕业证书；对6所乡（镇）成人文化技术学校进行评估验收；为了适应农村经济发展和农民致富的需要，成人文化技术学校本着长短结合、以短为主，有计划地对农村从业人员进行栽、种、养等实用技术培训的同时，还适时对农民进行政策法规、优生优育、移风易俗、破除迷信等思想道德教育，以“实际、实用、实效”为办学原则，开展各种培训27万多人次。

【认定州级合格乡（镇）成人文化技术学校】 根据《云南省示范性乡（镇）成人文化技术学校规程》和《云南省示范性乡（镇）成人文化技术学校评估标准》，楚雄州教育委员会组织评估小组在学校和县（市）教育委员会自评的基础上，对楚雄市东瓜镇等10所成人文化技术学校进行了评估验收。经评估认为：楚雄市东瓜镇、新村乡，牟定县共和镇，南华县龙川镇，大姚县新街乡、赵家店乡、仓街乡，元谋县能禹镇、元马镇，武定县万德乡等10所成人文化技术学校已基本达到省颁合格乡（镇）成人文化技术学校标准。楚雄州教育委员会正式认定为州级合格乡（镇）成人文化技术学校。

【规范全州社会力量办学机构】 2000年，为支持社会力量办学和确保教育行政部门对学校的有效管理，提高办学水平，根据云南省教育厅的有关通知要求，楚雄州教育委员会对部分社会力量办学机构进行了全面的审查和核实，对全州37家具有办学资格的社会力量办学机构颁发了由教育部统一印制的《社会力量办学许可证》，此次颁发的许可证使用期为4年，进一步规范了全州社会力量办学的管理。同时，对申办社会力量办学机构进行严格把关，还批准了楚雄卷烟厂开办成人初（高）中文化学历教育班。

【清理整顿社会力量举办的气功学校】 2000年，根据国家教育部、云南省教育厅和中共楚雄州委的要求，楚雄州教育党委对气功学校进行了清理整顿。3月27日成立了以副书记寸明生为组长，有基础教育科、成人教育科、职业教育科、党委办公室人员参加的清理整顿工作领导小组，召开了全州各县（市）教育委员会负责人会议，要求各县（市）教育委员会把思想行动统一到中共中央和中共云南省委办公厅文件精神上来，从讲政治、讲大局的高度，对全州社会力量举办的气功学校进行梳理排查。在摸清底数、查明情况的基础上，依法对楚雄民族文化学校、南华县生命科技学校、大姚县民族文化培训学校、禄丰县社会实用技术培训学校、姚安县人体生命科技学校、双柏县民族文化培训学校、牟定县麒麟研究会、永仁县生命科技学校等共8所社会力量举办的气功学校进行了注销和撤销。对注销和撤销的气功学校进行完善手续，收回审批文件、撤回校牌、印章，停止校舍的租用等。

〔喻彩菊〕

教研·师训

【颁发高中教育教学质量综合奖】 1999～2000学年，楚雄州各高（完）中加强学校管理，加大教育科研力度，全面贯彻党的教育方针，全面推进素质教育，全州教育教学质量有了明显提高。为了推进高中教育的健康发展，州教育委员会对楚雄一中等15所成绩特别突出的高（完）中颁发了教育教学质量综合奖。其中，楚雄一中、楚雄二中获一等奖，大姚一中、姚安一中、永仁一中、楚雄四中、武定一中、州民族中学、元谋一中、牟定一中等 8 校获二等奖，禄丰三中、大姚二中、双柏一中、禄丰一中、楚雄三中等 5 校获三等奖。

【楚雄州教学科研所组织优质课巡回展示、研讨活动】 近几年来，在楚雄州教育委员会领导的重视、扶持及云南省教育科学研究院的关怀、培育下，楚雄州有一批中小学教师在省级以上组织的课堂教学竞赛中相继脱颖而出，赛出好成绩，取得了好名次。他们的教学规范、教学方法经过较高层次的评审和鉴定，得到了肯定和认可。有些教师的竞赛课录象带还在全国范围内发行，在全国范围内产生影响，发生作用。2000 年，为了发挥骨干教师和学科带头人的示范、影响作用，推进全州课堂教学的改革和教学水平的提高，在州教育党委副书记寸明生、州教育委员会副主任王晓明的直接领导下，州教学科研所邀请了曾在州、省以上获过教学竞赛奖的 18 位中学教师及 8 位小学教师，先后到大姚、元谋、姚安、双柏、牟定、禄丰等县开展优质课巡回展示、研讨活动，听课教师达 2500 余人，受到了教育行政部门领导及广大教师的一致好评。

【楚雄州教学科研所组织编写农村综合初中教材】 2000 年，为了促进楚雄州农村综合初中的发展，根据州教育委员会《关于创办农村综合初中试点学校的意见》的精神和有关要求，州教学科研所组织编写了《楚雄州农村综合初中课程计划》、《楚雄州农村综合初中课程调整意见》、《种植基础教学大纲》、《养殖基础教学大纲》及教材《养殖基础知识》和《种植基础知识》供全州实验学校使用，全年共下发教材近 6000 套。

〔罗汝钧〕

【全州教师踊跃参加继续教育】 2000 年 2 月和 8 月，全州中小学、幼儿园教师分别在 10 县（市）教师进修学校、楚雄师范高等专科学校、大姚师范学校参加培训。共培训 33532 人次，参加考试 30567 人科次。7 月经过参加中专（高中）招生考试，全州共招收 103 名民办代课教师到大姚师范学校参加为期一年的培训。10 月 6 日至 12 月底，冯树云等 9 名中小学教师分别赴北京师范大学、华东师范大学、东北师范大学、陕西师范大学、广西师范大学等高校参加为期 3 年的第二期中小学骨干教师国家级培训。

【大姚县教师进修学校晋升为省一级教师进修学校】 2000 年 8 月，大姚县教师进修学校经云南省教育委员会评估验收，达省一级教师进修学校标准，被正式认定为云南省一级教师进修学校。

〔李植才〕

招生考试

【简述】 楚雄州 2000 年的招生考试工作认真贯彻全国、全省教育工作会议精神，各级招生考试部门在工作中加强考务管理，提高考务质量及工作效率，强化招生考试纪律，净化招生环境，杜绝各种责任事故和违纪舞弊事件发生。招生考试工作继续实行目标管理，各项工作基本上达到了“保密、准确、按时、守纪”的管理目标。

年内，楚雄州报考普通高校、普通中等专业学校的考生 4745 人，其中少数民族考生 1441 人，占报考人数的 30.37%；录取普通高校 1976 人，比上年增加了 187 人，其中重点及本科院校 1000 人，专科学校 976 人，创下了恢复高考以来的最好记录；录取普通中专 199 人。合计录取大、中专生 2175 人，其中少数民族考生 642 人，占录取人数的 29.5%。

报考高中（中专）16943 人，其中少数民族考生 6102 人，占报考人数的 36.01%。录取中专 2888 人，其中省外、省属中专 1294 人，外地州中专 161 人，州属中专 769 人，中师 664 人；录取少数民族考生 1193 人，占录取人数的 41.31%。录取普通高中 4862 人，创下了楚雄州高中招生的最好记录。

全州参加普通高中会考报名 4862 人，报考 8804 人次，累计参加高中会考考试 37206 科次。

全州报考成人高校、成人中专的考生 4549 人，其中专科升本科专业 860 人（师范类 690 人，非师范类 170 人），高中起点本科 23 人，高中起点专科 2916 人，高中起点中专 1 人，初中起点中专 293 人，中专免试生 105 人，专科二学历 18 人，专科预科生 128 人，中医 22 人，西医 73 人，高职班 110 人。成人高校、成人中专报考人数比上年增加 1653 人，创下了历史上报考的最高记录。录取各类成人高校、成人中专新生 1996 人，其中本科 245 人，专科 1499 人，中专 252 人。

全州参加两次自学考试报名的考生合计 41336 科次，及格 13585 科次，全年共毕业考生 395 人。

全州共有 276 人参加全国计算机等级考试，其中一级 DOS 18 人，合格 4 人；一级 WINDOWS 30 人，合格 13 人；一级 B 类 46 人；二级 QBASIC 8 人，合格 2 人；PASCAL 4 人，合格 1 人；二级 C 语言 14 人，合格 1 人；二级 FOX 156 人，合格 20 人；三级 B 类 1 人。通过考试共有 41 人取得《全国计算机考试等级证书》。

【试卷保密室顺利通过评估验收】 楚雄州州县（市）招生考试办公室试卷保密室和答卷保管室经过多年的建设，硬件建设不断完善，管理措施不断得到加强，安全、保密性能良好。2000 年，州招生考试办公室的保密室经云南省招生考试办公室和省国家保密局检查验收已颁发了《合格证》。同时州教育委员会同州保密局对各县（市）招生考试办公室的试卷保密室进行了检查验收，已有 8 个县（市）招生考试办公室的试卷保密室通过验收，并颁发了《合格证》。

【改革普通中专招生办法】 根据往年中等专业学校招生出现滑坡的现象，为顺利完成 2000 年普通高中、普通中专、职业中专、电视中专和职业高中的招生任务，结合楚雄州实际，制定了《楚雄州 2000 年高中、中专招生实施办法（试行）》。《办法》针对中专、职高生源危机的状况，大胆改革、大胆尝试。普通中专采取降低分数线，扩大初选面的办法录取；职业中专、电视中专采取不控制分数线的办法录取；职业高中只要学校、考生自愿就可录取就读。并允许学校在学生入学后再确定专业，推迟审批新生花名册。针对普通中专并轨计划录取额满后新生报到不齐的现状，采取再次降低分数组织补录。通过这些办法的实施，州属各中专学校较好地完成了全年的中专招生计划，受到社会和招生学校的广泛好评。

【开通考试成绩和录取结果查询热线】 为方便考生和家长，全方位服务于社会，2000 年 5 月楚雄州招生考试办公室与州电信局合作开通了楚雄州中专、高中招生考试语音查询系统，与 8848 九维网楚雄工作站合作开通了中专、高中招生考试计算机查询系统，用于查询考生的考试成绩和录取通知。通过共同努力，11 月又与州电信局合作开通了楚雄州高等教育自学考试语音查询系统，用于查询参加自学考试考生的成绩。

【普通高校招生试行网上远程录取】 1999 年，云南省被国家教育部确定为普通高校计算机网上录取试点省。2000 年教育部又扩大了试点范围和内容，将云南省确定为计算机网上远程录取试点省。按教育部的要求，2000 年云南省网上录取达到了“双过半”，即参加网上录取的学校数过半，网上录取的学生数过半。并通过现场局域网对一些省外院校和省内多数学校及专业实现了网上远程录取的试点。楚雄州各级招生考试办公室积极予以支持和配合，努力做好宣传工作，重视考务工作的各个环节，使整个网上远程录取试点工作获得了圆满的成功。

【普通中专实行计算机辅助录取】 2000 年，为使云南省普通中专招生工作更加科学、准确、高效，全省建立了普通中专计算机辅助录取系统，实现了中专招生计算机辅助录取。楚雄州各级招生考试办公室按照省招生考试办公室的统一要求，认真做好基础性工作，打破常规，改进工作方法，使计算机辅助录取工作顺利实施。

〔周德平〕

科　学

科技管理

【简述】 2000年，楚雄州科学技术委员会紧紧围绕中共楚雄州委、州人民政府为迎接西部大开发而提出的关于经济和产业结构调整的工作思路，根据楚雄州建设烟草业、天然药业、绿色食品业、冶金矿产业和特色旅游业五大产业对科学技术的需求，加强了全州综合性科技管理工作，全州各县（市），州属部分企业、事业单位的科技工作在年内均有不同程度提高。禄丰县以新技术改造老产品促进企业脱贫，南华县、元谋县依靠科技建设重点产业，大姚、永仁、武定等县引进新技术发展生态经济。科技对全州工业、农业和国民经济的贡献率分别达到38.4%、41.2%和37.8%，有效地推动了全州经济和社会的发展。按照中共楚雄州委、州人民政府发展经济和科技的工作思路，以“三讲”教育为动力，州科学技术委员会牵头组织有关单位和科技工作者开展了天然药业等产业的调查研究工作，形成了一系列调研报告、方案、规划、计划和措施。推荐上报国家级和省级科技项目，筛选确定州级科技项目。对州内正在实施的国家级、省级和州级科技项目进行宏观管理。科技成果的鉴定、评审、验收、登记、奖励和推广工作及知识产权保护管理、农村能源研究开发、科学技术普及、科技扶贫、专利申报、科技宣传工作正常开展。由于工作成绩突出，云南省人民政府授予楚雄州科学技术委员会“云南省科学技术普及工作先进集体”称号；州科学技术委员会科普作品获省人民政府“云南省优秀科普作品”奖；农村能源工作、科技宣传工作分别获得省林业厅、省科技厅的表彰奖励。

2000年，楚雄州州、县（市）、乡（镇）从事综合性科技管理工作的机构共139个，职工总数326人，其中：州科学技术委员会有在职人员26人，10县（市）科学技术委员会在职人员合计108人，全州各乡（镇）科学技术委员会职工192人。年内，楚雄州州、县（市）科学技术协会机关在职人员46人，所属学会、协会、研究会178个，会员70894人。其中州级自然科学学会35个，会员13812人；县（市）科学技术协会10个，县（市）级学会133个，会员57082人。还有厂矿协会1个，乡（镇）科学技术协会128个，农村专业技术协会（研究会）329个，会员8268人。科学技术协会系统开展了深入广泛的城乡科普活动和反对李洪志“法轮大法”、反对封建迷信活动及伪科学的斗争，完成了“三讲”教育的阶段性工作、楚雄州“十五”科普规划的制定、自然科学社团组织的管理、农村致富技术函授大学的办学、优秀学术论文的评审、农村专业技术职称的评晋、《自然科学优秀学术论文选》（第三辑）和《农村实用技术培训教材》的编印、农村专业技术协会的调研、青少年科技知识的普及等任务，为彝州经济、社会发展作出了贡献。

〔李如柏　李　国〕

【知识产权保护管理与专利代理】 2000年，楚雄州科学技术委员会共受理专利申请13件，国家知识产权局受理6项、授权1项。全年接待咨询人员近百人次。还组织3位厂长、经理到上海复旦大学参加“云南省知识产权高级研修班”学习。同时，宣传保护知识产权的重要意义，揭发不法之徒利用虚假专利进行欺骗的恶劣行为，确实保护群众利益。

【科技项目年度计划】 2000年，楚雄州科学技术委员会共组织各县（市）和州属有关企业事业单位申报科技项目100项，其中农业类项目55项，工业类项目45项。农业类项目已有45项正式列入国家、省计划下达项目，其中：国家级科技攻关项目1项，省级省长办公会项目2项，优质农产品开发项目1项，产业结构调整示范项目1项，科普长廊建设项目4项，科技扶贫项目36项。工业项目“年产1000吨魔芋微粒粉技术开发”、“小型多用途农机系列产品开发”、“楚雄民族药科研中试基地建设”、“彝止痛胶囊升级国家三类新药研究”被列入省计划下达项目。同时，下达州级科技计划项目35项。

【科技项目专项经费】 2000年，楚雄州地方财政下拨年度科技专项经费243万元，其中，科技三项费100万元，科学事业费143万元，用于州级计划科技项目。国家级、省级科技项目专项经费计划864万元，已拨出534万元，用于国家科学技术部、云南省科技厅所列科技项目和云南省人民政府楚雄现场办公会、楚雄州与省内外科研院所大专院校合作实施的项目。年内，各级科技专项费合计已拨出777万元。

【科技机构】 2000年，全州有国有科研所9个，其中独立核算单位7个，非独立核算单位2个。共有职工393人，其中科技人员299人，行政人员26人，工人69人。在科技人员中高职34人，中职158人，初职与未评聘职称的107人。在农业科技工作中除楚雄州农业科学研究推广所外，州、县（市）、乡（镇）各级还有从事粮食、畜牧、林业、烟草等科技推广工作的各类推广机构，全州从事农业科技工作的2405名技术人员中有2106人分布在这些单位。另外还有15家以研究开发新产品为主的民营科技企业，如楚雄连墀生物研究所、楚雄州生态农业科学研究所等。

【科技队伍】 2000年，楚雄州各类专业技术人员总数为34855人，其中工程技术人员2282人（高级工程师17人，工程师351人，助理工程师、技术员1651人，未聘任专业技术职务的263人）；农业技术人员2405人（高级农艺师23人，农艺师333人，助理农艺师、技术员1724人，未聘任专业技术职务的325人）；卫生技术人员5615人（主任医师13人，副主任医师89人，主治医师1313人，医师、护士3863人，未聘任专业技术职务的337人）；教学人员22645人，占各类专业技术人员总数的65%；从事工业和农业的专业技术人员合计4687人，占13%。从1991年以来享受国务院特殊津贴的有25人（其中一次性奖励的有5人），从1998年以来享受云南省人民政府特殊津贴一次性奖励的有7人。

【优秀专业技术人才管理】 2000年，由中共楚雄州委组织部列为州级优秀专业技术人才管理的64人，他们在全州经济、科技、教育工作中发挥着重要作用，给予特殊待遇，如：每人每月发给津贴50元、定期体检、每年出省考察学习一至二次，享受100%的退休金等。

【受表彰奖励的优秀科技工作者】 2000年12月，国家科学技术部、中国科学院、中国科学技术协会授予楚雄州科学技术委员会主任歹家林“科技扶贫先进个人”称号。年内，云南省人民政府授予歹家林“云南省科学技术普及工作先进个人”称号。中共楚雄州委、州人民政府授予云南金碧制药厂罗永贤、楚雄州彩印厂徐明、楚雄奕标水泥有限公司武志刚等10名科技工作者“楚雄州劳动模范”称号；授予南华县中医院周琼、楚雄州人民医院王志明、楚雄第一中学刘文兴、楚雄州农业科学研究推广所余继红等22名科技人员“楚雄州先进工作者”称号。由中共云南省委统战部、省国家安全厅、省劳动保障厅、省农业厅派出分别任楚雄州武定县己衣乡、牟定县凤屯乡、永仁县中和乡和南华县马街乡副乡长的桂宝宁、刘杰、吴从虎、周霖和4位同志获“云南省优秀科技副乡长”光荣称号。

【云南省人大执法检查组到武定检查科技工作】 2000年1月12日，由云南省人大常委会副主任王一明率领的省人大执法检查组，对楚雄州武定县贯彻实施《中华人民共和国促进科技成果转化法》的情况进行了检查。检查组听取了县人民政府领导的综合汇报，实地抽查了武定县化工厂、农机厂、魔芋精粉厂、高桥镇等单位和乡（镇）的执法情况。

【全州县（市）科学技术委员会主任会议】 2000年3月6日至7日，全州县（市）科学技术委员会主任工作会在武定县召开。州科学技术委员会主任歹家林在会上传达了云南省技术创新工作会议、全省地州市科学技术委员会主任会议和中国中草药现代化云南基地项目建设方案会议精神，并对全州科学技术委员会系统年初的工作进行了总结，对本年度即将开展的工作提出了具体要求。各县（市）科学技术委员会主任作了情况汇报和工作经验交流。会议还重点研究安排了2000年全州州、县（市）科学技术委员会的主要工作任务。

【楚雄州科学技术委员会与攀枝花市科学技术委员会签订科技合作协议】 2000年6月中旬，中共楚雄州委书记丁绍祥率楚雄州党政代表团赴四川省攀枝花市访问，并缔结“州市友好城市”。在此次行程中，楚雄州科学技术委员会主任歹家林与攀枝花市科学技术委员会签订了科技合作协议。

【全省创建青年绿色科技示范园推进会】 2000年7月8日，共青团云南省委在楚雄召开“全省创建青年绿色科技示范园推进会”。本次会议认真总结了全省团组织创建青年绿色科技示范园的经验，安排布置了以创建青年绿色科技示范园为重点的共青团农村工作。中共楚雄州委书记丁绍祥、州人民政府常务副州长保明虎出席了会议。近年来，楚雄青年团员在科技促进产业结构调整的经济建设主战场上，创建科技小组24个，开创青年绿色科技示范园65个，面积5858亩，示范项目19项，引进先进技术64项，良种43个，直接参与活动的团员7839人。

【省检查组赴楚雄检查县（市）党政一把手科技工作实绩】 2000年8月7日至9日，由中共云南省委组织部、省人事厅一行6人组成的检查组，对楚雄州1997年以来落实县（市）党政一把手抓第一生产力的工作实绩进行了检查。检查组听取了州人民政府副秘书长程宗文的综合汇报及州科学技术委员会主任歹家林、州委组织部副部长纳云德的补充汇报后，对南华县党政一把手抓科技工作的情况进行了实地考察。

【国家中药现代化科技产业（楚雄）医药工业园区建设领导小组成立】 2000年10月18日，楚雄州成立了“国家中药现代化科技产业（楚雄）医药工业园区建设领导小组”，由楚雄州人民政府常务副州长保明虎任领导小组组长，领导小组办公室设在州科学技术委员会，由领导小组副组长、州科学技术委员会主任歹家林兼办公室主任。领导小组及其办公室的主要职责是：编制医药园区规划，研究审议园区重大决策，讨论审定园区重大项目，协调州内各部门涉及园区建设的相关事宜。

【成立楚雄州科技领导小组】 为进一步加强对全州科学技术工作的领导，全面实施“科教兴州”战略，认真贯彻落实国家和云南省各项科技方针政策，楚雄州人民政府于2000年10月27日成立了楚雄州科技领导小组，组长、副组长分别由州人民政府代理州长夜礼斌和副州长罗嘉福兼任，组员由州人民政府副秘书长李兆友、州科学技术委员会主任歹家林等11位同志组成。领导小组办公室设在州科学技术委员会，歹家林兼办公室主任。科技领导小组的主要职责是：研究、审议全州科技发展战略和重大决策；讨论审议重大科技项目；协调全州各部门之间涉及科技工作的重大关系；考核、评定各县（市）党政一把手抓科技工作的实绩。

【组团参加省院省校科技合作技术洽谈会】 2000年12月20日至22日，云南省省院省校科技合作技术成果洽谈会在昆明举办。楚雄州科学技术委员会牵头组织州内74家企业160人参加洽谈会，与有关科研院所大专院校签订了23项意向性合作项目。在这些项目中有南瓜、甘薯等微粒粉加工技术，香蕉常温贮运保鲜技术，活塞销自动检测系统，城市生活垃圾机械化分选综合利用成套分选技术等，这些技术在国内处于领先地位，有较好开发前景。

〔李如柏〕

【楚雄州科学技术协会学会工作】 2000年，楚雄州科学技术协会认真贯彻了1999年11月召开的全州学会工作会议精神，严格按照《社团登记管理条例》和学会章程，巩固学会清理整顿成果，根据上级有关规定，对“莲花易气功楚雄州科学研究会”予以注销，新注册批准成立了“楚雄州建筑业协会”。年内共有州属学会、协会、研究会35个，其中工科学会10个，农科学会10个，医科学会6个，应用学科学会4个、教育研究会5个，上述学会均已纳入规范化管理。年内加大了学会工作调研力度，州科学技术协会机关人员主动深入到各学会了解情况，帮助学会协调和理顺与挂靠单位的工作关系，解决了部分活动经费，促成州水利学会、植保学会、护理学会召开换届会议；劳动和社会保障学会召开了成立大会；70%以上的学会都以理事会、年会、学术交流会等多种形式开展了活动，学会与科学技术协会之间形成鱼水关系。各县（市）科学技术协会对学会工作加强了管理，学会活动趋于正常。全州各学会共举办国内学术会议19次，参加人数1751人次，交流学术论文293篇；举办学术报告会74次，参加人数8929人次；举办科普讲座825次，听讲人数193431人次；举办科普展览31次，参观人数197712人次；举办专题科普宣传48个，参加人员772人次；创办科普画廊4个，建筑总长度达13米，展览总长度31米；举办青少年科技竞赛6次，参赛人数25615人次；无偿提供科技咨询10项、决策咨询5项，完成技术咨询合同3项，咨询合同完成金额2701万元，其中技术交易额500万元。各级学会、协会、研究会都为彝州经济社会发展作出了积极的努力。

【农村致富技术函授大学工作】 2000年，全州各级农村致富技术函授大学辅导站在大力提高办学质量的前提下，共招生7763人，开办30个专业，107个办学点，185个教学班。经过严肃认真的学习、辅导和年终考核、考试，7616名学员成绩合格获得农村致富技术函授大学结业证书，结业率达

98.1%。在结业学员中，党员2178人，团员1921人，基层干部1902人，少数民族2772人，妇女2257人，分别占结业人数的28.6%、25.2%、25%、36.4%、29.6%。农村致富技术函授大学楚雄州分校被中国农村致富技术函授大学评为“先进分校”；州分校及10县（市）辅导站被农村致富技术函授大学云南省分校列为“先进集体”；全州有35名先进工作者、17名优秀教师和139名优秀学员受到省分校表彰奖励。

【自然科学优秀学术论文评选】 2000年，楚雄州科学技术协会不断完善自然科学优秀学术论文评审方法。11月29日，州自然科学优秀学术论文评审委员会对州科学技术协会所属社团和县（市）科学技术协会推荐的61篇自然科学学术论文进行了认真评审。《利用地面电法在元谋摩柯村变质岩地区寻找热水实例》等8篇论文被评为一等奖；《ZY6型全自动装药机的改进和调试使用技术》等17篇论文评为二等奖；《160吨冷挤压机应用分析》等31篇论文评为三等奖。这些获奖论文的内容涉及彝州工业、农业、林业、气象、教育、医药卫生等领域。州科学技术协会为作者颁发了奖金、奖状。

【编印发行农村实用技术培训教材】 2000年，楚雄州科学技术协会精心组织州内具有丰富实践经验的农科人员，结合本州实际，编辑出版了《栽培植物良种》，与楚雄州烟草科学研究所联合编辑出版了《烤烟栽培新技术》2本农村实用技术培训教材，共印4万册发至全州基层干部、科技人员和农户。为基层干部、群众“学科学、用科学”创造了良好的条件，极大地调动了他们学习运用科学技术的积极性。

【编辑出版自然科学优秀论文选】 2000年，楚雄州科学技术协会编辑出版了《楚雄州自然科学优秀论文选》第二辑。该书共26万字，辑录学术论文58篇，其中工业科技11篇、农业科技22篇、医药卫生科技14篇、教育教学11篇。汇编了1998年、1999年度由州科学技术协会组织经州自然科学优秀学术论文评审委员会评选，获一、二等奖的优秀论文，同时选录了近3年来，州内作者在省级以上学术刊物发表或省级以上学会获奖的部分论文。所收集汇编的论文，从不同角度体现了楚雄州工、农、医、教等领域的一些科研成就，在一定程度上反映了全州自然科学的研究水平。共印2000册，9月份在州内发行，极大地调动了广大科技工作者勇于探索，敢于实践的积极性，加快了科技转化为现实生产力的步伐，为西部大开发和彝州经济建设贡献了聪明才智。

【农村专业技术职称评晋工作】 2000年，楚雄州科学技术协会认真贯彻落实州人民政府《关于进一步做好农村专业技术职称评晋工作的意见》的文件精神，积12年来农村专业技术职称评晋工作经验，州、县（市）科学技术协会顺利完成了农村专业技术职称评晋工作。年内又有1043位农民获技术职称，其中农民技师50人，助理技师126人，技术员723人，助理技术员144人。至2000年末，包括乡镇企业战线在内，全州累计已有19897人获得农民技术职称，评审制度得到不断完善。

【楚雄州科技工作者迎接新世纪茶话会】 2000年12月28日，楚雄州科学技术协会积极发挥“党和政府联系科技工作者的桥梁和纽带”作用，举行了由60余人参加的“楚雄州科技工作者迎接新世纪茶话会”。中共楚雄州委副书记胡有兰，州委常委、州委秘书长李明，州人大常委会副主任周康生出席会议并作讲话，认真听取科技工作者的呼声和建议，把党和政府的温暖及时送给科技人员，调动科技工作者投身经济建设主战场的积极性。州科学技术协会年内共召开科技人员座谈会3次，在维护科技人员合法权益方面做了积极的努力。

【农村专业技术协会调研】 2000年，楚雄州科学技术协会为了更好地发挥农村专业技术协会在实施“科教兴农”战略和推进农业产业化进程中的作用，年初发文组织各县（市）科学技术协会对农村专业技术协会工作情况开展深入细致的调查研究，查明全州共有各类农村专业技术协会329个，会员8268人，农村专业技术协会规模不等、机构不健全，大多数无章可循，活动不正常。针对上述情况，州科学技术协会研究制定了《楚雄州农村专业技术协会示范章程》和说明下发各县（市）。为使农村专业技术协会逐步走上规范化发展的道路，又制定了《关于加强农村专业技术协会建设的意见》上报州人民政府，形成州人民政府办公室文件下发各县（市）和有关部门贯彻执行。为农村专业技术协会的健康发展打下了良好的基础。

〔李 国〕

【楚雄州人民政府召开优质米鉴评推广会】 为了进一步调优粮食结

构，提高粮食生产效益，楚雄州人民政府于2000年12月22日召开楚雄州优质米鉴评推广会。州人民政府代理州长夜礼斌、副州长吴莉华及副秘书长程宗文出席会议。到会的有楚雄、姚安两县（市）分管农业的副县（市）长，全州10县（市）农业部门和州属农业、科技、粮食、财政等有关部门领导。云南省农业厅有关领导、专家以及昆明红联、普尔斯玛特超市的经理、业务人员应邀莅会。会议对推荐参评的品种从大米外观、米饭色泽及口感进行了无记名评分，结果以楚雄州自育的楚粳香1号等2个品系和引进的云恢290等3个品种（系）得分居前5名。这是楚雄州自1998年以来连续第3年召开优质米鉴评推广会。

【楚雄州又育成一个小麦新良种】 2000年7月18日，由楚雄州农业科学研究推广所和四川省雅安地区农业科学研究推广所合作选育的小麦新品种“繁19”，通过云南省农作物品种审定委员会审定合格，这是楚雄州育成并通过省级审定合格的第3个小麦新品种。到2000年，该品种在省内累计示范面积已超过20万亩。“繁19”属春性中熟田麦，适宜云南省海拔1400～2100米地区种植，高产田亩产可达650千克。据国内贸易部粮油食品质量监督检验测试中心（成都）测定，除沉降值和面团稳定时间外，多项主要指标都达到面包专用标准；粉质评价值61，高于目前省内大面积推广种。“繁19”的育成，标志着楚雄州小麦的品质育种又迈出了可喜的一步。

【大姚县入选全国“百县千村”平衡施肥技术重点示范县】 为了适应我国农业和农村经济结构战略性调整，推动农业科技进步，农业部决定从2000年起，在全国优选100个重点县（市），每个重点县（市）选10个村开展以“测土—配方—生产—供肥—施肥技术指导”为中心内容的平衡施肥技术示范，楚雄州有大姚县入选。在领导的重视和省、州、县农业技术推广部门的指导、服务下，年内实际完成大春作物示范面积10.47万亩，经多点测产，示范区增产效益显著。该项目的持续实施，将对楚雄州乃至全省推广平衡施肥技术、提高肥料利用率、降低生产成本、减轻对环境和食品污染、提高农作物产量和品质，保障农业可持续发展起到积极的推动作用。

〔黄天保〕

科研活动

【全州科技工作行动思路研究】 2000年，在中央实施西部大开发重大战略决策的形势下，为适应楚雄州科技和经济发展的需要，楚雄州科学技术委员会展开了关于楚雄州科技行动思路和发展新产业问题的调研工作，得到相关领导和单位的支持，形成了一系列调查研究报告、方案、规划和计划。在关于行动思路的研究报告中提出“树立一面旗帜、调动两个积极性、达到三个促进、开发四大园区、实施五大科技计划、发展六大产业、建立七大示范基地、培育八大种源、完善九个服务体系、开展十项科技管理工作”等思路，结合州内实际和现代科技与经济发展的特点及趋势提出了有依据有分析的见解，为全州下一步科技工作的开展打下了基础。

【发展天然药业的调研与论证】 2000年，由楚雄州科学技术委员会牵头，在有关单位和科技工作者的协助下，对发展楚雄州天然药业的问题展开了调研和论证工作，先后形成了《楚雄州天然药业发展情况调研报告》、《楚雄民族药科研中试基地可行性研究报告》、《楚雄医药工业园建设项目可行性研究报告》、《楚雄医药工业园产业发展总体规划》、《楚雄医药工业园建设实施方案》、《国家中药现代化科技产业（云南）基地建设楚雄州实施方案》、《楚雄州中药材种植基地规划》、《楚雄州中药材种植基地实施方案》、《2001年楚雄州中药材种植基地计划》等科技项目研究报告、总体规划和实施方案。其中，“楚雄民族药科研中试基地建设”项目通过了省计划委员会组织的论证，已拨给启动资金50万元。

【编制楚雄州水文手册】 本课题系楚雄州水利水电局为本州小流域水文计算提供科学依据而开展的研究工作，历时5年，2000年内完成了研究任务并编制了手册，该手册共9章，即：总述、温度、蒸发、降水、径流、洪峰流量、洪水过程、入库泥沙、算例以及水文手册成果图、水文手册参考图、水文特征值成果表、历史洪水调查成果表、暴雨洪水计算及水库调洪程序。

【龙川江“长治”工程减蚀减沙效益研究】 本课题系长江水利委员会“九五”重点课题“长江中上游水土保持防护治理”工程减沙效益研究之子课题。龙川江为金沙江一级支流，其流域涉及楚雄州除双柏县以外的9县（市），幅员总面积9240.7平方公里，耕地面积125.3

万亩，人口135.54万人。本研究通过水文法、水保法和国际上泥沙研究较成熟的Cs示踪法，多途径研究各项水土保持措施的减蚀减沙效益，用水保法求算了龙川江“长江中上游水土保持防护治理”工程的减沙效益。运用其研究结论，可以预测龙川江水沙变化关系，为该流域水土资源开发和水利工程建设提供规划设计依据。

【急性心肌炎暴发流行的病因筛选研究】　本课题系楚雄州克山病防治研究所针对楚雄、大理两地11个县17个乡（镇）连续多年引起不明原因死亡现象而选列的科研项目。经研究初步证实了发生该病是由肠道病毒（COX）引起的急性病毒性心肌炎。该研究为楚雄和全省病区提供了防治“急性心肌炎暴发流行”重大疾病的科学依据。

【玉米良种“楚白单4号”的选育】　该课题是楚雄州农业科学研究推广所从1988年至1997年实施的州列科研项目，从1998年开始用于大面积生产。该品种于1998年7月10日经云南省农作物品种审定委员会审定合格。2000年4月21日，农业部植物新品种保护办公室授予品种权。其技术水平上表现较高产稳产，抗穗粒腐病和大、小斑病，适应性强。主要性状优于目前白粒主要推广品种。

【云南松纵坑切梢小蠹虫持续控制技术研究】　武定县林业局森林病虫防治检疫站从1987年开始，针对武定狮子山风景区遭受云南松纵坑切梢小蠹虫的严重危害，景区内的云南松一片枯黄，危在旦夕的严重问题，在上级有关部门的支持下开展了持续控制小蠹虫技术研究。经过13年坚持不懈的研究，已将危害控制在允许水平之下，受害株率由治理前的78.1%下降到2.54%，蠹害指数由治理前的44.36下降到达2.14。森林覆盖率由46.7%上升到75.6%，林分郁闭度由0.5上升到0.8，林地面积由3657亩增加到5000亩。

【野生动物驯养研究初见成效】　楚雄州的野生动物驯养研究始于1984年民营楚雄市连墀生物研究所，该所不仅成功地驯养繁殖了黑熊，还研究成功了从活熊体内采取胆汁的技术，一头活熊一生可采的熊胆相当于猎杀300头野熊，该研究项目的成功，既为医疗事业解决了珍贵药材的来源，也有效地保护了野生资源。1990年以后，州内楚雄、南华、牟定、元谋、禄丰、永仁等县（市）先后从外地引进了美国七彩山鸡、梅花鹿、北极狐、蛇类等野生动物进行驯养繁殖，2000年末全州已有七彩山鸡35119只，梅花鹿1116只，黑熊16头。开发成功投放市场的以野生动物为原料的产品有熊胆粉、熊胆酒、鹿茸、鹿血酒、蛇酒和七彩山鸡等。

科技开发

【制药企业GMP改造认证工作】　2000年，楚雄州制药企业为了提高科技水平增强竞争能力，积极投入GMP改造认证工作。其中盘龙云海药业有限公司5月份已通过国家药监局组织的GMP认证，成为云南省第二家、楚雄州第一家通过GMP认证的制药企业。年内，云南金碧制药厂、楚雄雁塔药业有限责任公司已投入GMP的改造工作。

【新药开发】　2000年，楚雄州内云南盘龙云海药业有限公司、楚雄雁塔药业有限责任公司和云南金碧制药厂3家制药企业积极开展新药研究和新药产品开发。(1) 云南盘龙云海药业有限公司开发的灵丹草颗粒新产品，已完成中试并试销，准备2001年批量投放市场；(2) 楚雄雁塔药业有限责任公司已完成了三阳皮傣、亥课期酒、复方蜂毒擦剂的小试，完成了彝心康胶囊中试，投入批量生产；(3) 云南金碧制药厂完成了二类新药S木治疗老年性痴呆症的动物模型和毒理药理试验，仙鹤胶囊通过了国家中药管理局的审批，被列入国家中药保护品种，该厂已被认定为云南省高新技术企业，这是继云南盘龙云海药业有限公司后楚雄州第二家被批准认定的云南省高新技术企业。

【中药材基地建设】　2000年，楚雄州科学技术委员会共扶持建设中药材基地4个，面积合计6千亩，示范种植大黄、当归、桔梗、黄芩、苦良姜、白术、红花、重楼、西洋参等。

【民营科技企业迈出新步伐】　发展民营科技企业是今后发展科技产业的重要举措，楚雄州人民政府和州属有关部门为鼓励和扶持民营科技企业的发展，在资源配置、信息服务、资金筹措、技术职称评聘、项目选择、科技成果的评审与奖励等方面，出台了有关政策和措施。近年来，一批民营科技企业积极从事科技新产品开发，其技术先进、产品质量过硬，市场稳步扩大。如楚雄云香植物研究所研制的绿色生物食品“云香烟宝”，2000年产品已投放楚雄、昆明、玉溪等地市场，建立了1000多个销售终端，昆明各大商场、超市及省烟草公司

大力发展中药材种植

下属的所有卷烟专柜都有销售。

科技推广

【科技推广效益】 科技推广效益首先体现在科技进步对工业、农业和国民经济增长的贡献率上。据统计，2000年楚雄州科技进步对工业、农业和国民经济增长的贡献率分别达到38.4%、41.2%和37.8%，分别比“九五”计划实施的第一年提高4.4%、5.2%和5.8%，分别平均每年增长0.88%、1.04%和1.16%。“九五”期间，农业科技措施的示范推广新增产值15个亿。工业科技中仅云南盘龙云海药业有限公司便新增产值6个亿。在生态环境建设上，经农村能源技术的推广使50万亩山林得以休养生息。

【楚雄州被列为云南省农村沼气建设重点州】 农村能源科技推广及农村能源建设是楚雄州科学技术委员会的一项重要工作。2000年全州新建沼气池13000口，改进省柴节煤灶8800眼，新增生物质气化炉200台，推广太阳能热水器7100平方米，折合薪柴36750吨，可使19万亩山林得以休养生息，而且可以节省砍运烧柴的强劳动工日36万个，建池使农家改变了厕臭、厩脏、厨黑、炊烟四起泪直流的生活方式。特别是沼气附产物的综合利用，减少了农药化肥的使用量，促进了绿色食品的生产，仅沼液浸种1项的增收节支直接效益就达620万元。由于云南省林业厅的重视，2000年全州10县（市）均被列为云南省农村能源建设重点县，成为全省唯一的农村沼气建设重点地州，并把楚雄沼气建设作为云南省农村能源建设的代表，列入50年成就展。3月3日，中央电视台第二套节目以长达5分钟的时间，对楚雄州沼气建设作了专题报道，播出的当天下午，山西省浮山县政协的康忠强便来电话索要技术资料。

【推广优良品种】 2000年，楚雄州农业科技工作一如既往地抓住优良品种的引进、选育、试验、示范和推广工作，特别是加大粮食作物和经济作物优良品种的推广力度。以州农业科学研究推广所为主开展的6个千亩（优质稻、优质大豆、外销蔬菜、脱毒马铃薯、魔芋高产、熟制改革）示范样板工程发挥了良好的示范作用。在绿色食品上积极稳妥地引进了罗氏沼虾、韩国春白玉萝卜、甜油桃、白玉蜗牛、啤酒花、鲁梅克斯K-1等进行种养试验示范；烟草上引进漂浮育苗技术。

【南华县推广应用电脑农业专家系统出效益】 电脑农业专家系统是国家“863”计划项目，被列为智能化农业信息技术应用工程加以推广。3年来，云南省电脑农业专家系统办公室下达南华县的推广任务是21万亩，实际完成22.88万亩。据测查，水稻产量平均增幅为9.2%，玉米为15.4%，烤烟为27.8%，小麦为21%。合计增产粮食807.7万千克，增加产值1269.2万元。

科技普及

【科技下乡活动】 2000年，楚雄州科学技术委员会的送科技下乡活动与抗震救灾相结合，在姚安、大姚、南华发生“1·15”地震灾害期间，楚雄州科学技术委员会副主任符群率队到姚安县的大河口乡、官屯乡，大姚县的七街乡，南华县的天申堂乡开展科技宣传及咨询服务活动，发放科技资料7000余份、农村实用技术书籍450册，咨询服务1500人次。此后，州科学技术委员会领导又先后到石腊它、高峰、八角、三台、五街等20多个乡（镇）开展科普活动，并检查、

脱毒马铃薯育种大棚

指导农村科技工作。同时，年内还编辑出版《楚雄科技》4期；与州广播电台联合开办的“科技5分钟”栏目播出科技专题稿件55篇。由于工作成绩突出，中央电视台派人对楚雄州科普宣传工作进行了专题采访报导。

【培养农村科技人才】　从1995年开始，楚雄州选列了10个科技扶贫示范乡，分布于全州10县（市），5年来，州、县（市）科学技术委员会在乡党委和乡人民政府的支持配合下，在科技扶贫示范乡广泛开展科学普及工作的同时，还重点开展了与农业生产密切相关的科技项目实用技术知识的培训工作。至2000年末，10个乡累计有14.975万人次参加过实用技术培训，其中6.475万人掌握一门以上的实用技术；已建科技示范村52个，科技示范户716户，3146人获得农业技术职称，90%以上的农户至少有1人掌握1门以上实用技术；开办农村致富技术函授大学53个教学班，招收学员3157人，结业率达95%以上，为贫困乡培养了一批懂技术、善经营、会管理的技术人才。

【科普推动科技扶贫工作】　农村科普，重点是开展农业实用技术的培训，楚雄州科学技术委员会根据科技扶贫乡实施的31个科技项目，展开了一系列科技培训工作。通过科技培训，科技项目得到较好的实施，如至2000年末，武定县石腊它乡、禄丰县高峰乡、牟定县凤屯乡、大姚县湾碧乡4个乡共建脱毒马铃薯种薯基地624亩，示范推广种植脱毒马铃薯6100亩；楚雄市八角乡实施5000亩蚕桑基地改造建设工程，到2000年底共栽桑6020亩；湾碧乡充分发挥河谷气候优势，发展香蕉1000亩，引进示范种植中药材印楝300亩，苦良姜200亩，木香50亩。通过一批项目的实施，广大农户增产增收，促进了农村经济的发展。至2000年末，楚雄市八角乡、牟定县凤屯乡、南华县五顶山乡、武定县石腊它乡、大姚县湾碧乡已提前和按期解决了温饱。

〔李如柏〕

【城乡科普活动】　2000年，楚雄州各级科学技术协会和学会积极开展科普宣传教育活动。(1) 州科学技术协会组织州属学会和部分省级学会，共计25个，在楚雄市桃园湖畔开展了“崇尚科学，反对封建迷信”大型科普周活动，共有2万多观众加入系列活动，展出展板302块、实物及盆景2482件；发送科普资料2.7万份；与州电视台联办播出科普专题片11集；放映科普电影4部。(2) 与州广播电台联合开办了“科普之音”节目，时间长达半年，共播出科普知识和信息40条；利用科普长廊、科普专栏、科普场馆等开展了科普宣传街、科普讲座活动。(3) 积极参加12月5日在双柏县开展的全省“科技、文化、卫生”三下乡集中活动，展出农科展板61块，发送科普资料5000余份，为双柏县科学技术协会赠送价值一万余元的科普设备；还组织开展了全州范围内的科技常下乡活动。(4) 与云南太一生物医药有限公司联合举办了“太一白玉蜗牛养殖科普巡回展览”，展览活动遍及各县（市），时间长达20余天。(5) 举办城乡科普讲座213次，听讲人数10810人次；举办大众科普展览179次，参观人数243382人次。(6) 开展3天以上的农村实用技术培训，参训人数达374024人次。(7) 建成科普示范基地10个、科普示范乡（镇）10个、科普示范文明户7292户。(8) 发行《科学技术协会简讯》15期共1450份。通过开展深入广泛的城乡科普活动，进一步提高了广大人民群众的科技意识。

农科人员深入田边地头开展科技服务

【青少年科普活动】 2000年，根据云南省科学技术协会青少年科技活动中心的要求，结合楚雄州实际，全州各级科学技术协会积极开展青少年科普工作。(1) 与教育部门携手合作，积极组织人员参加了全国、全省第十届青少年科技创新大赛，获全国三等奖、优秀奖各一项；获全省一至三等奖48项；获州级一至三等奖52项。州科学技术协会荣获“全省青少年科技创新大赛优秀组织奖”称号。(2) 开展了数、理、化科技竞赛活动，有21名同学获全国一至二等奖。(3) 组织参加全省第二届青少年科技辅导员论文征集活动，上报61篇论文，有15篇获省级一至三等奖，7篇获鼓励奖。(4) 组织科技辅导员及科技工作者参加了第十届全国青少年科技创新大赛观摩活动。(5) 全州范围内开展了青少年科技教育示范学校考评工作，经自评、复评、审核批准，全州已有4所中、小学校评定为省一级科技教育示范学校，10所学校评定为州二级科技教育示范学校，并为示范学校的命名及考评工作总结表彰会议作了准备。(6) 配合省青少年科技活动中心在武定县举办了全省青少年科技教育示范学校工作会议和在楚雄举办全省第六期生物与环境科学实践活动辅导员培训班，全州有40多人参加了培训，为2001年的参赛活动打下了良好的基础。(7) 组织县（市）科学技术协会、学校征订了《全国青少年发明创造比赛优秀作品精选》和《科技辅导员》书刊。(8) 发动3000多名中小学生参加了“崇尚科学，反对迷信，面向新世纪”大型科普周和“爱我家园，种世纪树”活动。(9) 组织发动了以楚雄北城小学为代表，许多中小学校参加的科技月活动。

〔李　国〕

科技成果

【获楚雄州科技进步奖的科技成果】 楚雄州科技进步奖评审委员会根据州人民政府的有关规定，于2000年9月14日至16日对全州各县(市)、省州属各有关单位申报参评的1999年度66项科技成果进行了评审，经州人民政府批准受奖的项目共65项，其中：一等奖7项、二等奖13项、三等奖45项。(1) 一等奖项目是：①“四海丰”复合营养叶面肥料研究（云南绿宝生物工程有限公司、姚安县科学技术委员会，马之龙、匡振亚、朱燕梅、曾华、董震、周春云）；②优质白玉米单交种“楚白单4号”的选育（楚雄州农业科学研究推广所，李希国、魏永康、李昌元、欧阳军、郑兰英、徐连昌、陶恩龙、束莉华、樊应虎）；③武定狮子山云南松纵坑切梢小蠹持续控制技术研究（武定县林业局森林病虫害防治检疫站，李永德、龙德武、盛洪发、姚建华、仲莲珍、杨应彩、杨建平、毕加勋、邵维福）；④引进、消化吸收1140　/h干冰膨胀烟丝生产线项目（云南红塔集团楚雄卷烟厂，高中华、李俊伦、张先麟、王荣祥、田钢、陈国萍、白志宏、段志梅、李雄华）；⑤年产20万吨水泥旋窑烧成系统技术改造（楚雄奕标水泥有限公司，李天福、朱成明、杨正科、代学权、陈建琪、张保如、李云、马福生、钮学良）；⑥35KV级S9系列油浸式电力变压器（云南省楚雄变压器厂，普光雄、胡兴文、段学荣、邵向平）；⑦急性心肌炎暴发流行的病因筛选研究（楚雄州克山病防治研究所，牛存龙、刘继海、邓世全、陈坚、毕增满、候龙才、王书琨、周凯、刘孝柏）。(2) 二等奖项目是：①彝药“颈椎胶囊”研究（楚雄州中医院，杨本雷、王国忠、王建辉、张虹、苏相国、何春荣、饶文举）；②民族贫困山区万亩多熟制示范亩增产值831.7元（双柏县农业技术推广中心，李洪文、李永寿、苏贤军、黎思育、苏林生、苏玉、李成明、赵金荣、鲁茂程）；③南华县智能化农业系统推广应用（南华县电脑办，鲍虎、王泽宝、杨金富、尹臣铭、朱勤才、李丕忠、吕忠俊、李文清、罗锦海）；④元谋干热河谷区印楝引种试验示范（元谋县林业事业管理局，吴树江、赵培仙、冯永刚、吴鸿猷、张明友、毛家仁、蒯良、李庆元、何瑛）；⑤滇柏种子大痣小蜂生物学、生态学特性及防治研究（楚雄州森林病虫防治检疫站，毕加勋、杨建平、邵维福、张仁功、刘鸿滨、刘波、潘涌智、张俊伟）；⑥楚雄州大海簸水库安全鉴定的综合研究（楚雄州水利电力勘测设计研究院、楚雄州大海簸水库管理处，李成金、石鑫、阮建清、汤健、段建军、任锦云、熊卫民、姜进荣、闫春）；⑦合成氨“两煤”节能技术改造（云南楚雄氮肥厂，施尚学、朱玉祥、张朝祥、杨建生、万旭明、廖明辉）；⑧等离子束扫描多元共渗合金强化气缸套科技成果应用（股份合作制云南绿丰缸套厂，刘福平、刘思权、唐绍绅、李加金、李阳华、梁晓林）；⑨160吨活塞销冷挤压机引进及应用（楚雄州活塞销厂，黄沿、李正明、李树金、马旭、徐顺孔、夏友善、石凤林、徐孝爱、陈文华）；⑩使用郑文友系列中草药治疗HIV/AIDS患者临床疗效观察（深圳郑文友中医肿瘤医院楚雄自愿戒毒康复中心、楚雄州卫生防疫站，郑文友、皮国华、蒋兰森、胡成发、董应宽、张海燕、胡秀凡、王霞、周文能）；穿刺肾活检术在肾小球疾病诊断中的推广应用（楚雄州人民医院、南京军区福州总医院，陈西北、赵立德、寇建琼、陈玉锦、鲍军保、宿志强、赵文喜、余英豪）；彝药“彝止痛胶囊”研究（姚安县人民医院，郑海林、邵利平、段佩兰、马英）；20%宝丰灵防治烟草赤星病试验示范与推广（楚雄州烟草科学研究所，耿少武、段宏伟、李庆平、冯柱安、王跃金）。（3）三等奖项目是：①姚安县适中乡菖河硬蜜开发（姚安县菖河中蜂场、姚安县科学技术委员会，周绍伦、李茂尊、梁瑜、钟必科、曹兴德、张国富、周绍金、周永祥）；②贫困山区实施2.3万亩水稻高产示范亩增81.6千克（双柏县农业技术推广中心，戴兴辉、施文发、杞家学、李荣祥、李保华、叶来生、郭建华、王文学、梁平仙）；③巴西陆稻（IAPAR9）品种引进试验示范见成效（牟定县科学技术委员会，毕绍强、曹庆智、毕天龙、邓光武、王丽、姚宗龙）；④五千亩地麦覆膜抗旱栽培示范获丰收（南华县农业技术推广站，吕忠俊、洪磊、吕开周、张王、唐建华、许加智、赵文相、普宗宝）；⑤优质良种——“太空椒”引种试验示范（楚雄农业学校、永安镇科学技术委员会，马德标、夏鹏、王荣、张杰雄、王斌、布学伦、周志海、杨永元、李育川）；⑥百合鲜切花和草木盆花引种栽培试验示范（楚雄市花卉科技试验示范推广基地，王开存、陈朗新、刘发明、郭胜平、杨丽、龙延光、朱宏斌、唐全华、李刚）；⑦双高双低油菜新品种“花油三号”千亩连片高产示范（楚雄市子午镇农业技术推广站，谭正才、胡应忠、尹久昆、李丽华、何金安、杨泽春、杨锡品、邹益富、何友安）；⑧甜脆豆、荷兰豆引种试验及示范（楚雄州农业科学研究推广所，赵开洪、陈春泉、张燕、谷家明、罗仁斌）；⑨田藕百亩连片高产高效栽培示范（姚安县农业技术推广中心、姚安县科学技术委员会，李从荣、骆驷臻、钟必科、饶惠莲、王全堂、曹兴德、任兆鸿、戴绍贤）；⑩楚雄市1999年推广水稻旱育稀植11.7万亩增产稻谷652万千克（楚雄市农业技术推广中心，邱建荣、张德、段琼芬、秦德林、李发萍、李成助、张太华、尹久昆、张胜华）；⑪禄丰县农业综合开发成效显著（禄丰县人民政府农综办、罗川乡人民政府，杨军、邬家华、杨学中、何平、任海、施丽梅、张永祥、刘炳福、李明昌）；⑫双柏县1999～2000年蠹害木清理防治规划及防治技术应用（双柏县林业局森林病虫防治检疫站，李永秀、颜似艳、毕加勋、张文能、杞奋发、朱明龙、柏云华、王娟、杨丽华）；⑬森林植物检疫对象及主要病虫害调查（楚雄州森林病虫防治检疫站，杨建平、毕加勋、邵维福、覃钟义、刘鸿滨、张仁功、王力群）；⑭苍溪雪梨主要病虫害调查及综合防治技术研究（楚雄市林业局病虫害调查课题组，向中才、姚志明、毕加勋、张翔、张兴唐）；⑮双柏县野生动物资源常规样带调查（双柏县林业局森林病虫防治检疫站，李永秀、周润、毕加勋、颜似艳、张文能、艾明才、朱明龙、普世祥、普国章）；⑯武定县野生动物资源常规样带调查（武定县林业局，张仁功、龙德武、盛洪发、姚建华、仲莲珍、李永德、蔡开春、毕加勋、覃钟义）；⑰双柏县森林分类经营区（双柏县林业工作站，姚绍文、杨超本、李春林、尤国宏、杨永华、杞奋发、周荣、朱明龙、张文能）；⑱楚雄州兽药质量检测体系的建立与技术应用（楚雄州兽药监察所，曹兴萍、肖俊、杜丽萍、张流芬、曾昆祥、李洪通、李朝苍）；⑲梅山猪引种观测试验（禄丰县科学技术委员会、禄丰县畜牧局，赵朝魏、彭伟、张自友、饶正东、杨安庆、尹谨、龚超云、朱光明、杨文兴）；⑳引进国外优良肉牛品种改良本地黄牛成效显著（禄丰县畜牧局，彭伟、段正山、杨安庆、尹谨、徐凤才、谢道培、高应、杨开顺、朱光明）；㉑推广配套技术提高科学养猪水平（姚安县畜牧局、姚安县畜牧兽医工作站、姚安县光禄镇畜牧兽医站、姚安县龙岗乡畜牧兽医站，李开瑞、赵银忠、刘国友、刘朝安、李海芬、赵从先、杨启严、胡之银、陈荣斌）；㉒UPVC管在输供水工程中的应用（楚雄州水利电力勘测设计研究院，李成金、阮建清、张家明、任锦云、雷新华、刘显光）；㉓龙川江“长治”工程减蚀减沙效益研究（楚雄州水土保持委员会办公室，贺臣荣、王建文、任锦云、尚加友、施从发、杨绍春、宋丽萍）；㉔云南省楚雄彝族自治州水文手册（楚雄水文水资源分局、楚雄州防汛抗旱指挥部办公室，徐才俊、彭德培、肖亚屏、孔汉文、张继华、王志勇、张名家、熊卫民、吴志宏）；㉕楚雄州农作物产量预报业务系统开发应用（楚雄州气象局，李桂秀、周玉兴、郭柱、罗丽）；㉖楚雄人工降雨防雹作业服务系统（楚雄州气象局，张腾飞、张杰）；㉗楚雄州寒潮低温晚霜冻天气的分析和预报研究（楚雄州气象局，尹文章、钱德山、杨若华、王钟睿、官天满）；㉘人工防雹减灾技术的应用推广（南华县气象局、南华县人工增雨防雹领导小组办公室，陈启武、苏钢、吴天会、许增凯、周安华、冯晓）；㉙楚雄州短期大雨天气分县预报及资料服务库（楚雄州气象局，杨若华、李宏波、尹文章）；㉚桃园湖景区拓展配套工程的设计与建设（楚雄市建设局城建处，吕琳麟、徐双才、孙春荣、钱锋、车立兵、郭彪、胡祖华、黎仕宏、段小凡）；㉛楚雄龙川江城市排污干管工程的设计与建设（楚雄市城市配套设施建设工程指挥部，吕琳麟、徐双才、王斌、杜开宇、陈海浪）；㉜年产20万吨旋窑水泥计算机集成控制系统（楚雄奕标水泥有限公司，李天福、朱成明、杨正科、陈建琪、王祥清、许廉明、马东武、江卫宁、胡明春）；㉝楚雄市街心花园人行天桥的设计与建设（楚雄市建设局城建管理处、昆明理工大学）；㉞扩大水松纸生产线产品开发（楚雄市华丽彩印包装实业总公司，张开华、张学礼、谢国云、陈之国、朱国富、尹磊）；㉟楚雄市园林绿化工程研究（楚雄市城市建设绿化管理处，叶荣、王自寿、盛学贵、丁善荣、徐崇建、戴艺梅、周曼秋）；㊱可控气氛网带式热处理设备生产线、云南楚雄轴承厂，陈文华、陈舜虞、路红兵、史永智）；㊲禄丰县科普长廊建设与科学普及（禄丰县科学技术委员会，周斌、张自友、赵朝魏、胡正琼、杨代荣、杨树荣、张学礼、李学玲、刘汝丽）；㊳楚雄州投入产出表编制与应用研究（楚雄州新国民经济核算办公室，刘建明、吴春鸿、王银富、汪占毅、王森、张勇、陆浩、王晓春、丁康年）；㊴姚安县中小学生心脏健康状况与膳食营养调查（姚安县卫生防疫站，朱光耀、杨彪、董培松、俞祖恒、刘从发、张志勇）；㊵98例结核病规范治疗推广（牟定县卫生防疫站，王本信、滕怀仁、陈雄、柳思云、詹敏、李艳）；㊶大姚县青石棉污染致胸膜斑钙化的临床调查研究（大姚县人民医院，张继华、宋云和、张翼）；㊷新式剖宫产在临床上的推广应用（楚雄州妇幼保健站，盛抗美、刘桂珍、龙素彬、张勤、陈丽、周红梅、吴文华、钱家文）；㊸安坤洗液消毒药剂研制（楚雄州雁塔药业有限责任公司、北京医科大学，李光能、许忠、李世春、陈世忠）；㊹禄丰县人民政府办公自动化网络系统（禄丰县人民政府办公室，张万礼、汪占毅、李开荣、许天禹、高禺）；㊺素质教育规程探究（南华县东城小学，李建雄、罗楠、刘桂萍、严盛萍、张建萍、李明洪、罗嘉福、兰开兴、彭亮）。另外，推荐申报云南省科技进步奖的成果3项，即：《楚雄市城市形象设计研究与应用》、《急性心肌炎暴发流行的病因研究》、《紫色水稻土水稻氮磷钾平衡施肥变量参数的研究与应用》）。

〔李如柏〕

防震减灾

【简述】 2000年，楚雄州地震活动十分频繁，是地震灾害严重的一年，先后发生了1月15日的姚安5.9级、6.5级和8月21日武定5.1级等地震。面对频繁发生的地震灾害，楚雄州地震局在中共楚雄州委、州人民政府和云南省地震局的领导与支持下，全面贯彻落实全国、全省和全州防震减灾工作会议精神，充分发挥政府防震减灾职能作用，认真做好防震减灾的基础和首要环节——地震监测预报工作，不断加强地震台网建设和提高观测记录质量的管理，强化短临跟踪监视预报，出现异常和震情及时分析会商、及时处理，始终严密监视震情变化，适时向州委、州人民政府和省地震局报告震情及判定意见。完成了姚安5.9级、6.5级和武定5.1级等地震的监测预报及现场应急工作。与此同时，根据楚雄州人民政府《楚雄彝族自治州建设工程场地地震安全性评价管理实施办法》，开展了建设工程场地地震安全性评价与抗震设防要求管理工作。在频繁的地震灾害中，充分体现了防震减灾的政府职能作用，为保障国民经济建设与发展和社会安定作出了应有的贡献。年内，州地震局获全省地震监测预报先进集体称号。

【姚安发生5.9级和6.5级地震】 2000年1月15日06时09分01秒，在北纬25°34′、东经101°05′的楚雄州姚安县发生了Ms5.9级地震，震源深度30公里；当天07时37分05秒，在北纬25°35′、东经101°07′的姚安县再次发生Ms6.5级地震，震源深度30公里。截止1月31日23时，震区共发生M≥1.0级地震438次，其中6.5级地震1次，5.9级地震1次，4.0～4.9级地震7次，3.0～3.9级地震14次，2.0～2.9级地震145次，1.0～1.9级地震270次，最大强余震为1月15日的4.7级。地震类型为：前震—主震—余震型。

【武定发生5.1级地震】 2000年8月21日21时25分39.7秒，在北纬25°50′、东经102°14′的楚雄州武定县插甸、田心两乡之间发生5.1级地震。此次地震造成2人死亡，重伤1人，轻伤219人，因房屋损坏暂不能回家居住的人数4573人；死亡大牲畜59头（匹）。地震受灾主要涉及楚雄州的武定县和昆明市的禄劝县，包括武定县田心、发窝、插甸、万德、石腊它、东坡6个乡的47个行政村（办事处）和禄劝县云龙、茂山2个乡的8个行政村；受灾人口共计17375户，73415人。迄止8月24日21时，震区共发生1.0级以上余震82次，最大余震为8月21日的3.8级。此次地震为1995年10月24日武定6.5级地震的晚期强余震。

【楚雄发生4.6级小震群】 2000年2月4日至17日，楚雄市苍岭镇云甸附近发生了63次地震，其中1.9级以下45次，2.0～2.9级13次，3.0～3.9级4次，4.5级1次，最大地震为2月16日18时41分15秒发生的4.6级。4.6级地震发生时，楚雄城区市民普遍感觉强烈，纷纷打电话到州地震局询问震情，州人民政府州长罗正富立即赶往州地震局听取震情汇报，随后主持召开了州抗震防震指挥部成员紧急会议，对震情监视等工作提出了要求。楚雄州地震局按照内紧外松的原则，适时做好民心安定和社会秩序稳定工作，保证了楚雄市区广大民众的工作、学习、生产、生活的正常进行。

【姚安发生3次4级以上余震】 继姚安6.5级地震以后，从2000年4月1日起到6月30日止，震区共发生了3次4级以上的余震，分别为：4月3日23时38分36.6秒，在北纬25°36′、东经101°05′的左门乡阿苤拉附近发生4.6级地震；5月8日05时53分25.5秒，在北纬25°35′、东经101°07′的马游与黄泥塘之间发生4.1级地震；6月30日08时27分47.8秒，在北纬25°35′、东经101°04′的马游与黄泥塘之间发生4.1级地震。这3次4级以上余震的发生，楚雄州地震局在震前都作出了准确的预报。地震发生时，姚安、大姚、牟定、南华等县大部分人有强感，地震未造成损失。

【姚安6.5级地震烈度分布】 经地震部门现场考察，发生于2000年1月15日的姚安6.5级地震宏观震中位于姚安县官屯至大姚县的七街一带，极震区烈度为8度，等震线形状呈椭圆形，长轴走向为北12°东。8度区范围：北起大姚县新街乡小古衙，南至姚安县官屯乡巴拉鲊，东到姚安县光禄，西至姚安县阿苤拉，长轴长约38.5公里，短轴长约11.5公里，面积约410平方公里。7度区范围：北起大姚县新街乡碧么，南到姚安县弥兴乡大苴，东到姚安县包粮屯，西到姚安县黄泥塘，长轴长约66公里，短轴长约26公里，面积约1520平方公里。6度区范围：北起大姚县冷山，南达南华县梅子树，东起牟定县蟠猫，西到大理州祥云县禾甸乡大营，面积约9000平方公里。

【姚安6.5级地震震害特征】 此次地震有以下明显特征：（1）5.9级和6.5级两次地震在相距约1小时26分钟发生，形成地震灾害叠加，给震区造成严重破坏，对建筑物的破坏内伤严重；（2）震源深度较深，震害影响范围广，6度区以外的部分地区也受到不同程度的损失；（3）震区水利设施较多，大部分水利设施严重受损，给恢复重建带来困难；（4）地震发生在人口相对稠密的滇中地区，极震区距城镇较近，姚安、大姚、牟定、南华4个县城和42个乡（镇）处在6度以上烈度地区，生命线工程和钢筋混凝土现代建筑普遍受损，地震造成的经济损失相对较大。此次地震造成了8度区内框架及砖混结构房屋墙体开裂，少数梁柱遭到破坏，土木结构房屋部分倒塌，大多数墙体开裂严重或局部倒塌，大量梭瓦。7度区框架及砖混结构房屋墙体开裂普遍，个别梁柱遭到破坏，土木结构房屋以墙体开裂为主，大量梭瓦，个别倒塌和局部倒塌。6度区房屋以轻微破坏和基本完好为主，各类结构房屋多数墙体微裂，个别承重结构受损。与此同时，此次地震还造成了大量地表破坏，主要分布于8度区和7度区内，破坏表现有地表裂缝、小规模滑坡、崩塌、喷沙冒水、地表涌水等。

【姚安6.5级地震灾害情况】 此次地震主要涉及楚雄州的姚安、大姚、南华、牟定、永仁、楚雄等6个县（市）和大理州的祥云、宾川两县，共45个乡（镇）、409个行政村（办事处），受灾人口233919户936772人。地震造成7人死亡，重伤99人，轻伤2429人，因房屋损坏不能回家居住的人数104330人。死亡大牲畜3283头（匹）。据当地政府统计，经地震部门现场考查，姚安6.5级地震共造成了楚雄州内房屋倒损844146间，其中：民房倒塌54973间，严重受损210163间，轻微受损579010间；畜厩倒损78042间，其中：倒塌18513间，损坏59529间；977所学校受灾，造成7580名学生被迫停课；水利设施受损6042件，其中：中型水库受损6座，小（一）型水库受损37座，小（二）型水库受损133座，小坝塘受损1066座，小水窖受损4800个；公路受损62条，2146.7公里，桥涵373座；电力线路受损1013件，396.75公里；沟渠输水管道受损1412.1公里。经地震部门现场综合各类破坏损失评估，此次地震造成的经济总损失为109697万元，其中楚雄州损失100652万元。

【姚安6.5级地震预报】 姚安6.5级地震发生前，楚雄州地震局1996年《关于我州未来地震形势和加强防震减灾工作意见的报告》及1997年《关于姚安4.7级地震基本情况及我州未来地震形势的报告》向州人民政府和省地震局的报告中，通过地震活动特征、条带分布、应变释放、地震空区、调制小震、环境因子、前兆异常等分析研究提出：“未来1～3年楚雄州存在发生6.5级左右地震的危险，可能发震的重点监视防御区为南华、楚雄一带”；楚雄州人民政府发文明确肯定了州地震局的中期地震预报意见；楚雄州地震局在1998年、1999年和2000年度《地震趋势研究报告》中，1998年提出：“姚安周围90公里的地区存在发生5.5级左右地震的危险”；1999年提出“以北纬25°10′、东经101°15′为参考点的南华周围90公里范围内存在发生5.5级左右地震的危险”；1999年10月提出：“今冬至2000年，以北纬24°50′、东经101°50′为参考点半径80公里范围内的楚雄州及相邻地区存在发生5.5级左右地震的危险”；震前的12月15日，州地震局在第六期震情简报《近期震情分析意见》中提出“2000年1月底前州内有发生5级左右地震的可能，滇东中部地区可能发生6级左右地震”。以上工作结果表明，姚安6.5级地震发生前，楚雄州地震局有明确的中期和短期预报，临震前有所察觉，并采取了相应的防范措施。

【姚安6.5级地震震前措施】 姚安6.5级地震前，楚雄州人民政府十分重视州地震局提出的震情分析意见，从州长到分管副州长都适时听取震情和防震减灾工作意见的汇报，对州地震局上报的《震情简报》和《姚安洋派等三个水库发浑考察情况反映》作了做好监测预报工作意见的批示。2000年1月6日，楚雄州人民政府召开第34次常务会，根据本州的地震形势，讨论批准了建立楚雄州防震减灾信息系统的项目，并安排该项目资金13.5万元。与此同时，州人民政府及时修改完善《地震应急反应预案》，适时调整充实了州防震抗震指挥部。由于震前采取了一定的防范措施，为6.5级地震发生的地震应急和抗震减灾工作奠定了基础。

【姚安6.5级地震应急对策】 2000年1月15日姚安6.5级地震发生前，在06时09分发生了5.9级地震，5.9级地震发生不到2分钟，楚雄州地震局住在院内的全体员工就赶到震情值班室和各自的工作岗位，震后3分钟，州地震局领导就向州人民政府州长罗正富、副州长杨汝鉴报告了姚安附近发生强烈破坏性地震的情况，约5分钟副州长杨汝鉴、张祖林就赶到州地震局，在边听取震情汇报边研究布置工作的同时，通知州防震抗震指挥部成员立即参加州人民政府紧急会议，6时30分，州长罗正富主持召开了紧急会议。正在听取州地震局对震情及灾情的汇报中，6.5级地震发生了，州人民政府在向中共云南省委、省人民政府报告震情、灾情及应急工作的同时，州长罗正富对整个地震应急和抢险救灾工作进行了全面紧急动员，按照《楚雄州地震应急反应预案》，立即成立了楚雄州“1·15”姚安6.5级地震抗震救灾指挥部，由州长罗正富任指挥长，州委副书记胡有兰、张怀德，州委常委、常务副州长保明虎，州委常委、州委秘书长李明，州委常委、州委政策研究室主任延荣科，副州长周发洪、张祖林、吴莉华、杨汝鉴，楚雄军分区副司令员陆伍一为副指挥长。指挥部下设应急办公室、震情监视组、抢险救灾组、医疗卫生组、物资供应组、通讯组、交通运输组、治安保卫组、生活安置组、宣传报道组、生产自救组、震害评估组、工程抢险组、财务管理组等，州抗震救灾指挥部领导带领州属各相关部门主要负责人和震区政府领导按其职责分工，在9时以前全部到达姚安地震灾区并投入工作。州委加强了整个抗震救灾和应急工作的领导，州委书记赵仕杰适时深入灾区视察和领导工作。地震灾区的姚安、大姚、牟定、南华等县（市）五套班子领导和各部门立即投入了抗震救灾。在6.5级地震应急阶段，州人民政府提出了以抗震救灾为中心的总体思路，以保证灾民有住所、有饭吃、有药医，受灾学校新学期开学按时复课为目标；以严防发生火灾、偷盗、疫病流行和各种破坏活动为重点。依靠党和政府的坚强领导及四面八方的无私支援，灾区广大共产党员、共青团员和民兵发挥模范带头作用，各族干部、群众自力更生、艰苦奋斗、互助自救。整个抗震救灾工作做到了应急与恢复重建相结合，救重与救轻相结合，援助与自救相结合，恢复与重建相结合，中心工作与全面工作相结合，救灾与扶贫相结合，救灾与经济建设相结合，确保了抗震救灾和应急工作的顺利完成。

【武定5.1级地震应急对策】 2000年8月21日武定5.1级地震发生后，楚雄州地震局立即向州委、州人民政府报告了震情。22时30分，州委书记丁绍祥、代理州长夜礼斌主持召开了有州委副书记张怀德，副州长杨汝鉴、罗嘉福，军分区司令员余红，州人民政府秘书长和州级有关部门负责人参加的紧急会议。听取州地震局对震情灾情的汇报后，代理州长夜礼斌对整个地震应急和抢险救灾工作进行了动员，按照《楚雄州地震应急反应预案》，成立了“8·21”地震抗震救灾领导小组，并组建相应的应急工作组。会后，杨汝鉴副州长率地震、民政、交通、卫生、公安、城建、计划委员会、教育委员会等9个部门的主要领导及工作人员连夜赶赴灾区查看灾情，指导抗震救灾。与此同时，云南省地震局和楚雄州地震局也成立了前后方指挥部，省地震局由副局长胡永龙带专业技术人员15人，州地震局由局长胡智文带专业技术人员6人连夜赶赴震区组成现场指挥部，省、州地震部门共携带1台SMA—1强震仪、1台DSL—1B流动地震仪、4台数码摄像机、地震现场动态图像传输系统、4台笔记本电脑等仪器设备在震区开展震情跟踪监视、发布震情公告，进行地震灾害损失评估，抓住有利时机开展防震减灾知识宣传等工作，顺利完成了此次地震的现场应急工作。

【地震应急反应】 2000年，当楚雄市区发生3级以上地震、各县发生4级以上地震时，楚雄州地震局都按《地震应急反应预案》立即作出反应。姚安5.9级、6.5级地震发生后，州地震局立即组成前后方指挥部，前方指挥部由局领导带领专业技术人员携带有关专业仪器设备，不分白天黑夜立即赶赴震区，开展震情监视预报、地震灾害损失调查评估、地震灾害损失统计上报、宣传防震减灾知识及安定民心、保障社会稳定，协调处理震区政府与上级地震部门在地震应急与抗震救灾中的关系，后方指挥部全体人员立即开展应震工作，确保与省地震局、州委、州人民政府和前方指挥部之间及各种信息传递畅通工作的顺利开展。特别在姚安6.5级地震当中，在余震序列比较复杂的情况下，很快判定出地震类型，为政府实施抗震救灾方案提供了决策依据，在震区共发布7期《震情公告》的同时，适时提出临震预报和防震措施的建议，取得了防震减灾的显著效果。与此同时，地震工作者们不畏艰险，早出晚归，爬山涉水，风餐露宿，跑遍了震区村村寨寨，按要求和时限完成了地震灾害损失评估报告，为州人民政府争取救灾资金提供了可靠的依据。

【震情跟踪监视】 2000年1月15日，姚安6.5级地震发生后，余震连续不断，全州部分观测手段仍然处于异常中，楚雄州地震局经过分析研究认为：半年内姚安及相邻地区还有发生5级左右地震的危险。面对严峻的地震形势，在经历了17天的地震现场应急工作后，州地震局全体人员不辞辛苦，顾不上休息，仍然坚守工作岗位，密切监视震情的发展变化，在工作岗位上度过了春节。在这期间，监测人员认真处理资料，发现异常及时调查落实，分析预报人员及时会商分析、提出地震预报意见，上报州人民政府及上级业务部门，较好的预报了2月16日楚雄4.6级震群，姚安4月3日4.6级、5月8日和6月30日的4.1级等地震。与此同时，州地震局领导还带领有关人员到楚雄的部分学校、企业走访调查，宣传防震减灾知识，平息了楚雄市区要发生大地震的谣言。

【楚雄州地震局被评为全省地震监

测预报先进集体】 2000年，在中共楚雄州委、州人民政府的正确领导下，州地震局认真贯彻执行国家的防震减灾工作方针，在地震监测预报、地震灾害预防、地震对策和地震现场应急等工作中做出了突出成绩。11月，在云南省地震局召开的表彰会上，州地震局荣获全省地震监测预报先进集体，州地震局局长胡智文、大姚县地震局局长王树明荣获全省地震监测预报先进个人，受到了表彰。

【大姚高精度地温观测记录质量荣获全国第一名】 近几年来，大姚县地震局积极开展高精度地温观测记录工作，观测人员精心操作、精心管理，认真处理观测数据，并利用观测数据分析研究、预报地震。该观测项目在1998年参加全国质量评比荣获第一名的基础上，2000年度又荣获全国评比第一名，受到了国家地震局、云南省地震局的表彰奖励。

【楚雄州未来地震危险性预测及防震减灾对策措施研讨会】 姚安6.5级地震发生后，楚雄州各级党委、政府和社会公众对楚雄州未来地震形势十分关注。州地震局在报经州人民政府批准后，组织全州地震专业技术人员并邀请省地震局部分专家，经过半年多的充分准备，于2000年9月19日至20日召开了“楚雄州未来地震危险性预测及防震减灾对策措施研讨会”。与会人员对所提交的研究报告进行研讨，在多年地震预报研究、实践和震例总结的基础上，利用近年我国地震预报研究最新成果、方法，对楚雄州的区域应力场、历史地震、各主要构造活动特征、应变释放速率、地震孕育过程、强震序列衰减特征、各类前兆变化、地震活动和发震概率等进行了分析研究及具体计算，提出了楚雄州未来1～3年或稍长时间地震危险性预测意见，结合所面临的地震形势，在总结本州长期以来防震减灾实践经验的基础上，修订、完善了《楚雄州地震应急预案》，州地震局《地震短临跟踪监视预报方案》和《地震应急工作程序》，明确了楚雄州未来的地震形势，完善了地震应急预案及短临跟踪监视预报方案、地震应急工作程序，为进一步做好防震减灾工作提供了强有力的保障。

【楚雄州第五次防震减灾工作会议】 为全面贯彻落实全国、全省防震减灾工作会议精神，进一步推进楚雄州的防震减灾工作，2000年12月4日至5日，州人民政府召开了全州第五次防震减灾工作会议。全州各县（市）人民政府分管防震减灾工作的副县（市）长及地震、民政、城建、水电、卫生、财政、教委等部门负责人，州防震抗震指挥部成员，驻楚部队、州人大常委会、政协楚雄州委员会和省地震局领导，新闻部门有关人员和州地震局全体人员共182人参加了会议。会议全面总结楚雄州防震减灾工作的成就和实践经验，科学分析本州地震形势，确定了当前和今后一段时期防震减灾工作的指导思想、目标、任务、措施和具体工作内容。会议还修改讨论了州人民政府《关于进一步加强防震减灾工作的决定》和《楚雄州防震减灾“十五”计划》。

【楚雄州地震局多项观测项目获奖】 2000年11月，楚雄州地震局提交的《2001年云南地震趋势研究报告》获全省评比优秀奖。在云南省地震系统2000年度地震观测记录质量评比中，楚雄州参评的测震、水汞、水位、电磁波、水氡、地热、综合管理等观测项目，有11项获奖，其中：2项荣获全省第一名，9项获二、三等奖。

〔陈猛 方瑾〕

社科工作

【简述】 2000年，楚雄州社会科学界联合会以江泽民总书记对宣传思想工作的重要指示为指针，唱响主旋律，打好主动战，深入学习宣传“三个代表”的重要思想，坚持“两为”方向，参与“西部大开发楚雄行动计划”的选题研究，为州委、州人民政府决策提供咨询服务。同时，紧紧围绕州委、州人民政府的中心工作，牵头或参与开展了《彝州文化建设》、《加速楚雄州城镇化建设》、《楚雄州在实施西部大开发中的发展战略研究》、《楚雄州在西部大开发中的形象设计》、《中共楚雄州委国民经济和社会发展第十个五年计划的建议》的研究，特别是州社科联主席普云撰写的《楚雄要建设绿色经济大州》的论文，被云南日报登载，引起了州委领导的重视，所提出的观念进入了决策领域。学会工作有了新的突破。（1）根据中央关于社会团体建立党组织的精神，对所属学会的党组织关系进行了调研，提出了意见；（2）根据国务院关于社团登记条例的规定，州社科联制定了《楚雄州社科联学会管理办法》；（3）定期召开学会秘书长会议，交流和研究学会工作；（4）坚持“三个一”活动制度，帮助学会抓好活动；（5）深入学会帮助挂靠单位调整组织，活跃学会。《楚雄社科论坛》办出了特色。（1）围绕州委、州人民政府的工作思路，组织和发表了一系列有理论、有实际、有深度、有对策的文章，对彝州经济和社会发展的一些热点和难点问题进行深入探讨，提出了许多有参考价值的观点和对策；(2) 组织了一批学习“三个代表”的文章，比较深刻地阐述和宣传了“三个代表”的重要思想；(3) 组织撰写刊登了一批宣传科学精神，反对迷信愚昧的文章，批判“法轮功”邪教反科学、害人民、祸国家的反动本质。

【楚雄州延安精神研究会与州直机关工委联办研讨会】 2000年，楚雄州延安精神研究会与州直机关工委联合召开了州直机关弘扬延安精神研讨会，以推动在机关干部中弘扬延安精神的工作。参加会议的有州直机关工委所属的党委、总支、直属支部的书记，州延安精神研究会的常务理事，各行政事业单位的会员小组组长，并邀请州教委党委、州经贸委党委、州林业局党委、师专和州委党校代表参加。云南省延安精神研究会第一副会长党向民同志，副秘书长王天华同志莅会指导。会后，甄选论文7篇汇集成《楚雄州直机关弘扬延安精神研讨会材料汇编》专辑，作为内部资料发送州直机关工委附属单位党组织，并与州外、省外兄弟省、市延安精神研究会交流。

【楚雄彝文书法研究会积极参与经济建设】 2000年，楚雄彝文书法研究会积极参与西部大开发楚雄行动计划、楚雄州“十五”计划及2001年国民经济与社会发展规划的制定工作，提出彝文书法艺术作为彝族文化的重要载体，具有工艺品化、商品化的市场开发潜力，建议加强对外宣传与展览。此外，研究会还与有关厂家协商，拟联合开发彝文书法艺术旅游商品。

【楚雄州市场经济学会召开理论研讨会】 2000年5月28日至29日，楚雄州市场经济学会以“西部大开发，楚雄怎么办”为题在楚雄州委党校召开理论研讨会。会议收到论文32篇，州委党校会员提交论文14篇，社会各界人士、会员、企业、厂长（经理）提交论文18篇，大会交流12人次，参会人员56人。州委、州人民政府、各部委（办）、州社科联、州延安精神研究会、州生态经济学会及相关学会负责人应邀出席会议并发表讲话。此次研讨会坚持理论联系实际的原则，按照“三个有利于”标准，采取以文赴会方式，围绕“西部大开发，楚雄怎么办”的中心议题，就农业产业结构调整、加强基础设施建设、楚烟发展战略、西部开发战略选择、生态环境保护与治理、社会经济可持续发展、深化国企改革、城镇化建设、人才培养等问题进行了广泛而深入的交流，并就一些问题求得共识。

【楚雄州市场经济学会组织会员深入实际搞调研】 2000年，楚雄州市场经济学会积极倡导、组织学会会员深入实际进行调查研究，多次组织会员到楚雄市、禄丰县、大姚县、永仁县和部分国有企业、个体私营企业进行调研，促进理论和实际结合，有的放矢地开展调研活动。部分会员的论文被《云南经济问题探索》、《云南经济日报》及州级相关刊物选用。据不完全统计，全年学会会员在州级以上刊物发表论文50多篇。

【楚雄州税务学会参与组织云南省税收调研课题研讨会】 2000年9月20日至21日，楚雄州国家税务局和楚雄州税务学会牵头召开云南省税收调研课题研讨会。云南省税务学会和7个地、州、市的代表45人参加了会议。从2月份开始，楚雄州国家税务局、楚雄州税务学会对调研课题进行细化，分2个专题、6个小点，行文发往片会参与单位。经过调查研究，省国家税务局5个处室及9个地州向会议推荐提交了调研论文。会议收到论文和调查报告共计20篇，会上有10位同志对自己的调研成果作了交流发言。

【楚雄州广播电视学会举办首次广播电视技术论文写作讲座】 2000年2月29日，楚雄州广播电视学会举办了首次广播电视技术论文写作讲座。州广播电台、电视台、微波总站、音像公司、市广播电视局等单位技术人员、学会会员参加了讲座，讲座由学会会长陈雄飞主讲。讲座内容包括技术论文的写作要领、基本规律和应注意的问题等。

【楚雄州广播电视学会召开二届三次理事会】 2000年8月15日，楚雄州广播电视学会在禄丰县召开二届三次理事会。会议通报了学会1月至8月的工作，部署了下步工作，请州人民政府副州长罗嘉福及卢显林、张万礼等禄丰县党政领导为楚雄州获’99云南广播电视政府奖各奖项获奖作品颁了奖；增补了学会秘书长及常务理事。

【楚雄州人民调解员协会召开常务理事会】 2000年12月15日，楚雄州人民调解员协会组织常务理事、理事，10县（市）司法局分管基层的副局长、基层科（股）长40余人，在姚安县召开州人民调解员协会理事会。会长杨文昌作了人民调解员协会2000年工作报告，安排布置了2001年全州人民调解工作；进行了以“人民调解怎样为西部大开发服务”为主题的论文交流；增补了协会秘书长及常务理事。会议期间参观了姚安县龙岗乡村民委员会规范化调解委员会的试点工作。

【楚雄州图书馆学会积极组织会员活动】 楚雄州图书馆学会根据自身特点，以图书馆服务西部大开发为切入点，发挥图书馆在实施民族文化发展中的作用，以学术研究、工作交流的形式开展工作，2000年内3次发出通知，组织学会会员撰写论文参加“中国图书馆学会”、“川、滇边区文献情报协作网”、“云南省图书馆学会”等组织召开的学术活动。

【楚雄州图书馆学会召开2000年年会暨学术研讨会】 2000年11月18日至19日，楚雄州图书馆学会会员大会在楚雄州委党校召开。州文化局、州教委、州社科联领导及省图书馆学会和友邻地、州图书馆学会的领导参加了会议。会议共收到论文67篇，其中14篇在大会上作了交流。大会选举产生了学会第三届理事会。

【楚雄州中等学校思想政治教育研究会举办高中生小论文竞赛】 为引导中学生学好《思想政治》课和邓小平理论，联系实际，初步运用所学知识观察、分析社会现象及学习、生活中的实际问题，提高学生的思想政治素质，树立正确的人生观和世界观，楚雄州中等学校思想政治教育研究会于2000年3月至10月在全国首次举行了高中生小论文竞赛。参加学生1800多人，各县（市）及学校初选后，又选送77人参加州评选。经学会评委会认真评选，评出一等奖20人、二等奖27人、三等奖30人。同时，对指导获奖学生的老师也颁发了证书。楚雄一中学生郑胜兰的小论文《都是重税惹的祸？——试分析自行车使用税征税难现象》一文，经省推荐送全国高中小论文评审委员会评审。

【州社科联召开楚雄州社科界学习“三个代表”重要思想座谈会】 2000年6月5日，楚雄州社会科学界联合会召开楚雄州社科界学习江泽民总书记关于“三个代表”重要思想的座谈会，有州社科界各学会、协会、研究会秘书长及社会科学研究者共35人出席了座谈会。州社科联主席普云作了题为《认真学习“三个代表”、努力实践“三个代表”》的主题发言。州委组织部副部长纳云德、州人大常委会原副主任马荣春、州延安精神研究会秘书长黄养心、州委宣传部曹文贵，以及州财政学会、州广播电视学会等学会秘书长在会上作了发言。

【楚雄州延安精神研究会召开会员大会】 2000年3月14日，楚雄州延安精神研究会召开会员大会。会上有5个会员小组交流了活动经验，副会长李春和介绍了延安精神研究会加强自身建设、提高会员素质的经验。同时传达了理事会对下步工作的安排，包括在机关、学校、企业、县（市）弘扬延安精神，促进思想建设、品德教育，发展会员的各项目标和措施。

【楚雄州计划生育协会受云南省计划生育协会表彰】 2000年4月10日，楚雄州一批计划生育协会工作先进集体、个人受到省计划生育协会表彰。其中包括牟定县、楚雄市鹿城镇等11个计划生育协会及先进工作者耿克明、协会先进会员商雁鸿等29人，“生殖健康教育项目”先进工作者李宗武等4人。

【楚雄州计划生育协会开展纪念中国计划生育协会成立20周年活动】 2000年，楚雄州计划生育协会组织全州各级计划生育协会开展形式多样、内容丰富的宣传、服务活动，隆重纪念“5·29”中国计划生育协会成立20周年。各县（市）在纪念活动中用广播、电视、黑板报认真宣传贯彻中央有关文件精神，宣传中国计划生育协会章程，开展宣传、咨询服务及发宣传资料、避孕药具等活动。

【楚雄州工商行政管理学会召开一届七次理事扩大会暨理论研讨会】 2000年10月26日，楚雄州工商行政管理学会一届七次理事扩大会暨“西部大开发、彝州要发展、工商怎么办”解放思想大讨论和学习实践江泽民总书记“三个代表”重要思想理论研讨会在楚雄召开。会议的主题是总结回顾六次理事扩大会以来学会工作情况，交流研讨理论调研文章，安排部署下步学会工作。会议提出，各县（市）工商行政管理学会小组要吸收本单位的理论研讨积极分子和有一定撰稿水平的同志加入，为工商学会广泛深入开展理论研讨打好基础。

【楚雄州统计学会召开五届二次理事会暨统计科学讨论会】 2000年12月18日至21日，楚雄州统计学会在永仁县召开五届二次理事会暨统计科学讨论会。这次会议的主要任务是总结五届一次会议以来的学会工作，交流表彰优秀统计分析、调查报告、学术论文，增补学会理事、常务理事，讨论研究下一年度学会工作。会议共收到全州各县（市）、州统计局各科室参加交流评选的统计分析、调查报告、学术论文56篇。经过认真推荐评选，评出一等奖5篇，二等奖9篇，三等奖19篇，其中选出11篇进行了大会交流。会议选举增补了7名学会理事和常务理事，完善了学会组织机构。

〔艾　梅〕

【楚雄州妇女问题理论研讨会】 2000年3月6日，楚雄州妇女问题理论研讨会在州委礼堂举行。会员及部分省、州属单位妇女委员会主任70余人参加了研讨会。州妇女联合会主席、州妇女问题理论研究会会长张宗泽作了题为《加强妇女理论研究，推动彝州妇女进步与发展》的报告，回顾总结了1999年工作，提出了下步工作任务和2000年研究参考选题。

〔李　坚〕

【楚雄州家庭教育研究会积极开展活动】 2000年，楚雄州家庭教育研究会采取开设固定家教咨询点和妇女儿童热线电话方式，为广大家庭和青少年提供生理、心理、教育等方面的咨询。据不完全统计，全州共设有家教咨询服务点1437个，开展咨询服务1403次，接受咨询服务人数达151098人次。同时，不定期举办家庭教育知识讲座，对如何做好对独生子女、单亲家庭子女的教育工作，分析社会因素对儿童成长的影响等问题开展调查研究并撰写调查报告和论文。2000年，共收集论文、调查报告179篇。目前，全州共有各级各类家长学校1675所，设立家教咨询服务点307个，开展咨询服务435个，接受咨询35673人次。通过深入开展“家庭优生优育优教知识传播与实践活动”、“爱心读书征文活动”、母婴生命知识宣传活动，使家教知识得到普及，家长素质得到提高，儿童成长环境不断改善。同时，积极开展家教理论研究，家教研究会理事和家教热心人士深入调研，积极撰写论文，两年来共收到论文26篇，促进了家教工作向更深、更广、更高的层次发展。

【楚雄州家庭教育研讨会】 2000年5月30日，楚雄州家庭教育研讨会在楚雄州委礼堂召开。州家庭教育研究会理事及部分单位妇委会、女工委员会主任62人参加了会议。州人大常委会副主任普桂和、州人民政府副州长罗嘉福、政协楚雄州委员会副主席杨淑珍等领导出席会议。州妇联主席张宗泽代表州家庭教育研究会作了题为《加强理论研究，提高家教水平，促进彝州儿童事业的发展》的报告。报告总结了楚雄州家庭教育研究会两年来的工作及取得的成绩，安排部署了下步工作任务。

【楚雄州社科联应邀参加“中国经济发展与西部大开发”学术研讨会】 2000年4月22日至25日，楚雄州社会科学界联合会应邀参加由中国社会科学院经济研究所经济发展中心、经济学动态杂志社、重庆商学院、中国经济期刊联合会举办的“中国经济发展与西部大开发”学术研讨会。楚雄州社科联主席普云等一行3人参加会议并提交论文《楚雄州西部大开发中的发展战略研究》。会后，该文被“改革开放理论前沿与新时期社会经济发展论坛”组委会授予改革开放理论成果一等奖，并入选大型理论文集《中国改革发展研究文库》一书。

〔艾　梅〕

社科成果

【《中国彝文书法选》获第三届国际彝学研讨会优秀图书奖】 2000年9月4日至12日，由龙吟主编，楚雄州民族宗教事务局、楚雄州彝族文化研究所、楚雄州文化局、楚雄州彝文书法研究会联合编辑出版的《中国彝文书法选》，在云南石林彝族自治县举行的第三届国际彝学研讨会“彝族文化汇展”中展出，获大会优秀图书展评专家评审组授予的优秀图书奖。

【楚雄州税务学会会员调研成果受表彰奖励】 2000年12月20日，云南省国家税务局、云南省税务学会表彰奖励了1998～1999年度税收科研成果，楚雄州黄文明、余瑞海撰写的《税收如何为民族地区经济发展服务的思考》荣获一等奖；周发俊撰写的《略论我国税收调节产业结构面临的问题及对策》荣获二等奖。《云南税务》编辑部对1998年、1999年的优秀稿件进行了奖励，州税务学会会员尹为志发表的《来自勤丰国税分局税收征管改革的报道》被评为1998年度优秀稿件，受到奖励。

【楚雄州档案学会会员论文获奖】 2000年，在云南省档案学会、省档案局组织的“五十年档案工作回顾与展望”学术研讨会上，楚雄州档案学会选送的《世纪之交档案工作面临的问题及对策研究》（作者：李洪波）获一等奖，《世纪之交话档案》（作者：曹丽华），《档案著录与标引浅议》（作者：邵益奇）获三等奖。

【楚雄州图书馆学会会员获奖论文篇目】 2000年，楚雄州图书馆学会积极组织会员撰写学术论文，有些论文在参加全国及省际学术交流活动中还获了奖。其中，《对我州乡镇图书馆室建设的几点思考》（作者：陈克奇）、《“三缺少”是我国中小学图书馆建设与发展道路上的最大障碍》（作者：陈守海）获2000年“中国图书馆学会研讨会”优秀论文奖；《浅谈21世纪图书馆管理与西部大开发建设的思考》（作者：吴竹林），《重视地方文献工作，服务西部大开发》（作者：陈克奇）在“2000年川、滇边区文献情报协作网会议”上，获“四川省图书馆中心委员会”颁发证书。

【《彝州经济研究》15篇文章获奖】 2000年，在全国城市经济期刊优秀成果评奖委员会、中国城市经济期刊研究会、中国期刊协会省市经济期刊分会举办的第七届全国省市经济期刊优秀文章评选活动中，《彝州经济研究》选送的15篇文章分获一、二、三等奖。其中一等奖3篇：《确立“小城镇战略”思想，加快彝州小城镇建设步伐》（作者：赵仕杰）；《六晴扶贫攻坚“硬骨头”》（作者：张万礼）；《彝州药业发展雄风》（作者：赵惠祥）。《彝州经济研究》编辑部获“组织奖”。

【楚雄师专社会科学学会会员科研成果获奖】 2000年，楚雄师专社会科学学会会员顾菊华等编著的《英语语法专项导析与测试》获云南省教育厅组织的“优秀教学成果”二等奖；王锡祥、刘祖鑫等编著的《中小学应用文规范》获云南省教育科研优秀成果三等奖。

〔艾 梅〕

卫　生

医政药政

【简述】　2000年，楚雄州各级卫生部门以党的新时期卫生工作方针为指导，认真贯彻落实中共中央、国务院《关于卫生改革与发展的决定》，国务院办公厅转发国务院体制改革办公室等8部委《关于城镇医药卫生体制改革的指导意见》及中共云南省委、云南省人民政府和中共楚雄州委、楚雄州人民政府贯彻落实《中共中央国务院关于卫生改革与发展的决定》的实施意见精神，全面推进彝州卫生事业的健康发展。

2000年末，全州共有各类卫生机构210个（不含综合门诊部、所和个体诊所），其中医院43个，农村卫生院127个，专科防治所、站4个，卫生防疫站12个，妇幼保健站10个，药品检验所10个，中等卫生学校2所，其他卫生事业机构4个。全州拥有病床6749张，比上年增加214张，平均每千人拥有病床2.7张。全州210个卫生机构中有各类卫生人员7940人，比上年减少63人。其中有卫生专业技术人员6383人，比上年增加20人，占总数的80.4%。在卫生部门中，有各级各类卫生机构182个，床位5404张，各类卫生人员6900人，比上年增加17人。其中有卫生专业技术人员5523人，占卫生人员总数的80.04%，比上年增加1.04%。在6900名各类卫生人员中，有中医师318人，西医师1581人，中西结合医师9人，护师1101人，中药师81人，西药师194人，检验师150人，其他技师88人，中医士51人，西医士748人，护士639人，助产士11人，中药剂士37人，西药剂士128人，检验士98人，其他技士53人，护理员25人，中药剂员11人，西药剂员31人，检验员8人，其他初级卫生技术人员161人，其他技术人员68人，管理人员641人，工勤人员668人。工业及其他部门有卫生机构20个（医院18个，其他卫生事业机构2个），拥有床位1147张，卫生人员889人，其中有卫生专业技术人员743人，占83.58%。在全州卫生机构中，县及县以上医院40个，其中有50张以下病床的医院14个，50～99张病床的医院10个，100～149张病床的医院4个，200～299张病床的医院2个，500～799张病床的医院1个。按类别分，有综合医院30个（县医院10个，其他综合医院20个），中医医院9个，精神病医院1个。全州有村级卫生组织1360个，有乡村医生1658人，有卫生员456人。

2000年末，全州卫生机构中获得卫生专业技术中职以上职称的人员有1474人，占卫生人员总数的18.56%，其中主任医（药、护、技）师12人，占高中级卫生专业技术人员总数的0.81%；副主任医（药、护、技）师64人，占高中级专业技术人员总数的4.34%；主治（主管）医（药、护、技）师1398人，占高中级卫生专业技术人员总数的94.85%。全州县及县以上医疗机构中，有大型医疗设备为：800毫安以上X光机3台，CT机6台，心脏监护仪75台，肾渗透仪1台，超速离心机3台，彩色多普勒超声仪6台，自动生化分析仪18台，超声心动图机6台，γ相机1台。

2000年，全州医疗单位总诊疗人次数12837392人次，其中，在县及县以上医院就诊2702514人次，在卫生院就诊10134568人次，在其他医院就诊310人次；门诊4178847人次，急诊222215人次，健康检查103253人次，入院106570人次，出院103069人次，住院病人手术人次17524人次。全州卫生部门中县及县以上医院病床周转次数16.18次，病床使用率62.14%；乡（镇）卫生院病床周转次数13.89次，病床使用率33.99%。全州综合医院平均每诊疗人次医疗费29.17元，比上年增加4.61元，其中药费18.39元、占63.04%，检查费3.38元、占11.59%；中医医院平均每诊疗人次医疗费20.70元，比上年增加3.25元，其中药费15.92元、占76.9%，检查费1.77元、占8.55%。

【楚雄州人民政府与省人民政府签订卫生工作目标责任书】　2000年3月29日，在昆明召开的云南省卫生工作会议上，楚雄州人民政府秘书长李小平代表楚雄州人民政府与云南省人民政府签订了2000年卫生工作目标责任书。该目标责任书包含了政府对卫生工作的领导、卫生事业费投入、卫生改革、传染病防治、妇幼保健、中医药、农村初级卫生保健、农村改水改厕、医学科研、医疗质量、行业作风建设等共18项内容、指标。在州人民政府的重视下，州卫生局紧紧围绕目标责任书开展工作，认真组织实施，圆满完成了目标责任书的各项任务、指标，受到云南省人民政府卫生工作目标责任书考核组的好评。

【全州卫生工作会议】 2000年4月12日至13日，楚雄州人民政府在楚雄召开2000年全州卫生工作会议。全州10县（市）人民政府办公室主任，县（市）卫生局局长及办公室主任，双柏、牟定、南华、姚安、大姚、永仁、元谋、武定8个县财政局领导，县（市）妇女儿童工作委员会办公室主任、妇幼保健站站长，州卫生局领导及各科室负责人，州财政局、州妇女儿童工作委员会办公室领导，州属各医疗卫生单位党政主要领导，州级各医药卫生学会会长、秘书长共计120余人参加了会议。楚雄州人大常委会、政协楚雄州委员会领导到会进行指导。会上，州人民政府副州长张祖林作了《明确任务，勤奋工作，努力推动全州卫生事业的健康发展》的讲话。州卫生局党组书记、局长王其昕传达了全省卫生工作会议和全省“降低孕产妇死亡率，消除新生儿破伤风”项目启动会议精神，总结了1999年全州卫生工作，安排了2000年全州卫生工作和实施“降低孕产妇死亡率，消除新生儿破伤风”项目工作。州财政局、州妇女儿童工作委员会领导在会上作了讲话。会上，州人民政府与各县（市）人民政府签订了2000年卫生工作目标责任书和“降低孕产妇死亡率，消除新生儿破伤风”项目承诺书。

【建立楚雄州城镇医疗卫生体制改革协调会议制度】 为贯彻落实国务院办公厅转发国家8部委《关于城镇医药卫生体制改革的指导意见》精神，协调和决策楚雄州城镇医药卫生体制改革中的一些重大问题，楚雄州人民政府办公室于2000年11月13日发出通知，决定建立“楚雄州城镇医疗卫生体制改革协调会议制度”。由楚雄州人民政府副州长罗嘉福任召集人，成员有李平、张和平、王其昕、陈玉保、陈汝荣、刘华、朱开荣、张家凤、骆安昆等。协调会议下设办公室，由州体制改革委员会主任张和平兼任办公室主任，州卫生局副局长滕洪任办公室副主任，由州体制改革委员会、州卫生局、州劳动和社会保障局、州财政局、州经济贸易委员会抽调6人组成办公室成员并集中到州卫生局办公。

地震灾区医疗保健服务

【卫生系统民主评议行风工作】 2000年，楚雄州卫生系统民主评议行风工作严格按照楚雄州人民政府纠正行业作风领导小组办公室、州卫生局的要求，重点从行业作风规范和奖惩机制的建立、落实、监督、检查，上一年度行风评议存在问题的整改落实情况和药品、医疗器械购销中的不正之风等3个方面进行自查自纠。9月15日以后，由州、县（市）人民政府纠正行业作风领导小组办公室聘请的有人大代表、政协委员及各民主党派、社会各界代表参加的评议员共计120人，分为11个评议组，分别对州、县（市）各医疗卫生单位进行评议。各评议组采取听、查、看、访、问卷调查、召开座谈会等形式，严格按照云南省卫生厅制定的第二周期职业道德建设考核标准，进行内外结合，综合汇总，定性定量评议打分。经评议，2000年度州级医疗保健单位7项综合满意度平均为94.22%，防疫，药检单位4项综合满意度平均为99%；10县（市）医疗保健单位7项综合满意度平均为93%，防疫、药检单位4项综合满意度平均为93.63%。

【查处假劣药品】 2000年，楚雄州共查处销售假劣药品及无证经营案共71件，查获假劣药品及其他

清理整顿医药市场

药品408种，总价值169595.01元。其中查处假劣药案52件，查获假劣药388种，价值166595.01元；没收违法所得2154.40元，罚款30624.40元；查处无证经营案19件。

【打击制售假劣药品专项行动】 2000年，楚雄州各级卫生行政部门认真贯彻落实国务院及省、州人民政府关于打击销售假冒伪劣商品违法犯罪活动的有关文件精神，在公安、工商、技术监督等部门的密切配合下，在全州范围内开展了一场声势浩大的打击制售假劣药品的专项打假行动，取得了显著成绩。据统计，截止2000年底，在联合打假第一阶段工作中，全州共出动药品执法人员1267人次，对402个药品生产、经营、使用单位进行了检查，依法查处了一批制售假劣药品及无证经营案件。全州共立案189件，已结案98件，案件总值为839961.46元，已没收的药品价值268798.00元，罚款金额37760.20元。在上述案件中，处以警告处罚的33件，处以罚款的60件，处以停产停业整顿的5件，移交司法机关处理的2件，捣毁地下批发窝点4个，取缔无证经营70户。

【医疗机构药品监督】 2000年，楚雄州药检所对全州24个县以上医疗机构的外购药品及自制制剂分别抽验148件和175件，其中，外购药品合格率94.59%，较上年上升4.7%，不合格药品主要为中成药及化学药品；自制制剂抽验件数较上年增加161.19%，达175件，合格168件，合格率为96%。

【药品检验】 2000年，楚雄州共完成检品1944件，较上年上升6.79%；合格1814件，合格率为93.31%，较上年上升1.26%。其中楚雄州药检所完成检品715件，合格率为93.29%。

【楚雄州红十字会参与抗震救灾工作】 2000年1月15日楚雄州姚安县发生6.5级地震，同年8月21日武定县发生5.1级地震，使楚雄州人民的生命财产遭受了巨大损失。灾情发生后，楚雄州红十字会积极参与救灾工作。全年共接收、发放由国际红十字会、中国红十字会、香港红十字会和云南省红十字会提供的救灾物资价值3123967.51元，全州各级红十字会出动医疗抢救人员400余人次，抢救伤员600余人次。

〔熊建云〕

医疗事业

【医疗机构管理】 2000年，楚雄州各级卫生行政部门认真贯彻《国务院医疗机构管理条例》和《楚雄彝族自治州医疗机构管理暂行办法》精神，加强了对全州各级各类医疗机构的监督管理。州、县(市)卫生行政部门严格按程序和标准对医疗机构进行审批、注册。至年底，全州经审批发证的各级各类医疗机构共有1608个。为进一步规范医疗市场，由楚雄州人民政府发文，从2000年9月开始在全州范围内对医疗市场进行了清理整顿，全州全年共取缔无证行医171家，处罚非法行医、超范围行医、任用非卫生技术人员行医共94起，要求限期改进69家。

【医疗机构分类管理】 根据国家卫生部、国家中医药管理局《城镇医疗机构分类登记暂行规定》及卫生部、国家中医药管理局、财政部、国家计委《关于城镇医疗机构分类管理实施意见》和云南省卫生厅的安排，楚雄州卫生局于2000年12月对全州各级各类医疗机构按“营利性医疗机构”、“非营利性医疗机构”、“暂缓登记”三类进行分类登记。

【执业医师资格考试】 2000年，

全州经资格审查有738人符合报考条件，其中应参加综合笔试的有651人，缺考9人，实际参加笔试642人，合格365人，合格率56.9%；应参加实践技能考试的有479人，缺考13人，实际参加实践技能考试466人，合格392人，合格率84.1%。

【医疗技术鉴定】 2000年，楚雄州医疗技术鉴定委员会办公室共受理医疗纠纷案件31件，经调查处理的23件，其中经州医疗技术鉴定委员会鉴定的12件（一级医疗技术事故4件，二级乙等医疗技术事故1件，三级甲等医疗技术事故2件，医疗技术差错4件，医疗意外1件），协调解决11件。

【临床住院医师规范化培训考试】 2000年，全州共举办临床住院医师规范化培训辅导班12期，培训临床住院医师500余人。有242人次报名参加临床住院医师规范性考试，缺考22人，实际参加考试220人。到2000年底，履职满5年的临床住院医师经考核考试合格取得《住院医师规范化培训合格证》的共有277人。〔熊建云〕

【楚雄州人民医院业务收入有较大增长】 2000年，楚雄州人民医院共收治门诊病人426216人次，收治住院病人126186人次，比上年有所增长，开设病床661张，病床使用率88.8%，病床周转率18.3次，中心血站采供血115.2万毫升，“120”急诊出诊784次，抢救危重疑难病人1257人次，抢救成功率为95.6%，健康体检4997人次，组织卫生下乡17人次、1368个工作日，下乡开展白内障复明手术214例。全年业务收入比上年增长10.8%。

【楚雄州人民医院开展小儿脑积水、颅脑外科手术】 2000年，楚雄州人民医院在上级有关部门的支持下，于3月、10月分别在医院开展了“先天性小儿脑积水、颅脑外科手术”，这一手术的成功是法国希望之链组织派颅脑外科专家来院帮助指导，使州人民医院颅脑外科手术技术的开展有了一个新的起点，深部颅脑手术从此有了零的突破。

【楚雄州人民医院冠心病诊疗水平提高】 2000年，楚雄州人民医院在北京、上海、昆明等上级医院和有关专家的指导帮助下，采取措施提高冠心病及心血管疾病的诊疗水平。年内，医院开展了：（1）“选择性冠状动脉造影术”，主要用于诊断冠心病的精标准；（2）“经皮冠状动脉腔内成形术”；（3）“经皮冠状动脉内支架置入术”，主要用于治疗冠心病；（4）“心内射频消融术、心内电生理检查”等项诊疗技术。以上新技术的开展填补了州内心血管类疾病诊疗史上的空白。

【楚雄州人民医院心脏外科手术有了零的突破】 楚雄州人民医院经过多年的努力和社会各界的大力支持，心脏外科手术水平有了很大提高，2000年9月以来，成功地开展了“动脉导管未闭、导管结扎术”及其他心脏手术，术后病人恢复良好，痊愈出院。该医院心脏外科手术的成功开展，填补了彝州医学史上的空白。

【楚雄州人民医院科研成果显著】 2000年，楚雄州人民医院重视科研成果，积极开展新技术、新项目，把人才培养作为医院发展的重点，全年共请省内外专家来院讲学、会诊、指导手术27人次；医学会、护理学会在院内举办各种学术专题讲座7次；全年撰写论文208篇，分别有17篇在国家级刊物发表、有70篇在省级刊物发表、有8篇在州级刊物发表；开展新技术、新项目23项，其中“经皮肾穿刺活检术在肾小球疾病诊断中的应用”获州科技成果二等奖。

〔付国金〕

初级卫生保健

【初级卫生保健终期审评】 2000年4月，按照云南省卫生厅的安排，楚雄州初级卫生保健委员会抽调有关人员组成州级审评组对楚雄、永仁、元谋、双柏、禄丰、牟定6县（市）的初级卫生保健巩固情况进行了审评。大姚、姚安、牟定、南华4县因受“1·15”地震影响，经云南省卫生厅同意以自查自评结果为准。经审评，10县（市）中除牟定县由“合格”降为“基本合格”外，其余9县（市）初级卫生保健工作均得到巩固。

【农村合作医疗】 2000年，楚雄州农村合作医疗继续得到巩固和发展。全年州级共安排合作医疗启动资金13万元，各县（市）也安排了相应的启动资金。到年底，全州10县（市）已有80个乡（镇）309个村民委员会建立了不同形式的合作医疗制度，覆盖农村人口49.05万人，占全州乡（镇）数的62.5%，占行政村数的27.32%。

【乡村卫生组织一体化管理】 2000年，全州各县（市）加强了乡、村两级卫生组织的管理，积极开展乡村一体化管理试点工作。到年底，全州共有13个乡（镇）开展了乡村卫生组织一体化管理的试点工作，占全州乡镇总数的10.15%。

【楚雄州精神病医院业务工作】 2000年，楚雄州精神病医院共收治住院病人317人次，比上年减少5.37%；门诊12513人次，比上年增加4.72%；病床工作日335日，比上年增长15.92%；病床使用率92.12%。全年实现业务收入250万元。

〔熊建云〕

中医中药

【乡村医生中医药知识培训】 2000年，楚雄州继续按照《云南省“九五”期间乡村医生中医药知识培训计划——“根植计划”》要求，对全州乡村医生进行中医药知识的培训、复训和补课。年末，全州2243名乡村医生中经过培训的有2836人次，培训率达95%以上，经云南省卫生厅组织统一考试合格的乡村医生有2030人，培训合格率达90.5%。

【全州中医医院基本情况】 2000年，楚雄州共有中医医院9所，拥有病床683张，人员834人，其中卫生专业技术人员650人，卫生专业技术人员中获得主治医师及以上技术职称的有185人，占卫生专业技术人员的28.5%；全州9所中医医院房屋建筑面积57881平方米，其中业务用房30049平方米，拥有全身CT机1台，心脏监护仪10台，彩色多普勒超声仪1台，自动生化分析仪4台。2000年全州中医医院诊疗病人638075人次，其中门诊、急诊人次617875人次，入院人次10569人次，手术人次1159人次，病床使用率37.30%。全年全州累计投入中医专项经费213.4万元用于中医基础工程建设，其中省级投入86万元，州级投入56万元，县（市）级投入71.4万元。

【等级医院评审】 2000年6月和12月，禄丰县中医院和楚雄市中医院分别通过了等级医院的考核评审，跨入二级乙等中医医院的行列。至年底，全州9所中医医院已达到了等级中医医院的标准。

〔熊建云〕

彝医彝药

【楚雄州彝族医药研究所工作取得成效】 2000年，楚雄州彝族医药研究所继续加大发掘、整理、研究彝族医药民间单方、验方的工作力度，组织进行彝族药材的开发种植。发掘整理了两个彝族药材新品种：草地龙胆和小青木香；汇编出版了《彝族医药荟萃》；启动了面积135亩的两个中药材种植研究示范基地的药材种植工作；对“养胃解毒胶囊”、“止泻胶囊”两个云南省民族药Ⅲ类新药进行深入研究，将申报国家三类新药。

〔熊建云〕

【“彝止血胶囊”开发研究】 姚安县人民医院针对治疗血症药不多的实际，挖掘具有治疗血症作用的彝族民间验方，开发出了新型彝药——“彝止血胶囊”，经过由散剂而胶囊剂的研究过程，1999年4月获得云南省民族药证书。从1999年8月开始委托楚雄雁塔药业有限责任公司生产投放市场，至2000年6月，共生产彝止血胶囊500万粒，产值达191.5万元，实现利润11.49万元，税收11.49万元。

〔李如柏〕

妇幼保健

【降低孕产妇死亡率】 2000年，楚雄州继续贯彻“重点地区重点监测，重点人群重点保健，重点死因重点干预，重点措施重点推广”的原则，采取有效措施切实降低孕产妇死亡率。(1)楚雄州人民政府与各县（市）签订了《楚雄州降低孕产妇死亡率和消除新生儿破伤风项目承诺书》，保证了人员、经费的落实。(2)针对死因构成积极推广应用适宜技术。年内组织完成了《新式剖宫产在临床上的推广与应用》科研项目，并在全州县级医疗保健机构推广运用。(3)充分发挥危急孕产妇、危急儿童抢救组织的作用，做到组织健全、人员到位、药品器械落实，抢救成功率逐年提高。全年共抢救危急孕产妇671人，抢救成功率98.66%，比上年提高0.55%。(4)多渠道筹集孕产妇抢救资金、贫困孕产妇救助金，认真落实减免、奖补制度。(5)定期召开降低孕产妇死亡研讨会，分析死亡原因，提出干预措施。(6)选派专家到重点县帮助指导工作。年内从楚雄州人民医院及楚雄州妇幼保健站各抽调了1名妇产科专家驻孕产妇死亡率较高的双柏县、牟定县指导工作。由于各级政府高度重视，卫生部门精心组织，采取措施扎实有效，使楚雄州孕产妇死亡率降至77.32/10万，比上年下降11.84/10万，达历史上最低水平。

【妇女保健】 2000年，楚雄州有孕产妇32396人，孕产妇建卡管理30574人，保健覆盖率94.38%，比上年上升1.53%。活产32330人，其中住院分娩19609人，住院分娩率60.65%，比上年上升4.02%。产后访视29879人，访视率92.42%，比上年上升1.93%。“四消毒”新法接生29564人，新法接生率91.26%，比上年上升2.92%。全州筛出高危孕产妇4597人，其中住院分娩4273人，住院分娩率92.95%，育龄妇女破类772接种9109人。

【儿童保健】 2000年，全州7岁以下儿童接受系统保健24481人，保健覆盖率70.60%，比上年上升3.68%。0~4岁儿童上呼吸道感染病例管理覆盖率98.22%。0~4岁儿童腹泻病例管理覆盖率98.22%。全州婴儿死亡816人，死亡率25.24‰，比上年下降1.73‰。5岁以下儿童死亡1011人，死亡率31.27‰，比上年下降2.55‰。

【启动“降低孕产妇死亡率和消除新生儿破伤风”项目】 为保护妇女儿童健康，努力实现《九十年代中国儿童发展规划纲要》和《中国妇女发展纲要》中降低孕产妇死亡率和消除新生儿破伤风的目标，国务院妇女儿童工作委员会、卫生部、财政部制定了《关于组织12省、自治区、直辖市实施降低孕产妇死亡率和消除新生儿破伤风的方案》，根据国家、省、州人民政府的安排，楚雄州有8个县被列为降低孕产妇死亡率和消除新生儿破伤风项目的项目县。其中元谋、牟定、双柏、武定被列为国家级项目县，大姚、姚安、南华、永仁被列为省级项目县。在2000~2001年项目周期内，省、州、县级财政共计安排161.6万元人民币用于项目地区的妇幼卫生人员培训、贫困救助、健康教育、乡（镇）卫生院产科儿科必要急救设备配置和监督指导活动。2000年4月12日，楚雄州人民政府与8个项目县人民政府签订了《楚雄州降低孕产妇死亡率和消除新生儿破伤风项目承诺书》，标志着该项目在彝州的正式实施。2000年的项目工作按照《楚雄州降低孕产妇死亡率和消除新生儿破伤风项目实施方案》要求顺利开展。

【创建爱婴医院】 2000年，楚雄州创建爱婴医院工作本着稳步、提高、巩固、发展的指导思想进行。年内对28家已命名为“爱婴医院”的州、县、乡综合医院及妇幼保健院在要求自查的基础上，对11家达标单位进行了抽查，爱婴医院成果基本上得到巩固。同时，还重点帮助条件基本具备的单位开展创建工作，年内楚雄市妇幼保健站及双柏县妇幼保健站通过了州级评估，达到了“爱婴医院”标准。通过开展创建爱婴医院活动，促进了各级医疗保健机构产科儿科建设，提高了服务质量，对降低孕产妇及婴幼儿死亡率起到了积极作用。

【开展出生和死亡漏报专题调查】 2000年8月，楚雄州卫生局组织开展了全州“九五”期间出生、死亡漏报专题调查工作。调查工作由州统一制定方案，统一时间、统一方法、统一抽样、统一步骤、统一表卡进行。调查结果显示：1996~1999年全州孕产妇死亡率平均为119.04/10万，漏报率4.49%；婴儿死亡率平均为37.75‰，5岁以下儿童死亡率平均为45.25‰，0~4岁儿童死亡漏报率为6.74%。

【楚雄州妇幼保健站抓好业务工作】 2000年，楚雄州妇幼保健站以巩固等级妇幼保健站和爱婴医院成果促进医疗护理质量的提高，狠抓业务工作。全年完成门诊59572人次，住院1339人次，分别比上年度增长5.04%和16%，病床工作日9595天，病床使用率达93.99%，分别比上年上升4.67%和3.67%，完成业务收入295万元。组织完成了《新式剖宫产在临床上的推广应用》科技项目，获楚雄州人民政府科技进步三等奖，有2篇论文在省级以上刊物发表。全年完成女工妇科普查933人，在园儿童体检1028人，举办托幼机构保健人员岗位培训班1期，培训了17名托幼机构保健人员。举办“降低孕产妇死亡率和消除新生儿破伤风”项目县级师资培训班，培训师资32人。举办全州妇幼卫生业务培训班，培训县乡妇幼保健人员50人。

〔熊建云〕

卫生防疫

【传染病疫情控制】 2000年，楚雄州传染病疫情控制工作坚持“重点地区重点预防，重点疫病重点防治、重点人群重点保护”的原则，做到传染病疫情控制工作早布置，计划早安排，人员早到位，措施早落实，督促早进行，加强疫情监测和疫情报告制度的落实，坚持疫情分析会制度，做好Ⅰ、Ⅱ号病，AFP病例监测。在各级党委、政府的高度重视下，卫生部门采取扎实有效的措施，使全州传染病疫情在大灾之年稳中有降，传染病疫情控制工作取得了显著成绩。全州全年无甲类传染病发生，报告乙类传染病14种3238例，年传染病发病率128.72/10万，与上年相比下降33.86%，为自1952年实行疫情报告制度以来的最低水平。

【传染病疫情情况】 2000年，楚雄州共报告乙类传染病14种3238例，死亡12例。与上年相比病种增加了流行性脑膜炎1种。发病以肠道传染病为主，其次为呼吸道传染病。在14种病种中，肠道传染病3种1876例，占发病总数的57.94%；呼吸道传染病4种1085例，占发病总数的33.51%；虫媒及动物疫源性疾病4种89例，占发病总数的2.75%；性传播疾病2种186例，占发病总数的5.74%；新生儿破伤风2例，占0.06%。与1999年相比，肠道传染病下降49.72%，呼吸道传染病上升42.76%，虫媒及动物疫源性疾病上升33.71%，性传播疾病下降40.76%。发病率居前5位的传染病依次为：肝炎、痢疾、肺结核、麻疹、淋病。在12例死亡病例中，肝炎3例（禄丰3例），肺结核3例（南华、大姚、禄丰各1例），乙脑2例（姚安2例），麻疹1例（楚雄市），流脑1例（禄丰），流行性出血热1例（楚雄市）。从发病数所占比例看，楚雄市占19.85%，元谋占17.70%，禄丰占16.06%，大姚占11.80%，4县发病数占全州病例总数的65.41%。从传染病发病率看，居前4位的县是元谋（283.32/10万），楚雄（135.99/10万），大姚（135.22/10万），禄丰（126.60/10万）。与上年度相比，全州10县（市）除大姚县传染病发病率上升外，其余9县（市）均有不同程度的下降。从传染病发病时间来看，4～10月为传染病流行期，其中5月份为发病高峰，流行期内传染病发病数占全年发病总数的68.31%。发病高峰与上年一致，流行期较上年缩短1月。从职业分布看，居前6位的依次是：农民（31.93%）、学生（20.11%）、散居儿童（17.57%）、工人（6.95%）、幼托儿童（5.78%）、干部（5.37%）。从性别年龄分布看：男性2000例、占病例总数的61.77%，女性1238例、占38.23%。男女之比为1：0.62。0～5岁组发病830例，占发病总数的25.63%，10～40岁组发病1656例，占发病总数的51.14%。从计划免疫针对疫病发病情况看：脊髓灰质炎已连续12年无病例报告。年内上报的9例AFP病例经云南省防疫站检验均未检出脊髓灰质炎野病毒株。白喉近10年仅禄丰于1994年发病1例。百日咳近4年无病例报告，麻疹各县（市）均有病例上报。

【传染病病种分析】 2000年，全州共报告传染病14种3238例，其中：（1）病毒性肝炎。发病908例，占病例总数的28.04%，年发病率36.10/10万，与上年相比发病率下降44.37%。发病率居前4位的县（市）为楚雄市（52.45/10万），元谋（44.48/10万），禄丰（43.34/10万），大姚（46.02/10万）。男女之比为1.89：1；10～30岁发病较多，占49.56%；职业以农民为主，占31.28%，学生占19.60%，工人占10.46%，干部占11.01%。学生中发病以甲型病毒性肝炎为主占61.8%，农民、干部、工人发病以乙肝为主，占乙肝发病的61.34%。（2）痢疾。发病827例，占传染病发病总数的25.54%；年发病率32.88/10万，与上年相比年发病率下降57.63%。发病率居前4位的县为：元谋（87.47/10万），永仁（46.41/10万），南华（41.61/10万），禄丰（36.03/10万）。各年龄段均有病例报告，其中<5岁和10～35岁段发病较多，发病职业以散居儿童为主、占43.41%，其次农民占27.93%。楚雄州2000年痢疾发病为散发。（3）肺结核。全年发病714例，占发病总数的22.05%，年发病率28.38/10万，与上年相比发病率上升7.18%，发病率高于全州平均水平的县有元谋（110.21/10万）、双柏（33.75/10万），发病职业以农民为主、占44.54%，其次学生占13.45%，散居儿童占12.18%。（4）麻疹。全年发病228例，年发病率9.06/10万，与上年相比发病率上升186.71%，各县均有病例报告，发病职业以学生为主、占58.77%，其次为散居儿童，占16.67%，农民占12.28%。年内麻疹发病除大姚县石羊镇、姚安县左门乡发生点状暴发外，其余均为散发。（5）淋病。全年发病165例，年发病率6.56/10万，比上年下降44.83%。发病率高于全州平均水平的县为：武定（17.66/10万）、大姚（15.93/10万）、禄丰（9.98/10万）。（6）猩红热。全年发病142例，年发病率5.64/10万，比上年上升642.1%。发病职业以学生为主，占91.55%。（7）伤寒。全年发病141例，年发病率5.6/10万，比上年下降17.16%，双柏、大姚、南华、永仁无病例上报，发病率高于全州平均水平的县为：元谋（30.15/10万）、禄丰（9.5/10万）、武定（7.3/10万）、姚安（6.45/10万）。（8）梅毒。全年发病21例，年发病率0.83/10万，比上年上升22.06%。牟定、姚安

无病例上报。20～30岁年龄段发病数占发病总数的76.19%。男女发病之比为1：1.33。（9）流脑。全年发病1例，年发病率0.04/10万，与上年相比上升100%。（10）流行性出血热。全年发病20例，年发病率0.8/10万，比上年上升300%。病例分布于5个县，其中楚雄市暴发16例，其余4县各1例。发病职业以农民、工人为主，占55%，年龄以25～50岁为主，占75%。男女之比为19：1。（11）炭疽。全年发病5例，年发病率0.2/10万，比上年下降54.54%。病例分布于元谋（3例），楚雄市（2例）。（12）乙脑。全年发病22例，年发病率0.88/10万，与上年相比上升120%。病例分布于姚安（11例）、元谋（10例）、禄丰（1例）。发病职业以学生、散居儿童为主，占95.45%。（13）疟疾。全年发病42例。年发病率1.67/10万，比上年上升26.52%。除元谋、永仁、姚安外其余各县（市）均有病例上报。病例主要分布于双柏（24例）、牟定（6例）、武定（8例）。发病职业以农民为主，占57.14%。（14）新生儿破伤风。全年发病2例，年发病率5.93/10万，与上年相比上升100.34%。病例分布于楚雄市（1例）、元谋（1例）。

【传染病漏报率调查】 2000年，楚雄州疫情漏报调查统计共调查86个医疗单位11个病种，查出病例2313例，报告2147例，报告率92.82%；漏报166例，漏报率7.18%。与上年相比，漏报率上升了6.37%。各县（市）漏报率情况如下：楚雄市（1.75%）、双柏（19.01%）、牟定（1.79%）、南华（5.44%）、姚安（3.2%）、大姚（1%）、永仁（15.23%）、元谋（2.75%）、武定（14.93%）、禄丰（21.23%）。

【流动人口传染病发病情况】 2000年，楚雄州流动人口传染病发病病种9种132例，其中：本地流动人口发病24例，本省流动人口发病21例，省际流动人口发病87例。其中肝炎（50例）、痢疾（11例）、伤寒（4例）、淋病（8例）、麻疹（45例）、出血热（1例）、肺结核（9例）、猩红热（3例）、疟疾（1例）。

【重大疫情】 2000年1月，大姚县石羊镇及姚安县左门乡发生麻疹点状暴发，发病病例分别为7例、15例。1月，姚安县左门乡发生猩红热暴发，发病51例。4月，大姚县七街乡发生猩红热暴发，发病38例。3月，楚雄市发生流行性出血热暴发流行，发病17例（含流动人口1例）。

【五项卫生监督监测】 2000年，全州从事食品生产加工销售18165户，实际进行食品卫生监督18049户，食品卫生监督覆盖率99.36%。对违反食品卫生法的1011户次进行了行政处罚，其中警告554户次，责令改正513户次，责令停止生产经营47户次，责令销毁不合格食品194户次6526千克，没收违法所得13户次880元，罚款138户次金额总计39870元，取缔非法经营活动19户次。环境卫生应监督户数2630户，实际监督户数2425户，环境卫生监督覆盖率92.21%。学校卫生应监督户数59户，实际监督学校数56户，学校卫生监督覆盖率94.91%。劳动卫生应监督厂矿数300个，实际监督厂矿数为0个，劳动卫生监督覆盖率为0。放射卫生应监督48户，实际监督48户，放射卫生监督覆盖率100%。

【计划免疫】 2000年，全州应种儿童卡介苗34063人，实种32536人，接种率95.52%；脊髓灰质炎疫苗应种36013人，实种34580人，接种率96.02%；百白破疫苗应种35788人，实种34088人，接种率95.24%；麻疹疫苗应种35278人，实种33610人，接种率95.27%；乙肝疫苗应种21207人，实种18486人，接种率87.16%。

〔熊建云〕

地方病防治

【克山病防治】 2000年，楚雄州认真做好克山病预防服晒工作。全年全州10县（市）52个乡（镇）299个村公所（办事处）2419个自然村预防服晒76983人，完成任务数的111.74%。经考核全州全程足量服晒合格率94.7%。同时，认真做好对克山病现患病人的管理。全年对272例现患病人进行了治疗指导及定期复查工作，健全了病历档案。经考核，现患病人治疗管理合格率达87.4%；对全州各医疗机构收治的317例“扩张性心肌病”病人进行了认真筛选，确诊为“成人慢性克山病”的73例，到2000年底全州克山病现患病人达345例。全年全州克山病发病率为0.39/10万。

【克山病科研】 2000年，楚雄州克山病防治研究所认真开展科研工作，其中，《急性心肌炎暴发流行的病因筛选研究》项目荣获州人民政府科技进步一等奖。同时，继续开展《慢性克山病临床误诊误治》、

《中药复方降脂汤治疗原发性高脂血症临床研究》课题研究并完成年度计划。

【病毒性心肌炎防治】 2000年，楚雄州克山病防治研究所继续做好病毒性心肌炎的各项防治及急性病毒性心肌炎暴发流行的各项应急准备工作，从人员、药物、器械、病毒分离、尸解等方面进行了充分准备，一旦疫情发生，可立即奔赴疫区扑灭疫情。对既往心肌炎暴发点（大姚县鼠街）派人长期蹲点进行疫情监测；对新发病的牟定、丽江、鹤庆3地也派人协助当地防疫部门做好疫情调查和防治工作，全年共采集病毒性心肌炎血样样本44份（其中鹤庆病区30份，大理病区6份，腾冲病区7份，楚雄州克山病防治研究所住院病人1份）。尸解病毒性心肌炎死亡病例2例。

【碘盐监测】 2000年，碘盐监测全州共采样24批600份，合格600份，合格率达100%。

【楚雄州克山病防治研究所临床工作】 2000年，楚雄州克山病防治研究所门诊诊治病人18158人次，比上年增加1.7%；收治住院病人395人次，比上年增加14.5%，治愈好转率99.2%；死亡3人，死亡率0.8%。

〔熊建云〕

爱国卫生运动

【楚雄市保持“创建全国卫生城市先进市”称号】 2000年9月25日至28日，以云南省卫生厅副厅长陈洪为团长的云南省第4次全省卫生城市检查团对楚雄市创建卫生城市工作进行了检查。检查团按照《全国城市卫生检查评比标准》，采取听汇报、查资料、实地检查的方法，对楚雄市爱国卫生组织管理、健康教育、市容环境卫生、公共场所、饮用水卫生、食品卫生、传染病防治、城区除“四害”、窗口单位卫生、单位和居民卫生等方面工作进行了全面、认真的检查，并对楚雄市2000年度城市卫生工作给予了高度评价。楚雄市继1999年获“创建全国卫生城市先进市”称号后，又顺利通过了2000年云南省第4次城市卫生检查评比，继续保持了“创建全国卫生城市先进市”的光荣称号。

【创建“卫生县城”活动】 2000年，在楚雄州爱国卫生运动委员会的指导下，各县（市）积极开展了创建“卫生县城”活动。10月17日至12月3日，云南省第4次城市卫生检查楚雄州检查团对所辖9县的创建“卫生县城”活动进行了评比检查，有6个县达到了省级“卫生县城”标准要求。通过云南省爱国卫生运动委员会复查验收，禄丰县被授予“云南省甲级卫生县城”称号，双柏县、大姚县、武定县被授予“云南省乙级卫生县城”称号。通过开展创建“卫生县城”活动，进一步提高了全民卫生意识，改善了生活环境，推动了爱国卫生工作的发展。

【除“四害”工作】 2000年，楚雄州继续开展以灭鼠为中心的除“四害”工作。各级政府加强领导，增加投入，制定了灭鼠防病、灭鼠保粮计划和实施方案，采取了生态灭鼠和药物灭鼠相结合的办法。各县全年均开展了2次大型灭鼠活动，楚雄市开展了大型灭鼠活动达4次。据不完全统计，全年全州各级共投入灭鼠经费55.5万元，投放毒饵600余吨，灭鼠效果都在80%以上，达到了灭鼠防病、灭鼠保粮的效果，鼠传播疾病在全州没有发生。年内，禄丰县还被云南省爱国卫生运动委员会授予“云南省灭鼠先进县”称号，继楚雄市、双柏县、大姚县之后获得这一荣誉称号。在开展灭鼠的同时，对蚊、蝇的孳生地进行了整治，使蚊、蝇的密度有所下降。

【农村改水改厕】 2000年，楚雄州继续采取措施多渠道筹集资金，加大农村改水改厕力度。全年累计投入改水经费2273.65万元，当年改水受益人口达13.74万人，其中当年自来水受益人口8.87万人。全年投入改厕资金819.26万元，当年改厕1.6万座。到年底，楚雄州累计改水受益人口达188.16万人，占农村总人口的87.8%；累计改厕23.97万户，占农村总户数的43.04%。

〔熊建云〕

体　　育

体育管理

【简述】　2000年，楚雄州体育运动委员会紧紧围绕备战云南省第十一届运动会这一中心工作，充分发挥州体育运动学校的龙头骨干作用，克服困难，团结拼搏，加紧筹备，共组织训练项目12个，即田径、射击、体操、游泳、拳击、柔道、摔跤、举重、足球、排球、自行车和皮划艇，各项工作顺利进行。

年内，楚雄州运动队参加省年度比赛获金牌21枚，银牌24枚，铜牌26枚，金牌数位居全省第7名，总分居全省第5名。参加全国比赛获金牌3枚，银牌3枚，铜牌1枚。熊兆龙获2000年度全国拳击比赛54公斤级金牌；王云峰获2000年度全国射击团体赛移动靶标准速、混合速两项冠军；崔有福获2000年度全国青年田径锦标赛银牌2枚。全年共举办州级以上大型运动会和体育比赛14次，共有30000人次参赛。

全年培训社会体育指导员131人，其中一级51人，二级80人。批授等级运动员14人，其中申报一级2人，二级12人。批授等级裁判员102人，其中申报一级2人，二级21人，三级79人。

【全州体育工作会】　2000年3月15日至3月17日，全州体育工作会在楚雄召开，各县（市）文体局局长，分管体育的副局长，少体校校长，州运动学校、州体委中层以上干部和州老年体协、州足协、州拳击协会等主要负责人共60余人参加了会议，州人民政府副州长张祖林到会作了讲话。会议传达了省体育工作会议精神，总结了上年全州体育工作，对2000年的全州体育工作作了布置安排。各县（市）文体局和州足球协会等还就体教结合、体育产业开发等问题在会上作了交流发言。

【召开承办云南省第十一届运动会筹备工作会】　2000年3月16日，云南省第十一届运动会筹备工作领导小组在楚雄召开工作会，专题研究备战工作方案。州人民政府、州委宣传部、州计委、州建委、州教委、州广播电视局、楚雄日报社、州体委、州体育运动学校等单位的有关领导参加了会议。会议听取并讨论通过了州体委制订的《备战省十一运会下步工作方案》和《楚雄州承办云南省第十一届运动会场馆建设方案》。

【制订《楚雄州承办云南省第十一届运动会场馆建设投资实施方案》】2000年9月22日，州体委、州计委联合行文上报《楚雄州承办云南省第十一届运动会场馆建设投资实施方案》。此方案主要涉及两大内容：(1)由楚雄州体育运动委员会具体负责组织实施的州民族体育活动中心维修改造工程，总投资1888万余元，其中省投资500万元，州财政投资1338万元，自筹50万元。工程建设项目为州体育场、体育馆加固维修改造，射击场改造扩建，综合训练馆建盖。(2)由楚雄经济技术开发区负责组织实施的游泳馆建设工程，州级财政补助1000万元，其余资金由楚雄市财政投资。方案要求：请省人民政府将定补楚雄州承办云南省第十一届运动会500万元场馆建设资金尽快下拨。

【落实省政府楚雄现场办公会议关于楚雄州体育设施建设的决定】2000年4月1日，云南省体委副主任叶明寿，云南省计委社会处和省体委竞赛处、计财处等部门领导与楚雄州体育运动委员会、州计委领导在楚雄召开会议，专题研究省长现场办公会关于楚雄州体育设施建设决定的项目、资金落实情况。会议明确：省长楚雄现场办公会决定的体育设施补助资金500万元，全部用于楚雄州民族体育活动中心现有场馆维修改造和综合训练馆建盖，不得挪作他用。省计委在省政府办公会前安排楚雄州体育运动委员会已投入楚雄经济技术开发区游泳馆建设的资金100万元，单独计算，不包含在省政府楚雄现场办公会确定的500万元之内。会议建议，楚雄州承办云南省第十一届运动会场馆规划安排应遵循“节约资金，挖掘潜力，充分使用现有场馆，建盖必备新馆”的原则。

【云南省计委印发《省计委省体委落实省长现场办公会关于楚雄州体育设施建设的会议纪要》】　2000年6月7日，云南省计委印发《云南省计委关于印发〈省计委省体委落实省长现场办公会关于楚雄州体育设施建设的会议纪要〉的通知》，要求楚雄州人民政府按此会议纪要，认真抓好项目建设工作，扎扎实实落实好省长现场办公会议决定，保证2002年云南省第十一届运动会在楚雄顺利召开。

【召开备战云南省第十一届运动会动员大会】 2000年12月29日，楚雄州体育运动委员会、州体育运动学校在州体育馆召开备战云南省第十一届运动会动员大会。州人民政府副州长罗嘉福，州政府秘书长李小平，州体委、州体育运动学校科级以上领导干部和全体教练员、运动员参加了会议。州政府副州长罗嘉福、州体委主任莫言冰在会上作了讲话，州体育运动学校校长商小云作了《楚雄州备战云南省第十一届运动会2000年训练工作总结及冬训动员》的报告。教练员、运动员代表在会上庄严宣誓，表达了全体教练员、运动员刻苦训练、顽强拼搏，为彝州增光的决心。会议还通报了2000年度竞赛情况，宣布了对2000年度优秀运动员的表彰决定，并对年度比赛中取得好成绩的优秀教练员、运动员颁发了奖金和证书。

【批授运动学校毕业生三级裁判员79名】 2000年6月21日，根据裁判员技术等级制度的有关规定，经考评审核，同意批准者荣兰等79名运动学校毕业生为篮球、足球、排球、田径三级裁判员。

【下发楚雄州体育业余训练网点学校建设通知】 2000年10月10日，楚雄州体育运动委员会、楚雄州教委联合发出《关于下发楚雄州业余训练网点学校建设的通知》。该通知包含三大内容，一是制定楚雄州业余训练网点学校管理办法；二是确定楚雄州体育业余训练网点评估标准；三是签订承担楚雄州业余训练网点项目培养人才任务协议书。

【下发2000年训练工作计划通知】 2000年3月2日，楚雄州体育运动委员会、州教育委员会联合下发《楚雄州二000年训练竞赛工作意见通知》。该通知从改革业余训练体制、健全县级训练网点、走体教结合之路3个方面对2000年的全州训练竞赛工作提出了具体措施和目标要求。

【下发2000年群众体育工作计划】 2000年3月21日，楚雄州体育运动委员会下发《2000年楚雄州群众体育工作计划》。明确2000年的群众体育工作主要任务是：执行《中华人民共和国体育法》，贯彻《全民健身计划纲要》，实行《社会体育指导员技术等级制度》和《国民体质监测制度》，落实“五二二·十个一”任务。

【评选1995～2000年度优秀裁判员】 2000年10月，楚雄州体育运动委员会在全州范围内对在1998年以前批准的各项技术等级裁判员进行推荐评选。经评选审核上报，楚雄市环城小学一级田径裁判员韩国藩被云南省体育局授以“优秀裁判员”称号，并受到表彰。

【清理整顿健身气功组织】 2000年4月至5月，为贯彻落实《中共中央、国务院关于处理对社会有危害的气功组织有关问题的意见》和《中共中央办公厅、国务院办公厅转发民政部等部门关于清理整顿气功组织有关问题实施意见的通知》要求，按照中央、省、州党委的统一部署，楚雄州体育运动委员会积极配合有关部门，对全州各县（市）及州属各部门的健身气功组织开展了全面调查和清理整顿工作。

【培训社会体育指导员】 2000年6月15日至22日，楚雄州体育运动委员会委托州体育运动学校培训二级社会体育指导员80名，2000年11月2日至10日，楚雄州体育运动委员会配合省群众体育指导中心在楚雄举办一级社会体育指导员培训班，培训一级社会体育指导员51名。

【举办楚雄州州级领导班子网球培训班】 2000年4月10日至4月16日，楚雄州体育运动委员会在楚雄经济技术开发区网球公园举办楚雄州州级领导班子网球培训班，培训领导干部50多名。

【批授篮球等级裁判员】 2000年8月15日，根据《云南省裁判员管理工作试行条例》及有关文件精神，经楚雄州篮球裁判协会培训考核，楚雄州体育运动委员会审定并发文通知，授予侯志荣等11人为二级篮球裁判员，郭玲等3人为三级篮球裁判员。

【参加云南省无极健身球保健操培训】 2000年5月9日至12日，云南省老年体育协会在昆明举办无级健身球保健操培训班，楚雄州各县（市）老年体协选派24人参加了第一、二、三套无极健身球保健操培训。

【发行销售即开型中国体育彩票】 2000年7月22日至29日，云南省体育总局彩票管理中心和楚雄州体育运动委员会利用彝州“火把节”

期间的有利时机，在楚雄州体育馆门前联合举行即开型中国体育彩票600万元销售活动。经过一星期的发行销售，共售出彩票28万元，楚雄州体育运动委员会获彩票公益金54574.8元。按照中国体育彩票“取之于民，用之于民”的原则，所得彩票收益金全部用于楚雄州承办云南省第十一届运动会和其他公益性体育活动。

群众体育

【迎新世纪楚雄城区元旦穿城赛跑】 2000年1月1日清晨，由楚雄州体育运动委员会，州、市教委，楚雄市文体局联合举办的“迎新世纪楚雄城区元旦穿城赛跑”在州体育场举行。上午8时，楚雄州人民政府副州长罗嘉福打响了2000年度楚雄城区全民健身活动的第一枪。楚雄城区各大中专学校、中小学校的学生，各机关、企事业单位的干部职工1万多人参加了赛跑。

【楚雄城区第五届县处级以上领导干部运动会】 2000年1月14日至16日，由楚雄州体育运动委员会举办的楚雄城区第五届现职县处级以上领导干部运动会，在楚雄州民族体育活动中心举行。此次运动会共设集体项目两个：篮球、拔河；个人项目四个：保龄球、羽毛球（单打）、扑克双抠、射击。楚雄城区63个单位的320名县处级以上领导干部运动员，利用业余时间和双休日进行了激烈比赛。通过比赛，拔河：师专获第一名，经贸系统获第二名，财税系统获第三名。篮球：政法系统获第一名，师专获第二名，楚雄市获第三名。州政协和州人大获体育道德风尚奖。100多名县处级以上领导干部获个人项目比赛奖。

【第四届“三八”女子健身运动会】 2000年3月5日至8日，楚雄州体育运动委员会，楚雄州、市妇联，楚雄市文体局在楚雄联合举办第四届“三八”女子健身运动会。运动会设穿城赛跑、拔河、迎面接力三个项目。

【举办楚雄城区女子健身培训班】 2000年5月25日至6月25日，楚雄州、市妇联和州体育运动委员会在州体育馆联合举办适合不同年龄层次的“女子健身培训班”。各机关妇女干部，各企、事业单位妇女员工60多人参加了培训。

【开展“红河杯”全民健身体育节活动】 2000年3月23日，楚雄州体育运动委员会按照云南省全民健身指导协调委员会的通知要求，下发文件要求各县（市）、各行业体协和州全民健身指导协调委员会成员单位，认真组织参加2000年“红河杯”全民健身体育节活动。5月13日，在州体育馆举行千禧之年“红河杯”云南民族体育精品巡回展演宣传活动楚雄分会场民族体育精品表演，来自全州各县（市）农村、学校和有关单位的14支表演队，表演了具有楚雄彝州民族特色的传统体育。3千多观众观看了表演，中央电视台第五套、第七套节目和云南电视台作了播放，云南日报、春城晚报作了报道。经国务院批准，国家体育总局、中国侨联、国家旅游局、国家公安部等6部委联合举办2000年“炎黄杯”世界龙舟、龙狮系列赛“中华炎黄圣火”全民健身火炬传递活动。8月4日，在楚雄州境内的“元谋人”遗址举行了圣火采集仪式，圣火途经楚雄州8县（市），在楚雄州内传递600多公里，沿途有数十万群众观看。9月20日，圣火经全国各省、市、自治区、直辖市传递后，被送入中华世纪坛。中央电视台第一、五套节目，云南电视台作了实况报道。此次全民健身体育节活动，全州共举行了篮球、足球、拔河、广播体操、跳绳、双抠等众多大众体育项目比赛。悬挂布标350条，电视宣传160次，广播

火把节龙舟赛

新闻86篇，出版宣传刊25期。参加活动人数达20万人次，观众100多万人次。

【大地基乡获全国“亿万农民健身活动”先进乡（镇）称号】 2000年10月，国家农业部、国家体育总局、中国农民体协在四川绵阳市召开表彰大会，授予全国180个乡（镇）为第五批全国“亿万农民健身活动”先进乡（镇）称号。楚雄市大地基乡成绩突出，获此称号并受到表彰。

【参加云南省第五届农民运动会取得好成绩】 2000年7月7日至12日，楚雄州农民体育代表团在玉溪市通海县参加云南省第五届农民运动会。经过全团人员的团结协作，努力拼搏，取得了较好成绩。共获6个团体名次，69个单项名次。其中舞龙获团体第二名；男子象棋获团体第三名；女子象棋和田径获团体第五名；自行车载重获团体第四名；田径获集体体育道德风尚奖；个人单项获金牌4枚、银牌20枚、铜牌4枚。经州人民政府批准，楚雄州体育运动委员会对参加省第五届农民运动会取得好成绩的教练员、运动员给予了奖励：孟勇，获男子组10000米跑第1名，成绩33′03″8；韩永明，获男子组三项全能第2名，成绩1579分；顾清波，获男子组三项全能第3名，成绩1311分；尚桂华，获女子组跳远第1名，成绩5.48米；郭建分，获女子组80米挑粮食跑第二名，成绩1′17″6；曹维美，获3000米跑第1名，成绩10′49″4，并获5000米跑第二名，成绩19′14″5；李灿辉，获男子个人象棋第1名。象棋、自行车载重获男子团体第3名；舞龙获团体第2名，14人参舞计发银牌14枚；舞龙自选套路获第2名；白夕援获50公斤30公里公路个人第2名，成绩52′48″35，并获50公斤40公里公路个人第2名，成绩1°12′29″。

【楚雄州学校体育参加全省评比获第五名】 2000年，楚雄州各级各类学校继续实施《国家体育锻炼标准》，认真贯彻《学校体育工作条例》，进一步开展小学生“雏鹰起飞”体育活动，坚持上好体育课、课间操，积极开展课外活动，全州实行面达86.4%，学生体育达标97.7%，参加全省评比获第五名。

【安装全民健身路径】 2000年9月28日至10月4日，经楚雄州体育运动委员会积极争取，国家体育总局使用体育彩票收益金10万元，在楚雄市鹿城桃园湖畔和龙江公园内安装全民健身路径2条。该路径每条长500米，占地3000平方米，免费让广大群众自由健身使用。这两条健身路径的建成，方便了广大楚雄市民的健身需要，深受人民群众喜爱。每天到两条路径参加健身锻炼的老年人、中年人、青年人和少年儿童近千人。

【法国安道尔地掷球队到楚雄州回访比赛】 2000年5月8日至10日，继楚雄州老年体协地掷球女队代表云南省赴法国安道尔等3个地区进行比赛获第一名后，应楚雄州人民政府邀请，法国安道尔地掷球队一行7人，在国际地掷球联合会发展委员会主席巴克里斯·李戈和前世界地掷球冠军、国际地掷球联合会对华代表贝尔纳·商贝的带领下，到楚雄州进行了为期3天的回访比赛。楚雄州100多名老年地掷球运动员和相关领导、教练员、裁判员参加了活动，上千名群众到现场观看了比赛。

【举办楚雄州第四届“邮政杯”周末足球比赛】 2000年11月18日至12月9日，楚雄州体育运动委

中南足球对抗赛场景

员会、州足球协会和楚雄州邮政局利用双休日在州体育场联合举办楚雄州第四届“邮政杯”周末足球比赛。来自全州各企事业单位、学校、驻楚部队、社会团体及各行业的23支代表队参加了比赛。经过近一个月的角逐，队友联队获得冠军，州人民医院和州邮政局获优秀道德风尚奖。

竞技体育

【举办全国“U—18”西南·西北区足球比赛】 2000年7月29日至8月2日，由中国足球协会主办，楚雄州体育运动委员会、楚雄州足协承办的全国“U—18”西南·西北区足球比赛在楚雄举行。来自四川、甘肃、云南、新疆、贵州等地的西南、西北区6支代表队参加了比赛。经过5天的角逐，四川太安、成都13中分获西南、西北区足球赛一、二名，并进入全国决赛。

【举办云南省2000年田径场自行车比赛】 2000年7月21日至24日，由云南省体育局主办，楚雄州体育运动委员会承办的云南省2000年田径场自行车比赛在楚雄州民族体育活动中心举行，来自昆明、玉溪、昭通、楚雄等地州的6支男女代表队，50多名运动员参加了比赛。比赛分赛车和山地车两大项，20个小项。楚雄州代表队由于组队时间较短，成绩平平，未夺得金牌。楚雄男队和玉溪女队获本赛区集体体育道德风尚奖。

【举办2000年“彝都酒店杯”全国男子网球巡回赛楚雄第二站比赛】 2000年6月11日至18日，由国家体育总局网球运动管理中心主办，楚雄州体育运动委员会承办，楚雄经济技术开发区网球公园、彝都酒店、太平洋保险公司、中国人寿保险公司协办的全国男子网球巡回赛第二站比赛在楚雄经济技术开发区网球公园举行。华中网球俱乐部、上海、湖南、解放军、广西、河南、大连、湖北、浙江、江苏、广东、四川、吉林、北京、成都、山东、云南等地17支代表队参加了角逐。

【举办2000年楚雄州中学生田径比赛】 2000年1月25日至29日，楚雄州体育运动委员会、州教委在楚雄州民族体育活动中心举办2000年全州中学生田径比赛。来自全州各县（市）、州属各中学的上千名男女运动员，参加了100米、200米、400米、1500米、3000米、5000米、4×100米接力以及跳高、极限跳远、铅球、铁饼、标枪等14个项目的角逐。比赛分甲组和乙组，运动员甲组男女各6人，乙组男女各7人；甲组：1985年1月1日以后出生，骨龄男16—、女15—；乙组：1987年1月1日以后出生，骨龄男14—、女13—。甲乙组运动员均以骨龄为准。经过4天的比赛，有4支代表队获团体奖。

【参加2000年云南省青少年田径少年比赛】 2000年8月15日至21日，由云南省体委主办的2000年云南省青少年田径比赛，在昆明市体育学校田径场举行。楚雄州代表队以总积分22分的成绩获团体第六名。楚雄州运动员李有才获男子3000米第一名（9′1″22）、男子5000米第一名（15′46″5）；曲军获男子4000米栏第四名1′00″9（1′02″3）、王海燕获女子200米第四名27″4（27″4）、女子400米第五名1′03″9（1′03″6）。李有才、王海燕分获男、女体育道德风尚奖。

【举办“国宾杯”中南足球对抗赛】 2000年7月23日下午，中国云南红塔足球队和南斯拉夫拉德足球队在楚雄州体育场展开激烈比赛，结果东道主云南红塔队以1比2负于南斯拉夫拉德足球队。近万名彝州各族球迷到现场观看了比赛。该赛

“楚雄杯”全国少儿足球邀请赛

事由楚雄州人民政府主办，楚雄州体育运动委员会、州足球协会和楚雄州医药有限责任公司承办。

【云南省首届“楚雄杯”全国少儿足球邀请赛】 2000年2月12日至20日，由楚雄州人民政府主办，楚雄州体育运动委员会、州足球协会承办的云南省首届“楚雄杯”全国少年儿童足球邀请赛在楚雄州民族体育活动中心举行。来自昆明、楚雄、四川、湖北、辽宁等地的45支少儿足球队800余名小球手参加了比赛。参赛队伍按年龄分为甲、乙、丙三组，甲组（1985～1986年）共8队，乙组（1987～1988年）共14队，丙组（1989～1990年）共21队。经过9天的激烈争夺，楚雄化建公司少儿队、昆明汇源果汁少年队、四川泰安俱乐部队分获甲、乙、丙3组冠军。

【举办全省幼儿体操比赛】 2000年5月19日至20日，由云南省体育局主办，楚雄州体育运动委员会承办的云南省幼儿体操比赛在楚雄举行。来自全省各地州市的19支队伍，390名运动员参加比赛。

【参加云南省第四届城市运动会】 2000年7月30日至8月11日，云南省第四届城市运动会在大理市举行。楚雄州代表队获金牌3枚、银牌2枚、铜牌5枚。

【举办滇川两省女子排球队表演赛】 2000年12月24日，楚雄州体育运动委员会邀请并组织云南省女子排球队和四川省女子排球队，在楚雄州体育馆进行表演赛。经过2个多小时的激烈比赛，云南省女子排球队不负众望，以3:2的成绩战胜四川省女子排球队。

〔杨宝生〕

民　族

民族工作

【简述】 2000 年，楚雄州民族宗教事务工作在中共楚雄州委、州人民政府和云南省民委、省宗教局的指导下，围绕全州改革、发展、稳定大局，贯彻落实中央、省、州民族工作会议精神，解放思想，抓住机遇，积极参与西部大开发，加快少数民族地区发展，促进民族团结，维护社会稳定，为新世纪民族工作开好头、起好步。楚雄州民族工作取得了新的突破性进展。隆重召开全州民族工作会议暨第四次民族团结进步表彰会。中共楚雄州委、州人民政府作出了《关于贯彻执行〈中共云南省委、省人民政府关于进一步做好新形势下民族工作的决定〉的实施意见》，全面推进了民族团结进步事业发展。宗教工作突出讲政策、抓管理、促适应，促进了宗教活动规范化、正常化，确保了宗教领域的稳定。

〔张永祥〕

【全州民族工作暨第四次民族团结进步表彰大会】 楚雄彝族自治州民族工作会暨第四次民族团结进步表彰大会于 2000 年 6 月 20 日在楚雄召开。中共楚雄州委、州人大常委会、州人民政府、州政协主要领导以及分管民族工作的领导出席了会议。云南省民族事务委员会副主任高广到会作指导。各县（市）委书记、县（市）长、统战部长、民族宗教事务局局长，州属各部门，中央、省驻楚单位的领导参加会议。参会人员共 500 多人。中共楚雄州委书记丁绍祥、常务副州长保明虎分别作了重要讲话。州委、州人民政府对在全州民族团结进步事业中作出突出贡献的楚雄市大过口乡党委、政府等 113 个先进集体、李丕良等 105 名先进个人予以表彰奖励。这次会议全面总结了楚雄州民族工作取得的主要成就和经验，充分肯定了民族工作在全州经济社会发展中的地位和作用，分析了民族工作面临的形势，明确了进一步做好民族工作的指导思想和任务，为在新形势下开创全州民族工作新局面奠定了基础。

【制定出台加强民族工作的《实施意见》】 2000 年 8 月 9 日，中共楚雄州委、州人民政府为贯彻落实中央、云南省民族工作会议精神和中共云南省委、省人民政府《关于进一步做好新形势下民族工作的决定》，制定出台了具体的实施意见。《实施意见》共分 6 个部分 22 条。主要措施是“六抓”：(1)抓认识，充分认识做好新形势下民族工作的重要性和紧迫性；(2) 抓机遇，加快少数民族和民族地区经济发展；(3) 抓基础，高举民族团结进步旗帜；(4) 抓重点，大力发展教育科技社会事业；(5) 抓关键，大力培养使用少数民族干部；(6) 抓根本，切实加强党对民族工作的领导。《实施意见》具有较强的针对性和可操作性，为进一步做好民族工作创造了较好的条件。

〔陈世聪〕

【成立楚雄州民族宗教工作领导小组】 为加强党对民族宗教工作的领导，进一步做好新形势下民族宗教工作，组织、协调和解决民族宗教工作中的重要问题，加快楚雄州少数民族地区经济社会全面发展，实现各民族团结进步、共同繁荣，中共楚雄州委于 2000 年 12 月 29 日成立州民族宗教工作领导小组。领导小组组长由州委副书记张怀德担任，州人民政府副州长杨汝鉴任

赛装节活动

副组长，成员单位包括州委办公室、州人民政府办公室、州民宗局等29个单位。领导小组办公室设在州民族宗教事务局。

【楚雄州获首届中国民族服装服饰博览会组织奖】 2000年7月1日至15日，首届中国民族服装服饰博览会在昆明举行。按云南参展团的要求，楚雄州成立了以杨汝鉴副州长为组长，民族工作、文化、旅游等部门为成员单位的参展筹备领导小组，积极进行参展筹备工作。参展筹备领导小组办公室设在州民族宗教事务局。(1) 筹备工作按省的要求征集了州内彝族、苗族、傣族、白族、哈尼族的传统服装服饰73件（套），并于5月12日晚在楚雄龙江公园“威楚余韵”演出舞台进行了主题为“彝山谣—楚雄州民族服装服饰”的展示会。楚雄州党政军领导、中国彝族歌星演唱会艺术家、老同志及各族代表200余人观看了演出。在此基础上制作成楚雄州民族服装服饰专题片《彝山神韵》一并报省。(2) 选送禄丰县文工团傈僳族男演员张留福、牟定县文工团彝族女演员夏琼芬参加“芬飞彩云南”大型云南民族服饰展演。(3) 报送了楚雄州博物馆沐家荣撰写的论文《论云南彝族服饰的历史发展渊源与文化内涵》，杨丽美的《试论彝族服饰的特点与功能》，大姚县文化馆白平的《彝族服饰的图案艺术》，大姚县民宗局彭惠的《应时代潮流创彝州新装—楚雄州城镇彝族服装创新设想》，均获入选《云南民族服饰文化学术论文集》。(4) 协调组织了楚雄市民族服装厂、楚雄益友骨角工艺厂参加服装服饰、民族工艺品展销会。(5) 协调组织80余名有关人员组成观摩团赴昆明观摩服装服饰博览会盛况，开阔了眼界，增长了才干。由于楚雄州参展筹备工作成绩突出，楚雄州民宗局荣获云南参展团授予的组织奖。

【楚雄州彝族标志性服饰论证会】 2000年11月25日，楚雄州彝族标志性服饰论证会在楚雄举行。来自州委、州人民政府及有关部门的领导、老同志、专家、学者90余人参加了会议。与会人员通过对楚雄州民宗局提交会议审查讨论的5种女装，2种男装共13套盛装、改进装进行深入广泛的讨论，认为此后楚雄州彝族标志性服饰的研制推广工作应摒弃传统的支系、地域观念，把业已形成的、为广大彝族同胞和外界所认可的几种基本类型和款式列为楚雄州彝族标志性服饰。女装方面，礼服以高筒帽、百褶裙、玫瑰红为特征和主调的诺苏女盛装为代表；以勒子帽、圆盘帽、蝴蝶帽、鹦鹉帽为特征的4种女式服装款式为基础，简化、改进、完善作为日常工作、生活着装。男装方面，礼服为帽、右衽挑花衣、挑花裤和披风4件套，颜色为黑、藏青，作进一步改进即可推广；男青年装为褂、衬衣两件套构成，颜色可广泛采用而不限于白、黄、青3种。发展原则和方向是保持原汁原味，在继承中创新，向中高档旅游商品迈进。

彝族刺绣

【民族经济工作】 (1) 认真贯彻省委、省人民政府《关于进一步做好新形势下民族工作的决定》在加快民族地区经济发展方面的措施办法，争取恢复和设立民族机动金。(2) 围绕加强民族地区基础设施建设这一重点，按照州委、州人民政府关于大力培育支柱产业、建设生态经济大州和民族文化大州的产业政策和发展目标进行调查研究，提出了加强民族地区基础设施建设的项目。配合有关部门抓好地震灾后民族地区的恢复重建工作，搞好项目论证和上报，争取省民委、省宗教局的支持。(3) 扶贫攻坚工作突出民族地区12个特困村的扶贫攻坚，配合协调各部门集中财力、人力、物力和技术力量向这些地区倾斜。做好项目资金申报工作，争取上级部门资金扶持，管好用好民族机动金，认真落实省长办公会议期间省民委下达的5个项目。2000年共争取少数民族发展资金208万元，省级民族机动金354万元，共计562万元，州级民族机动金单列650万元。认真抓好项目资金的督查检查，发现问题即采取措施督促落实兑现。(4) 全州民族工作试验示范点工作呈良好发展势态，已建立起12个民族工作试验示范点。武定县民宗局建立的香蕉基地已发展到6000亩；大姚县民宗局在昙华乡建立了一、二级种脱毒马铃薯繁殖基地120亩，现已在全县推广2万多亩，平均亩产达3吨，为高寒冷凉地区开辟了一条致富门路；永仁县民宗局历时6年建成了800余亩的板栗基地。州民宗局与州农牧局、州科委在4个县推广电脑农业专家系统工程441814亩。这些示范点对发展民族地区经济起到了良好的推广、辐射和带动作用。

【举办中药材种植培训班】 2000年7月9日至16日，楚雄州民宗局组织来自全州8个县39个边远山区乡（镇）的汉、彝、傈僳、苗等民族共52名青年到楚雄进行中药材种植技术培训。培训班采取听课、参观、实地观察等灵活多样的授课方式，聘请卫校专门从事中药材研究、种植的老师授课，重点讲授了适宜山区民族地区发展的当归、川芎、大黄、黄连、白术、党参、西洋参、重楼、半夏、银杏等20多种中药材的种植、管理、制作技术。培训期间，组织学员参观了楚雄雁塔药业有限公司，到楚雄卫校药园实地参观认识30多种中药材。州民宗局局长向学员介绍了全州经济社会发展状况，州科委的同志介绍了州生物药业发展规划及采取的优惠政策。培训班还组织学员交流自己在种植药材过程中的成功经验和失败教训。通过培训班的学习，学员普遍反映干有奔头，学有榜样，收获很大，纷纷表示要把学到的知识技术带回家乡，为本地少数民族群众共同致富闯出一条新路。

〔张永祥〕

民族文化

【楚雄彝族文化在第三届国际彝学研讨会上受关注】 2000年9月4日至8日，由中央民族大学主办、云南省彝学会、云南教育出版社协办，石林彝族自治县承办的第三届国际彝学研讨会在石林县召开。包括来自芬兰等9个国家的42名外国学者在内的172名中外教授、研究员、博士、学者专家，以及80余名国内有关人士、艺术家参加了这一盛会。楚雄州民族宗教事务局、云南省社会科学院楚雄彝族文化研究所、楚雄州民族歌舞团、楚雄彝文书法研究会的40余名代表、学者、艺术家应邀出席了大会。会议期间，楚雄彝族文化的多方位、多层次展示受到了中外学者的青睐和关注。送交大会图书展评的《中国彝文书法选》、《彝汉字典》（楚雄版），前者获优秀图书奖，后者被读者抢购一空。楚雄州民族歌舞团为大会奉献了《山里飘来的歌》、《公鸡啄架》、《牛角舞》、《姑娘的披毡》等4个优秀彝族歌舞节目。在会议期间举办的专题彝文书法展上，楚雄彝文书法研究会送展的38件彝文书法精品令与会者耳目一新。

【《中国彝文书法选》获第三届国际彝学会优秀图书奖】 2000年9月4日至12日在石林彝族自治县召开的第三届国际彝学研讨会期间，由楚雄彝族自治州民族宗教事务局、云南省社会科学院楚雄彝族文化研究所、楚雄州文化局、楚雄彝文书法研究会编辑，龙吟主编，由云南美术出版社1998年3月出版发行的《中国彝文书法选》，被大会优秀图书展评专家评审组授予优秀图书奖。

〔张永祥〕

【《彝族文化研究丛书》被列入《云南日报》世纪珍藏特刊】 云南人民出版社庆祝建社50周年之际，《云南日报》2000年12月25日第四版及2001年1月1日《世纪珍藏特刊》第46版向海内外广大读者隆重公布该出版社建社以来部分优秀图书和重点图书，其中《彝族文化研究丛书》榜上有名。该丛书是楚雄彝族文化研究所主办的大型图书，由中国社会科学院民族研究所研究员兼楚雄彝族文化研究所所长刘尧汉教授主编。全套丛书计划出版50部，现已出版35部，其余书稿正在排印中。编写出版该丛书的主旨是抢救保护和弘扬彝族优秀传统文化，为彝族地区的两个文明

插花节一景

建设服务。丛书的撰稿人多为彝族中青年学者，材料都来源于彝族民间，详实可靠，具有浓烈的山野气息。丛书有3个显著特点：(1) 以田野调查获得的“活史料”为基础，结合考古、文献、语言资料，运用“由今溯古”的研究方法，探讨学术理论。(2) 整体观，彝族文化是中华文化的重要组成部分，从宏观着眼，微观入手，通过整体联系的研究方法，揭示中华文化多元一体的格局。(3) 彝族研究彝族，写自己的家乡、家庭、民族、个人等。整套丛书又分祭司、土司、世家、宗教等若干系列。陆续出版以来，深受海内外学术界关注和好评，其中《中国文明源头新探》、《文明中国的彝族十月太阳历》两书获国家级、省级优秀图书奖和科技进步奖。

【开展彝族古文化的抢救、保护和宣传工作】　2000年，楚雄彝族文化研究所早作规划，狠抓落实，积极做好彝族传统文化的发掘、抢救、保护和宣传工作，取得了可喜的成绩。(1) 建立彝族传统文化保护村。研究所领导组织专业技术骨干，经过广泛深入调查，认真遴选，科学论证，确定在南华县五街乡咪黑们村建立彝族传统文化保护村。该村交通便利，生态和谐，彝族传统文化保存较多，群众基础好。前期工作已初见成效。此外，研究所还在其他县（市）拟建几个彝族文化保护村。(2) 摄制彝族风情录像片。楚雄彝族文化研究所分别与中央电视台、亚洲卫视台等影视部门合作，录制了《彝族葬礼》、《毕摩文化》、《梅葛风情》等一批民族风情片，在中央电视台播出。(3) 修复彝族先民观象台——向天坟。(4) 搞好彝文古籍编目，对残损破旧彝文经书进行装裱，规划《彝族祭祖大典经书》的整理出版方案。楚雄彝族文化研究所彝文古籍室主任朱琚元副研究员承担并完成了21万字的《中国少数民族原始宗教经文汇编·楚雄分卷》的编著工作，翻译出版《彝文文献译丛》第24、25辑，计27万字。(5) 与楚雄州电台合办“彝族文化之窗”栏目，重点报道彝族古文化及民族风情，每周星期一中午黄金时间播出。节目自2000年12月初开播后，深受广大听众好评。

【刘尧汉教授参加第五届中国少数民族科技史国际会议】　第五届中国少数民族科技史国际学术研讨会于2000年11月23日至26日在四川省凉山彝族自治州首府西昌市召开，著名彝学专家、楚雄彝族文化研究所所长刘尧汉应邀参会，在会上作了题为《从中国彝族十八月历到美洲墨西哥玛雅人十八月历》的学术报告，受到与会专家学者的重视。在西昌期间，刘教授还应邀在凉山大学、西昌师专、凉山州文联等单位作多场学术报告，着重介绍楚雄彝族文化研究所近年来的研究成果，受到广大师生和干部群众的热烈欢迎。

【《彝文石刻译选》出版】　2000年，由楚雄彝族文化研究所彝文古籍室承担、朱琚元副研究员主编的《彝文石刻译选》一书出版。该书是云南“八五”社科规划科研课题。彝族地区在历史上曾形成无数彝文摩崖、碑刻，因遭受到自然和人为的破坏，只有少部分幸存下来。彝文古籍研究室组织专业技术人员对楚雄州境武定、元谋、双柏等县进行实地普查，查实尚存的彝文碑刻500余块。从其中选取在年代、内容、书法上具有一定代表性的拓片照和实景照40幅（摩崖2幅、墓碑25幅、墓碑联7幅、山神碑1幅、山界碑1幅、日谱碑1幅、木刻3幅），进行四行对译、整理，另择12幅有关彝族石刻资料作插图，辑成本书。该书的出版，填补了云南省少数民族文字石刻文献资料的一项空缺，对研究彝族历史、宗教、语言、文字、习俗具有参考价值。

〔李世康〕

【楚雄城区彝族同胞欢度十月年】　2000年11月25日下午，楚雄城区1000多名彝族同胞相聚在楚雄民族中等专业学校校园内，欢度一年一度的彝族十月年。体育场上，彝族传统体育项目扭扁担、穿花衣、拔腰等比赛吸引了许多欲一试身手的彝家姑娘小伙，与迎面接力、投篮等活动一起把体育场变成了欢乐的海洋；新教学楼内的彝文书法作品展观者络绎不绝；能容纳近千人的大厅中，州歌舞团和楚雄民族中专师生共同为来宾、领导表演了一个个精彩节目，增添了节日的欢乐气氛。州委书记丁绍祥，州人大常委会主任李应科，州委副书记、代理州长夜礼斌，州委常委、州委组织部部长罗志明，楚雄军分区司令员余红，州人民政府副州长罗嘉福、李兴旺，州政协副主席马旷源、李崇明等州党政军领导来到彝族同胞中间，向彝族同胞致以节日的问候和祝贺。入夜，围着学校体育场上燃起的3堆熊熊篝火，州党政领导与彝族同胞手牵手，跳起了欢快激越的彝族左脚舞、规范舞、达体舞。优美的旋律和欢乐的舞步，倾诉着彝族人民对新生活的憧憬和对新世纪的祝愿。

【永仁县举办首届“民族之花”暨“民族服饰”大赛】 2000年3月31日至4月1日，由永仁县民宗局牵头，县妇联、团县委、文体局、人事劳动局、旅游局、广播电视事业局等单位配合，举办了永仁县首届“民族之花”暨“民族服饰”大赛。来自全县7乡1镇的52名选手参加了比赛，13名佳丽脱颖而出，分别荣获“民族之花”一、二、三等奖；从众多的参赛服饰中评选出的8套具有浓郁特色的民族服装分别获“民族服饰”一、二、三等奖。

【大姚县举办首届民族服饰展演】 2000年11月18日晚，大姚县首届民族服饰展演在大姚县城隆重举行。参加演出和决赛的27名选手是经过4轮角逐脱颖而出的佼佼者。27名选手在舞台上分别展示了便装、民族装、生活装、舞台装4组服装。整台晚会既有服饰展示，又有才艺表演，融时装、民族装和民族歌舞表演于一体。

〔张永祥〕

【彝族青年学者李世康当选全国青联委员】 中华全国青年联合会第九届委员会于2000年7月9日至15日在北京隆重召开。经共青团楚雄州委员会推选，楚雄彝族文化研究所彝族青年学者李世康副研究员当选全国青联委员，赴京出席会议。江泽民、李鹏、李瑞环、胡锦涛、尉健行、李岚清等党和国家领导人在人民大会堂接见全体委员，并与他们合影留念。李世康是楚雄州历史上第一个全国青联委员。他自1987年大学毕业分配到楚雄彝族文化研究所从事彝族文化研究，在中国社会科学院民族研究所研究员、知名学者刘尧汉教授指导下，走出书斋，深入滇、川、黔彝族山乡开展实地调查，寻找“活史料”，深入发掘、抢救彝族优秀传统文化，搜集了大量第一手资料，撰写出版两部专著，发表数十篇学术论文，为弘扬中华彝族优秀文化作出了贡献。

〔李世康〕

【彝族歌手李章芬获全国迎接新世纪民族民间歌手大赛优秀表演奖】 2000年7月13日至17日，由国家民委、文化部联合举办的迎接新世纪民族民间歌手复决赛在昆明举行，楚雄州彝族歌手李章芬作为云南代表队的选手参加了比赛。在各民族民间优秀歌手云集、竞争十分激烈的情况下，李章芬沉着应战，演唱了《月亮团团团十五》、《梅葛·彝山美》等极富楚雄彝区彝族歌曲特色的3首歌曲，荣获优秀表演奖。

【举行西部大开发与民族工作研讨会】 2000年11月24日下午，楚雄州民族宗教事务局、楚雄州民族理论研究学会联合举行以“西部大开发与民族工作”为主题的学术研讨会。州人大常委会副主任普桂和、州社科联副主席康喜等领导出席了会议，州民族理论研究学会会员代表60余人参加了研讨会。研讨会分“西部大开发与民族工作”、“西部大开发中民族地区的机遇与困难”、“西部大开发与产业结构调整”、“西部大开发与民族文化建设”等6个专题展开深入广泛的研讨。会议共收到论文60余篇，会后选编其中的34篇刊发于《楚雄民族研究》2000年年刊。

〔张永祥〕

社　会

人民生活

【城镇居民可支配收入稳步增长】 2000年，楚雄州国民经济持续健康发展，城镇居民收入继续呈现稳步增长趋势。据对全州200户城镇居民调查显示，城镇居民年人均可支配收入达5911元，比上年增长6.8%，扣除物价因素，实际增长7.6%，其中年人均实际收入5975元，比上年增长6.5%。2000年，楚雄州国有经济单位职工收入年人均9150元，比上年增长7.2%；城镇集体单位职工收入年人均4414元，比上年减少6.9%；个体经营者净利润年人均5980元，比上年增长6.4%；其他劳动收入年人均283元。城镇居民可支配收入增长的主要原因是：收入渠道增多，收入形式和收入来源多样化。城镇集体单位职工收入继续下降的原因是：单位经济效益不佳，无法给职工增加工资和奖金。

【城镇居民消费支出更趋合理】 随着城镇居民收入水平的提高，城镇居民的生活消费支出继续稳步增长，且消费更趋合理。2000年全州城镇居民年人均消费支出4504元，比上年增长6.0%，扣除物价因素，实际增长6.7%。各项消费支出呈现“五增三减”状况：(1)食品类支出增长，比重下降。2000年全州城镇居民人均购买食品支出1923元，比上年增长3.9%，而食品消费总额占个人消费品支出总额的比重（恩格尔系数）却呈下降态势，由上年的43.5%下降6.7%，这表明人民生活水平进一步提高。(2)衣着需求档次提高，消费平稳增长。2000年全州城镇居民年人均购买衣着消费支出425元，比上年增长7.3%，衣着消费由实用型向装饰型转化。(3)居民家庭耐用设备用品及服务的支出减少。2000年全州城镇居民年人均耐用设备用品及服务支出351元，比上年减少2.5%。(4)交通通信消费方兴未艾。随着经济发展和科技进步，人民生活节奏加快，现代化的交通通信迅速进入居民家庭，改变着居民生活。2000年全州城镇居民人均交通与通信消费支出372元，比上年增长21.6%。(5)医疗保健支出持续高速增长。2000年全州城镇居民人均医疗保健支出341元，比上年增长28.7%，扣除物价因素较上年增长23.4%。其中：医药费支出一直是医疗保健支出的主要构成部分，比重占90.7%；医疗保健服务支出增长最快，比上年增长了88.8%。(6)娱乐教育文化服务消费下降。2000年全州城镇居民娱乐教育文化服务类支出人均427元，较上年减少5.7%；在娱乐教育文化服务消费方面，除教育消费较上年增长外，其余耐用消费品消费、文化娱乐消费均较上年下降，这进一步说明城镇居民家庭越来越重视教育投入。(7)居住类消费支出下降。由于购房与建房不再是2000年市场消费热点，用于购房与建房的支出也相应减少。2000年全州城镇居民居住类支出年人均258元，较上年减少1.1%。(8)杂项商品与服务类支出年人均407元，较上年增长13.1%。增加部分主要是旅游消费支出，年人均140元，较上年增长29.6%。这表明随着人民生活水平的提高和生活观念的转变，“假日旅游”已成为消费新时尚。

【城镇居民家庭耐用品拥有量增加】 据对全州200户城镇居民家庭抽样调查显示，2000年末楚雄州城镇居民家庭耐用消费品的拥有量情况为：每百户拥有摩托车23.5辆，较上年增长20.9%；洗衣机93.5台，较上年增长3.2%；电冰箱70.5台，与上年持平；彩色电视机111台，较上年增长4.6%；影碟机61.5台，较上年增长30.2%；组合音响35套，较上年增长21.1%；抽排油烟机67.5台，较上年减少8.0%；移动电话24部，较上年增长84.6%；家用电脑4台，与上年相比实现了零的突破。以上统计数据表明，全州城镇居民耐用品拥有率继续提高。

【城镇居民收入差距继续扩大】 据对全州200户城镇居民家庭生活抽样调查显示：2000年最高收入组与最低收入组人均可支配收入的差额为年人均10456元，比上年增加1868元。收入差距的继续扩大源于行业和部门差别。

〔肖　琴〕

【农村居民人均可支配收入突破1500元】 据对1000户农村住户抽样调查，2000年全州农民人均总收入2544.3元，比上年增长3.6%，总收入扣除家庭经营费用、税费支出、调查补贴、农村内部亲友赠送、固定资产折旧、财产性收入、转移性收入后，农村居民人均可支配收入达1536.4元，增长3.8%，扣除物价因素后，实际增长4.5%。

【家庭经营收入仍是农民收入的主渠道来源】 据对1000户农村住户抽样调查，2000年农村居民家庭经营收入2227.8元，占总收入的87.6%，比重比上年同期有所下降，但仍是全州农村居民收入的主渠道来源。

【劳动者报酬收入大幅增长】 据1000户农村住户抽样调查，由于2000年物价低迷，种植业比较效益下降，农村部分劳动力外出打工，从事其他产业来弥补经济上的损失，致使劳动者报酬收入大幅增长，人均达165.0元，增长65.7%。

【农村居民基本脱贫】 据对1000户农村住户和贫困监测项目调查，楚雄州农村居民通过政府的扶持、引导和自身的努力，已基本摆脱贫困，向小康生活迈进。2000年末农村贫困人口比重仅为4.92%，达到了国际上惯用的贫困人口低于5%为基本脱贫的标准。以实际行动实现了江泽民总书记向世界承诺的“到20世纪末我国将基本消除贫困，向小康生活迈进”的预期目标。

【农民劳动力文化程度提高】 据对1000户农村住户抽样调查，由于全州各级政府的不断努力，在农村文化教育上的持续投入，农村居民劳动力文化程度不断提高，农村劳动力平均受教育年限6.9年，比上年提高0.1年，其中高中及以上文化程度的劳动力占7.1%，比上年提高了1.9个百分点；初中文化程度的劳动力占36.4%，提高了1.7个百分点；小学文化程度的劳动力占46.1%，下降了0.7个百分点。农村劳动力文化程度的提高，为农业实用技术在农村的推广应用创造了条件。

【农民收入差距拉大】 据对1000户农村住户抽样调查，2000年全州农村居民人均纯收入1574.9元，最高收入户人均可支配收入达9232.0元，最低收入仅367.8元，最高收入户是最低收入户的25.1倍，农民收入的差距拉大。基尼系数为0.34，比上年提高0.01。

【农村居民负担低于国务院规定的标准】 据对1000户农村住户抽样调查，2000年楚雄州农民人均村提留、乡统筹和其他各项收费支出合计16.4元，占上年农民人均纯收入的1.1%，低于国务院“当年农民的负担不得高于上年农民人均纯收入的5%”的规定。

【农村家庭人口规模缩小】 据对1000户农村住户抽样调查，农村居民的生育观念已发生根本性转变，“四世同堂”、“三世同堂”的家庭在农村已不多见，而三、四口之家的家庭比例提高，2000年农村居民家庭平均人口4.34人/户，比上年的4.41人/户缩小1.7%；劳动力负担系数为1.53，与上年基本持平。

【农村小康建设迈步向前】 据对1000户农村住户抽样调查，楚雄州农村小康建设在州委、州人民政府的关心、支持和重视下，取得了很大的成绩和进步。2000年全州农村小康的综合测评考核分为88.7分，综合实现程度为88.7%。其中：生活条件的测评分为33.5分，实现程度90.5%；生活质量测评分42.1分，实现程度为87.7%；生活环境与效果的测评分为13.1分，实现程度87.3%。与1995年相比综合实现程度提高了32.2个百分点。

【农村居民转移性收入大幅增长】 据对1000户农村住户抽样调查，

山村新貌

由于姚安等地发生“1·15”6.5级地震，震级高，波及面广，楚雄州辖区内不同程度地受了影响。一方有难，八方支援。2000年楚雄州农村居民的转移性收入大幅增长，人均137.1元，增长89.7%，其中得到的救济4.5元、增长6.5倍，在外人口寄汇、带回的现金26.2元，增长41.6%。

【农村居民三次产业收入全面增长】 据对1000户农村住户抽样调查，2000年广大农户在中共楚雄州委、州人民政府的正确领导下，克难奋进、拓宽致富门路、因地制宜发展生产，在遭受天灾的情况下三次产业仍保持增长的态势。农村居民从三次产业得到的收入分别为2082.9元、71.6元和389.8元，分别比上年同期增长21.1%、18.9%和9.6%。

【农村居民人均住房面积达到小康水平】 据对1000户农村住户抽样调查，由于几年来全州农村居民的收入水平持续稳定增长，经济状况明显改善，农村建房热情高涨，2000年末人均住房面积达27.1平方米，已超过小康低限标准5.1平方米。但是，楚雄州农民的住房仅仅只是住房面积上达到小康标准，住房本身的质量离小康附加考核指标值还有很大的距离，比如小康附加考核指标中要求混合、砖木结构住房面积的比例不得低于20%，而楚雄州2000年末仅为8.4%，实现程度仅为36.3%

〔任　勇〕

计划生育

【简述】 2000年，楚雄州计划生育工作在州委、州人民政府的正确领导和高度重视下，认真学习和宣传贯彻中共中央、国务院《关于加强人口与计划生育工作，稳定低生育水平的决定》和中央、省、州的人口资源环境工作座谈会、计划生育工作会议精神，围绕州委、州人民政府工作大局，突出宣传、服务、管理3个工作重点，践行“三个代表”的重要思想，深入开展县（处）级领导干部“三讲”教育以及“争做新时期最可爱的人”活动，按照州委、州人民政府的要求较好地完成了预定目标。年初，省人民政府与州人民政府签订的《人口与计划生育目标管理责任书》下达给楚雄州的任务是：人口出生率控制在17.6‰以内，计划生育率达92%以上，综合节育率达83%，其中长效节育率达到82%，绝育率达42%，人均州、县计划生育事业费投入不低于6.00元，已婚育龄妇女补救措施低于1.8%，重点计生户帮扶率达80%，乡“三为主”实现率达92%。根据统计报表汇总和州计划生育委员会检查考核，全年出生人口35161人，人口出生率14.11‰，低于省人民政府考核任务3.49个千分点，人口自然增长率为6.67‰；全州计划生育率为98.45%，高于省人民政府考核任务6.45个百分点；综合节育率为88.15%，其中长效节育率为84.28%，绝育率47.59%，分别高出省人民政府考核任务的5.15、2.28和5.59个百分点；已婚育龄妇女补救措施1.18%，低于省人民政府考核任务的0.62个百分点；重点计生户帮扶率80.62%，超额完成任务0.62个百分点；州、县计划生育事业费人均投入为6.89元，超过考核任务0.89元；乡（镇）已基本实现了“三为主”的工作目标要求，全面完成了省人民政府下达的七大指标。

【完成州人民政府下达的人口与计划生育各项任务指标】 2000年，根据云南省人民政府下达的任务指标，楚雄州人民政府分解下达到10县（市）的任务指标是：出生人口控制在34807人（正负10%）左右，多孩出生控制在122人以内，其中计划内多孩控制在95人以内，计划外多孩控制在27人以内；完成两扎12550例，放环24800例；补救措施控制在8638例以内；计划生育率达96%以上；一孩当年放环率75%以上；《生育证》发放率100%；药具应用率90%；计划生育户“三结合”帮扶率30%以上，其中重点计生户帮扶率80%以上；医学监护287647人次以上；人均计划生育事业费投入7.5元以上。到年底止，全州共出生人口35161人，占控制数的102.32%，多孩出生66人，其中计划内多孩出生57人、占控制数95人的60%，计划外多孩出生9人、占控制数27人的33.33%；计划生育率98.6%，比下达任务数高出2.6个百分点；共完成两扎13841例、占任务数的110.29%，完成放环30344例、占任务数的122.35%；共采取了补救措施6332例，占控制数的73.3%；避孕药具应用率为91.52%，比下达任务数高出1.52个百分点；《生育证》发放率为100%；一孩放环及时率为78.92%，比下达任务数高出3.92个百分点；重点计生户帮扶率为80.62%，比下达任务数高出0.62个百分点；完成医学监护290726人次，占任务的101.07%。全州除经费投入不足外，年初州人民政府下达的其他任务指标已圆满完成，计划生育工作整体水平有了明显的提高。

【全州计划生育工作会议】 为认真总结几年来楚雄州计划生育工作，研究部署下步工作，经州人民政府领导批准，全州计划生育工作会议于2000年3月21日至23日在楚雄召开。各县（市）计划生育委员会主任、副主任，各乡（镇）计生办主任，州计划生育委员会全体干部职工以及原州计划生育委员会老主任郑淑英、裴桂珍、郑云春等共170余人参加了会议。会上，州人大常委会副主任皮玉莹、州人民政府副州长张祖林、政协楚雄州委员会副主任普联荣作了讲话，州计划生育委员会主任孟树仙作了《总结经验、再接再厉、努力把我州人口与计划生育工作提高到一个新水平》的工作报告，楚雄市计划生育委员会、双柏县雨龙乡计生办等9个单位作了经验交流。会议期间，与会人员参观了楚雄市城镇人口和流动人口管理情况。会上，与会人员还向全州计划生育系统干部职工发出了《争做新时期最可爱的人的倡议》。州计划生育委员会主任孟树仙代表国家计划生育委员会宣布了楚雄州获得荣誉证书人员并颁发证书，为第一批申报达标验收的43个乡（镇）计划生育服务所颁发了达标奖牌。这次会议在总结全州计划生育工作经验，分析面临的形势的基础上，传达了中央《决定》精神和有关会议精神，结合实际，对当前和今后一个时期的人口与计划生育工作作了安排和部署，进一步统一了全州计划生育系统的思想认识，明确了形势任务，鼓舞了干劲。

【州委、州人民政府召开人口、资源、环境工作座谈会】 2000年4月3日上午，中共楚雄州委、州人民政府按照惯例在人代会和政协会期间召开人口、资源、环境工作座谈会。会上，中共楚雄州委书记丁绍祥作了题为《做好人口资源环境工作，推动经济社会生态协调发展》的重要讲话，州人民政府州长罗正富就如何抓好落实作了重要讲话。座谈会上，州人民政府副州长张祖林通报和兑现了1999年度10县（市）《人口与计划生育管理责任书》的奖励情况，并与各县（市）人民政府签订了2000年《人口与计划生育目标管理责任书》，州计划生育委员会、州土地管理局、州环保局的主要领导分别通报了人口、资源、环境工作情况，楚雄、南华、禄丰3个县（市）的主要负责人作了交流发言，各县（市）党委、人大、政府、政协的主要领导和分管领导，州级有关部门负责人，部分县、乡人大代表参加了会议。

【计划生育宣传教育工作】 2000年，楚雄州的计划生育宣传教育工作始终坚持以“婚育新风进万家”活动为主线，以宣传中央《关于加强人口与计划生育工作，稳定低生育水平的决定》为重点，以营造有利于计划生育工作的社会氛围为目的，主要做了4个方面的工作：(1) 在上年楚雄市子午镇开展“婚育新风进万家”试点的基础上，州计划生育委员会年初下发了实施意见，全面启动“婚育新风进万家”活动。11月下旬国家计划生育委员会宣教司领导到楚雄州检查此项工作时给予了肯定。(2) 加大对外宣传力度。年初，州计划生育委员会分别与州广播电台和《楚雄日报》联办了“彝州人口”专题节（栏）目，《楚雄日报》全年共编发12期专栏；州广播电台共播出稿件26条。(3) 州委宣传部、州计划生育委员会等有关部门组织开展了纪念《公开信》发表20周年宣传活动。10个县（市）和多数乡（镇）都按照要求广泛深入地开展了宣传纪念活动。(4) 积极配合有关部门开展好“三下乡”活动，组织参加了以“崇尚科学、反对迷信、面向新世纪”为主题的科普宣传活动，组织计划生育系统的干部职工参加了国家计划生育委员会等有关部门举办的“为了美好的明天”人口、资源、环境保护知识竞赛活动，使宣传教育工作更加广泛深入。

【加大城镇人口和流动人口计划生育管理力度】 2000年，楚雄州制定了《楚雄州流动人口计划生育管理规定（修订）》（草案），下发了《关于进一步加强城镇人口和流动人口计划生育工作管理的意见》，州人民政府召开了楚雄城区首次计划生育工作会议。楚雄市成立城镇人口管理机构，辖区内层层落实属地管理，建立统计台帐，签订了《人口与计划生育目标管理责任书》，成效较为显著。在行政执法管理方面：一是成立以州计划生育委员会主任为组长的计划生育行政复议领导小组，依法对有关案件进行了复议。二是在全州计划生育系统内开展执行计划生育“七不准”情况的清理和1983年以来规范性文件的清理。通过清理，没有因违反“七不准”规定而引发重大恶性事件，共清理规范性文件40件，其中，不适应新的法律法规明令废止的14件，应修正完善的5件，继续有效的21件。

【对已婚育龄妇女落实节育措施情况进行调查】 在2000年1月17日召开的全州统计工作会议上，楚雄州计划生育委员会要求各县（市）在3月15日前对已婚育龄妇女落实节育措施情况进行调查。经调查，全州共有147902名已婚育龄妇女生育了一个孩子，占已婚育龄妇女总数的67.80%，采用针药具避孕14070人，占生育一孩妇女总数的9.51%；有原因可暂不落实措施的人数为23115人，占总数的15.63%；无原因没有落实任何措施的人数为4549人，占总数的3.08%。全州共有347735名已婚育龄妇女生育了二孩及二孩以上，占已婚育龄妇女总数的66.04%。其中采取结扎的244505人，占生育二孩及二孩以上妇女人数的70.31%；采取放环的88525人占25.46%；采用针药具避孕4590人占1.32%；有原因暂不落实措施的6631人，占1.91%；无原因无措施的3483人，占1%。据汇总表明，全州生育二孩及二孩以上的妇女中有70%的已落实了结扎手术，有95.77%的落实了结扎和放环手术。

从分年龄组落实节育措施情况看：35岁及35岁以下妇女人数为152552人，其中采取结扎人数为112494人，占该年龄组妇女人数的73.74%；采取放环30603人占20.06%；采用针药具避孕2388人占1.57%；有原因暂不落实节育措施人数为4362人占2.86%；无原因无措施人数为2705人占1.77%。36～40岁组妇女人数为86376人，其中采取结扎63091人，占该年龄组妇女人数的73.04%；放环21455人占24.84%；采用针药具避孕人数796人占0.92%；有原因无措施的710人占0.81%；无原因无措施的333人占0.36%。41～45岁组妇女人数为61174人，其中采取结扎38850人，占该年龄组妇女总数的63.51%；放环20715人占33.86%；采用针药具避孕人数790人占1.29%；有原因暂不落实措施的637人占1.04%；无原因无措施的182人占0.3%。46～49岁组妇女人数为47632人，其中采取结扎30070人占63.13%；放环15752人占33.07%；采用针药具避孕人数616人，占1.29%；有原因暂不落实措施的931人，占1.95%；无原因无措施的263人，占0.55%。通过调查，进一步掌握了全州已婚育龄妇女落实节育措施情况，也为工作后进的地区找准了工作着力点。

【加强计划生育服务工作】 2000年，楚雄州将拓宽县级服务站的服务领域、推进乡级服务所的规范化管理、清理整顿技术服务市场作为计划生育科技工作的重点来抓。通过一年的努力，取得了明显成效。在拓宽县级服务站的服务领域方面，元谋、牟定、楚雄等县（市）通过提高业务人员技术、改善装备、强化服务等措施，取得了一定的经济效益和社会效益。在推进乡（镇）计划生育服务所规范化管理方面，全州第二批申报达标的20个乡（镇）服务所中，又有14个达丙类达标所，4个达到丙类基本达标所，至此全州共有64个乡（镇）级服务所通过州级考评验收。1999年下半年以来，通过对楚雄城区和禄丰县金山镇、川街乡进行调研后，州人民政府下发了《楚雄州计划生育避孕药具零售管理暂行办法》，州、市计划生育委员会10月份以来组织人员对楚雄城区127家计划生育药具市场销售的技术服务单位进行了清理整顿，对10县（市）计生服务站及10个社会办医单位换发了新的《计划生育技术服务许可证》，对持有有关证件、符合经营避孕药具要求的91家（其中国营单位18家、个体56家、集体17家）通过培训、考试、考核合格后办理了《避孕药具销售许可证》，配发了销售标志；对不按规定开展计划生育手术的16个单位发出了《停止施行计划生育手术通知书》，对不具备避孕药具销售条件的2个药店发了《停止销售避孕药具通知书》，对布点不合理的1家性用品商店责令迁移。至2000年底止，全州10县（市）的清理整顿工作基本结束。通过这次清理整顿，进一步落实了避孕药具的“双轨制”管理，逐步规范了计划生育技术市场的管理。此外，州计划生育委员会还组织开展了一年一度的专家鉴定活动，共鉴定独生子女病残儿12人，节育手术后遗症9人，不孕不育症12人；组织了全州计划生育专业技术人员的职称考试、考核、评审工作，共推荐中职4人，评审初职64人。

【国家计划生育委员会政策研究室到楚雄州调研】 2000年7月20日至21日，国家计划生育委员会政策研究室副主任冯国平、浙江省计划生育委员会办公室副主任张万恩等一行，在云南省计划生育委员会政策法规处处长刘家麟、接待办主任袁向红等陪同下到楚雄州开展西部地区计划生育工作调研。7月21日上午，调研组一行首先在州计划生育委员会召开调研座谈会，随后，调研组一行到楚雄市计划生育服务站进行实地查看。下午调研组又赶往楚雄市苍岭镇召开第二个座谈会，考察了镇计生服务所，并与工作人员和医务人员进行提问式交谈。整个调研期间，州、市、镇等各级领导紧紧围绕如何继续抓紧抓好计划生育工作以及中央和地方财政对计划生育事业分级投入等问题作了汇报。

【举办“纪念控制人口增长《公开信》发表20周年宣传周”活动】 2000年9月22日至28日，楚雄州广泛开展了“纪念《公开信》发表20周年宣传周”活动。9月25日，州委、州人民政府召开了有60多个部门领导近80人参加的座谈会，邀请州党政领导出席并发表讲话。各县（市）也纷纷召开座谈会，州、县（市）政府领导发表纪念《公开信》发表20周年电视讲话，进一步体现了基本国策的重要性和党政领导对计划生育工作的重视。各级计划生育部门积极开展集中上街宣传活动，走访慰问育龄群众和老党员、计生老干部及独生子女户、双女户代表，组织“婚育新风进万家”下乡宣传活动，利用广播、展板、宣传车、标语、传单、文艺表演、电影放映等形式与育龄群众进行面对面的宣传，认真开展计划生育咨询服务。州计划生育委员会在9月25日的《楚雄日报》上设了专栏，并与州广播电视事业局联合摄制了一部计划生育专题片《用爱心铺筑的甜蜜事业》，共20分钟，分上下两集，于9月23日至10月20日分别在州电视台（一套）、云南省电视台（二套）播出15次。楚雄市计划生育委员会与市电视台联合制作一部计划生育专题片《托起希望的蓝天》在市台播放了一周。通过宣传周活动，增强了全民的人口意识，掀起了计划生育宣传教育工作的又一新高潮。

【国家计划生育委员会宣教司到楚雄州检查指导工作】 2000年11月14日至15日，国家计划生育委员会宣教司副司长石海龙一行，在云南省计划生育委员会计财处处长吴宏、宣教处副处长罗明辉等陪同下到楚雄州检查指导“婚育新风进万家”活动开展情况。石海龙一行首先到楚雄州及楚雄市计划生育委员会“婚育新风进万家”试点——子午镇进行检查指导。在子午镇，查看了近两年来开展“婚育新风进万家”活动的各种宣传品，详细询问了宣传品进村入户的情况和对育龄群众进行宣传的效果以及如何为已婚育龄妇女服务方面的情况，然后检查了计划生育服务所功能的发挥情况，重点查看了开展“婚育新风进万家”活动中，依托服务站（所）开展宣传服务活动的情况。11月15日上午，石副司长一行继续到楚雄市鹿城镇检查指导“婚育新风进万家”活动开展情况，在听取汇报和实地查看后，认为鹿城镇的婚育培训很有特点，找准了群众的需要。随后，检查组又到楚雄市计划生育服务站进行实地查看，并对宣传教育工作进行指导。

【省州计划生育“三下乡”集中示范活动受欢迎】 2000年12月5日，省、州计划生育“三下乡”集中示范活动团以云南省计划生育委员会主任刀爱民为领队，省计划生育委员会有关处室、协会、药具站、科研所、宣教中心和有关企业的专家、技术人员与楚雄州计划生育委员会主任孟树仙等一行共24人到双柏县妥甸镇参加了全省文化、科技、卫生“三下乡”集中示范活动。活动期间，开展了政策法规、优生优育、避孕节育知识咨询服务，避孕药具、宣传资料发放以及测量身高、血压、体重、B超检查等活动。据统计，此次“三下乡”活动，省州计划生育部门共为双柏县计划生育部门捐赠了价值8.4万多元的器械和药品。其中，省计划生育委员会捐赠了价值5.8万元的台式B超一台，省计生协会捐赠价值5000余元的药品；州计划生育委员会捐赠了价值6000余元的电子扩宫仪、避孕药具。

【“三生”优质系列服务工程正式启动】 为了探索出一条符合彝州实际的计划生育工作路子，州计划生育委员会、州计划生育协会经过认真调查研究，制定了《楚雄州“三生”优质系列服务工程实施方案》，在广泛听取意见，认真修改后于2000年3月下发各县（市），经过两个月的准备，于6月开始在县（市）“三结合”领导小组指导下正式启动实施。《实施方案》要求通过5年的努力，进一步巩固和发展“三为主”工作成果，全面推进“三结合”，建立和规范“三生”优质系列服务管理、运行、服务机制，使已婚育龄妇女身体健康水平有明显提高，人均经济纯收入有明显增加，为最终达到自觉实行计划生育，少生快富奔小康的目标打下坚实基础。《实施方案》分3个阶段进行，2000年6月以来，各县（市）都召开了专门会议，按照州下发的《实施方案》研究部署了“三生”优质系列服务的实施办法。有6个县和部分乡（镇）根据州的《实施方案》又制发了《“三生”服务实施办法（方案）》，开展了以优生优育、避孕节育及妇科病检查、治疗等生殖健康服务为主要内容的优质系列服务，深受群众欢迎。

【全州计划生育协会工作会议】 2000年9月20日至21日，全州计划生育协会工作会议在牟定召开。省计划生育协会秘书长李桂芳应邀出席会议并讲了话，州人民政府副州长罗嘉福到会作了重要讲话。各县（市）计划生育委员会主任、副主任，计划生育协会会长、副会长、秘书长和计生协会干部共80人参加了会议。会上，州计划生育委员会主任孟树仙作协会工作报告，并对下步工作提出了要求。会上，牟定县计生协会等7个县、乡、村计生协会作了经验交流，与会代表参观了牟定计生协会组织建设和“三结合”项目现场。

【楚雄州计划生育协会加强自身建设】 2000年，楚雄州计划生育协会认真学习贯彻中央和省有关文件精神，努力加强协会自身建设。(1) 加大协会工作经费的投入，州为每个县下拨了1万元的工作经费，一些县还由县委、人大、政府领导现场办公，帮助解决工作中存在的困难，落实了协会编制和人员。目前，10县（市）已落实计划生育协会编制13个，实有14人，在原有基础上增加了6个编制，增加人员8人，会员人数也由上年的173377人增加到223804人，会员小组由上年的7170个增加到9769个；(2) 积极组织开展各种协会活动。以“三生”优质系列服务工程为载体，全面推进“三结合”工作。第一是结合彝州实际，制定《“三生”优质系列服务实施方案》。6月份《实施方案》正式实施后，各县（市）都相继召开会议研究部署，有6个县和部分乡（镇）根据州的《实施方案》制定了各自的《实施办法》，开展了以优生优育、避孕节育、妇科病诊治、生产服务、建立幸福家庭等为主要内容的优质系列服务，深受群众欢迎。第二是成立楚雄州计划生育“三结合”领导小组，落实了23个成员单位的工作职责和帮扶任务。第三是对全州8个省级“三结合”百乡千村点进行复查考评。通过考评，除永定镇为88分外，其余7个乡（镇）均在90分以上，全部通过州级考评验收。在百乡千村点的推动下，全州“三结合”工作进一步推开，多数乡（镇）都有了“三结合”帮扶项目，并且开始逐步产生经济效益。一年来，州级财政共投入“三结合”项目资金51万元，新帮扶计划生育户88755户，比上年增加32049户，其中帮扶重点计生户63234户，比上年同期增加24504户，重点计生户帮扶率达80.62%，比上年上升24.97个百分点，超过省下达任务0.62个百分点，到年底止，全州已累计帮扶计划生育户238501户。

【开展“争做新时期最可爱的人”活动】 2000年，在年初召开的全州计划生育三级干部会议上，对全州计划生育系统开展“争做新时期最可爱的人”活动进行了部署，与会人员向全州计划生育系统干部发出倡议。通过这一活动的开展，全州计划生育系统干部的工作作风有了好转，工作效率有所提高，双柏等县（市）扭转了过去靠突击完成任务的被动局面，提前超额完成了年度任务，涌现了一批计划生育先进集体和先进个人，南华县雨露乡人民政府和武定县计划生育委员会副主任马自英等受到国家计划生育委员会的表彰奖励。

【一批计划生育先进集体和个人受到国家和省的表彰】 2000年，在内蒙古自治区呼伦贝尔盟海拉尔市召开的全国少数民族计划生育工作会议上，楚雄州南华县雨露乡人民政府和武定县计划生育委员会副主任马自英分别被评为全国少数民族计划生育工作先进集体和先进个人，受到国家计划生育委员会的表彰奖励。4月，在昆明召开的云南省计划生育协会理事会暨表彰会上，牟定县计划生育协会和7个乡（镇）计划生育协会、3个村（办）协会小组以及耿克明等30名协会先进工作者、先进志愿者受到省计划生育协会表彰，省党政领导和省计划生育协会领导为受表彰者颁发了奖牌和荣誉证书。

【牟定、南华两县首批获赠计划生育流动服务车】 2000年12月13日，国家计划生育委员会主任张维庆、云南省人民政府副省长程映萱及有关领导将饱含党和政府对边疆贫困少数民族地区育龄群众关怀的全省首批30辆“计划生育流动服务车”分别捐赠给全省30个县的计划生育部门。楚雄州有南华、牟定两县获赠。“计划生育流动服务车”由国家、省、州计划委员会和计划生育委员会配套资金购置，每辆价值近30万元，还配备了B超、乳腺诊断仪、手术床等一批计划生育器械，可以就地现场开展小型计划生育手术和妇科病治疗。赠车当天，省计划生育委员会对首批获赠县的计生服务站站长和业务人员开展了设备仪器使用、维修及管理培训。

〔杨林本〕

劳动和社会保障

【开展走访慰问困难企业职工活动】 2000年1月16日至20日，由楚雄州劳动和社会保障局牵头，联合州总工会、州经贸委、州财政局开展走访慰问困难企业、困难职工、困难劳模的一系列慰问活动。该活动得到了州委、州人大常委会、州人民政府、州政协的高度重视，领导亲自带队。走访慰问了州丝绸厂等9户困难企业的3户生活困难劳模、6户特困职工；对22户州属困难企业中月收入低于200元的2035户困难职工分别发放150元或200元的慰问金。1月20日，州委、州人民政府召开春节下岗失业职工座谈会，听取下岗、失业职工对再就业工作的意见和建议，检查再就业优惠政策落实情况。通过走访和座谈，为困难企业及其困难、下岗、失业职工树立了克服困难的信心和勇气，促进了再就业政策的落实。

【城镇职工医疗保险启动】 2000年3月1日，楚雄州城镇职工医疗保险在全省率先启动。全州医疗保险首先落实了机构、编制、人员三到位；二是建立参保单位和人员基础信息，IC卡手册发放工作；三是做好定点医疗机构、定点零售药店的审核认定工作；四是抓好“医保”计算机软件、医疗保险政策、业务知识培训和基金收缴。到2000年底，全州应参统单位2565个，应参统人数17.42万人，已参统单位2369个，已参统人数14.7万人，分别占应参统数的92%和84%，其中：州级已参统单位347个，参统人数45500人，占应参统人数的93%。由于加强领导，措施有力，方法得当，准备充分，医疗保险启动10个月来，做到了运行平稳、进展顺利，为全省的医疗保险启动发挥了示范作用。

【开展劳动保障宣传年活动】 楚雄州劳动和社会保障局把2000年确定为宣传年，采取切实有效措施，大力开展宣传活动。(1)成立以局长为组长，各县（市）人事劳动（劳动）局局长、各科室、中心负责人为组员的领导小组；(2)制定切实可行的宣传计划；(3)与楚雄日报社、楚雄州电视台、楚雄州广播电台签订协议，以专栏、专题、系列报道等形式全方位进行宣传报道；(4)继续办好《楚雄劳动保障信息》；(5)制定奖励办法，对系统职工投稿宣传的给予适当的物质奖励。全年共有118篇新闻、信息、文章在省、州报纸、刊物、电台、电视台刊登播出，州劳动和社会保障局编辑印发了42期90篇信息稿件，使社会各界更加关心、支持和理解劳动保障工作。

【加大劳动力市场建设力度】 2000年，楚雄州劳动和社会保障局采取切实有效措施，按科学化、现代化、规范化的要求建设楚雄州劳动力市场。鼓励引导全州10县（市）人事劳动局建立劳动力市场，努力形成全州网络。成立州人力资源开发中心、职业介绍服务中心，广开职业介绍渠道，采取走出去、请进来的办法，主动与用人单位联系，加强信息沟通和网络建设。2000年全州共登记各类求职人员11738人次，介绍成功5638人；举办就业前培训5804人，培训后实现就业5514人，全州劳务输出6195人，较上年有大幅度提高。

【超额完成劳动保障执法年审任务】 2000年上半年组织开展的1999年度执法年审工作，全州执法年审单位11762户，占省劳动和社会保障厅下达计划7800户的151%，年审中涉及劳动者103977人，补办流动就业证卡3532人，补签劳动合同3831人，清退抵押金8.35万元，追发劳动者工资12.03万元，追缴养老保险费387.08万元，追缴失业保险费57.15万元，追缴其他社会保险费10.43万元，下达整改指令书544份，审查用人单位规章2332件，纠正372件，较好地完成年审任务，为保护劳动关系双方当事人的合法权益，维护社会稳定作出了贡献。

【农村社会养老保险】 2000年，为确保农村社会养老保险档案的完整和基金的安全，结合全州村级体制改革工作，针对农村社会养老保险工作移交、人员变动较大的实际，楚雄州劳动和社会保障部门狠抓各项措施的落实，确保农村社会养老保险工作的稳定性和连续性。在深入调查研究的基础上，研究制定了《关于村级体制改革中进一步做好农村社会养老保险工作的通知》，对村级体制改革中的农村社会养老保险工作进行全面部署，要求各县（市）进一步提高对农村社会养老保险的认识，落实人员负责该项工作，继续加大宣传力度，提高干部群众对农村社会养老保险工作的认识；要求各县（市）对农村社会养老保险的档案、财务进行全面清理、检查，切实做好农保个人帐户的对帐工作。各县（市）在村级体制改革中，把农保工作的清理、检查、对帐作为重点抓紧抓好，2000年村级体制改革中涉及农保的9县（市）、115个乡（镇）、1004个村公所（办事处），均进行了认真检查、清理、对帐，保证了农保基金的安全和农保工作的连续、稳定。

【完成年度职工培训计划】 2000年，楚雄州劳动和社会保障局采取多种措施，狠抓职工培训工作，圆满完成云南省劳动和社会保障厅下达培训工人5000人的计划，实际培训8909人，是计划的178%。其中组织技术等级培训1537人，岗位培训4273人，适应性培训2902人，下岗转岗培训197人。其特点是：中央、省属企业的工人培训力度增强，机关事业单位的技术等级培训也得到了各级各部门的重视。

【制定2000年城镇职工大病补充医疗保险工作考核评比办法】 楚雄州城镇职工基本医疗保险改革于2000年3月1日全面启动后，为进一步规范管理，州劳动和社会保障局与太平洋保险公司楚雄支公司共同研究制定了《2000年度楚雄州城镇职工大病补充医疗保险工作考核评比办法》。办法包括组织机构、考核办法、奖励办法、考核项目4个方面，实行100分打分制，考核内容有大病补充医疗保险参保率、收缴率、费用审核、服务质量、宣传工作等7个方面，计划于次年2月份前进行考核，并根据考核结果进行奖励。

【制定《实施西部大开发解放思想勇于开拓的若干措施》】 2000年，楚雄州劳动和社会保障局研究制定了《楚雄州劳动和社会保障局实施西部大开发解放思想勇于开拓的若干措施》下发各县（市）实施。内容有：(1) 转变机关作风热情周到做好信访工作，做到特事特办、急事急办，杜绝机关“门难进、脸难看、话难听、事难办”的作风；(2) 严格依法行政，确保劳动争议案件和劳动监察案件的正确及时裁决和社保技能培训等服务工作。要求一般案件10个工作日内结案；劳动合同鉴证在2天内审查完毕，用人单位一次鉴证人数达100人以上的上门服务；退休、劳动鉴定和工伤认定30日内作出结论予以答复；社会保险实行天天服务，开设专门服务窗口；随时受理单位和个人的培训申报，并在2个工作日内安排落实培训机构，对职业技能鉴定合格者10个工作日内颁发《职业资格证书》；加强劳动力市场信息网络的建设步伐，用2年左右时间在全州建成纵向联通省、县、乡的信息网络系统。

【制定印发《楚雄州劳动和社会保障事业发展“十五”计划》】 2000年，在深入调查研究的基础上，楚雄州劳动和社会保障局制定了《楚雄州劳动和社会保障事业发展“十五”计划》。计划全面总结了“九五”期间劳动和社会保障工作取得的成就，分析了“十五”期间劳动和社会保障形势、主要目标和政策措施。规定“十五”期间力争实现的主要目标：(1) 保持就业形势基本稳定，城镇登记失业率控制在3%左右；(2) 扩大养老保险覆盖面，确保基本养老保险金按时足额发放，养老金社会化发放率达100%；(3) 实现失业保险金覆盖，基金征缴率达95%以上；(4) 加强职业技能培训，力争到“十五”末期，产业工人队伍中中级工比例提高到55%，高级工到7%，工人技师有较大增加；(5) 健全、完善医疗保险制度，积极稳妥地推进农村社会养老保险工作，建立比较完善的与现代企业制度和劳动力市场价位相适应的工资分配制度，巩固和完善劳动合同制度，建立适应社会主义初级阶段生产力发展水平，符合社会主义市场经济要求的劳动和社会保障制度。

【全州“两个确保”和再就业工作会】 2000年10月27日，楚雄州人民政府召开了全州“两个确保”和再就业工作会议。州人民政府副州长李兴旺作了《提高认识、加强领导、明确责任、切实做好“两个确保”和下岗失业职工再就业工作》的报告。报告回顾了自1998年建立“两个确保”工作制度以来取得的成绩，分析了当前面临的严峻形势，要求各级政府各有关部门高度重视，切实加强领导，认真抓好此项工作；要建立“地税保征收、财政保拨付、劳动保障保发放”的新的运行机制，转移工作重心切实抓好下岗、失业职工的再就业工作，要把再就业的各项优惠政策落实好，把再就业培训工作抓好，提高劳动者的就业能力，要加快劳动力市场的建设步伐，逐步形成以市场为导向的就业机制。会上，州人民政府与州劳动和社会保障、财政、地税部门签订了“两个确保”责任书。参加会议的有州属各委、办、局，各县（市）政府、劳动、财政、民政、地税部门的领导共计100人。

【全州社会保险扩面征缴工作会】 楚雄州劳动和社会保障局、州财政局、州地税局、州经贸委联合于2000年6月5日召开楚雄州社会保险扩面征缴工作会。参加会议的有全州10县（市）政府分管副县（市）长、地税、财政、经贸委、人事劳动（劳动）等部门领导和省州属驻楚企业负责人等120人。州人民政府副州长杨汝鉴作了《统一思想，提高认识，明确任务，进一步做好我州社会保险扩面征缴工作》的报告。会议决定建立清欠目标责任制，欠费在100万元以上的由省劳动和社会保障厅直接监控；欠费在100~30万元的企业由州劳动和社会保障部门监控；欠费30万元以下的由县（市）人事劳动部门直接负责；对长期拖欠社会保险费的企业和单位规定了不得购买住房、车辆等非生产性高档商品，不能评为先进单位，法人代表不能评为先进个人、劳动模范，法人代表不得出国考察。

〔李开勇〕

民　　政

【简述】 2000年，楚雄州民政工作在州委、州人民政府的领导下，以邓小平理论为指导，服从和服务于州委、州人民政府的中心工作，认真履职，切实转变工作方法，重点抓了姚安“1·15”地震、武定“8·21”地震的应急抢险及民房、民政福利设施的恢复重建及民间组织的管理、村级体制改革3项工作，同时努力搞好城市居民最低生活保障、落实优抚安置政策、双拥、行政区划地名、社会福利、社会事务等方面的工作，为促进彝州的发展，维护地区稳定履行了自己的职责。

【姚安“1·15”地震民房及民政福利设施的倒损恢复情况】 2000年1月15日6时09分和7时37分，姚安境内先后发生5.9级和6.5级地震，震灾波及大姚、南华、牟定、永仁、元谋、武定、禄丰、楚雄9县（市），经核查，此次地震共造成108个乡（镇）、855个村公所（办事处）、7832个合作社、228304户受灾，因灾死亡4人，受伤2496人，其中，重伤99人，轻伤2397人；死亡大牲畜3283头；民房倒损844146间（其中倒塌54974间，重度损坏需拆除重建的210163间，中度损坏162848间、轻度损坏416262间）。因房屋倒损造成20145户90653人无家可归，直接经济损失达74405.3万元；高度倒损78042间（其中倒塌18513间、损坏59529间），造成直接经济损失2116.2万元；敬老院受损44所29384平方米（严重受损21所14827平方米，中度受损23所14557平方米）；福利院严重受损3所；救灾仓库受损3个；福利工厂受损2个；烈士陵园受损3所，经济损失54万元。民政福利损失1433万元。上述各项合计损失共77954.5万元。灾情发生后，党中央、国务院十分关心，各级党委政府高度重视。各级领导亲自赶赴灾区指挥抗震救灾、安抚灾民、组织群众开展生产自救，通过各级民政部门广大职工与灾区人民的共同努力，截止年底，“1·15”地震灾民的民房恢复完工率达97.6%，姚安苏一社15户统建点灾民已全部迁入新居，大姚小古衙和姚安大松树统建点的50户灾民也将马上进入新居，列入恢复计划的36个民政福利设施项目，已完工27个，占75%。其余受损的民房已修复完毕。

【武定“8·21”地震民房受损及修复情况】 2000年8月21日晚21时25分，武定境内发生一次“10·24”地震的强烈余震，震级5.1级，造成2县31个乡（镇）、256个村委会、2670个村民小组、40137户172331人受灾，1人死亡、211人受伤，死亡大牲畜61头（匹）；房屋倒塌3846间，严重受损22752间，中度受损72257间，轻度受损119575间，直接经济损失达1.98亿元。灾情发生后，州民政局在州委、州人民政府的领导下，及时调运帐篷360顶，组织发放救济大米15吨，及时向省人民政府争取资金900万元，用于抗震救灾。截止年底，武定“8·21”地震受损民房恢复已部分完成，可望在2001年上半年全面完成。

【接受社会震灾捐赠】 姚安“1·15”和武定“8·21”两次地震，楚雄州民政局作为指定的捐赠接收机构，共接收到社会各界捐赠物资价值438万元；衣物12028件、棉被4930床、棉毯10024条、大米30吨、面条6吨、面粉14吨、白糖20吨、化肥90吨、电视机20台、水泥960吨、木材205.8立方米、灭火器1000具。4个重灾县接收到捐赠资金3763358.44元，其中姚安1396724.70元、大姚1139581.34元、南华336957元、牟定89077.40元。救灾捐赠物资的接收和发放，严格按照《云南省救灾捐赠物资管理使用暂行办法》，做到了专款管理、专人负责、专款专用。经审计部门审计，州、县民政部门所接收和发放的资金及物资没有出现违法违纪的行为。

【其他自然灾害情况】 2000年，全州受洪涝、泥石流、滑坡、低温冷冻、雪灾、冰雹等自然灾害，10县（市）128个乡（镇）都受到了不同程度的损害，造成721771人受灾，成灾305026人，被困5243人，因灾死亡31人；死亡大牲畜7055头（匹），倒塌房屋11393间、损坏632963间；农作物受灾面积207万亩，成灾133万亩，绝收30万亩，直接经济损失3.56亿元。灾情发生后，州民政局认真履行职能，先后向省里争取资金939.3万元，并及时下达各县（市），用于防灾救灾。

【民政部门积极参与村级体制改革】村级体制改革是2000年云南省的一件大事，是实施依法治国，加强农村民主政治建设的需要。楚雄州民政部门作为主管基层政权的职能部门，积极投身于此项工作中，主要做了以下工作：(1) 协助州村级体制改革领导小组办公室，从6月份起在全州10个县（市）各选取一个乡（镇）作为试点，在认真调研、取得经验的基础上，逐步将工作稳妥、规范地推开；(2) 认真履行职责，按照省、州党委和政府的部署要求，抓好原村公所（办事处）干部人数的核定、补助经费的测算审查工作，经过认真核实计算，全州共拿出资金10917万元，对全州3409名原村公所（办事处）干部办理了生活补助，既保障了原村公所（办事处）干部的利益，又为全州村级体制改革工作的顺利进行奠定了良好基础。截止年底，全州村级体制改革工作全面结束，原1131个村公所（办事处）已撤消，成立了村（居）民委员会。

【社会团体登记管理】 2000年，楚雄州民政局依照《社会团体登记管理条例》，将中央、省、州的部署，对全州294个社团进行了清理整顿，清理结果是保留215个，注销24个，撤消12个，整改20个，合并14个，拟作登记9个，并规范了医疗类气功社团和健身类气功社团的审批程序和管理关系。截止年底，全州共有社团235个（其中新注册20个），地州级社团103个，县级社团132个。

【城镇居民最低生活保障】 2000年，楚雄州民政局加大工作力度，进一步宣传贯彻《城镇居民最低生活保障条例》，提高群众对该条例的认识；组织人员认真开展调研，特别是针对困难国有企业、资源枯竭的厂矿等重点部门，深入群众，了解发现落实中存在的问题；不断规范条例的实施，要求各县（市）：(1) 按属地管理的原则，不分中央、省、州属，都要将达到保障范围的人员纳入保障。(2) 年内全部乡（镇）都要建立起最低生活保障制度。(3) 要加大财政投入，落实配套资金，以保证保障之需。(4) 加强同其他部门的协作，搞好“三条保障线的衔接”。通过以上措施，规范了制度，扩大了保障面，全州纳入最低生活保障的人数由1999年的1659人增加到2000年的5737人，增加约346%。

【解决重点优抚对象“三难”问题】2000年,为了切实保障广大优抚对象的权益，楚雄州民政局继续推行“爱心献功臣”行动，解决重点优抚对象的生活难、住房难、治病难的问题，全州共投入“三难”资金250万元。同时，认真落实兑现优抚对象各种补助，共计发出抚恤事业费1000余万元，全州共兑现了义务兵优抚金304.7万元。还投入资金30万元，整修了一批革命烈士陵园。

【双拥工作进一步加强】 2000年，楚雄州民政局在春节、“八一”建军节期间军地双方开展了各类活动以及抗美援朝50周年纪念活动。此外，在不断修改和完善的基础上，由州人民政府正式颁布出台了《楚雄彝族自治州拥军优抚规定》和《驻楚部队拥政爱民规定》。由于各方的共同努力，楚雄市在2000年被评为全国的“双拥模范城”。

【安置工作】 2000年，全州共接收退役士兵1104人，其中义务兵1028人，转业士官76人，符合城镇就业的304人，占接收数的28%，比上年增加117人。通过州人民政府与各县（市）人民政府签订责任书和开展“供需见面、双向选择”等有效措施，截止年底，全州共安置城镇退役士兵304人，回乡安置800人，开发录用军地两用人才292人，鼓励自谋职业7人。同时，还接收了军队无军籍职工29名。

【婚姻登记管理】 2000年，楚雄州各级民政部门不断规范婚姻登记管理行为，认真贯彻《婚姻法》和《婚姻登记管理条例》，全州139个婚姻登记机关共登记居民结婚25612对，离婚1523对，涉外婚姻3对，违法婚姻补登103对，登记率达96%，登记合格率达99%。

【殡葬管理】 截止2000年底，全州3个殡仪馆共火化尸体1344具，公墓共入墓157樽，取得了较好的经济效益和社会效益。

【收容遣送】 2000年，楚雄州收容遣送站共收容、遣送“三无”盲流人员7928人次，比上年增加1481人次，其中遣送回原籍的有3237人次，转其他对口站（所）3660人次，自费返乡1031人次。为维护社会稳定和良好的市容市貌作出了贡献。

【行政区划和地名管理】 2000年，楚雄州民政局加强行政区划和地名管理工作。(1) 为禄丰撤县改市和禄丰的罗川乡、旧庄乡、土官乡及楚雄市的中山乡撤乡建镇做了大量工作，已书面上报云南省人民政府审批；（2）着重抓了各县（市）地名标志的规范设置，住宅小区、街、路、巷的地名、命名、更名工作。禄丰县地名标志牌的设置已全面完成，其他县（市）正在进行；（3）完成了《楚雄州地名志》的编纂工作。

【勘界工作】 截止2000年底，全州完成了楚（雄）大（理）线282公里的资料汇总、签署上报和审批；向省人民政府报批县（市）界线8条；勘定乡（镇）界线304条1586.8公里；确定三交点39个；经省人民政府批准的法定界线14条（其中地州界线1条，县市界线13条）；经州人民政府批准法定界线240条。

【社会福利项目和慈善项目】 2000年，楚雄州民政局一如既往地开展好各类社会慈善福利项目，主要有：（1）积极引进世界宣明会助医项目，为贫困地区唇腭裂儿童患者做手术60例，使用经费11.16万元；（2）推行"善心献功臣"行动，州慈善总会投入慈善款20多万元，解决了部分老复员军人、老烈属、老功臣中存在的"三难"问题；（3）继续做好孤儿助养工作，年内共落实助养对象30名。

〔周 睿〕

扶贫工作

【简述】 2000年，全州解决了2万贫困人口的温饱问题，还有贫困人口8.2万人，占全州农村总人口的3.8%，低于基本解决温饱5%的标准，实现基本解决农村贫困人口温饱问题的目标。一年来，全州抓住国家实施西部大开发的历史机遇，紧紧围绕扶贫攻坚目标，集中精力，突出重点，狠抓治水改土、异地开发、小额信贷、温饱示范村建设及社会扶贫、外资扶贫等扶贫工程的实施，极大地改善了贫困地区和贫困农户的生产生活条件，促进了贫困地区的产业结构调整和农民增收，扶贫工作取得了阶段性胜利。

【狠抓农田基础设施建设】 2000年，全州以狠抓农田水利建设，夯实农业基础，确保农民增产增收为扶贫工作重点。针对贫困地区农业基础脆弱，干旱缺水严重，农业产出率低的实际，按照"五七"扶贫攻坚总体规划要求，集中资金，组织发动群众，大干以"五小"水利工程为重点的农田水利建设。省、州两级投入3150万元在42个扶贫攻坚乡实施"治水改土"工程，共完成了中低产田改造30632亩，兴建小坝塘205个、水池（窖）11016个，兴修引水沟渠308件、长501.24公里，其他水利工程325件。新增蓄水307.7万立方米，新增灌溉面积19931亩，解决了43589人和23178头大牲畜的饮水困难问题。做到了当年投资，当年建成、当年受益。

【异地开发扶贫】 2000年，在全州尚未解决温饱的8.2万贫困人口中，有3万余人丧失生存条件，一方水土难养一方人，需要异地搬迁。1999年，云南省人民政府批准楚雄州异地开发扶贫计划11755人，投资3526.5万元，其中省级财政补助2468.55万元，州级配套1057.95万元。分年度为：1999年搬迁3000人，2000年搬迁3700人。到2000年底，已完成扶贫搬迁827户3535人，其中元谋475户2047人、双柏352户1488人，完成投资890万元。在迁入地建盖住房818幢143617平方米，架设人畜引水管道76公里，修建水利工程31件，改善灌溉面积1235亩，新建卫生室5个、小学校6所，地面卫星接收站2座，新建高稳产农田地694亩，架设10KVA输电线17条36.7公里，修复和开挖村庄公路20条82.3公里。搬迁人口基本解决了温饱问题。在完成搬迁计划任务的同时，又组织禄丰、武定、永仁异定开发扶贫项目可行性研究报告的上报审批和双柏绿汁江6922人异地扶贫项目的立项上报。省扶贫办公室通过多次组织专家考察论证，批准了武定1000人、禄丰1000人、永仁500人异地开发扶贫项目。双柏绿汁江异地开发扶贫项目目前进入总体规划阶段，项目立项还在积极争取之中。

【小额信贷扶贫】 2000年，小额信贷扶贫资金在上年基础上新增了1540万元，资金总规模达5540万元，在78个乡开展了小额信贷扶贫工作。为了使贫困农户增收，中共楚雄州委、州人民政府研究决定发放1000万元财政贴息贷款。针对小额信贷扶贫工作存在的问题，特制定下发了《关于进一步加强我州小额信贷扶贫工作的意见》、《关于2000年贴息使用小额信贷扶贫资金管理实施办法》、《关于加强小额信贷扶贫资金管理实施细则》、《关于加强小额信贷扶贫资金管理的通知》，进一步规范了小额信贷扶贫资金管理，保证了小额信贷扶贫工作稳步健康发展。到12月底止，全州共组建贷款中心2575个，小组15110个，累计发放小额信贷扶贫资金8067万元，比1999年同期净增加投入2901万元，其中种植业2715万元、养殖业3561万元、加工业282万元、其他1508万元，获贷贫困户61068户。

【社会扶贫】 2000年，社会扶贫工作有了新的突破。在扶贫攻坚好干部臧金贵精神的感召下，各级挂钩扶贫单位的广大党员干部，积极深入贫困地区，走村串户，访贫问苦，帮助指导工作，与农民群众同吃、同住、同劳动，与贫困户结穷亲，纷纷捐款捐物，救助失学儿童，帮助贫困户发展生产，形成了全社会合力扶贫攻坚的新局面。据统计，2000年，州属107个部门和单位与107个贫困村挂钩扶贫，有4507名党员、干部与3707户贫困户结成帮扶对子，共深入贫困村6786次，单位和个人向贫困地区、贫困户捐款捐物折合人民币607.76万元，其中现金305.22万元。帮助贫困地区争取资金上千万元用于通电、通路、人畜饮水、农田基本建设等，极大地改善了贫困地区的生产生活。国家招商银行广大员工，心系贫困地区，他们踏着臧金贵同志的足迹，派出4名优秀干部到永仁、武定两县挂职，并先后两次派出扶贫考察团到两县考察慰问，看望自愿认领的贫困学生。一年来，招商银行向永仁、武定两县捐款93.2万元，建盖两所希望小学校；向武定地震灾区捐款30万元；投入200万元资金，在武定、永仁两县开展小额信贷扶贫；从财政部协调争取了400万元扶贫资金，支持两县异地开发扶贫。此外，还捐赠了大量衣物和电脑。省级12家挂钩扶贫单位，积极为挂钩扶贫的县、乡出主意、想办法，解决实际困难，派出科技副乡（镇）长帮助工作，为楚雄州扶贫工作作出了贡献。

【外资扶贫】 2000年，楚雄州扶贫办公室积极与云南省外资中心联系，争取国际组织到州内贫困地区参与扶贫开发。姚安“1·15”地震发生后，州扶贫办配合香港乐施会开展抗震救灾，乐施会向南华、姚安、大姚3县重灾区的7个少数民族贫困村发放紧急救援物资70多万元。在恢复重建中，又开展赈灾项目合作，投入资金55万元，支持大姚县援建了两所完全小学和两个校点。同时，还主动与国际爱心扶贫组织联系，邀请他们到州内贫困地区考察，开展扶贫工作。10月初选送了3名贫困地区乡村医生到昆明国际爱心组织免费培训3个月。11月13日至15日，又组织爱心组织的医疗专家22名和36名学员到双柏的妥甸、雨龙、大庄3个（乡镇）开展义诊活动，向群众、学生宣传卫生知识，开展医疗治病。两天义诊看病1304人，发放药品近万元。

【科技扶贫】 2000年，全州各级积极想办法，加大科技扶贫力度。据统计，全年各级组织共举办各种科技培训班489期，培训农民47894人次，实施科技推广项目17个，其中种植业项目9个、养殖业项目8个，覆盖7个扶贫攻坚乡，受益农民达5929户。

【温饱示范村建设】 从1999年9月底开始，省州两级投资150万元，首批开展10个温饱示范村建设。按照“近抓温饱、远奔小康、综合治理”的原则，进行了山、水、田、路、村综合治理。通过一年的努力，示范村基础设施得到加强，生产生活条件明显改善。10个村的贫困人口由示范前的2082人减少到66人，贫困人口的比例从95%下降到3%，农民人均纯收入从476元提高到767元，农民人均产粮由259千克增加到416千克，实现了一年有饭吃，两年温饱有余的目标。2000年又积极向省争取扶贫资金230万元，建设22个温饱示范村，有关项目正在组织实施中。

【经济开发项目上报立项】 2000年，国家西部大开发战略的实施为楚雄州扶贫工作注入了生机和活力。年内，扶贫部门切实抓好经济开发项目的上报立项工作。首先是积极向省扶贫办公室汇报，争取了切块到楚雄州及各县的扶贫专项贷款5500万元。其次是积极组织一些投资大的扶贫项目向省争取扶贫专项贷款。经论证筛选，向省申报了12个扶贫开发项目，项目总投资13823.84万元，其中申请扶贫贷款6807.6万元。到12月底止，省上已正式审批立项6个，贷款资金3100万元，比上年同期增240万元。农业银行实际落实贷款4827万元。

【制定“十五”扶贫规划】 2000年，为做好21世纪初的扶贫开发规划，楚雄州扶贫办公室从3月起就组织开展扶贫调研，9月份组织起草了《楚雄州“十五”扶贫规划》（征求意见稿）。《规划》讨论稿印发给州扶贫开发领导小组成员单位、各县（市）扶贫办和原州委、州人大常委会、州人民政府部分老领导征求意见。11月，根据中央十五届五中全会精神和征求反馈意见，对《规划》进行了认真修改，最后以州扶贫办文件正式上报州人民政府审定。规划共分5个部分：第一部分全面总结了“五七”扶贫攻坚计划取得的成绩、经验和存在问题；第二部分是扶贫开发面临的形势和任务；第三部分是“十五”扶贫战略重点；第四部分是“十五”扶贫的政策措施；同时，提出了“十五”期间的4个重点扶贫项目。

【受省表彰的党员干部结对扶贫先进集体和个人】 楚雄州自1998年按中共云南省委、省人民政府要求实施党员、干部结对扶贫工程工作以来，广大党员、干部纷纷投身扶贫攻坚主战场，攀穷亲、交穷朋友，动真情、扶真贫，为广大贫困地区、贫困人口做了大量的实事好事，州、县（市）两级机关单位共挂钩扶贫全州128个乡（镇）592个贫困村公所（办事处），共有28503名党员干部与26077户结成帮扶对子，有86424人（次）深入到挂钩扶贫点，单位和个人向贫困村、贫困户捐资689.49万元，捐物折币877.67万元。结对帮扶工作不仅大大加快了扶贫攻坚步伐，同时也密切了党群、干群关系，树立了党员、干部在人民群众中的良好形象，在结对扶贫工作中，涌现了许多好人好事和真心为群众脱贫解难的先进单位及优秀党员、干部。为鼓励和表彰先进，2000年12月19日，省委党建工作领导小组对全省3年来党员、干部结对扶贫工作中的81个先进集体、146名先进个人进行了表彰。楚雄州受表彰的先进集体有6个，先进个人11名。先进集体：楚雄市八角乡、武定县发窝乡、深圳招商银行、州财政局、楚雄市委办公室、姚安县政府办公室。先进个人：周红华（州政法委科长）、李丕良（中共楚雄市委副书记）、郑显云（楚雄警校助理调研员）、姚正雄（州国有资产投资管理公司总经理）、杨学周（州工商局副队长）、彭兴（州农科所党总支副书记）、武尚选（大姚县委副书记）、李正贵（元谋县乡镇企业局局长）、王炳昌（姚安县委副书记）、李燕（永仁县妇联主席）、梁先仁（牟定县畜牧局畜牧师）。

〔陈通祥〕

宗 教

【中共楚雄州委成立民族宗教工作领导小组】 2000年，为加强对民族宗教工作的领导，进一步做好新形势下民族宗教工作，组织、协调和解决民族宗教工作中的重要问题，中共楚雄州委决定成立州民族宗教工作领导小组，并下发了《关于成立州民族宗教工作领导小组的通知》。领导小组由州委副书记张怀德任组长，副州长杨汝鉴任副组长，州委办公室、州人民政府办公室、州委组织部、州民族宗教局等29个部、委、办、局的主要领导为成员，领导小组设在州民族宗教事务局，李联会兼任办公室主任。

【全州宗教活动场所年度检审工作】 2000年1月至4月，在有关部门的支持配合下，全州民族宗教事务部门共同努力，经宗教部门下发年检通知、宗教场所自检自查、乡（镇）签署意见、宗教部门审查签证等程序，按时完成了全州宗教活动场所的年检工作。全州参加年检的宗教活动场所245处，年检合格240处，不合格5处（佛教1处，伊斯兰教1处，基督教3处。）。

【举办宗教干部理论政策培训班】 2000年1月12日至17日，楚雄州民族宗教事务局举办了全州宗教工作干部培训班，各县（市）民族宗教局分管宗教工作的领导和宗教工作干部、宗教工作重点乡（镇）分管领导及宗教工作专职干部共45人参加了为期6天的培训。省宗教局政策调研处领导和州民族宗教局领导对马克思主义宗教观、宗教理论、宗教政策、宗教法规和宗教常识进行系统讲授。

【走访慰问宗教界上层人士】 2000年春节前夕，楚雄州民族宗教局领导专程到各宗教团体驻地和宗教活动场所走访慰问宗教团体和各宗教界上层爱国人士，听取他们对全州宗教工作的意见和建议，共走访慰问44人，慰问经费1.4万元。

【楚雄州基督教协会成立】 经楚雄州人民政府批准，在州民族宗教局、州委统战部等部门的大力支持帮助下，经过3个多月的紧张筹备，楚雄州基督教第一次代表会议于12月7日在州委礼堂隆重召开，来自全州基督教界的64名代表出席会议，州人大常委会副主任龙德义、州人民政府副州长杨汝鉴等领导出席会议并作讲话。会议讨论通过了州基督教协会章程、决议，选举产生了州基督教协会第一届委员会及领导班子，李崇明牧师当选为会长，白友华牧师、张学胜牧师、杨先国同工当选为副会长，雍海文牧师为总干事，决定白胜聪、罗文德为副总干事。州民政局领导宣读了批准成立州基督教协会的批复，颁发了社会团体登记证，州民族宗教局局长李联会向州基督教协会会长李崇明授印、授牌，随后举行了挂牌仪式。

**【制定建立州级宗教团体联席会议

制度】 2000年，楚雄州民族宗教事务局制定建立了州级宗教团体联席会议制度。即每半年召开一次宗教团体联席会议，副秘书长以上人员参加，一是学习有关文件、政策；二是通报全州社会、经济发展情况；三是各宗教团体汇报半年以来的工作和今后工作意见；四是对宗教工作提出意见建议。2000年内分别于6月和12月各召开了一次。

【州佛教协会举办首次寺院负责人培训班】 2000年11月11日至25日，楚雄州佛教协会在楚雄兴隆寺举办了第一期寺院负责人培训班。来自全州10县（市）的83名寺院当家、住持和负责人参加了为期14天的学习培训。培训班邀请了有关部门的领导、专家、学者进行讲课。对宗教法规政策、法律知识、公文写作、财会知识、佛学知识、寺院管理及寺院建筑进行了培训学习。杨汝鉴副州长及州民族宗教局、州委统战部领导分别到培训班上看望学员并作讲话。

【省佛教协会在楚雄兴隆寺举办居士传戒法会】 2000年2月29日至3月7日，经省、州宗教事务部门批准，云南省佛教协会在楚雄兴隆寺举行为期7天的居士传戒法会。来自全省各地的500余名佛教徒参加传戒。受戒者须是正式皈依三宝，并持有皈依证，信仰虔诚，爱国爱教、遵纪守法的佛教徒，经本人申请，填写受戒报名表，经皈依师同意、所在寺院及当地宗教部门签署意见后，方可参加传戒。楚雄市高度重视此次传戒活动，成立了由宗教、统战、城建、公安、消防、卫生防疫、省佛教协会、兴隆寺等单位组成的协调领导小组，负责传戒法会期间的治安、防火、饮食卫生、交通、医疗等工作的督促检查，使法会有组织、有领导、有秩序地顺利进行。

【楚雄州伊斯兰教协会二届二次理事会】 2000年4月26日至28日，楚雄州伊斯兰教协会在楚雄召开二届二次理事会议，各县（市）的24名理事出席会议，州民族宗教局、州委统战部领导到会看望了理事并作讲话。会议听取和审议了契翼翔会长代表常务理事会所作的工作报告；听取楚雄州出席中国伊斯兰教第七次全国代表会议的代表马敦民传达全国伊斯兰教协会会议精神和马国庆秘书长传达省伊斯兰教协会三届二次理事会精神；颁发经省伊斯兰教协会核发的61名阿訇的《云南省阿訇证书》，为阿訇持证上岗打下良好基础。

【南华县加强对宗教工作的领导】 中共南华县委、县人民政府继1997年出台《关于明确各级各有关部门宗教工作职责的通知》，把宗教工作职责分解细化到县级各有关部门和乡（镇）、村公所（办事处）后，2000年1月，县委办公室、县人民政府办公室又下发了《关于转发县委政法委、县公安局、县民族宗教局〈关于清理非法宗教活动的意见〉的通知》；9月，县人民政府又下发了《关于进一步加强民族宗教工作有关问题的通知》，要求各乡（镇）和各有关部门切实加强对宗教工作的领导，认真贯彻落实党的宗教政策，保护宗教界的合法权益和正常的宗教活动，制止乱建庙宇等非法宗教活动和封建迷信活动，打击利用宗教进行的违法犯罪和邪教组织活动。

【武定县基督教界举行“三自”爱国运动50周年庆祝活动】 1950年9月23日，以吴耀宗先生为首的40多位中国基督教界爱国知名人士向全国基督教界发表的题为《中国基督教在新中国建设中努力的途径》的宣言，号召中国基督教徒摆脱外国教会的控制，断绝与外国教会的一切教务、经济联系，发动了声势浩大的“三自”（自治、自养、自传）爱国运动，得到中国基督教界人士的响应。50年来，“三自”爱国方针在我国基督教会工作中发挥了重要的作用。2000年是“三自”爱国运动50周年，10月10日至11日，武定县基督教“三自”爱国运动委员会、武定县基督教协会举行了隆重的庆祝活动。一些教牧人员以自己亲身经历讲述了贯彻“三自”爱国方针的成果，激发了基督教徒的爱国热情。

【7名穆斯林自费赴沙特朝觐】 2000年2月19日，经本人申请，州、县宗教、公安部门批准，马民生（楚雄市苍岭镇退休职工）、马占祥（楚雄市苍岭镇罗苴美村农民）、马国友（楚雄市苍岭镇马石铺村农民）、马洪珍（楚雄市吕合镇马家巷村农民）、马凤美（禄丰县广通镇广通街农民）、马琼芬（元谋县元马镇七街农民）、马正康（南华县龙川镇车子塘村农民）等7名穆斯林参加中国朝觐总团自费赴沙特阿拉伯朝觐。出发前，州民族宗教局和州伊斯兰教协会组织他们进行了行前教育和涉外事项培训，在昆明集中组团后，于2月22日乘飞机到北京，23日乘飞机赴沙特。在沙特一个月，完成朝觐各项功课后，于3月26日顺利返回楚雄，楚雄城区300余名穆斯林为他们举行了隆重的欢迎仪式。

〔马国庆〕

道德风尚

【举办“现代科学文化知识竞赛”】 2000年3月至6月，中共楚雄州委宣传部按照中共云南省委宣传部的要求，在全州广泛开展了“现代科学文化知识竞赛”活动。这次竞赛活动，全州共有8个县（市）、州属31个单位，共计34578人交了有效答卷，参与学习面十分广泛。许多单位在上年就早作准备，积极订阅《哲学与信仰》、《现代科学文化知识》两本书。6月30日下午，州委宣传部组织召开颁奖、抽奖大会，对评选出的大姚县等6家获组织奖的单位和经市公证处公证抽出的获个人奖的17位同志颁了奖，历时4个月的竞赛活动圆满结束。

【举办“崇尚科学文明，反对迷信愚昧”大型展览】 2000年5月31日至6月9日，中共楚雄州委宣传部、州精神文明建设指导委员会办公室在楚雄工人文化宫举办“崇尚科学文明，反对迷信愚昧”大型展览。展览通过翔实、形象、生动的资料、案例及图片，揭露了“法轮功”等邪教组织以及各种伪科学、迷信活动的本质和危害，对在广大人民群众中树立崇尚科学、反对迷信愚昧的观念，抵制各种歪理邪说具有很好的教育作用。展览期间，除群众自发参观外，共有149个单位带队前往参观，参观人数达3万多人。

【抓好百县千乡宣传文化工程】 2000年9月，云南省精神文明建设指导委员会办公室下达楚雄州“百县千乡（镇）文化工程”名额1个，经过中共楚雄州委宣传部、州精神文明建设指导委员会办公室的认真考评，确定给武定县发窝乡。此前，已有大姚县石羊镇、姚安县官屯乡、双柏县雨龙乡、牟定县安乐乡、禄丰县高峰乡等5个乡（镇）列入此项工程。列入此项工程的每个点由中央和省补助资金23.5万元，州级补助1.5万元。此项工程的实施，推进了乡（镇）宣传文化工作的基础建设。

【全州农村“十星级文明户”创建活动】 2000年，按照“树立典型、总结推广、全面创建、建设文明、促进发展”的要求，全州各县（市）逐步开展了“十星级文明户”创评工作。到11月底止，全州已开展创评工作的乡（镇）达104个，占全州总数的81%；村民委员会736个，占66%，农户达307736户。通过此项活动的开展，全州广大农民群众广泛参与了农村精神文明创建活动，形成了农民自我教育、自我约束、自我管理和“创星”、“争星”的新气象，有力地推动了农村“两个文明建设”的协调发展。

〔善承卫〕

【少年李树武舍己救人】 2000年8月25日下午18时左右，元谋县新华乡华丰完小三年级学生、少先队员李树武在去菜园里摘菜的途中，突然听到菜园上方的水库里传来急切的呼救声。李树武寻声望去，见水库中有个小孩在忽浮忽沉中拼命挣扎，岸边3个小孩不知所措。李树武甩掉背上的竹篮，边脱衣服边向水边跑去。他猛地投入水中，奋力向落水小孩游去，用尽最后一点力气，救起了5岁的落水儿童，自己却献出了年仅11岁的宝贵生命。李树武生前连续3年被评为“三好学生”，他的壮举传开后，引起了社会的强烈反响。《云南日报》、《云南法制报》、《云南教育报》、《楚雄日报》等多方新闻媒体作了报道。9月中旬，共青团楚雄州委、州教育委员会、州少年儿童工作委员会及元谋县相关部门追授李树武为“优秀少先队员”。11月5日，中共元谋县委政法委作出决定，授予李树武“见义勇为奖”，发放奖金6000元，以表彰他舍己救人的高尚品德。

【民警杜维平勇斗歹徒】 2000年4月5日9时50分，在楚雄开往大姚的一辆中巴车上，6名歹徒假称他们的易拉罐环中了夏利车大奖要出让。一乘车老妪经不起诱惑，掏出1400元购买拉环。行骗得逞后，歹徒企图下车逃走，此时，同车的大姚县刑警大队青年民警杜维平挺身而出阻止歹徒下车。歹徒疯狂反抗，杜维平亮明身份后掏出手枪，并制服了2名歹徒。另外3名歹徒持刀冲来，向杜维平的头、背和手肘猛刺，身中11刀的杜维平倒在血泊之中，歹徒趁机下车逃窜。楚雄州、市公安局迅速组织警力在楚雄燃料二厂保卫干部的协助下很快破了此案，杜维平也经燃料二厂的医院抢救包扎后送州人民医院治疗。次日，中共楚雄州委副书记、州委政法委员会书记胡有兰专程到医院看望，称赞杜维平是讲正气的先进典型，号召广大青年向他学习。

〔宗　云〕

【丁似水勇救落水儿童】 2000年8月15日中午1点50分，州木材林产品总公司总经理丁似水在上班途中，于桃源湖曲桥桥头看到一名4岁左右的男孩掉入湖内深水中，并沉入湖底。在这紧急关头，丁似水毫不犹豫地跳入湖水，潜入水下奋力将小男孩救出水面。在岸上行人的帮助下，又为小男孩控水施救。待小孩苏醒离去后，丁似水也浑身透湿地悄然离开湖边。州林业局党委向全州发出通报，表彰他的高尚品质，号召全系统林业职工向他学习。

〔董光荣〕

新闻人物

【罗文良被授予“全国劳动模范”称号】 中国建设银行楚雄州分行科技科科长罗文良自1990年参加工作，十年如一日，兢兢业业、勤奋工作，先后研制成功了“资金平衡表磁盘录入转换程序”、“基层建设银行计划报表自动生成程序”，修改完善储蓄柜台记帐软件六大类200多处，补充完善功能4种，开发增加模块8块，在全省建设银行系统推广运作，提高工作效率3倍，降低业务人员劳动强度30%至80%。他认真贯彻落实科技兴行经营策略，使建设银行楚雄州分行业务处理基本实现了电子网络化。罗文良辛勤耕耘，忘我奉献，多次受到表彰奖励，继1997年被云南省人民政府授予“劳动模范”荣誉称号后，2000年4月又分别被中央金融工委授予“全国金融系统劳动模范”称号，被中华全国总工会授予“五一劳动奖章”，被国务院授予“全国劳动模范”。

〔殷绍华〕

【李希国被授予全国“先进工作者”荣誉称号】 2000年4月，楚雄州农业科学研究推广所高级农艺师李希国被国务院授予全国“先进工作者”荣誉称号。1977年7月，李希国从楚雄农业学校毕业后，就走上了玉米育种之路，转眼20余个春秋，每一个年轮都记载着这位杂交玉米育种工作者艰苦奋斗，不断攀登的足迹。杂交玉米育种是一项在艰苦环境下长时间进行的高难度科研活动，一个新品种的育成从做杂交组合到进行鉴定、品比试验、区域性试验再到大田示范，至少需要10年的时间进行观察筛选。在这10年中他就像呵护婴儿那样精心呵护田间的每粒种子。李希国借鉴国内外育种的先进经验，提出了从实际出发选育一高、二抗、三中、矮杆、株型紧凑、熟期不同的优质玉米杂交种，以适应不同自然生产条件种子栽培技术综合配套的育种目标。杂交玉米新品种的选育成功，是楚雄州农业生产上的一大突破。李希国在农业科技战线辛勤耕耘24个春秋，先后育出杂交玉米品种及自交系骨干亲本7个，取得了丰硕的科技成果，选育的杂交玉米在省内大力推广，推广面积达百万亩，先后被州委、州人民政府授予楚雄州有突出贡献的专业技术人才，1999年4月被云南省人民政府授予“先进工作者”称号。

【王立国被授予全国“先进工作者”荣誉称号】 2000年4月，楚雄州工商行政管理局局长王立国被国务院授予全国“先进工作者”荣誉称号。王立国从1991年担任州工商局局长、党组书记以来，用自己的行动影响身边的人，对干部坚持高标准、严要求，带出了一大批政治思想强、作风过硬的干部队伍，使全局的工作一年上一个新台阶，州工商局多次受到州、省、全国的表彰，成了楚雄州远近闻名的先进单位。在工作中要求别人做到的自己首先做到，事事起好模范带头和表率作用。到下面检查工作，只要本系统有接待室和职工食堂，就坚决不到营业性的餐馆、旅社吃住，更不允许迎来送往和赠送土特产品，下面来人汇报工作坚持按标准接待，加班加点对他来说已是家常便饭，星期天和节假日多是在乡下和办公室里度过。1996年和1999年他生病住院，许多同志关心地劝他注意保重身体，他总是说：“自己苦点、累点没啥，只有把情况摸透了，心里才踏实”。为改变机关的工作作风，早在1993年，州工商局就实行科室领导民主推荐，党组织决定任免，一般干部岗位实行双向选择、竞争上岗的制度，后来又在各基层局和所推广这项制度，极大地调动了全局干部职工的工作积极性，提高了工作效率。1998年4月，针对一些干部思想不顺、纪律不硬、作风不正的问题，集中股以上干部以整风的形式搞了一次封闭式整训，并对州工商局机关干部集中整训，收到了良好的效果。同时十分重视制度建设，除了每周半日学习外，每季度一次民主生活会，每半年一次思想纪律、作风整顿，还主持制定了《局机关工作量化考核办法》、《全州工商系统工作考核办法》、《关于树立工商干部整体形象的决定》及《楚雄州工商系统“九五”形象建设工程计划》，1999年以来又制定了《楚雄州工商系统文明行业三年规划》、《楚雄州工商系统行业作风建设规划》和《楚雄州工商系统党风廉政责任制度》、《楚雄州工商系统社会治安综合治理责任制度》，同时还制定了相应的考核办法和措施。这些制度的建立使全州工商干部有章可循、有法可依、有法必依，树立了良好的形象。在生活上他尽力关心照顾同志，使全体同志感受到大家庭的温暖，1994年5月局里一位临时工因父亲去世，急着回家处理后事，他得知后立即安排单位的车子送这位临时工回家。本局一位职工的爱人住院病危需输血，他不顾医生的劝阻和“50岁以上不准献血”的规定，毅然第一位在献血登记表上签了名。1995年10月，武定发生强烈地震后，部分工商所房屋倒塌，他先后3次深入到地震灾区看望工商干部，慰问受灾个体私营业主，帮助他们解决实际困难，给3名工商干部困难补助；2000年1月15日姚安发生地震后，他不顾余震的威胁，4次深入灾区帮助大家解决实际困难。因工作繁忙他竟未能及时赶回家让母亲临终前看上他一眼，遭到了亲友的埋怨，可他说：“既然组织上将我安排在这个岗位上，就一定要把工作做好，这样才对得起党和人民对我的信任”。近年来州工商局的工作得到了各级党委、政府的充分肯定，受到了广大干部职工的称赞和好评，州工商局干部都说：有了局长这只领头雁，全局工作就能愈飞愈高。1996年12月，王立国被国家工商局和人事部授予全国工商系统“先进工作者”，1997年12月被云南省人民政府授予全省“人民满意的公务员”。

〔刘胜林〕

附　录

关于楚雄彝族自治州2000年国民经济和社会发展计划执行情况与2001年计划草案的报告

——2001年3月12日在楚雄彝族自治州第八届人民代表大会第六次会议上

杨应旭

各位代表：

我受州人民政府委托，向大会报告楚雄州2000年国民经济和社会发展计划执行情况与2001年计划草案的安排意见，请予审查。并请州政协委员和列席人员提出意见。

一、2000年国民经济和社会发展计划执行情况

2000年楚雄州抓住中央扩大内需、继续实施积极的财政政策、启动和实施西部大开发战略，省政府楚雄两次现场办公会的难得机遇，狠抓中央和省、州一系列重大部署及政策措施的贯彻执行，在州委、州政府的坚强领导下，紧紧抓住经济、社会发展中的重点、难点、热点问题，采取有力措施，进行艰苦扎实工作，促进经济发展。各级各部门按照州八届人大五次会议批准的2000年楚雄州经济社会发展的总体要求、主要任务和宏观调控目标安排部署工作。根据人代会的审议意见，更加突出重点，切实抓好西部大开发楚雄行动计划和“十五”计划的编制，经济结构调整，农民增收，国有企业扭亏脱困，广辟渠道增加投资，启动社会消费，对内对外开放，改善人民生活，科教兴州和可持续发展，促进各项社会事业全面发展等方面的工作。经过全州各族人民的共同努力，国民经济持续发展，社会事业全面进步。基本实现了州八届人大五次会议批准的宏观调控目标，完成了经济社会发展的主要任务。

（一）国民经济持续稳步发展，经济运行质量和效益提高

经济平稳运行的趋势得到加强，工农业生产形势良好，经济效益有所改善，国有企业改革脱困步伐加快，对内对外开放进一步扩大，地方财政收入增长，金融运行平稳，城乡居民收入稳定增长。全年完成国内生产总值105.5亿元，比上年增长7.65%（按可比价格计算，下同），超额完成年度计划。其中第一产业增长5.4%，第二产业增长7.9%，第三产业增长9.2%。

（二）农业和农村经济形势良好，农民收入、农业生产完成或超额完成任务

以千方百计增加农民收入为核心，切实加强农业和农村工作。全州投入支农资金5.18亿元，加大了投入力度。粮食生产连续6年获得丰收，2000年总产量10.3亿千克；油料总产2.3万吨，创历史最高水平。经济作物种植面积增加，全州栽烤烟40.6万亩，比上年增加5.2万亩。种植蔬菜28.6万亩，其中商品菜24万亩，增加16.7万亩。蚕桑面积已达3.4万亩，粮食和经济作物种植比例从上年的81.1∶18.9调整为70.8∶29.2。累计收购烤烟113.7万担，比上年增长16.7%，完成年度计划的99.8%。畜牧业全面增长，肉类总产量比上年增长7.5%。乡镇企业在改革和结构调整中稳步发展，实现总收入140.38亿元，比上年增长27.8%，已超额完成年度计划。农民人均纯收入达1575元，比上年增长3.6%，超额完成年度计划。实现农业总产值51亿元，按可比口径计算，比上年增长4.7%。投入各类扶贫资金1.5亿元，解决了2万农村贫困人口的温饱问题。农业结

构调整、产业化经营迈出新的步伐。

（三）国有企业三年改革与脱困取得实质性进展，工业经济效益有所改善

国有企业改革、改组、改造步伐加快，禄丰钢铁厂已完成破产重组，生产正常，万吨铜冶炼厂将恢复生产。一批国有企业的资产重组，取得重要进展。全年剥离、划转债转股6.02亿元。全州95%以上的国有企业已完成了改革、改组、改制任务，国有企业三年改革和脱困目标基本实现。实现工业总产值72.7亿元，按可比口径计算，增长12.4%，其中，国有及500万元以上销售收入企业的工业产值38亿元，增长1.6%。以盘龙云海药业有限公司为龙头的股份制工业和以乡镇工业、个私工业为主体的其他工业产值分别增长50%和30%。卷烟产销形势好转，全年实现利税11.1亿元，生产卷烟44万箱；销售47.7万箱，比上年多销0.6万箱。工业经济效益综合指数比上年提高3.2个百分点。

（四）以促进产业优化升级为重点，加快产业结构调整步伐

按照一产调优、二产调强、三产调快的原则，搞好产业结构调整。三次产业增加值比重由上年的31.5∶39.4∶29调整为2000年的31.2∶38.7∶30.1，各产业内部结构不断优化。农业战略性结构调整迈出可喜的步伐，种植和养殖结构按照优质高效的方向调整，适应市场需求的经济作物面积和冬季农业开发、名特优畜禽养殖有较大增加。在稳粮、保烟、兴畜、护林的基础上，加大结构调整力度。州政府实行结构调整和产业建设工作的分工负责制，着力培育烟草业、天然药业、绿色食品业、冶金矿产业和特色旅游业五大重点产业，取得了较快发展，在国内生产总值中的比例明显上升。一批重点项目建成投产、非烟产业比重稳步提高。2000年全州工业企业产品销售率达100.2%，亏损企业亏损面和亏损金额逐渐减少。旅游、贸易、信息、通信、交通运输、金融保险等呈现良好势头，第三产业快速增长，在国内生产总值中的比重稳步提高。着力调整所有制结构，放手发展非公有制经济，非公有制经济在国民经济中的比重逐步提高。非公有制经济增加值占国内生产总值的比重由上年的19.2%提高到21%。非公有制经济社会消费品零售总额和工业总产值分别占全州比重的66.1%和37.4%，成为全州经济发展新的增长点。城乡结构调整取得新成绩，共启动县（市）城镇基础设施项目63项，竣工47项，启动乡（镇）小城镇建设项目55项，已竣工35项，市政基础设施明显改善，小城镇建设步伐加快，城市化水平提高到18.8%。

（五）认真贯彻扩大内需的方针，有效地促进了投资和消费的增长

1999年，针对全州上半年固定资产投资严重下滑的状况，州委、州政府采取了一系列切实可行的措施，扩大投资规模。认真分析研究项目，加大投资力度，抓续建项目施工进度，促新项目开工；专门召开了投资工作会，对固定资产投资实行“保平争超”目标责任制，召开了金融工作座谈会，并对中央和省有资金承诺而资金尚不到位的项目，采取“以贷垫拨、政府贴息”的办法；对全州重点建设工程、重点企业技改项目逐一现场研究，狠抓投资落实，加快项目实施；由州领导多次带队到国家和省的有关部门争取上级的支持，全年争取各类扶持资金约8.8亿元。千方百计加大投资，充分发挥投资拉动经济增长的作用。全年全社会固定资产投资21.7亿元，比上年增长6.7%，实现了“保平争超”目标。继续清理、取消乱收费，制定鼓励消费政策，改善消费环境，促进消费需求稳步增长。全年完成全社会商品零售总额27.4亿元，比上年增长8.6%，超额完成年度计划。

（六）对内对外开放进一步扩大，开放型经济有所发展

州委、州政府认真贯彻中央和省对内对外开放的方针政策，进一步调整完善了扩大对外开放、发展外向型经济的政策措施，加大招商引资力度。全年新增外商投资企业4户，项目总投资2639万美元，合同利用外资2284万美元；楚雄经济技术开发区和广通经贸开发区引进项目55项，完成项目总投资1.2亿美元，实现总产值达13.5亿元；进出口总额824万美元，比上年下降11%，未完成年度计划。农副产品、中成药、花卉、蔬菜、电气、机电配件等产品，已出口到10多个国家和地区。

（七）财政金融运行平稳，社会保障体系初步建立

州委、州政府采取有力措施，实现了地方财政收入增长。财政部门进一步加强收支管理，积极向上争取资金，缓解了支出压力，确保了全州财政收支平衡。全州财政总收入达17.55亿元，其中地方一般预算收入完成7.7亿元，比上年增长3.7%，超额完成预算目标；地方财政支出实现19.1亿元，比上年增长13.1%，为年初预算的136.7%。年末金融机构各项存款余额达100.4亿元，比年初增加5.4亿元，增长5.7%；各项贷款余额88.1亿元，比年初增加2.4亿元，增长2.8%。金融部门进一步改善贷款结构，加大了对支柱产业、重点企业、非公有制经济发展的支持力度。社会保障制度进一步建立和完善，保险覆盖范围不断扩大。初步建立了“三条保障线”制度。逐步开展了农村养老保险；进一步建立完善了失业保险、生育保险体系；强化了下岗职工再就业工作；全州10县（市）城镇都实施了最低居民生活保障制度，并有108个乡（镇）实施了农村最低生活保障制度。城镇居民人均可支配收入5947元，比上年增长7.3%。全州城镇登记失业率控制在3%以内，低于年度计划3.5%的控制指标。

（八）全面实施科教兴州和可持续发展战略，社会事业全面进步

加大了科技投入力度，年内组织实施科技试验、示范、推广、开发项目84项，取得州级以上科技成果65项。科技对国民经济的贡献率提高到38.3%。教育改革和发展取得新成绩，各类教育全面发展。“两基”目标已基本完成，基本扫除青壮年文盲，人口素质不断提高。遵循按需培养、面向市场的原则，进一步调整优化大中专招生结构。职业教育、成人教育继续发展。文化、卫生、体育、新闻出版、广播电视、环境保护、气象、地震监测等社会事业全面进步。全面实施可持续发展战略，切实加强生态环境保护与建设。认真组织实施“长防”、“长治”、天然林保护工程，森林综合覆盖率达57.4%，实现了森林消长平衡。治理污染和环境保护取得显著成效，集中力量对工业污染、城市“三废”进行了整顿，对一批污染严重的企业进行了限期整治。土地、森林、矿产、水资源、环境得到进一步有效保护。元谋等7个县的国家生态建设项目进展顺利，退耕还林（草）项目正抓紧进行，生态环境得到改善。坚定不移地执行计划生育基本国策，2000年全州人口自然增长率为7.9‰，低于全国和全省控制水平。

随着州八届人大五次会议批准的2000年宏观调控目标的基本实现，“九五”计划的主要宏观目标基本完成，使“九五”成为全州经济和社会发展较快较好的时期之一。国民经济持续快速健康发展，经济综合实力进一步加强。经济结构调整不断推进，重点产业培育已见成效；基础设施建设成绩显著，发展后劲增强；改革进一步深化，对外开放不断扩大；科教兴州和可持续发展战略顺利实施，社会事业全面进步；“七七”扶贫攻坚计划基本完成，人民生活水平不断提高；精神文明建设蓬勃开展，民主法制进一步加强；政府职能继续转变，宏观调控能力得到增强。全州呈现出经济发展、社会进步、民族团结和社会稳定的大好局面，为实施“十五”计划奠定了坚实的基础。

在看到成绩的同时，还必须清醒地认识彝州经济社会发展仍处于社会主义初级阶段的低层次，经济结构不合理、劳动者科学文化素质较低和基础设施相对滞后，仍是制约楚雄州发展的三个根本性因素。当前经济社会发展中还存在一些突出矛盾和问题，突出的困难和问题主要是：结构性矛盾突出，支柱产业单一，高附加值、高科技、高市场占有率的名优产品较少；非公有制经济在国民经济中的比重小；城市化水平低；观念不新、体制不顺，竞争能力和适应能力还不强，结构调整和体制改革创新滞后，企业亏损面大，经济增长质量不高；农业基础薄弱，农业结构调整趋同性、盲目性现象突出，农民增收缓慢；财政总收入负增长，支出压力大；投融资体制不顺，投融资渠道单一，社会投资不多，建设资金短缺，投资规模增长难度大；对内对外开放水平不高；各项改革相对滞后；高层次技术人才和管理人才匮乏；企业资金紧张，贷款困难，企业流动资金和技改资金短缺；企业创新能力弱，整体素质和竞争力不强，生产经营困难。对这些问题，必须采取切实有效措施，认真加以解决。

二、2001年国民经济和社会发展主要目标和任务

2001年是实施“十五”计划的第一年，对于促进国民经济持续快速健康发展，实现“十五”计划的良好开局，具有重要意义。

按照州委五届七次全会确定的楚雄州“十五”期间经济社会发展的指导思想、主要目标和工作任务，在“十五”开局之年，要以邓小平理论和党的基本路线为指导，按照“三个代表”的要求，认清形势、坚定信念，统揽全局、把握重点，狠抓落实、乘势前进，结合彝州实际，把增加投入、扩大内需和扩大开放、开拓市场、培育新的经济增长点结合起来，促进经济持续、快速、健康发展和社会全面进步，为“十五”计划开好头，起好步。

2001年楚雄州国民经济和社会发展宏观调控的

主要预期目标建议为：

（1）国内生产总值增长8%左右。

（2）粮食总产量10.3亿千克，烤烟收购量106万担。

（3）地方财政预算收入6.57亿元，比上年实际下降14.9%，剔除不可比因素后，增长3.3%。

（4）全社会固定资产投资增长5%左右。

（5）社会消费品零售总额增长9%。

（6）外贸进出口总额增长10%。

（7）乡镇企业营业收入增长21%。

（8）非公有制经济占国民经济的比重达到24%以上。

（9）城镇居民人均可支配收入和农民人均纯收入实际分别增长5%和4%。

（10）居民消费价格水平上涨1%左右。

（11）城镇登记失业率控制在3.5%以内。

（12）人口自然增长率控制在10‰以内。

根据州委关于2000年经济社会发展的总体要求，为实现上述宏观调控目标，重点抓好以下工作：

（一）巩固和加强农业基础地位，调整农业结构，发展农村经济，增加农民收入

认真贯彻落实党在农村的各项基本政策，把中央和省、州促进农业和农村经济发展的对策措施落到实处。继续推进农业和农村经济结构调整，把增加农民收入作为2000年农业和农村工作的重中之重。重点是从优化种养业结构、优化农业布局、发展非农产业等方面取得突破。搞好生物资源的开发创新，抓紧抓好“三区八大基地”建设，集中力量培强烟草产业、天然药业和绿色食品业，解决好农民增收和财政增长的问题。组织实施好重大农业科技成果推广，大力推进农业科技进步，运用现代技术改造传统农业。加快农村社会化服务体系、农技推广体系、农产品市场信息和流通体系建设，切实加强农产品加工、储运、批发、贸易市场建设。积极发展订单农业，鼓励并支持龙头企业发展，促进农产品的加工转化增值。

继续深化粮食流通体制改革。落实和完善粮食购销政策，重点按保护价敞开收购农民余粮。把粮食生产作为农民增收的关键问题抓实抓好。精心准备，做好组织宣传工作，搞好农村税费改革试点，切实减轻农民负担。

加大农业投入，切实加强以水利为重点的农业基础设施建设，抓好元谋丙巷河水库、双柏绿汁江河口水库新建，大海波水库除险加固等重点水利工程建设。抓好高产稳产农田建设，建成10万亩高稳产农田（地），加强水土流失治理和生态环境建设，加快山区半山区骨干小水利工程、节水工程和农村人畜饮水工程建设，努力改善农村生产、生活条件。继续抓好元谋等7个县国家生态环境重点县建设、以粮代赈退耕还林（草）工程、农业综合开发、中低产田改造、旱作农业、设施农业建设，以及农田水利、农村集贸市场、乡村公路等建设项目。加快农村电网改造和中级电气化县建设，实现城乡同网同价。

大力推进城镇化战略。认真搞好小城镇发展规划，抓好小城镇经济综合开发示范项目，引导社会资金加快小城镇建设。把调整乡镇企业生产力布局，推进农业产业化，促进乡镇企业发展与小城镇建设结合起来，加快农村人口向小城镇转移。

健全和完善农产品流通组织和营销网络。大力培育农产品销售合作组织和农民自己的营销队伍。充分发挥供销社、中介服务组织的作用，搞活农产品流通，强化农产品国内外市场开拓和营销工作。认真落实省关于农产品优质优价政策，引导农民按市场需求调整品种结构，扩大优质品种和专用品种生产，增加农民收入。

多渠道筹措资金，加大扶贫攻坚力度。抓住西部大开发的机遇，积极争取以工代赈资金、扶贫专项资金、异地扶贫开发和扶贫贷款资金，增大扶贫投入。对特殊贫困村、特别是贫困户，采取异地扶贫开发、小额信贷温饱示范村建设、安居工程扶贫、挂钩扶贫、结对扶贫、外资扶贫等综合措施集中扶持。确保领导、措施、资金三落实，各项扶贫措施进村到户，切实抓好扶贫攻坚工作。

（二）深化国有企业改革，提高企业经济效益

认真贯彻党的十五届四中、五中全会精神，进一步深化国有企业改革。积极推进国有企业的股份制改造，加快建立规范的现代企业制度和法人治理结构，促使国有企业转换经营机制。要落实责任制，加强领导，规范运作，力争完成元谋糖厂、元谋造纸厂、大姚刨花板厂的破产终结工作。加快建立产权交易中心，着力解决国有企业股权转让等方面的问题，鼓励具备条件的个人、集体和社会法人入股、控股国有企业，促使国有企业退出一般性竞争领域，实现资产重组，获得新的发展。

进一步转变政府职能，搞好服务。采取更加灵活的方式放开搞活国有中小企业。在贷款担保、资金融通、技术创新、市场开拓、人才培训、信息咨询等方面为中小企业提供服务。

搞好资金、成本财务和质量管理，努力提高企业资金营运效率、劳动生产率和产销率，降低成本费用，提高经济效益。继续深化内部人事、劳动、分配3项制度改革，形成竞争和激励机制，对企业领导人和科技骨干推行年薪制和股权、期权试点。加强企业管理，建立规范的监督机制，落实保值增值责任。建立国有企业信用制度，努力改善银企关系。继续着力推进各项配套改革，健全社会保障体系，为职工下岗分流、分离企业办社会职能创造条件。

（三）大力调整经济结构，建设特色产业，努力提高经济增长的质量和效益

要坚持公有制为主体，多种所有制经济共同发展的基本经济制度，按照巩固提高第一产业、增强壮大第二产业、加快发展第三产业的原则，遵循一产调优、二产调强、三产调活的思路，着力调整所有制结构，调整优化国民经济结构和三次产业结构，增强经济活力，全面提高农业、工业、服务业的水平和效益。

加快产业结构调整，促进产业优化升级。要以信息技术和生物技术为先导，集中力量发展烟草产业、天然药业、绿色食品业、冶金矿产业、特色旅游业五大产业，加强彝州特色产业建设，建立特色经济支柱。认真贯彻州委、州政府《关于发展生物资源开发创新产业的决定》，抓紧实施《楚雄州生物资源开发创新产业规划纲要》，抓好楚雄医药工业园区、绿色食品加工园区、特色蔬菜园区的项目论证申报，并抓紧实施。以办好试验示范样板为突破口，继续完善提高30万亩优质烟基地，种植特优米10万亩、中药材2万亩，新增商品蔬菜基地2万亩、黑山羊基地新增8万只、核桃基地6万亩、速生丰产林基地6万亩、印楝基地3万亩、茶叶基地2000亩、蚕桑基地8000亩、魔芋基地1.5万亩。实施基础设施建设、良种、试验示范、信息网络、市场开拓、龙头带动六大工程，建立人才、科技创新、融资、中介服务组织、政策、法治六大支撑体系，加快建设以生物资源开发创新产业为主体的生态经济强州。

积极发展信息产业，努力促进国民经济和社会信息化。认真做好全州国民经济和社会信息化规划，加强规划和协调，把推广普及应用作为2000年工作的重点。加快信息基础设施建设，加强信息资源开发利用，推动信息技术在各行业的广泛应用，推进关系全局的重要领域的信息化进程。应用信息技术，抓紧改造全州冶金、建材、化工、医药、农产品等传统工业，创造条件促进金融、财税、贸易、旅游等领域的信息化。

搞好所有制结构调整。国有经济做到有进有退，进而有为，退而有序，要按省、州对不同行业国有资本退出计划，为非公有制经济发展腾出空间。鼓励支撑个私企业参股、控股、收购国有中小企业。促使多种所有制在企业开办、土地利用、上市融资、进出口等方面，真正享受同等待遇，扶持非公有制经济发展。

（四）进一步深化投融资体制改革，抓好项目前期工作，促进社会固定资产投资增长

深入贯彻落实省政府《关于深化投融资体制改革的通知》和《关于改革投资项目审批的决定》等文件精神，进一步放开投资审批权限，减少审批环节，放宽投资领域，拓宽融资渠道，加强财政建设资金的管理，充分发挥财政资本转化运作，对投资资金实行动态跟踪管理，及时掌握资金使用情况。

认真贯彻落实“五管齐下”的措施：一是建立规范的现代企业制度和法人治理结构。二是以提高效益为目标，加大直接融资力度，进一步改善企业内部结构。三是大力引导和鼓励外商特别是大企业、大集团到楚雄州投资高新技术产业和进行传统产业的改造升级，参与“三区八大基地”建设，搞好第三产业和基础设施建设，减少对外商投资市场准入和股权限制。四是用好国家和省、州财政技改贴息资金，多渠道增加企业技术改造投入，增强企业竞争能力。五是建立健全中小企业贷款担保机构，为中小企业创造更好的发展环境，确保全州投融资改革取得重大进展。

切实加强对项目前期工作的领导，认真做好项目的前期工作。增加前期工作费投入，尽快建立并实行项目前期工作责任制，招投标制和奖惩考核办法，加快重点项目前期工作进度。健全、完善州级项目库和招商引资项目库，搞好项目库网络建设，实现与省计算机联网。重点抓好楚雄州首批上报西部大开发57个重点项目的前期工作。为促进项目前期工作，结合省上关于“基本建设计划，按投资计划和前期工作计划分开下达，凡前期工作不到位的一律不纳入投资计划”的规定，全州各级各部门都要切实抓好项目前期工作。同时，要围绕“五大产业”及生物资源开发创新工程“三区八大基地”、生物资源创新工程、高技术产业化等重点项目的前期工作。2000年要重点抓好楚雄青山嘴大型水库、禄丰沙龙中型水库新建，武定己衣、南华毛板桥、永仁麻栗树、禄丰东河水库除险加固及元谋大型灌区、蜻蛉河大型灌区等水利工程；320国道安楚高速公路，108国道武定至攀枝花公路、南景公路、226线楚双公路、牟定至楚雄公路等12条重点经济干线改造；全州50个乡（镇）小城镇建设；楚雄师专改建师范学院等20个重点项目的前期工作，积极争取立项。

尽快建立健全建设项目管理体制，加强对投资的审批和管理，完善规范项目审批程序。严格实行项目法人责任制、招投标制、建设监理制和合同管理制，切实加强项目的管理。

抓住中央和省仍安排国债用于项目建设和西部大开发的机遇，认真做好准备工作，继续争取中央和省的资金支持。各部门、各建设单位要积极主动地争取银行支持，使银行及早掌握情况，早评估、早发放贷款，支持彝州经济发展。

（五）创造良好的建设环境，确保重点工程顺利实施

2000年要以抓好项目建设推动投资增长为重点，力保投资计划目标的实现。加快南永公路、元大公路、320国道楚雄市过境一级公路、紫溪山旅游公路的建设，组织实施好楚雄、禄丰等6个县（市）的城镇供水项目，楚雄灵秀湖小区、花果山小区，农网改造，7个国家生态建设重点县和20个重点小城镇建设等续建项目。抓紧元谋丙巷河水库开工建设，争取武定己衣、楚雄大海波水库除险加固、程家坝污水处理厂、承办省十一届运动会场馆建设以及重点公路建设等一批重点项目列入省的年度计划开工实施。抓好在建项目和地震恢复重建项目扫尾工程的实施，为确保重点建设计划的完成，除项目单位精心组织、抓紧工作外，还必须采取有效措施，创造条件，确保重点建设的顺利进展。一是严格建设项目开工条件的审查。二是认真落实建设资金，继续实行“以贷垫拨”的措施。三是扎扎实实地做好征地拆迁和移民安置工作。四是整治对建设项目乱收费的行为。五是各部门、行业、地区间要相互支持、相互配合，共同创造良好的外部建设环境。六是配合省加大重点项目的稽察力度，强化重点项目的督促检查，确保项目的顺利实施，拉动经济增长。

（六）建立健全社会保障体系，努力改善人民生活

按照“一要吃饭、二要建设”的原则，要始终把解决好人民生活问题作为我们的根本任务，进一步健全完善社会保障制度。依法强制征缴社会保障基金，提高社会保险费征缴率。严格实行社会保障基金收支两条线管理，尽快建立独立于企业单位之外的社会保障体系。继续做好“两个确保”和完善“三条保障线制度”工作。财政资金要保证各级机关正常运转，保证工资发放。努力提高城乡居民收入水平，着力改善低收入群体的生活。建立健全城镇职工基本医疗保险制度，推进医保改革和医疗卫生体制、药品流通体制改革。

创造条件，努力扩大劳动就业。加快发展第三产业，大力发展多种所有制经济，多渠道扩大就业。开展多种形式的职工培训，提高劳动技能，促进再就业。发挥基层组织、社区组织在社会保障对象管理和服务方面的作用。积极发展社会福利、社会救济、优抚安置和社会互助等社会保障事业。

（七）大力发展服务业，进一步扩大消费需求

深化贸易流通体制改革，把大力开拓国内市场，搞活流通作为扩大消费需求的着力点。切实强化营销观念，积极探索和推行各种新型营销方式。大力推行连锁经营、物流配送、网上销售等组织形式和服务方式，发展和规划批发市场，不断提高服务质量和效益。运用现代经营方式和现代技术改造传统服务业，重点发展商贸流通、交通运输、市政服务等行业，大力发展信息、金融、会计、咨询、法律服务等现代化服务行业。根据城市居民生活方式和生活水平的发展状况，加快和促进社区服务、文化娱乐、教育培训、体育健身、卫生保健等产业发展。不断建立、完善、规范物业管理，大力发展家庭服务业，加快服务业市场化、社会化步伐，扩大服务性消费。

继续清理和取消用电、买房，购置和使用汽车及通信等方面抑制消费的规定。加快收入分配货币化进程，加大经济适用住房、廉租房的建设力度，从严控制住房建设收费，以满足广大人民的需要。2000年内开放全州住房二级市场，培育住房租赁市场。建立个人信用制度，努力发展消费信贷。

规划并搞好与人民生活密切相关的公共设施建设，加强社区服务，便民服务设施建设，继续强化城乡水、电、路、通信和市政基础设施建设，加快全州各地批发市场、专业市场、综合市场和粮库建设步伐。

全力提升旅游业。进一步搞好全州旅游规划、突出彝州民族文化旅游特色，抓好旅游精品工程，千方百计开拓客源市场。研究探索对旅游景点的建设和管理实行招商引资等新的经营方式，实施旅游业的对外开放。

（八）努力提高对外开放水平，做好加入世贸组织的准备工作

面对我国即将加入世贸组织和国家实施西部大开发战略的形势，要抓紧实施“走出去、引进来”开放战略。大力招商引资，加快发展开放型经济。积极主动与周边地区和东部沿海发达地区寻求联合、合作，引进资金、技术、人才、管理等生产要素，植入楚雄州经济领域。鼓励支持州内企业主动与省内外企业攀亲交友、嫁接联姻，借助外力改进工艺，拓宽市场、提升自己，促进发展。特别是五大特色产业的龙头企业，一定要切实加强与外界大企业、大集团联合、合作，借梯登高、借船出海，真心诚意地依托他们联合经营，开拓市场，联动发展。鼓励支持州内企业、产品、人才走出去创办实体、占领市场、寻求发展。要利用参与各种交易会、展销会、博览会，把楚雄州特色产业和拳头产品宣传开来、推销出去，为开展对外贸易造势引资，扩大楚雄州和外省州的交流。切实加强与国内外知名院校的经济协作，把对内对外开放向高水平、深层次推进。

加大引进资金工作力度，建立并落实引进资金责任制。扩大引资范围和领域，研究建立招商项目库，加强对资金引进的服务。积极争取并合理利用国际金融组织机构及外国政府贷款，努力拓宽贷款使用领域。减少对外商投资的市场准入和股权限制，逐步扩大银行、保险、电信、内外贸、旅游、教育等领域的对外开放。

认真做好对加入世贸组织后与国际接轨的市场运作规划、机制、政策等问题的研究。抓紧对重点行业和有关人员的培训，加快培养熟悉国际法律和世贸组织规则的专业人才。及时研究新形势下市场开放的对策措施，抓紧清理并修改完善楚雄州有关法规，认真研究和利用好过渡期条款，加快对重点行业进行调整重组，通过体制创新和科技创新，增强楚雄州支柱骨干产业和优势产业的竞争能力。

（九）突出重点，抓好西部大开发重点领域和重点项目的推进

认真贯彻落实国家和省、州关于西部大开发的若干政策规定，用好用活西部大开发赋予的各项优惠政策。根据楚雄州西部大开发行动计划基本构想，做好与国家和省西部大开发总体规划及实施意见的衔接。结合“十五”计划编制，把楚雄州贯彻国家和省西部大开发战略，总体思路和各项任务纳入州的“十五”计划，做好年度计划与“十五”计划、西部大开发行动计划的衔接，加大重点领域的工作力度，在抓紧首批上报57个项目前期工作的同时，根据“十五”计划和专项规划进一步论证、筛选西部大开发重点项目，积极争取国家和省的支持，认真组织实施。

（十）认真实施科教兴州战略，积极发展各项社会事业

加快发展教育事业。巩固“两基”教育，大力发展职业教育和成人教育，推进素质教育。继续把“两基”教育放在重中之重的地位。组织实施好国家义务教育工程和国家专项中小学危房改造工程。采取积极措施，挖掘大专和中专学校的办学潜力，调整教育存量、优化资源配置、提高整体办学水平。集中力量办好一批质量高、效益好、规模适宜的高级中学。根据产业需求，按照建成2～3所省级骨干中专示范学校的目标，调整中专教育结构，多渠道筹集资金，支持学校基础设施建设。大力发展职业教育和成人教育，鼓励和支持社会力量以多种形式办学，加快非义务教育产业发展，积极开展各类职业教育和培训。

围绕国民经济结构重大战略性调整，增强综合实力和竞争力，加快科技进步和技术创新，促进产业结构优化升级。搞好高新技术产业发展规划和政策研究工作，加快楚雄州信息化进程，科学决策，抓好生物资源和新材料开发工作。把改造和提升传统产业与加速发展高新技术产业更好地结合起来。按照“打基础、抓重点、求实效”的思路，重点扶持优势骨干企业成为科研开发的“龙头”，带动其他企业增强自我开发能力，依托楚烟企业和盘龙云海药业等一批骨干企业，培植载体。加大政府和全社会的科技投入，提高投资效益。弘扬科学精神，加强科普工作。

把改善人民物质文化生活作为工作的根本出发点。增加政府导向性资金投入，加快社会事业薄弱环节建设。正确定位政府职能，做好规划、引导、服务工作，积极争取国家和省的支持，增加楚雄州扶贫教育工程、农民健康工程、文化基础设施建设、旅游基础设施建设、基层计划生育服务网络等社会事业专项资金，改善全州社会事业基础条件。着力实施民族文化发展战略。启动实施好《楚雄州民族文化发展战略纲要》，加快文化基础设施，特别是楚雄城区文体活动中心建设和全州42个贫困乡（镇）文化站的建设。加强民族文化资源和文物的有效保护和利用，带动相关产业的发展。根据建设民族文化大州的要求，增强精品意识，提高创新能力，巩固和拓展社会主义文化阵地；大力发展文化、体育、卫生、新闻出版、广播电视、气象、地震监测等社会事业；改善城乡特别是农村卫生服务设施，推进卫生三项改革。

（十一）高度重视人口、资源、环境保护工作，坚持实施可持续发展战略

深入贯彻计划生育和环境保护两个基本国策，重视人口和资源管理，强化生态建设和环境保护，促进经济社会与人口、资源、环境协调发展。加大环境保护和生态建设力度，继续组织实施好天然林保护和退耕还林（草），“长防”、“长治”等重点工程，抓好自然区、生态县、生态乡、生态村建设，发展生态农业。抓好金沙江、礼舍江、龙川江、蜻蛉河、青龙河等重点河流治理，搞好小流域治理，防止水土流失。强化水资源管理，实施促进节约用水的价格政策。加大环境污染治理、环境保护与开发、工业三废的治理力度，不断改善环境。积极探索污水、垃圾处理与管理的企业化经营途径。要高度重视农村环境保护，特别要抓好农村化学污染防治。严格按国家和省、州的土地利用计划安排好生产生活用地。

进一步提高计划生育管理水平和综合服务能力，在稳定现行政策的基础上，有条件的县（市）实行计划生育奖励制度，严格控制人口过快增长。重点抓好城镇流动人口和农村边远山区、民族地区人口的计划生育工作，促进优生优育，保持低生育水平，优化人口结构，提高人口质量。确保全州人口自然增长率控制在10‰以内。

（十二）加强和改善宏观调控，整顿经济秩序

认真贯彻中央和省的各项调控措施，实现计划、财政、金融、物价之间密切配合与约束，引导和促进全州经济结构优化升级。调整优化财政支出结构，增强财政资金的引导作用和使用效益。切实加强经济运行的监测预测，根据形势的发展变化，及时研究提出促进经济发展的对策措施。

保持价格总水平的基本稳定。贯彻落实好国家和省运用价格杠杆促进西部开发的实施意见和政策措施，积极发挥价格杠杆调节供求关系的作用。深化价格管理和收费管理体制改革，推进价、费、税分流，压缩国家行政机关收费总量，建立合理的收费机制，从源头上解决乱收费的问题。按照国家和省的部署，周密细致地组织实施交通和车辆税费改革方案。继续对涉企、涉农、涉外的乱收费、乱涨价进行专项治理，重点组织对药品、医疗服务价格以及工商部门收费进行专项检查。

整顿和规范市场经济秩序。以改革的精神，狠抓管理，规范和整顿市场秩序。进一步健全市场法规、规范市场主体行为。严格执行有关法律法规，健全财政、金融、税务、审计的监控机制，强化管理和监督。切实加强安全生产管理，建立健全安全生产制度，严格安全生产责任制。

各位代表！进入新世纪，我们任重道远。今后5年的大政方针已经确定，2000年的各项任务也已明确，关键是贯彻落实、真抓实干。让我们在中共楚雄州委的领导下，认清形势、明确任务、振奋精神、开拓进取、乘势而上，全面完成2000年国民经济和社会发展的计划任务，为“十五”计划开好头，起好步，努力实现新世纪的良好开局。

关于楚雄彝族自治州2000年地方财政预算执行情况和2001年地方财政预算草案的报告

——2001年3月12日在楚雄彝族自治州第八届人民代表大会第六次会议上

程建华

各位代表：

我受州人民政府委托，向大会报告楚雄州2000年地方财政预算执行情况和2001年地方财政预算草案，请予审查，并请政协委员和列席人员提出意见。

一、2000年地方财政预算执行情况

2000年是实施国民经济和社会发展“九五”计划的最后一年。一年来，全州财政工作在州委的正确领导下，高举邓小平理论伟大旗帜，深入贯彻江总书记“三个代表”的重要思想，紧紧抓住中央西部大开发和省政府楚雄现场办公会带来的发展机遇，认真落实州八届人大五次会议通过的各项目标和措施，努力增加财政收入，促进全州社会经济的全面发展。在全州各族人民的共同努力下，克难奋进，圆满完成了州八届人大五次会议批准的地方财政收入目标。扭转了地方财政收入连续两年下滑的局面，实现了地方财政收入的增长，确保了全州财政收支平衡。

2000年全州财政总收入实现175534万元，为预算179389万元的97.9%，为省政府下达任务数166589万元的105.4%，比上年实际完成数184879万元下降5.1%。总收入按中央与地方划分，全州上划中央收入完成98241万元，为预算107400万元的91.5%，为省政府下达任务数94800万元的103.6%，比上年实际完成数110308万元下降10.9%。上划中央收入占总收入的比重为56%，比上年下降3.7个百分点。全州地方财政收入完成77293万元（其中：一般预算收入72299万元，基金预算收入4994万元），为预算71989万元的107.4%，为省政府下达任务数71789万元的107.7%，比上年实际完成数74571万元增长3.7%。地方收入占总收入的比重为44%，比上年增3.7个百分点。

2000年州内地方财政支出实现191162万元（其中：一般预算支出189202万元，基金预算支出1960万元），为预算140029万元的136.5%，比上年实际完成数169196万元增支21966万元，增长13%。其中：州级支出43707万元，比上年实际完成数41254万元增支2453万元，增长6%，州级支出占全州总支出的比重为22.9%，比上年下降1.5个百分点；县（市）级支出147455万元，比上年实际完成数127942万元增支19513万元，增长15.3%，县（市）级支出占全州总支出的比重为77.1%，比上年增1.5个百分点。

全州财政收支平衡情况是，地方一般预算总收入合计196049万元，其中：一般预算收入72299万元，税收返还57209万元，上级专款和补助48526万元，调入资金9563万元，上年结余8452万元；地方一般预算总支出合计194101万元，其中：州内支出189202万元，上解支出4705万元，调出资金194万元。收支相抵，年终滚存结余1948万元，其中结转下年支出的省以上专款1336万元，净结余612万元，其中：州级净结余15万元，县（市）级净结余597万元。基金预算总收入合计5704万元，其中：本年基金收入4994万元，上级补助收入64万元，调入资金194万元，上年结余452万元；基金预算总支出合计5220万元，其中：本年基金支出1960万元，调入一般预算支出3260万元。收支相抵，年终滚存结余484万元，其中：州级结余108万元，县（市）级结余376万元。

州级平衡情况是：地方一般预算总收入合计122597万元，其中：一般预算收入15064万元，税收返还46260万元，上级专款和补助48381万元，县（市）结算1656万元，上年结余7469万元，调入资金3767万元。地方一般预算总支出合计121246万元，其中：州级支出43036万元，补助县（市）级支出77422万元，上解支出788万元。收支相抵，年终滚存结余1351万元，其中：结转下年支出的省以上专款1336万元，净结余15万元。基金预算总收入合计895万元，其中：本年基金收入725万元，上级补助收入64万元，上年结余106万元。基金预算总支出合计787万元，其中：本级支出671万元，补助下级支出75万元，调入一般预算支出41万元。收支相抵，年终滚存结余108万元。

以上数字均为州内决算汇总数，待与省决算后部份数字还会有变动，届时再向州人大常委会报告。

围绕完成2000年财政收支任务，我们主要做了以下工作：

（一）支持全州经济发展，促进地方财政增收

加强基础建设。一是增加农业投入，打牢农业基础。2000年全州投入农业的支出合计达51795万元，其中预算内支出达36190万元，占一般预算支出的19.1%。州级直接用于农业和扶贫的专项资金6808万元，占州级专项资金安排总额的32.8%，除当年州县自有财力尽力安排外，还向省争取到水利、农业、林业、畜牧业、扶贫、农业综合开发等财政资金17396万元；另外还争取到列省级预算支出用于楚雄州的农业投入资金15605万元，其中：农业基建资金7655万元，水利基建资金3872万元，林业基建资金373万元，农业综合开发资金2431万元，扶贫和退耕还林资金1154万元，生物创新资金120万元。二是

加大交通基础设施建设。在抓好国家和省加快交通基础设施建设机遇，积极争取中央、省支持的同时，积极想办法多方筹集资金投入全州的公路建设和改造，2000年为南永公路改建、320国道楚雄城区段建设贷款2000万元；为禄武公路、元大公路、县乡文明公路、旅游景区公路积极筹措资金和贷款贴息共589.6万元，为全州交通状况的明显改善创造了条件。三是加大小城镇建设投入力度，2000年全州投入小城镇及城市建设资金据不完全统计达9162万元，其中：列省级预算支出的资金3064万元。仅州级安排城镇建设引导资金及贷款贴息合计913万元，用于全州37个小城镇及城市建设。

支持重点产业发展。一是增加“两烟”生产的投入，促进“两烟”生产的稳步发展。2000年州财政挤出1000万元资金扶持全州“两烟”生产的发展，积极支持提高卷烟质量，开拓市场，增加销售；支持提高烤烟种植水平和合格率，努力增加农民收入和财政收入。2000年在“两烟”竞争十分激烈的情况下，克服重重困难，完成了预定目标，实现“两烟”各项税收107720万元，占全州总收入的比重仍达61.4%。二是以经济效益为中心，以增加财政收入为出发点，支持全州“九五”县域财源项目建设，省政府批准的11个财源建设项目，经过3年的努力，省、州、县三级财政合计投资8947万元，目前已建成试车投产的项目有9个，对县域经济的增长已起到了促进作用，其中：禄丰缸套厂、楚雄华力机械有限责任公司、南华锌品厂等已成为县（市）级100万元以上的纳税大户。三是支持经济结构调整，积极筹集资金按照州委确定的天然药业、绿色食品、冶金矿产、特色旅游重点产业进行扶持，促进全州经济结构调整。2000年州财政投入工业结构调整资金1500万元，用于46个技术进步项目。投入农业结构调整资金400万元，用于农业结构调整和发展订单农业，开发名、特、优、新产品。为支持工商企业改革，落实好省、州、县财政借改投三级联动政策，2000年对州县企业技改借款进行逐笔清理、核实、审查后，按程序报批，已将省州的2978万元借款转作了国家资本金或国有股权，减轻了企业负担。同时积极向省争取到农业种植结构调整资金770万元，工商企业技改资金及贷款贴息、企业解困资金等1585万元。四是支持禄丰钢铁厂改革。从1999年3月禄丰钢铁厂实施破产清算以来，财政投入下岗职工基本生活费和清算费用等合计2530万元，为禄丰钢铁厂顺利进行破产重组竭尽全力。五是支持乡镇企业和非公有制经济的发展。

2000年州级预算安排和从州级乡镇企业发展资金中投入乡镇企业和个私经济扶持资金1239万元，其中：用于乡镇企业和个私企业贷款贴息、前期费、建立贷款担保基金569万元，用于25个乡镇企业和个体私营企业有偿借款670万元，为全州乡镇企业和非公有制经济发展注入了生机。

（二）依法强化税收征管，遏制财政收入下滑

一是将人代会确定的收入计划分解落实到各级各征收部门，并按照省政府的要求制定了相应的奖惩措施，与各县（市）和征收部门签订税收目标责任状。在执行中加强对收入情况的分析，及时协调解决收入中的问题，确保收入目标的实现；二是对重点税源实行重点监控，对饮食服务行业实行了双线控管，对个人所得税加强代扣代缴；三是针对2000年1月至5月全州财政收入下滑的严峻形势，加大税收执法力度，严厉打击各种违反税法行为，加强了稽查征管，按照“加强征管，堵塞漏洞，清缴欠税”的方针，严格依法治税，确保实现的税收及时、足额入库；四是组织财税工作执法、督查小组深入各县征收部门和重点纳税企业，帮助协调、解决存在问题，指导税收入库工作；五是加强各项基金的收缴和国有资产收益及非经营性资产转经营性资产占用费的收缴。

（三）千方百计筹集资金，促进社会事业发展

确保工资发放和收支平衡。由于县级可用财力减少，加之收入的季节性较强，有百分之五十的县收半年的税只够发一个月的工资，8个补贴县大部分支出要靠上级补助和借款。一是通过向上级借款和筹措其他资金，尽最大努力来保全州工资发放。全年州级调度各县（市）资金达87930万元，保证了全州工资发放和机构的正常运转；二是为支持各县的预算平衡，积极向上级汇报争取，全年在决算补助、种植业结构调整科技补助、天然林禁伐补助、增资补助、一次性困难补助等方面得到上级的较大支持。州对县（市）级的财力补助合计达到34552万元，是有史以来最多的一年，保证了全州财政的收支平衡。

增加社会稳定支出。一是支持建立各项社会保障制度。2000年全州财政投入用于机关事业职工养老保险支出、企业职工养老保险风险储备金、城镇居民最低生活保障制度支出、住房公积金、基本医疗保障制度支出、在乡的老复员军人定额补助、大队干部补助、三属补助、再就业基金、粮食风险金等支出合计

22021万元，推进了社会保障制度的建立和完善。二是全力支持“两个确保”，维护社会稳定。积极筹措资金确保国有企业下岗职工基本生活费和企业离退休人员养老金的及时足额发放。三是支持抗震救灾和恢复重建工作。2000年共投入14704万元，有力地支持了“1·15”姚安地震和“8·21”武定地震的恢复重建及武定“10·24”地震恢复重建扫尾工作。四是增加维护社会稳定安全的支出。2000年全州公检法司部门支出突破1亿元，达到10427万元。同时还增加了军分区、武警、消防、预备役部队建设支出。

促进社会事业发展。2000年投入各项事业含基本建设的支出都有不同程度的增加，即教育事业投入40288万元，比上年增支4784万元，增长135%，占全州一般预算支出的比重为21.3%，超过《中国教育改革与发展纲要》规定的本世纪末教育支出占财政支出15%的目标；科学事业和科技三项费用投入1958万元（未含列入各块事业支出中的科技投入），比上年增支692万元，增长54.7%；文体广播事业投入6157万元，比上年增支268万元，增长4.6%；卫生事业投入15262万元，比上年增支2381万元，增长18.5%；计划生育事业投入1830万元，比上年增支139万元，增长8.2%；工交、流通事业投入3482万元，比上年增支1431万元，增长69.8%；城市建设支出9237万元，比上年增支2650万元，增长40.2%。

（四）加大财政改革力度，强化财政管理职能

一是完善零基预算办法。2000年州级可用财力连续下降，需要安排的各项支出超过可用财力约3个亿。为确保工资发放和机构的正常运转，压缩了一般性支出。并将专款预算的安排和执行与各项工作紧密联系在一起，力求通过资金的投入为做好工作创造条件。二是改革预算外资金的征收管理。为进一步规范预算外资金征收管理，建立有效的制约和监督机制，发挥预算内外资金综合运用的整体效益，在实行“收支两条线”和按比例统筹管理的基础上，对行政事业性收费等预算外资金实行了“部门开票、银行收款、统一开户、收支统管”的新管理方式，从源头上管住了单位乱收费和“坐收坐支”行为，实现了一步到位的收费统管改革。三是实行财政统一发放工资办法。从2000年7月1日起在全州全面实行了“编委核准编制、人事部门核准工资、财政部门核拨资金、银行代为发放工资”的统发办法，为实施国库单一帐户制度打下了基础。四是积极推行政府采购制度。2000年成功地组织了11次公开招标集中采购，46次询价、竞价、定点采购，上百个生产厂家、商家参与竞价采购活动，为州级和部分县（市）行政事业单位采购了办公设备、教学用具、医疗设备、公务用车、网络工程、电器等。采购资金总额达4194.93万元，与市场售价相比节约资金515.27万元，资金节约率为10.9%。五是改革会计管理体制。为加强和改善对会计人员的管理，切实解决好会计秩序混乱、会计信息失真、会计监督不力的问题。经州委批准，在全州范围内分层次实行不同的会计管理模式，即乡（镇）一级行政事业单位实行“零户统管”，由财政所履行会计职责，执行统一的财务会计制度；对县以上行政事业单位成立“会计核算中心”统一进行会计核算；对国有和国有控股企业委派财务总监；对新开工的重点建设项目委派总会计。目前整个改革进展顺利，已有100个乡（镇）实施了“零户统管”，有4个县（市）级“会计核算中心”成立运转，其余县正在积极筹建中。

（五）加强财政监督管理，规范财政资金运作

一是严格按照《预算法》确保州、县两级预算收支平衡，巩固消赤成果。2000年减收增支因素较多，给县级财政预算平衡带来较大难度：一方面严格控制支出规模，除保工资发放外，坚持有多少钱办多少事。另一方面对县（市）级财政工作的五大关键环节，即收入任务的完成、工资发放、专款拨付、年终平衡、财政供养人员的控制，进行帮助指导并实行严格监督考核。2000年执行结果，全州地方财政收入超额完成了任务，保证了工资按时足额发放，10县（市）预算收支平衡，截止12月20日以前的当年省州专款全部拨清，财政供养人员得到了控制。二是加强和改善资金管理办法。针对专项资金在拨付、管理上存在的问题，州政府颁发了《楚雄彝族自治州财政专项资金管理暂行办法》，规范了资金的运作，严格实行资金按预算级次拨款，并规定了拨付时限。为监督资金的使用效益，凡单项支出州级5万元、县级3万元、乡级1万元以上的财政资金都要签订资金跟踪问效责任书。除严格执行已制定的管理办法外，对支农资金、基本建设资金、贫困地区义务教育资金实行专项汇拨，专人专户管理，封闭运行，保证专款专用；对农业综合开发和异地扶贫搬迁资金不但设专户、专人管理，还实行了县级报帐制；部分县财政对行政事业单位实行按月审核制度，上月支出核销后再拨下月资金。三是清理银行帐户。对全州各行政事业单位的银行帐户进行了认真清理，撤销归并帐户1086个，堵塞了资金管理上的漏洞。制定了《楚雄州州级行政事业单位银行帐户管理办法》，从制度上加强和规范了单位银行帐户管理。

2000年经过全州上下的共同努力，实现了全州财政收支平衡的目标，但也存在许多困难和问题。一是财政收入结构单一的状况没有明显好转，财政收入对“两烟”的依赖仍较大，财源增长后劲不足。2000年由于卷烟生产和单箱“两税”下降，税收减少1.4亿元，尽管其他税收有增长，但远远弥补不了卷烟税收下降的缺口，导致全州财政总收入连续3年下降；二是县级财政收支差距拉大，县级自给率逐年下降，随着财政供养人员的增加，政策性个人支出的增长，县级收支矛盾加剧，补贴县保工资和维持机构正常运转的自给率已由1997年的113.1%，降到1998年的61.4%，1999年的49.8%，2000年的48.4%；三是州、县两级支持生产和事业发展的专项资金逐年减少，仅州级专项支出就由1997年的35197万元减少到2000年的20707万元，减少1.45亿元；四是财政资金的安排上存在“缺位”和“越位”的问题，使部分资金使用分散，效益不佳；五是部分单位在资金管理使用中违纪行为时有发生。以上存在问题有待今后工作中加以解决。

二、2001年地方财政预算草案

2001年楚雄州地方财政收支预算安排的指导思想是：紧紧围绕州委对全州经济社会发展的总体要求，千方百计促进经济发展，财政增收；深化财政改革，调整优化支出结构，构建公共财政框架，确保社会公共支出需要；严格依法理财，加强财政资金监督管理，提高资金使用效益，促进全州经济和社会事业健康发展。

按照上述指导思想和原则，依据2001年全州国民经济和社会发展目标，结合财政收支增减因素，2001年全州地方财政收入预算初步安排65763万元（其中：一般预算收入62072万元，基金预算收入3691万元），比上年实际完成数下降14.9%，剔除不可比因素后增长3.3%。按征管部门分：国税部门12247万元，比上年实际完成数下降10%，剔除不可比因素后增长3.8%。地税部门48549万元，比上年实际完成数下降10.9%，剔除不可比因素后增长3.3%。财政部门4967万元，比上年实际完成数下降45.9%，剔除不可比因素后增长1.7%。按收入级次划分，州级安排12249万元（其中：一般预算收入11749万元，基金预算收入500万元），比上年实际完成数下降22.4%，剔除不可比因素后增长1.4%；县（市）级安排53514万元（其中：一般预算收入50323万元，基金预算收入3191万元），比上年实际完成数下降13%，剔除不可比因素后增长3.7%。

全州地方财政预算收入65763万元，加预计税收返还57040万元，省转移支付补助7048万元，省调资补助316万元，卷烟利益调整争取省补助3000万元，调入历年政府留成烟差价款5500万元，全州预算收入合计138667万元。按照“量入为出，收支平衡”的原则，全州支出预算安排138667万元，其中：一般预算支出130300万元，上解支出4676万元，基金预算支出3691万元。

州级预算收入依据楚雄卷烟厂计划生产和销售卷烟50万箱，“两税”入库84000万元（消费税60000万元，增值税24000万元）的计划测算，地方财政收入预算为12249万元（其中：一般预算收入11749万元，基金预算收入500万元）。具体收入项目：增值税25%部分6000万元；企业所得税300万元；城市维护建设税3511万元；教育费附加收入938万元；行政性收费收入500万元；罚没收入450万元；排污费收入50万元；基金预算收入500万元。按征收部门划分：国税部门6000万元；地税部门4749万元；财政部门1500万元。

州级地方财政收入预算12249万元，加预计税收返还46945万元，体制结算1000万元，卷烟利益调整争取省补助3000万元，调入历年政府留成烟差价款5500万元，上解支出776万元（国税经费上解140万元，地税经费上解166万元，农税人员经费上解5万元，工商经费上解101万元，技术监督经费上解75万元，公安四项经费上解13万元，卷烟教育费附加上解276万元），列收列支的基金预算500万元，州级可用财力为67418万元。按照《中华人民共和国预算法》“量入为出，收支平衡”的原则来安排：州级正常支出28000万元；州级预备费2000万元；8个县体制补助13700万元；补助8个县人员工资6738万元（含以奖代补）；用于全州生产和事业的专项支出16980万元。

上述预算安排需要说明的是：2000年财政收支预算安排是较为积极的，任务也是艰巨的。一是2000年卷烟税收是按烟厂正常年度生产及销售卷烟

50万箱和实际结转税收打足测算的，完成此项收入的前提是卷烟生产、销售任务必须保证完成；二是预算中安排的卷烟利益调整争取省补助3000万元，是省烟草公司对楚雄州2000年卷烟生产计划作宏观调控减少生产指标后，影响州级的税收返还和地方收入的部分，但还需向省作汇报争取工作；三是州级安排补助8个县人员工资6738万元，与8个县保工资和机构正常运转所需资金还有一定缺口，为确保工资发放和机构正常运转，还要积极向省汇报争取给予更多支持。

完成2001年收支预算任务具有十分重要的意义，我们将采取以下措施：

（一）积极支持经济发展，壮大地方财政实力

一是继续巩固提高“两烟”支柱产业。近年来尽管烤烟“双控”、税率下调，卷烟受市场影响较大，但“两烟”提供的税收2000年仍占全州财政总收入的61.4%，“两烟”税收在相当一段时期内仍然是楚雄州财政收入的主要来源，抓好卷烟营销，提高烟叶种植水平，巩固壮大主导财源不能有丝毫松懈；二是夯实农业基础，促进农业结构调整和农业综合开发，坚持以市场为导向，逐步提高农业基础财源对财政的贡献率；三是支持国有企业改革和工业结构调整，帮助企业协调筹措资金，促进企业技术进步，提高产品竞争力，为企业改革脱困创造条件；四是支持重点产业的发展。以经济效益为中心，大力扶持发展天然药业、绿色食品业、冶金矿产业和特色旅游业等重点产业，促进地方经济发展和财政增收；五是积极支持乡镇企业和非公有制经济的发展，促进所有制结构的调整，提高非公有制经济的比重，使之成为楚雄州最有潜力的经济增长点；六是抓住中央西部大开发的机遇，加快楚雄州基础设施的建设步伐，以项目实施为核心，争取中央、省对楚雄州的支持，促进全州经济发展；七是加快县域财源建设。以促进财政增收为目标，大力培植和开发适应市场经济发展要求的县域财源，提高产品的市场占有率和经济效益，改变重产值产量，轻质量效益的状况，逐步实现税收与经济发展同步增长。

（二）强化税收征收管理，确保收入目标实现

一是严格执行税收政策，依法清理纠正越权减免税政策，使实现的税收及时、足额入库，建立公平竞争的市场机制；二是改革税收征管手段，建立以“申报纳税和优化服务为基础，以计算机网络为依托，集中征收，重点稽查”的税收征管模式，完善税收征、管、查相分离的制度，不断总结改进“委托征收”、“代扣代缴”、“源泉控制”、“双线控管”等征管办法，堵塞征收漏洞；三是在做好税法宣传的同时，强化依法从严治税，抓好重点案件和重点纳税人涉税案件的查处工作，严惩偷、逃、骗、抗税等违法行为；四是落实各项税收改革措施和做好农村“费改税”工作，规范税费负担，促进市场经济的公平竞争，增加财政收入。

（三）调整优化支出结构，构建公共财政框架

按公共财政的要求，调整优化支出结构。2001年的财政支出要确保人员工资发放和机构正常运转，加强政权建设；确保各项社会保障制度的配套和城镇居民最低生活保障支出；确保公检法办案必不可少的支出，对政法部门的公用经费按照高于一般行政事业单位一倍的标准进行安排，确保社会稳定；注重农业、扶贫、科技、教育、计划生育等各项社会事业的投入；积极筹措资金支持基础设施建设和重点产业建设，培植新的经济增长点，较快增加地方财政收入；要始终坚持艰苦奋斗、勤俭办一切事业的方针，牢固树立过紧日子的思想，大力压缩非生产性支出；大幅度减少对一般经营性、竞争性领域的投入，逐步建立适应社会主义市场经济发展要求的公共财政。

（四）深化财政管理改革，全面履行财政职能

（1）积极推行预算管理改革。一是严格按照《预算法》收支平衡的原则和保运转、保稳定、保改革、保发展的原则编制预算，有保有压，逐步解决财政预算安排上“越位”与“缺位”的问题，确保财政收支平衡；二是全面推行“零基预算”编制方法。一切从零开始，按照预算年度的实际，分轻重缓急程度来编制预算，提高预算编制的科学性和透明度；三是细化预算编制，逐步实行部门预算。通过制定科学合理、符合实际的定员定额标准，改进和完善预算支出体系，强化执行中的预算约束；四是逐步实行全面综合财政预算。对行政事业单位预算实行综合管理，统筹安排预算内外资金，提高政府宏观调控能力。

（2）积极稳妥地推进会计管理体制改革。在全州乡（镇）全面实施“零户统管”办法，修订完善《楚雄州乡（镇）行政事业单位“零户统管”试行办法》，建立健全相关配套制度和措施，推行会计核算电算化，提高管理水平，巩固和发展改革成果。建立州、县两级“会计核算中心”，将行政事业单位财务收支纳入“会计核算中心”进行统一会计核算，同时建立相关制度和措施，从制度上规范集中统一会计核算办法；加强对“会计核算中心”的管理，增强服务意识，提高管理水平和工作效率。积极稳妥地开展对国有或国有控股企业委派财务总监和对政府重点投资项目委派总会计，选择部分国有或国有控股企业和部分政府重点投资项目进行试点，在取得经验的基础上，再对其他企业和建设项目实施；制定切实可行的委派管理制度，明确有关职责和职能，确保委派工作的规范化，在委派人员的选择上引入竞争机制，以保证委派人员的质量。

(3) 全面推行政府采购制度。认真贯彻 2001 年实施的《云南省政府采购条例》，在巩固州级政府采购已取得显著成效的基础上。一是加大政府采购实施的力度，积极稳妥地推进全州的政府采购工作，扩大政府采购实施覆盖面；二是依法行政，完善制度，规范政府采购行为。在执行州政府颁发的“办法”、“实施细则”的同时，要不断完善内部的管理制度，使整个采购行为有章可循，规范化运作；三是加大宣传力度。利用各种宣传媒体，对实施政府采购制度的必要性、重要性、具体程序等进行宣传，让社会各界理解、重视、支持这项工作，创造良好的政府采购环境；四是进一步扩大政府采购范围。在巩固和完善公务用车、办公设备、电教网络、锅炉等项目实施政府采购的基础上，对市场竞争较强，价格弹性较大的印刷、车辆投保维修、会议（接待）定点、修缮、绿化等项目逐步纳入政府采购；五是建立政府采购信息网络。使政府采购工作逐步实现信息化、科学化、规范化管理。

(4) 改革资金管理办法，提高资金使用效益。一是按照州政府颁发的《楚雄彝族自治州财政专项资金管理暂行办法》加强各级专项资金的管理，把资金的拨付、使用、管理、效益情况纳入监控范围，实行资金效益跟踪问效责任制，防止资金被挤占、挪用，确保资金专款专用；二是针对目前部门制定的管理费提取比例不合理，使用范围不规范，项目资金被层层提取管理费，分散了有限的建设资金，影响项目实施，造成项目资金缺口，使项目不能按期完成的问题，从制度上规范项目管理费的提取使用，确保财政资金的投资效益。

(5) 建立以出资人管理制度为中心的企业资产与财务管理新体系。一是加强国有资本运营管理，注重国有资本的优化配置，建立国有资本的退出机制，结合楚雄州实际，在清理核实国有资本组成来源的同时，一厂一策拟定退出方案，创造条件，成熟一户实施一户；二是建立专项管理制度，对影响国有资本权益的重大财务事项实施审批和监管；三是加强国有资产收益的管理，及时收缴国有资产经营收益和产权转让收入；四是继续实施国有资本经营责任制，健全资产经营考核和评价，防范国有资本经营风险。

（五）加强财政法制建设，强化财政监督管理

一是制定财政部门的“十五”法制建设规划，有计划、有重点地组织开展全州财政职工和财会人员学习财经法律、法规的培训工作，增强法制意识，提高法治水平；按照深化财政改革的要求不断修订完善各项财政管理制度，严格依法行政、依法理财。二是紧紧围绕加强财政管理为中心，改变过去重收入、轻支出监督的传统观念，实行收支监督并举，内外监督并重，事前、事中、事后监督相结合，重点检查和日常监督相结合。加大对财政专项资金及单位财务的监督检查力度，促进财政管理质量的提高。三是针对部分县（市）及单位政府性负债过高，超出自身偿还能力的问题，要采取措施清理现有债务，摸清家底，明确责任，坚持谁借款谁偿还的原则，积极筹措资金按期偿还。属于财政部门逐级承借的各项借款，如到期不还的，按省对州的办法，从预算上实行强行扣款。今后凡属政府财政性借款、承诺、担保，要严格管理，建立健全制约机制和审批制度，严格防范财政风险。

（六）加强职工队伍建设，提高财政干部素质

一是按照江总书记“三个代表”的要求，引导职工加强对党的基本理论、基本路线和基本方针的学习，坚定对建设有中国特色社会主义的信念，提高贯彻执行党的方针政策的自觉性，牢固树立全心全意为人民服务的思想，增强服务意识，大局意识，以对党对人民负责的使命感和责任感做好工作；二是认真落实党风廉政建设责任制，坚持廉政建设工作与业务工作一起抓，在职工中开展警示教育，增强廉洁自律意识，自觉遵守各项纪律，防患于未然；三是坚持以人为本的思想，提高干部队伍综合素质。下功夫学习邓小平理论和党的第三代领导集体的理财思想，刻苦钻研现代经济管理、公共财政理论、财经法规、计算机应用等方面的知识，不断提高财政干部理论水平和业务工作能力，以适应市场经济条件下财政工作的要求，努力造就一支精干、高效、廉洁、务实的财政干部队伍。

各位代表，2001 年财政改革和发展的任务是艰巨的，但完成任务的有利条件也是多的，一是随着国家西部大开发战略的进一步实施，中央财政通过预算安排和发行特种国债加大对西部地区基础设施建设的投入，全州的经济建设步伐将进一步加快；二是深化企业改革和工业结构调整的效果已逐步显现；三是农业结构调整和农业产业化发展，为农民增收和财政增收开辟了新路子；四是随着楚雄州投资环境的改善，非公有制经济的快速发展，为财政增收开创了新的增长点；五是中央和省财政将加大对地方的转移支付力度，为缓解财政困难创造了条件。让我们在州委的正确领导下，团结和依靠全州各族人民，扎实工作，开拓创新，2001 年的财政收支预算任务一定能够圆满实现。

楚雄彝族自治州城镇职工基本医疗保险暂行办法

（2000 年 1 月 28 日）

第一章　总　　则

第一条　为建立具有中国特色的适应社会主义市场经济体制的职工基本医疗保险制度，合理利用卫生资源，抑制医疗费用过快增长，为广大职工提供基本医疗保障，提高职工健康水平，依据《国务院关于建立城镇职工医疗保险制度的决定》（国发［1998］44号文件）和《云南省城镇职工基本医疗保险暂行规定》，结合楚雄州实际，制定本暂行办法。

第二条　城镇职工基本医疗保险水平，要与社会主义初级阶段生产力发展水平相适应，在用人单位和职工个人经济能力能承受的前提下，保障广大职工的基本医疗需求。

第三条　医疗保险实行属地管理原则。本州行政区域内的所有用人单位及其城镇职工，包括各类企业、机关、事业单位、社会团体、民办非企业单位（以下简称用人单位）及其职工、退休人员，均应参加所在地的基本医疗保险。

第四条　我州的基本医疗保险实行州级统筹。在全州范围内实行统一制度、统一费率、统一支付标准，逐步实行统一调剂使用基金的统收统支，收支两条线的管理办法。

第五条　州、县（市）劳动和社会保障行政部门负责本行政区域内城镇职工基本医疗保险的管理和监督检查工作。

州、县（市）劳动和社会保障部门按照政事分设的原则，设立医疗保险业务经办机构。州医疗保障业务经办机构除负责全州的基本医疗保险业务工作的综合指导管理外，直接办理州府所在地中央、省属、州属单位的基本医疗保险业务；县（市）的医疗保险经办机构负责该辖区内的基本医疗保险业务。

医疗保险业务经办机构，属事业单位。医疗保险业务经办机构的事业经费由同级财政预算解决，不得从基金中提取。

第二章　医疗保险基金的筹集

第六条　基本医疗保险费用由用人单位和个人共同承担。全州用人单位的基本医疗保险缴费率为上年度职工工资总额的 7%；在职职工个人缴费率为本人上年度工资收入的 2%。退休人员个人不缴纳 2% 的基本医疗保险费。自谋职业者缴纳社会平均工资的 9%。参保单位的缴费工资总额按国家统计口径确定。

第七条　用人单位缴纳基本医疗保险的基数，为本单位上年度职工月平均工资总额。职工缴纳基本医疗保费的基数，为本人上年度月平均工资收入。职工工资收入高于统筹地区上年度平均工资 300% 的，以 300% 为基数缴纳；低于统筹地区上年度职工平均工资 60% 的，以 60% 为基数缴纳。

外商投资企业的中方员工，个体经济组织业主及其员工，留职停薪自谋职业者等，以上年度全州社会平均工资基数缴费。

国有企业下岗职工，单位和个人应缴纳的基本医疗保险费，由再就业服务中心以统筹地区平均职工工资的 60% 为基数缴纳。

第八条　各参保单位应于每年的 1 月向医保机构填报上年度职工工资总额，经医保中心核定后于 4 月执行新一年度的缴费基数。缴费基数一年一核定。

第九条 单位缴纳的基本医疗保险费列支渠道：机关在单位经费中支出；事业单位在事业费中支出，资金来源按财政体制关系和资金供给渠道解决；企业单位按原列支渠道列支。

第十条 用人单位必须按月缴纳基本医疗保险费，职工个人缴纳的基本医疗保险费由用人单位代扣代缴。基本医疗保险费必须按时足额缴纳。

个别单位按时缴纳确有困难的，应提前一个月向医疗机构提出书面申请，经批准方可缓缴，缓缴期最长为两个月，批准缓缴期免收滞纳金，但应按城乡活期储蓄存款计付利息。未经批准欠缴基本医疗保险费的，医保机构从次月起暂停该单位参保人员享受社会统筹金支付医疗费用的待遇，所发生的医疗费由单位垫支，待单位补缴所欠的医疗保险费和利息以及依据《社会保险费征缴暂行条例》规定的按日加收2‰滞纳金后，医疗保险机构才给支付欠缴期间发生的医疗费用。

基本医疗保险费用由医疗保险经办机构负责征收或委托国有专业银行托收。各参保单位须按月缴清基本医疗保险费。基本医疗保险费，不计征税费。

第十一条 新成立的机关、事业单位和新办企业，应在获准成立或取得营业执照之日起30日内向医疗保险经办机构办理基本医疗保险登记。

用人单位新招用人员，应在招用后的30日内，向医保机构办理基本医疗保险手续。

第十二条 用人单位因宣告破产、撤销、解散或其他原因终止的，在清算财产时，依照国家的有关法律、法规的规定，清偿其欠缴的医疗保险费及利息。

用人单位合并、分立、转让时，由合并、分立、受让的单位承担欠缴的医疗保险费及利息。

第三章 基本医疗保险统筹基金和个人帐户

第十三条 职工基本医疗保险基金，由统筹基金和个人帐户两部分组成。实行分帐管理、划定各自支付范围，分别核算，互不挤占挪用。

第十四条 职工基本医疗保险统筹基金和个人帐户的分配办法：

（一）统筹基金。单位按职工工资总额缴纳的基本医疗保险费，扣除记入个人帐户部分后，用于建立统筹基金。

（二）个人帐户。职工个人缴纳的2%和从单位缴费中按比例划入的部分组成个人帐户。个人帐户记入下列内容：

1. 个人缴费工资基数。

2. 在职职工个人缴纳的基本医疗保险费。

3. 在职职工从单位缴费中按年龄段和分配比例，以本人上年度月平均缴费工资为基数计算，即30岁以下记0.3%，31岁至45岁记1.8%，46岁至退休前记2.3%，年龄一律以年度计算，1月1日至12月31日为一年度。

4. 退休人员的个人帐户按上年度本人月平均应发退休费的4.5%计入。

5. 个人帐户资金使用和积累情况，计入个人帐户的医疗保险费按月划入。

6. 个人的其他有关资料。

第十五条 州、县（市）医疗保险机构应为每位参保人员建立医疗保险个人帐户。医疗保险个人帐户编号，统一使用身份证号码。参加医疗保险的单位，应建立职工医疗保险台帐。

第十六条 医疗保险个人帐户实行IC卡管理，参保人员就诊付费，可用IC卡结算。在异地安置的退休人员和长期在外工作的职工的IC卡由单位保存，如发生住院费用，可由单位持IC卡到医保机构下帐。个人帐户的利息积累归个人使用，可结转使用和继承。参保职工和统筹地区调动工作的只转关系不转资金，调出调入统筹地区的，个人帐户资金随其转移。

第十七条 医疗保险基金的银行计息办法，按银行同期居民储蓄利率计息。个人帐户的存款利息，并入本金归个人所有；统筹金的存款利息并入基金。

第四章 基本医疗保险待遇

第十八条 参加基本医疗保险人员享受基本医疗待遇的权利。《医疗保险IC卡》和《医疗保险手册》是参保人员享受基本医疗保险待遇的凭证，就诊须持两证。

第十九条 参保人的门诊医疗和到定点零售药店购药的费用，由个人医疗保险帐户支付。特殊慢性病一年内不住院看门诊的费用超过400元以上的3000元以内的部分，经医保机构批准，可进入统筹基金支付，但个人承担的费用应比住院降低5%。

第二十条 参保人员住院费用主要从统筹基金中

支付，但个人也要承担一定比例的费用。

（一）使用统筹金的起付标准，一年内首次住院，三级医院500元，二级医院400元，一级医院和未评级的乡（镇）或单位卫生医院（所）300元；第二次住院三级医院400元，二级医院300元，一级医院200元。

（二）我州个人一年内使用统筹基金的最高限额为28000元，今后根据经济发展和人民生活水平提高情况作适时调整。当年个人使用统筹基金超过最高支付限额的，医疗保险机构不再承担，超过部分由个人或单位通过其他补充保险或社会救助解决。

（三）起付标准以上，最高限额以下的职工基本医疗费用，在职职工承担15%，退休人员承担10%。

第二十一条　异地安置的退休人员、驻外人员，应到当地定点医院诊治。在异地患病发生的住院医疗费用，由本人或参保单位垫付后，持病历资料、处方复印件和有效单据以及批准外出单位的证明，到医疗保险经办机构按规定审核报销。

临时出差和国内探亲休假的参保人员患病，除急性病抢救期间的住院费用按前款办外，其他慢性病应回统筹地区定点医院治疗方可报销。

第二十二条　参保人员住院的检查治疗，属于基本医疗保险支付部分费用的诊疗项目，个人承担比例在第二十条第三款的自付比例基础上提高10%。基本医疗保险支付部分费用的诊疗项目按照国家和省的规定执行。

参保人住院，医保机构只支付普通病房和必须的抢救病房的床位费。如住特需病房，其超过标准的床位费符合国家有关规定，经费由单位负担，不符合规定的由个人承担。

第二十三条　参保人员住院按属地到定点医院治疗，确因病情本地不能医治需转院的，应坚持逐级转诊转院的原则，由医院提出意见，报医保机构备案。转院到统筹地区以外所发生的医疗费，先由个人或单位垫付，出院后持有关资料到医保机构审核报销，个人承担费用比例在第二十条第三款的比例基础上提高2%。

第二十四条　参加基本医疗保险的人员因打架斗殴、酗酒、自伤自残等发生的医疗费用，由个人负责，医疗保险机构不予支付。

第二十五条　参保人员住院的陪护费、护工费、转诊交通费以及因病致残需配置扶助器具的费用，医疗保险机构不予支付，由用人单位或个人承担。

第五章　基本医疗保险费计算方法和基金的管理和监督

第二十六条　医疗保险的结算办法：

（一）门诊治疗和用药的费用结算，由参保人员用IC卡自行结算或自付现金。

（二）参保人员患病住院的费用结算，医院除按规定收取起付金外，还可根据病情向个人适当收取预付医疗费用，起付线以上最高支付限额以下的基本医疗费用，由医疗保险机构与医院结算，医院应提供收费依据。医疗保险机构对定点医院基本医疗费用的结算办法由医疗保险管理部门规定。

第二十七条　基本医疗保险基金实行财政专户储存、专项管理、专款专用、不得挤占挪用，也不能用于平衡地方财政预算。

医疗保险经办机构应建立健全基金预决算制度、财务会计制度和内部审计制度，接受财政、审计部门的监督。

第六章　定点医疗机构和定点零售药店管理

第二十八条　基本医疗保险机构实行定点医疗机构（包括综合医院、专科医院、中医医院等）和定点药店管理。定点医院和药店由劳动和社会保障行政部门进行资格审定，并签订基本医疗服务合同明确双方的责任、权利和义务。

第二十九条　定点医疗机构和定点药店，实行资格认证和年检制度并由劳动和社会保障部门发给相应的证、牌。本州范围内的国有、集体医疗机构和药店，均可向劳动和社会保障部门申办开展基本医疗保险的医疗、药品服务业务。被确定为基本医疗保险定点医院和药店的，由劳动和社会保障部门向社会公布，定点单位应挂牌营业。未获得定点的医疗机构和药店，不得开展基本医疗保险的医疗和药品服务业务。参保人员到非定点机构诊治病的费用，医疗保险机构不予支付。

第三十条　参保人员和医疗机构，应严格执行国家有关规定和省《城镇职工基本医疗保险用药范围暂行管理办法》以及相关药品目录、《关于城镇职工基本医疗保险诊疗项目管理、医疗服务设施范围和支付标准的意见》等有关规定。违反规定的医疗保险机构不予支付费用，由医院或患者负责。

第三十一条 基本医疗定点医院和药店，应加强内部管理，优化医疗卫生资源的配置，努力降低医疗服务成本，提高服务质量，坚持“因病施治、合理检查、合理用药”，为参保患者提供方便、快捷、优质的基本医疗服务。

第三十二条 参保人员患病住院，须持《医疗保险 IC 卡》和《医疗保险手册》到划定的定点医院，接诊医师应先验证、后处置。需住院治疗的由接诊医师决定，并在三天以内由接诊医院报医疗保险机构备案。

第七章 罚 则

第三十三条 用人单位不按规定缴纳基本医疗保险费的，由劳动和社会保障行政部门依照《社会保险费征缴暂行条例》等有关法律、法规、规章的规定处罚。

第三十四条 定点医院和定点药店及其工作人员有下列行为之一的，劳动和社会保障部门扣回不应由医疗保险基金支付的费用，并视情节轻重，取消定点资格或建议对责任人给予纪律处分。

1. 不遵守基本医疗保险服务范围、用药范围、收费标准的。

2. 不执行诊疗常规、不坚持出入院标准、放宽住院转院条件、延长住院时间、造假病历和开假处方、大处方、假收据等。

3. 推诿病人或选择病人，不提供、乱提供或减少参保人员所需医疗服务的。

4. 定点医院和药店对医保机构审核、检查等工作不配合、不提供有关资料或提供假资料的。

5. 其他违反基本医疗保险有关规定的行为。

第三十五条 参保人员有下列行为之一的，由劳动和社会保障部门追回发生的费用，并视情节轻重，建议单位给予纪律处分。

1. 将医疗保险证卡转借他人就医的。

2. 用他人医疗保险证卡冒名就医的。

3. 私自伪造涂改处方、费用单据的。

4. 其他违反基本医疗保险规定的行为。

第三十六条 医疗保险经办机构及其工作人员、有下列行为的，由劳动和社会保障部门视情节轻重给予纪律处分，构成犯罪的，由司法机关依法追究刑事责任。

1. 在收缴、审核、报销、支付医疗保险费时，徇私舞弊、损公肥私的。

2. 玩忽职守或违反财经纪律造成医疗保险基金损失的。

3. 利用职权或工作之便、贪污、挪用医疗保险基金或收受贿赂的。

4. 违反医疗保险其他有关规定的。

第八章 附 则

第三十七条 有一定规模经营正常、财会制度健全的乡镇企业、私营企业和城镇个体经济组织的业主及其从业人员原则上应纳入基本医疗保险统筹。

第三十八条 所有参加基本医疗保险的单位和人员，应参加大病医疗补充保险。具体办法另行制定。

第三十九条 对暴发性、流行性传染病以及自然灾害等因素造成的大范围、危重病人救治及费用，由当地政府综合协调解决。

第四十条 基本医疗保险的有关的诊疗项目、用药目录、医疗设施标准以及定点医院和药店标准等有关管理办法，按上级的有关规定执行，上级没有规定或需要结合本州实际充实完善的，由州有关部门逐步制定完善。

第四十一条 参保单位和人员于 2000 年 2 月 29 日前发生的医疗费用，由职工所在单位按老办法处理。

第四十二条 全州行政辖区内所有参加基本医疗保险的单位的人员，无论何时参加医疗保险，均应提前缴纳一个月的基本医疗保险费后，方可进入医保统筹基金报销。

第四十三条 离休人员、老红军的医疗待遇不变，医疗费用按原资金渠道解决，支付确有困难的，由同级人民政府帮助解决。

二等乙级以上革命伤残军人的医疗待遇不变，医疗费用按原资金解决。

第四十四条 本暂行办法今后与国家新规定相抵触的，按新规定执行。

第四十五条 本暂行办法从 2000 年 3 月 1 日起实施。

楚雄州2000年度获高级专业技术职务任职资格人员名录

姓 名	工作单位	资格名称	认定时间
杨 群	楚雄师范高等专科学校	教授	2000.10.31
王 敏	楚雄州中医院	主任医师	2000.8.16
杨本雷	楚雄州中医院	主任医师	2000.8.30
彭增荣	楚雄州药品检验所	主任药师	2000.8.30
谭 斌	楚雄师范高等专科学校	副教授	2000.8.16
李艳梅	楚雄师范高等专科学校	副教授	2000.8.16
陈雪东	楚雄师范高等专科学校	副教授	2000.8.16
梁劲松	楚雄师范高等专科学校	副教授	2000.10.31
王志刚	楚雄师范高等专科学校	副教授	2000.10.31
尹艳燕	楚雄师范高等专科学校	副教授	2000.10.31
陈雪红	楚雄师范高等专科学校	副教授	2000.10.31
董 刚	楚雄师范高等专科学校	副教授	2000.10.31
王昆林	楚雄师范高等专科学校	副教授	2000.10.31
田 青	楚雄师范高等专科学校	副教授	2000.10.31
罗思远	楚雄师范高等专科学校	副教授	2000.10.31
袁丽晴	楚雄师范高等专科学校	副教授	2000.10.31
敖 然	楚雄师范高等专科学校	副教授	2000.10.31
李金融	楚雄师范高等专科学校	副教授	2000.10.31
和庆国	楚雄师范高等专科学校	副教授	2000.10.31
纪映平	楚雄师范高等专科学校	副研究馆员	2000.11.13
钱 波	楚雄师范高等专科学校	高级讲师	2000.7.21
周云燕	楚雄师范高等专科学校	高级讲师	2000.7.21
李雪玲	楚雄师范高等专科学校	高级讲师	2000.7.21
梁晓华	楚雄师范高等专科学校	高级讲师	2000.7.21
余 靖	大姚师范学校	高级讲师	2000.8.16
张莉萍	大姚师范学校	高级讲师	2000.7.21
高培仁	大姚师范学校	高级讲师	2000.7.21
郭贵州	大姚师范学校	高级讲师	2000.7.21
金 丽	楚雄卫生学校	高级讲师	2000.7.21
鲁 萍	楚雄卫生学校	高级讲师	2000.7.21
贺 彪	楚雄卫生学校	高级讲师	2000.7.21
钱 云	楚雄州工业学校	高级讲师	2000.7.21
黄海平	楚雄州工业学校	高级讲师	2000.7.21
王 静	楚雄农业学校	高级讲师	2000.7.21
李 军	楚雄农业学校	高级讲师	2000.7.21
刘 欣	楚雄警察学校	高级讲师	2000.7.21
李楚平	楚雄警察学校	高级讲师	2000.7.21
刘安宏	楚雄警察学校	高级讲师	2000.7.21
李秀云	楚雄警察学校	高级讲师	2000.7.21
闵 珏	楚雄州技工学校	高级讲师	2000.11.14
吴宗华	楚雄州技工学校	高级讲师	2000.11.14
杨朝琪	楚雄一中	中学高级教师	2000.7.13

姓 名	工作单位	资格名称	认定时间
赵晶娜	楚雄一中	中学高级教师	2000.7.13
杨万琪	楚雄一中	中学高级教师	2000.7.13
孙德荣	楚雄一中	中学高级教师	2000.7.13
董廷锋	楚雄一中	中学高级教师	2000.7.13
罗丽清	楚雄一中	中学高级教师	2000.7.13
傅敏娟	楚雄一中	中学高级教师	2000.7.13
张晓云	楚雄一中	中学高级教师	2000.7.13
周晓晖	楚雄一中	中学高级教师	2000.8.16
袁 渊	楚雄二中	中学高级教师	2000.7.13
喻新嘉	楚雄二中	中学高级教师	2000.7.13
王 云	楚雄三中	中学高级教师	2000.7.13
董海萍	楚雄三中	中学高级教师	2000.7.13
杨庆国	楚雄州民族中学	中学高级教师	2000.7.13
任自彬	楚雄州民族中学	中学高级教师	2000.8.16
陈学剑	楚雄师范高等专科学校附属中学	中学高级教师	2000.7.13
席学江	楚雄师范高等专科学校附属中学	中学高级教师	2000.8.16
邓 兵	楚雄州教学科研所	中学高级教师	2000.7.13
董银麒	楚雄州教学科研所	中学高级教师	2000.7.13
张安平	楚雄州电教馆	中学高级教师	2000.7.13
何家生	楚雄第一职业高级中学	中学高级教师	2000.7.13
吴培玉	楚雄第一职业高级中学	中学高级教师	2000.7.13
李建云	楚雄市教学研究室	中学高级教师	2000.7.13
董廷发	楚雄市新街中学	中学高级教师	2000.7.13
张国彪	禄丰县第二中学	中学高级教师	2000.7.13
张思彦	禄丰县第二中学	中学高级教师	2000.7.13
拜春平	禄丰县第三中学	中学高级教师	2000.7.13
毕 金	禄丰县第六中学	中学高级教师	2000.7.13
段国贤	禄丰县职业高级中学	中学高级教师	2000.7.13
张建华	禄丰县广通中学	中学高级教师	2000.7.13
杨建琴	禄丰县教学研究室	中学高级教师	2000.7.13
张元春	双柏县教学研究室	中学高级教师	2000.7.13
李荣国	双柏县第一中学	中学高级教师	2000.7.13
郭家申	双柏县职业高级中学	中学高级教师	2000.7.13
段正军	姚安县第一中学	中学高级教师	2000.7.13
李学先	牟定县第一中学	中学高级教师	2000.7.13
曹如海	牟定县第一中学	中学高级教师	2000.7.13
张国学	南华县第一中学	中学高级教师	2000.7.13
李惠文	武定县第一中学	中学高级教师	2000.7.13
李 俊	武定县第一中学	中学高级教师	2000.7.13
谢恪金	永仁县第一中学	中学高级教师	2000.7.13

姓　名	工作单位	资格名称	认定时间
刘汝培	永仁县第一中学	中学高级教师	2000.7.13
王文武	永仁县第一中学	中学高级教师	2000.7.13
自洪明	永仁县第一中学	中学高级教师	2000.7.13
李根阳	永仁县第一中学	中学高级教师	2000.7.13
薛志云	永仁县第一中学	中学高级教师	2000.7.13
王尚茹	元谋县第一中学	中学高级教师	2000.7.13
李学明	元谋县第一中学	中学高级教师	2000.7.13
文志刚	元谋县第一中学	中学高级教师	2000.7.13
永保荣	元谋县第一中学	中学高级教师	2000.7.13
永保华	元谋县元马中学	中学高级教师	2000.7.13
杞文荣	元谋县教学研究室	中学高级教师	2000.7.13
邓锦华	大姚县第一中学	中学高级教师	2000.7.13
陆学琼	大姚县第一中学	中学高级教师	2000.7.13
余兴红	大姚县第一中学	中学高级教师	2000.7.13
白　芬	大姚县新街校区	中学高级教师	2000.7.13
白　萍	楚雄州中医院	副主任医师	2000.8.30
马　谊	楚雄州中医院	副主任医师	2000.8.30
李洪燕	楚雄州中医院	副主任医师	2000.8.30
王亚明	楚雄州人民医院	副主任医师	2000.8.30
杨杰东	楚雄州人民医院	副主任医师	2000.8.30
程　磊	楚雄州人民医院	副主任医师	2000.8.30
白晓瑞	楚雄州人民医院	副主任医师	2000.8.30
孔卫平	楚雄州人民医院	副主任医师	2000.8.30
李　宁	楚雄州人民医院	副主任医师	2000.8.30
刘存德	楚雄州人民医院	副主任医师	2000.8.30
李学良	楚雄州人民医院	副主任医师	2000.8.30

姓　名	工作单位	资格名称	认定时间
麻卓云	楚雄州人民医院	副主任技师	2000.8.30
杨月芳	楚雄州妇幼保健院	副主任医师	2000.8.30
张　勤	楚雄州妇幼保健院	副主任医师	2000.8.30
王永平	楚雄州卫生防疫站	副主任技师	2000.8.30
包宗祥	元谋县人民医院	副主任医师	2000.8.30
毛志品	永仁县人民医院	副主任医师	2000.8.30
苏亚平	双柏县人民医院	副主任医师	2000.8.30
熊文云	禄丰县人民医院	副主任医师	2000.8.30
刘宝生	楚雄市卫生防疫站	副主任医师	2000.8.30
朱景林	楚雄州农机研究所	高级工程师	2000.7.30
朱云华	楚雄州水电勘测设计院	高级工程师	2000.8.24
阮建清	楚雄州水利水电质监站	高级工程师	2000.8.24
舒永发	楚雄市村镇建设管理处	高级工程师	2000.8.24
阮文忠	楚雄州农业科学研究推广所	高级农艺师	2000.8.11
李自清	武定县农技中心	高级农艺师	2000.8.11
周锦春	楚雄州丝绸厂	高级会计师	1999.12.27
王定梁	楚雄州审计局	高级审计师	2000.5.19
丁伯廉	楚雄州艺术研究室	二级编剧	2000.7.18
熊美亮	武定县文化馆	副研究馆员	2000.11.13
李国青	楚雄州人民法院	副主任法医师	1998.12.5
杨昌宁	楚雄州人民法院	副主任法医师	1998.12.5

〔楚雄州人事局供稿〕

统计资料

楚雄州国民经济和社会发展情况主要指标

	单位	2000 年	1999 年	2000 年比 1999 年 ± %
一、年末总人口	万人	250.89	249.00	0.76
其中：农业人口	万人	217.19	216.25	0.44
非农业人口	万人	33.70	32.75	2.90
其中：少数民族人口	万人	78.44	77.41	1.33
#彝族人口	万人	63.33	62.50	1.33
二、年末社会劳动者人数	万人	159.92	159.26	0.41
其中：职工人数	万人	14.79	15.75	-6.09
农村劳动者	万人	136.14	131.73	3.35
三、国内生产总值（现价）	万元	1055423	993199	7.73
第一产业	万元	327457	313296	5.31
第二产业	万元	410158	391502	7.83
第三产业	万元	317808	288401	9.49
人均国内生产总值	元	4223	3999	7.30
四、工农业总产值（现价）	万元	1236863		9.9
工业总产值	万元	726891		12.4
农业总产值	万元	509972		4.67
五、年末耕地面积	万亩	240.58	241.07	-0.20
#水田	万亩	124.72	125.19	-0.38
播种面积	万亩	447.79	448.56	-0.17
其中：粮食作物	万亩	350.97	363.9	-3.55
经济作物	万亩	58.26	54.37	7.15
六、农产品产量				
粮食产量	吨	1030267	1024779	0.54
烤烟产量	吨	61936	52333	18.35
油料产量	吨	23022	15969	44.17
肉类产量	吨	174464	162332	7.47
水产品产量	吨	5950	5337	11.49
大牲畜年末存栏	万头	92.12	92.31	-0.21
生猪年末存栏	万头	165.40	165.41	-0.01
羊年末存栏	万只	117.2	123.17	-4.85
七、工业产品产量				
原　煤	万吨	95.45	113.04	-15.56
发电量	万千瓦时	42691	24339	75.4
水　泥	万吨	43.52	42.88	1.5
卷　烟	万箱	44	51	-13.72
农用化肥（折纯）	万吨	3.48	4.58	-24.01

续上表

	单位	2000 年	1999 年	2000 年比 1999 年 ± %
八、全社会固定资产投资	万元	229334	203155	12.89
#国有单位投资	万元	131271	99544	31.87
九、社会消费品零售总额	万元	273946	252318	8.57
农业生产资料销售额	万元	60303	53903	11.87
十、年末职工人数	万元	14.79	15.75	-6.09
在岗职工工资总额	万元	127502	119629	6.58
在岗职工年平均工资	元	8971	7961	12.69
十一、公路通车里程	公里	14071	14071	持平
十二、地方财政收入	万元	77293	74571	3.65
地方财政支出	万元	191411	169196	13.17
十三、城乡居民年末储蓄存款	万元	526264	486741	8.12
十四、城镇居民人均可支配收入	元	5911	5534	6.81
十五、农民人均纯收入	元	1575	1521	3.55
十六、邮电业务总量	万元	41130	22451	83.20
十七、各级各类学校数	所	1500	1475	1.69
专任教师数	万人	2.23	2.21	0.90
在校学生数	万人	41.49	41.47	0.05
适龄儿童入学率	%	99.56	99.54	0.02
十八、卫生机构数	个	210	210	持平
床位数	张	6719	6535	3.27
专业卫生技术人员	人	7335	6363	15.28
十九、电视覆盖率	%	91.2	89	2.47
广播覆盖率	%	90.0	86	4.65

楚雄州国民生产总值

	现价		可比价		2000 年比 1999 年 ± %（按可比价计算）
	2000 年	1999 年	2000 年	1999 年	
国民生产总值（万元）	1064235	1001615	756215	702335	7.67
一、国内生产总值	1055423	993199	749446	695644	7.73
其中：第一产业	327457	313296	183890	174625	5.31
第二产业	410158	391502	319964	296718	7.83
#工业	351293	337264	270842	251082	7.87
第三产业	317808	288401	245592	224301	9.49
二、地区外净要素收入（万元）	8812	8416	6769	6691	1.17
三、人均国民生产总值（元）	4258	4023	3025	2821	7.23
四、人均国内生产总值（元）	4223	3999	2998	2794	7.30

楚雄州工业总产值增长情况

单位：万元

	当年价	1990年不变价	2000年比1999年±%
全部工业总产值	726891	566466	12.4
其中：限额以上	360467	280912	1.6
其中：轻工业	221172	182635	-3.0
重工业	139295	98277	14.2
其中：国有	237511	188254	-8.4
集体	17348	10538	0.1
股份合作	6374	4003	-14.0
股份制	73566	62333	75.9
外商及港澳台投资	24725	14575	-19.5
其他	943	1208	—
其中：限额以下	366424	285554	24.3

楚雄州2000年农业总产值及年末生猪牲畜存栏情况

	单位	2000年	1999年	2000年比1999年±%
农业总产值（1990年不变价）	万元	252939	241658	4.67
农业	万元	154957	149099	3.93
林业	万元	17271	16482	4.79
牧业	万元	78262	73883	5.93
渔业	万元	2449	2194	11.62
农业总产值（当年价）	万元	509972	488086	
农业	万元	320691	311890	
林业	万元	31721	27716	
牧业	万元	151443	142577	
渔业	万元	6117	5903	
大牲畜年末存栏	万头	92.12	92.32	-0.22
生猪年末存栏	万头	165.40	165.41	-0.01
羊年末存栏	万只	117.22	123.2	-4.83
肉类总产量	吨	5950	5337	11.49

固定资产投资完成额

单位：万元

	2000年	1999年	2000年比1999年±%
总　　计	229334	203155	12.9
基本建设投资	104396	88775	17.6
更新改造投资	15566	11864	31.2
其他投资	25653	29529	-13.1
农村集体投资	25566	25605	-0.2
房地产开发投资	10097	5742	75.8
城镇工矿区私人投资	17976	13430	33.8
农村私人投资	23543	25704	-8.4
农村购买生产性固定资产投资	6537		
50万元规模以下投资		2506	

楚雄州社会消费品零售总额增长情况

单位：万元

	2000年	1999年	2000年比1999年±%
社会消费品零售总额	273946	252318	8.60
一、按经济类型分			
国有及国有控股	52683	52402	0.5
集体及股份合作	34591	36283	-4.7
个私经济	137750	118993	15.8
其中：个体经济	124228	112589	10.3
其他	48922	44640	9.6
二、按行业分			
批发零售贸易业	166630	154892	7.6
餐饮业	35026	29576	18.4
制造业	13347	13432	-0.6
农业生产者	48764	42985	13.4
其他	10179	11433	-11.0
三、按销售地区分			
市的零售额	88784	79692	11.4
县的零售额	82498	75873	8.7
县以下的零售额	102664	96753	6.1

原材料、能源消费量

	单位	2000年	1999年	2000年比1999年±%
钢材	吨	14026	8214	70.76
水泥	吨	8269	9800	-15.62
原木	立方米	1206	9460	-87.25
锯材	立方米	1622	1512	7.27
原煤	吨	928015	804631	15.33
焦炭	吨	76609	81899	-6.46
汽油	吨	11272	1839	5.1倍
煤油	吨	35	93	-62.37
柴油	吨	6634	2380	1.8倍
电力	万千瓦时	73259	134183	-45.40

全州各种物价总指数

（以上年价格为100）

	2000年	1999年
一、居民消费价格总指数	99.3	98.5
其中：城市	99.1	98.1
农村	99.6	98.7
总指数中：食品类	95.5	97.5
服务项目	102.9	107.0
二、商品零售价格总指数	99.6	98.9
其中：城市	97.5	97.0
农村	99.2	99.6
三、农业生产资料价格总指数	98.1	98.8

财政金融主要指标

单位：万元

	2000年	1999年	2000年比1999年±%
一、财政			
1. 地方财政收入	77293	74571	3.65
企业所得税	3086	3627	-14.92
农牧业税	3811	4560	-16.42
2. 地方财政支出	191411	169196	13.17
#基本建设支出	2745	2705	1.48
农业支出	11070	10813	2.38
文教卫生事业费	56599	54274	4.28
行政管理费	25838	21619	19.51
二、金融			
金融机构存款余额	1004358	985676	1.89
其中：国家银行	816581	789253	3.46
金融机构贷款余额	881248	926675	-4.90
其中：国家银行	746184	787393	-5.23
城乡居民储蓄存款	526264	486741	8.12
其中：城镇居民	347486	347552	-0.02

运输邮电业主要指标

	单位	2000年	1999年	2000年比1999年±%
公路通车里程	公里	14071	14071	持平
民用汽车	辆	29604	28160	5.13
私营汽车	辆	8616	8161	5.58
轮式拖拉机	台	25731	24484	5.09
其中：私营	台	22781	21628	5.33
机动车驾驶员	人	137446	129810	5.88
邮电业务总量	万元	41130	22451	83.20
函件	万件	334.6	401	-16.56
报刊期发数	万份	27.36	26.65	2.66
年末电话机总数	部	132492	111546	18.78
电话普及率	部/百人	5.21	4.51	15.52

全州社会劳动者人数

单位：人

	2000年	1999年	2000年比1999年±%
合　　计	1571620	1592595	-1.32
1. 全部职工	147931	157528	-6.09
国有经济单位	119932	127997	-6.31
城镇集体经济单位	13456	16058	-16.20
其他各种经济单位	14543	13473	7.94
内　　资	13259	11866	11.74
港澳台投资	725	902	-19.62
外商投资	559	705	-20.71
2. 城镇私营企业从业人员	14526	7208	101.53
3. 城镇个体劳动者	28297	30532	-7.32
4. 乡村劳动者	1361390	1317319	3.35
5. 其他从业人员	47020	80008	-41.23

全州全部职工工资总额和平均工资

	工资总额（万元）			平均工资（元）		
	2000年	1999年	2000年比1999年±%	2000年	1999年	2000年比1999年±%
合　计	130892	121125	8.06	8667	7637	13.49
1.国有经济单位	112685	104404	7.93	9151	8037	13.86
#企业	48867	44981	8.64	9677	8191	18.14
事业	43139	39354	9.62	8835	7972	10.82
机关	20679	20069	3.04	8412	7830	7.43
2.城镇集体经济单位	8423	8634	-2.44	6302	5800	8.65
3.其他各种经济单位	9784	8087	20.98	6741	5855	15.13
内资	8852	6769	30.77	6713	5628	19.28
港澳台商投资	512	775	-33.93	6798	8595	-20.91
外商投资	420	543	-22.65	7317	6145	19.07

城镇居民住户调查基本情况

	单位	2000年	1999年	2000年比1999年±%
一、调查户	户	200	180	11.11
二、平均每户家庭人口	人	3.07	3.18	-3.46
三、平均每户就业人口	人	1.69	1.69	持平
四、平均每个就业者负担人数	人	1.82	1.89	-3.70
五、平均每人全年实际收入	元	5974.99	5608.5	6.53
#可支配收入	元	5911.07	5534	6.81
六、平均每人全年消费性支出	元	4503.79	4251	5.95
#食品支出	元	1922.62	1850	3.93
七、人均居住面积	平方米	20.56	19.8	3.84

农村居民住户调查基本情况

	单位	2000年	1999年	2000年比1999年±%
一、调查户数	户	1000	1000	持平
二、平均每户家庭人口	人	4.34	4.41	-1.59
三、平均每户整半劳动力	人	2.83	2.90	-2.41
四、平均每个劳动力负担人口	人	1.53	1.52	0.66
五、全年人均纯收入	元	1575	1521	3.55
六、全年人均生活费支出	元	1435	1417	1.27
#食品支出	元	933	964.9	-3.31
七、人均住房面积	平方米	27.07	26.2	3.32

楚雄州2000年县（市）主要经济指标（一）

	年末总人口（万人）	农业人口（万人）	#少数民族人口（万人）	#彝族人口（万人）	国内生产总值（万元）	第一产业（万元）	第二产业（万元）	第三产业（万元）	人均国内生产总值（元）
全州	250.89	217.19	78.44	63.33	1055423	327457	410158	317808	4223
楚雄	47.44	34.63	10.47	9.00	401074	63264	220806	117004	8510
双柏	15.39	13.90	7.09	6.60	34414	16453	7020	10941	2236
牟定	19.80	18.15	4.03	3.97	54688	24952	13922	15814	2765
南华	22.80	20.99	8.69	7.65	57436	28342	12142	16952	2519
姚安	20.03	18.53	4.94	4.81	63024	28708	13915	20401	3157
大姚	28.05	25.67	8.86	8.16	84200	30356	28601	25243	3008
永仁	10.26	9.06	5.60	4.72	32017	14473	7764	9780	3120
元谋	20.17	18.25	6.55	4.53	61443	28335	9610	23498	3063
武定	26.02	24.25	13.25	7.53	64470	29224	11828	23418	2487
禄丰	40.93	33.76	8.96	6.36	226597	63350	71762	91485	5551

楚雄州2000年县（市）主要经济指标（二）

	工业总产值（万元）	农业总产值（万元）	粮食总产量（吨）	乡镇企业营业总收入（万元）	农民人均纯收入（元）	国有固定资产投资（万元）	社会消费品零售总额（万元）	地方财政收入（万元）	地方财政支出（万元）
全州	726891	509972	1030267	1403851	1575	131271	273946	77293	191411
楚雄	336348	101767	194116	401413	1837	67283	118731	24769	31166
双柏	14334	25448	61946	31661	1411	5601	7899	2607	9725
牟定	42307	40907	84217	135806	1510	5025	11644	3166	11195
南华	26347	43816	95784	95330	1514	6892	15648	4297	12582
姚安	29163	44963	87583	67582	1509	7684	13345	3218	13387
大姚	60818	45555	107409	111431	1540	10305	18419	4388	14986
永仁	15243	21287	45388	35118	1366	2712	7616	1916	9240
元谋	26993	44236	74149	80077	1775	6000	12946	3670	11626
武定	35274	42757	95591	100015	1385	3924	14678	3416	15184
禄丰	140064	99236	184084	343418	1890	15845	53020	10057	18613

2000 年楚雄州国民经济主要指标在全省 16 个地州（市）及全国 30 个少数民族自治州中的位次

	单位	数量	在全省 16 个地州（市）中位次	在全国 30 个少数民族自治州中位次
一、土地面积	平方公里	29258	6	18
二、年末总人口	万人	250.89	7	11
三、国内生产总值	万元	1055423	7	9
四、地方财政收入	万元	77293	6	6
地方财政支出	万元	191411	6	6
五、农业总产值	万元	509972	6	9
粮食总产量	万吨	103.03	7	
猪牛羊肉产量	吨	161765	5	
年末大牲畜存栏	万头	92.12	4	
六、工业总产值	万元	726891	5	
七、国有单位固定资产投资	万元	131271	8	
八、社会消费品零售总额	万元	273946	6	10
九、农业生产资料销售额	万元	60303	4	
十、农民人均纯收入	元	1575	5	9
十一、人均国内生产总值	元	4223	4	11
十二、人均粮食产量	千克	412	1	
十三、人均地方财政收入	元	309	4	6

〔楚雄州统计局供稿〕

索引

1. 本索引采用主题分析方法，按汉语拼音顺序排列。
2. 类目和分目标题用黑体字标明。
3. 特载、专文、大事记、附录、统计资料内容及图片不作索引。
4. 索引名称后的数字表示内容所在页码，数字后的拉丁字母 a、b、c 表示栏别。
5. “附见”放在索引词下面；索引词后自第二个页码起为“参见”。
6. 索引词一般采用中心词和简称，只要不引起歧义，不加“楚雄州”、“全州”及“2000 年”字样。

D

E

K

R

不断前进的双柏县林业局

●团结奋进的领导班子

双柏县是云南省重点林区县之一，全县林业用地面积469.65万亩，占土地总面积的77.4%，森林覆盖率达58.2%，森林蓄积量达1060万立方米。

改革开放以来，为了加强对森林资源的保护，拓宽林业发展路子，在县委、县政府的高度重视和支持下，林业系统始终坚持改革，调整产业结构，发展核桃、板栗、苹果等经济林果的种植，并积极开展养殖业、餐饮服务业等多种经营项目，走出了一条适合于双柏县情、林情，以短养长、多种经营的林业发展新路子。由砍树人向种树人、管树人转变，并向其他行业拓展，在全省同行业中做出了垂范，受到国家林业部、省林业厅的肯定和表彰。

1998年10月，国家下令实施“天然林保护工程”以来，全县林业职工完成封山育林面积105690亩，人工促进天然林更新611475亩，完成人工造林8115亩，森林抚育46290亩，管护森林面积1402127.3亩。在国家实施西部大开发战略和天然林保护的战略中，广大干部职工将在上级党委政府的领导下，不断开拓林业新路，调整产业结构，为发展绿色经济做出新贡献。

●长势喜人的优质核桃

●引种仅二年的美国加州李

■局长：张文能
■书记：杞奋发
■地址：双柏县城
■电话：(0878) 7711904
■邮编：657100

服务人民　奉献社会

楚雄高等级公路管理段

CHU XIONG GAO DENG JI GONG LU GUAN LI DUAN

楚雄高等级公路管理段现有职工412人，下设5股2室2队及3个管理所6个收费站，担负着安（宁）—楚（雄）113.7公里（含匝道）二级汽车专用公路的养护、通行费征收和路政管理工作，并积极参与承担楚大公路楚雄西等四个收费站的通行费征收及公路养护管理。全段拥有车辆机械设备64辆（台），固定资产净值达426万余元。

2000年该段党政工齐心协力，团结协作，高举邓小平理论伟大旗帜，深入贯彻党的十五大精神和云南省交通工作会议精神，以西部大开发创建省级文明运输线为契机，进一步解放思想、更新观念，继续推行和完善公路养护公司化管理，不断提高公路养护、工程施工质量，强化通行费征收和路政管理工作，并积极参与城市道路建设，开展创建文明运输线活动。

面向新世纪，楚雄高等级公路管理段决心为云南省公路交通事业及彝州的经济建设作出更大的贡献！

- 领导班子
- 安楚公路大黑坝段
- 荣誉铭牌
- 路政设卡检查
- 收费员列队交接班

- 段长：王新华
- 书记：冯建平
- 地址：云南省楚雄市东郊小河口
- 电话：（0878）3017271
- 邮编：675000

PICC 中国人民

The People's Insurance

●总经理　周庆华

2000年，中国人民保险公司楚雄分公司认真贯彻全省保险工作会议精神，按照建立现代企业的要求，注重经营管理，强化队伍建设，各项工作均取得了明显成效。全年完成保费收入6654万元，共计处理各种赔案29459件，累计赔款3684万元；实现利润720万元；上缴税金569.26万元。

在精神文明建设方面，公司注重加强思想政治工作，深入开展“员工行为准则”和“职业道德”教育活动。率先在全州开通人保“95518”保

●人保公司纪委书记李振东(左二)深入扶贫联系点指导工作

●2000年度全州人保系统先进个人合影

保险公司 楚雄分公司

Company of China, Chuxiong Branch

险服务专线，不断提高了保险的服务质量和服务水平。2000年分公司被评为州级“重合同守信用企业”；楚雄市“文明单位”；社会治安综合治理“创安先进单位”。

在新世纪开局之年，公司将认真按照上级公司的部署，锐意改革、开拓创新，为彝州保险事业的发展和彝州经济的腾飞而不懈努力。

■法人代表：周庆华

■电话：（0878）3394899

■地址：楚雄经济技术开发区永安路219号

■邮编：675000

●总经理周庆华、副总经理戴韵涛深入老虎山电站调研

●新建成的办公大楼

●“95518服务专线”开通

善待顾客就是善待

——楚雄开发

●主任马开和，副主任白玉忠、张国平共同展望发展前景

楚雄经济技术开发区城市信用社1993年6月26日经中国人民银行云南省分行批准开业，具有法人资格，并依法办理存款、贷款、汇兑结算、个人储蓄等业务。2001年6月27日经中国人民银行成都分行批准，更名改制为“楚雄经济技术开发区农村信用合作社”，归口农村信用社管理。更名改制后，法人地位不变，业务范围在原办理业务基础上增加了票据贴现，代理其他银行的金融业务，代理收付款项及受托代办保险业务，买卖政府债券，代理发行、代理汇兑、承销政府债券，提供保险箱等业务，为更好地服务中小企业、私营企业和个体户创造了条件。

楚雄开发区信用社认真总结八年来管理中的经验教训，依托农村信用社行业优势，充分发挥人才、科技、中间业务及职工团队精神的优势，在各级党委、政府领导下，在开发区管委会的支持下，在人民银行楚雄州中心支行的监管下，在楚雄市农村信用社联社的行业管理下，更好地服务地方经济。社名变更了，服务宗旨不变，开发区信用社仍然一如既往地把“善待顾客就是善待我们的父母兄妹”的服务理念落实到工作中，在一言一行中体现了“社兴我荣我富、社衰我耻我穷”的追求。开发区信用社将用实际行动回报社会各界朋友的厚爱与支持，为彝州发展，为中国在2008年办好奥运会作出贡献！

●全国地方金融热点问题研讨会在楚雄经济技术开发区信用社召开

●楚雄经济技术开发区信用社营业大楼

我们的父母兄妹

用社的承诺

营业网点：

营业部	府后街 180 号	3124069
文化宫分社	鹿城东路 4 号	3011994
学桥街分社	学桥街 53 号	3120508
桥头分社	鹿城北路 67 号	3126045
私营城分社	开发区龙翔街 2 号	3394661
永安路分社	开发区永安路 226 号	3390574

●开发区信用社充分发挥集体领导的作用

●开发应用软件，实施银税联网服务

■主　任：马开和
■地　址：云南省楚雄市府后街 180 号
■电　话：（0878）3138806
■邮　编：675000

●伪币识别知识宣传

●朝气蓬勃的开发区信用社职工用心灵回报社会

依托优势强基础

南华县龙

●县委常委、镇党委书记　叶忠华

●镇长　王家明

奖给：一九九九年度发展乡镇企业

十强乡(镇)　第

中共楚雄州

楚雄州人民

二000年三月

●南华县府龙川镇

●城市标志

●通往昆明—大理的高速路

古有“九府通衢”之称的滇西要冲重镇——龙川镇。几年来，在上级领导的支持和帮助下，镇党委、政府充分发挥交通、市场、区位等优势，围绕强基础狠抓城镇建设，加快乡镇企业和非公有制经济发展这一中心，解放思想，开拓创新，走出了一条富民强镇之路。

镇党委、政府不断夯实农业基础设施建设，先后实施国家粮食自给工程、现代化农业示范工程、长治工程、国家生态项目建

共谋龙川新发展

川 镇 人 民 政 府

●发展中的龙川镇一瞥

●羊角箐通电庆典

设等，改造了农田水利沟渠、坝塘、水库等设施，建成高稳农田19000亩；积极稳妥地调整农业和农村经济发展结构，多渠道增加农民收入，到2000年农民人均纯收入达2012元，比“八五”末增长164.7%。在实施“小城镇，大战略”中，按照小城镇建设的原则，采取“规划一片，建设一片，利用一片”的方式，充分调动一切积极因素，完善市政配套服务功能。配合有关部门完成320国道城区段的改造建设，新建龙旗路、文笔市场、粮油交易市场、百货街等。由镇人民政府自筹资金，投资580万元新建长494.5米、宽18米的个体私营经济街；由东街村委会石家村民小组投资400余万元，占地20亩的东兴建材市场已建成投入使用；由中街一组投资250万元兴建的大牲畜交易市场和个私老板陆坚投资近2800万元的食用菌绿色食品冷库基地已正式启动实施。由于社会各界的积极支持和参与，城区面积已由原来的1.53平方公里扩展到2.9平方公里，极大地推动了乡镇企业和个体私营经济的发展。目前全镇有各类企业2601个，实现营业收入43147万元，上缴税金822万元，跃入了全州乡镇企业“十强乡镇”的第二强，有两个村委会成为亿元村。以岔河民族村为重点的民族风情旅游开始起步。

热情好客的龙川人民将以优质的服务、优惠的政策措施和优良的环境，热忱欢迎镇内外、县内外、省内外和国内外的有识之士到我镇投资开发，共绘新世纪的龙川蓝图。

●保护生态环境再造秀美山川

■地址：南华县城龙泉东路125号
■电话：(0878) 7222992
■传真：(0878) 7223377
■邮编：675200

楚雄市东华镇

●镇党委书记　王正华

●镇长　杨久平

东华镇是楚雄市的一个坝区乡镇，是楚雄市的粮烟主产区之一。座落在风景秀丽的紫溪山脚下，距楚雄彝族自治州首府——鹿城20公里。总人口25398人。全镇有耕地面积33140亩，辖区内总面积285平方公里。

近几年来，东华镇党委、政府从镇情出发，理清发展思路，狠抓落实，2000年农村经济总收入达19540万元，农民人均纯收入达1948元，乡镇企业营业总收入达15948万元，粮食总产量达1679.6万千克，人均有粮682千克，实现财政自收收入569.9万元。在经济发展的同时，教育、科技、文化、卫生等各项社会事业均得到了较大的发展。全镇开通了程控电话和有线电视，交通十分便利。2000年全镇80%以上的人口饮用上了清洁卫生的自来水，实现了人人享有初级卫生保健的目标。1997年东华镇被州人民政府命名为“文明城镇”。

在跨入新世纪之际，东华镇党委、政府将团结带领全镇各族人民，进一步解放思想，更新观念，开拓创新，真抓实干，把东华建设得更美好。

■地址：楚雄市东华镇
■电话、传真：(0878) 3806002
■邮编：675000

●优良品种基地

●优质烟基地

姚安县电力有限责任公司

姚安县电力有限责任公司始建于1966年，经过30多年的发展，现已成为集发电供电用电管理经营为一体的国有骨干企业，公司占地面积23523.6平方米。现有职工195人，固定资产2412万元，自发装机容量1250千瓦，拥有各型变压器608台，总容量为36310千伏安，35千伏输变电线路一条全长14公里，10千伏输变电线路49条全长536公里，年供电量2800万度。党、政、工、团、妇组织机构健全，下设6个管理部门、8个供电所、2个电站、4个变电站。有各类专业技术人员32人，负责全县12个乡（镇），79个村委会802个自然村的供电管理工作，实现了省政府提出的村村通电目标，电网覆盖率100%。

2001年4月全面完成了投资2681万元的第一期农网改造工程，为县域经济发展和脱贫致富奠定了基础。公司经济效益一年一个新台阶，2000年实现利润60多万元，上缴税金125万元，先后被上级命名为"文明单位"、"思想政治工作先进单位"、"先进职工之家"、"创安综治、三五普法先进单位"、"省级行业示范窗口"等。

●变电站

■经理：倪正钦
■地址：姚安县栋川镇南正街63号
■电话、传真：（0878）5711574
■邮编：675300

为水利电力事业做出贡

●局长　贾治伟

大姚县水利电力局肩负着全县水利、电力、水土保持、防汛抗旱、水产养殖的建设、管理以及年度计划和长远规划的编制实施任务。长期以来，全局干部职工坚持战斗在水利建设第一线，组织广大群众投身水利电力建设，使大姚县的水利电力事业从无到有，从小到大并初具规模。仅“九五”期间，全县就完成小（一）型水库扩建、整修及病险处理工程12件，小（二）型水库扩建、整修及病险处理工程38件，整修配套小坝塘130个，建水池9840个，水窖3600个，架钢管塑管552条670万米，修水沟120条396千米，建各类闸门83道，改造抽水站28个，新增灌溉面积1500亩，改善灌溉面积12000亩，解决1.3万人和1.1万头大牲畜的饮水问题。架设110千伏、35千伏、10千伏和0.4千伏线路共708千米；新建2×800千瓦水电站1座；扩建小水电站1座，增容1×100千瓦，全县户通电

●贾治伟与施工人员研究解决水利施工中出现的问题

●县水利电力局贷款投资93.5万元在永丰水库消落区建成57亩高标准名、特、优水产养殖基地

状的大姚县水利电力局

率达92.5%。

"九五"期间治理水土流失面积330平方千米，并在永丰水库投资93.5万元建成57亩高标准的名、特、优水产养殖基地，使全县水产养殖量达到354吨/年。大姚县水利电力局连续4年受到中共楚雄州委、州人民政府的表彰奖励。

跨入新世纪的第1年，大姚县水利电力局紧紧抓住西部大开发的历史机遇，以2000年"1·15"地震恢复重建为重点，积极争取资金，充分发动和依靠群众投劳集资，按期完成年度恢复重建任务，保证了防洪蓄水安全，完成州、县下达的蓄水任务，被中共楚雄州委、州人民政府授予抗震救灾工作先进单位，水土保持工作受到了云南省水土保持委员会、云南省水利水电厅的表彰。

●领导班子实地研究大姚金碧南郊片供水工程方案

●局领导与施工人员研究"1·15"地震后水利建设恢复重建方案

■电话：(0878) 6211018
■地址：云南省楚雄州大姚县北街54号
■邮编：675400

●日供水4000立方米的自来水厂一角

武定县城乡建

●局党总支书记、局长 李文

●加强城镇管理

●整洁有序的县城街道

武定县城乡建设环境保护局是县人民政府综合管理全县工程建设、城市建设、村镇建设、建筑业、房地产业、风景名胜事业、市政公用事业、环境与资源保护的职能部门。局内设8个职能股室，下设4个事业单位，2个企业，现有员工213人，其中专业技术人员42人。

1998年以来，武定县城乡建设环境保护局在上级业务部门和县委、县人民政府的领导下，抢抓机遇，克难奋进，城乡建设环境保护事业得到长足发展，特别是以县城为中心的城镇建设发展迅猛，县城建成区面积达280公顷。平坦宽阔的街道，清新明快的街道绿化，流光溢彩的街灯，构成焕然一新的县城风貌。2000年，全县共投入基础设施建设资金907万元，建成狮山路北段等7条市政道路3.8万平方米，种植云南香樟行道树1000余株，植草坪3600多平方米，改造城区主要街道路灯169盏，以新建的狮山路北段绿化、

设环境保护局

●省、州建设部门领导到武定检查工作

●高标准建成的狮山路北段

亮化为主的建设工作也全面展开。在新的世纪，武定县城乡建设环境保护局全体干部职工，决心紧密团结在以江泽民同志为核心的党中央周围，高举邓小平理论伟大旗帜，认真贯彻落实江总书记“三个代表”重要思想，加快城镇建设步伐，为武定县经济发展作出新贡献。

■地址：武定县近城镇中山路
■电话：(0878) 8711986
■邮编：675000

●绿荫蔽日的中山路

楚雄电信努力

●总经理　邢志海

"e"被越来越多的人所重视。"e时代"是电子化、数字化、网络化的新经济时代，即信息化的时代。

"e时代"已经横空出世，楚雄电信在做什么？

在不到三年的时间内，楚雄电信经历了无线寻呼剥离，邮电分营，移动分离，电信公司化的组建以及主附、主辅的分离，组建了网信公司，初步建立了现代企业制度，打破了电信过去一统天下的行业垄断局面，走向了激烈的市场竞争，给楚雄电信的生存和发展注入了生机和活力，促进了楚雄州信息化建设进程。

●2000年8月10日，云南省电信公司楚雄州分公司成立

沐浴着新世纪的春风，楚雄电信在激烈的市场竞争中，似乎有一点"日出江花红胜火，春来江水绿如蓝"的感觉，这是电信改革的春天，发展的春天。楚雄电信已经建成了交换网、光传

●数万线的用户模块配线架

●现代化的集中监控网管机房

构建"e 时代"

输网、信令网、电信管理网、时钟同步网、智能网、宽带IP和宽带ATM网等现代化的通信和信息网络，能满足楚雄州国民经济和社会发展以及广大人民群众对通信和信息的需求。全州有119个乡（镇）通了光缆，128个乡（镇）开通了程控电话，固定电话用户达到15万户，上网用户达到2万户；政府上网、企业上网、家庭上网和校园上网工程稳步推进，努力构建和推进楚雄州信息化的新经济。

为了积极推进信息化，电信在承担着政治任务和普遍服务通信义务的同时，努力构建楚雄彝州"e时代"的新经济，楚雄电信将在全州电信人中积极推进"观念创新，机制创新，技术创新和管理创新"，秉承"每天前进一步"的企业理念和"用户至上，用心服务"的服务宗旨，在信息化建设中做出贡献。

●集高科技、现代化于一体的电信公司枢纽大楼

■总经理：邢志海
■地址：云南省楚雄经济技术开发区永安路
■邮编：675000
■电话：（0878）3122310
■http：//www.cx.yn.cninfo.net
■E—mail：yncxto@mail.cx.yn.cninfo.net

●流动市话"小灵通"在楚雄全面开通

云南楚雄惠诚商

云南楚雄惠诚商贸有限公司成立于1996年，为楚雄市属私营企业。该公司注册资金50万元，经营面积3000多平方米，现有固定资产800万元，流动资金500万元，是楚雄市较有实力和发展前景的私营企业之一。

●移动通讯专柜

该公司座落在楚雄市黄金地段的龙泰影视城，公司主要经营：商场、宾馆、饭店、移动通讯、电子游玩及其它游乐项目；并对外出租联营房屋、柜台；承接各种商品的代购代销以及代理总经销。现已代理摩托罗拉、诺基亚、飞利浦、爱立信及其他品牌的移动电话在楚雄地区的总经销。

●皮装、皮鞋专柜

该公司在集吃、住、购物、游玩为一体的经营活动中，以诚信待客，童叟无欺的商业道德和货真价实、物美价廉的商业信誉赢得了广大客户的信赖。按时足额纳税，遵纪守法经营的商业行为使公司在短短的几年间在彝州商贸战线上赢得了自己的地位，为彝州的经济建

贸有限责任公司

设贡献了力量。为此，该公司多次被楚雄州、市人民政府评为“先进私营企业”。

公司热忱欢迎省内外有识之士前来投资、招租，共同为振兴彝州经济大展宏图。

●小家电专柜

●烟酒副食专柜

●小百货专柜

■董事长、总经理：罗培军
■电　话：(0878) 3127180　3120223
■手　机：13908788018　13987822222
■传　真：(0878) 3127180
■地　址：楚雄市鹿城南路 14 号
■邮　编：675000

楚雄仁恒化

●公司办公大楼

楚雄仁恒化肥有限公司是由云南红塔集团楚雄卷烟厂、新加坡仁恒集团、楚雄经济技术开发区按5:3:2比例投资近亿元兴建的生产和销售复合肥的中外合资企业。注册资金为841万美元，年生产能力达15万吨，为云南省最大的复合肥生产企业之一；能生产70多种配方的复合肥系列

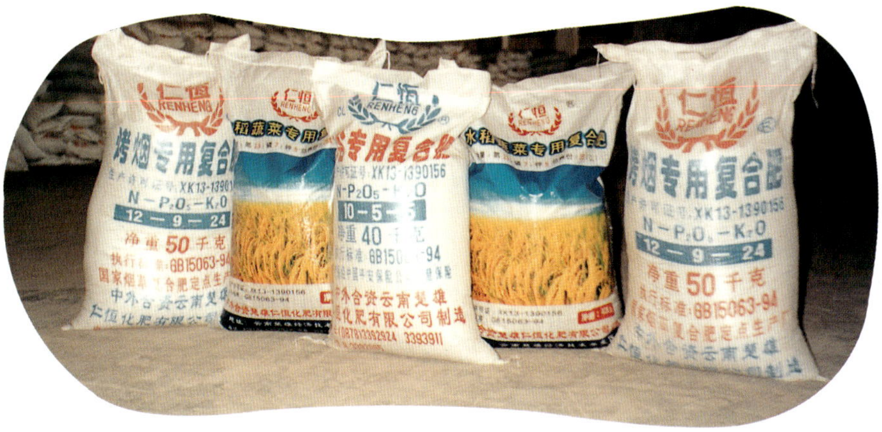

●公司主产品

●生产车间

■总经理：王　强

■地　　址：楚雄经济技术开发区永安路2

■电　　话：(0878) 3393911　3392924

■传　　真：(0878) 3392085

肥有限公司

产品，可替代进口同类产品。

仁恒公司引进法国SC公司先进的“压密法”工艺技术及设备，采用西门子全套计算机控制，可在30分钟内完成配方调整，根据用户需要进行生产。可生产烟草、水稻、蔬菜、甘蔗、香蕉、大蒜等多种农作物所需的高、中、低浓度复合肥。“仁恒”牌复合肥经过云南省技术监督局、云南省化工厅组织抽样和现场考核，符合国家GBI5063—94标准，生产许可证号XK—1390156，产品由平安保险公司进行质量保险。产品采用优质进口原料，具有养份齐全，肥效稳定持久，不结块，易溶于水，使用方便等特点，能够充分保证农作物生长及土壤改良。公司产品在省、州历次抽检中均为合格产品，并荣获“云南省名优产品”称号。公司连年获得“云南省先进外商投资企业”称号，并荣获国家化工部“先进合资企业”称号；1998年被评为“云南省科技先进企业”，并被纳入国家烟草局烟草专用复合肥定点生产企业。

公司生产的“仁恒”牌复合肥系列产品主要销往楚雄州及滇西大部分地区；部分产品销往省外及出口东南亚地区。公司首家设立了化肥产品施用实验基地，所有复合肥均经过大田对比实验，并经过滇西大部分地区用户施用，效果良好。施用“仁恒”牌复合肥，是农业高产丰收的理智选择。

●整洁安全的生产环境

●花园式的工厂

禄丰县罗川镇农技站

默默奉献的农技站职工

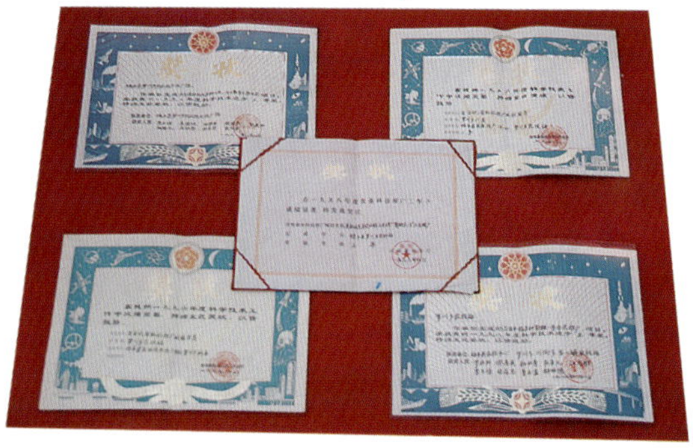

部分获奖证书

禄丰县罗川镇农技站有职工14名，其中大专学历2名、中专学历11名、职高1名。全体职工在镇党委、政府及上级业务部门的领导下，在站长李玉琼率领下为了罗川“农业增效、农民增收、农村稳定”而辛勤耕耘、默默奉献着自己的青春年华。

近年来，农技站利用“国家级热坝农业综合开发区”这一优势，不断开展农作物新品种的引种试验、示范和推广工作，开发冬早蔬菜、热坝水果、花卉等，从而使全镇1999年实现人均有粮870千克，登上了全省“冠军”的宝座，并成为彝州冬春烟的发祥地和继元谋之后的冬春蔬菜种植基地，为1999年全州国家“田园之旅”活动奠定了基础、创造了条件。仅2000年就引进试验示范优质稻品种48个、蔬菜良种72个，推广“滇屯502”（即罗川香米）7600余亩。举办各类适用技术培训班652场次，培训26958人次，使全镇参训人员均掌握了2～3门适用技术。

近年来，农技站已5次荣获县政府授予的“先进单位”称号，近10项成果获国家、省、州、县奖，半数以上职工获得过“优秀共产党员”称号，受到过省、州、县政府的表彰奖励。

省农科院培育的1250个优质米品种观察

年种植的2000亩春玉米

大棚花卉

■站　长：李玉琼
■地　址：禄丰县罗川镇
■电　话：(0878) 4801153
■邮　编：651213

引种广西荔蒲芋头

追求卓越的楚雄州现代装璜工程有限公司

现代装璜人的经营理念：锐意进取、推陈出新、赶超潮流；
现代装璜人的生活准则：不能事事如意，但必须事事尽力；
现代装璜人的奋斗目标：为改变人类的家居环境而不懈努力！

楚雄州现代装璜工程有限公司创建于1987年，公司自成立以来就以诚实守信、敬业创新的精神，不断开拓成为集装饰装修、制造、服务为一体的云南省明星企业。先后被省委、省政府评为"先进企业"和"重合同守信用企业"，并取得乙级装修资质证书。该公司下属的禄丰县现代金属材料厂、丰华五金材料厂和复合防盗门厂三个实体，产品覆盖云南各地州县（市）。公司曾承接的昆交会工程、瑞丽九州宾馆沙都娱乐城、武定招待所、粮贸宾馆及百货大楼、昆明首饰厂、玉溪地委大楼、禄丰人行、农行、昆明狩猎山庄、楚雄州社保大楼、昆明亚导仪表厂、楚雄人寿保险公司大楼、永仁县政府大楼等多项大型工程，受到广大客户的好评。为楚雄州的经济发展作出了应有贡献！

董事长韩家刚1994年被授予"全国先进劳动者"荣誉称号，1996年12月被评为楚雄州优秀青年企业家，1997年8月被评为楚雄州双十佳，1999年5月被评为楚雄州首届十大杰出青年。荣誉的取得仅代表过去，在跨入新世纪之际，公司将以崭新的风貌继续去拓展现代装璜事业。

■法人代表：韩家刚
■公司地址：楚雄市中大街301号
■厂　　址：楚雄经济技术开发区内
■电　　话：(0878) 3135998
■传　　真：(0878) 3130996

●公司装修的永仁县政府大楼

●公司承接装修的楚雄人寿保险大楼

楚雄正泰电控设备有限公司

●总经理　孙国勤

楚雄正泰电控设备有限公司始建于1997年，是中国正泰集团下属的楚雄州销售分公司。公司以生产照明配电箱、高低压开关板、柜、动力配电屏、自耦减压起动柜、电表箱、计量箱等一系列配电产品为主，另外还销售全国各大名牌厂家生产的高低压电器配件、母线槽电缆桥架等。

正泰公司以“顾客是上帝，质量是生命”为宗旨，以“满足用户需求”为奋斗目标，不断的开发和引进高技术高品位的新产品；以雄厚的技术力量，先进的生产工艺，完善的检测设备，可靠的产品质量，优质的售后服务赢得了广大用户的信赖。

●楚雄正泰公司

■手机：13908787888　13987828888　13987825888
■传真：（0878）3393886
■联系人：林丽芬
■厂部联系电话：（0878）3121913　3393237
■厂址：楚雄经济技术开发区（云南开关厂大门东侧）

●正泰公司近年来获得的各种证书

●GGD型交流低压配电柜

元谋县城乡建设环境保护局

●领导班子现场办公

●城市绿化

元谋县城乡建设环境保护局内设办公室、计划财务股等8个行政职能股室，下设房地产综合开发公司、地震局、环境监测站、建筑设计室、建筑工程质量监督站、标准定额管理站、房管所、住房资金管理中心、环卫站、垃圾处理场、自来水公司等11个企事业单位。

在县委、县人民政府的正确领导下，全局认真贯彻落实中央关于“小城镇、大战略”的发展思路，坚持“人民城镇人民建，建好城镇为人民”的指导思想，以促进经济发展，改善城乡居民生产、生活环境，缩小城乡差别为目的，不断加大小城镇建设的工作力度，使小城镇建设工作取得了较大成绩。几年来城市面积从原有的2.6平方公里扩大到3.6平方公里，修建了长2752米，宽40米的商贸大街，铺设混凝土街道110080平方米，县城街道总面积从1995年的12.8万平方米增加到现在的28万平方米。共架通电力线5510米，完善了供排水、电力、电信、电视光缆、绿化、亮化等配套设施。

县城的绿化、美化、亮化建设不断扩大，几年来共栽种行道树9018棵，绿化草坪8740平方米，使县城绿化面积达13万平方米。2000年元谋县城被州委、州人民政府命名为全州两个首批文明县城之一。

●新街建设

●新城区一角

■局长：倪文新

■电话：（0878）8212921

■邮编：651300

■地址：元马镇马街南路44号

楚雄星升实业

●州委书记丁绍祥到公司培训班作重要讲话

楚雄星升实业发展有限公司成立于1997年，是楚雄州专业从事天然药物资源开发与研究的民营企业。1999年公司“中药材种植项目”被列为云南省生物资源创新开发重点项目，在楚雄州大姚县有占地1050亩的种植园基地，种植药材品种达50多个。重点在地方药材、特色民族药材的野生变家种以及国家中药现代化GAP规范种植基地建设上，在全州不同地区进行了3000多亩的试验和示范。同时建有占地面积14亩的药材中间体加工生产厂一个，年加工处理原生药材3000吨。产品以省内外制药企业为对象，其中“灯盏花浸膏”、“脱皮激素”等产品供不应求，还大量收购并销售小红参、青洋参、露水草、滇龙胆等云南地产野生药材。开发出以防治心脑血管疾病为主的“滇红花软胶囊”，临床疗效明显，同时被列为2000年度省生物资源创新开发项目。

公司现有总资产1200多万元，是楚雄州规模较大、功能齐全的天然药物生产企业。公司职工平均年龄31岁，其中大、中专以上文化程度的占55%。公司聘请了近10名相关专家组成的科研开发机构和队伍，并有固定的、定时或不定时的技术顾问给予指导；与中国

●云木香繁种基地

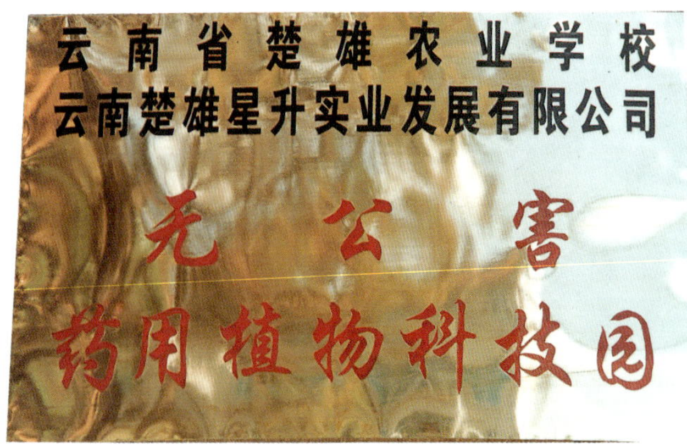

发展有限公司

协和医药集团、中科院昆明植物所、云南盘龙云海、昆药集团等多家单位有合作关系；各种产品质量指标均符合国家药典和云南省药品标准。

公司以一流的服务和灵活的销售方式，竭诚欢迎国内外有识之士前来观光、洽谈。

●大黄种植

●红花品种选育

■总 经 理：张跃进
■联系电话：(0878) 3011740
■传　　真：(0878) 3017778
■E m a i l：xing—sheng@ynmail.com
■地　　址：楚雄市环城东路滇中大厦三楼

●加工厂提取车间一角

武定县工商行政管理局

●局长 唐春文

武定县工商行政管理局几年来，在当地党委、政府及上级工商部门的领导下，紧紧围绕建立社会主义市场经济的目标，正确处理管理与发展的关系，全体工商干部在保护公平竞争、取缔非法经营、强化市场监管、支持企业改制和乡镇企业发展、加快非公有制经济发展步伐等工作中做出了成绩，充分发挥了工商行政管理部门的职能作用。至 2000 年末，共发展各类企业 907 户，注册资本 18103 万元；发展个体工商户 3755 户，从业人员 4682 人，注册资本 1926 万元；私营企业 66 户，注册资金 3107 万元。同时，加大执法力度，严厉打击不法行为。2000 年共查处违章违法案件 963 起，保护了消费者的合法权益，维护了社会主义市场经济的健康发展，为武定的经济发展作出了积极的贡献，近年来，先后被中共楚雄州委、州人民政府评为州级文明单位、全州工商系统先进集体、全州支持非公有制经济发展先进单位、全州执法先进单位、全州“三五”普法先进单位等。

●团结协作的领导班子

■电话：（0878）8712009（局长室）

（0878）8712030（局办公室）

■地址：武定县中沟路北下段 1 号

■邮编：651600

●向群众普及识别假冒伪劣产品的知识

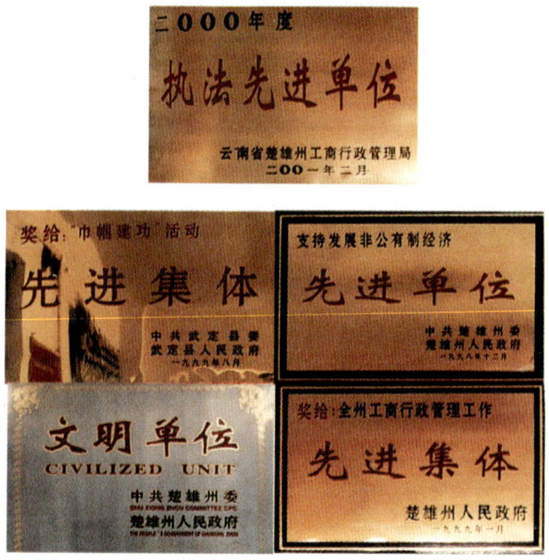

楚雄日报社印刷厂

楚雄日报社印刷厂是楚雄日报社下属的国有省级书刊印刷颁证厂，云南百家印刷明星企业之一。自1990年10月建厂以来，发展至今已初具规模，现有固定资产600余万元，职工46人，具有大专以上学历21人。该厂多年来不断加强软、硬件建设，目前已是一个具有彩色扫描分色、制版、印刷等功能齐备的现代专业印刷厂。

●厂长　温发昌

多年来，该厂印刷的书刊在云南省质量评比中多次获奖，1999年印刷的《大姚县志》精装本获国家新闻出版署优质产品奖，云南省新闻出版局优质产品奖。

●获奖证书

楚雄日报社印刷厂除承印好《楚雄日报》外，热心承接各种彩色书籍、报刊、精平装书籍、商标、宣传册、广告画的彩色扫描、分色、制版、印刷，以及各类办公用品、账页的印制业务。

在迈向新世纪之际，全厂职工愿以一流的质量、优质的服务，竭诚为新老客户服务，共创美好明天。

●该厂的部分印刷品

■法人代表：温发昌

■电　　话：(0878) 3394285

■业务联系：王俊　高尚志

■电　　话：(0878) 3123649　3390646

■地　　址：楚雄经济技术开发区

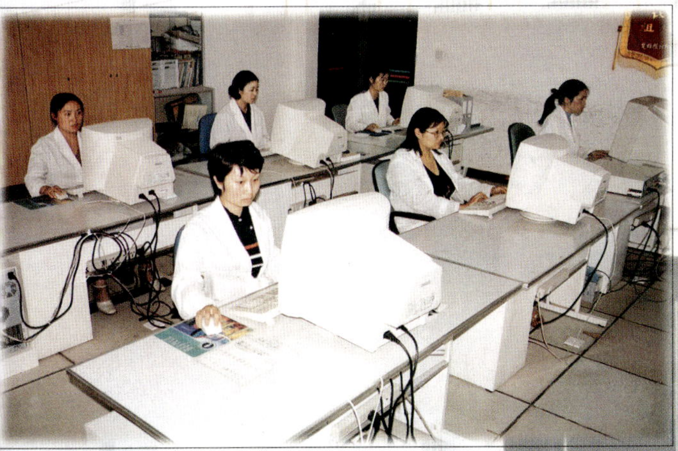

●激光照排车间

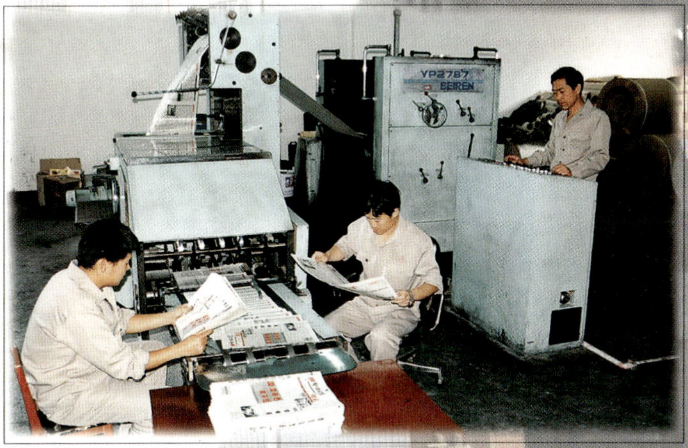

●印刷车间

楚 雄 市 建

●新城区一角

●火把广场

楚雄市建设局在城乡规划管理和小集镇建设，规范和强化建筑市场管理，确保建设工作质量、园林绿化、城市给排水、环境卫生治理、创建国家级卫生城市、文明城市、园林生态城市等方面，围绕把楚雄建设成“居住者自豪、来访者羡慕、投资者满意”的具有浓郁民族风情的现代化中等生态城市的目标，按照城市建设总体规划，做了大量积极有效的工作，促进了城市建设步伐，加大了对城市环境的综合整治，改善了投资环境、生态环境和居民生活环境，完善了城市功能，塑造了城市形象，提高了城市品位和档次。今日鹿城，四周青山叠翠，龙川江波光潋滟，公路铁路纵横交

●亮丽的桃源湖

●改造后的龙川江